RODRIGO DA CUNHA PEREIRA

DICIONÁRIO DE DIREITO DE FAMÍLIAS E SUCESSÕES

ILUSTRADO

TERCEIRA EDIÇÃO

20 23

EDITORA FOCO

Dados Internacionais de Catalogação na Publicação (CIP) de acordo com ISBD

P436d   Pereira, Rodrigo da Cunha
        Dicionário de Direito de Família e Sucessões: ilustrado / Rodrigo da Cunha Pereira. - 3. ed. - Indaiatuba, SP : Editora Foco, 2023.
        824 p. ; 17cm x 24cm.
          Inclui bibliografia e índice.
          ISBN: 978-65-5515-762-8

          1. Direito. 2. Direito de Família. 3. Direito de Família e Sucessões. I. Título.

2023-961   CDD 342.16   CDU 347.61

Elaborado por Vagner Rodolfo da Silva - CRB-8/9410
Índices para Catálogo Sistemático:
1. Direito de Família 342.16
2. Direito de Família 347.61

RODRIGO
DA CUNHA
PEREIRA

DICIONÁRIO DE DIREITO DE FAMÍLIAS E SUCESSÕES

— ILUSTRADO —

TERCEIRA EDIÇÃO

Lobke Peers

2023 © Editora Foco

Autor: Rodrigo da Cunha Pereira
Diretor Acadêmico: Leonardo Pereira
Editor: Roberta Densa
Assistente Editorial: Paula Morishita
Revisora Sênior: Georgia Renata Dias
Capa Criação: Leonardo Hermano
Diagramação: Ladislau Lima e Aparecida Lima
Impressão miolo e capa: FORMA CERTA

Impresso no Brasil (05.2023) – Data de Fechamento (04.2023)

2023
Todos os direitos reservados à
Editora Foco Jurídico Ltda.
Rua Antonio Brunetti, 593 – Jd. Morada do Sol
CEP 13348-533 – Indaiatuba – SP

E-mail: contato@editorafoco.com.br
www.editorafoco.com.br

Só se pode viver perto de outro,
e conhecer outra pessoa, sem perigo de
ódio, se a gente tem amor. Qualquer amor
já é um pouquinho de saúde,
um descanso na loucura.

Guimarães Rosa

Ilustração: *Ronaldo Fraga*

ARTISTAS CONVIDADOS

Adriana Silveira
Adriana Tavares
Agnes Farkasvölgyi
Alexandre Rousset
Alexsandro Palombo
Ana Cristina Brandão
Andrea Lanna
Grace Camargos
Letícia Grandinetti
Marcelo Drummond
Márcia Charnizon
Marco Túlio Resende
Marcos Hill
Mário Zavagli
Máximo Soalheiro
Niura Bellavinha
Nydia Negromonte
Ronaldo Fraga
Rubem Grillo
Sabrina Ferrari
· Sérgio Lima

AGRADECIMENTOS

À Adriana Silveira, minha mulher e amante
reúne todas as mulheres em uma só
me inspira
me tolera
me ajuda a vencer as neuroses do dia a dia
e a ser mais feliz, e
com quem formei uma família conjugal
e daí também
uma família parental
com Felipe, Tomás e Rafael
À prestimosa ajuda de Ronner Botelho, sempre atento às atualizações normativas e sem a qual este Dicionário não seria o mesmo.

ABREVIATURAS E SIGLAS UTILIZADAS

AC .... Apelação Cível

Ac .... Acórdão

Adin .... Ação Direta de inconstitucionalidade

ADPF .... Ação de descumprimento de preceito fundamental

Ag. .... Agravo

AI .... Agravo de Instrumento

AJG .... Assistência Judiciária Gratuita

Ap. .... Apelação

Art............. Artigo

Arts. .... Artigos

BGB .... Código Civil Alemão

CC .... Câmara Cível

c/c .... combinado com

Câm. .... Câmara

CCB .... Código Civil Brasileiro

CDP .... Câmara de Direito Privado

CEJA .... Comissão Estadual Judiciária de Adoção

CF .... Constituição Federal

CGJ .... Corregedoria Geral de Justiça

CFM .... Conselho Federal de Medicina

CNJ .... Conselho Nacional de Justiça

CP .... Código Penal

CPB........... Código Penal Brasileiro

CPC............ Código de Processo Civil

CR .... Constituição da República

Des. .... Desembargador

Des.ª .... Desembargadora

DJ .... Diário de Justiça

DJGO .... Diário de Justiça de Goiás

DJMS .... Diário de Justiça do Mato Grosso do Sul

DJPR .... Diário de Justiça do Paraná

DJRJ .... Diário de Justiça do Rio de Janeiro

DJRS .... Diário de Justiça do Rio Grande do Sul

DJSP .... Diário de Justiça de São Paulo

DJU .... Diário de Justiça da União

DNA .... Ácido Desoxirribonucleico

DOU .... Diário Oficial da União

ECA .... Estatuto da Criança e do Adolescente

ED .... Embargos Declaratórios

ED-REsp. .... Embargos Declaratórios em Recurso Especial

Eg. .... Egrégio

EI .... Embargos Infringentes

HC .... *Habeas Corpus*

IBDFAM ..... Instituto Brasileiro de Direito de Família

Inc. .... Inciso

J. .... Julgado

JTJ .... Julgados do Tribunal de Justiça

LBF .... Lei do Bem de Família

LD .... Lei do Divórcio

LINDB .... Lei de Introdução às Normas do Direito Brasileiro

LRP .... Lei de Registros Públicos

M.M. .... Meritíssimo

Min. .... Ministro

MP .... Ministério Público

MS .... Mandado de Segurança

NCCB .... Novo Código Civil Brasileiro

p. .... página

Proc. .... Processo

pub. .... Publicado

R. .... Retro

RBDFS .... Revista Brasileira de Direito das Famílias e Sucessões

RE .... Recurso Extraordinário

Rel. .... Relator

Rel.ª .... Relatora

REsp .... Recurso Especial

RT .... Revista dos Tribunais

STF .... Supremo Tribunal Federal

STJ .... Superior Tribunal de Justiça

T. .... Turma

TRF .... Tribunal Regional Federal

Unân. .... Unânime

V. .... Volume

NOTA DO AUTOR

Sempre gostei de dicionários. Desde pequeno. Sei que as palavras têm poder. Mais tarde, mas não muito tarde, aprendi que, além de significado, elas trazem consigo também um significante, isto é, para além do conceito a que elas correspondem, há também a representação psíquica do seu som, tal como nossos sentidos as percebem e da forma como elas são pronunciadas. O "Diccionário Encyclopedico ou novo Diccionário de Língua Portuguesa – para uso dos portugueses e brasileiros – enriquecido com um copioso vocabulário da língua brasílica e com outro da língua tupy", e o "Lello Universal – Diccionário Encyclopedico Luso-brasileiro", em quatro volumes, e com centenas de gravuras, herdado dos meus avós, abriram o meu universo e povoaram o meu imaginário na infância e adolescência, em Abaeté, uma cidade do interior de Minas Gerais. Ali eu já viajava através das palavras e encantava-me com aquelas gravuras e ilustrações, que remetia um sentido universalizante das coisas. Por meio dos dicionários pode-se saber e conhecer o significado de qualquer coisa. São as palavras em estado de dicionário, como dizia Carlos Drummond de Andrade. Acho melhor até que o Google. O dicionário pode aplacar nossa ignorância, por isso ele é conhecido e denominado em algumas regiões do Brasil, em tom de brincadeira, como o "pai dos burros".

Longe já está ficando o tempo das enciclopédias. A era da globalização e internet, não apenas tem mudado as formas de comunicação, como tem revolucionado as formas de obtenção e apreensão do conhecimento. É difícil encontrar alguém, hoje, do qual pode-se dizer que é uma "enciclopédia viva", como se dizia antigamente. Primeiro, porque é cada vez mais difícil, para não dizer impossível, alguém reunir tanto conhecimento sobre todos, ou quase todos os assuntos; segundo, porque a própria palavra enciclopédia está caindo em desuso. Talvez porque o acesso ao conhecimento esteja cada vez mais específico e nas especialidades dos diversos ramos do saber.

É neste espírito da especificidade do saber que após trinta anos de exercício da advocacia, ou melhor, de "clínica do Direito", que me autorizei a "construir" um Dicionário de Direito das Famílias e Sucessões. Quis chamá-lo enciclopédico para que ele contivesse conhecimentos universais sobre uma área específica, mas mudei de ideia por achá-la pretensiosa demais. O Direito de Família contemporâneo é tão dinâmico, e a vida o transforma tanto, que não é possível mais torná-lo enciclopédico, no sentido de tudo saber. É um dicionário restrito a uma área, mas amplo e profundo naquilo que se propõe. A ideia deste dicionário, apesar da sua ousadia, é torná-lo um livro necessário para todos aqueles, especialistas ou não, que precisarem transitar pelo Direito de Família e Sucessões, ou mesmo buscar uma simples informação ou significado de algum termo ou expressão deste ramo do conhecimento. Imagino que ele pode servir para todo mundo, pois todo mundo tem família. E quem tem família tem algum problema, cuja solução, muitas vezes está no Direito de Família e das Sucessões. Sua formação contém, além do conceito, elementos doutrinários, jurisprudência, dispositivos e referências normativas e também um pouco de linguagem literária, poética ou música. A poesia, a literatura, a música popular brasileira e muitos filmes brasileiros ou estrangeiros dizem com suavidade, e melhor que ninguém, sobre estas intrincadas relações familiares e sobre os restos do amor, que muitas vezes vão parar na Justiça. O Direito de Família está contido aí também. A partir do momento que o afeto tornou-se o grande vetor e catalisador da organização jurídica da família, o Direito de Família, ou melhor, Direito das Famílias, ganhou mais autenticidade e eticidade, a partir dos princípios da dignidade humana, solidariedade e responsabilidade.

Diante da ideia e da proposta de aprofundamento dos significados e significantes das palavras, tornou-se imprescindível buscar ajuda em outros campos do conhecimento, além do uso de expressões do velho e necessário latim. A interdisciplinaridade como forma de apoio a determinado ramo do saber tornou-se uma necessidade recorrente. Aliás, o Direito sempre buscou ajuda em outros campos do conhecimento, como na Economia, Filosofia, Antropologia, Sociologia, Matemática etc. A novidade, aqui, é a utilização de uma terminologia oriunda da Psicanálise e da conexão do Direito com a linguagem poética, literária e artística, que ajudarão a ampliar a compreensão e o significado de cada verbete. Não se pode mais pensar a objetividade dos atos, fatos e negócios jurídicos sem a consideração da subjetividade. E a Psicanálise é exatamente isso, ou seja, a consideração do sujeito do inconsciente, que se presentifica em todos os atos humanos, e, portanto, nos atos e fatos jurídicos. A Psicanálise traz mais humanidade e humanização à ciência do Direito e em particular ao Direito de Família.

Além da utilização do discurso de outros campos do conhecimento, novos elementos foram introduzidos, tais como imagens, ilustrações, gravuras, desenhos e fotografias. Eles ajudam na tradução dos vocábulos, cumprem também a função da arte, ajudam a dizer o indizível, inclusive tornando a leitura mais agradável, mais leve e menos penosa. É pela sensibilização através da arte que começamos a ver o outro. Convidei artistas brasileiros que, gentilmente, aceitaram a empreitada de diminuir a fronteira entre Arte e Direito. Afinal, subjetividade e objetividade se entrelaçam no Direito de Família, tecendo as tramas do desejo, construindo, reconstruindo e descontruindo os dramas familiares. Nas artes, as imagens podem ir além das palavras, pois abrem espaço para a reflexão e a emoção. Podem ajudar a fazer revolução. Como já disse o jurista belga Edmond Picard, quando publicou " Le Droit Pur" em 1908, " o direito e a arte devem ajudar-se mutuamente. Separá-los é reduzi-los". Talvez seja uma maneira mais sublime de perceber o mundo. A poesia, como diz Mia Couto em " O mapeador de ausências" não é um gênero literário, é um idioma anterior a todas as palavras. Assim como a arte, o Direito é também interpretação. A arte, da mesma forma, fala das tramas do desejo e podem iluminar o caminho daqueles que buscam informações neste dicionário. Arte e Direito tratam da mesma humanidade.

Primavera 2014

Rodrigo da Cunha Pereira

PREFÁCIO 3ª EDIÇÃO

Receber o convite para traduzir em prefácio o sumo deste Dicionário de Direito de Família e Sucessões Ilustrado, reconhecido com o prêmio Jabuti 2016, ultrapassou, com larga oceânica, os confins do que considero *uma honra*. É que dentre todas as mais de três dezenas de obras que compõem a icônica bibliografia produzida por Rodrigo da Cunha Pereira, nenhuma teve impacto mais decisivo sobre minha cabeça, nenhuma tocou com mais profundidade minha alma, nenhuma visitou com tanta agudeza minhas inquietações intelectuais quanto o presente livro.

Tenho gravado em mim, ainda hoje, o assombro que a leitura da primeira edição desse Dicionário me provocou, lá pelos meados de 2015. Iniciei sua apreciação esperando me deparar com a excelência que sela toda a produção do autor, mas, ao fim, saí com a sensação de ter tido um insuspeito e profundo encontro comigo e com o que sempre almejei para minha carreira. É que apesar da experiência literária fantástica ser inebriante, ela serviu como uma lufada de firme esperança em um direito mais atento à realidade, menos avesso às mudanças e de braços mais abertos para a diversidade e complexidade das relações que tem de dar conta.

Devorei cada página com a fome de quem vislumbrava, com mais clareza a cada linha, o caminho através do qual é possível pensar, lecionar e praticar um direito das famílias e sucessões que efetivamente conjugue razão e sensibilidade, consistência e metamorfose, técnica e abertura; que concilie a objetividade da qual se tece o fenômeno jurídico com a subjetividade que alinhava cada um de nós.

O dicionário é composto por quase 1.500 verbetes – oriundos do direito e de outras áreas que com ele dialogam –, cujos conceitos se distinguem pelo rigor e pela *expertise* de Rodrigo da Cunha Pereira. Se, como disse Wittgenstein, "a prática dá às palavras o seu significado", ninguém mais talhado do que um advogado com a sólida experiência e reconhecimento que lhe conferiu sua *clínica do direito* para nos conduzir pelo intrincado cosmos de significantes e significados que compõe o direito das famílias e das sucessões.

Nesta terceira edição, ao lado de palavras e expressões já consagradas e presentes em nosso cotidiano acadêmico e forense, nos chegam mais de sessenta outras novas ou ainda pouco conhecidas, como *adoção de embriões, ageismo, etarismo, demissexual, alossexual, doula, endossexo, casamento assortativo, casamento sologâmico* e *gestação compartilhada*.

Ademais, alguns dos temas que vêm desafiando quem atua com famílias e sucessões na pós-modernidade encontram aqui firme cobertura léxica, em verbetes *como herança digital, bens digitais, feminicídio, curatela especial, ação de reembolso*.

Porém, o livro vai muito além da vasta e caprichada síntese conceitual, oferecendo ao leitor as correspondentes referências legislativas e jurisprudenciais – o que o torna um excelente aliado para a prática jurídica nos tribunais e escritórios de advocacia, bem como para as incursões acadêmicas em textos e aulas – e, sobretudo, o brilho extraordinário justamente naquilo em que foi pioneiro e segue reinando: sua interface com a arte.

Este não é apenas O dicionário contemporâneo de direito de família e sucessões, como o definiu Paulo Luiz Neto Lobo. É uma obra que se vale de ilustrações, pinturas, fotografias, linguagem poética, literária e de muita música (a primeira edição vinha acompanhada de um CD, e esta terceira de uma playlist musical) para amplificar e oxigenar a compreensão dos conceitos e dos temas jurídicos que ela investiga.

No verbete *desejo*, por exemplo, o autor parte dos *locus* filosófico e psicanalítico para analisar a importância atual dessa *propensão* no direito das famílias, afirmando que "o desejo é o que dá vida à vida do direito e em especial ao Direito de Família", nos recordando da sua já célebre lição de que "o sujeito de Direito é sujeito de desejo, isso é, um sujeito desejante" e bebendo nas lições de autores de diversas áreas, como Lacan, Elizabeth Roudinesco, Antônio Quinet e Georgio Del Vecchio.

A elaborada e criativa construção do conceito tem, em si, qualidades artísticas, que Rodrigo ainda faz acompanhar da bela ilustração da artista Agnes Farkasvolgyi e da letra da canção Tanta Saudade, de Chico Buarque e Djavan, que crava: "quis saber o que é o desejo/ de onde ele vem/ fui até o centro da terra/e é mais além/procurei uma saída/o amor não tem/estava ficando louco/ Louco, louco de querer bem...".

Ambas não estão ali para fins decorativos, ainda que agreguem evidente prazer estético à leitura. A ilustração e a música sinalizam para novas e mais espessas camadas de compreensão de um tema complexo e explicitam a maior riqueza dessa obra de fôlego: aliar o sistema de conhecimento científico ao sistema artístico, o saber técnico à cognição sinestésica, o academicismo dos dicionários ao arrojo e sensibilidade que só a arte é capaz de propiciar.

Em outros verbetes, como *gozo*, o autor elastece ainda mais as fronteiras da definição ao casá-la não só com pungente ilustração da artista Adriana Silveira e com a canção Boneca de Trapo, de Nelson Gonçalves, mas também com trecho da novela A Obscena Senhora D, da escritora Hilda Hilst. Arremata-a, por fim, com uma referência ao filme El Matador, do cineasta Pedro Almodóvar.

Rodrigo da Cunha Pereira se mostra um jurista revolucionário por muitas razões, seja pela construção de categorias e teses pioneiras, seja pela intransigente defesa de um direito das famílias efetivamente inclusivo. Mas é justamente na ousadia com que vem propondo, há décadas, que o direito das famílias se alie à psicanálise e à arte que ele se revela único e imprime sua singularidade em nosso sistema jurídico.

Se o direito das famílias e sucessões brasileiro desperta hoje a atenção de estudiosos de todo o mundo, atraídos pelo perfil pluralista e inovador de vários de nossos institutos e decisões, esse fascínio tem o protagonismo das provocações e intelecções propostas pelo mineiro de Abaeté e pelo Instituto Brasileiro de Direito de Família – IBDFAM, que ele, em dueto destacado com Maria Berenice Dias, fundou e vem regendo há vinte e cinco anos.

Assim, arrisco dizer que esse dicionário, com suas peculiares características, poderia ter sido produzido por raras pessoas, e que ninguém teria desempenhado melhor a tarefa do que Rodrigo da Cunha Pereira. Como sagrou Pablo Picasso em conhecido aforismo, "aprenda as regras como um profissional para que você possa quebrá-las como um artista". Essa tem sido a principal marca da trajetória deste jurista que domina os labirintos da seara jurídica, mas que se recusa ao confinamento dogmático e às exclusões e injustiças que nosso tradicional sistema civil perpetrou ou acobertou por séculos, em nome de maiorias e tradições que subjugam e *invisibilizam* sujeitos, afetos e pautas.

Um dos compositores mais admirados por mim e por Rodrigo, meu conterrâneo Caetano Veloso, canta que "os livros que em nossa vida entraram/ são como a radiação de um corpo negro/ apontando pra a expansão do Universo/ porque a frase, o conceito, o enredo, o verso/ (e, sem dúvida, sobretudo o verso) / É o que pode lançar mundos no mundo".

Esse prefacio é um convite para que vocês, caros leitores e leitoras, se lancem (como eu me lancei) na estimulante tarefa de dilatar sua própria compreensão do direito das famílias e sucessões, permitindo-se enxergá-los pelas lunetas insubmissas do autor e desta insuperável obra.

Fernanda Leão Barretto
Mestre em Família na Sociedade Contemporânea (UCSAL). Advogada.
Presidente da Comissão de Direito e Arte do IBDFAM

PREFÁCIO

Este não é mais um dicionário, mas o dicionário do contemporâneo Direito das Famílias e Sucessões. Fruto da maturidade e de investigação rigorosa de seu ilustre autor, a obra vem, efetivamente, preencher uma lacuna da literatura jurídica brasileira.

Rodrigo da Cunha Pereira reuniu os verbetes mais significativos do estado atual das relações de família e da sucessão hereditária, principalmente sob o ponto de vista do Direito. Não se esgotam, contudo, no âmbito jurídico, pois a interdisciplinaridade é acentuada em seus trabalhos. Não poderiam faltar os verbetes relativos a disciplinas com as quais o Direito das Famílias tem diálogo frequente, notadamente a psicanálise. Ainda que sua preocupação central seja com o conhecimento desenvolvido na contemporaneidade, a tradição e a evolução das matérias estão presentes nos verbetes que definem antigos termos e conceitos nelas empregados, trazendo-os aos seus significados atuais.

Rodrigo da Cunha Pereira é autor consagrado, tendo escrito, de lavra própria, mais de três dezenas de livros sobre aspectos diversos do Direito das Famílias, além de outras dezenas de capítulos de livros e de artigos em revistas especializadas. Conjuga, como poucos, intensa produção intelectual e atividade profissional. É um dos mais importantes e experientes advogados familiaristas brasileiros, tanto no patrocínio de causas quanto na elaboração de refinados pareceres. Também se dedicou à docência universitária, na PUC de Minas Gerais.

Conheci-o em meados dos anos de 1990 em eventos voltados ao Direito das Famílias, quando manifestou interesse em fundar entidade associativa, de natureza acadêmica, para discussão, fomento e desenvolvimento dessa área. Pretendia reunir as mentes criativas e comprometidas com o avanço da especialidade, de modo a contribuir, positiva e qualitativamente, com a elaboração legislativa e com a formação da jurisprudência. Sob sua liderança incontestável e suave, em 1997 nasceu o Instituto Brasileiro de Direito de Família – IBDFAM, que passou a abrigar sucessivas gerações de juristas, docentes, autores, profissionais da Advocacia, da Magistratura, do Ministério Público e outros especialistas que têm as famílias e sucessões como seus objetos de estudos e atividades. Posteriormente, tive a oportunidade de compor a banca examinadora de sua tese de doutorado em Direito, na UFPR, na qual intentou demarcar os princípios fundamentais do Direito das Famílias e que mereceu a nota máxima de todos os membros.

Nas suas atividades profissionais e intelectuais, foi responsável pela criação ou consolidação de vários conceitos e categorias do Direito de Família contemporâneo, que estão sintetizados em diversos verbetes deste dicionário. Pugnou ardorosamente por eles nos tribunais ou no meio acadêmico, sabedor que as transformações essenciais são impulsionadas pelas "minorias abraâmicas", como dizia D. Helder Câmara.

Esse dicionário foi escrito lentamente, tendo cada verbete sido objeto de reflexão cuidadosa. Por algum tempo, o autor me dava notícias de seu andamento, escrevendo-o sem pressa, mas com especial cuidado. Como é de seu estilo, os verbetes aliam rigor e leveza da linguagem. Temas que afluem com frequência nas relações afetivas, neste milênio, que derivam do biodireito, da informática, da sexualidade, por exemplo, estão previstos como verbetes autônomos.

Para elaboração deste prefácio, comecei folheando os originais, mas fiquei preso à leitura de vários verbetes, que convidam à leitura. Além do desdobramento dos significados, em redação fluente, o autor indica a legislação aplicável e a orientação jurisprudencial, quando é o caso. Contudo, o que chama a atenção é a introdução, em muitos verbetes, de textos literários, de prosa, poesia, ou de composições musicais, que trazem a força expressiva da arte para a compreensão do tema, conjugando razão e sentimento, este mais próximo da vida. Somente um autor com alma de artista é capaz de fazer tal relação, como se dá no verbete erro essencial sobre a pessoa, com trecho de "Grandes Sertões – Veredas", de Guimarães Rosa, ou no verbete nascituro, com trecho da letra da música "O filho que eu quero ter", de Toquinho e Vinícius de Moraes. Há mais: o autor convidou artistas para ilustrarem diversos verbetes, como eles os percebem.

Nenhuma especialidade do Direito sofreu mutação tão profunda, nos últimos anos, quanto o Direito de Família. Reflete a imensa transformação que ocorreu na sociedade brasileira, que abandonou as fundações aparentemente sólidas em que se assentavam as relações familiares. Não há mais traço na família brasileira, sob o ponto de vista do Direito, da organização patriarcal, da desigualdade de direitos entre gêneros, do poder marital, do pátrio poder, da discriminação dos filhos entre legítimos e ilegítimos, das entidades familiares relegadas à invisibilidade.

Da mesma relação familiar atual emergem várias estruturas jurídicas distintas: (1) o dos pais (ou genitor único) e seus filhos biológicos e não biológicos, até a aquisição da capacidade civil; (2) os dos cônjuges ou companheiros de união estável, entre si; (3) os dos parentes entre si, para fins determinados: impedimentos para casar ou constituir união estável; alimentos; sucessão hereditária; tutela ou curatela; (4) o dos filhos em relação aos deveres de amparo dos pais idosos, de caráter vitalício.

A família atual busca sua identificação na solidariedade (art. 3º, I, da Constituição), como um dos fundamentos da afetividade, após o individualismo triunfante dos dois últimos séculos. A função procracional, fortemente influenciada pela tradição religiosa, foi desmentida pelo grande número de casais sem filhos, por livre escolha, ou em razão da primazia da vida profissional, ou em razão de infertilidade. O Direito contempla essas uniões familiares, para as quais a procriação não é essencial. O favorecimento constitucional da adoção fortalece a natureza socioafetiva da família, para a qual a procriação não é imprescindível. Não há mais espaço para a exclusão das relações familiares existentes na vida social, notadamente após a histórica decisão do STF sobre o reconhecimento jurídico das uniões homoafetivas.

Retoma-se, em nossa época, o itinerário da afirmação da pessoa humana como objetivo central do Direito. No mundo antigo, o conceito romano de humanitas era o da natureza compartilhada por todos os seres humanos. Essa centralidade na pessoa humana foi acentuada na modernidade desde seu início, principalmente com o iluminismo, despontando na construção grandiosa dos direitos humanos fundamentais e do conceito de dignidade da pessoa humana. Daí a bela proclamação da Declaração Universal dos Direitos Humanos contida em seu art. 1º: "Todos os seres humanos nascem livres e iguais em dignidade e direitos". No mundo atual, o foco na pessoa humana é matizado com a consciência da tutela jurídica devida aos outros seres vivos (meio ambiente) e da coexistência necessária, pois a pessoa existe quando coexiste (solidariedade).

As relações de consanguinidade, na prática social, não são mais importantes que as oriundas de laços de afetividade e da convivência familiar, constituintes do estado de filiação, que deve prevalecer quando houver conflito com o dado biológico, salvo se o princípio do melhor interesse da criança ou o princípio da dignidade da pessoa humana indicarem outra orientação, não devendo ser confundido o direito àquele estado com o direito à origem genética.

Ante a tribalização orgânica da sociedade globalizada atual, a família é reivindicada, na expressão de uma autora muito apreciada por Rodrigo da Cunha Pereira "como o único valor seguro ao qual ninguém quer renunciar. Ela é amada, sonhada e desejada por homens, mulheres e crianças de todas as idades, de todas as orientações sexuais e de todas as condições", na expectativa de que "saiba manter, como princípio fundador, o equilíbrio entre o um e o múltiplo de que todo sujeito precisa para construir sua identidade" (Elisabeth Roudinesco).

Saliente-se a emersão de valores existenciais no Direito das Sucessões, revelando o primado da pessoa humana, destacando-se a igualdade sucessória dos filhos e a preferência pelo núcleo familiar mais estreito, no lugar dos graus distantes de parentesco. A sucessão testamentária, que recebia destinação preferencial da lei, passou a ser secundária, tal como ocorre na realidade brasileira, em razão, igualmente, dos valores sociais e de solidariedade familiar, que são mais bem contemplados na sucessão legítima. A garantia constitucional do direito à herança inverte a primazia. Em vez do autor da herança, principalmente quando testador, e do respeito à sua vontade, que era tida como norte determinante de interpretação, a primazia passou para o herdeiro. O direito do herdeiro é o assegurado pela lei e não pela vontade do testador. O autor da herança não é mais o senhor do destino do herdeiro.

Não é tarefa fácil dar conta da magnitude de tamanhas transformações e vertê-las em resumos significativos. Neste dicionário, Rodrigo da Cunha Pereira superou-se e conseguiu concentrar em seus verbetes a essência dos direitos das famílias e das sucessões, tais como estes se apresentam na atualidade.

Paulo Lôbo
Doutor em Direito Civil (USP)

PREÂMBULO

As palavras acompanham o fluir do tempo e mudam de significado, envelhecem e são substituídas por outras, de acordo com a mutação da vida social e dos valores cultivados pela sociedade. Muitas perdem a força e vão enfraquecendo, enfraquecendo, até morrerem por falta de uso.

Em substituição às palavras mortas, outras novas vão surgindo. Particularmente, esse fenômeno também ocorre para marcar uma nova era nas relações familiares e no Direito de Família.

Aquilo que antes era considerado crime, deixou de sê-lo; o que nem se imaginava viesse a tipificar uma conduta criminosa, de repente, vai para o catálogo do Código Penal (Ex.: sedução e *bullying*).

O alcance do manto jurídico espraiou-se para atingir um espaço social mais amplo e mais profundo.

O Direito de Família sofreu, nos últimos quinze anos, uma revisão geral que alterou toda a sua estrutura, seus conceitos, sua terminologia. É um modo de olhar as novas dimensões das relações familiares, o olhar da intimidade, da renovação, da autenticidade e da preocupação em refletir a força dos fatos emergentes das relações sociais e familiares.

Hoje, há uma nova gramática e um novo vocabulário do Direito de Família, com novos adjetivos, novos substantivos, novos plurais, novos coletivos, novas locuções e novos verbos.

Tomando como referência os Boletins do IBDFAM, a partir do primeiro número, em janeiro de 2000, vê-se uma amostra que serve para comprovar essa evolução terminológica.

Vejamos a sequência do alfabeto do novo Direito de Família.

A letra A é da palavra mais forte que descobrimos: Afeto. Seguem-se: Adoção por homossexuais; Alimentos gravídicos; Amor conjugal; e Alienação parental.

A letra D remete para a Desconsideração da personalidade jurídica inversa, ou *Disregard* inversa, à proteção da parte mais fraca da relação.

O E, de evolução, trouxe, para o cenário, o instituto da Entidade familiar, que alberga, em si, todos os grupos de pessoas e parentes unidos pela solidariedade e pela fraternidade.

A letra F não é mais só da família singular, matrimonializada, mas de todas as famílias: Famílias reconstituídas; Famílias simultâneas; Famílias paralelas; Famílias monoparentais; e Famílias pluriparentais. Essa letra, também, inaugura a Função social da família e a Fecundação artificial *post mortem*.

O G orienta para a descoberta da Guarda compartilhada, em defesa dos interesses da criança e do adolescente.

O H não abriga mais o horror à diversidade de gênero. Por isso, hoje, cuida da Homoafetividade e da Homoparentalidade, em processo constante de afirmação contra a homofobia.

A letra I tornou-se mais inovadora, com as palavras Infidelidade virtual; Indignidade nos alimentos; e Investigação de paternidade socioafetiva. Sob seu signo, criou-se, também, uma confraria da renovação do Direito de Família, formada pelos Ibedermanos.

A letra M não é mais só da maternidade, serve também para lembrar Mediação, Multiparentalidade e Mudança de regime de bens.

O P tornou-se mais grandioso ao acolher novidades como Parto anônimo; Paternidade socioafetiva; Paternidade alimentar; Parentalidade socioafetiva; e Poder familiar.

A letra R descobriu as Relações de parentesco; a Reprodução assistida e a Responsabilidade civil no Direito de Família.

O T inova com a figura do Testamento vital.

A letra U gerou a palavra mágica dos novos tempos: união estável. Com ela vieram: União estável homoafetiva e Uniões afetivas (*lato sensu*).

A letra V apresentou uma realidade em necessidade de proteção com a Violência doméstica e Violência patrimonial.

Essa variação semântica mostra o grau de mutação pelo qual passou o Direito de Família, nos últimos anos, em consonância com o surgimento de novas famílias, de novos institutos e de novos conceitos. Esse novo vocabulário apresenta uma oportunidade para refletir o alcance dessa variação, que teve como órgão estimulador e sistematizador o nosso Instituto Brasileiro de Direito de Família.

Em suas notas introdutórias, o autor foi feliz ao expor, de forma clara, a complexidade cultural da linguagem que está sempre acompanhando o ritmo de evolução da sociedade; a polissemia dos termos, com repercussão no processo de interpretação das normas.

Rodrigo da Cunha Pereira tem prestado reconhecida contribuição para elevar a respeitabilidade do Direito de Família no cenário nacional, com iniciativas e produções científicas que favoreceram o avanço desse ramo do Direito no ordenamento jurídico brasileiro. Agora, com esta publicação, considero que se eleva, ainda mais, essa abnegação do mais ilustre dos ibedermanos em prol do direito que socorre as aflições familiares. Parabéns e muito obrigado, em nome da família do IBDFAM.

Lourival Serejo
Desembargador no TJMA

SUMÁRIO

A

AB-ROGAÇÃO [*ver tb. derrogação*] – É a revogação total de uma lei, em razão da edição de outra nova. Vale também para decreto, regulamentação ou outro ato normativo. A ab-rogação difere da derrogação, que é a revogação parcial de determinado ato. Em geral, uma lei só pode ser revogada por outra: *Não se destinando à vigência temporária, a lei terá vigor até que outra a modifique ou revogue. § 1º A lei posterior revoga a anterior quando expressamente o declare, quando seja com ela incompatível ou quando regule inteiramente a matéria de que tratava a lei anterior* (Art. 2º, LINDB). Contudo, na prática pode também ser revogada pelos costumes, fazendo com que ela caia em desuso. Por exemplo, o regime dotal e os bens reservados da mulher só foram revogados do CCB 1916 pelo CCB 2002. Entretanto, desde a década de 1960, tais institutos caíram em desuso, e as leis que os regulamentavam tornaram-se obsoletas, anuladas pela prática cotidiana e, portanto, atingidas pela ab-rogação de fato.

Se a lei nova revoga, expressamente, a lei anterior, tem-se, então a ab-rogação de direito. Pode haver também uma ab-rogação de direito tácita, que é quando não há uma revogação explícita, mas implícita, como aconteceu com a Emenda Constitucional nº 66/10, que simplificou o sistema de divórcio no Brasil. A Emenda não disse, expressamente, que a separação judicial estava revogada, mas a sua interpretação sistemática, histórica e teleológica ab-rogou, tacitamente, o inútil instituto da separação judicial.

ABANDONO AFETIVO [*ver tb. afeto, cuidado, princípio da afetividade, reparação civil, responsabilidade civil*] – Expressão usada pelo Direito de Família para designar o abandono de quem tem a responsabilidade e o dever de cuidado para com um outro parente. É o descuido, a conduta omissiva, especialmente dos pais em relação aos filhos menores e também dos filhos maiores em relação aos pais. É o não exercício da função de pai ou mãe ou de filho em relação a seus pais. Tal assistência para com o outro é uma imposição jurídica e o seu descumprimento caracteriza um ato ilícito, podendo ser fato gerador de reparação civil. Os princípios constitucionais da dignidade humana, da solidariedade, da paternidade responsável e, obviamente, o do melhor interesse da criança e adolescente asseguram direitos às crianças, adolescentes, idosos e curatelados. Também o Código Civil estabelece obrigação de cuidado entre pais e filhos (Art. 1.634, CCB), assim como o Estatuto do Idoso (Lei nº 10.741/03) prevê que *nenhum idoso será objeto de qualquer tipo de negligência, discriminação, violência, crueldade ou opressão, e todo atentado aos seus direitos, por ação ou omissão, será punido na forma da lei* (Art. 4º). No Direito Penal, *abandonar pessoa que está sob seu cuidado, guarda, vigilância ou autoridade, e, por qualquer motivo, incapaz de defender-se dos riscos resultantes do abandono* (Art. 133, CP) é crime, com pena de prisão que varia de seis meses a doze anos, dependendo da gravidade dos delitos praticados.

Qualquer pessoa, da infância à velhice, para estruturar-se como sujeito e ter um desenvolvimento saudável, necessita de alimentos para o corpo e para a alma. O alimento imprescindível para a alma é o amor, o afeto, no sentido de cuidado, conduta. Ao agir em conformidade com a sua função, está-se objetivando o afeto e tirando-o do campo da subjetividade apenas. A ausência deste sentimento não exclui a necessidade e obrigação dos pais com o cuidado e a educação, a responsabilidade e até mesmo a presença e a imposição de limites. O que vale também para os filhos maiores em relação aos pais.

A discussão do abandono afetivo transcende os seus aspectos jurídicos e éticos para atingir uma dimensão política e social. As milhares de crianças de rua e na rua estão diretamente relacionadas ao abandono paterno ou materno e, não, apenas à omissão do Estado em suas políticas públicas. Se os pais fossem mais presentes na vida de seus filhos e não os abandonassem afetivamente, isto é, se efetivamente criassem e educassem seus filhos, cumprindo os princípios e regras jurídicas, não haveria tantas crianças e adolescentes com sintomas de desestruturação familiar. É mais cômodo, diante do contexto histórico do declínio do patriarcalismo e da sociedade do consumo, justificar na teoria político-econômica o porquê de tantas crianças abandonadas, da criminalidade juvenil ou até mesmo enveredar em uma visão moralista e pensar que todos esses sinais de violência começaram após 1977, com o divórcio no Brasil, e, consequentemente, um aumento crescente de separação de casais e de novas formas de constituição de famílias. Todavia, a verdade é que todos estes sinais de desestruturação familiar estão intimamente relacionados ao abandono paterno/materno, seja ele visível ou não.

No campo jurídico, o afeto é mais que um sentimento. É uma ação, uma conduta, presente ou não o sentimento. Portanto, está na categoria dos deveres que podem ser impostos como regra jurídica. E, a toda lei deve corresponder uma sanção, sob pena de se tornar mera regra ou princípio moral. Por isso é necessária a responsabilização, principalmente dos pais em relação aos filhos menores e dos filhos em relação aos pais idosos, que têm especial proteção da Constituição da República. A responsabilidade é da essência do afeto e do cuidado, como competente e sabiamente já escreveu Kant: *Aquilo que eu reconheço imediatamente como lei para mim, reconheço com um sentimento de respeito que não significa senão a consciência da subordinação da minha vontade a uma lei, sem*

intervenção de outras influências sobre a minha sensibilidade. (...) Uma vez que despojei a vontade de todos os estímulos que lhe poderiam advir da obediência a qualquer lei, nada mais resta do que a conformidade a uma lei universal das ações em geral que possa servir de único princípio à vontade, isto é: devo proceder sempre de maneira que eu possa querer também que a minha máxima se torne uma lei universal. (KANT, Immanuel. *Fundamentação da metafísica dos costumes.* (Trad. Paulo Quintela. São Paulo: Edições 70, 2007, p. 32-33. (Coleção Textos Filosóficos).

Não se pode obrigar ninguém a amar outrem, mas a relação parental está para além do sentimento, exige compromisso, responsabilidade, e por isso é fonte de obrigação jurídica. A afetividade geradora de direitos e deveres é a que depende da conduta, da assistência. E isto é facilmente detectável na relação pais/filhos. Ausente e "abandônico" é também aquele que dá apenas o sustento material. Com o fim da conjugalidade (ou mesmo se não houve conjugalidade), é comum que o genitor não guardião fique somente com o pagamento de alimentos, ficando o outro sobrecarregado para cumprir as funções de pai e mãe, cobrindo a ausência daquele que não está cumprindo o exercício do poder familiar. O abandono parental deve ser entendido como lesão a um interesse jurídico tutelado, extrapatrimonial, causado por omissão do pai ou da mãe no cumprimento do exercício e das funções parentais.

DISPOSITIVOS NORMATIVOS

CR – Arts. 1º, III; 3º, I e IV; 226, § 5º e § 7º; 227, 229 e 230.

CC – Arts. 186, 927, 1.634.

CP – Arts. 133, 134.

Lei nº 8.069/90 – Estatuto da Criança e do Adolescente – Arts. 3º, 7º.

Lei nº 10.741/2003 – Estatuto do Idoso – Art. 3º.

JURISPRUDÊNCIA

(...) O dever jurídico de exercer a parentalidade de modo responsável compreende a obrigação de conferir ao filho uma firme referência parental, de modo a propiciar o seu adequado desenvolvimento mental, psíquico e de personalidade, sempre com vistas a não apenas observar, mas efetivamente concretizar os princípios do melhor interesse da criança e do adolescente e da dignidade da pessoa humana, de modo que, se de sua inobservância, resultarem traumas, lesões ou prejuízos perceptíveis na criança ou adolescente, não haverá óbice para que os pais sejam condenados a reparar os danos experimentados pelo filho. 6 – Para que seja admissível a condenação a reparar danos em virtude do abandono afetivo, é imprescindível a adequada demonstração dos pressupostos da responsabilização civil, a saber, a conduta dos pais (ações ou omissões relevantes e que representem violação ao dever de cuidado), a existência do dano (demonstrada por elementos de prova que bem demonstrem a presença de prejuízo material ou moral) e o nexo de causalidade (que das ações ou omissões decorra diretamente a existência do fato danoso). 7 – Na hipótese, o genitor, logo após a dissolução da união estável mantida com a mãe, promoveu uma abrupta ruptura da relação que mantinha com a filha, ainda em tenra idade, quando todos vínculos afetivos se encontravam estabelecidos, ignorando máxima de que existem as figuras do ex-marido e do ex-convivente, mas não existem as figuras do ex-pai e do ex-filho, mantendo, a partir de então, apenas relações protocolares com a criança, insuficientes para caracterizar o indispensável dever de cuidar. 8 – Fato danoso e nexo de causalidade que ficaram amplamente comprovados pela prova produzida pela filha, corroborada pelo laudo pericial, que atestaram que as ações e omissões do pai acarretaram quadro de ansiedade, traumas psíquicos e sequelas físicas eventuais à criança, que desde os 11 anos de idade e por longo período, teve de se submeter às sessões de psicoterapia, gerando dano psicológico concreto apto a modificar a sua personalidade e, por consequência, a sua própria história de vida. (...) (STJ, REsp 1887697 / RJ, Relª Minª. Nancy Andrighi, 3ª Turma, pub. 23/09/2021).

LINGUAGEM LITERÁRIA

"Após meu próprio filho nascer, pensei: sem dúvida, isso vai deixá-lo contente. Todo homem não fica contente ao se tornar avô?

Eu queria ver meu pai todo bobo diante do bebê, para que assim me desse uma prova de que ele, afinal, era capaz de demonstrar algum sentimento – de que ele afinal, tinha sentimentos do mesmo jeito que as outras pessoas. E, se pudesse mostrar afeição por seu neto, não seria também uma forma indireta de mostrar afeição por mim? A gente nunca para de cobiçar o amor do pai, mesmo depois de adultos.

[...] Daniel tinha apenas duas semanas quando meu pai pôs os olhos nele pela primeira vez. [...] Meu pai estacionou seu carro, viu minha esposa pôr o bebê no carrinho para cochilar e veio dar uma espiada. Baixou a cabeça sobre o carrinho por um décimo de segundo, ergueu-se e disse para ela: 'Um bebê lindo. Boa sorte com ele.'

Em seguida entrou na casa. Podia muito bem estar falando sobre o bebê de algum estranho, que viu na fila do supermercado. Durante o resto de sua visita naquele dia, meu pai não olhou para Daniel, e nem uma vez sequer pediu para segurá-lo."

(AUSTER, Paul. *A invenção da solidão*. Tradução de Rubens Figueiredo. São Paulo: Companhia das Letras, 1999. p. 26-27).

LINGUAGEM POÉTICA

Quando, seu moço / Nasceu meu rebento / Não era o momento /
Dele rebentar / Já foi nascendo /
Com cara de fome / E eu não tinha nem nome / Pra lhe dar / Como fui levando / Não sei lhe explicar /
Fui assim levando / Ele a me levar /
E na sua meninice / Ele um dia me disse / Que chegava lá /
Olha aí! Olha aí!
Olha aí! / Ai o meu guri, olha aí! / Olha aí! / É o meu guri e ele chega!
Chega suado / E veloz do batente / Traz sempre um presente / Pra me encabular / Tanta corrente de ouro / Seu moço! / Que haja pescoço /
Pra enfiar / Me trouxe uma bolsa /
Já com tudo dentro / Chave, caderneta / Terço e patuá / Um lenço e uma penca / De documentos / Pra finalmente / Eu me identificar / Olha aí! (...)
Chega no morro / Com carregamento / Pulseira, cimento / Relógio, pneu, gravador / Rezo até ele chegar /
Cá no alto / Essa onda de assaltos /
Tá um horror / Eu consolo ele /
Ele me consola / Boto ele no colo / Pra ele me ninar / De repente acordo / Olho pro lado / E o danado já foi trabalhar / Olha aí! (...)
Chega estampado / Manchete, retrato / Com venda nos olhos / Legenda e as iniciais / Eu não entendo essa gente / Seu moço! / Fazendo alvoroço demais / O guri no mato / Acho que tá rindo / Acho que tá lindo / De papo pro ar / Desde o começo eu não disse / Seu moço! / Ele disse que chegava lá / Olha aí! Olha aí!
(*Meu guri* – Letra e música de Chico Buarque).

ILUSTRAÇÃO

Sérgio Lima. P. 3.

ABANDONO AFETIVO INVERSO

[ver tb. *Afeto, princípio da afetividade e cuidado, abandono afetivo*] – É a expressão usada pelo Direito de Família para designar o abandono de quem tem a responsabilidade e o dever de cuidado de filhos com relação aos pais na velhice. A Constituição da República assim estabelece: "*Os pais têm o dever de assistir, criar e educar os filhos menores, e os filhos maiores têm o dever de ajudar e amparar os pais na velhice, carência ou enfermidade*" (Art. 229, CR 1988). Trata-se da reciprocidade familiar no cuidado ao próximo. É o descuido, a conduta omissiva, especialmente dos filhos com relação aos pais na velhice. O art. 1.634 do Código Civil estabelece obrigação de cuidado entre pais e filhos, assim como o art. 4º do Estatuto da pessoa Idosa (Lei nº 10.741/2003), prevê que "*nenhum idoso será objeto de qualquer tipo de negligência, discriminação, violência, crueldade ou opressão, e todo atentado aos seus direitos, por ação ou omissão, será punido na forma da lei*". O Abandono afetivo inverso é o não exercício da função de filho em relação a seus pais idosos. O exercício deste dever de assistência para com o outro é uma imposição jurídica e o seu descumprimento caracteriza um ato ilícito, podendo ser fato gerador de reparação civil. No Direito Penal (Art. 133) – *abandonar pessoa que está sob seu cuidado, guarda, negligência ou autoridade, e, por qualquer motivo, incapaz de defender-se dos riscos resultantes do abandono* – é crime com pena de prisão que varia de seis meses a doze anos. A discussão do abandono afetivo inverso transcende os seus aspectos jurídicos e éticos para atingir uma dimensão política e social. Os milhares de idosos abandonados nos "asilos" ou melhor, em instituições de longa permanência estão diretamente relacionados ao abandono dos filhos com relação aos pais na velhice, e não apenas à omissão do Estado em suas políticas públicas. No campo jurídico o afeto é mais que um sentimento. É uma ação, uma conduta, presente ou não o sentimento. Portanto, está na categoria dos deveres que podem ser impostos como regra jurídica. E, a toda lei corresponde uma sanção, sob pena de se tornar mera regra ou princípio moral. Por isso é necessária a responsabilização, principalmente dos filhos em relação aos pais na velhice, que têm especial proteção da Constituição da República.

DISPOSITIVOS NORMATIVOS:

Constituição da República: Arts. 1º, III; 3º, I e IV; 226, § 5º e § 7º; 227, 229 e 230.

Código Civil/2002: Arts. 186, 927, 1.634.

Código Penal: Arts. 133, 134.

Lei nº 10.741/2003 (Estatuto da pessoa Idosa): Arts, 2º, 3º, 8º, 10º

LINGUAGEM POÉTICA

Não é sobre ter todas as pessoas do mundo pra si / É sobre saber que em algum lugar alguém zela por ti / É sobre cantar e poder escutar mais do que a própria voz / É sobre dançar na chuva de vida que cai sobre nós

É saber se sentir infinito / Num universo tão vasto e bonito, é saber sonhar / Então fazer valer a pena / Cada verso daquele poema sobre acreditar

Não é sobre chegar / No topo do mundo e saber que venceu / É sobre escalar e sentir que o caminho te fortaleceu / É sobre ser abrigo / E também ter morada em outros corações / E assim ter amigos contigo em todas as situações

A gente não pode ter tudo / Qual seria a graça do mundo se fosse assim? / Por isso eu prefiro sorrisos / E os presentes que a vida trouxe pra perto de mim /

Não é sobre tudo que o seu dinheiro é capaz de comprar / E sim sobre cada momento, sorriso a se compartilhar / Também não é sobre / Correr contra o tempo pra ter sempre mais / Porque quando menos se espera a vida já ficou pra trás

Segura teu filho no colo / Sorria e abraça os teus pais enquanto estão aqui /Que a vida é trem-bala parceiro

E a gente é só passageiro prestes a partir

Laiá, laiá, laiá, laiá, laiá

Laiá, laiá, laiá, laiá, laiá

Segura teu filho no colo / Sorria e abraça os teus pais enquanto estão aqui / Que a vida é trem-bala parceiro

E a gente é só passageiro prestes a partir

(Trem bala – Letra e música Ana Vilela)

ABANDONO DA FAMÍLIA [ver tb. abandono afetivo, abandono material, abandono intelectual] – Abandonar material, afetiva e psicologicamente, cônjuge, companheiro, parentes e familiares, sejam biológicos ou socioafetivos que necessitam de cuidados especiais. É uma ofensa ao princípio da solidariedade, regente das relações familiares. A lei, ao gerar deveres recíprocos entre os integrantes do grupo familiar, safa-se o Estado do encargo de prover toda a gama de direitos que são assegurados constitucionalmente ao cidadão. Basta atentar que, em se tratando de crianças e de adolescentes, é atribuído primeiro à família, depois à sociedade e finalmente ao Estado o dever de garantir com absoluta prioridade os direitos inerentes aos cidadãos em formação (Art. 227, CR). Impor aos pais o dever de assistência aos filhos decorre do princípio da solidariedade (Art. 229, CR). O dever de amparo às pessoas idosas dispõe do mesmo conteúdo solidário. (DIAS, Maria Berenice. Manual de direito das famílias. 9. ed. São Paulo: Revista dos Tribunais, 2013. p. 69).

DISPOSITIVOS NORMATIVOS

CR – Arts. 1º, 3º, 226, 227, 229 e 230.

CCB – Arts. 186, 927, 1.634.

CP – Art. 133, 134.

Lei nº 10.741/03 – Estatuto da pessoa Idosa – Art. 3º.

Lei nº 8.069/90 – Estatuto da Criança e do Adolescente – Arts. 3º, 7º.

ILUSTRAÇÃO

Ana Cristina Brandão. P. 8.

ABANDONO DA HERANÇA [ver tb. *cessão de direitos hereditários, renúncia à herança*] – ver renúncia de herança.

ABANDONO DE INCAPAZ [ver tb. *abandono afetivo e abandono material*] – É o ato ou conduta de abandonar pessoa que está sob sua guarda, cuidado, vigilância ou autoridade, e, por qualquer motivo, incapaz de defender-se dos riscos resultantes do abandono. O art. 133 do Código Penal tipifica como delito o abandono de pessoas incapazes. As penas cominadas aumentam de um terço quando o abandono ocorrer em lugar ermo, ou se o agente for ascendente ou descendente, cônjuge, irmão, tutor ou curador da vítima, e, por fim, se a vítima for maior de 60 anos de idade (Art. 133, § 3º, CP).

A

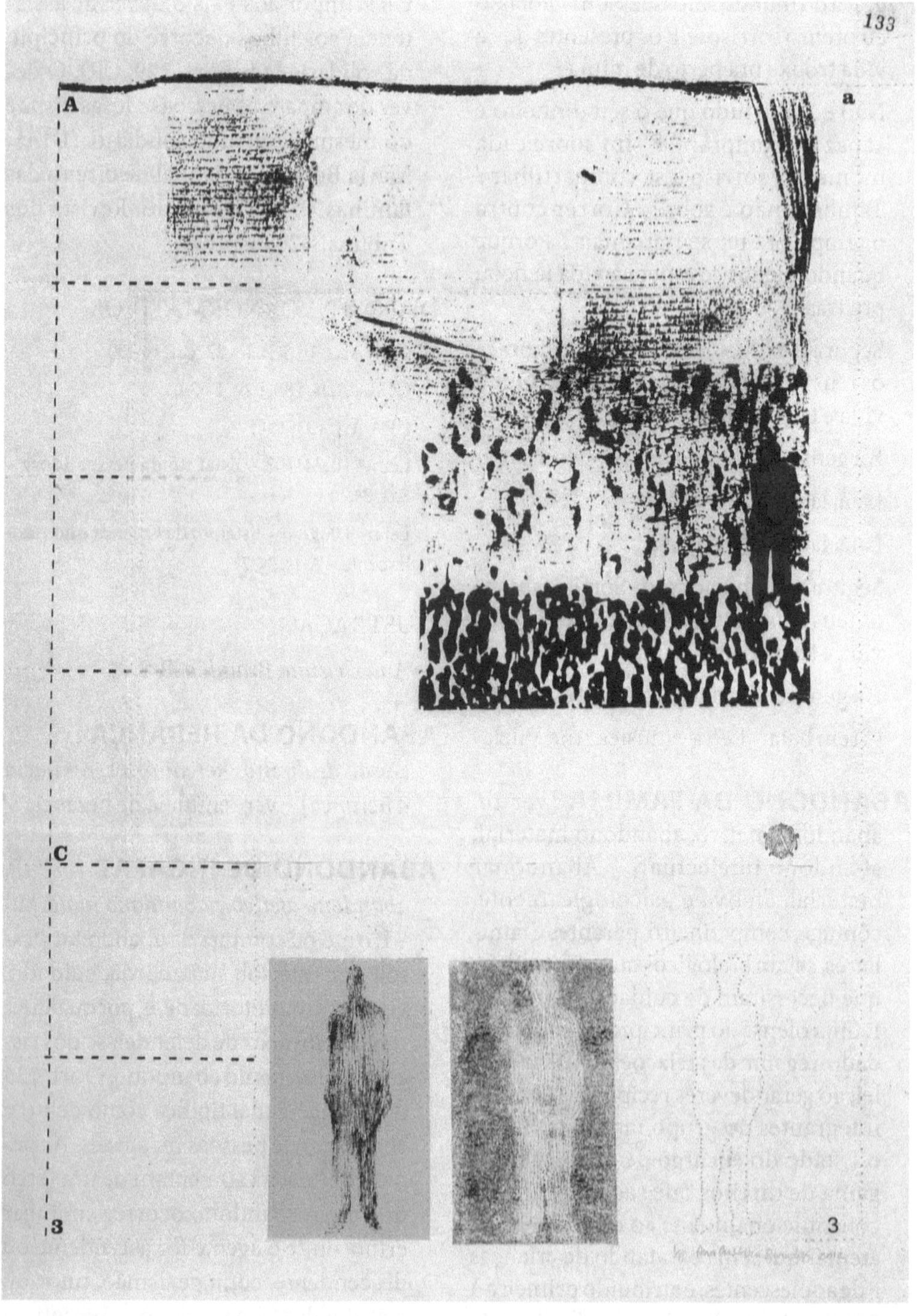

A

a

C

3

3

O abandono de filho pode causar a perda da autoridade parental/poder familiar, desde que configurado por uma atitude omissiva de um ou de ambos os pais, que deixarem de desempenhar seus deveres para com os filhos. O poder familiar constitui verdadeiro dever dos pais, a quem incumbe dirigir a criação e educação dos filhos: *"Compete a ambos os pais, qualquer que seja a sua situação conjugal, o pleno exercício do poder familiar, que consiste em, quanto aos filhos: I – dirigir--lhes a criação e a educação; II – exercer a guarda unilateral ou compartilhada nos termos do art. 1.584; III – conceder-lhes ou negar-lhes consentimento para casarem; IV – conceder-lhes ou negar-lhes consentimento para viajarem ao exterior; V – conceder-lhes ou negar-lhes consentimento para mudarem sua residência permanente para outro Município; VI – nomear-lhes tutor por testamento ou documento autêntico, se o outro dos pais não lhe sobreviver, ou o sobrevivo não puder exercer o poder familiar; VII – representá-los judicial e extrajudicialmente até os 16 (dezesseis) anos, nos atos da vida civil, e assisti-los, após essa idade, nos atos em que forem partes, suprindo-lhes o consentimento; VIII – reclamá-los de quem ilegalmente os detenha; IX – exigir que lhes prestem obediência, respeito e os serviços próprios de sua idade e condição."* (Art. 1.634, CCB). No mesmo sentido, o Estatuto da Criança e do Adolescente prevê que *"aos pais incumbe o dever de sustento, guarda e educação dos filhos menores, cabendo-lhes ainda, no interesse destes, a obrigação de cumprir e fazer cumprir as determinações judiciais"* (Art. 22, Lei nº 8.069/90). A Lei nº 13.257/2016 acrescentou parágrafo único ao art. 22 do ECA, prevendo que a mãe e o pai, ou os responsáveis, têm direitos iguais e deveres e responsabilidades compartilhados no cuidado e na educação da criança, devendo ser resguardado o direito de transmissão familiar de suas crenças e culturas, assegurados os direitos da criança estabelecidos nesta Lei. *O ECA prevê também, em seu art. 249 que quem descumprir, dolosa ou culposamente, os deveres inerentes ao poder familiar ou decorrente de tutela ou guarda, bem assim determinação da autoridade judiciária ou Conselho Tutelar, poderá ser arbitrada penalidade de multa de três a vinte salários de referência, aplicando-se o dobro em caso de reincidência.*

A destituição do poder familiar é a sanção mais grave imposta aos pais. *Perderá por ato judicial o poder familiar o pai ou a mãe que: I – castigar imoderadamente o filho; II – deixar o filho em abandono; III – praticar atos contrários à moral e aos bons costumes; IV – incidir, reiteradamente, nas faltas previstas no artigo antecedente* (Art. 1.638, CCB).

A Lei 14.344/2022 criou mecanismo para prevenção e enfrentamento da violência doméstica familiar contra a criança e ao adolescente. *Configura violência doméstica e familiar contra a criança e o adolescente qualquer ação ou omissão que lhe cause morte, lesão, sofrimento físico, sexual, psicológico ou dano patrimonial: I – no âmbito do domicílio ou da residência da criança e do adolescente, compreendida como o espaço de convívio permanente de pessoas, com ou sem vínculo familiar, inclusive as esporadicamente agregadas; II – no âmbito da família, compreendida como a comunidade formada por indivíduos que compõem a família natural, ampliada ou substituta, por laços naturais, por afinidade ou por vontade expressa; III – em qualquer*

A

relação doméstica e familiar na qual o agressor conviva ou tenha convivido com a vítima, independentemente de coabitação. Parágrafo único. Para a caracterização da violência prevista no caput deste artigo, deverão ser observadas as definições estabelecidas na Lei nº 13.431, de 4 de abril de 2017. (artigo 2º). Dita formas de violência, pode se constatar: I – violência física, entendida como a ação infligida à criança ou ao adolescente que ofenda sua integridade ou saúde corporal ou que lhe cause sofrimento físico; II – violência psicológica: a) qualquer conduta de discriminação, depreciação ou desrespeito em relação à criança ou ao adolescente mediante ameaça, constrangimento, humilhação, manipulação, isolamento, agressão verbal e xingamento, ridicularização, indiferença, exploração ou intimidação sistemática (bullying) que possa comprometer seu desenvolvimento psíquico ou emocional; b) o ato de alienação parental, assim entendido como a interferência na formação psicológica da criança ou do adolescente, promovida ou induzida por um dos genitores, pelos avós ou por quem os tenha sob sua autoridade, guarda ou vigilância, que leve ao repúdio de genitor ou que cause prejuízo ao estabelecimento ou à manutenção de vínculo com este; c) qualquer conduta que exponha a criança ou o adolescente, direta ou indiretamente, a crime violento contra membro de sua família ou de sua rede de apoio, independentemente do ambiente em que cometido, particularmente quando isto a torna testemunha; III – violência sexual, entendida como qualquer conduta que constranja a criança ou o adolescente a praticar ou presenciar conjunção carnal ou qualquer outro ato libidinoso, inclusive exposição do corpo em foto ou vídeo por meio eletrônico ou não, que compreenda: a) abuso sexual, entendido como toda ação que se utiliza da criança ou do adolescente para fins sexuais, seja conjunção carnal ou outro ato libidinoso, realizado de modo presencial ou por meio eletrônico, para estimulação sexual do agente ou de terceiro; b) exploração sexual comercial, entendida como o uso da criança ou do adolescente em atividade sexual em troca de remuneração ou qualquer outra forma de compensação, de forma independente ou sob patrocínio, apoio ou incentivo de terceiro, seja de modo presencial ou por meio eletrônico; c) tráfico de pessoas, entendido como o recrutamento, o transporte, a transferência, o alojamento ou o acolhimento da criança ou do adolescente, dentro do território nacional ou para o estrangeiro, com o fim de exploração sexual, mediante ameaça, uso de força ou outra forma de coação, rapto, fraude, engano, abuso de autoridade, aproveitamento de situação de vulnerabilidade ou entrega ou aceitação de pagamento, entre os casos previstos na legislação; IV – violência institucional, entendida como a praticada por instituição pública ou conveniada, inclusive quando gerar revitimização. V – violência patrimonial, entendida como qualquer conduta que configure retenção, subtração, destruição parcial ou total de seus documentos pessoais, bens, valores e direitos ou recursos econômicos, incluídos os destinados a satisfazer suas necessidades, desde que a medida não se enquadre como educacional. (Incluído pela Lei nº 14.344, de 2022). Por óbvio, a violência doméstica e familiar contra a criança e o adolescente constitui uma das formas de violação dos direitos humanos (artigo 3º da Lei 14.344/2022).

JURISPRUDÊNCIA

(...) Restando demonstrado o abandono de menor por sua genitora, que, ao entregá-lo aos cuidados de terceiros, deixa de lhe prestar os necessários cuidados, carinho e atenção indispensáveis ao seu desenvolvimento saudável, em total descumprimento de suas obrigações inerentes à maternidade, a perda de seu poder familiar é medida que se impõe. Preenchidos os requisitos do art. 1.618 e seguintes do Código Civil/2002, e art. 40 e seguintes do ECA, o deferimento da adoção de menor àqueles que sempre lhe prestaram, e continuam prestando, toda assistência material e afetiva é medida que se impõe. (Ap. Cível nº 1.0097.07.001019-0/001, Rel. Des. Elias Camilo, 3ª CC – TJMG. j. 28/01/2010).

ABANDONO DIGITAL [*ver tb. cyberbullying*] – É a negligência da parentalidade com relação à segurança dos filhos no ambiente virtual, proporcionado pela internet e pelas redes sociais, gerando efeitos nocivos diante da vulnerabilidade, notadamente crimes contra a dignidade sexual de crianças e adolescentes. A Lei nº 12.965/2014 estabelece princípios, garantias, direitos e deveres para o uso da Internet no Brasil, e no seu art. 29 dispõe que "*o usuário terá a opção de livre escolha na utilização de programa de computador em seu terminal para exercício do controle parental de conteúdo entendido por ele como impróprio a seus filhos menores, desde que respeitados os princípios desta Lei e da Lei nº 8.069, de 13 de julho de 1990 – Estatuto da Criança e do Adolescente*". Além disso, a Lei nº 13.441/2017 alterou a Lei nº 8.069, de 13 de julho de 1990 (Estatuto da Criança e do Adolescente), para prever a infiltração de agentes de polícia na internet com o fim de investigar crimes contra a dignidade sexual de criança e de adolescente. Por outro lado, se a criança ou o adolescente, via inversa, cometer ilícito civil, como conteúdo ofensivo a terceiros, os pais responderão pelos atos danosos praticados por esses filhos. Presume-se a culpa daqueles, conforme dicção do art. 932, inciso I, do Código Civil, a preceituar que são também responsáveis pela reparação civil, os pais, pelos filhos menores que estiverem sob sua autoridade e em sua companhia.

A Lei 14.344/2022 criou mecanismo para prevenção e enfrentamento da violência doméstica familiar contra a criança e ao adolescente. *Configura violência doméstica e familiar contra a criança e o adolescente qualquer ação ou omissão que lhe cause morte, lesão, sofrimento físico, sexual, psicológico ou dano patrimonial: I – no âmbito do domicílio ou da residência da criança e do adolescente, compreendida como o espaço de convívio permanente de pessoas, com ou sem vínculo familiar, inclusive as esporadicamente agregadas; II – no âmbito da família, compreendida como a comunidade formada por indivíduos que compõem a família natural, ampliada ou substituta, por laços naturais, por afinidade ou por vontade expressa; III – em qualquer relação doméstica e familiar na qual o agressor conviva ou tenha convivido com a vítima, independentemente de coabitação.*

ABANDONO DO LAR [*ver tb. usucapião familiar*] – Deixar o lar conjugal, sumir, desaparecer sem deixar notícias. Deixar a família sem assistência. É um dos motivos que pode caracterizar a impossibilidade da comunhão de vida do casal. Os pressupostos para sua caracterização é que seja por parte do cônjuge ou companheiro, voluntário e durante um ano contínuo. Está elencado entre um dos deveres do casamento (Art. 1.566, II, CCB).

A

Em 2011, a Lei nº 12.424/11 trouxe nova modalidade de perda da propriedade por abandono do lar, prevendo que se um dos cônjuges deixar o lar conjugal por dois anos ininterruptos, caracterizando abandono da família, perde o seu direito de propriedade sobre o bem que era residência do casal. Apesar de aparentemente fazer ressurgir a discussão de culpa pelo fim da conjugalidade, a lei não tem essa intenção, não diz isso e não deve ser interpretada assim. Quando ela menciona abandono do lar, quer dizer simplesmente que o cônjuge não se responsabilizou pela família. E se assim o fez, deve responder na vida pela sua irresponsabilidade, com a perda da propriedade. É justo. Isto não significa discutir culpa, até porque, após a EC 66/10, ela ficou extirpada do nosso ordenamento jurídico.

Aquele que não desejar mais ficar casado, ou manter a união estável, e quiser sair de casa, deve fazê-lo com responsabilidade. O abandono do lar pode ser facilmente descaracterizado com algum registro, formal ou informal, desta intenção ou desejo pelo fim da conjugalidade. Um simples registro ou formalização da separação de fato e de corpos pode descaracterizar o abandono do lar e, consequentemente, o usucapião familiar.

Independente da constatação do "abandono do lar", a lei 14.118, de 12 de janeiro de 2021, instituiu o programa Casa Verde Amarela – em substituição ao programa Minha Casa, Minha Vida (Lei 11.977/09) –, para aquisição de imóveis por famílias de baixa renda. o art. 14 da lei 14.118/21, segundo o qual, nas hipóteses de dissolução de união estável, separação ou divórcio, o título de propriedade do imóvel adquirido, construído ou regu-larizado na constância do casamento ou da união estável será registrado em nome da mulher ou a ela transferido, independentemente do regime de bens aplicável, excetuadas as operações de financiamento habitacional firmadas com recursos do FGTS. Temos uma exceção, prevista no seu parágrafo na hipótese de haver filhos do casal e a guarda ser atribuída exclusivamente ao homem, o título da propriedade do imóvel construído ou adquirido será registrado em seu nome ou a ele transferido, revertida a titularidade em favor da mulher caso a guarda dos filhos seja a ela posteriormente atribuída.

JURISPRUDÊNCIA

(...) Tendo o autor se separado de fato da parte requerida, antes mesmo da homologação do divórcio consensual, afastando-se do convívio familiar e deixando exclusivamente a cargo da ex-cônjuge requerida toda responsabilidade pelas despesas de manutenção e conservação do imóvel comum, sem tomar qualquer medida no sentido de manter seu direito de propriedade sobre o bem, sem sequer efetuar pagamento de tributos, por lapso temporal superior a dois anos, resta configurado o abandono do lar ensejando a aquisição da propriedade pela requerida, na forma da usucapião familiar prevista no art. 1.240-A /CC/02 (introduzido pelo art. 9º, da Lei nº 12.424, de 16/06/2011). 2. Apelação Cível à que se nega provimento, majorando-se os honorários de sucumbência (TJPR – 17ª C.Cível – 0069926-49.2016.8.16.0014 – Londrina – Rel. Juiz Substituto Francisco Carlos Jorge, 17ª CC, j. 12/07/2021).

LINGUAGEM LITERÁRIA

"Amanhã faz um mês que a Senhora está longe de casa. Primeiros dias, para dizer a verdade, não senti falta, bom chegar tarde, esquecido na conversa de esquina. Não foi ausência por uma semana: o batom ainda no lenço, o prato na mesa por engano, a imagem de relance no espelho.

Com os dias, Senhora, o leite pela primeira vez coalhou. A notícia de sua perda veio aos poucos: a pilha de jornais ali no chão, ninguém os guardou debaixo da escada. Toda a casa era um corredor deserto, até o canário ficou mudo. Não dar parte de fraco, ah, Senhora, fui beber com os amigos. Uma hora da noite eles se iam. Ficava só, sem o perdão de sua presença, última luz na varanda, a todas as aflições do dia.

Sentia falta da pequena briga pelo sal no tomate – meu jeito de querer bem. Acaso é saudade, Senhora? Às suas violetas, na janela, não lhes poupei água e elas murcham. Não tenho botão na camisa. Calço a meia furada. Que fim levou o saca-rolha? Nenhum de nós sabe, sem a Senhora, conversar com os outros: bocas raivosas mastigando. Venha para casa, Senhora, por favor."

(TREVISAN, Dalton. Apelo. *In: Mistérios de Curitiba*. Rio de Janeiro: Record, 1979. p. 73).

LINGUAGEM POÉTICA

Inez saiu dizendo que ia comprar um pavio pro lampião / Pode me esperar Mané / Que eu já volto já / Acendi o fogão, botei a água pra esquentar / E fui pro portão / Só pra ver Inez chegar / Anoiteceu e ela não voltou / Fui pra rua feito louco / Pra saber o que aconteceu / Procurei na Central / Procurei no Hospital e no xadrez / Andei a cidade inteira / E não encontrei Inez / Voltei pra casa triste demais / O que Inez me fez não se faz / E no chão bem perto do fogão / Encontrei um papel / Escrito assim: – Pode apagar o fogo Mané que eu não volto mais.

(*Apaga o Fogo Mané* – Letra e música de Adoniran Barbosa).

ABANDONO INTELECTUAL [*ver tb. abandono afetivo*] – Caracteriza-se pela negligência de quem tem o poder familiar/autoridade parental e/ou a guarda, em relação à educação da criança ou adolescente, deixando-a sem acesso à instrução ou escola de ensinamentos básicos. É um tipo penal prescrito no art. 246 do Código Penal, que se configura por deixar, sem justa causa, de prover à instrução básica de filho em idade escolar. Pode ser descaracterizado, caso o Poder Público não disponha de escolas, ou caso não haja vagas para matricular os menores naquela região. Neste caso, o Ministério Público, na condição de defensor dos incapazes, deve providenciar medidas para se cumprir o ditame constitucional de direito à educação das crianças e adolescentes.

A negligência dos pais, quanto à educação dos filhos, pode resultar na destituição do poder familiar, que se constitui como essencial dever dos pais, que devem se incumbir de dirigir a criação e educação dos filhos, mantê-los em sua companhia e guarda, representá-los na vida civil, reclamá-los a quem ilegalmente os detenha, e exigir que prestem obediência, respeito e serviços próprios da idade e condição (Art. 1.634, CCB). No mesmo sentido, o Estatuto da Criança e do Adolescente prevê que aos pais incumbe o dever de sustento, guarda e educação dos filhos menores, cabendo-lhes, ainda, no interesse destes, a obrigação de cumprir e fazer cumprir as determinações judiciais (Art. 22, ECA).

A Lei nº 13.257/2016 acrescentou parágrafo único no art. 22 do ECA, prevendo que "a mãe e o pai, ou os responsáveis, têm direitos iguais e deveres e responsabilidades compartilhados no cuidado e na educação da criança, devendo ser resguardado o direito de transmissão familiar de suas crenças e culturas, assegurados os direitos da criança estabelecidos nesta Lei".

A destituição do poder familiar é a sanção mais grave imposta aos pais, só devendo ocorrer naqueles casos em que comprovados a falta, omissão ou abuso em relação aos filhos. *Perderá por ato judicial o poder familiar o pai ou a mãe que: I – castigar imoderadamente o filho; II – deixar o filho em abandono; III – praticar atos contrários à moral e aos bons costumes; IV – incidir, reiteradamente, nas faltas previstas no artigo antecedente* (Art. 1.638, CCB).

O abandono intelectual, além de conduta tipificada como crime, pode ser também um elemento caracterizador do abandono afetivo, que por sua vez significa e compõe o quadro da irresponsabilidade dos pais em relação à criação e educação de seus filhos.

A Lei nº 13.431/2017 normatizou e organizou o sistema de garantia de direitos da criança e do adolescente vítima ou testemunha de violência, criando mecanismos para prevenir e coibir a violência, nos termos do art. 227 da Constituição Federal, da Convenção sobre os Direitos da Criança e seus protocolos adicionais, da Resolução nº 20/2005 do Conselho Econômico e Social das Nações Unidas e de outros diplomas internacionais, estabelecendo medidas de assistência e proteção à criança e ao adolescente em situação de violência. O art. 2º desta lei disciplina que a criança e o adolescente gozam dos direitos fundamentais inerentes à pessoa humana, sendo-lhes asseguradas a proteção integral e as oportunidades e facilidades para viver sem violência

e preservar sua saúde física e mental e seu desenvolvimento moral, *intelectual* e social, e gozam de direitos específicos à sua condição de vítima ou testemunha. O art. 4º, II, desta lei prevê: Para os efeitos desta Lei, sem prejuízo da tipificação das condutas criminosas, são formas de violência: *II – violência psicológica: a) qualquer conduta de discriminação, depreciação ou desrespeito em relação à criança ou ao adolescente mediante ameaça, constrangimento, humilhação, manipulação, isolamento, agressão verbal e xingamento, ridicularização, indiferença, exploração ou intimidação sistemática (bullying) que possa comprometer seu desenvolvimento psíquico ou emocional.* A indiferença guarda similitude com o abandono, sendo ambas uma forma de violência.

O art. 249 do Estatuto da Criança e do Adolescente prevê multa de três a vinte salários de referência, aplicando-se o dobro em caso de reincidência, casos de descumprir, dolosa ou culposamente, os deveres inerentes ao poder familiar ou decorrente de tutela ou guarda, bem assim determinação da autoridade judiciária ou Conselho Tutelar.

DISPOSITIVOS NORMATIVOS

CR – Arts. 227 e 229.

CP – Arts. 246 e 247.

CCB – Arts. 1.634, 1.638.

Lei nº 8.069/90 – Estatuto da Criança e do Adolescente – Arts. 3º, 4º, 5º, 7º, 22, 33, 249.

Lei nº 13.431/2017.

Lei 14.344/2022.

JURISPRUDÊNCIA

(...) Para a aplicação da multa do art. 249 do ECA, necessária a prova da materialidade da infração e do elemento anímico, consubstanciado no dolo ou na culpa. 2. Extraindo-se do conjunto probatório que o pai, no limite dos seus esforços, orientou o filho a permanecer na escola, e restando latente que o menor carecia de acompanhamento psicológico para correção de desvios comportamentais, não é razoável atribuir a culpa ao genitor e lhe aplicar as penalidades do art. 249 do ECA. 3. Recurso provido. 4. Sentença reformada. (TJMG – Apelação Cível 1.0183.11.009147-1/001, Rel. Des. Raimundo Messias Júnior , 2ª CC, publ. 10/02/2014)

ABANDONO MATERIAL [*ver tb. Estatuto do Idoso*] – É o abandono de menores, idosos ou incapazes pelos pais, tutores, curadores, ou de quem tenha a guarda dos filhos, ou responsável por sustentá-los materialmente, deixando de prestar alimentos. O abandono material, além de caracterizar atos que autorizem mudança de guarda, restrição de visitas/convivência familiar e até mesmo a destituição do poder familiar, é um tipo penal inscrito no art. 244 do Código Penal: *Deixar, sem justa causa, de prover a subsistência do cônjuge, ou de filho menor de 18 (dezoito) anos ou inapto para o trabalho, ou de ascendente inválido ou maior de 60 (sessenta) anos, não lhes proporcionando os recursos necessários ou faltando ao pagamento de pensão alimentícia judicialmente acordada, fixada ou majorada; deixar, sem justa causa, de socorrer descendentes ou ascendentes, gravemente enfermo.*

Diferentemente do abandono moral ou intelectual, significa deixar de dar assistência, ou recusa a prestar auxílio material a quem é seu dependente, ou a quem devia pagar alimentos, seja parente, cônjuge

A

ou companheiro. O abandono material, para configuração do tipo penal, deve apresentar três pressupostos: o objetivo, que é a omissão/negligência de sustento de dependente do agente; o subjetivo, ou seja, o dolo movido pela intenção de negligenciar o sustento; e, por fim, o normativo, que é a ausência de justa causa sobre a ação contrária ao ordenamento jurídico. A tipicidade pode ser afastada se provada a concreta impossibilidade econômica de contribuir para o sustento da vítima. Na esfera cível, o não pagamento de pensão alimentícia fixada, judicialmente, pode incidir em prisão civil.

Na esfera penal, deve ficar demonstrada a intenção de negligenciar a prestação alimentar sem justa causa, ou seja, a vontade livre e egoísta de deixar de prover a subsistência de seus dependentes, pois o mero inadimplemento da verba alimentar, sem demonstração desses pressupostos, não configura o tipo.

JURISPRUDÊNCIA

(...) deixar de implementar pensão alimentícia é ilícito civil e o que o difere do ilícito penal é justamente o dolo, vontade livre de não pagar, sem justa causa, ou seja, mesmo podendo fazê-lo. A caracterização do tipo penal exige que se demonstre que a conduta de não pagar a pensão alimentícia foi realizada por alguém que, podendo implementá-la, não o faz sem causa que justifique a falta, o que não foi demonstrado na incoativa, que se limita a afirmar que a omissão do ora paciente foi "sem justa causa". Ora, esse elemento não está no tipo penal apenas como adorno, mas porque, como o próprio nome está a indicar, é uma parte essencial e a acusação dele deve se ocupar, demonstrando, em cada caso concreto, o porque do não pagamento da pensão, ou seja, se, pelos fatos ocorridos, há motivos justos para o alimentante deixar de solver as prestações. (...) Se assim não for, estar-se-á igualando os ilícitos penal e civil, pois não haverá mais diferença

entre eles, bastando que o alimentante falte ao seu dever para cometer um crime. (HC 141069 RS, Rel.ª Min.ª Maria Thereza de Assis Moura, 6ª T – STJ. publ. 21/03/2012).

ILUSTRAÇÃO

Márcia Charnizon. P. 15.

ABANDONO MORAL [*ver tb. abandono afetivo*] – É o abandono dos pais ou de qualquer pessoa que tenha o dever legal de prestar assistência ao menor, idoso, ou incapaz. É a falta de cuidado, negligência do pai, mãe, tutor, curador em relação às pessoas que estão oficialmente sob sua responsabilidade. Uma vez caracterizado o abandono moral, além da repercussão criminal (Arts. 246 e 247, Código Penal), têm-se as consequências civis da destituição do poder familiar, perda da guarda, ou mesmo reparação civil.

DISPOSITIVOS NORMATIVOS

CR – Arts. 227 e 229.

CCB – Arts. 1.634 e 1.638.

CP – Arts. 246 e 247.

Lei nº 8.069/90 – Estatuto da Criança e do Adolescente – Arts. 3º, 4º, 5º, 7º, 22, 23, 33 a 35.

Lei nº 10.741/03 – Estatuto do Idoso.

JURISPRUDÊNCIA

(...) Sendo infrutíferas as buscas para saber do paradeiro do genitor, regular a citação efetuada por edital, na forma do art. 231, II, do CPC. 2) Hipótese em que se justifica a destituição do genitor do poder familiar relativamente ao filho menor, posto que demonstrado o completo abandono moral, material e intelectual por parte do pai, que deixou a família e nunca mais deu notícias. (...) (Ap. Cível nº 70042975656, Rel. Des. Ricardo Moreira Lins Pastl, 8ª CC – TJRS. publ. 25/08/2011).

LINGUAGEM LITERÁRIA

"Teria sido o orgulho ofendido que aniquilara aquele coração de criança ou foram os três meses de sofrimentos causados pelo pai, que substituíra de repente o seu amor por ódio, que a ofendera com uma palavra de opróbrio, que tripudiara sobre o seu medo e que, finalmente, se desfizera dela, deixando-a na mão de estranhos? Não cessava de pensar em tudo isso, variando-o de mil maneiras. "Sabe o que Lisa significava para mim?" – lembrou-se de repente da exclamação do bêbado Trussótzki, e sentiu que aquela exclamação não constituía apenas manha, mas que era amor. "Mas como pôde esse monstro ser tão cruel com a criança que tanto amava? Será possível?" Mas, de cada vez, apressava-se a rejeitar essa pergunta e parecia afastá-la com a mão; nessa pergunta havia algo terrível, algo que lhe era insuportável e... indecifrado."

(DOSTOIÉVSKI, Fiódor. *O eterno marido*. Trad. Bóris Schnaiderman. São Paulo: Ed. 34, 2003. p. 114).

ABERTURA DA HERANÇA – É o mesmo que abertura da sucessão.

ABERTURA DA SUCESSÃO [*ver tb. princípio de saisine*] – Também denominada abertura de herança, é o fenômeno jurídico que marca o momento da morte do autor da herança. A sucessão *mortis causa* abre-se no exato momento da morte, não ficando nenhum vazio entre o falecimento do autor da herança e a transmissão dos bens, direitos e deveres aos sucessores (Art. 1.784, CCB).

A Lei de Registros Públicos (Lei nº 6.015/73) determina que do assento de óbito deve constar dia, hora, mês e ano do falecimento (Art. 80), exatamente para que não fique um vácuo na transmissão da herança. A partir desse momento, os direitos e obrigações do morto são instantaneamente transmitidos aos herdeiros, que se verificam neste momento, sem que para isso seja necessária qualquer formalização.

ABERTURA DO INVENTÁRIO – É o ajuizamento de ação judicial ou a proposição de procedimento administrativo, em Cartório de Notas, a fim de efetivar a transmissão dos bens, direitos e obrigações deixados pelo *de cujus*. *O processo de inventário e de partilha deve ser instaurado dentro de 2 (dois) meses, a contar da abertura da sucessão, ultimando-se nos 12 (doze) meses subsequentes, podendo o juiz prorrogar esses prazos, de ofício ou a requerimento de parte (CPC/2015, art. 611). A Resolução nº 452/2022 fez alterações na Resolução 35/2007, especificamente no artigo 11, com a inserção dos seguintes parágrafos: Art. 11. É obrigatória a nomeação de interessado, na escritura pública de inventário e partilha, para representar o espólio, com poderes de inventariante, no cumprimento de obrigações ativas ou passivas pendentes, sem necessidade de seguir a ordem prevista no art. 617 do Código de Processo Civil. § 1º O meeiro e os herdeiros poderão, em escritura pública anterior à partilha ou à adjudicação, nomear inventariante. § 2º O inventariante nomeado nos termos do § 1º poderá representar o espólio na busca de informações bancárias e fiscais necessárias à conclusão de negócios essenciais para a realização do inventário e no levantamento de quantias para pagamento do imposto devido e dos emolumentos do inventário. § 3º A nomeação de inventariante será considerada o termo inicial do procedimento de inventário extrajudicial. Essa alteração resolveu um embate com as instituições financeiras nos inventários extrajudiciais, que recusavam-se a prestar informações ao inventariante sobre* *saldos em contas e aplicações financeiras do falecido, em muitos casos exigindo ordem judicial para a prática do ato, que se mostra descompassado da legislação (CC, art. 1.784 e CPC, art. 618).*

ABERTURA DO TESTAMENTO [*ver tb. testamento*] – É o ato por meio do qual a autoridade judicial abre o testamento, mandando registrar, verificando a regularidade formal e determinando o seu cumprimento. A expressão "abertura de testamento" embora se aplique a todo tipo de testamento, particular, público ou cerrado, somente neste último caso é que ele é realmente aberto na presença do juiz e os herdeiros tomam conhecimento do seu conteúdo. O particular e o público serão simplesmente entregues ao juízo, formando-se um processo para que seja determinado o seu cumprimento, mas os herdeiros, na maioria dos casos, já têm acesso ao seu conteúdo antes mesmo de cumpridas as formalidades de sua abertura. Da mesma forma se dá com o codicilo. O jurista paranaense, Zeno Veloso, uma das maiores autoridades no assunto, ensina que é um equívoco falar em abertura de testamento, já que de fato nem todo testamento passa por um procedimento de abertura, mas apenas são apresentados ao juiz com a morte do testador (VELOSO, Zeno. *Comentários ao Código Civil*. São Paulo: Saraiva, 2003, v 21. p. 337).

JURISPRUDÊNCIA

(...) O *caput* do art. 610 do CPC/2015 deve ser conjugado com seu parágrafo único. Ou seja, o requisito para que se proceda à lavratura da escritura pública de inventário é que os interesses envolvam partes maiores e capazes, bem como a concordância entre elas. 2. Enunciado nº 600 do Conselho da Justiça Federal: "Após registrado judicialmente o testamento e sendo todos os interessados capazes e concordes com os seus termos, não havendo conflito de interesses, é possível que se faça o inventário extrajudicial". 3. Enunciado nº 16 do Instituto Brasileiro de Direito de Família (IBDFAM): "Mesmo quando houver testamento, sendo todos os interessados capazes e concordes com os seus termos, não havendo conflito de interesses, é possível que se faça o inventário extrajudicial". 4. Provimento CGJ/RJ nº 24/2017, que, à luz das disposições do novo Código de Processo Civil acerca do tema, alterou a Consolidação Normativa da Corregedoria Geral da Justiça (Parte Extrajudicial) para permitir a realização de inventário extrajudicial quando existir testamento, após expressa autorização do juízo sucessório competente, nos autos da apresentação e cumprimento de testamento (Art. 286, § 1º, incisos I e II) (TJRJ, AI 0025342-18.2017.8.19.0000, Rel. Des. Juarez Fernandes Folhes, 19ª Câmara Cível, publ. 13/07/2017).

AB INTESTATO [*ver tb. sucessão legítima*] – Expressão em latim que significa sem testamento. É utilizada para informar que o autor da herança faleceu sem deixar testamento e por isso seus herdeiros recebem todo o acervo hereditário, que se transmitirá de acordo com as regras da sucessão legítima, ou seja, pela ordem de vocação hereditária estabelecida em lei. *Morrendo a pessoa sem testamento, transmite a herança aos herdeiros legítimos; o mesmo ocorrerá quanto aos bens que não forem compreendidos no testamento; e subsiste a sucessão legítima se o testamento caducar, ou for julgado nulo* (Art. 1.788, CCB).

ABRIGO DE MENORES [*ver tb. acolhimento institucional*] – É o local onde se recolhem provisoriamente crianças ou adolescentes como medida de proteção prevista no Estatuto da Criança e do Adolescente (Art. 101, VII, Lei nº 8.069/90). A Lei nº 12.010/09 substituiu esta expressão por "Acolhimento Institucional".

JURISPRUDÊNCIA

Medida protetiva. Abrigamento de menor. Obrigação do município. Multa. Cabimento. 1. O Município tem a obrigação legal de implantar políticas assistenciais de proteção jurídico-social, cumprindo-lhe assegurar o abrigamento de crianças e adolescentes em situação de risco. 2. Mostra-se descabida a negativa da instituição acolher em abrigamento a menor que se encontra em situação de risco pela prática de ato infracional, sob o argumento de que colocaria em risco os demais menores acolhidos, eis que ao Município cabe manter o abrigo em condições de receber os menores (...) (Ag. nº 70050712223 RS, Rel. Des. Sérgio Fernando de Vasconcellos Chaves, 7ª CC – TJRS. j. 21/11/2012).

ABUSO DE INCAPAZ – É o ato pelo qual se induz menores ou incapazes, abusando de sua inexperiência e ingenuidade, ludibriando-os a praticar atos que produzem efeitos jurídicos, causando prejuízos a esses incapazes ou a terceiros. É um tipo penal previsto no art. 173 do Código Penal: *Abusar, em proveito próprio ou alheio, de necessidade, paixão ou inexperiência de menor, ou da alienação ou debilidade mental de outrem, induzindo qualquer deles à prática de ato suscetível de produzir efeito jurídico, em prejuízo próprio ou de terceiro: Pena – reclusão, de dois a seis anos, e multa.*

JURISPRUDÊNCIA

(...) Não é necessário que o agente crie ou estimule a paixão, basta que a explore. A conduta é a de induzir, ou seja, convencer, persuadir, levar a vítima à prática de ato capaz de produzir efeitos jurídicos, pouco importando se o agente se utiliza de artifícios ou ardis ou não. Exige-se apenas, que os meios sejam idôneos, hábeis a enganar. Necessário é que o ato possa produzir efeito jurídico, revelando ser indispensável a existência, ao menos, de um prejuízo potencial (in Manual de Direito Penal, p. 307). Nesse sentido: Havendo sérias e fundadas dúvidas quanto à sanidade mental da vítima, pessoa de idade avançada e com todas as características de um estado senil, pratica o delito de abuso de incapaz, quem a induz a outorgar-lhe escritura de imóvel de sua propriedade (Tacrim/SP – HC – Rel. Rocha Lima – *RT* 462/367). (Ap. Criminal nº 0116/2005 – Processo: 2005305392, Rel.ª Des.ª Célia Pinheiro Silva Menezes, Câmara Criminal do TJSE. j. 23/05/2006).

AÇÃO DE INVESTIGAÇÃO DA PARENTALIDADE [*ver tb. investigação de ascendência genética, investigação de parentalidade, investigação de paternidade e multiparentalidade socioafetividade*] – É o procedimento judicial para saber quem é o pai, a mãe ou outro parente, independentemente da origem genética, pois o parentesco pode decorrer também da socioafetividade. *O parentesco é natural ou civil, conforme resulte de consanguinidade ou outra origem* (Art. 1.593, CCB).

O reconhecimento do estado de filiação é um direito personalíssimo, indisponível e imprescritível (Art. 27, Lei nº 8.069/90).

O Supremo Tribunal Federal apreciando o tema 622 da repercussão geral fixou a seguinte tese: *A paternidade socioafetiva, declarada ou não em registro público, não impede o reconhecimento do vínculo de filiação concomitante baseado na origem biológica, com os efeitos jurídicos próprios* (STF, RE 898.060).

Na ação de investigação de parentalidade, a sentença declara o vínculo de parentesco e determina, ou não, a consequente alteração nos registros públicos de nascimento. A investigação de parentalidade é o gênero das espécies investigação de paternidade, investigação de maternidade e investigação de origem genética.

A Lei 14.138/2021, acrescentou § 2º ao art. 2º-A da Lei nº 8.560, de 29 de dezembro de 1992, para permitir, em sede de ação de investigação de paternidade, a realização do exame de pareamento do código genético (DNA) em parentes do suposto pai, nos casos em que especifica. Com o atual texto legislativo, a recusa à perícia médica ordenada pelo juiz poderá suprir a prova que se pretendia obter com o exame. Assim como em ação investigatória, a recusa do suposto pai em se submeter ao exame de DNA induz presunção de paternidade. O Poder Judiciário já admitia essa possibilidade, mesmo antes dessa lei.

DISPOSITIVOS NORMATIVOS

CCB – Arts. 230, 231, 232, 1.593, 1.596 a 1.617.

Lei nº 8.560/92.

Lei nº 8.069/90 – Estatuto da Criança e do Adolescente – Art. 27.

Lei 14.138/2021.

Súmulas STJ: 1, 277, 301 e 383.

JURISPRUDÊNCIA

(...) A impossibilidade de condução do investigado "debaixo de vara" para a coleta de material genético necessário ao exame de DNA não implica na impossibilidade de adoção das medidas indutivas, coercitivas e mandamentais autorizadas pelo art. 139, IV, do novo CPC, com o propósito de dobrar a sua renitência, que deverão ser adotadas, sobretudo, nas hipóteses em que não se possa desde logo aplicar a presunção contida na Súmula 301/STJ ou quando se observar a existência de postura anticooperativa de que resulte o *non liquet* instrutório em desfavor de quem adota postura cooperativa, pois, maior do que o direito de um filho de ter um pai, é o direito de um filho de saber quem é o seu pai. 5 – Aplicam-se aos terceiros que possam fornecer material genético para a realização do novo exame de DNA as mesmas diretrizes anteriormente formuladas, pois, a despeito de não serem legitimados passivos para responder à ação investigatória (legitimação *ad processum*), são eles legitimados para a prática de determinados e específicos atos processuais (legitimação *ad actum*), observando-se,

por analogia, o procedimento em contraditório delineado nos art. 401 a 404, do novo CPC, que, inclusive, preveem a possibilidade de adoção de medidas indutivas, coercitivas, sub-rogatórias ou mandamentais ao terceiro que se encontra na posse de documento ou coisa que deva ser exibida.(STJ, Rcl 37.521/SP, Rel. Ministra Nancy Andrighi, DJe 05/06/2020).

AÇÃO DE PRESTAÇÃO DE CONTAS – Ver prestação de contas.

AÇÃO DE REEMBOLSO *[ver tb. alimentos, execução de alimentos]*. É uma ação ordinária para pedir o reembolso das despesas que foram pagas no lugar de quem deveria fazê-lo, por obrigação moral ou jurídica, e não o fez. Pode ser chamada também de Ação de ressarcimento. O caso mais comum, e autorizador, de tal ressarcimento é quando a mãe paga todas as despesas do filho, e o pai que deveria fazê-lo, se omite, como por exemplo, nas seguintes situações: fixados os alimentos judicialmente, eles nascem da data da citação. O período anterior o pai tinha a obrigação moral de contribuir para o sustento e não o faz. E não há como executá-lo por este período anterior. *A quantia buscada na ação de reembolso se encontra no passado, tendo, por isso, seu limite na prescrição ou na data em que tinham sido feitas as primeiras despesas com o filho, ao passo que a quantia perseguida na ação de alimentos, se encontra no futuro, não tendo por isso, limite predefinida, pois os alimentos não cessam automaticamente com a maioridade, especialmente quando a necessidade do alimentando persistir em decorrência da impossibilidade de provar seu próprio sustento (CC art. 1694. STJ súmula 358). In* CALMON, Rafael. *Manual de Direito processual das famílias.* 2ª ed. São Paulo: Saraiva Jur, 2021, p. 465.

Outra situação, que também foge ao escopo das tradicionais ações de alimentos e sua execução, são as despesas extras necessárias não previstas na verba de alimentos fixada. Por exemplo, despesas com intercâmbio cultural estudantil, tratamentos médicos e odontológicos etc. Da mesma forma pode ser objeto de reembolso os valores de uma execução de alimentos em que o filho atingindo a maioridade, abre mão, ou dá quitação aos valores cobrados pela mãe quando ela ainda o representava/assistia.

A base jurídica que sustenta tal pretensão é que uma das partes, o pai ou a mãe, outro parente, ou mesmo um terceiro pagou as despesas no lugar do genitor omisso. É essa omissão paterna, ou materna que deve/pode ser "reparada" com tal ação ressarcitória ou de reembolso. Em outras palavras, é como se o genitor provedor tivesse feito uma "gestão de negócios", do genitor omisso relativamente a tudo que ele tenha fornecido ao filho em seu lugar, como bem estabelece o art. 871 do CCB: *Quando alguém, na ausência do indivíduo obrigado a alimentos, por ele os prestar a quem se devem, poder-lhes-á reaver do devedor a importância, ainda que este não ratifique o ato.*

Da mesma forma o art. 305 do CCB autoriza que se proponha ação de ressarcimento, ou reembolso: *O terceiro não interessado, que paga a dívida em seu próprio nome, tem direito de reembolsar-se do que pagar; mas não se sub-roga nos direitos do credor. Parágrafo único. Se pagar antes de vencida a dívida, só terá direito ao reembolso no vencimento.*

A competência para processamento e julgamento de tal Ação é da vara de família. E, como sua natureza é condenatória/indenizatória, o prazo prescricional, diferentemente das ações de alimentos que são imprescritíveis, é de 10 anos (Art. 205 CCB). O rito é o especial das Ações de Família (CPC 693 e ss.) e, diferentemente das ações de alimentos de menores de idade em que as despesas são presumidas, os valores reembolsáveis devem ser demonstrados e provados. Não é necessária a intervenção do Ministério Público. Como acontece nas Ações de Alimentos.

JURISPRUDÊNCIA

(.....) a recorrente ajuizou ação de cobrança pleiteando o reembolso dos valores despendidos para o custeio de despesas de primeira necessidade de seus filhos – plano de saúde, despesas dentárias, mensalidades e materiais escolares –, que eram de inteira responsabilidade do pai, conforme sentença revisional de alimentos. Reconhecida a incidência da gestão de negócios, deve-se ter, com relação ao reembolso de valores, o tratamento conferido ao terceiro não interessado, notadamente por não haver sub-rogação, nos termos do art. 305 do CC. 4. Assim, tendo-se em conta que a pretensão do terceiro ao reembolso de seu crédito tem natureza pessoal (não se situando no âmbito do direito de família), de que se trata de terceiro não interessado – gestor de negócios *sui generis* –, bem como afastados eventuais argumentos de exoneração do devedor que poderiam elidir a pretensão material originária, não se tem como reconhecer a prescrição no presente caso. 5. Isso porque a prescrição a incidir na espécie não é a prevista no art. 206, § 2º, do Código Civil – 2 (dois) anos para a pretensão de cobrança de prestações alimentares –, mas a regra geral prevista no caput do dispositivo, segundo a qual a prescrição ocorre em 10 (dez) anos quando a lei não lhe haja fixado prazo menor. 6. Recurso especial provido. (REsp 1453838/SP, Rel. Min. Luis Felipe Salomão, 4ª Turma, DJe 07/12/2015).

AÇÃO DE SONEGADOS [*ver tb. bens sonegados, sonegados, sobrepartilha*] – É a ação judicial que se processa pelo rito ordinário, proposta em razão da sonegação de bens que deveriam ter sido levados a inventário e, maliciosamente, ocultados. Ela pode ser proposta pelos herdeiros, ou credores, contra o inventariante, coerdeiros ou quem tenha retirado da herança bens em prejuízo dos herdeiros ou credores. Além da obrigação de devolver à herança o bem sonegado, perde o direito que lhe cabia sobre aquele bem (Art. 1.992, CCB). O prazo prescricional aplicável à pretensão anulatória versada na ação de sonegados é, se consumado seu termo inicial na vigência do Código Civil de 1916, de 20 (vinte) anos e, se já estava em vigor o Código Civil de 2002, de 10 (dez) anos, respeitadas as regras de direito intertemporal, tendo por termo inicial a data em que se toma conhecimento da existência do patrimônio sonegado.

DISPOSITIVOS NORMATIVOS

CCB – Arts. 1.992 a 1.996.

JURISPRUDÊNCIA

(...) A renitência do meeiro em apresentar os bens no inventário não configura dolo, sendo necessário, para tanto, demonstração inequívoca de que seu comportamento foi inspirado pela fraude. Não caracterizado o dolo de sonegar, afasta-se a pena da perda dos bens (CC, art. 1.992).

2. No regime da comunhão universal de bens, cada cônjuge tem a posse e propriedade em comum, indivisa de todos os bens, cabendo a cada um a metade ideal. Portanto, o ato de transferência de quotas de sociedades limitadas entre cônjuges é providência inócua diante do inventário, já que os bens devem ser apresentados em sua totalidade e, a partir daí, respeitada a meação, ser divididos entre os herdeiros. Portanto, a aplicação da pena de sonegados prevista no art. 1.992 do Código Civil é medida desproporcional ao ato de transferência de quotas sociais realizada entre cônjuges casados em comunhão universal, pois tais bens não podem ser escondidos. 3. Recurso especial conhecido e desprovido (STJ, REsp 1267264 RJ, Rel. Min. João Otavio de Noronha, 3ª Turma, publ. 25/05/2015).

ACEITAÇÃO DA HERANÇA [*ver tb. abertura da sucessão, aceitação expressa, aceitação presumida, aceitação tácita, adição de herança, delação, renúncia, saisine*] – É a confirmação da transmissão do acervo hereditário a alguém que se encontra na qualidade de herdeiro, uma vez aberta a sucessão. Pode ser feita de três formas: expressa, tácita e presumida. Entende-se aceita a herança, tacitamente, simplesmente pela manifestação da qualidade de herdeiro, e por não haver manifestação contrária a sua aquisição (Art. 1.805, CCB).

É redundante exigir de alguém aceitar algo que já lhe é de direito. Mas, uma vez exteriorizada a qualidade de herdeiro pelo exercício do direito, ele não mais poderá renunciar, concretizando-se, assim, a aceitação. A aceitação seria, então, a decadência do direito à renúncia, uma espécie de não renúncia. *Aceita a herança, torna-se definitiva a sua transmissão ao herdeiro, desde a abertura da sucessão* (Art. 1.804, CCB). *Há um erro na leitura do art. 1.804 do CC, quanto a expressão "aceita a herança". Tal dispositivo limita-se a afirmar um fato. Não cobra a prática de nenhum ato. O herdeiro não precisa manifestar a aceitação para que ocorra a transmissão. A aquisição da herança é tácita e se dá no momento da morte do de cujus. A lei simplesmente assinala que a transmissão é definitiva desde a abertura da sucessão. A herança é deferida ao herdeiro com a ocorrência da morte. Apenas é facultada a possibilidade de renunciar. Ou seja, a transmissão ocorre, mas está sujeita a condição resolutiva: a renúncia.* (DIAS, Maria Berenice. *Manual das sucessões*. 2. ed. São Paulo: Revista dos Tribunais, 2011. p. 193). É o mesmo que adição de herança.

ACEITAÇÃO EXPRESSA DA HERANÇA

[*ver tb. aceitação da herança*] – É a forma de aceitação da herança menos usual. Dá-se a aceitação da herança, de forma expressa, quando feita por declaração escrita, pública ou particular (Art. 1.805, CCB).

ACEITAÇÃO PRESUMIDA DA HERANÇA

[*ver tb. aceitação da herança*] – Aberto o inventário, não manifestando o herdeiro se aceita ou não a herança, os demais interessados, como por exemplo os credores do herdeiro, podem notificá-lo para saber se aceita ou não a herança. No silêncio, presume-se que ele aceitou a herança uma vez que a lei exige forma solene para a renúncia, não admitindo renúncia tácita: *O interessado em que o herdeiro declare se aceita, ou não, a herança, poderá, vinte dias após aberta a sucessão, requerer ao juiz prazo razoável, não maior de trinta dias, para, nele, se pronunciar o herdeiro, sob pena de se haver a herança por aceita.* (Art. 1.807, CCB).

ACEITAÇÃO TÁCITA DA HERANÇA

[*ver tb. aceitação da herança*] – É a aceitação inferida na prática de atos, positivos ou negativos compatíveis à condição hereditária do herdeiro (Art. 1.805, CCB). Agindo na qualidade de herdeiro, como por exemplo habilitando-se no inventário, dá-se por aceita a herança pelo herdeiro. Não são considerados atos de aceitação: atos oficiosos; atos em sufrágio da alma; meramente conservatório; administração e guarda provisória de bens (Art. 1.805, § 1º, CCB).

ACERVO HEREDITÁRIO

[*ver tb. espólio*] – É o conjunto de bens, direito e deveres deixados pelo *de cujus*.

ACERVO HEREDITÁRIO PASSIVO

[*ver tb. acervo hereditário, espólio*] – É quando o valor das obrigações ou dívidas deixadas pelo *de cujus* é superior à soma dos bens e direitos. Nesse caso, inexiste herança. É também chamada de herança danosa, herança deficitária ou herança negativa. Se o passivo é maior que o ativo, não há créditos ou bens a receber pelos herdeiros.

ACOLHIMENTO INSTITUCIONAL

– O acolhimento institucional e o acolhimento familiar são medidas provisórias e excepcionais de proteção previstas no Estatuto da Criança e do Adolescente, utilizáveis como forma de transição para reintegração familiar ou, não sendo possível, para colocação em família substituta, não implicando privação de liberdade, conforme dispõe art. 101, parágrafo único da Lei nº 8.069/90. Essas medidas provisórias têm o objetivo de zelar pela integridade física e emocional de crianças e adolescentes que tiveram seus direitos ou deveres descumpridos ou violados. A Lei nº 12.010/09 introduziu a expressão acolhimento institucional em substituição à expressão abrigo.

JURISPRUDÊNCIA

(...) O acolhimento institucional, como eficiente instrumento de concretização dos direitos da criança e do adolescente, é medida indiscutivelmente afeta à política social pública que, por enfática exigência da vigente Constituição Federal, goza de absoluta prioridade, razão pela qual a omissão do Poder Executivo em sua prestação está sujeita ao controle do Poder Judiciário, cuja interferência, em casos tais, não ofende o princípio da separação dos poderes e nem mesmo o da reserva do possível, aos quais se sobrepõem os princípios constitucionais do mínimo existencial e da proibição do retrocesso na seara dos direitos sociais.(...) (AI nº 1.0708.10.002965-9/001, Rel.

Des. Peixoto Rodrigues, 7ª CC – TJMG. publ. 03/02/2012).

ACRESCER – Ver direito de acrescer.

AD HOC [*ver tb. procurador ad hoc*] – Locução latina que se traduz em "para esta finalidade" ou "para isto", usada para informar que determinado acontecimento tem caráter temporário e que se destina para aquele fim específico.

ADIANTAMENTO DA LEGÍTIMA [*ver tb. colação, herdeiro necessário, doação inoficiosa*] – É toda e qualquer transmissão gratuita de patrimônio pessoal realizada, em vida, a alguém que é ou se presume ser herdeiro necessário. Exemplo mais comum de adiantamento da legítima são as doações feitas por um pai a um ou mais filhos. Tal liberalidade deve ser informada no inventário e, em regra, deve ser considerada para se igualar a legítima dos coerdeiros, o que é chamado colação, a qual pode ser dispensada se o doador declarar, no próprio título da liberalidade ou testamento, que a transmissão gratuita integra a parte disponível da herança. Portanto, não ocasionando prejuízo aos demais herdeiros. Também denominado antecipação da legítima ou avanço.

JURISPRUDÊNCIA

(...) A caracterização de doação inoficiosa é vício que, se não invalida o negócio jurídico originário – doação –, impõe ao donatário-herdeiro, obrigação protraída no tempo: de, à época do óbito do doador, trazer o patrimônio à colação, para igualar as legítimas, caso não seja herdeiro necessário único, no grau em que figura. 4. A busca da invalidade da doação, ante o preterimento dos herdeiros nascidos do segundo relacionamento do *de cujus*, somente é cabível se, e na medida em que, seja constatado um indevido avanço da munificência sobre a legítima, fato

aferido no momento do negócio jurídico. 5. O sobejo patrimonial do *de cujus* é o objeto da herança, apenas devendo a fração correspondente ao adiantamento da legítima, *in casu*, já embutido na doação aos dois primeiros descendentes, ser equalizado com o direito à legítima dos herdeiros não contemplados na doação, para assegurar a esses outros a respectiva quota da legítima, e, ainda, às respectivas participações em eventuais sobras patrimoniais. 6. Recurso não provido (STJ, REsp 1198168 RJ, Rel.ª Min.ª Nancy Andrighi, 3ª Turma, publ. 22/08/2013).

ADIÇÃO DA HERANÇA [*ver tb. aceitação de herança*] – Do latim *adire*, significa ir em direção a ela, aceitá-la. É o mesmo que aceitação da herança. O sistema jurídico brasileiro condiciona a aquisição da herança à sua aceitação pelo sucessor: *Aceita a herança, torna-se definitiva a sua transmissão ao herdeiro, desde a abertura da sucessão* (Art. 1.804, CCB).

DISPOSITIVOS NORMATIVOS

CCB – Arts. 1.804, 1.805, 1.806, 1.807, 1.808, 1.809, 1.810, 1.811, 1.812 e 1.813.

JURISPRUDÊNCIA

(...) Com a morte de uma pessoa, operam-se, a um só tempo: a) a abertura da sucessão, que é o momento em que nasce o direito hereditário, o 'prius' necessário à substituição que se encerra no fenômeno sucessório; b) a devolução sucessória ou delação, que é o momento em que a herança é oferecida a quem pode adquiri-la; c) a aquisição da herança, ou adição, que é o momento em que o herdeiro se investe na sucessão, tornando-se titular das relações jurídicas concentradas na herança (Orlando Gomes, op. cit. pág. 13). (REsp 650.821-AM, Rel. Min. Cesar Asfor Rocha, 4ª T – STJ. j. 27/03/2007).

ADIMPLEMENTO [*ver tb. inadimplemento*] – É o cumprimento das obrigações estabelecidas contratualmente ou por determinação judicial.

ADJUDICAÇÃO [ver tb. adjudicação compulsória, carta de adjudicação] – Genericamente, é o ato judicial que declara/estabelece que a propriedade de uma coisa seja transferida do seu primitivo titular para outrem, que exercerá todos os direitos e deveres de domínio e posse do bem adjudicado. No Direito das Sucessões, ocorre quando a universalidade da herança for deixada a apenas um único herdeiro, legítimo ou testamentário. Se esse herdeiro for maior e capaz, não é necessária a abertura de inventário judicial, ou seja, basta requerê-la extrajudicialmente – em cartório de notas – junto com a expedição da adjudicação dos bens – por escritura pública.

O STJ definiu tese que deve ter observância obrigatória pelas instâncias ordinárias: *No arrolamento sumário, a homologação da partilha ou da adjudicação, bem como a expedição do formal de partilha e da carta de adjudicação, não se condiciona ao prévio recolhimento do ITCMD, devendo ser comprovado, todavia, o pagamento dos tributos relativos aos bens do espólio e as suas rendas, a teor dos artigos 659, parágrafo 2 do CPC e 192 do CTN. (STJ, REsp 1.896.526/REsp 2.027.972).*

No Direito de Família, a adjudicação é muito usada nos processos de execução de alimentos, em que se transfere a propriedade do bem penhorado do executado diretamente ao exequente como pagamento total ou parcial do débito alimentar. Também é usada no Direito Administrativo, para garantir ao vencedor da licitação a exclusividade de um possível contrato de serviço, ou seja, o Estado/licitante poderá não firmar o contrato administrativo, mas se o fizer, terá que ser com ele.

DISPOSITIVOS NORMATIVOS

CCB – Art. 1.418.

Resolução nº 35 do CNJ – Disciplina a aplicação da Lei nº 11.441/07 pelos serviços notariais e de registro – Arts. 26 e 27.

JURISPRUDÊNCIA

(...) Revela-se adequada a ordem de baixa de penhora que garante executivo fiscal em razão da preferência do crédito alimentar do qual decorre a constrição realizada sobre o mesmo imóvel, com vistas a garantir a adjudicação do bem em benefício da credora de alimentos. (...) (AI. nº 1.0602.06.017902-0/001 – Des.ª Rel.ª Sandra Fonseca, 6ª CC – TJMG. publ. 17/9/2010).

ADJUDICAÇÃO COMPULSÓRIA [ver tb. adjudicação, carta de adjudicação] – É a adjudicação forçada, que se faz por meio de ação judicial quando uma promessa de compra e venda, por qualquer razão, não for finalizada com a lavratura da escritura definitiva. A parte interessada, vendedor ou comprador, por meio de sentença judicial obterá a carta de adjudicação, a fim de se transmitir a propriedade do imóvel adquirido e quitado. Acontece, geralmente, quando o vendedor e o comprador pactuam o pagamento do preço em prestações e a lavratura da escritura definitiva após a quitação do preço avençado. Expedida a carta de adjudicação, que vale como título para a transcrição, leva-se diretamente ao cartório de Registro de Imóveis, independente da celebração da escritura. Esta ação é regulamentada pela Lei nº 6.766/79, que revogou o Decreto-lei nº 58/37, criado para dispor sobre a segurança das transações das vendas de lotes, tendo em vista o crescimento dos loteamentos à época: *São irretratáveis os compromissos de compra e venda, cessões e promessas de cessão, os que atribuam direito a adjudicação com-*

A

pulsória e, estando registrados, confiram direito real oponível a terceiros (Art. 25, Lei nº 6.766/79). Quando acompanhados da prova de quitação, os compromissos de compra e venda, as cessões e as promessas valerão como título da propriedade do lote adquirido. *Aquele que adquirir a propriedade loteada mediante ato inter vivos, ou por sucessão causa mortis, sucederá o transmitente em todos os seus direitos e obrigações, ficando obrigado a respeitar os compromissos de compra e venda ou as promessas de cessão, em todas as suas cláusulas, sendo nula qualquer disposição em contrário, ressalvado o direito do herdeiro ou legatário de renunciar à herança ou ao legado* (Art. 29, Lei nº 6.766/79).

A adjudicação compulsória é muito comum, no âmbito do Direito das Sucessões para solucionar conflitos que envolvam bens da herança quando o falecido deixa contrato de promessa de compra e venda pendente para ser solucionado pelo inventário. No Direito de Família, a adjudicação compulsória pode ser também um importante instrumento para garantir o pagamento de dívida alimentar, transferindo a propriedade do bem do alimentante ao alimentário para quitar os alimentos pendentes.

DISPOSITIVOS NORMATIVOS

Súmula 239 do STJ.
Súmula 413 do STF.

JURISPRUDÊNCIA

Adimplida a obrigação, que, *in casu*, é a quitação da dívida, o promitente vendedor encontra-se na obrigação de outorgar ao promissário comprador a escritura definitiva de compra e venda de pleno direito, pois, no caso, a obrigação é ex re. (...) É cedizo que a obrigação de fazer consistente na outorga de escritura definitiva por promitente vendedor, é transmissível, cabendo aos herdeiros responder à ação proposta. Desta forma, tendo ocorrido o falecimento do promitente vendedor e tendo sido encerrado o inventário, cabe aos herdeiros responder à ação de adjudicação compulsória, porque a obrigação se transfere. (AC nº 8235466-50.2005.8.13.0024, Des. Rel. Luciano Pinto. 16ª VC – TJMG. publ. 6/7/2007).

ADOÇÃO [*ver tb. adoção à brasileira, adoção de maiores, adoção homoparental, adoção internacional, adoção intuitu personae, adoção póstuma, adoção unilateral, família, filiação socioafetiva*] – Do latim *adoptare*, é o ato de tomar alguém por filho. A prática da adoção encontra raízes no berço da humanidade, na Grécia Antiga, assim como em Roma (os imperadores Tibério, Calígula, Nero, Trajano e outros eram filhos adotivos), e existe na maioria dos países do mundo. No primeiro Código Civil da França, 1804, também conhecido por Código de Napoleão, e que instalou no mundo ocidental o sistema de codificação, a adoção foi tratada como uma filiação igual à filiação oriunda do casamento. Isto porque Napoleão Bonaparte, cuja esposa Josefina, em razão de sua esterilidade, não podia dar-lhe um herdeiro, procurou garantir, pelo Código Civil, todos os direitos aos filhos adotivos, inclusive os de sucessão, na esperança de dar uma continuidade ao seu império. No Brasil, desde a Colônia até o Império, o instituto da adoção foi regulamentado pelo Direito português. Eram diversas referências à adoção nas chamadas Ordenações Filipinas (século XVI) e posteriores, Manuelinas e Afonsinas, mas nada efetivo – não havia sequer a transferência do pátrio poder ao adotante, salvo nos casos em que o adotado perdesse o pai natural e, mesmo assim, se fosse autorizado por um decreto real.

Até a CR/88, que equiparou todas as formas de filiação, discutia-se a natureza jurídica do instituto da adoção: como ficção jurídica, como ato bilateral (contrato), como instituição etc. Com o Código Civil de 1916, a adoção ganhou as primeiras regras formais no país e previa como elemento essencial o consentimento de ambas as partes para o ato (Art. 372, CCB 1916). O único ponto em que todas as doutrinas convergiam era a necessidade do *consenso* como elemento constitutivo da adoção. Até o advento da Lei nº 4.655/65, que introduziu no Brasil a "Legitimação Adotiva", o processo de adoção era visto como um simples ato bilateral. Bastava a manifestação de vontade do adotante e adotado – se capaz, ou de seu representante legal, se incapaz ou nascituro –, para que se efetivasse a adoção. Era feito mediante escritura pública (Art. 375, CCB 1916), instituindo o parentesco apenas entre o adotante e o adotado, sem a necessidade de intervenção judicial. *Era, ainda, dado ao adotado o direito de desligar-se da Adoção ao cessar a menoridade ou a interdição, admitindo a dissolução do vínculo de Adoção por acordo e nos casos em que era admitida a deserdação* (PEREIRA, Tânia da Silva. Vicissitudes e certezas que envolvem a adoção consentida. *Anais do VIII Congresso Brasileiro de Direito de Família* – IBDFAM. Família entre o Público e o Privado, Porto Alegre: 2012, p. 339). A adoção legítima, por outro lado, deveria, necessariamente, ser feita via processo judicial, com a presença do Ministério Público e a sentença definitiva era averbada no registro de nascimento da criança, limitado apenas ao nome do adotante ou adotantes, isso porque o parentesco ainda não se estendia ao restante da família. Com a Lei nº 6.697/79, mais conhecida como Código de Menores, a Adoção Simples do Código Civil de 1916 foi revogada, passando a vigorar no Brasil, até a entrada em vigor da CR/88, apenas, duas formas: Adoção Plena, que observava o procedimento da adoção legítima e ainda estendia o parentesco a toda família do adotante; e a Adoção Simples, regida pelo Código de Menores (Lei nº 6.697/79), que alterou o art. 327 do CCB 1916. Somente em 1990, com a entrada em vigor do Estatuto do da Criança e do Adolescente (Lei nº 8.069/90), a adoção passou a ser medida irrevogável, e apenas mediante sentença judicial, que desvincula o adotado da família biológica para todos os efeitos, exceto no que diz respeito aos impedimentos para o casamento, devendo constar em seu registro de nascimento o nome do(s) adotante(s) e dos avós do adotado, ou seja, estabelecendo relação de parentesco com toda a família adotiva.

O milenar instituto da adoção é a primeira e maior evidência de que a família é uma estruturação psíquica, em que cada membro ocupa lugares determinantes, de pai, mãe, filhos. A Psicanálise lacaniana e a Antropologia estruturalista de Claude Lévi-Strauss já demonstraram que família é muito mais um elemento da cultura que da natureza, por isto ela vem se reinventando, e novas estruturas parentais e conjugais estão sempre em curso. A legislação brasileira reconhece igual direito aos adotantes solteiros, casados e aqueles que vivem em união estável hetero ou homoafetiva. A Lei nº 12.010/09 que, com o Estatuto da Criança e do Adolescente, regulamenta a adoção, a considera medida excepcional, ao preceituar que deve ser concedida após esgotadas todas as possibilidades de manter o menor na família biológica. Vê-se aí um equívoco conceitual e principiológico, vez que, ao priorizar a família biológica à afetiva, ignora toda a evolução do pensamento psicanalítico e antropológico de que a família é muito mais um fato da cultura do que da natureza. E assim, a própria lei da adoção acaba não atingindo a sua finalidade de viabilizar a adoção e assegurar o melhor interesse do menor, pois nem sempre o melhor para a criança é permanecer no núcleo familiar biológico. Ao insistir em sua permanência na família natural, e que muitas vezes nenhum vínculo tem com eles, especialmente quando recém--nascidos, retarda-se a sua colocação em família substituta, ficando a criança/adolescente abrigados por longo período, situação não recomendável, fazendo com que, dificilmente, sejam adotados, já que a maioria dos candidatos à adoção se interessa por crianças de tenra idade.

A adoção está condicionada ao cadastro prévio dos interessados, ressalvando algumas exceções (Art. 50, § 13, ECA). Cada comarca deve manter duas listas cadastrais: uma de menores em busca de uma família e a outra de candidatos a se tornarem pais. Além das listagens locais, há o cadastramento estadual e o nacional, regulamentado pelo Conselho Nacional de Justiça – CNJ, possibilitando que uma criança ou adolescente de um Estado seja adotado por alguém domiciliado em outro. Ao se habilitar à adoção (procedimento de jurisdição voluntária que independe da constituição de advogado), o interessado fica sujeito a um procedimento por meio do qual precisa comprovar que reúne os requisitos exigidos para a adoção. Cumpridas tais exigências, estará apto a receber uma criança ou adolescente, devendo aguardar na fila a sua convocação. Os cadastros têm como objetivo favorecer a adoção. Sob essa ótica, e em nome do princípio do melhor interesse da criança e/ou adolescente, é possível relativizar a ordem deste cadastro, permitindo que pessoas não cadastradas adotem uma criança e/ou adolescente por quem já nutrem um forte contato afetivo, desde que a adoção confira reais vantagens ao adotando (Art. 43, ECA). Uma vez convocado a receber o adotando, o candidato deve confirmar o seu desejo de adotá-lo, que passará a exercer a guarda provisória, iniciando-se, então, o processo judicial de adoção. Em 2017, veio uma boa e bem intencionada Lei 13.509 que alterou a Lei nº 8.069, de 13 de julho de 1990 (Estatuto da Criança e do Adolescente), visando agilizar o procedimento de adoção, mas adiantou pouco. Apesar de ter incluído e reduzido prazos por tempo de permanência, não alcançou o objetivo final.

Seria irresponsabilidade fazer um processo de adoção em apenas um ou dois meses. Mas, demorar anos, como tem acontecido na maioria deles, é compactuar com o sistema que mais violenta essas crianças e esses adolescentes do que os protege. O sistema de adoção no Brasil, tal como ele está, apesar de boas intenções, tem sido cruel com os sujeitos de direitos que passam sua infância e juventude na invisibilidade de abrigos/casa de acolhimento , à espera de uma família, que nunca chega para maioria delas, repita--se . Antes da Lei 13.509/2017, o prazo máximo de permanência da criança e do adolescente em programa de acolhimento institucional era de 2 anos, salvo comprovada necessidade que atenda ao seu superior interesse, devidamente fundamentada. Atualmente, o prazo

A

máximo de permanência da criança e do adolescente em programa de acolhimento institucional é de 18 meses, a não ser que haja justificativa comprovada, para estender esse prazo. Essa Lei fez uma significativa alteração no ECA para assegurar prioridade no cadastro, as pessoas com deficiência, com necessidade específicas de saúde, e também quando forem grupos de irmãos (art. 50, § 15 do ECA).

Em 12/10/2019 foi criado o SNA – Sistema nacional de adoção e acolhimento , que nasceu da união do cadastro nacional de crianças e adolescentes acolhidos (CNA), instituído pela Portaria conjunta 01/2018 do CNJ, com o objetivo de subsidiar e monitorar políticas públicas sobre o tema. O SNI que é regulamentado pela Resolução do CNJ nº 289/2019 , funciona também como um sistema de alerta, para milhares de crianças e adolescentes que aguardem o retorno às suas famílias de origem, ou para serem adotadas. Juízes e corregedorias poderão acompanhar todos esses processos, e o objetivo é dar maior agilidade .A Lei 14.457/2022 que instituiu o Programa Emprega + Mulheres, em seu artigo 8º, trouxe a flexibilização da jornada de trabalho aos empregados e às empregadas que tenham filho, enteado ou pessoa sob sua guarda com até 6 (seis) anos de idade ou com deficiência, com vistas a promover a conciliação entre o trabalho e a parentalidade, notadamente que estejam em processo de adoção ou guarda judicial

Para muito além dos laços e vínculos jurídicos, adotar significa acolher, aproximar, assumir, compreender, conhecer, eleger, enlaçar, incluir, legitimar, receber, recepcionar, unir... amar.

DISPOSITIVOS NORMATIVOS

CF – Art. 227, § 6º.

CCB – Arts. 1.596, 1.618 e 1.619.

Decreto nº 3.087/99 – Promulga a Convenção de Haia sobre Adoção Internacional.

Lei nº 8.069/90 – Estatuto da Criança e do Adolescente – Arts. 39 a 52.

Lei nº 12.010/09 – Lei da Adoção.

Lei nº 12.955/14 – Confere prioridade de tramitação aos processos de adoção em que o adotando for criança ou adolescente com deficiência ou com doença crônica.

Lei 13.509/2017 – Dispõe sobre adoção e altera a Lei nº 8.069, de 13 de julho de 1990 (Estatuto da Criança e do Adolescente), a Consolidação das Leis do Trabalho (CLT), aprovada pelo Decreto-lei nº 5.452, de 1º de maio de 1943, e a Lei nº 10.406, de 10 de janeiro de 2002 (Código Civil).

JURISPRUDÊNCIA

(...) Esta Corte Superior tem entendimento assente de que, salvo evidente risco à integridade física ou psíquica do menor, não é de seu melhor interesse o acolhimento institucional em detrimento do familiar. 4. Nessa senda, o afastamento da medida protetiva de busca e apreensão atende ao princípio do melhor interesse da criança, porquanto, neste momento, o maior benefício à menor é mantê-la com os pais registrais, até ulterior julgamento definitivo da ação principal. 5. Ordem de *habeas corpus* concedida, com liminar confirmada (STJ – HC: 597554 PR 2020/0174678-7, Rel. Min. Raul Araújo, 4ª Turma, pub.: DJe 02/12/2020).

LINGUAGEM LITERÁRIA

"Família é afinidade, é 'à Moda da Casa'. E cada casa, repito, gosta de preparar a família a seu jeito. Os Alves Machado, por exemplo, nunca puderam ter filhos. Isabel é adotiva. Nenhuma ideia de quem foram os pais verdadeiros. Quero dizer, os pais biológicos. Os pais verdadeiros, a meu ver, são o senhor Avelino e dona Maria Celeste, que a receberam ainda recém-nascida, e que, indiferentes ao sangue que lhe corria nas veias, criaram-na e a educaram. Deram-lhe amor. Isabel soube ser grata. Principalmente, por não lhe terem escondido a verdade. Todos conheciam a história da adoção. Quando começamos a namorar sério, ela tocou no assunto sem nenhum desconforto. Queria que eu tivesse mesmo ciente de que, se viéssemos a casar, nosso filho não saberiam, por parte dela, a origem do sangue.

– Se é sangue bom, se é sangue ruim... Não faço ideia, Antonio.

– E daí, minha querida? Que importância tem isso?

Hoje, velhinho, aqui nesta cozinha, acho graça do diálogo que já vai longe. Afluentes de um só rio somos todos, eu disse a ela. Artérias de uma só veia que deságua no coração: a veia artística. Criadores de nós mesmos, nos inventamos e reinventamos sem trégua, diariamente."

(AZEVEDO, Francisco. *O arroz de palma*. Rio de Janeiro: Record, 2008. p. 124 – 125)

ILUSTRAÇÃO

Letícia Grandinetti. P. 27.

ADOÇÃO À BRASILEIRA [*ver tb. adoção, paternidade socioafetiva*] É uma expressão popular para designar a perfilhação feita sem o devido processo legal e judicial. A adoção à brasileira insere-se no contexto da filiação socioafetiva. É o reconhecimento voluntário da maternidade/paternidade, por meio do qual não foram cumpridas as exigências legais pertinentes ao procedimento de adoção. O(s) adotante(s) simplesmente registra(m) perante o cartório de Registro Civil a criança ou o adolescente como se filho biológico fosse. Tal ato constitui um ilícito civil e penal.

Apesar da "adoção à brasileira" ser reputada pelo ordenamento jurídico como ilegal e, eventualmente até mesmo criminoso (artigo 242 do Código Penal), não podemos ignorar o fato de que este ato gera efeitos decisivos na vida da pessoa adotada. A jurisprudência tem entendido que quando o registro tenha sido realizado nos moldes da chamada adoção à brasileira, o vínculo socioafetivo é suficiente para afastar o rigor necessário dos procedimentos públicos registrais, permitindo a alteração ou inclusão da filiação oriunda desse tipo de assento.

A ilegalidade da denominada "adoção à brasileira" pode ser mitigada, validando-se o registro civil, quando demonstrado o vínculo socioafetivo entre os pais e filhos registrais . O parágrafo único do artigo 242 do Código penal prevê que se o crime é praticado por motivo de reconhecida nobreza, pode o juiz deixar de aplicar a pena.

DISPOSITIVOS NORMATIVOS

CR – Arts. 5º, *caput*, 226, 227 e 229.

CCB – Art. 10, II, III, 1.593, 1.596 a 1.618.

CPB – Art. 242.

Lei nº 8.069/90 – Estatuto da Criança e do Adolescente.

JURISPRUDÊNCIA

(...) A socioafetividade é contemplada pelo art. 1.593 do Código Civil, no sentido de que o parentesco é natural ou civil, conforme resulte da consanguinidade ou outra origem. 2. Impossibilidade de retificação do registro de nascimento do menor por ausência dos requisitos para tanto, quais sejam: a configuração de erro ou falsidade (art. 1.604 do Código Civil). 3. A paternidade socioafetiva realiza a própria dignidade da pessoa humana por permitir que um indivíduo tenha reconhecido seu histórico de vida e a condição social ostentada, valorizando, além dos aspectos formais, como a regular adoção, a verdade real dos fatos. 4. A posse de estado de filho, que consiste no desfrute público e contínuo da condição de filho legítimo, restou atestada pelas instâncias ordinárias. 5. A "adoção à brasileira", ainda que fundamentada na "piedade", e muito embora seja expediente à margem do ordenamento pátrio, quando se fizer fonte de vínculo socioafetivo entre o pai de registro e o filho registrado não consubstancia negócio jurídico sujeito a distrato por mera liberalidade, tampouco avença submetida a condição resolutiva, consistente no término do relacionamento com a genitora (Precedente). 6. Aplicação do princípio do melhor interesse da criança, que não pode ter a manifesta filiação modificada pelo pai registral e socioafetivo, afigurando-se irrelevante, nesse caso, a verdade biológica. 7. Recurso especial não provido (STJ, REsp 1613641/MG, Rel. Min. Ricardo Villas Bôas Cueva, 3ª Turma, publ. 29/05/2017).

LINGUAGEM LITERÁRIA

"Querida filha,

Hei de chamar-lhe filha até o fim. Há algo que tens de saber, e quero que o saiba através de mim, porque se não o soubeste antes foi por minha culpa, porque me faltou a coragem. Não vieste ao mundo do meu ventre. No mesmo dia em que nasceste, eu perdi uma menina. No quarto onde estava, numa clínica modesta, na Ilha de Moçambique, outra mulher deu à luz. O parto correu mal e ela não sobreviveu. Os pais dessa mulher perguntaram-me se queria ficar com a criança – e eu disse que sim. A partir do instante em que olhei para ti amei-te como a uma filha autêntica. Era isto que te queria dizer. Perdoa-me não o ter dito antes. Ajuda o teu pai. É ele quem me preocupa. Dário não sabe viver sozinho. Tivemos as nossas zangas. Penso que fui, muitas vezes, demasiado áspera para com ele. Mas amo-o muito, compreen-

des?, foi o único homem da minha vida. Sempre me custou a aceitar que tivesse amado outras mulheres antes de mim. Pior – enquanto estava comigo. Mas assim são os homens. Foste o melhor que a vida me deu. A tua mãe, Doroteia."

(AGUALUSA, José Eduardo. *As mulheres do meu pai*. Rio de Janeiro: Língua Geral, 2007. p. 29-30.)

ADOÇÃO COMPARTILHADA – É a possibilidade de diferentes famílias adotarem separadamente irmãos, inclusive os mais velhos, com o compromisso de manter o vínculo e a convivência entre eles.

ADOÇÃO CONSENSUAL [*ver adoção intuitu personae*] – É o mesmo que adoção dirigida ou adoção *intuitu personae*.

ADOÇÃO CONSENTIDA [*ver adoção intuitu personae*] – É o mesmo que adoção dirigida ou adoção *intuitu personae*.

ADOÇÃO DE EMBRIÕES [*ver tb biodireito, reprodução assistida*] – É o acolhimento adotivo dos embriões humanos, no caso dos excedentários, que não mais integram o projeto parental de seus genitores, promovida por pessoas que queiram promover a gestação, nascimento e formação do estado de filiação.

A Resolução 2.320/2022, estabelece que o número total de embriões gerados em laboratório será comunicado aos pacientes para que decidam quantos embriões serão transferidos a fresco, conforme determina este ato normativo. Os excedentes viáveis devem ser criopreservados. Além dessa previsão, determina que antes da geração dos embriões, os pacientes devem manifestar sua vontade, por escrito, quanto ao destino dos embriões criopreservados em caso de divórcio, dissolução de união estável ou falecimento de um deles ou de ambos, e se desejam doá-los.

ADOÇÃO DE MAIORES [*ver tb. adoção tardia*] – É a adoção de pessoas maiores de idade, isto é, a partir de 18 anos. Na vigência do Código Civil de 1916, cuja maioridade atingia-se aos 21 anos, a adoção de maiores era feita por simples escritura pública. Com o advento da Lei nº 8.069/90, Estatuto da Criança e do Adolescente – ECA, passou-se a exigir que tais adoções fossem feitas por meio de processo judicial. Da mesma forma, o CCB que entrou em vigor em 2003, em seu art. 1.619, assim estabelece: *A adoção de maiores de 18 (dezoito) anos dependerá da assistência efetiva do poder público e de sentença constitutiva*. É permitida a adoção, em favor do maior, com mais de 18 (dezoito) anos, quando à época em que completou essa idade, se achava sob a guarda dos requerentes (Art. 40, ECA). E como todas as outras adoções o adotante deve ter 16 anos a mais que o adotado (Art. 42, § 3º, ECA).

DISPOSITIVOS NORMATIVOS

CCB – Art. 1.619.

Lei nº 8.069/90 – Estatuto da Criança e do Adolescente – Arts. 39 a 52-D.

Lei nº 12.010/09 – Lei da Adoção – Art. 4º.

Lei nº 13.509/2017 – Dispõe sobre adoção e altera a Lei nº 8.069, de 13 de julho de 1990 (Estatuto da Criança e do Adolescente), a Consolidação das Leis do Trabalho (CLT), aprovada pelo Decreto-Lei nº 5.452, de 1º de maio de 1943, e a Lei nº 10.406, de 10 de janeiro de 2002 (Código Civil).

JURISPRUDÊNCIA

(...) A adoção é regulada no Brasil pela Lei nº 8.069/1990 (Estatuto da Criança e do Adolescente), cujo art. 45 prescreve a necessidade de consentimento dos pais ou do representante legal do adotando. Porém, o § 1º dispensa esse consentimento em relação à criança ou adolescente cujos pais sejam desconhecidos ou tenham sido destituídos do pátrio poder. Como o poder familiar se extingue pela maioridade, conforme previsto no art. 1.635, III, do Código Civil, desnecessário o consentimento do pai biológico na adoção de pessoas maiores. 2. Atendidos os requisitos formais dos arts. 216-C e 216-D do Regimento Interno do STJ e comprovado tratar-se de adoção plena de maiores de idade, não há violação da ordem pública ou da soberania nacional que impeça a pretendida homologação da sentença de adoção. 3. Homologação deferida. (STJ, HDE nº 2.662/EX, relator Ministro João Otávio de Noronha, Corte Especial, , DJe de 28/9/2022.)

ADOÇÃO DE NASCITURO [*ver tb. adoção, adoção dirigida, barriga de aluguel, adoção intuitu persona, nascituro*] – A adoção de nascituro, ou seja, daquele que já foi concebido, mas ainda não nasceu, não tem previsão expressa em nossa lei, como acontecia na vigência do CCB 1916, que em seu art. 372, assim determinava: *Não se pode adotar sem o consentimento do adotado ou de seu representante legal, se for incapaz ou nascituro*. O ECA omitiu-se sobre a possibilidade da adoção do nascituro, trazendo tão somente que *a adoção depende do consentimento dos pais ou do consentimento legal do adotando* (Art. 45). O CCB 2002, bem como a Lei nº 12.010/09, que regulamenta a adoção, também foram omissos. Diante desta omissão, a doutrina formou duas correntes contrárias. A primeira, é um contrassenso do ponto de vista humano e legal, pois o nascituro não pode ser considerado pessoa, porque a personalidade civil do homem só começa com o nascimento com vida. Depois, porque não há como adotar uma criatura que ainda não nasceu, e que não se sabe se irá nascer com vida. Tal posicionamento busca guarida também na Convenção de Haia, de 29/05/1993, em seu art. 4º, o qual prevê que *as autoridades competentes do Estado de origem devem se assegurar de que o consentimento da mãe, quando exigido, tenha sido manifestado após o nascimento da criança*. Em sentido favorável à adoção dos nascituros os argumentos são mais consistentes: *1º) o nascituro pode receber doação (Art. 542, CCB); 2º) o nascituro pode ser reconhecido (Art. 1.609, parágrafo único, CCB); 3º) o nascituro pode receber herança (Art. 1.798, CCB); 4º) o nascituro, representado por sua mãe pode ajuizar ação de investigação de paternidade e de alimentos; 5º) não é razoável que a dignidade humana não atinja os nascituros, como se não fossem seres humanos*. (PEREIRA, Sérgio Gischkow. *Direito de Família, aspectos do casamento, sua eficácia, separação, divórcio, parentesco, filiação, regime de bens, alimentos, bem de família, união estável, tutela e curatela*. Porto Alegre: Livraria do Advogado. 2007. p. 121); 6º) a Lei nº 11.804/08 prevê alimentos gravídicos, portanto, reconhece o direito de alimentos indiretamente ao nascituro.

DISPOSITIVOS NORMATIVOS

CCB – Arts. 2º, 542, 1.609, 1.798.

Lei nº 11.804/08 – Alimentos gravídicos.

Lei nº 12.010/09 – Lei da Adoção.

Lei nº 8.069/90 – Estatuto da Criança e do Adolescente – Arts. 7º, 42, § 3º, 45.

Resolução nº 2.320/2022 do CFM.

ADOÇÃO DIRIGIDA [*ver adoção intuitu personae*] – É o mesmo que adoção *intuitu personae* ou adoção pronta.

ADOÇÃO HÍBRIDA [*ver tb. adoção, adoção simples, adoção plena*] – É a nomenclatura utilizada para indicar a modalidade de adoção que se configurava como ato complexo *sui generis*, isto é, observa elementos tanto do Direito Privado como do Direito Público. Também conhecida como adoção legítima, introduzida pela Lei nº 4.655/65, abandonou a posição do Código Civil de 1916, que considerava a adoção um mero "contrato" bilateral, exigindo, além do *consenso* como elemento constitutivo da adoção, a realização de um processo judicial e a necessidade de intervenção judicial. Desde a Constituição da República de 1988, que igualizou todas as formas de filiação (Art. 227, § 6º), essa nomenclatura não vigora mais no ordenamento jurídico brasileiro, assim como não se pode mais falar em adoção simples ou plena como forma de classificação da adoção. Adoção é adoção, assim como filho é filho, não comportando qualquer forma de descriminação.

ADOÇÃO HOMOPARENTAL [*ver tb. adoção, homoparentalidade*] – É a adoção por casal de pessoas do mesmo sexo. Nunca houve proibição legal expressa para tais adoções no ordenamento jurídico brasileiro, apenas interpretações contrárias ou favoráveis, de acordo com a concepção e moral particular dos envolvidos em tais processos. A adoção se condiciona tão somente às exigências previstas no Estatuto da Criança e do Adolescente (Arts. 42 e 43), que traduz o Princípio do Melhor Interesse da Criança. Necessária, então, a comprovação de que a nova filiação apresenta reais vantagens ao adotado, observando-se a idade do adotante – que deve ser superior a 18 anos e pelo menos 16 anos mais velho que o adotado –, sendo irrelevante o estado civil.

Após o reconhecimento das famílias homo-afetivas pelo STF, em 05/05/2011 (Ação Direta de Inconstitucionalidade (ADI) 4277 e a Arguição de Descumprimento de Preceito Fundamental (ADPF) 132), a resistência e dificuldades das adoções por casais homossexuais tornaram-se menores. *São bem mais amplas as configurações familiares e essas não se resumem ao modelo clássico do pai e mãe do casamento e dos filhos conjugais, pois, no tocante à prole, sabiamente não mais deriva unicamente da relação sexual* (MADALENO, Rolf. *Curso de direito de família*. Rio de Janeiro: Forense, 2013. p. 667). Os casais homossexuais interessados em adotar, assim como qualquer casal, devem comprovar que estão casados ou vivendo em união estável, e demonstrarem a estabilidade e boa estrutura do núcleo familiar.

O primeiro Ato Normativo regulamentando o registro de nascimento e adoção homoparental no Brasil foi expedido pela Corregedoria Geral do Estado do Mato Grosso (Provimento nº 54/14), fundamentando que atende aos princípios da dignidade humana, cidadania, direitos fundamentais à igualdade, liberdade, intimidade e proibição de discriminação: O assento de nascimento decorrente da homoparentalidade, biológica ou por adoção, será inscrito no Livro A, observada a legislação vigente, no que for pertinente, com a adequação para que constem os nomes dos pais ou das mães, bem como de seus respectivos avós, sem distinção se paternos ou maternos, sem descurar dos seguintes documentos fundamentais: I – declaração de nascido vivo – DNV; II – certidão de casamento, de conversão de união estável em casamento ou escritura pública de união estável (art. 1º, Provimento nº 54/2014, CNJ-MT). *O Provimento 63/2017 (com alterações Provimento 83/2019) do CNJ instituiu modelos únicos de certidão de nascimento, de casamento e de óbito, a serem adotadas pelos ofícios de registro civil das pessoas naturais, e dispõe sobre o reconhecimento voluntário e a averbação da paternidade e maternidade socioafetiva no Livro "A" e sobre o registro de nascimento e emissão da respectiva certidão dos filhos havidos por reprodução assistida, além dos avanços promovidos, buscou a necessidade de uniformização, em todo o território nacional, do registro de nascimento e da emissão da respectiva certidão para filhos havidos por técnica de reprodução assistida de casais homoafetivos e heteroafetivos.*

DISPOSITIVOS NORMATIVOS

CR – Art. 227.

Lei nº 12.010/09 – Lei de Adoção.

Lei nº 13.509/2017 – Dispõe sobre adoção e altera a Lei nº 8.069, de 13 de julho de 1990 (Estatuto da Criança e do Adolescente), a Consolidação das Leis do Trabalho (CLT), aprovada pelo Decreto-Lei nº 5.452, de 1º de maio de 1943, e a Lei nº 10.406, de 10 de janeiro de 2002 (Código Civil).

Lei nº 8.069/90 – Estatuto da Criança e do Adolescente – Arts. 42 e 43.

Provimento nº 63/2017 do CNJ com alterações do Provimento nº 83/2019.

JURISPRUDÊNCIA

"(...) Assim interpretando por forma não reducionista o conceito de família, penso que este STF fará o que lhe compete: manter a Constituição na posse do seu fundamental atributo da coerência, pois o conceito contrário implicaria forçar o nosso Magno Texto a incorrer, ele mesmo, em discurso indisfarçavelmente preconceituoso ou homofóbico. Quando o certo – data vênia de opinião divergente – é extrair do sistema de comandos da Constituição os encadeados juízos que precedentemente verbalizamos, agora arrematados com a proposição de que a isonomia entre casais heteroafetivos e pares homoafetivos somente ganha plenitude de sentido se desembocar no igual direito subjetivo à formação de uma autonomizada família. Entendida esta, no âmbito das duas tipologias de sujeitos jurídicos, como um núcleo doméstico independente de qualquer outro e constituído, em regra, com as mesmas notas factuais da visibilidade, continuidade e durabilidade". O acórdão recorrido harmoniza-se com esse entendimento jurisprudencial. Nada há, pois, a prover quanto às alegações do Recorrente. 5. Pelo exposto, nego seguimento a este recurso extraordinário (art. 557, *caput*, do Código de Processo Civil e art. 21, § 1º, do Regimento Interno do Supremo Tribunal Federal) (STF, REx 846.102, Rel. Min. Carmen Lúcia, j. 5/03/2015).

ADOÇÃO INTERNACIONAL [*ver tb. adoção*] – É a modalidade de adoção na qual a pessoa ou casal postulante, nacional ou estrangeiro, é residente ou domiciliado em país diverso do adotado. Assim, configura adoção internacional *quando uma criança com residência habitual em um Estado Contratante (o Estado de origem) tiver sido, for, ou deva ser deslocada para outro Estado Contratante (o Estado de acolhida), quer após sua adoção no Estado de origem por cônjuges ou por uma pessoa residente habitualmente no Estado de acolhida* (Art. 2º, Decreto nº 3.087/99, Convenção de Haia). No Brasil, aquele que não reside em território nacional, brasileiro e estrangeiro, que deseje adotar um nacional, deve observar o rito da Lei nº 12.010/09, que introduziu os arts. 51 a 52-D ao Estatuto da Criança e do Adolescente – ECA. As Comissões Estaduais Judiciárias de Adoção – CEJA acompanham o trâmite dos pedidos de adoção internacional, realizando os estudos prévios e fiscalizando a documentação apresentada. Dentro das orientações da CEJA devem ser esgotadas todas as alternativas, com o objetivo de evitar o deslocamento da criança ou do adolescente para outro país, priorizando a colocação em família substituta brasileira (Art. 51, § 1º, II,

ECA). A adoção internacional no Brasil ainda é vista como um "desenraizamento" cultural e social de uma criança, ficando em segundo plano em vista do "princípio da subsidiariedade", posicionamento muitas vezes contrário ao princípio do melhor interesse da criança. Caso o estrangeiro seja domiciliado no país, com comprovado ânimo de permanência, a ele aplica-se o procedimento próprio de adoção brasileira, inclusive em razão ao tratamento constitucional de não distinção entre estrangeiros e nacionais residentes e domiciliados no Brasil (Art. 5º, *caput*, CR).

DISPOSITIVOS NORMATIVOS

CF – Art. 227, § 6º.

CCB – Arts. 1.596, 1.618 e 1.619.

Lei nº 8.069/90 – Estatuto da Criança e do Adolescente – Arts. 51 a 52-D.

Lei nº 12.010/09 – Lei da Adoção.

Lei 13.509/2017 – Dispõe sobre adoção e altera a Lei nº 8.069, de 13 de julho de 1990 (Estatuto da Criança e do Adolescente), a Consolidação das Leis do Trabalho (CLT), aprovada pelo Decreto-Lei nº 5.452, de 1º de maio de 1943, e a Lei nº 10.406, de 10 de janeiro de 2002 (Código Civil).

Decreto nº 3.087/99 – Promulgou a Convenção Relativa à Proteção das Crianças e à Cooperação em Matéria de Adoção Internacional.

CNJ Resolução nº 54/08 – Dispõe sobre Cadastro Nacional de Adoção.

CNJ Resolução nº 93/2009 – CNJ Resolução 93/2009 – Acrescenta e altera dispositivos à Resolução nº 54, de 29 de abril de 2008, que dispõe sobre a implantação e funcionamento do Cadastro Nacional de Adoção e cria e dispõe sobre o Cadastro Nacional de Crianças e Adolescentes Acolhidos.

CNJ Resolução nº 190/14 – Inclui no Cadastro Nacional de Adoção pretendentes estrangeiros.

CNJ Resolução 294/2019 – Dispõe sobre a implantação e funcionamento do Sistema Nacional de Adoção e Acolhimento – SNA e dá outras providências.

JURISPRUDÊNCIA

(...) O Órgão Ministerial objetiva rescindir sentença prolatada por juiz monocrático nos autos de processo de adoção internacional, que se deu sem a observância de formalidades elencadas pelo Estatuto da Criança e Adolescente. 2. Ocorre que, desde a data da interposição da ação em questão já se passaram 9 (nove) anos. E não se pode olvidar que, diante deste vasto lapso temporal, entre a criança e seus pais adotivos foram criados laços afetivos e psicológicos. 3. Diante da situação fática que se encontra sobejamente consolidada, retirar a criança do seio familiar em que vive com aqueles que reconhece como pais há 9 (nove) anos configuraria uma medida demasiadamente violenta, ensejadora de danos irreversíveis, que iria de encontro ao princípio do melhor interesse da criança, bem como da prioridade absoluta. 4. Em sendo assim, não se justifica decretar-se uma nulidade que se contrapõe ao interesse de quem teoricamente se pretende proteger. (AR nº 0003815-31.1998.8.17.0000, Rel. Des. Bartolomeu Bueno, 1ª CC – TJPE. j. 07/06/2011).

ADOÇÃO *INTUITU PERSONAE* [*ver tb. adoção, adoção consentida, adoção dirigida*] – É a adoção pela qual os pais biológicos, escolhem os adotantes e manifestam expressamente, perante a autoridade judiciária, o desejo de entregar o filho em adoção a determinada pessoa ou casal. *Intuitu personae* é uma expressão em latim que se traduz como "em consideração à pessoa". É o mesmo que adoção consensual, adoção consentida, adoção dirigida ou adoção pronta. Pressupõe que exista uma relação de confiança entre os pais biológicos da criança e os pretendentes à adoção.

As adoções em geral, e em particular a adoção consentida, estão envolvidas em preconceitos que impedem ou atrapalham que se cumpra o princípio da prioridade e do melhor interesse da criança e do adolescente. Tal preconceito está na própria lei de adoção (Lei nº 12.010/10)

que estimula esgotar a qualquer custo o interesse da família extensa (biológica) pela adoção. E isto nem sempre é bom para as crianças, pois na maioria das vezes, quando alguém da família aceita adotar, o faz, movido por um sentimento de culpa, e não por amor e desejo, como acontece com os pretensos pais adotivos fora da relação biológica. Este malefício da lei de adoção advém de seu equívoco conceitual por não ter apreendido a evolução e compreensão da psicanálise e antropologia de que a família não é um fato da natureza, mas da cultura.

Na adoção consentida, o preconceito advém, principalmente, do temor de possíveis ilegalidades nos processos de adoção, tendo em vista que o adotante, não necessariamente, passaria pelo cadastro de adoção, o que poderia significar desrespeito em relação aos candidatos já cadastrados que aguardam a oportunidade para adotarem. Além disso, há um temor em relação à "compra e venda" de menores, entre outras ilegalidades derivadas de fraude e simulações voltadas para obtenção de vantagens econômicas. Por outro lado, *negar a adoção consentida significa virar as costas para fatos e manifestações legítimas de prevalência do melhor interesse da criança, pelo que interpretar a norma como proibitiva implicará aumento de situações irregulares, tais como guarda fática e "adoções à brasileira", relegando a assistência do Poder Público e dificultando as ações fiscalizadoras e protetivas. Admitir a Adoção Consentida autoriza procedimentos mais céleres, o que permite guarnecer os direitos e os interesses da criança em razão da participação ativa, ao menos da mãe biológica* (PEREIRA, Tânia da Silva. Vicissitudes e certezas que envolvem a adoção consentida. *In:*

A

Anais do VIII Congresso Brasileiro de Direito de Família – IBDFAM. Família entre o Público e o Privado. Porto Alegre, 2012. p. 342). Ao impedir essa forma de adoção, o Estado-Juiz pressupõe a má-fé dos envolvidos, e ignora o desejo dos pais biológicos de escolherem o que consideram melhor para o filho. Há muitas situações em que a mãe só se dispõe a entregar o filho para uma adoção se for para alguém de sua confiança.

Na adoção consentida, como nas demais, é importante que o julgador averigue a relação existente entre o(s) genitore(s) e adotante(s), a fim de compreender se as razões que motivaram a entrega dirigida do menor são pautadas pela boa-fé, se o requerimento confere reais vantagens ao adotando (Art. 43, ECA), fundado no Princípio do Melhor Interesse da Criança e do Adolescente. Também é imprescindível que o juiz verifique se os pais adotivos são adequados, dentro dos padrões da lei, assim como deve acontecer com as adoções em geral.

A omissão do legislador em tratar expressamente da adoção *intuitu personae* não significa que ela seja proibida ou que não exista tal possibilidade. Se a lei assegura aos pais o direito de nomear tutor (Art. 1.729, CCB) ao seu filho, ou seja, se há possibilidade de escolher quem vai ficar com o filho após a morte, não há porque não permitir que se escolha quem vai adotá-lo. Se a lei excepciona situações em que não há necessidade de inscrição no Sistema Nacional de Adoção (SNA), como nas adoções unilaterais, por parentes que já mantinham vínculo de afinidade e afetividade (Art. 50, § 13, ECA), significa que o cadastro de adoção não pode ter uma rigidez absoluta, especialmente se for para atender ao superior interesse da criança.

JURISPRUDÊNCIA

(...) nada, absolutamente nada impede que a mãe escolha quem sejam os pais de seu filho. Às vezes é a patroa, às vezes uma vizinha, em outros casos um casal de amigos que têm uma maneira de ver a vida, uma retidão de caráter que a mãe acha que seriam os pais ideais para o seu filho. É o que se chama de adoção *intuitu personae*, que não está prevista na lei, mas também não é vedada. (...) (Ap. Civil nº 0006371-74.2009.8.19.0061 RJ, Rel. Des. Nagib Slaibi, 6ª CC – TJRJ. j. 05/05/2010).

ADOÇÃO MISTA – É o mesmo que adoção híbrida.

ADOÇÃO PLENA [*ver tb. adoção*] – Expressão utilizada pelo revogado Código de Menores (Lei nº 6.697/70), que por sua vez tinha revogado a Lei nº 4.655/65, substituindo a expressão "Legitimação Adotiva" por "Adoção Plena", que estendeu à família dos adotantes o vínculo de parentesco com o adotado. E assim passou a constar no registro de nascimento dos adotados o nome dos ascendentes, sem a necessidade de consentimento dos avós. Não se pode falar mais em adoção plena, que se contrapunha à adoção simples. Todas as adoções são plenas, isto é, uma vez ocorrida a adoção, ela se torna plena, no sentido de totalidade do exercício das funções paternas e maternas. Da mesma forma que não se pode dizer paternidade simples ou plena. Paternidade é paternidade, assim como adoção é adoção e não comporta mais no atual sistema jurídico brasileiro tais designações.

ADOÇÃO POR ESTRANGEIROS – Ver adoção internacional.

ADOÇÃO POR TESTAMENTO [*ver tb. adoção, adoção póstuma, testamento ético, testamento genético*] – Do latim, *adoptio per testamentum*. É a adoção que se faz via testamento. No Direito brasileiro, o instituto da adoção ganhou suas primeiras regras formais com o Código Civil de 1916, que regulou apenas a adoção simples. Nesse sistema a adoção se dava por meio de escritura pública, sem interferência judicial, até o advento da Lei nº 4.655/65. O ordenamento brasileiro nunca permitiu a adoção diretamente por testamento. Todavia, é possível que em testamento se estabeleça declaração de reconhecimento de paternidade socioafetiva, que não deixa de ser uma forma de manifestação de adoção. A disposição de última vontade que reconheceu o filho como seu, mesmo não biológico, é prova suficiente para que se busque em juízo a declaração da relação de adoção ou declaratória de paternidade/maternidade socioafetiva.

A adoção testamentária era muito comum no Direito Romano, cujo adotante falecido, que não tinha herdeiros necessários, transmitia seus bens ao adotado, na condição dele concordar em cultuar o falecido ou sua família. Em geral, funcionava como uma simples instituição de herdeiro, em que ele se obrigava à assunção do nome do testador. Consistia em propiciar descendência a quem faltasse a natural. Para efetivá-la, eram necessárias as seguintes condições: idade mínima do adotante de 60 anos e ter 18 anos mais que o adotado, não ter filhos naturais; o consentimento dos dois *pater familias*, o pai natural do adotado e o adotante; e, por fim, que esta fosse feita diante de autoridade competente. Os efeitos da adoção por testamento dependiam da morte do adotante, permanecendo suspensos até que ela se verificasse.

ADOÇÃO *POST MORTEM* – É o mesmo que adoção *póstuma*.

ADOÇÃO PÓSTUMA [*ver tb. adoção, adoção por testamento*] – É o mesmo que adoção *post mortem*. É aquela cuja concessão se dá após a morte do adotante, produzindo efeitos retroativos à data do óbito. É imprescindível que a pessoa falecida tenha demonstrado, em vida, desejo evidente de adotar e laço de afetividade com o adotando. Embora a legislação exija a preexistência de processo de adoção à época do óbito para que se conceda *post mortem*, esse requisito pode ser relativizado nos casos em que restar comprovado, de maneira inequívoca, o desejo do falecido em adotar, bem como uma relação socioafetiva entre eles.

A importância desta modalidade é efetivar a vontade do adotante e tornar jurídica uma relação fática, isto é, a posse do estado de filho. Ou seja, quando o óbito do pretenso pai ocorre antes do ajuizamento da ação, há que se avaliar a questão sob a ótica da relação socioafetiva, na medida em que a posse de estado de filho revela não somente o desejo de adotar, mas a existência, em vida, de verdadeiro vínculo afetivo, devendo o desejo daquele que faleceu ser respeitado. O desejo de adotar, ou o reconhecimento de uma paternidade/maternidade socioafetiva, pode ser manifestado também em testamento, ou mesmo por atitudes durante a vida que caracterizem atos e exercício de paternidade e maternidade.

DISPOSITIVOS NORMATIVOS

Lei nº 8.069/90 – Estatuto da Criança e do Adolescente – Art. 42, § 6º.

Lei nº 12.010/09 – Lei de Adoção.

A

ADOÇÃO PRONTA – É o mesmo que adoção dirigida ou adoção *intuitu personae*.

ADOÇÃO SEMIPLENA [*ver tb. adoção unilateral, multiparentalidade*] – Expressão que designava, na vigência do Código Civil de 1916 e no Código de Menores (Lei nº 6.697/79), a adoção realizada por apenas uma pessoa em relação a uma criança que já tinha genitor registral. Nesse caso, o registro da criança era alterado apenas para incluir o nome do adotante e seus parentes, mantendo o pai ou mãe biológicos.

Após a CR/88, não há mais classificações para as adoções, assim como não há mais classificações para os filhos havidos do casamento ou fora dela. Filho é filho, adoção é adoção, e não comporta mais nenhuma designação ou classificação.

ADOÇÃO SIMPLES [*ver tb. adoção, adoção plena*] – Era a modalidade de adoção regida pelo Código Civil de 1916, a qual se realizava mediante escritura pública e estabelecia vínculo de parentesco somente entre o adotante e o adotado, sem estendê-lo aos demais parentes. A adoção simples contrapunha-se à adoção plena. Assim, como não se pode mais falar em filho legítimo ou ilegítimo, pois todos são filhos, independente se havidos no casamento ou não, não se pode falar mais em adoção simples ou plena, mas apenas adoção.

ADOÇÃO TARDIA [*ver tb. adoção, adoção de maiores*] – Expressão utilizada para designar a adoção de criança que tenha mais de dois anos de idade. Essas crianças são popularmente chamadas de "idosas" para a adoção, motivo pelo qual necessitam de atenção especial durante o processo de transição.

DISPOSITIVOS NORMATIVOS

Lei nº 8.069/90 – Estatuto da Criança e do Adolescente – Arts. 39 e 52-D.

ADOÇÃO TRANSNACIONAL – Ver adoção internacional.

ADOÇÃO UNILATERAL [*ver tb. adoção semiplena, adoção híbrida, multiparentalidade e ancestralidade*] – É a modalidade de adoção pela qual o novo cônjuge ou companheiro adota filho do outro, formando-se, consequentemente, um novo vínculo jurídico familiar. Assim, estabelece-se uma biparentalidade fática do filho com o parceiro do genitor biológico. *Trata-se de forma especial de adoção, que tem caráter híbrido, pois permite a substituição de somente um dos genitores e respectiva ascendência* (DIAS, Maria Berenice. *Manual de direito das famílias*. 9. ed. São Paulo: Revista dos Tribunais, 2013. p. 503).

A adoção unilateral ocorre: a) quando consta no registro de nascimento do adotando o nome de apenas um dos pais, competindo a ele autorização da adoção pelo novo companheiro; b) quando, não obstante o adotando tenha sido registrado por ambos os pais, um deles decai do poder familiar; c) no caso de falecimento de um dos pais do adotando, o companheiro/cônjuge do genitor sobrevivo pode adotar o filho.

Para o adotado subsistem impedimentos matrimoniais, tanto com relação à família de sangue (art. 1.521, I, II e IV, CCB), como com relação à adotiva (art. 1.521, III e V, CCB). Um dos problemas da adoção unilateral é a eliminação da ancestralidade, ou seja, os avós biológicos paternos, ou maternos, serem excluídos da certidão de nascimento do adotado, especialmente se eles ainda forem vivos e tiverem interesse em continuar sendo avós. Uma das formas de se evitar isto é a multiparentalidade, isto é, colocar o nome do pai/mãe adotivo juntamente com o do genitor falecido, preservando sua ancestralidade. O STF ao analisar o RE 898.060 fixou a tese: "*A paternidade socioafetiva, declarada ou não em registro público, não impede o reconhecimento do vínculo de filiação concomitante baseado na origem biológica, com os efeitos jurídicos próprios*".

JURISPRUDÊNCIA

(...) Recurso especial calcado em pedido de adoção unilateral de menor, deduzido pela companheira da mãe biológica da adotanda, no qual se afirma que a criança é fruto de planejamento do casal, que já vivia em união estável, e acordaram na inseminação artificial heteróloga, por doador desconhecido, em C.C.V. II. Debate que tem raiz em pedido de adoção unilateral – que ocorre dentro de uma relação familiar qualquer, onde preexista um vínculo biológico, e o adotante queira se somar ao ascendente biológico nos cuidados com a criança –, mas que se aplica também à adoção conjunta – onde não existe nenhum vínculo biológico entre os adotantes e o adotado. III. A plena equiparação das uniões estáveis homoafetivas, às uniões estáveis heteroafetivas, afirmada pelo STF (ADI 4277/DF, Rel. Min. Ayres Britto), trouxe como corolário, a extensão automática àquelas, das prerrogativas já outorgadas aos companheiros dentro de uma união estável tradicional, o que torna o pedido de adoção por casal homoafetivo, legalmente viável. (REsp 1281093 SP, Rel.ª Min.ª Nancy Andrighi, 3ª T – STJ. publ. 04/02/2013).

ADOLESCÊNCIA [*ver tb. infância, adolescência*] – É o período da vida do sujeito que sucede à infância, iniciando-se na puberdade indo até a maioridade, estabelecida pelo CCB em 18 anos. A Lei nº 8.069/90 estabelece que a adolescência é o período da vida entre 12 a 18 anos. A adolescência assim como a infância têm proteção especial, seja pelas regras do Estatuto da Criança e do Adolescente, seja pelos consagrados princípios constitucionais do melhor interesse e prioridade absoluta da criança e adolescente.

DISPOSITIVOS NORMATIVOS

CR – Arts. 227 a 229.

EC 65/10 – Modifica o art. 227 para cuidar dos interesses da juventude.

Lei nº 8.069/90 – Estatuto da Criança e do Adolescente.

LINGUAGEM POÉTICA

A pedalar / Camisa aberta no peito / Passeio macio / Levo na bicicleta / O meu tesouro da juventude / Passo roubando fruta de feira / Passo a puxar meu estilingue / Vai pedra certeira no poste / Passa um veterano / E já cansado / Herói de guerra / Grito: Lá vem a bomba! / E meu tesouro me leva / Pelas ruas de Santa Teresa / A pedalar / Encontro amigo do peito / Sentado na esquina / Pula, pega garupa / Segura o bonde ladeira acima / Ganha o meu tesouro da juventude / Ainda que a cidade anoiteça / Ou desapareça / Piso no pedal do sonho / E a vida ganha mais alegria / Ganha o meu tesouro da juventude / Que foi em Pedra Azul / E em toda parte / Onde tive o que sou

(*Tesouro da Juventude* – Letra e música de Tavinho Moura e Murilo Antunes).

ADOLESCENTE – É a pessoa que está na fase de adolescência, assim considerada pelo art. 2º da Lei nº 8.069/90, aquela que tem entre 12 e 18 anos de idade.

LINGUAGEM POÉTICA

Meus dois pais me tratam muito bem

(O que é que você tem que não fala com ninguém?)

Meus dois pais me dão muito carinho

(Então porque você se sente sempre tão sozinho?)

A

Meus dois pais me compreendem totalmente

(Como é que cê se sente, desabafa aqui com a gente!)

Meus dois pais me dão apoio moral

(Não dá pra ser legal, só pode ficar mal!)

(...)

Minha mãe até me deu essa guitarra

Ela acha bom que o filho caia na farra

E o meu carro foi meu pai que me deu

Filho homem tem que ter um carro seu

Fazem questão que eu só ande produzido

Se orgulham de ver o filhinho tão bonito

Me dão dinheiro prá eu gastar com a mulherada

Eu realmente não preciso mais de nada

Meus pais não querem

Que eu fique legal

Meus pais não querem

Que eu seja um cara normal

Não vai dar, assim não vai dar

Como é que eu vou crescer sem ter com quem me revoltar

Não vai dar, assim não vai dar

Pra eu amadurecer sem ter com quem me rebelar

Não vai dar, assim não vai dar

Como é que eu vou crescer sem ter com quem me revoltar

Não vai dar, assim não vai dar

Pra eu amadurecer sem ter com quem me rebelar

(...)

(Rebelde sem causa – Letra e música de Ultraje a Rigor).

ADULTERINO [*ver tb. adultério*] – Relativo a adultério. A doutrina e a jurisprudência brasileira utilizaram a expressão união estável adulterina, ou concubinato adulterino para designar o relacionamento paralelo a um casamento ou união estável.

ADULTÉRIO [*ver tb. bigamia, culpa, família simultânea, infidelidade, infidelidade virtual, monogamia, separação judicial*] – É a infidelidade conjugal. Era um tipo penal previsto no art. 240 do Código Penal, revogado em 28/03/2005 pela Lei nº 11.106. Em Direito de Família, o adultério constituía um dos motivos pelos quais se podia pleitear a separação judicial. Com a mudança dos costumes, e especialmente depois que o adultério deixou de ser tipificado como crime, a infidelidade conjugal perdeu sua importância jurídica como causa das separações judiciais. Primeiro, porque entendeu-se que uma infidelidade ou "traição", na maioria das vezes não é o verdadeiro motivo do fim de um casamento/união estável, mas consequência. E muitas vezes, nem mesmo os parceiros sabem o porquê do fim do casamento. Às vezes o amor acaba. E assim, a jurisprudência foi eliminando gradativamente a culpa pelo fim da conjugalidade. E, por fim, a Emenda Constitucional nº 66/10 consolidou a não intervenção do Estado na vida privada das pessoas, reafirmando a eliminação da discussão de culpa ao excluir do ordenamento jurídico brasileiro o instituto da separação judicial, em que se procurava um culpado pelo fim da conjugalidade.

Em outros países, em diferentes épocas, as mais variadas formas de punição eram aplicadas à mulher adúltera: o povo egípcio mutilava o seu nariz; na Índia, era jogada aos cachorros para que fosse devorada; o povo hebreu a condenava à morte; na Roma antiga, a punição ia desde a perda patrimonial, até a morte lenta e dolorosa. Ainda hoje, países do Oriente Médio condenam a mulher adúltera ao apedrejamento.

LINGUAGEM POÉTICA

Te perdoo / Por fazeres mil perguntas / Que em vidas que andam juntas / Ninguém faz / Te perdoo / Por pedires perdão / Por me amares demais

Te perdoo / Te perdoo por ligares / Pra todos os lugares / De onde eu vim / Te perdoo / Por ergueres a mão / Por bateres em mim

Te perdoo / Quando anseio pelo instante de sair / E rodar exuberante / E me perder de ti / Te perdoo / Por quereres me ver / Aprendendo a mentir (te mentir, te mentir)

Te perdoo / Por contares minhas horas / Nas minhas demoras por aí / Te perdoo / Te perdoo porque choras / Quando eu choro de rir / Te perdoo / Por te trair

(*Mil Perdões* – Letra e música de Chico Buarque).

ADVOGADO *AD HOC* – Ver procurador *ad hoc*.

AFETIVIDADE – Ver afeto e princípio da afetividade.

ILUSTRAÇÃO

Grace Camargos. P. 43.

A

AFETO [*ver tb. abandono afetivo, responsabilidade civil, princípio da afetividade, parentalidade e paternidade socioafetiva*] – Do latim *affectus*. Para a Psicanálise é a expressão que designa a quantidade de energia pulsional e exprime qualquer estado afetivo, agradável ou desagradável. É tudo aquilo que afeta a pessoa. Para a Filosofia é o que diz respeito aos sentimentos, às emoções, aos estados de alma e, sobretudo ao amor. Espinosa diz que somos constituídos por nossos afetos e pelos laços que nos unem aos outros seres. (SCHÖPKE, Regina. *Dicionário filosófico*. São Paulo: Martins Fontes, 2010. p. 16).

Desde que a família deixou de ser, preponderantemente, um núcleo econômico e de reprodução, e as uniões conjugais passaram a se constituir, principalmente, em razão do amor, a família tornou-se menos hierarquizada e menos patrimonializada. O afeto tornou-se, então, um valor jurídico e passou a ser o grande vetor e catalisador de toda a organização jurídica da família. Uma união conjugal, seja pelo casamento civil ou não, começa e acaba em razão da presença ou da ausência do afeto. Nas relações parentais, ele se presentifica de tal forma e força, que pode superar até mesmo os laços biológicos, como acontece na paternidade/maternidade socioafetiva (Art. 1.593, CCB).

O afeto ganhou tamanha importância no ordenamento jurídico brasileiro que recebeu força normativa, tornando-se o princípio da afetividade o balizador de todas as relações jurídicas da família. Sua importância ressignificou e trouxe novos conceitos à ordem jurídica, redefinindo o Direito de Família como a regulamentação das relações de afeto e suas consequências patrimoniais. A força normativa do afeto se traduz também em princípios e regras jurídicas, como estampada no art. 1.634 do CCB/2002, ao estabelecer as formas de exercício do poder familiar.

O afeto para o Direito de Família não é apenas um sentimento. É uma ação, uma conduta. É o cuidado, a proteção e a assistência, especialmente entre pais e filhos, entre cônjuges, ou seja, o cuidado e a atenção na família conjugal e na família parental. Tal comportamento pode ser traduzido como obrigação jurídica nas relações entre pais e filhos, pois é imprescindível para o desenvolvimento de uma criança e também para a saúde física e mental dos idosos. Entre cônjuges/companheiros, é o afeto que demonstra e justifica a existência da entidade familiar. Ao agir em conformidade com a função de pai e mãe, de filhos e de companheiros ou cônjuges, está-se objetivando o afeto e tirando-o do campo da subjetividade apenas. Nessas situações, é possível até presumir a presença do sentimento de afeto. Sendo ação, a conduta afetiva é um dever e pode ser imposta pelo Judiciário, presente ou não o sentimento. Kant, em sua clássica obra *Fundamentação da metafísica dos costumes* já prescrevia: (...) *o amor enquanto inclinação não pode ser ordenado, mas o bem-fazer por dever, mesmo que a isso não sejamos levados por nenhuma inclinação e até se oponha a ele uma aversão natural e invencível, é amor prático e não patológico, que reside na vontade e não na tendência da sensibilidade, em princípios de acção e não em compaixão lânguida. E só esse amor é que pode ser ordenado.* (KANT, Immanuel. *Fundamentação da metafísica dos costumes*. Trad. Paulo Quintela. São Paulo: Edições 70, 2007. p. 30).

DISPOSITIVOS NORMATIVOS

CR – Arts. 1º, 3º, 226, 227, 229 e 230.

CCB – Arts. 1.566, III e V, 1.593 e 1.634.

Lei nº 8.069/90 – Estatuto da Criança e do Adolescente – Arts. 3º, 7º.

JURISPRUDÊNCIA

(...) Adotando-se uma interpretação sistemática da Constituição da República, não se pode olvidar que a concepção de família encontra-se atrelada aos direitos e garantias fundamentais, e, claro, ao princípio maior da dignidade da pessoa humana. Além disso, mormente por ser a família uma realidade sociológica, que transcende o Direito, não resta dúvida que a Constituição da República, especificamente em seu art. 226, consagra uma concepção aberta de família, a qual deve ser apurada mediante peculiaridades de cada caso concreto. Nessa toada, levando-se em conta que a família contemporânea não se restringe a modelos fechados, tendo, ainda, por sustentáculo a afetividade solidária, a discussão sobre a formação de vínculo de parentesco com base no afeto é, pelo menos, em tese, possível, seja porque inexiste vedação que impeça a busca dos pretensos direitos, seja porque a pretensão encontra-se alicerçada em interpretação plausível de dispositivos constitucionais e infraconstitucionais. (...) Ao que se vê, sendo a afetividade solidária o sustentáculo da família contemporânea e inexistindo um rol fechado de modelos familiares, considera-se que a discussão posta nos autos, ao menos em tese, é possível. Além disso, a uma primeira vista, não se pode tolher a prestação jurisdicional sem afastar fundamentadamente a não aplicação à espécie do art. 1.593 do Código Civil (...) (Ap. Cível nº 1.0024.05.816329-6/001, Des.ª Rel.ª Maria Elza, 5ª CC – TJMG. j. 13/7/2006).

LINGUAGEM POÉTICA

"Ter sido. E não poder esquecer. Ter sido. E não mais lembrar. Ser. E perder-se. Repeti gestos palavras passos. Cruzei com tantos rostos, alguns toquei, que sentimentos eram Hillé quando cruzava tocava aqueles rostos? Te busquei, infinito, perdurável, imperecível, em tantos gestos palavras passos, em alguma boca fiquei, curva sinuosidade, espessura, gosto, que alma tem essa boca? E os gestos, meu Deus, como os tomei para mim: lerdos, frívolos, pausados, recebendo o mundo, afoitos, grotescos. E os gestos, passos, palavras daqueles que me fizeram sentir amor, gratidão em mim inteira, e que ouro, que suculências, que aroma desejaria ter tido, e casas brilhos, aves, poemas, luz desejaria ter tido, tudo aos pés desses que me fizeram sentir amor."

(HILST, Hilda. *A obscena senhora D.* São Paulo: Globo, 2001. p. 76.)

ILUSTRAÇÃO

Grace Camargo, P. 43.

AFFECTIO MARITALIS – É o *animus* duradouro, não momentâneo, dos cônjuges/companheiros em fazer perdurar a sua união, buscando a realização pessoal e a felicidade do casal, priorizando os sentimentos de amor, afeto, solidariedade, fraternidade, compreensão, doação e tolerância. É o elemento que dá concretude e materialidade às relações entre as pessoas, no sentido da construção de um projeto de vida em família. No Direito Romano, o *affectio maritalis* era o elemento subjetivo utilizado para diferenciar a relação que existia entre os cônjuges de uma relação de posse/propriedade.

AFINIDADE [*ver tb. impedimentos para o casamento, parentesco, parentesco por afinidade*] – Do latim *affinitate*, semelhança. Em Direito de Família e Sucessões, é o parentesco que se estabelece com os parentes do cônjuge/companheiro: *Cada cônjuge ou companheiro é aliado aos parentes do outro pelo vínculo da afinidade* (Art. 1.595, CCB). O parentesco por afinidade limita-se aos ascendentes, descendentes e aos irmãos do cônjuge/companheiro. Na linha reta, o parentesco por afinidade não se extingue, mesmo com a dissolução do casamento/união estável (Art. 1.595, § 2º, CCB). Assim, genro e sogra, sogro e nora, padrasto(a) e enteada(o) não podem casar ou constituir união estável mesmo depois da extinção do vínculo conjugal que deu origem ao parentesco por afinidade.

AFINS [*ver tb. parentesco, parentesco por afinidade*] – São as pessoas vinculadas pelo parentesco por afinidade, que se estabelece em razão do casamento ou união estável. São parentes afins o(a) sogro(a), genro, nora, cunhado(a). *O parentesco por afinidade limita-se aos ascendentes, aos descendentes e aos irmãos do cônjuge ou companheiro* (Art. 1.595, § 1º, CCB).

AGEISMO – ver idadismo.

AGNAÇÃO [*ver tb. cognação*] – Termo do Direito Romano, também utilizado pelo Direito Grego, para se referir a todo parentesco que se dava entre descendentes de um mesmo patriarca, de varões de um mesmo tronco. Não se limitava ao parentesco consanguíneo, abrangia também o parentesco por meio do culto, isto é, mostrava o parentesco como a religião o tinha previsto originariamente. Somente os parentes *agnados* ou *agnatos* gozavam de direitos sucessórios. Agnação era um termo usado para determinar o parentesco pelo lado paterno em oposição à *cognação*, os *cognados* ou *cognatos*, que determina o parentesco consanguíneo pelo lado materno, que, tanto entre os romanos e gregos, não conferia direitos à herança.

ALCUNHA [*ver tb. apelido, cognome*] – Do árabe *al-Kunya*(t). É a designação que se junta ao nome da pessoa. É o cognome, mas com um sentido mais pejorativo, e com o qual a pessoa fica conhecida. Em geral, está associado a uma característica física, moral ou profissional da pessoa. É o apelido, mas que traz consigo um significante, muitas vezes depreciativo. Tiradentes é o alcunha de Joaquim José da Silva Xavier.

ALIENAÇÃO AUTOINFLIGIDA – o mesmo que autoalienação

ALIENAÇÃO PARENTAL [*ver tb. síndrome da alienação parental, abandono afetivo, indignidade, significante*] – Uma das mais importantes e recentes evoluções do Direito de Família foi o estabelecimento de um conceito para a criação de um instituto jurídico para um velho problema, que tem-se denominado como Alienação Parental, expressão cunhada pelo psiquiatra norte-americano Richard Gardner, em meados da década de 1980, como Síndrome da Alienação Parental – SAP. Na verdade, a síndrome pode ser a consequência da alienação parental, quando atingida em um grau mais elevado.

A partir do momento que se pôde nomear, isto é, dar nome a uma sutil maldade humana praticada pelos pais que não se entendem mais, e usam os filhos como vingança de suas frustrações, disfarçada de amor e cuidado, tornou-se possível protegê-los da desavença dos pais. Trata-se de implantar na *psiqué* e memória do filho uma *imago* negativa do outro genitor, de forma tal que ele seja alijado e alienado da vida daquele pai ou mãe. Alienação Parental é uma forma de abu-

so que põe em risco a saúde emocional e psíquica de uma criança/adolescente.

A Lei nº 12.318, de 26/08/2010, que dispõe especificamente sobre a Alienação Parental, introduziu com clareza as definições e consequências deste novo instituto jurídico: *Considera-se ato de alienação parental a interferência na formação psicológica da criança ou adolescente, que promovida ou induzida por um dos genitores, pelos avós ou pelos que tenham a criança ou adolescente sob sua autoridade, guarda ou vigilância, para que repudie genitor ou que cause prejuízos ao estabelecimento ou à manutenção de vínculos com este* (Art. 2º). E o parágrafo único deste mesmo artigo exemplifica atos de alienação parental, além de outros que podem ser declarados pelo juiz, se constatados por perícia ou por outros meios de prova: *I – realizar campanha de desqualificação da conduta do genitor no exercício da paternidade ou maternidade; II – dificultar o exercício da autoridade parental; III – dificultar contato da criança ou adolescente com genitor; IV – dificultar o exercício do direito regulamentado de convivência familiar; V – omitir deliberadamente ao genitor informações pessoais relevantes sobre a criança ou adolescente, inclusive escolares, médicas e alterações de endereço; VI – apresentar falsa denúncia contra genitor, contra familiares deste ou contra avós, para obstar ou dificultar sua convivência com a criança ou adolescente; VII – mudar o domicílio para local distante, sem justificativa, visando dificultar a convivência da criança ou adolescente com o outro genitor, com familiares deste ou com avós.*

A alienação parental é o outro lado da moeda do abandono afetivo, que é a irresponsabilidade do abandono de quem tem o dever de cuidado com a criança/adolescente. Na alienação parental, a convivência se vê obstaculizada por ação/omissão/negligência do alienador, com implantação de falsas memórias, repudiando e afastando do convívio familiar o outro genitor não detentor de guarda. Neste sentido, a guarda compartilhada funciona como um antídoto da alienação parental.

Na alienação parental, o filho é deslocado do lugar de sujeito de direito e desejo, e passa a ser objeto de desejo e satisfação do desejo de vingança do outro genitor. É, portanto, a objetificação do sujeito para transformá-lo em veículo de ódio, que tem sua principal fonte em uma relação conjugal mal resolvida. Na base da AP há sempre um ressentimento, que reside, em geral, em uma ferida narcísica (PEREIRA, Rodrigo da Cunha. Direito das Famílias. Rio de Janeiro: Forense, 2022, p. 441).

O alienador, assim como todo abusador, é um usurpador da infância, que se utiliza da ingenuidade e inocência das crianças para aplicar o seu golpe, às vezes mais sutil, mais requintado, às vezes mais explícito e mais visível, e o filho acaba por apagar as memórias de convivência e de boa vivência que teve com o genitor alienado. Embora o alvo da vingança e rancor seja o outro genitor, a vítima maior é sempre a criança ou o adolescente, programado para odiar o pai ou a mãe, ou qualquer pessoa que possa influir na manutenção de seu bem-estar, o que significa violação também dos princípios constitucionais da dignidade humana (Art. 1º, CR), do melhor interesse da criança e do adolescente (Art. 227, *caput*, CR) e da paternidade responsável (Art. 226, § 7º, CR). Entretanto, o alienador não se reconhece como tal, não vê o mal que está fazendo ao próprio filho. E muitas vezes, se vê como vítima em um processo em que se discute se há ou não alienação parental.

É uma forma de violência contra a criança e/ou adolescente, e pode ter variações ou estágio. No estágio leve, as campanhas de desmoralização são discretas e raras; no médio, os filhos sabem o que o genitor alienador quer escutar e começam a colaborar com a campanha de denegrir a imagem do genitor alienado; no grave, os filhos já entram em pânico por terem de conviver com o outro genitor e evitam qualquer contato. As consequências dessa gravíssima forma de abuso e violência contra os filhos são devastadoras, às vezes irreversíveis (PEREIRA, Rodrigo da Cunha. *Divórcio, teoria e prática*. São Paulo: Saraiva, 2013. p. 116). Caracterizada e demonstrada a alienação, em ação judicial declaratória, ou mesmo nos autos em que se discute a guarda e convivência familiar, o alienador pode ser responsabilizado por seus atos com a perda da guarda, limitação da convivência familiar, a reparação civil e perda do direito de receber pensão alimentícia em razão da indignidade da prática deste ato (Art. 1.708, parágrafo único, CCB).

Dentre os avanços promovidos pelo CPC/2015, está o art. 699, prevendo que quando o processo envolver discussão sobre fato relacionado a abuso ou a alienação parental, o juiz, ao tomar o depoimento do incapaz, deverá estar acompanhado por especialista. O Conselho Nacional do Ministério Público expediu a Recomendação nº 32/2016, dispondo sobre a necessidade de os membros do Ministério Público atuarem veementemente no combate à alienação parental. Dentre as recomendações, todas elas inseridas no contexto de políticas públicas e ações afirmativas para evitar e combater a prática da alienação parental, está a de que as Procuradorias-Gerais de Justiça e os Centros de Estudo e Aperfeiçoamento funcional insiram o tema nos cursos de formação e atualização dos membros dos Ministérios Públicos estaduais e a priorização do tema em seu planejamento estratégico (art. 1º); que empreendam esforços administrativos e funcionais para dar apoio ao combate à alienação parental (art. 2º); que façam ações coordenadas para a conscientização dos genitores sobre os prejuízos da alienação parental e da eficácia da guarda compartilhada e que busquem meios eficazes para resolver os problemas atinentes a esse tema (art. 3º). A Lei nº 13.431/2017 que estabelece o sistema de garantia de direitos da criança e do adolescente vítima ou testemunha de violência e altera a Lei nº 8.069, de 13 de julho de 1990 (Estatuto da Criança e do Adolescente), veio reforçar a Alienação Parental como forma de violência psicológica. Estabelece o art. 4º que *para os efeitos desta Lei, sem prejuízo da tipificação das condutas criminosas, são formas de violência: "(...) II – violência psicológica: (...) b) o ato de alienação parental, assim entendido como a interferência na formação psicológica da criança ou do adolescente, promovida ou induzida por um dos genitores, pelos avós ou por quem os tenha sob sua autoridade, guarda ou vigilância, que leve ao repúdio de genitor ou que cause prejuízo ao estabelecimento ou à manutenção de vínculo com este".*

A Lei 14.340, de 19.05.2022 modificou a Lei de Alienação Parental (Lei 12.318/2010) e a Lei 8069/1990 (Esta-

A

tuto da Criança e do Adolescente), para estabelecer procedimentos adicionais à suspensão do poder familiar. Estabelece o parágrafo único do artigo 4º, *que será assegurado à criança ou ao adolescente e ao genitor garantia mínima de visitação assistida no fórum em que tramita a ação ou em entidades conveniadas com a Justiça, ressalvados os casos em que há iminente risco de prejuízo à integridade física ou psicológica da criança ou do adolescente, atestado por profissional eventualmente designado pelo juiz para acompanhamento das visitas.* Melhor seria, se a lei tivesse usado a expressão convivência familiar, ao invés de "visita" que traz consigo um significante de frieza e formalidade. Além disso prevê sempre que necessário o depoimento ou a oitiva de crianças e de adolescentes em casos de alienação parental, que serão realizados obrigatoriamente nos termos da Lei nº 13.431, de 4 de abril de 2017, sob pena de nulidade processual (artigo 8º-A).

DISPOSITIVOS NORMATIVOS

Lei nº 12.318/2010.

Recomendação nº 32/2016 do CNMP.

Lei nº 13.431/2017.

Lei 14.340/2022

JURISPRUDÊNCIA

(...) A eventual prática de alienação parental, ainda que estivesse caracterizada, não acarreta a automática e infalível alteração da guarda da criança ou do adolescente, conforme se infere da interpretação do disposto no art. 6º da Lei nº 12.318/10. 10 – Em atenção aos princípios da proteção integral e do melhor interesse da criança e do adolescente, é imperiosa a manutenção da guarda da menor com os tios maternos, evitando-se que, em tão tenra idade, tenha rompido, novamente, forte vínculo socioafetivo estabelecido, sobretudo, com a guardiã, que

ocupa, a rigor, a posição de verdadeira figura materna. 11 – Recurso especial não provido (STJ – REsp: 1859228 SP 2019/0239733-9, Relator: Ministra Nancy Andrighi, 3ª Turma, DJe 04/05/2021).

ILUSTRAÇÃO

Medeia, por Eugène Delacroix. P. 47.

ALIENI JURIS [*ver tb. guarda, custódia, sui juris*] – Expressão latina, que se traduz em direito alheio. Designa aqueles que estão sob a guarda, curatela ou tutela de outro, isto é, que não possui capacidade de fato. No Direito Romano, designava as pessoas que estavam sujeitas ao pátrio poder, que não podiam possuir bens nem pleitear qualquer direito em juízo, independentemente da idade ou do sexo. O chefe da família era a única pessoa *sui juris.*

No Direito de Família contemporâneo, é utilizada para designar aqueles que não têm capacidade para exercer os atos da vida civil por si só, sem a necessidade da presença de um terceiro, ou seja de seu representante, curador, tutor ou assistente.

DISPOSITIVOS NORMATIVOS

CCB – Arts. 1º a 5º, 1.630 a 1.638, 1.689, 1.690.

ALIMENTADO – É o mesmo que alimentário.

ALIMENTANDO – É o mesmo que alimentante.

ALIMENTANTE [*ver tb. alimentos, alimentário*] – É um dos sujeitos da relação da pensão alimentícia. É aquele que paga os alimentos, e o alimentário é aquele que recebe, estabelecendo-se aí uma relação jurídica de débito e crédito, passível de execução. É também denominado alimentando.

Alimentante pode ser pai, mãe, filho, avós, netos, irmãos, cônjuges ou companheiros, tal como estabelece o art. 1.698 do CCB: *Se o parente, que deve alimentos em primeiro lugar, não estiver em condições de suportar totalmente o encargo, serão chamados a concorrer os de grau imediato; sendo várias as pessoas obrigadas a prestar alimentos, todas devem concorrer na proporção dos respectivos recursos, e, intentada ação contra uma delas, poderão as demais ser chamadas a integrar a lide.*

DISPOSITIVOS NORMATIVOS

CCB – Arts. 1.694 a 1.701.

ALIMENTÁRIO [*ver tb. alimentos, alimentante*] – É um dos sujeitos da relação da pensão alimentícia. É aquele que recebe os alimentos. Quem paga é o alimentante, estabelecendo-se aí uma relação jurídica de débito e crédito. É também denominado de alimentado.

Alimentário pode ser filho, pai, mãe, netos, avós, cônjuges ou companheiros.

DISPOSITIVOS NORMATIVOS

CCB – Arts. 1.694 a 1.701.

ALIMENTOS [*ver tb. abandono material, alimentos civis, alimentos compensatórios, alimentos gravídicos, alimentos naturais, alimentos provisórios, alimentos provisionais, alimentos transitórios, indexador, trinômio alimentar*] – Alimentos é uma expressão técnico-jurídica para designar uma verba destinada àquele que não pode prover por si mesmo sua subsistência. É também conhecida como pensão alimentícia. Os sujeitos da relação pensionária são o alimentante e o alimentário. Os alimentos, ou pensão alimentícia, podem ser pagos em espécie, ou *in natura*, ou de forma mista, isto é, uma parte em dinheiro e outra diretamente aos credores, ou mesmo com a entrega direta dos bens de consumo. Os alimentos decorrem da solidariedade que deve existir nos vínculos parentais e conjugais, visando garantir a subsistência do alimentário, de acordo com sua necessidade e a possibilidade do alimentante.

As fontes da obrigação alimentar são o parentesco, casamento e união estável. Todavia, pode decorrer de ato ilícito, testamento e contrato. O *quantum* alimentar deve ser estabelecido em atendimento ao binômio necessidade/possibilidade, compatibilizando com o padrão de vida e a condição social das partes envolvidas (Art. 1.694, CCB).

As expressões "obrigação alimentar" e "dever de sustento" são constantemente confundidas, o que torna necessário fazer tal distinção. Nem tanto pelo seu conceito, pois são muito próximos, mas muito mais pelos fatos e consequências em um processo judicial, pois tal distinção acarretará a maior ou a menor necessidade de dilação probatória. O dever ou a obrigação de sustento advêm do poder familiar (Arts. 1.566, IV, CCB, e 22, ECA). É a forma que o filho menor tem de ter suprido seu sustento até que este complete a maioridade ou que seja emancipado. Neste caso, a necessidade do alimentário é presumida, devendo o valor final dos alimentos ser adequado à possibilidade do pai ou da mãe obrigados. O seu descumprimento pode acarretar, inclusive, a destituição do poder familiar e a caracterização de crime de abandono (Art. 244, CP). Con-

A

tudo, a destituição do poder familiar não exime o genitor do dever de sustento, o que se transformaria em prêmio aos pais alimentantes.

Com a maioridade, e, portanto, extinto o poder familiar, consequentemente, extingue-se também o dever de sustento, persistindo, entretanto, a obrigação alimentar. Ela decorre dos vínculos de parentesco, independentemente do poder familiar, qual seja, dos filhos maiores, entre descendentes e ascendentes, irmãos, cônjuges e companheiros. Diferentemente do sustento entre pais e filhos menores, esta obrigação não é presumida e depende de provado binômio necessidade *versus* possibilidade.

A pensão alimentícia decorrente do casamento e da união estável, atrela-se também ao binômio necessidade e possibilidade, mas também à duração da conjugalidade. Certamente, os critérios do *quantum* decorrente de um casamento de curta duração são muito diferentes de uma conjugalidade de longa duração.

Deve ter sempre um indexador econômico para evitar que o valor não fique defasado ao longo do tempo, a não ser que a pensão incida sobre percentual da remuneração do alimentante, quando for caso de relação empregatícia. O mais comum dos indexadores é o salário mínimo. Embora haja proibição constitucional se indexá-lo, o Supremo Tribunal Federal já havia autorizado tal indexação.

A Emenda Constitucional nº 64/10 alterou o art. 6º da Constituição da República para introduzir a alimentação como um direito social, o que reforça a sua amplitude e importância como direito essencial, fundamental e atributo da dignidade da pessoa humana.

São vários os princípios e características consagrados em nosso Direito que funcionam como vetores exegéticos dos alimentos, e que se presentificam, ora em uma, ora em outra forma alimentar, ou seja, nos alimentos decorrentes do parentesco ou do vínculo conjugal.

Personalíssimo: sua titularidade não pode ser transferida a outrem, pois é destinado a preservar a sobrevivência de quem os recebe, assegurando a existência e a integridade física e psíquica do indivíduo que não pode manter-se sozinho.

Irrenunciabilidade: o Código Civil de 2002 ratificou a impossibilidade de renúncia de alimentos, retomando-se a discussão sobre a matéria em relação aos cônjuges. Apesar de o Código Civil de 1916 vedar a renúncia aos alimentos, o entendimento da jurisprudência na vigência daquele Código, acertadamente, era de que esse dispositivo não tinha validade quanto aos cônjuges. E, embora no CCB/02 tenha repetido a fórmula equivocada da proibição da renúncia alimentar, a tendência jurisprudencial é a mesma do Código de 1916. Portanto, não é possível a renúncia entre pais e filhos menores, mas o é entre cônjuges e companheiros.

Intransmissibilidade: o CCB 1916 (Art. 402), dispunha que o encargo alimentar era intransmissível. O art. 23 da Lei nº 6.515/77 estabelecia que a obrigação alimentar entre cônjuges se transmitia aos herdeiros do devedor. O CCB 2002 (Art. 1.700) estabeleceu que a obrigação de prestar alimentos transmite-se aos herdeiros do devedor (Art. 1.694). Assim, preservado está o caráter personalíssimo do instituto, vez que este dispositivo determina que apenas o dever de cumprir a obrigação de prestar alimentos se transmite aos herdeiros do devedor, não sendo transferido o direito a alimentos e a obrigação em si, que é pessoal. Portanto, ocorre uma sub-rogação limitada – sempre de acordo com as forças da herança – do dever de cumprir a prestação alimentícia.

Indisponibilidade: incedibilidade, impenhorabilidade e incompensabilidade: em decorrência do caráter personalíssimo dos alimentos, eles não podem ser cedidos, penhorados ou compensados (Arts. 1.707 e 373, II, CCB). A vedação da cessão de alimentos a título oneroso ou gratuito justifica-se em razão das peculiaridades de cada caso concreto presentes na fixação do valor da pensão alimentícia. A vedação da impenhorabilidade justifica-se porque os alimentos são para garantir a subsistência do alimentário, razão pela qual inadmissível que credores privem o necessitado do valor que assegura sua própria sobrevivência. Admite-se exceções, quais sejam, a penhora dos bens adquiridos com o valor da pensão alimentícia e a penhora de parte deles, desde que preservados os alimentos naturais, tendo em vista que estaria inserido no valor total da pensão alimentícia uma parcela que não é destinada à sobrevivência. A proibição da compensação dos alimentos justifica-se pelos mesmos motivos da impenhorabilidade, ou seja, porque os alimentos são pagos para a preservação do sustento e preservação da vida do alimentário. Portanto, não pode haver a compensação do crédito alimentar, em razão de dívidas como acontece, tratando-se de dívida comum.

Irrepetibilidade: significa que não há devolução de valores pagos a título de alimentos, ou seja, se constatado, posteriormente, em ação revisional ou exoneratória de alimentos, por exemplo, que o pagamento da pensão alimentícia não era devido, não há que se falar em restituição. A irrepetibilidade dos alimentos pode ser excepcionada, inclusive sob a argumentação de se evitar enriquecimento ilícito.

A cobrança de pensões alimentícias, mesmo com o CPC 2015, continua sendo um verdadeiro calvário para os alimentários. Os procedimentos judiciais continuam favorecendo o devedor, em razão da sua morosidade e do emperramento da máquina judiciária. E assim, o Judiciário continua com a sua melancólica incapacidade de fazer Justiça. O CPC 2015 poderia, mas não desfez esse nó procedimental que é vergonhoso. Há vozes dissonantes sobre a eficácia dessa prisão civil, mas ela se manteve no CPC 2015: *"se o executado não pagar ou se a justificativa apresentada não for aceita, o Juiz, além de mandar protestar o pronunciamento judicial na forma do § 1º decretar-lhe-á a prisão pelo prazo de 1 (um) a 3 (três) meses (art. 528, § 3º)".* Ele cumprirá a pena em regime fechado, separado dos presos comuns, e o cumprimento da pena não quita a dívida. O débito alimentar autorizador da prisão é o das três últimas prestações anteriores ao ajuizamento da execução, e obviamente as que se vencerem no curso do processo (art. 528, §§ 4º à 7º). Por outro lado, como se observa o CPC/2015 prevê ampla atipicidade das medidas executórias, sendo previsto no art. 139, IV, que o juiz dirigirá o processo, incumbindo-lhe determinar todas as medidas indutivas, coercitivas, mandamentais ou sub-rogatórias necessárias para assegurar o cumprimento de ordem judicial, inclusive nas ações que tenham por objeto prestação pecuniária. Essa previsão abre

A

margem para suspensão do direito de dirigir, bem como retenção do passaporte no caso de execução de alimentos.

O Supremo Tribunal Federal – STF afastou a incidência do imposto de renda em pensões alimentícias, pelo julgamento da ADI 5422, movida pelo Instituto Brasileiro de Direito de Família – IBDFAM. *Alimentos ou pensão alimentícia oriundos do direito de família não se configuram como renda nem proventos de qualquer natureza do credor dos alimentos, mas montante retirado dos acréscimos patrimoniais recebidos pelo alimentante para ser dado ao alimentado. A percepção desses valores pelo alimentado não representa riqueza nova, estando fora, portanto, da hipótese de incidência do imposto (STF, ADI 5422, Rel. Min. Dias Toffoli, j,06/06/2022).*

DISPOSITIVOS NORMATIVOS

CR – Art. 229.

CCB – Arts. 1.566, IV, 1.694 a 1.710.

CP – Art. 244.

Lei nº 5.478/68 – Dispõe sobre ação de alimentos e dá outras providências.

Lei nº 8.069/90 – Estatuto da Criança e do Adolescente.

Lei nº 10.741/03 – Estatuto do Idoso.

Súmulas do STJ: 1, 277, 336 e 358, 621.

JURISPRUDÊNCIA

(...) O advento da maioridade não extingue, de forma automática, o direito à percepção de alimentos, mas esses deixam de ser devidos em face do Poder Familiar e passam a ter fundamento nas relações de parentesco, em que se exige a prova da necessidade do alimentado. 2. A necessidade do alimentado, na ação de exoneração de alimentos, é fato impeditivo do direito do autor, cabendo àquele a comprovação de que permanece tendo necessidade de receber alimentos. 3. A percepção de que uma determinada regra de experiência está sujeita a numerosas exceções acaba por impedir sua aplicação para o convencimento do julgador, salvo se secundada por outros elementos de prova (REsp 1198105, Rel.ª Min.ª Nancy Andrighi, 3ª T – STJ. publ. 14/09/2011).

LINGUAGEM POÉTICA

Bebida é água! / Comida é pasto! / Você tem sede de quê? / Você tem fome de quê?...

A gente não quer só comida / A gente quer comida / Diversão e arte / A gente não quer só comida / A gente quer saída / Para qualquer parte...

A gente não quer só comida / A gente quer bebida / Diversão, balé / A gente não quer só comida / A gente quer a vida / Como a vida quer... (...)

A gente não quer só comer / A gente quer comer / E quer fazer amor / A gente não quer só comer / A gente quer prazer / Pra aliviar a dor...

A gente não quer / Só dinheiro / A gente quer dinheiro / E felicidade / A gente não quer / Só dinheiro / A gente quer inteiro / E não pela metade... (...)

Diversão e arte / Para qualquer parte / Diversão, balé / Como a vida quer / Desejo, necessidade, vontade / Necessidade, desejo, eh! / Necessidade, vontade, eh! / Necessidade...

(*Comida* – Letra e música de Titãs).

ALIMENTOS – ATO ILÍCITO [*ver tb. alimentos, responsabilidade civil*] – Trata-se de obrigação alimentar proveniente da prática de um ato tido como ilícito: *No caso de homicídio, a indenização consiste, sem excluir outras reparações: (...) II – na prestação de alimentos às pessoas a quem o morto os devia, levando-se em conta a duração provável da vida da vítima* (Art. 948, II, CCB). Este pensionamento tem por objetivo suprir as necessidades das pessoas que dependiam financeiramente da vítima falecida ou que tenha ficado incapacitado para o trabalho, e que ficaram privados de uma sobrevivência similar àquela que dispunham antes do acidente, para restabelecer o *status quo ante*.

Os alimentos podem ser caracterizados como ressarcitórios ou indenizatórios, quando resultam de uma sentença condenatória em matéria de Responsabilidade Civil. O juiz fixa a reparação do dano sob a forma de prestações periódicas, com natureza alimentar.

Nos alimentos proveniente do ato ilícito não há discussão do binômio necessidade/possibilidade como acontece com as pensões decorrentes da relação de parentesco ou conjugalidade (casamento/união estável). Analisa-se apenas a necessidade, ou seja, qual era a renda de quem está impossibilitado de continuar a tê-la em razão do ato ilícito que impossibilitou o provedor continuar sustentando sua família. Diferencia-se também pelo não cabimento de prisão pelo inadimplemento da pensão.

O CPC/2015 tornou possível a prisão civil, nos casos de alimentos decorrentes de atos ilícitos, em decorrência de inadimplemento. O art. 533 do CPC/2015, que trata de alimentos *in espécie*, está inserido no capítulo que trata de cumprimento de sentença que reconhece a exigibilidade da obrigação alimentar, prevendo no art. 528, § 3º, do CPC/2015 a prisão civil em caso de alimentos familiares. A Constituição Federal de 1988 excepcionalmente admite a prisão civil por dívida nas hipóteses de prisão alimentar (art. 5º, inc. LXVII), todavia, tais exceções são interpretadas de forma restritiva. Por outro lado, é preciso ter em mente que cada caso é um caso. Existem situações em que esses alimentos decorrentes de atos ilícitos garantem a subsistência de toda a família, sendo a prisão o meio eficaz que assegura a efetividade e o adimplemento.

DISPOSITIVOS NORMATIVOS

CCB/2002: 948, II.

CPC/2015: Art. 533.

Súmulas do STJ: 313, 490.

DISPOSITIVOS NORMATIVOS

Súmulas do STJ: 313, 490.

JURISPRUDÊNCIA

(...) existem elementos nos autos que demonstram o dano de difícil reparação advindo da demora na concessão da pensão alimentícia decorrente do ato ilícito. Os prejuízos de ordem material oriundos da perda do provedor da família são evidentes, com a redução do padrão de vida dos familiares e o comprometimento das condições básicas imperiosas para a vida dos filhos e do cônjuge do falecido, vítima de acidente. 3. Assim, presentes os requisitos legais exigidos, consistentes na aparência do direito alegado e na necessidade dos agravados, que dependiam financeiramente daquele que foi vítima fatal de acidente de trânsito, impõe-se o pagamento de alimentos pelo seu suposto causador. 4. Recurso desprovido. (Proc. 28109000100, Rel. Des. Carlos Roberto Mignone, 4ª CC – TJES. j. 04/04/2011).

ALIMENTOS AVOENGOS [*ver tb. abandono material, alimentos*] – É a pensão alimentícia, ou alimentos, estabelecida aos avós em favor dos netos. Decorre do princípio da solidariedade e responsabilidade em contribuir com o sustento dos netos, seja quando demonstrado que os pais não reúnem condições de prover a subsistência do filho, seja quando comprovado que os alimentos prestados pelos genitores não satisfazem às reais necessidades dos filhos. Frustrada a obrigação alimentar principal, de responsabilidade dos pais, a obrigação subsidiária deve ser diluída entre os avós paternos e maternos. *O direito à prestação de alimentos é recíproco entre pais e filhos, e extensivo a todos os ascendentes, recaindo a obrigação nos mais próximos em grau, uns em falta de outros* (art. 1.696, CCB). Além disso, *se o parente, que deve alimentos em primeiro lugar, não estiver em condições de suportar totalmente o encargo, serão chamados a concorrer os de grau imediato; sendo várias as pessoas obrigadas a prestar alimentos, todas devem concorrer na proporção dos respectivos recursos, e, intentada ação contra uma delas, poderão as demais ser chamadas a integrar a lide* (art. 1.698, CCB).

DISPOSITIVOS NORMATIVOS

CR – Arts. 6º, 227, 229.

CP – Art. 244.

CCB – Arts. 1.566, IV, 1.694 a 1.710.

Lei nº 5.478/68 – Dispõe sobre ação de alimentos e dá outras providências.

Lei nº 8.069/90 – Estatuto da Criança e do Adolescente.

Lei nº 10.741/2003 – Estatuto da pessoa Idosa.

Súmulas do STJ: 1, 277, 336, 358.

JURISPRUDÊNCIA

(...) a obrigação de prestar alimentos aos filhos é, originariamente, de ambos os pais, sendo transferida aos avós subsidiariamente, em caso de inadimplemento, em caráter complementar e sucessivo. Neste contexto, mais acertado o entendimento de que a obrigação subsidiária – em caso de inadimplemento da principal – deve ser diluída entre os avós paternos e maternos na medida de seus recursos, diante de sua divisibilidade e possibilidade de fracionamento. Isso se justifica, pois a necessidade alimentar não deve ser pautada por quem paga, mas sim por quem recebe, representando para o alimentado maior provisionamento tantos quantos réus houver no polo passivo da demanda (STJ, REsp 958.513/SP, Rel. Min. Aldir Passarinho Junior, 4ª Turma, publ. 01/03/2011).

ALIMENTOS – BINÔMIO [*ver tb. pensão alimentícia, pensão compensatória*] – É o elemento dosador do *quantum* alimentar. É um parâmetro para quantificar o dever de sustento em relação aos filhos menores e, quando comprovada a necessidade, dos demais vínculos de parentesco. O *quantum* ser estabelecido em atendimento ao binômio necessidade/possibilidade: *Os alimentos devem ser fixados na proporção das necessidades do reclamante e dos recursos da pessoa obrigada* (Art. 1.694, § 1º, CCB).

A necessidade do filho menor é presumida, devendo o valor final dos alimentos ser adequado à possibilidade do pai ou da mãe obrigados: *Os pais têm o dever de assistir, criar e educar os filhos menores, e os filhos maiores têm o dever de ajudar e amparar os pais na velhice, carência ou enfermidade* (Art. 229, CR). As obrigações alimentares decorrentes das demais fontes de pensão alimentícia não têm sua necessidade presumida. O alimentário deve comprovar que não tem condições de arcar com a própria subsistência: *São devidos os alimentos quando quem os pretende não tem bens suficientes, nem pode prover, pelo seu trabalho, à própria mantença, e aquele, de quem se reclamam, pode fornecê-los, sem desfalque do necessário ao seu sustento* (Art. 1.695, CCB).

ALIMENTOS CIVIS [*ver tb. alimentos, alimentos – binômio, alimentos compensatórios, alimentos côngruos, alimentos naturais*] – É a classificação dos alimentos quanto à sua natureza, ou seja, sua finalidade, que é a manutenção do padrão e da qualidade de vida do alimentário para garantir-lhe o necessário para viver de modo compatível com sua condição social: *Podem os parentes, os cônjuges ou companheiros pedir uns aos outros os alimentos de que necessitem para viver de modo compatível com a sua condição social, inclusive para atender às necessidades de sua educação* (Art. 1.694, CCB).

A fixação dos alimentos civis, obviamente, deve estar em consonância com as condições financeiras do alimentante, e inclui-se, aí, alimentação propriamente dita, vestuário, lazer, habitação, necessidades de ordem intelectual e moral, que podem ser pagos em espécie, *in natura*, ou de forma mista. Assim, alimentos civis, diferentemente dos alimentos naturais que são apenas os indispensáveis para a sobrevivência, têm uma abrangência maior.

JURISPRUDÊNCIA

(...) Os alimentos serão apenas os indispensáveis à subsistência, quando a situação de necessidade resultar de culpa de quem os pleiteia. Ao que consta dos autos, não foi o apelante culpado pela causa da sua diminuição da visão, devendo os alimentos fixados abranger não só os alimentos naturais (subsistência), mas também os alimentos civis (lazer, cultura, estudos etc.). Apelo parcialmente provido. (Ap. Civil nº 70008851842. Rel. Des. Antônio Carlos Stangler Pereira. 8ª CC – TJRS. j. 01/07/2004).

LINGUAGEM POÉTICA/ARTÍSTICA

Comprei uma bolsa de grife / Mas ouçam que cara de pau / Ela disse que ia me dar amor / Acreditei que horror / Ela disse que ia me curar a gripe / Desconfiei mas comprei / Comprei a bolsa cara pra me curar do mal / Ela disse que me curava o fogo / Achei que era normal / Ela disse que gritava e pedia socorro / Achei natural

Ainda tenho a angústia e a sede / A solidão, a gripe e a dor / E a sensação de muita tolice / Nas prestações que eu pago / Pela tal bolsa de grife (...)

(*Bolsa de Grife* – Música e letra de Vanessa da Mata).

ALIMENTOS COMPENSATÓRIOS

[*ver tb. alimentos, pensão alimentícia compensatória*] – A pensão alimentícia compensatória, ou alimentos compensatórios, é uma das formas de compensar o desequilíbrio econômico-financeiro decorrente do divórcio ou da dissolução da união estável, independentemente do regime de bens entre eles. Tal forma de pensionamento não está atrelada, obrigatoriamente, à clássica equação aritmética necessidade/possibilidade. O *quantum* alimentar, o fundamento e objetivo da pensão compensatória é proporcionar e equiparar o padrão socioeconômico a ambos os divorciados ou ex-companheiros. O caso clássico a justificar este tipo de pensionamento é o do cônjuge/companheiro, historicamente a mulher, parte economicamente mais fraca, que, por acordo ainda que tácito, passou sua vida dando o suporte doméstico para a educação e criação dos filhos, com isso possibilitando que o outro cônjuge se desenvolvesse profissionalmente. É também uma forma de se atribuir um conteúdo econômico ao desvalorizado trabalho doméstico.

A pensão alimentícia compensatória surge e ganha força no ordenamento jurídico brasileiro em consequência do comando constitucional de reparação das desigualdades entre cônjuges ou companheiros, sob o manto de uma necessária principiologia para o Direito de Família. O desfazimento de um casamento ou união estável, especialmente aqueles que se prolongaram no tempo, e tiveram uma história de cumplicidade e cooperação, não pode significar desequilíbrio no modo e padrão de vida pós-divórcio e pós-dissolução da união estável. As normas jurídicas que dão suporte e autorizam a pensão compensatória advêm dos princípios constitucionais da igualdade, solidariedade, responsabilidade e dignidade humana. As normas infraconstitucionais, mais especificamente o art. 1.694 do CCB 2002, bem como a melhor jurisprudência e o direito comparado, apresentam-se também como fontes obrigatórias para a compreensão e desenvolvimento do raciocínio jurídico desta modalidade de pensamento.

Nas sociedades capitalistas e patriarcais, é comum atribuir-se valor apenas à força de trabalho que produz mercadorias e rendas. Em outras palavras, atribui-se valor apenas àquilo que traduz um conteúdo econômico. E, assim, o trabalho doméstico, historicamente desenvolvido pelas mulheres, nunca recebeu seu devido valor. Nunca se atribuiu a ele um conteúdo econômico. Entretanto, não é possível a existência de sociedades e famílias sem esse necessário trabalho doméstico. Mesmo que se delegue a empregados os cuidados e fazeres domésticos, a administração, o cuidado, o olhar, o afeto e a energia ali despendida para que se crie filhos saudáveis, é necessário que, ao menos um dos pais, se dedique mais a essa função. Contudo, como isto não gera renda ou produz dinheiro, tal função ganhou uma importância inferior à de quem trabalha fora de casa. E, assim, a importância e o verdadeiro valor da força de trabalho para a criação e educação de filhos são invisíveis.

A pensão alimentícia compensatória se difere da pensão alimentícia comum, em razão da sua natureza reparatória e compensatória de diferenças que vão além da natureza assistencial da pensão alimentícia comum. O seu fundamento e a sua natureza é a de reparar o desequilíbrio econômico entre os ex-cônjuges, ou ex-companheiros, para que se dissolvam as desvantagens e desigualdades socioeconômicas instaladas em razão do fim da conjugalidade. A pensão pode ter dupla natureza jurídica, que demonstra tanto a necessidade alimentar tradicional quanto na indenizatória no sentido reparatório das desigualdades dos padrões de vida dos ex-cônjuges. E, como natureza reparatória, não se pode atrelá-la à responsabilidade subjetiva, pois não está a procurar um culpado pelo fim do casamento/união estável, até porque não há. Aliás, não se está a falar em momento algum de culpa, mas tão somente de responsabilidade. Daí, poder-se afirmar que estamos diante de um típico caso de responsabilidade civil objetiva decorrente de uma relação contratual, seja casamento ou união estável (Art. 927, CCB).

A obrigação alimentar compensatória se extingue com a morte do alimentário ou com a ausência de necessidade compensatória, seja em razão de abrupta queda da possibilidade do alimentante, seja pelo repasse integral de numerário, tornando-se isonômicas as realidades, ou mesmo pela desnecessidade do alimentário decorrente de fator superveniente ao padrão posto em análise no momento da fixação.

DISPOSITIVOS NORMATIVOS

CR – Art. 5º, I.

CCB – Art. 1.566, III.

Lei nº 5.478/68 – Lei de Alimentos – Art. 4º, parágrafo único.

JURISPRUDÊNCIA

(...) Os chamados alimentos compensatórios, ou prestação compensatória, não têm por finalidade suprir as necessidades de subsistência do credor, tal como ocorre com a pensão alimentícia regulada pelo art. 1.694 do CC/2002, senão corrigir ou atenuar grave desequilíbrio econômico-financeiro ou abrupta alteração do padrão de vida do cônjuge desprovido de bens e de meação. 6. Os alimentos devidos entre ex-cônjuges devem, em regra, ser fixados com termo certo, assegurando-se ao alimentando tempo hábil para sua inserção, recolocação ou progressão no mercado de trabalho, que lhe possibilite manter, pelas próprias forças, o *status* social similar ao período do relacionamento. 7. O Tribunal estadual, com fundamento em ampla cognição fático-probatória, assentou que a recorrida, nada obstante ser pessoa jovem e com instrução de nível superior, não possui plenas condições de imediata inserção no mercado de trabalho, além de o rompimento do vínculo conjugal ter-lhe ocasionado nítido desequilíbrio econômico-financeiro (STJ, REsp 1290313/AL, Rel. Min. Antonio Carlos Ferreira, 4ª Turma, publ. 07/11/2014).

ALIMENTOS CÔNGRUOS [*ver tb. alimentos civis*] – Do latim *congruus*, significa conveniente, descente. É a pensão alimentícia que vai além das necessidades básicas, como o é no alimentos naturais. É o mesmo que alimentos civis.

ALIMENTOS – DISPENSA – Ver alimentos – renúncia.

ALIMENTOS – DISREGARD – Ver *disregard* e *disregard* inversa.

ALIMENTOS – DIVISIBILIDADE [*ver tb. alimentos*] – A obrigação alimentar não é uma obrigação solidária e indivisível em seu sentido estrito jurídico, isto é, pode ser dividida entre vários coobrigados, respondendo cada devedor por sua cota, não necessariamente iguais entre si.

É preciso verificar a possibilidade financeira de cada coobrigado separadamente. Por exemplo, se os alimentantes são os quatro avós, o *quantum* alimentar não tem, necessariamente, que ser dividido igualmente pelos quatro, devendo ser individualizado de acordo com a possibilidade de cada um (Art. 1.698, CCB).

Um coobrigado não é responsabilizado pela inadimplência de um dos codevedores, devendo arcar apenas com o valor que lhe é devido conforme sua condição financeira, baseado no trinômio possibilidade-necessidade-proporcionalidade.

A obrigação solidária nos alimentos não se presume, mas pode ser estabelecida em acordo entre as partes ou por lei, como fez o Estatuto do Idoso (Lei nº 10.741/03), em seu art. 12, que trouxe importante excepcionalidade, autorizando o idoso a optar entre os prestadores de alimentos.

ALIMENTOS E O DIREITO DE ACRESCER [*ver tb. alimentos intuitu familiae*] – É a possibilidade, no caso de extinção da obrigação alimentar, que contempla outros beneficiários, de o alimentário beneficiar-se acrescentando à sua parte a quota parte do outro beneficiário que não mais a receberá por qualquer razão. Portanto, ao cessar, para um dos beneficiários, o direito a receber pensão, dentre uma das causas extintivas, sua cota-parte acresce, proporcionalmente, aos demais contemplados por esta obrigação alimentar.

JURISPRUDÊNCIA

(...) Ao cessar, para um dos beneficiários, o direito a receber pensão relativa à indenização dos danos materiais por morte, sua cota-parte acresce, proporcionalmente, aos demais (STJ, REsp 408.802/RS, Rel.ª Min.ª Nancy Andrighi, 3ª Turma, julgado em 27/06/2002, DJ 16/09/2002, p. 185).

ALIMENTOS EM ESPÉCIE [*ver tb. alimentos, alimentos in natura*] – Do latim *in specie,* significa os alimentos, ou pensão alimentícia, paga ao alimentário em dinheiro. Os alimentos podem ser pagos em dinheiro, *in natura,* ou de forma mista, isto é, uma parte em dinheiro e outra diretamente aos credores. A maioria das pensões alimentícias fixadas em acordo, estabelecem uma parte do pagamento em dinheiro e outra *in natura,* isto é, os itens educação e saúde para pagamento diretamente aos credores. É possível também que parte dos alimentos sejam pagos com a entrega de bens de consumo diretamente ao alimentário, o que se denomina de alimentos *in natura.*

ALIMENTOS – EXECUÇÃO – Ver execução de alimentos.

ALIMENTOS – EXONERAÇÃO – Ver exoneração de alimentos.

ALIMENTOS GRAVÍDICOS [*ver tb. alimentos, doulas*] – São os alimentos, ou pensão alimentícia, para cobrir as despesas da gestante no período de gravidez e do parto, inclusive as referentes à alimentação especial, assistência médica e psicológica, exames complementares, internações, parto, medicamentos e demais prescrições preventivas e indispensáveis, a juízo do médico, (art. 2º, Lei nº 11.804/08), além de outras que a situação particular de cada caso exigir. Essa verba alimentar refere-se à parte das despesas que deverá ser custeada pelo futuro pai registral, considerando a contribuição que também deverá ser dada pela mulher grávida, na proporção dos recursos de ambos.

É possível o requerimento dos alimentos gravídicos, inclusive, aos avós paternos se houver prova, ou presunção de paternidade. Este tipo de ação é sempre urgente, sob pena de perecimento do direito com o nascimento, quando os alimentos, obviamente, não mais se destinarão à gestante, mas, sim, ao filho recém-nascido. Os alimentos gravídicos permanecerão até o nascimento da criança. Se este se der com vida, ficam convertidos em pensão alimentícia em favor do menor até que uma das partes solicite a sua revisão (Art. 6º, parágrafo único Lei nº 11.804/08). As despesas com doula e consultora de amamentação podem ser objeto de alimentos gravídicos, observado o trinômio da necessidade, possibilidade e proporcionalidade para a sua fixação (enunciado 675, IX jornadas de Direito Civil).

JURISPRUDÊNCIA

(...) Os alimentos gravídicos, previstos na Lei nº 11.804/2008, visam a auxiliar a mulher gestante nas despesas decorrentes da gravidez, da concepção ao parto, sendo, pois, a gestante a beneficiária direta dos alimentos gravídicos, ficando, por via de consequência, resguardados os direitos do próprio nascituro. 2. Com o nascimento com vida da criança, os alimentos gravídicos concedidos à gestante serão convertidos automaticamente em pensão alimentícia em favor do recém-nascido, com mudança, assim, da titularidade dos alimentos, sem que, para tanto, seja necessário pronunciamento judicial ou pedido expresso da parte, nos termos do parágrafo único do art. 6º da Lei nº 11.804/2008. 3. Em regra, a ação de alimentos gravídicos não se extingue ou perde seu objeto com o nascimento da criança, pois os referidos alimentos ficam convertidos em pensão alimentícia até eventual ação revisional em que se solicite a exoneração, redução ou majoração do valor dos alimentos ou até mesmo eventual resultado em ação de investigação ou negatória de paternidade. 4. Recurso especial improvido (STJ, REsp 1629423/SP, Rel. Min. Marco Aurélio Bellizze, 3ª Turma, publ. 22/06/2017).

ALIMENTOS – IDOSO [*ver tb. abandono afetivo, idoso*] – É a obrigação de sustento dos filhos para com seus pais quando assim necessitarem, especialmente quando idosos. A pensão alimentícia decorrente do parentesco é recíproca entre pais e filhos, e também a toda ordem de parentesco: *Os pais têm o dever de assistir, criar e educar os filhos menores, e os filhos maiores têm o dever de ajudar e amparar os pais na velhice, carência ou enfermidade* (Art. 229, CR).

O Estatuto da Pessoa Idosa (Lei nº 10.741/03) sepultou a polêmica que prejudicava o recebimento de alimentos aos pais que se viam obrigados a formar um litisconsorte passivo entre todos os filhos, o que atrasava, e às vezes até mesmo impossibilitava a demanda: *A obrigação alimentar é solidária, podendo o idoso optar entre os prestadores* (Art. 12).

JURISPRUDÊNCIA

(...) A prestação de alimentos por parte de um dos filhos, não exime, por si só, a obrigação alimentar que também recai sobre os demais filhos da alimentada, que, no momento em que forem localizados, participarão do rateio. 2. A alegação de que a postulante dos alimentos "foi uma péssima mãe" é irrelevante e insuficiente para elidir ou afastar a obrigação decorrente do vínculo de parentesco (Ap. Civil nº 0012867-79.2012.8.19.0202, Rel. Des. José Carlos Maldonado de Carvalho, 1ª CC – TJRJ. publ. 05/12/2013).

ALIMENTOS – IMPRESCRITIBILIDADE – Os alimentos são imprescritíveis, ou seja, a qualquer tempo, desde que comprovada a necessidade, é possível pleitear alimentos àquele que tem obrigação e condições de fornecê-los. Entretanto, não é imprescritível o direito de cobrar as prestações vencidas e não pagas. O art. 206, § 2º do CCB, diminuiu o prazo prescricional que era de cinco anos, estabelecido no CCB de 1916, para dois anos, a partir da data em que os alimentos vencerem. Contra menores não corre prescrição (Art. 198, I, CCB).

ALIMENTOS *IN NATURA* [*ver tb. alimentos, alimentos civis, alimentos compensatórios, alimentos em espécie*] – São os alimentos, ou pensão alimentícia, que não são pagos *in specie*, isto é, não são pagos em dinheiro diretamente ao alimentário. Diz-se *in natura* os alimentos que são pagos de forma indireta, isto é, os pagamentos são feitos diretamente aos credores. *A pessoa obrigada a suprir alimentos poderá pensionar o alimentando, ou dar-lhe hospedagem e sustento, sem prejuízo do dever de prestar o necessário à sua educação, quando menor.* (Art. 1.701, CCB). O alimentante pode suprir ou auxiliar a subsistência do alimentário encarregando-se do pagamento direto de suas necessidades, tais como, mensalidade escolar, plano de saúde, condomínio, Imposto Predial Territorial Urbano (IPTU) da moradia em que reside o alimentário etc.

Essa forma de pagamento permite que o devedor tenha maior garantia de que as despesas do alimentário estão sendo pagas, e ainda lhe proporcionar uma melhor noção das reais necessidades do credor dos alimentos. É comum, especialmente nas pensões estabelecidas consensualmente, os sujeitos da relação alimentícia mesclarem as duas formas de pagamento, isto é, uma parte *in specie* e outra *in natura*.

ALIMENTOS – INCEDIBILIDADE – Ver incompensabilidade dos alimentos.

ALIMENTOS – INCOMPENSABILI-DADE – Ver incompensabilidade dos alimentos.

ALIMENTOS – INDIGNIDADE [*ver tb. alimentos, dignidade da pessoa humana*] – A indignidade do alimentário pode fazer com que ele perca o direito ao recebimento de pensão alimentícia: *Com relação ao credor cessa, também, o direito a alimentos, se tiver procedimento indigno em relação ao devedor* (Art. 1.708, parágrafo único, CCB). Embora a indignidade estivesse mais vinculada ao Direito das Sucessões (Art. 1.815, CCB) como causa justificadora da deserdação, mesmo antes da inovação do CCB 2002, o conceito da indignidade como causa de extinção da obrigação alimentar já estava presente na doutrina: *quid juris, entretanto, se o alimentado tentar contra a vida do alimentante, ou ofender a sua integridade física? Embora não se cogite expressamente da espécie, não é razoável que o devedor de alimentos continue a supri-lo depois de haver o alimentário tentado contra sua própria vida, ou incorrido em crime de calúnia ou de injúria contra ele. Há um pressuposto moral que não pode faltar nas relações jurídicas, e que há de presidir à subsistência da obrigação alimentar* (PEREIRA, Caio Mário da Silva. *Instituições de direito civil*. Rio de Janeiro: Forense, 2004, v. V, p. 343). Ou seja, mesmo antes da transformação em regra pelo Código Civil da indignidade como causa da exclusão da obrigação alimentar, a doutrina e a jurisprudência já aplicavam os princípios jurídicos para extinguir o pensionamento de quem não tinha "merecimento".

Não há um conceito fechado para a dignidade com vistas à sua aplicação no Direito de Família, em especial sobre a questão alimentar. Devemos, partir da premissa essencial de que a dignidade é um valor intrínseco à pessoa humana. Há procedimento indigno quando se afronta a dignidade da pessoa humana. Nas relações entre os cônjuges e companheiros, a indignidade, como causa excludente da obrigação alimentar, não está necessariamente ligada ao dever de fidelidade, não está atrelada simplesmente ao conteúdo de uma moral sexual, até porque ela é variável e relativizável. A caracterização de atos de indignidade relaciona-se muito mais à ética do que à moral. Não é ético, por exemplo, que uma pessoa receba pensão do ex-cônjuge ou companheiro e ao mesmo tempo impeça, injustificadamente, que ele conviva com os filhos comuns, ou pratique atos de alienação parental. O genitor digno estimula os filhos a conviverem com o pai, apesar das divergências entre eles.

Indignidade é um comportamento, ou uma ação que deteriora ou destrói o outro, agindo diretamente contra a preservação de sua integridade psicofísica e a preservação de sua dignidade, desconfigurando a sua essência, a sua natureza enquanto pessoa humana e ente ocupante daquela determinada função – pai ou mãe, filho ou filha, cônjuge, companheiro etc. É um comportamento não ético, pois ético é a conduta guiada necessariamente por uma avaliação racional das questões morais. *A indignidade autorizadora a exoneração do devedor da obrigação alimentar, ou, até mesmo, apta a impedir a fixação de alimentos nas hipóteses de divórcio, caracteriza-se quando a prática de atos voltados a atingir a honra, a respeitabilidade, a decência e o amor próprio do provedor acarreta prejuízo de ordem moral, ou mesmo material, enfim, violentando direitos da personalidade* (PEREIRA, Rodrigo da Cunha. *Divórcio:* teoria e prática. São Paulo: Saraiva, 2013. p. 176).

JURISPRUDÊNCIA

(...) A alegada indignidade da filha, arguida pela apelante, no que tange a postura desrespeitosa da jovem, entretanto, não ampara a extinção da verba alimentar, uma vez que essa é regida pelo binômio necessidade-possibilidade. Recurso parcialmente provido.(Ap. Cível nº 70022369011, Rel. Des. Ricardo Raupp Ruschel, 7ª CC – TJRS. j. 14/05/2008).

ALIMENTOS – INDISPONIBILIDADE – Ver indisponibilidade dos alimentos.

ALIMENTOS – INDIVISIBILIDADE – Ver alimentos – divisibilidade.

ALIMENTOS – INDIVISIBILIDADE – Ver alimentos – divisibilidade.

ALIMENTOS – INTRANSMISSIBILIDADE – Ver intransmissibilidade dos alimentos.

ALIMENTOS – *INTUITU FAMILIAE* – Ver pensão *intuitu familiae*.

ALIMENTOS – *INTUITU PERSONAE* – Ver pensão *intuitu personae*.

ALIMENTOS – IRRENUNCIABILIDADE – Ver irrenunciabilidade dos alimentos.

ALIMENTOS – IRREPETIBILIDADE – Ver irrepetibilidade dos alimentos.

ALIMENTOS – NASCITURO – Ver alimentos gravídicos.

ALIMENTOS NATURAIS [*ver tb. alimentos, alimentos civis, alimentos e indignidade*] – É a denominação que se dá aos alimentos, ou pensão alimentícia, que são para cobrir as despesas estritamente necessárias para a sobrevivência do alimentário, apenas para suas necessidades básicas. São também chamados de alimentos necessários. Consideram-se necessidades básicas do alimentário a alimentação, saúde, moradia, educação, transporte. Não se leva em conta a condição social e o padrão de vida do alimentário. A lei vale-se das expressões *alimentos indispensáveis à subsistência*, sem indicar seu conteúdo, o que apenas é possível com a análise de cada caso. Tal classificação (Art. 1.694, § 2º, CCB) vem como tentativa de estabelecer uma relação de culpa entre os cônjuges ou companheiros.

A diferenciação dos alimentos em civis e naturais adotada pelo CCB 2002 tem caráter punitivo, de modo que, quem deu causa faz jus apenas aos alimentos naturais, isto é, recebe somente o que necessita para manter sua subsistência. Ainda que lhe seja vedada a manutenção de sua condição de vida anterior, essa deverá ser levada em consideração para o cálculo do mínimo existencial.

O caráter punitivo dos alimentos tende a ser relativizado no moderno Direito de Família, em que a culpa tem sido substituída por responsabilidade. Se levada a "ferro e fogo" este caráter punitivo significa mais que uma condenação moral. No Direito Penal, a culpa não atinge o direito a alimentos, pois os encarcerados, por mais terrível que tenha sido o crime cometido, recebe em alimentos do Estado na prisão.

ALIMENTOS NECESSÁRIOS – É o mesmo que alimentos naturais.

ALIMENTOS – NECESSIDADE – Ver necessidade alimentar.

ALIMENTOS – OFERTA – Ver oferta de alimentos.

ALIMENTOS – POSSIBILIDADE – Ver possibilidade alimentar.

ALIMENTOS – PRISÃO – Ver prisão civil.

ALIMENTOS – PROTESTO DE DÍVIDA – Ver protesto de dívida alimentar.

ALIMENTOS PROVISIONAIS [*ver tb. alimentos, alimentos provisórios*] – Expressão alimentos utilizada na legislação processual, bem como em leis específicas, como a do art. 22 da Lei Maria da Penha, em que o juiz poderá aplicar, de imediato, ao agressor, em conjunto ou separadamente, as seguintes medidas protetivas de urgência, entre outras: V – prestação de alimentos provisionais ou provisórios. O CPC/73 utilizava essa expressão (Arts. 852 a 854) para designar os alimentos que eram fixados mediante o rito das medidas cautelares para provisionar de imediato as necessidades urgentes do alimentário. O CPC/2015 unificou o processo cautelar e unificou os procedimentos em tutela de urgência e evidência. Embora não haja nomenclatura específica no novo diploma processualista, as regras são as dos procedimentos dos arts. 294 e ss. que tratam das tutelas provisórias de urgência: "*Art. 294. A tutela provisória pode fundamentar-se em urgência ou evidência. Parágrafo único. A tutela provisória de urgência, cautelar ou antecipada, pode ser concedida em caráter antecedente ou incidental. (...) Art. 300. A tutela de urgência será concedida quando houver elementos que evidenciem a probabilidade do direito e o perigo de dano ou o risco ao resultado útil do processo. § 1º Para a concessão da tutela de urgência, o juiz pode, conforme o caso, exigir caução real ou fidejussória idônea para ressarcir os danos que a outra parte possa vir a sofrer, podendo a caução ser dispensada se a parte economicamente hipossuficiente não puder oferecê-la. § 2º A tutela de urgência pode ser concedida liminarmente ou após justificação prévia. § 3º A tutela de urgência de natureza antecipada não será concedida quando houver perigo de irreversibilidade dos efeitos da decisão. Art. 301. A tutela de urgência de natureza cautelar pode ser efetivada mediante arresto, sequestro, arrolamento de bens, registro de protesto contra alienação de bem e qualquer outra medida idônea para asseguração do direito*". Os alimentos podem ser requeridos em ação cautelar preparatória ou incidental, e têm como função a manutenção do alimentário durante a pendência do processo, até que seja proferida a sentença do valor da pensão alimentícia. A fixação dos alimentos "provisionais" depende da comprovação dos requisitos inerentes às medidas cautelares: *fumus boni juris e periculum in mora*. Na tutela de urgência, o juízo singular ao analisar o pedido, deve se restringir a examinar a presença dos pressupostos necessários à sua concessão, quais sejam: a) a probabilidade do direito; b) perigo de dano ou risco ao resultado útil do processo (art. 300 do CPC/2015). Para a fixação de alimentos "provisionais" é imprescindível que o requerente comprove a necessidade alimentar e a verossimilhança do direito pleiteado. Isso para o pedido de alimentos de pessoas maiores de idade. Para aqueles que ainda estão sob o poder familiar, a necessidade é presumida.

Alimentos provisionais e alimentos provisórios são expressões semelhantes para dizer a mesma coisa, ou seja, alimentos fixados liminarmente. Enquanto provisionais era a expressão utilizada pelo CPC/1973 para o pedido em ações cautelares, provisório é a expressão utilizada pela Lei de Alimentos (Lei nº 5.478/68), que estabeleceu o rito especial e maiores facilidades. O CCB de 2002 utilizou a expressão provisionais para designar ambas as medidas liminares, ou seja, provisórios e provisionais: Os alimentos provisionais serão fixados pelo juiz, nos termos da lei processual (art. 1.706 do CCB). É possível pleitear alimentos pelo rito especial da Lei nº 5.478/68, o que em muitas situações pode ser mais célere. *O Superior Tribunal de Justiça unificou sua jurisprudência com a expedição da Súmula 621 de 17/12/2018, a qual preceitua que "os efeitos da sentença que reduz, majora ou exonera o alimentante do pagamento retroagem à data da citação, vedadas a compensação e a repetibilidade".*

JURISPRUDÊNCIA

(...) Presentes os requisitos necessários à concessão da tutela requerida, como reza o art. 300, *caput*, do CPC/2015, sendo plausível e razoável a majoração do *quantum* arbitrado a título de alimentos provisórios. O critério de fixação dos alimentos provisionais, provisórios ou definitivos, está previsto no art. 1.694 do Código Civil, de modo que, para o deferimento da tutela antecipada, o quadro probatório deve ser sólido, revelando uma situação fática límpida, permitindo que se anteveja nos autos o desfecho final da ação. Isto é, como se trata de ação de alimentos, que seja analisado o binômio possibilidade e necessidade. Considerando o lastro probatório, o valor fixado pelo juízo *a quo* demonstra o desatendimento ao trinômio proporcionalidade, necessidade e possibilidade, norteador da obrigação alimentícia. (...) (TJBA, Agravo de Instrumento 0015438-95.2016.8.05.0000, Rel. Rosita Falcão de Almeida Maia, 3ª CC, publ. 14/03/2017).

ALIMENTOS PROVISÓRIOS [*ver tb. alimentos, alimentos provisionais*] – Terminologia utilizada pela Lei de Alimentos (Lei nº 5.478/68) para designar os alimentos fixados liminarmente para suprir as necessidades urgentes do alimentário durante o trâmite da ação. São alimentos fixados *initio litis*, decorrentes de prova pré-constituída, ou seja, são arbitrados no início da ação com base nas provas e argumentos apresentados pelo requerente sobre a necessidade de quem os pleiteia e a possibilidade de quem deverá pagá-los. Diz-se alimentos provisórios porque tem-se a expectativa de os ter substituído por uma medida permanente ao final da ação. Podem ser fixados de ofício, e o juiz somente deixará de fazê-lo se a parte pedir que não o faça (art. 4º da Lei nº 5.478/68). Comumente confundidos com os alimentos provisionais o que era previsto no CPC/1973, diferindo-se destes no que diz respeito ao rito processual. Enquanto este segue o rito especial estabelecido na Lei de Alimentos, os provisionais observavam os requisitos das medidas cautelares. O CPC/2015, em seu art. 531, manteve a expressão de alimentos provisórios: *"O disposto neste Capítulo aplica-se aos alimentos definitivos ou provisórios. § 1º A execução dos alimentos provisórios, bem como a dos alimentos fixados em sentença ainda não transitada em julgado, se processa em autos apartados. § 2º O cumprimento definitivo da obrigação de prestar alimentos será processado nos mesmos autos em que tenha sido proferida a sentença".* O CPC/2015, no seu parágrafo único do art. 693 *determina que a ação de alimentos e a que versar sobre interesse de criança ou de adolescente observarão o procedimento previsto em legislação específica, aplicando-se, no que couber, as disposições do capítulo das ações de família. O Superior Tribunal de Justiça unificou sua*

A

jurisprudência com a expedição da Súmula 621 de 17/12/2018, a qual preceitua que "os efeitos da sentença que reduz, majora ou exonera o alimentante do pagamento retroagem à data da citação, vedadas a compensação e a repetibilidade".

ALIMENTOS – RENÚNCIA [*ver tb. alimentos – irrenunciabilidade*] – Do latim *renuntiāre*, é o ato de abdicar-se voluntariamente daquilo que é de direito. Os alimentos são renunciáveis a depender da relação de parentesco existente entre o alimentante e alimentário. O Código Civil de 1916 vedava a renúncia aos alimentos e, apesar disso, o entendimento da jurisprudência durante a vigência daquele Código era de que esse dispositivo não tinha validade quanto aos cônjuges. O Código Civil de 2002 ratificou a impossibilidade de renúncia de alimentos, retomando a discussão sobre a matéria em relação aos cônjuges.

A irrenunciabilidade dos alimentos em relação aos filhos menores é certa, porém não o é entre cônjuges e companheiros. Entre as cláusulas obrigatórias do divórcio está a necessidade de se mencionar a obrigação alimentar, ainda que seja apenas dizer que não há tal obrigação ou necessidade. Se houver, obviamente, deverá se estabelecer o *quantum*. Apesar de a legislação fazer expressa menção à pensão do marido à mulher, deve-se interpretar tal artigo de modo que o direito também seja estendido ao marido, pois a fonte de obrigação alimentar, neste caso, é o casamento, não o marido, embora, historicamente, ele seja a parte economicamente mais forte. E, quando os cônjuges não desejam pensionamento entre si, a expressão para registrar tal desnecessidade é dispensa ou renúncia. Dispensa é provisória, e renúncia é para sempre.

JURISPRUDÊNCIA

(...) Tendo em vista que a autora dispensou os alimentos quando da homologação da separação judicial, descabe o pleito alimentar dez anos após o pacto, pois a dispensa de alimentos inserida em cláusula de acordo de separação judicial é válida e eficaz, não podendo a ex-cônjuge pleitear alimentos depois de homologada a avença. Dissolvido o vínculo conjugal expira o dever de mútua assistência e a consequente obrigação alimentar. Inaplicabilidade, no caso, do art. 1.704 do CC/02. Irrenunciáveis são os alimentos decorrentes do parentesco, sendo disponíveis aqueles que resultam do casamento. (Ap. Civil nº 70027235563, Rel. Des. André Luiz Planella Villarinho, 7ªCC – TJRS. j. 08/07/2009).

ALIMENTOS RESSARCITÓRIOS [*ver tb. alimentos compensatórios, violência patrimonial*] – É a parcela devida por um dos cônjuges ou conviventes ao outro, no bojo da ação de partilha, como forma de compensar as perdas econômico-financeiras sofridas pelo fato de que aquele se encontra na propriedade e administração isolada dos bens comuns, auferindo frutos sem nada repassar ao outro. Durante o processo de divórcio ou dissolução de união estável, antes de realizada a partilha, o cônjuge ou companheiro que se encontra na administração dos bens comuns, deve pagar ao outro o correspondente à sua meação. Ou seja, os alimentos ressarcitórios tem fundamento no direito à meação, natureza de antecipação da meação, não se tratando de um instituto com intuito alimentar assistencial.

Também conhecidos como alimentos indenizatórios, estes alimentos são confundidos com os compensatórios uma vez que buscam compensar a administração exclusiva dos bens comuns por parte de um dos cônjuges ou companheiro, privando o meeiro de ter acesso aos frutos e rendimentos gerados pelo patrimônio comum. Quando da efetivação da partilha, as parcelas pagas devem ser compensadas, para que não haja enriquecimento ilícito, do contrário desestimularia a finalização da partilha. *Certamente dessa característica de serem futuramente compensados os alimentos antecipados enquanto não liquidado judicialmente o regime de comunicação de bens, é que surge a involuntária confusão entre o instituto dos alimentos compensatórios de inspiração alienígena e os alimentos ressarcitórios, devidos em razão da administração unilateral dos bens conjugais comuns* (MADALENO, Rolf. *Curso de direito de família*. 5. ed. Rio de Janeiro: Forense, 2013. p. 1.003).

JURISPRUDÊNCIA

(...) A definição, assim, de um valor ou percentual correspondente aos frutos do patrimônio comum do casal a que a autora faz jus, enquanto aquele encontra-se na posse exclusiva do ex-marido, tem, na verdade, o condão de ressarci-la ou de compensá-la pelo prejuízo presumido consistente na não imissão imediata nos bens afetos ao quinhão a que faz jus. Não há, assim, quando de seu reconhecimento, qualquer exame sobre o binômio "necessidade-possibilidade", na medida em que esta verba não se destina, ao menos imediatamente, à subsistência da autora, consistindo, na prática, numa antecipação da futura partilha; IV – Levando-se em conta o caráter compensatório e/ou ressarcitório da verba correspondente à parte dos frutos dos bens comuns, não se afigura possível que a respectiva execução se processe pelo meio coercitivo da prisão, restrita, é certo, à hipótese de inadimplemento de verba alimentar, destinada, efetivamente, à subsistência do alimentando; V – Recurso ordinário provido, concedendo-se, em definitivo, a ordem em favor do paciente (RHC 28853 RS, 2010/0155470-8, Rel.ª Min.ª Nancy Andrighi, 3ª T – STJ. j. 01/12/2011).

ALIMENTOS – SOLIDARIEDADE – Ver alimentos – divisibilidade.

ALIMENTOS TRANSITÓRIOS [*ver tb. alimentos*] – Expressão utilizada para determinar os alimentos fixados por tempo determinado. Essa modalidade é muito comum nas relações alimentares entre ex-cônjuges e ex-companheiros, que necessitarão de ajuda alimentar apenas temporariamente, até que consigam sobrevivência financeira. Podem ser estabelecidos por um período predeterminado ou condicionado à superveniência de uma condição específica, como por exemplo, até que se partilhe os bens do casal, ou até que o alimentário comece a trabalhar.

JURISPRUDÊNCIA

(...) Os alimentos devidos entre ex-cônjuges serão fixados com termo certo, a depender das circunstâncias fáticas próprias da hipótese sob discussão, assegurando, ao alimentado, tempo hábil para sua inserção, recolocação ou progressão no mercado de trabalho, que lhe possibilite manter pelas próprias forças, *status* social similar ao período do relacionamento. 2 – Serão, no entanto, perenes, nas excepcionais circunstâncias de incapacidade laboral permanente, ou ainda, quando se constatar, a impossibilidade prática de inserção no mercado de trabalho. 3 – Em qualquer uma das hipóteses, sujeitam-se os alimentos à cláusula *rebus sic stantibus*, podendo os valores serem alterados quando houver variação no binômio necessidade/possibilidade. 4 – Se os alimentos devidos a ex-cônjuge não forem fixados por termo certo, o pedido de desoneração total, ou parcial, poderá dispensar a existência de variação no binômio necessidade/possibilidade, quando demonstrado o pagamento de pensão por lapso temporal suficiente para que o alimentado revertesse a condição desfavorável que detinha, no momento da fixação desses alimentos (REsp 1.188.399. Rel.ª Min.ª Nancy Andrighi. 3ª T – STJ. publ. 29/06/2011).

ALIMENTOS – TRANSMISSIBILIDADE – A transmissão da obrigação alimentar para outrem sofreu variações

ao longo da história legislativa brasileira. Na vigência do CCB de 1916, era intransmissível, ou seja, com a morte do devedor, morria também a obrigação (Art. 402, CCB/16). Em 1977, a Lei nº 6.515 – Lei do Divórcio – estabeleceu que a obrigação alimentar entre cônjuges transmitia aos herdeiros do devedor. Todavia, a jurisprudência entendia, de forma pacífica, que somente a dívida pretérita dos alimentos era transmissível. O CCB/02 disse claramente que *a obrigação de prestar alimentos transmite-se aos herdeiros do devedor* (Art. 1.700, CCB). Assim, preservou o caráter personalíssimo do instituto, vez que determina que apenas o dever de cumprir a obrigação de prestar alimentos se transmite aos herdeiros do devedor, não sendo transferido o direito a alimentos e a obrigação em si, que é pessoal. Portanto, ocorre uma sub-rogação limitada – sempre de acordo com as forças da herança – do dever de cumprir a prestação alimentícia.

A transmissibilidade dos alimentos advém do comando constitucional de promoção da dignidade humana e da solidariedade familiar. Com isso, os alimentos passaram a ter força de direito fundamental, pois, servem para assegurar uma vida digna àqueles que não têm condições de arcar com o próprio sustento. Entretanto, necessário verificar o novo binômio necessidade/possibilidade estabelecido, pois não cabe impor aos herdeiros do devedor o mesmo valor que o *de cujus* pagava a título de alimentos, sem o devido processo legal e sem investigar a possibilidade financeira do espólio.

A obrigação alimentar anteriormente fixada é transmitida desde que o falecido tenha deixado patrimônio suficiente. Contudo, o direito de receber alimentos não se transmite. Falecido o alimentário, extinta está a obrigação alimentícia, persistindo somente o débito existente até a data da morte.

A transferência da obrigação alimentar pode se dar também em vida, como no caso em que o ex-cônjuge/companheiro(a) não podendo mais cumprir tal obrigação e a alimentária ainda necessitando, convoca outros possíveis pensionantes à lide revisional de alimentos, para transferir sua originária obrigação, por exemplo, aos filhos da(o) alimentária(o).

ALIMENTOS – TRINÔMIO [*ver tb. alimentos – binômio*] – É um importante parâmetro para a quantificação dos alimentos, em complemento ao binômio alimentar. Portanto, além dos dois parâmetros básicos para a sua fixação, a demonstração da necessidade de quem recebe e a possibilidade de quem paga, deve-se levar em conta um terceiro elemento que é a proporcionalidade, isto é, a compatibilização do padrão de vida socioeconômico das partes envolvidas: *Podem os parentes, os cônjuges ou companheiros pedir uns aos outros os alimentos de que necessitem para viver de modo compatível com a sua condição social, inclusive para atender às necessidades de sua educação* (Art. 1.694, CCB). Este trinômio é um norteador de cada caso concreto, também conhecido como princípio da proporcionalidade alimentar.

JURISPRUDÊNCIA

(...) Na fixação do *quantum* alimentício, os arts. 1.694 e 1.695 do Código Civil estabelecem as balizas a serem seguidas pelo julgador, levando sempre em consideração que aquele montante deve viabilizar ao credor uma vida digna, compatível com a sua condição social e em conformidade com a possibilidade do devedor de atender ao encargo imposto. Emerge latente, portanto, a existência de uma dualidade de interesses, quais sejam: (i) a necessidade de quem pleiteia; e (ii) a capacidade econômica de quem presta. Nessa esteira, considerando as peculiaridades fáticas de cada caso concreto, deve o magistrado, sopesando as necessidades do credor, arbitrar um pensionamento justo que atenda à capacidade do alimentante, à luz dos princípios da proporcionalidade e da equidade (...) (AI 20130020077966 DF 0008618-11.2013.8.07.0000, Rel. Des. Waldir Leôncio Lopes Júnior, 2ª T – TJDF. j. 04/07/2013).

ALOSSEXUAL *[ver tb. assexuais, bissexuais, demissexuais, intersexuais]* – Do grego *alo* , outro. O termo foi criado na comunidade assexual para referir-se a pessoas não assexuais, da mesma forma que a comunidade de transgêneros criou a expressão cisgênero em oposição às pessoas trans. São pessoas que independentemente de sua orientação sexual, sentem atração sexual por outras pessoas.

Devemos entender a sexualidade em seu sentido mais amplo e profundo para não reduzi-la apenas à genitalidade, que seria um empobrecimento da compreensão das relações humanas. Sexualidade, como tão bem já nos revelou Freud, é uma dimensão presente na totalidade da existência humana.

ALTERAÇÃO DO NOME – Ver mudança do nome.

AMANCEBIA – É o mesmo que mancebia, concubinato, amigação, união estável.

AMANTE [*ver tb. família paralela, simultânea, união paralela*] – É aquele(a) que constitui uma relação paralela ou simultânea com pessoa casado (a) ou que vive em união estável. Esse relacionamento não caracteriza concubinato ou união estável, por não instituir uma entidade

familiar. É a Outra, ou o Outro. Enquanto houver desejo sobre a face da terra, haverá quem queira estabelecer relações paralelas e furtivas que, muitas vezes, são apenas um contato amoroso ou sexual sem que daí decorram direitos e deveres ou efeitos patrimoniais. Os amantes, às vezes, exercem uma "função social" de manutenção dos casamentos. Em outras palavras, ajudam a suportar a união oficial, já falida ou desgastada pelo tempo e/ou que, por alguma conveniência, dificuldade, falta de coragem, ou mesmo em razão do código particular de cada casal, preferem manter a oficialidade daquela união. Muitos desses relacionamentos, mesmo duradouros, não chegam a constituir uma família já que não é o tempo, por si só, o elemento determinante da constituição de uma entidade familiar. Quando há caracterização de núcleo familiar, mesmo paralelo a outro, diz-se família simultânea ou paralela.

LINGUAGEM POÉTICA

(...) Esse amor demais antigo /

amor demais amigo / que de tanto amor viveu / que manteve acesa a chama / da verdade de quem ama / antes e depois do amor / e você amada amante / faz da vida um instante /

ser demais para nós dois / esse amor sem preconceito / sem saber o que é direito / faz a suas próprias leis que flutua no meu leito / que explode no meu peito / e supera o que já fez /

neste mundo desamante / só você amada amante / faz o mundo de nós dois amada amante.

(*Amada Amante* – Letra e música de Roberto Carlos).

AMÁSIA [*ver tb. companheira, concubina*] – Expressão para designar a mulher que vive, ou coabita, com um homem sem o selo da oficialidade do casamento. É o mesmo que concubina. Após a Constituição da República de 1988, que reconheceu outras formas de família além daquela constituída pelo casamento civil, e introduziu a expressão união estável em substituição à concubinato, desestigmatizando tais relações, essa expressão caiu em desuso. Hoje, é muito mais uma reminiscência histórica. Amásia carregava consigo um significante pejorativo e estigmatizante.

AMIGAÇÃO [*ver tb. concubinato, união estável*] – É o ato der estar amigado, isto é, vivendo em união estável, concubinato.

AMIGADO(A) – Aquele que vive em amigação ou mancebia. É quem vive maritalmente sem a oficialidade do casamento civil, quem vive em união estável ou concubinato. Depois da Constituição da República de 1988, que reconheceu e deu legitimidade a outras formas de família, além do casamento civil, adotando a expressão união estável em substituição à estigmatizada concubinato, os vocábulos amigado(a), amasiado, amancebado foram caindo em desuso.

AMOR [*ver tb. abandono afetivo, afeto, princípio da afetividade*] – "O amor está para o Direito de Família, assim como a vontade está para o Direito das obrigações". Esta frase do jurista mineiro João Baptista Villela estabelece a importância e a premissa do amor para o Direito de Família. Sem ele teríamos um Direito sem alma, árido e mecânico. Da mesma forma que na essência dos contratos está a vontade, isto é, o elemento volitivo, sem o qual não se estabeleceria contratos, sem amor não haveria Direito de Família. Dar e receber amor é a essência da vida. Contudo, o amor tem também a sua polaridade, ou seja, amor e ódio andam juntos. Certamente, o ódio é muito mais propulsor do Direito de Família do que o amor. É a relação de amor e ódio mal resolvida entre o casal ou ex-casal que sustenta os eternos e degradantes litígios judiciais. Ali, as partes permanecem unidas pelo litígio. O ódio une mais que o amor. O vocábulo amor não aparece nos textos legislativos brasileiros e estrangeiros, à exceção da Constituição da Colômbia: *Son derechos fundamentales de lós niños: la vida, la integridad física y la seguridad social, la alimentación equilibrada, su nombre y nacionalidad, tener uma família y no ser separados de ella, el cuidado y amor, la educación y la cultura, la recreación y la libre expresión de su opinión. Serán protegidos contra toda forma de abandono, violência física y moral, secuestro, venta, abuso sexual, exploración laboral e econômica y trabajos riesgosos. Gorazán también de lós demás derechos consagrados em la Constitución, em las leyes y en lós tratados internacionales ratificados por Colombia (...)* (Art. 44).

Há várias formas de amor: conjugal, filial, maternal, paternal, fraternal, humanístico. Amor exige compromisso e responsabilidade. O amor conjugal é uma via de mão dupla, isto é, os adultos são responsáveis pelas suas relações amorosas e pelo fim da conjugalidade. Por isso não há culpados pelo fim do casamento ou união estável. Não se pode obrigar ninguém a amar a outrem. Mas a relação paterno-filial exige compromisso e responsabilidades, pode ser fonte de reparação, pois pode ser traduzido como cuidado, educação e limites. O amor começa com um sentimento, mas se expressa de fato é através de nossas ações. Em outras palavras, amar é agir, é ação.

O amor paterno/materno filial não é natural. Ele é uma construção que está associada também à responsabilidade, inclusive traduzida em princípio jurídico constitucional (Art. 226, § 7º, CR/1988). *O amor é um sentimento a ser aprendido. É tensão e satisfação, é desejo e hostilidade, é alegria e dor. Um não existe sem o outro. A felicidade é apenas uma parte integrante do amor. Isto é o que deve ser aprendido. O sofrimento também pertence ao amor e este é o grande mistério do amor. A sua própria beleza é o seu próprio fardo. Em todo o esforço que se realiza para o aprendizado do amor é preciso considerar sempre a doação o sacrifício ao lado da satisfação e da alegria. A pessoa terá sempre que abdicar alguma coisa para possuir ou ganhar uma outra coisa. Terá sempre que desembolsar algo para obter um bem maior e melhor para sua felicidade. É como plantar uma árvore frente a uma janela. Ganha sombra, mas perde uma parte da paisagem. Troca o silêncio pelo gorjeio da passarada ao amanhecer* (Amor, sentimento a ser aprendido – Walter Trobisch).

JURISPRUDÊNCIA

(...) A Constituição colombiana, em seu art. 44, garante aos filhos o direito fundamental ao amor, o que se pode extrair, implicitamente, também da nossa, eis que os direitos fundamentais são cláusulas abertas e decorrem não só do texto constitucional, mas também dos princípios constitucionais explícitos ou implícitos. As duas, o desprezo do pai por uma filha, desde sua tenra idade, fere claramente o princípio fundamental da dignidade da pessoa humana (...) (Ap. Cível nº 7685249 PR 768524-9, Rel. Des. Jorge de Oliveira Vargas, 8ª CC – TJPR. j. 26/01/2012).

LINGUAGEM LITERÁRIA

Carta de Einstein à sua filha Lieserl

O Amor

Quando propus a teoria da relatividade, muito poucos me entenderam e o que vou agora revelar a você, para que transmita à humanidade, também chocará o mundo, com sua incompreensão e preconceitos.

Peço ainda que aguarde todo o tempo necessário – anos, décadas, até que a sociedade tenha avançado o suficiente para aceitar o que explicarei em seguida para você.

Há uma força extremamente poderosa para a qual a ciência até agora não encontrou uma explicação formal. É uma força que inclui e governa todas as outras, existindo por trás de qualquer fenômeno que opere no universo e que ainda não foi identificada por nós.

Esta força universal é o AMOR.

Quando os cientistas estavam procurando uma teoria unificada do Universo esqueceram a mais invisível e poderosa de todas as forças.

O Amor é Luz, dado que ilumina aquele que dá e o que recebe.

O Amor é gravidade, porque faz com que as pessoas se sintam atraídas umas pelas outras.

O Amor é potência, pois multiplica (potencia) o melhor que temos, permitindo assim que a humanidade não se extinga em seu egoísmo cego.

O Amor revela e desvela.

Por amor, vivemos e morremos.

O Amor é Deus e Deus é Amor.

Esta força tudo explica e dá SENTIDO à vida. Esta é a variável que temos ignorado por muito tempo, talvez porque o amor provoca medo, sendo o único poder no universo que o homem ainda não aprendeu a dirigir a seu favor.

A

Para dar visibilidade ao amor, eu fiz uma substituição simples na minha

equação mais famosa. Se em vez de $E = mc^2$, aceitarmos que a energia para curar o mundo pode ser obtida através do amor multiplicado pela velocidade da luz ao quadrado (energia de cura = amor x velocidade da luz^2), chegaremos à conclusão de que o amor é a força mais poderosa que existe, porque não tem limites.

Após o fracasso da humanidade no uso e controle das outras forças do

universo, que se voltaram contra nós, é urgente que nos alimentemos de outro tipo de energia. Se queremos que a nossa espécie sobreviva, se quisermos encontrar sentido na vida, se queremos salvar o mundo e todos os seres sensíveis que nele habitam, o amor é a única e a resposta última.

Talvez ainda não estejamos preparados para fabricar uma bomba de amor, uma criação suficientemente poderosa para destruir todo o ódio, egoísmo e ganância que assolam o planeta. No entanto, cada indivíduo carrega dentro de si um pequeno, mas poderoso gerador de amor, cuja energia aguarda para ser libertada.

Quando aprendemos a dar e receber esta energia universal, Lieserl querida, provaremos que o amor tudo vence, tudo transcende e tudo pode, porque o amor é a quintessência da vida.

Lamento profundamente não ter sido capaz de expressar mais cedo o que vai dentro do meu coração, que toda a minha vida tem batido silenciosamente por você. Talvez seja tarde demais para pedir desculpa, mas como o tempo é relativo, preciso dizer que te amo e que graças a você, obtive a última resposta.

Seu pai,

Albert Einstein

LINGUAGEM POÉTICA

Amor é um fogo que arde sem se ver,/ é ferida que dói, e não se sente;/ é um contentamento descontente,/ é dor que desatina sem doer./ É um não querer mais que bem querer;/ é um andar solitário entre a gente;/ é nunca contentar se de contente;/ é um cuidar que ganha em se perder./ É querer estar preso por vontade;/ é servir a quem vence, o vencedor;/ é ter com quem nos mata lealdade./ Mas como causar pode seu favor,/ nos corações humanos amizade,/ se tão contrário a si é o mesmo Amor?

(*Amor é fogo* – Luis de Camões).

Tudo que move é sagrado

E remove as montanhas

Com todo o cuidado

Meu amor

Enquanto a chama arder

Todo dia te ver passar

Tudo viver a teu lado

Com o arco da promessa

Do azul pintado

Pra durar

Abelha fazendo o mel

Vale o tempo que não voou

A estrela caiu do céu

O pedido que se pensou

O destino que se cumpriu

De sentir seu calor

E ser todo

Todo dia é de viver

Para ser o que for

E ser tudo

Sim, todo amor é sagrado

E o fruto do trabalho

É mais que sagrado

Meu amor

A massa que faz o pão

Vale a luz do seu suor

Lembra que o sono é sagrado

E alimenta de horizontes

O tempo acordado de viver

No inverno te proteger

No verão sair pra pescar

No outono te conhecer

Primavera poder gostar

No estio me derreter

Pra na chuva dançar e andar junto

O destino que se cumpriu

De sentir seu calor e ser todo

(Amor de Índio – Música de Beto Guedes / Ronaldo Bastos).

AMOR CONJUGAL [*ver tb. conjugalidade, vínculo conjugal*] – É o amor entre duas pessoas com um conteúdo sexual e objetivo de constituir família. O casamento e a união estável são formas de amor conjugal. Daí deriva a conjugalidade. O amor entre namorados, e, portanto, onde ainda não se formou uma família, não é um amor conjugal, embora se possa estabelecer aí relações sexuais.

JURISPRUDÊNCIA

(...) Comprovado que a convivente sempre auxiliou o falecido companheiro a manter o patrimônio ou a tentar salvá-lo da fase econômica ruim, em que o patrimônio foi reduzido, bem como sempre lhe deu o suporte afetivo, psicológico, familiar, típico do amor conjugal, possui ela o direito à meação dos bens adquiridos durante a união estável e às benfeitorias realizadas nos imóveis que o *de cujus* possuía antes de iniciar a convivência, ao longo desse período, ainda que ela não tenha contribuído financeiramente para essas aquisições e mesmo que o patrimônio tenha se reduzido, sem que ela tivesse dado causa à diminuição. (...) (Ap. Cível nº 2005.013611-1, Rel. Des. Josué de Oliveira, 1ª CC – TJMS. j. 09/05/2006).

LINGUAGEM POÉTICA

O amor é um grande laço, um passo pra uma armadilha / Um lobo correndo em círculos pra alimentar a matilha / Comparo sua chegada com a fuga de uma ilha: Tanto engorda quanto mata feito desgosto de filha. / O amor é como um raio galopando em desafio / Abre fendas cobre vales, revolta as águas dos rios / Quem tentar seguir seu rastro se perderá no caminho / Na pureza de um limão ou na solidão do espinho. / O amor e a agonia cerraram fogo no espaço / Brigando horas a fio, o cio vence o cansaço / E coração de quem ama fica faltando um pedaço / Que nem a lua minguando, que nem o meu nos seus braços.

(*Faltando um Pedaço* – Letra e música de Djavan).

LINGUAGEM LITERÁRIA

"Que fosse como sendo o trivial do viver feito uma água, dentro dela se esteja, e que tudo ajunta e amortece – só rara vez se consegue subir com a cabeça fora dela, feito um milagre: peixinho pediu. Por quê? Diz-que-direi ao senhor o que nem tanto é sabido: sempre que se começa a ter amor a alguém, no ramerrão, o amor pega e cresce é porque, de certo jeito, a gente quer que isso seja, e vai, na ideia, querendo e ajudando; mas, quando é destino dado, maior que o miúdo, a gente ama inteiriço fatal, carecendo de querer, e é um só facear com as surpresas. Amor desse, cresce primeiro; brota é depois."

(ROSA, J. Guimarães. *Grande sertão: veredas*. 19. ed. Rio de Janeiro: Nova Fronteira, 2001. p. 155).

A

ANCESTRALIDADE [*ver tb. investigação de origem genética, parentesco*] – Genericamente, é a identidade cultural herdada pelo indivíduo de seus ancestrais. Costuma-se usar a expressão ancestral para identificar o ascendente de ligação de várias árvores genealógicas, identificando, assim, as histórias, costumes, língua, dialetos e hábitos comuns entre elas, possibilitando formar a base cultural daquela sociedade. Os estudo da ancestralidade permite conhecer a história dos antepassados, inclusive pré-históricos. Por meio da análise do DNA materno e paterno é possível conhecer as rotas migratórias dos antepassados, situando-os no espaço e no tempo.

No Direito de Família e Sucessões, é o parentesco em linha ascendente (ou linha reta) sem limitação, de modo que todas as pessoas oriundas de um tronco ancestral comum sempre serão parentes entre si, por mais afastadas que estejam umas das outras em termos de gerações. Declarada a existência de parentesco na linha reta a partir do segundo grau, esta gerará todos os efeitos que o parentesco em primeiro grau faria nascer, ou seja, direitos sucessórios e de assistência.

JURISPRUDÊNCIA

(...) O pai, ao falecer sem investigar sua paternidade, deixou a certidão de nascimento de seus descendentes com o espaço destinado ao casal de avós paternos em branco, o que já se mostra suficiente para justificar a pretensão de que seja declarada a relação avoenga e, por consequência, o reconhecimento de toda a linha ancestral paterna, com reflexos no direito de herança. – A preservação da memória dos mortos não pode se sobrepor a tutela dos direitos dos vivos, que, ao se depararem com inusitado vácuo no tronco ancestral paterno, vêm, perante o Poder Judiciário, deduzir pleito para que a linha ascendente lacunosa seja devidamente preenchida. (...) (REsp 807849, RJ 2006/0003284-7, Rel.ª Min.ª Nancy Andrighi, 3ª T – STJ. j. 24/03/2010).

ANDROGINIA [*ver tb. transgênero, intersexual*] – É a mistura de características femininas e masculinas em uma única pessoa. O sujeito andrógino é aquele que tem características físicas e, também, comportamentais de ambos os sexos. E, assim, torna-se difícil definir a que gênero pertence apenas por sua aparência. No *Banquete de Platão* – um livro de diálogos – o pano de fundo é o Deus Eros. O quarto orador, Aristófanes, começa seu discurso enfatizando o total desconhecimento por parte dos homens acerca de Eros. Para conhecer esse poder, ele diz que é preciso antes conhecer história da natureza humana. E passa a descrever a teoria dos andróginos, que é o mito da nossa unidade primitiva e posterior mutilação. De acordo com Aristófanes, inicialmente eram três gêneros de seres humanos, que eram duplos em si mesmos: gênero masculino, masculino, masculino; o feminino, feminino, feminino e o masculino, feminino e masculino, o então chamado andrógino.

LINGUAGEM POÉTICA

Será que essa gente percebeu que essa morena desse amigo meu / Tá me dando bola tão descontraída / Só que eu não vou em bola dividida / Pois se eu ganho a moça eu tenho o meu castigo

Se ela faz com ele vai fazer comigo / Se eu ganho a moça eu tenho o meu castigo / Se ela faz com ele vai fazer comigo / E vai fazer comigo exatamente igual / Ela é uma morena sensacional / Digna de um crime passional / E eu não quero ser manchete de jornal

Será que essa gente percebeu que essa morena desse amigo meu / Tá me dando bola tão descontraída / Só que eu não quero que essa gente diga / Esse camarada se androginou / A moça deu bola a ele e ele nem ligou / Esse camarada se androginou / A moça deu bola a ele e ele nem ligou

Será que essa gente percebeu que essa morena desse amigo meu / Tá me dando bola tão descontraída / Só que eu não vou em bola dividida / Pois se eu ganho a moça eu tenho o meu castigo

Se ela faz com ele vai fazer comigo / E vai fazer comigo exatamente igual / Ela é uma morena sensacional / Digna de um crime passional / E eu não quero ser manchete de jornal

Por isso que eu pergunto assim: / Será que essa gente percebeu que essa morena desse amigo meu

Tá me dando bola tão descontraída / Só que eu não quero que essa gente diga / Esse camarada se androginou / A moça deu bola a ele e ele nem ligou / Esse camarada se androginou / A moça deu bola a ele e ele nem ligou / Esse camarada se androginou / A moça deu bola a ele e ele nem ligou

Zeca Baleiro – *Bola dividida*.

ANENCEFALIA [*ver tb. feto anencéfalo, nascituro, natimorto*] – Do grego *an*, sem, *enkephalos*, encéfalo. É uma desordem genética causando o desenvolvimento incompleto do tubo neural, que é o responsável pela formação do sistema nervoso central: cérebro, medula espinhal, e/ou os seus revestimentos protetores, caracterizada, assim, pela ausência parcial do encéfalo e da calota craniana. É uma deformação fetal incompatível com a vida. Bebês com anencefalia têm expectativa de vida muito curta, embora não se possa estabelecer com precisão o tempo de vida que terão fora do útero. A ocorrência da anencefalia não está ligada a uma causa específica, trata-se de um defeito multifatorial. O diagnóstico da anencefalia pode ser feito a partir do terceiro mês de gestação (entre a décima segunda e a décima quinta semana), por meio de ultrassonografias.

A condição de titular de direitos da personalidade dos fetos anencéfalos divide-se em duas correntes de pensamento: a primeira delas concede todos os direitos civis aos quais um feto normal tem acesso. Defendida pelos religiosos que condenam o aborto, pregam que toda vida, mesmo as não viáveis, deve ser protegida; a segunda, entende que os anencéfalos não podem ser sujeitos de direito, baseando na inexistência de vida humana e na ocorrência de morte certa, e vida inviável. O feto anencefálico não teria direito à proteção estatal e não adquiriria direitos de humanidade mesmo com o nascimento, pois de acordo com a Lei de Transplantes (Art. 3º, Lei nº 9.434/97), dá-se o falecimento com a morte encefálica, e o feto portador de anencefalia apresenta situação análoga à do morto encefálico. A Resolução nº 1.752, de 13/09/2004, diz que os anencéfalos são "natimortos cerebrais". O STF, por meio do julgamento da ADPF 54, sintetizou que mostra-se inconstitucional interpretação de a interrupção da gravidez de feto anencéfalo ser conduta tipificada nos arts. 124, 126 e 128, incisos I e II, do Código Penal. Portanto, autorizou a antecipação terapêutica do parto, nos casos de anencefalia sem que se constitua crime.

A

DISPOSITIVOS NORMATIVOS

CFM Resolução nº 1.989/12 – Dispõe sobre o diagnóstico de anencefalia para a antecipação terapêutica do parto.

JURISPRUDÊNCIA

(...) A mulher, portanto, deve ser tratada como um fim em si mesma, e não, sob uma perspectiva utilitarista, como instrumento para geração de órgãos e posterior doação. Ainda que os órgãos de anencéfalos fossem necessários para salvar vidas alheias – premissa que não se confirma, como se verá –, não se poderia compeli-la, com fundamento na solidariedade, a levar adiante a gestação, impondo-lhe sofrimentos de toda ordem. Caso contrário, ela estaria sendo vista como simples objeto, em violação à condição de humana (STF, ADPF nº 54, Rel. Min. Marco Aurélio, publ. 30/04/2013).

ANIMUS MARITALIS [*ver tb. afectio maritalis, esposa, marido, posse do estado de casado*] – Do latim *animus*, vontade, e *maritalis, maritus*, marido. É a manifestação do desejo de viver como se casado fosse. Expressão do Direito Romano que representava o requisito universal das uniões. Criou-se esse requisito neutro uma vez que nem todas as comunidades da época apresentavam as mesmas exigências e rituais para o casamento, o que possibilitava identificar uma união mesmo que ela não estivesse sujeita às leis daquela comunidade. No Direito brasileiro, para reconhecimento da união estável é imprescindível a prova de convivência duradoura entre duas pessoas, com *animus maritalis*, isto é, a intenção de constituir família.

ANTECIPAÇÃO DA LEGÍTIMA – Ver adiantamento da legítima.

ANTECIPAÇÃO DE TUTELA [*ver tb. fumus boni iuris, periculum in mora, tutela antecipada*] – É uma regra de natureza processual que autoriza antecipar efeitos da sentença, quando há urgência e necessidade. Os pedidos de antecipação de tutela, seja em procedimentos ordinários ou cautelares, é de grande uso e valia para o Direito de Família. Em linguagem técnica processual é possível antecipação da tutela quando há verossimilhança da alegação e fundado receio do dano irreparável caso não seja concedido de imediato o pedido. O CPC/2015 utilizou a expressão tutela de urgência, e em seu art. 300 estabeleceu que ela será concedida quando houver elementos que evidenciem a probabilidade do direito e o perigo de dano ou o risco ao resultado útil do processo. *A tutela provisória de urgência pressupõe, também, a existência de elementos que evidenciem o perigo que a demora no oferecimento da prestação jurisdicional (periculum in mora) representa para a efetividade da jurisdição e a eficaz realização do direito. O perigo da demora é definido pelo legislador como o perigo que a demora processual representa de "dano ou risco ao resultado útil do processo" (Art. 300, CPC). O que justifica a tutela provisória de urgência é aquele perigo de dano: i) concreto (certo), e não hipotético ou eventual, decorrente de mero temor subjetivo da parte; ii) atual, que está na iminência de ocorrer, ou esteja acontecendo; e, enfim, iii) grave, que seja de grande ou média intensidade e tenha aptidão para prejudicar ou impedir a fruição do direito. Além de tudo, o dano deve ser irreparável ou de difícil reparação. Dano irreparável é aquele cujas consequências são irreversíveis. Dano de difícil reparação é aquele que provavelmente não será ressarcido, seja porque as condições financeiras do réu autorizam supor que não será compensado ou restabelecido, seja porque, por sua própria natureza, é* complexa sua individualização ou quantificação precisa – ex.: dano decorrente de desvio de clientela. Enfim, o deferimento da tutela provisória somente se justifica quando não for possível aguardar pelo término do processo para entregar a tutela jurisdicional, porque a demora do processo pode causar a parte um dano irreversível ou de difícil reparação" (DIDIER JR., Fredie; BRAGA, Paula Sarno; OLIVEIRA. Rafael Alexandria de. *Curso de direito processual civil:* teoria da prova, direito probatório, decisão, precedente, coisa julgada e tutela provisória. 10. ed. Salvador: JusPodivm, 2015, v. 2. Por serem situações emergenciais e de perigo, não se pode dogmatizar a distinção entre medida cautelar e medida antecipatória, porque a verdadeira função de quem aplica a lei é combater os efeitos deletérios do tempo em questões que envolviam perigo de dano grave e de difícil reparação. Tecnicamente é possível distinguir-se, com certo rigor, o terreno da medida cautelar e o da medida que antecipa efeitos da sentença buscada em juízo pelo demandante. Haverá, contudo, na ordem prática, muitas situações fronteiriças, que colocarão partes e juízes em sérias dificuldades para classificar a medida num ou noutro dos segmentos da tutela de prevenção. É que a vida é muito mais rica que a imaginação do legislador e, por isso, não se submete docilmente às suas previsões normativas. Nenhuma regra jurídica pode ser imposta e acatada de maneira rígida, ou inflexível. Em direito, tudo é relativo, e se governa mais pela lógica do razoável do que pela lógica do formal (THEODORO JÚNIOR, Humberto. *Curso de direito processual civil.* Rio de Janeiro: Forense, 2004, p. 341-342).

JURISPRUDÊNCIA

(...) A antecipação da tutela de urgência pressupõe a demonstração dos pressupostos insculpidos no art. 300 do CPC/2015. Situação dos autos em que o acolhimento do pedido da tutela de urgência depende de um exame mais acurado da responsabilidade da parte demandada, através de outros elementos de prova, o que não permite no estágio atual do processo, em fase de exame inicial, sem que ainda tenha sido contestado o feito, não prejudicando eventual renovação da pretensão, que pode ser alcançada a qualquer momento do processo. Ausência dos pressupostos do art. 300 do CPC/2015 a autorizar o deferimento da tutela pretendida. Precedentes jurisprudenciais. *Negado seguimento ao recurso* (TJRS, Agravo de Instrumento 70069535631, Rel. Tasso Caubi Soares Delabary, 9ª Câmara Cível, julgado em 19/05/2016).

ANTENUPCIAL – Ver pacto antenupcial.

ANUÊNCIA DO CÔNJUGE – Ver outorga uxória.

ANULAÇÃO DE TESTAMENTO [*ver tb. nulidade de testamento*] – É a decisão judicial, que reconhece a existência de vício na manifestação de vontade do testador, e declara a anulação do testamento ou de parte dele, seja em razão da incapacidade do testador à época da sua elaboração, seja em virtude da ocorrência de algum dos vícios da vontade (erro, dolo, coação).

O prazo para requerer a anulação das cláusulas eivadas por erro, dolo ou coação é de 4 (quatro) anos, contados da data do conhecimento do vício pelo interessado (Art. 1.909, CCB). Para requerer a anulação do testamento em razão da incapacidade do testador à época, o prazo é de 5 (cinco) cinco anos (Art. 1.859, CCB).

ANULATÓRIA DE FILIAÇÃO – Ver impugnação de filiação.

A

APADRINHAMENTO [*ver tb. padrinho, padrasto, madrasta, madrinha*] – É o ato de apadrinhar, isto é, tornar-se padrinho, aquele que protege ou assiste alguém. Do latim *patrinus*, diminutivo de *pater*, pai. Na linguagem comum, padrinho designa também a testemunha de um casamento. Tem também o sentido de patrocinador. No sentido religioso, tem o significado de padrinho do casamento, padrinho de batismo, padrinho de crisma. Aquele que se apadrinha é o afilhado. Para o Direito Canônico, padrinho e afilhado estabelecem uma relação espiritual e um certo compromisso de cuidado do padrinho com seu afilhado, ocupando um lugar de pai substituto ou suplementar. É neste sentido que nasce no Direito de Família brasileiro, o instituto do apadrinhamento, a exemplo do que já existe no ordenamento jurídico português, instituído pela Lei nº 103/09, e depois alterada pela Lei nº 121/10, que definiu como sendo *uma relação jurídica, tendencialmente de caráter permanente, entre uma criança ou jovem e uma pessoa singular ou uma família que exerça os poderes e deveres próprios dos pais e que com ele estabeleçam vínculos afetivos que permitam o seu bem-estar e desenvolvimento, constituída por homologação ou decisão judicial e sujeita a registro civil* (Art. 2º).

Embora não exista no sistema jurídico brasileiro, regulamentação em regras específicas sobre o apadrinhamento civil ou afetivo, os princípios constitucionais do melhor interesse da criança e do adolescente, associados aos princípios da dignidade da pessoa humana, da solidariedade, da responsabilidade, autorizam essa saudável prática de amparo e proteção às crianças que foram abandonadas, estão em orfanatos, ou casas de acolhimento ou abrigo e não encontraram pais adotantes, ou mesmo por não se tratar de casos de adoção.

O apadrinhamento tem sido incentivado pelos abrigos, casas de acolhimento e Ministério Público e consiste em um adulto responsabilizar-se pela ajuda na criação e educação, e muitas vezes convivência, de crianças necessitadas, disponíveis para adoção ou não. O apadrinhamento não gera nenhuma obrigação jurídica de alimentos ou sucessões, mas tão somente o dever de cuidado que o próprio "Padrinho" se incumbe durante o período que ele se dispôs a apadrinhar. A Lei nº 13.509/2017 fez alterações no ECA, acrescentando o artigo 19 B:. *A criança e o adolescente em programa de acolhimento institucional ou familiar poderão participar de programa de apadrinhamento. § 1º O apadrinhamento consiste em estabelecer e proporcionar à criança e ao adolescente vínculos externos à instituição para fins de convivência familiar e comunitária e colaboração com o seu desenvolvimento nos aspectos social, moral, físico, cognitivo, educacional e financeiro. Podem ser padrinhos ou madrinhas pessoas maiores de 18 (dezoito) anos não inscritas nos cadastros de adoção, desde que cumpram os requisitos exigidos pelo programa de apadrinhamento de que fazem parte. Além dessa possibilidade, pessoas jurídicas podem apadrinhar criança ou adolescente a fim de colaborar para o seu desenvolvimento.*

DISPOSITIVOS NORMATIVOS

CR – Art. 227

Lei nº 8.069/90 – Estatuto da Criança e do Adolescente – Arts. 3º, 4º, 5º, 19 a 24, 28, 33 a 35.

Lei 13.509/2017.

JURISPRUDÊNCIA

(...) Sob essa perspectiva, o cuidado, na lição de Leonardo Boff, representa uma atitude de ocupação, preocupação, responsabilização e envolvimento com o outro; entra na natureza e na constituição do ser humano. O modo de ser cuidado revela de maneira concreta como é o ser humano. Sem cuidado ele deixa de ser humano. Se não receber cuidado desde o nascimento até a morte, o ser humano desestrutura-se, definha, perde sentido e morre. Se, ao largo da vida, não fizer com cuidado tudo o que empreender, acabará por prejudicar a si mesmo por destruir o que estiver à sua volta. Por isso o cuidado deve ser entendido na linha da essência humana? (*apud* Pereira, Tânia da Silva. *Op. cit.* p. 58) (REsp 1106637 SP, Rel.ª Min.ª Nancy Andrighi, 3ª T – STJ. publ. 01/07/2010).

APELIDO [*ver tb. cognome, nome, patronímico*] – É o alcunha da pessoa, isto é, o nome vulgar pelo qual é conhecido. Quando incorporado oficialmente ao nome denomina-se cognome. Exemplo: Xuxa é o cognome da Maria da Graça Xuxa Meneghel. Apelido tem também o sentido de nome de família, herdado dos pais, que tem a função de distinguir as famílias entre si e individualizar os sujeitos, isto é, ajudar em seu identificação. É o mesmo que sobrenome, patronímico. Na expressão do revogado CCB 1916: *A mulher poderá acrescer ao seus os apelidos do marido* (Art. 240, parágrafo único).

No CCB de 2002, a expressão apelido foi substituída por sobrenome, mas traz o mesmo sentido: *Qualquer dos nubentes, querendo, poderá acrescer ao seu o sobrenome do outro* (Art. 1.565, § 1º). Na união estável, é possível também fazer tal alteração, isto é, acrescer ao nome o sobrenome do outro companheiro, mas tal mudança deve ser por meio de processo judicial.

JURISPRUDÊNCIA

(...) Após as alterações promovidas no Código Civil em 2002, a norma do art. 57, § 3º, da Lei de Registros Públicos, deve ser interpretada em consonância com o art. 1.723, daquele diploma legal, prescindindo-se de transcurso temporal para a inclusão de sobrenome do companheiro, quando comprovada a união estável e a anuência deste. (Ap. Cível nº 1.0024.09.728447-5/001, Rel. Des. Antônio Sérvulo, 6ª CC – TJMG. j. 17/08/2010).

APRESTOS [*ver tb. regime da comunhão universal*] – Designa os preparativos necessários para a realização de um ato ou execução de uma iniciativa. Para o Direito de Família, entende-se tudo aquilo que se gastou com os preparativos para o casamento, tais como despesas com a festa, habilitação para o casamento. A responsabilidade dos encargos é de ambos os nubentes, se não se estipular o contrário, independentemente do regime de bens (Arts. 1.659, III, 1.668, III, CCB).

AQUESTOS [*ver tb. regime da participação final nos aquestos, bens parafernais*] – São os bens adquiridos na constância do casamento, por um ou por ambos, que passam a integrar o patrimônio comum. Embora originalmente a expressão se referisse ao casamento, aquestos devem ser entendidos também como bens adquiridos na constância da união estável.

AQUINHOAR – Destinar a alguém fração proveniente de partilha.

AQUISIÇÃO A TÍTULO GRATUITO

[*ver tb. aquisição a título oneroso*] – É o que se adquire sem qualquer ônus por parte do beneficiado, e vem como ato de generosidade, gratidão ou gratificação. Contrapõe-se às aquisições a título oneroso. A doação, usufruto e herança são exemplos de aquisição a título gratuito. Os bens adquiridos a título gratuito não entram no regime da comunhão parcial de bens, apenas os adquiridos a título oneroso (Art. 1.659, CCB).

AQUISIÇÃO A TÍTULO ONEROSO [*ver tb. aquisição a título gratuito*] – É o que se adquire mediante contrato de obrigações recíprocas. A compra e venda, troca, enfiteuse, locação são exemplos de aquisição a título oneroso e contrapõem-se às aquisições a título gratuito, importantes para a eleição dos regimes de bens. Por exemplo, no regime de comunhão parcial de bens as aquisições a título oneroso entram na comunhão, e, portanto, são partilháveis (Art. 1.660, I, CCB). A companheira(o) participa da sucessão hereditária do outro somente dos bens adquiridos onerosamente na constância da união estável (Art. 1.790, CCB – vide Recurso Extraordinário 646.721 e Recurso Extraordinário 878.694).

AQUISIÇÃO *CAUSA MORTIS* [*ver tb. aquisição inter vivos*] – É a que se dá em razão da morte, isto é, da sucessão hereditária: *aberta a sucessão, a herança transmite-se, desde logo, aos herdeiros legítimos e testamentários* (Art. 1.784, CCB).

AQUISIÇÃO DA HERANÇA [*ver tb. princípio de saisine*] – Expressão utilizada para designar a transmissão imediata do acervo hereditário aos sucessores. É a investidura do herdeiro na sucessão do de cujus, isto é, quando a herança começou a estar no patrimônio do herdeiro (ITABAIANA DE OLIVEIRA, Arthur Vasco. *Tratado de direito das sucessões*. 3. ed. Rio de Janeiro: Livraria Jacinto, 1936. v. I, p. 70).

AQUISIÇÃO DE LEGADO [*ver tb. legado*] – É a aquisição de bens, direitos e obrigações por meio de legado, isto é, deixado em disposição de última vontade, seja testamento ou codicilo.

AQUISIÇÃO *INTER VIVOS* [*ver tb. aquisição causa mortis*] – São os diversos modos de se adquirir bens, direitos e propriedades por meio de ato entre o adquirente e o alienante. Diferencia-se da aquisição *causa mortis* que se dá pela sucessão hereditária.

ARBITRAGEM [*ver tb. conciliação, mediação*] – É um meio alternativo de resolução de conflitos, em que se nomeia um terceiro para solução da controvérsia de direitos patrimoniais disponíveis. A Lei nº 9.307/96, que dispõe sobre a arbitragem, prevê que *as pessoas capazes de contratar poderão valer-se da arbitragem para dirimir litígios relativos a direitos patrimoniais disponíveis* (Art. 1º). É possível aplicação da arbitragem no Direito de Família e Sucessões, mas limitada aos aspectos patrimoniais entre maiores e capazes (Art. 852, CCB). *Inexiste óbice legal, tanto no direito de família, como na legislação sobre a arbitragem para a utilização deste expediente na solução dos conflitos (arbitrariedade objetiva), sempre no pressuposto de ser verificar a capacidade das partes (arbitrariedade subjetiva)* (CAHALI, Francisco José. *Curso de arbitragem*. São Paulo: Revista dos Tribunais, 2011. p. 346).

A arbitragem é ato extrajudicial e suas decisões vinculam as partes, sendo causa da extinção do processo sem resolução de mérito. Também é possível a utilização da arbitragem, nos casos de alimentos entre maiores e capazes.

O CPC/2015, no seu art. 3º, prevê que a conciliação, a mediação e outros métodos de solução consensual de conflitos deverão ser estimulados por juízes, advogados, defensores públicos e membros do Ministério Público, inclusive no curso do processo judicial. A arbitragem, regulamentada pela Lei nº 9.307/96, com atualizações da Lei nº 13.129/2015, e previsão no art. 237, IV, do CPC/2015 diz que será expedida a carta arbitral, para que órgão do Poder Judiciário pratique ou determine o cumprimento, na área de sua competência territorial, de ato objeto de pedido de cooperação judiciária formulado por juízo arbitral, inclusive os que importem efetivação de tutela provisória. O CPC/2015 também prevê no art. 485, VII que o juiz não resolverá o mérito, quando acolher a alegação de existência de convenção de arbitragem ou quando o juízo arbitral reconhecer sua competência, tendo em vista a autonomia da vontade e a liberdade contratual.

DISPOSITIVOS NORMATIVOS

CCB – Arts. 104, 851, 852, 2.015.

Lei nº 9.307/96 – Dispõe sobre a arbitragem.

Lei nº 11.441/07 – Possibilita a realização de inventário, partilha, separação consensual e divórcio consensual por via administrativa.

Súmula 485 do STJ.

JURISPRUDÊNCIA

(...) Se por autonomia da vontade as partes expressamente firmaram cláusula contratual prevendo a arbitragem como método alternativo de solução de conflitos, só depois de buscar sem sucesso essa via é que podem se socorrer do Poder Judiciário (TJMT, Ap 19622/2017, Des. Rubens de Oliveira Santos Filho, 6ª CC, julg. 29/03/2017, *DJE* 03/04/2017).

A ROGO – Expressão equivalente a "por alguém" ou "a pedido" de outrem. Na linguagem jurídica e comercial, é utilizada para designar o ato de redigir ou assinar documento por um terceiro no lugar de quem não pode ou não sabe fazê-lo, portanto, a seu pedido, ou seja, a seu rogo escreve ou assina por ele. O ato a rogo pode decorrer de uma situação momentânea, provisória, ou em razão de o pretenso signatário não saber escrever. Neste caso, é necessária a assinatura de duas testemunhas, além da assinatura de quem assina por ele: *No contrato de prestação de serviço, quando qualquer das partes não souber ler, nem escrever, o instrumento poderá ser assinado a rogo e subscrito por duas testemunhas* (Art. 595, CCB). Se o ato ou negócio jurídico exigir a forma pública, mesmo assim será exigida a presença de duas testemunhas.

No Direito Sucessório, é possível a assinatura a rogo somente na modalidade de testamento público, no qual o instrumento é redigido pelo tabelião, manualmente ou mecanicamente, e *Se o testador não souber, ou não puder assinar, o tabelião ou seu substituto legal assim o declarará, assinando, neste caso, pelo testador, e, a seu rogo, uma das testemunhas instrumentárias* (Art. 1.865, CCB). No testamento cerrado, em regra redigido pelo testador, não sabendo ou não podendo escrever, cabe ao tabelião redigir a rogo o testamento, mas é indispensável que o instrumento seja assinado pelo próprio testador (Art. 1.868, CCB), isto é, para essa modalidade de testamento não é necessário que o testador saiba escrever, mas é indispensável que saiba pelo menos assinar.

Para atos específicos do Direito de Família, tais como divórcio, pacto antenupcial,

A

contrato de união estável é possível também a assinatura a rogo: *Serão quatro as testemunhas na hipótese do parágrafo anterior e se algum dos contraentes não souber ou não puder escrever* (Art. 1.534, § 2º, CCB).

ARRAS ESPONSALÍCIAS [*ver tb. esponsais*] – Expressão originária do vocabulário grego, e depois no romano, introduzida pelos fenícios, significa uma garantia ou penhor nos negócios e contratos, bem como para os esponsais. Em outras palavras, era uma promessa de entrega de determinados bens, pelo marido à mulher, em caso desta lhe sobreviver, por meio do pacto antenupcial no regime dotal de casamento. Mesmo antes da vigência do Código Civil de 2002, que aboliu a expressão regime dotal de bens. A expressão arras esponsalícias e o próprio regime dotal já haviam caído em desuso, tornando-se reminiscência histórica e sem nenhum uso ou utilidade prática no atual Direito de Família.

JURISPRUDÊNCIA

(...) E, ainda que as partes realmente estivessem noivas, não há como imputar a alguém o dever de indenizar a outra parte pelo término de um relacionamento, afinal, amores desfeitos e corações partidos são aborrecimentos comuns, pelos quais quase todas as pessoas passam, e não geram dever de indenizar. (...) Essa promessa era conhecida dos romanos pelo nome de *sponsalia* (*esponsais*), e, além de solene, gerava efeitos. Havia uma espécie de sinal ou arras esponsalícias, que o noivo perdia, ou até pagava em triplo ou em quádruplo, se desmanchasse o noivado injustificadamente. Vestígios dessa legislação ainda eram encontrados nas Ordenações do Reino, que vigoravam no Brasil no período da pré-codificação. O instituto dos esponsais, entretanto, não foi regulamentado pelo Código Civil de 1916 e desapareceu de nosso direito positivo, tornando-se inadmissível a propositura de ação tendente a compelir o noivo arrependido ao cumprimento da promessa de casamento. É princípio de ordem pública que qualquer dos noivos tem a liberdade de se casar ou de se arrepender. O consentimento deve ser manifestado livremente e ninguém pode ser obrigado a se casar. O arrependimento, portanto, pode ser manifestado até o instante da celebração. (Ap. Cível nº 2008.007322-7, Rel. Des. Subst. Stanley da Silva Braga, 6ª CC – TJSC. j. 08/09/2011).

ARRESTO [*ver tb. arresto de bens, sequestro, medida cautelar*] – É a apreensão judicial de bens do devedor para garantia da dívida líquida e certa, cuja cobrança se promove em juízo. O arresto tem lugar quando o devedor sem domicílio certo intenta ausentar-se ou alienar seus bens, deixando de pagar a obrigação no prazo estipulado; contrai ou tenta contrair dívidas extraordinárias; põe ou tenta pôr os seus bens em nome de terceiros; ou comete outro qualquer artifício fraudulento, a fim de frustrar a execução ou lesar credores. Não é necessária a justificação prévia quando se trata de requerimento feito pela União, Estado ou Município ou se houver caução prestada pelo credor. Cessa o arresto pelo pagamento, novação ou pela transação. Essa medida é o meio para resguardar o cumprimento das obrigações, evitando ou reduzindo a lesão aos credores. O arresto executivo, antes previsto no art. 653 do CPC/73, atualmente encontra amparo no art. 830 do CPC/2015, prevendo que *a tutela de urgência de natureza cautelar pode ser efetivada mediante* arresto, *sequestro, arrolamento de bens, registro de protesto contra alienação de bem e qualquer outra medida idônea para asseguração do direito.*

JURISPRUDÊNCIA

(...) Configurados os requisitos do art. 300 do CPC/2015, é admissível ao MM. Juízo da causa deferir a tutela de urgência, conservativa ou satisfativa, adequada para garantir o resultado útil do processo, em razão do poder geral de prevenção, instituídos pelos arts. 297 e 301 do CPC/2015, cuja efetivação observará as normas referentes ao cumprimento provisório de sentença, nos termos do § único do art. 297 do CPC/2015, ainda que requerida como incidente processual, como autoriza o § único do art. 294, antes mesmo da citação dos réus no incidente de desconsideração da personalidade jurídica, previsto no art. 133 e seguintes do CPC/2015, sendo, a propósito, relevante salientar que o inciso VIII do art. 799 do CPC/2015, norma essa aplicável também ao cumprimento provisório de sentença de obrigação de pagar (CPC/2015, arts. 513 e 527), é expresso ao conceder ao exequente a faculdade de pleitear as medidas de urgência, dentre elas, em execução por quantia certa, o arresto *online*, desde que a medida seja necessária para garantir futura penhora, a ser realizada, por conversão, após a competente citação do devedor. (...) (TJSP, AI 21908051720168260000/SP 2190805-17.2016.8.26.0000, Rel. Des. Rebello Pinho, 20ª Câmara Cível, publ. 07/12/2016).

ARRIMO DE FAMÍLIA – Genericamente arrimo significa amparo, proteção. Muro de arrimo é o que se faz para ajudar a dar sustento a um terreno mais alto e evitar que ele desmorone. No âmbito jurídico, tem o sentido de amparo, auxílio a alguém. Arrimo de família é, pois, aquele que sustenta a família.

ARROLAMENTO DE BENS [*ver tb. fumus boni iuris, periculum in mora*] – É o ato de fazer o rol de bens, isto é, arrolar, descrever. Em Direito das Sucessões, é a descrição dos bens em processo de inventário para serem partilhados entre os herdeiros e legatários, mas na linguagem forense é uma medida processual acautelatória destinada a conservar o patrimônio que se encontra em perigo de extravio ou dissipação de bens. Muito utilizada em processos de dissolução

conjugal, para conservação dos bens objeto do litígio e garantia de futura partilha. O art. 301 do CPC/2015 enumerou as hipóteses de medidas a serem tomadas para que seja assegurada a tutela. Dentre elas, estão o arresto, o sequestro, o arrolamento de bens e o registro de protesto, como segue: "*a tutela antecipada poderá ser efetivada mediante arresto, sequestro, arrolamento de bens, registro de protesto contra alienação de bem e qualquer outra medida idônea para asseguração do direito*". O STJ já firmou entendimento que não é necessário pagamento prévio do imposto de transmissão, para casos de simples adjudicação, como se vê: *No arrolamento sumário, a homologação da partilha ou da adjudicação, bem como a expedição do formal de partilha e da carta de adjudicação, não se condiciona ao prévio recolhimento do ITCMD, devendo ser comprovado, todavia, o pagamento dos tributos relativos aos bens do espólio e as suas rendas, a teor dos artigos 659, parágrafo 2 do CPC e 192 do CTN. (STJ, REsp 1.896.526/REsp 2.027.972, 1ª Seção, Dje 28/10/2022).*

ÁRVORE GENEALÓGICA [*ver tb. ancestralidade, genealogia, linhagem, parentesco, parentesco*] – É a representação gráfica da descendência de uma família, a partir de um tronco comum, ou seja, é demonstração da genealogia mostrando as conexões familiares. Também chamada de árvore de parentesco, árvore de geração e árvore de costados. O nome se dá pelo fato da semelhança com o ramificar das árvores, cujo tronco é o parâmetro do qual as ramificações se bifurcam para formar a copa.

A genealogia da família, em razão da pluralidade e diversidade dos arranjos familiares está cada vez mais complexa, como

bem pontua o jornalista e intelectual mineiro, João Paulo Cunha: *A árvore genealógica hoje tem mais galhos e eles são cada vez mais intrincados. Com isso, os laços de parentesco, por si sós, não são garantia de nada. Como dizia Bernard Shaw, ninguém é melhor por ter nascido em determinado país ou família. O nacionalismo doentio, como o familialismo, é deturpação do valor verdadeiro. Amor não tem genética nem latitude. Ainda que o ambiente de afeto possa ser a estufa de bons sentimentos, ninguém garante que ela vai ser aquecida pelos ares da convenção* (CUNHA, João Paulo. Quanto menos família melhor. *Boletim IBDFAM* nº 24, p. 5 jan./fev. 2014).

LINGUAGEM POÉTICA

Passarinho Cantando

Cogos, cabindas, angolas, /

também de Cacheo e de Bissao, / Maranhão, Pernambuco, Pará / Fernando Pó, São Tomé, Ano Bom, / Serra Leoa, Serra Leoa, Serra Leoa! / Cabo Verde, Moçambique, / duas cozinheiras, três belas mucamas, óleo de coco, / (o boto também gosta de teu sangue Sudão). / Senhor Manuel Teixeira dos Santos / vem de redingote, suíças e procuração. / Ana Maria doceira de meu pai / amancebou-se com o alferes; / na segunda geração: / nem culatronas, nem pés apalhetados, / nem panos-da-costa, nem figas, nem aluá. / Na terceira nasceu Maricota, filha-de-santo. / checheré, rainha suicidou-se com fogo. / Deixou uma filha sagrada com água benta, / fechada com mandinga, branca, casada, com chácara. / Há na sua pele três estrelas marinhas, duas estrelas-d'alva, / a Lua, a Água-viva, a Fome de abraços. / Há no seu sangue: / três moças fugidas, dois cangaceiros, /

um pai-de-terreiro, dois malandros, um maquinista, / dois estourados. / Nasceu uma índia, / uma brasileira, / uma de olhos azuis, / uma primeira comunhão, / uma que deu seus cachos ao Senhor da Paixão, / uma que tinha ataques / uma que foi ser freira, / uma que nasceu em Londres e é parenta do Rei. / O passarinho ficou órfão / cantando, catando penas só.

(LIMA, Jorge de. *Poesias completas*. Rio de Janeiro; Brasília: J. Aguilar; INL, 1974. v. 1, p. 169).

ILUSTRAÇÃO

Sabrina Ferrari. P. 84.

ASCENDENTE [*ver tb. ancestralidade, classe de herdeiros, classificação de herdeiro, parentesco*] – É o antepassado ou ancestral de alguém. A pessoa de quem outra procede, em linha reta. Tal vínculo pode ser decorrente de consanguinidade, adoção ou socioafetivo reconhecido por decisão judicial (Art. 1.593, CCB). Os ascendentes são os pais, avós, bisavós etc., classificados como herdeiros necessários do autor da herança.

LINGUAGEM LITERÁRIA

"'vo, kd vc?????????'

'Estou aqui, Bê. Dei uma desconectada, mas já estou de volta.'

'Se liga ar, vo! Vc tem muito chaum pela frente. Num vai vazar assim facinho naum. Kero vc aki. rs.'

'Qualquer dia vou ter que pedir aulas particulares para entender o que você escreve! Pobre Camões, deve se revirar no túmulo!'

Como um Cahmpollim, vou tentando decifrar os códigos dessa nova Rosetta.

'po, vo. liga a cam e o mic ae, kero v vc. bora, eh rapidinhu.'

Bernardo me convida. Eu aceito. Logo já estamos rindo diante de nossas câmaras. Homem quase feito, me manda beijo e dá adeus feito menino. Sua voz sai nítida pelos alto-falantes e pelos cotovelos. Disfarço a emoção ao vê-lo e ouvi-lo assim. Filme de ficção científica. Não somos mais de carne e osso. Somos imagens de luz que se comunicam. E o universo me parece simples e fácil como número de mágica que fascina."

(AZEVEDO, Francisco. *O arroz de palma*. Rio de Janeiro: Record, 2008. p. 92).

ASSEXUAL *[ver tb alossexual, demissexual, desejo, sexualidade]* – É a pessoa que não tem interesse na prática sexual com outrem, independente de orientação sexual e de gênero. Não se trata de abstinência, desequilíbrio hormonal ou falta de libido. Os assexuais reivindicam uma "identidade assexual" como um estilo de vida, que é caracterizada pela ausência de impulsos sexuais, e assim nem os reprimem e muito menos o sublimam. Portanto, não se trata de uma escolha, mas de uma condição e de uma tendência natural (MUNÁRRIZ, Luís Alvarez. A identidade Assexual. In: BEZERRA, Paulo Victor (Org.). *Assexualidade*: subjetividades emergentes no século XXI. Londrina: EDUEL, 2019, p. 51).

A assexualidade não é uma patologia. Os assexuais não são anormais, antissexuais, impotentes, insatisfeitos sexualmente etc. O sexo simplesmente não os interessa, e vivem bem assim. Entretanto, sentem-se estigmatizados e rejeitados pela sociedade, que geralmente os rotula de doentes e anormais. É diferente do celibatário, que faz uma escolha ativa de abster-se da prática sexual por razões pessoais.

A partir do ano 2000, no contexto das novas tecnologias de informação e comunicação, as pessoas autoidentificadas como assexuais ganharam visibilidade e legitimidade, com a rede americana de visibilidade e educação assexual AVEN (*The assexual visibility and Education Network*), proporcionando, assim, em vários países, inclusive no Brasil, a formação e encontro dessas comunidades, que reivindicam um lugar social sem estigmatizações. Com isto conquistaram a inclusão da letra A na sigla guarda-chuva das variantes e variáveis sexualidades, LGBTIAQ+. A assexualidade pode ser considerada "queer", uma vez que ela vem desestabilizar o regime sexual pautado no sexo, em detrimento de outras formas de relações.

Há um grande espectro de assexualidades, que podem variar em suas formas e intensidade, Podem ter baixo nível de desejo sexual, ou nenhuma atração. Ou seja, pode ser de forma parcial, condicional ou total. O leque é grande e variado. Inclui-se aí o demissexual; Frayssexual, a atração somente quando não há vínculo afetivo; Apotisexual, não sente atração em nenhuma circunstância e tem também repulsa ao sexo; sapiossexual, é aquele que só sente atração por pessoas baseadas em sua inteligência, ou seja, somente a inteligência pode despertar algum interesse ou atração sexual.

Assexuais se apaixonam, têm relacionamentos, constituem famílias e têm uma vida romântica e social como qualquer outra pessoa. Há casais que vivem uma vida a dois com fidelidade recíproca, respeito mútuo, amor intenso, mas sem prática sexual. Isto não significa que não

Caça-palavras

```
C A S A M E N T O   U N I Ã O   C       S E   N
P E L E     S A C A N A G E M     A     U S   O M
R A Z Ã O   A M A N T E A R     P R A Z E R Q   V O
O R G I A   D E S E J O N Ó   S W I N G   U U D O N
S E X O   O R G A S M O E G       C   A   B I E S O
T     S I N G U L A R   L E R O T I S M O A S S W G
I   L É S B I C A M I S I N H A R A R O   H I E I A
T O   M Z O N A S S E X U A L     S E R   E T J N M
U P   A M B Í G E N O     D E S E J O C T O O G I
T Ç C R S A T I S F A Ç Ã O     S A P A E M P O A
A Ã A I   P R E S E R V A T I V O C   R R A Ç Z
M O R D I D A S E S S E N T A E N O V E I Ô R Ã A O
A Ã I O   S E X U A L I D A D E L     C N I O R B
R I C     T R O C A G I L E T E H   I O D Ã A S
I G I N A N D R O E S P O S A   F A L T A M O I N E
D I A S S E X U A D O     W O X E S I R S O R G D R
O L S   P R E S E R V A T I V O     V I D A I I R V
  E I N S Ó L I T O   M E N T I R A R S     G L Ó A
  R A R O G O V I D A O R G A S M O E A     E E G D
T R O C A E D P U T A R I A M O R F O L     M R I O
    P A Z N E V I R G I N D A D E S C O L H A   N R
    C A M I S I N H A H E T E R O G Ê N E O O
```

tenha ali o desejo, ou seja, o elemento vitalizador ou desvitalizador da conjugalidade. A sexualidade, ali presente, apresenta-se em forma de assexualidade. Em outras palavras, a assexualidade faz parte do espectro da sexualidade.

O professor de Antropologia social, na Universidade de Múrcia, Espanha, Luís Alvarez Munárriz, afirma que "a identidade sexual nos encoraja a imaginar outros caminhos de vinculação e outras concepções de individualidade, para além das amarras do humanismo liberal, apontando para novas configurações do humano e novos significados de cidadania sexual" (*op. cit.*, p. 94). Este mesmo autor, parafraseando Woddy Allen, nos lembra do difícil limite entre o sexual e o não sexual: como traçar com segurança o limite entre afeição física e a interação sexual, intimidade sexual e não sexual, desejo sexual e não sexual, amigos e amantes/amados, relacionamento primário e secundário etc.

JURISPRUDÊNCIA

(...) Se determinada situação é possível ao extrato heterossexual da população brasileira, também o é à fração homossexual, assexual ou transexual, e todos os demais grupos representativos de minorias de qualquer natureza que são abraçados, em igualdade de condições, pelos mesmos direitos e se submetem, de igual forma, às restrições ou exigências da mesma lei, que deve, em homenagem ao princípio da igualdade, resguardar-se de quaisquer conteúdos discriminatórios" (STJ, REsp 1281093/SP , Rel. Min. Nancy Andrighi, 3ª Turma, j. 18/12/2012).

ILUSTRAÇÃO

Sérgio Lima, P. 87.

ASTREINTE – Do latim *stringere*, apertar compelir, pressionar. Significa pena pecuniária nas execuções cíveis. Em português seria constrição. É o procedimento coercitivo imposto ao devedor, consistindo em multa pecuniária fixada na sentença, ou despacho, relativa a obrigação de fazer ou deixar de fazer. O CPC de 1973 já previa essa multa pelo descumprimento da obrigação, mas foi no CPC/2015 que ganhou mais clareza. Em seu art. 497 prevê: *Na ação que tenha por objeto a prestação de fazer ou de não fazer, o juiz, se procedente o pedido, concederá a tutela específica ou determinará providências que assegurem a obtenção de tutela pelo resultado prático equivalente.* Além disso, o art. 536, § 1º, do CPC/2015 estabelece: *No cumprimento de sentença que reconheça a exigibilidade de obrigação de fazer ou de não fazer, o juiz poderá, de ofício ou a requerimento, para a efetivação da tutela específica ou a obtenção de tutela pelo resultado prático equivalente, determinar as medidas necessárias à satisfação do exequente. § 1º Para atender ao disposto no* caput, *o juiz poderá determinar, entre outras medidas, a imposição de multa, a busca e apreensão, a remoção de pessoas e coisas, o desfazimento de obras e o impedimento de atividade nociva, podendo, caso necessário, requisitar o auxílio de força policial* (grifamos). A súmula 410 do STJ prevê que "*A prévia intimação pessoal do devedor constitui condição necessária para a cobrança de multa pelo descumprimento de obrigação de fazer ou não fazer*".

É possível a aplicação de *astreintes*, para cumprimento de convivência familiar parental. "*O direito de visitas gera uma obrigação de fazer infungível, obrigação personalíssima, que deve ser cumprida pessoalmente. Nada impede que seja buscado o adimplemento, mediante aplicação da chamada astreinte: tutela inibitória, mediante a aplicação de multa diária. Nada mais do que um gravame pecuniário imposto ao devedor renitente para que honre o cumprimento de sua obrigação. Instrumento de pressão psicológica, verdadeira sanção, destinada a desestimular a resistência do obrigado, de modo que ele se sinta compelido a fazer o que está obrigado"* (DIAS, Maria Berenice. *Manual de direito das famílias*. 10. ed. rev., atual. e ampl. São Paulo: Revista do Tribunais, 2015, p. 539).

JURISPRUDÊNCIA

(...) O direito de visitação deve ser entendido como uma obrigação de fazer da guardiã de facilitar, assegurar e garantir, a convivência da filha com o não guardião, de modo que ele possa se encontrar com ela, manter e fortalecer os laços afetivos, e, assim, atender suas necessidades imateriais, dando cumprimento ao preceito constitucional. 5. A transação ou conciliação homologada judicialmente equipara-se ao julgamento de mérito da lide e tem valor de sentença, dando lugar, em caso de descumprimento, à execução de obrigação, podendo o juiz aplicar multa na recalcitrância emulativa. Precedente. 6. A aplicação das *astreintes* em hipótese de descumprimento do regime de visitas por parte do genitor, detentor da guarda da criança, se mostra um instrumento eficiente, e, também, menos drástico para o bom desenvolvimento da personalidade da criança, que merece proteção integral e sem limitações (...) (STJ, RESp 1.481.531/SP, Rel. Min. Moura Ribeiro, 3ª Turma, j. 16/02/2017).

ATA NOTARIAL – Em sentido genérico ata é o registro por escrito do que se passou em determinada reunião, assembleia ou solenidade, assinada por quem presidiu a sessão. Ata de audiência é o escrito que traduz o que aconteceu na sala de audiência, presidida pelo juiz ou seu representante. Ata notarial é a transcrição pelo notário de determinados fatos ou situação, produzindo um documento com a autenticidade e fé pública outor-

gada pelo tabelião para que sirva de elemento de prova para alguma situação ou processo judicial. *Aos notários compete: "(...) III – autenticar fatos". "Aos tabeliães de notas compete com exclusividade: (...) III – lavrar atas notariais"* (Lei nº 8.935/94. Arts. 6º e 7º). É uma espécie de escritura pública.

No Direito de Família, são comuns as lavraturas de atas notariais, como por exemplo, para dar mais autenticidade e validade a determinados conteúdos de páginas de internet, e redes sociais em que se demonstra ofensa, ameaça, traição, sinais exteriores de riqueza que demonstram possibilidade financeira do alimentante, bens ocultados em processo de partilha etc.

O CPC/1973 fazia discretas referências à Ata Notarial, nos arts. 332 e 364. O CPC/2015, em seu art. 384, prevê de forma expressa que *"a existência e o modo de existir de algum fato podem ser atestados ou documentados, a requerimento do interessado, mediante ata lavrada por tabelião"*. Inovou, também, acrescentando o parágrafo único ao referido art. 384: *"Dados representados por imagem ou som gravados em arquivos eletrônicos poderão constar da ata notarial"*.

DISPOSITIVOS NORMATIVOS

CPC/2015 – Art. 384.

ATESTADO DE ÓBITO – Ver certidão de óbito.

AUSÊNCIA [*ver tb. morte presumida, ausente, bens do ausente, sucessão provisória, sucessão definitiva*] – Do latim *absentia*, afastamento. Genericamente, é o fato da pessoa não estar em determinado local. Em sentido estrito, e na técnica jurídica, é a circunstância de alguém ter desaparecido de seu domicílio, sem deixar notícias, ou mandatário, deixando dúvidas de sua existência. É uma das hipóteses de morte presumida, pois traz a incerteza quanto à existência da pessoa. É necessário que seja declarada judicialmente. Uma vez declarada por sentença, nomeia-se um curador para a administração dos bens do ausente.

O período da ausência termina com a volta do ausente, ou com a presunção de sua morte e, neste caso, abre-se a sucessão provisória, se *decorrido um ano da ar-* *recadação dos bens do ausente, ou, se ele deixou representante ou procurador, em se passando três anos, poderão os interessados requerer que se declare a ausência e se abra provisoriamente a sucessão* (Art. 26, CCB).

Se o ausente aparecer após concluída a sucessão provisória, e ficar provado que a ausência foi voluntária e injustificada, ele retoma os bens, mas perde, em favor dos sucessores, sua parte nos frutos e rendimentos. A sucessão definitiva se dá após dez anos depois de passada em julgado a sentença que concede a abertura

da sucessão provisória ou se o ausente já tem oitenta anos de idade e a última notícia sobre ele já tem cinco anos (Arts. 37 e 38, CCB).

DISPOSITIVOS NORMATIVOS

CCB – Arts. 22 a 39.

JURISPRUDÊNCIA

(...) Apenas a regra do art. 37 do CC/2002 pressupõe a existência da sucessão provisória como condição para a abertura da sucessão definitiva, ao passo que a regra do art. 38 do CC/2002, por sua vez, é hipótese autônoma de abertura da sucessão definitiva, de forma direta e independentemente da existência, ou não, de sucessão provisória. 4 – A possibilidade de abertura da sucessão definitiva se presentes os requisitos do art. 38 do CC/2002 decorre do fato de ser absolutamente presumível a morte do autor da herança diante da presença, cumulativa, das circunstâncias legalmente instituídas – que teria o autor da herança 80 anos ao tempo do requerimento e que tenha ele desaparecido há pelo menos 05 anos. 5 – Conquanto a abertura da sucessão definitiva transmita a propriedade dos bens aos herdeiros, a regra do art. 39 do CC/2002 ainda preserva, por mais 10 anos, os virtuais interesses daquele cuja morte se presume, pois, havendo um improvável regresso, extinguir-se-á a propriedade pela condição resolutória consubstanciada no retorno do ausente. 6 – Hipótese em que o autor da herança possuiria, hoje, 81 anos de idade e está desaparecido há 21 anos, razão pela qual não há óbice à abertura da sucessão definitiva, nos moldes previstos no art. 38 do CC/2002. 7 – Recurso especial conhecido e provido (STJ, REsp 1924451/SP, Rel. Min. Nancy Andrighi, 3ª Turma, DJe 22/10/2021).

LINGUAGEM POÉTICA

Naquela mesa ele sentava sempre / E me dizia sempre o que é viver melhor / Naquela mesa ele contava histórias / Que hoje na memória eu guardo e sei de cor / Naquela mesa ele juntava gente / E contava contente o que fez de manhã

/ E nos seus olhos era tanto brilho / Que mais que seu filho / Eu fiquei seu fã

Eu não sabia que doía tanto / Uma mesa num canto, uma casa e um jardim / Se eu soubesse o quanto dói a vida / Essa dor tão doída não doía assim / Agora resta uma mesa na sala / E hoje ninguém mais fala do seu bandolim

Naquela mesa tá faltando ele / E a saudade dele tá doendo em mim / Naquela mesa tá faltando ele / E a saudade dele tá doendo em mim

(*Naquela mesa* – Letra e música de Sérgio Bittencourt).

ILUSTRAÇÃO

Marcos Hill. P. 90.

A

AUSENTE [*ver tb. sucessão provisória, sucessão definitiva, sucessão do ausente*] – É a pessoa que desapareceu do seu domicílio, sem dela haver notícia, se não houver deixado representante ou procurador a quem caiba administrar-lhe os bens. O juiz, a requerimento de qualquer interessado ou do Ministério Público, declarará a ausência, e nomear-lhe-á curador (Art. 22, CCB) para administrar os bens enquanto não se proceder à abertura da sucessão provisória.

AUTOALIENAÇÃO [*ver alienação parental, síndrome da alienação parental*] – É quando o próprio pai/mãe é o agente alienador ou melhor, quando o alienante é quem provocou tal alienação. Os casos mais comuns que ocasionam autoalienação podem ser aqui exemplificados: passar muito tempo sem ver/conviver com seu(s) filho(s), causando mágoas, e consequentemente rupturas psíquicas na relação; maus tratos ao(s) filho(s),- fazendo com que eles se afastem como forma de se defender; impor aos filhos de forma abrupta, sem respeitar o tempo da criança/adolescente a convivência com seu novo relacionamento amoroso, especialmente quando este relacionamento aparece como um dos motivos ensejadores da separação dos pais.

JURISPRUDÊNCIA

(...) Apreendido do contexto probatório que, ao invés de a genitora ter intercedido na formação da filha menor que ficara sob sua guarda com o propósito deliberado de nela ensejar a germinação de sentimentos de indiferença ou repulsa em relação ao genitor, a indiferença nutrida atualmente pela menor, já entrada na adolescência, em relação ao pai derivara precipuamente da conduta por ele assumida, pois sempre fora ausente dos eventos da vida da filha, transmudando o relacionamento entre pai e filha num fomento de litígios judiciais estabelecidos entre os genitores, torna-se materialmente inviável o reconhecimento de fatos aptos a ensejarem o reconhecimento da alienação parental ou síndrome da imputação de falsa memória. 4. O amor inerente à relação entre pai e filhos deve ser cultivado com carinho, afeição, presença, cumplicidade, aceitação e compreensão, que, aliados aos predicados da autoridade paterna, que compreendem a educação e correção, devem nortear o relacionamento familiar, desvanecendo a vã ilusão de que pode ser preservado mediante atitudes que o afetam e o minam, como indiferença, arrogância e distanciamento, derivando que, não cultivado o afeto filial, não pode o desamor ser debitado à culpa da genitora que, acolhendo a filha, supria suas necessidades afetivas (...). (TJ-DF – APC: 20100111881655 DF 0060804-13.2010.8.07.0001, Rel. Des. Teófilo Caetano, 1ª Turma Cível, DJe 29/11/2013).

AUTOCURATELA [*ver tb. curatela, mandato futuro e testamento vital*] – É a curatela em que o próprio e possível curatelado nomeia o seu curador, por meio de um "mandato futuro". Isto se viabiliza por meio de um mandato, ou seja, de uma procuração com poderes específicos outorgados por alguém que já tenha conhecimento de uma doença degenerativa, ou situações em que o mandante poderá ficar incapacitado de exprimir sua vontade, outorgando poderes ao mandatário para administrar seus bens e atos da vida civil, bem como respeitar sua vontade estabelecida após sua incapacidade.

A autocuratela, também denominada curatela patrimonial, é uma forma preventiva para garantir direitos do futuro curatelado, assegurando sua vontade, ao escolher antecipada e preventivamente seu curador, sem necessidade de nomeação judicial para as vontades e determinações estabelecidas naquele mandato. *O instituto da autocuratela existencial a partir dos princípios que balizam a dignidade da pessoa humana no sistema jurídico pátrio. Também se propõe analisar a autocuratela patrimonial como mecanismo protetor e preventivo da pessoa na administração de seus bens"* COELHO, Thais Câmara Maia Fernandes. Autocuratela. Rio de Janeiro: Editora Lumen Juris, 2016, p. 55.

DISPOSITIVOS NORMATIVOS

CCB – Arts. 104 e segs., 653 e segs., 682, II.

Resolução nº 1995/12, CFM – Dispõe sobre as diretivas antecipadas de vontade dos pacientes.

Resolução 2232/2019 do CFM: Estabelece normas éticas para a recusa terapêutica por pacientes e objeção de consciência na relação médico-paciente.

JURISPRUDÊNCIA

(...) Igualmente, em exame inicial, entendo que a Resolução (1.995/2012 CFM – Dispõe sobre as diretivas antecipadas de vontade dos pacientes) é constitucional e se coaduna com o princípio da dignidade da pessoa humana, uma vez que assegura o paciente em estado terminal o recebimento de cuidados paliativos, sem o submeter, contra sua vontade, a tratamentos que prolonguem o seu sofrimento e não mais tragam qualquer benefício. No mais, a manifestação da vontade, do paciente é livre, em consonância com o disposto no art. 107 do Código Civil, que somente exige forma especial quando a lei expressamente estabelecer. É de se observar que a Resolução apenas determina ao médico o registro no prontuário da manifestação de vontade que lhe for diretamente comunicada pelo paciente, não tendo a forma de comunicação. Da mesma forma, para a validade das diretivas antecipadas de vontade do paciente devem ser observados os requisitos previstos no art. 104 do Código Civil, não sendo necessário que a Resolução reitere a previsão legal. Sendo assim, ausente plausibilidade nas alegações contidas na petição inicial, indefiro a liminar (Ação Civil Pública Processo nº 1039-86.2013.4.01.3500, Rel. Des. Juiz Jesus Crisóstomos de Almeida, TRF, Seção Judiciária do Estado de Goiás. j. 14/03/2013).

AUTONOMIA DA VONTADE – ver autonomia privada.

AUTONOMIA PRIVADA *[ver tb. liberdade, princípio da não intervenção estatal]* – Do grego autonomia, traz o sentido de fazer suas próprias leis, isto é, o direito e a faculdade da pessoa em estabelecer as normas de sua conduta, sem imposições externas ou do próprio Estado. Do Código Civil atual pode-se extrair o fundamento legal para recepcionar a autonomia privada como princípio fundamental do Direito de Família: *"Art. 1.513. É defeso a qualquer pessoa, de direito público ou privado, interferir na comunhão de vida instituída pela família"*. A aplicabilidade da autonomia privada da família como instrumento de freios e contrapesos da intervenção do Estado funda-se, ainda, no próprio direito à intimidade e liberdade dos sujeitos que a compõem, que resulta também da personificação do indivíduo. Paulo Luiz Netto Lôbo, com o objetivo de sepultar a intromissão estatal na esfera da família, faz a seguinte referência a uma decisão da Suprema Corte norte-americana sobre o assunto: *No direito americano, a concepção de privacidade como direito fundamental, no âmbito da família, culminou com a decisão Griswold em 1963, da Suprema Corte. Nela declara-se o casamento como associação que promove um modo de vida, não o causa; uma harmonia de existência, não fatos políticos; uma lealdade bilateral, não projetos comerciais ou sociais. São situações cobertas pelo direito à privacidade, que não admite a interferência do Estado ou de terceiros. (A repersonalização das relações de família.* Revista Brasileira de Direito de Família. *Porto Alegre: Síntese/IBDFAM, v. 6, n. 24, p. 142, jun./jul. 2004).*

Na doutrina, há quem defenda a distinção entre o que é autonomia da vontade e autonomia privada. Francisco Amaral (AMARAL, Francisco. *Direito Civil*: introdução. 6. ed. rev. atual. e aum. Rio de Janeiro: Renovar, 2006, p. 345) passa pela autonomia, "esfera de liberdade de que o agente dispõe no âmbito do direito privado, (...) direito de reger-se por suas próprias leis" e termina com a distinção anunciada, já que a autonomia da vontade seria a manifestação da liberdade de cada um dentro do campo jurídico, enquanto que a autonomia privada se constituiria no poder de criar, dentro do âmbito legal, normas jurídicas, ou seja, o poder que uma pessoa tem de atribuir a si mesmo um ordenamento jurídico, complementar ao ordenamento do Estado. E prossegue o autor: *A expressão 'autonomia da vontade' tem uma conotação subjetiva, psicológica, enquanto a autonomia privada marca o poder da vontade no direito de um modo objetivo, concreto e real (Ob. cit. p. 345).*

Independentemente da conotação e a interpretação que se dá, inegável que ambos institutos constituem liberdades fundamentais postas à disposição dos cidadãos, promovendo inserção social e garantindo a não intervenção estatal na vida privada dos cidadãos. Uma sociedade justa e democrática começa e termina com a consideração da liberdade e da autonomia privada. Isto significa também que a exclusão de determinadas relações de família do laço social é um desrespeito aos Direitos Humanos, ou melhor, é uma afronta à dignidade da pessoa humana. Inegável que a aplicabilidade do princípio da mínima intervenção estatal vincula-se à questão da autonomia privada, que vai muito além do direito patrimonial, e tornou-se, na contemporaneidade, uma das questões mais relevantes. Ela nos traz de volta, como se disse, a séria discussão dos limites entre o público e o privado. Na evolução do seu próprio pensamento, Paulo Lôbo na Revista 53 do IBDFAM, propõe a substituição da expressão por autodeterminação existencial. (LÔBO, Paulo. Autodeterminação existencial e autonomia privada em perspectiva. Revista IBDFAM: famílias e Sucessões. v. 53 (set./out.) IBDFAM, 2022, p 17 a 32).

JURISPRUDÊNCIA

(...) A restrição à doação de sangue por homossexuais *afronta a sua autonomia privada*, pois se impede que elas exerçam plenamente suas escolhas de vida, com quem se relacionar, com que frequência, ainda que de maneira sexualmente segura e saudável; e a sua autonomia pública, pois se veda a possibilidade de auxiliarem àqueles que necessitam, por qualquer razão, de transfusão de sangue. (...) STF – ADI: 5543 DF 4001360-51.2016.1.00.0000, Rel. Min. Edson Fachin, Tribunal Pleno, public. 26/08/2020).

LINGUAGEM LITERÁRIA

(...) "A privacidade, direito inalienável do que não se deseja confessar, não tem poderes de tornar o que grita invisível. E se, por um lado, pode esconder fatos, por outro não pode dominar seus vapores. Eles efluem no ar e são respirados. Possuir em pensamentos mulher do irmão, todas as manhãs, não é alguma coisa que se confesse, mas também não se pode trancar no quarto. O que não era dito era transformado em um campo de força entre eles, encoberto por uma camada de normalidade: pão com manteiga, leite com café e palavras corriqueiras."

(Madeira, Carla. *Véspera*. Rio de Janeiro: Record, 2021, p 195).

AUTOR DA HERANÇA [*ver tb. de cujus*] – É o autor da herança ou sucessão, isto é, a pessoa que falece deixando herança. Também denominado *de cujus,* hereditando, sucedendo, finado, defunto, morto, falecido.

AUTORIDADE PARENTAL [*ver tb. pátrio poder, poder familiar*] – Do latim *auctoritas,* poder, direito. É a expressão que melhor exprime e deveria substituir a nomenclatura Poder Familiar. Significa o exercício das funções dos pais em relação aos filhos menores. É um conjunto de deveres e direitos que se traduz no dever de criar, educar, cuidar, dar assistência material e psíquica, enfim, proporcionar saúde física e mental ao filho para que ele tenha autonomia e possa ser sujeito da própria vida. Essa nova visão das relações de parentesco abandona aquela ideia apresentada pelo Direito Romano que firmava o homem como o chefe natural tanto da mulher como da família.

A expressão autoridade parental, diferente do pátrio poder e do poder familiar, incorpora muito mais o espírito e princípios constitucionais (Arts. 226, § 7º e 227, CR) e do Estatuto da Criança e do Adolescente (Lei nº 8.069/90), em que os filhos receberam um lugar de sujeitos de direitos.

JURISPRUDÊNCIA

(...) A guarda compartilhada, muito mais do que um fenômeno jurídico, é um fenômeno psicológico, já que no Direito brasileiro a separação dos genitores não exclui a autoridade parental de ambos. Decisão que se deve proferir no melhor interesse da criança. Recurso provido (...) (Ag nº 841867 RJ, Rel. Min. Luiz Fux, STF. j. 21/09/2011).

AUTORIZAÇÃO PARA VIAGEM DE MENORES – É a permissão ou consentimento dado pelos pais, tutores ou responsáveis legais dos menores de idade, por meio de documento hábil, para que eles possam viajar, dentro ou fora do país, em companhia de apenas um de seus genitores, de terceiros ou mesmo sozinhos. Essa autorização pode ser via instrumento particular com firma reconhecida, escritura pública ou judicial.

Para fora do território nacional, na companhia apenas de um dos pais, basta que o outro faça a autorização particular com firma reconhecida em cartório. Do mesmo modo, pode ser feita a autorização por ambos os pais, com firma reconhecida em cartório, para a criança ou adolescente viajar na companhia de terceiro maior e capaz ou sozinho.

As autorizações exaradas na presença da autoridade consular não precisam ser reconhecidas em cartório, desde que a assinatura dessa autoridade também conste no referido documento. Todas as autorizações precisam ter data de validade e, não havendo, o prazo estipulado em lei é de 2 (dois) anos. Os guardiões por prazo indeterminado, desde que nomeados por termo de compromisso, podem autorizar a viagem da criança ou adolescente sob seus cuidados, como se pais fossem.

Nos casos de dissenso dos pais, guardiães ou tutores, a decisão caberá ao Judiciário, geralmente o juiz titular da Vara da Infância e Juventude. Sendo a viagem dentro do território nacional, é necessária autorização apenas pelos pais, guardiães ou tutores, quando se tratar de menor de 12 anos na companhia de terceiro, que não seja irmão, avós ou tio. Ou seja, quando a criança viajar na companhia de um irmão, de avós ou tio, todos maiores e capazes, a autorização é dispensável, desde que estejam munidos da certidão de nascimento que comprove o parentesco. Os menores com idade entre 12 e 18 anos não precisam de autorização para viagem nacional. Basta portarem o documento de identidade. A Resolução 295/2019 do CNJ, em seu artigo 2º, detalha os procedimentos a serem adotados: Art. 2º A autorização para viagens de criança ou adolescente menor de 16 anos dentro do território nacional não será exigida quando: I – tratar-se de comarca contígua à da residência da criança ou do adolescente menor de 16 anos, se na mesma unidade federativa ou incluída na mesma região metropolitana; e II – a criança ou o adolescente menor de 16 anos estiver acompanhado: a) de ascendente ou colateral maior, até o terceiro grau, comprovado documentalmente o parentesco; e b) de pessoa maior, expressamente autorizada por mãe, pai, ou responsável, por meio de escritura pública ou de documento particular com firma reconhecida por semelhança ou autenticidade. III – a criança ou o adolescente menor de 16 anos viajar desacom-

A

panhado expressamente autorizado por qualquer de seus genitores ou responsável legal, por meio de escritura pública ou de documento particular com firma reconhecida por semelhança ou autenticidade; e IV – a criança ou adolescente menor de 16 anos apresentar passaporte válido e que conste expressa autorização para que viajem desacompanhados ao exterior. Com relação a validade, o artigo 3º da precitada Resolução, prevê que os documentos de autorizações dadas por genitores ou responsáveis legais deverão discriminar o prazo de validade, compreendendo-se, em caso de omissão, que a autorização é válida por dois anos.

O Provimento 103/2020 do CNJ instituiu autorização eletrônica de viagem – AEV nacionais e internacionais de crianças e adolescentes, até 16 anos desacompanhados de ambos, ou de um dos pais. E a partir de 2021, por meio de uma simples videoconferência do pai e da mãe com o cartório, tornou-se possível emitir documento eletrônico com um QR Code a ser usado no embarque nos aeroportos de todo o país. A única exigência é a utilização de certificado digital para fazer a assinatura eletrônica do documento. Tal mudança foi autorizada por meio do Provimento nº 120/2021 da Corregedoria Nacional de Justiça e vale para os casos em que não é necessária a autorização judicial.

DISPOSITIVOS NORMATIVOS

Lei nº 8.069/90 – Estatuto da Criança e do Adolescente – Arts. 83 a 85.

Resolução nº 131/11, CNJ.

Resolução 295/2019, CNJ: Dispõe sobre autorização de viagem nacional para crianças e adolescentes.

Provimento 120/2021 do CNJ.

Provimento 103/2020 do CNJ: Dispõe sobre a Autorização Eletrônica de Viagem nacional e internacional de crianças e adolescentes até 16 (dezesseis) anos desacompanhados de ambos ou um de seus pais e dá outras providências.

Lei nº 13.812 de 16 de março de 2019. Institui a Política Nacional de Busca de Pessoas Desaparecidas, cria o Cadastro Nacional de Pessoas Desaparecidas e altera a Lei nº 8.069, de 13 de julho de 1990 (Estatuto da Criança e do Adolescente).

JURISPRUDÊNCIA

(...) O Estatuto da Criança e do Adolescente – Lei nº 8069/1990, na seção III, que dispõe sobre a autorização para viajar, em seu art. 84, preconiza: Art. 84. Quando se tratar de viagem ao exterior, a autorização é dispensável, se a criança ou adolescente: I – estiver acompanhado de ambos os pais ou responsável; II – viajar na companhia de um dos pais, autorizado expressamente pelo outro através de documento com firma reconhecida. A respeito da viagem internacional de criança e adolescente, a doutrina é unânime em exigir o documento escrito, com firma autenticada. Thales Tácito Cerqueira assevera: Tratando-se de viagem para fora do território nacional, criança e adolescente devem estar acompanhados de ambos os pais ou responsável legal (guardião, tutor ou curador), ou na companhia de um dos pais, mas autorizado expressamente pelo outro através de documento com firma reconhecida. (...) (REsp 1.249.489 MS, Rel. Min. Luis Felipe Salomão, 4ª T – STJ. publ. 23/09/2013).

AVERIGUAÇÃO DE PATERNIDADE

[ver tb. cartório, investigação de paternidade] – Do latim *verificare*, verificar, indagar. Genericamente, significa buscar a paternidade, investigá-la. Na técnica jurídica distingue-se da investigação de paternidade, que é o procedimento judicial, com o princípio do contraditório, da busca da paternidade ou da origem genética.

Averiguação da paternidade é o procedimento administrativo, iniciado pelo oficial de Registro Civil das Pessoas Naturais ao enviar informações ao juiz sobre a falta do nome do pai nos registros de nascimento: *Em registro de nascimento de* menor apenas com a maternidade estabelecida, o oficial remeterá ao juiz certidão integral do registro e o nome e prenome, profissão, identidade e residência do suposto pai, a fim de ser averiguada oficiosamente a procedência da alegação (Art. 2º, Lei nº 8.560/92). Recebida tal informação, o juiz deve, após ouvir a mãe, notificar o suposto pai sobre a alegada paternidade. Se ele confirmar a paternidade, lavra-se o termo de reconhecimento e remete ao oficial de registro para a devida averbação. *O reconhecimento dos filhos havidos fora do casamento é irrevogável e será feito: I – no registro do nascimento; II – por escritura pública ou escrito particular, a ser arquivado em cartório; III – por testamento, ainda que incidentalmente manifestado; IV – por manifestação direta e expressa perante o juiz, ainda que o reconhecimento não haja sido o objeto único e principal do ato que o contém* (Art. 1.609, CCB). Se o suposto pai não atender à notificação judicial em 30 dias, ou negar a paternidade, o juiz remete os autos para o Ministério Público para que ele entre com a Ação de Investigação de Paternidade, se houver elementos suficientes para isso.

A averiguação de paternidade, ou averiguação oficiosa, é uma louvável disposição da Lei nº 8.560/92, que regulamentou as investigações de paternidade dos filhos havidos fora do casamento, e integra uma das importantes políticas públicas de se buscar a paternidade para as milhares de crianças que são registradas apenas com o nome da mãe. O Provimento-CNJ nº 12/2010 instalou o Programa Pai Presente. Por sua vez, o Provimento-CNJ nº 16/2012 dispõe a respeito da recepção, pelos Oficiais de Registro Civil das Pessoas Naturais, de indicações de supostos pais de pessoas que já se acharem registradas sem paternidade estabelecida, bem como sobre o reconhecimento espontâneo de filhos perante os referidos registradores. O Provimento nº 19/2012 do CNJ assegura aos comprovadamente pobres a gratuidade da averbação do reconhecimento de paternidade e da respectiva certidão. Com isso, há um reforço ao que já dizia a Lei nº 8.560/92 e o art. 1.609, CCB no sentido de incentivar os registros de paternidade. A Lei 14.138/2021, acrescentou § 2º ao art. 2º-A da Lei nº 8.560, de 29 de dezembro de 1992, para permitir, em sede de ação de investigação de paternidade, a realização do exame de pareamento do código genético (DNA) em parentes do suposto pai, nos casos em que especifica. Com o atual texto legislativo, a recusa à perícia médica ordenada pelo juiz poderá suprir a prova que se pretendia obter com o exame. Assim como em ação investigatória, a recusa do suposto pai em se submeter ao exame de DNA induz presunção de paternidade. O Poder Judiciário já admitia essa possibilidade, mesmo antes dessa lei.

JURISPRUDÊNCIA

(...) O procedimento de averiguação oficiosa de paternidade previsto na Lei nº 8.560/1992 não constitui condição para a propositura de ação judicial de investigação de paternidade por versar procedimento administrativo de jurisdição voluntária. 2. A lei prevê categoricamente, em seu art. 2º, que o oficial deve remeter ao juízo de registros públicos a certidão de nascimento de menor na qual conste apenas informações acerca da sua maternidade. 3. A averiguação oficiosa não está condicionada a informações da genitora, podendo o juízo extinguir o rito previsto no art. 2º, § 1º, da Lei nº 8.560/1992 por ausência de provas, remanescendo incólume a via judicial da investigação de paternidade. 4. Recurso especial não provido (STJ, REsp 1376753/SC, Rel. Min. Ricardo Villas Bôas Cueva, 3ª Turma, publ. 19/12/2016).

AVOENGOS [*ver tb. alimentos avoengos*] – Relativo aos avós.

B

BARRIGA DE ALUGUEL [*ver tb. contrato de geração de filhos, família ectogenética, útero de substituição*] – É a expressão popular para designar a gestação por meio de útero de substituição, ou seja, quando uma mulher cede o seu útero para gerar filho de outrem. A atual Resolução do Conselho Federal de Medicina (CFM), a 2320/2022, após alterações constantes estabelece regras para a gestação de substituição e doação temporária de útero, manteve a proibição de pretensão lucrativo ou comercial. Esta Resolução atual, prevê doação de gametas para parentes até *o quarto grau de um dos receptores*, desde que não incorra em consanguinidade. *Também ocorreu o aumento de limitação de idade, para a doação de gametas, de 37 anos para mulheres e de 45 anos para homens.* Mas particularmente, continua acanhada e deixando milhares de mulheres sem a possibilidade de serem mães por esta via. A questão sobre a qual se deve refletir é: por que não se pode remunerar uma mulher pelo "aluguel" de seu útero? Sabe-se que no Brasil acontece na clandestinidade o que já é lei em vários países, a exemplo dos Estados Unidos, Israel, Austrália, Bélgica, Dinamarca, Grã-Bretanha, Grécia, Holanda, Israel, Índia, Rússia e Ucrânia.

O corpo é um capital físico, simbólico e econômico. Os valores atribuídos a ele são ligados a questões morais, religiosas, filosóficas e econômicas. Se a gravidez ocorresse no corpo dos homens certamente o aluguel da barriga já seria um mercado regulamentado. Não seria a mesma lógica a que permite remunerar o empregado no fim do mês pela sua força de trabalho, despendida muitas vezes em condições insalubres ou perigosas, e considerado normal? O que se estaria comprando ou alugando não é o bebê, mas o espaço (útero) para que ele seja gerado. Portanto não há aí uma coisificação da criança ou objetificação do sujeito. E não se trata de compra e venda, como permitido antes nas sociedades escravocratas e endossado pela moral religiosa. Para se avançar é preciso deixar hipocrisias de lado e aprender com a História para não se repetir injustiças. É preciso distinguir o tormentoso e difícil caminho entre ética e moral.

A regulamentação de pagamento pelo "aluguel", ou melhor, pela doação temporária de um útero não elimina o espírito altruísta exigido pelo CFM; evitaria extorsões, clandestinidade e até mesmo uma indústria de barriga de aluguel.

Afinal, quem não tem útero capaz de gerar um filho não deveria ter a oportunidade de poder buscá-lo em outra mulher? Por que a mulher portadora, que passará por todos os riscos e dificuldades de uma gravidez, não pode receber por essa trabalheira toda? Hoje as religiões já reconhecem que os bebês nascidos de proveta têm alma tanto quanto os nascidos por inseminação artificial. Já foi um avanço. Quem sabe no futuro próximo, nesta mesma esteira da evolução do pensamento, alugar um útero para gerar o próprio filho, para aqueles que não querem adotar, passará da clandestinidade para uma realidade jurídica? Eis aí uma ética que se deve distinguir da moral estigmatizante e excludente de direitos.

DISPOSITIVOS NORMATIVOS

Resolução CFM 2320/2020

BASTARDIA – É a qualidade de bastardo, ou seja, a condição de filho que nasceu fora do casamento, então considerado ilegítimo. Tal designação preconceituosa e discriminatória foi proibida pela Constituição da República de 1988 (Art. 227, § 6º, CR).

BASTARDO [*ver tb. filiação ilegítima, filho bastardo*] – Era a expressão utilizada, até a Constituição da República de 1988, para designar os filhos havidos fora do casamento, ou seja, todas as categorias de filhos ilegítimos, que por sua vez se classificavam em naturais ou espúrios (adulterinos e incestuosos).

BATISTÉRIO [*ver tb. posse de estado de casado*] – Do latim *baptisterium*. Expressão de origem religiosa, tem o mesmo sentido de certidão de batismo. Significa também o local onde se realiza a cerimônia de batismo, a pia batismal.

Até a Constituição de 1891, quando ainda não havia a separação Igreja/Estado, as atividades dos registros civis de pessoas naturais eram vinculadas ao poder eclesiástico. Daí a designação de batistério para as certidões de nascimento, que eram expedidas pelas casas paroquiais.

BEBÊ DE PROVETA [*ver tb. reprodução assistida, fertilização in vitro*] – É o bebê concebido por meio da técnica de reprodução assistida, ou seja, não resulta de uma fecundação em condições naturais proveniente de uma relação sexual entre um homem e uma mulher, mas pela fecundação gerada em laboratório. Utiliza-se a expressão proveta exatamente para criar uma associação à sua origem laboratorial.

O primeiro bebê-proveta do mundo chama-se Louise Brown e nasceu a 25 de julho de 1978, em Bristol, Inglaterra. No Brasil, o primeiro bebê-proveta foi Ana Paula Bettencourt Caldeira, da cidade de São José dos Pinhais, Região Metropolitana de Curitiba, nascida no dia 7 de outubro de 1984. As técnicas de reprodução assistidas, até o ano de 2014, já possibilitaram o nascimento de mais de 5 milhões de bebês em todo o mundo, dos quais 300 mil foram no Brasil.

BEM DE FAMÍLIA [*ver tb. impenhorabilidade do bem de família, família, família binuclear, patrimônio mínimo*] – É a propriedade destinada à residência e moradia da família que recebe o benefício da impenhorabilidade. E assim não responde por dívida civil, comercial, fiscal, previdenciária ou de outra natureza, contraída pelos cônjuges ou pelos pais ou filhos que sejam seus proprietários e nele residam. Há exceções, isto é, quebra-se a impenhorabilidade nas seguintes hipóteses: em razão dos créditos de trabalhadores da própria residência e das respectivas contribuições previdenciárias; pelo titular do crédito decorrente do financiamento destinado à construção ou à aquisição do imóvel, no limite dos créditos e acréscimos constituídos em função do respectivo contrato; pelo credor de pensão alimentícia; para cobrança de impostos, predial ou territorial, taxas e contribuições devidas em função do imóvel familiar; para execução de hipoteca sobre o imóvel oferecido como garantia real pelo casal ou pela entidade familiar; por ter sido adquirido com produto de crime ou para execução de sentença penal condenatória a ressarcimento, indenização ou perdimento de bens; por obrigação decorrente de fiança concedida em contrato de locação (Art. 3º, Lei nº 8.009/90).

Para que haja o benefício da impenhorabilidade é necessário que a família ali resida, ou dependa do seu aluguel para sobrevivência. O Superior Tribunal de Justiça ampliou o conceito de bem de família para incorporar tal benefício às pessoas que vivem sozinhas – *Single-person family* (Súmula 364 do STJ), às moradias das famílias binucleares, isto é, a duas moradias do ex-casal e seus filhos, independentemente da guarda ser compartilhada. A vaga de garagem que tem matrícula própria no registro de imóveis não constitui bem de família para efeito de penhora (Súmula 449 do STJ).

O fato de não existir prova de instituição do bem de família, por meio de registro no Cartório de Registro de Imóveis, não desconfigura a impenhorabilidade da propriedade destinada à família. Assim, temos dois tipos de bem de família: o legal, que é aquele que independe de inscrição no registro imobiliário, pois, a moradia é "naturalmente" um bem de família; e o voluntário, que é o que se faz pelo registro imobiliário: *O bem de família, quer instituído pelos cônjuges ou por terceiro, constitui-se pelo registro de seu título no Registro de Imóveis* (Art. 1.714, CCB). Obviamente que este dispositivo legal não exclui outras formas de proteção ao bem de família. Ao contrário, ele amplia essa proteção, estabelecendo que devem ser mantidas as regras sobre a impenhorabilidade do imóvel residencial estabelecida em lei especial: *O imóvel residencial próprio do casal, ou da entidade familiar, é impenhorável e não responderá por qualquer tipo de dívida civil, comercial, fiscal, previdenciária ou de outra natureza, contraída pelos cônjuges ou pelos pais ou filhos que sejam seus proprietários e nele residam, salvo nas hipóteses previstas nesta lei* (Art. 1º, Lei nº 8.009/90).

Em 1º de junho de 2015, sobreveio a Lei Complementar nº 150, que revogou o inciso I do art. 3º do diploma legal em referência e, no mesmo ano, em 6 de julho, a Lei nº 13.144 alterou a redação do inciso III do referido dispositivo, que assim passou a preceituar: "*Art. 3º A impenhorabilidade é oponível em qualquer processo de execução civil, fiscal, previdenciária, trabalhista ou de outra natureza, salvo se movido: (...) III – pelo credor da pensão alimentícia, resguardados os direitos, sobre o bem, do seu coproprietário que, com o devedor, integre união estável ou conjugal, observadas as hipóteses em que ambos res-*

B

ponderão pela dívida (...)". Desse modo, à luz da dicção legal, a regra de impenhorabilidade do bem de família é excepcionada, entre outras hipóteses, quando a execução for ajuizada por credor de pensão alimentícia, resguardada a meação. Com efeito, assim como ocorre com o bem de família, os ganhos de natureza alimentar do devedor (inciso IV do art. 649 do CPC de 1973 e do art. 833 do CPC/2015) são relativamente impenhoráveis, uma vez admitida sua constrição parcial, especialmente quando os créditos executados retratarem prestação alimentícia (§ 2º do art. 649 e § 2º do art. 833 do CPC/2015).

O STJ (RE 1361473, Rel. Min. Luis Felipe Salomão), dentre seus julgados considera que o termo prestação alimentícia não se restringe aos alimentos decorrentes de vínculo familiar ou de ato ilícito, mas sim abrange todas as verbas de natureza alimentar (ou seja, todas as classes de alimentos), como os honorários advocatícios contratados pelo devedor ou devidos em razão de sua sucumbência processual. Tal evolução interpretativa adveio da jurisprudência consagrada pelo Supremo Tribunal Federal, que passou a reconhecer a natureza alimentar dos honorários advocatícios, o que, em 2015, culminou com a edição da Súmula Vinculante 47, *verbis*: "*Os honorários advocatícios incluídos na condenação ou destacados do montante principal devido ao credor consubstanciam verba de natureza alimentar cuja satisfação ocorrerá com a expedição de precatório ou requisição de pequeno valor, observada ordem especial restrita aos créditos dessa natureza*". Além disso, o CPC/2015 no art. 85, § 14 prevê que os honorários constituem direito do advogado e têm natureza alimentar, com os mesmos privilégios dos

créditos oriundos da legislação do trabalho, sendo vedada a compensação em caso de sucumbência parcial.

O imóvel não ser edificado, não impede sua proteção como bem de família (REsp nº 1960026 / SP).

DISPOSITIVOS NORMATIVOS

CCB – Arts. 1.711 a 1.722.

Lei nº 6.015/73 – Lei de Registro Públicos – Arts. 260 a 265.

JURISPRUDÊNCIA

(...) A impenhorabilidade do bem de família, prevista no art. 1º, da Lei nº 8.009/90, visa resguardar não somente o casal, mas a própria entidade familiar. 2. A entidade familiar, deduzida dos arts. 1º da Lei 8.009/90 e 226, § 4º da CF/88, agasalha, segundo a aplicação da interpretação teleológica, a pessoa que, como na hipótese, é separada e vive sozinha, devendo o manto da impenhorabilidade, dessarte, proteger os bens móveis guarnecedores de sua residência. Precedente: (REsp 205170/SP, *DJ* 07.02.2000). 3. Com efeito, no caso de separação dos cônjuges, a entidade familiar, para efeitos de impenhorabilidade de bem, não se extingue, ao revés, surge uma duplicidade da entidade, composta pelos ex-cônjuges varão e virago. 4. Deveras, ainda que já tenha sido beneficiado o devedor, com a exclusão da penhora sobre bem que acabou por incorporar ao patrimônio do ex-cônjuge, não lhe retira o direito de invocar a proteção legal quando um novo lar é constituído. (...) (REsp 859.937 SP, Rel. Min. Luiz Fux, 1ª T – STJ. publ. 28/02/2008).

BEM DE FAMÍLIA CONVENCIONAL
– É o mesmo que bem de família voluntário.

BEM DE FAMÍLIA FACULTATIVO – É o mesmo que bem de família voluntário.

BEM DE FAMÍLIA LEGAL [*ver tb. bem de família*] – É a casa, a residência, ou moradia onde vive o núcleo familiar, que goza do benefício da impenhorabilida-

de, independentemente de sua inscrição no cartório de registro imobiliário. A casa, além de asilo inviolável, integra o mínimo existencial ou "Patrimônio Mínimo" (expressão criada pelo jurista paranaense Luiz Edson Fachin), não pode ser retirada do núcleo familiar para pagamento de dívida. Isto contraria o macroprincípio da Dignidade da Pessoa Humana: *O imóvel residencial próprio do casal, ou da entidade familiar, é impenhorável e não responderá por qualquer tipo de dívida civil, comercial, fiscal, previdenciária ou de outra natureza, contraída pelos cônjuges ou pelos pais ou filhos que sejam seus proprietários e nele residam, salvo nas hipóteses previstas nesta lei. Parágrafo único. A impenhorabilidade compreende o imóvel sobre o qual se assentam a construção, as plantações, as benfeitorias de qualquer natureza e todos os equipamentos, inclusive os de uso profissional, ou móveis que guarnecem a casa, desde que quitados* (Art. 1º, Lei nº 8.009/90).

O bem de família pode ser também voluntário, que é aquele que se leva ao registro imobiliário: *O bem de família, quer instituído pelos cônjuges ou por terceiro, constitui-se pelo registro de seu título no Registro de Imóveis* (Art. 1.714, CCB). Trata-se de direito constitucionalmente protegido (art. 6º) entre os direitos sociais imprescindíveis à sobrevivência da pessoa humana. O instituto bem de família teve sua origem na República do Texas – Estados Unidos, que em publicação de 1839 do *Homestead Exemption Act* declarou isentos de execução judicial por dívidas as sortes de terras até 200 acres, ou terrenos urbanos, incluindo-se, aí, os utensílios domésticos que não excedessem 200 dólares (Sec. 22, *Digest of the laws of Texas*, 1850).

BEM DE FAMÍLIA VOLUNTÁRIO [*ver tb. bem de família*] – É a propriedade escolhida para ser a residência e moradia da família, e assim recebe o benefício da impenhorabilidade previsto na Lei nº 8.009/90, mediante ato unilateral de vontade.

Diferentemente do bem de família legal, que é reconhecido com o intuito de imunizar o patrimônio de penhora por dívida já constituída, o bem de família voluntário oferece proteção apenas contra dívidas futuras. *São três os modos de instituição: a) mediante escritura pública, lavrada em cartório de notas, na qual o instituído enuncia os bens imóveis e móveis que constituirão, em conjunto, o bem de família – se for casado, haverá necessidade da instituição conjunta do outro cônjuge, salvo se os bens forem particulares, ou o regime matrimonial de bens for o de separação; b) mediante testamento, na qual o herdeiro ou legatário será o destinatário e beneficiário dos bens, e desde que os aceite, com a qualidade de bem de família; c) por liberalidade de terceira, mediante escritura de doação ou testamento, com a aceitação expressa não apenas do beneficiário, mas de seu cônjuge, quando casado for* (LÔBO, Paulo. *Famílias*. 2. ed. São Paulo: Saraiva, 2009. p. 381). Ao instituir um bem de família voluntário é necessário observar a exigência trazida pelo Código Civil que limita a escolha do imóvel: *Podem os cônjuges, ou a entidade familiar, mediante escritura pública ou testamento, destinar parte de seu patrimônio para instituir bem de família, desde que não ultrapasse um terço do patrimônio líquido existente ao tempo da instituição, mantidas as regras sobre a impenhorabilidade do imóvel residencial estabelecida em lei especial* (Art. 1.711, CCB). Assim, para

B

que seja possível gravar um imóvel como bem de família voluntário, o interessado precisa declarar que é titular de outros bens imóveis ou móveis que correspondem a, no mínimo, dois terços de seu patrimônio. Caso seja comprovado em juízo, a requerimento dos credores, a falsidade dessa declaração, o juiz pode declarar sem efeitos a instituição do bem, permitindo, assim, a sua penhora.

Quando feita mediante testamento ou doação, devem ser observados os limites da sucessão legítima e as regras de colação.

Uma vez instituído o bem de família voluntário, o núcleo familiar não mais pode alegar em seu benefício a garantia do bem de família legal.

DISPOSITIVOS NORMATIVOS

CCB – Arts. 1.711 a 1.722.

Lei nº 6.015/73 – Lei de Registros Públicos – Arts. 260 a 265.

Lei nº 8.009/90 – Lei do Bem de Família.

JURISPRUDÊNCIA

Bem de família voluntário. Artigo 1.714 do Código Civil. Prova. Registro no RGI. Certidões para comprovar a ausência de outros imóveis. Desnecessidade. O bem de família facultativo (ou voluntário) é instituído por vontade do proprietário, que destaca, entre os seus imóveis, aquele que servirá de morada permanente. Essa instituição depende de inscrição no registro imobiliário. O bem de família de que fala a Lei nº 8.009/90 é obrigatório. Se a lei protege o bem de família (voluntário) e o imóvel constrito efetivamente assim se caracteriza, é totalmente desnecessário que o executado comprove não ter outros imóveis. (Ap. Cível nº 02149005220055010203 RJ, Rel. Des. José Geraldo da Fonseca, 2ª T – TRT1. j. 29/01/2014).

BENFEITORIAS [ver tb. partilha de bens, separação de fato] – São obras ou despesas feitas nos bens móveis ou imóveis

para sua conservação. As benfeitorias são necessárias quando têm por fim conservar o bem ou evitar que se deteriore. São úteis quando aumentam ou facilitam o uso do bem. São voluptuárias quando são realizadas por mero prazer ou satisfação, e que não aumentam o uso habitual do bem, ainda que o tornem mais agradável ou sejam de elevado valor.

Não se consideram benfeitorias os melhoramentos ou acréscimos sobrevindos ao bem sem a intervenção do proprietário, possuidor ou detentor. O possuidor de boa-fé tem direito à indenização das benfeitorias necessárias e úteis, bem como quanto às voluptuárias, se não lhe forem pagas. Caso isso aconteça, poderá exercer o direito de retenção pelo valor das benfeitorias necessárias e úteis.

DISPOSITIVOS NORMATIVOS

CCB – Arts. 96 a 97, 584, 1.219.

Lei nº 8.245/91 – Arts. 35 e 36.

JURISPRUDÊNCIA

(...) Adquirido o bem na constância do casamento, sob o regime de comunhão parcial de bens e inexistente prova inequívoca da alegada incomunicabilidade do imóvel, a determinação da partilha à razão de 50% para cada parte é medida que se impõe. 2. Devem ser excluídos da partilha os valores gastos com benfeitorias realizadas no imóvel exclusivamente por um dos cônjuges, durante a separação de fato. (...) (Ap. Cível nº 20080710256150, Rel. Des. Sérgio Rocha, 2ª TC – TJDF. j. 3/8/2011).

BENS ADVENTÍCIOS [ver tb. bens profectícios] – São os bens adquiridos por herança não advindo dos ascendentes. Assim, é a herança proveniente de descendente ou colateral, ou um legado recebido de uma pessoa não pertencente à família do testador. Em contraposição são os bens profectícios, transmitidos ao descendente pelo ascendente masculino.

BENS ALODIAIS – São os bens que compõem a herança líquida partilhável, ou seja, os do monte mor após a dedução dos encargos da herança.

BENS ANTIFERNAIS [*ver tb. dote, bens parafernais*] – Do latim *antipherna,* em lugar do dote. Diferentemente dos bens parafernais, que eram os extradotais, os antifernais eram os bens incluídos no regime dotal de casamento. Tais expressões caíram em desuso, já que o regime dotal é hoje apenas uma referência histórica para o Direito de Família e Sucessões.

BENS AQUESTOS [*ver tb. aquestos*] – Também denominados bens *adquisitos,* são aqueles adquiridos na constância do casamento.

BENS CONFITADOS [*ver tb. fideicomisso, fideicomitente, fiduciário*] – É o mesmo que bens fideicometidos. São aqueles sujeitos a fideicomisso, isto é, bens em que se estabeleceram cláusulas de fideicomisso.

BENS DE RAIZ – Expressão utilizada para designar os bens imóveis.

BENS DIGITAIS [*ver tb herança digital*] Bens digitais é o gênero de várias espécies de conteúdos postados ou compartilhados no ambiente virtual. Um dos primeiros autores a escrever sobre o assunto, o professor mineiro Bruno Zampier, traz um conceito que nos ajuda a entender melhor essa nova concepção de bens: Bens digitais seriam aqueles bens incorpóreos, os quais são progressivamente inseridos na internet, por um usuário, consistindo em informações de caráter pessoal que trazem alguma utilidade àquele, tenha ou não conteúdo econômico (ZAMPIER, Bruno. *Bens digitais*. 2 ed. Indaiatuba. Foco, 2021, p. 63). Enquanto não se tem legislação específica sobre esses bens, devemos nos valer, além da principiologia do Direito de Família, do Direito Comparado que é também importante fonte do Direito. O marco civil da internet (Lei nº 12.695/2014), talvez por ser de 2014, mas gerada bem antes disso, não acrescenta nada no que se poderia chamar de propriedade digital. A Lei de direitos autorais (Lei nº 9.610/1998) e a Lei de Software (Lei nº 9.609/1998), mesmo tendo sido feita em um período em que essas novas concepções, ainda não existiam, podem trazer alguma luz.

Um desafio da partilha de bens digitais, é atribuir a eles um conteúdo econômico. Por exemplo, o Instagram monetizado, *bitcoins*, digital influencer, em geral não são declarados no Imposto de renda.

BENS EREPTÍCIOS – São aqueles bens retirados do herdeiro que foi declarado indigno. Uma vez declarada indigna, a pessoa é obrigada a restituir os frutos e os bens da herança que houver percebido. Estes bens são devolvidos ao monte mor para serem redistribuídos entre os demais herdeiros. É o mesmo que bens ereptórios.

Denomina-se de ereptício aquele que é retirado do indigno.

BENS ERÍPTICOS – Ver bens erépticios.

BENS FIDEICOMETIDOS [*ver tb. bens confitados, fideicomisso, fideicomitente, fiduciário*] – São os bens objeto de fideicomisso.

BENS PARAFERNAIS [*ver tb. dote, bens antifernais*] – Do grego *paraphernos*, e depois do latim *parapherna*, além do dote, fora do dote. São os bens trazidos pela mulher, no casamento pelo regime dotal, que não fazem parte do dote, e portanto incomunicáveis e de livre administração, disposição e gozo. São bens extradotais. Embora o regime dotal só tenha sido revogado expressamente pelo CCB 2002, ele já estava em desuso desde a década de 1950.

BENS PROFECTÍCIOS [*ver tb. bens adventícios*] – É o conjunto de bens transmitidos pelo ascendente ao descendente, em vida, comunicáveis ou não, para que administre em nome próprio como coisa sua, sujeitos à colação. No Direito Romano, significava também os bens instituídos como dote pelo pai.

BENS SEMOVENTES [*ver tb. semoventes*] – São os bens que movem por si mesmos, tais como animais de rebanho.

BENS SONEGADOS [*ver tb. sonegados, adiantamento de legítima, colação, sobrepartilha*] – São bens do espólio ocultados em processo de inventário, seja por não apresentá-los na colação, seja pela omissão com o intuito de prejudicar a correta partilha de bens entre os sucessores. *O herdeiro que sonegar bens da herança, não os descrevendo no inventário quando estejam em seu poder, ou, com o seu conhecimento, no de outrem, ou que os omitir na colação, a que os deva levar, ou que deixar de restituí-los, perderá o direito que sobre eles lhe cabia* (Art. 1.992, CCB).

Reclama-se a ausência de tais bens por meio da Ação de Sonegados, que pode ser movida pelos herdeiros ou pelos credores da herança. A sentença da ação de sonegados aproveita aos demais interessados. Para sua caracterização, evidentemente deve estar presente a consciência do ato ilícito e a pretensão maliciosa de fraudar ou ocultar bens, com o intuito de prejudicar a correta partilha de bens entre os herdeiros. *Só se pode arguir de sonegação o inventariante depois de encerrada a descrição dos bens, com a declaração, por ele feita, de não existirem outros por inventariar e partir, assim como arguir o herdeiro, depois de declarar-se no inventário que não os possui* (Art. 1.996, CCB).

O prazo prescricional para ação de sonegados é de 20 anos, e conta-se a partir do ato irregular. Quando essa sonegação de bens ocorre em processos de dissolução conjugal, o procedimento utilizado é a sobrepartilha.

DISPOSITIVOS NORMATIVOS

CCB – Arts. 1.992 a 1.996.

JURISPRUDÊNCIA

(...) A existência de dolo é imanente ao instituto da sonegação, razão pela qual a intenção de ocultação dos bens pelo inventariante é pressuposto para aplicação da pena de perda do direito sobre os bens sonegados, a qual não se aplica, pois, nos comportamentos culposos, como os decorrentes de omissão involuntária, erro, ignorância etc. – Não demonstrado o dolo da inventariante em ocultar bens, no intuito deliberado de fraudar o inventário e se beneficiar em prejuízo dos demais herdeiros, não se vislumbra a aplicação da sanção de sonegação, prevista na parte final do art. 1.992 do CPC, cabendo, contudo, a sobrepartilha dos bens do falecido ainda não partilhados. (...) (Ap.

Cível nº 1.0518.11.0120533/001, Rel.ª Des.ª Ana Paula Caixeta, 4ª CC – TJMG. publ. 28/08/2013).

BENS VACANTES [*ver tb. herança jacente*] – Expressão usada para nomear os bens da herança jacente. São os bens que se encontram em estado de vacância, isto é, deixados por alguém em razão de sua morte, cujos herdeiros, em geral, são desconhecidos. Significa a herança cujos herdeiros não se conhecem: a) seja por que o falecido não deixou cônjuge, companheiro, descendente, ascendente, ou colateral notoriamente conhecido; b) seja por que a tal estado se venha a chegar em razão de renúncias; c) ou na falta de uns e de outros, por não ter o *de cujus* deixado testamento, ou ser este caduco, ou herdeiro instituído ou legatário ser desconhecido, não existir, ou repudiar a herança ou legado; d) e também, nos casos indicados, não haver testamenteiro, ou o designado não existir, ou não aceitar a testamentaria (PEREIRA, Caio Mário da Silva. *Instituições de direito civil*. 17. ed. Rio de Janeiro: Forense, 2009. p. 56).

Os bens vacantes devem ser arrecadados pelo juiz, isto é, passarão a ser administrados por um curador judicialmente nomeado, que será responsável por sua conservação/administração. Passado um ano da primeira publicação de edital da arrecadação (Art. 1.820, CCB), sem que algum herdeiro se habilite, os bens da herança serão oficialmente declarados vacantes. Eles permanecerão em estado de vacância, sob o domínio do município (ou do Distrito Federal), onde era domiciliado o *de cujus* ao tempo da abertura da sucessão, ou da União se em território não constituído em Estado.

Da abertura da sucessão até cinco anos da morte do *de cujus* os interessados poderão requerer o domínio dos bens vacantes (Art. 1.822, CCB).

DISPOSITIVOS NORMATIVOS

CCB – Arts. 1.819 a 1.823.

BENS VAGOS [*ver tb. herança vacante, herança jacente*] – São os bens que não têm dono conhecido ou foram por ele abandonados. No Direito Sucessório, são os bens que compõem a herança vacante, isto é, passado o prazo de cinco anos da abertura da sucessão, sem que haja habilitação de possível herdeiro, a propriedade estatal – provisória – dos bens vagos passa a ser plena, e portanto insuscetível de reivindicação.

DISPOSITIVOS NORMATIVOS

CCB – Arts. 1.819 a 1.823.

BIGAMIA [*ver tb. adultério, adulterino, bígamo, bínubo, digania, família simultânea*] – Do grego *bi*, dois e *gamos*, casamento. É o estado da pessoa que tem casamentos simultâneos. A bigamia é um tipo penal: *Contrair alguém, sendo casado, novo casamento: Pena – reclusão, de dois a seis anos* (Art. 235, CP). São três os requisitos indispensáveis para a configuração do delito: a) a existência anterior de casamento válido; b) na vigência deste, a coexistência de outro casamento que tenha observado de igual forma todas as formalidades e solenidades; c) a intenção criminosa do agente.

Aquele que provar que estava de boa-fé não incorre no crime de bigamia, mesmo que declarado nulo o casamento.

LINGUAGEM LITERÁRIA

Encontre uma boa mulher e case com ela.

Ele olhou para mim, estranhando. "Está me pedindo em casamento?", perguntou. Eu ri. "Não", eu disse. "Já estou casada, muito obrigada. Encontre uma mulher que combine melhor com você, alguém que tire você de dentro de si mesmo." Eu já sou casada, então casar com você seria bigamia: essa era a parte não dita. Porém, o que tinha de errado na bigamia, pensando bem, além de ser contra a lei? O que fez a bigamia ser crime enquanto o adultério era só um pecado, ou uma diversão? Eu já era uma adúltera; por que não poderia ser bígama também? Estávamos na África, afinal. Se nenhum homem africano era levado ao tribunal por ter duas mulheres, por que seria eu proibida de ter dois esposos, um público e um privado?

(COETZEE, J. M. *Verão*. Trad. José Rubens Siqueira. São Paulo: Companhia das Letras, 2010. p. 70.)

BÍGAMO [*ver tb. adultério, bigamia, bínubo, digamia, família simultânea*] – Do grego *bi*, dois, e *gamos*, casamento. É a pessoa que, simultaneamente, tem dois cônjuges, ou seja, dois casamentos. No âmbito do Direito Penal, é o agente que pratica o delito da bigamia (Art. 235, CP). Não deve ser confundido com o *dígamo*, que é quem casa pela segunda vez, após ter-se divorciado do primeiro cônjuge, ou por ter enviuvado, ou seja, que teve casamento sucessivo, e não simultâneo.

BINÔMIO ALIMENTAR – Ver alimentos – binômio.

BÍNUBO [*ver tb. bigamia, bígamo, dígamo*] – Do latim *binubus, bi,* dois e *nubere,* casar. É aquele que se casou duas vezes sucessivamente. Diferentemente do bí-

gamo, que tem dois casamentos simultâneos, o primeiro casamento do bínubo já era extinto. É o mesmo que dígamo.

BIODIREITO [*ver tb. anencefalia, família ectogenética, feto anencéfalo, reprodução assistida, eutanásia, útero de substituição*] – É o ramo do Direito que relaciona os avanços da Medicina, Engenharia Genética e Biotecnologia e sua necessidade de regulamentação a partir de parâmetros éticos. Os temas do Biodireito, tais como embriões criopreservados, células-tronco, clonagem, seleção eugênica, útero de substituição, a maioria deles ainda sem regulamentação específica, têm sido decididos e pautados pela jurisprudência, doutrina e princípios constitucionais, especialmente o da dignidade da pessoa humana. O Conselho Federal de Medicina, em razão da omissão e lacunas de lei, expediu atos normativos estabelecendo alguns parâmetros e limites, a exemplo da Resolução nº 2.320/2022 *que disciplina as normas éticas para a utilização das técnicas de Reprodução Assistida no Brasil: Os doadores não devem conhecer a identidade dos receptores e vice-versa, exceto na doação de gametas para parentesco de até 4º (quarto) grau, de um dos receptores (primeiro grau – pais/filhos; segundo grau – avós/irmãos; terceiro grau – tios/sobrinhos; quarto grau – primos), desde que não incorra em consanguinidade. 3. A idade limite para a doação de gametas é de 37 (trinta e sete) anos para a mulher e de 45 (quarenta e cinco) anos para o homem. 3.1 Exceções ao limite da idade feminina poderão ser aceitas nos casos de doação de oócitos e embriões previamente congelados, desde que a receptora/receptores seja(m) devidamente esclarecida(os) dos riscos que envolvem a prole. (IV – Doação de gametas ou embriões da Resolução 2.320/2020).*

A Lei nº 11.105/05, mais conhecida como Lei de Biossegurança, foi o primeiro texto legislativo a tratar do Biodireito, embora aborde especificamente aspectos de segurança e mecanismos de fiscalização de organismos geneticamente modificados, como por exemplo a pesquisa com células-tronco: *É permitida, para fins de pesquisa e terapia, a utilização de células-tronco embrionárias obtidas de embriões humanos produzidos por fertilização in vitro e não utilizados no respectivo procedimento, atendidas as seguintes condições: I – sejam embriões inviáveis; ou II – sejam embriões congelados há 3 (três) anos ou mais, na data da publicação desta Lei, ou que, já congelados na data da publicação desta Lei, depois de completarem 3 (três) anos, contados a partir da data de congelamento* (Art. 5º, Lei nº 11.105/05).

A Bioética e o Biodireito têm mais perguntas do que respostas. Há um debate constante entre ética, moral e religião, como é o caso das transfusões de sangue, proibidas por determinadas religiões. A melhor resposta a essa indagações deve recair sempre na invocação do macro princípio constitucional da dignidade da pessoa humana, que é também a palavra de ordem da maioria dos ordenamentos jurídicos ocidentais e, também, o princípio da autonomia do sujeito e seus familiares. Somente a autonomia privada pode sustentar a dignidade do sujeito para dar alguma coerência à confusão e balbúrdia sanitária-teológica, que sempre atravessam essas questões.

JURISPRUDÊNCIA

(...) O princípio da autonomia da vontade, corolário do direito de liberdade, é preceito orientador da execução do Planejamento Familiar, revelando-se, em uma de suas vertentes, um ato consciente do casal e do indivíduo de escolher entre ter ou não filhos, o número, o espaçamento e a oportunidade de tê-los, de acordo com seus planos e expectativas. 10. Na reprodução assistida, a liberdade pessoal é valor fundamental e a faculdade que toda pessoa possui de autodeterminar-se fisicamente, sem nenhuma subserviência à vontade de outro sujeito de direito. 11. O CC/2002 (art. 1.597) define como relativa a paternidade dos filhos de pessoas casadas entre si, e, nessa extensão, atribui tal condição à situação em que os filhos são gerados com a utilização de embriões excedentários, decorrentes de concepção homóloga, omitindo-se, contudo, quanto à forma legalmente prevista para utilização do material genético post mortem. 12. A decisão de autorizar a utilização de embriões consiste em disposição post mortem, que, para além dos efeitos patrimoniais, sucessórios, relaciona-se intrinsecamente à personalidade e dignidade dos seres humanos envolvidos, genitor e os que seriam concebidos, atraindo, portanto, a imperativa obediência à forma expressa e incontestável, alcançada por meio do testamento ou instrumento que o valha em formalidade e garantia. (...) (STJ, REsp nº 1.918.421/SP, relator Ministro Marco Buzzi, relator para acórdão Ministro Luis Felipe Salomão, Quarta Turma, DJe de 26/8/2021).

BLINDAGEM PATRIMONIAL – Ver desconsideração da personalidade jurídica.

BOA-FÉ [*ver tb. casamento putativo, união estável putativa*] – Do latim *bona fides*. É a boa intenção ao praticar determinado ato, sem intenção de engano e agindo de acordo com o direito e a lei, ao contrário de quem age de má-fé, isto é, com maldade e tendo a ciência do engano ou da fraude. A boa-fé é um importante elemento na determinação da prática e realidade dos atos e fatos jurídicos. Em Direito de Família, especificamente, ela pode determinar, por exemplo, se o casamento é válido, quando contraído por alguém que não sabia que o outro cônjuge já era casado e escondia este fato, o que se denomina casamento putativo.

DISPOSITIVOS NORMATIVOS

CCB – Arts. 187, 422, 1.561.

JURISPRUDÊNCIA

(...) A filiação socioafetiva, por seu turno, ainda que despida de ascendência genética, constitui uma relação de fato que deve ser reconhecida e amparada juridicamente. Isso porque a parentalidade que nasce de uma decisão espontânea, frise-se, arrimada em boa-fé, deve ter guarida no Direito de Família. 4. Nas relações familiares, o princípio da boa-fé objetiva deve ser observado e visto sob suas funções integrativas e limitadoras, traduzidas pela figura *do venire contra factum proprium* (proibição de comportamento contraditório), que exige coerência comportamental daqueles que buscam a tutela jurisdicional para a solução de conflitos no âmbito do Direito de Família. 5. Na hipótese, a evidente má-fé da genitora e a incúria do recorrido, que conscientemente deixou de agir para tornar público sua condição de pai biológico e, quiçá, buscar a construção da necessária paternidade socioafetiva, toma-lhes o direito de se insurgirem contra os fatos consolidados. 6. A omissão do recorrido, que contribuiu decisivamente para a perpetuação do engodo urdido pela mãe, atrai o entendimento de que a ninguém é dado alegar a própria torpeza em seu proveito (*Nemo auditur propriam turpitudinem allegans*) e faz fenecer a sua legitimidade para pleitear o direito de buscar a alteração no registro de nascimento de sua filha biológica. (REsp. 1087163 RJ, Rel.ª Min.ª. Nancy Andrighi, 3ª T – STJ. publ. 31/08/2011).

ILUSTRAÇÃO

Sérgio Lima, P. 110.

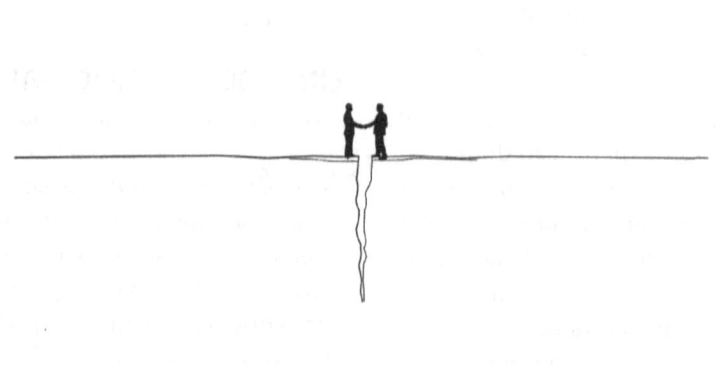

BOA-FÉ OBJETIVA [*ver tb. boa-fé, disregard, desconsideração da personalidade jurídica e teoria da aparência*] – É o comportamento ético que se espera das pessoas. É a manifestação do princípio fundamental da eticidade, que é a exigência de lealdade das partes, o que se espera de alguém por um simples senso ético. Trata-se de uma evolução do conceito da boa-fé propriamente dita, que se dividiu em objetiva e subjetiva, não mais residindo apenas no plano da intenção (boa-fé subjetiva), mas no plano da conduta de fato também (boa-fé objetiva).

Está diretamente relacionado aos deveres anexos ou laterais de conduta, isto é, deveres jurídicos não previstos em legislação ou em cláusulas contratuais, mas que são esperados das partes, por exemplo: dever de cuidado; dever de respeito; dever de informar; dever de lealdade etc.

A quebra ou violação desses deveres pode acarretar a responsabilização civil daquele que desrespeitou, configurando espécie de inadimplemento, independente de culpa. O Código Comercial brasileiro de 1850, em seu art. 131, já mencionava a boa-fé como o fio condutor dos contratos comerciais. Ganhou força e reforço no Brasil com o Código de Defesa do Consumidor, em 1990, que estabeleceu as bases da política nacional de consumo com o princípio da boa-fé objetiva. Seguindo essa linha, o Direito Civil teve na boa-fé uma inovação para sustentar a validade ou invalidade dos contratos.

A boa-fé objetiva não tem a intenção de servir como instrumento de correção de posições de hipossuficiência ou inferioridade contratual, isto é, não se trata de um princípio de proteção da parte mais fraca, mas do comportamento ético-socializante que se espera das partes.

Com a constitucionalização do Direito Civil ganhou *status* de princípio e expandiu suas fronteiras, chegando ao Direito de Família, não apenas aplicável às relações patrimoniais, por decorrência natural do direito obrigacional, mas também nas relações não patrimoniais, servindo de controle e termômetro dos atos de autonomia privada. Por exemplo, aquele que não informa ao seu ex-cônjuge/companheiro que já estabeleceu outra relação de união estável/casamento, ou que já tem trabalho para seu autossustento, com intuito de não cessar a pensão alimentícia, não agiu com boa-fé, ferindo os deveres de lealdade e informação. Da mesma forma, viola o princípio da boa-fé objetiva o alimentante que esconde sua fonte de renda para não pagar, ou pagar um valor menor da pensão alimentícia; ou a alimentário que utiliza de artifícios para prolongar e manter a necessidade alimentar.

O conceito da boa-fé objetiva está estritamente ligado à ideia de honestidade e à dignidade e ao seu oposto, a indignidade.

DISPOSITIVOS NORMATIVOS

CCB – Arts. 50; 187; 422; e 1.561.

JURISPRUDÊNCIA

(...) A boa-fé objetiva deve guiar as relações familiares, como um manancial criador de deveres jurídicos de cunho preponderantemente ético e coerente. 3. De acordo com os arts. 1.694 e 1.695 do CC/02, a obrigação de prestar alimentos está condicionada à permanência dos seguintes pressupostos: (i) o vínculo de parentesco, ou conjugal ou convivencial; (ii) a necessidade e a incapacidade de o alimentando de sustentar a si próprio; (iii) a possibilidade do alimentante de fornecer alimentos. 4. O fosso fático entre a lei e o contexto social impõe ao Juiz detida análise de todas as circunstâncias e peculiaridades passíveis de visualização ou de intelecção no processo, para a imprescindível aferição da capacidade ou não de autossustento daquele que pleiteia alimentos, notadamente em se tratando de obrigação alimentar entre ex-cônjuges ou ex-companheiros. Disso decorre a existência ou não da presunção da necessidade de alimentos. 5. A realidade social vivenciada pelo casal ao longo da união deve ser fator determinante para a fixação dos alimentos. Mesmo que se mitigue a regra inserta no art. 1.694 do CC/02, de que os alimentos devidos, na hipótese, são aqueles compatíveis com a condição social do alimentando, não se pode albergar o descompasso entre o *status* usufruído na constância do casamento ou da união estável e aquele que será propiciado pela atividade laborativa possível. 6. A obrigação de prestar alimentos transitórios – a tempo certo – é cabível, em regra, quando o alimentando é pessoa com idade, condições e formação profissional compatíveis com uma provável inserção no mercado de trabalho, necessitando dos alimentos apenas até que atinja sua autonomia financeira, momento em que se emancipará da tutela do alimentante – outrora provedor do lar –, que será então liberado da obrigação, a qual se extinguirá automaticamente (STJ, REsp 1025769/MG, Rel.ª Min.ª Nancy Andrighi, 3ª T., publ. 01/09/2010).

BOA-FÉ SUBJETIVA [*ver tb. boa-fé objetiva*] – É quando alguém acredita estar agindo corretamente, mas não está. Consiste em uma situação psicológica, estado de espírito ou ânimo do sujeito, que realiza algo ou vivencia um momento, sem ter a noção da ilicitude de seu ato. Em regra, deriva da ignorância, escusável, do sujeito a respeito de determinada situação. Por exemplo, o possuidor da boa-fé subjetiva, que desconhece o vício que macula a sua posse; nos casos de casamento putativo, em que o sujeito desconhece impedimento para o casamento etc. O juiz, na aplica-

ção da teoria da boa-fé subjetiva, deve se pronunciar sobre o estado de ciência ou de ignorância do sujeito. Ficando provado o não conhecimento do vício pela parte, em benefício dela geram os efeitos legais.

BODAS [*ver tb. noivado, casamento*] – É o mesmo que casamento. É o ato e festa de celebração do casamento. No singular boda, do latim *votum*, voto, promessa.

A festa comemorativa dos 75 anos de aniversário de casamento é chamada de bodas de brilhante; dos 65 anos, bodas de platina; dos 60 anos, diamante; 55 anos, de ametista; 50 anos, de ouro; 45 anos, de rubi; 40 anos, de esmeraldas; 35 anos, de coral; 30 anos, de pérola; 25 anos, de prata; 20 anos, de porcelana; 15 anos, de cristal etc.

LINGUAGEM POÉTICA

Começaria tudo outra vez / Se preciso fosse, meu amor / A chama em meu peito Ainda queima, saiba! / Nada foi em vão...

A cuba-libre dá coragem / Em minhas mãos / A dama de lilás / Me machucando o coração / Na sede de sentir / Seu corpo inteiro / Coladinho ao meu...

E então eu cantaria / A noite inteira / Como já cantei, cantarei / As coisas todas que já tive / Tenho e sei, um dia terei...

A fé no que virá / E a alegria de poder / Olhar prá trás / E ver que voltaria com você De novo, viver / Nesse imenso salão...

Ao som desse bolero / Vida, vamos nós / E não estamos sós / Veja meu bem A orquestra nos espera / Por favor! / Mais uma vez, recomeçar

(*Começaria tudo outra vez* – Letra e música de Gonzaguinha).

BULLYING [ver tb. cyberbullying e bullying digital] – Expressão da língua inglesa para significar o ato de intimidar psicológica, física ou verbalmente outrem que se pressupõe mais fraco. Deriva do substantivo *bully*, que significa brigão, e do verbo *to bully*, ameaçar, amedrontar, intimidar. Em português, o verbo bulir significa agitar, implicar com, caçoar de, mexer com. Manifesta-se por atitudes que colocam a vítima em situação vexatória, inclusive por preconceitos envolvendo questões sexuais, religiosa, raça ou detalhes e características físicas que se tornam objeto de humilhação ou chacota. Caracteriza-se pela sua forma repetida e intencional, não se configurando apenas como um fato isolado.

Nem toda agressão configura *bullying*, mas necessariamente o *bullying* é uma forma de agressão. Geralmente, ocorre entre crianças e adolescentes, nos mais diversos ambientes, públicos e privados. É comum esta prática ter início na infância, quando começam as disputas físicas entre as crianças, incluindo questões esportivas, agravando-se na pré-adolescência, acentuando-se na adolescência.

A Lei nº 13.185/2015 instituiu o Programa de Combate à Intimidação Sistemática (Bullying), disciplinando em seus artigos 2º e 3º, o norte para configuração e a forma que pode ser configurada a prática de Bullying: *Caracteriza-se a intimidação sistemática (bullying) quando há violência física ou psicológica em atos de intimidação, humilhação ou discriminação e, ainda: I – ataques físicos; II – insultos pessoais; III – comentários sistemáticos e apelidos pejorativos; IV – ameaças por quaisquer meios; V – grafites depreciativos; VI – expressões preconceituosas; VII – isolamento social consciente e premedi-*tado; VIII – pilhérias. Parágrafo único. Há intimidação sistemática na rede mundial de computadores (cyberbullying), quando se usarem os instrumentos que lhe são próprios para depreciar, incitar a violência, adulterar fotos e dados pessoais com o intuito de criar meios de constrangimento psicossocial. Art. 3º A intimidação sistemática (bullying) pode ser classificada, conforme as ações praticadas, como: I – verbal: insultar, xingar e apelidar pejorativamente; II – moral: difamar, caluniar, disseminar rumores; III – sexual: assediar, induzir e/ou abusar; IV – social: ignorar, isolar e excluir; V – psicológica: perseguir, amedrontar, aterrorizar, intimidar, dominar, manipular, chantagear e infernizar; VI – físico: socar, chutar, bater; VII – material: furtar, roubar, destruir pertences de outrem; VIII – virtual: depreciar, enviar mensagens intrusivas da intimidade, enviar ou adulterar fotos e dados pessoais que resultem em sofrimento ou com o intuito de criar meios de constrangimento psicológico e social. (art. 2º e 3º da Lei nº 13.185/2015).*

A Lei 13.663/2018 alterou o art. 12 da Lei nº 9.394, de 20 de dezembro de 1996, para incluir a promoção de medidas de conscientização, de prevenção e de combate a todos os tipos de violência e a promoção da cultura de paz entre as incumbências dos estabelecimentos de ensino. Dentre as alterações, consta promover medidas de conscientização, de prevenção e de combate a todos os tipos de violência, especialmente a intimidação sistemática (*bullying*), no âmbito das escolas, bem como estabelecer ações destinadas a promover a cultura de paz nas instituições de ensino.

Em registro nos anais do VII Congresso Brasileiro de Direito de Família, reali-

B

zado em novembro de 2009, promovido pelo IBDFAM – Instituto Brasileiro de Direito de Família, Flávio Tartuce foi um dos primeiros autores brasileiros a escrever sobre o aspecto jurídico do assunto, acrescentando que esta prática pode ocorrer também nas universidades: *É utópico acreditar que estudantes universitários apresentam maior capacidade de defesa, eles sofrem abusos por parte de colegas e também da Equipe Docente, mas também agridem, ignoram, discriminam e em alguns casos, até matam por não suportarem mais ser humilhados. Em ambientes universitários governados por pessoas insensíveis à violência, o Bullying é visto como processo natural e comumente descartado. (...) O trote universitário mesmo quando ocorre de forma solidária, não deixa de ser uma forma de Bullying em que a vítima muitas vezes o tolera para não ficar antipatizado pelo grupo.* Além desses tipos de intimidação, o assédio moral no ambiente de trabalho, situação na qual o funcionário ou empregado, passa a sofrer perseguição pelo seu superior manifestada por gestos, palavras ou condutas hostis, ordens de isolamento, ou até discriminação por parte dos colegas tem sido considerado *bullying*.

Também é conhecido como *mobbing*, coação moral, assédio psicológico, manipulação perversa, hostilização no trabalho ou psicoterror. Pode acarretar dano à integridade física e psíquica do trabalhador, ferir sua dignidade, colocando seu emprego em perigo ou degradando-o junto aos demais integrantes do grupo.

Tratando-se de menores púberes e impúberes, a responsabilidade deve ser imposta àqueles que por eles respondem, que têm o dever de criação e educação, e, solidariamente, ao responsável pelo

local (inclusive a responsabilidade de sítios da web quanto ao *cyberbullying* ou *bullying digital*) ou instituição em que agressor e agredido se encontrava no momento (Arts. 14, do Código de Defesa do Consumidor, e 37 da CR), independentemente de os pais não estarem presentes. Isso porque o ato danoso pode (não necessariamente deve) decorrer de defeito moral ou de direção ou ainda má educação do menor, sem o qual o *bullying* não teria ocorrido. Além disso, não se pode desconsiderar que essa violência pode ser o reflexo do exemplo que se vivencia em casa. Os professores têm o dever de vigilância, enquanto aos pais incumbe um dever mais amplo, pois do poder familiar decorre o dever de criação, educação, profissionalização etc. A Constituição da República estabelece no art. 205 que *a educação, direito de todos e dever do Estado e da família, será promovida e incentivada com a colaboração da sociedade, visando ao pleno desenvolvimento da pessoa, seu preparo para o exercício da cidadania e sua qualificação para o trabalho.* O art. 227 dispõe sobre o dever *da família, da sociedade e do Estado assegurar à criança, ao adolescente e ao jovem, com absoluta prioridade educação, profissionalização, cultura etc.*, bem como no art. 229, no qual está contido *o dever dos pais de assistir, criar e educar os filhos menores.* Além desses, os arts. 4º e 22 do Estatuto da Criança e do Adolescente (Lei nº 8.096/90) também asseguram o direito à educação, dispondo que incumbe aos pais o dever de sustento, guarda e educação. Os arts. 1.566, IV, e 1.634 do CCB também impõem o dever de guarda e educação. Como educação, entende-se não somente o sentido escolar, mas sim a necessária e legal obrigação de transmitir ampla formação moral, ética e cívica, inclusive com a imposição de limites, para que a criança tenha condições de distinguir o certo do errado e tornar-se um cidadão.

A responsabilidade dos pais pelos atos danosos praticados pelos filhos advém do poder familiar, não da guarda. Portanto, independentemente de quem é o guardião ou de quem estava na companhia do menor no momento da agressão, ambos os genitores são responsáveis, apesar de os incisos I e II do art. 932 do CCB estabelecerem que são responsáveis pela reparação civil os pais/tutores que estiverem sob sua autoridade e em sua companhia os filhos menores. Assim, tanto as escolas quanto os pais devem ser responsabilizados pelos atos de *bullying*, respectivamente, pela culpa *in educando* e culpa *in vigilando*, sendo desnecessária a perquirição de culpa por parte dos genitores/tutores e da escola, tendo em vista que essa responsabilidade é objetiva. Basta a existência do dano para que se imponha o dever de reparação (Arts. 186 e 927, CCB).

A Lei nº 13.431/2017, que estabelece o sistema de garantia de direitos da criança e do adolescente vítima ou testemunha de violência e altera a Lei nº 8.069, de 13 de julho de 1990 (Estatuto da Criança e do Adolescente), prevê, dentre outras condutas ilícitas, o *bullying*, como forma de violência psicológica. O art. 4º, II, *a*, prevê: "Para os efeitos desta Lei, sem prejuízo da tipificação das condutas criminosas, são formas de violência: (...) II – violência psicológica: a) qualquer conduta de discriminação, depreciação ou desrespeito em relação à criança ou ao adolescente mediante ameaça, constrangimento, humilhação, manipulação, iso-

lamento, agressão verbal e xingamento, ridicularização, indiferença, exploração ou intimidação sistemática (*bullying*) que possa comprometer seu desenvolvimento psíquico ou emocional".

DISPOSITIVOS NORMATIVOS

CR – Arts. 1º, art. 3º, 37, 226, 227 e 229.

CCB – Arts. 186, 927, 1.634.

Lei nº 8.069/1990 – Estatuto da Criança e do Adolescente – Arts. 3º, 7º.

Lei nº 8.078/90 – Código de Defesa do Consumidor – Art. 14.

Decreto nº 7.037/09 – Traz ações programáticas para proteger e defender os direitos de crianças e adolescentes com maior vulnerabilidade.

Lei nº 13.185/2015 – Instituiu o Programa de Combate à Intimidação Sistemática (Bullying).

Lei nº 13.431/2017 – Estabelece o sistema de garantia de direitos da criança e do adolescente vítima ou testemunha de violência e altera a Lei nº 8.069, de 13 de julho de 1990 (Estatuto da Criança e do Adolescente).

Lei 13.663/2018 – Altera o art. 12 da Lei nº 9.394, de 20 de dezembro de 1996, para incluir a promoção de medidas de conscientização, de prevenção e de combate a todos os tipos de violência e a promoção da cultura de paz entre as incumbências dos estabelecimentos de ensino.

JURISPRUDÊNCIA

(...) Restou demonstrado nos autos que o recorrente sofreu agressões físicas e verbais de alguns colegas de turma, que iam muito além de pequenos atritos entre crianças daquela idade, no interior do estabelecimento réu, durante todo o ano letivo de 2005. É certo que tais agressões, por si só, configuram dano moral, cuja responsabilidade de indenização seria do colégio em razão de sua responsabilidade objetiva. Com efeito, o colégio-réu tomou algumas medidas na tentativa de contornar a situação, contudo, tais providências foram inócuas para solucionar o problema, tendo em vista que as agressões se perpetuaram pelo ano letivo. Talvez porque o estabelecimento de ensino apelado não atentou para o papel da escola como instrumento de inclusão social, sobretudo no caso de crianças tidas como "diferentes". Nesse ponto, vale registrar que o ingresso no mundo adulto requer a apropriação de conhecimentos socialmente produzidos. A interiorização de tais conhecimentos e experiências vividas se processa, primeiro, no interior da família e do grupo em que este indivíduo se insere, e, depois, em instituições como a escola, no dizer de Helder Baruffi, "neste processo de socialização ou de inserção do indivíduo na sociedade, a educação tem papel estratégico, principalmente na construção da cidadania" (Ap. Cível nº 20060310083312, Rel. Des. Waldir Leôncio Júnior, 2ª TC – TJDF. j. 09/07/2008).

ILUSTRAÇÃO

Grace Camargos. P. 114.

BULLYING DIGITAL – Ver *cyberbullying*.

BULLYING ELETRÔNICO – É o mesmo que *cyberbullying*.

BUSCA DA ORIGEM GENÉTICA – Ver investigação de origem genética.

BUSCA E APREENSÃO DE MENOR

[*ver tb. fumus bonis iuris e periculum in mora*] – Busca no literal sentido da palavra, é a procura, a pesquisa sobre a localização de alguém ou de alguma coisa. Apreensão é o ato ou efeito de apreender a pessoa ou a coisa (tomar para si) que se buscava. Busca e Apreensão de Menor é um procedimento cautelar específico e nominado, que tem a finalidade de buscar/localizar o menor de idade para reavê-lo e entrega-lo ao seu guardião, tutor, abrigo ou a quem legalmente possa reivindicá-lo. Para que o juiz conceda tal medida cautelar faz-se necessária a presença do *fumus boni iuris* e do *periculum in mora*. No CPC/1973 havia previsão expressa para busca e apreensão de menores de idade (art. 839). No CPC/2015 esse remédio está previsto no art. 536, na modalidade de dar cumprimento às obrigações de fazer ou entregar a coisa (Art. 538). Mas nada impede que se faça a busca e apreensão de filhos, quando detidos ilegal ou irregularmente, com pedido de tutela de urgência, como previsto no art. 301: "*A tutela de urgência de natureza cautelar pode ser efetivada mediante arresto, sequestro, arrolamento de bens, registro de protesto contra alienação de bem e qualquer outra medida idônea para asseguração do direito*".

JURISPRUDÊNCIA

(...) verificado pela prova coligida aos autos que a medida atende o melhor interesse da menor, restam demonstrados o *fumus boni iuris* e o *periculum in mora* a justificar a concessão da liminar de busca e apreensão.(...) (Ag. nº 1.0145.10.049035-1/003, Rel. Des. Peixoto Henriques, 7ª CC – TJMG. publ. 19/05/2013).

B

C

CABEÇA DO CASAL – Era a expressão que se usava para designar o chefe de família, que na sociedade patriarcal era o marido. Com a Constituição da República de 1988, que igualizou os direitos entre homens e mulheres, tal expressão caiu em desuso: *os direitos e deveres referentes à sociedade conjugal são exercidos igualmente pelo homem e pela mulher* (Art. 226, § 5º, CR).

JURISPRUDÊNCIA

(...) Pode-se afirmar, ainda, que a Constituição de 1988 é um marco histórico no processo de proteção dos direitos e garantias individuais e, por extensão, dos direitos das mulheres, como podemos constatar nos dispositivos constitucionais que garantem, entre outras coisas, a proteção à maternidade (art. 6º e art. 201, II); a licença à gestante, sem prejuízo do emprego e do salário, com duração de 120 dias (art. 7º, XVIII); a proteção do mercado de trabalho da mulher, mediante incentivos específicos, nos termos da lei (art. 7º, XX); a proibição de diferença de salários, de exercício de funções e de critério de admissão por motivo de sexo (art. 7º, XXX); o reconhecimento da união estável (art. 226, § 3º) e como entidade familiar a comunidade formada por qualquer dos pais e seus descendentes (art. 226, § 4º); a determinação de que os direitos e deveres referentes à sociedade conjugal serão exercidos igualmente pelo homem e pela mulher (art. 226, § 5º); a constitucionalização do divórcio (art. 226, § 6º); o planejamento familiar (art. 226, § 7º) e a necessidade de coibir a violência doméstica (art. 226, § 8º). A preocupação do Constituinte com a proteção dos direitos das mulheres e com o fim da discriminação de gênero se espraia por todo o ordenamento. (...) (RE 227.114 SP, Rel. Min. Joaquim Barbosa, 2ª T – STF. j. 22/11/2011).

CADUCIDADE [*ver tb. caducidade do legado, caducidade do testamento, decadência, prescrição*] – Do latim *cadere*, cair, perecer. No sentido técnico jurídico, é o estado de ineficácia de um ato jurídico em face de um evento posterior, ou seja, o estado daquilo que se anulou ou que perdeu validade, tida, até então, antes que algo acontecesse. Tem sentido muito mais amplo que prescrição e decadência, vez que a consequência de ambos se encontram dentro do conceito geral de caducidade. Na prescrição, temos a caducidade da ação, enquanto na decadência temos a caducidade do direito.

A caducidade de um direito também pode advir da renúncia de quem poderia requerer esse direito. Assim, caducidade é o desaparecimento da capacidade de produzir efeitos, seja de um direito ou de uma ação, diante da inércia ou renúncia por parte de seu titular, podendo se originar de ato, fato, transcurso de prazo ou decisão judicial.

CADUCIDADE DO LEGADO [*ver tb. caducidade, caducidade do testamento, legado*] – É a ineficácia, por causa ulterior, de disposição testamentária de legado. O legado válido pode caducar por causa superveniente, de ordem objetiva – quando faltar objeto do legado – ou subjetiva – quando faltar o beneficiário. Na segunda hipótese, o bem legado volta para a massa hereditária, salvo direito de acrescer. *Caducará o legado: I – se, depois do testamento, o testador modificar a coisa legada, ao ponto de já não ter a forma nem lhe caber a denominação que possuía; II – se o testador, por qualquer título, alienar no todo ou em parte a coisa legada; nesse caso, caducará até onde ela deixou de pertencer ao testador; III – se a coisa perecer ou for evicta, vivo ou morto o testador, sem culpa do herdeiro ou legatário incumbido do seu cumprimento; IV – se o legatário for excluído da sucessão, nos termos do art. 1.815; V – se o legatário falecer antes do testador* (Art. 1.939, CCB).

Também caduca o legado quando o testador sujeita o recebimento do legado a condição suspensiva, não vindo esta a se verificar.

CADUCIDADE DO TESTAMENTO [*ver tb. caducidade, caducidade do legado, testamento*] – É a ineficácia, por causa ulterior, de testamento válido ou de parte dele. Ocorrendo obstáculo superveniente ao momento da elaboração do testamento, mesmo sendo válida a cédula testamentária, o testamento caducará, retornando os bens à sucessão legítima.

DISPOSITIVOS NORMATIVOS

CCB – Arts. 1.788, 1.891, 1.895.

CAPACIDADE ABSOLUTA – É o mesmo que capacidade plena.

CAPACIDADE CIVIL [*ver tb., alieni juris, incapacidade absoluta, incapacidade relativa, sui juris*] – É a aptidão que o indivíduo tem de gozo e do exercício de seus direitos. Divide-se em: capacidade de direito, uma capacidade geral, genérica, que a pessoa adquire ao nascer (Art. 1º, CCB), atrelada aos direitos da personalidade; e capacidade de fato, que possibilita ao sujeito praticar os atos da vida civil por si só, sem a necessidade da presença de um terceiro (representante, assistente, tutor ou curador). É a capacidade de exercício de seus direitos.

A Lei nº 13.146/2015, que instituiu o chamado Estatuto da Pessoa com Deficiência, provocou uma revolução paradigmática e alterações na teoria das incapacidades prevista no Código Civil, modificando a redação dos arts. 3º e 4º do Código Civil e o capítulo que trata da curatela, estabelecido pelos arts. 1.767 e seguintes, instituindo a denominada "ação de curatela" e não mais ação de interdição. Antes da entrada em vigor do Estatuto da Pessoa com Deficiência, eram considerados absolutamente incapazes de exercer pessoalmente os atos da vida civil (I) os menores de 16 anos, (II) os que, por enfermidade ou deficiência mental, não tivessem o necessário discernimento para a prática desses atos e (III) os que, mesmo por causa transitória, não pudessem exprimir sua vontade. Já no que diz respeito à incapacidade relativa, eram considerados incapazes, relativamente a certos atos ou à maneira de os exercer (I) os maiores de 16 e menores de 18 anos, (II) os ébrios habituais, os viciados em tóxicos, e os que, por deficiência mental, tivessem o discernimento reduzido, (III) os excepcionais, sem desenvolvimento mental completo e (IV) os pródigos. Todavia, em razão do art. 6º da Lei nº 13.146/2015 preconizar que "a deficiência não afeta a plena capacidade civil da pessoa", agora, somente os menores de 16 anos são considerados absolutamente incapazes de exercer pessoalmente os atos da vida civil (art. 3º do CC). Da mesma forma, houve mudanças na lei civil acerca da incapacidade relativa (art. 4º do CC), sendo retiradas as previsões de incapacidade relativa quanto aos que tivessem discernimento reduzido por deficiência mental e quanto aos excepcionais, sem desenvolvimento mental completo. A par disso, aqueles que, mesmo por causa transitória, não puderem exprimir sua vontade – que anteriormente eram considerados absolutamente incapazes –, agora são considerados relativamente incapazes. Em suma, as definições de capacidade civil foram reconstruídas para dissociar a deficiência da incapacidade. Assim, em virtude das alterações provocadas na lei civil pelo Estatuto da Pessoa com Deficiência, não se cogita de incapacidade absoluta de pessoas maiores de 16 anos, mas somente em incapacidade relativa.

JURISPRUDÊNCIA

(...) A questão discutida no presente feito consiste em definir se, à luz das alterações promovidas pela Lei nº 13.146/2015, quanto ao regime das incapacidades reguladas pelos arts. 3º e 4º do Código Civil, é possível declarar como absolutamente incapaz adulto que, em razão de enfermidade permanente, encontra-se inapto para gerir sua pessoa e administrar seus bens de modo voluntário e consciente. 2. A Lei nº 13.146/2015, que instituiu o Estatuto da Pessoa com Deficiência, tem por objetivo assegurar e promover a inclusão social das pessoas com deficiência física ou psíquica e garantir o exercício de sua capacidade em igualdade de condições com as demais pessoas. 3. A partir da entrada em vigor da referida lei, a incapacidade absoluta para exercer pessoalmente os atos da vida civil se restringe aos menores de 16 (dezesseis) anos, ou seja, o critério passou a ser apenas etário, tendo sido eliminadas as hipóteses de deficiência mental ou intelectual anteriormente previstas no Código Civil. 4. Sob essa perspectiva, o art. 84, § 3º, da Lei nº 13.146/2015 estabelece que o instituto da curatela pode ser excepcionalmente aplicado às pessoas portadoras de deficiência, ainda que agora sejam consideradas relativamente capazes, devendo, contudo, ser proporcional às necessidades e às circunstâncias de cada caso concreto. 5. Recurso especial provido. (STJ – REsp: 1927423 SP 2020/0232882-9, Rel. Mini. Marco Aurélio Belize, 3ª Turma, pub. DJe 04/05/2021)

CAPACIDADE PLENA [*ver tb. capacidade civil, alieni juris*] – É a aptidão que o indivíduo tem de, simultaneamente, gozar e exercer seus direitos civis. Em regra, todas as pessoas acima de 18 anos têm capacidade plena de direito, ou seja, possuem tanto capacidade de direito (gozo) quanto capacidade de fato (exercício).

DISPOSITIVOS NORMATIVOS

CCB – Arts. 1º ao 5º.

CAPACIDADE PUTATIVA – É a capacidade civil da pessoa que se imaginava válida, sem entretanto sê-la. Ocorre quando, por erro, uma pessoa que participa de um determinado ato ou negócio jurídico acredita que o outro partícipe seja capaz, porque assim aparenta, todavia, sem o ser. Como exemplo, tem-se a hipótese de uma ou mais das testemunhas do testamento ser incapaz e o testador e as demais testemunhas não identificarem tal condição. Nessa hipótese, o instrumento de última vontade não necessariamente será invalidado.

CAPACIDADE RELATIVA [*ver tb. capacidade civil, capacidade plena, interdição*] – É a falta de aptidão do sujeito para exercer seus direitos civis, por ainda não ter adquirido a maioridade civil com os 18 anos. O art. 114 do Estatuto da Pessoa com Deficiência (Lei nº 13.146/2015), em alteração dos arts. 3º e 4º do Código Civil, passou a prever como: (a) absolutamente incapazes: apenas os menores de 16 (dezesseis) anos e (b) relativamente incapazes: os maiores de dezesseis e menores de dezoito anos; os ébrios habituais e os viciados em tóxico; aqueles que, por causa transitória ou permanente, não puderem exprimir sua vontade; e os pródigos. Com tal modificação legal, reconstruiu e ampliou o conceito de capacidade civil, objetivando esclarecer que a deficiência física, mental ou intelectual não gera, *a priori*, incapacidade absoluta ou relativa, consequentemente, influenciando diretamente no instituto da interdição e da curatela: "Art. 6º A deficiência não afeta a plena capacidade civil da pessoa, inclusive para: *I – casar-se e constituir união estável; II – exercer direitos sexuais e reprodutivos; III – exercer o direito de decidir sobre o número de filhos e de ter acesso a informações adequadas sobre reprodução e planejamento familiar; IV – conservar sua fertilidade, sendo vedada a esterilização compulsória; V – exercer o direito à família e à convivência familiar e comunitária; e VI – exercer o direito à guarda, à tutela, à curatela e à adoção, como adotante ou adotando, em igualdade de oportunida-*

des com as demais pessoas". Em suma, as definições de capacidade civil foram reconstruídas para dissociar a deficiência da incapacidade, em virtude das alterações provocadas pelo Estatuto da Pessoa com Deficiência. Assim, não há que se falar de incapacidade absoluta de pessoas maiores de 16 anos, mas somente em incapacidade relativa.

JURISPRUDÊNCIA

(...) Infere-se que o Estatuto da Pessoa com Deficiência (Lei nº 13.146/2015) está de acordo com a Convenção Sobre os Direitos da Pessoa com Deficiência, promulgada pelo Decreto nº 6.949/2009, com *status* equivalente ao de emenda constitucional, nos termos do art. 5º, § 3º, da Constituição Federal. Referida Convenção tem o propósito de promover, proteger e assegurar o exercício pleno e equitativo de todos os direitos humanos e liberdades fundamentais pelas pessoas com deficiência, promovendo o respeito pela sua dignidade inerente (art. 1º). E, nos termos do art. 12.4, a Convenção assegura que os "Estados Partes reconhecerão que as pessoas com deficiência gozam de capacidade legal em igualdade de condições com as demais pessoas em todos os aspectos da vida". A Lei nº 13.146/2015, em conformidade com os ditames da Convenção Sobre os Direitos da Pessoa com Deficiência, limitou a hipótese de incapacidade civil absoluta apenas aos menores de 16 anos, ou seja, ao critério etário, afastando as situações de deficiência. Não houve, outrossim, restrição dos direitos inerentes ao exercício da capacidade pelas pessoas portadoras de algum tipo de deficiência, mas verdadeira ampliação, já que a finalidade da norma é promover a integração, a participação em sociedade e o exercício dos direitos e liberdades fundamentais por tais indivíduos (TJMG, Apelação Cível 1.0000.16.0868949/001, Rel. Des. Renato Dresch, 4ª Câmara Cível, publ. 27/04/2017).

CAPACIDADE SUCESSÓRIA [*ver tb. legitimidade sucessória*] – É a aptidão para receber a herança aferida no momento da abertura da sucessão, ou seja, a condição da pessoa que lhe permite ser titular do direito sucessório invocado, inerente à pessoa do herdeiro. É pressuposto indispensável ao interessado para o recolhimento da herança. Não se confunde com legitimidade sucessória, isso porque um indivíduo pode ser legitimado a suceder, mas não ter capacidade sucessória, como na hipótese da testemunha de testamento. A incapacidade impede que nasça o direito de suceder para o indivíduo.

A capacidade sucessória requer: morte do *de cujus*; sobrevivência do sucessor; pertencer o herdeiro à espécie humana; título ou fundamento jurídico do direito do herdeiro (Art. 1.798, CCB).

CAPTATÓRIA – Ver cláusula captatória.

CARTA CODICILAR [*ver tb. codicilo, testamento, testamento ético*] – É o mesmo que codicilo. É o instrumento jurídico, público ou particular, datado e assinado para valer depois da morte do codicilante, por meio do qual faz disposições sobre o funeral, distribui bens de pouco valor, roupas, joias e também recomendações pessoais de conteúdo moral, ético ou simplesmente que se cumpra determinada vontade (Art. 1.881, CCB).

A carta codicilar pode ser feita de próprio punho ou mecanicamente.

LINGUAGEM POÉTICA

Perdoem a cara amarrada /

Perdoem a falta de abraço /

Perdoem a falta de espaço /

Os dias eram assim

Perdoem por tantos perigos /

Perdoem a falta de abrigo /

Perdoem a falta de amigos /

Os dias eram assim

Perdoem a falta de folhas /

Perdoem a falta de ar /

Perdoem a falta de escolha /

Os dias eram assim

E quando passarem a limpo /

E quando cortarem os laços /

E quando soltarem os cintos /

Façam a festa por mim

Quando lavarem a mágoa /

Quando lavarem a alma /

Quando lavarem a água /

Lavem os olhos por mim

Quando brotarem as flores /

Quando crescerem as matas /

Quando colherem os frutos /

Digam o gosto pra mim

(*Aos nossos filhos* – Letra e música de Ivan Lins).

CARTA DE ADJUDICAÇÃO [*ver tb. adjudicação, adjudicação compulsória*] – É o instrumento jurídico processual, ou notarial, destinado ao adjudicatário, com o objetivo de transferir-lhe a propriedade do bem, conferindo-lhe a plenitude dos direitos da propriedade (gozo, posse e fruição) sobre o bem adjudicado. No Direito Administrativo, é o documento que garante ao vencedor da licitação a prioridade e exclusividade em possível contratação de serviço pelo Estado.

Em Direito de Família, é muito comum o uso da adjudicação para garantir o pagamento de dívida alimentar, transferindo a propriedade do bem do alimentante ao alimentário.

C

Em Direito Sucessório, é o documento hábil a transferir a universalidade dos bens do inventário, expedido pelo juiz em favor do único herdeiro do falecido ou pelo Cartório de Notas, se o herdeiro for maior e capaz (extrajudicial).

Para que se transfira o domínio do bem ao adjudicatário de forma definitiva, imprescindível que ele registre a carta no Cartório de Registro de Imóveis.

CARTA DE EMANCIPAÇÃO [*ver tb. capacidade, capacidade relativa, capacidade plena, emancipação*] – É o título ou documento expedido pelos pais, ou apenas um deles na falta do outro, ou sentença judicial, com a finalidade de emancipar menor entre 16 e 18 anos de idade, declarando-o civilmente capaz para gerir a própria vida e administrar os próprios bens.

A emancipação do tutelado depende de autorização judicial. Quando a emancipação é concedida por autorização paterna, deve ser feita por escritura pública; se decorrente de sentença judicial, o teor da sentença deve integrá-la. Em ambos os casos deverá ser inscrita no Cartório de Registro das Pessoas Naturais, no assento originário do nascimento (Art. 29, IV, Lei nº 6.015/73 – Lei de Registros Públicos), e, de igual forma, *no cartório do 1º Ofício ou da 1ª subdivisão judiciária de cada comarca serão registrados, em livro especial, as sentenças de emancipação, bem como os atos dos pais que a concederem, em relação aos menores nela domiciliados.* (Art. 89, Lei nº 6.015/73).

A emancipação somente produzirá efeitos, em qualquer caso, após a realização dos registros.

A existência de filhos menores emancipados não impede a realização de inventário e de divórcio consensuais extrajudiciais, pela via administrativa. (CNJ, PP 0000409-15.2014.2.00.0000, relator Conselheiro Gustavo Alkmim, j 21/06/2016).

CARTA DE PARTILHA – É o mesmo que formal de partilha.

CARTÓRIO [*ver tb. ata notarial, divórcio extrajudicial, inventário extrajudicial, registro civil de pessoas naturais, tabelião*] – É o local onde se guarda, registra ou arquiva documentos de interesse público. Originalmente, tinha o mesmo sentido de arquivo, pois era a casa onde se guardavam os documentos públicos depois que eles já não precisavam mais ficar na repartição em que eram usados.

No âmbito forense, Cartório é a escrivania judicial que dá suporte ao juízo com estrutura física e de pessoal. Assim, cada juízo tem um cartório correspondente e que lhe dá apoio de funcionamento e execução dos serviços judiciais, cujo titular é o escrivão.

No âmbito administrativo e sem vinculação direta com os juízes, embora sob a fiscalização das corregedorias dos tribunais de justiça estaduais, são os cartórios, sob a administração e titularidade dos tabeliães e Registradores Civis. A serventia, isto é, a função destes cartórios varia de acordo com a especialidade de cada cartório: tabelionato de notas, tabelionato de protesto, registro de títulos e documentos, registro civil de pessoas naturais, registro civil de pessoas jurídicas e registro de imóveis.

O Direito de Família e Sucessões tem íntima conexão com as atividades cartoriais. Nos cartórios judiciais, todos os processos precisam de apoio e estrutura das escrivanias judiciais. Extrajudicialmente, ou administrativamente, todos os registros da vida civil, desde o nascimento até a morte, intercalados por divórcio, interdição etc., são assentados no Cartório de Registro Civil de Pessoas Naturais. Nos tabelionatos, além de todo o tipo de escritura como compra e venda, são feitos também testamentos, pactos antenupciais, contrato e dissolução de união estável, divórcio e inventários. No Cartório de Protestos, pode-se inscrever dívida decorrente de pensão alimentícia. Com a tendência do afastamento do Estado das questões da vida privada e da desjudicialização das questões familiares, os cartórios têm tido cada vez mais importância e significado na prática do Direito de Família e Sucessões.

CASAMENTO [*ver tb. casamento civil, contrato de casamento, casamento religioso, matrimônio*] – Na técnica jurídica, é um contrato formal e solene entre duas pessoas em que se estabelecem direitos e obrigações, formando uma sociedade conjugal e instituindo uma família. O casamento pode ter sentido amplo na linguagem leiga, como por exemplo, "casamento de fato" para designar a união estável ou para designar as pessoas que vivem como se casadas fossem. Contudo, no Direito de Família, a expressão tem um sentido técnico e se diferencia de outras formas de constituição de família. Melhor se traduz como casamento civil.

O casamento foi, é e continua sendo uma forma paradigmática de se constituir famílias. Não significa que seja melhor ou superior às outras, embora até a Constituição de 1988 assim era considerado. Além de ser um contrato para regular as relações patrimoniais entre os cônjuges, e estabelecer regras pessoais de convivência como fidelidade e assistência mú-

tua, em razão de seu conteúdo religioso, foi importante instrumento de controle da sexualidade. Por muitos séculos ele tentou aprisionar o desejo, e funcionou como o legitimador das relações sexuais. E assim, toda sexualidade exercida fora do casamento era considerada ilegítima, pecado, sanção moral que se misturava à jurídica. Foi somente com o Código Civil 2002 que se revogou a possibilidade de anular o casamento em razão da não virgindade da mulher. Essa moral religiosa, veiculada nos textos jurídicos, era determinante no Direito de Família e a sua infração significava a exclusão da cidadania, ou condenação à invisibilidade social, como foi por muitos anos com os filhos e famílias havidos fora do casamento, e ainda hoje com as famílias simultâneas. Com o movimento feminista e o pensamento psicanalítico, esta moral sexual aplicada somente às mulheres teve que transitar para outro lugar. E assim, o casamento não é mais o legitimador das relações sexuais e nem a única forma legítima de se constituir famílias (Art. 226, CR).

O casamento sempre esteve atrelado a um conteúdo religioso, daí a expressão matrimônio utilizada comumente como sinônimo. Embora a Igreja Católica tenha se divorciado do Estado pela Constituição da República de 1891, o princípio da indissolubilidade do casamento só foi rompido em 1977 com a Lei nº 6.515, que introduziu o divórcio no Brasil.

Desde a Resolução do Conselho Nacional de Justiça – CNJ, o casamento pode ser feito entre pessoas do mesmo sexo: *É vedada às autoridades competentes a recusa de habilitação, celebração de casamento civil ou de conversão de união estável em casamento entre pessoas de mesmo sexo* (Art. 1º, Resolução nº 175/2013).

C

A Lei nº 13.811/2019 proibiu o casamento de menores de 16 anos no Brasil, alterando o artigo 1.520 do Código Civil, que previa duas exceções para o casamento de menores de 16 anos: *em casos de gravidez e para evitar imposição ou cumprimento de pena criminal.* Essa alteração de 2019, proíbe o casamento de menores de 16 anos, em qualquer caso. A exceção, que já consta do Código Civil, segundo a qual, pais ou responsáveis de jovens com 16 e 17 anos podem autorizar a união, não foi modificada. O Estado avançou, com essa norma, na proteção dos direitos das meninas e mulheres e das crianças e jovens. No entanto, as dimensões que envolvem o casamento infantil são muitas e exigem da sociedade uma resposta urgente. O Brasil é o quarto país em números absolutos de meninas casadas.

A Lei 14.382 de 27.06.2022 que dispõe sobre o sistema eletrônico dos Registros Públicos judicializou e desburocratizou o casamento. No artigo 69 autoriza a dispensa de proclamas em caso de urgência.

LINGUAGEM LITERÁRIA

Assim; mas era também o cxato, grande, o repentino amor – o acima. Sionésio olhou mais, sem fechar o rosto, aplicou o coração, abriu bem os olhos. Sorriu para trás. Maria Exita. Socorria-a a linda claridade. Ela – ela! Ele veio para junto. Estendeu também as mãos para o polvilho – solar e estranho: o ato de quebrá-lo era gostoso, parecia um brinquedo de menino. Todos o vissem, nisso, ninguém na dúvida. E seu coração se levantou. – "Você, Maria, quererá, a gente, nós dois, nunca precisar de se separar? Você, comigo, vem e vai?" Disse, e viu. O polvilho, coisa sem fim. Ela tinha respondido: – "Vou, demais." Desatou um sorriso. Ele nem viu. Estavam lado a lado, olhavam para a frente. Nem viam a sombra de Nhatiaga, que quieta e calada, lá, no espaço do dia.

Sionésio e Maria Exita – a meios-olhos, perante o refulgir, todo branco. Acontecia o não fato, o não tempo, silêncio em sua imaginação. Só o um-e-outra, um em-si-juntos, o viver em ponto sem parar, coraçãomente: pensamento, pensamor. Alvor. Avançavam, parados, dentro da luz, como se fosse no dia de Todos os Pássaros."

(ROSA, J. Guimarães. Substância. *In: Primeiras estórias*. Rio de Janeiro: Nova Fronteira, 1988. p. 142.)

ILUSTRAÇÃO

Márcia Charnizon. P. 126.

CASAMENTO ANULÁVEL [*ver tb. capacidade para o casamento, casamento inexistente, erro essencial, impedimentos para o casamento*] – É aquele cuja celebração incorre em inobservância de uma das hipóteses previstas em lei, sendo os vícios passíveis de convalidação, seja por vontade das partes, seja pelo decurso de tempo.

As causas de anulabilidade do casamento, com seus respectivos prazos, para postular a anulação, são: a) quando um dos nubentes não atingiu a idade mínima para casar, ou seja, 16 anos, salvo nos casos em que optou pelo casamento para evitar imposição ou cumprimento de pena criminal e, ainda, no caso de gravidez – prazo de 180 (cento e oitenta) dias; b) do menor que, já tendo atingido a idade núbil e não tiver consentimento expresso de ambos os pais ou representantes legais – prazo de 180 (cento e oitenta) dias; c) quando houver vício de vontade em razão de erro essencial quanto à pessoa do cônjuge ou de coação – prazo de 3 (três) anos; d) do incapaz de consentir ou de manifestar, de maneira inequívoca, o consentimento – prazo de 180 (cento e oitenta) dias; e) aquele realizado por procuração, diante do desconhecimento do procurador e do outro cônjuge da revogação do mandato, desde que não haja coabitação após a celebração – prazo de 180 (cento e oitenta) dias; f) quando realizada por autoridade incompetente – na vigência do Código Civil de 1916 essa era uma causa de nulidade – prazo de 2 (dois) anos.

As causas de anulabilidade, a depender da situação fática, são passíveis de serem relativizadas. Nas causas que envolvam menores ainda em idade inúbil, o prazo inicia-se para os representantes legais na data do casamento, e para o menor no dia que completar 16 anos.

DISPOSITIVOS NORMATIVOS:

CCB – Arts. 1.550 a 1.564.

JURISPRUDÊNCIA

(...) Se a opção pela rápida celebração do casamento com pessoa que conheceu por site de relacionamento retirou do autor a possibilidade de convivência prévia para conhecer a personalidade instável da requerida, não há falar em anulação de casamento. As hipóteses do art. 1.557 do CCB que caracterizam erro essencial constituem *numerus clausus*, descabendo interpretação extensiva, e, no caso, não configurando erro de identidade, honra e boa forma. Quanto à doença mental grave, necessária prova técnica que não há nos autos, confirmado a hipótese, bem como a circunstância de preexistência ao casamento. (Ap. Cível nº 70039523204, Rel. Des. Luiz Felipe Brasil Santos, 8ª CC – TJRS. publ. 24/01/2011).

CASAMENTO ASSORTATIVO – Casamento que se realiza por pessoas que buscam características similares, podendo ser psicológicas ou também comportamentais. Hélio Schwartsman nos diz que: *O advento do que os demógrafos*

chamam de casamento assortativo (no qual as partes se escolhem livremente) pode estar criando um novo estamento social. Ao menos nos EUA, economistas já apontam o fato de universitários tenderem a casar-se entre si como uma fonte de desigualdade. Seus filhos, por uma combinação de razões econômicas, biológicas e culturais, terão mais chance de chegar à universidade, assegurar renda e unir-se a outra pessoa nas mesmas condições. Se esse fenômeno é real, o papel da faculdade como mola de ascensão social pode estar se reduzindo, o que faria da gratuidade um subsídio que os mais pobres oferecem aos mais ricos. Ironias da história. (Jornal folha de São Paulo, 11/12/2013).

CASAMENTO AVUNCULAR [*ver tb. casamento, conjugalidade, incesto*] – Do latim *avuncularis*, avunculu, relativo a tio ou tia materna. É o casamento entre tio e sobrinha, tia e sobrinho, ou seja, realizado entre pessoas que têm relação de parentesco entre si, mais especificamente entre tios e sobrinhos. Os ordenamentos jurídicos do mundo ocidental, traduzindo o princípio organizador de toda cultura – o incesto, fizeram regras de proibição de casamento de determinados graus de parentesco. No Brasil, repetindo o Código Civil de 1916, o CCB 2002 estabelece tais proibições: *Não podem casar: I – os ascendentes com os descendentes, seja o parentesco natural ou civil; II – os afins em linha reta; III – o adotante com quem foi cônjuge do adotado e o adotado com quem o foi do adotante; IV – os irmãos, unilaterais ou bilaterais, e demais colaterais, até o terceiro grau inclusive; V – o adotado com o filho do adotante; VI – as pessoas casadas; VII – o cônjuge sobrevivente com o condenado*

por homicídio ou tentativa de homicídio contra o seu consorte (Art. 1.521, CCB).

A origem desta proibição está no princípio universal da interdição do incesto, que sofre variações de acordo com cada cultura. *O problema da proibição do incesto não consiste tanto em procurar que configurações históricas, diferentes segundo os grupos, explicam as modalidades da instituição em tal ou qual sociedade particular, mas em procurar que causas profundas e onipresentes fazem com que, em todas as sociedades e em todas as épocas, exista uma regulamentação das relações entre os sexos. Querer proceder de outra maneira seria cometer o mesmo erro que o linguista que acreditasse esgotar, pela história do vocabulário, o conjunto de leis fonéticas ou morfológicas que presidem o desenvolvimento da língua* (LÉVISTRAUSS, Claude. *Estruturas elementares do parentesco.* Trad. Mariano Ferreira. Petrópolis: Vozes, 1982. p. 62).

Considerando que uma das razões da proibição é de ordem biológica, no ordenamento jurídico brasileiro, se uma junta médica atentar que em razão daquele parentesco não há risco de se gerar filhos com deficiências genéticas, torna-se possível o casamento entre os colaterais: *Os colaterais do terceiro grau, que pretendam casar-se, ou seus representantes legais, se forem menores, requererão ao juiz competente para a habilitação que nomeie dois médicos de reconhecida capacidade, isentos de suspensão, para examiná-los e atestar-lhes a sanidade, afirmando não haver inconveniente, sob o ponto de vista da sanidade, afirmando não haver inconveniente, sob o ponto de vista da saúde de qualquer deles e da prole, na realização do matrimônio* (Art. 2º, Decreto-lei 3.200/41).

LINGUAGEM POÉTICA

Eu não sei se é proibido / Se não tem desculpa / Se me leva para o abismo / Só sei que é amor

Eu não sei se esse amor é pecado, se é punido / Se você perde as honras da lei / Do homem e de Deus / Eu só sei que a vida atordoa / Como um furacão / Arrasta-me, me arrasta / Para os seus braços em paixão cega

É mais forte que eu / Que minha vida, minha fé e meu destino / É mais forte que todo o respeito / É o temor de Deus

Embora seja pecado / Eu te amo, te amos assim mesmo / E embora todos me neguem o direito / Eu me apego a esse amor

(*Pecado* – Letra e música Carlos Babr e Pontier Y Francini. Trad. Caetano Veloso).

CASAMENTO CIVIL [*ver tb. bodas, casamento, celebração, divórcio, habilitação para o casamento*] – É o casamento celebrado de acordo com as leis civis. É um contrato *sui generis*, cujos preparativos iniciam-se com a habilitação, proclamas e se concretiza com a celebração perante o Juiz de Paz, instituindo-se aí uma família. Os nubentes devem ser pessoas capazes civilmente, isto é, maiores de 18 anos ou emancipados. O homem e a mulher com 16 anos podem casar, exigindo-se autorização de ambos os pais, ou de seus representantes legais, enquanto não atingida a maioridade civil (art. 1.517, CCB). Na falta de autorização dos pais os nubentes podem pedir outorga judicial. É possível casamento civil por procuração com poderes especiais (art. 1.542, CCB). Pode ser dissolvido pelo divórcio, pela morte de um dos cônjuges ou anulação/nulidade.

O casamento produz efeitos econômicos, como a comunicação de bens de acordo

C

com o regime de bens, e efeitos pessoais tais como ajuda, assistência e fidelidade recíprocas.

A Lei nº 13.811/2019 proibiu o casamento de menores de 16 anos no Brasil. A lei alterou o artigo 1.520 do Código Civil que previa duas exceções para o casamento de menores de 16 anos: em casos de gravidez e para evitar imposição ou cumprimento de pena criminal. Essa norma, que já está em vigor, proíbe o casamento de menores de 16 anos, em qualquer caso. A exceção, que já consta do Código Civil, segundo a qual, pais ou responsáveis de jovens com 16 e 17 anos podem autorizar a união, não foi modificada. O Estado avançou, com essa norma, na proteção dos direitos das meninas e mulheres e das crianças e jovens. No entanto, as dimensões que envolvem o casamento infantil são muitas e exigem da sociedade uma resposta urgente. O Brasil é o quarto país em números absolutos de meninas casadas. Precisamos investir em outras medidas, tais como o empoderamento de meninas e a educação de pais e membros da comunidade, incluindo homens e meninos, para influenciar mudanças significativas nas normas sociais.

A Lei nº 14.382 de 27.06.2022 que dispõe sobre o sistema eletrônico dos Registros Públicos judicializou e desburocratizou o casamento. No artigo 69 autoriza a dispensa de proclamas em caso de urgência.

DISPOSITIVOS NORMATIVOS

CR – Art. 226.

CCB – Art. 1.511 a 1.590.

Lei nº 6.015/73 – Lei de Registros Públicos – Arts. 70 a 76.

Lei nº 13.811/2019.

Lei nº 14.382/2022.

CASAMENTO CONSULAR – É aquele realizado no Posto Consular, perante Autoridade Consular brasileira. O casamento realizado no Posto Consular somente poderá ser celebrado quando ambos os cônjuges tiverem a nacionalidade brasileira. A autoridade consular tem seu poder de realizar casamentos, no âmbito internacional, exposto na Convenção de Viena sobre Direito Consular, aprovada pelo Decreto nº 61.078, de 26 de julho de 1967, em seu artigo 5º: "As funções consulares consistem em: f) agir na qualidade de notário e oficial de registro civil, exercer funções similares, assim como outras de caráter administrativo, sempre que não contrariem as leis e regulamentos do Estado receptor;

A Lei de Introdução às Normas do Direito Brasileiro (LINDB) define esta função consular. "Art. 7º (...) § 2º O casamento de estrangeiros poderá celebrar-se perante autoridades diplomáticas ou consulares do país de ambos os nubentes. (Redação dada pela Lei nº 3.238, de 1957)" O casamento realizado por autoridade consular deve ser homologado no Brasil em prazo de 180 dias, contando da data que um ou ambos os cônjuges voltarem para o país. Tal registro deverá ser efetuado no cartório do respectivo domicílio ou, em sua falta, no 1º Ofício da Capital do Estado em que passarem a residir, conforme disposto no art. 1.544 do Código Civil.

JURISPRUDÊNCIA

"Ação declaratória. Casamento no exterior. Ausência de pacto antenupcial. Regime de bens. Primeiro domicílio no Brasil. 1. Apesar do casamento ter sido realizado no exterior, no caso concreto, o primeiro domicílio do casal foi estabelecido no brasil, devendo aplicar-se a legislação brasileira quanto ao regime legal de bens, nos termos do art. 7º, § 4º, da Lei de Introdução ao Código Civil, já que os cônjuges, antes do matrimônio, tinham domicílios diversos. 2. Recurso especial conhecido e provido, por maioria. (STJ – RESP: 134246 sp 1997/0037812-8, Rel. Min. Ari Pargendler, 3ª Turma, DJ 31.05.2004).

CASAMENTO DE FATO [*ver tb. casamento, concubinato, união estável*] – É a união entre duas pessoas que vivem como se casadas fossem, sem que tenham feito casamento civil. O casamento de fato recebe no moderno Direito de Família a melhor denominação de união estável. Diz-se de fato porque traduz uma realidade fática.

CASAMENTO IN EXTREMIS – Ver casamento nuncupativo.

CASAMENTO INEXISTENTE [*ver tb. casamento anulável, casamento nuncupativo, casamento nulo*] – É o casamento realizado sem as devidas prescrições legais, isto é, quando faltam os elementos essenciais e indispensáveis para a sua celebração, como a autoridade celebrante competente, consentimento expresso dos nubentes. Antes de se admitir no ordenamento jurídico brasileiro o casamento entre pessoas do mesmo sexo, tal casamento era tido também como inexistente.

A inexistência do casamento é uma das espécies do gênero invalidade, ao lado das espécies nulidade e anulação. *A teoria da inexistência jurídica, que nasceu no âmbito do direito matrimonial, migrou para a teoria geral e passou a ser aplicada também nos atos e negócios jurídicos. Cabe lembrar que, quando se fala em inexistência, não se está falando em inexistência material, mas em inexistência jurídica. É algo que existe faticamente, mas não tem relevância jurídica. Não possuindo conteúdo jurídico, não pode produzir nenhum efeito jurídico* (DIAS, Maria Berenice. *Manual de direito das famílias*. São Paulo: Revista dos Tribunais, 2013. p. 282).

A teoria do casamento inexistente não tem qualquer utilidade e perdeu sentido para o Direito de Família contemporâneo. É resquício de uma época em que a única forma de se constituir família era pelo casamento, a união estável não tinha ainda sua legitimidade e reconhecimento pelo Estado, e era impossível e impensável casamento entre pessoas do mesmo sexo. E assim, declarar sua inexistência, era uma maneira de afastar qualquer possibilidade de casamento fora dos padrões morais veiculados pelo Direito Canônico.

JURISPRUDÊNCIA

(...) Como negócio jurídico que interfere no estado dos nubentes e irradia efeitos materiais e pessoais, emoldurando-se, inclusive, como instituição, o casamento civil, como ato formal e solene, tem como pressuposto genético a subsistência de exteriorização de vontade livre, consciente e válida por parte dos nubentes, derivando dessa regulação, que é inerente aos negócios jurídicos, que o enlace entabulado à revelia de um dos protagonistas consubstancia ato inexistente, pois carente de manifestação e pressuposto inerente à sua gênese, determinando que seja reconhecida a inexistência do vínculo e, como efeitos anexos inerentes à inexistência do liame, desconstituídos os assentamentos registrários (CC, artigos 1.511, 1.514, 1.525 etc.). 3. apelação conhecida e desprovida. Unânime. (Ap. Cível nº 0107837-33.2009.8.07.0001, Rel. Des. Teófilo Caetano, 1ª TC – TJDF. j. 04/09/2013).

CASAMENTO NULO [*ver tb. casamento anulável*] – É o casamento cuja celebração fere normas de ordem pública, isto é, incorre em vícios insanáveis e, consequentemente, não produz qualquer efeito. Considera-se acometido de vício insanável o casamento contraído *pelo en-*

fermo mental sem o necessário consentimento para os atos da vida civil; e também por infringência aos impedimentos do casamento, isto é, aqueles que não podem se casar, como os ascendentes com os descendentes, irmãos e parentes até terceiro grau, pessoas já casadas, ou parentes em linha reta (Art. 1.548, CCB). A ação de nulidade do casamento é imprescritível e pode ser ajuizada pelo Ministério Público ou por qualquer pessoa interessada (Art. 1.549, CCB).

Os efeitos da nulidade do casamento retroagem à data da sua celebração e devem ser judicialmente declaradas inválidas, protegidos o cônjuge e os terceiros de boa-fé. Em relação ao cônjuge que não deu causa à nulidade, se lhe reconhecem todos os efeitos do casamento até a data da sentença de nulidade.

DISPOSITIVOS NORMATIVOS:

CCB – Arts. 166 a 169, 1.521.

JURISPRUDÊNCIA

(...) declarado nulo o casamento, cada qual dos cônjuges poderá retirar os bens que lhe pertencem. Não há, todavia, falar em comunhão, pois o casamento nulo não a gera. (RE 21578 RN, Rel. Min. Mário Guimarães. STF. publ. 22/01/1954).

CASAMENTO NUNCUPATIVO [*v. tb. casamento in extremis e in articulo mortis*] – É o casamento realizado em circunstâncias excepcionais, sem o cumprimento das formalidades ordinariamente exigidas como o processo de habilitação, a publicação dos proclamas e a presença da autoridade celebrante.

Para que esta modalidade de casamento seja válida é necessário: 1) iminente risco de vida de um dos nubentes; 2) presença de seis testemunhas, que com eles não tenham parentesco em linha reta, ou

na colateral, em segundo grau. Feito o casamento, deverão comparecer, dentro de 5 (cinco) dias, perante a autoridade judiciária mais próxima, a fim de que sejam reduzidas a termo as declarações (Art. 1.541, CCB). *Transitada em julgado a sentença, o Juiz mandará registrá-la no Livro de Casamento* (Art. 76, § 5º, Lei nº 6.015/73). O casamento nuncupativo é também conhecido por casamento *in articulo mortis* ou *in extremis*.

CASAMENTO POR TEMPO DETERMINADO [*ver tb. Casamento, casamento sologâmico*] A possibilidade de realização do casamento/união estável, por um período, podendo ser renovado. Pode se dizer casamento experimental, ou temporário. É como se fosse uma fase de teste! Em matéria publicada pela jornalista Vicki Larson, *a antropóloga norte americana Margaret Mead sugeriu uma versão de casamento seria composto por duas etapas – um "compromisso individual" que seria apropriado para estudantes de faculdade com pouca renda e poderia ser facilmente desfeito ou então transformado em "compromisso parental" se eles estivessem prontos e desejassem passar a ter obrigações que envolvessem a criação de filhos. Em 1971, Lena King Lee, uma legisladora de Maryland (EUA), propôs um projeto de lei para a definição de um contrato de renovação de casamento, que permitisse que casais pudessem renovar ou anular os seus casamentos a cada três anos. Em 2007, um legislador alemão propôs que fosse definido um contrato de 7 anos; em 2010, um grupo de mulheres nas Filipinas propôs um contrato de casamento de 10 anos; e em 2011, legisladores na Cidade do México sugeriram uma reforma no Código Civil que permitisse que*

casais decidissem a extensão de tempo do seu compromisso marital, com um mínimo de dois anos. (Larson, Vicki. *Um casamento temporário faz mais sentido do que um casamento pelo resto da vida.* Disponível: https://www.nexojornal. com.br/externo/2016/10/28/Um-casa-mento-tempor%C3%A1rio-faz-mais--sentido-do-que-um-casamento-pe-lo-resto-da-vida, acesso 24/10/2021).

Não há no Brasil, uma legislação sobre casamento por tempo determinado. Mas nada impede que as pessoas assim o estabeleçam, inclusive em Pacto Antenupcial. Mas obviamente, ao final do tempo determinado, se quiserem levar adiante esse propósito, terão que divorciar, já que não há lei que faça expirar o casamento.

Para alguns entabular esse prazo, que obviamente poderá ser renovado, pode ser um estímulo, para que as pessoas cuidem mais do amor conjugal.

CASAMENTO POR PROCURAÇÃO – É o casamento realizado mediante procuração de um ou ambos os cônjuges a terceiro, outorgada por instrumento público, com poderes especiais e validade de 90 (noventa) dias. É indispensável, nessa situação, que cada nubente seja representado por procurador distinto do outro, não se permitindo a figura do mandatário único. Se o casamento for celebrado por procuração sem que o outro cônjuge ou o procurador tenham conhecimento da revogação do mandato, o casamento é anulável, desde que não haja coabitação após a celebração (Art. 1.542, CCB). Assim como é possível a realização de casamento por procuração, também o é o divórcio por procuração, com poderes específicos para tal.

CASAMENTO PUTATIVO [*ver tb. casamento, celebração de casamento*] – É o casamento que, embora nulo ou anulável, produz todos efeitos jurídicos, como se válido fosse – da data da celebração ao trânsito em julgado da sentença que pronuncia a sua desconstituição, em razão de ter sido contraído por cônjuge de boa-fé, ou seja, que desconhecia qualquer impedimento para o casamento (Art. 1.521, CCB), ou das hipóteses de anulabilidade previstas no art. 1.550 do CCB, ou de qualquer enfermidade mental que cause a nulidade do casamento; aproveitando seus efeitos a ele e aos filhos havidos na constância do casamento.

CASAMENTO RELIGIOSO [*ver tb. casamento civil, casamento religioso com efeitos civis, união estável*] – É a união de duas pessoas que constituíram família e fizeram uma cerimônia religiosa. Para que seja casamento no sentido técnico da palavra, ou seja, casamento civil, é necessário que obedeça a determinadas formalidades. Na verdade, o casamento religioso com efeitos civis é o casamento civil cuja celebração é feita por autoridade religiosa, mas o seu registro submete-se aos mesmos requisitos exigidos para o casamento civil (Art. 1.516, CCB).

Se o casamento religioso não for antecedido das formalidades de um casamento civil, para que produza efeitos como tal, ou a celebração não for levada a registro no prazo de noventa dias (Art. 1.516, § 1º, CCB) ele não será considerado casamento. Portanto, o casamento religioso sem as formalidades do casamento civil constitui-se apenas uma união estável.

C

LINGUAGEM POÉTICA

Novo dia / Sigo pensando em você / Fico tão leve que não levo padecer / Trabalho em samba e não posso reclamar / Vivo cantando só para te tocar

Todo dia / Vivo pensando em casar / Juntar as rimas como um pobre popular / Subir na vida com você em meu altar / Sigo tocando só para te cantar

É o bonde do dom que me leva / Os anjos que me carregam / Os automóveis que me cercam / Os santos que me projetam / Nas asas do bem desse mundo / Carregam um quintal lá no fundo / A água do mar me bebe / A sede de ti prossegue / A sede de ti...

(*O bonde do dom* – Letra e música de Arnaldo Antunes, Carlinhos Brown e Marisa Monte).

CASAMENTO RELIGIOSO COM EFEITOS CIVIS [*ver tb. casamento, união estável*] – É o casamento cuja celebração se faz em cerimônia religiosa. Para que ele seja válido como casamento civil, é necessário que os nubentes tenham feito todo o procedimento para o casamento civil comum, ou seja, tenham feito habilitação, proclamas e registrado o ato de celebração no Cartório de Registro Civil. A única diferença com o casamento civil comum é que a celebração não é feita pelo Juiz de Paz, mas pela autoridade religiosa: *O registro do casamento religioso submete-se aos mesmos requisitos exigidos para o casamento civil. O registro civil do casamento religioso deverá ser promovido dentro de noventa dias de sua realização, mediante comunicação do celebrante ao ofício competente, ou por iniciativa de qualquer interessado, desde que haja sido homologada previamente a habilitação regulada neste Código. Após*

o referido prazo, o registro dependerá de nova habilitação. (Art. 1.516 *caput* e § 1º, CCB).

O casamento religioso que não cumprir as formalidades exigidas pela lei torna-se apenas união estável.

DISPOSITIVOS NORMATIVOS

CR – Art. 226, § 2º.

CCB – Arts. 1.511 a 1.516.

Lei nº 6.015 – Lei de Registro Públicos – Arts. 33, III, 71 a 75.

CASAMENTO SOLOGÂMICO [*ver tb. Casamento, bem de família, poligamia, família unipessoal, família single, narcisismo]* Casamento consigo mesmo, em celebração ao amor próprio. Obviamente que tal casamento não existe juridicamente, e é apenas um enaltecimento e valorização do amor próprio. Na verdade, uma expressão de valorização do narcisismo. Não há necessidade de dizer que é casado consigo mesmo, para invocar a proteção do bem de família. É neste sentido a expressão de famílias unipessoais. O Superior Tribunal de Justiça (STJ), já reconhece as repercussões jurídicas de entidade familiar às famílias compostas por uma única pessoa, a exemplo do julgado abaixo: *O Conceito de entidade familiar deduzido dos arts. 1º da Lei 8.009/90 e 226, § 4º da CF/88, agasalha, segundo a aplicação da interpretação teleológica, a pessoa que, como na hipótese, é separada e vive sozinha, devendo o manto da impenhorabilidade, destarte, proteger os bens móveis guarnecedores de sua residência. (...) (STJ. Recurso Especial nº 205.170-SP, DJ de 07.02.2000).* Essa posição jurisprudencial foi consolidada e, em 2008, o STJ sumulou (364) entendimento de que a proteção da impenhorabilidade do bem

de família deve ser estendida ao imóvel da pessoa que vive sozinha, nos seguintes termos: "*O conceito de impenhorabilidade de bem de família abrange também o imóvel pertencente a pessoas solteiras, separadas e viúvas*".

A tendência da proteção do bem de família é desprender-se do conceito de família para dar proteção à pessoa. Afinal, todo sujeito deve ter um patrimônio mínimo para a proteção de sua dignidade.

CASTIGO IMODERADO [*ver tb. destituição do poder familiar, Estatuto da Criança e do Adolescente, Lei da Palmada, violência doméstica*] – Equipara-se a maus-tratos. É o castigo físico ou corporal infligido à pessoa, de maneira cruel ou incontida, sem moderação. Está associado à brutalidade, violência física, espancamentos, agressão de cunho moral e outros comportamentos correlatos. Não mais são recomendáveis as agressões físicas ou psíquicas como forma de repreender à criança ou o adolescente. Os castigos físicos são de uma pedagogia ultrapassada. Pode caracterizar-se como uma afronta aos deveres inerentes à autoridade familiar de cuidar do bem-estar físico, mental, moral, espiritual e emocional das crianças e adolescentes.

A Lei nº 13.010/14, mais conhecida como Lei da Palmada, que altera o Estatuto da Criança e do Adolescente (Lei nº 8.069/90) e o Código Civil, reforça o direito da criança e do adolescente de não serem submetidos a qualquer forma de punição corporal, seja por castigos moderados ou imoderados, sob a alegação de quaisquer propósitos, ainda que pedagógicos.

O castigo imoderado é um dos motivos de suspensão ou destituição do poder familiar (Art. 1.638, CCB), além de caracterizar-se como tipo penal: *Expor a perigo a vida ou a saúde de pessoa sob sua autoridade, guarda ou vigilância, para fim de educação, ensino, tratamento ou custódia, quer privando-a de alimentação ou cuidados indispensáveis, quer sujeitando-a a trabalho excessivo ou inadequado, quer abusando de meios de correção ou disciplina: Pena – detenção, de dois meses a um ano, ou multa* (Art. 136, CP).

A Lei nº 13.431/2017, que estabeleceu o sistema de garantia de direitos da criança e do adolescente vítima ou testemunha de violência e alterou a Lei nº 8.069, de 13 de julho de 1990 (Estatuto da Criança e do Adolescente), prevê no seu art. 4º, I: "Para os efeitos desta Lei, sem prejuízo da tipificação das condutas criminosas, são formas de violência: I – violência física, entendida como a ação infligida à criança ou ao adolescente que ofenda sua integridade ou saúde corporal ou que lhe cause sofrimento físico".

A Lei nº 14.344/2022 criou mecanismo para prevenção e enfrentamento da violência doméstica familiar contra a criança e ao adolescente. *Configura violência doméstica e familiar contra a criança e o adolescente qualquer ação ou omissão que lhe cause morte, lesão, sofrimento físico, sexual, psicológico ou dano patrimonial: I – no âmbito do domicílio ou da residência da criança e do adolescente, compreendida como o espaço de convívio permanente de pessoas, com ou sem vínculo familiar, inclusive as esporadicamente agregadas; II – no âmbito da família, compreendida como a comunidade formada por indivíduos que compõem a família natural, ampliada ou substituta, por laços naturais, por afinidade ou por vontade expressa; III – em*

C

qualquer relação doméstica e familiar na qual o agressor conviva ou tenha convivido com a vítima, independentemente de coabitação. Parágrafo único. Para a caracterização da violência prevista no caput deste artigo, deverão ser observadas as definições estabelecidas na Lei nº 13.431, de 4 de abril de 2017. (artigo 2º). Dita formas de violência, pode se constatar: I – violência física, entendida como a ação infligida à criança ou ao adolescente que ofenda sua integridade ou saúde corporal ou que lhe cause sofrimento físico; II – violência psicológica: a) qualquer conduta de discriminação, depreciação ou desrespeito em relação à criança ou ao adolescente mediante ameaça, constrangimento, humilhação, manipulação, isolamento, agressão verbal e xingamento, ridicularização, indiferença, exploração ou intimidação sistemática (bullying) que possa comprometer seu desenvolvimento psíquico ou emocional; b) o ato de alienação parental, assim entendido como a interferência na formação psicológica da criança ou do adolescente, promovida ou induzida por um dos genitores, pelos avós ou por quem os tenha sob sua autoridade, guarda ou vigilância, que leve ao repúdio de genitor ou que cause prejuízo ao estabelecimento ou à manutenção de vínculo com este; c) qualquer conduta que exponha a criança ou o adolescente, direta ou indiretamente, a crime violento contra membro de sua família ou de sua rede de apoio, independentemente do ambiente em que cometido, particularmente quando isto a torna testemunha; III – violência sexual, entendida como qualquer conduta que constranja a criança ou o adolescente a praticar ou presenciar conjunção carnal ou qualquer outro ato libidinoso, inclusive exposição do corpo em foto ou vídeo por meio eletrô-nico ou não, que compreenda: a) abuso sexual, entendido como toda ação que se utiliza da criança ou do adolescente para fins sexuais, seja conjunção carnal ou outro ato libidinoso, realizado de modo presencial ou por meio eletrônico, para estimulação sexual do agente ou de terceiro; b) exploração sexual comercial, entendida como o uso da criança ou do adolescente em atividade sexual em troca de remuneração ou qualquer outra forma de compensação, de forma independente ou sob patrocínio, apoio ou incentivo de terceiro, seja de modo presencial ou por meio eletrônico; c) tráfico de pessoas, entendido como o recrutamento, o transporte, a transferência, o alojamento ou o acolhimento da criança ou do adolescente, dentro do território nacional ou para o estrangeiro, com o fim de exploração sexual, mediante ameaça, uso de força ou outra forma de coação, rapto, fraude, engano, abuso de autoridade, aproveitamento de situação de vulnerabilidade ou entrega ou aceitação de pagamento, entre os casos previstos na legislação; IV – violência institucional, entendida como a praticada por instituição pública ou conveniada, inclusive quando gerar revitimização. V – violência patrimonial, entendida como qualquer conduta que configure retenção, subtração, destruição parcial ou total de seus documentos pessoais, bens, valores e direitos ou recursos econômicos, incluídos os destinados a satisfazer suas necessidades, desde que a medida não se enquadre como educacional. (Incluído pela Lei nº 14.344, de 2022). Por óbvio, a violência doméstica e familiar contra a criança e o adolescente constitui uma das formas de violação dos direitos humanos (artigo 3º da Lei nº 14.344/2022).

CAUSA MORTIS [*ver tb. aquisição causa mortis*] – É o mesmo que "em razão da morte".

CÉDULA TESTAMENTÁRIA [*ver tb. testamento*] – Também chamada de carta ou escritura testamentária, é o texto do testamento, ou seja, o corpo e o conteúdo do testamento onde estão contidas as disposições de última vontade do testador.

CELEBRAÇÃO DO CASAMENTO [*ver tb. casamento nuncupativo*] – O ato público e solene pelo qual os nubentes manifestam, na presença da autoridade celebrante, de duas testemunhas e do oficial do registro civil o desejo de se unirem por meio do casamento. A celebração se dá somente após o cumprimento das formalidades exigidas em lei, sendo indispensável a apresentação do certificado de habilitação expedido pelo oficial do Registro Civil. Após celebrado o casamento, o ato passa a ter assento no livro de registro civil das pessoas naturais do cartório em que se fez a cerimônia e ato de celebração.

A Lei nº 14.382/2022, permitiu a celebração do casamento por videoconferência, desde que sejam asseguradas ampla publicidade para terceiros acompanharem sincronamente e a manifestação de vontade dos nubentes, das testemunhas e da autoridade celebrante (art. 67, § 8º, LRP; art. 1.534 do CC).

DISPOSITIVOS NORMATIVOS:

CCB – Arts. 1.533 a 1.541.

Lei nº 6.015/73 – Arts. 29, 32, 33, 44, 45, 67 a 79.

Lei 14.382/2022

CELEBRANTE [*ver tb. Juiz de paz]* – O celebrante de casamento é o profissional que conduz as etapas da cerimônia *solene do casamento.*

CERTIDÃO DE CASAMENTO – Do latim *certitudo*, de *certus*. É o documento que prova o casamento. Assim, é o que certifica o assento do casamento nos livros do Cartório de Registro Civil de Pessoas Naturais. Na certidão deve constar: 1º) os nomes, prenomes, nacionalidade, data e lugar do nascimento dos cônjuges; 2º) os nomes, prenomes dos pais; 3º) a data de registro do casamento; 4º) o regime de casamento e se há ou não pacto antenupcial; 5º) o nome, que cada um dos cônjuges passa a usar, em virtude do casamento; 6º) nome do oficial registrador, município e endereço.

A certidão é extraída do assento feito pelo tabelião que, além das informações constantes da certidão, ainda apresenta outros elementos essenciais dispostos: 1º) a profissão, domicílio e residência atual dos cônjuges; 2º) domicílio e residência atual dos pais; 3º) os nomes e prenomes do cônjuge precedente e a data da dissolução do casamento anterior, quando for o caso; 4º) a data da publicação dos proclamas e da celebração do casamento; 5º) a relação dos documentos apresentados ao oficial do registro; 6º) os nomes, prenomes, nacionalidade, profissão, domicílio e residência atual das testemunhas; 7º) declaração da data e do cartório em cujas notas foi tomada a escritura antenupcial, quando o regime não for o da comunhão ou o legal que sendo conhecido, será declarado expressamente; 8º) os nomes e as idades dos filhos havidos de matrimônio anterior ou legitimados pelo casamento. 9º) à margem do termo, a impressão digital do contraente que não souber assinar o nome.

DISPOSITIVOS NORMATIVOS

Lei nº 6.015/73 – Lei de Registros Públicos – Arts. 70 a 76.

C

CERTIDÃO DE DIVÓRCIO – Certidão é o que atesta ou certifica determinado ato ou fato. Assim, é o documento exarado pelo oficial do cartório de Registros de Pessoas Naturais atestando que o divórcio teve assento naquele cartório. Na prática, a certidão de divórcio é a certidão de casamento constando a averbação do divórcio.

No divórcio judicial, após sua homologação, extrai-se o mandado de averbação para o cartório em que o casamento se realizou. Da mesma forma, no divórcio administrativo o translado de escritura é apresentado ao cartório de Registro Civil em que se realizou o casamento para que se faça o assento do divórcio e extraia então a certidão de divórcio. *No livro de casamento, será feita averbação da sentença de nulidade e anulação de casamento, bem como do desquite, declarando-se a data em que o Juiz a proferiu, a sua conclusão, os nomes das partes e o trânsito em julgado* (Art. 100, Lei nº 6.015/73).

Há registros bem antigos da expressão certidão de divórcio, como se vê no texto bíblico: *Aquele que se divorciar de sua mulher deverá dar-lhe certidão de divórcio* (Salmo Mateus 53132). À época, a lei de Moisés obrigava o homem que não desejasse mais permanecer casado a entregar à mulher uma certidão de divórcio. Isso significava que ele estava abrindo mão de qualquer direito de posse sobre a mulher – na cultura semita a mulher era propriedade do homem. A mulher que não recebesse a carta de divórcio somente poderia se casar novamente caso seu "proprietário" fosse indenizado economicamente pelo pretendente.

CERTIDÃO DE NASCIDO VIVO – Ver declaração de nascido vivo (DNV).

CERTIDÃO DE NASCIMENTO [*ver tb. declaração de nascido vivo, registro civil, registro público*] – É o documento que atesta ou certifica determinado ato ou fato. E assim, a certidão de nascimento prova o próprio fato sujeito a registro, que é o nascimento de alguém, exarado pelo oficial do Cartório de Registro Civil de Pessoas Naturais. No assento de nascimento deve constar: *1º) o dia, mês, ano e lugar do nascimento e a hora certa, sendo possível determiná-la, ou aproximada; 2º) o sexo do registrando; 3º) o fato de ser gêmeo, quando assim tiver acontecido; 4º) o nome e o prenome, que forem postos à criança; 5º) a declaração de que nasceu morta, ou morreu no ato ou logo depois do parto; 6º) a ordem de filiação de outros irmãos do mesmo prenome que existirem ou tiverem existido; 7º) Os nomes e prenomes, a naturalidade, a profissão dos pais, o lugar e cartório onde se casaram, a idade da genitora, do registrando em anos completos, na ocasião do parto, e o domicílio ou a residência do casal. 8º) os nomes e prenomes dos avós paternos e maternos; 9º) os nomes e prenomes, a profissão e a residência das duas testemunhas do assento, quando se tratar de parto ocorrido sem assistência médica em residência ou fora de unidade hospitalar ou casa de saúde. 10) número de identificação da Declaração de Nascido Vivo – com controle do dígito verificador, ressalvado na hipótese de registro tardio previsto no art. 46 desta Lei* (Art. 54, Lei nº 6.015/73 – Lei de Registros Públicos).

O Provimento nº 28/2013 do CNJ, dispôs sobre o registro tardio de nascimento, por Oficial de Registro Civil das Pessoas Naturais. O artigo 1º: *As declarações de nascimento feitas após o decurso do prazo previsto no art. 50 da Lei nº 6.015/73 serão registradas nos termos deste provimento. Parágrafo único. O procedimento de registro tardio previsto neste Provimento não se aplica para a lavratura de assento de nascimento de indígena no Registro Civil das Pessoas Naturais, regulamentado pela Resolução Conjunta nº 03, de 19 de abril de 2012, do Conselho Nacional de Justiça e do Conselho Nacional do Ministério Público, e não afasta a aplicação do previsto no art. 102 da Lei nº 8.069/90.*

Realizado o assento nesses termos, extrai-se dele a certidão de nascimento para ser entregue aos interessados.

A obrigação de declarar o nascimento é do pai e em sua falta ou impedimento a mãe; no impedimento de ambos, fica a cargo do parente mais próximo, desde que maior e encontre-se presente; em falta ou impedimento do parente referido, serão responsáveis os administradores de hospitais ou os médicos e parteiras, que tiverem assistido o parto.

O Provimento nº 122/2021 do CNJ, dispõe sobre o assento de nascimento no Registro Civil das Pessoas Naturais nos casos em que o campo sexo da Declaração de Nascido Vivo (DNV) ou na Declaração de Óbito (DO) fetal tenha sido preenchido "ignorado". Tal ato normativo vem atender a uma realidade subjacente, garantindo a liberdade e autonomia da vontade.

Nas hipóteses de parto doméstico, desde que fora da residência materna, a responsabilidade recai sob qualquer pessoa idônea que tenha presenciado o parto (art. 52, Lei nº 6.015/73).

Em 2017, a Lei 13.484 alterou a Lei nº 6.015, de 31 de dezembro de 1973, que dispõe sobre os registros públicos. Dentre as alterações, destaca-se a permissão para que a certidão de nascimento indique como naturalidade do bebê o município de residência da mãe, em vez da cidade onde ocorreu o parto.

O Provimento nº 63/2017 CNJ que, entre outras providências, estabelece o reconhecimento de paternidade e maternidade socioafetiva nos Cartórios de Registro Civil. No ano de 2019, o Provimento nº 83 fez alterações no Provimento 63/2017 significativas, a saber. Somente as pessoas acima de 12 anos de idade podem ter a paternidade ou a maternidade socioafetiva reconhecida perante os oficiais de Registro Civil das Pessoas Naturais. O oficial deverá submeter o procedimento do registro da paternidade ou maternidade socioafetiva a parecer do Ministério Público. Em caso de parecer desfavorável do Ministério Público, o procedimento será arquivado pelo oficial de Registro Civil das Pessoas Naturais, podendo o(s) interessado(s) suscitar(em) dúvida, ou seja, recorrer ao Juiz da Vara de Registros Públicos (vide § 2º do art. 67 da Lei nº 6.015, de 31 de dezembro de 1973). A Resolução nº 419/2021 do CNJ, que alterou a Resolução CNJ nº 155/2012, que dispõe sobre traslado de certidões de registro civil de pessoas naturais emitidas no exterior, passou a vigorar: *Art. 6º As certidões dos traslados de nascimento, de casamento e de óbito, emitidas pelos Cartórios de 1º Ofício de Registro Civil de Pessoas Naturais deverão seguir os padrões e modelos estabelecidos pelo Provimento CN-CNJ no 63/2017, bem como por outro(s) subsequente(s) que venha(m) a alterá-lo ou complementá-lo, com as adaptações que se fizerem necessárias. Art. 6º A Poderá ser averbado o número de CPF nos traslados dos assentos de nascimento, casamento e óbito de brasileiros em país estrangeiro, de forma gratuita." (NR)*

CERTIDÃO DE ÓBITO [*ver tb. morte, óbito, morte presumida*] – Do latim *certitudo*, de *certus*. Certidão é o que atesta ou certifica determinado ato ou fato. E assim, certidão de óbito é o atestado ou certificado, exarado pelo oficial da Registro Civil. A Lei nº 6.015/73 (Lei de Registros Públicos) estabelece quem deve fazer a declaração de morte e quais os elementos que devem constar no assento respectivo: *1°) a hora, se possível, dia, mês e ano do falecimento; 2°) o lugar do falecimento, com indicação precisa; 3°) o prenome, nome, sexo, idade, cor, estado, profissão, naturalidade, domicílio e residência do morto; 4°) se era casado, o nome do cônjuge sobrevivente, mesmo quando desquitado; se viúvo, o do cônjuge predefunto; e o cartório de casamento em ambos os casos; 5°) os nomes, prenomes, profissão, naturalidade e residência dos pais; 6°) se faleceu com testamento conhecido; 7°) se deixou filhos, nome e idade de cada um; 8°) se a morte foi natural ou violenta e a causa conhecida, com o nome dos atestantes; 9°) lugar do sepultamento; 10) se deixou bens e herdeiros menores ou interditos; 11) se era eleitor. 12) pelo menos uma das informações a seguir arroladas: número de inscrição do PIS/PASEP; número de inscrição no Instituto Nacional do Seguro Social – INSS, se contribuinte individual; número de benefício previdenciário – NB, se a pessoa falecida for titular de qualquer benefício pago pelo INSS; número do CPF; número de registro da Carteira de Identidade e respectivo órgão emissor; número do título de eleitor; número do registro de nascimento, com informação do livro, da folha e do termo; número e série da Carteira de Trabalho* (Art. 80, Lei nº 6.015/73).

CESSÃO DE DIREITOS HEREDITÁRIOS [*ver tb. pacto, pacto corvinus, renúncia translativa*] – É a transmissão dos direitos hereditários aos demais herdeiros ou a terceiro, respeitado o direito de preferência dos coerdeiros, antes que se dê a partilha. A cessão de direito hereditário pode ser feita por escritura pública e depois levada ao processo de inventário, ou feita diretamente no processo de inventário, seja judicial ou administrativo (Art. 1.793, CCB). O cedente pode transferir a totalidade ou parte da fração ideal da qual tem direito. Isso porque, sendo a herança um todo indivisível até a partilha, o espólio deverá observar as regras do condomínio.

A cessão pode ser gratuita ou onerosa, equivalente à doação e à compra e venda, respectivamente para efeito de pagamento de impostos de transmissão. *A cessão a estranho é admissível apenas quando: a) for comunicada previamente aos demais coerdeiros; b) for dada a preferência aos demais coerdeiros, "tanto por tanto"; c) os demais coerdeiros não exercitarem a preferência dentro do prazo de 180 dias do pedido de habilitação do cessionário* (LÔBO, Paulo. *Direito civil:* sucessões. São Paulo: Saraiva, 2013. p. 66).

JURISPRUDÊNCIA

(...) é possível a cessão de direitos hereditários pelo sucessor legítimo, que terá por objetivo a quota parte ideal que lhe cabe no acervo hereditário, a ser individualizada com a realização da partilha. A autorização judicial, nestes casos, é necessária apenas quando haja disposição de bem por herdeiro, restando indiviso o acervo hereditário. A cessão de direitos hereditários, feita através de instrumento particular, constitui apenas uma promessa de fazer, ou ato onerando em nada o espólio, mas apenas o cedente em face do cessionário. Apenas o juízo do inventário tem competência para liberar o bem aos adquirentes e, assim, o pagamento aos cedentes maiores. A alienação deve ser autorizada pelo juízo do inventário. (Ap. Cível nº 1.0134.10.002.4667/001, Rel.ª Des.ª Vanessa Verdolim Hudson Andrade, 1ª CC – TJMG. publ. 30/03/2012).

CESSÃO DE MEAÇÃO [ver tb. cessão de sucessão aberta, cessão gratuita, cessão onerosa, inventário, partilha] – Em Direito das Sucessões, é o ato praticado pelo cônjuge ou companheiro sobrevivo, mediante instrumento público (Art. 1793, CCB), pelo qual dispõe do seu direito à meação proveniente da morte do cônjuge ou convivente, transmitindo-o a outrem. Pode ser gratuita ou onerosa.

DISPOSITIVOS NORMATIVOS

CCB – Arts. 426, 1793.

JURISPRUDÊNCIA

(...) válida a escritura pública de compra e venda de direitos hereditários, sede seu teor e das circunstâncias que envolvem o caso se perceba o real intento das partes, qual seja, celebrar cessão de direitos de meação, o que se faz com base no art. 112 do Código Civil. 2. Tanto o Código Civil de 1916, em seus arts. 44, III, 134, II, e 1.078, como o Código Civil de 2002, em seus arts. 1.792 e 1.806, admitem a cessão de direitos hereditários por instrumento público ou por termo nos autos, sendo, neste último, necessária a presença do cedente ou de procurador com poderes específicos para tanto, aspecto imprescindível para garantir a segurança jurídica necessária. 3. Impossível a cessão de direitos hereditários com a individualização do bem, eis que a herança consiste em bem imóvel indivisível até a partilha, consoante arts. 1.791 e 1.793, §§ 2º e 3º, ambos do Código Civil. Recurso Parcialmente Provido. (Ag. nº 0022807-13.2011.8.16.0000. Rel. Des. Vilma Régia Ramos de Rezende, 11ª CC – TJPR. publ. 08/03/2012).

CESSÃO ONEROSA [ver tb. inventário, partilha, cessão de meação, cessão gratuita, cessão de sucessão aberta] – É a transferência de Meação ou de Direi-

tos Hereditários na qual o cônjuge ou herdeiro, legítimo ou testamentário, cede créditos ou direitos mediante o pagamento de quantia certa. O objeto da cessão é o direito à herança e não da qualidade de herdeiro, que é personalíssima e intransmissível.

A cessão só pode ser feita antes de realizada a partilha, isso porque a herança é um bem indivisível, regidas pelas normas relativas ao condomínio, não podendo o herdeiro vender parte determinada da herança comum, mas tão somente sua parte ideal. Após a partilha, o direito de cada um fica concretizado em determinados bens. Ou seja, a herança como um todo não passa de uma massa indeterminada de uma universalidade de direitos ainda não individualizados, e com a partilha passa a ser próprio dos herdeiros, não se falando mais em herança.

Não pode um coerdeiro, por ser condômino em coisa indivisível, vender a sua parte para pessoa estranha se outro coerdeiro a quiser, tanto por tanto.

Considerada a herança um bem imóvel por disposição legal (Art. 80, CCB), a cessão deve observar forma *solene*, realizada mediante escritura pública, sob pena de nulidade por inobservância da forma (Art. 1.793, CCB), ou por termo nos autos, sendo, neste último, necessária a presença do cedente ou de procurador com poderes específicos para tanto, aspecto imprescindível para garantir a segurança jurídica necessária.

DISPOSITIVOS NORMATIVOS

CCB – Arts. 426 e 1.793.

CIBERINFIDELIDADE – Ver infidelidade virtual.

CISGÊNERO [*ver. tb. transexuais, transgêneros*]. Expressão utilizada para designar a pessoa que *se identifica com seu gênero de nascença*. A palavra vem do latim: *cis* – significa "ao lado de" ou "no mesmo lado de", evidenciando anuência do indivíduo com sua identidade de gênero. O prefixo *cis* é o contrário do prefixo "trans", que não se identifica com o seu sexo biológico.

JURISPRUDÊNCIA

(...) Em primeiro lugar, deve-se diferenciar sexo, gênero e orientação sexual. Sexo, embora seja um conceito disputado, costuma significar a distinção entre homens e mulheres segundo as suas características orgânico-biológicas, como cromossomos, genitais e órgãos reprodutivos. Gênero, por sua vez, designa a diferenciação cultural entre masculino e feminino. Por fim, orientação sexual significa a atração afetivossexual de um indivíduo por determinado(s) gênero(s), dividindo-se em heterossexual, homossexual, bissexual etc. Em segundo lugar, é preciso compreender como os grupos se enquadram entre as fronteiras socialmente construídas de sexo e gênero. De forma geral, pode-se dizer que as pessoas transgênero são aquelas que não se identificam plenamente com o gênero atribuído culturalmente ao seu sexo biológico. Elas podem sentir, por exemplo, que pertencem ao gênero oposto, a ambos ou a nenhum dos dois gêneros. Os transexuais estão incluídos neste grupo, constituindo pessoas que se identificam com o gênero oposto ao seu sexo, e "geralmente sentem que seu corpo não está adequado à forma como pensam e sentem, e querem 'corrigir' isso adequando o seu corpo à imagem de gênero que têm de si". Já as pessoas cisgênero são aquelas que se enquadram plenamente nas fronteiras socialmente construídas de sexo e de gênero. A discussão no presente processo diz respeito ao tratamento social de transexuais. Vale dizer: ao direito de tais grupos de serem tratados, denominados e de acessarem ou conviverem em espaços sociais, conforme o gênero com o qual se identificam. Isso inclui especialmente a questão da utilização por transexuais de banheiros e vestiários situados em áreas públicas, *shoppings centers*, casas de espetáculo, instituições de ensino e locais de trabalho, entre outros. Porém, o debate de fundo é mais amplo do que o uso de banheiro, abrangendo questões como o uso do pronome feminino ou masculino e a identificação pelo nome social (STF, RE 845.779, Trecho do voto Luís Roberto Barroso, j. 10/03/2015).

CLASSE DE HERDEIROS [*ver tb. classificação dos herdeiros, sucessão por cabeça, sucessão por estirpe*] – É o agrupamento dos herdeiros de acordo com a proximidade do *de cujus*. São quatro as classes previstas em lei: descendentes, ascendentes, cônjuge e companheiro sobrevivente e parentes colaterais (Arts. 1.790 e 1.829, CCB). Para priorizar as relações de afeto, e o dever de mútua assistência que está atrelado a elas, a lei criou uma ordem que beneficiasse aqueles mais próximos do autor da herança. Os parentes são chamados para suceder dentro da sua respectiva classe, com exceção do cônjuge e do companheiro que têm seu direito sucessório elevado à condição de concorrente, observando regras especiais. (Art. 1.790 e 1.829, CCB).

Na vigência do CCB de 1916, somente os ascendentes eram chamados a suceder na primeira classe, ficando o cônjuge sobrevivente relegado à terceira classe após os ascendentes. No CCB de 2002, o cônjuge supérstite passou a figurar em uma classe especial, permanecendo na terceira classe da ordem sucessória, mas chamado a suceder em concorrência com a primeira e segunda classes. "*O companheiro, da forma como o legislador tratou o convivente, passou ele a ser herdeiro de última classe, nada recebendo dos bens particulares, pois tanto o direito à meação como o direito de concorrência estão limitados aos bens adquiridos onerosamente na constância da união estável. (...) Fará jus à totalidade do acervo suces-*

sório somente na hipótese de o falecido não ter nenhum parente" (DIAS, Maria Berenice. *Manual das sucessões*. 3. ed. São Paulo: Revista dos Tribunais, 2014, p. 143-144). O convivente tinha direito ao seu quinhão hereditário resguardado de forma diferenciada do cônjuge (art. 1.790 do CCB/2002 – vide Recurso Extraordinário nº 646.721 e Recurso Extraordinário nº 878.694), até a decisão do STF em maio de 2017, onde houve a equiparação entre cônjuge e companheiro para fins sucessórios pelos STF.

A presença de um só herdeiro de uma classe afasta o direito das demais de serem chamadas para suceder por cabeça. Consideram-se herdeiros necessários aqueles pertencentes às três primeiras classes: descendentes, ascendentes e cônjuge sobrevivo. Recebem a parte indisponível da herança, a legítima, ou seja, no mínimo metade da herança. Os herdeiros da quarta classe, os colaterais, também conhecidos como herdeiros facultativos não são atingidos pela legítima, que é privilégio dos herdeiros necessários.

Não havendo herdeiro necessário, e nenhuma nomeação de herdeiro facultativo, a herança é considerada vacante, revertendo-se em favor do município ou do Distrito Federal.

CLASSIFICAÇÃO DOS HERDEIROS

[*ver tb. classe de herdeiro, ordem de vocação hereditária*] – Uma vez aberta a sucessão, é necessário identificar quem serão os beneficiários da herança para depois proceder à divisão dos bens do *de cujus* entre eles. De um modo geral, todos os parentes do falecido, incluindo o cônjuge e o companheiro, são herdeiros do autor da herança, ou seja, todos têm legitimidade para herdar, porém,

nem todos fazem jus à herança. Portanto, têm apenas uma expectativa de direito.

Para priorizar as relações de afeto, e o dever de mútua assistência que está atrelado a elas, a lei criou uma ordem de prioridade entre os herdeiros, beneficiando aqueles mais próximos do *de cujus*. Essa classificação é conhecida como ordem de vocação hereditária. Divide-se os herdeiros em classes (descendentes, ascendentes, cônjuge e companheiro (embora de forma diferenciada) podendo parentes colaterais), graus (1º, 2º, 3º etc.) e linha (materna e paterna). Determina-se qual a classificação do herdeiro na vocação hereditária com base nesse critérios.

O fato de pertencer à mesma classe sucessória não garante participação na herança, pois dá-se prioridade àqueles de 1º grau sobre os de 2º, os de 2º sobre os de 3º, e assim por diante. Somente na hipótese de uma classe estar vazia é que são chamados os integrantes da classe subsequente. *Na classe dos ascendentes, o grau mais próximo exclui o mais remoto, sem distinção de linhas. Havendo igualdade em grau e diversidade em linha, os ascendentes da linha paterna herdam a metade, cabendo a outra aos da linha materna* (Art. 1.826, §§ 1º e 2º do CCB).

DISPOSITIVOS NORMATIVOS

CCB – Arts. 1.790 (vide Recurso Extraordinário nº 646.721 e Recurso Extraordinário nº 878.694), 1.829 a 1.844.

CLÁUSULA CAPTATÓRIA – Do latim *captatorio*, captar, atrair, conquistar empregando meios capciosos. É a cláusula que estipula benefício a um dos contratantes. Em Direito das Sucessões, é a cláusula testamentária em que o autor do testamento destina parte da herança a alguém, sob a condição de que ele o

beneficie ou a terceira pessoa, ou seja, o legatário ou o herdeiro somente recebe o legado ou a herança, se também contemplar o testador ou o terceiro indicado por ele. O Código Civil veda essa modalidade de cláusula e estabelece que é nula a disposição testamentária: *que institua herdeiro ou legatário sob a condição captatória de que este disponha, também por testamento, em benefício do testador, ou de terceiro* (Art. 1.900, CCB).

CLÁUSULA CODICILAR [*ver tb. cláusula testamentária, codicilo*] – É a cláusula inserta em um codicilo. Equipara-se à cláusula testamentária, porém o codicilante está restrito ao texto da lei quanto aos bens passíveis de disposição via codicilo: (...) *fazer disposições especiais sobre o seu enterro, sobre esmolas de pouca monta a certas e determinadas pessoas, ou, indeterminadamente, aos pobres de certo lugar, assim como legar móveis, roupas ou joias, de pouco valor, de seu uso pessoal* (Art. 1.881, CCB).

CLÁUSULA DE IMPENHORABILIDADE [*ver tb. cláusula de inalienabilidade, cláusula de incomunicabilidade*] – É a manifestação unilateral de vontade do doador ou testador, por meio da qual blinda o beneficiário, isto é, impede que o bem recebido seja penhorado por débitos do herdeiro ou donatário. A restrição não é absoluta, engloba apenas o bem em si e não seus rendimentos e frutos. Para que a impenhorabilidade se estenda a eles é necessário que o testador ou doador atribua expressamente caráter alimentar aos rendimentos e frutos: *Podem ser penhorados, à falta de outros bens, os frutos e rendimentos dos bens inalienáveis* (Art. 834, CPC).

CLÁUSULA DE INALIENABILIDADE [*ver tb. cláusula de impenhorabilidade, cláusula de incomunicabilidade*] – É a manifestação unilateral de vontade do doador ou testador, por meio da qual limita o exercício do direito de propriedade conferido ao donatário, herdeiro ou legatário. Ao beneficiário é permitido usar, gozar e reivindicar o bem, faltando-lhe o direito de dispor do bem recebido. *A cláusula de inalienabilidade, imposta aos bens por ato de liberalidade, implica impenhorabilidade e incomunicabilidade* (Art. 1.911, CCB). Ou seja, além de não ter a liberdade para dispor do bem, aquele que tem seu domínio não pode doar, permutar, dar em pagamento, oferecer como garantia real, hipotecar ou penhorar o bem recebido com tal cláusula.

A inalienabilidade pode ser absoluta ou relativa, vitalícia ou temporária. É absoluta se vedada a alienação a quem quer que seja. Relativa, quando impedida a venda a determinada pessoa, ou limitada a certas pessoas. Será vitalícia a cláusula que perdurar durante toda a vida do beneficiário, extinguindo com sua morte. E temporária quando condicionada a uma causa superveniente ou data determinada que gere sua caducidade.

CLÁUSULA DE INCOMUNICABILIDADE [*ver tb. cláusula de impenhorabilidade, cláusula e inalienabilidade, regime da comunhão parcial de bens, regime da comunhão universal de bens*] – É a manifestação unilateral de vontade do doador ou testador, por meio da qual veda que o bem transmitido comunique com o cônjuge do beneficiário. Um bem afetado pela incomunicabilidade não pode ser objeto de comunicação ou comunhão, conservando-se, assim, sua individualidade, não se misturando, ou integralizando em qualquer regime de bens. Tem maior funcionalidade nos casos em que o beneficiário é casado pelo regime da comunhão universal de bens, cuja comunicação atinge os bens adquiridos gratuitamente; ou, nos demais regimes, em que mesmo não havendo a comunicação dos bens adquiridos de forma gratuita, há a comunicação dos frutos e rendimentos, para gerar a incomunicabilidade destes.

A cláusula de incomunicabilidade mantém seus efeitos até mesmo na hipótese de morte do herdeiro ou donatário, ficando os bens afetados excluídos da sucessão em relação ao cônjuge sobrevivente. *Em falta de descendentes e ascendentes, será deferida a sucessão por inteiro ao cônjuge sobrevivente.* (Art. 1.838, CCB). Ou seja, mesmo que o bem esteja afetado, inexistindo herdeiros na 1ª ou na 2ª classe, a lei permite ao cônjuge herdar por cabeça todo o patrimônio deixado pelo *de cujus*, inclusive os bens incomunicáveis. A restrição não ultrapassa a pessoa do beneficiário, transferido o bem para terceiro a cláusula perde sua eficácia.

JURISPRUDÊNCIA

(...) O doador pode dispor em cláusula expressa a incomunicabilidade dos frutos de bem doado no benefício exclusivo do cônjuge beneficiário antes da celebração de casamento sob o regime de comunhão parcial dos bens. 2. O mandamento legal previsto no art. 265 do Código Civil de 1916 (correspondente ao art. 1.669 do atual Código Civil), de natureza genérica, não veda previsão em sentido contrário. 3. A partilha de conta conjunta aberta no exterior é incontroversa nos autos, circunstância insindicável ante o óbice da Súmula nº 7/STJ. 4. O princípio da boa-fé objetiva (art. 422 do Código Civil) rege as relações de família sob o prisma patrimonial. 5. Incide o óbice da Súmula nº 283 do Supremo Tribunal Federal, pois há fundamento autônomo inatacado no especial,

a saber: a possibilidade de locupletamento ilícito do cônjuge varão de quantia pertencente ao casal. 6. O dever de prover o sustento da filha comum compete a ambos os genitores, cada qual devendo concorrer de forma proporcional aos seus recursos, circunstâncias e variáveis insindicáveis nesta instância especial. 7. A alegação de que os gravames da incomunicabilidade deveriam ter sido realizados através de pacto antenupcial ou registrados em cartório não foi prequestionado, inexistindo alegação de dispositivo legal violado nesse ponto, o que atrai o teor das Súmulas nº 282, 356 e 284/STF. 8. Recurso especial parcialmente conhecido, e nessa parte, não provido (REsp 1164887, Rel. Min. Ricardo Villas Bôas Cueva, 3ª T – STJ. j. 24/04/2014).

CLÁUSULA DE INDIVISÃO [*ver tb. condomínio, contrato de doação, inventário, testamento*] – Do latim *indivisibilis*, que não pode ser dividido. É a manifestação unilateral de vontade do doador ou testador, por meio da qual limita o exercício do direito de propriedade conferido ao donatário, herdeiro ou legatário, proibindo a divisão dos bens em quinhões, mantendo-os assim em um condomínio. Essa cláusula tem o objetivo de preservar a integralidade do bem, evitando o desfazimento ou diluição da herança ou da doação.

DISPOSITIVOS NORMATIVOS

CCB – Arts. 426 e 1.793, § 3º.

CLÁUSULA DE IRREVOGABILIDADE – Ver cláusula derrogatória.

CLÁUSULA DERROGATÓRIA – É a disposição voluntária pela qual o declarante de um ato jurídico, por qualquer forma, direta ou indiretamente, contraria o princípio da revogabilidade do negócio jurídico e limita a sua revogação ou modificação futura. Também conhecida como cláusula de irrevogabilidade.

C

No Direito Sucessório, a cláusula derrogatória de um testamento é aquela que proíbe a revogação ou modificação do testamento pelo testador mediante ato futuro. Toda e qualquer cláusula testamentária que impeça a revogação do instrumento será nula de pleno direito, isto é, será considerada como não escrita, vez que viola a natureza revogável do ato. A revogabilidade é elemento inerente a todo testamento. O testador pode fazer um testamento e depois simplesmente revogá-lo, ou simplesmente alterar cláusulas, emendá-las ou mudar o que quiser a qualquer tempo e quantas vezes desejar: *O testamento é ato personalíssimo, podendo ser mudado a qualquer tempo.* (Art. 1.858, CCB).

CLÁUSULA RESTRITIVA [*ver tb. cláusula de impenhorabilidade, cláusula de inalienabilidade, cláusula de incomunicabilidade, cláusula de indivisão, testamento*] – É toda e qualquer cláusula usada no âmbito jurídico (contratos de doação, testamentos etc.) para limitar ou restringir o direito dos legatários, herdeiros e donatários no tocante ao bem adquirido.

No Direito Sucessório, especialmente nos testamentos, são comumente empregadas cláusulas restritivas, sendo as mais usuais as de incomunicabilidade e impenhorabilidade.

CLÁUSULA TESTAMENTÁRIA [*ver tb. cláusula restritiva, legado, sucessão testamentária*] – É a cláusula inserta em um testamento. Disposição de última vontade do testador que estabelece as condições a serem observadas quanto ao patrimônio deixado por ele, ou seja, a herança. O testador pode, mediante cláusula testamentária, dispor de bens, discriminar legados, nomear herdeiros facultativos, fazer reconhecimento de paternidade, estabelecer condições e restrições ou o que for de sua vontade, desde que não contrarie preceitos legais.

Quando há herdeiros necessários, o testamenteiro somente poderá dispor nos limites da legítima, resguardado o direito constitucional à herança daqueles.

DISPOSITIVOS NORMATIVOS

CCB – Arts. 1.850, 1.857.

CLÍNICA DO DIREITO [*ver tb. desamparo, direito de família, gozo, ritos de passagem, transferência*] – Assim pode-se denominar o escritório de advocacia que trabalha com o Direito de Família e Sucessões com uma abordagem que engloba a compreensão da formalidade jurídica, e tratam os casos em uma dimensão que inclui, a compreensão da subjetividade, que se presentifica nos atos e fatos jurídicos.

A atuação dos profissionais do Direito de Família e Sucessões, comprometidos com a ética do sujeito e da responsabilidade, naturalmente conseguem diluir ou diminuir a litigiosidade, amenizando o sofrimento das partes e ajudando-as a se deslocarem do sofrimento para atingir uma outra borda. Por meio dos necessários ritos processuais, pode-se fazer um verdadeiro "ritual de passagem", em que as partes vão compreendendo e elaborando as perdas, o luto e aprendendo a lidar com o seu desamparo.

O discurso psicanalítico trouxe uma grande contribuição à compreensão desta nova ética do Direito de Família e Sucessões. Os promotores de Justiça e os juízes, por exemplo, poderão compreender que os atos jurisdicionais têm, também, uma função simbólica da maior importância na vida dos sujeitos envolvidos em um processo judicial. O juiz representa a autoridade necessária que vem barrar, colocar limite. O ato de decidir quer dizer também "parem de gozar". A sentença põe fim a uma demanda que fará com que os sujeitos possam reorganizar a vida de outra forma, por outros caminhos, e pelo menos ali, onde se depositou os restos do amor, não se goza mais.

A Psicanálise faz instalar uma outra ética para a advocacia de família, a partir do momento em que se compreende a presença da subjetividade nas demandas que se apresentam. A ética está em mostrar ao cliente que o seu verdadeiro interesse não é aquele que aparenta ser, não é o sustentar litígio. O verdadeiro interesse é resolver a demanda. Para isso, é necessário compreender a subjetividade ali envolvida. A função do advogado deve ser,

então, separar a objetividade da confusão dos elementos subjetivos, para ajudar o cliente a organizar um texto jurídico. Se se consegue desfazer esta mistura de elementos objetivos e subjetivos, os aspectos jurídicos certamente se encaminharão para uma resolução do conflito.

Devemos evitar que os processos judiciais se tornem uma "montagem perversa" e que nós, operadores do Direito, não sejamos instrumentos deste gozo que só traz sofrimento para as partes, e que em muitos casos os filhos são usados como moeda de troca pelo fim da conjugalidade. É esta nova ética da advocacia, proporcionada pela compreensão do discurso psicanalítico, que conduz o advogado a uma direção em que seu trabalho é também uma "clínica do Direito".

C

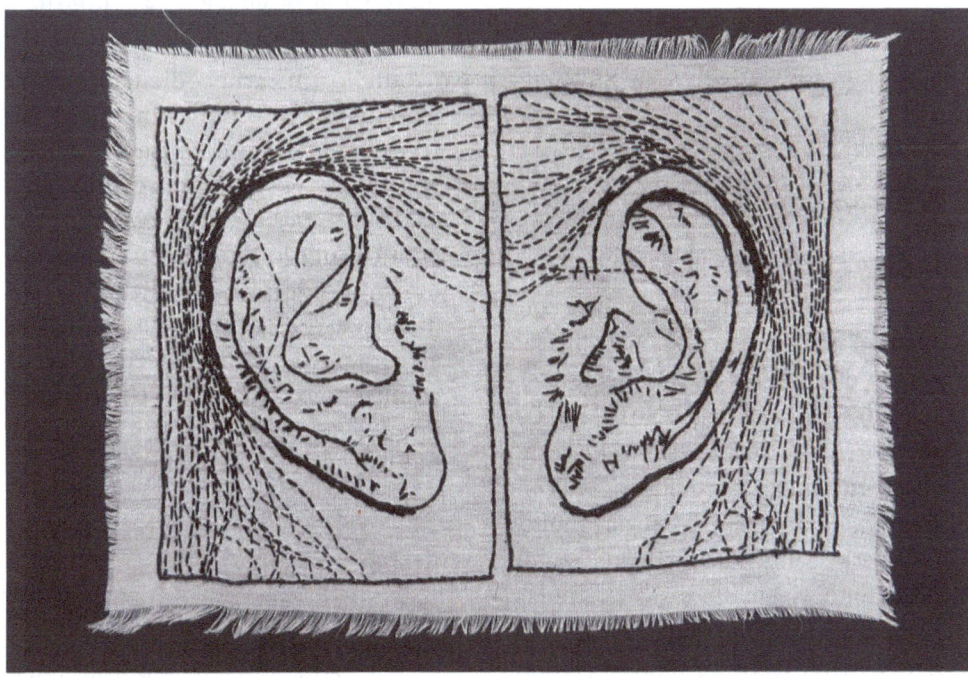

DISPOSITIVOS NORMATIVOS

Lei nº 8.906/94 – Dispõe sobre o Estatuto da Advocacia e a Ordem dos Advogados do Brasil (OAB).

LINGUAGEM POÉTICA

Eu não sei dizer nada por dizer

Então eu escuto

Se você disser tudo o que quiser

Então eu escuto

Fala

La, la la, la la la, la la la

Fala

Se eu não entender, não vou responder

Então eu escuto

Eu só vou falar na hora de falar

Então eu escuto

Fala

La, la la, la la la, la la la

Fala(...)

Fala – Letra e música Secos e molhados.

ILUSTRAÇÃO

Adriana Silveira. P. 147.

COABITAÇÃO – Viver sob o mesmo teto; ato de coabitar. Designa a vivência conjugal em uma mesma casa. A coabitação era um dos deveres do casamento estabelecidos pelo CCB 1916. No CCB 2002, embora o art. 1.566, II, estabeleça como deveres de ambos os cônjuges, "vida em comum, no domicílio conjugal", muitos casais, especialmente a partir do segundo casamento, vivem em casas separadas. Na união estável, a coabitação é um dos seus elementos caracterizadores, embora a sua falta, por si só, não a descaracterize.

COBRANÇA DE ALIMENTOS – Ver execução de alimentos.

CODICILO [*ver tb. carta codicilar, testamento, testamento ético*] – Diminutivo da expressão latina *códex*, que significa vontade solene (ou código), daí vontade menos solene (ou pequeno escrito). É um escrito particular com a manifestação de vontade para ser cumprida depois da morte. Diferencia-se do testamento por tratar-se de disposições cujo conteúdo econômico ou patrimonial é de pouca expressão, ou no dizer do CCB 1916 e depois repetido no CCB 2002, de "pequena monta". O artigo 1.881 do CCB assim o define: *Toda pessoa capaz de testar poderá, mediante escrito particular seu, datado e assinado, fazer disposições especiais sobre o seu enterro, sobre esmolas de pouca monta a certas e determinadas pessoas, ou, indeterminadamente, aos pobres de certo lugar, assim como legar móveis, roupas ou joias, de pouco valor, de seu uso pessoal.*

No codicilo, ou carta codicilar, pode-se fazer também reconhecimento de paternidade. Havendo a elaboração de testamento posterior que conflite com as disposições feitas no codicilo, este estará revogado. Em outras palavras, testamento pode revogar codicilo, mas codicilo não revoga testamento. Aplica-se ao codicilo o mesmo procedimento de confirmação do testamento particular.

DISPOSITIVOS NORMATIVOS

CCB – Arts. 1.881 a 1.884.

JURISPRUDÊNCIA

(...) Deve vir à colação bem imóvel recebido por doação dos pais falecidos. Descabida a condenação por má-fé na ação de sonegados quando verificado que não houve dolo por parte do inventariante na ocultação de bens, eis que era do conhecimento do todos que os falecidos fizeram doações a ambos os filhos, ora recorrentes. Negaram provimento a ambos os apelos. Unânime. (Ap. Cível nº 70015923808. Des. Rel. Luiz Felipe Brasil Santos. 7ª CC – TJRS. j. 29/11/2006).

LINGUAGEM POÉTICA

Quando eu morrer, não quero choro nem vela / Quero uma fita amarela gravada com o nome dela / Se existe alma, se há outra encarnação / Eu queria que a mulata sapateasse no meu caixão

Não quero flores nem coroa com espinho / Só quero choro de flauta, violão e cavaquinho / Estou contente, consolado por saber / Que as morenas tão formosas a terra um dia vai comer.

Não tenho herdeiros, não possuo um só vintém / Eu vivi devendo a todos mas não paguei a ninguém / Meus inimigos que hoje falam mal de mim / Vão dizer que nunca viram uma pessoa tão boa assim.

(*Fita Amarela* – Letra e música de Noel Rosa).

COERDEIRO – É a nomenclatura conferida à multiplicidade de herdeiros que concorrem na sucessão hereditária, isto é, convocados a suceder mais de um herdeiro, necessários e testamentários, serão denominados coerdeiros. Antes da reforma ortográfica da língua portuguesa (Decreto nº 6.583/08) escrevia-se co-erdeiro.

COGNAÇÃO [ver tb. agnação] – Do latim *cognatio*, parentesco por consanguinidade. Em Roma e na Grécia, era utilizado para se referir a todo parentesco natural sem direitos civis, ou seja, era usado para determinar o parentesco consanguíneo pelo lado materno, os *cognados* ou *cognatos*, em oposição a agnação, agnados ou *agnatos*, que determina o parentesco consanguíneo pelo lado paterno, que, tanto entre os romanos e gregos, era a única linhagem que conferia direitos à herança.

COGNOME [ver tb. apelido, sobrenome, alcunha] – Do latim *cognomen*, terceiro nome. Em sentido jurídico é o nome interposto no nome, após o prenome e antes do sobrenome (nome de família ou patronímico).

Também conhecido como apelido, isto é, o nome popular pelo qual é conhecido e se incorpora oficialmente ao seu nome. Por exemplo Luís Inácio Lula da Silva. Lula, presidente do Brasil, é o cognome; assim, é o apelido acrescido ao nome.

No Direito Romano, era também chamado de terceiro nome, ou seja, um apelido colocado pela própria pessoa acrescentado ao seu nome e sobrenome.

COLAÇÃO [ver tb. adiantamento de legítima, bens sonegados, classe de herdeiros, doação inoficiosa] – Do latim *collatum*, transportar. É o mesmo que conferência. Colacionar ou conferir é trazer ou levar consigo.

Em Direito das Sucessões, é o procedimento pelo qual o herdeiro necessário, contemplado em vida pelo autor da herança, por meio de doação, fica obrigado a apresentá-la no inventário, isto é, levar ao acervo hereditário a antecipação da legítima que o beneficiou. *Os efeitos do adiantamento da legítima são exclusivamente decorrentes de doação de ascendentes para descendentes ou cônjuge para cônjuge. Os ascendentes são também herdeiros necessários dos descendentes, mas as doações destes para aqueles não estão alcançadas pela obrigatoriedade de colação* (LÔBO, Paulo. *Direito civil:* sucessões. São Paulo: Saraiva, 2013. p. 88).

Os bens ou valores antecipados, que excederem os 50% da totalidade da herança, devem ser colacionados no processo de inventário e informados como adiantamento de legítima, para que seja estabelecido um juízo de equidade entre os herdeiros necessários. O instituto da colação evita que o *de cujus*, em vida, fraude a lei ao beneficiar um herdeiro necessário específico, deixando os demais sem nada, ou com parte menor do que lhe seria devido, quando da abertura da sucessão. *O valor de colação dos bens doados será aquele, certo ou estimativo, que lhes atribuir o ato de liberalidade; § 2º Só o valor dos bens doados entrará em colação; não assim o das benfeitorias acrescidas, as quais pertencerão ao herdeiro donatário, correndo também à conta deste os rendimentos ou lucros, assim como os danos e perdas que eles sofrerem* (Art. 2.004, *caput* e § 2º, CCB). Ou seja, não são colacionados os rendimentos e frutos advindos dos bens recebidos por liberalidade.

Estão excluídas do dever de colação as doações remuneratórias recebidas em troca de serviços exercidos em favor do autor da herança/doador, bem como *os gastos ordinários do ascendente com o descendente, enquanto menor, na sua educação, estudos, sustento, vestuário, tratamento nas enfermidades, enxoval, assim como as despesas de casamento, ou as feitas no interesse de sua defesa em processo-crime* (Art. 2.010, CCB), não sendo essa lista *numerus clausus*.

A colação pode ser dispensada, desde que seja outorgado pelo doador em testamento, ou no próprio título de liberalidade (Art. 2.006, CCB). Evidentemente,

não sobrepondo a parte disponível por afrontar a legítima dos herdeiros necessários.

A doação que não observa os limites da legítima é denominada inoficiosa, conduzindo a nulidade do excedente: *São sujeitas à redução as doações em que se apurar excesso quanto ao que o doador poderia dispor, no momento da liberalidade* (Art. 2.007, CCB).

O descumprimento do dever de colação tem como consequência a pena de sonegação. Levado à colação, o valor apresentado, desde que dentro dos limites da legítima, integrará a quota-parte do herdeiro/beneficiário uma vez aberta a sucessão.

Os sucessores do herdeiro premorto, que herdam por representação, devem colacionar as liberalidades recebidas pelo representado, ainda que não as tenham herdado, a fim de igualar os quinhões: *Quando os netos, representando os seus pais, sucederem aos avós, serão obrigados a trazer à colação, ainda que não o hajam herdado, o que os pais teriam de conferir* (Art. 2.009, CCB). Aplica-se neste caso a regra de que as dívidas do *de cujus* transmitem-se aos seus herdeiros no limite das forças da herança, ou seja, o representante tem a obrigação de colacionar nos limites da herança que recebeu.

DISPOSITIVOS NORMATIVOS

CCB – Arts. 2.002 a 2.012.

JURISPRUDÊNCIA

(...) O propósito recursal é definir se, para fins de colação e de partilha de bens, deve ser considerado o valor estimado do crédito resultante da venda do terreno pelo falecido à construtora e posteriormente cedido a parte dos herdeiros ou o valor dos imóveis erguidos sobre o terreno e que foram posteriormente dados em pagamento pela construtora a parte dos herdeiros. 3 – O legislador civil estabeleceu critério específico e objetivo para a quantificação do valor do bem para fins de colação, a saber, o valor certo ou estimado do bem, a fim de que a doação não sofra influências de elementos externos de natureza econômica, temporal ou mercadológica, que, se porventura existentes, deverão ser experimentados exclusivamente pelo donatário, não impactando o acertamento igualitário da legítima, de modo que não é possível substituir o critério legal pelo proveito ou benefício econômico representado por imóveis obtidos a partir do crédito cedido. 4 – Na hipótese, o valor do crédito recebido pelo autor da herança em decorrência da venda de terreno à construtora, posteriormente cedido a parte dos herdeiros, deve ser levado à colação pelo seu valor estimado e não pelo proveito ou pelo benefício econômico representado pelos bens imóveis posteriormente escriturados em nome dos cessionários do referido crédito. 5 – Recurso especial conhecido e provido. (STJ, REsp nº 1.713.098/RS, Rel. Minª Nancy Andrighi, 3ª Turma, DJe de 16/5/2019).

COLATERAL [ver tb. parentesco, parentesco colateral] – São os parentes que têm um ancestral em comum, ou seja, provindo do mesmo tronco se estendem lateralmente. Diferencia-se do parentesco em linha reta, que é quando as pessoas descendem umas das outras diretamente: filho, neto, bisneto etc. Os parentes colaterais não descendem uns dos outros, mas têm um ancestral em comum. São os irmãos, tios, sobrinhos, primos.

COLEGATÁRIO [ver tb. legatário] – É a nomenclatura que designa multiplicidade de legatários que concorrem para o mesmo legado. Caso o testamentário deixe mediante cláusula testamentária um bem singular para mais de uma pessoa, esses serão denominados colegatários. Antes da reforma da língua portuguesa (Decreto nº 6.583/08) escrevia-se colegatário.

COLISÃO DE PRINCÍPIOS [ver princípios] – *É o conflito e choque de interesses entre valores fundamentais, diante do caso concreto.* Essa colisão de princípios depara-se entre duas alternativas ou correntes de pensamento: ponderação ou adequabilidade; qual seria a melhor solução para o caso de choque de princípios? O posicionamento de Robert Alexy, juntamente com Ronald Dworkin, foram um dos primeiros a desenvolver essa hermenêutica jurídica. Segundo eles, a melhor saída em um caso de colisão de princípios, de direitos ou de deveres fundamentais, é recorrer à ponderação dos bens jurídicos em jogo. Não se proclama, é certo, a hierarquia absoluta entre princípios. Entretanto, não podemos deixar de observar a ascensão da dignidade humana na ordem jurídica, ou, em outras palavras, a prevalência do sujeito, em detrimento do objeto nas relações jurídicas.

COMORIÊNCIA [ver tb. comorientes, saisine] – Denominação dada quando duas ou mais pessoas morrem ao mesmo tempo, ou quando se presume óbito simultâneo, em virtude da impossibilidade da individualização do momento, como, por exemplo, em acidentes aeronáuticos. Tal fato tem grande relevância jurídica, vez que, em virtude do princípio de *saisine*, qualquer fração de segundo poderá interferir na atribuição do direito sucessório. A questão jurídica relevante é saber se os comorientes foram atingidos pela morte simultaneamente, ou sucessivamente, pois isto pode mudar o rumo ou destino da herança. Por exemplo, se marido e mulher morrerem sucessivamente, o cônjuge que sobreviveu por um segundo a mais será herdeiro necessário do outro, o que fará com que o patrimônio daquele incorpore

ao do outro segundos antes da morte deste. Caso tenham morrido concomitantemente serão considerados comorientes e não serão herdeiros entre si, não havendo, assim, qualquer transmissão de herança ou direitos hereditários entre eles (Art. 8º, CCB).

JURISPRUDÊNCIA

(...) Na hipótese, tendo havido a comoriência entre o autor da herança, sua cônjuge e os descendentes, não havendo que se falar, pois, em sucessão entre eles, devem ser chamados à sucessão os seus respectivos herdeiros ascendentes, razão pela qual, sendo induvidosa a conclusão de que o valor existente em previdência complementar privada aberta de titularidade do autor da herança compunha a meação da cônjuge igualmente falecida, a colação do respectivo valor ao inventário é indispensável. 8 – Recurso especial conhecido e desprovido. (STJ, REsp 1726577/SP, Relª. Miniª Nancy Andrighi, 3ª Turma, DJe 01/10/2021).

ILUSTRAÇÃO

Marco Túlio Rezende. P. 152.

COMORIENTES [*ver tb. comoriência*] – Pessoas que morrem simultaneamente ou que, sendo impossível determinar qual delas veio a óbito primeiro, o Direito trata como se tivessem falecido concomitantemente (Art. 8º, CCB).

COMPADRESCO [*ver tb. padrinho*] – É o mesmo que compadrio. É a relação entre compadres, que se estabeleceu pelo apadrinhamento do filho de outrem. É a ligação entre os pais e os padrinhos do filho dado em batismo.

COMPANHEIRO(A) [*ver tb. convivente*] – É a expressão mais usada nos textos legislativos para designar um dos sujeitos da união estável. Aparece pela primeira vez na Lei de Registros Públicos (Lei nº 6.216/75,

art. 57, § 2º, que alterou a Lei nº 6.015/73). Daí em diante, tornou-se a palavra que substituiu o termo concubina. A Lei nº 9.278/96 adotou o vocábulo convivente para designar os sujeitos da união estável. A redação original do CCB/2002 oscilou entre as duas expressões. Utilizou no art. 1.724 a palavra companheiro; na parte relativa aos alimentos usou convivente (art. 1.694); no Direito Sucessório referiu-se novamente a companheiro (art. 1.790) e também concubino (art. 1.801). No período entre a aprovação do CCB/2002 pela Câmara dos Deputados e a sanção presidencial, a Comissão de Redação, atendendo a sugestões do Instituto Brasileiro de Direito de Família – IBDFAM – uniformizou os vocábulos, adotando, na versão publicada no *DOU*, a palavra companheiro. O Supremo Tribunal Federal (STF) analisou em julgamento a equiparação entre casamento e união estável para fins de sucessão, inclusive em uniões homoafetivas. A decisão foi proferida no julgamento dos Recursos Extraordinários (REs) 646.721 e 878.694, ambos com repercussão geral reconhecida. Para fim de repercussão geral, foi aprovada a seguinte tese, válida para ambos os processos: "*No sistema constitucional vigente é inconstitucional a diferenciação de regime sucessório entre cônjuges e companheiros devendo ser aplicado em ambos os casos o regime estabelecido no art. 1.829 do Código Civil*".

DISPOSITIVOS NORMATIVOS

CR – Art. 226, § 3º.

CCB – Arts. 793, 1.240A, 1.565, 1.595, 1.636, 1.694, 1.724, 1.725, 1.726, 1.775, 1.790, 1.797, 1.801, 1.802, 1.814, 1.844, 1.963.

Lei nº 8.971/94 – Regula o direito dos companheiros a alimentos e à sucessão.

Lei nº 9.278/96 – Regula o § 3º do art. 226 da Constituição Federal.

JURISPRUDÊNCIA

(...) 'Companheiro' como situação jurídica-ativa de quem mantinha com o segurado falecido uma relação doméstica de franca estabilidade ("união estável"). Sem essa palavra azeda, feia, discriminadora, preconceituosa, do concubinato. Estou a dizer: não há concubinos para a Lei Mais Alta do nosso País, porém casais em situação de companheirismo. Até porque o concubinato implicaria discriminar os eventuais filhos do casal, que passariam a ser rotulados de "filhos concubinários". Designação pejorativa, essa, incontornavelmente agressora do enunciado constitucional de que "os filhos, havidos ou não da relação do casamento, ou por adoção, terão os mesmos direitos e qualificações, proibidas quaisquer designações discriminatórias relativas à filiação. (...) A concreta disposição do casal para construir um lar com um subjetivo ânimo de permanência que o tempo objetivamente confirma. Isto é família, pouco importando se um dos parceiros mantém uma concomitante relação sentimental a dois. No que andou bem a nossa Lei Maior, ajuízo, pois ao direito não é dado sentir ciúmes pela parte supostamente traída, sabido que esse órgão chamado coração 'é terra que ninguém nunca pisou'. Ele, coração humano, a se integrar num contexto empírico da mais entranhada privacidade, perante o qual o Ordenamento Jurídico somente pode atuar como instância protetiva. Não censora ou por qualquer modo embaraçante (...) (RE 397.7628 BA, Rel. Min. Marco Aurélio; Trecho do voto-vista do Min. Carlos Ayres Britto; publ. *DJE* de 12/9/08).

LINGUAGEM POÉTICA

Eu ia saindo, ela estava ali / No portão da frente / Ia até o bar, ela quis ir junto / "tudo bem", eu disse / Ela ficou supercontente / Falava bastante, / O que não faltava era assunto / Sempre ao meu lado, / Não se afastava um segundo / Uma companheira que ia a fundo / Onde eu ia, ela ia / Onde olhava, ela estava / Quando eu ria, ela ria / Não falhava / No dia seguinte ela estava ali / No portão da frente / Ia trabalhar, ela quis ir junto / Avisei que lá o pessoal era muito exigente / Ela nem se abalou / "o

que eu não souber eu pergunto" / E lançou na hora mais um argumento profundo / Que iria comigo até o fim do mundo / Me esperava no portão / Me encontrava, dava a mão / Me chateava, sim ou não? / Não / De repente a vida ganhou sentido / Companheira assim nunca tinha tido / O que fica sempre é uma coisa estranha / É companheira que não acompanha / Isso pra mim é felicidade / Achar alguém assim na cidade / Como uma letra pra melodia / Fica do lado, faz companhia / Pensava nisso quando ela ali / No portão da frente / Me viu pensando, quis pensar junto / "pensar é um ato tão particular do indivíduo" / E ela, na hora "particular, é? duvido" / E como de fato eu não tinha lá muita certeza / Entrei na dela, senti firmeza / Eu pensava até um ponto / Ela entrava sem confronto / Eu fazia o contraponto / E pronto / Pensar assim virou uma arte / Uma canção feita em parceria / Primeira parte, segunda parte / Volta o refrão e acabou a teoria / Pensamos muito por toda a tarde / Eu começava, ela prosseguia / Chegamos mesmo, modesta à parte / A uma pequena filosofia / Foi nessa noite que bem ali / No portão da frente / Eu fiquei triste, ela ficou junto / E a melancolia foi tomando conta da gente / Desintegrados, éramos nada em conjunto / Quem nos olhava só via dois vagabundos / Andando assim meio moribundos / Eu tombava numa esquina / Ela caía por cima / Um coitado e uma dama / Dois na lama / Mas durou pouco, foi só uma noite / E felizmente / Eu sarei logo, ela sarou junto / E a euforia bateu em cheio na gente / Sentíamos ter toda felicidade do mundo / Olhava a cidade e achava a coisa mais linda / E ela achava mais linda ainda / Eu fazia uma poesia / Ela lia, declamava / Qualquer coisa que eu escrevia / Ela amava / Isso também durou só um dia / Chegou a noite acabou a alegria / Voltou a fria realidade /

Aquela coisa bem na metade / Mas nunca a metade foi tão inteira / Uma medida que se supera / Metade ela era companheira / Outra metade, era eu que era / Nunca a metade foi tão inteira / Uma medida que se supera / Metade ela era companheira / Outra metade, era eu que era

(A companheira – Letra e música Luiz Tatit)

COMPENSAÇÃO ECONÔMICA – Ver alimentos compensatórios.

COMPLEXO DE ÉDIPO [*ver tb. incesto, lei jurídica*] – Expressão introduzida por Freud, a partir do mito grego em que o herói de Tebas, Édipo, decifrou o enigma da esfinge, e por um infortúnio, matou o pai Laio e se casou com a mãe Jocasta. A teoria psicanalista tem suas principais bases fundadas no complexo de édipo e pode ser entendida, em linguagem bem simplificada, como o conjunto de relações amorosas que os filhos estabelecem com as figuras parentais, de forma positiva e negativa, formando uma rede inconsciente, em que se inclui amor e ódio e o desejo sexual (inconsciente) pela figura parental do outro sexo (forma positiva), e o desejo assassino pela figura parental do mesmo sexo (forma negativa). Esta é a formulação universal do complexo de édipo. Segundo Freud, o seu apogeu se dá entre os três e cinco anos, o que ele denominou fase fálica, e desempenha um papel fundamental na formação e estruturação da personalidade e na orientação do desejo humano. Talvez esteja aí as raízes das escolhas sexuais na vida adulta. Para a psicanálise, ele é o principal eixo de referência da psicopatologia e das estruturas patológicas.

Em *Totem e Tabu* (1912), Freud reordena o complexo de édipo a partir da supremacia do pai e de seu assassinato pelos filhos, colocando tal estudo antropológico como o próprio princípio da civilização. A partir de 1938, Lacan começou a rever e desembaraçar o mito freudiano de Édipo, e somando ao estruturalismo de Lévi Strauss, deu passos adiante em sua compreensão e o redefiniu: *A lei primordial é aquela que, ao regular a aliança, superpõe o reino da cultura ao reino da natureza entregue à lei do acasalamento, essa aliança é idêntica a uma ordem de linguagem e a interdição do incesto é apenas seu pivô subjetivo – a preeminência e a anterioridade da ordem simbólica* (KAUFMANN, Pierre. *Dicionário enciclopédico de psicanálise: o legado de Freud e Lacan*. Trad. Vera Ribeiro, Maria Luiza Y. de A. Borges. Rio de Janeiro: Jorge Zahar, 1996. p. 141).

O complexo de édipo interessa ao Direito de Família, não apenas porque ele nos ajuda a entender um pouco mais o funcionamento psíquico, ampliando a compreensão da trama familiar no mundo jurídico, afinal os atos e fatos jurídicos se desenvolvem e são precedidos pela ordem psíquica, mas principalmente porque pela teoria do complexo de édipo se pode dizer que a primeira lei da face da Terra, que instala e possibilita a civilização e a cultura, é também uma lei de Direito de Família: o interdito proibitório do incesto. Neste sentido, pode-se dizer que sem pacto edípico, não há pacto social. Em outras palavras, se a criança não internalizar a lei, nos limites da convivência humana, não há sociedade, não há civilidade e nem civilização.

Este primeiro "não" civilizador é também o que ordena e organiza o Direito de Família, ao estabelecer, em todos os ordenamentos jurídicos ocidentais tal interdito, inclusive por meio de princípios e regras de impedimentos matrimoniais.

JURISPRUDÊNCIA

(...) Quanto à percepção das necessidades da criança, ambos os genitores conseguem exercer a parentalidade, sendo que há tendência de S. conseguir impor limites à criança, enquanto o pai é mais conivente com os interesses infantis. Por outro lado, percebe-se que a criança, no contato com a família paterna, principalmente a avó, mantém uma continuidade de segurança, afeto e cuidados diários que são necessários para a estruturação da personalidade do infante, notadamente no período de desenvolvimento que se encontra (Complexo de Édipo). Lembramos que a criança também apresenta histórico de acompanhamento médico relativamente intenso, devido a dificuldades respiratórias, precisando de suporte constante, sendo que a rede de apoio – familiar ou não – constitui-se uma necessidade nestes casos. (fls. 41-42, AC n.) Dessa feita, o mais recomendável, visando, repise-se, ao melhor interesse da criança, é a aplicação da guarda compartilhada. (Ap. Cível nº 2011.0171970 e 2011.0171956, Rel. Des. Joel Dias Figueira Júnior, 1ª CDP – TJSC. j. 25/07/2011).

LINGUAGEM LITERÁRIA

"[...] eu ficava acordado na cama vendo de um jeito triste meus irmãos nas outras camas, eles que dormindo não gozavam da minha bem-aventurança, e me distraindo na penumbra que brotava da aurora, e redescobrindo a cada lance da claridade do dia, ressurgindo através das frinchas, a fantasia mágica das pequenas figuras pintadas no alto da parede como cercadura, e só esperando que ela entrasse no quarto e me dissesse muitas vezes "acorda, coração" e me tocasse muitas vezes suavemente o corpo até que eu, que fingia dormir, agarrasse suas mãos num estremecimento, e era então um jogo sutil que nossas mãos compunham debaixo do lençol, e eu ria e ela cheia de amor me asseverava num cicio "não acorda teus irmãos, coração", e ela depois erguia minha cabeça contra a almofada quente do seu ventre e, curvando o corpo grosso, beijava

muitas vezes meus cabelos, e assim que eu me levantava Deus estava do meu lado em cima do criado-mudo [...]."

(NASSAR, Raduan. *Lavoura arcaica*. 3. ed. São Paulo: Companhia das Letras, 1989. p. 27).

COMPLEXO DE ELETRA [*ver tb. complexo de édipo*] – Em 1913, Carl Gustav Jung introduziu esta expressão para denominar o complexo de édipo feminino, e marcar a existência desta teoria em ambos os sexos. Freud declarou desde o início que não via sentido nesta denominação, pois o Édipo feminino não é simétrico ao masculino. Entretanto, o próprio Freud escreveu sobre os diferentes efeitos do complexo de castração para cada sexo, da importância que tem para a menina o apego pré-edipiano à mãe, da predominância do falo para os dois sexos e justifica a sua rejeição da expressão complexo de Eletra, que pressupõe uma analogia entre a posição da menina e do menino em relação aos pais (J. LAPANCHE e Pontalis. *Vocabulário de psicanálise*. Trad. Pedro Tamen. São Paulo: Martins Fontes, 1992. p. 82)

LINGUAGEM POÉTICA

Quero te ver, não / Não quero te ver mais / Quero esquecer / Mas você não me deixa em paz / Você não é mais criança / Quem espera sempre alcança

Vamos viver / Vamos nos entender / Vamos saber / O que Freud quis dizer

Quero beijar, não / Eu quero morder / Quero ensinar, não / Eu quero aprender / Quero te pegar na escola / E ser o seu dever de casa

Ser seu brinquedo / Ser seu fetiche / Ser o seu Pimp / E você minha bitch / Elektra, complexo de Elektra

Quero você / Mas não sei se você quer / Você é um bebê / Mas já é mulher / Você é minha pin up / E eu sou seu sugar daddy

Sem tempo a perder / Quero te Proteger / Mas posso esperar / Até você crescer

Elektra, complexo de Elektra

Quero saber / Eu não quero saber, não / Quero ceder sim / A essa tentação

Nada dessa culpa cristã / Se Adão mordeu a Maçã

Ás vezes te acho / Muito imatura / Mas logo me encaixo / Na sua loucura

Elektra, complexo de Elektra

(*Elektra* – Letra e música de RPM).

COMUNHÃO DE BENS – Ver regime da comunhão universal.

COMUNHÃO PARCIAL DE BENS – Ver regime da comunhão parcial.

COMUNICABILIDADE [*ver tb. cláusula de incomunicabilidade, regime da comunhão parcial de bens, regime da comunhão universal de bens*] – É a qualidade, condição, aptidão ou estado conferido a todo bem que pode entrar em comunicação, ou seja, de ser comunicável.

Declarar um bem comunicável confere a ele a possibilidade de virar objeto de uma comunhão, isto é, que originalmente pertencia a uma pessoa, mas, em vista de uma relação jurídica, passa a ser propriedade de uma multiplicidade de pessoas. A comunicabilidade de bens está presente, principalmente, nos regimes de bens do casamento, comunhão universal ou parcial.

COMUNICAÇÃO DE BENS – Ver comunicabilidade.

CONCEPÇÃO ARTIFICIAL – Ver reprodução assistida.

CONCEPTURO – O nascituro é o ser que foi concebido e ainda não nasceu, e o concepturo, ainda não foi concebido. No caso do nascituro, o CCB/2012 prevê que *a personalidade civil da pessoa começa do nascimento com vida; mas a lei põe a salvo, desde a concepção, os direitos do nascituro* (art. 2º). Já com relação ao concepturo, *na sucessão testamentária podem ainda ser chamados a suceder, os filhos, ainda não concebidos, de pessoas indicadas pelo testador, desde que vivas estas ao abrir-se a sucessão* (art. 1.799, I, do CCB/2002).

JURISPRUDÊNCIA

(...) O Magno Texto Federal não dispõe sobre o início da vida humana ou o preciso instante em que ela começa. Não faz de todo e qualquer estágio da vida humana um autonomizado bem jurídico, mas da vida que já é própria de uma concreta pessoa, porque nativa (teoria "natalista", em contraposição às teorias "concepcionista" ou da "personalidade condicional"). E quando se reporta a "direitos da pessoa humana" e até dos "direitos e garantias individuais" como cláusula pétrea está falando de direitos e garantias do indivíduo-pessoa, que se faz destinatário dos direitos fundamentais "à vida, à liberdade, à igualdade, à segurança e à propriedade", entre outros direitos e garantias igualmente distinguidos com o timbre da fundamentalidade (como direito à saúde e ao planejamento familiar). Mutismo constitucional hermeneuticamente significante de transpasse de poder normativo para a legislação ordinária. A potencialidade de algo para se tornar pessoa humana já é meritória o bastante para acobertá-la, infraconstitucionalmente, contra tentativas levianas ou frívolas de obstar sua natural continuidade fisiológica. Mas as três realidades não se confundem: o embrião é o embrião, o feto é o feto e a pessoa humana é a pessoa humana. Donde não existir pessoa humana embrionária, mas embrião de pessoa humana. (...). O Direito infraconstitucional protege por modo variado cada etapa do desenvolvimento biológico do ser

C

humano. Os momentos da vida humana anteriores ao nascimento devem ser objeto de proteção pelo direito comum. O embrião pré-implanto é um bem a ser protegido, mas não uma pessoa no sentido biográfico a que se refere a Constituição (ADI 3.510, Rel. Min. Ayres Britto, Tribunal Pleno, publ. 28/05/2010).

CONCILIAÇÃO [*ver tb. arbitragem, mediação, reconciliação*] – Do latim *conciliatio*, de *conciliare*, harmonizar, ajuntar. É o ato pelo qual duas ou mais pessoas põem fim ao desacordo entre elas, produzindo amigavelmente um acordo e estabelecendo as condições de tal acordo. A conciliação pode ser extrajudicial ou judicialmente homologada.

Na moderna concepção processualista, os processos judiciais devem buscar a conciliação sempre que possível. A conciliação, a mediação e outros métodos de solução consensual de conflitos deverão ser estimulados pelo magistrado, advogados, defensores públicos e membros do Ministério Público, inclusive no curso do processo judicial.

A conciliação deve ser estimulada pelo juiz da causa ou, quando extrajudicialmente, por um conciliador eleito pelas partes. Neste caso, ele se assemelha, em alguns aspectos, mas também se diferencia de um árbitro que recebe poderes das próprias partes para decidir. O conciliador estimula o acordo, alertando sobre as possibilidades de perdas e ganhos, e ajudando na elaboração das condições do acordo, diferentemente do mediador, que devolve às partes a responsabilidade e autonomia de resolver seus próprios conflitos. O CPC/2015 (Lei nº 13.105/2015) no seu art. 3º prevê que a conciliação, a mediação e outros métodos de solução consensual de conflitos deverão ser estimulados por juízes, advogados, defen-

sores públicos e membros do Ministério Público, inclusive no curso do processo judicial. O art. 694 do CPC prevê que nas ações de família, todos os esforços serão empreendidos para a solução consensual da controvérsia, devendo o juiz dispor do auxílio de profissionais de outras áreas de conhecimento para a mediação e conciliação. Além disso, o art. 696 prevê que audiência de mediação e conciliação poderá dividir-se em tantas sessões quantas sejam necessárias para viabilizar a solução consensual, sem prejuízo de providências jurisdicionais para evitar o perecimento do direito.

DISPOSITIVOS NORMATIVOS

Resolução nº 125 do CNJ.

CPC/2015 – Arts. 3º e 694.

CONCORRÊNCIA COM ASCENDENTES [*ver tb. concorrência sucessória, concorrência com filhos exclusivos, concorrência com filiação híbrida, concorrência do companheiro. Concorrência com filhos comuns, concorrência com parentes colaterais*] – É a concorrência sucessória, isto é, a divisão da herança entre o cônjuge ou companheiro sobrevivo e os herdeiros da linha ascendente do *de cujus*. *Concorrendo com ascendente em primeiro grau, ao cônjuge tocará um terço da herança; caber-lhe-á a metade desta se houver um só ascendente, ou se maior for aquele grau* (Art. 1.837, CCB). Ou seja, havendo pai e mãe do *de cujus*, a lei reserva ao supérstite um terço da herança. Ocorrendo hipótese diferente desta, metade dos bens pertence ao cônjuge sobrevivente e a outra metade a ser dividida pelos ascendentes, seja quantos forem. Caso estiver o companheiro(a) concorrendo com os ascendentes, tem direito a um terço dos bens adquiridos onerosamente na constância da união (Art. 1.790,

III, CCB). Entretanto, o Supremo Tribunal Federal (STF) analisou em julgamento a equiparação entre casamento e união estável para fins de sucessão, inclusive em uniões homoafetivas, declarando a inconstitucionalidade do art. 1.790 do CCB/2002. A decisão foi proferida no julgamento dos Recursos Extraordinários (REs) 646.721 e 878.694, ambos com repercussão geral reconhecida, aprovando a seguinte tese, válida para ambos os processos: *"No sistema constitucional vigente é inconstitucional a diferenciação de regime sucessório entre cônjuges e companheiros devendo ser aplicado em ambos os casos o regime estabelecido no art. 1.829 do Código Civil".*

CONCORRÊNCIA COM FILHOS COMUNS [*ver tb. concorrência sucessória, concorrência com filhos exclusivos, concorrência com filiação híbrida*] – É a concorrência sucessória entre o cônjuge ou companheiro sobrevivo e os descendentes comuns com o *de cujus*, ou seja, os filhos biológicos ou socioafetivos, frutos do seu relacionamento com o falecido. Nessa modalidade de concorrência, a quota-parte do cônjuge não pode ser inferior à quarta parte da herança (Art. 1.832, CCB, segunda parte). A reserva do mínimo de um quarto se justifica pelo fato de que os herdeiros comuns também sucederão o cônjuge quando este falecer. A parte da companheira(o) quando concorre com filhos comuns é uma quota equivalente à que por lei foi atribuída ao filho (Art. 1.790, I, CCB), mas somente na parte dos bens que foram adquiridos no constância da união estável e a título oneroso. Entretanto, o Supremo Tribunal Federal (STF) no julgamento dos Recursos Extraordinários (REs) 646.721 e 878.694, ambos com repercussão geral reconhecida, declarou a inconstitucionalidade do art. 1.790 do

CCB/2002, aprovando a seguinte tese: *"No sistema constitucional vigente é inconstitucional a diferenciação de regime sucessório entre cônjuges e companheiros devendo ser aplicado em ambos os casos o regime estabelecido no art. 1.829 do Código Civil".*

CONCORRÊNCIA COM FILHOS EXCLUSIVOS [*ver tb. concorrência com filiação híbrida, concorrência com filhos comuns, concorrência sucessória*] – É a concorrência sucessória entre o cônjuge ou companheiro sobrevivo e os descendentes exclusivos do *de cujus*. Ou seja, quando do relacionamento vivido por eles não tiveram filhos biológicos ou socioafetivos comuns. Nessa modalidade de concorrência, a quota-parte a que faz jus o cônjuge é igual a dos demais herdeiros (Art. 1.832, CCB, primeira parte), independente do número, ou seja, não se aplica a reserva do mínimo de um quarto. Ao companheiro é reservado o direito a metade do que couber a cada um daqueles (Art. 1.790, II, CCB), no tocante a parte de que tem direito, ou seja, dos bens adquiridos onerosamente na vigência da união estável. Entretanto, em 10/05/2017 o Supremo Tribunal Federal (STF), no julgamento dos Recursos Extraordinários (REs) 646.721 e 878.694, ambos com repercussão geral reconhecida, declarou a inconstitucionalidade do art. 1.790 do CCB/2002, aprovando a seguinte tese: *"No sistema constitucional vigente é inconstitucional a diferenciação de regime sucessório entre cônjuges e companheiros devendo ser aplicado em ambos os casos o regime estabelecido no art. 1.829 do Código Civil".*

CONCORRÊNCIA COM FILIAÇÃO HÍBRIDA [*ver tb. concorrência do companheiro, concorrência com filhos exclusivos, concorrência com os filhos comuns, concor-*

rência com os ascendentes, concorrência com os parentes colaterais, concorrência sucessória] – É a concorrência sucessória entre o cônjuge ou companheiro sobrevivo e a conjunção de filhos comuns e exclusivos descendentes do *de cujus*. Modalidade de concorrência muito presente nos casos de famílias recompostas. A quota-parte a que faz jus o cônjuge será igual a dos que sucederem por cabeça. Não se aplica neste caso a reserva do mínimo de um quarto do art. 1.832 do CCB. O Supremo Tribunal Federal (STF) analisou em julgamento a equiparação entre casamento e união estável para fins de sucessão, inclusive em uniões homoafetivas. A decisão foi proferida no julgamento dos Recursos Extraordinários (REs) 646.721 e 878.694, ambos com repercussão geral reconhecida, aprovando a seguinte tese: *"No sistema constitucional vigente é inconstitucional a diferenciação de regime sucessório entre cônjuges e companheiros devendo ser aplicado em ambos os casos o regime estabelecido no art. 1.829 do Código Civil"*.

CONCORRÊNCIA COM PARENTES COLATERAIS [*ver tb. concorrência sucessória, concorrência com filhos exclusivos, concorrência com filiação híbrida, concorrência com os filhos comuns, concorrência do companheiro, concorrência com os ascendentes*] – É a concorrência sucessória entre o companheiro sobrevivo e os herdeiros facultativos do *de cujus*, ou seja, os parentes colaterais. Essa modalidade de concorrência não abrange o cônjuge porque, uma vez que é herdeiro necessário, é chamado a suceder por cabeça antes dos colaterais: *Em falta de descendentes e ascendentes, será deferida a sucessão por inteiro ao cônjuge sobrevivente* (Art. 1.838, CCB). O Supremo Tribunal

Federal (STF) analisou em julgamento a equiparação entre casamento e união estável para fins de sucessão, inclusive em uniões homoafetivas. A decisão foi proferida no julgamento dos Recursos Extraordinários (REs) 646.721 e 878.694, ambos com repercussão geral reconhecida, aprovando a seguinte tese, válida para ambos os processos: *"No sistema constitucional vigente é inconstitucional a diferenciação de regime sucessório entre cônjuges e companheiros devendo ser aplicado em ambos os casos o regime estabelecido no art. 1.829 do Código Civil"*.

CONCORRÊNCIA DO COMPANHEIRO [*ver tb. concorrência sucessória, concorrência com filhos exclusivos, concorrência com filiação híbrida, concorrência com filhos comuns*] – É o direito conferido pela lei a (ao) companheira(o) do *de cujus* de concorrer na sucessão com outros herdeiros. Embora em uma condição diferenciada do cônjuge, o companheiro(a) entra na concorrência sucessória com os descendentes do *de cujus*, cujas regras estão estabelecidas no art. 1.790 do CCB: *A companheira ou o companheiro participará da sucessão do outro, quanto aos bens adquiridos onerosamente na vigência da união estável, nas condições seguintes: I – se concorrer com filhos comuns, terá direito a uma quota equivalente à que por lei for atribuída ao filho; II – se concorrer com descendentes só do autor da herança, tocar-lhe-á a metade do que couber a cada um daqueles; III – se concorrer com outros parentes sucessíveis, terá direito a um terço da herança; IV – não havendo parentes sucessíveis, terá direito à totalidade da herança.* (Art. 1.790, CCB). Ou seja, a companheira ou o companheiro participará da sucessão do outro, não em amplitude total dos

bens, mas tão somente quanto aos bens adquiridos onerosamente na vigência da união estável e sob determinadas condições. Assim era a concorrência sucessória na união estável, até o julgamento do STF, que declarou a inconstitucionalidade do art. 1.790 do CCB/2002, estabeleceu a tese da repercussão geral, em 10/05/2017 nos RE nº 646.721 e 878.694: *"No sistema constitucional vigente é inconstitucional a diferenciação de regime sucessório entre cônjuges e companheiros devendo ser aplicado em ambos os casos o regime estabelecido no art. 1.829 do Código Civil"*.

Apesar desta decisão, este tratamento dado pelo Código Civil de 2002 ao casamento e à união estável não significava superioridade de uma sobre a outra entidade familiar. Significava que era saudável a consideração das diferenças. O passo adiante no discurso da igualdade de direitos é exatamente esta consideração das diferenças. E na liberdade de escolha do diferente está a responsabilidade do sujeito por esta escolha. Em outras palavras, e parafraseando Jacques Lacan, o sujeito é responsável pelas suas escolhas. Optar por constituir família pelo casamento tem vantagens e desvantagens, assim como optar pela união estável traz vantagens e desvantagens. O que o Direito deve garantir é a liberdade das pessoas de escolherem esta ou aquela forma de constituir família. Se não houver diferenças entre estas duas formas, não haverá a liberdade de escolha.

CONCORRÊNCIA DO CÔNJUGE [*ver tb. concorrência do companheiro, concorrência com filhos exclusivos, concorrência com filhos comuns, concorrência com filiação híbrida, concorrência sucessória*] – É o direito do cônjuge sobrevivente de dividir,

participar, isto é, concorrer com os demais herdeiros do *de cujus* em condições especiais. A concorrência sucessória foi introduzida no ordenamento jurídico brasileiro pelo Código Civil de 2002 (em vigor a partir de janeiro de 2003), a exemplo do que já ocorria anteriormente em muitos países europeus. Antes, a ordem de vocação hereditária iniciava-se pelos descendentes, seguido dos ascendentes, do cônjuge e colaterais até 4º grau, sendo que os mais próximos excluíam os mais remotos. A ideia e espírito da concorrência sucessória é garantir melhor condição de vida ao cônjuge supérstite, considerando que, na maioria das vezes, de forma direta ou indireta, foi com a sua colaboração que o *de cujus* cultivou o patrimônio que compõe a herança. Em algumas situações, a concorrência pode proporcionar uma divisão de herança injusta, uma vez que o cônjuge sobrevivo já tem sua parte da meação. E, mesmo casado pelo regime de separação de bens, pois se assim o escolheram é porque não queriam a comunicação de bens de forma alguma. Apesar de posicionado em terceiro lugar na ordem de vocação hereditária, o CCB o emparelha com os herdeiros considerados mais próximos, elevando-o ao primeiro nível da ordem sucessória, tal como se vê no art. 1.829: *sucessão legítima defere-se na ordem seguinte: I – aos descendentes, em concorrência com o cônjuge sobrevivente, salvo se casado este com o falecido no regime da comunhão universal, ou no da separação obrigatória de bens (art. 1.641); ou se, no regime da comunhão parcial, o autor da herança não houver deixado bens particulares; II – aos ascendentes, em concorrência com o cônjuge; III – ao cônjuge sobrevivente; IV – aos colaterais.* O Supremo Tribunal Federal (STF) equipara o casamento e a união estável para fins de sucessão, inclusive em uniões homoafetivas. A decisão foi proferida no julgamento dos Recursos Extraordinários (REs) 646.721 e 878.694, ambos com repercussão geral reconhecida, aprovando a seguinte tese, válida para ambos os processos: "*No sistema constitucional vigente é inconstitucional a diferenciação de regime sucessório entre cônjuges e companheiros devendo ser aplicado em ambos os casos o regime estabelecido no art. 1.829 do Código Civil*".

CONCORRÊNCIA SUCESSÓRIA [*ver tb. concorrência do companheiro, concorrência do cônjuge*] – Do latim *concurrentia*, de *concurrere*, que tem o sentido de disputar, pretender. A expressão concorrência tem vários significados jurídicos, sempre no sentido de competição e de coisas que se devem igualar. Especificamente em Direito das Sucessões traz o sentido de igualdade e simultaneidade, direitos concomitantes, ou seja, direitos sobre a mesma relação jurídica para pessoas de classes hereditárias diferentes.

O objetivo da concorrência é beneficiar todos aqueles que viveram próximos do *de cujus* de forma igualitária. Apesar da preferência sucessória que a lei atribui aos descendentes, ela equipara o *status* afetivo dos filhos com o do cônjuge ou companheiro, convocando-os a suceder ao mesmo tempo, garantindo um mínimo existencial a este que esteve ao lado do falecido até a sua morte: *em concorrência com os descendentes caberá ao cônjuge quinhão igual ao dos que sucederem por cabeça, não podendo a sua quota ser inferior à quarta parte da herança, se for ascendente dos herdeiros com que concorrer* (Art. 1.832, CCB).

A concorrência sucessória foi introduzida no ordenamento jurídico brasileiro pelo Código Civil de 2002 (em vigor a partir de janeiro de 2003), a exemplo do que já ocorria anteriormente nos países europeus. Antes, a ordem de vocação hereditária resumia-se aos descendentes, ascendentes, cônjuge e colaterais até 4º grau, sendo que os mais próximos excluíam os mais remotos. Foi estabelecida de forma diferenciada para os cônjuges e companheiros: *sucessão legítima defere-se na ordem seguinte: I – aos descendentes, em concorrência com o cônjuge sobrevivente, salvo se casado este com o falecido no regime da comunhão universal, ou no da separação obrigatória de bens (art. 1.641); ou se, no regime da comunhão parcial, o autor da herança não houver deixado bens particulares; II – aos ascendentes, em concorrência com o cônjuge; III – ao cônjuge sobrevivente; IV – aos colaterais* (Art. 1.829, CCB). O companheiro, na maioria das vezes, tem percentual menor que o cônjuge e em algumas situações a herança irá para o Estado e não para ele, o que obviamente traduz-se em flagrante desrespeito e indignidade aos sujeitos de uma união estável: *a companheira ou o companheiro participará da sucessão do outro, quanto aos bens adquiridos onerosamente na vigência da união estável, nas condições seguintes: I – se concorrer com filhos comuns, terá direito a uma quota equivalente à que por lei for atribuída ao filho; II – se concorrer com descendentes só do autor da herança, tocar-lhe-á a metade do que couber a cada um daqueles; III – se concorrer com outros parentes sucessíveis, terá direito a um terço da herança; IV – não havendo parentes sucessíveis, terá direito à totalidade da herança* (Art. 1.790, CCB). Em razão dessa diferenciação muitas vezes injusta, é que o STF declarou a inconstitucionalidade do art. 1.790 do CCB/2002, equiparando para fins sucessórios a união estável ao casamento (REs 646.721 e 878.694).

CONCUBINA(O) [*ver tb. companheira(o), convivente, significante, união estável, união poliafetiva, união simultânea*] – É aquele(a) que vive em concubinato. Embora o vocábulo exista também no masculino, ele é sempre usado no feminino. É incomum alguém referir-se à concubino. Para além de seu significado técnico, o termo concubina tem sido usado também de forma pejorativa para designar a mulher que mantém relações "ilícitas".

Nomear uma mulher de concubina tornou-se socialmente uma ofensa. É como se se referisse à sua conduta moral e sexual de forma negativa. Assim, além de seu significado técnico-jurídico, a expressão traz consigo um significante que dá a ela um sentido para além de seu conceito original. Em razão disso, e para ajudar a desistigmatização, a expressão concubinato foi substituída por união estável na Constituição da República de 1988 (Art. 226, § 5º). Consequentemente, mudou-se o nome dos sujeitos dessa relação conjugal para companheiro(a), às vezes também denominado de convivente. Apesar disso, o CCB 2002 utilizou ainda a expressão concubinato para nomear as uniões estáveis paralelas ou simultâneas: *As relações não eventuais entre o homem e a mulher, impedidos de casar, constituem concubinato* (Art. 1.727, CCB).

DISPOSITIVOS NORMATIVOS

CCB – Arts. 793, 1.240-A, 1.565, 1.595, 1.636, 1.694, 1.724, 1.725, 1.726, 1.775, 1.790, 1.797, 1.801, 1.802, 1.814, 1.844, 1.963.

Lei nº 8.971/94 – Regula o direito dos companheiros a alimentos e à sucessão.

Lei nº 9.278/96 – Regula o § 3º do art. 226 da Constituição Federal.

JURISPRUDÊNCIA

(...) Há, ainda, dificuldade de o Poder Judiciário lidar com a existência de uniões dúplices. Há muito moralismo, conservadorismo e preconceito em matéria de Direito de Família. No caso dos autos, a apelada, além de compartilhar o leito com o apelado, também compartilhou a vida em todos os seus aspectos. Ela não é concubina – palavra preconceituosa – mas companheira. Por tal razão, possui direito a reclamar pelo fim da união estável. Entender o contrário é estabelecer um retrocesso em relação a lentas e sofridas conquistas da mulher para ser tratada como sujeito de igualdade jurídica e de igualdade social. Negar a existência de união estável, quando um dos companheiros é casado, é solução fácil. Mantém-se ao desamparo do Direito, na clandestinidade, o que parte da sociedade prefere esconder. Como se uma suposta invisibilidade fosse capaz de negar a existência de um fato social que sempre aconteceu, acontece e continuará acontecendo. A solução para tais uniões está em reconhecer que ela gera efeitos jurídicos, de forma a evitar irresponsabilidades e o enriquecimento ilícito de um companheiro em desfavor do outro. Deram provimento parcial (Ap. Cível nº 1.0017.05.016882-6/003, Rel.ª Des.ª Maria Elza, 5ª CC – TJMG. publ. 10/12/2008).

LINGUAGEM POÉTICA

Ele é casado / E eu sou a outra / Na vida dele / Que vive qual uma brasa / Por lhe faltar tudo em casa.

Ele é casado / E eu sou a outra / Que o mundo difama / Que a vida, ingrata, maltrata / E, sem dó, cobre de lama

Quem me condena /

Como se condena uma mulher perdida / Só me veem na vida dele / Mas não o veem, na minha vida

Não tenho lar / Trago o coração ferido / Mas tenho muito mais classe / Do que quem não soube prender o marido

(*Eu sou a outra* – Letra e música de Ricardo Galeno).

C

CONCUBINATO [*ver tb. amigado, amásia, concubina(o), concubinato puro, namoro, união estável, união paralela, uniões poliafetivas*] – Do latim *concubinatus*, cópula, coito, que vive em *concubinatus*. É a expressão usada para designar uma relação amorosa entre duas pessoas, constituindo famílias sem o selo da oficialidade do casamento, que até algumas décadas atrás tinha o sentido de "ilegitimidade". No Direito brasileiro, embora esta palavra esteja cada vez mais em desuso, em razão de seu significante pejorativo, vem-se distinguindo e diferenciando da expressão união estável. Apesar de usada no meio jurídico, é evitada por leigos, que preferem as expressões "viver juntos", "morar juntos", "amigados" etc. As expressões concubina e concubinato, em razão da carga de preconceito que se instalou ao longo do tempo sobre o vocábulo, e do peso que passou a ter socialmente, tende a cair em desuso até mesmo no meio jurídico.

A Constituição Federal de 1988, substituiu a palavra concubinato pela expressão união estável (Art. 226). O Código Civil Brasileiro de 1916 fazia referência à concubina apenas para proibir direitos a ela (Arts. 248, inciso IV, 363, inciso I e 1.719, inciso III, CCB 1916). O CCB de 2002, do arts. 1.723 ao 1.727, regulamentou a união estável, mantendo o conceito estabelecido pela Lei nº 9.278/96, que por sua vez ampliou o conceito da lei anterior: *É reconhecida como entidade familiar a convivência duradoura, pública e contínua, de um homem e uma mulher, estabelecida com objetivo de constituição de família* (Art. 1º, Lei nº 9.278/96). Entretanto, fez uma diferenciação entre união estável e concubinato, definindo-o como a relação que se mantém paralelamente à outra relação estável, seja casamento ou união estável (Art. 1.727, CCB).

Com a evolução jurisprudencial, especialmente a decisão na Ação Direta de Inconstitucionalidade (ADI) 4277 e a Arguição de Descumprimento de Preceito Fundamental (ADPF) 132 do STF, passou-se a considerar as relações estáveis entre pessoas do mesmo sexo como uma união estável, decorrendo daí os mesmos direitos das uniões heteroafetivas.

DISPOSITIVOS NORMATIVOS

CR – Art. 226, § 3º.

CCB – Arts. 793, 1.240-A, 1.565, 1.595, 1.636, 1.694, 1.724, 1.725, 1.726, 1.775, 1.790, 1.797, 1.801, 1.802, 1.814, 1.844, 1.963.

Lei nº 8.971/94 – Regula o direito dos companheiros a alimentos e à sucessão.

Lei nº 9.278/96 – Regula o § 3º do art. 226 da Constituição Federal.

JURISPRUDÊNCIA

(...) não há concubinos para a lei mais alta do nosso País, porém casais em situação de companheirismo. (...) Isto é família, pouco importando se um dos parceiros mantém relação sentimental a-dois. No que andou bem a nossa Lei Maior, ajuízo, pois ao Direito não é dado sentir ciúmes pela parte supostamente traída, sabido que esse órgão chamado coração "é terra que ninguém nunca pisou". Ele, coração humano a se entregar num contexto empírico da mais entranhada privacidade, perante a qual o ordenamento jurídico somente pode atuar como instância protetiva. Não censora ou por qualquer modo embaraçante. (RE nº 397.762, Rel. Min. Marco Aurélio, 1ª T – STF. j. 3/6/2008).

LINGUAGEM POÉTICA

Se acaso você chegasse / No meu chatô encontrasse aquela mulher / Que você gostou / Será que tinha coragem / De trocar nossa amizade / Por ela que já te abandonou

Eu falo porque essa dona / Já mora no meu barraco / À beira de um regato / E um bosque em flor

De dia me lava a roupa / De noite me beija a boca / E assim nós vamos vivendo de amor

(*Se acaso você chegasse* – Letra e música de Lupicínio Rodrigues).

CONCUBINATO ADULTERINO [*ver tb. concubinato puro, famílias simultâneas, família poliafetiva, união estável*] – É a união estável que se estabelece paralelamente ao casamento ou à(s) outra(s) união(ões) estável(eis). É o concubinato propriamente dito, tal como a lei assim o denominou: *As relações não eventuais entre o homem e a mulher, impedidos de casar, constituem concubinato* (Art. 1.727, CCB). Ainda que a união seja paralela à outra união, mas daí formou-se um núcleo familiar, o princípio da monogamia deve ser ponderado com o princípio da dignidade humana, para não repetir as injustiças históricas de condenação de ilegitimidade e invisibilidade social dessas famílias, que de fato existem e já são condenadas de antemão ao receberem da lei essa denominação preconceituosa de concubinato. *Não é possível desconhecer a existência de um concubinato que se desenvolve ao lado do casamento, principalmente quando ambos são marcados pelo afeto e pela estabilidade duradoura, pela existência de filhos, pela publicidade, pela dependência econômica e, mais ainda, pela própria conivência da esposa do concubino. É preciso pesar as circunstâncias fáticas e as de direito, com base na equidade, como já recomendou, com precisão, a jurisprudência favorável.* (SEREJO, Lourival. Análise do concubinato e suas consequências patrimoniais. *In:* DIAS, Maria Berenice (Org.). *Direito das famílias.* São Paulo: Revista dos Tribunais, 2009).

JURISPRUDÊNCIA

(...) Restando incontroverso a convivência em comum, pública, contínua e duradoura, além da *affectio maritalis*, entre a Autora e o falecido, por aproximadamente 22 anos, desde 1984 até sua morte, afigura-se necessário o reconhecimento dos direitos decorrentes desta relação. Comprovada a simultaneidade de relacionamentos conjugais, há de se admitir direitos e consequências jurídicas decorrentes dessas relações, não se lhes podendo fechar os olhos ao simplório argumento de que o Estado Brasileiro é monogâmico. Se existe concurso de entidades familiares, portanto se existe um casamento ou união estável, e paralelamente, uma relação extraconjugal, esta última, certamente deverá merecer amparo legal. Não se pode permitir que a complexidade das relações de fato no seio social, notadamente no campo afetivo, impeça o reconhecimento de direitos, mormente quando a análise do caso concreto aponta para a existência de união estável paralelamente à existência de matrimônio, cuja relação conjugal não mais persiste, ainda que não rompida formalmente, uma vez que não houve separação judicial ou o divórcio dos cônjuges. Apelo provido. Sentença mantida. (Ap. Cível nº 0015589-73.2007.8.05.0001, Rel. Juíza convocada Marta Moreira Santana, 3ª T – TJBA. j. 11/02/2014).

CONCUBINATO IMPURO – Ver concubinato puro.

CONCUBINATO NÃO ADULTERINO [*ver tb. concubinato, concubinato adulterino, família homoafetiva, família poliafetiva, união estável*] – É a relação conjugal que se estabelece entre duas pessoas desimpedidas de estabelecerem uma nova relação amorosa. Com a Constituição da República de 1988 tal expressão recebeu melhor denominação de união estável.

CONCUBINATO PURO [*ver tb. união estável, concubinato, união livre*] – Era a expressão utilizada pela doutrina e jurisprudência para designar o que hoje se denomina união estável. A classificação do concubinato em puro e impuro caiu em desuso, pois carregava consigo um significante e uma pecha moralista. Assim, concubinato puro era aquele que tinha uma "certa pureza", e ao contrário do impuro, não violava a lei nem os "bons costumes". Portanto, era a relação amorosa entre pessoas desimpedidas que viviam como se casadas fossem, constituindo uma família.

Com a adoção da expressão união estável pela Constituição da República de 1988, em substituição à "concubinato puro", passou-se a classificar a união estável em adulterina e não adulterina. A não adulterina é a união estável propriamente dita e a adulterina passou a receber a nomeação de concubinato: *As relações não eventuais entre homem e a mulher, impedidos de se casar, constituem concubinato* (Art. 1.727, CCB).

CONDIÇÃO CAPTATÓRIA – Ver cláusula captatória.

CONFIANÇA [*ver tb. princípio da confiança*] – Do latim *confidere*, significa confiar em alguém, ou seja, acreditar no bom caráter daquele em que se deposita a confiança. Está diretamente relacionada à boa-fé. No Direito de Família, em particular, a confiança como valor e princípio jurídico, ao lado da boa-fé objetiva, ganha cada vez mais relevo e importância. Obviamente, que não caracteriza quebra da confiança alguém que deixou de amar o outro e optou pelo divórcio, por exemplo.

A violação do princípio da confiança é uma modalidade de abuso de direito que, por sua vez, decorre da função da boa-fé objetiva. *Confiança depositam neste valor jurídico, invocando-a como alavanca para o Direito Civil a revalorização da confiança como valor preferencialmente tutelável para repensar o Direito Civil contemporâneo e suas categorias jurídicas fundamentais* (FACHIN, Luiz Edson. O aggiornamento do direito civil brasileiro e a confiança negocial. *In: Repensando fundamentos do Direito Civil brasileiro contemporâneo*. Rio de Janeiro: Renovar, 2000. p. 115).

DISPOSITIVOS NORMATIVOS

CCB – Arts. 422, 1.561.

JURISPRUDÊNCIA

(...) Impositiva a análise do art. 1.829, I, do CC/02, dentro do contexto do sistema jurídico, interpretando o dispositivo em harmonia com os demais que enfeixam a temática, em atenta observância dos princípios e diretrizes teóricas que lhe dão forma, marcadamente, a dignidade da pessoa humana, que se espraia, no plano da livre manifestação da vontade humana, por meio da autonomia da vontade, da autonomia privada e da consequente autorresponsabilidade, bem como da confiança legítima, da qual brota a boa-fé; a eticidade, por fim, vem complementar o sustentáculo principiológico que deve delinear os contornos da norma jurídica (REsp 992749 MS, Rel.ª Min.ª Nancy Andrighi, 3ª T – STJ. publ. 05/02/2010).

LINGUAGEM POÉTICA

Ainda vai levar um tempo/

Pra fechar/ O que feriu por dentro/ Natural que seja assim/ Tanto pra você/ Quanto pra mim.../ Ainda leva uma cara/ Pra gente poder dar risada/ Assim caminha a humanidade/ Com passos de formiga/ E sem vontade... /Não vou dizer que foi ruim/ Também não foi tão bom assim/

Não imagine que te quero mal/ Apenas não te quero mais...

(*Assim caminha a humanidade* – Letra e música de Lulu Santos).

CONFIRMAÇÃO DO TESTAMENTO PARTICULAR *[ver tb. testamento, publicação de testamento particular, registro do testamento]* – É o procedimento judicial pelo qual verifica-se a autenticidade e veracidade do testamento feito mediante escrito particular, para que ele possa produzir os efeitos desejados. É requisito essencial de sua validade. O instrumento deve ser confirmado/ reconhecido em juízo pelas testemunhas que presenciaram sua leitura, que vêm declarar a autenticidade do instrumento e das assinaturas constantes nele. *O processo da publicação judicial do testamento, como ato complementar, é o meio de se chegar à confirmação, após o depoimento das testemunhas, mediante sentença proferida pelo juiz, para que o testamento tenha eficácia jurídica.* (ITABAIANA DE OLIVEIRA, Arthur Vasco. *Tratado de direito das sucessões*. 3. ed. Rio de Janeiro: Jacinto, 1936. , vl. II. p. 74).

Havendo provas suficientes da veracidade do documento, não havendo contestação quanto à validade do instrumento por parte dos herdeiros ou do Ministério Público, o juiz profere sentença conhecendo do testamento e conferindo a ele eficácia jurídica. *Se faltarem testemunhas, por morte ou ausência, e se pelo menos uma delas o reconhecer, o testamento poderá ser confirmado, se, a critério do juiz, houver prova suficiente de sua veracidade* (Art. 1.878, parágrafo único, CCB). E mesmo se não houver nenhuma testemunha viva, ou não for possível entrá-las, em circunstâncias excepcionais e havendo outras provas,

e o juiz se convença da sua veracidade e autenticidade, poderá confirmar o testamento particular, tenha sido ele feito de próprio punho ou mecanicamente (Art. 1.879, CCB). Não há confirmação de testamento público, mas tão somente ordem de cumprimento.

CONJUGAL *[ver tb. família conjugal, vínculo conjugal]* – Relativo à conjugalidade. O amor conjugal refere-se ao amor existente entre um casal, seja entre cônjuges (casamento) seja entre companheiros/conviventes. Diz-se família conjugal para distinguir e diferenciar de família parental.

LINGUAGEM POÉTICA

Amor não tem que se acabar / Eu quero e sei que vou ficar / Até o fim eu vou te amar / Até que a vida em mim resolva se apagar

O amor é como a rosa no jardim / A gente cuida, a gente olha / A gente deixa o sol bater / Pra crescer, pra crescer / A rosa do amor tem sempre que crescer / A rosa do amor não vai despetalar / Pra quem cuida bem da rosa / Pra quem sabe cultivar

Amor não tem que se acabar / Até o fim da minha vida eu vou te amar / Eu sei que o amor não tem que se apagar / Até o fim da minha vida eu vou te amar

(*Amor até o fim* – Letra e música de Gilberto Gil).

CONJUGALIDADE *[ver tb. casamento, sociedade conjugal, vínculo conjugal]* – É a expressão para designar a relação ou o vínculo conjugal, mas conjugalidade não se refere apenas à relação do casamento. Há conjugalidade nas uniões estáveis, hetero e homoafetivas.

É um elo amoroso-sexual mais permanente entre um casal. Ela pressupõe a presença da sexualidade que é um de seus elementos vitalizadores. Contudo, nem toda relação sexual significa conjugalidade, como acontece em um namoro ou em relações sexuais eventuais. Quando o sexo fora do casamento deixou de ser ilegítimo, e o exercício da sexualidade tornou-se livre de imposições jurídicas, e portanto mais saudável, o sexo pôde se desatrelar da conjugalidade.

A conjugalidade é um núcleo de vivência afetivo-sexual com uma certa durabilidade na vida cotidiana. "É uma forma possível de gestão compartilhada da sexualidade e dos afetos, onde ideologias e práticas diversas de amor conjugal e gênero se expressam e realizam positivamente" (MATOS, Marlise. *Reinvenções do vínculo amoroso:* cultura e identidade de gênero na modernidade tardia. Belo Horizonte: Ed. UFMG; Rio de Janeiro: IUPERG, 2000. p. 163).

JURISPRUDÊNCIA

(...) Conforme disposto no art. 227, § 6º, os filhos havidos ou não da relação do casamento, ou por adoção, terão os mesmos direitos e qualificações, o que em tese, veda a inaplicabilidade da presunção de paternidade, colocando em igualdade de condições todos os filhos, independentemente do regime adotado pelo genitores em sua relação de CONJUGALIDADE. Houve a total desvinculação de CONJUGALIDADE e parentalidade (Ap. Cível nº 4650458-48.2007.8.13.0024, Rel. Des. Vanessa Verdolim Hudson Andrade, 1ª CC – TJMG. publ. 07/04/10).

LINGUAGEM LITERÁRIA

"Àquela hora, a casa estava sempre pouco aquecida, mas Elide se despia toda, um pouco arrepiada, e se lavava, no pequeno banheiro. Atrás vinha ele, com mais calma, também se despia e se lavava, lentamente, tirava de cima a poeira e a graxa da oficina. Assim, estando ambos em torno da mesma pia, meio nus, um pouco enregelados, de vez em quando se dando esbarrões, tirando um da mão do outro o sabonete, o dentifrício, e continuando a dizer as coisas que tinham para se dizer, era o momento da intimidade, e às vezes, acontecendo de se ajudarem mutuamente a esfregar as costas, insinuava-se uma carícia, e se encontravam abraçados."

(CALVINO, Ítalo. A aventura de um esposo e uma esposa. *In: Os amores difíceis*. Trad. Raquel Ramalhete. 2. ed. São Paulo: Companhia das Letras, 2006. p. 118).

ILUSTRAÇÃO

Sérgio Lima. P. 168.

CÔNJUGE [*ver tb. convivente, companheiro, família conjugal, família, parente*] – É a designação dos sujeitos da relação conjugal advinda do casamento. É expressão técnico jurídica para nomear o marido e mulher da relação civil do casamento. Na união estável, embora haja um casamento-de-fato, a expressão que designa os sujeitos daquela relação é convivente ou companheiro.

LINGUAGEM POÉTICA

Há mulheres que dizem: / Meu marido, se quiser pescar, pesque, / mas que limpe os peixes. / Eu não. A qualquer hora da noite me levanto, / ajudo a escamar, abrir, retalhar e salgar. / É tão bom, só a gente sozinhos na cozinha, / de vez em quando os cotovelos se esbarram, / ele fala coisas como "este foi difícil" / "prateou no ar dando rabanadas" / e faz o gesto com a mão. / O silêncio de quando nos vimos a primeira vez / atravessa a cozinha como um rio profundo. / Por fim, os peixes na travessa, / vamos dormir. / Coisas prateadas espocam: / somos noivo e noiva.

(PRADO, Adélia. Casamento. *In: Poesia reunida*. São Paulo: Siciliano, 1991).

CÔNJUGE SUPÉRSTITE – Do latim *superstare*, sobreviver. É o cônjuge sobrevivente ou sobrevivo ao outro cônjuge. É o cônjuge viúvo.

CONJUNÇÃO CARNAL [*ver tb. desejo, sexualidade*] – Do latim *conjunctio*, tem o sentido de unir, juntar, fazer junção. É a conjunção de corpos. É a relação sexual, mas significando um sentido mais físico do que amoroso, ou seja, apenas o ato sexual. Muito utilizado no Direito Penal para designar a "posse carnal". O estupro, por exemplo, se define como *constranger alguém, mediante violência ou grave ameaça, a ter conjunção carnal ou a praticar ou permitir que com ele se pratique outro ato libidinoso.*

No Direito de Família, embora em desuso, designa a relação sexual, um dos elementos e ingredientes do casamento, e sem o qual ele não se efetivaria. Com as novas noções trazidas pela psicanálise, que considera a sexualidade muito mais no ordem do desejo que da genitalidade, essa expressão perdeu sua força, já que a sexualidade pode se manifestar de várias maneiras.

CONSANGUÍNEO – Ver parentesco consanguíneo.

CONSENTIMENTO INFORMADO – É o mesmo que Diretivas Antecipadas de Vontade.

CONSORTE [*ver tb. cônjuge*] – Do latim *consors*, é a pessoa que compartilha da sorte, do mesmo destino. É o mesmo que cônjuge. Em outro sentido, é a pessoa que tem o mesmo interesse de outra(s) em uma demanda, a que se denomina de litisconsorte.

CONTRATO [*ver tb. contrato de convivência, contrato de namoro, contrato de casamento, contrato sucessório, pacto antenupcial, contrato de geração de filhos*] – Do latim *contractus*, do verbo *contrahere*, tem sentido de ajuste entre duas ou mais pessoas, convenção ou pacto. É um acordo de vontades criador de direitos e obrigações. É um negócio jurídico bilateral ou plurilateral que visa a criação, modificação e extinção de direitos e deveres com conteúdo patrimonial ou não.

A validade do contrato exige acordo de vontades, agente capaz, objeto lícito, possível, determinado ou determinável e forma prescrita ou não em lei.

Os contratos têm três princípios básicos: autonomia da vontade (liberdade para contratar), supremacia da ordem pública, e obrigatoriedade do contrato (*pacta sunt servanda*). O Código Civil consagrou outros dois princípios básicos: a função social dos contratos, e a boa-fé objetiva. *Os contratantes são obrigados a guardar, assim na conclusão do contrato, como em sua execução, os princípios de probidade e boa-fé* (Art. 422, CCB).

Em Direito de Família, os contratos trazem consigo, além dos elementos comuns do direito obrigacional, a consideração do afeto, o que os classifica como contrato *sui generis*. Em razão deste elemento peculiar dos contratos em Direito de Família a doutrina em todo o mundo ocidental sempre esteve dividida em duas correntes de pensamento quanto à natureza jurídica do casamento: a contratualista e a institucionalista. São exemplos de contratos em Direito de Família e Sucessões, além do casamento: contrato/pacto antenupcial, pacto pós-nupcial (mudança de regime de bens) contrato de geração de filhos, contrato de união estável, contrato de namoro etc.

CONTRATO ANTENUPCIAL – É o mesmo que pacto antenupcial.

CONTRATO DE CASAMENTO [*ver tb. casamento, contrato de união estável*] – Contrato é o ajuste de duas vontades. O casamento é um contrato *sui generis*, pois exige determinadas formalidades e solenidade que o diferencia dos demais contratos, inclusive pela interferência e interesse do Estado para a formação de famílias. Caio Mário considera o casamento como um *"contrato especial"*, *dotado de consequências peculiares, mais profundas e extensas do que as convenções de efeitos puramente econômicos, ou "contrato de Direito de Família", em razão das relações específicas por ele criadas.* (PEREIRA, Caio Mário da Silva. *Instituições de direito civil*. Rio de Janeiro: Forense, 2009, v. V. p. 70). O casamento se realiza no momento em que o homem e a mulher manifestam, perante o juiz, a sua vontade de estabelecer o vínculo conjugal e o juiz os declara casados (Art. 1.514, CCB). O STF, em 05/05/2011, reconheceu que a família conjugal pode ser constituída também por casais homoafetivos (ADI 4277 e ADPF 132). A partir daí, o Conselho Nacional de Justiça – CNJ e corregedorias estaduais publicaram atos normativos autorizando que o contrato de casamento seja celebrado entre pessoas do mesmo sexo.

CONTRATO DE CONVIVÊNCIA – Ver contrato de união estável.

CONTRATO DE GERAÇÃO DE FILHO

[*ver tb. inseminação artificial, parceiros de paternidade, princípios constitucionais, útero de substituição, coparentalidade*] – É o contrato expresso ou tácito, entre um homem e uma mulher, ou entre duas pessoas, para gerarem um filho, formando-se apenas uma família parental, sem que daí decorra necessariamente uma relação amorosa ou conjugal. Com a compreensão jurídica de que maternidade e paternidade são funções exercidas, a paternidade/maternidade e a conjugalidade puderam ser vistas e engendradas em campos separados. Assim, o tripé que sempre esteiou o Direito de Família, sexo-casamento-reprodução ficou totalmente alterado. O casamento deixou de ser o legitimador dos atos sexuais e não é mais necessário sexo para haver reprodução. Em outras palavras, ter filhos, criá-los e educá-los não está necessariamente atrelado a uma relação conjugal ou amorosa. Há pessoas que não querem ter filhos e só querem estabelecer uma relação conjugal; outras querem estabelecer uma família conjugal e parental. E há outras que querem ter filhos sem estabelecer relação conjugal.

Com o desenvolvimento das técnicas da engenharia genética tornou-se possível estabelecer parcerias de paternidade/maternidade, formando-se apenas uma família parental. A diferença em relação às famílias comuns, é que em vez de se escolher um parceiro para uma relação amorosa ou conjugal, escolhe-se um parceiro apenas para compartilhar a paternidade/maternidade, por meio da combinação de um ato reprodutivo, na maioria das vezes por técnicas de reprodução assistida.

Essa nova categoria de família, facilitada pelas redes sociais e sites de relacionamentos virtuais, surgiu como uma alternativa à adoção e inseminação artificial nas quais não se sabe quem é o doador do material genético, e útero de substituição (barriga de aluguel) em que se terceiriza a gravidez. Não há lei que regulamente as parcerias de paternidade/maternidade, tão somente a Resolução do Conselho Federal de Medicina – CFM, sob o nº 2.320/2022, que estabelece diretrizes e éticas para utilização da reprodução assistida. Entretanto, os princípios constitucionais do melhor interesse da criança/adolescente, paternidade responsável, pluralidade das formas de família, responsabilidade, todos sob a égide do macroprincípio da dignidade humana, autorizam a liberdade e autonomia dos sujeitos constituírem suas famílias conjugais e parentais da forma que melhor entenderem.

O Provimento nº 63/2017 CNJ que, entre outras providências, estabelece o reconhecimento de paternidade e maternidade socioafetiva nos Cartórios de Registro Civil. No ano de 2019, o Provimento nº 83 fez alterações no Provimento nº 63/2017 significativas, a saber. Somente as pessoas acima de 12 anos de idade podem ter a paternidade ou a maternidade socioafetiva reconhecida perante os oficiais de Registro Civil das Pessoas Naturais. O oficial deverá submeter o procedimento do registro da paternidade ou maternidade socioafetiva a

parecer do Ministério Público. Em caso de parecer desfavorável do Ministério Público, o procedimento será arquivado pelo oficial de Registro Civil das Pessoas Naturais, podendo o(s) interessado(s) suscitar(em) dúvida, ou seja, recorrer ao Juiz da Vara de Registros Públicos (vide § 2º do art. 67 da Lei nº 6.015, de 31 de dezembro de 1973).

ILUSTRAÇÃO

Grace Camargo. P. 172.

CONTRATO DE NAMORO [*ver tb. contrato de convivência, contrato particular de casamento, esponsais, namoro*] – É a declaração de vontade de duas pessoas para estabelecer que aquela relação é apenas um namoro. Embora isso pareça óbvio e desnecessário, tornou-se, em muitas situações, conveniente fazê-lo, em razão da linha tênue existente entre o namoro e a união estável. Tal contrato é quase um antinamoro e parece quebrar parte dos encantos proporcionados pelo idílio, que vem sempre revestido de um romantismo que deveria ficar longe de aspectos jurídicos. Entretanto, as mudanças culturais e a liberação dos costumes sexuais deixaram as diferenças entre namoro e união estável bastante semelhantes. Em razão disso, e por mais que pareça desnecessário, tornou-se um instrumento de proteção à vontade das partes. E, assim, deixam claro que tal relação não se constitui família, embora possa até ser uma preparação para constituir família.

Em tal declaração, ou contrato, pode-se estabelecer que se o namoro se transformar em união estável, as regras patrimoniais ficam desde já ali estabelecidas, seja pela separação de bens, comunhão parcial ou total, ou mesmo um regime próprio e particularizado para aquele casal.

JURISPRUDÊNCIA

(...) Não é qualquer relacionamento amoroso que se caracteriza em união estável, sob pena de banalização e desvirtuamento de um importante instituto jurídico. Se a união estável se difere do casamento civil, em razão da informalidade, a união estável vai diferir do namoro, pelo fato de aquele relacionamento afetivo visar a constituição de família. Assim, um relacionamento afetivo, ainda que público, contínuo e duradouro não será união estável, caso não tenha o objetivo de constituir família. Será apenas e tão apenas um namoro. Este traço distintivo é fundamental dado ao fato de que as formas modernas de relacionamento afetivo envolvem convivência pública, contínua, às vezes duradoura, com os parceiros, muitas vezes, dormindo juntos, mas com projetos paralelos de vida, em que cada uma das partes não abre mão de sua individualidade e liberdade pelo outro. O que há é um EU e um OUTRO e não um NÓS. Não há nesse tipo de relacionamento qualquer objetivo de constituir família, pois para haver família o EU cede espaço para o NÓS. Os projetos pessoais caminham em prol do benefício da união. Os vínculos são mais sólidos, não se limitando a uma questão afetiva ou sexual ou financeira. O que há é um projeto de vida em comum, em que cada um dos parceiros age pensando no proveito da relação. Pode até não dar certo, mas não por falta de vontade. Os namoros, a princípio, não têm isso. Podem até evoluir para uma união estável ou casamento civil, mas, muitas vezes, se estagnam, não passando de um mero relacionamento pessoal, fundados em outros interesses, como sexual, afetivo, pessoal e financeiro. Um supre a carência e o desejo do outro. Na linguagem dos jovens, os parceiros se curtem (Ap. Cível nº 1.0145.05.280647-1/001, Rel.ª Des.ª Maria Elza, 5ª CC – TJMG. publ. 21/01/2009).

CONTRATO DE UNIÃO ESTÁVEL [*ver tb. contrato particular de casamento, contrato de namoro*] – É o contrato em que se disciplina os efeitos pessoais e patrimoniais da união estável. Semelhante ao ca-

C

samento em seu conteúdo, diferencia-se dele em razão da forma. No casamento, exige-se formalidade e solenidade. Na união estável não há exigência de formalidade, podendo ser, inclusive, tácito, como acontece com a maioria das uniões estáveis que não fazem contrato escrito. Francisco José Cahali foi pioneiro em descrever tal contrato: *É o instrumento pelo qual os sujeitos de uma união estável promovem regulamentações quanto aos reflexos da relação* (CAHALI, Francisco José. *Contrato de convivência na união estável*. São Paulo: Saraiva, 2002, p. 55).

O Código Civil de 2002, repetindo a ideia da Lei nº 9.278/96, previu a possibilidade desses contratos de convivência: *Na união estável, salvo convenção válida entre companheiros, aplica-se às relações patrimoniais, no que couber, o regime da comunhão parcial de bens* (Art. 1.725, CCB).

São vários os nomes dados a este contrato, tais como pacto de convivência, contrato de convivência, convenção concubinária, contrato de união estável, entre outros. Para que tenha validade e eficácia, o pacto deve atender aos requisitos essenciais determinados pelo art. 104 do Código Civil: I – agente capaz; II – objeto lícito, possível, determinado ou determinável; III – forma prescrita ou não defesa em lei. O objetivo principal do contrato de convivência, além de deixar claro que aquela relação é uma união estável, é estabelecer regras próprias e diferentes daquela estabelecida em lei, que é o regime da comunhão parcial de bens (Art. 1.725, CCB).

O contrato de união estável pode ser feito por escritura pública ou particular, e pode ser retroativo se não afrontar a realidade dos contratantes, ou seja, não fraudar nenhuma das partes, terceiros ou o Poder Público. O Provimento nº 37/2014 do CNJ estabelece que *O registro da sentença declaratória de reconhecimento e dissolução, ou extinção, bem como da escritura pública de contrato e distrato envolvendo união estável, será feito no Livro "E", pelo Oficial do Registro Civil das Pessoas Naturais da Sede, ou, onde houver, no 1º Subdistrito da Comarca em que os companheiros têm ou tiveram seu último domicílio (artigo 2º).*

CONTRATO DE UNIÃO POLIAFETIVA

[ver tb. *união poliafetiva, multiconjugalidade*] – É o contrato estabelecido entre mais de duas pessoas em uma interação recíproca, constituindo família ou não. No Brasil, tais uniões são vistas com reservas, em função do princípio da monogamia, base sobre a qual o Direito de Família brasileiro está organizado, embora sejam comuns em ordenamentos jurídicos de alguns países da África e no mundo árabe que adotam o sistema da poligamia. Embora se assemelhem, a união poliafetiva se distingue da união simultânea ou paralela, porque nesta, nem sempre as pessoas têm conhecimento da outra relação, e geralmente acontece na clandestinidade, ou seja, uma das partes não sabe que o(a) marido/esposa companheiro(a) tem outra relação. Em alguns casos tem uma família paralela, em outros apenas uma relação de amantes e da qual não há consequências jurídicas.

Em 2012 foi feita a primeira escritura de união poliafetiva no Brasil, no cartório da cidade de Tupã-SP, visando atender a manifestação volitiva dos interessados entre um homem e duas mulheres: *"Os declarantes, diante da lacuna legal no reconhecimento desse modelo de união afetiva múltipla e simultânea, intentam estabelecer as regras para garantia de seus direitos e deveres, pretendendo vê-las reconhecidas e respeitadas social, econômica e juridicamente, em caso de questionamentos ou litígios surgidos entre si ou com terceiros, tendo por base os princípios constitucionais da liberdade, dignidade e igualdade".* Em 2015 foi feita uma segunda escritura, no estado do Rio de Janeiro, 15º ofício de notas. Neste caso, um pouco diferenciada, pois envolveu três mulheres, em união homopoliafetiva, com intenção de testamento e diretivas antecipadas de última vontade, caso se encontrarem com doença terminal e na impossibilidade de manifestação de vontade.

A validade jurídica dessas escrituras, ou outra forma de contrato de uniões poliafetivas, esbarra na clássica dicotomia entre público e privado. Em outras palavras, até que ponto o Estado deve intervir nestas novas formas de família. Fidelidade e infidelidade deve ser um código moral particular de cada casal. Por isso o Estado tem se afastado cada vez mais dessas questões, como, por exemplo, em marco de 2005 a Lei nº 11.106 retirou do Código Penal o adultério como tipo penal. O art. 1.513 do Código Civil brasileiro bem traduz o espírito de um Estado laico, isto é, que não deve interferir nestas escolhas privadas e particulares: *É defeso a qualquer pessoa, de direito público ou privado, interferir na comunhão de vida instituída pela família.* Independentemente de o Estado autorizar ou não, e quer gostemos ou não, queiramos ou não, novas estruturas conjugais e parentais continuarão acontecendo.

CONTRATO GESTACIONAL – Ver útero de substituição e contrato e geração de filhos.

CONTRATO PARTICULAR DE CASAMENTO [*ver tb. contrato de namoro e contrato de convivência*] – É uma expressão popular que designa, na verdade, o contrato de união estável. Não é possível que o casamento, em seu sentido técnico jurídico, seja particular. Embora o casamento tenha sua natureza particular, o seu contrato exige formalidades e solenidades que o torna, neste aspecto, de natureza pública. Provavelmente, a origem desta expressão esteja nas ordenações Filipinas, que no século XVII chegou a reconhecer o "concubinato puro", isto é, a convivência entre pessoas desimpedidas para o casamento, como se fosse um casamento de fato, que assegurava direitos à meação.

CONTRATO SUCESSÓRIO [*ver tb. pacto corvino, pacto sucessório*] – É o mesmo que pacto sucessório. Negócio jurídico que tem por objeto herança de pessoa viva, proibido pelo ordenamento jurídico brasileiro: *Não pode ser objeto de contrato a herança de pessoa viva* (Art. 426, CCB).

CONVENÇÃO INTERNACIONAL [*ver tb. sequestro internacional de criança*] – Do latim *conventione*, conjunto de acordos, normas, normas sociais ou critérios. No âmbito do Direito Internacional, convenção é o termo usado para referir-se a uma lei internacional que rege princípios e regras a serem seguidos pelos países signatários. É também conhecido como tratado internacional.

A norma internacional contida em uma convenção ou tratado do qual o Brasil seja signatário começa a vigorar no Direito brasileiro após sua aprovação por decreto legislativo e promulgação da presidência da República. Exemplos de importantes convenções para o Direito de Família: Decreto-Lei nº 3.200, de 19/04/1941 – Dispõe sobre a organização e proteção da família; Decreto-Lei nº 99.710 de 21/11/1990 – Promulga a Convenção sobre os Direitos da Criança; Decreto-Lei nº 678 de 06/11/1992 – Promulga a Convenção Americana sobre Direitos Humanos (Pacto de São José da Costa Rica); Decreto nº 2.428 de 17/12/1997 – Promulga a Convenção Interamericana sobre Obrigação Alimentar; Decreto nº 3.413 de 14/04/2000 – Promulga a Convenção sobre Aspectos Civis do Sequestro Internacional de Crianças; Decreto nº 4.377 de 13/09/2002 – Promulga a Convenção sobre Eliminação de todas as Formas de Discriminação contra a Mulher; etc.

As normas contidas nas convenções têm a mesma relevância das normas de direito interno, ou seja, estão subordinadas à Constituição. Somente *os tratados e convenções internacionais sobre direitos humanos que forem aprovados, em cada Casa do Congresso Nacional, em dois turnos, por três quintos dos votos dos respectivos membros, serão equivalentes às emendas constitucionais* (Art. 5º, § 3º, CR).

CONVERSÃO DA UNIÃO ESTÁVEL EM CASAMENTO [*ver tb. casamento, divórcio, união estável*] – Expressão utilizada pela primeira vez na Constituição da República de 1988 para designar a transformação da união estável em casamento: *Para efeito da proteção do Estado, é reconhecida a união estável entre o homem e a mulher como entidade familiar, devendo a lei facilitar sua conversão em casamento* (Art. 226, § 3º, CR). Foi introduzida no texto constitucional, em razão das negociações com as forças conservadoras do Congresso Nacional Constituinte, que só admitiram a existência da união estável como uma forma de constituir família, além do casamento, se tivesse o estímulo de transformá-la em casamento.

Embora tenha sido uma regra moralista, acabou beneficiando, décadas depois, uma hermenêutica constitucional em que se admitiu também como forma de família aquelas constituídas por pessoas do mesmo sexo. Se é constitucionalmente possível converter união estável heterossexual em casamento, da mesma forma pode-se converter em casamento as uniões homoafetivas. Tal hermenêutica ganhou força depois que o STF reconheceu as uniões homoafetivas como entidade familiar.

A inutilidade e o moralismo dessa norma de conversão preconizam a união estável como uma relação inferior ao casamento. É como se pretendesse "salvar" as pessoas de uma relação inferior, transformando-a em casamento. Isso contradiz o espírito constitucional que legitimou a união estável como mais uma forma de família. Qual o sentido prático da conversão da união estável em casamento? Se ambos os conviventes querem a conversão, é mais fácil fazê-la, simplesmente casando-se pelo procedimento comum do casamento. Se as partes, não havendo impedimento legal, não optam pelo casamento é porque escolheram uma outra forma de relacionamento, uma outra forma de constituir família. E se há impedimento legal é porque, ainda que queiram, não podem casar-se.

Na prática, a diferença entre converter em casamento a união estável e casar diretamente, está apenas na dispensa do ato solene de celebração do casamento, pois as demais formalidade são necessárias: *O reconhecimento da união estável deve ser instruído, preliminarmente, pela apresentação da cópia, acompanhada do original, dos seguintes documentos do companheiro: I – cédula de identidade; II – certidão de inscrição no cadastro de pessoa física; III – certidão de nascimento, se solteiro; ou IV – certidão de casamento, contendo a averbação da sentença do divórcio, da separação judicial ou da sentença anulatória e certidão de óbito, se for o caso, quando o companheiro do requerente já tiver sido casado* (Art. 3º da Instrução Normativa nº 14 do CNJ). A Lei 14.382 de 27/06/2022 que dispõe sobre o sistema eletrônico de Registros Públicos, trouxe significativas mudanças no Direito das Famílias. Especificamente no que toca a conversão de união estável em casamento, acrescentou na Lei 6015/1973, a seguinte redação: *"Art. 70-A. A conversão da união estável em casamento deverá ser requerida pelos companheiros perante o oficial de registro civil de pessoas naturais de sua residência. § 1º Recebido o requerimento, será iniciado o processo de habilitação sob o mesmo rito previsto para o casamento, e deverá constar dos proclamas que se trata de conversão de união estável em casamento. § 2º Em caso de requerimento de conversão de união estável por mandato, a procuração deverá ser pública e com prazo máximo de 30 (trinta) dias. § 3º Se estiver em termos o pedido, será lavrado o assento da conversão da união estável em casamento, independentemente de autorização judicial, prescindindo o ato da celebração do matrimônio. § 4º O as-*sento da conversão da união estável em casamento será lavrado no Livro B, sem a indicação da data e das testemunhas da celebração, do nome do presidente do ato e das assinaturas dos companheiros e das testemunhas, anotando-se no respectivo termo que se trata de conversão de união estável em casamento. § 5º A conversão da união estável dependerá da superação dos impedimentos legais para o casamento, sujeitando-se à adoção do regime patrimonial de bens, na forma dos preceitos da lei civil. § 6º Não constará do assento de casamento convertido a partir da união estável a data do início ou o período de duração desta, salvo no caso de prévio procedimento de certificação eletrônica de união estável realizado perante oficial de registro civil. § 7º Se estiver em termos o pedido, o falecimento da parte no curso do processo de habilitação não impedirá a lavratura do assento de conversão de união estável em casamento."*

CONVIVÊNCIA FAMILIAR [*ver tb. guarda, visita*] – Expressão que melhor traduz o sentido técnico de 'visitas', introduzida no ordenamento jurídico pelo Estatuto da Criança e do Adolescente – ECA – Lei nº 8.069/90. Apesar disso, o CCB 2002, equivocadamente, continuou usando a expressão visitas: *O pai ou a mãe, em cuja guarda não estejam os filhos, poderá visitá-los e tê-los em sua companhia, segundo o que acordar com o outro cônjuge, ou for fixado pelo juiz, bem como fiscalizar sua manutenção e educação* (Art. 1.589, CCB). A locução "visitas" evoca uma relação de índole protocolar, mecânica, como uma tarefa a ser executada entre ascendente e filho, com as limitações de um encontro de horário rígido e de tenaz fiscalização (MADALENO, Rolf. *Direito*

C

de família em pauta, Porto Alegre: Livraria do Advogado, 2004).

Não só ao genitor guardião cabe a função de executar e dar continuidade às atribuições do poder familiar. Tal incumbência permanece também com o genitor não guardião que, além de suas obrigações, passa a exercer seu direito de convivência familiar, e acompanhando seus filhos em suas atividades, participando da sua rotina e de seu cotidiano.

O direito à convivência familiar não se restringe apenas aos pais, devendo se efetivar em todo o âmbito familiar.

Quando não for possível estabelecer consensualmente a convivência das crianças/adolescentes com seus familiares, o juiz atendendo aos princípios do melhor interesse dos menores deve determinar a convivência mais ampla possível.

DISPOSITIVOS NORMATIVOS

CR – Arts. 227, 229.

Lei nº 8.069/90 – Estatuto da Criança e do Adolescente – Arts. 19 à 24, 28 § 5º.

CCB – Arts. 1.583, § 3º, 1.584 § 4º, 1.589, 1.630 a 1.638.

JURISPRUDÊNCIA

(...) O direito fundamental da criança e do adolescente de ser criado e educado no seio da sua família, preconizado no art. 19 do ECA, engloba a convivência familiar ampla, para que o menor alcance em sua plenitude um desenvolvimento sadio e completo. Atento a isso é que o Juiz deverá colher os elementos para decidir consoante o melhor interesse da criança. – Diante dos complexos e intrincados arranjos familiares que se delineiam no universo jurídico, ampliados pelo entrecruzar de interesses, direitos e deveres dos diversos componentes de famílias redimensionadas, deve o Juiz pautar-se, em todos os casos e circunstâncias, no princípio do melhor interesse da criança, exigindo dos pais biológicos e socioafetivos coerência de atitudes, a fim de promover maior harmonia

familiar e consequente segurança às crianças introduzidas nessas inusitadas tessituras (...) (REsp 1106637 SP, Rel.ª Min.ª Nancy Andrighi, 3ª T – STJ. publ. 01/07/2010).

CONVIVÊNCIA *MORE UXORIO* [*ver tb. more uxorio*] – Expressão em latim, que se traduz em "segundo o costume de casado". É empregada para indicar a convivência entre duas pessoas em condições análogas a do casamento. Usualmente utilizada para designar a relação de pessoas vivendo em regime de união estável, vivendo sob o mesmo teto.

CONVIVENTE [*ver tb. cônjuge*] – É o sujeito da relação conjugal estável, sem vínculo formal do casamento civil, seja ela hetero ou homossexual. Esta foi a expressão utilizada pela lei 9.278/96, em substituição à expressão companheiro contida na Lei nº 8.971/94. O Código Civil de 2002 voltou a adotar o vocábulo companheiro. Atualmente, diz-se convivente e companheiro indistintamente para designar um dos pares conjugais da união estável.

COPARENTALIDADE [*ver tb. família parental, família ectogenética, contrato de geração de filhos, parentalidade e conjugalidade*] – É a família parental, cujos pais se encontram apenas para ter filhos, de forma planejada, para criá-los em sistema de cooperação mútua, sem relacionamento conjugal ou mesmo sexual, entre eles. A família coparental é aquela formada por indivíduos que almejam exercer a paternidade/maternidade sem terem vínculo conjugal/amoroso, pois o que os unirá é o filho. Ou seja, é uma parentalidade planejada por pessoas que não são casadas, não vivem em união estável e nem possuem relacionamento amoroso/sexual (...). A parentalidade responsável e o livre planejamento familiar são a base da coparentalidade (VALADARES, Nathália de Campos. *Famílias coparentais*. Curitiba: Juruá, 2022, p. 46).

Sexo, casamento e reprodução, o tripé que sustentava o Direito de Família se desatrelou. O casamento não é mais o legitimador das relações sexuais, e com a evolução da engenharia genética, não é mais necessário sexo para haver reprodução. Com isso, as pessoas ficaram mais livres para seguir os caminhos do seu desejo. E foi assim que o Direito começou a distinguir conjugalidade de parentalidade.

Há quem queira constituir apenas uma família conjugal, e não querem ou não podem ter filhos. Outras, querem apenas ter filhos, mas não querem estabelecer uma conjugalidade, ou nem mesmo uma relação sexual. Se a parentalidade não está mais, necessariamente, vinculada à conjugalidade, ou à sexualidade, as pessoas podem fazer parcerias apenas para formarem um par conjugal, ou apenas uma parceria de paternidade/maternidade.

As possibilidades de constituição de família se ampliaram com o declínio do patriarcalismo. Família é o *locus* do amor e do afeto, independentemente das escolhas ou orientações sexuais de seus membros e a forma de reprodução ou de filiação. Coparentalidade, ou famílias coparentais, são aquelas que se constituem entre pessoas, hetero ou homoafetiva, que não necessariamente estabeleceram um vínculo amoroso conjugal ou sexual. Apenas se encontram movidos pelo desejo e interesse em fazer uma parceria de paternidade/maternidade. Na maioria das vezes o processo de geração de filhos é feito por técnicas de reprodução assistida.

C

A Resolução do Conselho Federal de Medicina – CFM, sob o nº 2.320/2022, estabelece diretrizes e éticas para utilização da reprodução assistida. Também, o Provimento nº 63/2017 CNJ que, entre outras providências, estabelece o reconhecimento de paternidade e maternidade socioafetiva nos Cartórios de Registro Civil. No ano de 2019, o Provimento nº 83 fez alterações no Provimento 63/2017 significativas, a saber. Somente as pessoas acima de 12 anos de idade podem ter a paternidade ou a maternidade socioafetiva reconhecida perante os oficiais de Registro Civil das Pessoas Naturais. Ambos os atos normativos já estão alinhados à posição do STF, que reconheceu a união estável homoafetiva, valendo essa regra tanto para casais homoafetivos quanto heteroafetivos.

ILUSTRAÇÃO

Sérgio Lima. P. 179.

COSTUME – ver fonte de direito.

CRIANÇA [*ver tb. infância, princípio do melhor interesse da criança e do adolescente, violência doméstica*] – Do latim *creantia, criantia,* ser humano de pouca idade. Considera-se criança juridicamente a pessoa que ainda não completou 12 (doze) anos de idade. A criança, e também o adolescente, são sujeitos de direitos que recebem proteção especial da lei, em razão de sua vulnerabilidade. *É dever da família, da sociedade e do Estado assegurar à criança, ao adolescente e ao jovem, com absoluta prioridade, o direito à vida, à saúde, à alimentação, à educação, ao lazer, à profissionalização, à cultura, à dignidade, ao respeito, à liberdade e à convivência familiar e comunitária, além de colocá-los a salvo de toda forma de negligência, discriminação, exploração, violência, crueldade e opressão* (Art. 227, CR).

Desde a Convenção sobre os Direitos da Criança (Decreto nº 99.710/90) a criança passou a receber um lugar de sujeito de direitos, instalando-se definitivamente o princípio do melhor interesse da criança e do adolescente: (...) *Convencidos de que a família, como grupo fundamental da sociedade e ambiente natural para o crescimento e bem-estar de todos os seus membros, e em particular das crianças, deve receber a proteção e assistência necessárias a fim de poder assumir plenamente suas responsabilidades dentro da comunidade; Reconhecendo que a criança, para o pleno e harmonioso desenvolvimento de sua personalidade, deve crescer no seio da família, em um ambiente de felicidade, amor e compreensão;* (...) (Preâmbulo).

Além de princípio constitucional da prioridade absoluta das crianças e adolescentes, tais direitos se traduzem também em regras jurídicas pela Lei nº 8.069/90, mais conhecido como Estatuto da Criança e do Adolescente.

LINGUAGEM POÉTICA

Lá vai o trem com o menino / Lá vai a vida a rodar / Lá vai ciranda e destino / Cidade e noite a girar / Lá vai o trem sem destino / Pro dia novo encontrar / Correndo vai pela terra / Vai pela serra / Vai pelo mar / Cantando pela serra do luar / Correndo entre as estrelas a voar / No ar no ar no ar no ar no ar

(*Trenzinho caipira* – Letra e música de Heitor Villa Lobos).

CROSSDRESSER [*ver tb. gênero, sexualidade, transgênero*] – Expressão da língua inglesa que se traduz em "vestir-se ao contrário". É uma das espécies dos transgêneros. É a pessoa que, eventualmente, usa ou se produz com roupas e acessórios do oposto ao seu sexo biológico para adequar ao seu gênero.

Crossdresser não é simplesmente um indivíduo que, esporadicamente, e por motivos relacionados com a sua libido ou com as suas pulsões sexuais, cultiva o hábito de usar roupas do sexo oposto. Trata-se de uma pessoa, que, apesar do seu sexo biológico, considera-se do gênero oposto, e assim deseja ser tratado e visto pela sociedade, com uma opção sexual qualquer, heterossexual, homossexual ou bissexual. Portanto, é diferente de orientação sexual, que se define pela preferência sexual, ou seja, para qual gênero o desejo afetivo e sexual se dirige.

O *crossdresser* não sente repulsa ao seu sexo de nascimento ou deseja pertencer ao sexo biológico oposto. É a ambiguidade que lhe proporciona prazer. Entre todas as diversidades de transgêneros, os *crossdressers* constituem um dos grupos de maior complexidade, por possuírem características próprias relacionadas diretamente com o trânsito possível entre o universo masculino e feminino. O conceito rompe com o pensamento dicotômico ocidental apontando para a possibilidade de trânsito entre diferentes identidades e derivas.

As CDs, sigla utilizada pelos praticantes do *crossdressing*, não se confundem com as travestis, as transexuais e as *drag-queens*. A prática não está, necessariamente, relacionada a formas de manifestações da sexualidade, tais como o "fetichismo" ou o "voyerismo", ou com a orientação sexual do indivíduo. Não há um vínculo absoluto entre a personalidade de uma *crossdresser* e as suas eventuais opções de sexualidade. Para elas, a prática do *crossdressing* seria algo mais próximo de um estilo de vida.

O sexo refere-se a uma condição biológica de diferenciação entre seres da mesma espécie, ou seja, macho e fêmea. O gênero não se relaciona, necessariamente, com o sexo biológico, mas com a sexualidade, que são manifestações do desejo, é plástica e pode ter variações inimagináveis, independentemente da carga genética.

O gênero deve ser compreendido pela identidade do indivíduo, variando apenas em forma e grau entre pessoas, e é culturalmente construído. O direito à busca do equilíbrio corpo-mente do transgênero, ou seja, à adequação e exteriorização do sexo e gênero na busca de sua dignidade, está ancorado no direito à saúde física e mental, e principalmente, no direito à identidade de gênero, a qual integra aspecto da identidade pessoal. Constitui-se um dos direitos da personalidade constitucionalmente protegido e vertente do princípio da dignidade da pessoa humana.

É possível que a identidade social, isto é, o nome pelo qual o(a) *crossdresser* deseja ser conhecido(a) seja alterado nos registros civis, para que sua identidade civil traduza o seu gênero, ou seja, o nome social e com o qual ele(a) é conhecido(a) e reconhecido(a).

LINGUAGEM ARTÍSTICA

Cf. o filme: *Tudo sobre minha mãe*. Diretor Pedro Almodóvar. Espanha/França, 1998. Sinopse – Uma mãe solteira em Madri, Manuela, vê seu único filho morrer no seu 17º aniversário ao correr para pedir autógrafo a uma atriz. Ela vai a Barcelona à procura do pai de seu filho, uma travesti chamada Lola. Lá, encontra

C

sua amiga, Agrado, também travesti; e conhece Rosa, uma jovem freira que está de partida para El Salvador. Quase por acaso, torna-se assistente de Huma Rojo, a atriz que seu filho admirava.

CUIDADO [*ver tb. abandono afetivo, afeto, princípio da responsabilidade, reparação civil, responsabilidade civil*] – É um valor jurídico que pode ser definido como o dever de zelo, ocupação, proteção, assistência e responsabilização de um sujeito pelo outro, com o objetivo de preservar os seus interesses e proteger a sua vida. Em relação aos filhos menores, traduz-se em dever de criação, educação e companhia tal como expressa o art. 1.634 do CCB: "*Art. 1.634. Compete a ambos os pais, qualquer que seja a sua situação conjugal, o pleno exercício do poder familiar, que consiste em, quanto aos filhos: I – dirigir-lhes a criação e a educação; II – exercer a guarda unilateral ou compartilhada nos termos do art. 1.584; III – conceder-lhes ou negar-lhes consentimento para casarem; IV – conceder-lhes ou negar-lhes consentimento para viajarem ao exterior; V – conceder-lhes ou negar-lhes consentimento para mudarem sua residência permanente para outro Município; VI – nomear-lhes tutor por testamento ou documento autêntico, se o outro dos pais não lhe sobreviver, ou o sobrevivo não puder exercer o poder familiar; VII – representá-los judicial e extrajudicialmente até os 16 (dezesseis) anos, nos atos da vida civil, e assisti-los, após essa idade, nos atos em que forem partes, suprindo-lhes o consentimento; VIII – reclamá-los de quem ilegalmente os detenha; IX – exigir que lhes prestem obediência, respeito e os serviços próprios de sua idade e condição*". O cuidado como obrigação jurídica estende-se também aos idosos: "*É obrigação da família, da comunidade, da sociedade e do Poder Público assegurar ao idoso, com absoluta prioridade, a efetivação do direito à vida, à saúde, à alimentação, à educação, à cultura, ao esporte, ao lazer, ao trabalho, à cidadania, à liberdade, à dignidade, ao respeito e à convivência familiar e comunitária*" (art. 3º, Lei nº 10.741/2003 – Estatuto do Idoso). Assim, o cuidado consiste no poder e interesse, seja dos pais, dos filhos, da sociedade ou do Estado na segurança dos sujeitos mais vulneráveis.

Como valor jurídico, é uma derivação do Princípio da Dignidade Humana, da Responsabilidade, da Solidariedade e da Afetividade. O cuidado é o alinhamento de direitos e obrigações e é fundamental para construir relações sociais e familiares saudáveis. A primeira doutrinadora brasileira a usar a expressão "cuidado" e alçá-la à condição de valor jurídico foi Tânia da Silva Pereira: (...) *o cuidado é a base dos direitos fundamentais da criança e do adolescente no art. 227, CF: ele está presente no direito à vida, à saúde, à alimentação, à educação, ao lazer, à profissionalização, à cultura, à dignidade, ao respeito, à liberdade e à convivência familiar e comunitária; outrossim, toda forma de negligência, discriminação, exploração, violência, crueldade e opressão refletem o descaso, a falta de cuidado, o abandono* (PEREIRA, Tânia da Silva. O cuidado como valor jurídico. In: PEREIRA, Rodrigo da Cunha. PEREIRA Tânia da Silva (Coord.) *A ética da convivência familiar e sua efetividade no cotidiano dos tribunais.* Rio de Janeiro: Forense, 2006. p. 255).

JURISPRUDÊNCIA

(...) O cuidado como valor jurídico objetivo está incorporado no ordenamento jurídico brasileiro

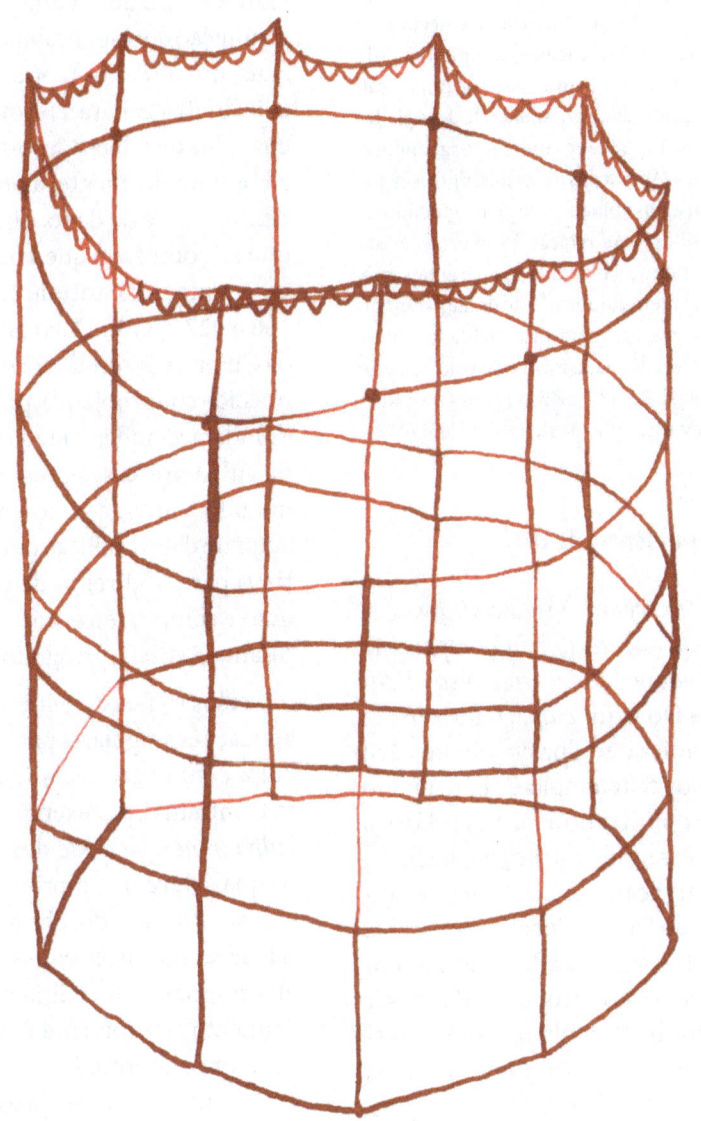

não com essa expressão, mas com locuções e termos que manifestam suas diversas desinências, como se observa do art. 227 da CF/88. 3. Comprovar que a imposição legal de cuidar da prole foi descumprida implica em se reconhecer a ocorrência de ilicitude civil, sob a forma de omissão. Isso porque o *non facere*, que atinge um bem juridicamente tutelado, leia-se, o necessário dever de criação, educação e companhia – de cuidado – importa em vulneração da imposição legal, exsurgindo, daí, a possibilidade de se pleitear compensação por danos morais por abandono psicológico. 4. Apesar das inúmeras hipóteses que minimizam a possibilidade de pleno cuidado de um dos genitores em relação à sua prole, existe um núcleo mínimo de cuidados parentais que, para além do mero cumprimento da lei, garantam aos filhos, ao menos quanto à afetividade, condições para uma adequada formação psicológica e inserção social. (...) (STJ, REsp 1159242 SP, Rel.ª Min.ª Nancy Andrighi, 3ª T., publ. 10/05/2012).

ILUSTRAÇÃO

Letícia Grandenete. P. 183.

CULPA [*ver tb. separação judicial, divórcio, princípio da responsabilidade, reparação civil, abandono afetivo, responsabilidade civil*] – Do latim *culpa*, falta, erro. A noção jurídica de culpa no Direito Civil tem um conceito amplo e abarca tanto a ideia de dolo, como a fórmula clássica da culpa no sentido estrito (negligência, imprudência e imperícia), diferenciando, assim, do Direito Penal que classifica ambas como espécies de conduta. Por dolo, entende-se o propósito de causar dano a outrem. Por culpa em sentido estrito, entende-se a inobservância de uma norma de conduta, seja falta de cuidado por conduta omissiva (negligência), falta de cuidado por conduta comissiva (imprudência) ou falta de habilidade no exercício de atividade técnica (imperícia), que levam a um resultado não desejado, qual seja, a violação de um dever jurídico, causando dano a outrem. Assim, age com culpa aquele que age fora dos padrões de conduta esperados.

A análise da culpa tem grande relevância no âmbito de aplicação da responsabilidade civil. O CCB adota duas teorias para a atribuição de responsabilidade ao agente causador de dano: Teoria da Culpa e Teoria do Risco. Para a primeira, também chamada de subjetiva, pois leva em conta a conduta do agente, além da ação, do nexo causal e do dano, é imprescindível que se comprove que houve por parte do agente uma atitude culposa (Arts. 186 e 927, CCB). Daí o nome de Teoria da Culpa. A segunda teoria, também conhecida como objetiva, pois a obrigação de indenizar independe da comprovação da culpa nos casos previstos em lei ou quando a atividade desenvolvida pelo autor do dano implicar, por sua natureza, risco para os direitos de outrem, basta que se comprove a ação, o nexo causal e o dano (Art. 927, parágrafo único, CCB).

Os diversos ramos do Direito apresentam aplicações singulares para o conceito de culpa conforme a necessidade. No Direito Contratual, por exemplo, analisa-se a *culpa in non faciendo* dos contratantes, os quais devem cumprir as normas positivadas no acordo, obrigação de fazer, não fazer ou entregar coisa certa, sendo eles responsáveis civilmente pelo cumprimento e respondendo com culpa pelo descumprimento. Difere das relações extracontratuais, nas quais prevalecem para todos, *erga omnes*, os deveres puramente negativos da lei, *culpa in faciendo*. Sendo assim, a não execução do contrato por culpa de um deles faz nascer para o outro o direito de rescindir o contrato e requerer indenização.

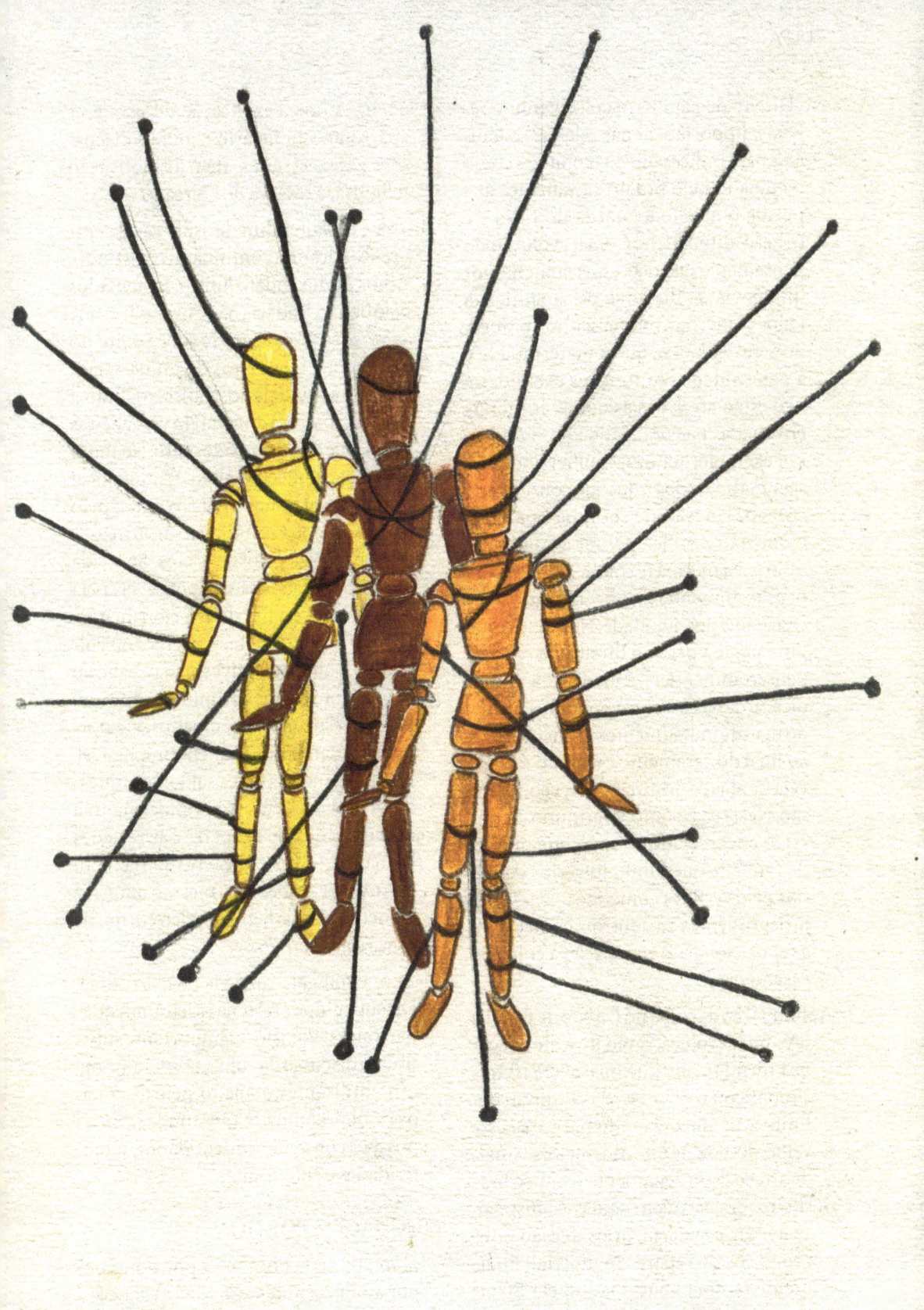

No Direito de Família, a culpa ganhou relevo e importância nas relações conjugais para indicar um dos cônjuges como o culpado pelo fim do casamento, que perdia o direito à guarda do filho e à pensão alimentícia. Com a evolução do pensamento jurídico, especialmente por influência do discurso psicanalítico, a culpa começou a perder sentido prático, pois entendeu-se que a maternidade e a paternidade são funções exercidas e não estão atreladas às questões morais envolvidas na conjugalidade. Significa, por exemplo, que uma mulher pode não ser uma boa esposa, quando considerada culpada, mas pode ser uma boa mãe, o que não justifica perder a guarda de filhos. Da mesma forma, a discussão da pensão alimentícia está vinculada à necessidade/possibilidade. Não é justo que uma pessoa perca o direito de receber pensão alimentícia, após décadas de dedicação ao casamento e aos filhos, abrindo mão de investimentos profissionais e, ao final do casamento ou união estável, veja-se alijada do direito de receber pensão. Neste raciocínio, os criminosos que estão encarcerados teriam que morrer de fome, já que foram julgados culpados pelos crimes cometidos. E assim, a jurisprudência e a doutrina começaram a reposicionar-se em relação à culpa no casamento.

A eliminação da culpa no Direito de Família teve uma evolução gradativa até chegar na Emenda Constitucional nº 66/10, que simplificou o divórcio e a eliminou definitivamente, deixando para trás este velho, decadente e um dos maiores sinais de atraso do ordenamento jurídico brasileiro. Era ela quem ajudava a instigar, sustentar e a eternizar os degradantes processos de separação judicial, finalmente também eliminado pela EC nº 66/10. A única explicação de se querer abarrotar o Judiciário com tais discussões desnecessárias, além de motivação religiosa, é reserva de mercado.

Brigas e desentendimentos de casal sempre existiram e continuarão existindo. Amor e ódio andam juntos, sustentados pelo desejo. Todavia não é necessário que as versões de cada parte sobre o fim do casamento, e os restos do amor, sejam levados ao Judiciário, transformando a história amorosa do casal em verdadeiras estórias de degradação do outro. Nenhum interesse público há nisso. É muito fácil e cômodo atribuir ao outro culpa pelo fracasso amoroso. Assim, o sujeito não se responsabiliza pelos seus atos. Se a vida era a dois, ambos são responsáveis pela manutenção ou fim do relacionamento. O amor acaba. Não há inocentes ou culpados. E ainda que tivesse, não cabe ao Estado intervir na intimidade do casal para investigar se há culpados, até porque isto é tarefa praticamente impossível. Nem mesmo as partes sabem porque o amor acabou. Esta causa reside em uma obscuridade que faz parte das relações humanas. Talvez, o mistério que faz com que o amor acabe seja o mesmo que o faz começar. Não há herói ou vilão em fim de uma relação amorosa.

O amor conjugal é uma via de mão dupla. Discutir culpa é ficar na raseira, apequenar a alma. Por isto foi importante substituir o discurso da culpa, tão paralisante e infantilizante do sujeito, pelo discurso da responsabilidade, que é onde se torna possível construir as identidades, subjetividades e autonomia.

LINGUAGEM POÉTICA

Homem não chora nem por dor, nem por amor / E antes que eu me esqueça /

Nunca me passou pela cabeça lhe pedir perdão / E só porque eu estou aqui, ajoelhado no chão / Com o coração na mão / Não quer dizer que tudo mudou / Que o tempo parou, que você ganhou

Meu rosto vermelho e molhado / É só dos olhos pra fora / Todo mundo sabe que homem não chora / Esse meu rosto vermelho e molhado / É só dos olhos pra fora / Todo mundo sabe que homem não chora

Homem não chora nem por ter, nem por perder / Lágrimas são água / Caem do meu queixo e secam sem tocar o chão / E só porque você me viu cair em contradição / Dormindo em sua mão / Não vai fazer a chuva passar / O mundo ficar no mesmo lugar

(*Homem não chora* – Letra e música de Frejat).

ILUSTRAÇÃO

Adriana Silveira. P. 185.

CURADOR [*ver tb. curatela, interditado, interditando*] – Do latim *curare*, cuidar. É aquele a quem é atribuído o encargo de cuidar dos interesses dos incapazes. Há dois tipos de curadores em nosso ordenamento jurídico: aquele nomeado para representar o curatelado nos atos da vida civil, denominado curador propriamente dito, escolhido pelo juiz como consequência, ou no decorrer do processo de interdição; e os curadores para determinadas situações especiais, que se nomeia de curadores especiais.

Exige-se do curador propriamente dito todas as obrigações atribuídas ao tutor, como por exemplo, prestar compromisso, fazer prestação de contas, recusar o encargo, dar garantias etc. *O cônjuge ou companheiro, não separado judicialmente ou de fato, é, de direito, curador do outro, quando interdito. § 1º Na falta do cônjuge ou companheiro, é curador legítimo o pai ou a mãe; na falta destes, o descendente que se demonstrar mais apto. § 2º Entre os descendentes, os mais próximos precedem aos mais remotos. § 3º Na falta das pessoas mencionadas neste artigo, compete ao juiz a escolha do curador. Na nomeação de curador para a pessoa com deficiência, o juiz poderá estabelecer curatela compartilhada a mais de uma pessoa* (Arts. 1.775, 1.775-A – incluído pela Lei nº 13.146/2015 – CCB).

Os curadores especiais, ou curadorias, são: *in litem;* prorrogadas; curadoria de família; curadoria de ausentes; curador-geral de órfãos; curador à lide.

CURADOR AO VENTRE [*ver tb. curatela, curador, curatela extensiva, interditado, nascituro*] – É aquele a quem é atribuído o encargo de cuidar dos interesses do nascituro quando presentes as seguintes situações cumulativas: se a mulher enviuvar, estiver grávida, e não tenha o poder familiar (Art. 1.779, CCB). Caso a mãe seja interditada, o mesmo curador da mãe será o do nascituro atendendo aos princípios da unidade e indivisibilidade da curatela.

Após o nascimento com vida, cessa a curatela e dá-se a este menor um tutor (testamentário, dativo ou legítimo), se persistirem as circunstâncias que impedem o exercício do poder familiar pela genitora.

CURADOR DATIVO [*ver tb. curador, interdição*] – É o curador nomeado ou designado pelo juiz para administrar bens e interesses do curatelado, na falta da curatela legítima, isto é, de algum parente, cônjuge, companheiro ou quem tenha relação de proximidade e afetividade com o curatelado.

Nomeia-se também curador dativo quando há divergência e disputa entre pretensos curadores legítimos, e em nome do maior interesse do curatelado busca-se alguém de fora daquela relação familiar.

O curador dativo é, em regra, terceiro de confiança do juízo, dissociado dos componentes do grupo familiar e dos interesses inerentes às pessoas envolvidas no conflito.

No processo penal, é o defensor público nomeado pelo juiz para defender os interesses do acusado.

JURISPRUDÊNCIA

(...) A sentença considerou o laudo da assistente social, e nomeou curadora dativa, diante do desentendimento entre as filhas do interdito, de forma a atender aos seus interesses, levando-se em conta a idoneidade e responsabilidade da nomeada. Ausentes as provas do prejuízo financeiro alegado pela apelante. Recurso improvido. (Ap. Cível nº 0140693-21.2006.8.26.0100, Rel. Des. James Siano. 5ª CDP – TJSP, j. 15/05/2013).

CURADOR DO AUSENTE – Ver curadoria do ausente.

CURADORIA [*ver tb. curatela, curador, interditado*] – É o ofício do curador, encargo atribuído a alguém para cuidar dos interesses de uma pessoa incapaz, seja por nomeação judicial, conhecida como curadoria propriamente dita, que se equipara a curatela, ou em face de situações especiais que são: *in line;* prorrogadas; curadoria de família; curadoria de ausentes; curadoria 'a lide. Ou seja, é a atividade pertinente ao trabalho do curador, cargo, poder ou função de quem

tem a incumbência legal ou judicial de zelar pelos bens ou interesse de terceiros.

CURADORIA DE AUSENTES [*ver tb. curatela, ausente*] – É uma das espécies de curadorias especiais. O juiz, a requerimento do interessado, ou do Ministério Público, nomeia curador para pessoa que desaparece do seu domicílio, sem que dela haja notícias, deixando bens.

A figura do curador especial é essencial para que os processos, por exemplo, de sucessão provisória do ausente possam ter andamento. A função do curador é proteger os interesses e bens do ausente perante os herdeiros e o Estado.

CURATELA [*ver tb. curador, curatela compartilhada, Estatuto da pessoa com deficiência, interdição, interdição parcial, louco, louco de todo gênero, prodigalidade*] – Do Direito Romano *curare*, cuidar, olhar, velar. É um dos institutos de proteção aos incapazes, compondo uma trilogia assistencial, ao lado da tutela e do poder familiar/guarda. É o encargo conferido judicialmente a alguém para que zele pelos interesses de outrem, que não pode administrar seus bens e direitos em razão de sua incapacidade ou uma insanidade permanente ou temporária, que inviabiliza o discernimento, entendimento e compromete o elemento volitivo do sujeito. Em geral tal incapacidade é decorrente de um estado mental "incompleto", um demenciamento, uma circunstância temporária como o estado de coma, um dessarazoamento como prodigalidade, alcoolismo etc.

No Direito Romano, visava não apenas a proteção do incapaz, mas também a de seus futuros herdeiros, que detinham a prerrogativa de cuidar do patrimônio que oportunamente lhes pertenceria,

cabendo a eles a nomeação para o cargo de tutor ou curador. A curatela era exercida em favor do curador e não do curatelado, pois aquele, geralmente, era o parente mais próximo que, após a sua morte seria seu herdeiro. Havia apenas a curatela legítima, isto é, somente os herdeiros legítimos eram nomeados. Com o Estatuto da Pessoa com Deficiência – Lei nº 13.146/2015, houve alteração no sistema de incapacidades estatuído pelo Código Civil. Pela nova sistemática, são absolutamente incapazes somente os menores de 16 anos. Todos os demais, inclusive os que por deficiência mental, não tiverem o necessário discernimento para a prática dos atos da vida civil e os que, por causa transitória, não puderem exprimir sua vontade, passam a ser relativamente incapazes. Por esta sistemática a curatela passou a ser para questões patrimoniais e negociais. O próprio art. 85 da Lei nº 13.146/2015 *determina que a curatela afetará* tão somente os atos relacionados aos direitos de natureza patrimonial e *negocial*. Já com relação aos atos existenciais, o § 1º do art. 85 determina que *a definição da curatela não alcança o direito ao próprio corpo, à sexualidade, ao matrimônio, à privacidade, à educação, à saúde, ao trabalho e ao voto*, traduzindo uma verdadeira conquista social, ao inaugurar um sistema normativo inclusivo, que homenageia o princípio da dignidade da pessoa humana em diversos níveis.

A curatela constitui medida extraordinária, devendo constar da sentença as razões e motivações de sua definição, preservados os interesses do curatelado. Portanto, o art. 1.767 do CCB/2002 sofreu grande reformulação com a Lei nº 13.146/2015, provocando uma revolução paradigmática e alterações na teoria das incapacidades prevista no Código Civil, modificando a redação dos arts. 3º e 4º do Código Civil e o capítulo que trata da curatela, estabelecido pelos arts. 1.767 e seguintes, instituindo a denominada "ação de curatela" e não mais ação de interdição. Antes da entrada em vigor do Estatuto da Pessoa com Deficiência, eram considerados absolutamente incapazes de exercer pessoalmente os atos da vida civil (I) os menores de 16 anos, (II) os que, por enfermidade ou deficiência mental, não tivessem o necessário discernimento para a prática desses atos e (III) os que, mesmo por causa transitória, não pudessem exprimir sua vontade. Já no que diz respeito à incapacidade relativa, eram considerados incapazes, relativamente a certos atos ou à maneira de os exercer (I) os maiores de 16 e menores de 18 anos, (II) os ébrios habituais, os viciados em tóxicos, e os que, por deficiência mental, tivessem o discernimento reduzido, (III) os excepcionais, sem desenvolvimento mental completo e (IV) os pródigos. Todavia, em razão do art. 6º da Lei nº 13.146/2015 preconizar que "a deficiência não afeta a plena capacidade civil da pessoa", agora, somente os menores de 16 anos são considerados absolutamente incapazes de exercer pessoalmente os atos da vida civil (art. 3º do CC). Da mesma forma, houve mudanças na lei civil acerca da incapacidade relativa (art. 4º do CC), sendo retiradas as previsões de incapacidade relativa quanto aos que tivessem discernimento reduzido por deficiência mental e quanto aos excepcionais, sem desenvolvimento mental completo. A par disso, aqueles que, mesmo por causa transitória, não puderem exprimir sua vontade – que anteriormente eram considerados absolutamente incapazes –, agora são considerados relativamente incapazes. Em suma, as definições de capacidade civil foram reconstruídas para dissociar a deficiência da incapacidade. Assim, em virtude das alterações provocadas na lei civil pelo Estatuto da Pessoa com Deficiência, não se cogita de incapacidade absoluta de pessoas maiores de 16 anos, mas somente em incapacidade relativa. O art. 1.767 do CCB/2002 com alterações da Lei prevê que estão sujeitos a curatela: "I – aqueles que, por causa transitória ou permanente, não puderem exprimir sua vontade; (Redação dada pela Lei nº 13.146, de 2015); II – (Revogado); (Redação dada pela Lei nº 13.146, de 2015); III – os ébrios habituais e os viciados em tóxico; (Redação dada pela Lei nº 13.146, de 2015); IV – (Revogado); (Redação dada pela Lei nº 13.146, de 2015); V – os pródigos".

O CCB de 1916 utilizava a expressão "louco de todo gênero" para exprimir determinada categoria de pessoas que não tinha discernimento entre razão e desrazão. O CCB de 2002 tinha substituído essa expressão por deficientes mentais. A Lei nº 13.146/2015 substituiu por aqueles que, por causa transitória ou permanente, não puderem exprimir sua vontade. O art. 2º da Lei nº 13.146/2015 prevê que considera-se pessoa com deficiência aquela que tem impedimento de longo prazo de natureza física, mental, intelectual ou sensorial, o qual, em interação com uma ou mais barreiras, pode obstruir sua participação plena e efetiva na sociedade em igualdade de condições com as demais pessoas. No ambiente da psiquiatria recebem a denominação de portadores de sofrimento psíquico, introduzindo um novo significante para pessoas interditáveis, suavizando assim o preconceito e o estigma que recaem sobre os denominados "loucos". A curatela só deveria ser feita como último recurso, uma vez que ela significa simbolicamente a "morte civil", e retira da pessoa um lugar de sujeito de desejo e sujeito social. Por isso, a tendência das interdições e curatelas, para compatibilizar com o princípio da dignidade da pessoa humana, é que seja feita apenas parcialmente. Como já referido, a Lei nº 13.146/2015 provocou importantes alterações na teoria das incapacidades prevista no Código Civil, modificando a redação dos arts. 3º e 4º do Código Civil, e o capítulo que trata da curatela, estabelecido pelos arts. 1.767 e seguintes, instituindo a denominada "ação de curatela", e não mais ação de interdição.

A curatela se extingue com a morte do interditado ou quando os motivos geradores da interdição/curatela se modificaram e não há mais necessidade de sua manutenção. As causas mais comuns de suspensão ou extinção da interdição/curatela são quando o sujeito recobrou o estado de consciência, saiu do coma, cessou o alcoolismo, ou alguém que mesmo não tendo cura mantém tratamento que restitui sua estabilidade emocional e devolve-lhe a lucidez.

Curatela ou curadoria tem dois significados. Um mais genérico, no sentido de regra processual quando a lei impõe que se nomeie um curador especial para promover os interesses do incapaz quando ausente ou em caso de interesses colidentes com quem o representa ou assiste, ou para falar em nome do réu revel. A exigência de defesa do revel pelo curador especial tem fundamento no princípio do contraditório, pois não se sabe se ele – o réu revel – não quis contestar ou não pode, ou mesmo não soube da citação, sendo nulo o processo em que, ao réu citado editaliciamente, não foi nomeado curador especial. E em sentido mais específico, que é a curatela propriamente, ou seja, de interdição aos incapazes, assim como os nascituros.

No processo penal, o curador especial é o advogado nomeado judicialmente para defender os interesses da parte, caso ela não tenha defensor e nem condições de constituí-lo.

DISPOSITIVOS NORMATIVOS

CCB – Arts. 197, III, 932, II, 1.523, IV e parágrafo único, 1.722, 1.767 a 1.783.

Lei 13.146/2015 (Estatuto da Pessoa com deficiência – EPD).

JURISPRUDÊNCIA

(...) A curatela nada mais é do que um encargo legal atribuído a um adulto capaz, para que zele, oriente, se responsabilize e administre os bens de uma pessoa declarada incapaz, nos termos do art. 1.767 e seguintes do Código Civil. 3.1. Com o advento da Lei nº 13.146, de 6 de julho de 2015, que acrescentou ao Código Civil o art. 1.775-A, passou a ser possível curatela compartilhada a mais de uma pessoa, conforme desejado pelos autores. 3.2. No caso dos autos não existe motivo para que o pedido de curatela compartilhada seja negado, porquanto o primeiro e a segunda requerentes preenchem os requisitos legais para serem nomeados curadores, conforme previsto no parágrafo único do art. 1.772 do Código Civil. Além de atender à vontade e às preferências da interditanda, não estão demonstrados quaisquer conflitos de interesses e de influência indevida, além de haver proporcionalidade e adequação às circunstâncias da pessoa. (...) (TJDF, Apelação nº 20140110193245APC, Rel. Des. João Egmont, 2ª Turma, publ. 10/03/2016)

ILUSTRAÇÃO

Sérgio Lima. P. 189.

CURATELA AO VENTRE – Ver curador ao ventre.

CURATELA COMPARTILHADA [*ver tb. curatela*] –

É o compartilhamento do exercício da curatela, ou seja, a curatela exercida conjuntamente por duas ou mais pessoas. Tal modalidade amplia a proteção do interditado ao dividir responsabilidades, além de tornar mais eficaz a fiscalização e a prestação de contas.

Desde que o afeto tornou-se um valor jurídico, ampliou-se o entendimento de todos os encargos e proteção aos incapazes. Daí o surgimento da guarda compartilhada, cujo entendimento se estendeu por analogia, também, aos curatelados e tutelados. Estabelece o art. 1.775-A. do CCB/2002, com alterações promovidas pelo Estatuto da Pessoa com Deficiência que "*na nomeação de curador para a pessoa com deficiência, o juiz poderá estabelecer curatela compartilhada a mais de uma pessoa*".

DISPOSITIVOS NORMATIVOS

CCB – Arts. 197, 932, 1.523, 1.722, 1.767 a 1.783.

Lei nº 13.146/2015 (Estatuto da Pessoa com deficiência – EPD).

JURISPRUDÊNCIA

Agravo de instrumento. Interdição. Curatela provisória. Possibilidade de nomeação simultânea de mais de um curador. Precedentes. Art. 1.775-A do CC, incluído pelo Estatuto da Pessoa com Deficiência, que reforça a possibilidade de curatela compartilhada. Compartilhamento do encargo entre as duas irmãs que parece já ocorrer de fato, bem como, por ora, consta atender ao melhor interesse do interditando. Decisão reformada. Recurso provido (TJSP, Agravo de Instrumento nº 2191636-02.2015.8.26.0000, Rel. Des. Claudio Godoy, 1ª Câmara de Direito Privado, publ. 17/02/2016).

CURATELA DO NASCITURO [*ver tb. curatela; conceptura, Estatuto da Pessoa com Deficiência, curador ao ventre*] –

Do latim *nasciturus*, particípio passado de nasci, aquele que ainda não nasceu. *"Designa, assim, o ente que está gerado ou concebido, tem existência no ventre materno: está em vida intrauterina. Mas, não nasceu ainda, não ocorreu o nascimento dele, pelo que não se iniciou sua vida como pessoa"* (De Plácido e Silva. *Vocabulário jurídico*. 3. ed. Rio de Janeiro: Forense, 1973, v. III, p. 1051).

"A personalidade civil da pessoa começa do nascimento com vida; mas a lei põe a salvo, desde a concepção, os direitos do nascituro" (art. 2º do CCB/2002). O Código Civil, no art. 1.779, disciplina uma curatela especial, determinando que dar-se-á curador ao nascituro, se o pai falecer estando grávida a mulher, e não tendo o poder familiar e, se a mulher estiver interdita, seu curador será o do nascituro (parágrafo único). Nesta hipótese podendo ser titular de direitos, desde que subordinado a condição suspensiva que é o nascimento com vida.

CURATELA ESPECIAL

CURATELA ESPECIAL – é um representante especial *nomeado pelo juiz*, em determinados casos de incapacidade ou revelia, à parte para atuar em seu nome no correr do processo. O artigo 72 do Código de Processo Civil estabeleceu que a função de Curador Especial incumbe à Defensoria Pública: "Art. 72. O juiz nomeará curador especial ao: I – incapaz, se não tiver representante legal ou se os interesses deste colidirem com os daquele, enquanto durar a incapacidade; II – réu preso revel, bem como ao réu revel citado por edital ou com hora certa, enquanto não for constituído advogado. Parágrafo único. A curatela especial será exercida pela Defensoria Pública, nos termos da lei."

JURISPRUDÊNCIA

Agravo de instrumento – ação de interdição – *curatela especial*. 1. Tendo a ação sido proposta pela irmã da interditanda, a atuação do Ministério Público como fiscal da ordem jurídica incompatibiliza com o exercício da curatela especial. Precedente do STJ; 2. Encargo endereçado à defensoria pública, conforme a inteligência do artigo 72, parágrafo único c/c 752 e seguintes, todos do CPC. Na impossibilidade, que a curatela especial seja desempenhada por advogado dativo; 3. Agravo de instrumento conhecido e provido, a fim de que seja nomeado defensor público para patrocinar a defesa dos interesses da interditanda, na qualidade de curador especial. (TJSE, Agravo de Instrumento nº 201800735053 nº único 0010817-29.2018.8.25.0000 – Relator: Cezario Siqueira Neto, 1ª Câmara Cível j. 11/03/2019).

CURATELA EXTENSIVA [*ver tb. curatela, interditado, curatela ao ventre*] – É a extensão da autoridade do curador à pessoa e aos bens dos filhos menores e incapazes do curatelado (Art. 1.778, CCB).

JURISPRUDÊNCIA

(...) Aliás, sequer a incapacidade de discernimento do pai detentor do poder familiar – está comprovada, pois para tanto é necessário que seja proferida sentença, em ação própria de interdição, após laudo pericial, dando-se ampla oportunidade de defesa para aquele que se pretende interditar. E, ainda assim, caso se constate a deficiência mental, deve-se dar ao interditado um curador, cuja autoridade se estenderia à pessoa e aos bens dos filhos do curatelado (CC, art. 1.778). (Ap. Cível nº 100.003.2008.002606-8, Rel. Des. Roosevelt Queiroz Costa, 2ª VC – TJRO. j. 15/04/2009).

CURATELA MANDATO [*ver tb. autocuratela, curatela; tomada de decisão apoiada*] – É uma curatela especial com poderes mais restritos, e para atender às necessidades de um enfermo ou alguém que não pode locomover, mas que se encontra em pleno gozo de sua capacidade mental: *A requerimento do enfermo ou portador de* *deficiência física, ou, na impossibilidade de fazê-lo, de qualquer das pessoas a que se refere o art. 1.768, dar-se-lhe-á curador para cuidar de todos ou alguns de seus negócios ou bens* (Art. 1.780, CCB). É uma curatela sem interdição como bem assinalou o jurista paraense Zeno Veloso (VELOSO, Zeno. *Código Civil comentado*. São Paulo: Atlas, 2003. t. XVII. p. 227).

À exceção dos enfermos que estão hospitalizados e em unidade de tratamento intensivo, ela pode ser requerida pelo próprio curatelado. Daí poder-se dizer que é uma curatela mandato, pois muito próxima está de um mandato para gestão e administração de bens e negócios, e não de pessoa, já que não se trata propriamente de uma interdição.

A Lei nº 13.146/2015, que instituiu o Estatuto da Pessoa com Deficiência, alterou profundamente o regime das incapacidades no direito pátrio. Inseriu um novo instituto, a tomada de decisão apoiada, e revogou o art. 1.780 do CCB/2002: *"A requerimento do enfermo ou portador de deficiência física, ou, na impossibilidade de fazê-lo, de qualquer das pessoas a que se refere o art. 1.768, dar-se-lhe-á curador para cuidar de todos ou alguns de seus negócios ou bens"*.

JURISPRUDÊNCIA

(...) Com a entrada em vigor do Estatuto da Pessoa com Deficiência os processos de interdição em trâmite podem ser convertidos para tomada de decisão apoiada ou ainda consignado os limites da curatela (TJRO, Apelação, Processo nº 0001370-73.2015.822.0010, Rel. Des. Alexandre Miguel, 2ª CC, j. 28/04/2016).

DISPOSITIVOS NORMATIVOS

Lei nº 13.146/2015 (Estatuto da Pessoa com Deficiência).

CURATELA PARCIAL – Ver interdição parcial.

CURATELA PATRIMONIAL [*ver tb. tomada de decisão apoiada, Estatuto da Pessoa com Deficiência*] – A curatela é o encargo legal atribuído a pessoa capaz, para que zele, oriente, se responsabilize e administre os bens de uma pessoa declarada incapaz, nos termos dos art. 1.767 e seguintes do Código Civil. Com a Lei nº 13.146/2015 houve alteração no sistema de incapacidades estatuído pelo Código Civil. Pela nova sistemática, são absolutamente incapazes somente os menores de dezesseis anos. Todos os demais, inclusive os que por deficiência mental, não tiverem o necessário discernimento para a prática dos atos da vida civil e os que, por causa transitória, não puderam exprimir sua vontade, passam a ser relativamente incapazes. Por esta sistemática a curatela passou a ser para questões patrimoniais e negociais tanto é verdade que o próprio art. 85 da Lei nº 13.146/2015 *determina que a curatela afetará* tão somente os atos relacionados aos direitos de natureza patrimonial e *negocial*. Já com relação aos atos existenciais, o § 1º do art. 85 determina que *a definição da curatela não alcança o direito ao próprio corpo, à sexualidade, ao matrimônio, à privacidade, à educação, à saúde, ao trabalho e ao voto*, traduzindo uma verdadeira conquista social, ao inaugurar um sistema normativo inclusivo, que homenageia o princípio da dignidade da pessoa humana em diversos níveis. A curatela constitui medida extraordinária, devendo constar da sentença as razões e motivações de sua definição, preservados os interesses do curatelado. Em síntese, toda curatela, a partir da vigência da Lei nº 13.146/2015 – Estatuto da Pessoa com Deficiência (EPD), passou a ser curatela patrimonial.

CURATELA RELATIVA – Ver curatela parcial.

CUSTÓDIA *[ver tb. convivência familiar, guarda de filhos, princípio do melhor interesse da criança e do adolescente]* – Do latim *custodia*, de *custo*, guardião, conservador, defensor, protetor. No Direito, em geral, é o estado da coisa ou pessoa que está sob a guarda ou proteção de alguém. Os sujeitos da relação da custódia são os custodiante ou custódio, e custodiado.

No Direito de Família brasileiro, a expressão custódia de filhos é pouco empregada, sendo mais comum a expressão guarda. Melhor seria convivência familiar, afinal, guarda traz a ideia de objeto.

DISPOSITIVOS NORMATIVOS

CCB – Arts. 1.566, IV, 1.583 a 1.590.

Lei nº 8.069/90 – Estatuto da Criança e do Adolescente – ECA – Arts. 3º, 4º, 5º, 19 a 24, 28, 33 a 35.

JURISPRUDÊNCIA

(...) A imposição judicial das atribuições de cada um dos pais, e o período de convivência da criança sob guarda compartilhada, quando não houver consenso, é medida extrema, porém necessária à implementação dessa nova visão, para que não se faça do texto legal, letra morta. 7. A custódia física conjunta é o ideal a ser buscado na fixação da guarda compartilhada, porque sua implementação quebra a monoparentalidade na criação dos filhos, fato corriqueiro na guarda unilateral, que é substituída pela implementação de condições propícias à continuidade da existência de fontes bifrontais de exercício do Poder Familiar. (REsp 1251000 MG, Rel.ª Min.ª Nancy Andrighi. 3ª T – STJ. publ. 31/08/2011).

CUSTOS VULNERABILIS – É uma forma interventiva da Defensoria Pública em processos judiciais, em nome próprio e em prol de seu interesse institucional (constitucional e legal), atuar em defesa e pelos interesses dos vulneráveis, ou seja, como guardiã dos vulneráveis.

CYBERBULLYING – Ato de intimidação, exposição ou discriminação praticado por meio da rede mundial de computadores, de mensagens em sítios (*sites*), de relacionamentos ou páginas pessoais, celular ou comunicações semelhantes que causem sofrimento psíquico ao ofendido. Pode haver incidência da responsabilidade objetiva (Art. 927, parágrafo único, CCB), ou seja, independentemente de culpa, o responsável pelo *site* terá obrigação de reparar o dano causado pelo envio ou postagem de mensagens, fotos ou vídeos. A Lei nº 13.431/2017, no seu art. 4º, II, a como violência psicológica contra criança e adolescente qualquer conduta de discriminação, depreciação ou desrespeito em relação à criança ou ao adolescente mediante ameaça, constrangimento, humilhação, manipulação, isolamento, agressão verbal e xingamento, ridicularização, indiferença, exploração ou intimidação sistemática (*bullying*) que possa comprometer seu desenvolvimento psíquico ou emocional.

A Lei 13.185/2015 instituiu o Programa de Combate à Intimidação Sistemática (*Bullying*), disciplinando em seus artigos 2º e 3º, o norte para configuração e a forma que pode ser configurada a prática de Bullying: *Caracteriza-se a intimidação sistemática (bullying) quando há violência física ou psicológica em atos de intimidação, humilhação ou discriminação e, ainda: I – ataques físicos; II – insultos pessoais; III – comentários sistemáticos e apelidos pejorativos; IV – ameaças por quaisquer meios; V – grafites depreciativos; VI – expressões preconceituosas; VII – isolamento social consciente e premeditado; VIII – pilhérias. Parágrafo único. Há intimidação sistemática na rede mundial de computadores (cyberbullying), quando se usarem os instrumentos que lhe são próprios para depreciar, incitar a violência, adulterar*

fotos e dados pessoais com o intuito de criar meios de constrangimento psicossocial. Art. 3º A intimidação sistemática (bullying) pode ser classificada, conforme as ações praticadas, como: I – verbal: insultar, xingar e apelidar pejorativamente; II – moral: difamar, caluniar, disseminar rumores; III – sexual: assediar, induzir e/ou abusar; IV – social: ignorar, isolar e excluir; V – psicológica: perseguir, amedrontar, aterrorizar, intimidar, dominar, manipular, chantagear e infernizar; VI – físico: socar, chutar, bater; VII – material: furtar, roubar, destruir pertences de outrem; VIII – virtual: depreciar, enviar mensagens intrusivas da intimidade, enviar ou adulterar fotos e dados pessoais que resultem em sofrimento ou com o intuito de criar meios de constrangimento psicológico e social. (art. 2º e 3º da Lei nº 13.185/2015).

A Lei 13.663/2018 alterou o art. 12 da Lei nº 9.394, de 20 de dezembro de 1996, para incluir a promoção de medidas de conscientização, de prevenção e de combate a todos os tipos de violência e a promoção da cultura de paz entre as incumbências dos estabelecimentos de ensino. Dentre as alterações, consta promover medidas de conscientização, de prevenção e de combate a todos os tipos de violência, especialmente a intimidação sistemática (*bullying*), no âmbito das escolas, bem como estabelecer ações destinadas a promover a cultura de paz nas instituições de ensino.

DISPOSITIVOS NORMATIVOS

CCB – Arts. 186, 927.

Lei nº 13.431/2017.

JURISPRUDÊNCIA

(...) Cuida-se de ação de reparação por danos morais na qual a autora, representada por seu genitor, narra ser aluna regular de escola do ensino médio e que em razão de seu sobrenome é conhecida por seus colegas pelo apelido de Carneiro, e que sofreu campanha difamatória pela rede mundial de computadores, a internet, onde, em página pertencente ao requerido, foi zombada e atacada em sua honradez e moral, tendo sido chamada em referida página pública de "Bode' em alusão ao seu sobrenome, além de ter sido taxada por adjetivos pejorativos que ali ficavam expostos para quem quisesse acessar e que esses fatos perduraram por vários meses, causando profundo mal-estar e sofrimento, razão do pedido. (...) Destarte, quem nunca foi vítima de risadinhas, empurrões, fofocas, apelidos como "bola", "quatro-olhos" na escola? Já testemunhamos uma dessas "brincadeirinhas" ou até fomos vítima delas. Mas, segundo os especialistas, esse comportamento, considerado normal por muitos pais, alunos e até professores, está longe de ser inocente e, hoje, é conhecido como *bullying*; um termo em inglês utilizado para designar a prática de atos agressivos entre estudantes. Traduzido ao pé da letra, seria algo como intimidação. Trocando em miúdos: quem sofre com o *bullying* é aquele aluno perseguido, humilhado, intimidado. Os especialistas orientam que isso não deve ser encarado como brincadeira de criança e revelam que é um fenômeno, que acontece no mundo todo, mas pode provocar nas vítimas desde diminuição na auto estima até o suicídio, uma vez que *"bullying"* diz respeito a atitudes agressivas, intencionais e repetidas praticadas por um ou mais aluno(s) contra outro.

No presente caso, restou comprovada essa ocorrência e que o dano moral decorreu diretamente das atitudes inconvenientes da colega estudante, filha do apelante, no intento de desprestigiar a apelada tanto no ambiente colegial, com potencialidade de alcançar o maior número de pessoas, uma vez que criou um blog com a única finalidade de expor, humilhar e constranger a apelada; recaindo toda a responsabilidade sobre o apelante, diante do descuido na fiscalização do uso da internet pela filha. (Ap. Cível nº 9136878-66.2006.8.26.0000, Des. Rel. Miguel Brandi, 7ª CDP – TJSP. j. 22/12/2010).

ILUSTRAÇÃO

Grace Camargos. P. 196.

D

DANO MORAL [*ver tb. abandono afetivo, abandono afetivo inverso, princípio da paternidade responsável, reparação civil, responsabilidade civil, supressio surrectio*] – É todo sofrimento humano resultante de lesão de direito da personalidade, cujo conteúdo é a dor, o espanto, a emoção, a vergonha, em geral uma dolorosa sensação experimentada pela pessoa. Não basta, porém, a evidência do dano causado, por maior que seja, para caracterizá-lo como indenizável. Sempre será necessária a conjunção de outros elementos: dano, ilicitude e nexo causal (Art. 186, CCB).

O dano moral no Direito de Família restringe-se às causas de violação dos direitos da personalidade, como, por exemplo, o abandono afetivo nas relações paterno/filiais. A assistência moral e afetiva é um direito de cada indivíduo e um dever jurídico dos pais, não uma faculdade, e o seu descumprimento pode caracterizar-se como um ato ilícito. Os pais são responsáveis pela criação e educação de seus filhos, e pressupõe-se aí dar afeto, apoio moral e atenção, razão pela qual pode ter como consequência a reparação civil. Da mesma forma, os pais idosos podem vindicar reparação civil decorrente do abandono afetivo dos filhos.

A Súmula 326 do STJ, que prevê que na ação de indenização por dano moral, a condenação em montante inferior ao postulado na inicial não implica sucumbência recíproca (Súmula 326, corte especial, julgado em 22/05/2006, *DJ* 07/06/2006 p. 240).

O CPC/2015 dentre os pressupostos de constituição e desenvolvimento válido e regular do processo consta como valor de dano moral, a necessidade de apontamento do valor pretendido. Estabelece o art. 292, V, do CPC/2015 que o valor da causa constará da petição inicial ou da reconvenção e será: (...) *na ação indenizatória, inclusive a fundada em dano moral, o valor pretendido.* O que se conclui a necessidade de afastamento de um pedido genérico.

JURISPRUDÊNCIA

(...) Se a causa de pedir foi a infidelidade do varão durante a união estável entretida pelo casal e se a prova coligida evidencia que o casal já estava rompido de fato ou em vias de rompimento, tanto que o varão estava trabalhando e morando em outro país, então resta esvaziado o pleito indenizatório. 3. Ainda que se pudesse admitir que o casal mantivesse união estável, mesmo com o varão morando em outro país, é forçoso convir que a infidelidade constitui fato da vida, que gera sofrimento e é capaz de determinar a ruptura da relação amorosa havida, mas não constitui ato ilícito e não enseja indenização por dano moral. 4. Não se pode desconhecer que a ruptura de uma relação amorosa ou até mesmo de uma amizade, assim como inúmeros outros fatos da vida, pode provocar dor, mágoa, decepção e causar profundo sofrimento, mas nem por essa razão deve ser cogitar de indenização, pois a reparação civil tem por pressuposto a existência de um prejuízo efetivo e que este seja decorrente de uma conduta ilícita. Recurso desprovido (Ap. Cível nº 70049346125, Rel. Des. Sérgio Fernando de Vasconcellos Chaves, 7ª CC – TJRS, j. 25/07/2012).

LINGUAGEM POÉTICA

A Rita levou meu sorriso / No sorriso dela / Meu assunto / Levou junto com ela / O que me é de direito / E Arrancou-me do peito / E tem mais / Levou seu retrato, seu trapo, seu prato / Que papel! / Uma imagem de são Francisco / E um bom disco de Noel

A Rita matou nosso amor / De vingança / Nem herança deixou / Não levou um tostão / Porque não tinha não / Mas causou perdas e danos / Levou os meus planos / Meus pobres enganos / Os meus vinte anos / O meu coração / E além de tudo / Me deixou mudo / Um violão

(A Rita – Letra e música de Chico Buarque).

DÉBITO CONJUGAL [ver tb. assexual, Estatuto da Mulher Casada, família eudemonista, Lei Maria da Penha, sexualidade] – Do latim debitum conjugale. Expressão que traduz um dos deveres conjugais, significando a obrigação de relacionamento sexual durante a con-

jugalidade. A obrigatoriedade da relação sexual é contrária ao próprio princípio da dignidade da pessoa humana e a um dos corolários da personalidade jurídica, qual seja, a livre disposição do próprio corpo e da privacidade mais íntima. Além de contrariar o princípio da menor intervenção estatal, tal obrigação conjugal se coloca totalmente na contramão da lei do desejo. (Cf. PEREIRA, Rodrigo da Cunha. Princípios fundamentais norteadores para o direito de família. São Paulo: Saraiva. 2. ed., p. 187).

No Direito de Família contemporâneo, e com a contribuição do discurso psicanalítico, introduziu-se outra noção de sexualidade. Compreendeu-se que ela é muito mais da ordem do desejo que da genitalidade. É aí que se começa a valorizar os vínculos conjugais sustentados muito mais no amor e no afeto do que na patrimonialidade (Art. 1.566, CCB).

Se a sexualidade é da ordem do desejo, não há como estabelecer a obrigação jurídica entre casais de relação sexual. Ao contrário do que se pensava antes, em que o debitum conjugale, como um dos deveres do casamento, ensejava motivo para uma separação judicial, atualmente tal obrigação, se forçada, pode constituir ato de violência como estabelecido na Lei nº 11.340/06 (Maria da Penha) (...) qualquer conduta que a constranja a presenciar, a manter ou a participar de relação sexual não desejada, mediante intimidação, ameaça, coação ou uso da força; que a induza a comercializar ou a utilizar, de qualquer modo, a sua sexualidade, que a impeça de usar qualquer método contraceptivo ou que a force ao matrimônio, à gravidez, ao aborto ou à prostituição, mediante coação, chantagem, suborno ou manipulação; ou que *limite ou anule o exercício de seus direitos sexuais e reprodutivos* (Art. 7º, III).

O débito conjugal, obrigação entre cônjuges de manterem relações sexuais recíprocas, embora ainda previsto no CCB, perdem sua força normativa diante dos costumes e da compreensão da sexualidade como desejo.

JURISPRUDÊNCIA

(...) A impossibilidade do "debitum conjugale", pela paraplegia do marido, não pode servir de motivo à separação por culpa, não provados fatos outros atribuídos ao varão, a solução e a improcedência da demanda promovida pela mulher, inobstante irreversível o conflito entre os cônjuges (Ap. Cível nº 584046684, Rel. Des. Athos Gusmão Carneiro, 1ª CC – TJRS. j. 26/03/1985).

DECESSO – Do latim *decessos*. É o mesmo que morte, óbito, falecimento.

DECLARAÇÃO DE AUSÊNCIA [*ver tb. ausência, ausente, curatela de ausente, sucessão provisória*] – É a designação ao estado jurídico do ausente, que se faz por meio de sentença judicial reconhecendo a ausência de fato. Com a declaração judicial da ausência de uma pessoa que desapareceu de seu domicílio, sem deixar notícias ou alguém que administre seus bens (Art. 22, CCB), nomeia-se um administrador para zelar pelos seus interesses, ou seja, um curador de ausente.

Com a sentença declaratória de ausência, o curador deve comparecer ao Cartório do 1º Ofício ou da 1ª subdivisão judiciária da comarca onde residia o ausente para registrar e dar publicidade ao fato. O registro das sentenças declaratórias de ausência deve ser feita no cartório do domicílio anterior do ausente, com as mesmas cautelas e efeitos do registro da curatela, declarando-se: *1º) data do registro; 2º) nome, idade, estado civil, profissão e domicílio anterior do ausente, data e cartório em que foram registrados o nascimento e o casamento, bem como o nome do cônjuge, se for casado; 3º) tempo de ausência até a data da sentença; 4º) nome do promotor do processo; 5º) data da sentença, nome e vara do Juiz que a proferiu; 6º) nome, estado, profissão, domicílio e residência do curador e os limites da curatela* (Art. 94, Lei nº 6.015/73 – Lei de Registros Públicos).

DECLARAÇÃO DE INTERDIÇÃO [*ver tb. curatela, interdição*] – É a denominação à decisão judicial que declara a interdição da pessoa em razão de sua incapacidade para praticar atos da vida civil, administrar seus bens e gerir seus negócios. Com a decretação da incapacidade civil do sujeito, que é sempre judicial, isto é, declarada a interdição, nomeia-se um curador que responderá pelo interditado/curatelado. E para dar publicidade e fazer valer a interdição deve-se fazer o registro de sentença no Cartório do 1º Ofício ou da 1ª subdivisão judiciária da comarca onde reside o interditado, *declarando: 1º) data do registro; 2º) nome, prenome, idade, estado civil, profissão, naturalidade, domicílio e residência do interdito, data e cartório em que forem registrados o nascimento e o casamento, bem como o nome do cônjuge, se for casado; 3º) data da sentença, nome e vara do Juiz que a proferiu; 4º) nome, profissão, estado civil, domicílio e residência do curador; 5º) nome do requerente da interdição e causa desta; 6º) limites da curadoria, quando for parcial a interdição; 7º) lugar onde está internado o interdito* (Art. 92, Lei nº 6.015/73). O CPC/2015, no seu art. 756, § 3º prevê que acolhido o pedido, o juiz decretará o levantamento da interdição e determinará a publicação da sentença, após o trânsito em julgado, na forma do art. 755, § 3º, ou, não sendo possível, na imprensa local e no órgão oficial, por 3 (três) vezes, com intervalo de 10 (dez) dias, seguindo-se a averbação no registro de pessoas naturais.

Devemos substituir a expressão interdição por curatela. Com a Lei nº 13.146/2015 – Estatuto da Pessoa com Deficiência (EPD), não há mais interdição, ainda que o CPC/2015, equivocadamente tenha usado tal expressão. Não se interdita direitos ou pessoas. Direito e pessoas devem ser protegidos. É este o espírito da Lei nº 13.146/2015, daí a necessidade de substituição da expressão interdição por curatela.

DECLARAÇÃO DE NASCIDO VIVO

[*ver tb. certidão de nascimento, declaração de nascimento*] – É a declaração oficial de nascido vivo feita em um documento de identidade provisório, aceita em todo o território nacional. *A Declaração de Nascido Vivo será emitida para todos os nascimentos com vida ocorridos no País e será válida exclusivamente para fins de elaboração de políticas públicas e lavratura do assento de nascimento* (Art. 3º, Lei nº 12.662/12). Essa norma traduz o direito de acesso aos serviços públicos que cada brasileiro tem ao nascer, até que se extraia a certidão de nascimento no Cartório de Registro Civil de Pessoas Naturais. A Declaração de Nascido Vivo não substitui o registro civil de nascimento.

O profissional de saúde responsável por acompanhar a gestação, o parto ou o recém-nascido é também responsável pela emissão do DNV. Se o nascimento ocorrer fora de hospital ou clínica autorizada, sem a presença de um profissional da saúde, fica a cargo de pessoa idônea presente no local em que ocorrer o parto (Art. 52, § 5º, Lei nº 6.015/73 – Lei de Registros Públicos). Neste caso, a declaração de nascimento no Cartório de Registro Civil de Pessoas Naturais deve ser feita no prazo de 15 dias (Art. 50), e emitida pelos Oficiais de Registro Civil que lavrarem o registro de nascimento. O documento deve conter os seguintes dados: nome, dia, mês, ano, hora e cidade de nascimento; sexo; informação sobre gestação múltipla, quando for o caso; nome, naturalidade, profissão, endereço de residência da mãe e a idade dela no momento do parto e o nome do pai.

Se a gestação tiver sido em útero de substituição (barriga de aluguel), a DNV é feita em nome da parturiente. Para que se faça constar o nome dos pais biológicos é preciso autorização judicial, com o exame em DNA comprovando a maternidade e paternidade, ou, antes mesmo do nascimento, solicitar ao Cartório de Registro Civil de Pessoas Naturais, onde a criança será registrada, que suscite à Corregedoria de Justiça dúvida sobre a maternidade. E, assim, esclarecendo a situação, pode-se ter autorização administrativa para o registro da criança em nome da mãe, e não da parturiente.

DISPOSITIVOS NORMATIVOS

Lei nº 12.662/2012 – Assegura validade nacional à Declaração de Nascido Vivo – DNV, regula sua expedição, altera a Lei nº 6.015, de 31 de dezembro de 1973, e dá outras providências.

Provimento 28/2013 do CNJ: Dispõe sobre o registro tardio de nascimento, por oficial de registro civil das pessoas naturais, nas hipóteses que disciplina.

Provimento nº 122/2021 do CNJ: Dispõe sobre o assento de nascimento no Registro Civil das Pessoas Naturais nos casos em que o campo sexo da Declaração de Nascido Vivo (DNV) ou na Declaração de Óbito (DO) fetal tenha sido preenchido "ignorado".

DECLARAÇÃO DE NASCIMENTO [*ver tb. certidão de nascimento, declaração de nascido vivo*] – É a comunicação que se faz ao Cartório de Registro Civil de Pessoas Naturais declarando o nascimento de alguém.

A responsabilidade de comparecer ao cartório e fazer tal declaração é do pai e em sua falta ou impedimento, a mãe, e neste caso tem prazo de 45 dias. Se pai e mãe não puderem, a responsabilidade de tal declaração recai sobre os administradores de hospitais, médicos ou parteiros que tiverem presenciado o parto. Se o parto não foi em hospital, e fora da casa da mãe, qualquer pessoa idônea poderá fazer tal declaração, assim como aquele que tiver a guarda da criança (Art. 52, Lei nº 6.015/73 – Lei de Registros Públicos). A Declaração de Nascimento diferencia-se da Declaração de Nascido Vivo, que é o documento temporário do recém-nascido até que se efetive o registro de nascimento e expeça-se a certidão de nascimento.

LINGUAGEM POÉTICA

Errar é útil / Sofrer é chato / Chorar é triste / Sorrir é rápido / Não ver é fácil / Trair é tátil / Olhar é móvel / Falar é mágico / Calar é tático / Desfazer é árduo / Esperar é sábio / Refazer é ótimo / Amar é profundo / E nele sempre cabem de vez / Todos os verbos do mundo / E nele sempre cabem de vez / Abraçar é quente / Beijar é chama / Pensar é ser humano / Fantasiar também / Nascer é dar partida / Viver é ser alguém / Saudade é despedida / Morrer um dia vem / Mas amar é profundo / E nele sempre cabem de vez / Todos os verbos do mundo / E nele sempre cabem de vez

(*Todos os verbos* – Letra e música de Marcelo Jeneci e Zélia Duncan).

DECLARAÇÃO DE ÓBITO [*ver tb. certidão de óbito*] – É a comunicação do óbito ao Cartório de Registro Civil de Pessoas Naturais. *São obrigados a fazer declaração de óbitos: 1º) o chefe de família, a respeito de sua mulher, filhos, hóspedes, agregados e fâmulos; 2º) a viúva, a respeito de seu marido, e de cada uma das pessoas indicadas no número antecedente; 3º) o filho, a respeito do pai ou da mãe; o irmão, a respeito dos irmãos e demais pessoas de casa, indicadas no nº 1; o parente mais próximo maior e presente; 4º) o administrador, diretor ou gerente de qualquer estabelecimento público ou particular, a respeito dos que nele faleceram, salvo se estiver presente algum parente em grau acima indicado; 5º) na falta de pessoa competente, nos termos dos números anteriores, a que tiver assistido aos últimos momentos do finado, o médico, o sacerdote ou vizinho que do falecimento tiver notícia; 6º) a autoridade policial, a respeito de pessoas encontradas mortas (Art. 79, Lei nº 6.015/73 – Lei de Registros Públicos).*

Por interpretação extensiva e analógica, e considerando que a Lei de Registros Públicos é de 1973, ou seja, anterior à Constituição da República de 1988, que reconheceu a união estável como forma de constituição de família (art. 226, § 3º, CCB), deve-se entender que a companheira(o) também pode ser a(o) declarante do óbito.

O comparecimento ao cartório para declarar a morte pode ser feita por meio de preposto, desde que o declarante o faça por escrito e conste aí os elementos necessários para o assento do óbito.

D

DECLARAÇÕES FINAIS – É o mesmo que últimas declarações no inventário.

DECLARAÇÕES PRELIMINARES – É o mesmo que primeiras declarações referentes ao inventário.

DECLARAÇÕES ÚLTIMAS – Ver últimas declarações.

DE CUJUS [*ver tb. inventário, sucessão, testamento*] – Expressão em latim, que significa o defunto, o falecido, o morto. Trata-se da abreviação da frase *de cujus successione agitur*, aquele cuja sucessão se trata, passando, assim, a designar o falecido, que é de quem a sucessão se trata. Em um processo de inventário *causa mortis* é o autor da herança.

DE JURE – Brocardo jurídico que significa pela lei ou segundo a lei; pelo direito ou por direito; é o que segue legitimamente os dispositivos legais.

DELAÇÃO DA HERANÇA [*ver tb. Princípio de Saisine*] – Expressão em desuso no ordenamento jurídico brasileiro, significa o procedimento de apresentação da herança ao herdeiro para a sua aceitação. *É o oferecimento da herança, que fica à disposição de quem possa adquiri-la, e, por isso, requer que o herdeiro seja capaz de suceder e que tenha sobrevivido ao defunto, pois ela se extingue para uns e nasce para outros. Assim, falecendo o herdeiro, antes de declarar se aceita a herança, considera-se não acontecida a delação relativamente a ele, e o direito de aceitar passa-lhe aos herdeiros, aos quais a sucessão é deferida na ordem de vocação hereditária.* (ITABAIANA DE OLIVEIRA, Arthur Vasco. *Tratado de direito das sucessões*. 3. ed. Rio de Janeiro: Jacinto, 1936, v. I. p. 70). Esse posicionamento se contrapõe à teoria adotada no ordenamento jurídico brasileiro contemporâneo ao qual se aplica o Princípio de *Saisine*, ou seja, a herança é imediatamente transferida aos herdeiros no momento da morte do *de cujus*, não havendo que se falar em aceitação ou deferimento da sucessão.

DELIBERAÇÃO DA PARTILHA – É a decisão judicial que delibera sobre os pedidos dos interessados, resolve todas as dúvidas suscitadas, remetendo para as vias ordinárias as que dependem de alta indagação, e define sobre o modo de ser feita a partilha, devendo constar o quinhão de cada herdeiro e legatário.

DEMISSEXUAL: [*ver tb. assexual, alossexual, bissexual, cisgênero, desejo, gênero, transexualidade*] – Expressão criada em fevereiro de 2006, e popularizada em 2008, vem do francês *demi* que significa metade de outra parte. É alguém que não é assexual e nem alossexual. É a orientação sexual em que a pessoa sente atração física por outra pessoa apenas quando estabelece forte conexão emocional ou afetiva. O demissexual, a princípio, não se interessa por sexo. Esse desejo virá, quando o envolvimento emocional e afetivo já esteja bem conectado. São considerados parte da comunidade assexual, ou seja, fazem parte do espectro assexual.

Os dogmas em torno do sexo e da sexualidade estão sendo desconstruídos a partir de um novo olhar sobre as sexualidades, possibilitando projetar muitos prismas, em consequência, de se começa-se a dar visibilidade a uma realidade que a maioria prefere não ver. Assim, surgem novas nomenclaturas, e um novo vocabulário, que veiculam novos significantes para traduzir a realidade de corpos que reivindicam uma existência e visibilidade em busca de um lugar ao sol, ou seja, de que todas as pessoas, com suas variadas e variantes sexualidades, tenham a mesma dignidade dos que vivem no binarismo homem e mulher e nas formas tradicionais e conhecidas de práticas sexuais. .

DENEGAÇÃO [*ver tb. morte*] – Do latim *denegatio,* recusar, negar com resistência. É a recusa ou negação ao que se pede. Na terminologia jurídica tem o sentido de indeferimento pelo juiz a um requerimento ou pedido. Denegação de consentimento é a recusa do consentimento.

Em psicanálise, a expressão foi utilizada por Freud para designar um mecanismo de defesa, por meio do qual o sujeito exprime negativamente uma ideia ou um desejo, cuja presença traz-lhe algum incômodo ou medo, e por isso o recalca. *Desse modo, o conteúdo da representação ou do pensamento reprimido pode abrir caminho até a consciência, com a condição de ser negado* (FREUD, Sigmund. *A negação.* Trad. Marilene Carone. São Paulo: Cosac Naif, 2014. p. 21).

A denegação, ou seja, a negação de uma realidade muito difícil, como a morte ou o deparar-se com o sentimento de rejeição em uma relação conjugal, leva muitas vezes o sujeito a postergar e adiar o máximo possível a solução daquele problema, ou evita tomar providências práticas como o divórcio e o inventário de bens deixados pelo falecido, que são "rituais de passagem" que poderiam ajudar a transpor aquela fase da vida e, portanto, diminuir o sofrimento. No Brasil, a psicanálise utiliza, com o mesmo significado e sentido, as expressões "negação" e "negativa".

DEPOSITÁRIO INFIEL [*ver tb. prisão civil*] – Do latim *deponere*. É aquele que tem sob sua posse bem próprio ou alheio, de que não tem livre disponibilidade, ou seja, é apenas responsável pela sua guarda, e desfaz-se dele. No Direito Sucessório, por exemplo, havendo mais de um herdeiro, e ficando apenas um na posse provisória de algum bem do *de cujus*, passa a ser o depositário fiel deste bem ou bens. O depositário passa a ser considerado infiel quando os bens pelos quais estava responsável não são devolvidos se solicitados.

Apesar da previsão constitucional (art. 5º, LXVII, CR), autorizando a prisão do depositário que se caracterize como infiel, o Pacto de São José da Costa Rica, mais conhecido como Convenção Americana de Direitos Humanos, do qual o Brasil tornou-se signatário em 1992, pelo Decreto nº 678, proíbe a prisão do depositário infiel, devendo responder o processo em liberdade. E, assim, a jurisprudência sintetizada pela Súmula 419 do STJ pacificou o entendimento do descabimento de prisão civil do depositário infiel.

A única modalidade de prisão civil admitida pelo nosso ordenamento jurídico é a do devedor de pensão alimentícia.

DERROGAÇÃO [*ver tb. ab-rogação*] – Do latim *derogatio,* anular uma lei. É a revogação parcial de uma lei ou ato normativo. Por meio de ato derrogatório o legislador ou autoridade suspende ou altera parte da lei ou ato normativo anterior. Por exemplo, o CCB 2002 não revogou expressamente as Leis nº 8.971/94 e 9.278/96, que regulamentam a união estável. E se não o fez expressamente, revogou apenas nos aspectos que os contraria. E assim subsiste o art. 7º,

D

parágrafo único que estabelece o direito real de habitação para o companheiro(a) sobrevivo(a). Portanto, houve apenas uma derrogação da Lei nº 9.278/96, pois parte dela continua subsistindo.

A Convenção sobre a Eliminação de Todas as Formas de Discriminação Contra as Mulheres (1979), ratificada pelo Brasil em 13 de setembro de 2002, Decreto nº 4.377, recomenda expressamente *Adotar todas as medidas adequadas, inclusive de caráter legislativo, para modificar ou derrogar leis, regulamentos, usos e práticas que constituam discriminação contra a mulher* (Art. 2º, § 6º, Recomendação Geral nº 19, CEDAW).

A revogação é o gênero que contempla as duas espécies, derrogação e ab-rogação.

DERROGATÓRIO [*ver tb. cláusula derrogatória de testamento*] – É tudo aquilo que tem a força de revogar, anular, derrogar ou fazer cessar o efeito de disposição anterior, seja de obrigação ou compromisso. Por exemplo, no Direito Sucessório, a cláusula derrogatória de um testamento é aquela que permite revogação do testamento anterior expressamente. Toda e qualquer cláusula que conste do testamento que impeça a sua revogação será nula de pleno direito, por que viola a natureza revogável do instrumento.

DESAMPARO [*ver tb. abandono afetivo, abandono de família, abandono de incapaz, abandono intelectual, abandono material, abandono moral, desejo*] – É o vazio existencial. É o sentimento de ausência de amparo do humano quando se depara com o seu inexorável vazio existencial. Semelhante à falta de cuidado,

abandono. Desamparado é aquele que necessita de amparo.

No Direito de Família, traduz-se no mundo objetivo como abandono material, abandono moral, abandono de família, abandono de idoso, abandono intelectual e abandono afetivo. É a falta de auxílio e assistência dos pais em relação aos filhos, dos filhos em relação aos pais idosos, submetendo-os a um estado de desamparo. Aquele que tem o dever legal de proteção, auxílio, assistência, manutenção de outrem, mas não o faz, o submete a um estado de desamparo. É dever dos pais garantir aos filhos o mínimo existencial para a mantença de vida digna de um ser humano, como alimentação, vestuário, educação, lazer, saúde etc., além das necessidades afetivas essenciais para cada humano. Desamparar é, assim, privar a pessoa daquilo que lhe é necessário segundo as circunstâncias em que vive.

No aspecto subjetivo, o desamparo é um importante e fundamental componente de nossa estrutura psíquica. Portanto, o desamparo é estrutural do humano. Somos sujeitos de desejo e desejo é falta. Ou seja, está sempre faltando algo em nós, estamos sempre querendo algo mais. Paradoxalmente, é esta falta que nos impulsiona a viver, a querer algo mais. Contudo, é intamponável, isto é, jamais seremos completos. Entretanto, vivemos eternamente na ilusão da busca de nossa completude. Seja tamponando com objetos de consumo, seja com o encontro de um amor e de uma conjugalidade. Quando ela se esvai, deparamo-nos novamente com o nosso vazio, o nosso desamparo. Por isso, separação de casais é tão sofrida, pois é o momento em que se defronta com a solidão e a cons-

tatação de que não temos mais aquele outro que pensávamos nos completar. Para fugir do desamparo tendemos a colocar no outro a culpa pelo fracasso do relacionamento, pois assim nos isentamos da própria responsabilidade pelo fim da relação. Deparar-se com o fim da conjugalidade é deparar-se com o próprio desamparo estrutural.

JURISPRUDÊNCIA

(...) O benefício da pensão por morte, elevado ao *status* de garantia constitucional, é, outrossim, prestação previdenciária regulamentada em lei, cuja finalidade precípua é prover o sustento e sobrevivência dos dependentes do segurado, relegados ao desamparo diante do evento morte daquele que era o principal provedor da família. Trata-se, pois, de uma das mais antigas e importantes técnicas de proteção social da pessoa humana e da família, que tem como base fundamental a solidariedade social, sendo certo que a contraprestação dessa solidariedade alicerça-se no critério da necessidade (...) (Ap. Cível nº 067320-87.2010.8.19.0042, Rel.ª Des.ª Renata Machado Cotta, 3ª CC – TJRJ. publ. 15/01/2014).

LINGUAGEM LITERÁRIA

"Tenho certeza de que no berço a minha primeira vontade foi a de pertencer. Por motivos que aqui não importam, eu de algum modo devia estar sentindo que não pertencia a nada e a ninguém. Nasci de graça. [...]

Exatamente porque é tão forte em mim a fome de me dar a algo ou a alguém, é que me tornei bastante arisca: tenho medo de revelar de quanto preciso e de como sou pobre. Sou, sim. Muito pobre. Só tenho um corpo e uma alma. E preciso de mais do que isso. [...]

A vida me fez de vez em quando pertencer, como se fosse para me dar a medida do que eu perco não pertencendo. E então eu soube: pertencer é viver. Experi-

mentei-o com a sede de quem está no deserto e bebe sôfrego os últimos goles de água de um cantil. E depois a sede volta e é no deserto mesmo que caminho."

(LISPECTOR, Clarice. Pertencer. *In: A descoberta do mundo*. Rio de Janeiro: Rocco, 1999. p. 110-112).

ILUSTRAÇÃO

Grace Camargo. P. 207.

LINGUAGEM POÉTICA

Eu hoje tive um pesadelo

E levantei atento, a tempo

Eu acordei com medo

E procurei no escuro

Alguém com o seu carinho

E lembrei de um tempo

Porque o passado me traz uma lembrança

Do tempo que eu era criança

E o medo era motivo de choro

Desculpa pra um abraço ou um consolo

Hoje eu acordei com medo

Mas não chorei, nem reclamei abrigo

Do escuro, eu via o infinito

Sem presente, passado ou futuro

Senti um abraço forte, já não era medo

Era uma coisa sua que ficou em mim

De repente, a gente vê que perdeu

Ou está perdendo alguma coisa

Morna e ingênua que vai ficando no caminho

Que é escuro e frio, mas também bonito porque é iluminado

Pela beleza do que aconteceu há minutos atrás (...)

(Poema – Letra de Cazuza e música de Frejat).

DESCENDENTE [*ver tb. classe de herdeiros, classificação de herdeiro, parentesco*] – Do latim *descendere*, aquele ou aquilo que vai de cima para baixo, pessoa considerada como originada de outra. É a parte que descende, por via reta, de um tronco ancestral comum, podendo tal vínculo ser decorrente de consanguinidade, adoção ou vínculo afetivo reconhecido por decisão judicial (Art. 1.593, CCB). Os descendentes, ou seja, filhos, netos, bisnetos etc., são herdeiros necessários.

DESCONSIDERAÇÃO DA PERSONALIDADE JURÍDICA [*ver tb. disregard, desconsideração da personalidade jurídica inversa*] – Significa desconsiderar a pessoa jurídica para se alcançar o patrimônio da pessoa física que é sócia de tal empresa. A desconsideração da personalidade jurídica, também denominada de *disregard*, é utilizada no Direito de Família em sua modalidade inversa quando demonstrado que a pessoa jurídica é utilizada para fraudar ou esconder bens na partilha conjugal ou ocultar fontes de rendimentos do alimentante de modo a fixar baixos valores de pensão, ou fraudar sua execução. A Lei nº 13.874/19, denominada "Lei da Liberdade Econômica", fez alterações no artigo 50 do CCB/2002, prevendo que: *Em caso de abuso da personalidade jurídica, caracterizado pelo desvio de finalidade ou pela confusão patrimonial, pode o juiz, a requerimento da parte, ou do Ministério Público quando lhe couber intervir no processo, desconsiderá-la para que os efeitos de certas e determinadas relações de obrigações sejam estendidos aos bens particulares de administradores ou de sócios da pessoa jurídica beneficiados direta ou indiretamente pelo abuso. (Re-*dação dada pela Lei nº 13.874, de 2019) § 1º Para os fins do disposto neste artigo, desvio de finalidade é a utilização da pessoa jurídica com o propósito de lesar credores e para a prática de atos ilícitos de qualquer natureza. (Incluído pela Lei nº 13.874, de 2019) § 2º Entende-se por confusão patrimonial a ausência de separação de fato entre os patrimônios, caracterizada por: (Incluído pela Lei nº 13.874, de 2019) I – cumprimento repetitivo pela sociedade de obrigações do sócio ou do administrador ou vice-versa; (Incluído pela Lei nº 13.874, de 2019) II – transferência de ativos ou de passivos sem efetivas contraprestações, exceto os de valor proporcionalmente insignificante; e (Incluído pela Lei nº 13.874, de 2019) III – outros atos de descumprimento da autonomia patrimonial. (Incluído pela Lei nº 13.874, de 2019) § 3º O disposto no caput e nos §§ 1º e 2º deste artigo também se aplica à extensão das obrigações de sócios ou de administradores à pessoa jurídica. (Incluído pela Lei nº 13.874, de 2019) § 4º A mera existência de grupo econômico sem a presença dos requisitos de que trata o caput deste artigo não autoriza a desconsideração da personalidade da pessoa jurídica. (Incluído pela Lei nº 13.874, de 2019) § 5º Não constitui desvio de finalidade a mera expansão ou a alteração da finalidade original da atividade econômica específica da pessoa jurídica. (Incluído pela Lei nº 13.874, de 2019).*

O CPC/2015, nos seus arts. 133 à 137, tratou do incidente da desconsideração da personalidade jurídica. O artigo 49 –A do CCB/2002, também inserido pela lei 13.874/2019, prevê: *A pessoa jurídica não se confunde com os seus sócios, associados, instituidores ou administradores. (Incluído pela Lei nº 13.874, de 2019). Parágrafo único. A autonomia patrimonial*

D

das pessoas jurídicas é um instrumento lícito de alocação e segregação de riscos, estabelecido pela lei com a finalidade de estimular empreendimentos, para a geração de empregos, tributo, renda e inovação em benefício de todos. O que se busca com essa alteração de 2019, é que a desconsideração da personalidade da pessoa jurídica, não seja utilizada de forma desproporcional, abusiva e desmedida.

JURISPRUDÊNCIA

(...) Desconsideração da personalidade jurídica é o afastamento temporário da autonomia patrimonial da pessoa jurídica, com o intuito de, mediante a constrição do patrimônio de seus sócios ou administradores, possibilitar o adimplemento de dívidas assumidas pela sociedade. 2. Nos termos do artigo 50 do Código Civil , é possível a desconsideração da personalidade da pessoa jurídica que eventualmente esteja respondendo processo judicial, como no caso, quando, a pedido do credor ou do MP, for detectado desvio de finalidade ou confusão patrimonial. 3. Embora não seja causa isolada para o decreto da desconsideração da personalidade jurídica, a dissolução irregular da empresa é importante indício da existência de abuso da personalidade jurídica. 4. O abuso de direito por parte da devedora combinado com o esgotamento das diligências para localizar bens suficientes à satisfação da execução, impõem a aplicação da teoria da desconsideração da personalidade jurídica no caso em análise. (...) TJ-PE – APL: 4996087 PE, Relator: Eurico de Barros Correia Filho, , 4ª Câmara Cível, Public. 12/02/2019.

DESCONSIDERAÇÃO DA PERSONA- LIDADE JURÍDICA INVERSA [*ver tb. Disregard, disregard inversa*] – É quando, por meio de processo judicial, desconsidera-se a autonomia e independência da pessoa jurídica, episodicamente, com a intenção de se atingir seu patrimônio nos casos de abuso da personalidade jurídica por parte de seus sócios para evitar prática de fraude na partilha de casais,

fixação ou execução de alimentos. Na desconsideração inversa da personalidade jurídica, o devedor transfere seus bens para a empresa na qual participa como sócio, esvaziando o acervo pertencente ao vínculo afetivo do casamento ou da união estável, ou simplesmente no propósito de tornar-se insolvente e sem lastro econômico e financeiro para saldar obrigação alimentar, assim como pode adiantar para terceiro ou em benefício de algum herdeiro preferido a legítima que, por direito, pertence ao sucessor necessário (MADALENO, Rolf. *A desconsideração judicial da pessoa jurídica e da interposta pessoa física no direito de família e no direito das sucessões*. Rio de Janeiro: Forense, 2013. P. 108).

O CPC/2015, nos seus arts. 133 a 137, tratou do incidente da desconsideração da personalidade jurídica. O art. 133, § 2º, prevê que aplica-se o disposto neste Capítulo à hipótese de desconsideração inversa da personalidade jurídica. "*Da teoria para a realidade, a expressa redação contida no art. 50 do Código Civil tornou-se uma bandeira de luta eficaz no combate da fraude contra credores, e no confronto contra o abuso do direito. E foi exatamente para combater a fraude e o abuso de direito usados de forma revoltante e ousada, com o recurso evasivo da pessoa jurídica, que justamente surgiu na Alemanha a doutrina da desconsideração ou do superamento da personalidade jurídica na voz doutrinária de Rolf Serick e hoje, definitivamente incorporada ao Direito brasileiro a partir do art. 50 do Código Civil de 2002 e, melhor do que isso, definitivamente consolidada, ampliada e simplificada por meio dos arts. 133 a 137 do Código de Processo Civil de 2015, que finalmente materializaram em texto de lei a sua versão menos comum para o direito* empresarial, contudo, amplamente útil e utilizada nos processos de família e de sucessões, relativamente à sua variante denominada de desconsideração inversa da personalidade jurídica, conforme § 2º, do art. 133 do CPC de 2015" (MADALENO, Rolf. A desconsideração inversa da personalidade jurídica no direito de família e no novo CPC. *Revista IBDFAM – Famílias e Sucessões*, v. 13, p. 37-45, Belo Horizonte: IBDFAM, jan./fev. 2016).

JURISPRUDÊNCIA

(...) A jurisprudência desta Corte admite a aplicação da desconsideração inversa da personalidade jurídica toda vez que um dos cônjuges ou companheiros utilizar-se da sociedade empresária que detém controle, ou de interposta pessoa física, com a intenção de retirar do outro consorte ou companheiro direitos provenientes da relação conjugal. (STJ, Resp 1522142/PR, Rel. Ministro Marco Aurélio Bellizze, 3ª Turma, Dje 22/06/2017).

DESCONSIDERAÇÃO DA PESSOA JURÍDICA [*ver tb. disregard*] – É o mesmo que desconsideração da personalidade jurídica.

DESEJO [*ver tb. desamparo, gozo, inconsciente, libido, sexualidade, vontade*] – Expressão utilizada pela filosofia e psicanálise para designar a propensão, anseio, necessidade, apetite. É qualquer forma de movimento em direção a um objeto, cuja atração espiritual ou sexual é sentida pela alma e pelo corpo. Freud emprega essa expressão no contexto da teoria do inconsciente para designar ao mesmo tempo, a propensão e a realização da propensão. Neste sentido, o desejo é a realização de um anseio inconsciente (ROUDINESCO, Elisabeth. *Discurso de Psicanálise*. Rio de Janeiro: Zahar. 1998. p. 146). Embora a expressão no campo

jurídico não seja comum, ele é sua força motriz, especialmente no Direito de Família. É ele que faz existir a necessidade de regulamentação das relações de afeto. A toda lei existe um desejo que se lhe contrapõe: não matar, não cobiçar a mulher do próximo etc., são leis para impor limites e contrapor aos desejos preexistentes. O Direito só existe porque existe o torto, e essas noções são interdependentes e complementares (Del Vecchio).

O desejo é a mola propulsora da polaridade amor e ódio e faz movimentar toda a máquina judiciária em torno, principalmente, dos restos do amor e do gozo. As pessoas se casam, descasam, reconhecem a paternidade, negam-se a pagar pensão alimentícia etc., movidas pelo desejo, muitas vezes inconscientes.

O desejo é o que dá vida à vida do Direito e em especial ao Direito de Família. E, por mais que o Direito, por meio de seus dispositivos normativos, tente regular para alcançar o justo e o equilíbrio das relações familiares há algo que se lhe escapa, há algo não normatizável, pois essas relações são regidas pelo desejo inconsciente.

O sujeito de Direito é sujeito de desejo, isto é, um sujeito desejante. Todos os atos e fatos jurídicos são determinados, predeterminados, permeados ou perpassados pelo desejo. Em outras palavras, em todas as relações jurídicas o objeto e o sujeito do Direito e de direitos são determinados pelo desejo.

A descoberta do sujeito do inconsciente revela, além de uma realidade psíquica, que o desejo é inconsciente e que o sujeito é também desejo. Desejo, logo existo. Portanto, o sujeito é essencialmente desejo. Freud e Descartes convergem neste aspecto. Descartes parte do pensamento e

conclui a existência humana. Freud parte do pensamento inconsciente e chega no desejo (QUINET, Antônio. *A descoberta do inconsciente:* do desejo ao sintoma. Rio de Janeiro: Jorge Zahar, 2003. p. 14).

Se a relação jurídica pressupõe sujeito e objeto, é preciso compreender que aí está presente também o sujeito do inconsciente, o sujeito desejante e que o objeto da relação está também vinculado ao gozo, ou melhor, à faculdade ou possibilidade de se pretender um gozo (DEL VECCHIO, Georgio. *Lições de filosofia do direito.* Trad. Marco Antônio J. Brandão. Coimbra: Armênio Amado, 1959. v. II. p. 203).

Para Lacan, a essência do Direito não é propriamente o gozo, mas a distribuição do gozo. Se a essência do Direito é a distribuição, retribuição e repartição do gozo ele está ligado a um objeto do querer humano, que por sua vez vincula-se à vontade, necessidade e desejo (Seminário "Mais, ainda", livro 20). A necessidade pode e deve ser satisfeita. A vontade, às vezes. O desejo nunca. É impossível satisfazê-lo. Ele sempre demandará outra satisfação. Ele parece acabar ao ser realizado, mas logo reinventa outra demanda. Não é possível satisfazê-lo porque é assim a nossa estrutura psíquica. Nosso destino é querer sempre mais, e às vezes nem sabemos o quê. Paradoxalmente, não ter tudo o que desejamos é exatamente o que nos faz viver.

Portanto, o desejo não tem uma essência, ele se desloca constantemente. O sistema capitalista vive desse deslocamento permanente. Os desejos de consumo também trazem a ilusão de completude, que sempre faz renascer o desejo de satisfação. Se o desejo tivesse um núcleo fixo e permanente o capitalismo acabaria.

A nossa incompletude e o inexorável vazio são a nossa força motriz. O desejo é assim, estamos sempre tentando satisfazê-lo. Esse é o destino. Desejo é desejo de desejo (LACAN).

A ilusão da completude nos move em direção à realização dos desejos e à procura de objetos que preencham o que falta em nós. O outro pode significar apenas um objeto da nossa ilusão, de tamponamento da incompletude. Por isso se pode dizer que desejo é também falta, isto é, o que falta em nós. Quando a relação acaba, e esses restos do amor vão parar na justiça, o litígio judicial muitas vezes significa apenas uma maneira, ou uma dificuldade de não se deparar com o desamparo.

Uma demanda judicial é também um não querer deparar-se com o real do desamparo estrutural. Enquanto isso, permanece-se unido ao outro pelo litígio. Essas noções trazidas pela psicanálise emprestam ao campo jurídico, particularmente ao Direito de Família, uma ampliação e compreensão da estrutura do litígio e do funcionamento dos atores e personagens da cena jurídica e judicial. Compreender a estrutura psíquica e o seu funcionamento possibilita uma *praxis* mais ética dos operadores do Direito.

Nas relações jurídicas e judiciais, o desejo, a vontade e a necessidade se entrelaçam, confundem-se e podem provocar injustiças. Por exemplo, em um pedido de pensão alimentícia a discussão objetiva é a necessidade de quem vai receber e a possibilidade de quem vai pagar. Entretanto, quando a relação entre os sujeitos ali envolvidos está mal resolvida, a objetividade se desvirtua a partir de elementos e registros inconscientes. Quem paga, sempre acha que

D

está pagando muito, e quem recebe sempre acha que está recebendo pouco. Se a necessidade é x, pensa-se que é x + y, como se o y fosse um "mais" para pagar um abandono, um desamor ou uma traição. Do outro lado, paga-se menos que a necessidade como se este menos fosse uma punição pelo fim da conjugalidade. Vê-se aí que o desejo, e o inconsciente, interferem no direito, no dever-ser, ao relativizar a necessidade, ou escamotear a possibilidade, alterando assim o curso de uma discussão que deveria ser apenas no campo da objetividade.

E assim que o Judiciário e os advogados tornam-se instrumentos da busca da realização de um desejo inconsciente, cujo processo vem travestindo uma outra cena, que é da ordem da subjetividade. Compreender esta outra cena é não permitir ser instrumento de satisfação do desejo oculto, é barrar o gozo, o excesso. Afinal, o Direito é um sistema de limites e de vínculos de vontade (DEL VECHIO, Giorgio. *Lições de filosofia do direito*. Trad. Antonio José Brandão. Coimbra: Arménio Amado, 1959. v. II, p. 275).

Na filosofia, o desejo se apresenta como uma eterna questão: devemos ou não satisfazer nossos desejos? Eles nos aprisionam ou nos mantêm vivos e ativos e nos faz caminhar? Schopenhauer diz que o desejo é sempre falta. Desejamos o que não temos e tendemos a desejar de modo irrefreável, por isso é preciso cerceá-los. Epicuro diz que o importante é distinguir as verdadeiras e falsas necessidades, os desejos que nos libertam e nos aprisionam. Para Heidegger, o desejo é que faz o homem projetar e mirar o futuro, mas nem tudo que desejamos devemos levar em conta. Deleuze e Guattari diz

que a sociedade capitalista é uma fábrica de sonhos e desejos: Somos máquinas desejantes. Sempre haverá um impasse entre os desejos e a razão, mas o homem que é só razão não é um homem, é preciso compatibilizar e conciliar paixão e razão (SCHÖPKE, Regina. *Dicionário filosófico:* conceitos fundamentais. São Paulo: Martins Fontes, 2010, p. 74).

Do nascimento até a morte somos movidos por desejo, de ordem sexual, ética, espiritual, amoroso. Antes mesmo que eles venham à consciência, já estão inscritos na alma e formação do sujeito. Por isso podemos afirmar que não somos seres de razão, somos seres de desejo. O desejo encaminha e também desencaminha o sujeito. Daí a necessidade de uma regulamentação externa (lei jurídica) para funcionar como um sistema de freios e controle das pulsões. O Direito só existe, portanto, para frear os desejos gozosos que ultrapassam e desrespeitam o campo do outro. Numa democracia, por exemplo, a primeira coisa que precisamos aceitar é que nossos desejos nem sempre são possíveis de serem atendidos e ou/realizados.

LINGUAGEM POÉTICA

Quis saber o que é o desejo / De onde ele vem / Fui até o centro da terra / E é mais além/ Procurei uma saída / O amor não tem / Estava ficando louco / Louco, louco de querer bem / Quis chegar até o limite / De uma paixão

Baldear o oceano / Com a minha mão / Encontrar o sal da vida / E a solidão / Esgotar o apetite / Todo o apetite do coração / Ai, amor, miragem minha, minha linha do horizonte, é / monte atrás de monte, e/ monte, a fonte nunca mais que seca / Ai, saudade, inda sou moço, aquele poço não tem fundo, / é um mundo e dentro / um mundo e dentro é um mundo que me leva...

(*Tanta saudade* – Letra e música de Djavan e Chico Buarque).

ILUSTRAÇÃO

Agnes Farkasvölgyi. P. 212.

DESERDAÇÃO [*ver tb. deserdação bona mente, erepção, indignidade*] – É a privação, por disposição testamentária, da legítima do herdeiro necessário, ou seja, é o ato pelo qual o autor da herança retira do herdeiro necessário o exercício do direito sucessório. É uma exceção aos direitos dos herdeiros necessários. *A deserdação é uma instituição que vem de era muito remota, pois se encontra no código babylonico de Hammurabi, que data de 2.000 anos antes de Cristo, e pelo qual o pai podia deserdar o filho indigno, dependendo, porém, o seu ato da confirmação do juiz. A legislação moderna sobre a deserdação procede de direito romano, principalmente da novella 15, que deu lugar, depois dos glosadores, a vivas controvérsias sobre a invalidade da instituição de herdeiro em caso de deserdação injustificada* (ITABAIANA DE OLIVEIRA, Arthur Vasco. *Tratado de direito das sucessões.* 3. ed. Rio de Janeiro: Jacinto, 1936. v. II, p. 42).

É uma penalidade que a lei faculta ao testador impor aos seus herdeiros necessários, fundada em uma das hipóteses enumeradas na lei: *Além das causas mencionadas no art. 1.814, autorizam a deserdação dos descendentes por seus ascendentes: I – ofensa física; II – injúria grave; III – relações ilícitas com a madrasta ou com o padrasto; IV – desamparo do ascendente em alienação mental ou grave enfermidade. Além das causas enumeradas no art. 1.814, autorizam a deserdação dos ascendentes pelos descendentes: I – ofensa física; II – injúria grave; III – relações ilícitas com a mulher ou companheira do filho ou a do neto, ou com o marido ou companheiro da filha ou o da neta; IV – desamparo do filho ou neto com deficiência mental ou grave enfermidade.* (Arts. 1.962 e 1.963, CCB).

Apesar de ser utilizada de forma genérica para indicar toda e qualquer modalidade de afastamento de herdeiro da suces-

D

são, é aplicável somente às hipóteses de exclusão de herdeiro necessário, pois excluir da sucessão os herdeiros não necessários, não é preciso deserdá-los. Basta que o autor da herança disponha em testamento de seu patrimônio, sem os contemplar.

A cláusula testamentária de deserdação deve indicar expressamente a sua causa. Após a morte do testador e a abertura do testamento, os interessados, em ação própria, devem provar a veracidade da deserdação, cabendo ao deserdado contestá-la.

Prescreve em 4 (quatro) anos, da data de abertura da sucessão, o direito à propositura da ação de deserdação pelos interessados.

Mesmo que tenha havido reconciliação do testador com o deserdado, essa, por si só, não invalida a deserdação, se o testador não a revogou expressamente.

JURISPRUDÊNCIA

(...) A deserdação consiste em penalidade cominada pelo autor da herança, por meio de declaração testamentária, que objetiva excluir o herdeiro necessário da sucessão, inviabilizando o recebimento da legítima, em decorrência da prática de atos incompatíveis ao recebimento do respectivo legado e expressamente previstos na lei. Denota-se a eficácia da declaração testamentária de deserdação quando comprovada, em ação própria, ajuizada pela legatária, a veracidade da causa alegada pelo testador, a qual alude ao desamparo do herdeiro, filho adotivo, que deixou de dispensar os necessários cuidados afetivos, morais e materiais para com sua genitora idosa e com saúde debilitada. (TJ-MG – AC: 10433150224189001 MG, Rel. Des. Carlos Levenhagen, 5ª Câmara Cível, public. 15/05/2018).

ILUSTRAÇÃO

Sérgio Lima. P. 215.

DESERDAÇÃO *BONA MENTE* [*ver tb. cláusulas restritivas, deserdação, golpe do baú*] – Não se trata de uma deserdação propriamente dita. É o direito conferido ao autor da herança de tomar certas medidas acauteladoras para salvaguardar a legítima dos descendentes, em certos casos, como o de prodigalidade ou suspeitas de golpe do baú. E assim, por meio de disposição de última vontade, impõe-se aos herdeiros cláusulas relativas dos bens deixados a eles como a inalienabilidade, impenhorabilidade e incomunicabilidade, com o objetivo de proteger os seus interesses.

DESISTÊNCIA DA HERANÇA [*ver tb. cessão do direito hereditário, renúncia de herança*] – É a abdicação dos direitos hereditários, que diferencia-se da renúncia propriamente dita.

Qualquer herdeiro, se maior e capaz, pode desistir do seu quinhão hereditário em favor de terceiro, de forma gratuita ou onerosa, desde que respeitada a preferência dos demais coerdeiros (Art. 1.794, CCB).

DESONERAÇÃO DE ALIMENTOS – Ver exoneração de alimentos.

DESQUITE [*ver tb. casamento, separação, separação judicial, significante, divórcio*] Terminologia usada pelo Código Civil de 1916 para designar a dissolução da sociedade conjugal sem, entretanto, quebrar totalmente o vínculo do casamento, pois permanecia o impedimento para se casar novamente.

O vocábulo desquite, cuja etimologia vincula-se à quitação, veiculava um significante de conteúdo moral negativo, especialmente para as mulheres. Uma mulher "desquitada" era como se não estivesse quite com a sociedade, tamanho o peso do preconceito que recaía sobre as mulheres desquitadas. Em razão disso, ao instituir-se o divórcio no Brasil, a Lei nº 6.515/77, substituiu a expressão desquite por separação judicial, mantendo as duas formas de dissolução do vínculo conjugal: divórcio e separação judicial. A manutenção do instituto da separação judicial foi condição imposta pelas forças religiosas no Congresso Nacional para que se admitisse o divórcio no Brasil.

A Emenda Constitucional nº 66/10 que simplificou o divórcio no Brasil, acabando com prazos para se requerê-lo, eliminou do ordenamento jurídico o instituto da separação judicial e, consequentemente, a discussão de culpa pelo fim da conjugalidade.

DESTITUIÇÃO DO PÁTRIO PODER – Ver destituição do poder familiar.

DESTITUIÇÃO DO PODER FAMILIAR

[*ver tb. autoridade familiar, pátrio poder, poder familiar, lei da palmada, suspensão do poder familiar*] – Do latim *destitutio*, de *destituere*, privar. É retirar de alguém a função ou autoridade de que era investido. Poder familiar, expressão que substituiu pátrio poder, utilizada pelo CCB 1916, significa o conjunto de direitos e deveres que se traduzem no dever de criar, educar, cuidar, dar assistência material e emocional, enfim, proporcionar saúde física e psíquica ao filho para que ele tenha autonomia e possa ser sujeito da própria vida.

Os pais que deixarem de cumprir suas funções podem ser destituídos do poder familiar. Em nome do princípio do melhor interesse da criança, tem-se a destituição também como instrumento para proteger a formação e desenvolvimento, afastando-o da má influência do pai/mãe que viola os deveres inerentes ao poder familiar. Daí sua natureza protetiva. *Perderá por ato judicial o poder familiar o pai ou a mãe que: I – castigar imoderadamente o filho; II – deixar o filho em abandono; III – praticar atos contrários à moral e aos bons costumes; IV – incidir, reiteradamente, nas faltas previstas no artigo antecedente. V – entregar de forma irregular o filho a terceiros para fins de adoção. (Incluído pela Lei nº 13.509, de 2017) Parágrafo único. Perderá também por ato judicial o poder familiar aquele que: (Incluído pela Lei nº 13.715, de 2018) I – praticar contra outrem igualmente titular do mesmo poder familiar: (Incluído pela Lei nº 13.715, de 2018) a) homicídio, feminicídio ou lesão corporal de natureza grave ou seguida de morte, quando se tratar de crime doloso envolvendo violência doméstica e familiar ou menosprezo ou discriminação à condição de mulher; (Incluído pela Lei nº 13.715, de 2018) b) estupro ou outro crime contra a dignidade sexual sujeito à pena de reclusão; (Incluído pela Lei nº 13.715, de 2018) II – praticar contra filho, filha ou outro descendente: (Incluído pela Lei nº 13.715, de 2018) a) homicídio, feminicídio ou lesão corporal de natureza grave ou seguida de morte, quando se tratar de crime doloso envolvendo violência doméstica e familiar ou menosprezo ou discriminação à condição de mulher; (Incluído pela Lei nº 13.715, de 2018) b) estupro, estupro de vulnerável ou outro crime contra a dignidade sexual sujeito à pena de reclusão. (Incluído pela Lei nº 13.715, de 2018).*

JURISPRUDÊNCIA

(...) O procedimento para a perda do poder familiar terá início por provocação do Ministério Público ou de pessoa dotada de legítimo interesse, que se caracteriza por uma estreita relação entre o interesse pessoal do sujeito ativo e o bem-estar da criança. (...) – O direito fundamental da criança e do adolescente de ser criado e educado no seio da sua família, preconizado no art. 19 do ECA, engloba a convivência familiar ampla, para que o menor alcance em sua plenitude um desenvolvimento sadio e completo. Atento a isso é que o juiz deverá colher os elementos para decidir consoante o melhor interesse da criança. – Diante dos complexos e intrincados arranjos familiares que se delineiam no universo jurídico – ampliados pelo entrecruzar de interesses, direitos e deveres dos diversos componentes de famílias redimensionadas –, deve o juiz pautar-se, em todos os casos e circunstâncias, no princípio do melhor interesse da criança, exigindo dos pais biológicos e socioafetivos coerência de atitudes, a fim de promover maior harmonia familiar e consequente segurança às crianças introduzidas nessas inusitadas tessituras. (REsp 1106637 SP, Rel.ª Min.ª Nancy Andrighi, 3ª T – STJ. j. 01/06/2010).

DEVER DE ALIMENTOS – Ver dever de sustento.

DEVER DE SUSTENTO [*ver tb. abandono afetivo, abandono material, obrigação alimentar*] – É o dever dos pais de arcarem com o sustento dos filhos menores de idade, cujas necessidades são presumidas. Advém do poder familiar e é um princípio expresso na Constituição da República: *Os pais têm o dever de assistir, criar e educar os filhos menores, e os filhos maiores têm o dever de ajudar a amparar os pais na velhice, carência ou enfermidade* (Art. 229, CR). O CCB 2002 e o Estatuto da Criança e do Adolescente, repetindo o CCB 1916, traduziram em regra esse princípio constitucional ao estabelecer a obrigação de ambos os cônjuges (entende-se também companheiros) o sustento, guarda e educação dos filhos (Arts. 1.566, IV, CCB e 22, ECA).

No dever de sustento, gerador de pensão alimentícia, deve ser atendido o binômio necessidade/possibilidade, mas compatibilizado com o padrão de vida e a condição social das partes envolvidas: *Podem os parentes, os cônjuges ou companheiros pedir uns aos outros os alimentos de que necessitam para viver de modo compatível com a sua condição social, inclusive para atender às necessidades de sua educação* (Art. 1.694, CCB).

O descumprimento do dever de sustento pode acarretar, inclusive, a destituição do poder familiar e a caracterização de crime de abandono (Art. 244, CP).

A destituição do poder familiar não exime os pais do dever de sustento, o que seria uma premiação. Considerando que este dever existe durante a vigência do poder familiar, não há reciprocidade entre credor e devedor de alimentos, como acontece na obrigação alimentar, sendo devedores, portanto, apenas os pais.

Com a maioridade, e consequentemente extinto o poder familiar, extingue-se também o dever de sustento, persistindo, entretanto, a obrigação alimentar.

DEVOLUÇÃO DA HERANÇA [*ver tb. herança*] – Do latim *devolutio, devolvere*, desenvolver, voltar. Na técnica processual, devolução é a subida do recurso para dar ao magistrado da instância superior o poder de reexaminar a matéria tratada pela instância inferior, concedendo-lhe o efeito devolutivo, que se contrapõe ao efeito suspensivo.

No Direito Civil, devolução é a transferência de uma coisa ou pessoa de um lugar para outro. Em sentido mais estrito, é a restituição da coisa ou direito ao seu estado anterior.

Devolução da herança significa a translação, isto é, a transmissão ou entrega dos direitos hereditários aos herdeiros. *Qualquer herdeiro pode requerer partilha imediata, ou devolução da herança, habilitando o testamenteiro com os meios necessários para o cumprimento dos legados, ou dando caução de prestá-los* (Art. 1.977, parágrafo único, CCB). É a atribuição do direito sucessório aos herdeiros quando da abertura da sucessão.

DIGAMIA [*ver tb. bigamia, bínubo*] – Do latim *digamu* e do grego *digamos*. É a prática de se casar uma segunda vez após a extinção do primeiro casamento, diferentemente da bigamia, que é o casamento simultâneo. Dígamo(a) é a condição do sujeito que se casou pela segunda vez sucessivamente.

DIGNIDADE DA PESSOA HUMANA

[*ver tb. princípios, princípio da dignidade humana*] – É um valor universal intrínseco a todo ser humano, que por sua natureza racional, o faz ser superior às coisas. Está relacionada à ideia de moralidade, ao bem, à conduta correta e à vida boa. É hoje um dos esteios de sustentação dos ordenamentos jurídicos contemporâneos. Não é mais possível pensar em direitos desatrelados da ideia e conceito de dignidade. É um macroprincípio sob o qual irradiam e estão contidos outros princípios e valores essenciais como a liberdade, autonomia privada, cidadania, igualdade, alteridade e solidariedade.

A origem desta expressão está na filosofia de Immanuel Kant, embora não seja uma criação direta dele, que afirma de forma inovadora que o homem não deve jamais ser transformado num instrumento para

a ação de outrem. Embora os homens tendam a fazer dos outros homens instrumento ou meios para suas próprias vontades ou fins, isso é uma afronta ao próprio homem. É que o homem, sendo dotado de consciência moral, tem um valor que o torna sem preço, que o põe acima de qualquer especulação material, isto é, coloca-o acima da condição de coisa. Considerar o homem um ser que não pode ser tratado ou avaliado como coisa implica conceber uma denominação mais específica ao próprio homem: pessoa.

Assim, o homem, em Kant, é decididamente um ser superior na ordem da natureza e das coisas. As coisas têm preço e, as pessoas, dignidade. Isto significa dizer que no reino dos fins tudo tem um preço ou uma dignidade. O que se relaciona com as inclinações e necessidades gerais do homem tem um preço venal; aquilo que, mesmo sem pressupor uma necessidade, é conforme a um certo gosto, isto é, a uma satisfação no jogo livre e sem finalidade das nossas faculdades anímicas, tem um preço de afeição ou de sentimento; aquilo, porém, que constitui a condição, graças a qual qualquer coisa, pode ser um fim em si mesmo, não tem somente um valor relativo, isto é, um preço, mas um valor íntimo, ou seja, a dignidade. (KANT, Immanuel. *Fundamentação da metafísica dos costumes*. São Paulo: Abril Cultural, 1980, v. 1, p. 140. (Coleção Os Pensadores)).

A noção de Direitos Humanos só pôde ser desenvolvida porque em sua base de sustentação está a dignidade de todo e qualquer ser humano, ou seja, na ideia dos Direitos Humanos está a certeza de que determinados direitos devem ser atribuídos às pessoas por uma mesma

D

causa universal e acima de qualquer arbítrio humano. São necessidades humanas determinadas pela sua natureza, e que nenhum Estado tem o poder de modificar. Assim, não é por acaso que a dignidade da pessoa humana é um princípio constitucional, servindo de base para todos os direitos fundamentais. Ela é acima de tudo um princípio ético, que a história mostrou ser necessário incluir entre os princípios do Estado.

A dignidade da pessoa humana é mais que um valor, pois ela é a prova de que deve haver certos direitos de atribuição universal, por isso é também um princípio do direito. Uma Carta de Direitos que não reconheça essa ideia ou que seja incompatível com ela é incompleta ou ilegítima, pois se tornou um valor e uma necessidade da própria democracia. Assim, é pressuposto da ideia de justiça humana, porque ela é que dita a condição superior do homem como ser de razão e sentimento. (ANTUNES ROCHA, Carmem Lúcia. O princípio da dignidade humana e a exclusão social. *In: Anais do XXVI Conferência Nacional dos Advogados – Justiça*: realidade e utopia. Brasília: OAB, Conselho Federal, p. 72, v. I, 2000).

Em razão deste valor e princípio jurídico que o Direito de Família pôde reescrever sua história de injustiça e incluir todas as categorias de filhos e famílias no ordenamento jurídico brasileiro. Em nome da dignidade da pessoa humana todos os filhos e famílias são legítimos e devem receber proteção do Estado.

JURISPRUDÊNCIA

(...) Assim, é a própria dignidade da pessoa humana que deve servir de norte para a definição das diversas regras e dos diversos subprincípios estabelecidos no texto constitucional, funcionando como verdadeiro vetor interpretativo para a definição do âmbito de proteção de cada garantia fundamental. Mais do que isso: é também a dignidade da pessoa humana que deve servir como fiel da balança para a definição do peso abstrato de cada princípio jurídico estabelecido na Constituição Federal de 1988. (RE. 363.889, Rel. Min. Dias Toffoli. Plenário – STF. j. 02/06/2011).

(...) Por expressa disposição constitucional (art. 1º), a "República Federativa do Brasil [...] constitui-se em Estado Democrático de Direito e tem como fundamentos", entre outros, "a dignidade da pessoa humana". Conforme Hidemberg Alves da Frota: I) "na ótica do direito natural, a dignidade da pessoa humana é valor eterno, transcende as barreiras do tempo e do espaço e entoa o anseio universal de se nascer, viver e morrer com dignidade. Atributo inerente à (e inseparável da) condição humana, acompanha o ser humano do nascimento à morte, seja ele indivíduo virtuoso ou não, sob quaisquer enfoques"; II) "segundo o jusnaturalismo, o princípio da dignidade da pessoa humana é alma *mater* dos direitos humanos, deles necessita e deles não se separa. Os acessórios seguem o principal. Eterno, o caráter perene do princípio da dignidade da pessoa humana transforma em intemporais os direitos humanos, mas, aos olhos da história do direito prescritivo, varia no espaço e no tempo o modo de se interpretarem o princípio da dignidade da pessoa humana e seus aderentes. 'A dignidade humana' – infere Jabur – diz respeito ao 'conteúdo indispensável à existência saudável, capaz de preencher as naturais exigências de ordem física e espiritual do homem'"; III) "o princípio da dignidade da pessoa humana, repisa-se, é a norma nuclear do direito positivo, orbitando em derredor de si não apenas os direitos essenciais ao ser humano, mas todo o plexo normativo jurídico. Em que pese a lúcida observação de que nem todo direito humano é imprescindível à dignidade da pessoa humana só por ter sido posto no catálogo dos direitos fundamentais, todas normas jurídicas (inclusive as positivadas) devem, em essência, pela via direta ou indireta, homenagear a dignidade da pessoa humana e dela decorrer". Para o Ministro Celso de Mello, o "postulado da dignidade da pessoa humana [...] representa – considerada a centralidade desse princípio essencial (CF, art. 1º, III) 2 significativo vetor interpretativo, verdadeiro valor-fonte que conforma e inspira todo o ordenamento constitucional vigente em nosso País e que traduz, de modo expressivo, um dos fundamentos em que se assenta, entre nós, a ordem republicana e democrática consagrada pelo sistema de direito constitucional positivo" (HC nº 142.177). (...) (TJ-SC – AC: 00346767120148240023 Capital 0034676-71.2014.8.24.0023, Relator: Des. Newton Trisotto, 2ª Câmara de Direito Civil, j: 15/03/2018).

LINGUAGEM POÉTICA

Mas que coisa é homem, / que há sob o nome: / uma geografia?

um ser metafísico? / uma fábula sem / signo que a desmonte?

Como pode o homem / sentir-se a si mesmo, / quando o mundo some?

(...) Apenas deitar, / copular, à espera / de que do abdômen

brote a flor do homem? / Como se fazer / a si mesmo, antes

de fazer o homem? / Fabricar o pai / e o pai e outro pai

e um pai mais remoto / que o primeiro homem? / Quanto vale o homem?

(...) Vale menos morto? / Menos um que outro, / se o valor do homem

é medida de homem? / Como morre o homem, / como começa a?

(...) Quando dorme, morre? / Quando morre, morre? / A morte do homem

(...) Por que morre o homem? / Campeia outra forma / de existir sem vida?

Fareja outra vida / não já repetida, / em doido horizonte?

(...) Por que vive o homem? / Quem o força a isso, / prisioneiro insonte?

(...) Por que mente o homem? / mente mente mente / desesperadamente?

(...) Por que chora o homem? / Que choro compensa / o mal de ser homem?

(...) Para que serve o homem? / para estrumar flores, / para tecer contos?

Para servir o homem? / Para criar Deus? / Sabe Deus do homem?

(...) Que milagre é o homem? / Que sonho, que sombra? / Mas existe o homem?

(ANDRADE, Carlos Drummond de. Especulações em torno da palavra homem. *In: Antologia poética*. 32. ed. Rio de Janeiro. São Paulo: Record, 1996. p. 215-219).

Saiba, todo mundo foi neném / Einstein, Freud e Platão também / Hitler, Bush e Sadam Hussein / Quem tem grana e quem não tem

Saiba: todo mundo teve infância / Maomé já foi criança / Arquimedes, Buda, Galileu / e também você e eu

Saiba: todo mundo teve medo / Mesmo que seja segredo / Nietzsche e Simone de Beauvoir / Fernandinho Beira-Mar

Saiba: todo mundo vai morrer / Presidente, general ou rei / Anglo-saxão ou muçulmano / Todo e qualquer ser humano

Saiba: todo mundo teve pai / Quem já foi e quem ainda vai / Lao Tsé Moisés Ramsés Pelé / Ghandi, Mike Tyson, Salomé

Saiba: todo mundo teve mãe / Índios, africanos e alemães / Nero, Che Guevara, Pinochet / e também eu e você

(*Saiba* – Letra e música de Arnaldo Antunes).

DIREITO [*ver tb. clínica do direito, desejo, direito de família, fontes do Direito, gozo, lei do pai, princípios constitucionais, princípios gerais do direito, pulsão*] – Do latim *directum* – É a ciência jurídica que disciplina normas de conduta, impondo deveres e garantias para viabilizar o convívio social. Neste sentido, podemos afirmar que o Direito é uma eficaz técnica de organização social e, portanto, uma sofisticada técnica de controle das pulsões. Isto significa que para existir o Direito é necessário que haja interditos e proibições.

A primeira lei organizadora das relações sociais é uma lei de Direito de Família, que é a lei-do-incesto, também conhecida como lei-do-pai. É esta lei primeira que funda a cultura, isto é, possibilita a passagem da natureza para a cultura. Assim, as leis jurídicas existem a partir desta primeira lei, e são, na verdade, modalidades de expressão daquela lei simbólica.

O Direito surge como uma exigência da civilização, ou seja, o desenvolvimento da civilização impõe restrições às pulsões e ao gozo, e repousa sobre a supressão dos instintos. Viver em sociedade exige renúncia. Esta é a função do Direito e a razão de sua existência: barrar a tendência do homem a fazer do outro o objeto de dominação ou de suas pulsões destrutivas. É que os homens buscam satisfazer suas pulsões no outro.

O Direito, especialmente o de família, é também um importante instrumento ideológico de inclusão e exclusão de pessoas do laço social. Basta lembrar que até a Constituição da República de 1988, os filhos e famílias sem o selo da oficialidade do casamento eram ilegitimados pelo Direito.

O jusfilósofo italiano Giorgio Del Vecchio, na década de 30 do século passado, já havia prenunciado que o Direito se desenvolve inteiramente na ordem dos fatos psíquicos e que só existe porque existe o torto: *o direito é, em dúvida, facto do espírito humano: resulta das persuasões (e estas constituem um facto psíquico) e das apreciações dos homens conviventes. (...) É ainda preciso conhecer a natureza dos processos psíquicos, da actividade do espírito, para compreender a origem do direito. (...). O direito desenvolve-se inteiramente na ordem dos factos psíquicos.* (DEL VECCHIO, Giorgio. *Lições de filosofia do direito*. Trad. Antônio José Brandão. Coimbra: Arménio Amado, 1959. p. 20).

E assim, podemos afirmar como Kant em seu imperativo categórico, de que a função do Direito é tornar possível a coexistência entre as pessoas.

DIREITO À CONVIVÊNCIA – Ver convivência familiar.

DIREITO CIVIL [*ver tb. direito, direito de família, estatuto das famílias*] – É o *jus civilis,* como denominado pelos romanos, no sentido dos interesses de todos os cidadãos. No plural, direitos civis significam as relações jurídicas de ordem privada que se distinguem dos direitos políticos. No singular, é o ramo do Direito Privado que disciplina o estado e a capacidade das pessoas e suas relações pessoais e patrimoniais entre si ou com entes públicos, mas sempre do ponto de vista do particular, do privado.

O Direito Civil esteve sempre assentado e descrito, em geral, pelo Código Civil. No Brasil, o primeiro Código Civil é de 1916, criado à imagem e semelhança do Código francês de 1804 (Código Napoleônico), que lançou as bases de divisão dos sistemas jurídicos em codificação, em diferenciação ao sistema do *Common Law*. Vigorou até 2002, quando entrou em vigor em 01/01/2013, o novo Código

Civil, estabelecido pela Lei nº 10.406/02, que repetiu a estrutura do anterior, dividindo suas matérias em: Livro I – Das pessoas; II – Dos bens, III – Dos Fatos Jurídicos; Na Parte Especial: Livro I – Das obrigações; II – Do Direito de Empresa; III – Do Direito das Coisas; IV – Do Direito de Família; e livro V – Do Direito das Sucessões.

Quando este novo Código Civil entrou em vigor, o sistema de um Código único para reger todas essas relações civis já tinha começado a perder sua força de universalização, cedendo lugar aos microssistemas, que é a tendência do Direito Civil.

Além da tendência da criação de microssistemas, o Direito Civil vem perdendo sua força de centralidade exclusivamente no Código Civil, que passou a ser interpretado à luz dos princípios constitucionais, norteados pelo macroprincípio da dignidade da pessoa humana. Daí, pode-se dizer que o Direito Civil, hoje, é muito mais um Direto Civil-Constitucional.

JURISPRUDÊNCIA

(...) No século XXI, desponta o fenômeno da "constitucionalização do direito infraconstitucional". O Código Civil deixou de ocupar o centro do sistema jurídico e cedeu espaço à Constituição. O texto constitucional passou a ser não apenas um sistema em si – com a sua ordem, unidade e harmonia – mas também um modo de olhar e interpretar todos os demais ramos do direito. Toda a ordem jurídica deve ser lida e apreendida sob a lente da Constituição, de modo a realizar os valores nela consagrados. "Diante de certos casos, mister é que a justiça se ajuste à vida. Este ajustar-se à vida, como momento do dinamismo da justiça, é que se chama equidade, cujo conceito os romanos inseriram na noção de Direito, dizendo: 'jus est ars aequi et boni'. É o princípio da igualdade ajustada à especificidade do caso que legitima as normas de equidade. Na sua essência, a equidade é a justiça bem aplicada, ou seja, prudentemente aplicada ao caso. A equidade, no fundo, é, repetimos, o momento dinâmico da concreção da justiça em suas múltiplas formas" (Miguel Reale). (...) (Ap. Cível nº 1.0699.08.082305-6/002(1), Rel. Des. Rogério Medeiros, TJMG. j. 25/02/2010).

DIREITO DAS FAMÍLIAS – Expressão contemporânea para designar Direito de Família. Tal designação surge em razão de a família ter deixado sua forma singular e passou a ser plural, isto é, ela não se constitui apenas pelo casamento, mas por meio de várias outras modalidades, sejam parentais ou conjugais. A Constituição da República de 1988, em seu art. 226, exemplificou três: casamento, união estável e as monoparentais. A doutrinadora gaúcha, Maria Berenice Dias, foi quem usou pela primeira vez esta expressão.

DIREITO DAS SUCESSÕES [*ver tb. sucessões*] – É ramo integrante do Direito Civil assim como o Direito de Propriedade, Direito das Obrigações, Direito de Família etc. É o conjunto de regras e princípios que regem a transmissão de bens, direitos e obrigações de uma pessoa a outra, em razão do falecimento.

Direito de suceder é o direito conferido à pessoa de receber o acervo hereditário, ou parte dele, seja por testamento ou pela ordem de vocação hereditária estabelecida em lei (sucessão legítima ou legal).

A sucessão hereditária é um natural complemento do Direito de Propriedade entrelaçado ao Direito de Família, que se projeta *post mortem*, ou seja, é também uma das formas de transmissão da propriedade, um consectário lógico do conceito de propriedade privada do sistema capitalista.

D

DISPOSITIVOS NORMATIVOS

CR – Art. 5º, XXX.
CCB – Arts. 1.784 a 2.027.

DIREITO DE ACRESCER – Do latim *ad crescere*, aumentar. É o direito dos herdeiros e legatários, quando autorizados em testamento, de aumentarem, isto é, acrescerem ao quinhão de sua quota hereditária a parte que outro herdeiro, ou legatário, tenha abandonado ou renunciado, evitando assim que esta parcela hereditária fique sem titular.

Os bens do renunciante são divididos entre os coerdeiros/colegatários na proporção do quinhão de cada um. Se somente houverem herdeiros testamentários, com quinhões em proporções diferentes, receberão quotas diferentes, por exemplo: 10% pra A; 40% pra B e 50% para C. Caso C renuncie, A fica com 20% e B 80%.

DISPOSITIVOS NORMATIVOS

CCB – Arts. 1.810 a 1.811, 1.941 a 1.946.

DIREITO DE FAMÍLIA [*ver tb. direito das famílias, família*] – É o ramo do Direito que estuda e organiza juridicamente as relações familiares. Também denominado de Direito das Famílias. Um dos clássicos juristas brasileiro, Clóvis Beviláqua, o definia como o *complexo de norma e princípios que regulam a celebração do casamento, sua validade e os efeitos que dele resultam, as relações pessoais e econômicas da sociedade conjugal, a dissolução desta, as relações entre pais e filhos, o vínculo de parentesco e os institutos complementares de curatela e da ausência.* Do começo do século XX até hoje, quando Beviláqua assim o definiu, o Direito de Família mudou substancialmente. De lá para cá novas estruturas parentais e conjugais se estabeleceram e

o Direito de Família não está mais aprisionado ao casamento como esteve até o final do século XX.

Situa-se no Direito Privado, mas contém elementos e princípios que são verdadeiros comandos do Direito Público, como nas questões envolvendo interesses de crianças, adolescentes e incapazes. A tendência é que o Estado se afaste cada vez mais das questões privadas e de foro íntimo, sob o comando do princípio da responsabilidade, que é o grande autorizador e condutor para o campo da autonomia privada.

Direito de Família é um conjunto de normas jurídicas (regras e princípios) que organizam as relações familiares, parentais e conjugais. Em outras palavras, é a regulamentação das relações de afeto e das consequências patrimoniais daí advindas.

O objeto do Direito de Família, obviamente, é a família, que é hoje muito diferente do início do século XX, quando ela era essencialmente patriarcal. Na medida em que ela foi deixando de ser essencialmente um núcleo econômico e de reprodução para ser o espaço do amor e do afeto, foi perdendo sua força como instituição para ser o centro formador e estruturador do sujeito. Com isso se despatrimonializou e perdeu sua hierarquia rígida centrada na autoridade masculina. É aí que o afeto ganha *status* de valor jurídico, e depois torna-se, ao lado do princípio da dignidade da pessoa humana, um dos princípios basilares e norteadores da organização jurídica da família. Isto mudou o curso da história desse ramo do Direito.

A Constituição da República de 1988, consolidando toda a evolução histórica, política e social, instalou uma verdadeira revolução no Direito de Família, com base em três eixos básicos: igualização de direitos entre homens e mulheres; legitimação de todas as formas de filiação; reconhecimento de que há várias formas de famílias, mencionando exemplificativamente o casamento, a união estável e as famílias monoparentais.

Também marcou profundamente a História do Direito de Família no Brasil, o surgimento, em 1997, do Instituto Brasileiro de Direito de Família – IBDFAM, entidade que reúne as autoridades do pensamento jurídico contemporâneo, e que, trouxe novos valores, princípios e paradigmas para a organização jurídica das famílias. "O amor está para o Direito de Família, assim como a vontade está para o Direito das Obrigações". Esta frase do jurista mineiro, João Baptista Villela é definitiva e definidora do Direito de Família contemporâneo.

DIREITO DE REPRESENTAÇÃO [*ver tb. sucessão por estirpe, sucessão por representação*] – No Direito Penal, relaciona-se à queixa que é feita pelo ofendido ou pelo seu representante legal sobre os fatos delituosos. No Direito Civil, tem o sentido também de mandato legal que alguém recebe por meio de um instrumento de procuração em que o mandatário representa o mandante, e também em determinadas relações jurídicas que por força legal ou estatutária o gerente ou diretor das associações tem o direito de representação sobre aquelas entidades.

No Direito de Família, os pais, tutores e curadores, têm direito de representação de seus filhos menores de 16 anos (e o assistem entre 16 a 18 anos), e tutelados e curatelados.

No Direito das Sucessões, é o direito concedido a certos parentes da pessoa falecida a sucedê-lo em falta de outros de grau mais próximo: *Dá-se o direito de representação, quando a lei chama certos parentes do falecido a suceder em todos os direitos, em que ele sucederia, se vivo fosse* (Art. 1.851, CCB).

DIREITO DE SUBSTITUIÇÃO [*ver tb. direito de representação, sucessão por representação*] – É o mesmo que direito de representação.

DIREITO DE VISITA – Ver visita e convivência familiar.

DIREITO DISPONÍVEL [*ver tb. alimentos – renúncia, direito indisponível, direito potestativo*] – É a espécie de direito subjetivo que pode ser abdicado pelo respectivo titular e contrapõe-se ao direito indisponível, que é insuscetível de disposição por parte de seu titular, ressalvando a limitação voluntária apenas na medida de lei autorizadora. O direito disponível pode ser abdicado total ou parcial, transferido mediante acordo ou renúncia, podendo ser objeto de negócio jurídico gratuito ou oneroso. Também conhecido como direito dispositivo.

No Direito de Família, no âmbito das obrigações alimentares, estão presentes as duas modalidades de direito. O direito do ex-cônjuge aos alimentos é de direito disponível, ou seja, suscetível de renúncia; o direito a alimentos dos filhos menores e incapazes, ou seja, aqueles que gozam de necessidade presumida, é indisponível, insuscetível de renúncia.

DIREITO DISPOSITIVO – Ver direito disponível.

DIREITO EXPECTATIVO [*ver tb. herança, pacto corvinus, sucessão*] – Do latim *expectar*, *expectare*, esperar. Diz-se também expectativa de direito, isto é, esperança de receber um direito. Não é propriamente um direito, e nem mesmo um direito futuro, é tão somente a possibilidade de receber futuramente um direito. A expectativa de direito não é um bem jurídico que possa ser defendido, diferentemente do direito futuro que, mesmo condicional, e ainda que não se receba, é um bem jurídico a ser protegido.

No Direito Sucessório, por exemplo, é o direito subjetivo patrimonial do herdeiro de se tornar titular da herança. O autor da herança permanecendo vivo, haverá para seus futuros herdeiros apenas expectativa de direito, já que não existe herança de pessoa viva, ou seja, o direito deles está condicionado à morte.

DIREITO HEREDITÁRIO [*ver tb. Direito das Sucessões*] – É o direito subjetivo do herdeiro de suceder o *de cujus* em seus bens e direitos, que decorre do Direito das Sucessões. Também se diz direito sucessório e direito de suceder.

DIREITO HOMOAFETIVO – É o ramo do Direito de Famílias, Sucessões e Previdenciário que cuida das questões atinentes à homoafetividade, como o casamento e união estável entre pessoas do mesmo sexo, da parentalidade exercida por homossexuais – sejam eles solteiros ou casados –, e dos direitos patrimoniais e sucessórios decorrentes das uniões homoafetivas.

DIREITO INDISPONÍVEL [*ver tb. direito disponível, testamento vital, barriga de aluguel*] – É o conjunto de prerrogativas conferidas a um indivíduo desde a sua concepção, das quais não pode abrir mão, como o direito à vida, à liberdade, à saúde, à dignidade etc. Também conhecidos como direitos da personalidade, personalíssimos, ou fundamentais. São faculdades jurídicas cujo titular não pode dispor, ressalvando a limitação voluntária apenas na medida de lei autorizadora. Por exemplo, uma pessoa não pode vender um órgão do seu corpo, embora ele lhe pertença, mas pode doar sangue ou mesmo fazer doação de órgão.

A clássica noção de indisponibilidade deve ser relativizada ou temperada. *Com exceção dos casos previstos em lei, os direitos da personalidade são intransmissíveis e irrenunciáveis, não podendo seu exercício sofrer limitação voluntária* (Art. 11 do CCB). Em alguns casos, trata-se de direito não suscetível de abdicação total ou parcial, transação, acordo ou renúncia, desencadeada por manifestação do titular (Direitos da criança e do adolescente). Em outros, de direito gravado pelo interesse público ou coletivo, sem que isto implique, necessariamente, a impossibilidade de abdicação (Direito a ampla defesa, liberdade).

Existem casos nos quais o conceito de indisponibilidade é combinado à possibilidade de o titular do direito decidir pleiteá-lo em juízo ou não, a exemplo, no âmbito do Direito de Família, o direito ao conhecimento da origem genética, o direito a alimentos, o direito ao convívio familiar etc. Ao Ministério Público, entre as suas várias atribuições, compete a função de protetor dos direitos indisponíveis: *O Ministério Público é instituição permanente, essencial à função jurisdicional do Estado, incumbindo-lhe a defesa da ordem jurídica, do regime democrático e dos interesses sociais e individuais indisponíveis* (Art. 127, CR). O Ministério Público tem legitimidade ativa para propor ação de investigação de paternidade (Lei nº 8.560/92). Daí, poder-se dizer que o estado de filiação é também uma questão de Estado.

JURISPRUDÊNCIA

(...) 2. A Carta Federal outorgou ao Ministério Público a incumbência de promover a defesa dos interesses individuais indisponíveis, podendo, para tanto, exercer outras atribuições prescritas em lei, desde que compatível com sua finalidade institucional (CF, artigos 127 e 129). 3. O direito ao nome insere-se no conceito de dignidade da pessoa humana e traduz a sua identidade, a origem de sua ancestralidade, o reconhecimento da família, razão pela qual o estado de filiação é direito indisponível, em função do bem comum maior a proteger, derivado da própria força impositiva dos preceitos de ordem pública que regulam a matéria (Estatuto da Criança e do Adolescente, artigo 27). 4. A Lei 8.560/92 expressamente assegurou ao *Parquet*, desde que provocado pelo interessado e diante de evidências positivas, a possibilidade de intentar a ação de investigação de paternidade, legitimação essa decorrente da proteção constitucional conferida à família e à criança, bem como da indisponibilidade legalmente atribuída ao reconhecimento do estado de filiação. Dele decorrem direitos da personalidade e de caráter patrimonial que determinam e justificam a necessária atuação do Ministério Público para assegurar a sua efetividade, sempre em defesa da criança, na hipótese de não reconhecimento voluntário da paternidade ou recusa do suposto pai. 5. O direito à intimidade não pode consagrar a irresponsabilidade paterna, de forma a inviabilizar a imposição ao pai biológico dos deveres resultantes de uma conduta volitiva e passível de gerar vínculos familiares. Essa garantia encontra limite no direito da criança e do Estado em ver reconhecida, se for o caso, a paternidade. 6. O princípio da necessária intervenção do advogado não é absoluto (CF, artigo 133), dado que a Carta Federal faculta a possibilidade excepcional da lei outorgar o *jus postulandi* a outras pessoas. Ademais, a substituição processual extraordinária do Ministério Público é legítima (CF, artigo 129; CPC, artigo 81; Lei 8.560/92, artigo 2º, § 4º) e socialmente relevante na defesa dos economicamente pobres, especialmente pela precariedade da assistência jurídica prestada pelas defensorias públicas. 7. Caráter personalíssimo do direito assegurado pela iniciativa da mãe em procurar o Ministério Público visando a propositura da ação. Legitimação excepcional que depende de provocação por quem de direito, como ocorreu no caso concreto. Recurso extraordinário conhecido e provido (RE 248869, Rel. Min. Maurício Corrêa, 2ª T – STF. j. 07/08/2003).

DIREITO POTESTATIVO [*ver tb. direito disponível, direito indisponível, potestativo*] – Do latim *potestativus*, revestido de poder. É utilizado para indicar o direito de alguém, cujo exercício depende simplesmente da vontade e arbítrio de seu detentor. A pessoa investida neste direito tem a faculdade de impor-lhe sobre outrem, sem a necessidade de intervenção ou autorização de terceiro. É a prerrogativa jurídica de submeter alguém ao exercício de um direito. Atua na esfera jurídica de terceiro, não podendo, porém, exceder os limites dos usos e costumes e da boa-fé. Não tem conteúdo prestacional, isto é, não vincula ninguém a uma contraprestação: entregar, fazer ou não fazer algo ou alguma coisa. Gera efeitos apenas na esfera jurídica, como por exemplo a alteração do estado civil, não causando qualquer modificação no mundo físico.

Com a Emenda Constitucional nº 66/10 que simplificou o divórcio no Brasil, o direito de requerer a dissolução do vínculo conjugal tornou-se um direito potestativo, ou seja, cria um estado de sujeição para o outro cônjuge a quem cabe simplesmente aceitar a dissolução, e a consequente alteração do estado civil de casado para divorciado.

D

JURISPRUDÊNCIA

(...) Sendo o divórcio direito potestativo, está condicionado apenas e tão somente ao pedido de uma das partes, não havendo falar-se em necessidade de verificação de culpa ou lapso temporal para sua decretação, após a promulgação da Emenda Constitucional nº 66/2010, a qual modificou a redação do art. 226, § 6º da CF/88. (20110111726092APC, Rel. Des. Carmelita Brasil, 2ª TC – TJDF. j. 26/06/2013).

DIREITO REAL DE HABITAÇÃO [*ver tb. união estável, usufruto*] – É o direito de o cônjuge/companheiro continuar no imóvel de propriedade do casal, ou propriedade apenas do falecido, após a morte do cônjuge, independente de ser o proprietário daquele imóvel e da vontade de seus novos proprietários/herdeiros. O direito real de habitação, que se traduz como direito de moradia do cônjuge/companheiro sobrevivo não está condicionado ao regime de bens: *Ao cônjuge sobrevivente, qualquer que seja o regime de bens, será assegurado, sem prejuízo da participação que lhe caiba na herança, o direito real de habitação relativamente ao imóvel destinado à residência da família, desde que seja o único daquela natureza a inventariar* (Art. 1.831, CCB).

O direito real de habitação estende-se também à união estável. A Lei nº 9.278/96 não foi revogada expressamente pelo CCB 2002 e portanto continua vigorando os artigos que não contrariam a lei posterior: *Dissolvida a união estável por morte de um dos conviventes, o sobrevivente terá direito real de habitação, enquanto viver ou não constituir nova união ou casamento, relativamente ao imóvel destinado à residência da família* (Art. 7º, Lei nº 9.278/96).

DIREITOS DA PERSONALIDADE [*ver tb. personalidade, reparação civil, aban-*

dono afetivo] – São os direitos decorrentes da própria existência humana, que começam antes mesmo do nascimento e vai além da morte. É a tutela de proteção da personalidade.

Personalidade é o conjunto de atribuições inerentes à pessoa humana, isto é, às faculdades exercitadas naturalmente pelo homem, atrelados à sua dignidade. Pessoa humana, para fins de titularização dos direitos da personalidade, é todo e qualquer indivíduo humano, vivo ou morto, nascido ou nascente, concepto ou concepturo.

O conceito de personalidade não se confunde com os direitos da personalidade. Aquela é o objeto da tutela de tais direitos. Ou seja, a personalidade em si não é um direito, mas uma condição, são os diversos aspectos da própria pessoa do sujeito, que são tutelados e protegidos pelos direitos da personalidade, essenciais à dignidade e integridade dos sujeitos. Os direitos da personalidade são inalienáveis, vitalícios, intransmissíveis, extrapatrimoniais, irrenunciáveis, imprescritíveis e oponíveis *erga omnes*.

Foi a partir da Declaração dos Direitos Humanos e da Carta Constitucional de 1988 que a personalidade e os seus consequentes atributos ganharam especial destaque e proteção na ordem jurídica brasileira. *A doutrina em geral costuma classificar os direitos da personalidade em três grupos: direitos à integridade física (do corpo e do cadáver, aí incluídos o direito à vida, aos alimentos, às partes separadas do corpo vivo ou morto); direitos da integridade intelectual (direitos do autor, de inventor etc.); e direitos à integridade moral (honra, liberdade, recato, privacidade, intimidade etc.). Essa classificação, no entanto não é exaustiva, abrangendo um número limitado de hipóteses* (DELGADO, Mário Luiz. Direitos da personalidade nas relações de família. *In: Anais do V Congresso Brasileiro de Direito de Família*. Belo Horizonte: IBDFAM, 2005. p. 685).

No Direito de Família e Sucessões, eles se exemplificam tais como o direito à identidade e ao nome, à privacidade, à intimidade e à liberdade de escolha de um projeto parental conjugal, ao conhecimento da origem genética, à paternidade/maternidade socioafetiva, o direito de suceder do nascituro e do filho gerado por inseminação *post mortem* etc. O direito à busca da ancestralidade, por exemplo, é personalíssimo e, dessa forma, possui tutela jurídica especial, nos moldes dos arts. 5º e 225, da CF.

O Código Civil de 2002 dedicou um capítulo específico à tutela dos direitos da personalidade e possibilitou cumular o pedido de proteção com o de reparação civil pelo dano causado em face da violação: *Pode-se exigir que cesse a ameaça, ou a lesão, a direito da personalidade, e reclamar perdas e danos, sem prejuízo de outras sanções previstas em lei* (Art. 12, CCB). É o caso, por exemplo, do pedido de reparação civil nas relações paterno--filiais quando há o abandono afetivo.

DISPOSITIVOS NORMATIVOS

CCB – Arts. 11 a 21.

DIREITOS PERSONALÍSSIMOS – É o mesmo que direito indisponível.

DIRETIVAS ANTECIPADAS DE VONTADE [*ver tb. distanásia, eutanásia, ortotanásia, testamento vital*] – É o conjunto de desejos, prévia e expressamente manifestados pela pessoa, sobre cuidados e tratamentos que deseja receber, ou não receber, no momento em que estiver incapacitado de expressar, livre e autonomamente sua vontade (Art. 1º, Resolução nº 1995/12 do CFM). Recebe, vulgarmente, o nome de testamento vital, expressão emprestada do direito norte americano, tradução literal de *living will*. *O testamento vital não tem as mesmas características dos testamentos tradicionais, que são disposições para vigorarem após a morte do testador. É preciso que o paciente expresse sua vontade antes de perder a capacidade civil, por meio de escritura pública ou documento particular autêntico, devendo a manifestação estar acompanhada de declaração do médico assistente que ateste sua plena capacidade. O documento deve ser mantido aberto, para o conhecimento da família, dos médicos ou de um amigo. Também o paciente pode nomear um procurador para que tome as providências necessárias ao cumprimento das suas determinações* (DIAS, Maria Berenice. *Manual das sucessões*. São Paulo: Revista dos Tribunais, 2011. p. 379).

O médico responsável pelo paciente deve levar em consideração as diretivas antecipadas do paciente antes de determinar qual procedimento seguir. Caso o enfermo tenha designado terceiro para manifestar as diretivas em seu nome, deve o médico e sua equipe, de igual forma, levar em consideração as orientações desta pessoa, cuja nomeação assemelha-se ao testamenteiro. Ele somente está autorizado a ignorar as diretivas antecipadas se contiverem disposições contrárias ao Código de Ética Médica.

O CFM expediu a Resolução nº 2.232/2019, somando a Resolução nº 1995/2021 estabelecendo normas éticas para a recusa terapêutica por pacientes e objeção de consciência na relação médico-paciente. O artigo 2º da respectiva Resolução prevê que: *É assegurado ao paciente maior de idade, capaz, lúcido, orientado e consciente, no momento da decisão, o direito de recusa à terapêutica proposta em tratamento eletivo, de acordo com a legislação vigente. Parágrafo único. O médico, diante da recusa terapêutica do paciente, pode propor outro tratamento quando disponível.*

Nos Estados Unidos, as Diretivas Antecipadas de Vontade concedem imunidade penal e civil aos profissionais que executam suas disposições, não respondendo nenhum deles civilmente, administrativamente ou criminalmente.

DIRIMENTE – Ver impedimentos dirimentes, absolutos e relativos.

DISFORIA DE GÊNERO *[ver tb. Asssexualidade, cisgênero, Sexualidade, transexualidade].* É o descompasso entre a realidade biológica e a realidade psíquica, no que diz respeito a orientação de gênero. Ou seja, a pessoa que nasce com sexo masculino, mas se identifica como feminino e vice-versa. A sexualidade não se limita à anatomia dos órgãos genitais, mas sim a um conjunto de fatores psicológicos, sociais e culturais. O psicanalista Jurandir Freire, em entrevista ao Jornal do Psicólogo, de abril/95, indagado sobre algumas questões de seu livro, intitulado Homoerótico, respondeu: 'Minha proposta é que deixemos de identificar socialmente pessoas por suas preferências sexuais [...] Porque nos interessamos tanto pela preferência sexual das pessoas, a ponto de julgarmos muito importante identificá-las socialmente por este predicado? Quem disse que este mau hábito cultural tem de ser

eterno? É isto que, a meu ver, importa. Quando e de que maneira poderemos ensinar, convencer, persuadir as novas gerações de que classificar moralmente pessoas por suas inclinações sexuais é uma estupidez que teve, historicamente, péssimas consequências éticas. Muitos sofreram por isso; muitos mataram e morreram por essa crença inconsequente e humanamente perniciosa.

DISREGARD *[ver tb. desconsideração da personalidade jurídica, disregard inversa]* – Expressão da língua inglesa que significa ignorar. É um "remédio" legal utilizado para se chegar até a verdadeira realidade econômica de alguém que se esconde "atrás" de pessoa jurídica, isto é, que "blindou" seu patrimônio de forma a falsear sua realidade econômico-financeira.

Também conhecida como teoria da desconsideração da pessoa jurídica, possibilita ultrapassar os limites da personalidade jurídica das sociedades civis e empresárias para alcançar o patrimônio do sócio que maliciosamente se utiliza da autonomia gerencial e administrativa das sociedades para fraudar credores. O mau uso da figura societária fez surgir a necessidade de se relativizar sua autonomia, dando origem ao instituto.

A teoria da *disregard* tem início na Inglaterra no caso Salomon *versus* Salomon & Co., de 1897. Todavia, foi somente por meio dos estudos do alemão Rolf Serick que o instituto foi recepcionado no Direito europeu, e depois chegou aos tribunais dos EUA. *Na experiência norte-americana, o fundamento da desconsideração estava em promover sua aplicação sempre quando o conceito de pessoa jurídica fosse empregado para fraudar credores, eludir uma obrigação existente,* burlar uma norma, conseguir perpetuar um monopólio ou proteger o crime, estando detrás destas inúmeras referências da jurisprudência norte-americana, como principal elemento de constituição da base teórica, o fundamento jurídico da *disregard* na ocorrência do logro, da fraude propriamente dita, agindo o sócio ou a sociedade em evidente má-fé para burlar direito de terceiro ou mesmo da própria sociedade (MADALENO, Rolf. *A desconsideração judicial da pessoa jurídica e da interposta pessoa física no direito de família e no direito das sucessões*. Rio de Janeiro: Forense, 2013. p. 75).

No Brasil, o Código Civil de 2002 adotou o instituto da desconsideração da personalidade jurídica (Art. 50, CCB) para as demandas do Direito Empresarial, a fim de apurar casos de fraudes. A *disregard* no Direito de Família e Sucessões foi adaptada e utilizada pela primeira vez pelo jurista gaúcho Rolf Madaleno, nas ações de divórcio, pela teoria da *disregard* inversa, uma modalidade especial do instituto, em que se desconsidera o patrimônio pessoal do sócio, que agiu fraudulentamente, para transpor a obrigação à empresa que acobertou a fraude. A Lei nº 13.874/19, denominada como "Lei da Liberdade Econômica", fez alterações no artigo 50 do CCB/2002, prevendo que: *Em caso de abuso da personalidade jurídica, caracterizado pelo desvio de finalidade ou pela confusão patrimonial, pode o juiz, a requerimento da parte, ou do Ministério Público quando lhe couber intervir no processo, desconsiderá-la para que os efeitos de certas e determinadas relações de obrigações sejam estendidos aos bens particulares de administradores ou de sócios da pessoa jurídica beneficiados direta ou indiretamente pelo abuso. (Redação dada pela Lei nº 13.874, de*

2019) § 1º Para os fins do disposto neste artigo, desvio de finalidade é a utilização da pessoa jurídica com o propósito de lesar credores e para a prática de atos ilícitos de qualquer natureza. (Incluído pela Lei nº 13.874, de 2019) § 2º Entende-se por confusão patrimonial a ausência de separação de fato entre os patrimônios, caracterizada por: (Incluído pela Lei nº 13.874, de 2019) I – cumprimento repetitivo pela sociedade de obrigações do sócio ou do administrador ou vice-versa; (Incluído pela Lei nº 13.874, de 2019) II – transferência de ativos ou de passivos sem efetivas contraprestações, exceto os de valor proporcionalmente insignificante; e (Incluído pela Lei nº 13.874, de 2019) III – outros atos de descumprimento da autonomia patrimonial. (Incluído pela Lei nº 13.874, de 2019) § 3º O disposto no caput e nos §§ 1º e 2º deste artigo também se aplica à extensão das obrigações de sócios ou de administradores à pessoa jurídica. (Incluído pela Lei nº 13.874, de 2019) § 4º A mera existência de grupo econômico sem a presença dos requisitos de que trata o caput deste artigo não autoriza a desconsideração da personalidade da pessoa jurídica. (Incluído pela Lei nº 13.874, de 2019) § 5º Não constitui desvio de finalidade a mera expansão ou a alteração da finalidade original da atividade econômica específica da pessoa jurídica. (Incluído pela Lei nº 13.874, de 2019). O que se busca com essa alteração de 2019, é que a desconsideração da personalidade da pessoa jurídica, não seja utilizada de forma desproporcional, abusiva e desmedida.

A *disregard* é muito útil para a apuração de partilha de bens, para saber os rendimentos reais do empresário que deve pagar alimentos e proteção da legítima dos herdeiros necessários. A aplicação da *disregard* inversa para apuração dos ganhos reais do devedor de alimentos é balizada também pela teoria da aparência ou dos sinais exteriores de riqueza e encontra respaldo legal na Lei de Alimentos, que dispensa a apresentação de documentos para o pedido inaugural, uma grande ferramenta para se demonstrar a real possibilidade econômico-financeira do alimentante. O CPC/2015, nos seus arts. 133 à 137, tratou do incidente da desconsideração da personalidade jurídica.

DISPOSITIVOS NORMATIVOS

CCB – Art. 50.

CDC – Art. 28.

Lei nº 12.529/2011 – Lei Antitruste – Art. 18.

CPC/2015: arts. 133 a 137.

JURISPRUDÊNCIA

(...) Possível se mostra a desconsideração da personalidade jurídica da empresa constituída pelo casal, para a qual foram transferidos os bens conjugais e pessoais, pois verificado o intuito de fraudar a meação da esposa, reservando maior participação social ao varão. Neste ponto, ainda devem ser partilhados por metade a cada cônjuge, além dos bens amealhados no decorrer do casamento, aqui incluídas as cotas e as ações das empresas constituídas na constância do matrimônio, a valorização das ações ou quotas sociais do varão, também no período do matrimônio, relativamente às empresas das quais ele já era sócio quando do casamento. Entretanto, tal valorização deverá ser apurada em liquidação de sentença. (Ap. Cível nº 70042329458, Rel. Des. Roberto Carvalho Fraga, 7ª CC – TJRS. j. 24/08/2011).

DISREGARD INVERSA [*ver tb. disregard*] – É a relativização da personalidade jurídica da sociedade empresária de modo a responsabilizá-la patrimonialmente por ato lesivo ou abusivo praticado por seus sócios ou administradores. É chamada inversa, pois ao contrário da *disregard*, que alcança o patrimônio dos sócios pelos prejuízos causados pela empresa, atinge o patrimônio da pessoa jurídica quando o sócio a utiliza para simular negócios jurídicos ou praticar fraudes contra credores com abuso da personalidade jurídica. *Essa técnica jurídica de responsabilizar a sociedade empresaria por ato abusivo de seus sócios ou administradores é chamada de desconsideração da personalidade jurídica inversa, só se legitimando quando a sociedade se tornou mera extensão da pessoa física do sócio, como pode acontecer quando um cônjuge transfere maliciosamente os bens do casamento para a empresa da qual é sócio, entre tantas outras previsíveis situação de fraude a direitos e obrigações de ordem civil e especialmente familiar.* (MADALENO, Rolf. *A desconsideração judicial da pessoa jurídica e da interposta pessoa física no direito de família e no direito das sucessões.* Rio de Janeiro: Forense, 2013. p. 81).

A *disregard* inversa tem ampla aplicabilidade no Direito de Família e Sucessões, especialmente para evitar fraude na partilha de bens do casal, a apuração dos rendimentos do empresário que deve pagar alimentos e a proteção da legítima dos herdeiros necessários. No Direito de Família e Sucessões, foi adaptada e utilizada pela primeira vez pelo jurista gaúcho Rolf Madaleno nas ações de divórcio para a partilha, cujo sócio-cônjuge agiu fraudulentamente, escondendo-se atrás da pessoa jurídica para omitir seus rendimentos e bens, que deveriam ser partilhados com o cônjuge/companheiro. O CPC/2015 no seu art. 133, § 2º, prevê que aplica-se o disposto neste capítulo à hipótese de desconsideração inversa da personalidade jurídica.

JURISPRUDÊNCIA

(...) Mostra aplicável a desconsideração da personalidade jurídica como forma de dar eficácia aos direitos fundamentais de justiça e da dignidade da pessoa humana, porquanto evidenciada a tentativa, formalmente concretizada, de alijar a ex-companheira, com quem o cessionário das cotas sociais viveu por quase 30 anos, dos alimentos de que ela faz jus e necessita para sua própria mantença. Caso em que o ex-companheiro procedeu consciente e paulatinamente à transferência aos filhos-consócios de quase todo o seu patrimônio, consistente na totalidade das cotas de duas sociedades, das quais era sócio majoritário, reduzindo-se ao estado de quase insolvência, permanecendo com pensão do INSS de pouco mais de R$ 1.000,00 mensais, o que conflita com o elevado padrão de vida a que estava acostumado e com o seu atual estado de saúde. Transferências de cotas sociais que visam à reserva dos bens em família e constituem negócio jurídico dissimulado que não tem eficácia perante a embargada. (Eb. Infringentes 70027161579, Rel. Des. André Luiz Planella Villarinho, Quarto Grupo de Câmaras Cíveis, TJRS. j. 20/03/2009).

ILUSTRAÇÃO

Marco Túlio Rezende. P. 233.

DISSOLUÇÃO DA SOCIEDADE CONJUGAL [*ver tb. divórcio, mudança de regime de bens, pacto pós-nupcial*] – A sociedade conjugal, quando constituída pelo casamento, dissolve-se pelo divórcio, morte, nulidade e anulação. Pode-se dissolver a sociedade conjugal e não dissolver a sociedade patrimonial constituída em decorrência do casamento. Contudo, não se pode dissolver a sociedade patrimonial, a não ser que se faça a mudança do regime de bens e se estabeleça um pacto pós-nupcial.

Se a sociedade conjugal é decorrente da união estável, sua dissolução pode ser feita por instrumento particular, escritura pública ou judicialmente.

DISSOLUÇÃO DA UNIÃO ESTÁVEL

[*ver tb. conversão da união estável em casamento, união estável*] – O vínculo conjugal constituído pela união estável se dissolve pela morte de um dos sujeitos da relação, denominados de companheiros ou conviventes, ou, se em vida, quando o amor acaba, ou por razões que, às vezes, nem mesmo os próprios conviventes sabem. Embora não seja obrigatório, é conveniente que o fim desta união seja formalizado. Isto dará mais segurança jurídica às partes, evitando que nos dez anos seguintes, que é o prazo prescricional (Art. 205, CCB), se faça reivindicações decorrentes da união estável.

Se consensual, pode ser feita em documento particular, por escritura pública ou homologação de acordo judicial. Se litigiosa, a dissolução obviamente será pela via judicial. Neste caso, se houver contrato escrito de união estável, seja por instrumento público (escritura) ou particular, o processo será bem mais simples, pois já está demarcado ali o termo inicial da união estável. Caso contrário, a atribuição de direitos daí decorrentes será antecedida pela discussão do termo inicial, e que geralmente há divergências entre as partes, especialmente quando se tratar de uniões estáveis heteroafetivas.

Homens e mulheres têm visões diferentes sobre o amor e o compromisso. E por isso divergem sobre o início da união estável, ou seja, até quando a relação era namoro, e a partir de quando passou a ser união estável, são pontos de vista diferentes, e às vezes divergentes, do universo masculino e feminino.

LINGUAGEM POÉTICA

Ainda vai levar um tempo / Pra fechar / O que feriu por dentro / Natural que seja assim / Tanto pra você

Quanto pra mim...

Ainda leva uma cara / Pra gente poder dar risada / Assim caminha a humanidade / Com passos de formiga / E sem vontade...

Não vou dizer que foi ruim / Também não foi tão bom assim / Não imagine que te quero mal / Apenas não te quero mais...

(*Assim caminha a humanidade* – Letra e música de Lulu Santos).

DISSOLUÇÃO DO CASAMENTO [*ver tb. divórcio, morte, anulação e nulidade de casamento*] – Do latim *dissolutio*, desligar, separar. É a extinção do casamento, da sociedade conjugal, que se opera pela morte de um dos cônjuges, nulidade/anulação e divórcio. Nas palavras da lei: *A sociedade conjugal termina: I – pela morte de um dos cônjuges; II – pela nulidade ou anulação do casamento; III – pela separação judicial; IV – pelo divórcio* (Art. 1.571, CCB).

Antes da Emenda Constitucional nº 66/2010, que extinguiu o instituto da separação judicial, havia um jogo de palavras entre dissolver e terminar, para sustentar a incoerência jurídica do texto legislativo de que a separação judicial não dissolvia o casamento, apenas o terminava: *O casamento válido só se dissolve pela morte de um dos cônjuges ou pelo divórcio, aplicando-se a presunção estabelecida neste Código quanto ao ausente* (Art. 1.571, § 1º, CCB).

Com a dissolução do casamento pelo divórcio, os cônjuges passam a ter o estado civil de divorciados, se pela morte, viú-

vo(a); e se o casamento deixou de existir pela nulidade ou anulação volta-se ao estado civil de solteiros.

LINGUAGEM POÉTICA

"Vedina ficou, mesmo tendo um casamento que a consumia como uma doença terminal. Não parece óbvio querer se livrar de uma doença terminal? Acaso não sofria? Sim, sofria, e engana-se quem pensa que tomamos decisões contra a nossa vontade. É nossa vontade que se impõe contra nós e age!

Uma vez, ele fez as malas. Mas ela as desfez. Pensou ter visto um desamparo tão grande que se comoveu. Mas miolo da rocha é mais rocha. E uma mulher não se deve enganar quanto a isso: se é preciso força para tocar no amor de um homem, melhor deixá-lo."

(MADEIRA, Carla. *Véspera*. Rio de Janeiro: Record, 2021, p. 87).

DISSOLUÇÃO DO VÍNCULO CONJUGAL [*ver tb. dissolução de união estável, dissolução do casamento*] – O vínculo conjugal, quando decorrente do casamento, dissolve-se pela morte, divórcio, nulidade ou anulação. Se decorrente da união estável, embora não seja obrigatório, mas conveniente, pode ser dissolvido por escritura pública, escrito particular entre as partes ou homologação judicial. Se a dissolução não for consensual, obviamente será pela via judicial, ainda que as partes tenham feito contrato escrito em que se estabelece o termo inicial e final da união estável, e os direitos daí decorrentes.

A dissolução do vínculo conjugal, mesmo quando feito consensualmente, seja por necessidade ou desejo, está sempre envolvido em dor e sofrimento. É o mo-

D

mento em que o sujeito se depara com o seu inexorável vazio e com sentimentos de desamparo, perda, rejeição, culpa etc. Se o amor acabou, e a conjugalidade chegou ao final, é preciso ter coragem para enfrentar a dor da separação.

A separação, às vezes, é um compromisso com a saúde, é um ato de responsabilidade.

LINGUAGEM POÉTICA

Quando você foi embora fez-se noite em meu viver / Forte eu sou, mas não tem jeito, hoje eu tenho que chorar / Minha casa não é minha, e nem é meu este lugar / Estou só e não resisto, muito tenho pra falar

Solto a voz nas estradas, já não quero parar / Meu caminho é de pedras, como posso sonhar / Sonho feito de brisa, vento vem terminar / Vou fechar o meu pranto, vou querer me matar

Vou seguindo pela vida me esquecendo de você /

Eu não quero mais a morte, tenho muito que viver / Vou querer amar de novo e se não der não vou sofrer /

Já não sonho, hoje faço com meu braço o meu viver

Solto a voz nas estradas, já não quero parar / Meu caminho é de pedras, como posso sonhar / Sonho feito de brisa, vento vem terminar / Vou fechar o meu pranto, vou querer me matar

(*Travessia* – Letra e música de Milton Nascimento).

DISTANÁSIA [*ver tb. Eutanásia; orto-tanásia, mistanásia*]. O prefixo grego dis, tem o significado de afastamento. Distanásia significa obstinação terapêutica para adiar a morte. Prolongamento desnecessário da vida por meio do uso de remédios, fazendo em muitos casos, que traga sofrimento desnecessário para os pacientes que se encontram em estágio terminal.

JURISPRUDÊNCIA

(...) (c) a distanásia, também chamada "obstinação terapêutica" (L'archement thérapeutique) e "futilidade médica" (medical futility), pela qual tudo deve ser feito, mesmo que o tratamento seja inútil e cause sofrimento atroz ao paciente terminal, quer dizer, na realidade não objetiva prolongar a vida, mas o processo de morte, e por isso também é chamada de "morte lenta", motivo pelo qual admite-se que o médico suspenda procedimentos e tratamentos, garantindo apenas os cuidados necessários para aliviar as dores, na perspectiva de uma assistência integral, respeitada a vontade do paciente ou de seu representante legal. (TJ-RS, AC 70054988266 RS, Rel. Des. Des: Irineu Mariani, 1ª Câmara Cível, j. 20/11/2013).

DÍVIDA DO ESPÓLIO [*ver tb. espólio*] – O espólio é responsável por quitar as dívidas do falecido. Espólio é o conjunto de direitos e deveres pertinentes ao *de cujus*, e inclui o patrimônio ativo e o passivo, ou seja, dívidas e obrigações. *A herança responde pelo pagamento das dívidas do falecido; mas, feita a partilha, só respondem os herdeiros, cada qual em proporção da parte que na herança lhe coube* (Art. 1.997, CCB).

Não fazem parte do espólio as obrigações personalíssimas e intransmissíveis, pois elas se extinguem com a morte do autor da herança. A função do espólio é liquidar a herança, quitar todas as dívidas, efetuar a partilha, se houver saldo positivo.

Caso o espólio não consiga quitar todas as dívidas deverá pedir para declarar insolvência, ficando prejudicada a partilha, mas não respondendo os herdeiros por encargos superiores às forças da herança (Art. 1.792, CCB). *As dívidas que decorrem do próprio processo de inventário também são de responsabilidade do espólio, pois surgiram após a morte do autor da herança. São chamadas dívidas póstumas. Nestas se incluem as despesas do funeral. Mas há uma exceção, aliás, bastante mesquinha. Como sempre a linguagem do Código é para lá de antiquada. Fala em "sufrágio por alma do falecido". Quer dizer que o patrimônio do de cujus responde pelo seu sepultamento, mas não pelas cerimônias de natureza religiosa. Talvez porque o Brasil seja um país laico! Só existe a responsabilidade do pagamento pelo espólio quando as solenidades foram ordenadas em codicilo* (DIAS, Maria Berenice. *Manual das sucessões*. 2. ed. São Paulo: Revista dos Tribunais, 2011. p. 574).

DISPOSITIVOS NORMATIVOS

CCB – Arts. 1.997 a 2.001.

DÍVIDA HEREDITÁRIA – É a que se transmite com a herança. No ordenamento jurídico brasileiro não há a transmissão de dívida do *de cujus* para os herdeiros. Havendo obrigações ativas, o espólio responderá por elas até o limite das forças da herança: *No prazo de trinta dias, a contar da abertura da sucessão, instaurar-se-á inventário do patrimônio hereditário, perante o juízo competente no lugar da sucessão, para fins de liquidação e, quando for o caso, de partilha da herança* (Art. 1.796, CCB).

Quando a dívida aparecer depois da partilha, deve ser atendida pelos herdeiros, mas até o limite de seus quinhões, ou seja, os bens particulares dos herdeiros não respondem pelas dívidas do autor da herança (Art. 1.792, CCB).

DIVÓRCIO [*ver tb. casamento, desamparo, divórcio consensual, divórcio litigioso, ritos de passagem*] – Do latim *divortium*, de *divortere*, separar-se ou apartar-se. É uma das formas de dissolução do casamento, assim como a morte e a anulação. Divorcia-se, às vezes por necessidade (violência, incompatibilidades) ou simplesmente pelo desejo.

O divórcio foi introduzido no Brasil em 1977, pela Emenda Constitucional nº 9 e regulamentada pela Lei nº 6.515/77, precedida de uma longa batalha política legislativa, liderada pelo então Senador Nelson Carneiro. Embora a Igreja Católica tenha se divorciado do Estado com a Constituição de 1891, e deixado de ser religião oficial, sua influência, agora associada a outras religiões, foi e ainda é muito grande na elaboração de leis que trazem consigo algum conteúdo moral, como é o divórcio.

Para que fosse aprovada a Lei nº 6.515/77, foi necessário fazer algumas concessões, e o divórcio foi dificultado ao máximo: só era possível se divorciar uma única vez, era necessário o prazo de cinco anos de separação de fato para o divórcio direto e três para o indireto (ou por conversão). O desquite, embora tivesse mudado o nome para separação judicial, continuaria vigorando; afinal, os católicos não deveriam se divorciar. E assim foi mantido o esdrúxulo e inútil instituto da separação judicial.

A Constituição da República de 1988, art. 226, § 6º, reproduziu o sistema dual de dissolução do casamento, repetindo a velha fórmula. Apenas reduziu os prazos para dois anos para a concessão do divórcio direto e de um ano para a conversão de separação judicial em divórcio. Após mais de três décadas de divórcio no Bra-

D

sil, pode-se constatar que a família não foi destruída e não piorou em razão dele, mesmo com a elasticização de algumas regras, tais como a possibilidade de se divorciar várias vezes e a diminuição do seus prazos. Ao contrário, as pessoas estão mais felizes e mais autênticas para estabelecerem seus vínculos amorosos e conjugais.

A família mudou, mas não está em desordem, e esta constatação colaborou para viabilizar a aprovação da Emenda Constitucional nº 66/10, facilitando e simplificando o divórcio de casais ainda mais. Ela é fruto do amadurecimento da sociedade e da evolução do pensamento jurídico, e deu nova redação ao § 6º do art. 226 da Constituição Federal: *O casamento civil pode ser dissolvido pelo divórcio*. Foi suprimido o requisito de prévia separação judicial por mais de um ano ou de comprovada separação de fato por mais de dois anos, extirpando o anacrônico instituto da separação judicial, bem como eliminando a discussão de culpa pelo fim do casamento.

Divórcio de casais não é nada fácil ou simples, mesmo quando consensual. Envolve sempre sofrimento e dor, ainda que tenha um sentido de libertação. O fim da conjugalidade é um momento que se depara, novamente, com o desamparo estrutural do ser humano. Depara-se consigo mesmo e com o vazio existencial. O amor perfeito, ou quase perfeito, era pura ilusão, ou simplesmente acabou. Sabe-se, por isso, que o amor perfeito é perfeitamente impossível.

Um dos mais sofridos e traumáticos ritos de passagem em nossa vida é o da separação conjugal. Alguns não conseguem transpor este ritual e viver o luto necessário e ficam eternamente unidos pelo litígio judicial. Quando o divórcio é consensual, é possível colocar um ponto-final àquele amor desgastado, sofrer menos e proteger mais os filhos das consequências, às vezes maléficas, de uma separação litigiosa.

O processo judicial litigioso é a materialização de uma realidade subjetiva e uma tentativa de não se desvincular, embora o discurso da aparência seja o contrário. O casal fica unido pelas histórias de degradação um do outro. O ódio une mais que o amor. E, assim, permanecem anos e anos utilizando-se do aparelho judiciário para sustentar um "gozo" com o sofrimento. Quando o casamento acaba é preciso vivenciar o processo psíquico

da separação e depois o processo em seu sentido objetivo, judicial ou extra-judicial.

O fim da conjugalidade não significa o fim da família, nem o fim da felicidade. Ao contrário, separa-se para ser feliz. Casais com filhos têm uma responsabilidade maior com a manutenção do vínculo conjugal, mas isso não significa que têm de ficar juntos para sempre em razão deles. Os filhos estarão melhor à medida que os pais estiverem melhor. A ideia de que os filhos de pais separados não são felizes, ou serão problemáticos, não é verdadeira. E nem mesmo do ponto de vista social não há mais o peso do preconceito que recaía sobre eles e sobre as mulheres "desquitadas".

LINGUAGEM LITERÁRIA

O amor acaba. Numa esquina, por exemplo, num domingo de lua nova, depois de teatro e silêncio; acaba em cafés engordurados, diferentes dos parques de ouro onde começou a pulsar; de repente, ao meio do cigarro que ele atira de raiva contra um automóvel ou que ela esmaga no cinzeiro repleto, polvilhando de cinzas o escarlate das unhas; na acidez da aurora tropical, depois duma noite votada à alegria póstuma, que não veio; e acaba o amor no desenlace das mãos no cinema, como tentáculos saciados, e elas se movimentam no escuro como dois polvos de solidão; como se as mãos soubessem antes que o amor tinha acabado; na insônia dos braços luminosos do relógio; e acaba o amor nas sorveterias diante do colorido *iceberg*, entre frisos de alumínio e espelhos monótonos; (...)no inferno o amor não começa; na usura o amor se dissolve; em Brasília o amor pode virar pó; no Rio, frivolidade; em Belo Horizonte,

remorso; em São Paulo, dinheiro; uma carta que chegou depois, o amor acaba; uma carta que chegou antes, e o amor acaba; na descontrolada fantasia da libido; às vezes acaba na mesma música que começou, com o mesmo drinque, diante dos mesmos cisnes; e muitas vezes acaba em ouro e diamante, dispersado entre astros; e acaba nas encruzilhadas de Paris, Londres, Nova Iorque; no coração que se dilata e quebra, e o médico sentencia imprestável para o amor; e acaba no longo périplo, tocando em todos os portos, até se desfazer em mares gelados; e acaba depois que se viu a bruma que veste o mundo; na janela que se abre, na janela que se fecha; às vezes não acaba e é simplesmente esquecido como um espelho de bolsa, que continua reverberando sem razão até que alguém, humilde, o carregue consigo; às vezes o amor acaba como se fora melhor nunca ter existido; mas pode acabar com doçura e esperança; uma palavra, muda ou articulada, e acaba o amor; na verdade; o álcool; de manhã, de tarde, de noite; na floração excessiva da primavera; no abuso do verão; na dissonância do outono; no conforto do inverno; em todos os lugares o amor acaba; a qualquer hora o amor acaba; por qualquer motivo o amor acaba; para recomeçar em todos os lugares e a qualquer minuto o amor acaba.

(CAMPOS, Paulo Mendes. *O amor acaba*. Rio de Janeiro: Civilização Brasileira, 1999. p. 21).

ILUSTRAÇÃO

Sérgio Lima. P. 238.

DIVÓRCIO *AD VINCULAR* – Ver divórcio *ad vinculo matrimonii*.

D

DIVÓRCIO *AD VINCULO MATRIMONII* [ver tb. divórcio, separação judicial, divórcio]

– Expressão oriunda do Direito Canônico, indica a cessação do complexo de direitos e obrigações inerentes à vida comum dos cônjuges, mantendo, porém, o vínculo matrimonial. É que a Igreja Católica considera o segundo casamento civil uma afronta aos dogmas religiosos. Equipara-se à separação judicial, que vigorou no Brasil até o ano de 2010, quando a Emenda Constitucional nº 66/10, reafirmando a laicidade do Estado, simplificou o divórcio e eliminou do ordenamento jurídico o instituto da separação judicial. Também conhecido como divórcio a vinculo.

DIVÓRCIO ADMINISTRATIVO – Ver divórcio extrajudicial.

DIVÓRCIO AVUNCULAR [ver tb. casamento avuncular]

– É a dissolução conjugal da união formada entre tio e sobrinha ou sobrinho e tia, parentes colaterais em terceiro grau.

DIVÓRCIO CONSENSUAL [ver tb. divórcio extrajudicial, divórcio judicial consensual]

– É o divórcio amigável, isto é, com concordância de ambas as partes. Pode ser feito judicialmente ou extrajudicialmente, via escritura pública, quando não houver filhos menores ou incapazes, ou se as cláusulas relativas a eles já estiverem decididas judicialmente.

Na petição do divórcio consensual deve constar as disposições relativas as cláusulas pessoais (guarda, convivência familiar e alteração do nome, se houver) e econômicas (pensão e partilha de bens).

Se os cônjuges não acordarem sobre a partilha dos bens, pode-se fazê-la depois de homologado o divórcio.

O CPC/2015, no seu art. 961, § 5º, prevê que a sentença estrangeira de divórcio consensual produz efeitos no Brasil, independentemente de homologação pelo Superior Tribunal de Justiça. O CNJ, por meio do Provimento nº 53/2016, visando padronização, disciplinou sobre a averbação direta por oficial de registro civil das pessoas naturais da sentença estrangeira de divórcio consensual simples ou puro, no assento de casamento, independentemente de homologação judicial.

LINGUAGEM POÉTICA

Depois de sonhar tantos anos / De fazer tantos planos / De um futuro pra nós / Depois de tantos desenganos / Nós nos abandonamos como tantos casais / Quero que você seja feliz / Hei de ser feliz também

Depois de varar madrugada / Esperando por nada / De arrastar-me no chão / Em vão / Tu viraste-me as costas / Não me deu as respostas / Que eu preciso escutar / Quero que você seja melhor / Hei de ser melhor também

Nós dois / Já tivemos momentos / Mas passou nosso tempo / Não podemos negar / Foi bom / Nós fizemos história / Pra ficar na memória / E nos acompanhar / Quero que você viva sem mim / Eu vou conseguir também

Depois de aceitarmos os fatos / Vou trocar seus retratos pelos de um outro alguém / Meu bem / Vamos ter liberdade / Para amar à vontade / Sem trair mais ninguém / Quero que você seja feliz / Hei de ser feliz também / Depois

(*Depois* – Letra e música de Marisa Monte).

DIVÓRCIO DIRETO [*ver tb. divórcio, divórcio indireto*] – Expressão utilizada, até o advento da Emenda Constitucional nº 66/10, que acabou com o instituto da separação judicial, para designar o divórcio, consensual ou litigioso, feito sem passar pelo "purgatório" da separação judicial, isto é, sem que houvesse conversão de separação judicial em divórcio, como era exigido pela lei, caso tivesse tempo de separação de fato suficiente para requerê-lo.

Para o divórcio direto era necessário, inicialmente, 5 anos de separação de fato. A Lei nº 7.841/89 reduziu esse prazo para 2 anos. Com a Emenda Constitucional nº 66/10 não se exige nenhum prazo para se requerer o divórcio.

DIVÓRCIO EXTRAJUDICIAL [*ver tb. casamento, divórcio, união estável*] – Introduzido pela Lei nº 11.441/07, com base no princípio da menor intervenção do Estado na esfera da vida privada e intimidade dos cidadãos, veio facilitar e simplificar a dissolução do casamento, possibilitando que seja feito por meio de escritura pública, se consensual e não tiver filhos menores. Também conhecido como divórcio administrativo ou cartorário. Não há intervenção do Ministério Público e não é sigiloso. É necessária a presença de advogado ou defensor público. As regras, os documentos e o conteúdo do texto do divórcio extrajudicial são praticamente os mesmos do processo pela via judicial.

A escritura pública do divórcio, bem como todos os atos notariais previstos na Lei nº 11.441/07 são procedimentos de jurisdição voluntária e podem ser feitos em qualquer tabelião de notas e não seguem as regras de competência do Código de Processo Civil: *É livre a escolha do tabelião de notas, qualquer que seja o domicílio das partes ou o lugar de situação dos bens objeto do ato ou negócio* (Art. 8º, Lei nº 8.935/94). Para a sua lavratura, basta que apresente certidão de casamento e o pacto antenupcial, se houver, documento que identifique os divorciandos, o número do CPF, a certidão de nascimento ou qualquer documento que comprove a existência de filhos maiores e capazes (para capacidade basta declaração), documentos relativos à comprovação da titularidade dos bens móveis e imóveis.

Se não puderem comparecer, os cônjuges poderão se fazer representar por mandatário especialmente constituído para aquele fim, por meio de instrumento público, cujo prazo de validade é de trinta dias (Art. 657, CCB).

É recomendável que em tal instrumento se tenha a descrição, ou pelo menos menção às cláusulas essenciais. A liberdade estabelecida com a Lei nº 11.441/07 de se fazer o divórcio em cartório é um facilitador da vida das pessoas e pode ajudar a desafogar o excessivo volume de processos no Judiciário.

O CPC/2015, no seu art. 733, incluiu estado gravídico para obrigatoriamente ser realizado no Poder Judiciário, com a seguinte previsão: *O divórcio consensual, a separação consensual e a extinção consensual de união estável, não havendo nascituro ou filhos incapazes e observados os requisitos legais, poderão ser realizados por escritura pública, da qual constarão as disposições de que trata o art. 731. O CNJ, por meio da Resolução 220/2016, vem reforçar a previsão no código processualista, modificando a Resolução 35/2007 e acrescentando*

D

inexistência de gravidez ou desconhecimento acerca desta circunstância, para que se possa fazer o divórcio diretamente no cartório.

Várias corregedorias estaduais já deliberaram pela possibilidade do divórcio extrajudicial, quando há filhos menores, desde que as questões relativas a esses filhos menores, já tenham sido deliberadas judicialmente. Há decisões judiciais nesse sentido, como se vê exemplificativamente, no julgado: (...) Frise-se que, se a transmissão da herança se dá imediata e automaticamente com o óbito da pessoa, pelo chamado direito de saisine (CC art. 1.784), não há porque recorrer ao Judiciário, quando a partilha se fizer de forma ideal ou igualitária, havendo ou não menores interessados. No caso dos autos, a falecida deixou o cônjuge e dois filhos, sendo que a partilha será estabelecida de forma ideal, sem nenhum tipo de alteração do pagamento dos quinhões hereditários, não havendo risco de prejuízo aos menores envolvidos. Cabe o registro, ainda, que o excelente serviço prestado pelos tabeliães do Brasil tornam o processamento do inventário extrajudicial muito mais célere e eficiente, além de atender à normatividade. Ante o exposto, tendo em vista que não se verifica a existência de qualquer prejuízo para os menores, que devem ser protegidos, defiro a expedição de alvará para autorizar que o inventário dos bens deixados por seja processado pela via extrajudicial.(...) TJSP, Processo nº 1016082-28.2021.8.26.0625, Juiz Érico Di Prospero Gentil Leite).

O Provimento do CNJ nº 100/2020 dispõe sobre a prática de atos notariais eletrônicos utilizando o sistema e-Notariado. Dessa forma, os cartórios de notas poderão realizar seus procedimentos a distância e por meio eletrônico, com a utilização da videoconferência e da assinatura digital. Com isso, é possível, inclusive o divórcio digital, por videoconferência. O grande significado desse provimento é não só de melhorar algumas questões do divórcio, mas principalmente de acertar o passo com a sociedade digital. A Lei 14.382/2022 que dispõe sobre o sistema eletrônico dos Registros Públicos deu mais um passo adiante, para sintonizar o Direito com a sociedade digital.

DISPOSITIVOS NORMATIVOS

Lei nº 11.441/07 – Possibilita a realização de inventário, partilha, separação consensual e divórcio consensual por via administrativa.

Lei nº 8.935/94 – Dispõe sobre serviços notariais e de registro.

Resolução nº 35/07 do CNJ.

Provimento nº 100/2020 do CNJ.

Lei nº 14.382/2022.

LINGUAGEM POÉTICA

Ex-amor, / Gostaria que tu soubesses / O quanto que eu sofri / Ao ter que me afastar de ti. / Não chorei! / Como um louco eu até sorri, / Mas no fundo só eu sei / Das angústias que senti.

Sempre sonhamos / Com o mais eterno amor. / Infelizmente, / Eu lamento, mas não deu... / Nos desgastamos / Transformando tudo em dor, / Mas mesmo assim / Eu acredito que valeu. / Quando a saudade bate forte / É envolvente. / Eu me possuo / E é na sua intenção, / Com a minha cuca / Naqueles momentos quentes / Em que se acelerava o meu coração.

(*Ex-amor* – Letra e música de Martinho da Vila).

DIVÓRCIO INDIRETO [*ver tb. divórcio, divórcio direto*] – Expressão utilizada até o advento da Emenda Constitucional nº 66/10, que eliminou o instituto da separação, para designar o divórcio resultante da conversão da separação judicial após determinado lapso temporal.

Também conhecido como Divórcio por conversão, introduzido pela Lei nº 6.515/77, era necessário, inicialmente três anos de separação judicial para convertê-lo em divórcio. A CR/88 diminuiu ainda mais, estabelecer o prazo de um ano. Portanto, o divórcio atualmente só é feito de forma direta, sem passar antes pelo purgatório da separação como era até julho de 2010.

DIVÓRCIO JUDICIAL CONSENSUAL

[*ver tb. divórcio, divórcio extrajudicial*] – É o divórcio amigável feito judicialmente. Seja qual for a forma jurídica pela qual o casamento acaba, isto é, pelo divórcio consensual ou litigioso, as cláusulas a serem discutidas e estabelecidas são as mesmas. Essas cláusulas se classificam em pessoais e econômicas. Nos aspectos pessoais, as cláusulas relativas à mudança de nome, guarda e convivência familiar; nos aspectos econômicos, pensão alimentícia e partilha de bens.

Para que seja possível estabelecer uma discussão saudável em um divórcio consensual é necessário "desmisturar" os elementos subjetivos que permeiam a objetividade destas cláusulas. Na maioria das vezes, o litígio se instala em razão da incapacidade de as partes não separarem uma coisa da outra. Do ponto de vista jurídico, divorciar é simples, é raciocínio objetivo e aritmético, mas, na prática, isso nem sempre acontece. É que as questões de amor e ódio, quando mal resolvidas, atravessam constantemente os elementos objetivos e impedem, ou dificultam, que se estabeleçam cláusulas estritamente dentro de uma objetividade. Além disso, ou talvez até por isso, a concepção de justo e justiça podem ter ângulos de visão diferentes para cada uma das partes.

A ação de divórcio consensual só pode ser proposta em pedido formulado por ambos os cônjuges. Em caso de incapacidade de uma ou de ambas as partes, pelo curador, ascendente ou irmão (Art. 1.582, CCB), e enquadra-se na categoria especial dos procedimentos voluntários. Na petição não precisa e não devem constar os motivos do divórcio. É necessário estar acompanhada da certidão de casamento e do pacto antenupcial se houver, da certidão de nascimento dos filhos e, obrigatoriamente, deve constar o acordo relativo à guarda dos filhos e as regras de convivência familiar, bem como o valor da pensão alimentícia aos filhos e aos cônjuges, ainda que seja para dizer que houve dispensa entre eles.

A partilha não é requisito obrigatório do divórcio. Se não houver filhos menores, o divórcio consensual pode ser realizado, também por escritura pública (Lei nº 11.441/07).

LINGUAGEM POÉTICA

Amor, então, também acaba? / Não que eu saiba. / O que eu sei é que se transforma / Numa matéria-prima / Que a vida se encarrega de transformar em raiva / Ou em rima.

(*O jogo do amor* – Paulo Leminsky).

D

DIVÓRCIO JUDICIAL LITIGIOSO [*ver tb. divórcio, partilha, pensão alimentícia*] – É o divórcio judicial proposto unilateralmente por um dos cônjuges, quando o outro recusa-se a fazê-lo consensualmente. A Emenda Constitucional nº 66/10 simplificou a estrutura do divórcio, eliminando prazos desnecessários para requerê-lo, e extinguiu o inútil instituto da separação judicial.

No divórcio litigioso, não se discute causa e nenhum motivo é necessário apresentar ao Estado-juiz. Basta o desejo de se divorciar. Não há contestação possível capaz de fazê-lo ser indeferido e portanto tornou-se um direito potestativo. Os únicos requisitos e documentos exigíveis são a certidão de casamento e o pacto antenupcial, quando houver. Antes da EC/66 era necessário comprovar o tempo de separação de fato. Até a CR 1988 exigia-se o prazo de cinco anos e depois da CR/88 reduziu-se este prazo para dois anos. No divórcio indireto, ou seja, na conversão de separação judicial em divórcio, era necessário 1 ano de separação judicial e antes da CR 1988, 3 anos.

O divórcio traz consigo consequências pessoais e patrimoniais. As pessoais são mudança de nome, guarda e convivência com os filhos (visitas). As patrimoniais ou econômicas são a partilha de bens e pensão alimentícia. O divórcio pode ser decretado e essas cláusulas continuarem sendo discutidas judicialmente, em processo autônomo ou no mesmo processo.

LINGUAGEM POÉTICA

Me larga, não enche / Você não entende nada e eu não vou te fazer entender / Me encara de frente: / É que você nunca quis ver, não vai querer, não quer ver / Meu lado, meu jeito / O que eu herdei de minha gente e nunca posso perder / Me larga, não enche / Me deixa viver, me deixa viver, me deixa viver, me deixa viver

Cuidado, ô xente! / Está no meu querer poder fazer você desabar / Do salto, nem tente / Manter as coisas como estão porque não dá, não vai dar / Quadrada, demente / A melodia do meu samba põe você no lugar / Me larga, não enche / Me deixa cantar, me deixa cantar, me deixa cantar, me deixa cantar

Eu vou / Clarificar a minha voz / Gritando: nada mais de nós! / Mando meu bando anunciar: / Vou me livrar de você

Harpia, aranha / Sabedoria de rapina e de enredar, de enredar / Perua, piranha / Minha energia é que mantém você suspensa no ar / Pra rua! se manda / Sai do meu sangue, sanguessuga que só sabe sugar / Pirata, malandra / Me deixa gozar, me deixa gozar, me deixa gozar, me deixa gozar

Vagaba, vampira / O velho esquema desmorona desta vez pra valer / Tarada, mesquinha / Pensa que é a dona e eu lhe pergunto: quem lhe deu tanto axé? / À-toa, vadia / Começa uma outra história aqui na luz deste dia D: / Na boa, na minha / Eu vou viver dez / Eu vou viver cem / Eu vou viver mil / Eu vou viver sem você

(*Não enche* – Letra e música de Caetano Veloso).

DIVÓRCIO NUNCUPATIVO [*ver tb. divórcio post mortem, casamento nuncupativo*] – Do latim *nuncupare*, nomear, enunciar, denominar, expressar em palavras. É o divórcio realizado, em circunstâncias excepcionais, sem o cumprimento das formalidades ordinariamente exigidas, quando um deles – ou ambos – estiverem diante de iminente risco de morte. Como não se tem previsão expressa desse procedimento, por analogia aplica-se os mesmos critérios, em similitude com o casamento nuncupativo, isto é, em iminente risco de vida de um dos cônjuges.

Se o divórcio é um direito potestativo, e tem sido concedido liminarmente, em tutela de evidência (art. 311, CPC/15), é possível que ele seja concedido a uma pessoa, especialmente se ela já estiver separada de fato, que manifeste firme e inequivocamente, o seu desejo de romper oficialmente o vínculo conjugal, e não dá tempo, em razão da morte iminente, ir ao Judiciário fazer tal pedido. Neste caso, deverão ser seguidas de regras do casamento nuncupativo: presença de seis testemunhas, que com eles não tenham parentesco em linha reta, ou na colateral, em segundo grau. Feito o divórcio, deverão comparecer, dentro de 5 (cinco) dias, perante a autoridade judiciária mais próxima, a fim de que sejam reduzidas a termo as declarações (Art. 1.541, CCB). Transitada em julgado a sentença, o Juiz mandará expedir o mandado de averbação. Se a doutrina e jurisprudência admitem divórcio *post mortem*, da mesma forma é possível divórcio nuncupativo.

DIVÓRCIO POR CONVERSÃO – Ver divórcio indireto.

DIVÓRCIO *POST MORTEM* [ver tb. adoção post mortem, divórcio nuncupativo] – É o mesmo que divórcio póstumo. É aquele que se dá mesmo após a morte dos cônjuges, e produz efeitos retroativos ao do óbito. É possível decretar o divórcio após a morte de uma, ou de ambas as partes, se já havia processo judicial em curso, e expressa e inequívoca manifes-

tação de uma ou de ambas as partes pelo fim do casamento, e especialmente se já havia separação de corpos e/ou de fato entre o casal. O único requisito para o divórcio, após a Emenda Constitucional nº 66/2010, é a vontade das partes. Assim, se elas já haviam se manifestado neste sentido, a vontade do falecido deve ser respeitada. Sendo real a separação de fato, não existem razões para o *status* de viúvo do sobrevivente. Isso porque, independentemente do regime de bens adotado quando do casamento, o cônjuge é herdeiro necessário. Assim, pode vir a concorrer na herança em igualdade com outros herdeiros necessários do *de cujus*, mesmo já não existindo mais qualquer comunhão de vida entre as partes. Além disso, até que se prove o contrário, basta a apresentação das certidões de casamento e óbito para concessão de pensão por morte, ocasião em que até mesmo o INSS – Instituto Nacional de Seguridade Social – pode vir a ser lesado. Por outro lado, também até que se prove a separação de fato, o sobrevivente de boa-fé pode ser compelido a arcar com o pagamento de débito dos quais não tinha qualquer responsabilidade ou tenha se beneficiado, em razão da inexistente comunhão de vida. Por analogia à já prevista adoção *post mortem*, o divórcio *post mortem* poderá ser decretado, em processo judicial preexistente à morte de uma, ou de ambas as partes.

DISPOSITIVO NORMATIVO

Lei 8.069/90 – ECA – Art. 42, § 6º.

JURISPRUDÊNCIA

(...) Acolhimento. A morte de um dos cônjuges no decorrer da demanda não acarreta a perda de seu objeto, vez que já manifesta a vontade de um dos cônjuges de se divorciar. Divórcio no

D

direito positivo-constitucional que verte, após a Emenda Constitucional nº 66/2010, em direito potestativo e incondicional de cada qual dos cônjuges. Inteligência da nova redação dada ao artigo 226, § 6º, da Constituição Federal, com supressão do requisito temporal e causal. Princípio da ruptura do afeto. Direito cujo exercício somente depende da manifestação de vontade de qualquer interessado. Hipótese constitucional de uma rara verdade jurídico-absoluta, a qual materializa o direito civil-constitucional, que, em última reflexão, firma o divórcio liminar. Particularidade que suprime a possibilidade de oposição de qualquer tese de defesa, salvo a inexistência do casamento, fato incogitável. Detalhe que excepciona, inclusive, a necessidade de contraditório formal. Possibilidade de decreto do divórcio post mortem, com efeitos retroativos à data do ajuizamento da ação, de forma excepcional. Precedentes. Ação procedente. Recurso provido. (TJ-SP – AC: 10325357420208260224 SP, Rel.ª: Rômolo Russo, 7ª Câmara de Direito Privado, public: 28/07/2021).

DIVÓRCIO PÓSTUMO – Ver divórcio *post mortem*.

DOAÇÃO DE ASCENDENTE A DESCENDENTES [*ver tb. adiantamento de legítima, colação, doação, doação inoficiosa, princípio da intangibilidade da legítima*] – Do latim *donatio*, dar, presentear. Doação é o ato de liberalidade pelo qual a pessoa transfere bens ou vantagens de seu patrimônio para quem os aceita. É um contrato unilateral, a título gratuito. A doação de ascendente a descendentes, isto é, de pais a filhos, netos, bisnetos, recebe limitação da lei em razão de proteger os herdeiros necessários, ou seja, não se privilegiar um herdeiro necessário/filho, neto, bisneto, cônjuge, em demasia ou detrimento de outros.

Assim, tal transferência deve respeitar a legítima quando há mais de um herdeiro necessário do doador. Portanto, a doação que ultrapassar a parte disponível, isto é,

metade do patrimônio do doador, pode ser anulada (Art. 549, CCB), ou levada à colação por ocasião do inventário *mortis causa* do doador: *A doação de ascendentes a descendentes, ou de um cônjuge a outro, importa adiantamento do que lhes cabe por herança* (Art. 544, CCB). Tais doações podem ser feitas livremente se tiver a concordância dos demais herdeiros necessários.

DISPOSITIVOS NORMATIVOS

CCB – Arts. 538 a 564, 979, 1.642, IV, 1.647, IV, 1.659, I, 1.660, III, 1.711, parágrafo único, 2.004, § 1º; 2.005, 2.007, § 3º, 2.012.

JURISPRUDÊNCIA

(...) A finalidade da colação é a de igualar as legítimas, sendo obrigatório para os descendentes sucessivos (herdeiros necessários) trazer à conferência bem objeto de doação ou de dote que receberam em vida do ascendente comum, porquanto, nessas hipóteses, há a presunção de adiantamento da herança (arts. 1.785 e 1.786 do CC/1916; arts. 2.002 e 2.003 do CC/2002). 3. O instituto da colação diz respeito, tão somente, à sucessão legítima; assim, os bens eventualmente conferidos não aumentam a metade disponível do autor da herança, de sorte que benefício algum traz ao herdeiro testamentário a reivindicação de bem não colacionado no inventário. (...) (REsp 400948 SE, Rel. Des. Vasco Della Giustina, 3ª T – STJ. publ. 09/04/2010).

DOAÇÃO ENTRE CÔNJUGES [*ver tb. adiantamento de legítima, colação, doação, regime de bens, regime da separação absoluta*] – É o ato de disposição *inter vivos* em que um cônjuge transfere ao outro cônjuge, que os aceita, a título gratuito, bens ou vantagens integrantes do seu patrimônio. Contudo, tal doação só terá sentido ou eficácia dependendo do regime de bens entre eles.

No regime da comunhão universal tal liberalidade é bastante restrita, pois quase todos os bens já são de ambos, exceto os doados ou herdados com a cláusula de incomunicabilidade e os sub-rogados em seu lugar, gravados em fideicomisso antes de realizada a condição suspensiva (Art. 1.668, CCB); no regime de comunhão parcial, da participação final nos aquestos e separação convencional, os bens particulares podem ser objeto de doação. E até mesmo no da separação obrigatória impor restrição à doação ente os cônjuges seria uma ofensa à liberdade e à dignidade da pessoa humana. Portanto não há nenhuma vedação legal de doação ente cônjuges. Apenas sobre a parte que exceder a legítima, isto é, a parte disponível do doador, caso ele tenha outros herdeiros necessários.

A doação entre companheiros segue o mesmo princípio para as doações entre cônjuges, mas com mais liberdade, considerando que os companheiros, diferente dos cônjuges, não são herdeiros necessários. E, portanto, não há que se falar em ultrapassar a parte da legítima.

DISPOSITIVOS NORMATIVOS

CCB – Arts. 538 a 564, 979, 1.642, IV, 1.647, IV, 1.659, I, 1.660, III, 1.711, parágrafo único, 2.004, § 1º, 2.005, 2.007, § 3º, 2.012.

JURISPRUDÊNCIA

(...) Inexiste proibição legal de um cônjuge casado pelo regime da comunhão parcial (ou convivendo em união estável) doar uma parte de seus bens particulares ao outro, desde que respeitados os direitos de terceiros, porquanto trata-se de ato de mera liberalidade, não configurando, neste caso, adiantamento de legitima. Determina o art. 2.005 da norma cível que são dispensadas da colação ao inventário as doações que o doador determinar saiam de sua parte disponível, contanto que não a excedam, contando o seu valor ao tempo da doação. E exatamente o caso dos autos, assistindo razão à Apelante, porquanto restou demonstrada a intenção do de cujus de, no ano de 2004, na constância da união estável, dispor de parte de seu patrimônio em benefício da recorrente. (...) (Ap. Cível nº 0140751-90.2007, Rel. Des. Luiz Antonio Costa, 7ª CDP – TJSP. j. 26/10/2011).

(...) É nula a doação entre cônjuges casados sob o regime da comunhão universal de bens, na medida em que a hipotética doação resultaria no retorno do bem doado ao patrimônio comum amealhado pelo casal diante da comunicabilidade de bens no regime e do exercício comum da copropriedade e da composse. 6 – Na vigência do Código Civil de 1916, a existência de descendentes ou de ascendentes excluía o cônjuge sobrevivente da ordem da vocação hereditária, ressalvando-se em relação a ele, todavia, a sua meação, de modo que, reconhecida a nulidade da doação entre cônjuges casados sob o regime da comunhão universal de bens, deve ser reservada a meação do cônjuge sobrevivente e deferida aos herdeiros necessários a outra metade. (...) STJ – REsp: 1787027 RS 2016/0019400-1, Relª Minª Nancy Andrighi, 3ª Turma, DJe 24/04/2020.

DOAÇÃO INOFICIOSA [*ver tb. legítima, herança legítima, colação*] – Do latim *inofficious*, que tem o sentido de falta de respeito. Inoficioso é tudo aquilo feito em desrespeito e em detrimento de alguém. Doação e testamento inoficiosos são aqueles feitos em desacordo com os limites impostos pela lei. É a doação e testamento que ultrapassa os 50% da parte disponível para doar ou testar. *Havendo herdeiros necessários, o testador só poderá dispor da metade da herança* (Art. 1.789, CCB).

É nula a doação na parte que excedeu a metade disponível do doador, ou seja, no que ultrapassou a legítima. *A doação de ascendente a descendente, ou de um cônjuge a outro, importa adiantamento do que lhe cabe por herança* (Art. 544, CCB). Apesar de entender que a doação inoficiosa é uma hipótese de nulidade absoluta, sobre a qual não incide prazo prescricional, sendo impossível sua convalidação pela passagem do tempo (REsp 1755379/RJ, 3ª Turma, DJe 10/10/2019), as duas Turmas de Direito Privado do STJ entendem que na hipótese de ação anulatória de doação inoficiosa, o prazo prescricional é vintenário e conta-se a partir do registro do ato jurídico que se pretende anular.

JURISPRUDÊNCIA

(...) Demanda em que se discute o prazo aplicável a ação declaratória de nulidade de partilha e doação proposta por herdeira necessária sob o fundamento de que a presente ação teria natureza desconstitutiva porquanto fundada em defeito do negócio jurídico. 3. Para determinação do prazo prescricional ou decadencial aplicável deve-se analisar o objeto da ação proposta, deduzido a partir da interpretação sistemática do pedido e da causa de pedir, sendo irrelevante o nome ou o fundamento legal apontado na inicial. 4. A transferência da totalidade de bens do pai da recorrida para a ex-cônjuge em partilha e para a filha do casal, sem observância da reserva da legítima e em detrimento dos direitos da recorrida caracterizam doação inoficiosa. 5. Aplica-se às pretensões declaratórias de nulidade de doações inoficiosas o prazo prescricional decenal do CC/02, ante a inexistência de previsão legal específica. Precedentes. 6. Negado provimento ao recurso especial. (REsp 1321998, Rel.ª Min.ª Nancy Andrighi, 3ª T – STJ. j. 07/08/2014).

DOAÇÃO *PROPTER NUPTIAS* – É a

doação feita em contemplação de casamento futuro com certa e determinada pessoa, quer pelos nubentes entre si, quer por terceiro a um deles, a ambos, ou aos filhos que, de futuro, houverem um do outro, não pode ser impugnada por falta de aceitação, e só ficará sem efeito se o casamento não se realizar (Art. 546, CCB).

JURISPRUDÊNCIA

Prole Eventual. Art. 1.173. Código Civil de 1916. Interpretação analógica. Doação prole eventual. Feita pelos avós aos netos já existentes e outros que viessem a nascer. Aplicação analógica das disposições pertinentes à doação 'propter nuptias'. Embora não a tenha previsto expressamente, o nosso Código Civil não é avesso à doação em favor de prole eventual, tanto assim que a admite na doação 'propter nuptias', consoante artigo 1.173, norma essa que pode ser aplicada analogicamente ao caso vertente. A inteligência das Leis é obra de raciocínio, mas também de bom senso, não podendo o seu aplicador se esquecer que o rigorismo cego pode levar a 'summa injuria'. Tal como na interpretação de cláusula testamentária, deve também o juiz, na doação, ter por escopo a inteligência que melhor assegure a vontade do doador. Provimento do recurso" (TJRJ, Acórdão 5629/1994, Santa Maria Madalena, 2.ª Câmara Cível, Rel. Des. Sergio Cavalieri Filho, j. 08.11.1994).

DOMICILIADO [*ver tb. domicílio*] – É

o local onde a pessoa estabelece seu domicílio, isto é, tem residência fixa e habitual.

DOMICÍLIO – Do latim *domicilium*,

de *domus*, morada, habitação, lar. No Direito Romano, o lar não significava apenas o local de morada, mas também onde se cultuava os antepassados. Em sentido amplo, significa o local em que habitamos e mantemos nossa residência habitual. Em sentido técnico jurídico, é o lugar onde a pessoa, natural ou jurídica, pode ser sujeito de direitos e deveres na ordem civil. *O domicílio da pessoa natural é o lugar onde ela estabelece a sua residência com ânimo definitivo* (Art. 70, CCB).

Se a pessoa guarda seus pertences pessoais em vários locais admite-se a pluralidade do domicílio residencial. O Código Civil de 2002 acrescentou ao conceito o domicílio profissional, ou laboral: *É também domicílio da pessoa natural, quanto às relações concernentes à profissão, o lugar onde esta é exercida. Se a pessoa exercitar profissão em lugares diversos, cada um deles constituirá domicílio para as relações que lhe corresponderem* (Art. 72 e parágrafo único, CCB).

O domicílio da pessoa natural classifica-se em: voluntário, que decorre de um ato de escolha da pessoa, ou seja, como exercício da autonomia privada (Art. 70, CCB); legal ou necessário, que decorre da própria lei (Art. 76 do CCB); e contratual, que consta em contrato especificando o local para o cumprimento de deveres e obrigações contratuais, relacionado com a cláusula de eleição de foro (Súmula 335 do STF).

Caso não seja possível definir o domicílio de uma pessoa aplica-se a Teoria da Aparência e estabelece-se uma moradia ou habitação eventual, também conhecido como domicílio de fato, como é o caso dos ciganos, circenses, nômades etc. (Art. 73, CCB).

No Direito de Família e Sucessões, o domicílio tem importância inclusive para a caracterização do bem de família, que recebe a proteção da impenhorabilidade, e também para determinação do foro competente para a instalação de processos judiciais. Por exemplo, é competente o foro do domicílio do idoso ou do menor para ação de alimentos, guarda e convivência familiar. Para a abertura de inventário: *A sucessão abre-se no lugar do último domicílio do falecido* (Art. 1.785, CCB).

Não se confunde domicílio e residência. Enquanto esta indica apenas uma situação fática, o local onde a pessoa se encontra, ou seja, um elemento objetivo, o domicílio é o lugar onde a pessoa estabelece a sua residência com ânimo definitivo. A residência é, portanto, um elemento do conceito de domicílio, o seu elemento objetivo, enquanto o elemento subjetivo é o *animus manendi*.

LINGUAGEM POÉTICA

Mudaram as estações / nada mudou / Mas eu sei que alguma coisa aconteceu / Tá tudo assim, tão diferente

Se lembra quando a gente / chegou um dia a acreditar / Que tudo era pra sempre / sem saber / que o pra sempre / sempre acaba

Mas nada vai conseguir mudar / o que ficou / Quando penso em alguém / só penso em você / E aí, então, estamos bem

Mesmo com tantos motivos / pra deixar tudo como está / Nem desistir, nem tentar, / agora tanto faz...

Estamos indo de volta pra casa

(*Por enquanto* – Letra de Renato Russo, música de Cássia Eller).

DOMICÍLIO CONJUGAL [*ver tb. lar conjugal*] – É o local onde os cônjuges/companheiros estabelecem sua morada com *animus menandi*, isto é, com ânimo de permanência. É o domicílio comum dos cônjuges ou conviventes. É possível que os cônjuges/companheiros tenham mais de um domicílio, assim como as pessoas individualmente: *Se, porém, a pessoa natural tiver diversas residências, onde, alternadamente, viva, considerar-se-á domicílio seu qualquer delas* (Art. 71, CCB).

LINGUAGEM POÉTICA

Que prazer rever-te / Gozando paz, saúde, amor, felicidade / Ai, que bom, que tremenda saudade / Vontade de beijar você / Cantar, beber, sei lá porque / Me traga a viola, meu trago, meu gole / Va-

D

mos comemorar / Nada como regressar-mos ao nosso lugar / Vamos comemorar / Nada como regressarmos ao nosso lugar / Ao nosso lar / Ao nosso bar de fé / Ver os amigos / Abraçá-los e chorar de emoção / Lhes contar boas novas / Até lavar meu coração do pó / Das terras onde andei / Repare em meu peito / Hoje estou satisfeito / Cheguei, graças a Deus / Hoje não há ninguém mais feliz que eu / Porque cheguei, graças a Deus / Hoje não há ninguém mais feliz que eu / E volto ao nosso lar, ao no...

Me traga a viola, meu trago, meu gole / Vamos comemorar / Nada como regres-sarmos ao nosso lugar

Vamos comemorar / Nada como regres-sarmos ao nosso lugar / Ao nosso lar, ao no...

(*Saudações* – Letra e música de Egberto Gismonti).

DOMICÍLIO DE FATO [*ver tb. domicílio*]

– É o domicílio ou habitação eventual da pessoa natural que não tem domicílio voluntário ou necessário. É o caso dos ciganos, circenses, nômades etc. Caso não seja possível definir o domicílio de um indivíduo aplica-se a Teoria da Aparência: *Ter-se-á por domicílio da pessoa natural, que não tenha residência habitual, o lugar onde for encontrada* (Art. 73, CCB).

DOMICÍLIO DO AUSENTE [*ver tb. curatela, interditado*]

– É o último lugar em que a pessoa ausente se estabeleceu com ânimo definitivo (*animus manendi*).

O domicílio do ausente define o foro competente para o processo de declaração de ausência, sucessão provisória e sucessão definitiva, que é também o competente para a arrecadação, o inventário, a parti-lha e o cumprimento de disposições testamentárias, ainda que o ausente tenha desaparecido fora do Brasil.

DOMICÍLIO DO *DE CUJUS* [*ver tb. domicílio, inventário*]

– É o último lugar em que o *de cujus* se estabeleceu com ânimo definitivo (*animus manendi*). O domicílio *de cujus* define o foro competente para o inventário, a partilha, a arrecadação, o cumprimento de disposições de última vontade, a impugnação ou anulação de partilha extrajudicial e todas as ações em que o espólio for réu, ainda que o óbito tenha ocorrido fora do Brasil. Se o autor da herança não possuía domicílio certo, é competente o foro de situação dos bens imóveis; havendo bens imóveis em foros diferentes, é competente qualquer destes; não havendo bens imóveis, é competente o foro do local de qualquer dos bens do espólio.

DOMICÍLIO LEGAL

– Ver domicílio necessário.

DOMICÍLIO NECESSÁRIO [*ver tb. domicílio*]

– É a nomenclatura utilizada pelo Código Civil para classificar o domicílio imposto pela lei a um indivíduo em face de sua situação fática. *Têm domicílio necessário o incapaz, o servidor público, o militar, o marítimo e o preso. O domicílio do incapaz é o do seu representante ou assistente; o do servidor público, o lugar em que exercer permanentemente suas funções; o do militar, onde servir, e, sendo da Marinha ou da Aeronáutica, a sede do comando a que se encontrar imediatamente subordinado; o do marítimo, onde o navio estiver matriculado; e o do preso, o lugar em que cumprir a sentença.* (Art. 76 e parágrafo único, CCB). É o mesmo que domicílio legal.

DOMICÍLIO VOLUNTÁRIO [*ver tb. domicílio*] – É o domicílio que decorre de um ato de escolha da pessoa natural, ou seja, pelo exercício da autonomia privada, configurado o *animus menandi. O domicílio da pessoa natural é o lugar onde ela estabelece a sua residência com ânimo definitivo* (Art. 70, CCB).

Quando a pessoa natural tem diversas residências, onde alternadamente viva, ou vários centros de ocupações habituais, cada um destes ou daqueles será considerado um domicílio voluntário, situação conhecida como multiplicidade de domicílios.

DOTE [*ver tb. bens antifernais, bens parafernais, regime dotal*] – Em sentido comum, é o dom natural de cada pessoa, seus predicados ou atributos físicos ou intelectuais. E assim se diz dotes de beleza, do espírito etc. Dote é também os bens que a freira leva para o convento.

Em Direito de Família, genericamente, são os bens levados ao casamento pela mulher e que são incomunicáveis, ou seja, permanecem particulares. Apenas os seus frutos e rendimentos eram em proveito do casal.

DOULA [*ver tb. alimentos gravídicos*] – De origem grega, a palavra doula significa mulher que "serve". Foi utilizada pela primeira vez na década de 1970 para designar mulheres que oferecem apoio físico e emocional às mulheres grávidas e também a seus parentes. Essa profissão foi reconhecida pela Organização Mundial da Saúde (OMS), para dar mais humanização aos partos. O trabalho das doulas vai além do parto e pode envolver toda a gestação e o pós parto. E é neste sentido a Lei 11.804/2008, que instituiu a lei de alimentos gravídicos: O*s alimentos de que trata esta Lei compreenderão os valores suficientes para cobrir as despesas adicionais do período de gravidez e que sejam dela decorrentes, da concepção ao parto, inclusive as referentes a alimentação especial, assistência médica e psicológica, exames complementares, internações, parto, medicamentos e demais prescrições preventivas e terapêuticas indispensáveis, a juízo do médico, além de outras que o juiz considere pertinentes (artigo 2º)*. Portanto, perfeitamente admissível gastos com doulas, para auxiliar as mulheres durante a gestação e no pós parto, como bem esclareceu o Enunciado 675, IX jornadas de Direito Civil: *As despesas com doula e consultora de amamentação podem ser objeto de alimentos gravídicos, observado o trinômio da necessidade, possibilidade e proporcionalidade para a sua fixação.*

DISPOSITIVOS NORMATIVOS

Lei nº 11.804/2008.

JURISPRUDÊNCIA

(...) os alimentos gravídicos, previstos na lei 11.804/2008, visam a auxiliar a mulher gestante nas despesas decorrentes da gravidez, da concepção ao parto, sendo, pois, a gestante a beneficiária direta dos alimentos gravídicos, ficando, por via de consequência, resguardados os direitos do próprio nascituro" (STJ, REsp nº 1.629.423/SP, relator Ministro Marco Aurélio Bellizze, 3ª T. DJe de 22/06/2017).

LINGUAGEM ARTÍSTICA

Doula, filme, 2022, EUA, dirigido por Cheryl Nichols, com Troian Bellisario e Arron Shiver, conta a história de Deb e Sílvio que depois de alguns meses de namoro, esperam seu primeiro filho. Quando sua parteira idosa, Penka, morre repentinamente, Silvio toma a decisão precipitada de contratar o filho de Penka, Sascha (Will Greenberg), como doula.

D

E

ÉDIPO – Ver complexo de édipo.

EDITAL DE CASAMENTO [*ver tb. casamento nuncupativo, proclamas*] – Do latim *edictus, edictare,* publicar, anunciar. É uma das formalidades que antecedem o casamento e integra os vários atos solenes, para concluir com o ato final que é a celebração. O edital é o anúncio do casamento que se pretende realizar, proclamar, dar publicidade para que alguém tenha a oportunidade de fazer impugnações e opor impedimentos. Uma vez realizada a habilitação pessoalmente perante o oficial do Registro Civil, *estando em ordem a documentação, o oficial extrairá o edital, que se afixará durante quinze dias nas circunscrições do Registro Civil de ambos os nubentes, e, obrigatoriamente, se publicará na imprensa local, se houver* (Art. 1.527, CCB).

O edital, assim como a citação por edital, é uma das "ficções" jurídicas, ou seja, uma invenção legal necessária para viabilizar uma *praxis. Decorrido o prazo de quinze (15) dias a contar da afixação do edital em cartório, se não aparecer quem oponha impedimento nem constar algum dos que de ofício deva declarar, ou se tiver sido rejeitada a impugnação do órgão do Ministério Público, o oficial do registro certificará a circunstância nos autos e entregará aos nubentes certidão de que estão habilitados para se casar dentro do prazo previsto em lei* (Art. 67, § 3º, Lei nº 6.015/73 – Lei de Registros Públicos). Não se tem notícia de alguém que tenha tomado conhecimento do casamento através de edital e oposto impedimento.

Mesmo antes da alteração da Lei de Registros Públicos, pela Lei 14.382/2022, já era possível a dispensa do edital para atender urgência (Art. 1.540, CCB), como é o casamento *in extremis* ou nuncupativo: *Para a dispensa de proclamas, nos casos previstos em lei, os contraentes, em petição dirigida ao Juiz, deduzirão os motivos de urgência do casamento, provando-a, desde logo, com documentos ou indicando outras provas para demonstração do alegado* (Art. 69, Lei nº 6.015/73).

A Lei nº 14.382/2022 fez alterações significativas na Lei de Registros Públicos e instituiu o Sistema Eletrônico dos Registros Públicos – SERP. Dentre as principais mudanças no casamento, está a desburocratização da celebração e, principalmente, do procedimento de habilitação para casamento. Não se publica mais o edital de proclamas por 15 dias na sede do Serviço de Registro: faz-se uma publicação em meio eletrônico.

DISPOSITIVOS NORMATIVOS

Lei nº 6.015/73 – Lei de Registros Públicos – Arts. 43, 44, 67, 69.

Lei 14.382/2022.

EGO [*ver tb. id, narcisismo*] – Expressão em latim que tem o mesmo sentido de "eu". Desde os primeiros escritos de Freud ele usou esta expressão. Embora inicialmente utilizada para designar a personalidade no desenvolvimento da teoria psicanalítica, ego passou a ser considerado por Freud apenas como uma parte do aparelho psíquico, assim como o id e o superego. Inicialmente (primeira tópica), Freud classifica o aparelho psíquico em inconsciente, pré-consciente e consciente. Somente depois (segunda tópica) nomeou estas três instâncias em id, ego e superego. Freud, citando Georg Groddeck, em seu trabalho *o Ego e o Id*, disse que aquilo que chamamos de nosso ego comporta-se essencialmente de modo passivo na vida e que, como ele o expressa, nós somos "vividos" por forças desconhecidas e incontroláveis" (Freud, Sigmund. *Obras psicológicas completas* – 1923-1925 – Trad. Jayme Salomão. Rio de Janeiro: Imago, 1976, v. XIX, p. 37). Muitas vezes os processos judiciais litigiosos, que se tornam verdadeiras estórias de degradação do outro, são apenas a materialização de uma realidade subjetiva. As partes, ou pelo menos uma delas, por não suportar o seu sentimento de rejeição que escancara o seu desamparo estrutural, sustenta o litígio como forma, inconsciente às vezes, de manter a relação e assim não ver "decepado" ou diminuído o seu ego. Querer ganhar um processo judicial, muitas vezes, é apenas uma maneira de sustentação ou enaltecimento do ego.

JURISPRUDÊNCIA

(...) Ninguém em sã consciência pode negar que a dinâmica da vida pode reservar frustrações para qualquer empreendimento amoroso. Muitas vezes, o relacionamento acalentado descamba para a angústia, para a infelicidade e o sofrimento, justo que o amor tanto pode evoluir para o fortalecimento da união, como, ao revés, pode ruir por conta das mais variadas circunstâncias, culminando por destruir os sonhos e as expectativas. Os sentimentos de desgosto que dimanam de um conúbio conjugal desfeito são inerentes ao risco de todo o compromisso amoroso. A tristeza, o abalo psicológico, o choque, não fogem à normalidade de qualquer desamor não bem resolvido, não passando de natural manifestação de ego ferido. (...) (Ap. Cível nº 2010.064726-3, Rel. Des. Jorge Luis Costa Beber, TJSC. j. 02/12/2011).

LINGUAGEM POÉTICA

Por favor meu ego / Não dê força ao prego/ Que nos põe contra a parede/ Pra nos afogar de sede

Fale pelos cotovelos, e pelos joelhos/ Me critique sem razão/ Se omitir não vale à pena

Mas não polua minha cultura/ Não venha dividir comigo sua autocensura / Me desencontre, não me prostitua/ Se não seremos mais uma carcaça em desgraça por aí/

(*Meu ego* – Letra e música de Roberto Carlos e Erasmo Carlos).

LINGUAGEM LITERÁRIA

"Simplesmente lhe digo que me olhei num espelho e não me vi. Não vi nada.

[...] Voltei a querer encarar-me. Nada. E, o que tomadamente me estarreceu: eu não via os meus olhos. No brilhante e polido nada, não se me espelhavam nem eles!

Tanto dito que, partindo para uma figura gradualmente simplificada, despojara--me, ao termo, até à total desfigura. E a terrível conclusão: não haveria em mim uma existência central, pessoal, autônoma? Seria eu um... des-almado? Então, o que se me fingia de um suposto *eu*, não era mais que, sobre a persistência do animal, um pouco de herança, de soltos instintos, energia passional estranha, um entrecruzar-se de influências, e tudo o mais que na impermanência se define?"

(ROSA, J. Guimarães. O espelho. In: *Primeiras estórias*. p. 70-71. p. 65-72).

ILUSTRAÇÃO

Agnes Farkasvölgyi. P. 255.

ELISÃO FISCAL [*ver tb. evasão fiscal, planejamento sucessório]* – É o procedimento adotado por contribuintes, por meio de atos não proibidos por lei, tendentes a evitar a incidência de tributo sobre a atividade econômica. Trata de um planejamento tributário visando a redução da carga fiscal, sem praticar ilicitudes, que é contrário da evasão fiscal. Um dos objetivos do planejamento sucessório é diminuir, ou evitar a bitributação, acontecendo assim uma elisão fiscal.

EVASÃO FISCAL [*ver tb. elisão fiscal]* – Ao contrário da elisão fiscal, a evasão fiscal baseia-se em meios ilícitos para o não recolhimento de tributos, incidindo em crimes contra a ordem financeira e tributária.

DISPOSITIVOS NORMATIVOS

Crimes de sonegação fiscal (arts. 1º e 2º, da Lei 8.137/90 e 337-A, do CP), delitos aduaneiros (Descaminho, art. 334, do CP), infrações funcionais (art. 3º, da Lei 8.137/90 e art. 318, do CP) e crimes de apropriação indébita (art. 2º, II, Lei 8137/90 e art. 168-A).

EMANCIPAÇÃO [*ver tb. capacidade civil, carta de emancipação, maioridade, menoridade*] – É o ato de tornar livre; conferir independência a alguém. No âmbito jurídico é o ato pelo do qual se concede capacidade civil plena ao menor com idade entre 16 e 18 anos, isto é, confere-lhe aptidão para praticar os atos da vida civil como se maior fosse.

A emancipação pode ser voluntária, judicial ou legal. A voluntária é aquela concedida pelos pais ou por apenas um deles na falta do outro – ato irrevogável – por instrumento público e não depende da homologação pelo judiciário.

A emancipação judicial é a que recai sobre os tutelados. Neste caso, os menores são emancipados pelo juiz de Direito, após a oitiva obrigatória do tutor, uma vez que o Ministério Público pode entender que o menor deve ser emancipado, ainda que não seja a vontade do tutor.

Emancipação legal é a que se dá pelo casamento, pelo exercício de emprego público efetivo, pela colação de grau em ensino superior e também em razão do estabelecimento civil, comercial ou pela relação de emprego que lhe confira a independência econômica (Art. 5º, parágrafo único, CCB).

O CCB 1916 estabelecia que somente as mulheres com idade entre 16 e 18 anos poderiam ser emancipadas em razão do casamento. Com o CCB 2002, ambos os sexos podem ser emancipados pelo casamento desde que maiores de 16 anos (Art. 5º, II). Há duas situações excepcionais em que os menores de 16 anos podem ser emancipados pelo casamento: para evitar imposição ou cumprimento de pena criminal ou em casso de gravidez (Art. 1.520, CCB).

A existência de filhos menores emancipados não impede a realização de inventário e de divórcio extrajudiciais, ou seja, pela via administrativa (CNJ, PP 0000409-15.2014.2.00.0000, relator Conselheiro Gustavo Alkmim).

DISPOSITIVOS NORMATIVOS

CCB – Arts. 5º, parágrafo único, 9º, II, 666, 1.520, 1.635, II, 1.763.

EMBRIÕES [*ver tb. embriões congelados, nascituro, família ecotegnética, reprodução assistida*] – É a estrutura originada da fertilização do gameta feminino (óvulo) com o gameta masculino (espermatozoide). Logo após a fertilização, é formada a estrutura chamada zigoto, que em seguida se divide em várias células que desenvolvem tecidos e órgãos. Até completar a oitava semana recebe o nome de embrião.

A Lei de Biossegurança (Lei nº 11.105/05) e o Conselho Federal de Medicina – CFM estabeleceram disposições sobre a formação, desenvolvimento, utilização em técnicas de reprodução assistida e preservação dos embriões: O número total de embriões gerados em laboratório será comunicado aos pacientes para que decidam quantos embriões serão transferidos a fresco, conforme determina esta Resolução. Os excedentes viáveis devem ser criopreservados. Quanto ao número de embriões a serem transferidos, determina-se, de acordo com a idade: a) mulheres com até 37 (trinta e sete)

anos: até 2 (dois) embriões; b) mulheres com mais de 37 (trinta e sete) anos: até 3 (três) embriões; c) em caso de embriões euploides ao diagnóstico genético, até 2 (dois) embriões, independentemente da idade; e d) nas situações de doação de oócitos, considera-se a idade da doadora no momento de sua coleta. *(Resolução 2320/2022 CFM)*

JURISPRUDÊNCIA:

(...) A decisão de autorizar a utilização de embriões consiste em disposição post mortem, que, para além dos efeitos patrimoniais, sucessórios, relaciona-se intrinsecamente à personalidade e dignidade dos seres humanos envolvidos, genitor e os que seriam concebidos, atraindo, portanto, a imperativa obediência à forma expressa e incontestável, alcançada por meio do testamento ou instrumento que o valha em formalidade e garantia. 13. A declaração posta em contrato padrão de prestação de serviços de reprodução humana é instrumento absolutamente inadequado para legitimar a implantação post mortem de embriões excedentários, cuja autorização, expressa e específica, haverá de ser efetivada por testamento ou por documento análogo. 14. Recursos especiais providos. (STJ – REsp: 1918421 SP 2021/0024251-6, Relator: Ministro Marco Buzzi, 4ª turma, public. DJe 26/08/2021)

EMBRIÕES CONGELADOS [*ver tb. embriões excedentários, reprodução assistida*] – É o mesmo que embriões criopreservados. São aqueles embriões excedentes de boa qualidade, originados de uma fertilização assistida. Geralmente em razão de prevenção de futura infertilidade de alguém ao encontrar-se doente ou se submeter a tratamento que possa causar infertilidade: *Antes da geração dos embriões, os pacientes devem manifestar sua vontade, por escrito, quanto ao destino dos embriões criopreservados em caso de divórcio, dissolução de união estável ou falecimento de um deles ou de*

E

ambos, e se desejam doá-los. (Resolução 2320/2022 do CFM)

Caso os embriões congelados não sejam utilizados, havendo consentimento dos genitores, é possível a sua utilização para fins de pesquisa ou terapêuticos, se eles forem inviáveis ou estiverem congelados há mais de três anos (Art. 5º, Lei de Biossegurança, nº 11.105/05). *O número total de embriões gerados em laboratório será comunicado aos pacientes para que decidam quantos embriões serão transferidos a fresco, conforme determina esta Resolução. Os excedentes viáveis devem ser criopreservados (Resolução 2320/2022).*

JURISPRUDÊNCIA

(...) Mas as três realidades não se confundem: o embrião é o embrião, o feto é o feto e a pessoa humana é a pessoa humana. Donde não existir pessoa humana embrionária, mas embrião de pessoa humana. O embrião referido na Lei de Biossegurança (*in vitro* apenas) não é uma vida a caminho de outra vida virginalmente nova, porquanto lhe faltam possibilidades de ganhar as primeiras terminações nervosas, sem as quais o ser humano não tem factibilidade como projeto de vida autônoma e irrepetível. O Direito infraconstitucional protege por modo variado cada etapa do desenvolvimento biológico do ser humano. Os momentos da vida humana anteriores ao nascimento devem ser objeto de proteção pelo direito comum. O embrião pré-implanto é um bem a ser protegido, mas não uma pessoa no sentido biográfico a que se refere a Constituição. (...) (ADI 3510, Rel. Min. Ayres Britto, Tribunal Pleno – STF. j. 29/05/2008).

EMBRIÕES CRIOPRESERVADOS – É o mesmo que embriões congelados.

EMBRIÕES EXCEDENTÁRIOS [*ver tb. bebê de proveta, embriões, inseminação artificial, reprodução assistida*] – É o embrião produzido *in vitro* que não foi implantado no útero materno a que se

destinava. É aquele que sobrou do processo de fertilização ou não foi utilizado e permanece congelado ou criopreservado.

A Lei de Biossegurança (Lei nº 11.105/05) dispõe que a utilização destes embriões será permitida para fins de pesquisa e terapia com células-tronco, caso se encontrem inviáveis ou se estiverem congelados há três anos ou mais, mediante autorização dos genitores (Art. 5º). *Antes da geração dos embriões, os pacientes devem manifestar sua vontade, por escrito, quanto ao destino dos embriões criopreservados em caso de divórcio, dissolução de união estável ou falecimento de um deles ou de ambos, e se desejam doá-los. (Resolução 2320/2022 do CFM).*

Quanto ao número de embriões a serem transferidos, determina-se, de acordo com a idade: a) mulheres com até 37 (trinta e sete) anos: até 2 (dois) embriões; b) mulheres com mais de 37 (trinta e sete) anos: até 3 (três) embriões; c) em caso de embriões euploides ao diagnóstico genético, até 2 (dois) embriões, independentemente da idade; e d) nas situações de doação de oócitos, considera-se a idade da doadora no momento de sua coleta.(Resolução 2320/2022 CFM)

DISPOSITIVO NORMATIVO

Lei nº 11.105/05 – Lei de Biossegurança.

Resolução 2.320/2022 CFM).

JURISPRUDÊNCIA

(...) verifica-se que dos quatro pré-embriões indicados como criopreservados, pelo menos dois deles poderiam ter sido efetivamente congelados e considerados viáveis, porque estavam em fase de blastocisto inicial (fls. 129). Ressalta-se que no documento referido, há a informação de que os pré-embriões ficariam criopreservados, por no máximo cinco anos, e, este prazo foi respeitado pelos autores que procuraram a nova fertilização após dois anos. (...) Percebe-se, assim, que devem ser os autores indenizados pelo dano moral ocorrido pelo perdimento ou descarte sem consentimento dos autores, presumindo-se de que foram efetivamente congelados. (Ap. Cível nº 0212660-67.2008.8.26.0000, Rel. Des. Antônio Carlos Malheiros, 3ª CDP – TJSP. j. 07/08/2012).

EMBRIÕES *IN VITRO* [*ver tb. bebê de proveta, embriões, inseminação artificial, reprodução assistida*] – São os embriões produzidos em condições laboratoriais, fora do organismo feminino. A FIV (fertilização *in vitro*) pode ser homóloga – gametas masculino e feminino próprios do casal que deseja ter filho; ou heteróloga – quando um ou ambos os gametas são doados por terceiro a um casal que não pode gerar filhos sozinhos. *O tempo máximo de desenvolvimento de embriões in vitro é de até 14 (quatorze) dias. (*Resolução 2.320/2022 CFM).

DISPOSITIVOS NORMATIVOS

Lei nº 11.105/05.

Resolução 2.320/2022 CFM.

ENDOSSEXO [*ver tb intersexo, alossexual*] Do grego *éndon,* interno, interior. É o termo usado para indicar a pessoa que tem características sexuais primárias, ou seja, tipicamente masculinas ou femininas ao nascer. É o antônimo de intersexo.

ENLACE [*ver tb. casamento*] – É o mesmo que unir, ligar. Vulgarmente utilizado para designar o casamento, dito também enlace conjugal ou enlace matrimonial.

ENLACE CONJUGAL [*ver tb. casamento*] – Comumente utilizado para designar o casamento. Também usado simplesmente enlace ou enlace matrimonial.

ENLACE MATRIMONIAL – Ver enlace conjugal.

ENTIDADE FAMILIAR [*ver tb. família*] – É a expressão introduzida no ordenamento jurídico brasileiro pela Constituição da República de 1988, para designar todas as formas de família, seja ela conjugal ou parental. É o mesmo que família. O art. 226 enumera três delas: a entidade familiar constituída pelo casamento, pela união estável e pela comunidade formada por qualquer dos pais e seus descendentes, ou seja, as famílias monoparentais. Esse artigo não é taxativo, apenas exemplificativo. Por exemplo, irmãos vivendo juntos formam uma entidade familiar, e no entanto não está no rol ali descrito. Ninguém duvida disso, pois aí não se veicula uma moral-sexual.

As entidades familiares formadas entre pessoas do mesmo sexo, também não estão neste rol exemplificativo. No entanto, como esta forma de constituição de família traz consigo valores morais ou moralizantes, abriu-se por muitos anos a discussão se se constituía ou não uma entidade familiar, até que o STF, em julgamento de 05/05/2011, em Ação Direta de Inconstitucionalidade (ADI 4277) e Ação de Descumprimento de Preceito Fundamental (ADPF 132), interpretou que entidades formadas por pessoas do mesmo sexo constituem família.

As entidades familiares podem variar no tempo e no espaço, e transcendem sua própria historicidade, pois não são formações naturais, mas da cultura. O conceito de entidade familiar, ou simplesmente família, vem sofrendo variações significativas, mas todas elas trazem consigo, e em sua essência, a mesma busca de todos os tempos, de todas as pessoas,

E

de todas as gerações, que é ser o núcleo de formação e estruturação do sujeito, o *locus* em que se cultiva e se veicula a afetividade.

DISPOSITIVOS NORMATIVOS

CR – Arts. 226, § 3º e § 4º.

CCB – Arts. 1.511 a 1783

JURISPRUDÊNCIA

(...) Não há como fazer rolar a cabeça do art. 226 no patíbulo do seu parágrafo terceiro. Dispositivo que, ao utilizar da terminologia 'entidade familiar', não pretendeu diferenciá-la da 'família'. Inexistência de hierarquia ou diferença de qualidade jurídica entre as duas formas de constituição de um novo e autonomizado núcleo doméstico. Emprego do fraseado 'entidade familiar' como sinônimo perfeito de família. A Constituição não interdita a formação de família por pessoas do mesmo sexo. Consagração do juízo de que não se proíbe nada a ninguém senão em face de um direito ou de proteção de um legítimo interesse de outrem, ou de toda a sociedade, o que não se dá na hipótese *sub judice*. Inexistência do direito dos indivíduos heteroafetivos à sua não equiparação jurídica com os indivíduos homoafetivos. Aplicabilidade do § 2º do art. 5º da Constituição Federal, a evidenciar que outros direitos e garantias, não expressamente listados na Constituição, emergem 'do regime e dos princípios por ela adotados', (...). (...) Ante a possibilidade de interpretação em sentido preconceituoso ou discriminatório do art. 1.723 do CC, não resolúvel à luz dele próprio, faz-se necessária a utilização da técnica de 'interpretação conforme à Constituição'. Isso para excluir do dispositivo em causa qualquer significado que impeça o reconhecimento da união contínua, pública e duradoura entre pessoas do mesmo sexo como família. Reconhecimento que é de ser feito segundo as mesmas regras e com as mesmas consequências da união estável heteroafetiva." (ADI 4.277 e ADPF 132, Rel. Min. Ayres Britto, Plenário – STF. j. 05/05/2011).

EQUIDADE [*ver tb. fontes do direito, princípios, princípios gerais do direito*] – Do latim *aequitas, aequus*, igual, equitativo.

É um instrumento auxiliar da hermenêutica jurídica. É a adaptação de uma regra existente a um caso específico, observando-se os critérios de justiça, igualdade, proporcionalidade e moderação.

A equidade não é a justiça, mas contém a ideia de justiça, isto é, compõe o conceito de justiça buscando no princípio da igualdade o respeito aos direitos do outro. E, assim, pode-se dizer que a equidade é um princípio basilar de interpretação da lei. Pelo princípio da equidade, em cada caso concreto, devem ser respeitadas a ordem social, a boa-fé, o bem comum, o justo e razoável, que estão acima da regra absoluta da lei que é sempre na estrita relação com os princípios gerais do Direito e os princípios constitucionais, ou seja, compõem uma principologia e sem a qual não é possível pensar o Direito contemporâneo.

A equidade, assim como os princípios, também pode ser invocada em casos de lacuna da lei, além de suavizar a sua dureza: *Quando a lei for omissa, o juiz decidirá o caso de acordo com a analogia, os costumes e os princípios gerais do Direito* (Art. 4º, LINDB – Lei nº 4.657/42).

No Direito de Família e Sucessões, a equidade, isto é, o princípio da equidade é que autoriza e permite a adaptação das novas circunstâncias de vida, especialmente para atribuição de direitos às novas estruturas parentais e conjugais para que não se repitam as injustiças históricas de exclusão e expropriação de cidadanias.

JURISPRUDÊNCIA

(...) a força dos fatos surge como situações novas que reclamam acolhida jurídica para não ficarem no limbo da exclusão. Entre esses casos, estão as famílias paralelas que vicejam ao lado das famílias matrimonializadas. A família tem passado por um período de acentuada evolução, com diversos modos de constituir-se, longe dos paradigmas antigos marcados pelo patriarcalismo e pela exclusividade do casamento como forma de sua constituição. Entre as novas formas de famílias hoje existentes, despontam-se as famílias paralelas: aquelas que se formam concomitantemente ao casamento ou à união estável. Se a lei lhe nega proteção, a justiça não pode ficar alheia a esses clamores. As leis, diz Jacques Derrida, em sua obra *Força de lei*, não são justas como leis (1). Quer dizer, o enunciado normativo não encerra, em si, a justiça que se busca. Só a equidade pode adaptar a letra da lei ao caso concreto. Não se pode deixar ao desamparo uma família que se forma ao longo de muitos anos, principalmente quando há filhos do casal. Garantir a proteção a esses grupos familiares não ofende o princípio da monogamia, pois são situações peculiares, idôneas, que se constituem, muitas vezes, com o conhecimento da esposa legítima (TJMA, AC nº 19048/2013 – 728-90.2007.8.10.0115, Rel. Des. Lourival de Jesus Serejo Sousa, 3ª CC., j. 03/07/2014).

EREPÇÃO [*ver tb. exclusão do herdeiro, indignidade, deserdação*] – É a exclusão da herança de um ou mais herdeiros facultativos (colaterais) pelo autor da herança. Ocorre quando, não havendo herdeiros necessários, o testador dispõe a integralidade do seu patrimônio em testamento ou os exclui expressamente mediante cláusula testamentária (Art. 1.850, CCB).

ERGA OMNES [*ver tb. inter partes*] – Expressão latina, que se traduz em "para todos" ou "para os homens". Locução utilizada para definir que determinados atos, seja do Poder Legislativo, Executivo ou Judiciário são aplicáveis a terceiros estranhos à relação que deu origem à norma ou direito, isto é, que será aplicável a todas as pessoas de um determinado núcleo social (nacional, estadual, municipal, distrital etc.).

ERRO ESSENCIAL SOBRE A PESSOA

[*ver tb. anulação do casamento, casamento putativo, erro*] – Erro é a falsa impressão da realidade induzida ou provocada por outrem, que compromete a manifestação volitiva do agente, maculando o negócio jurídico e que se conhecesse a realidade fática, não teria praticado o ato que praticara.

O CCB disciplina as hipóteses de configuração de erro essencial sobre a pessoa que torna passível de anulação o casamento. Considera-se erro essencial quanto a pessoa do outro cônjuge: *I – o que diz respeito à sua identidade, sua honra e boa fama, sendo esse erro tal que o seu conhecimento ulterior torne insuportável a vida em comum ao cônjuge enganado; II – a ignorância de crime, anterior ao casamento, que, por sua natureza, torne insuportável a vida conjugal; III – a ignorância, anterior ao casamento, de defeito físico irremediável, ou de moléstia grave e transmissível, pelo contágio ou herança, capaz de pôr em risco a saúde do outro cônjuge ou de sua descendência; IV – a ignorância, anterior ao casamento, de doença mental grave que, por sua natureza, torne insuportável a vida em comum ao cônjuge enganado* (Art. 1.556, CCB).

O CCB de 1916 previa como uma das hipóteses de erro essencial quanto a pessoa o defloramento da mulher, ignorado pelo marido, como causa para anulação de casamento (Arts. 218, 219, IV). Essa realidade ficou sepultada com a ordem constitucional de 1988, que até então era sustentada pela desigualdade conjugal, ou mais, pela superioridade legal do marido.

Para anulação do casamento, o prazo decadencial é de três anos, a contar da data da celebração do casamento (Art. 1.560,

E

III, CCB 2002). Somente o cônjuge que incidiu em erro, ou sofreu coação, pode requerer a anulação do casamento. Entretanto, a coabitação, havendo ciência do vício, valida o ato, ressalvadas as hipóteses dos incisos III e IV do art. 1.557 (Art. 1.559, CCB 2002).

É muito comum os cônjuges, ou apenas um deles, achar que se casou com alguém completamente diferente daquela(e) que conhecia. Isso acontece porque o outro é sempre uma projeção daquilo que se imaginava que fosse. O sujeito real só se mostra tal como ele é, no dia a dia. Na convivência cotidiana, aparecem as mazelas e os defeitos de cada um. Nesse sentido, podemos dizer que quase todos nos enganamos em relação ao outro. Mas não é nesse sentido o erro gerador da anulação do casamento. O erro tem que ser substancial, objetivo e não apenas uma decepção sobre como se mostrava antes e depois do casamento, ou sobre seu caráter.

Os exemplos mais comuns de erro essencial sobre a pessoa são os casos de omissão de fatos como existência de condenação penal, hermafroditismo, desconhecimento de prostituição, Doenças sexualmente transmissíveis – DSTs, esquizofrenia, omissão de tráfico de drogas.

DISPOSITIVOS NORMATIVOS

CCB – Arts. 138 a 144, 178, II, 1.556, 1.557, 1.559, 1.560, 1.561.

JURISPRUDÊNCIA

(...) Em relação ao erro essencial sobre a pessoa do outro cônjuge, para que se justifique a anulação do casamento com base nesse argumento, necessário que haja a cabal demonstração de três requisitos: a anterioridade da circunstância ignorada pelo cônjuge (defeito físico irremediável ou moléstia grave transmis-

sível), a ignorância de crime que torne a vida em comum insuportável ou, ainda, relevante erro quanto à sua identidade, sua honra e boa fama, com posterior conhecimento do cônjuge enganado. 3. No vertente caso, inexiste a hipótese de anulação, pois se trata de afronta aos deveres do casamento, o que autoriza a sua dissolução, com base no artigo 226, § 6º, da Constituição Federal. (...) (Ap. Cível nº 0165812-13.2009.807.0001 DF, Rel. Des. Flavio Rostirola, 1ª TC – TJDF. j. 16/03/2011).

(...) Por erro essencial, entende-se o desconhecimento acerca das qualidades e condições pessoais e sociais dos nubentes, características cuja ciência posterior torna "insuportável a vida em comum ao cônjuge enganado". 3. Para resultar na anulabilidade do casamento, não basta que a convivência comum tenha se tornado inviável, mas que tal impossibilidade decorra de qualidades relativas à identidade, à honra ou a boa fama da pessoa, as quais devam ser desconhecidas antes da união formal. 4. A existência de erro essencial deve ser comprovada de forma cabal, pois a anulabilidade somente ocorre em caráter excepcional, razão pela qual a ausência de provas inequívocas acerca das alegações resultará na prevalência do casamento. 5. Recurso desprovido. (TJ-DF 20160510018834 – 0001856-56.2016.8.07.0005, Rel. Desª. Leila Arlanch, 7ª Turma Cível, DJE : 04/04/2017)

LINGUAGEM POÉTICA

(...) E vê só que cilada o amor me armou / Eu te quero (e não queres) como sou / Não te quero (e não queres) como és /Ah! Bruta flor do querer / Ah! Bruta flor, bruta flor / Onde queres comício, flipper-vídeo / E onde queres romance, rock'n roll / Onde queres a lua, eu sou o sol / E onde a pura natura, o inseticídio / Onde queres mistério, eu sou a luz / E onde queres um canto, o mundo inteiro/ Onde queres quaresma, fevereiro /E onde queres coqueiro, eu sou obus (...)

(*O quereres* – Letra e Música de Caetano Veloso).

LINGUAGEM LITERÁRIA

"Sufoquei numa estrangulação de dó. Constante o que a Mulher disse: carecia de se lavar e vestir o corpo. Piedade, como que ela mesma, embebendo toalha, limpou as faces de Diadorim, casca de tão grosso sangue, repisado. E a beleza dele permanecia, só permanecia, mais impossivelmente. […]

Eu dizendo que a Mulher ia lavar o corpo dele. Ela rezava rezas da Bahia. Mandou todo mundo sair. Eu fiquei. E a Mulher abanou brandamente a cabeça, consoante deu um suspiro simples. Ela me mal-entendida. Não me mostrou de propósito o corpo. E disse...

Diadorim – nú de tudo. E ela disse:

– "A Deus dada. Pobrezinha..."

E disse. Eu conheci! Como em todo o tempo antes eu não contei ao senhor – e mercê peço: – mas para o senhor divulgar comigo, a par, justo o travo de tanto segredo, sabendo somente no átimo em que eu também só soube... Que Diadorim era o corpo de uma mulher, moça perfeita... Estarreci. A dor não pode mais do que a surpresa. A côice d'arma, de coronha..."

(ROSA, J. Guimarães. *Grande sertão: veredas*. 19. ed. Rio de Janeiro: Nova Fronteira, 2001. p. 614-615.)

LINGUAGEM ARTÍSTICA

Cf. o filme: *M. Butterfly*. Diretor David Cronenberg. Estados Unidos, 1993. Sinopse: Na China dos anos 1960, René Gallimard, diplomata francês se apaixona pela cantora de ópera Song Liling. Ludibriado por ela, Gallimard é envolvido numa trama psicológica e política, cujo resultado é fatal.

ESBOÇO DA PARTILHA [*ver tb. plano de partilha*] – É o projeto de partilhamento dos bens deixados pelo *de cujus*, após a liquidação do espólio, apresentado pelo inventariante nos autos do processo de inventário. Apura-se tanto a herança bruta, ou seja, a soma total de todos os bens do autor da herança, assim como a soma líquida do montante a ser partilhado, isto é, o que restou após o pagamento de todas as dívidas, impostos, despesas etc., bem como os bens adicionados ao valor por colação, se houver, e ao final determina-se o quinhão hereditário de cada herdeiro.

Elaborado o esboço da partilha, são intimadas as partes, o Ministério Público e a Fazenda Pública, para se manifestarem, aceitando ou impugnando o esboço. Resolvidas eventuais questões levantadas, o juiz determina que se cumpra o esboço naquele ato, transformando-o em partilha, da qual se extrai o formal de partilha para ser entregue aos herdeiros.

ESPÓLIO [*ver tb. inventário, sucessões*] – Do latim *spoliare*. É a expressão utilizada, até a concretização da partilha, para identificar a universalidade de bens, direitos e obrigações deixados pelo *de cujus*. Não é sinônimo de herança que é tão somente uma universalidade de bens que pertence a todos os herdeiros e que não possui capacidade processual.

O espólio é uma ficção jurídica criada para executar as providências jurídicas de inventário e liquidação da herança. É uma massa patrimonial ao lado das pessoas naturais e jurídicas classificada como "pessoa formal". Não tem personalidade jurídica, de existência transitória e não dispõe de patrimônio próprio, uma vez

E

que os bens que reúne pertencem desde a morte aos herdeiros do falecido.

O espólio responde pelas dívidas do falecido, mas, feita a partilha, cada herdeiro responde por elas dentro das forças da herança e na proporção da parte que lhe coube.

Apesar de não ter personalidade própria, tem aparência de personalidade jurídica, ou seja, é capaz de demandar e ser demandado judicialmente, pois o direito lhe confere legitimidade *ad causam* para exercer atividades jurídicas. É representado pelo inventariante, porém, trata-se de uma modalidade de representação anômala já que há um representante sem que exista a pessoa do representado.

JURISPRUDÊNCIA

(...) Personalidade do de cujus extinta com o óbito. Espólio que, por ser mera pessoa formal, não faz jus à indenização por danos morais. Tendo sido constatado que o julgado embargado incorreu em omissão no tocante aos ônus sucumbências e aos danos morais, impende sejam conhecidos e parcialmente providos os presentes embargos de declaração ora opostos pelo espólio autor (TJRJ, Ap. Cível nº 0009386-42.2002.8.19.0208, Rel.ª Des.ª Elisabete Filizzola, 2ª CC., j. 19/02/2014).

ESPONSAIS [*ver tb. arras esponsalícias, noivado*] – É o mesmo que noivado. No Direito Romano, era a promessa solene de futuro casamento. Se não cumprida, eram devidas "arras esponsalícias", ou seja, o noivo responsável pelo rompimento perderia o valor das arras ou seria obrigado ao seu pagamento em triplo ou quádruplo. O Código Canônico tratou do assunto no § 2º do Cân. 1.062, dispondo que "da promessa de matrimônio não cabe ação para exigir a celebração do matrimônio, mas cabe ação para reparação de danos, se for devida".

Em Portugal, a Lei nº 9 de 31/05/2010, fez referência aos esponsais, mas apenas para dizer que não é possível exigir a celebração do casamento a título de esponsais, nem reclamar, na falta de cumprimento, indenizações que não sejam as despesas feitas ou as obrigações contraídas na previsão do casamento.

No Brasil, apenas a Lei de 6 de outubro de 1784 regulamentou especificamente o assunto, outorgada por D. Maria I, de Portugal, para os domínios portugueses. Os artigos 209 e 210 do projeto do Código Civil de autoria de Clóvis Beviláqua, posteriormente reunidos em um único, tratavam da matéria, observando-se que não se falava de esponsais, mas sim de promessa de casamento: *Art. 218. As promessas de casamento não produzem obrigação legal de contrahir matrimonio. Si, porém, a parte promitente se arrepender, sem culpa da outra, será obrigada a restituir as prendas recebidas e indemnisala do que tiver despendido na previsão do casamento.* Tal dispositivo não foi incluído no Código Civil de 1916.

O ordenamento jurídico brasileiro atual não faz nenhuma menção aos esponsais, não sendo devida qualquer reparação no campo do Direito de Família em razão do rompimento dessa promessa de casamento.

JURISPRUDÊNCIA

(...) Assentado, portanto, que ao réu assiste a possibilidade de se arrepender a qualquer tempo antes da consumação do matrimônio, está ausente o ato ilícito e, via de consequência, a obrigação de indenizar. (...) Saliente-se que a dor, a tristeza e a angústia experimentadas pela apelante são inerentes ao desfazimento do vínculo afetivo e não são objeto de proteção pela ordem jurídica porquanto não exorbitam os limites do tolerável pelo homem médio (TJMG, Ap. Cível nº 1.0040.04.021738-8/001. Des. Rel. Elpídio Donizetti. 13ª CC., j. 11/03/2006).

LINGUAGEM LITERÁRIA

"Naquele mesmo inverno, ela estivera apaixonada por dois jovens ao mesmo tempo e enrubescia e se emocionava não só quando os via entrando, mas à simples menção de seus nomes. Depois, quando a mãe insinuou que Irtiêniev parecia ter intenções sérias, sua paixão por ele cresceu tanto que se tornou quase indiferente aos outros dois, e quando Irtiêniev começou a frequentar a casa, as reuniões, quando nos bailes dançava mais com ela do que com as outras moças, e quando quis saber se ela o amava, aí sua paixão passou a ser doentia. Sonhava com ele de olhos abertos, na penumbra de seu quarto, e todos os outros desapareceram para ela. Depois, quando ele a pediu em casamento e os dois foram abençoados, quando se beijaram e ela se tornou sua noiva, passou a não ter pensamentos senão para ele, de amá-lo e ser amada por ele. Orgulhava-se dele, comovia-se com ele, consigo mesma e com o seu amor, enlanguescia e consumia-se de amor. Quanto mais ele a conhecia, mais ela retribuía esse amor. Nunca esperara encontrar semelhante amor, e isso intensificava ainda mais seus sentimentos."

(TOLSTÓI, Liev. O diabo. In: O diabo e outras histórias. Trad. Beatriz Morabito, Beatriz Ricci e Maira Pinto. São Paulo: Cosac Naify, 2010. p. 101-162. p. 118).

ESPOSA(O) [ver tb. esponsais, marido] – Do latim sponsus, prometido em casamento. Na tradição jurídica, esposa tomou o sentido de cônjuge virago, e esposo, cônjuge varão. Assim, esposos são os cônjuges, o marido e a mulher.

Os textos legislativos brasileiros, mesmo o CCB 1916, ao referirem-se à mulher casada sempre usaram a expressão cônjuge virago ou mulher, ao invés de esposa. Da mesma forma, referindo-se ao homem casado, não usa a expressão esposo, preferindo as expressões marido ou cônjuge varão.

LINGUAGEM POÉTICA

Como num romance / O homem dos meus sonhos / Me apareceu dancing / Era mais um / Só que num relance / Os seus olhos me chuparam / Feito um zoom / Ele me comia / Com aqueles olhos / De comer fotografia / Eu disse X / E de close em close / Fui perdendo a pose / E até sorri, feliz

E voltou / Me ofereceu um drinque / Me chamou de anjo azul / Minha visão / Foi desde então ficando flou

Como no cinema / Me mandava às vezes / Uma rosa e um poema / Foco de luz / Eu, feito uma gema / Me desmilinguindo toda / Ao som do blues / Abusou do scoth / Disse que meu corpo / Era só dele aquela noite / Eu disse please / Xale no decote / Disparei com as faces / Rubras e febris

E voltou / No derradeiro show / Com dez poemas e um buquê / Eu disse adeus / Já vou com os meus / Pra uma turnê / Como amar esposa / Disse que agora / Só me amava como esposa / Não como star / Me amassou as rosas / Me queimou as fotos / Me beijou no altar / Nunca mais romance / Nunca mais cinema / Nunca mais drinque no dancing Nunca mais cheese / Nunca uma espelunca / Uma rosa nunca / Nunca mais feliz

(A história de Lili Braun – Letra e música de Chico Buarque e Edu Lobo)

E

ESPÚRIO [*ver tb. bastardo, filiação espúria, filiação ilegítima*] – Do latim *spurius*, ilegítimo. É tudo aquilo que não tem origem conhecida ou procedência legítima, traz o sentido do que é contrário, feito contra a lei. Até a Constituição da República de 1988, os filhos havidos fora do casamento, frutos de relações incestuosas ou adulterinas, além de ilegítimos, ainda recebiam a denominação de espúrios.

ESTADO CIVIL [*ver tb. ab rogação, casamento, convivente, união estável*] – Do latim *status*, estado, posição, modo de ser ou estar. Em uma acepção mais genérica, significa todos os estados da pessoa, isto é, as qualidades que lhe pertencem, que lhe são inerentes, e que a lei toma em consideração para lhe conferir efeitos jurídicos. Tem a finalidade de individualizar uma situação em que a pessoa se encontra e suas condições, usufruindo dos benefícios e das vantagens dela decorrentes e sofrendo os ônus e as obrigações que dela emanam.

Estado civil equipara-se à capacidade civil no sentido de traduzir uma situação jurídica em que se encontra uma pessoa em seu vínculo com a família e a sociedade considerando o seu nascimento, filiação, sexo e sua relação com os diferentes direitos e deveres que os une.

No ambiente forense, é mais comum a expressão ser usada para designar o estado civil particularizado de cada sujeito para informar sua situação civil em relação a uma sociedade conjugal: solteiro, casado, divorciado, viúvo. Até o advento da Emenda Constitucional nº 66/10, que simplificou o divórcio e eliminou o instituto da separação judicial, além destes quatro estados civis, havia o de "separado judicialmente". Obviamente este *status* não foi eliminado para aquelas pessoas que já o tinham adotado antes da EC/66. E assim, aqueles que já detinham este estado civil têm a opção de transformá-lo em divórcio ou permanecer, isto é, remanescer neste estado civil já que ele não existe mais para aqueles que desejarem dissolver sua sociedade conjugal após a vigência do preceito constitucional de julho de 2010.

O estado civil é importante para a segurança das relações e negócios jurídicos, pois, dependendo do regime de bens da união estável ou casamento, ele, necessariamente, dependerá da outorga do cônjuge ou companheiro.

Paradoxalmente, as pessoas que vivem em união estável não adquirem formalmente um novo estado civil. Entretanto, é conveniente para a segurança das relações jurídicas informar o estado de convivente, companheiro ou vivendo em união estável.

ESTADO DE AUSÊNCIA [*ver tb. ausência, declaração de ausência, morte presumida*] – Para a técnica jurídica é a circunstância de alguém que se encontra desaparecido de seu domicílio, sem deixar notícias, ou mandatário ou procurador para administrar-lhe os bens e direitos, deixando dúvidas de sua existência.

É uma das hipóteses de morte presumida, pois traz a incerteza quanto à existência da pessoa. *A existência da pessoa natural termina com a morte; presume-se esta, quanto aos ausentes, nos casos em que a lei autoriza a abertura de sucessão definitiva* (Art. 6º, CCB). Em regra, é necessário que seja declarada judicialmente.

ESTADO DE FILHO – Ver posse do estado de filho.

ESTATUTO DA CRIANÇA E DO ADOLESCENTE [*ver tb. princípio do melhor interesse da criança e adolescente, infância, juventude*]

– É a Lei nº 8.069/90, mais conhecido como Estatuto da Criança e do Adolescente, ou simplesmente ECA, que revogou o ultrapassado Código de Menores (Lei nº 6.697/79). É um dos textos normativos mais avançados do mundo e tem sido paradigma para outros ordenamentos jurídicos.

Além de regras, o ECA estabelece princípios norteadores fundamentais para a infância e juventude. Esta lei instalou novos paradigmas e concepções para o Direito de Família, introduziu uma nova terminologia jurídica, substituindo, por exemplo, a expressão "visitas" por "convivência familiar", reconheceu que a família é muito mais da ordem da cultura do que da natureza, ao introduzir a expressão "família substituta".

Em um corpo de normas e princípios, o ECA instalou e mudou a concepção filosófica sobre os direitos da infância (0 a 12 anos) e juventude (13 a 18 anos), colocando-os como sujeitos de direitos e instalando definitivamente o princípio do melhor interesse e da proteção integral.

O Estatuto da Criança e do Adolescente estabeleceu normas protetivas segundo as diretrizes e princípios constitucionais: *Art. 3º A criança e o adolescente gozam de todos os direitos fundamentais inerentes à pessoa humana, sem prejuízo da proteção integral de que trata esta Lei, assegurando-se-lhes, por lei ou por outros meios, todas as oportunidades e facilidades, a fim de lhes facultar o desenvolvimento físico, mental, moral, espiritual e social, em condições de liberdade e de dignidade.* No mesmo sentido e ampliando a abrangência dos direitos, estabeleceu responsabilidade desta proteção integral além da família: *Art. 4º É dever da família, da comunidade, da sociedade em geral e do poder público assegurar, com absoluta prioridade, a efetivação dos direitos referentes à vida, à saúde, à alimentação, à educação, ao esporte, ao lazer, à profissionalização, à cultura, à dignidade, ao respeito, à liberdade e à convivência familiar e comunitária.* Tais dispositivos traduzem e reafirmam a Convenção Internacional dos Direitos da Criança, adotada pela Assembleia Geral das Nações Unidas, em 20 de novembro de 1989. Esta Convenção foi ratificada no Brasil em 26 de janeiro de 1990, pelo Decreto Legislativo nº 28, de 14/09/1990, promulgada pelo Decreto Presidencial nº 99.710, de 21/11/1990: *Todas as ações relativas às crianças, levadas a efeito por instituições públicas ou privadas de bem-estar social, autoridades administrativas ou órgãos legislativos, devem considerar, primordialmente, o interesse maior da criança.*

DISPOSITIVOS NORMATIVOS

CR – Art. 227, 229.

Decreto nº 3.087/99 – Promulga a Convenção Relativa à Proteção das Crianças e à Cooperação em Matéria de Adoção Internacional.

Decreto nº 2.428/97 – Promulga a Convenção Interamericana sobre Obrigação Alimentar.

Decreto nº 3.413/00 – Promulga a Convenção sobre Aspectos Civis do Sequestro Internacional de Crianças.

Decreto Lei nº 99.710/90 – Promulga a Convenção sobre os Direitos da Criança.

E

Decreto Lei nº 678/92 – Promulga a Convenção Americana sobre Direitos Humanos (Pacto de São José da Costa Rica).

JURISPRUDÊNCIA

(...) É cediço que a proteção internacional dos direitos humanos abrange duas vertentes: uma universal, com a autoridade planetária da Organização das Nações Unidas (ONU), que criou o Fundo das Nações Unidas para a Infância (FISE/UNICEF), e outra regional, com a Organização dos Estados Americanos e o Conselho da Europa. Não será demasiado colacionar alguns dos documentos relevantes na defesa dos interesses da criança e do adolescente: Declaração de Genébra (1924), Declaração Universal dos Direitos Humanos (1948), Declaração Universal dos Direitos da Criança (1959), Convenção Internacional sobre os Direitos da Criança (1989), Regras de Beijing (1985), Diretrizes de Riad (1990), Regras de Tóquio (1990) e Convenção de Haia. No Brasil, o Estatuto da Criança e do Adolescente (ECA), sufragado na Lei Federal nº 8.069/90, reveste-se de um importante instrumento referente à matéria. Alicerçado na Lex Magna, ante ao escalonamento normativo de Kelsen, o referido diploma legal perfez novas notas à partitura da composição "Infância", sepultando, definitivamente, a retrógrada doutrina da situação irregular, consolidada no antigo Código de Menores, e inserindo a denominada diretriz da proteção integral. Com efeito, restou implementado um novo matiz nos conceitos jurídicos da criança e do adolescente, de modo a alijar o paradigma da incapacidade e incutir na sociedade o reconhecimento como sujeitos em condições peculiares de desenvolvimento, tal qual se observa no art. 6º, do ECA, sem descurar, vale ressaltar, na interpretação da Lei levando em conta os seus fins sociais aos quais ela se dirige, as exigências do bem comum e os direitos e deveres individuais e coletivos. Hoje, não há que se falar em infância dividida, como outrora apregoado, senão em um conceito uno, mormente, no sentido de que todas as crianças e adolescentes são tidas como sujeitos de direitos, pessoas em peculiar condição de desenvolvimento, lançando-se mão de conceitos que permitem abordar essa questão sob a ótica dos direitos humanos. (...) (TJRN, Ap. Cível nº 143040 RN 2010.014304-0, Rel. Des. Vivaldo Pinheiro, 3ª CC., j. 28/04/2011).

ESTATUTO DA JUVENTUDE [*ver tb. adolescência, Estatuto da Criança e do Adolescente, infância*] – É o conjunto de normas e princípios destinados a regular os direitos dos jovens e diretrizes das políticas públicas para juventude estabelecidos na Lei nº 12.852/13. Tal Estatuto nasceu da Emenda Constitucional nº 65/10, que acrescentou o § 8º ao art. 227 da CR, que determinou que se regulamentassem os direitos dos jovens. São consideradas jovens as pessoas com idade entre 15 (quinze) e 29 (vinte e nove) anos de idade (Art. 1º, Lei nº 12.852/13).

O Estatuto da Juventude tem por objetivo acrescentar e reforçar a proteção à juventude. (...) *as políticas públicas de juventude são regidos pelos seguintes princípios: I – promoção da autonomia e emancipação dos jovens; II – valorização e promoção da participação social e política, de forma direta e por meio de suas representações; III – promoção da criatividade e da participação no desenvolvimento do País; IV – reconhecimento do jovem como sujeito de direitos universais, geracionais e singulares; V – promoção do bem-estar, da experimentação e do desenvolvimento integral do jovem; VI – respeito à identidade e à diversidade individual e coletiva da juventude; VII – promoção da vida segura, da cultura da paz, da solidariedade e da não discriminação; VIII – valorização do diálogo e convívio do jovem com as demais gerações* (Art. 2º, Lei nº 12.852/13).

LINGUAGEM POÉTICA

Nossa linda juventude / Página de um livro bom / Canta que te quero / Cais e calor / Claro como o sol raiou / Claro como o sol raiou...

Maravilha, juventude / Pobre de mim, pobre de nós / Via Láctea, brilha por nós / Vidas pequenas na esquina...

Fado, sina, lei, tesouro / Canta que te quero bem / Brilha que te quero / Luz andaluz / Massa como o nosso amor...

(*Linda juventude* – Letra e música de Flávio Venturini e Márcio Borges).

ESTATUTO DA MULHER CASADA

[*ver tb. família patriarcal, princípio da igualdade*] – É a Lei nº 4.121/62, que absorvendo a tendência do declínio do patriarcalismo, e por influência da legislação francesa, modificou seu entendimento sobre a autoridade marital, consagrando que ela deve ser exercida apenas em benefício do grupo familiar.

Foi um avanço na época, que corrigiu algumas aberrações legislativas. Outras permaneceram no Código de 1916, como por exemplo, a que considerava erro essencial de pessoa o defloramento da mulher, ignorado pelo marido, como causa para anulação de casamento (arts. 218, 219, IV), a autorização do pai a deserdar a filha que vivia sob o seu teto, por desonestidade. Entende-se por desonesto o comportamento sexual em desacordo com a moral paterna (art. 1744, III, CCB 1916).

O Estatuto da Mulher Casada tem importância histórica, pois modificou a hierarquia na sociedade conjugal. A história da mulher no Direito, ou o lugar dado pelo Direito à mulher, sempre foi um não lugar. Na realidade, a presença da mulher é a história de uma ausência, pois ela sempre existiu subordinada ao marido, sem voz e marcada pelo regime da incapacidade. Foi somente com o Estatuto da Mulher Casada, que foi permitido à mulher praticar atos jurídicos.

Após este marco legislativo, a jurisprudência e a doutrina foram consolidando a igualdade de direitos entre homens e mulheres, até que a Constituição da República de 1988 estabeleceu (Art. 5º), mais que uma regra formal de igualdade, um princípio constitucional de igualização de direitos. Esse e outros dispositivos constitucionais são enunciados de que as normas jurídicas, no contexto do sistema patriarcal, forçosamente, têm alterado suas concepções sobre a sexualidade feminina, autorizando à mulher um lugar de sujeito de direito como sujeito desejante, tanto quanto os homens.

Esse lugar conquistado, em que a mulher era emoldurada e confinada à reprodução e produção privada, só foi possível graças à aliança de interesses com o próprio homem e um repensar na divisão sexual do trabalho. Afinal, para esse sistema a mulher também é força produtiva.

JURISPRUDÊNCIA

(...) em função da novel concepção de família consagrada pela Constituição Federal, a qual colocou uma pá de cal na chamada família patriarcal, na medida em que estabeleceu que os direitos e deveres inerentes à sociedade conjugal serão exercidos igualmente pelo homem e pela mulher (art. 226, § 5º). Isso quer dizer que a administração do patrimônio, costumeiramente atribuída ao cônjuge varão, que a exercia livre de prestar contas enquanto legalmente casado, passa agora a ser direito também da cônjuge varoa, podendo ela mesma exercer esse *munus*, dividi-lo com o varão ou dele exigir as contas da gestão. (Ap. Cível nº 320545 SC, Rel.ª Des.ª Maria do Rocio Luz Santa Ritta, TJSC. j. 09/11/2010).

ESTATUTO DAS FAMÍLIAS (EF) – Projeto de Lei elaborado pelo Instituto Brasileiro de Direito de Família – IBDFAM, apresentado pela senadora Lídice da Mata (PLS 470/2013), que revoga todo o Livro IV do Código Civil Brasileiro, e legislações esparsas para disciplinar toda matéria do Direito de Família reunindo o direito material e procedimental em um único diploma normativo. Optou-se pelo termo "Estatuto das Famílias", em vez de "Estatuto da Família", por conter, em seu título, o conceito de pluralidade defendido na constitucionalização do Direito Civil. O uso do plural para identificar este ramo do Direito melhor contempla as novas configurações familiares, que deixaram de ser singular e passaram a ser plural.

A revolução sexual, a expansão do capitalismo, a conquista do Estado Democrático de Direito e o reconhecimento dos direitos individuais e de cidadania – estes foram os grandes marcos que mudaram a história do Brasil nos últimos tempos. A Constituição Federal de 1988 propiciou uma revolução paradigmática, na medida em que ampliou as escolhas dos indivíduos, com mais liberdade e autonomia, propiciando uma hermenêutica jurídica de cunho principiológico.

Essa realidade social foi que impulsionou confeccionar uma legislação específica, por meio de um Estatuto autônomo, em que reúne normas materiais e processuais, inclusive para facilitar a realização de Justiça com mais brevidade, simplificação de ritos e economia processual, indo de encontro, inclusive, aos ideais do Estado laico.

ESTATUTO DA PESSOA COM DEFICIÊNCIA [ver tb. curatela, interdição, loucura, tomada de decisão apoiada] – Nomenclatura dada à Lei nº 13.146/2015, que instrumentalizou a Convenção de Nova Iorque sobre os Direitos das Pessoas com Deficiência, de 30 de março

de 2007, da qual o Brasil é signatário, e por tratar de matéria relativa a Direitos Humanos, foi recepcionado pelo ordenamento jurídico brasileiro na forma do Decreto nº 6.949 em 2009, com força de Emenda Constitucional.

Essa lei apresenta grandes avanços para os direitos das pessoas com deficiência. O Estatuto traduziu uma verdadeira conquista social, ao inaugurar um sistema normativo inclusivo, que homenageia o princípio da dignidade da pessoa humana em diversos níveis, além de rever os conceitos da incapacidade e os tradicionais institutos da tutela e curatela, e de criar novas modalidades de limitação da personalidade civil como a tomada de decisão apoiada. Nos termos do seu art. 1º, o propósito da Convenção "é promover, proteger e assegurar o exercício pleno e equitativo de todos os direitos humanos e liberdades fundamentais por todas as pessoas com deficiência e promover o respeito pela sua dignidade inerente". A Lei nº 13.146/2015 (Estatuto da Pessoa com Deficiência), alterou profundamente o sistema de incapacidades estatuído pelo Código Civil. Assim, pela nova sistemática, são absolutamente incapazes somente os menores de 16 anos. Todos os demais, inclusive os que por deficiência mental, não tiverem o necessário discernimento para a prática dos atos da vida civil e os que por causa transitória, não puderam exprimir sua vontade, passam a ser relativamente incapazes.

A premissa básica para a interpretação do Estatuto é entender que o deficiente tem uma qualidade que os difere das demais pessoas, mas não uma doença. Assim, o deficiente tem igualdade de direitos e deveres com relação aos não deficientes.

O Estatuto abandonou a antiga classificação das capacidades civis e, fundado em uma política de inclusão das pessoas com deficiência, limitou a classificar como absolutamente incapazes apenas os menores de 16 anos. A pessoa com deficiência, aquela que tem impedimento ao longo prazo, de natureza física, mental, intelectual ou sensorial, não deve ser mais tecnicamente considerada relativamente incapaz uma vez que a presença da deficiência não pressupõe prejuízo no exercício da plena capacidade civil. *A garantia de igualdade reconhece uma presunção geral de plena capacidade a favor das pessoas com deficiência. Isso significa que, por meio de relevante inversão da carga probatória, a incapacidade surgirá excepcionalmente e amplamente justificada* (ROSENVALD, Nelson. Curatela. In: PEREIRA, Rodrigo da Cunha (Coord.). *Tratado de direito das famílias*. Belo Horizonte: IBDFAM, p. 740).

A legislação anterior baseava sua metodologia na medicina do século XIX, a qual não apresentava técnica, à época, para diagnosticar as modalidades de transtornos e deficiências, seus níveis e tratamentos adequados. A legislação limitava a classificá-las de *loucura*. Em vez de proteger a dignidade da pessoa, a lei primava pela proteção do patrimônio. Daí a opção pelo caminho mais curto, extirpar toda a capacidade civil do indivíduo em prol de bens materiais, isto é, interditá-lo.

O Estatuto introduziu no ordenamento um processo de curatela mais "personalizado" ajustada à efetiva necessidade daquele que se pretende proteger. Em vez de buscar principalmente a proteção patrimonial, trouxe o foco para a preservação da dignidade do deficiente e sua inclusão social.

Uma das críticas que se faz ao Estatuto é que, embora sua intenção seja proteger e dar mais dignidade à pessoa com deficiência, ele traz consigo um paradoxo, que é a incidência da prescrição e decadência (arts. 198, I, e 208, CCB) às pessoas com deficiência, já que delas foi retirado o *status* de incapacidade absoluta. Com relação a esse paradoxo, Joyceane Bezerra de Menezes traz a seguinte reflexão: *Embora o texto do Estatuto da Pessoa com Deficiência – EPD (da Lei nº 13.146/15) possa ser otimizado, notadamente, quanto ao que dispõe sobre o exercício da capacidade civil e as correspondentes salvaguardas, adverte-se que a matéria sob foco aborda questões de direitos humanos que são cruciais à inclusão de um grupo populacional historicamente prejudicado pelas barreiras sociais, culturais e jurídicas que persistem até os dias de hoje. Assim, qualquer proposta de alteração a essa lei, elaborada para implementar o escopo axiológico da Convenção sobre os Direitos das Pessoas com Deficiência – CDPD, ratificada como direito fundamental, não pode ter por objetivo central a sua adaptação ao texto de outros códigos ou leis especiais do país. Essas leis é que devem adaptar-se a ela – norma de natureza constitucional* (MENEZES, Joyceane Bezerra de. O risco do retrocesso: uma análise sobre a proposta de harmonização dos dispositivos do Código Civil, do CPC, do EPD e da CDPD a partir da alteração da Lei nº 13.146, de 6 de julho de 2015. *Revista IBDFAM – Famílias e Sucessões*, v. 16, p. 141, Belo Horizonte: IBDFAM, jul.-ago. 2016).

E

DISPOSITIVOS NORMATIVOS

Lei nº 13.146/2015 – Estatuto da Pessoa com Deficiência – EPD.

CCB/2002 – Art. 1.783-A.

Decreto nº 6.949/2009 – Promulga a Convenção Internacional sobre os Direitos das Pessoas com Deficiência e seu Protocolo Facultativo, assinados em Nova York, em 30 de março de 2007.

JURISPRUDÊNCIA

(...) Embora a redação do art. 3º do Código Civil tenha sido alterada pela Lei nº 13.146/2015 ("Estatuto da Pessoa com Deficiência"), para definir como absolutamente incapazes de exercer pessoalmente os atos da vida civil apenas os menores de 16 anos, e embora o inciso I do art. 198 do Código Civil disponha que a prescrição não corre contra os incapazes de que trata o art. 3º, a vulnerabilidade do indivíduo portador de deficiência psíquica ou intelectual não pode jamais ser interpretada para prejudicá-los. Assim, se o indivíduo não tem discernimento para os atos da vida civil, não corre contra ele o prazo prescricional, como não flui relativamente aos absolutamente incapazes. Entendimento contrário resulta em atribuir o mesmo tratamento jurídico para pessoas em condições absolutamente desiguais. O benefício assistencial é devido à pessoa portadora de deficiência e ao idoso que comprovem não possuir meios de prover a própria manutenção ou de tê-la provida por sua família (TRF 4ª, AC 50018521620154047108/RS 5001852-16.2015.404.7108, Rel. Taís Schilling Ferraz, 5ª Turma, publ. 06/06/2017).

ESTATUTO DA PESSOA IDOSA [ver tb. abandono afetivo; abandono de incapaz]
– É a Lei nº 10.741/03, mais conhecida como Estatuto do Idoso. Além de regras, há princípios que tutelam direitos e garantias fundamentais dos idosos, estabelecendo oportunidades e facilidades para preservação da saúde física e mental e aperfeiçoamento moral, intelectual, espiritual e social, em condições de liberdade e dignidade.

Considera-se idoso quem tem idade igual ou acima de 60 (sessenta) anos. Dados da Organização Mundial da Saúde (OMS) revelam que até o ano de 2025, o Brasil será o sexto país em população de idosos, o que reforça a necessidade de políticas públicas para o idoso no sentido de atribuir-lhes direitos, proteção e inclusão. A Lei nº 13.466/2017 alterou o Estatuto do Idoso, *"assegurando prioridade especial aos maiores de oitenta anos, atendendo-se suas necessidades sempre preferencialmente em relação aos demais idosos". Essa prioridade, inclui processos judiciais. A Lei 14.423/2022 alterou a Lei nº 10.741, de 1º de outubro de 2003, para substituir, em toda a Lei, as expressões "idoso" e "idosos" pelas expressões "pessoa idosa" e "pessoas idosas".*

DISPOSITIVOS NORMATIVOS

CR – Arts. 1º, II e III; art. 3º, I e II; 127, 229 e 230.

CP – Arts. 133, 134.

CCB – Arts. 1.589, parágrafo único, 1.641, II.

Lei nº 10.741/03 – Estatuto do Idoso.

Lei nº 12.008/09 – Prioridade na tramitação de processos judiciais e administrativos.

Lei nº 13.466/2017 alterou o Estatuto do Idoso, *assegurando prioridade especial aos maiores de oitenta anos, atendendo-se suas necessidades sempre preferencialmente em relação aos demais idosos.*

Lei nº 14.423/2022.

JURISPRUDÊNCIA

(...) Decorre, então, um conjunto de garantias universalmente consagradas, assentadas, de um lado, na hipossuficiência da pessoa idosa, e, lado outro, na transferência dos encargos protetivos ao Estado e à família. (...) Com efeito, por ser a saúde um serviço de relevância pública e, por ser o direito à saúde e à integridade física um direito indisponível do cidadão, cumpre ao Poder Público garantir o acesso a políticas públicas de saúde e ao fornecimento de tratamentos essenciais a assegurar uma qualidade mínima de vida necessária à garantia da dignidade da pessoa humana, como um dos fundamentos do Estado Democrático de Direito. (...) Dessa forma, presumida a incapacidade ante o avanço da idade e demonstrada a necessidade fática do atendimento específico à saúde da idosa, presente, por consequência, o dever público de atendimento integral, a cargo, *in casu*, do Município de Belo Horizonte. (...) (TJMG, Ap. Cível nº 1.0024.08.243244-4/001, Rel. Des. Versiani Penna, 5ª CC., publ. 18/11/2013).

LINGUAGEM POÉTICA

(...) O velho de partida / Deixa a vida / Sem saudades / Sem dívida, sem saldo, sem rival / Ou amizade / Então eu lhe pergunto pelo amor / Ele me diz que / sempre se escondeu / Não se comprometeu / Nem nunca se entregou / E diga agora / O que é que eu digo ao povo / O que é que tem de novo / Pra deixar / Nada /E eu vejo a triste estrada / Onde um dia eu vou parar / O velho vai-se agora / Vai-se embora / Sem bagagem / Não sabe pra que veio / Foi passeio / Foi passagem / Então eu lhe pergunto pelo amor / Ele me é franco /Mostra um verso / manco / De um caderno em branco / Que já fechou / Me diga agora / O que é que eu digo ao povo / O que é que tem de novo / Pra deixar / Não / Foi tudo escrito em vão / E eu lhe peço perdão / Mas não vou lastimar

(*O velho* – Letra e música de Chico Buarque).

LINGUAGEM LITERÁRIA

Meu pai – você não deve estar interessado, por que estaria?, mas deixe eu contar mesmo assim –, meu pai estava naquele momento numa clínica particular perto de Port Elizabeth. As roupas dele estavam trancadas, ele não tinha nada para vestir, dia e noite, além do pijama, roupão e chinelos. E estava entupido de tranquilizante até o nariz. Por quê? Simplesmente pela conveniência dos enfermeiros, para ele continuar tratável. Porque quando ele não tomava os comprimidos, ficava agitado e começava a gritar. [...]

Por isso é que eu estou aqui. Por isso é que eu sou terapeuta. Por causa do que eu vi naquela clínica. Para evitar que outras pessoas sejam tratadas como meu pai foi tratado lá.

(COETZEE, J. M. *Verão*. Trad. José Rubens Siqueira. São Paulo: Companhia das Letras, 2010. p. 54-55).

ESTATUTO DO PATRIMÔNIO MÍNIMO [ver tb. *impenhorabilidade do bem de família, doação inoficiosa; princípio da intangibilidade da legítima*] – Teoria criada pelo jurista e professor paranaense Luiz Edson Fachin, justificando a repersonalização do Direito Civil, em que o sujeito precisa de um mínimo existencial para a garantia e preservação de sua dignidade (Art. 1º, III, CR). E, nesse sentido, o Estado deve intervir, como por exemplo, garantindo a impenhorabilidade do bem de família. *Em certa medida, a elevação protetiva conferida pela Constituição à propriedade privada pode, também, comportar tutela do patrimônio mínimo, vale dizer, sendo regra de base desse sistema a garantia ao direito de propriedade não é incoerente, pois, que nele se garanta um mínimo patrimonial. Sob o estatuto da propriedade agasalha-se, também, a defesa dos bens indispensáveis à subsistência. Sendo a opção eleita assegurá-lo, a congruência sistemática não permite abolir os meios que, na titularidade, podem garantir a subsistência* (FACHIN, Luiz Édson. *Estatuto jurídico do patrimônio mínimo*. Rio de Janeiro: Renovar, 2001. p. 232).

E

JURISPRUDÊNCIA

(...) A Teoria do Estatuto Jurídico do Patrimônio Mínimo, amparada na dignidade da pessoa humana, sustenta que, em perspectiva constitucional, as normas civis devem sempre resguardar um mínimo de patrimônio, para que cada indivíduo tenha vida digna (TJRS, Ag. nº 70058544289/RS, Rel. Des. Carlos Eduardo Richinitti, 23ª CC., publ. 05/05/2014).

ESTIRPE [*ver tb. sucessão por estirpe*] – Do latim *stirpes*, que significa linhagem, tronco, ascendência. É a expressão utilizada no Direito das Sucessões para indicar um grupo de descendentes com um ancestral comum.

JURISPRUDÊNCIA

(...) É admitida a adição de patronímicos ao prenome, por favorecerem a identificação social da estirpe e aprimorarem, por consequência, o próprio fim teleológico do nome civil (TJMG, Ap. Cível nº 1.0024.08.984792-5/001, Rel. Des. Fernando Botelho, 8ª CC., publ. 22/06/2010).

ETARISMO [*ver tb ageismo*] – É a infantilização do idoso pelos membros da família, com a aparente intenção de estarem sendo apenas gentis. O problema está que por trás dessa suposta gentileza e cuidado vem a ideia de que ele não tem mais discernimento próprio e capacidade para tomar decisões sobre a própria vida.

ILUSTRAÇÃO

Sérgio Lima. P. 275.

EUGENIA [*ver tb. planejamento familiar, transgenia*] – Palavra adaptada do grego no final do século XIX pelo cientista inglês Francisco Salton, eugenia, ou ciência da eugenia, é a ciência que busca melhorar a herança genética da raça humana. Eugenia pode ser entendida também como o movimento social que busca divulgar os princípios e práticas dessa ciência que pode melhorar ou empobrecer as qualidades raciais das futuras gerações, física e mentalmente. Nos Estados Unidos, por exemplo, milhares de pessoas foram esterilizadas compulsoriamente, em nome da eugenia, sob alegação de insanidade. Na Alemanha nazista, os tribunais especiais de saúde adotavam um discurso de eugenia negativa, determinando a esterilização de meio milhão de indivíduos considerados portadores de deficiências físicas e mentais como esquizofrenia, epilepsia, entre outras.

E assim, uma enormidade de crimes foram cometidos em nome da melhoria das raças. Com isso, a eugenia em sua forma original, isto é, em seus esforços de se depurar determinadas raças, foi abandonada e retomada na segunda metade do século XX de forma totalmente diferente de sua ideia originária (*Dicionário do pensamento social do século XX*. Trad. Eduardo Francisco Alves, Álvaro Cabral. Rio de Janeiro: Zahar, 1996. p. 289).

A adoção de um discurso positivo sobre a eugenia tem proporcionado avanços significativos com a descoberta de que muitas doenças são geneticamente transmitidas.

A eugenia interfere no Direito de Família na medida em que casais podem fazer um melhor planeamento familiar a partir de exames genéticos e optarem por ter filhos ou não, ou mesmo abortar um feto com o diagnóstico de algum problema genético sério.

EUTANÁSIA [*ver tb. anencefalia, distanásia, ortotanásia, testamento vital*] – Do grego *eu*, que significa bem ou boa, e

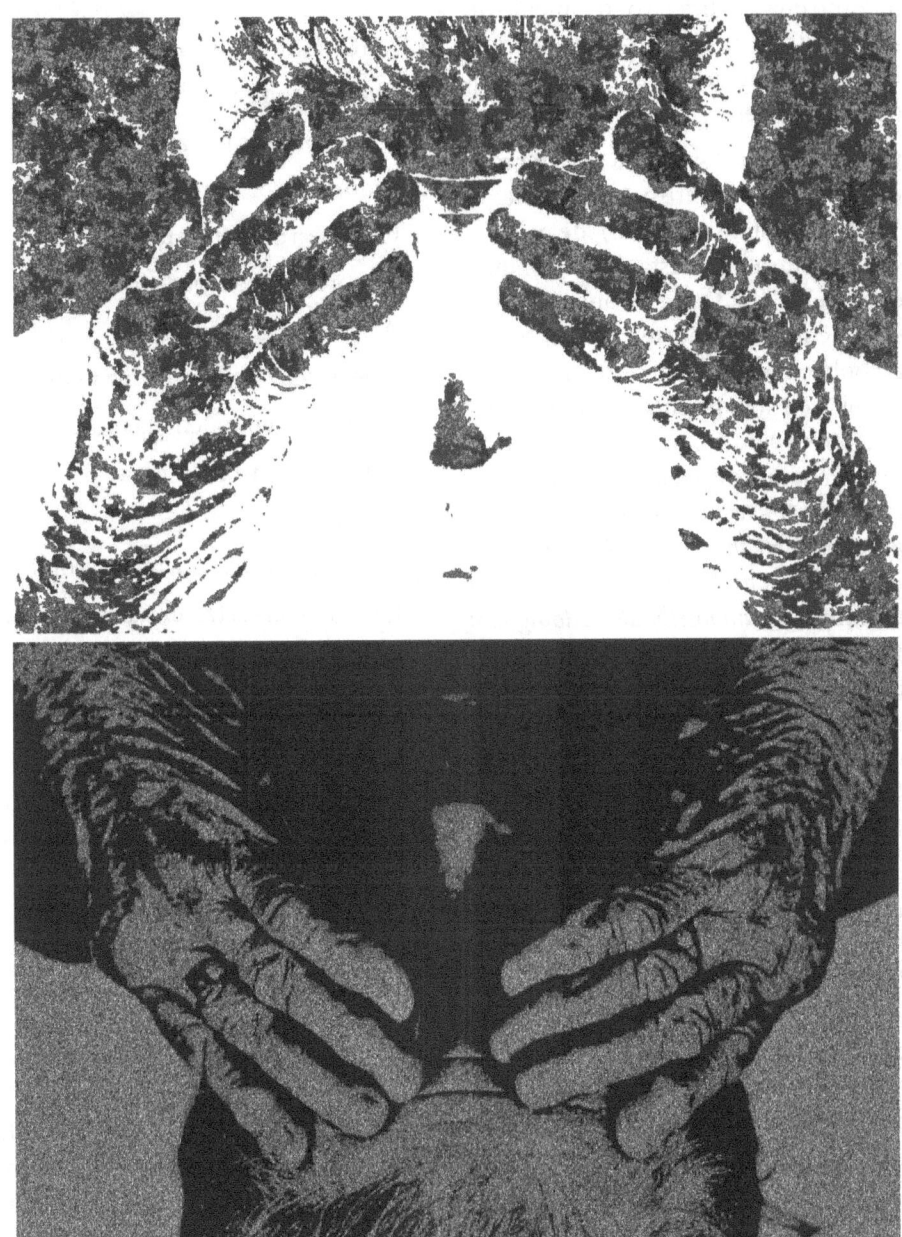

THANASIA, equivalente a morte. Em sentido genérico significa a boa morte, morte sem sofrimento. É o método por meio do qual se abrevia o sofrimento de um doente de cura improvável, especialmente quando acompanhada de uma dor implacável.

Quem deseja ser eutanasiado, seja por manifestação em Diretiva Antecipada de Vontade (testamento vital), de própria voz, ou outra manifestação de vontade qualquer, além de querer aplacar o seu sofrimento com a morte, quer também o reconhecimento público e oficial de que aquele seu sofrimento é insuportável. *É legítimo e justo querer que o mundo reconheça que existo, ou seja, reconheça o meu destino e meu desejo – por exemplo, que ele reconheça que não sou viável. Benefício secundário: se for decretada oficialmente a impossibilidade de alguém viver, talvez seres próximos sofram menos com o lamento e a culpa de não terem sido capazes de justificar a vida de quem decidiu pôr fim aos seus dias* (CALLIGARIS, Contardo. *Folha de S. Paulo*. E10, 27/03/2014).

O ordenamento jurídico brasileiro não recepciona a eutanásia, embora outras legislações a adotem, como a Bélgica, Holanda e Luxemburgo. A eutanásia aproxima-se do conceito de ortotanásia, que é a suspensão de tratamentos invasivos que prolongam a vida de pacientes terminais, sem chance de cura.

O conceito de ortotanásia, desenvolve-se a partir do princípio constitucional da dignidade humana (Art. 1º, III, CR), que faz aí um consectário lógico e necessário com a "morte digna". É indigno infligir um tormento artificial em pessoas cuja doença só traz sofrimento e a cura é improvável. Este horror não é apenas com os doentes terminais, mas também com os iniciais, como são os casos dos fetos anencefálicos. É o oposto da distanásia.

LINGUAGEM POÉTICA

(...) O corpo a morte leva

A voz some na brisa

A dor sobe pras trevas

O nome a obra imortaliza

A morte benze o espírito

A brisa traz a música

Que na vida é sempre a luz mais forte

Ilumina a gente além da morte

Venha a mim, óh, música

Vem no ar

Ouve de onde estás a minha súplica

Que eu bem sei talvez não seja a única

Venha a mim, oh, música

Vem secar do povo as lágrimas

Que todos já sofrem demais

E ajuda o mundo a viver em paz (...)

(*Súplica* – Letra e música de João Nogueira).

EX ADVERSO [*ver tb. litígio*] – Expressão latina que se traduz em "do lado contrário". Locução utilizada para definir a parte contrária em uma demanda judicial.

EXCEPTIO PLURIUM CONCUBENTIUM [*ver. tb. concubinato, investigação de paternidade*] – Traduzido do latim *exceptio*, exceção; *plurium*, muitos; *concubentium*, concubinato. Brocardo jurídico tradicionalmente empregado nas contestações de ação de investigação de paternidade pelo fato de a mãe do investigante ter-se relacionado sexualmente com mais de uma pessoa, o que gerava dúvida sobre a paternidade.

Com a revolução biotecnológica e a possibilidade dos exames em DNA, esse recurso argumentativo perdeu sua força e sentido.

EXCLUSÃO DA SUCESSÃO – Ver exclusão do herdeiro.

EXCLUSÃO DO HERDEIRO [*ver tb. deserdação, erepção, indignidade*] – É a ordem judicial que aplica pena ao herdeiro que praticou ato injusto contra o autor da herança de modo a perder seu direito sucessório. Ou seja, o herdeiro pode ser afastado da sucessão por razões de ordem ética, mas sempre por determinação judicial. O ordenamento jurídico prevê duas modalidades de exclusão *numerus clausus*: a indignidade e a deserdação. A exclusão tem efeito retroativo à data da abertura da sucessão.

DISPOSITIVOS NORMATIVOS

CCB – Arts. 1.814, 1.962, 1.963.

EXECUÇÃO DE ALIMENTOS [*ver tb. devedor de alimentos, mandado de prisão, prisão civil, habeas corpus, protesto por dívidas alimentares*] – Do latim *exsecutio*, de *exsequi*, perseguir, levar alguma coisa até o fim. Executar é fazer cumprir algo que já tinha se tornado uma obrigação, já havia sido decidido. É o processo judicial que faz cumprir as prestações da pensão alimentícia preestabelecida. Na técnica processual, é uma modalidade de execução por quantia certa. Além disso, pode-se mandar protestar e inscrever o nome do devedor nos serviços de proteção ao crédito como mal pagador.

A execução pode ser de título executivo judicial e extrajudicial. Pode ser pelo rito de prisão (arts. 528 e 911 do CPC/2015) ou da expropriação (arts. 528, § 8º e 530 do CPC/2015), bem como pode-se buscar desconto na folha de pagamento do devedor (arts. 529 e 912 do CPC/2015). Caso o devedor não pague e nem justifique o inadimplemento, o juiz, de ofício, pode determinar o protesto do procedimento judicial (CPC/2015, 528, § 1º). O CPC/2015 prevê ampla atipicidade das medidas executórias, sendo previsto no art. 139, IV, que *o juiz dirigirá o processo, incumbindo-lhe, dentre outras medidas determinar todas as medidas indutivas, coercitivas, mandamentais ou sub-rogatórias necessárias para assegurar o cumprimento de ordem judicial, inclusive nas ações que tenham por objeto prestação pecuniária.* Essa previsão abre margem para outras restrições à vida do devedor de alimentos, como, por exemplo, suspensão do direito de dirigir, retenção de passaporte etc.

O Superior Tribunal de Justiça, entende ser possível a cumulação de técnicas executivas, no mesmo processo, de cumprimento de sentença quanto aos alimentos pretéritos, submetidos à técnica da penhora e expropriação, e quanto aos alimentos atuais, submetidos à técnica da coerção pessoal. Não se afigura razoável e adequado impor ao credor, obrigatoriamente, a cisão da fase de cumprimento da sentença na hipótese em que pretenda a satisfação de alimentos pretéritos e atuais, exigindo-lhe a instauração de dois incidentes processuais, ambos com a necessidade de intimação pessoal do devedor, quando a satisfação do crédito é perfeitamente possível no mesmo processo (STJ, REsp nº 2.004.516/RO, Relatora Ministra Nancy Andrighi, 3ª T, DJe de 21/10/2022).

E

JURISPRUDÊNCIA

(...) No caso, a determinação judicial de suspensão da habilitação para dirigir veículo automotor não ocasiona ofensa ao direito do paciente, que segue podendo ir e vir (art. 5º, XV, da CF). 3. A execução tramita desde 2014, não se prestando para elidir a medida adotada na origem a simples alegação do executado de que os credores não teriam envidado todos os esforços para localizar quaisquer bens em seu nome, já que, para afastá--la, bastaria que ele mesmo fizesse essa indicação, o que sintomaticamente não fez. 4. Trata-se de providência tendente a assegurar efetividade à decisão que condenou o devedor ao pagamento de pensão, e que se justifica plenamente, porque a situação enfrentada é de natureza singular, já que, não obstante todas as providências adotadas pela parte credora, não houve êxito na cobrança dos alimentos devidos, tudo indicando que o executado tem condições de contribuir com alimentos, mas opta por deixar a prole passar necessidades. 5. Além disso, na seara alimentar é admitida a adoção de medidas até mais drásticas que a aqui questionada, do que é exemplo a prisão civil, que, extrapolando as segregações de natureza penal, encontra conformidade não só na lei, como no pacto de São José da Costa Rica, de que o Brasil é signatário. 6. Não há que se cogitar de imposição de pena perpétua, uma vez que a matéria tratada possui natureza civil e cessará tão logo adimplida a obrigação do devedor, não sendo necessário maior esforço para concluir que direito deve prevalecer no cotejo entre o direito à vida e à existência digna e o de dirigir veículo automotor (TJRS, HC nº 70072211642, Rel. Des. Ricardo Moreira Lins Pastl, 8ª Câmara Cível, j. 23/03/2017).

LINGUAGEM POÉTICA

Que foi que eu fiz pra você/ Mandar os "homi" aqui vir me prender

Tudo era tão lindo um conto de fadas / Tão maravilhoso a gente se amava / Foi nessa brincadeira que aconteceu / Nasceu um lindo filho que é seu e meu / No final de semana a gente ia à praia / Saía pro forró, caía na gandaia / Um amor assim eu só ví na TV / Mas já que a gente terminou não tem mais nada a ver

Sou cachaceiro sou cabra raparigueiro / Mas eu não sou vagabundo / Eu sou do mundo / Sou de responsa eu sou mais um brasileiro / Com pensão para pagar e vou pagar / Mas não é justo que pensão alimentícia / Vire caso de polícia / Isso complica / Tá atrasada mas você não precisava me denunciar

(*Pensão alimentícia* – Letra e música de Gilton Andrade, Beto Cajú e Ivo Lima).

EXECUÇÃO DE PENSÃO ALIMENTÍCIA – Ver execução de alimentos.

EXECUTOR TESTAMENTÁRIO – Ver testamenteiro.

EX NUNC [*ver tb. ex tunc*] – Locução latina, que se traduz em "desde agora". Refere-se a efeitos que não retroagem. Atribui-se, geralmente, ao efeito que a sentença ou decisão judicial terá. Neste caso, os efeitos decorrem a partir da declaração, não retroagindo à data do fato que gerou a contenda. Nos casos de criação de leis ou atos normativos, cujo efeito seja *ex nunc*, dar-se-á vigência a partir do pronunciamento do órgão público competente.

EXONERAÇÃO DE ALIMENTOS [*ver tb. alimentos, exoneração*] – É o mesmo que desoneração, ou seja, é o ato de retirar ou eximir alguém de algum ônus ou obrigação que lhe era imposto. Assim, a pessoa desonerada se isenta daquilo que era seu dever.

No Direito de Família, é o procedimento judicial pelo qual se pleiteia a desoneração do alimentante da obrigação alimentícia que lhe foi imposta. Pode ser requerida tanto pelo próprio alimentante ou pelo alimentário voluntariamente. Cessada a necessidade do credor ou extinta a capacidade contributiva do devedor, deve-se cessar a obrigação alimentar. Por exemplo, quando o credor, ex-cônjuge, constitui nova família, ou o filho atinge a maioridade e tem rendimento suficiente para o próprio sustento etc. *O comportamento sexual do alimentado em nada se correlaciona com a obrigação alimentar. Assim, o exercício da liberdade afetiva sexual, típica da condição de descompromissado, não implica efeitos exoneratórios ou mesmo revisionais. Aliás, trata-se de exercício de garantia constitucional que, a toda evidência, não pode sofrer tal controle ou restrição pelo ex-marido ou pelo ex-companheiro* (FARIAS, Cristiano Chaves de; ROSENVALD, Nelson. *Direito das Famílias*. Rio de Janeiro: Lumen Juris, 2008. p. 664). Ou seja, o fato de a ex-cônjuge/companheira estar namorando não autoriza por si só a exoneração da obrigação alimentícia.

De acordo com a Súmula nº 621, do STJ, os efeitos da sentença proferida em ação de revisão de alimentos-inclusa a hipótese de exoneração-retroagem à data da citação.

JURISPRUDÊNCIA

(...) Não tendo os alimentos anteriormente fixados, lastro na incapacidade física duradoura para o labor ou, ainda, na impossibilidade prática de inserção no mercado de trabalho, enquadra-se na condição de alimentos temporários, fixados para que seja garantido ao ex-cônjuge condições e tempo razoáveis para superar o desemprego ou o subemprego. 7. Trata-se da plena absorção do conceito de excepcionalidade dos alimentos devidos entre ex-cônjuges, que repudia a anacrônica tese de que o alimentado possa quedar-se inerte – quando tenha capacidade laboral – e deixar ao alimentante a perene obrigação de sustentá-lo. 8. Se os alimentos devidos a ex-cônjuge não forem fixados por termo certo, o pedido de desoneração total, ou parcial, poderá dispensar a existência de variação no binômio necessidade/possibilidade, quando demonstrado o pagamento de pensão por lapso temporal suficiente para que o alimentado reverta a condição desfavorável que detinha, no momento da fixação desses alimentos (STJ, REsp 1388116 SP 2013/0092817-7, Rel.ª Min.ª Nancy Andrighi, 3ª T., j. 20/05/2014).

EXONERAÇÃO DE PENSÃO ALIMENTÍCIA – Ver exoneração de alimentos.

EXPECTATIVA DE HERANÇA – Ver direito expectativo.

EXTINÇÃO DO PODER FAMILIAR – Ver destituição do poder familiar.

EX TUNC [*ver tb. ex nunc*] – Locução latina, que se traduz em "de então", "desde então". É a expressão para designar desde quando ou a partir de quando a decisão judicial produzirá seus efeitos. O efeito *ex tunc* decorre a partir do fato gerador da sentença ou da nulidade do caso. Trata-se de um efeito retroativo. Nos casos de criação de leis ou atos normativos, cujo efeito seja *ex tunc*, eles terão vigência desde a sua promulgação.

EX VI – Expressão em latim que significa por força de, ou por determinação da lei (*ex vi legis*).

E

F

FAMÍLIA [*ver tb. desamparo, entidade familiar, parentesco*] – Do latim *famulus*, de *famel* (escravo), designava um conjunto de pessoas aparentadas entre si que viviam na mesma casa (*famulus*), mas também cumprindo a função de servos ou escravos para outro grupo, as *gens*, que eram seus patrões. Em inglês *family*, em francês *famille*, em alemão *familie*, italiano *famiglia*. O seu conceito tem sofrido variações ao longo do tempo. Embora a antropologia, sociologia e psicanálise já tivessem estabelecido um conceito mais aberto de família conjugal, no Direito esteve restrito, até a Constituição da República de 1988, ao casamento (Art. 226).

Com a Carta Magna, ela deixou sua forma singular e passou a ser plural, estabelecendo-se aí um rol exemplificativo de constituições de família, tais como o casamento, união estável e qualquer dos pais que viva com seus descendentes (famílias monoparentes). Novas estruturas parentais e conjugais estão em curso, como as famílias mosaicos, famílias geradas por meio de processos artificiais, famílias recompostas, famílias simultâneas, famílias homoafetivas, filhos com dois pais ou duas mães, parcerias de paternidade, enfim, as suas diversas representações sociais atuais, que estão longe do tradicional conceito de família, que era limitada à ideia de um pai, uma mãe, filhos, casamento civil e religioso.

A família transcende sua própria historicidade, pois suas formas de constituição são variáveis de acordo com o seu momento histórico, social e geográfico. *Sua riqueza se deve ao mesmo tempo à sua ancoragem numa função simbólica e na multiplicidade de suas recomposições possíveis* (DERRIDA, Jacques; ROUDINESCO, Elisabeth. De que amanhã: diálogo. Trad. André Telles. Rio de Janeiro: Jorge Zahar, 2004. p. 52). Por isso haverá sempre, de uma forma ou outra, algum tipo de núcleo familiar que fará a passagem da criança do mundo biológico, instintual, para o mundo social. Neste sentido é que ela é o núcleo básico, fundante e estruturante do sujeito. Isso amplia nossa visão, ajuda a acabar com preconceitos e torna mais efetiva a aplicação do princípio da pluralidade de famílias.

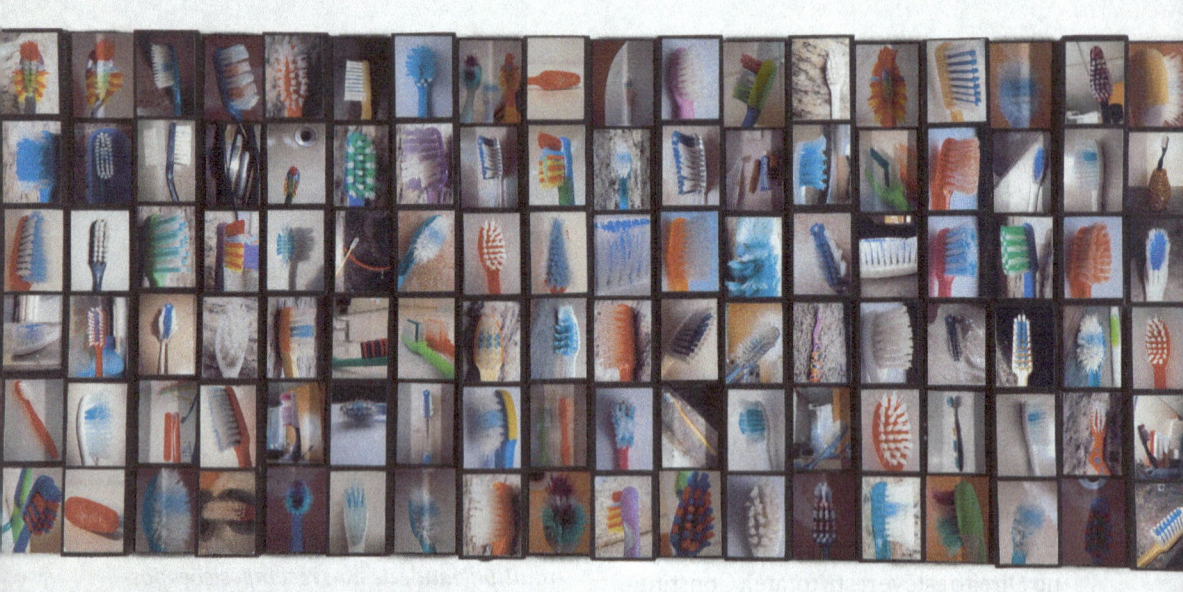

Com o declínio do patriarcalismo, a família perdeu sua força como instituição e hierarquia rígida, ficou menos patrimonialista, deixou de ser essencialmente um núcleo econômico e de reprodução para ser o espaço do amor e do companheirismo, e um centro formador e de desenvolvimento do sujeito, de sua dignidade, de sua humanidade e humanização. É assim que o Estado deve ver e reconhecer todas as entidades familiares, sob pena de repetir as exclusões históricas que se fez até 1988, em nome de uma moral sexual e religiosa.

Família, ou entidade familiar, é um gênero que comporta duas espécies, em sua constituição: a família conjugal e a família parental. A conjugal é aquela que se estabelece com base em uma relação amorosa, envolvendo sexualidade e pode advir daí filhos, ou não. Pode ser heteroafetiva ou homoafetiva, pelo casamento ou união estável, simultânea à outra, quebrando o princípio da monogamia, ou não; a família parental é aquela que decorre da formação de laços consanguíneos ou socioafetivos. Pode ser por inseminação natural ou artificial, geradas em útero próprio ou de substituição (barriga de aluguel). Seja como for, parental ou conjugal, interessa ao Direito de Família a inclusão de todas essas novas configurações para que se possa atribuir direitos e receber a proteção do Estado.

Mas afinal, porque esses novos arranjos familiares causam tanta resistência, indignação e até mesmo horror a algumas pessoas? É que a forma de constituição de família revela, de alguma forma, elementos e fantasias da sexualidade que é mais cômodo repugná-las. Reprimir a sexualidade alheia é uma forma de ajudar a reprimir as próprias fantasias. Pessoas em paz com a própria sexualidade aceitam a dos outros com respeito e naturalidade.

O que realmente interessa de uma família? Qual o seu conteúdo central que determina se ali tem-se um núcleo familiar, ou não? O que verdadeiramente mantém e assegura a existência de uma família? Será a lei jurídica associada ao afeto e aos laços de consanguinidade? A Antropologia de Claude Lévi-Strauss e a Psicanálise de Jacques Lacan já demonstraram que a família não é uma organização natural, mas cultural. Ela pode ser monogâmica ou poligâmica, mais nuclear ou mais ampliada, patriarcal ou matrilinear. Seja lá como for, interessa saber, se há um elemento comum em todas essas representações sociais de família.

Jacques Lacan, em 1938 em seu texto para *Encyclopedie Francaise,* além de reafirmar que ela não é um grupo natural, não se constitui apenas por homem, mulher e filhos, diz que ela é, antes, uma estruturação psíquica, onde cada um de seus membros ocupa um lugar, uma função. Lugar de pai, lugar de mãe, lugar de filho, sem entretanto estarem necessariamente ligados biologicamente. Um indivíduo pode ocupar o lugar de pai sem ser o pai biológico. Exatamente por ser uma questão de lugar e de função, que é possível, no Direito, que se faça e exista o instituto da adoção. A função paterna pode ser exercida, pelo irmão mais velho, pelo avô ou avó, ou pela própria mãe, por exemplo.

De todos os grupos humanos é a família que desempenha o papel primordial na transmissão da cultura e de valores de humanidade. É aí que alguém se torna sujeito e se humaniza. Por isso, família é

F

o núcleo básico e essencial de qualquer sociedade. Sem ela não há sociedade ou Estado. Sem essa estruturação familiar não haveria sujeito ou relações interpessoais ou sociais. É na família que tudo se principia, é nela que nos estruturamos como sujeitos e encontramos algum amparo para o nosso desamparo estrutural.

A revolução silenciosa que a família, por meio dos novos arranjos que ainda estão curso, vem provocando é a grande questão política da contemporaneidade. A luta por um país melhor só tem sentido, e é verdade, se o sujeito tiver autonomia privada e tiver a liberdade de estabelecer seus laços conjugais como bem lhe aprouver.

A história e a política, hoje, se escrevem e se inscrevem a partir da vida privada, que obviamente começa e termina na família. E assim a vida privada, e portanto a família, tornou-se a principal razão política dos Estados democráticos contemporâneos.

DISPOSITIVOS NORMATIVOS

CR – Arts. 226 a 230.
CCB – Arts. 1.511 a 1.783.

JURISPRUDÊNCIA

(...) Ao longo de vinte e cinco anos, a apelante e o apelado mantiveram um relacionamento afetivo, que possibilitou o nascimento de três filhos. Nesse período de convivência afetiva – pública, contínua e duradoura – um cuidou do outro, amorosamente, emocionalmente, materialmente, fisicamente e sexualmente. Durante esses anos, amaram, sofreram, brigaram, se reconciliaram, choraram, riram, cresceram, evoluíram, criaram os filhos e cuidaram dos netos. Tais fatos comprovam a concreta disposição do casal para construir um lar com um subjetivo ânimo de permanência que o tempo objetivamente confirma. Isso é família. O que no caso é polêmico é o fato de o apelado, à época dos fatos, estar casado civilmente. Há,

ainda, dificuldade de o Poder Judiciário lidar com a existência de uniões dúplices. Há muito moralismo, conservadorismo e preconceito em matéria de Direito de Família. No caso dos autos, a apelada, além de compartilhar o leito com o apelado, também compartilhou a vida em todos os seus aspectos. Ela não é concubina – palavra preconceituosa – mas companheira. Por tal razão, possui direito a reclamar pelo fim da união estável. Entender o contrário é estabelecer um retrocesso em relação a lentas e sofridas conquistas da mulher para ser tratada como sujeito de igualdade jurídica e de igualdade social. Negar a existência de união estável, quando um dos companheiros é casado, é solução fácil. Mantém-se ao desamparo do Direito, na clandestinidade, o que parte da sociedade prefere esconder. Como se uma suposta invisibilidade fosse capaz de negar a existência de um fato social que sempre aconteceu, acontece e continuará acontecendo. A solução para tais uniões está em reconhecer que ela gera efeitos jurídicos, de forma a evitar irresponsabilidades e o enriquecimento ilícito de um companheiro em desfavor do outro (TJMG, Ap. Cível nº 1.0017.05.016882-6/003, Rel.ª Des.ª Maria Elza, 5ª T., j. 20/11/2008).

LINGUAGEM LITERÁRIA

"*Família é prato difícil de preparar. São muitos ingredientes. Reunir todos é um problema – principalmente no Natal e no Ano-Novo. Pouco importa a qualidade da panela, fazer uma família exige coragem, devoção e paciência. Não é para qualquer um. Os truques, os segredos, o imprevisível. Às vezes, dá até vontade de desistir. Preferimos o desconforto do estômago vazio. Vêm a preguiça, a conhecida falta de imaginação sobre o que se vai comer e aquele fastio. Mas a vida – azeitona verde no palito – sempre arruma um jeito de nos entusiasmar e abrir o apetite. O tempo põe a mesa, determina o número de cadeiras e os lugares. Súbito, feito milagre, a família está servida. Fulana sai a mais inteligente de todas. Beltrano veio no ponto, é o mais brincalhão e comunicativo, unanimida-*"

de. Sicrano – quem diria? – solou, endureceu, murchou antes do tempo. Este, o mais gordo e generoso, farto, abundante. Aquele o que surpreendeu e foi morar longe. Ela, a mais apaixonada. A outra, a mais consistente.

E você? É, você mesmo, que me lê os pensamentos e veio aqui me fazer companhia. Como saiu no álbum de retratos? O mais prático e objetivo? A mais sentimental? A mais prestativa? O que nunca quis nada com o trabalho? Seja quem for, não fique aí reclamando do gênero ou do grau comparativo. Reúna essas tantas afinidades e antipatias que fazem parte da sua vida. Não há pressa. Eu espero. Já estão aí? Todas? Ótimo. Agora, ponha o avental, pegue a tábua, a faca mais afiada e tome alguns cuidados. Logo, logo, você também estará cheirando a alho e a cebola. Não se envergonhe se chorar. Família é prato que emociona. E a gente chora mesmo. De alegria, de raiva ou de tristeza.

Primeiro cuidado: temperos exóticos alteram o sabor do parentesco. Mas, se misturadas com delicadeza, essas especiarias – que quase sempre vêm da África e do Oriente e nos parecem estranhas ao paladar – tornam a família muito mais colorida, interessante e saborosa. Atenção também com os pesos e as medidas. Uma pitada a mais disso ou daquilo e, pronto, é um verdadeiro desastre. Família é prato extremamente sensível. Tudo tem de ser muito bem pesado, muito bem medido. Outra coisa: é preciso ter boa mão, ser profissional. Principalmente na hora que se decide meter a colher. Saber meter a colher é verdadeira arte. Uma grande amiga minha desandou a receita de toda a família, só porque meteu a colher na hora errada.

O pior é que ainda tem gente que acredita na receita da família perfeita. Bobagem.

Tudo ilusão. Não existe "Família à Oswaldo Aranha", "Família à Rossini", "Família à Belle Meunière" ou "Família ao Molho Pardo" – em que o sangue é fundamental para o preparo da iguaria. Família é afinidade, é "À Moda da Casa". E cada casa gosta de preparar a família a seu jeito.

Há famílias doces. Outras, meio amargas. Outras, apimentadíssimas. Há também as que não têm gosto de nada – seriam assim um tipo de "Família Diet", que você suporta só para manter a linha. Seja como for, família é prato que deve ser servido sempre quente, quentíssimo. Uma família fria é insuportável, impossível de se engolir.

Há famílias, por exemplo, que levam muito tempo para serem preparadas. Fica aquela receita cheia de recomendações de se fazer assim ou assado – uma chatice! Outras, ao contrário, se fazem de repente, de uma hora para outra, por atração física incontrolável – quase sempre de noite. Você acorda de manhã, feliz da vida, e quando vai ver já está com a família feita. Por isso é bom saber a hora certa de abaixar o fogo. Já vi famílias inteiras abortadas por causa de fogo alto.

Enfim, receita de família não se copia, se inventa. A gente vai aprendendo aos poucos, improvisando e transmitindo o que sabe no dia a dia. A gente cata um registro ali, de alguém que sabe e conta, e outro aqui, que ficou no pedaço de papel. Muita coisa se perde na lembrança. Principalmente, na cabeça de um velho já meio caduco como eu. O que este veterano cozinheiro pode dizer é que, por mais sem graça, por pior que seja o paladar, família é prato que você tem que experimentar e comer. Se puder saborear, saboreie. Não ligue para etiquetas. Passe o pão naquele molhinho que ficou na porcelana, na lou-

F

ça, no alumínio ou no barro. Aproveite ao máximo. Família é prato que, quando se acaba, nunca mais se repete" (AZEVEDO, Francisco. *O arroz de Palma*. Rio de Janeiro: Record, 2008, p. 8-9).

ILUSTRAÇÃO

Adriana Silveira. P. 282.

FAMÍLIA ANAPARENTAL [*ver tb. família parental*] – Do grego *ana*, tem o sentido de privação, isto é, a família privada de pais, sem pais. Assim, é a família formada entre irmãos, primos ou pessoas que têm uma relação de parentesco entre si, sem que haja conjugalidade entre elas e sem vínculo de ascendência ou descendência. É uma espécie do gênero família parental.

A importância desse conceito e caracterização, assim como as demais famílias, está no sentido de proteção jurídica, especialmente para efeitos de caracterização do bem de família e sua impenhorabilidade.

DISPOSITIVOS NORMATIVOS

CCB – Arts. 1.711 a 1.722.

Lei nº 8.009/90 – Dispõe sobre a impenhorabilidade do bem de família.

JURISPRUDÊNCIA

(...) Nessa senda, a chamada família anaparental sem a presença de um ascendente, quando constatado os vínculos subjetivos que remetem à família, merece o reconhecimento e igual status daqueles grupos familiares descritos no art. 42, 2, do ECA. Na espécie, o fim expressamente assentado pelo texto legal colocação do adotando em família estável foi plenamente cumprido, pois os irmãos, que viveram sob o mesmo teto, até o óbito de um deles, agiam como família que eram, tanto entre si, como para o então infante. Naquele grupo familiar o adotado deparou-se com relações de afeto, construiu nos limites de suas possibilidades seus valores sociais, teve amparo nas horas de necessidade físicas e emocionais, em suma, encontrou naqueles que o adotaram, a referência necessária para crescer, desenvolver-se e inserir-se no grupo social que hoje faz parte (STJ, REsp 1217415-RS, Rel.ª Min.ª Nancy Andrighi, 3ª T., publ. 28/06/2012).

LINGUAGEM LITERÁRIA

"Somos cinco irmãos. Moramos em cidades diferentes, alguns de nós estão no exterior: e não nos correspondemos com frequência. Quando nos encontramos, podemos ser, um com o outro, indiferentes ou distraídos. Mas, entre nós, basta uma palavra. Basta uma palavra, uma frase: uma daquelas frases antigas, ouvidas e repetidas infinitas vezes, no tempo de nossa infância. Basta-nos dizer: 'Não viemos a Bergamo para nos divertir' ou 'Do que é que o ácido sulfídrico tem cheiro', para restabelecer de imediato nossas antigas relações, nossa infância e juventude, ligadas indissoluvelmente a essas frases, a essas palavras. Uma dessas frases ou palavras faria com que nós, irmãos, reconhecêssemos uns aos outros na escuridão de uma gruta, entre milhões de pessoas. Essas frases são o nosso latim, o vocabulário de nossos tempos idos é como os hieróglifos dos egípcios ou dos assírio-babilônicos, o testemunho de um núcleo vital que deixou de existir, mas que sobrevive em seus textos, salvos da fúria das águas, da corrupção do tempo. Essas frases são o fundamento de nossa unidade familiar, que subsistirá enquanto estivermos no mundo, recriando-se e ressuscitando nos mais diferentes pontos do planeta, quando um de nós disser – Ilustre senhor Lipmann –, e logo ressoar em nossos ouvidos a voz impaciente de meu pai: – Parem com essa história! Eu já ouvi isso mais de mil vezes!"

(GINZBURG, Natalia. *Léxico familiar*. Trad. Homero Freitas de Andrade. São Paulo: Cosac Naify, 2009. p. 31)

FAMÍLIA AVUNCULAR [*ver tb. impedimentos*] – É a constituição de família, por meio de casamento e ou união estável formada entre tio e sobrinha ou sobrinho e tia, parentes colaterais em terceiro grau. *"A possibilidade de casamento avuncular é descrita pelo art. 1º e regulamentada pelo art. 2º do Decreto-Lei 3.200/41, o qual exige atestado médico emitido por dois médicos afirmando não existir inconveniente sob o ponto de vista da sanidade e da saúde de qualquer deles e da prole. Cumprida a exigência, mitiga-se o impedimento"* (STJ – AREsp 417119). O Enunciado nº 98 das Jornadas de Direito Civil, promovidas pelo Superior Tribunal de Justiça, preconizou que "o inciso IV do art. 1.521 do novo Código Civil deve ser interpretado à luz do DL nº 3.200/41 no que se refere à possibilidade de casamento entre colaterais de terceiro grau". *O impedimento de casamento na linha colateral até o segundo grau é absoluto, e alcança os irmãos bilaterais, quando têm o mesmo pai e a mesma mãe, ou unilaterais, quando descendem de um mesmo pai ou de uma mesma mãe. A cultura social, com forte influência do cristianismo, reputa a união entre irmãos como imoral, incestuosa e contrária à natureza, afrontando a pureza que deve reinar nas famílias. Essa proibição também é de ordem genética, mas encontrou um lenitivo, entre tios e sobrinhos, ao permitir o Decreto-Lei nº 3.200, de 19 de abril de 1941, o casamento entre colaterais de terceiro grau, uma vez comprovada que a sua relação não será nociva para a prole porventura gerada* (MADALENO, Rolf. *Curso de direito de família*. 4. ed. Rio de Janeiro: Forense, 2011, p. 111).

FAMÍLIA BINUCLEAR [*ver tb. família nuclear*] – É a família nuclear bipartida e, portanto, formada por dois núcleos de um núcleo originário. Assim, um casal com filho(s) que se separa, dissolvendo aquele núcleo familiar constituiu dois núcleos daquela mesma família.

O conceito de família binuclear é importante para se compreender e ajudar a acabar com a ideia e preconceito de que divórcio, ou dissolução de união estável, é o fim da família. A família é indissolúvel. Ela foi, é, e continuará sendo o núcleo básico e essencial da formação e estruturação dos sujeitos e, consequentemente, do Estado. O que se dissolve é a conjugalidade e não propriamente a família que se transforma ou se transmuta em família binuclear.

FAMÍLIA CONJUGAL [*ver tb. família, família parental, sexualidade*] – É aquela que se estabelece a partir de uma relação amorosa, na qual estão presentes, além do afeto, o desejo e o amor sexual. O amor conjugal assenta-se também na sexualidade, que não está necessariamente na genitalidade. Isto ajuda o Direito a ampliar a noção de amor conjugal. Pode haver, por exemplo, um casal que, em decorrência de fatores como impotência ou frigidez causadas pela idade, doença ou por razões que não se pode ou não se deve indagar, o exercício de sua sexualidade não necessariamente está nos atos sexuais genitalizados tradicionais. Contudo, isto não anula ou invalida o amor conjugal. A sexualidade é da ordem do desejo, é plástica e comporta infinitas variações e manifestações.

Família conjugal é o gênero que comporta várias espécies de famílias, tais como, aquela constituída pelo casamento e

F

união estável, homo ou heteroafetiva. Fundamental é verificar se os sujeitos que se dispuseram a unir-se o fazem pelos laços afetivos e se constituíram uma entidade familiar que está além de um convívio superficial e despretensioso, instituindo-se ali um núcleo familiar, seja com alguém de mesmo sexo ou de sexo oposto, com filhos ou sem eles.

A família conjugal por si só não gera uma relação de parentesco, a não ser o parentesco por afinidade, estabelecendo a relação de cunhado(a), sogra (o), genro e nora (art. 1.595 CCB).

A família conjugal é um sistema simbólico, fundado em um fato sexual.

DISPOSITIVOS NORMATIVOS

CR – Arts. 226 a 230.

CCB – Arts. 1.511 a 1.505, 1.723 a 1.727.

LINGUAGEM LITERÁRIA

"Doralda mesma enchia a casa de alegria sem atormentos, nem parecendo por empenho, só sua risada em tinte, seu empino bonito de caminhar, o envago redondado de seus braços. Não se denotava nunca afadigada de trabalho, jogava as roupas por aí, estava sempre fingindo um engraçado desprezo de todo confirmar de regra, como se não pudesse com moda nenhuma sério certo. Mas, por ela, perto dela, tudo resultava num final de estar bem arrumado, a casa o simples, sem carecer de tenção, sem encargo; mais não se precisava. [...] Havia mais de três anos Soropita deixara a lida de boiadeiro; e se casara com Doralda – no religioso e no civil, com todas as certidões. Se prezava de ser de família bôa, homem que herdou. Com regular dinheiro, junto com seus aforros: descarecia de saber mais de vida de viagens tangendo gado, capataz de comitiva. Adivinhara aquele lugar ali, viera, comprara uma terra, uma fazenda em quase farto remedeio; dono de seus alqueires."

(ROSA, J. Guimarães. Dão-lalalão. *In: Corpo de baile*. Rio de Janeiro: Nova Fronteira, 2006, v. 2. p. 480-482).

FAMÍLIA COPARENTAL – Ver coparentalidade.

FAMÍLIA DEMOCRÁTICA [*ver tb. família, família eudemonista, princípio da solidariedade, princípio da pluralidade das famílias*] – Diz-se família democrática em contraposição à família tradicional patriarcal em que o pai era autoridade central, tinha mais valor e importância que a mulher e os filhos. Com o declínio do patriarcalismo, a família foi-se tornando cada vez mais democrática: menos hierarquizada, menos patrimonialista. E assim foi deixando de ser essencialmente um núcleo econômico e de reprodução e passou a ser o espaço do amor, da solidariedade, do companheirismo e de formação e desenvolvimento do sujeito e de sua dignidade.

Na família democrática, não há superioridade de um gênero sobre o outro, as crianças e adolescentes são sujeitos de direito tanto quanto os adultos, embora tenham lugares e funções diferentes. Não há desigualdade de direitos entre seus membros, repele-se a violência doméstica, o trabalho do homem e da mulher, sejam eles exercidos fora ou dentro do lar, são igualmente valorizados.

Democracia pressupõe a igualdade entre seus membros e suas formas de constituição, sejam constituídas pelo casamento, união estável, hétero ou homoafetivas. Em uma família democrática, quando o casal se divorcia, os filhos continuam

convivendo igualmente com ambos os pais, que praticam a guarda compartilhada.

Um Estado Democrático de Direito começa com sua base democrática, que é a família. Em outras palavras, a teoria e prática da democracia começam do ambiente doméstico, onde os valores de solidariedade, responsabilidade, igualdade, liberdade, fraternidade estabeleceu o *design* da dignidade e dignificação da pessoa humana como sujeito de desejo e de direitos. A democracia começa na família, cujos membros não têm seus desejos assujeitados ou dominados pelo desejo do outro. *A democracia, portanto, representa um ideal, o ideal de uma comunidade coesa de pessoas, vivendo e trabalhando juntas, e buscando mecanismos juntos e não violentos de conciliar seus conflitos. Democracia no seu mais amplo sentido, pode ser definida como a arte de viver junto* (BODIN DE MORAES, Maria Celina. A Família Democrática. In: PEREIRA, Rodrigo da Cunha (Coord.). *Anais do V Congresso Brasileiro de Direito de Família – Família e Dignidade Humana*. São Paulo: IOB Thomson, 2006. p. 616).

Em uma família democrática, a essência transcende a sua formalidade, isto é, não importa a forma como ela se constituiu, e além de funcionar como o núcleo formador e estruturante do sujeito, tem também como essência a busca da felicidade. E, assim, família democrática e família eudemonista se entrelaçam e têm sentido e conceitos complementares.

JURISPRUDÊNCIA

(...) Hoje a família é conhecida como "eudemonista", isto é, tem por norte a busca conjunta da felicidade de seus componentes. É uma família aberta, democrática. Em outras palavras, a família moderna é pluralizada, permitindo tantas quantas forem suas formas de constituição. É multifacetária, de caráter democrático, e desprovida de preconceitos, tendo como fim principal a satisfação pessoal de seus membros. O novo modelo de família, portanto, permite a sua formação de acordo com os laços de afeto entre as pessoas e, portanto, pode ser composta por qualquer um, não existindo mais aquele paradigma do qual a família era composta do pai e da mãe (necessariamente casados) e dos filhos. Hoje, a família não tem uma estrutura predeterminada. (...) (TJPR, Ap. Cível nº 513.351-7, Rel. Des. Rogério Ribas, 5ª CC., j. 19/05/2009).

LINGUAGEM POÉTICA

Família! Família!/ Papai, mamãe, titia/ Família! Família! / Almoça junto todo dia/ Nunca perde essa mania... / Mas quando a filha/ Quer fugir de casa/ Precisa descolar um ganha-pão/ Filha de família se não casa/ Papai, mamãe / Não dão nem um tostão.../ Família êh! Família ah! / Família! oh! êh! êh! êh! / Família êh! Família ah! / Família!... / Família! Família! / Vovô, vovó, sobrinha / Família! Família! / Janta junto todo dia/ Nunca perde essa mania... / Mas quando o nenêm/ Fica doente / Uô! Uô! / Procura uma farmácia de plantão/ O choro do nenêm é estridente / Uô! Uô! / Assim não dá pra ver televisão... / Família êh! Família ah! / Família! oh! êh! êh! êh! / Família êh! Família ah! / Família! hiá! hiá! hiá!... / Família! Família! / Cachorro, gato, galinha / Família! Família! / Vive junto todo dia / Nunca perde essa mania... / A mãe morre de medo de barata / Uô! Uô! / O pai vive com medo de ladrão / Jogaram inseticida pela casa / Uô! Uô! / Botaram cadeado no portão...

(*Família* – Letra e música do Titãs).

ILUSTRAÇÃO

Adriana Silveira. P. 289.

FAMÍLIA ECTOGENÉTICA [*ver tb. barriga de aluguel, contrato de geração de filhos, inseminação artificial, reprodução assistida homóloga, reprodução assistida heteróloga, útero de substituição*] – Do grego *ektós*, fora, exterior. É a família com filhos decorrentes das técnicas de reprodução assistida. A biotecnologia abriu a possibilidade de inseminações artificiais homólogas e heterólogas.

Todas essas tecnologias, associadas ao discurso psicanalítico, filosófico e jurídico, proporcionaram caminhos e possibilidades para a constituição de novas relações de parentesco. As formas podem variar entre inseminações artificiais homólogas, heterólogas, útero de substituição (barriga de aluguel). A partir daí, surgiram as parcerias de paternidade/maternidade, isto é, pessoas que estabelecem contratos de geração de filhos, sem vínculo conjugal ou sexual, estabelecendo-se aí apenas uma família parental.

A Lei nº 14.443/2022 diminuiu de 25 para 21 anos a idade para homens e mulheres para realização da esterilização voluntária. Essa Lei também dispensa o aval do cônjuge para o procedimento de laqueadura e vasectomia.

DISPOSITIVOS NORMATIVOS

CCB – Art. 1.597.
Lei nº 9.263/96 – Planejamento familiar.
Resolução nº 2.320/2022.
Lei nº 14.443/2022.

JURISPRUDÊNCIA

(...) O livre exercício da sexualidade e da reprodução humanas estão contemplados dentre os direitos civis e políticos que a Constituição Federal reconheceu à cidadania – Por isso não há que serem prestigiadas interpretações restritivas (...) (Ap. Cível nº 0459954-63.2010.8.26.0000, Rel. Min. Magalhães Coelho, 3ª CDP – TJSP. j. 11/01/2011).

LINGUAGEM POÉTICA

Queremos saber
O que vão fazer
Com as novas invenções
Queremos notícia mais séria
Sobre a descoberta da antimatéria
E suas implicações
Na emancipação do homem
Das grandes populações
Homens pobres das cidades
Das estepes, dos sertões
Queremos saber
Quando vamos ter
Raio laser mais barato
Queremos de fato um relato
Retrato mais sério
Do mistério da luz
Luz do disco voador
Pra iluminação do homem
Tão carente e sofredor
Tão perdido na distância
Da morada do Senhor
Queremos saber
Queremos viver
Confiantes no futuro
Por isso se faz necessário
Prever qual o itinerário da ilusão
A ilusão do poder
Pois se foi permitido ao homem
Tantas coisas conhecer
É melhor que todos saibam
O que pode acontecer
Queremos saber
Queremos saber
Todos queremos saber
(Queremos Saber-Letra e música de Gilberto Gil)

ILUSTRAÇÃO

Niura Bellavinha. P. 292.

FAMÍLIA ENSAMBLADA [*ver tb. família mosaico*] – Expressão da língua espanhola para designar as famílias recompostas ou reconstituídas, isto é, núcleos familiares formados por pessoas que tiveram vínculos conjugais anteriores desfeitos, casaram-se novamente e neste novo núcleo estão os filhos dos vínculos conjugais anteriores e dos novos vínculos, convivendo entre si e formando um verdadeiro mosaico familiar.

No Direito brasileiro, a expressão que melhor traduz essa realidade é família mosaico.

JURISPRUDÊNCIA

Famílias recompostas. Melhor interesse da criança. (...) Diante dos complexos e intrincados arranjos familiares que se delineiam no universo jurídico – ampliados pelo entrecruzar de interesses, direitos e deveres dos diversos componentes de famílias redimensionadas –, deve o Juiz pautar-se, em todos os casos e circunstâncias, no princípio do melhor interesse da criança, exigindo dos pais biológicos e socioafetivos coerência de atitudes, a fim de promover maior harmonia familiar e consequente segurança às crianças introduzidas nessas inusitadas tessituras. Por tudo isso – consideradas as peculiaridades do processo –, é que deve ser concedido ao padrasto – legitimado ativamente e detentor de interesse de agir – o direito de postular em juízo a destituição do poder familiar – pressuposto lógico da medida principal de adoção por ele requerida – em face do pai biológico, em procedimento contraditório, consonante o que prevê o art. 169 do ECA (STJ, REsp 1106637 SP, Relª Minª. Nancy Andrighi, 3ª T., publ. 01/07/2010).

FAMÍLIA EUDEMONISTA – Do grego *eudaimonismós, eudaímon*, que tem boa sorte, feliz. Eudemonismo é a doutrina que tem como fundamento a felicidade como razão da conduta humana, considerando que todas as condutas são boas e moralmente aceitáveis para se buscar e atingir a felicidade. Assim, família eudemonista é aquela que tem como princípio, meio e fim a felicidade. Essa ideia da busca da felicidade vincula-se diretamente a valores como liberdade e dignidade da pessoa humana, que por sua vez pressupõe o sujeito de direitos como sujeito de desejos, isto é, a felicidade do sujeito de direito está diretamente relacionada ao desejo do sujeito.

Os valores eudemonistas ganharam força, e reforço, com o declínio do patriarcalismo e com a sociedade do hiperconsumo. E foi assim com o enaltecimento de tais valores, que são ao mesmo tempo causa e consequência, que a família perdeu sua preponderância como instituição, sua forte hierarquia, deixando de ser essencialmente um núcleo econômico e de reprodução.

Se o que interessa na família é a felicidade de seus membros, a sua força como instituição não tem mais a relevância que tinha antes e não prevalece mais a vontade do Estado na determinação de sua formatação jurídica. A família continua, e está mais do que nunca empenhada em ser feliz. A manutenção da família depende sobretudo, de se buscar, por meio dela, a felicidade (RIBEIRO, Renato Janine. *In Anais do II Congresso Brasileiro de Direito de Família*. A família na travessia do milênio. Belo Horizonte: IBDFAM / Del Rey, 2000. p. 23).

JURISPRUDÊNCIA

(...) Somos todos filhos agraciados da liberdade do ser, tendo em perspectiva transformação estrutural por que passa a família, que hoje apresenta molde eudemonista, cujo alvo é a promoção de cada um de seus componentes, em especial da prole, com o insigne propósito instrumental de torná-los aptos de realizar os atributos de sua personalidade e afirmar a sua dignidade como pessoa

F

humana. A situação fática experimentada pelo recorrente tem origem em idêntica problemática pela qual passam os transexuais em sua maioria: um ser humano aprisionado à anatomia de homem, com o sexo psicossocial feminino, que, após ser submetido à cirurgia de redesignação sexual, com a adequação dos genitais à imagem que tem de si e perante a sociedade, encontra obstáculos na vida civil, porque sua aparência morfológica não condiz com o registro de nascimento, quanto ao nome e designativo de sexo. Conservar o "sexo masculino" no assento de nascimento do recorrente, em favor da realidade biológica e em detrimento das realidades psicológica e social, bem como morfológica, pois a aparência do transexual redesignado, em tudo se assemelha ao sexo feminino, equivaleria a manter o recorrente em estado de anomalia, deixando de reconhecer seu direito de viver dignamente. (...) (STJ, REsp 1008398 SP, Rel.ª Minª Nancy Andrighi, 3ª T., publ. 18/11/2009).

LINGUAGEM POÉTICA

Seja feliz / Com seu país / Seja feliz / Sem raiz / Seja feliz / Com seu irmão / Seja feliz / Sem razão / Tão longa a estrada / Tão longa a sina / Tão curta a vida / Tão largo o céu / Tão largo o mar / Tão curta a vida / Curta a vida / Seja legal / Com seu amor / Seja legal / Sem pudor / Seja gentil / Com sua figura / Seja gentil / Sem frescura / Tão longa a estrada / Tão longa a sina / Tão curta a vida / Tão largo o céu / Tão largo o mar / Tão curta a vida / Curta a vida

(*Seja Feliz* – Letra e música de Dadi, Marisa Monte e Arnaldo Antunes).

FAMÍLIA EXTENSA [*ver tb. adoção*] – É a família que vai além do seu núcleo pai, mãe e filhos, estendendo-se aos outros parentes, como avós, tios e primos. A Lei nº 12.010/09, alterou a Lei nº 8.069/90 – ECA, e assim definiu: *Entende-se por família extensa ou ampliada aquela que se estende para além da unidade pais e filhos ou da unidade do casal, formada por parentes próximos com os quais a criança ou adolescente convive e mantém vínculos de afinidade e afetividade* (Art. 25, parágrafo único).

JURISPRUDÊNCIA

Guarda deferida no âmbito da família extensa. 1. A família vem recebendo acompanhamento da rede de proteção sem demonstrar efetiva evolução em relação ao quadro inicial que ensejou o abrigamento de dois dos quatro filhos (dois deles criados desde pequenos pela avó paterna e dois acolhidos por uma tia, que obteve a guarda). 2. As denúncias de maus-tratos por parte da avó foram apuradas e afastadas pelas assistentes sociais que avaliaram a família. 3. Mantida a situação de drogadição do pai, atualmente preso, e evidenciada a ausência de disposição e capacidade materna para o pleno exercício da função parental, mantem-se a sentença que destituiu os genitores do poder familiar, preservando as crianças sob a guarda de familiares. (...) (TJRS, Ap. Cível nº 70048413793, Rel. Des. Luis Felipe Brasil Santos, 8ª CC., publ. 16/07/2012).

LINGUAGEM POÉTICA

O meu pai era paulista / Meu avô, pernambucano / O meu bisavô, mineiro / Meu tataravô, baiano / Meu maestro soberano / Foi Antonio Brasileiro

Foi Antonio Brasileiro / Quem soprou esta toada / Que cobri de redondilhas / Pra seguir minha jornada / E com a vista enevoada / Ver o inferno e maravilhas

Nessas tortuosas trilhas / A viola me redime / Creia, ilustre cavalheiro / Contra fel, moléstia, crime / Use Dorival Caymmi / Vá de Jackson do Pandeiro

Vi cidades, vi dinheiro / Bandoleiros, vi hospícios / Moças feito passarinho / Avoando de edifícios / Fume Ari, cheire Vinícius / Beba Nelson Cavaquinho

Para um coração mesquinho / Contra a solidão agreste / Luiz Gonzaga é tiro certo / Pixinguinha é inconteste / Tome Noel, Cartola, Orestes / Caetano e João Gilberto

(*Para todos* – Letra e música de Chico Buarque).

LINGUAGEM LITERÁRIA

"É muita gente, Antonio, muita! Filhos, genros, netos, irmãos, sobrinhos, sobrinhos-netos e até sobrinhos-bisnetos! Milagre se vierem todos. Principalmente, os mais novos. Se no teu tempo de rapaz já era difícil obrigar presença, imagina agora com a meninada independente do jeito que é. Nenhum moleque vai deixar de sair com os amigos ou com a namorada para vir a este fim de festa organizada por um gagá que nunca viu mais gordo. Te aquieta, homem! Os convites extensivos às famílias foram feitos e enviados com antecedência, foram confirmados por telefone um a um. Vê se sossega. Faz a tua parte e pronto. O resto, entrega. Se vai chover, se vai fazer sol, não adianta a preocupação, nem um tico. Cuida do que está em tuas mãos. E mesmo assim, relaxa. Não vai esquentar se o arroz pegar no fundo da panela, vai?

– Não, é claro que não. Sei que é o normal, o que mais acontece. Mas, como cozinheiro, me sentiria realizado ao ver, pelo menos uma vez, a família toda guardada na fazenda e o arroz todo soltinho na travessa."

(AZEVEDO, Francisco. *O arroz de palma*. Rio de Janeiro: Record, 2008. p. 259-260).

FAMÍLIA FISSIONAL – Do latim *fissione*, de fissão, cindir, fender. É a entidade familiar composta por pessoas que fizeram a opção, ou por circunstâncias da vida, de viverem juntas somente nos finais de semanas ou por períodos de férias, viagens ou lazer.

FAMÍLIA HOMOAFETIVA [*ver tb. desejo, homoafetividade, homoparentalidade, homossexualidade*] – É a família constituída por pessoas do mesmo sexo, seja por meio da união estável ou casamento. Até o julgamento pelo Supremo Tribunal Federal da ADIn 4277 e ADPF 132, em 05/05/2011, os tribunais estaduais tinham posições oscilantes sobre o reconhecimento desta formatação de família. O reconhecimento de tal configuração familiar passou pelo mesmo processo histórico de legitimação das uniões estáveis heteroafetivas, que só foram reconhecidas como famílias com a Constituição da República de 1988.

O mecanismo político e intelectual em que se sustenta o preconceito em uma sociedade estrutura-se em razões de dominação de um ser sobre o outro. No Brasil, até 1888, a raça branca era oficialmente superior à negra (racismo); até 1934, mulheres não podiam votar e até hoje há ainda quem acredite na superioridade do masculino sobre o feminino (sexismo). Por acreditar na superioridade da hetero sobre a homossexualidade, o ordenamento jurídico brasileiro imprimia o selo da ilegitimidade e não concedia os mesmos direitos civis àqueles que se relacionavam com pessoas do mesmo sexo, como se isto desmerecesse a heterossexualidade. Esta ideologia sexista e homofóbica não se sustenta somente por razões da dominação. Nela, estão inseridas também razões e elementos do inconsciente e do desejo.

A revelação da existência do inconsciente, por Freud, no início do século XX, revolucionou o pensamento contemporâneo. A compreensão das artes, da literatura, do cinema etc., passou a ser vista por outro ângulo. A sexualidade deixou de ser vista apenas pelo ângulo da genitalidade e passou a ser compreendida muito mais na ordem do desejo. A consideração do sujeito do inconsciente fez mudar também os rumos do pensamento jurídico, na medida em que a objetividade dos atos, fatos e negócios jurídicos é determinada, predeterminada ou perpassada pela subjetividade, isto é, pelo desejo. E, se é o desejo que determina toda a objetividade do mundo jurídico, muito mais se dirá das relações familiares, que há muito já deixaram de ter sua preponderância patrimonialista.

E, quando a família perde sua força como instituição para ganhar centralidade nos sujeitos daquelas relações, o afeto ganha *status* de valor jurídico. E, se é o afeto o grande vetor das relações familiares, conjugais e parentais, as formas e modos de sua constituição saíram do singular e tornaram-se plurais.

Novas estruturas parentais e conjugais estão em curso. A Constituição da República de 1988 elencou, exemplificativamente, em seu art. 226, três delas: casamento, união estável e as monoparentais (qualquer dos pais que viva com seus descendentes). Dois irmãos que vivam juntos não estão neste rol exemplificativo, mas ninguém dúvida de que ali esteja presente um núcleo familiar ou, na linguagem constitucional, uma entidade familiar. No entanto, quando se fala de conjugalidade entre pessoas do mesmo sexo, muitos resistem em entendê-la ou aceitá-la como família. É que esta interpretação constitucional está contaminada por uma moral sexual

dita civilizatória. É uma moral perigosa e que muita injustiça já provocou, como por exemplo, excluindo do laço social os filhos havidos fora do casamento ao impingir-lhes o selo de ilegítimos.

A não aceitação das diferenças e não admissão das variadas formas e expressões do desejo sexual têm suas motivações na própria sexualidade. Quem está em paz com a sua sexualidade não se incomoda com a sexualidade alheia, por mais diferente que ela seja. Por que excluir as diferenças? Por que considerar as relações homoafetivas como uma categoria inferior? Por que a preferência sexual diferente da maioria atemoriza tanto? Certamente, a homofobia está ligada ao medo do próprio desejo. Amor e ódio, horror e desejo, direito e torto não são polaridades excludentes, mas dois lados interdependentes e complementares.

Não incluir a conjugalidade homossexual no laço social, deixando de dar-lhe legitimidade e desconsiderá-la como uma entidade familiar como outra qualquer, é continuar repetindo as injustiças históricas de exclusão de cidadanias. Expropriar cidadanias em razão das preferências sexuais é promover o mesmo ato nazista de excluir judeus para supostamente manter a raça ariana mais pura. As motivações e explicações dessas exclusões passam longe da ética e aproximam-se do moralismo perverso, que mata e tortura os semelhantes. Contudo, a evolução jurisprudencial, como se vê a seguir, vem amenizando o preconceito sobre estas formas de família.

JURISPRUDÊNCIA

(...) O pluralismo familiar engendrado pela Constituição – explicitamente reconhecido em precedentes tanto desta Corte quanto do STF – impede se pretenda afirmar que as famílias formadas por pares homoafetivos sejam menos dignas de proteção do Estado, se comparadas com aquelas apoiadas na tradição e formadas por casais hete-roafetivos. 5. O que importa agora, sob a égide da Carta de 1988, é que essas famílias multiformes recebam efetivamente a "especial proteção do Estado", e é tão somente em razão desse desígnio de especial proteção que a lei deve facilitar a conversão da união estável em casamento, ciente o constituinte que, pelo casamento, o Estado melhor protege esse núcleo doméstico chamado família. 6. Com efeito, se é verdade que o casamento civil é a forma pela qual o Estado melhor protege a família, e sendo múltiplos os "arranjos" familiares reconhecidos pela Carta Magna, não há de ser negada essa via a nenhuma família que por ela optar, independentemente de orientação sexual dos partícipes, uma vez que as famílias constituídas por pares homoafetivos possuem os mesmos núcleos axiológicos daquelas cons-tituídas por casais heteroafetivos, quais sejam, a dignidade das pessoas de seus membros e o afeto. (...) (STJ, REsp 1183378 RS, Rel. Min. Luis Felipe Salomão, 4ª T., publ. 01/02/2012).

LINGUAGEM POÉTICA

Vida vida que amor brincadeira, vera / Eles amaram de qualquer maneira, vera / Qualquer maneira de amor vale a pena / Qualquer maneira de amor vale amar

Pena que pena que coisa bonita, diga / Qual a palavra que nunca foi dita, diga / Qualquer maneira de amor vale aquela / Qualquer maneira de amor vale amar / Qualquer maneira de amor vale a pena / Qualquer maneira de amor valerá

Eles partiram por outros assuntos, mui-tos / Mas no meu canto estarão sempre juntos, muito / Qualquer maneira que eu cante esse canto / Qualquer maneira me vale cantar

Eles se amam de qualquer maneira, vera / Eles se amam e pra vida inteira, vera / Qualquer maneira de amor vale o can-to / Qualquer maneira me vale cantar / Qualquer maneira de amor vale aquela

Qualquer maneira de amor valerá

Pena que pena que coisa bonita, diga / Qual a palavra que nunca foi dita, diga / Qualquer maneira de amor vale o can-to / Qualquer maneira me vale cantar / Qualquer maneira de amor vale aquela

Qualquer maneira de amor valerá

(*Paula e Bebeto* – Letra e música de Cae-tano Veloso e Milton Nascimento).

FAMÍLIA HOMOPARENTAL – Ver fa-mília homoafetiva, homoparentalidade e adoção homoparental.

FAMÍLIA INFORMAL [*ver tb. união livre*] – É aquela que se constitui sem nenhuma formalidade, ou seja, naturalmente e informalmente, como acontece com as uniões estáveis, que na maioria das vezes não há um contrato ou alguma forma-lidade regulamentando as regras patri-moniais ou pessoais daquela relação. Diferentemente, é a família constituída pelo casamento, cuja característica é a formalidade e solenidade do ato/contra-to de casamento. E, da mesma forma, a união estável que se formaliza por meio de contrato, seja particular ou escritura pública.

Nas famílias conjugais informais, o regime de bens, naturalmente, é o da comunhão parcial de bens.

JURISPRUDÊNCIA

(...) A Constituição de 1988, ao utilizar-se da expressão "família", não limita sua formação a casais heteroafetivos nem a formalidade cartorá-ria, celebração civil ou liturgia religiosa. Família como instituição privada que, voluntariamente constituída entre pessoas adultas, mantém com o Estado e a sociedade civil uma necessária relação tricotômica. Núcleo familiar que é o principal lócus institucional de concreção dos direitos fun-damentais que a própria Constituição designa

F

por "intimidade e vida privada" (Inciso X do art. 5º) (...) (ADPF 132 RJ, Rel. Min. Ayres Britto, Tribunal Pleno – STF. j. 05/05/2011).

LINGUAGEM POÉTICA

Só nós dois é que sabemos / O quanto nos queremos bem / Só nós dois é que sabemos / Só nós dois e mais ninguém / Só nós dois compreendemos / Este amor triste e profundo / Quando o amor acontece

Não pede licença ao mundo

Anda, abraça-me, beija-me / Encosta o teu peito ao meu / Esquece o que vai na rua / Vem ser minha eu serei teu / Que falem não nos interessa / O mundo não nos importa / O nosso mundo começa / Dentro da nossa porta

Só nós dois é compreendemos / O calor dos nossos beijos / Só nós dois é que sofremos / As torturas e os desejos / Vamos viver o presente / Tal qual a vida nos dá / O que reserva o futuro / Só Deus sabe o que será

Anda, abraça-me... beija-me / Encosta o teu peito ao meu / Esquece o que vai na rua / Vem ser minha eu serei teu / Que falem não nos interessa / O mundo não nos importa / O nosso mundo começa / Dentro da nossa porta

(*Só nós dois* – Letra de Joaquim Pimentel, música de Nelson Gonçalves).

FAMÍLIA ISOSSEXUAL [*ver tb. família homoafetiva*] – Do grego *iso*, igual. É a família conjugal composta por pessoas do mesmo sexo. Mais conhecida como união/família homoafetiva.

FAMÍLIA MATRIMONIAL [*ver tb. casamento religioso, matrimônio, princípio da monogamia*] – Do latim *matrimonium*. É a família constituída pelo casamento que, até meados de 1977, por razões de ordem moral e religiosa era indissolúvel.

Até a Constituição de 1891, o catolicismo era a religião oficial no Brasil e determinava as regras do casamento civil, que se misturava com o casamento religioso.

Para a religião católica, o matrimônio é um dos seus sacramentos e, assim, conceito de casamento e matrimônio se fundem e se confundem. Quando se diz família matrimonializada, está-se referindo à família constituída pelo casamento civil e religioso. Portanto, família matrimonial traz consigo o sentido de família constituída pelo casamento em seus moldes tradicionais, herdados de um período em que não havia separação entre a Igreja Católica e o Estado. Em um Estado laico, estas expressões têm outra conotação e tendem a cair em desuso.

DISPOSITIVOS NORMATIVOS

CCB – Arts. 1.511 a 1.570.

JURISPRUDÊNCIA

(...) impõe-se, como elemento viabilizador da liberdade religiosa, a separação institucional entre Estado e Igreja, a significar, portanto, que, no Estado laico, como o é o Estado brasileiro, haverá, sempre, uma clara e precisa demarcação de domínios próprios de atuação e de incidência do poder civil (ou secular) e do poder religioso (ou espiritual), de tal modo que a escolha, ou não, de uma fé religiosa revele-se questão de ordem estritamente privada, vedada, no ponto, qualquer interferência estatal, proibido, ainda, ao Estado, o exercício de sua atividade com apoio em princípios teológicos ou em razões de ordem confessional ou, ainda, em artigos de fé, sendo irrelevante – em face da exigência constitucional de laicidade do Estado – que se trate de dogmas consagrados por determinada religião considerada hegemônica no meio social, sob pena de concepções de certa denominação religiosa transformarem-se, inconstitucionalmente, em critério definidor das decisões estatais e da formulação e execução de políticas governamentais. (...) (ADI 510, Rel. Min. Ayres Britto, Tribunal Pleno – STF. j. 29/05/2008).

FAMÍLIA MONOPARENTAL [*ver tb. parcerias de paternidade*] – É a família formada por filhos com apenas o pai ou a mãe. Na expressão do Art. 226, § 4º da Constituição da República, é a *comunidade formada por qualquer dos pais e seus descendentes*. As famílias monoparentais podem ser constituídas pelo pai ou mãe viúvos, mãe ou pai solteiros, ou seja, pode ser constituída por escolha ou por acaso (viuvez).

Os dados do Instituto Brasileiro de Geografia e Estatística – IBGE têm revelado a cada nova estatística um aumento crescente do número de famílias monoparentais, notadamente as de mulheres que criam seus filhos sozinhos, sejam pelo abandono do pai, seja em razão de gravidez não planejada.

Família monoparental pode ser também constituída pela avó/avô, ou um parente, ou mesmo um terceiro qualquer "chefiando" a criação de um ou mais filhos.

Um dos tipos de família monoparental, e que são recentes do ponto de vista histórico, são as chamadas "produções independentes". Uma mulher, ou um homem, que deseja ser pai ou mãe, resolve ter um filho, independentemente da anuência ou concordância de um parceiro ou fornecedor do material genético. Isto pode se dar por meio de inseminação artificial com material buscado em banco de sêmen, ou mesmo por inseminação natural, utilizando seu parceiro sexual como mero doador do material genético, com o conhecimento/consentimento, ou não do parceiro

DISPOSITIVOS NORMATIVOS

CR – Art. 226 § 4º.

CCB – Art. 1.591.

JURISPRUDÊNCIA

(...) A preservação da memória dos mortos não pode se sobrepor à tutela dos direitos dos vivos que, ao se depararem com inusitado vácuo no tronco ancestral paterno, vêm, perante o Poder Judiciário, deduzir pleito para que a linha ascendente lacunosa seja devidamente preenchida. – As relações de família tal como reguladas pelo Direito, ao considerarem a possibilidade de reconhecimento amplo de parentesco na linha reta, ao outorgarem aos descendentes direitos sucessórios na qualidade de herdeiros necessários e resguardando-lhes a legítima e, por fim, ao reconhecerem como família monoparental a comunidade formada pelos pais e seus descendentes, inequivocamente movem-se no sentido de assegurar a possibilidade de que sejam declaradas relações de parentesco pelo Judiciário, para além das hipóteses de filiação. – Considerada a jurisprudência do STJ no sentido de ampliar a possibilidade de reconhecimento de relações de parentesco, e desde que na origem seja conferida a amplitude probatória que a hipótese requer, há perfeita viabilidade jurídica do pleito deduzido pelos netos, no sentido de verem reconhecida a relação avoenga, afastadas, de rigor, as preliminares de carência da ação por ilegitimidade de parte e impossibilidade jurídica do pedido, sustentadas pelos herdeiros do avô. (...) (STJ, REsp 807849 RJ, Rel.ª Min.ª Nancy Andrighi, 3ª T., publ. 06/08/2010).

LINGUAGEM LITERÁRIA

"Os projetos vinham do tempo em que fui concebido. Tendo-lhe nascido morto o primeiro filho, minha mãe pegou-se com Deus para que o segundo vingasse, prometendo, se fosse varão, metê-lo na igreja. Talvez esperasse uma menina. Não disse nada a meu pai, nem antes, nem depois de dar à luz; contava fazê-lo quando eu entrasse para a escola, mas enviuvou antes disso. Viúva, sentiu o terror de separar-se de mim; mas era tão devota, tão temente a Deus, que buscou testemunhas da obrigação, confiando a promessa a parentes e familiares. Uni-

F

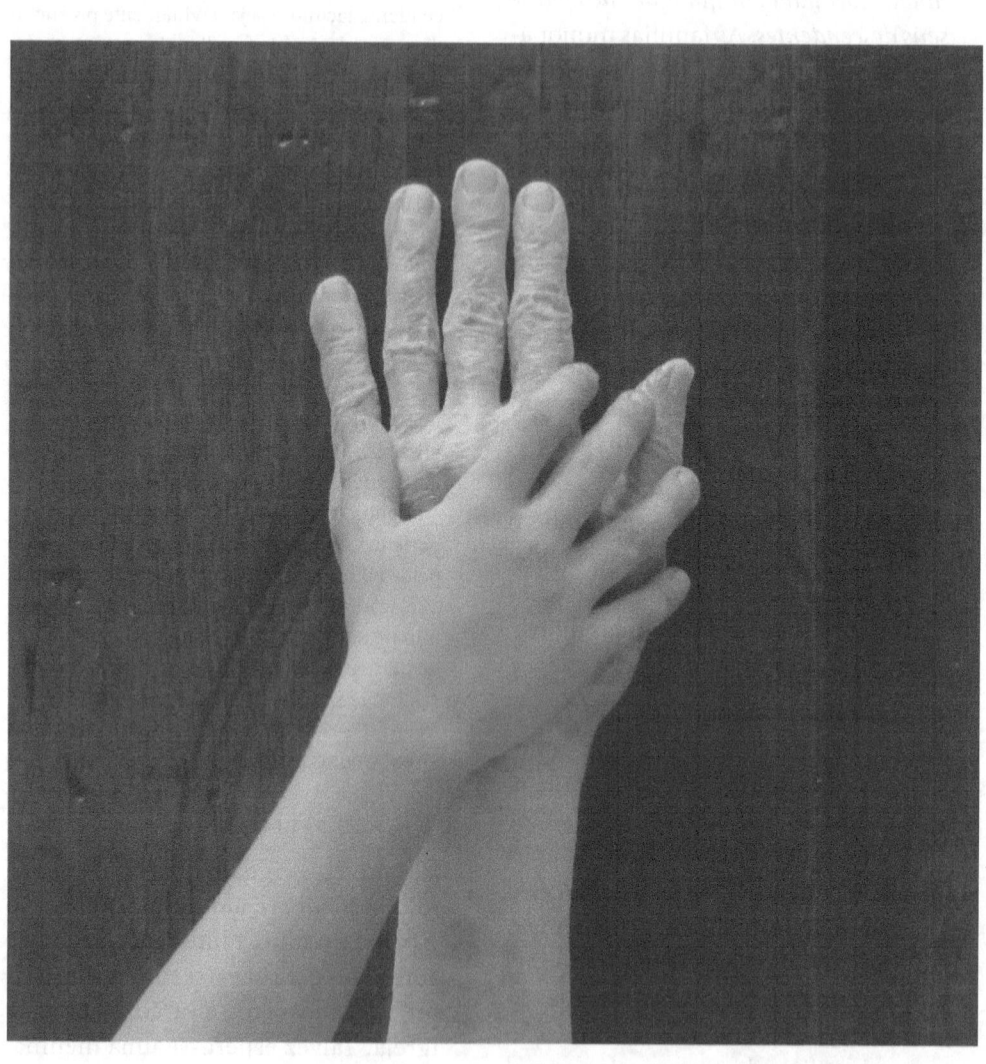

camente, para que nos separássemos o mais tarde possível, fez-me aprender em casa primeiras letras, latim e doutrina, por aquele padre Cabral, velho amigo do tio Cosme, que ia lá jogar às noites."

(ASSIS, J. M. Machado de. *Dom Casmurro*. 28. ed. São Paulo: Ática, 1994. p. 24-25).

ILUSTRAÇÃO

Alexandre Rousset. P. 300.

FAMÍLIA MOSAICO [*ver tb. família reconstituída, família recomposta, famílias pluriparentais*] – É aquela que se constitui de pessoas oriundas de núcleos familiares diversos, formando um verdadeiro mosaico. Esta expressão italiana significa, originalmente, um peso ou superfície embutida e composta por diversas peças de ladrilhos variados e de diversas cores formando um único desenho.

É família que se constitui de pais e mães que trouxeram para um novo núcleo familiar, filhos de relações anteriores e, muitas vezes, ali também tiveram filhos comuns. Esta família, em que filhos de anteriores uniões convivem com filhos das novas uniões, tem cada vez mais uma representação maior na sociedade contemporânea. Daí a expressão "os seus, os meus, os nossos".

Famílias *ensambladas* é a expressão argentina; famílias *patchwork*, Alemanha; *step-families* ou *blended family*, Estados Unidos; *familles recomposées*, França. Com o aumento dos divórcios e das dissoluções das uniões estáveis vão surgindo as figuras dos padrastos e das madrastas, dos enteados e das enteadas, e que ocupam os papéis domésticos dos pais e mães, dos filhos e das filhas e dos meio-irmãos que são afastados de uma convivência familiar e que passam a integrar uma nova relação familiar provenientes dos vínculos que se formam entre os membros do casal e os filhos do outro.

A Lei nº 11.924/09 alterou o artigo 57 da Lei nº 6.015, de 31 de dezembro de 1973 (Lei dos Registros Públicos) e autorizou o enteado ou a enteada a adotar o nome da família do padrasto ou da madrasta. É o afeto como valor jurídico que revolucionou e vem introduzindo novos paradigmas para o Direito de Família brasileiro. *Rente à história e preso à vida mutante, considerando que não pode a Justiça seguir dando respostas mortas a perguntas vivas, ignorando a realidade social subjacente, encastelando-se no formalismo, para deixar de dizer o direito. (...) Na transformação da família e de seu Direito, o transcurso apanha uma comunidade de sangue e celebra (...) a possibilidade de uma comunidade de afeto. (...) Mosaico da diversidade, ninho de comunhão no espaço plural da tolerância* (FACHIN, Luis Edson. *Direito de famílias: elementos críticos à luz do novo Código Civil brasileiro*. 2. ed. Rio de Janeiro: Renovar, 2003. p. 123).

A família mosaico advém da reconstituição de famílias, ou melhor, da constituição de novos núcleos familiares formados por pessoas que tiveram núcleos conjugais desfeitos anteriormente. Daí a denominação, também, de família reconstituída, redimensionada ou recomposta.

JURISPRUDÊNCIA

(...) Neste viés a definição de parentesco ou de família, como preceitua a Constituição, não se compreende a partir de regras absolutas ou imutáveis, senão se desdobra para abarcar todo o pluralismo cultural, traduzido nas famílias mosaicos – de diferentes origens e conformações, sem preconceitos e com vistas a concretizar o ideal de uma

F

sociedade fraterna, exemplo amplificado de uma nova família afetiva, na qual a dignidade de cada membro é o mais relevante. Nada existe a amparar o argumento de que o parentesco socioafetivo tem menor valor do que o biológico, a não ser o preconceito. Preconceito, aliás, rechaçado pela Constituição da República Federativa do Brasil, que, em seu preâmbulo assegura, entre outros, o direito à liberdade, ao bem-estar, à igualdade e à justiça como valores supremos para a construção de uma sociedade fraterna, pluralista e sem preconceitos, além de eleger os princípios da cidadania e da dignidade da pessoa humana como verdadeiros fundamentos do Estado Democrático de Direito. (...) (TJSC, Ap. Cível nº 2007.018852-5, Rel. Des. Subst. Denise Volpato, 1ª CC., j. 24/05/2011).

LINGUAGEM POÉTICA

Boas-vindas

Sua mãe e eu / Seu irmão e eu / E a mãe do seu irmão / Minha mãe e eu / Meus irmãos e eu / E os pais da sua mãe / E a irmã da sua mãe / Lhe damos as boas-vindas / Boas-vindas, boas-vindas / Venha conhecer a vida / Eu digo que ela é gostosa / Tem o sol e tem a lua / Tem o medo e tem a rosa / Eu digo que ela é gostosa / Tem a noite e tem o dia / A poesia e tem a prosa / Eu digo que ela é gostosa / Tem a morte e tem o amor / E tem o mote e tem a glosa / Eu digo que ela é gostosa / Eu digo que ela é gostosa / Sua mãe e eu / Seu irmão e eu / E o irmão da sua mãe

(Boas Vendas-Letra e música de Caetano Veloso e Gilberto Gil)

FAMÍLIA MULTIESPÉCIE [*ver tb. seres sencientes*] – É a família formada pelo vínculo afetivo constituído entre seres humanos e animais de estimação. A família é muito mais da ordem da cultura do que da natureza. Por isso ela transcende sua própria historicidade e está sempre se reinventando e o Direito deve proteger e incluir todas elas.

Os animais de estimação devem ser considerados mais que "semoventes" como tratados pela doutrina tradicional. Por isso têm sido denominados de seres sencientes que são aqueles que têm sensações, isto é, que são capazes de sentir dor, angústias, sofrimento, solidão, raiva etc. *Portanto, para o Direito Animal, o animal não humano é relevante enquanto indivíduo, portador do valor intrínseco e dignidade própria, dada a sua capacidade de sentir dor e expressar sofrimento, seja físico e psíquico. É o fato da senciência animal, valorado pela Constituição, que revela a dignidade animal, incompatível com as equiparações tradicionais entre animais e coisas, animais e bens ou com a consideração dos animais como simples meios para o uso arbitrário desta ou daquela vontade humana.(DE PAULA, Vicente Ataíde Junior. As famílias multiespécie à luz dos princípios do Direito animal. In: Família Multiespécie: animais de estimação e direito/Tereza Rodrigues Vieira; Camilo Henrique Silva (Coordenadores). 1ª ed. Brasília, DF: Zakarewica, 2020, p. 13 a 42).*

A ideia de um animal como uma cadeira, como móveis, como um automóvel em uma disputa judicial, a tradicional percepção legal de animais de companhia como mera 'res' não coincide mais com o sentimento social pós-moderno. Essa ideia coaduna com os já referidos limites para uma classificação dos animais como meras coisas. Sendo considerado como um membro da família, especificamente como um "filho" (ainda que apenas socialmente), é natural que existam demandas judiciais relativas à custódia de animais de companhia, tal e qual aconteceria na hipótese de dissolução da união estável ou do vínculo conjugal CHAVES, Marianna. Disputa de guarda de animais de companhia em sede de divórcio e dissolução de união estável: Reconhecimento da família multiespécie? Direito UNIFACS , v. 187, p. 1-34, 2016.

JURISPRUDÊNCIA

(...) A ordem jurídica não pode, simplesmente, desprezar o relevo da relação do homem com seu animal de estimação, sobretudo nos tempos atuais. Deve-se ter como norte o fato, cultural e da pós-modernidade, de que há uma disputa dentro da entidade familiar em que prepondera o afeto de ambos os cônjuges pelo animal. Portanto, a solução deve perpassar pela preservação e garantia dos direitos à pessoa humana, mais precisamente, o âmago de sua dignidade. 6. Os animais de companhia são seres que, inevitavelmente, possuem natureza especial e, como ser senciente-dotados de sensibilidade, sentindo as mesmas dores e necessidades biopsicológicas dos animais racionais –, também devem ter o seu bem-estar considerado. 7. Assim, na dissolução da entidade familiar em que haja algum conflito em relação ao animal de estimação, independentemente da qualificação jurídica a ser adotada, a resolução deverá buscar atender, sempre a depender do caso em concreto, aos fins sociais, atentando para a própria evolução da sociedade, com a proteção do ser humano e do seu vínculo afetivo com o animal. 8. Na hipótese, o Tribunal de origem reconheceu que a cadela fora adquirida na constância da união estável e que estaria demonstrada a relação de afeto entre o recorrente e o animal de estimação, reconhecendo o seu direito de visitas ao animal, o que deve ser mantido. 9. Recurso especial não provido. (STJ-REsp: 1713167 SP 2017/0239804-9, Rel. Min. Luis Felipe Salomão, 4ª Turma, pub. DJe 09/10/2018).

ILUSTRAÇÃO

Márcia Charnizon. P. 303.

LINGUAGEM POÉTICA

Au, au, au. Hi-ho hi-ho. / Miau, miau, miau. Cocorocó. / O animal é tão bacana / Mas também não é nenhum banana. / Au, au, au. Hi-ho hi-ho. / Miau, miau, miau. Cocorocó. / Quando a porca torce o rabo / Pode ser o diabo / E ora vejam só. / Au, au, au. Cocorocó.

Era uma vez / (E é ainda) / Certo país / (E é ainda) / Onde os animais / Eram tratados como bestas /(São ainda, são ainda) / Tinha um barão / (Tem ainda) / Espertalhão / (Tem ainda) / Nunca trabalhava / E então achava a vida linda / (E acha ainda, e acha ainda)

Au, au, au. Hi-ho hi-ho. / Miau, miau, miau. Cocorocó. / O animal é paciente / Mas também não é nenhum demente. / Au, au, au. Hi-ho hi-ho. / Miau, miau, miau. Cocorocó. / Quando o homem exagera / Bicho vira fera /E ora vejam só. / Au, au, au. Cocorocó.

Puxa, jumento /(Só puxava) /Choca galinha / (Só chocava) /Rápido, cachorro / Guarda a casa, corre e volta

(Só corria, só voltava). / Mas chega um dia / (Chega um dia) / Que o bicho chia /(Bicho chia)/

Bota pra quebrar / E eu quero ver quem paga o pato /Pois vai ser um saco de gatos /

Au, au, au. Hi-ho hi-ho. / Miau, miau, miau. Cocorocó.

(Bicharia-Letra de Chico Buarque, música de Enriquez e Bardotti).

Filme: Sempre ao seu lado. Diretor: Lasse Hallström. EUA, 2009.

FAMÍLIA MULTIPARENTAL [ver tb. família pluriparental, multiparentalidade, socioafetividade] – É a família que tem múltiplos pais/mães, isto é, mais de um pai e/ou mais de uma mãe. Geralmente, a multiparentalidade se dá em razão de constituições de novos vínculos conjugais, em que padrastos e madrastas assumem e exercem as funções de pais e mães, paralelamente aos pais biológicos e/ou registrais, ou em substituição a eles e também em casos de inseminação artificial com material genético de terceiros. É o mesmo que família pluriparental. O STF em análise do RE 898.060, com repercussão geral reconhecida firmou a tese: *A paternidade socioafetiva, declarada ou não em registro público, não impede o reconhecimento do vínculo de filiação concomitante baseado na origem biológica, com os efeitos jurídicos próprios.*

DISPOSITIVOS NORMATIVOS

CCB – Arts. 1.593, 1595, § 1º, 1.596 e 1.597.

Lei nº 11.924/09 – Autoriza o enteado ou a enteada a adotar o nome da família do padrasto ou da madrasta.

Provimento nº 63/2017 do CNJ

Provimento nº 83/2019 do CNJ

JURISPRUDÊNCIA

Maternidade socioafetiva. Preservação da Maternidade Biológica. Respeito à memória da mãe biológica, falecida em decorrência do parto, e de sua família – Enteado criado como filho desde dois anos de idade. Filiação socioafetiva que tem amparo no art. 1.593 do Código Civil e decorre da posse do estado de filho, fruto de longa e estável convivência, aliado ao afeto e considerações mútuos, e sua manifestação pública, de forma a não deixar dúvida, a quem não conhece, de que se trata de parentes – A formação da família moderna não consanguínea tem sua base na afetividade e nos princípios da dignidade da pessoa humana e da solidariedade. (Processo nº 0006422-26.2011.8.26.0286, Rel. Des. Alcides Leopoldo e Silva Junior, 1ª CDP – TJSP. j. 14/08/2012).

FAMÍLIA NATURAL [*ver tb. filho natural*] – É a que se forma naturalmente, sem maiores formalidades. Também se diz das famílias que têm vínculos biológicos, ou seja, proporcionado pela natureza e não necessariamente pela cultura. Filhos naturais são filhos biológicos.

Até 1988, os filhos havidos fora do casamento eram também designados "filhos naturais" quando não tinham o nome do pai, numa alusão à natureza de sem pai. Assim, família natural, filhos naturais vinculam-se à ideia de vínculos proporcionados pela genética, pela natureza e não pela cultura, como acontece com a família e filhos socioafetivos e adotivos.

JURISPRUDÊNCIA

(...) Ora, não se pode olvidar que é princípio elementar da Lei nº 8.069/90 que toda criança ou adolescente seja criado e educado no seio de sua família natural, sendo a colocação em família substituta, em qualquer modalidade, medida excepcional. O art. 19 da Lei nº 8.069/90 disciplina que, *in verbis*: *"Art. 19. Toda criança ou adolescente tem direito a ser criado e educado no seio da sua família e, excepcionalmente, em família substituta, assegurada a convivência familiar e comunitária, em ambiente livre da presença de pessoas dependentes de substâncias entorpecentes"* (TJPR, Ap. Cível nº 7593264 PR, Rel. Des. José Cichocki Neto, 12ª CC., j. 18/05/2011).

FAMÍLIA NUCLEAR [*ver tb. família binuclear, família extensa*] – É a família conjugal mais reduzida, isto é, aquela constituída pelo casal e sua prole. A concepção de família nuclear surge de uma evolução histórica em que as famílias eram muito grandes e foram se tornando cada vez menores, isto é, mais nucleares. A ideia de família nuclear se opõe à concepção de família extensa, isto é, aquela em que se considera não apenas pai-mãe-filhos, mas também avós, tios e primos.

JURISPRUDÊNCIA

(...) fica explícito que a alteração na Guarda e Responsabilidade da menina B., como na maioria das alterações ocorridas nas famílias, acontecem concomitantemente as mudanças socioeconômicas culturais do mundo moderno. Mais do que uma família nuclear, ou seja pai-mãe e filho, existe a família extensa, no caso avós maternos que desejam amparar, cuidar, criar e educar a neta B. Enquanto os pais estão fora do país trabalhando e impedidos de cuidar da própria filha. O importante é que a criança esteja integrada e adaptada no seio da família que a abriga e que tenha cuidados e afeto inerentes à sua criação. (Ap. Cível nº 2008.058495-7, Rel. Des. Victor Ferreira, 4ª CDC – TJSC. j. 31/08/2010).

LINGUAGEM ARTÍSTICA

Há nas famílias uma demarcação de território onde as fronteiras dizem: daqui para dentro somos nós. Dentro é onde cresce um tipo de vegetação particular, que a um estranho parecerá mato, mas que na família é flor. E pode ser flor aos olhos dos visitantes o que é espinho entre os que se machucam faz tempo. As sonoridades também exigem ouvidos apurados ali, naquelas solenidades. Há entonações que vibram mágoas, e trinados de alegrias ou saudade.

(MADEIRA, Carla. *Véspera*. Rio de Janeiro: Record, 2021, p. 225).

FAMÍLIA PARALELA [*ver tb. casamento putativo, família simultânea, princípio da monogamia, união simultânea, união paralela, triação*] – É aquela que se constitui paralelamente a outra família. Tem o mesmo sentido de família simultânea.

Em 2020/2021, o STF no REx nº RE 1167478 e RE 883168, entendeu não ser possível o reconhecimento de duas uniões estáveis simultâneas para rateio de pensão por morte, benefício pago pelo Instituto Nacional do Seguro Social (INSS). Não foi a primeira vez que o Supremo analisou o tema. Em 27 de março de 2009, da mesma forma concluiu que essas famílias, formadas simultaneamente a outra família, não podem ser reconhecidas pelo Estado, com o voto divergente do então ministro Ayres Brito. Com tais decisões, é como se dissesse: "Essas famílias existem, mas não se pode dizer que existem. Afinal, elas afrontam a moral e os bons costumes. Não podem ser reconhecidas e qualquer direito que se dê a elas, deve ser no campo do Direito obrigacional, e não no âmbito do Direito de Família, ou seja, devem ser vistas como concubinato e estão condenadas ao limbo jurídico".

Assim, um homem que tenha constituído uma família simultânea nenhuma responsabilidade terá com ela. Endossando uma lógica moralista, o STF continuou preferindo fazer de conta que essas famílias não existem, tirando a responsabilidade de quem, adulto e por livre e espontânea vontade, constitui uma união simultânea a outra, pois nenhuma responsabilidade ele terá com esta segunda família. Curioso observar que atualmente as famílias multiespécies — aquelas formadas por humanos e animais de estimação – têm conquistado mais direitos e reconhecimento do que as simultâneas.

Julgamentos como esse acabam sendo muito mais morais do que jurídicos. Sabemos que os julgadores são imparciais, mas não são neutros. E, nessa não neutralidade, entra toda a concepção moral particular de cada julgador. É aí que se misturam ética e moral, Direito e religião, proporcionando injustiças e exclusões de pessoas e categorias do laço social. Assertivo foi o voto divergente do Ministro Fachin, do qual comungo desse entendimento: *(...) Ademais, a boa-fé se presume, inexistente demonstração em sentido contrário, prevalece a presunção, especialmente porque não se cogita de boa-fé subjetiva e sim de boa-fé objetiva. Desse modo, uma vez não comprovado que ambos os companheiros concomitantes do segurado instituidor, na hipótese dos autos, estavam de má-fé, ou seja, ignoravam a concomitância das relações de união estável por ele travadas, deve ser reconhecida a proteção jurídica para os efeitos previdenciários decorrentes. Assim, o caso é de provimento do recurso extraordinário, possibilitando o rateio da pensão por morte entre os conviventes. Proposta de tese: É possível o reconhecimento de efeitos previdenciários póstumos a uniões estáveis concomitantes, desde que presente o requisito da boa-fé objetiva.* (STF, REx 1.045.273 Sergipe, voto Divergente Ministro Fachin).

Deveria o STF ter flexibilizado o princípio da monogamia e ponderá-lo com outros princípios norteadores do Direito de Família para atribuir direitos às famílias que se constituem paralelamente a um casamento ou a uma união estável. *Em um Estado que se proclama democrático e orientado pelo princípio pluralista inclusivo, não há lugar para o regramento unívoco da conjugalidade. Estabelecer um standard para todas as relações conjugais, com as facilidades e praticidades inerentes a determinado modelo único, talvez seja o caminho mais fácil e mais apto a proporcionar a chamada segurança jurídica, porém a vida e os relacionamentos são dinâmicos, criativos, voláteis e mutantes. A diversidade que implica sempre certa dose de conflito não pode ser aniquilada em nome de um modelo únicos expresso em lei* (DA SILVA, Marcos Alves. *Da Monogamia – a sua superação como princípio estruturante do direito de família.* Curitiba: Juruá, 2013. p. 181).

Com a evolução do pensamento científico, a compreensão da subjetividade na objetividade dos atos e fatos jurídicos, a ordem passa a ser a consideração do sujeito na relação e não mais o objeto da relação. Em outras palavras, tais decisões têm o "olhar" do Direito voltado para a priorização do sujeito na relação, em detrimento do objeto da relação jurídica, isto é, a instituição do casamento, ainda que isto signifique contrariar o princípio jurídico organizador da monogamia.

A tendência das organizações jurídicas ocidentais é relativizarem o princípio da monogamia, para não condenar as famílias, que de fato existem, à invisibilidade jurídica, considerando-as como inexistentes, eliminado essa reprovabilidade para não repetir as mesmas injustiças históricas, como os filhos e famílias havidos fora do casamento, que por muito tempo foram condenados à ilegitimidade.

As famílias paralelas ainda são famílias estigmatizadas e invisibilizadas socialmente. Assim como as famílias poliafetivas "elas não cabem na ceia de natal". *O segundo núcleo ainda hoje é concebido como estritamente adulterino, e, por isso, de certa forma perigoso, moralmente reprovável e até maligno. A concepção é generalizada e cada caso não é considerado por si só, com suas peculiaridades próprias. É como se todas as situações de simultaneidade fossem iguais, malignas e inseridas num único e exclusivo contexto. O triângulo amoroso sub-reptício, demolidor do relacionamento número*

um, sólido e perfeito, é o quadro que sempre está à frente do pensamento geral, quando se refere a famílias paralelas. O preconceito – ainda que amenizado nos dias atuais, sem dúvida – ainda existe na roda social, o que também dificulta o seu reconhecimento na roda judicial. (HIRONAKA, Giselda, Famílias paralelas. *Revista IBDFAM: Famílias e Sucessões.* Belo Horizonte: IBDFAM, 2014. p. 64).

JURISPRUDÊNCIA

(...) O reconhecimento da união estável exige demonstração de convivência pública, contínua e duradoura entre o homem e a mulher, estabelecida com o objetivo de constituição de família, bem como que inexistam impedimentos à constituição dessa relação. Inteligência dos arts. 1.723 e 1.726 do Código Civil. II – No caso sob análise, tem-se que o *de cujus*, mesmo não estando separado de fato da esposa, manteve união estável com a apelante por mais de 15 (quinze) anos, o que caracteriza a família paralela, fenômeno de frequência significativa na realidade brasileira. O não reconhecimento de seus efeitos jurídicos traz como consequências severas injustiças. IV – O Des. Lourival Serejo pondera: "Se o nosso Código Civil optou por desconhecer uma realidade que se apresenta reiteradamente, a justiça precisa ter sensibilidade suficiente para encontrar uma resposta satisfatória a quem clama por sua intervenção". V – O comando sentencial deve ser reformado para o fim de reconhecer a união estável. VI – Apelação provida, contrariando o parecer ministerial (TJMA, AC nº 0049950-05.2012.8.10.0001, Rel. Des. Marcelo Carvalho Silva, 2ª Câmara Cível, publ. 26/05/2015).

FAMÍLIA PARENTAL [*ver tb. família, família anaparental, parentesco, parentalidade*] – É a família que se estabelece a partir de vínculos de parentesco, consanguíneos, socioafetivos ou por afinidade. O parentesco por afinidade na linha reta, ou seja, sogro(a), nora, genro, não se dissolve com o fim do casamento ou união estável (Art. 1.595 §

2º, CCB). Esta fórmula é uma repetição do CCB 1916 (Art. 335), mas veio repetido do CCB 1916 (art. 335), portanto não faz hoje nenhum sentido. Não há razão lógica alguma romper o vínculo com a mulher/marido/companheiro e não romper com a sogra ou sogro. O argumento que sustentava o art. 335 CCB 1916 (*A afinidade, na linha reta, não se extingue com a dissolução do casamento, que a originou*), era o da evitação do incesto, ou seja, evitar possível casamento entre genro e sogra.

A família parental é o gênero das várias espécies de famílias, tais como, anaparental, monoparental, multiparental, extensa, adotiva, ectogenética, coparental e homoparentais.

DISPOSITIVOS NORMATIVOS

CR – Arts. 226 a 230.

CCB – Arts. 1591 a 1595.

JURISPRUDÊNCIA

(...) Diante dos complexos e intrincados arranjos familiares que se delineiam no universo jurídico – ampliados pelo entrecruzar de interesses, direitos e deveres dos diversos componentes de famílias redimensionadas –, deve o Juiz pautar-se, em todos os casos e circunstâncias, no princípio do melhor interesse da criança, exigindo dos pais biológicos e socioafetivos coerência de atitudes, a fim de promover maior harmonia familiar e consequente segurança às crianças introduzidas nessas inusitadas tessituras. – Por tudo isso – consideradas as peculiaridades do processo –, é que deve ser concedido ao padrasto – legitimado ativamente e detentor de interesse de agir – o direito de postular em juízo a destituição do poder familiar – pressuposto lógico da medida principal de adoção por ele requerida – em face do pai biológico, em procedimento contraditório, consonante o que prevê o art. 169 do ECA (STJ, REsp 1106637 SP, Rel.ª Min.ª Nancy Andrighi, 3ª T., publ. 01/07/2010).

LINGUAGEM LITERÁRIA

[...] os olhos de cada um, mais doces do que alguma vez já foram, serão para o irmão exasperado, e a mão benigna de cada um será para este irmão que necessita dela, e o olfato de cada um será para respirar, deste irmão, seu cheiro virulento, e a brandura do coração de cada um, para ungir sua ferida, e os lábios para beijar ternamente seus cabelos transtornados, que o amor na família é a suprema forma de paciência; o pai e a mãe, os pais e os filhos, o irmão e a irmã: na união da família está o acabamento dos nossos princípios [...]"

(NASSAR, Raduan. *Lavoura arcaica*. 3. ed. São Paulo: Companhia das Letras, 1989. p. 61).

FAMÍLIA PATRIARCAL [*ver tb. família, patriarca, patriarcalismo, princípio da igualdade*] – Do grego *patriarcha*. É a família em que a autoridade e os direitos sobre os bens e as pessoas concentram-se nas mãos do pai.

Além de uma patrilinearidade, é um sistema social político e jurídico que vigorou no mundo ocidental até o século XX. Embora ainda persistam sinais de patriarcalismo, ele perdeu sua força.

A psicanálise e o movimento feminista reforçaram o declínio do patriarcalismo, ajudando a desconstruir a força ideológica da família patriarcal. A partir da consideração do sujeito de direito como sujeito de desejos, passou a ser inadmissível que mulher e filhos fossem assujeitados ao poder e desejo de um patriarca. E, assim, a família perdeu sua rígida hierarquia, despatrimonializou-se, ou seja, ela deixou de ser essencialmente um núcleo econômico e de reprodução e passou a ser o espaço do amor, do afeto e o *locus* de formação e estruturação dos sujeitos.

No Brasil, até a década de 1960 o sistema da família patriarcal ainda era muito forte. Foi somente com a Lei nº 4.121/62, Estatuto da Mulher Casada, que a mulher ganhou *status* jurídico de sujeito de desejo. E a Constituição da República de 1988 rompeu definitivamente os laços jurídicos com a tradição patriarcal. Foi aí que o afeto passou a ser valor jurídico, e a família pôde ser mais democrática.

ILUSTRAÇÃO

Foto de Família, Minas Gerais, década de 1940. Autor desconhecido. P. 308.

FAMÍLIA PLURIPARENTAL – Ver família multiparental e também multiparentalidade.

FAMÍLIA POLIAFETIVA [*ver tb. famílias simultâneas, monogamia, multiconjugalidade, poligamia, princípio da monogamia, união poliafetiva*] – É a união conjugal formada por mais de duas pessoas convivendo em interação e reciprocidade afetiva entre si. Também chamada de família poliamorosa.

É uma relação amorosa, consensual e igualitária e que não tem a monogamia como princípio e necessidade, estabelecendo seu código particular de lealdade e res-

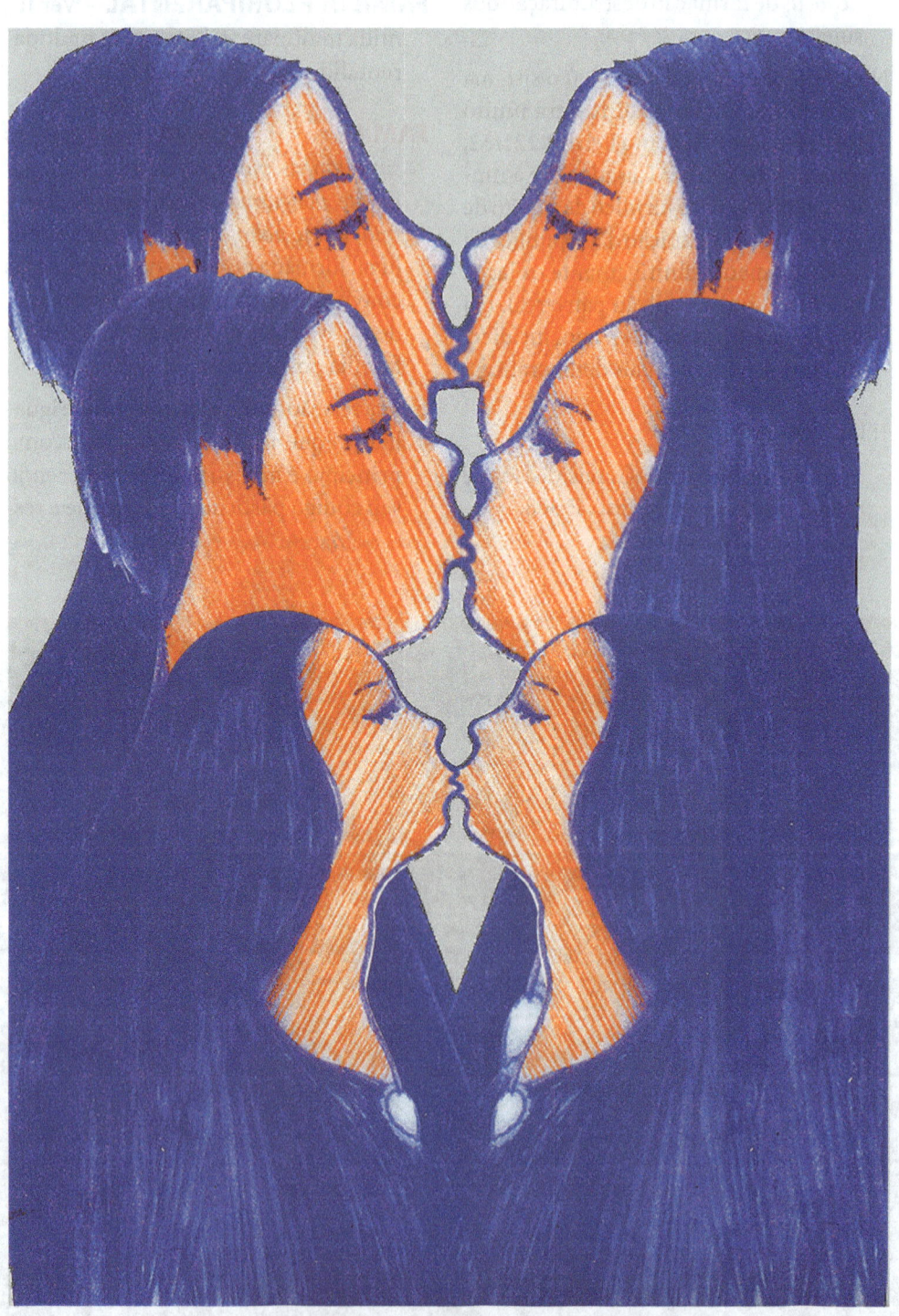

peito, com filhos ou não, constituindo uma família conjugal em que três ou mais pessoas compartilham entre si uma relação amorosa, em casas separadas ou sob o mesmo teto. *A conformação da multiconjugalidade consensual como estrutura familiar, parte da premissa comum a todas as entidades familiares: comunhão, compartilhamento de vidas, entreçamento de laços afetivos e/ou sanguíneos, propósito de união visando à realização pessoal, busca da felicidade, companheirismo, mútua assistência, suporte emocional e existencial. As relações de afeto, responsabilidade e solidariedade que são a substância de qualquer família, também se fazem presentes nesses arranjos multiconjugais (PORTO, Duina. Poliamor: reconhecimento jurídico como multiconjugalidade consensual e estrutura família. Juruá: Curitiba, 2022, p. 294).*

A família poliafetiva distingue-se da família simultânea/paralela, pois na poliafetiva todos consentem, interagem, relacionam entre si, respeitam-se mutuamente e geralmente vivem sob o mesmo teto, isto é, em conjunto. Nas famílias simultâneas, elas não são conjuntas, mas paralelas e, geralmente, uma das partes não sabe da existência da outra. São núcleos familiares distintos, enquanto na família poliafetiva tem-se um mesmo núcleo.

Tais formas de famílias sempre existiram no Brasil, mas de forma camuflada, embora as famílias simultâneas ou paralelas sejam mais comuns. Os casos mais corriqueiros são os de relações paralelas em que um homem se relaciona e, geralmente, sustenta financeiramente duas ou mais mulheres, mas em casas separadas, seja pelo casamento, pela união estável, ou mais uniões estáveis. Os tribunais brasileiros têm redirecionado a jurispru-

dência para atribuir direitos a ambas as famílias. Afinal, se se constituiu família, mesmo sendo na ordem do proibido e não aceito por determinadas religiões ou convenções morais e sociais, é necessário atribuir direitos pessoais e patrimoniais aos sujeitos daquelas relações no âmbito do Direito de Família e Sucessões. Negar tais direitos seria destituir da dignidade a parte economicamente mais fraca, condená-la à invisibilidade social e premiar, geralmente, o homem, que mantém mais de uma família ao destituir-lhe de responsabilidades e deveres em relação à outra família. Nas famílias poliafetivas e simultâneas deparamo-nos com a importante questão, que é a dicotomia entre público e privado. Até onde o Estado dever intervir para proibir essas formas de famílias que fogem do lugar tradicional monogâmico? O Estado só deveria intervir para proteger pessoas vulneráveis. Devemos nos perguntar o porquê de tanto incômodo com famílias diferentes das tradicionais. Segundo a Constituição da República, em seu art. 226, não há mais famílias ilegítimas. Todas devem receber proteção do Estado. Devemos nos perguntar também de onde vem esse querer impor regras aos outros e disciplinar os caminhos do desejo. Contardo Calligaris é assertivo quando diz que *"A paixão de disciplinar é filha da inveja: ele não terá mais do que eu, não gozará mais do que eu".*

JURISPRUDÊNCIA

(...) Restando incontroverso a convivência em comum, pública, contínua e duradoura, além da *affectio maritalis*, entre a Autora e o falecido, por aproximadamente 22 anos, desde 1984 até sua morte, afigura-se necessário o reconhecimento dos direitos decorrentes desta relação. Comprovada a simultaneidade de relacionamentos conjugais, há de se admitir direitos e consequências jurídicas decorrentes dessas relações, não se lhes podendo

F

fechar os olhos ao simplório argumento de que o Estado Brasileiro é monogâmico. Se existe concurso de entidades familiares, portanto se existe um casamento ou união estável, e paralelamente, uma relação extraconjugal, esta última, certamente deverá merecer amparo legal. Não se pode permitir que a complexidade das relações de fato no seio social, notadamente no campo afetivo, impeça o reconhecimento de direitos, mormente quando a análise do caso concreto aponta para a existência de união estável paralelamente à existência de matrimônio, cuja relação conjugal não mais persiste, ainda que não rompida formalmente, uma vez que não houve separação judicial ou o divórcio dos cônjuges (TJBA, Ap. Cível nº 0015589-73.2007.8.05.0001, Rel.ª Juíza convocada Marta Moreira Santana, 3ª CC., j. 11/02/2014).

LINGUAGEM POÉTICA

Se esse amor / Ficar entre nós dois / Vai ser tão pobre amor / Vai se gastar...

Se eu te amo e tu me amas / Um amor a dois profana / O amor de todos os mortais

Porque quem gosta de maçã / Irá gostar de todas / Porque todas são iguais...

Se eu te amo e tu me amas / E outro vem quando tu chamas / Como poderei te condenar

Infinita tua beleza / Como podes ficar presa / Que nem santa num altar...

Quando eu te escolhi / Para morar junto de mim / Eu quis ser tua alma

Ter seu corpo, tudo enfim / Mas compreendi / Que além de dois existem mais...

Amor só dura em liberdade / O ciúme é só vaidade / Sofro, mas eu vou te libertar

O que é que eu quero / Se eu te privo / Do que eu mais venero / Que é a beleza de deitar...

Quando eu te escolhi / Para morar junto de mim / Eu quis ser tua alma / Ter seu corpo, tudo enfim

Mas compreendi / Que além de dois existem mais...

Amor só dura em liberdade / O ciúme é só vaidade / Sofro, mas eu vou te libertar

O que é que eu quero / Se eu te privo / Do que eu mais venero / Que é a beleza de deitar...

(A maçã-Letra e música de Raul Seixas)

ILUSTRAÇÃO

Ronaldo Fraga. P. 310.

FAMÍLIA RECOMPOSTA [*ver tb. família reconstituída, mosaico, pluriparentais*] – Expressão equivalente à família reconstituída. Tem o sentido de recomposição, mas não da mesma família conjugal. É o recasamento ou constituição de novo casamento ou união estável, após desfazimento de vínculo conjugal anterior. É comum encontrar a expressão família redimensionada, que traz o mesmo sentido. Assemelha-se à família mosaico.

DISPOSITIVOS NORMATIVOS

CR – Arts. 226 e 227.

CCB – Arts. 1.593, 1.595, § 1º, 1.596 e 1.597.

Lei nº 11.924/09 – Autoriza o enteado ou a enteada a adotar o nome da família do padrasto ou da madrasta.

JURISPRUDÊNCIA

(...) Famílias recompostas. Melhor interesse da criança. (...) Diante dos complexos e intrincados arranjos familiares que se delineiam no universo jurídico – ampliados pelo entrecruzar de interesses, direitos e deveres dos diversos componentes de famílias redimensionadas –, deve o Juiz pautar-se, em todos os casos e circunstâncias, no princípio do melhor interesse da criança, exigindo dos pais biológicos e socioafetivos coerência de atitudes, a fim de promover maior harmonia familiar e consequente segurança às crianças introduzidas nessas inusitadas tessituras. – Por tudo isso – consideradas as peculiaridades do processo –, é que deve ser concedido ao padrasto – legitimado ativamente e detentor de interesse de agir – o direito de postular em juízo a destituição do poder familiar – pressuposto lógico da medida principal de adoção por ele requerida – em face do pai biológico, em procedimento contraditório, consonante o que prevê o art. 169 do ECA (STJ, REsp 1106637 SP, Relª Minª. Nancy Andrighi, 3ª T., publ. 01/07/2010).

LINGUAGEM POÉTICA

Tive, sim, / Outro grande amor antes do teu / Tive, sim. / O que ela sonhava eram os meus sonhos e assim / Iámos vivendo em paz

Nosso lar, / Em nosso lar sempre houve alegria / E eu vivia tão contente / Como contente ao teu lado estou. / Tive, sim, / Mas comparar com seu amor seria o fim. / E vou calar / Pois não pretendo, amor, te magoar.

(*Tive, sim* – Letra e música de Cartola).

FAMÍLIA RECONSTITUÍDA [*ver tb. família pluriparental, família recomposta*] – É aquela que se constitui de pessoas que dissolveram o vínculo conjugal pretérito e constituíram uma nova entidade familiar.

Além de plural, as estruturas familiares estão em movimento, isto é, estão sempre se reinventando, desenvolvendo-se para a superação de valores e impasses na direção contrária a uma história de infelicidades. Com a conquista das mulheres, pelo *status* jurídico de "sujeito de desejo", o princípio da indissolubilidade do casamento acabou. A resignação histórica das mulheres é que sustentava os casamentos. O fantasma do fim da conjugalidade foi atravessado por uma realidade social em que imperava a necessidade de que o sustento do laço conjugal estivesse no amor, no afeto e no companheirismo. Os

casais já não precisavam mais ficar casados a qualquer custo. As mulheres já não estavam mais tão resignadas como nas décadas de 1950 e 1960 e, compreendeu-se que filhos de pais separados não são infelizes ou problemáticos por essa razão. Ao contrário, estarão melhores na medida em que os pais estiverem melhores, mais felizes juntos ou separados.

A expressão família recomposta ou reconstituída não traduz bem o sentido a que tem sido tomada pelo Direito de Família. Na verdade, trata-se de uma nova família, e não de uma reconstituição ou recomposição. Daí, denominar-se também de família mosaico ou pluriparentais.

A expressão reconstituída advém muito mais do sentido de recomeço, recomeçar uma nova família conjugal. Essas novas famílias que são em número cada vez mais crescente, é o resultado da quebra do princípio da indissolubilidade dos casamentos, instalando-se uma lógica calcada no princípio da liberdade dos sujeitos, um dos pilares e base de sustentação da ciência jurídica. E assim, as pessoas são mais livres para desfazerem seus laços conjugais e constituírem outros. Nessa constituição de novos vínculos, é muito comum que se reúnam filhos comuns do casal, com os filhos de relações anteriores. Os meus, os seus, os nossos, isto é, filhos enteados, padrastos, pais biológicos ou socioafetivos, constituem uma nova formatação de família a que temos denominado de mosaico. Em outras palavras, as novas famílias constituídas por pessoas que tiveram vínculos conjugais anteriores, muitas vezes formando um mosaico, recebem o nome de família reconstituída, e trazem consigo o sentido de constituídas ou recomeçadas com novas pessoas.

F

DISPOSITIVOS NORMATIVOS

CR – Arts. 226 e 227.

CCB – Arts. 1.593, 1.595, § 1º, 1.596 e 1.597.

Lei nº 11.924/09 – Autoriza o enteado ou a enteada a adotar o nome da família do padrasto ou da madrasta.

JURISPRUDÊNCIA

(...) O direito fundamental da criança e do adolescente de ser criado e educado no seio da sua família, preconizado no art. 19 do ECA, engloba a convivência familiar ampla, para que o menor alcance em sua plenitude um desenvolvimento sadio e completo. Atento a isso é que o Juiz deverá colher os elementos para decidir consoante o melhor interesse da criança. Dentro do contexto da multiplicidade de vínculos exibida pelas famílias intituladas "pluriparentais" ou "mosaicos", as crianças lucrarão em afetividade se os familiares envolvidos, sejam eles socioafetivos, sejam eles biológicos, alcançarem a consciência de que o melhor para todos é agregar muito amor e cuidado aos pequenos inseridos nessa nova realidade das famílias "recompostas", sem direito a exclusividades castradoras, ou, ainda, exclusão do amor de uns em detrimento de outros. (...) (STJ, REsp 1106637 SP, Rel.ª Min.ª Nancy Andrighi, 3ª T., j. 01/06/2010).

LINGUAGEM POÉTICA

Não importa onde você parou... / em que momento da vida você cansou... / o que importa é que sempre é possível e / necessário "Recomeçar".

Recomeçar é dar uma nova chance a si mesmo... / é renovar as esperanças na vida e o mais importante... / acreditar em você de novo. / Sofreu muito nesse período? / foi aprendizado... / Chorou muito? / foi limpeza da alma...

Ficou com raiva das pessoas? / foi para perdoá-las um dia...

Sentiu-se só por diversas vezes? / é porque fechaste a porta até para os anjos... / Acreditou que tudo estava perdido? / era o início da tua melhora... / Pois é...agora é hora de reiniciar...de pensar na luz... / de encontrar prazer nas coisas simples de novo. / Que tal / Um corte de cabelo arrojado...diferente? / Um novo curso... ou aquele velho desejo de aprender a / pintar...desenhar...dominar o computador... / ou qualquer outra coisa...

Olha quanto desafio...quanta coisa nova nesse mundão de meu Deus te / esperando.

Tá se sentindo sozinho? / besteira...tem tanta gente que você afastou com o / seu "período de isolamento"... / tem tanta gente esperando apenas um sorriso teu / para "chegar" perto de você.

Quando nos trancamos na tristeza... / nem nós mesmos nos suportamos... / ficamos horríveis... / o mal humor vai comendo nosso fígado... / até a boca fica amarga. / Recomeçar...hoje é um bom dia para começar novos / desafios.

Onde você quer chegar? ir alto...sonhe alto... queira o / melhor do melhor... queira coisas boas para a vida... pensando assim / trazemos pra nós aquilo que desejamos... se pensamos pequeno... / coisas pequenas teremos... / já se desejarmos fortemente o melhor e principalmente / lutarmos pelo melhor...

o melhor vai se instalar na nossa vida. / E é hoje o dia da faxina mental... / joga fora tudo que te prende ao passado... ao mundinho / de coisas tristes... / fotos... peças de roupa, papel de bala...ingressos de / cinema, bilhetes de viagens... e toda aquela tranqueira que guardamos / quando nos julgamos apaixonados... jogue tudo fora... mas principalmente... esvazie seu coração... fique pronto para a vida... para um novo amor... Lembre-se somos apaixonáveis... somos sempre capazes de amar muitas e muitas vezes... afinal de contas... Nós somos o "Amor"... /" Porque sou do tamanho daquilo que vejo, e não do / tamanho da minha altura."

(*Recomeçar* – Carlos Drummond de Andrade).

FAMÍLIA REDIMENSIONADA [*ver tb. família, família mosaico, família recomposta, reconstituída*] – É a família que recebe nova dimensão, no sentido de nova constituição ou recomposição. É o casal que vive com seus filhos e com filhos de uniões anteriores, de um ou de ambos os cônjuges ou conviventes de seu atual cônjuge/companheiro. Pode ser entendida também como família mosaico, isto é, a nova família que se redimensiona, formando-se com pais, padrasto, madrasta, filha, filhos e enteados. É também conhecida como família reconstituída.

DISPOSITIVOS NORMATIVOS

CR – Art. 226.

CCB – Art. 1.595, § 1º.

Lei nº 11.924/09 – Autoriza o enteado ou a enteada a adotar o nome da família do padrasto ou da madrasta.

JURISPRUDÊNCIA

(...) Diante dos complexos e intrincados arranjos familiares que se delineiam no universo jurídico – ampliados pelo entrecruzar de interesses, direitos e deveres dos diversos componentes de famílias redimensionadas –, deve o Juiz pautar-se, em todos os casos e circunstâncias, no princípio do melhor interesse da criança, exigindo dos pais biológicos e socioafetivos coerência de atitudes, a fim de promover maior harmonia familiar e consequente segurança às crianças introduzidas nessas inusitadas tessituras. – Por tudo isso – consideradas as peculiaridades do processo –, é que deve ser concedido ao padrasto – legitimado ativamente e detentor de interesse de agir

– o direito de postular em juízo a destituição do poder familiar – pressuposto lógico da medida principal de adoção por ele requerida – em face do pai biológico, em procedimento contraditório, consonante o que prevê o art. 169 do ECA (STJ, REsp 1106637 SP, Relª Minª. Nancy Andrighi, 3ª T., publ. 01/07/2010).

FAMÍLIA SIMULTÂNEA [*ver tb. casamento putativo, família paralela, família simultânea, triação, união estável putativa, união paralela, união simultânea*] – É a família que se forma simultânea ou paralela a outra família. O princípio da monogamia, embora funcione também como um ponto-chave das conexões morais das relações amorosas e conjugais, não pode ser visto como uma norma moral ou moralizante. Sua existência, nos ordenamentos jurídicos que o adotam, tem a função de um princípio jurídico organizador. Quando falamos em monogamia estamos nos referindo a um modo de organização da família conjugal. O seu negativo, ou o avesso desse princípio, não significa necessariamente o horror de toda organização social, ou seja, a promiscuidade. Traição e infidelidade não significam necessariamente a quebra do sistema monogâmico.

A caracterização do rompimento do princípio da monogamia não está nas relações extraconjugais, mas na relação extraconjugal em que se estabelece uma família simultânea àquela já existente, seja em relação ao casamento, união estável ou a qualquer outro tipo de família conjugal. Tomamos aqui a expressão conjugal para fazer uma diferenciação à família parental. Uma pode conter ou estar contida na outra, mas se diferenciam por ser a família conjugal assentada no amor conjugal, que pressupõe o amor sexual. A fidelidade só tornou-se lei jurídica, isto

F

é, um dos deveres do casamento porque o "impulso" da infidelidade existe.

Para determinadas pessoas, a fidelidade é intrínseca à sua personalidade e funciona como um pressuposto natural de respeito e para elas não haveria a menor necessidade de coloca-la como um dever, já que ele é inerente a essas pessoas. Para outras, ela torna-se necessária como um dever legal, pois são naturalmente infiéis ao parceiro, ou têm uma propensão natural à infidelidade e, portanto, precisam sofrer um interdito proibitório, que tem também a função de barrar ou conter os excessos daquilo que extrapola o convencionado no campo social. Este é também um dos sentidos da lei jurídica, ou seja, um interdito proibitório dos impulsos inviabilizadores do convívio social. Para aqueles que não têm determinadas leis internas, a lei externa, ou melhor, a lei jurídica deve existir. Os ordenamentos jurídicos mais modernos, e entre eles o brasileiro, têm adotado cada vez mais a tendência de abolição de culpa pelo fim da conjugalidade. Se dever de fidelidade perde sua força como regra jurídica para alegação de separação, qual a sanção aplicável à quebra deste dispositivo? É possível obrigar alguém a ser fiel? Enquanto houver desejo, haverá quem cobice a mulher do próximo, tenha relações extraconjugais e infrinja o dever de fidelidade, elo de sustentação do sistema monogâmico. As razões são as mais variadas e transitam sempre pela ordem do desejo. O desejo encaminha, às vezes desencaminha ou segue caminhos tortuosos e escapa ao normatizável.

Se uma família se formou, simultaneamente à outra, o princípio da monogamia deve ser sopesado e ponderado com o macroprincípio da dignidade humana, para efeitos de atribuição de direitos. Essa ponderação de princípios é necessária para que não se repitam as injustiças históricas de exclusão de determinadas pessoas e categorias de laço social ao condená-las à invisibilidade como aconteceu com os denominados filhos e famílias ilegítimas até a Constituição da República de 1988.

O STF, quando do julgamento do RE 1.045.273, pelo qual, por 6x5, negou o direito à divisão de pensão previdenciária a união estável paralela, ou seja, a união pública, contínua e duradoura, com intuito de constituir família, constituída posteriormente, embora paralelamente, a prévia união estável. Fixou-se a seguinte tese: "*A preexistência de casamento ou de união estável de um dos conviventes, ressalvada a exceção do artigo 1723, §1º do Código Civil, impede o reconhecimento de novo vínculo referente ao mesmo período, inclusive para fins previdenciários, em virtude da consagração do dever de fidelidade e da monogamia pelo ordenamento jurídico-constitucional brasileiro*". Julgamentos como esse acabam sendo muito mais morais do que jurídicos. Sabemos que os julgadores são imparciais, mas não são neutros. E, nessa não neutralidade, entra toda a concepção moral particular de cada julgador. É aí que se misturam ética e moral, Direito e religião, proporcionando injustiças e exclusões de pessoas e categorias do laço social. Constituir uma família simultânea nada tem a ver com ter uma "amante", como se propaga erroneamente. Amante não tem direito a nada, a não ser aos prazeres que dá e recebe. Tais julgamentos revelam o quanto o Estado ainda não é laico, e como a moral que conduz tais decisões pode ser perigosa e excludente. A Constituição da República diz em seu artigo 226 que

F

todos os filhos e famílias são legítimos. No entanto, o STF continua ilegitimando determinadas formas de família.

JURISPRUDÊNCIA

(...) As uniões afetivas plúrimas, múltiplas, simultâneas e paralelas têm ornado o cenário fático dos processos de família, com os mais inusitados arranjos, entre eles, aqueles em que um sujeito direciona seu afeto para um, dois, ou mais outros sujeitos, formando núcleos distintos e concomitantes, muitas vezes colidentes em seus interesses. Ao analisar as lides que apresentam paralelismo afetivo, deve o juiz, atento às peculiaridades multifacetadas apresentadas em cada caso, decidir com base na dignidade da pessoa humana, na solidariedade, na afetividade, na busca da felicidade, na liberdade, na igualdade, bem assim, com redobrada atenção ao primado da monogamia, com os pés fincados no princípio da eticidade (STJ, REsp 1157273 RN, Rel.ª Min.ª Nancy Andrighi, 3ª T., publ. 7/06/2010).

LINGUAGEM POÉTICA/ARTÍSTICA

Amar alguém só pode fazer bem / Não há como fazer mal a ninguém / Mesmo quando existe um outro alguém / Mesmo quando isso não convém

Amar alguém e outro alguém também / É coisa que acontece sem razão / Embora soma, causa e divisão / Amar alguém só pode fazer bem / Amar alguém só pode fazer bem

Amar alguém não tem explicação / Não há como conter o furacão / Amores vão embora / Amores vêm / Não se decide amar e nem a quem / Amar alguém só pode fazer bem / Seja só uma pessoa ou um harém / Se não existe algoz e nem refém / Amar alguém e outro alguém também (...)

(*Amar alguém* – Letra e música de Marisa Monte, Arnaldo Antunes e Dadi).

(...) "Estrada vicinal é o que Lorena se torna em minha vida. Helena, sem dúvida, a estrada principal. Duas estradas que seguem na mesma direção, mas por vias diferentes. Preciso de uma e de outra, das diferentes paisagens que me oferecem – diferentes velocidades, experiências, sinalizações, paragens. Estradas que me convidam à entrega por inteiro, porque, por amor e gratidão a elas, não me divido – me desdobro. Estradas que, com o passar do tempo, só me fazem confirmar o acerto desta arriscada viagem em dupla jornada.

Helena é minha luz. Assim, se com Lorena meu primeiro voo foi à noite, atravessando às cegas o oceano, para ver Helena meu voo é durante o dia, céu azulíssimo, a firme terra brasileira vista do alto. Se Lorena me obriga a escarafunchar meu lado escuro, Helena dá polimento no que, em mim, pode brilhar. Por isso, me desdobro em meu amor pelas duas, porque busco em uma e em outra, virtudes que me faltam."

(AZEVEDO, Francisco. *A roupa do corpo*. Rio de Janeiro: Record, 2020. p. 221 e 232).

ILUSTRAÇÃO

Ronaldo Fraga. P. 316.

FAMÍLIA SOCIOAFETIVA [*ver tb. paternidade socioafetiva*] – É a família parental formada pelos laços de afeto, com ou sem vínculo biológico. Toda família parental, independentemente da forma de sua constituição, deve ser socioafetiva. É como a adoção, isto é, todo filho, mesmo biológico, deve ser "adotado" por seus pais. Em outras palavras, se não se adotar o filho, mesmo biológico, não se constituirá uma relação verdadeira de paternidade. Da mesma forma, é a família, que só será verdadeiramente o núcleo estruturante do sujeito, se for formada na afetividade e no amor. Sem esses elementos não haverá ali uma verdadeira família. O CCB 2002 reconhece esse tipo de família ao estabelecer, em seu art. 1.593, outra categoria de parentesco, além dos tradicionais: *O parentesco é natural ou civil, conforme resulte de consanguinidade ou outra origem.*

O STF em análise do RE 898.060, com repercussão geral reconhecida firmou a seguinte tese: *A paternidade socioafetiva, declarada ou não em registro público, não impede o reconhecimento do vínculo de filiação concomitante baseado na origem biológica, com os efeitos jurídicos próprios.*

DISPOSITIVOS NORMATIVOS

CCB – Arts. 1.593.

JURISPRUDÊNCIA

(...) A família, à luz dos preceitos constitucionais introduzidos pela Carta de 1988, apartou-se definitivamente da vetusta distinção entre filhos legítimos, legitimados e ilegítimos que informava o sistema do Código Civil de 1916, cujo paradigma em matéria de filiação, por adotar presunção baseada na centralidade do casamento, desconsiderava tanto o critério biológico quanto o afetivo. 3. A família, objeto do deslocamento do eixo central de seu regramento normativo para o plano constitucional, reclama a reformulação do tratamento jurídico dos vínculos parentais à luz do sobreprincípio da dignidade humana (art. 1º, III, da CRFB) e da busca da felicidade. 4. A dignidade humana compreende o ser humano como um ser intelectual e moral, capaz de determinar-se e desenvolver-se em liberdade, de modo que a eleição individual dos próprios objetivos de vida tem preferência absoluta em relação a eventuais formulações legais definidoras de modelos preconcebidos, destinados a resultados eleitos a priori pelo legislador. Jurisprudência do Tribunal Constitucional alemão (BVerfGE 45, 187). 5. A superação de óbices legais ao pleno desenvolvimento das famílias construídas pelas relações afetivas interpessoais dos próprios indivíduos é corolário do sobreprincípio da dignidade humana. 6. O direito à busca da felicidade, implícito ao art. 1º, III, da Constituição, ao tempo que eleva o indivíduo à centralidade do ordenamento jurídico-político, reconhece as suas capacidades de autodeterminação, autossuficiência e liberdade de escolha dos próprios objetivos, proibindo que o governo se imiscua nos meios eleitos pelos cidadãos para a persecução das vontades particulares. Precedentes da Suprema Corte dos Estados Unidos da América e deste Egrégio Supremo Tribunal Federal: RE 477.554-AgR, Rel. Min. Celso de Mello, *DJe* de 26/08/2011; ADPF 132, Rel. Min. Ayres Britto, *DJe* de 14/10/2011. 7. O indivíduo jamais pode ser reduzido a mero instrumento de consecução das vontades dos governantes, por isso que o direito à busca da felicidade protege o ser humano em face de tentativas do Estado de enquadrar a sua realidade familiar em modelos pré-concebidos pela lei. 8. A Constituição de 1988, em caráter meramente exemplificativo, reconhece como legítimos modelos de família independentes do casamento, como a união estável (art. 226, § 3º) e a comunidade formada por qualquer dos pais e seus descendentes, cognominada "família monoparental" (art. 226, § 4º), além de enfatizar que espécies de filiação dissociadas do matrimônio entre os pais merecem equivalente tutela diante da lei, sendo vedada discriminação e, portanto, qualquer tipo de hierarquia entre elas (art. 227, § 6º). 9. As uniões estáveis homoafetivas, consideradas pela jurisprudência desta Corte como entidade familiar, conduziram à imperiosidade da interpretação não reducionista do conceito de família como instituição que também se forma por vias distintas do casamento civil (ADI 4.277, Rel. Min. Ayres Britto, Tribunal Pleno, julgado em 05/05/2011). 10. A compreensão jurídica cosmopolita das famílias exige a ampliação da tutela normativa a todas as formas pelas quais a parentalidade pode se manifestar, a saber: (i) pela presunção decorrente do casamento ou outras hipóteses legais, (ii) pela descendência biológica ou (iii) pela afetividade. 11. A evolução científica responsável pela popularização do exame de DNA conduziu ao reforço de importância

F

do critério biológico, tanto para fins de filiação quanto para concretizar o direito fundamental à busca da identidade genética, como natural emanação do direito de personalidade de um ser. 12. A afetividade enquanto critério, por sua vez, gozava de aplicação por doutrina e jurisprudência desde o Código Civil de 1916 para evitar situações de extrema injustiça, reconhecendo-se a posse do estado de filho, e consequentemente o vínculo parental, em favor daquele utilizasse o nome da família (*nominatio*), fosse tratado como filho pelo pai (*tractatio*) e gozasse do reconhecimento da sua condição de descendente pela comunidade (*reputatio*). 13. A paternidade responsável, enunciada expressamente no art. 226, § 7º, da Constituição, na perspectiva da dignidade humana e da busca pela felicidade, impõe o acolhimento, no espectro legal, tanto dos vínculos de filiação construídos pela relação afetiva entre os envolvidos, quanto daqueles originados da ascendência biológica, sem que seja necessário decidir entre um ou outro vínculo quando o melhor interesse do descendente for o reconhecimento jurídico de ambos. 14. A pluriparentalidade, no Direito Comparado, pode ser exemplificada pelo conceito de "dupla paternidade" (*dual paternity*), construído pela Suprema Corte do Estado da Louisiana, EUA, desde a década de 1980 para atender, ao mesmo tempo, ao melhor interesse da criança e ao direito do genitor à declaração da paternidade. Doutrina. 15. Os arranjos familiares alheios à regulação estatal, por omissão, não podem restar ao desabrigo da proteção a situações de pluriparentalidade, por isso que merecem tutela jurídica concomitante, para todos os fins de direito, os vínculos parentais de origem afetiva e biológica, a fim de prover a mais completa e adequada tutela aos sujeitos envolvidos, ante os princípios constitucionais da dignidade da pessoa humana (art. 1º, III) e da paternidade responsável (art. 226, § 7º). 16. Recurso Extraordinário a que se nega provimento, fixando-se a seguinte tese jurídica para aplicação a casos semelhantes: "A paternidade socioafetiva, declarada ou não em registro público, não impede o reconhecimento do vínculo de filiação concomitante baseado na origem biológica, com os efeitos jurídicos próprios" (STF, REx 898.060, Rel. Min. Luiz Fux, Plenário, publ. 24/08/2017).

LINGUAGEM POÉTICA

Pra enxergar o infinito debaixo dos meus pés / Não basta olhar de cima / E buscar no escuro o obscuro

A sombra que me segue todo dia / Deixo quieto e seguro as páginas dos sonhos que não li / E outra vez não me impeço de dormir / Deixo quieto e seguro as páginas dos sonhos que não li / E outra vez não me impeço de dormir /

Os jornais não me informam mais / E as imagens não são tão claras / Como a vida / Vou aliviar a dor e não perder / As crianças de vista, crianças de vista

Família, um sonho ter uma família / Família, um sonho de todo dia

Família é quem você escolhe pra viver / Família é quem você escolhe pra você / Não precisa ter conta sanguínea / É preciso ter sempre um pouco mais de sintonia

(*Não perca as crianças de vista* – Letra e música da banda O Rappa).

FAMÍLIA SUBSTITUTA [*ver tb. paternidade socioafetiva*] – É a expressão introduzida no ordenamento jurídico brasileiro pelo Estatuto da Criança e do Adolescente – ECA (Lei nº 8.069/90), para dizer que a família biológica ou originária pode ser substituída por outra, seja por meio da adoção ou pela guarda ou tutela. Esta expressão introduziu um novo paradigma para compreensão e alargamento do conceito de família.

A partir desta expressão, passou-se a admitir que a família biológica nem sempre é que terá a guarda ou tutela dos filhos, reforçando o conceito introduzido pelo jurista mineiro João Baptista Villela, em 1979, da desbiologização da paternidade. Foi a partir daí que surgiu e desenvolveu-se a expressão paternidade socioafetiva, inclusive para atender ao melhor interesse da criança/adolescente.

DISPOSITIVOS NORMATIVOS

Lei nº 8.069/90 – Estatuto da Criança e do Adolescente – Arts. 19, 28 a 32, 51, § 1º, II, 88, VI, 90, § 3º, III, 92, II, 93, parágrafo único, 100, X, 101, IX, § 1º e 4º, 165, 166, 169.

JURISPRUDÊNCIA

(...) A criação e a educação da criança, no seio de família substituta, ocorrem, excepcionalmente, quando os genitores biológicos – família natural – não apresentam condições exigíveis à sua formação psicossocial. 3. Qualificado (e comprovado) o abandono jurídico-social da criança pela família natural, impõe-se a legitimação adotiva pela família substituta, precedida da destituição do poder familiar, porquanto se trata de medida que oferece reais vantagens para a adotanda. (...) (TJMG, Ap. Cível nº 1.0024.05.570359-9/001, Rel. Des. Nepomuceno Silva, 5ª CC., publ. 13/03/2009).

FAMÍLIA UNIPESSOAL [*ver tb. bem de família*] – Há pessoas que optam por viverem sozinhas, o que se denomina na língua inglesa de *singles*, mas nem por isso significa que não deve receber o reconhecimento e proteção do Estado. Embora pareça paradoxal, pois no conceito de família está a ideia de um grupo de pessoas ligadas pelo vínculo de parentesco ou conjugalidade, o Direito de Família brasileiro tem considerado como família os *singles*, ou seja, os que vivem sozinhos, especialmente para caracterização de sua moradia como um bem de família e, portanto, impenhorável.

Não é justo que alguém que viva sozinho em imóvel de sua propriedade, seja por livre escolha (família unipessoal estrutural) ou em decorrência de viuvez, divórcio ou fim da união estável (família unipessoal friccionais) não tenha sua "propriedade mínima", sua moradia, preservada de possíveis constrições.

JURISPRUDÊNCIA

(...) O bem de família a que alude o art. 1º da Lei nº 8.009/90 é protegido contra penhora para garantia de dívidas contraídas pela família unipessoal ou pluripessoal ou por membros desta, inclusive as de natureza trabalhista, exceto em relação às ressalvas previstas no art. 3º dessa mesma lei. Essa proteção visa não apenas o direito de propriedade, mas muito mais do que isso, visa dar efetividade ao direito de moradia previsto no art. 6º da Constituição da República Federativa do Brasil, como direito de segunda dimensão que é, e, nesse desiderato, prestigia a família, enquanto célula da sociedade, tanto na manutenção de um teto para moradia como na preservação da vizinhança, do convívio social e religioso e, também, quanto aos locais destinados a lazer, a aquisição de bens, a estudos e outras relações interpessoais. (...) (TRT, 908201103723005 MT 00908.2011.037.23.00-5, Rel. Des. Edson Bueno, publ. 11/05/2012).

(...) O estado civil de solteira não afasta o reconhecimento da impenhorabilidade do bem de família prevista no art. 1º da Lei nº 8.009/90, conforme orientação cristalizada na Súmula nº 364 desta Corte, in verbis: "O conceito de impenhorabilidade de bem de família abrange também o imóvel pertencente a pessoas solteiras, separadas e viúvas" (STJ, REsp 772829 RS, Rel. Min. Mauro Campbell Marques, 2ª T., publ. 10/02/2011).

LINGUAGEM POÉTICA/MÚSICA

Você me deixou satisfeito / Nunca vi deixar alguém assim / Você me livrou do preconceito de partir / Agora me sinto feliz aqui

Quem foi que disse que é impossível ser feliz sozinho / Vivo tranquilo, a liberdade é que me faz carinho / No meu caminho não tem pedras nem espinhos

Eu durmo sereno e acordo / Com o canto dos passarinhos

(*Satisfeito* – Letra e música de Arnaldo Antunes).

ILUSTRAÇÃO

Marco Túlio Rezende. P. 322.

F

FAMÍLIAS MÚTUAS [*ver tb. parentalidade socioafetiva*] – Expressão utilizada pelo desembargador pernambucano, Jones Figueiredo, para designar a situação de duas famílias que descobriram a troca de seus filhos na maternidade. Em razão da descoberta tardia deste equívoco, já haviam estabelecido forte vínculo afetivo com os filhos não biológicos. Assim, convivem mutuamente com os filhos de uma e de outra, relacionando com ambos os filhos, biológico e socioafetivo.

JURISPRUDÊNCIA

(...) Não há quaisquer dúvidas de que houve a troca de bebês na maternidade. Os bebês nasceram no mesmo dia, no mesmo Hospital, e praticamente na mesma hora, com uma diferença de apenas 08 (oito) minutos, conforme se depreende das certidões de nascimento acostadas às fls. 38 e 47. 6. Tal erro, ato comissivo cometido por agentes do nosocômio, foi percebido ao longo do tempo, através de inconvenientes desconfianças, tanto das partes envolvidas como de terceiros, já que os bebês tinham características bastante distintas dos pais, supostamente biológicos, como a cor da pele e dos olhos. (...) 8. Dúvidas não há sobre a existência de nexo causal entre o ato ilícito cometido pelos prepostos do Estado e os inúmeros danos psíquicos que uma troca de bebês, que perdurou por pelo menos 07 (sete) anos, data em que se deu o último exame de DNA, causaram a todos os envolvidos. (...) 11. Doutra banda, quanto ao valor da indenização, arbitrado no importe de R$ 50.000,00 (cinquenta mil reais) para cada um dos envolvidos, totalizando R$ 300.000,00 (trezentos mil reais), vê-se que atendeu aos parâmetros da proporcionalidade e razoabilidade, tendo em vista se tratar da reparação de uma troca de bebês que perdurou por muitos anos. (Ap. Cível nº 0000722-36.2005.8.17.0640, Rel. Des. Erik de Sousa Dantas Simões. 1ª CDP – TJPE. j. 25/02/2014).

FECUNDAÇÃO ARTIFICIAL – Ver fertilização *in vitro*.

FECUNDAÇÃO ARTIFICIAL HETERÓLOGA – Ver reprodução assistida heteróloga.

FECUNDAÇÃO ARTIFICIAL HOMÓLOGA – Ver reprodução assistida homóloga.

FEMINICÍDIO [*ver tb. Lei Maria da Penha*] – É o assassinato de uma mulher cometido por razões da condição do gênero feminino, quando o crime envolve violência doméstica e familiar e/ou menosprezo ou discriminação à condição de mulher. Esta qualificadora foi instituída em 2015, com a Lei 13.104, que alterou a redação do artigo 121 do Código Penal, para incluir § 2º, inciso VI. Faz parte de uma política pública de enfrentamento e combate à violência doméstica e efetivação da Lei 11.340/2006.

JURISPRUDÊNCIA

(...) As qualificadoras do motivo torpe e do feminicídio não possuem a mesma natureza, sendo certo que a primeira tem caráter subjetivo, ao passo que a segunda é objetiva, não havendo, assim, qualquer óbice à sua imputação simultânea (STJ, HC 430.222/MG, Rel. Ministro Jorge Mussi, 5ª T. DJe 22/03/2018).

FERTILIZAÇÃO *IN VITRO* [*ver tb. bebê de proveta, eugenia, inseminação artificial, reprodução assistida, trangenia*] – É a técnica usada para produzir embriões em condições laboratoriais. É a produção dos embriões fora do organismo feminino, para depois serem inseridos no útero. A FIV (fertilização *in vitro*) pode ser homóloga – gametas masculino e feminino próprios do casal que deseja ter filho; ou heteróloga – quando um ou ambos os gametas são doados por terceiro a um casal que não pode gerar filhos sozinhos.

DISPOSITIVOS NORMATIVOS

Lei nº 11.105/05 – Lei de Biossegurança.

CFM Resolução nº 2.320/2022

ILUSTRAÇÃO

Niura Bellavinha. P. 324.

FETICHE *[ver tb. libido, sexualidade]* – A expressão fetichismo foi criada por volta de 1750, e advém da tradução da palavra portuguesa, feitiço (do latim *ficticius*), traduzida para o francês como *fetichisme*. Assim, para nós de língua portuguesa, poderíamos entender como feiticismo. Foi o magistrado Charles Brosses (1709-1777) contemporâneo de Voltaire que, observando os povos selvagens africanos notou que eles adoravam pequenos objetos, que chamavam de gru-gru, gri-gri, e os portugueses de feitiço, quando então traduziu a palavra por fetiche. Depois, Auguste Comte trouxe para a sociologia esse conceito para designar a forma mais elementar e primária do pensamento humano em relação às coisas, ou para referir-se à fase inicial das formações sociais.

A psicanálise buscou na antropologia esta expressão, que significa um objeto material venerado como um ídolo. Em 1905, em Três ensaios sobre a teoria da sexualidade, Freud atualizou o termo e concebeu-o inicialmente como uma perversão sexual, caracterizada por uma parte do corpo (pé, seio, cabelo etc.) ou um objeto relacionado ao corpo (gravata, calcinha, sutiã, chapéu etc.) ser tido como objeto exclusivo de uma excitação, ou prática perversa de atos sexuais. Depois, em seu texto dedicado a Leonardo da Vinci e Gradiva, no início do século XX, ele identificou a dimensão fetichista de todas as formas de perversão (exibicionismo, voyeurismo, coprofilia) mostrando que o fetichismo é portador de todos os outros objetos. Em 1914 em Sobre o narcisismo: uma introdução, Freud fala da roupa como um fetiche do feminino. Em síntese, o pai da psicanálise diz que o fetichismo existe em qualquer relação amorosa, e só é patológica quando a fixação do objeto decorre de uma libido infantil.

Jacques Lacan, em seu seminário 4, dando alguns passos adiante na teoria freudiana, reinterpretou o fetichismo como um ponto de uma relação em que o sujeito cria um véu imaginário, e coloca a pergunta: Porquê é ali que o sujeito deve constituir esse mais além? Porque o véu é o mais precioso para o homem do que a realidade? Por que a ordem dessa relação ilusória se torna constituinte essencial, necessário, de sua relação com o objeto? Eis a questão levantada pelo fetichismo. (LACAN, *Seminário 4*, 1995, p. 160). Embora o conceito de fetiche e fetichismo seja anterior à psicanálise, foi ela, especialmente com Lacan, que realçou sua ideia originária, que nos permite trazer para o Direito a importante reflexão sobre a lei como fetiche.

Se fetiche traz o sentido de objeto ou pessoa a que se venera e se obedece às cegas, como um enfeitiçamento, é necessário tirar a regra jurídica (lei) desse lugar mágico e a que todos devem subserviência às cegas, como se ela tivesse o poder absoluto de tudo determinar e fosse a única ou mais importante fonte do Direito. Interpretar uma lei sem ponderá-la com outras fontes de Direito, como os princípios constitucionais, equidade, doutrina, jurisprudência, e principalmente os costumes, é dar a ela um status de fetiche, é empobrecê-la.

No Direito de Família, um dos exemplos mais chocantes de fetichismo da lei é o

F

que acontece no sistema de adoção. O artigo 39, § 1º do ECA (A adoção é medida excepcional e irrevogável, à qual se deve recorrer apenas quando esgotados os recursos de manutenção da criança ou adolescente na família natural ou extensa, na forma do parágrafo único do art. 25 desta Lei) estabelece que as crianças e Adolescentes só serão adotadas depois de esgotadas as possibilidades de serem acolhidas em sua família biológica. Na prática, dificilmente isto acontece, ou seja, raramente a família extensa adota essas crianças depositadas nos abrigos, que passam a vida esperando alguém da família biológica que nunca chega. Enquanto isto, alguns Magistrados, Membros do Ministério Público, Defensores Públicos, arraigados aos seus dogmas e convicções religiosas particulares, e acreditando que a família é da natureza e não da cultura, invocam o referido artigo de lei para justificar sua posição. Talvez acreditem na lei como fetiche. E é aí que mora o perigo. Por fetichizarem a lei, milhares de crianças e adolescentes continuam vítimas desse fetichismo, sem voz e sem vez: invisíveis. A lei não pode ser fetichizada, sob pena, neste caso, de condenar milhares de crianças e adolescentes a serem vítimas desse fetiche. Eis aí o fetichismo da lei como perversão.

Outro bom exemplo de fetichismo da lei, e que reforça o dogmatismo que não deveria mais ter lugar em um ordenamento jurídico que se compreenda o sujeito de direitos como sujeito de desejos, é o artigo 1.727 do CCB: *as relações não eventuais entre homem e mulher, impedidos de se casarem é considerando concubinato.* Isto significa que eventuais direitos daí decorrentes terão que ser extraídos no campo do direito obrigacional. Em outras palavras, não podem ser consideradas famílias. O fetichismo está em considerar que a lei (art. 1727 CCB) vale mais do que a realidade. Em outras palavras, mesmo comprovando que ali há um núcleo familiar, ainda que simultâneo à outra família, ele tem que ser negado, pois a lei vale mais do que a realidade.

JURISPRUDÊNCIA

(...) Na concepção moderna, o processos não admite mais um fetichismo cego às fórmulas e ritos, devendo-se a fórmula se prestar à concessão de tutela prevista pelo direito material e à efetivação da Justiça. [...] TJ-SP 21085194520178260000 SP 2108519-45.2017.8.26.0000, Relator: Milton Carvalho, Data de Julgamento: 19/07/2017, 36ª Câmara de Direito Privado, Data de Publicação: 19/07/2017)

ILUSTRAÇÃO

Sérgio Lima. P. 327.

FETICHISMO – ver fetiche.

FETO ANENCÉFALO [*ver tb. anencefalia, nascituro, natimorto*] – É o feto que, devido à má formação intrauterina, desenvolve doença congênita que consiste na má-formação do tubo neural. O Conselho Federal de Medicina (CFM) considera o anencéfalo um *natimorto*, por não ter os hemisférios cerebrais e o córtex cerebral, mas somente o tronco, não manifestando, assim, qualquer atividade cortical, razão pela qual não sobrevive à vida extrauterina. A Resolução do CFM nº 1.989, de 2012, determina que *na ocorrência do diagnóstico inequívoco de anencefalia o médico pode, a pedido da gestante, independente de autorização do Estado, interromper a gravidez.*

DISPOSITIVOS NORMATIVOS

Resolução nº 1.949/2010 do CFM – Revoga a Resolução CFM nº 1.752/04, que trata da autorização ética do uso de órgãos e/ou tecidos de anencéfalos para transplante, mediante autorização prévia dos pais.

Resolução 1.989/2012 do CFM – Dispõe sobre o diagnóstico de anencefalia para a antecipação terapêutica do parto e dá outras providências.

JURISPRUDÊNCIA

(...) Mostra-se inconstitucional interpretação de a interrupção da gravidez de feto anencéfalo ser conduta nos artigos 124, 126 e 128, § I e II, do Código Penal (...) O Magno Texto Federal não dispõe sobre o início da vida humana ou o preciso instante em que ela começa. Não faz de todo e qualquer estágio da vida humana um autonomizado bem jurídico, mas da vida que já é própria de uma concreta pessoa, porque nativiva (teoria "natalista", em contraposição às teorias "concepcionista" ou da "personalidade condicional"). E quando se reporta a "direitos da pessoa humana" e até dos "direitos e garantias individuais" como cláusula' pétrea está falando de direitos e garantias do indivíduo-pessoa, que se faz destinatário dos direitos fundamentais "a vida, à liberdade, à igualdade, à segurança e à propriedade", entre outros direitos e garantias igualmente distinguidos com o timbre da fundamentalidade (como direito à saúde e ao planejamento familiar). Mas as três realidades não se confundem: o embrião é o embrião, o feto é o feto e a pessoa humana é a pessoa humana. Donde não existir pessoa humana embrionária, mas embrião de pessoa humana (...). O Direito infraconstitucional protege por modo variado cada etapa do desenvolvimento biológico do ser humano. Os momentos da vida humana anteriores ao nascimento devem ser objeto de proteção pelo direito comum. O embrião pré-implanto é um bem a ser protegido, mas não uma pessoa no sentido biográfico a que se refere a Constituição. (...) (ADPF 54, Rel. Min. Marco Aurélio, Plenário – STF. j. 12/042012).

LINGUAGEM ARTÍSTICA

Cf. o documentário: *Uma História Severina*. Produzido e dirigido por Debora Diniz e Eliane Brum. 23 min, Documentário, Brasil, 2008 – Conta a saga da agricultora pernambucana Severina Ferreira, grávida de um anencéfalo, em busca de licença para interromper a gestação.

FIDEICOMISSÁRIO [*ver tb. fideicomisso, fiduciário*] – Do latim *fideicommissarius*. É a pessoa a favor de quem foi estabelecido um fideicomisso, também conhecido como segundo beneficiário. Ou seja, é o beneficiário da coisa doada ou testada gravada com fideicomisso tão logo a condição imposta ao fiduciário (primeiro beneficiário) se resolva, recebendo o bem sucessivamente. Enquanto não são atingidas as condições impostas pelo testador ou doador tem apenas propriedade suspensiva da herança ou legado, ficando com a propriedade resolúvel aquele indicado pelo falecido, isto é, o fiduciário. *Se, decorridos dois anos após a abertura da sucessão, não for concebido o herdeiro esperado, os bens reservados, salvo disposição em contrário do testador, caberão aos herdeiros legítimos* (Art. 1.800, § 4º, CCB). É o caso da prole eventual em testamento, hipótese essa na qual o testador (fideicomitente) nomeia terceiro para receber herança ou legado com a obrigação de restituir ou transferir os bens, segundo cláusula de fideicomisso, a pessoa por ele indicada quando resolvida a condição imposta, isto é, o nascimento da prole.

FIDEICOMISSO [*ver tb. fideicomissário, fiduciário*] – Do latim *fideicommissium*, confiar a alguém, entregar em confiança. É a estipulação testamentária em que o testador constitui alguém como herdeiro ou legatário, impõe-lhe uma obrigação ou condição de transmitir o bem ou direito auferido em favor de alguém, não concebido ao tempo da morte do testador, por ele indicado quando do seu falecimento. Portanto, no fideicomisso há, necessariamente, a indicação de dois herdeiros ou legatários, em que um sucede o outro. O primeiro herdeiro ou legatário é o fiduciário, vivo ao tempo da abertura da sucessão, e o segundo o fideicomissário, prole eventual a quem o fiduciário deverá transmitir a herança ou legado com advento do termo estipulado pelo testador ou da sua morte.

Embora se assemelhem, fideicomisso e usufruto se diferenciam. No fideicomisso, a propriedade é sucessiva e, no usufruto, há simultaneidade de dois titulares de direito, ou seja, o proprietário e o usufrutuário. *Pode o testador instituir herdeiros ou legatários, estabelecendo que, por ocasião de sua morte, a herança ou o legado se transmita ao fiduciário, resolvendo-se o direito deste, por sua morte, a certo tempo ou sob certa condição, em favor de outrem, que se qualifica de fideicomissário* (Art. 1.951, CCB).

Caso o fideicomissário já tenha nascido à época da morte do testador, adquirirá a propriedade do bem deixado, porém, caberá ao fiduciário o usufruto do que àquele couber (Art. 1.952, parágrafo único, CCB).

DISPOSITIVOS NORMATIVOS

CCB – Arts 1.951 a 1.960.

JURISPRUDÊNCIA

(...) O fideicomisso pode ser definido como espécie de substituição testamentária consubstanciada na atribuição, pelo testador, da propriedade plena de determinado bem a herdeiro ou legatário

seu, denominado "fiduciário", com a imposição da obrigação de, por sua morte, a certo tempo, ou sob condição predeterminada, transmiti-la a outrem, qualificado fideicomissário. Verifica-se, assim, a nomeação daquele que recebe a coisa com condição resolutiva, com a subsequente transmissão do domínio, agora pleno, ao fideicomissário. É cediço que a substituição fideicomissária é sucessiva, uma vez que os titulares gozam de coisa legada ou herdada em momentos distintos, ou seja, após o outro, e o fiduciário, que recebe o bem em confiança, permanecerá na posse até o transcurso do prazo, o implemento de certa obrigação ou sua morte se verifique, para que, então, esse bem seja transferido, definitivamente, ao seu real titular, o fideicomissário. No fideicomisso, as liberalidades são sucessivas e a propriedade mantém-se, inteira, atribuída ao fiduciário, embora restrita e resolúvel: antes da substituição, não pode o fideicomissário reivindicar. (...). (Ap. Cível nº 70048542500, Rel. Des. Elaine Harzheim Macedo, TJRS. publ. 05/07/2012).

FIDEICOMISSO RESIDUAL [*ver tb. fideicomisso*] – Instituição de fideicomisso sobre bens remanescentes. Neste caso o autor da herança autoriza a alienação parcial da herança.

FIDEICOMISSO SINGULAR [*ver tb. fideicomisso, legado, título singular*] – É a instituição de fideicomisso sob legado.

FIDEICOMISSO UNIVERSAL [*ver tb. fideicomisso, herança, título universal*] – É a instituição de fideicomisso sobre parte não identificada da herança, podendo ser sobre toda ela ou parte dela.

FIDEICOMITENTE [*ver tb. fideicomissário, fideicomisso, fiduciário*] – É o testador, ou autor da herança, que institui cláusula de fideicomisso no testamento, nomeando fideicomissário e fiduciário (beneficiado).

F

FIDELIDADE [*ver tb. adultério, culpa, infidelidade, infidelidade virtual, separação judicial*] – Do latim *fidelitate*, fidelidade, lealdade. É a observância e lealdade aos deveres e obrigações assumidas. Em Direito de Família, diz-se fidelidade conjugal, que é o cumprimento de obrigações assumidas entre cônjuges ou companheiros para a vivência da relação conjugal. Entre elas está a fidelidade sexual, afetiva e também a econômica e financeira. Fidelidade é a qualidade de ser fiel e está contida no conceito da lealdade.

O CCB 2002, repetindo a fórmula do CCB 1916 (Art. 213) estabeleceu entre os deveres de ambos os cônjuges a fidelidade recíproca, a vida em comum no domicilio conjugal, mútua assistência, sustento, guarda e educação dos filhos, respeito e consideração mútuos (Art. 1.566, CCB).

A fidelidade conjugal, no sentido de traição afetiva e sexual constitui muito mais uma categoria de regra moral e religiosa do que propriamente jurídica. Isto porque a sanção correspondente à sua infração perdeu sentido e eficácia, especialmente após a Emenda Constitucional nº 66/10, que eliminou do ordenamento jurídico o inútil instituto da separação judicial em que se podia ficar buscando o culpado pelo fim da conjugalidade.

JURISPRUDÊNCIA

(...) embora o artigo 1.566 do Código Civil determine que entre as partes casadas deva haver fidelidade e respeito recíproco, descabe ao Poder Judiciário se imiscuir sobre eventual inobservância do citado dispositivo legal por um dos cônjuges, sob pena de violação dos princípios da intimidade e da dignidade da pessoa humana, seja para a decretação do divórcio das partes, seja para fins de indenização por danos morais. E ainda que fosse possível a análise de referida matéria, a complexidade das relações existente entre duas pessoas, e a impossibilidade de uma segura avaliação dos verdadeiros motivos pelos quais um dos cônjuges ingressa em um relacionamento extraconjugal, inviabilizam o reconhecimento da culpa pelo fim do casamento imputada à apelada pelo apelante. Assim, na sociedade contemporânea, a obrigação alimentar em favor do cônjuge deve observar a necessidade de um e a possibilidade do outro, nos termos do art. 1.694 do Código Civil. (...) (TJMG, Ap. Cível nº 1.0145.11.048475-8/001, Rel. Des. Edilson Fernandes, 6ª CC., j. 06/08/2013).

(...) Dado que os deveres de fidelidade e de lealdade são bastante abrangentes e indeterminados, exige-se a sua exata conformação a partir da realidade que vier a ser estipulada por cada casal, a quem caberá, soberanamente, definir exatamente o que pode, ou não, ser considerado um ato infiel ou desleal no contexto de sua específica relação afetiva, estável e duradoura. (...) STJ, REsp nº 1.974.218/AL, Rel. Min. Nancy Andrighi, 3ª Turma, DJe de 11/11/2022).

ILUSTRAÇÃO

Comenda da Ordem da Rosa: "Amor e Fidelidade". Criada em 1829 por D. Pedro I, em comemoração ao aniversário de casamento com a austríaca Dona Amélia. Foto de *Miguel Aun*. P. 331.

FIDUCIANTE – É o mesmo que fideicomitente.

FIDUCIÁRIO [*ver tb. fideicomisso, fideicomissário*] – É o herdeiro que deve transmitir a herança ou legado em virtude de um fideicomisso. Ele tem a posse temporária da herança ou legado indicado pelo *de cujus* com propriedade resolúvel, ou seja, com advento do termo estipulado pelo testador essa se reverte em favor do fideicomissário.

FILHO ADOTIVO [*ver tb. filiação adotiva*] – Tecnicamente é o filho havido por meio do procedimento de adoção. Mas, na prática, todo filho deveria ser adotivo, isto é, para ser verdadeiramente pai/mãe deve-se sempre adotar os filhos, mesmo os biológicos.

FILHO ADULTERINO [*ver tb. filho espú-rio, filho legítimo*] – É o filho havido de uma relação em adultério, ou seja, aquele concebido por pessoa casada ou vivendo em união estável, em relação extraconjugal. Era espécie do gênero filho espúrio, todos eles considerados ilegítimos.

Com a CR/88 (Art. 227, § 6º) tais designações ficaram proibidas no ordenamento jurídico brasileiro. Filho é filho e não comporta quaisquer designações discriminatórias.

FILHO BASTARDO [*ver tb. bastardo, filiação espúria, filho ilegítimo, filho natural*] – Designação utilizada até a Constituição da República de 1988, para os filhos nascidos fora do casamento. Os filhos bastardos se classificavam em naturais e espúrios. Os naturais eram aqueles gerados fora do casamento, mas entre pessoas que não tinham impedimentos para o casamento; os espúrios eram os concebidos por alguém que já era casado, ou entre pessoas impedidas de se casarem. E se subdividiam em adulterinos e incestuosos.

Tal classificação discriminatória era veiculada por uma moral sexual e religiosa, que tentava controlar a sexualidade, autorizando-a somente dentro do casamento. Em outras palavras, como o casamento funcionava como autorizador e legitimador das relações sexuais, o Direito de Família, influenciado pelo Direito Canônico, legitimava ou ilegitimava as categorias de filhos e famílias. E, assim, os filhos bastardos, fossem eles naturais ou espúrios (adulterinos ou incestuosos) entravam na categoria de ilegítimos, em contraposição aos legítimos que eram apenas os filhos havidos na constância do casamento. A CR/88 não apenas acabou, como também proibiu toda e qualquer designação discriminatória: *Os filhos, havidos ou não da relação do casamento, ou por adoção, terão os mesmos direitos e qualificações, proibidas quaisquer designações discriminatórias relativas à filiação* (Art. 227, § 6º). E assim não há mais filhos legítimos ou ilegítimos. Todos os filhos são legítimos. Essas categorias de filhos e famílias ilegítimas no ordenamento jurídico brasileiro, são hoje elementos de demonstração da história das exclusões que foi o Direito de Família, autorizado e veiculado por uma moral sexual e religiosa.

LINGUAGEM LITERÁRIA

"Edmund:

Tu, Natureza, és minha deusa; a ti / É que sirvo. Por que havia eu / De respeitar a praga do costume / E ficar pobre em razão só de leis, / Por ser um ano ou pouco mais moço / Que meu irmão? Bastardo? Inferior? / As minhas proporções são tão corretas, / Minha mente tão fina, boa a forma, / Quanto o produto da madame honesta. / Por que chamam-nos baixos e bastardos, / Nós, que no prazer natural da luxúria / Somos compostos com mais força e viço / Do que os leitos exaustos, tediosos, / Que geram tribo inteira de idiotas, / Concebidos em meio de um cochilo? / Pois legítimo Edgar, eu preciso / Das tuas terras. O amor paterno / É igual pro legítimo e pro bastardo. / É uma boa palavra essa: "legítimo"! / Pois se esta carta prosperar, legítimo, / E eu futricar bastante, Edmund, o baixo, / Cobre o legítimo. Cresço e prospero. / E agora, aja Deus pelos bastardos!"

(SHAKESPEARE, William. *Rei Lear*. Trad. de Barbara Heliodora. Rio de Janeiro: Lacerda Editores, 1998. p. 821).

FILHO DE CRIAÇÃO [*ver tb. filiação socioafetiva, filho socioafetivo*] – Designação popular para o filho socioafetivo.

FILHO DE REPRODUÇÃO ASSISTI-DA [*ver tb. família ectognética*] – Diz-se do filho concebido por meio das técnicas de reprodução assistida.

FILHO ESPÚRIO – Ver filiação espúria.

FILHO EXTRACONJUGAL – Ver filiação extraconjugal.

FILHO ILEGÍTIMO [*ver tb. filiação ilegítima, filho bastardo, princípio da paternidade responsável, princípio do melhor interesse da criança*] – Expressão utilizada para designar os filhos havidos fora do casamento, em oposição aos legítimos, concebidos no casamento. Tal designação, preconceituosa e repugnante, está hoje proibida pela Constituição da República de 1988 (Art. 227, § 6º). O ECA (Art. 20, Lei nº 8.069/90), bem como o CCB de 2002 (Art. 1.596), traduziu em regra o princípio constitucional de que todos os filhos são legítimos, independentemente de sua origem.

A distinção feita pelo Direito sobre filhos legítimos e ilegítimos chegava ao ponto de negar a existência da relação de paternidade. É importante não perder o fio da história sobre a paternidade jurídica no Brasil fora do casamento, compreender melhor sua evolução e o confronto, ou encontro, dos textos normativos com o discurso psicanalítico, na medida em que tais textos jurídicos eram sustentados por uma moral sexual excludente. Mesmo que o homem casado quisesse reconhecer o filho havido fora do casamento, não podia. É como se aquele filho não tivesse pai e era condenado à invisibilidade social, ocupava um "não lugar".

O (mau) espírito desse artigo era o de proteger a família legítima (casamento), mesmo que tivesse que desconsiderar aquela outra paternidade. Em 1941, o Decreto-Lei nº 3.200 deu o primeiro passo em direção ao reconhecimento de filhos naturais, quando determinou que não se fizesse menção nas certidões de registro civil sobre a forma da filiação. Em 1942, o Decreto-Lei nº 4.737 estabeleceu que o filho havido pelo cônjuge fora do casamento pode, depois do desquite, ser reconhecido ou demandar que se declare sua filiação. Esse decreto, de autoria do então Presidente Getúlio Vargas, embora fosse para atender aos interesses particulares do amigo Assis Chateaubriand, que queria registrar sua filha Teresa, abrandou o rigor do art. 358 do CCB 1916. Não satisfeito, Chateaubriand conseguiu, em 1943, que o Presidente lhe beneficiasse novamente, pois tinha interesse também em ter a guarda da filha Teresa. Em 21 de janeiro desse mesmo ano, foi assinado o Decreto-Lei nº 5.213, que modificava o Decreto-Lei nº 3.200/41, possibilitando que o pai ficasse com a guarda do filho natural, se assim o tivesse reconhecido.

Em 21 de outubro de 1949, a Lei nº 883 permitiu que os filhos havidos fora do casamento pudessem ser reconhecidos, depois do desquite. O art. 4º dessa lei permitia ainda que se pudesse investigar a paternidade extraconjugal, mas só para fins de alimentos e em segredo de justiça, ou seja, o pai tinha o dever de pagar alimentos, mas não podia registrar o filho.

Em 1977, a Lei nº 6.515, mais conhecida como Lei do Divórcio (Art. 51), modificou a Lei nº 883, permitindo o reconhecimento da paternidade ainda na constância do casamento, desde que em testamento cerrado.

Em 1984, a Lei nº 7.250 permitiu o reconhecimento de filho adulterino, se o pai estivesse separado de fato de seu cônjuge por mais de cinco anos.

F

Em 1989, a Lei nº 7.841 revogou expressamente o art. 358 do CCB 1916, embora ele já estivesse tacitamente revogado por força da Constituição de 1988.

Em 1992, a Lei nº 8.560 regulou a investigação de paternidade dos filhos havidos fora do casamento. Em 2009, a Lei nº 12.004, preservando o princípio da paternidade responsável, previu que a recusa do réu em se submeter ao exame de código genético – DNA pode gerar presunção da paternidade.

E assim, como resultado de uma evolução histórica, do movimento feminista e influência do pensamento psicanalítico, que mudou as concepções sobre sexualidade, pôde-se instalar definitivamente o princípio do melhor interesse da criança, traduzido no art. 227, § 6º da Constituição da República de 1988: *Os filhos, havidos ou não da relação do casamento, ou por adoção, terão os mesmos direitos e qualificações, proibidas quaisquer designações discriminatórias relativas à filiação.*

JURISPRUDÊNCIA

(...) A Lei 883/49 possibilitava ao filho ilegítimo que acionasse o pai para efeito exclusivamente de alimentos. Esta lei traduz o sentimento social vigente na época em que foi editada, que distinguia nitidamente entre filhos legítimos e ilegítimos, estando o direito de família de então regido por rígidos princípios moralistas. Mas a Constituição Federal de 1988 alterou radicalmente toda a disciplina do direito de família e passou a vedar qualquer distinção entre os filhos: "os filhos, havidos ou não da relação do casamento, ou por adoção, terão os mesmos direitos e qualificações, proibidas quaisquer designações discriminatórias relativas à filiação" (art. 227, § 6º, da CF). (Ap. Cível nº 4630297 DF, Rel. Des. Waldir Leôncio Júnior, 5ª TC – TJDF. publ. 20/05/1998).

FILHO INCESTUOSO [*ver tb. incesto*] – Expressão utilizada para designar o filho concebido em relações incestuosas.

FILHO LEGITIMADO – Ver filiação legitimada.

FILHO LEGÍTIMO – Ver filiação legítima.

FILHO NATURAL [*ver tb. família natural, filiação ilegítima, filho legítimo, filiação espúria*] – Era a denominação utilizada antes da Constituição da República de 1988 para designar os filhos de pais que não eram casados, mas não tinham impedimentos para o casamento, ou seja, não eram filhos incestuosos e nem adulterinos. Entre os romanos era conhecido como *nothus*.

A CR/88, não apenas acabou, como também proibiu toda e qualquer designação discriminatória: *Os filhos, havidos ou não da relação do casamento, ou por adoção, terão os mesmos direitos e qualificações, proibidas quaisquer designações discriminatórias relativas à filiação.* E assim, não há mais filhos legítimos ou ilegítimos. Todos os filhos são legítimos, independentemente da relação de entre seus genitores. (Art. 227, § 6º).

FILHO PUTATIVO [*ver tb. casamento putativo, união estável putativa*] – Do latim *putativus*, *putare*, imaginário, reputar, considerar. Tem o sentido no mundo jurídico de reputado, isto é, uma qualidade que se pensa ter, induzida por determinadas circunstâncias. A putatividade gera uma reputação de realidade produzindo efeitos no mundo jurídico.

Filho putativo é aquele que se tem como filho, induzido por uma realidade jurídica. Por exemplo, os filhos concebidos na constância do casamento presumem-se filhos daqueles cônjuges (art. 1.597, CCB 2002) mesmo que não o sejam. Esta regra da presunção da paternidade está prevista no art. 1.597 do CCB 2002, que veio respeitando o art. 338 do CCB 1916.

DISPOSITIVOS NORMATIVOS

CR – Arts. 227, 229.

CCB – Arts. 1.597, 1.561, 1.617.

JURISPRUDÊNCIA

(...) Por fim, estivéssemos nós um pouco mais evoluídos em termos legislativos, a presunção de paternidade de que trata o artigo 1.597, II, do CC seria extensiva aos casos de união estável. Mesmo reconhecendo a ausência de previsão legal para tal fim, trago à colação, acerca do tema, a lição de Maria Berenice Dias (in *Manual de direito das famílias.* 7. ed. rev., atual. E ampl. São Paulo: Revista dos Tribunais, 2010. P. 353):"De forma absolutamente injustificada a lei não estende a presunção de paternidade à união estável. Tal leva boa parte da doutrina a afirmar que a presunção *pater est* só existe no casamento. Talvez por isso não seja imposto o dever de fidelidade aos conviventes, somente o dever de lealdade (CC 1.724). A diferenciação é de todo desarrazoada. Se a presunção é de relacionamento sexual durante o casamento, esta mesma presunção existe na união estável. Cabe um exemplo. Falecendo o genitor durante a gravidez, ou antes de ter registrado o filho, esse terá ele intentar ação declaratória de paternidade. A ação será proposta pelo filho representado pela mãe e no polo passivo vai figurar sua mãe, na condição de representante do espólio. A saída é nomear um curador ao autor para iniciar uma demanda que pode levar anos. Enquanto isso, o filho fica sem identidade. Claro que a melhor solução é admitir a presunção de filiação. Assim, ainda que a referência legal seja à constância do casamento, a presunção de filiação, de paternidade e de maternidade aplica-se à união estável. (Ap. Cível nº 489107 SC 2011.048910-7, Rel.ª Des.ª Maria do Rocio Luz Santa Ritta, 3ª CDC – TJSC. J. 22/11/2011).

FILHO SOCIOAFETIVO [*ver tb. filiação socioafetiva*] – Aquele que ostenta a posse do estado de filho. É uma nova expressão para designar os filhos de criação. O STF, em análise do RE 898.060, com repercussão geral reconhecida, firmou a seguinte tese: *A paternidade socioafetiva, declarada ou não em registro público, não impede o reconhecimento do vínculo de filiação concomitante baseado na origem biológica, com os efeitos jurídicos próprios.*

FILIAÇÃO [*ver tb. filho bastardo, filiação ilegítima, parentesco, parentalidade socioafetiva*] – Do latim *filiatio*, designa a relação de parentesco na linha reta e em primeiro grau, do filho em relação aos pais. Sob a ótica do pai, dá-se o nome de paternidade; sob a ótica da mãe, maternidade. O CCB 1916 classificava os filhos de maneira discriminatória, diferenciando-os em legítimos, ilegítimos que por usa vez se dividiam em naturais e espúrios. Os espúrios eram os incestuosos ou adulterinos.

A lei reconhecia e dava proteção somente àqueles gerados na constância do casamento, os chamados filhos legítimos. A desigualdade entre os filhos se amparava na proteção da instituição do casamento, cujos interesses prevaleciam sobre as demais entidades familiares que, à época, sequer eram reconhecidas. Em nome de uma moral sexual religiosa, protegia-se os direitos, inclusive os sucessórios, apenas dos filhos considerados legítimos, ou seja do casamento.

Somente com a CR/88, as designações discriminatórias foram proibidas e todo e qualquer tratamento diferenciado em razão da origem foi vetado, consolidando o Princípio da Igualdade entre os filhos e a prevalência da dignidade da pessoa humana. O CCB/2002 recepcionou a filiação, sob a ótica constitucional, reproduzindo o art. 227, § 6º da CR no art. 1.596 do CCB – *Os filhos, havidos ou não da relação de casamento, ou por adoção, terão os mesmos direitos e qualificações, proibidas quaisquer designações discriminatórias relativas à filiação.*

F

DISPOSITIVOS NORMATIVOS

CCB – Arts. 1.596 a 1.617.

LINGUAGEM POÉTICA

Crescendo, foi ganhando espaço / Pulou do meu braço / Nasceu outro dia e já quer ir pro chão / Já fala mãe, já fala pai / Já não suja na cama / Não quer mais chupeta / Já come feijão / Eu posso até ver os meus traços nos primeiros passos / Tropeça e seguro e não deixo cair / Se cai, levanta, continua / A porta da rua fechada / Criança não deixo sair / Da linha, da linha

(...)

E posso até ver os meus traços nos primeiros passos / Tropeça e seguro e não deixo cair / Se cai, levanta, continua / A porta da rua fechada / Criança não deixo sair / Da linha, da linha

Reflexo no espelho leva à emoção / A lágrima ameaça do olho cair / Semente fecundou / Já começa a existir

É cria, criatura e criador / Cuida de quem me cuidou / Pega na minha mão e guia

(*Cria* – Letra e música de Serginho Meriti e Cesar Belieny).

FILIAÇÃO ADOTIVA [*ver tb. adoção*]

– É a filiação decorrente da adoção no sentido técnico jurídico. A verdadeira filiação, do ponto de vista psicanalítico, é sempre adotiva, isto é, todo genitor só será pai e mãe se adotar seu filho, mesmo que o biológico. É que paternidade e maternidade são funções exercidas.

FILIAÇÃO DE REPRODUÇÃO ASSISTIDA [*ver tb. reprodução assistida, testamento genético*]

– É o filho concebido por meio de procedimentos de reprodução assistida. Geralmente, ela tem lugar quan-

do fatores biológicos, médico ou psíquicos impedem a união permanente dos gametas masculino e feminino, gerando a esterilidade ou a incapacidade para procriar.

O Código Civil de 2002 inovou ao trazer em seu ordenamento a presunção de paternidade no contexto da reprodução assistida (Arts. 338 e 1.597, CCB). O Conselho Federal de Medicina (CFM) editou resolução (2.320/2022) com novas normas sobre Reprodução Assistida (RA). O reconhecimento ocorre, inclusive, na hipótese do procedimento ser realizado *post mortem*, isto é, após o falecimento de um dos pais, fornecedores do material genético. A Lei 14.443, de 2022, que diminui de 25 para 21 anos a idade mínima de homens e mulheres para a realização de esterilização voluntária. Além disso, essa lei dispensa o aval do cônjuge para o procedimento de laqueadura e vasectomia.

FILIAÇÃO ECTOGENÉTICA – Ver família ectogenética.

FILIAÇÃO ESPÚRIA [*ver tb. filho bastardo, filiação adulterina, filiação incestuosa, filho ilegítimo*]

– Era a classificação jurídica, utilizada até a Constituição da República de 1988, para designar a procedência dos filhos, pertencente ao gênero filhos ilegítimos. E assim, a filiação se dividia em legítimas (nascidos no casamento) e ilegítimas (fora do casamento), que por sua vez se subdividiam em naturais e espúrios (adulterinos e incestuosos). Todos os filhos ilegítimos eram também chamados de bastardos.

FILIAÇÃO EXTRACONJUGAL [*ver tb. filiação ilegítima*]

– Expressão utilizada para designar, de forma genérica, os filhos havidos fora do casamento. Também conhecidos como filhos extrama-trimoniais. Com o reconhecimento e legitimação de outras formas de famílias, além do casamento, significa também os filhos havidos fora da união estável, isto é, extra união estável.

FILIAÇÃO HÍBRIDA – É a coexistência de filhos comuns dos cônjuges com filhos exclusivos de apenas um deles ou de ambos.

FILIAÇÃO ILEGÍTIMA [*ver tb. desejo, filho adulterino, filho bastardo, filho incestuoso, filho ilegítimo, sexualidade*] – Expressão utilizada, até a CR/88 para designar todos os filhos que não fossem concebidos dentro do casamento. Tal designação discriminatória está proibida pelo art. 227, § 6º da CR: *Os filhos havidos ou não da relação de casamento, ou por adoção, terão os mesmos direitos e classificações, proibidas quaisquer designações discriminatórias relativas à filiação.*

Essa discriminação advinha, e era sustentada, por uma moral sexual e religiosa em que o casamento era o legitimador das relações sexuais. Tudo que fosse fora daí era pecado e deveria ser excluída das relações ditas normais, portanto consideradas ilegítimas. Essa moral estigmatizante e hipócrita condenou, por muitos anos, filhos e famílias à exclusão social, ao impingir-lhes o selo de ilegitimidade e, portanto, à invisibilidade.

Filhos havidos fora do casamento sempre existiram e continuarão existindo, mas era como se não existissem. A extinta categoria de filiação ilegítima, para não se perder o fio da história de exclusões do Direito de Família, pode ser melhor compreendida no diagrama a seguir:

a) Legítimos → havidos de pessoas unidas pelo casamento

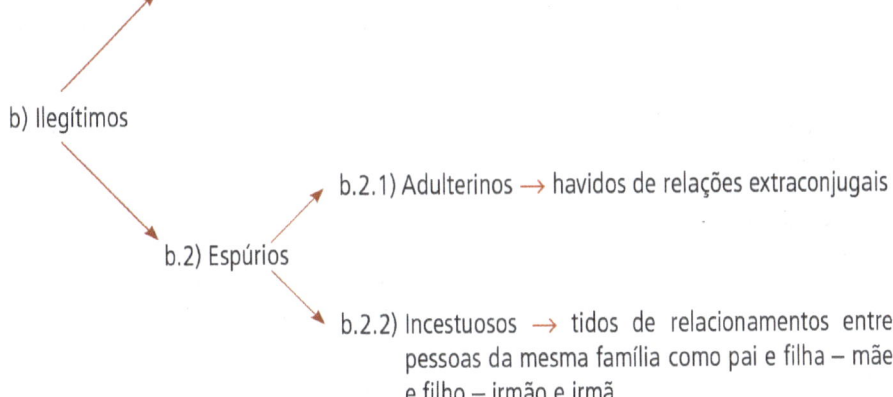

b.1) Naturais → pessoas que não estavam impedidas para o casamento

b) Ilegítimos

b.2.1) Adulterinos → havidos de relações extraconjugais

b.2) Espúrios

b.2.2) Incestuosos → tidos de relacionamentos entre pessoas da mesma família como pai e filha – mãe e filho – irmão e irmã

F

DISPOSITIVOS NORMATIVOS

CF – Arts. 227, § 6º.

CCB – Arts. 230, 231, 232, 1.593, 1.596, 1.599, 1.600, 1.601, 1.602, 1.615.

Lei nº 8.069/90 – Estatuto da Criança e do Adolescente – Art. 27.

Lei nº 12.004/90 – Regula a investigação de paternidade dos filhos havidos fora do casamento e dá outras providências.

Súmulas STJ – 1, 301 e 383.

Súmula STF – 149.

JURISPRUDÊNCIA

(...) O casamento tinha como objetivo precípuo, além da concentração e transmissão de patrimônio, a geração de filhos, especialmente homens, que sucedessem os pais, herdando seus negócios. E era tão forte e arraigada no seio da sociedade essa concepção de casamento como forma de constituição de uma prole, que os casais que não podiam ter filhos sofriam discriminações, sentiam-se envergonhados e humilhados por não poderem gerar seus próprios filhos. Também os filhos havidos fora do casamento eram discriminados, a ponto de serem denominados "filhos ilegítimos" e sofreram uma série de restrições no que se refere ao direito sucessório. E foi só na Constituição de 1988 – (...) que essa situação começou a ter nova colocação. Hoje, tanto os filhos havidos no casamento como havidos fora dele detêm os mesmos direitos. Mas não foram apenas essas mudanças em nível constitucional que marcaram a última década. (...) Há valores culturais dominantes em cada época, a gerar um sistema de exclusões muitas vezes baseado em preconceitos estigmatizantes. Tudo que se situa fora dos estereótipos acaba por ser rotulado de "anormal", ou seja, fora da normalidade, o que não se encaixa nos padrões, visão polarizada extremamente limitante. São, em regra, questões de lenta polarizada extremamente limitante. São, em regra, questões de lenta maturação, como o divórcio, por exemplo. Demorou, mas a sociedade acabou por aceitá-lo. Nas últimas décadas, mudou-se a maneira de encarar o homossexualismo e a virgindade das mulheres. Ficou-se mais tolerante com o primeiro e revogou-se a necessidade da segunda (publicação mencio-

nada). (...) (Ap. Cível nº 2005.71.10.001969-0 RS, Rel. Des. João Batista Pinto Silveira, TRF-4. j. 28/02/2007).

FILIAÇÃO LEGÍTIMA [ver tb. filiação ilegítima e presunção de paternidade] – Era a classificação utilizada para designar os filhos concebidos na constância do casamento, ainda que putativo, em oposição aos filhos ilegítimos, que eram os havidos fora do casamento.

Os filhos nascidos na constância do casamento presumem-se filhos do marido quando nascidos nos 180 dias após a celebração do casamento ou nos 10 meses após a dissolução conjugal.

Após a CR/88, todos os filhos, independente da forma como foram concebidos, são legítimos. Não há mais, juridicamente, filhos legítimos ou ilegítimos. Filho é filho e não comporta qualquer classificação ou designação discriminatória.

FILIAÇÃO LEGITIMADA [ver tb. filho natural, filho bastardo e filiação legitimada] – Expressão utilizada para designar o reconhecimento de filho natural – aquele concebido por duas pessoas não casadas, mas que, à época da concepção, não eram impedidas de casar entre si. Tal expressão perdeu sentido, pois não há mais filhos legítimos ou ilegítimos. Após a CR/88 todos os filhos são legítimos, independentemente de sua origem.

FILIAÇÃO NATURAL – É a filiação havida sem que tenha ocorrido casamento. Os filhos naturais, embora não fossem adulterinos, eram também considerados ilegítimos. Com a CR/88 não há mais distinção entre filhos de qualquer natureza. Filho é filho.

FILIAÇÃO POLIAFETIVA [*ver tb. famílias poliafetivas, multiparentalidade, poliafetividade*] – Expressão para designar a filiação com paternidade e maternidade múltiplas, isto é, quando há mais de uma mãe ou mais de um pai, ou multiplicidade de ambos. É o mesmo que multiparentalidade.

FILIAÇÃO SOCIOAFETIVA [*ver tb. família socioafetiva, parentalidade socioafetiva, princípio da afetividade, socioafetividade*] – É a filiação decorrente do afeto, ou seja, aquela que não resulta necessariamente, do vínculo genético, mas principalmente de um forte vínculo afetivo. Pai é quem cria e não necessariamente quem procria.

A filiação socioafetiva tem raízes na antiga expressão jurídica "posse de estado de filho". O jurista mineiro João Baptista Villela, em seu texto "A desbiologização da paternidade", publicado pela *Revista da Faculdade de Direito da UFMG*, v. 21, em 1979, foi quem lançou as bases para o desenvolvimento e melhor compreensão da teoria jurídica da filiação socioafetiva.

Filiação, paternidade, maternidade, enfim, toda a parentalidade, além de biológica pode ter também sua origem na socioafetividade, como já anunciado pela doutrina e jurisprudência, pelos princípios constitucionais e pela regra do art. 1593 do CCB: *O parentesco natural ou civil, conforme resulte de consanguinidade ou outra origem*. Além deste artigo, vários outros realçam a importância da posse de estado de pai e de filho ao impedir a alteração do registro civil em determinadas situações. Em outras palavras, o art. 1597, IV e seguintes do CCB, vêm dizer que a verdade biológica não é mais importante que o registro de nascimento, que é a prova do vínculo de filiação. Ou seja, o registro vale mais que o vínculo genético, o que indicia a importância da filiação socioafetiva em nosso sistema jurídico. O STF, em análise do RE 898.060, com repercussão geral reconhecida, firmou a seguinte tese: *A paternidade socioafetiva, declarada ou não em registro público, não impede o reconhecimento do vínculo de filiação concomitante baseado na origem biológica, com os efeitos jurídicos próprios.*

DISPOSITIVOS NORMATIVOS

CCB – Art. 1.593, 1.596, 1.599, 1.600 a 1.605.

Lei nº 8.069/90 – Estatuto da Criança e do Adolescente – Art. 28.

Súmulas STJ – 1, 277, 301, 383.

JURISPRUDÊNCIA

(...) Afinal, por meio de uma gota de sangue, não se pode destruir vínculo de filiação simplesmente dizendo a uma criança que ela não é mais nada para aquele que, um dia, declarou, perante a sociedade, em ato solene e de reconhecimento público, ser seu pai. Assim, sob a ótica indeclinável de proteção à criança, para haver efetiva possibilidade de anulação do registro de nascimento do menor, é necessária prova robusta no sentido de que o relutante pai foi de fato induzido a erro, ou ainda, que tenha sido coagido a tanto, como pretende a todo custo fazer crer o recorrido. Não há como desfazer um ato levado a efeito com perfeita demonstração da vontade, como ocorreu na hipótese dos autos. A afirmação de que a genitora da criança ajuizaria uma ação possivelmente investigatória de paternidade não possui a pretensa força para caracterizar a aludida coação. Isso porque a fragilidade e a fluidez dos relacionamentos entre os seres humanos não deve perpassar as relações entre pais e filhos, as quais precisam ser perpetuadas e solidificadas. Em contraponto à instabilidade dos vínculos advindos dos relacionamentos amorosos ou puramente sexuais, os laços de filiação devem estar fortemente assegurados com vista ao interesse maior da criança. O recorrido não manifestou vontade eivada de vício,

F

o que impõe a reforma do acórdão impugnado com o consequente restabelecimento da sentença. Diante disso, a Turma conheceu dos recursos e lhes deu provimento para julgar improcedente o pedido formulado pelo recorrido na inicial de anulação do registro de nascimento do menor, restabelecendo, por conseguinte, a sentença (STJ, REsp 932.692-DF, Rel.ª Min.ª Nancy Andrighi, 3ª T., j. 9/12/2008).

FONTES DO DIREITO [*ver tb. direito de família, equidade, normas jurídicas, princípios*] – Do latim *fons*, que significa nascente, manancial. É onde nasce o direito. Genericamente, é a própria natureza humana, ou seja, *o espírito que reluz na consciência individual, tornando-a capaz de compreender a personalidade alheia, graças à própria. Desta fonte se deduzem os princípios imutáveis de justiça ou do Direito natural* (DEL VECCHIO, Giorgio. *Lições de filosofia do direito*. Trad. Antônio José Brandão, Coimbra: Armênio Amado, 1959, v. II., p. 140).

Em sentido mais técnico e específico as fontes do direito positivo, ou seja, os modos de manifestação de uma vontade social preponderante, são a lei e os costumes. Subsidiariamente, a jurisprudência, a doutrina, os princípios, analogia e equidade, direito comparado e os tratados internacionais.

Quando falamos de fontes do Direito, como meio técnico de realização do direito objetivo, referimo-nos às fontes do direito ocidental, isto é, ao sistema do *common law* e o romano-germânico, que têm em comum a mesma moral cristã, a mesma base filosófica, o individualismo, o liberalismo, e que a partir do século XX passaram a sofrer também a interferência do discurso psicanalítico, isto é, a consideração da subjetividade na objetividade dos atos e fatos jurídicos, e

a compreensão de que o sujeito de direito é também um sujeito desejante.

Para um Direito de Família mais justo, ou que se aproxime mais da ideia e ideal de justiça, é fundamental que o ordenamento jurídico se aproprie de todas as fontes do direito, especialmente porque a mais comum delas, a lei em sentido técnico legislativo, não consegue acompanhar ou traduzir a realidade jurídica, que também deveria traduzir os costumes. *Com maravilhosa intuição divinatória, já Vico advertia, em uma época em que poucos o podiam compreender, que o Direito nasce das fundezas da consciência popular, da sabedoria vulgar, sendo obra anônima e coletiva das nações* (DEL VECCHIO, Giorgio. *Idem.* p. 146).

Para que o Direito de Família não repita as injustiças históricas de ilegitimação de determinadas categorias de filhos e famílias, é necessário que outras fontes do Direito, além das regras legislativas sejam respeitadas e consideradas, especialmente os princípios, que podem melhor ajudar a traduzir uma das outras fontes mais importantes do Direito: os costumes. Somente assim o Direito poderá fazer a necessária distinção entre ética e moral. Optar pela ética em detrimento de juízos morais significa trazer para o campo jurídico o conceito de família como um grupo cultural e não natural, como se concebia até recentemente.

JURISPRUDÊNCIA

(...) É afirmação corrente na doutrina que a interpretação meramente literal da norma jurídica é insuficiente para a determinação de seu verdadeiro sentido. Isto já era dito em clássica obra brasileira sobre o tema: Como o Direito envolve e a finalidade varia, altera-se o sentido das normas sem se modificar o texto respectivo; portanto a interpretação exclusivamente filológica é incompatível com o progresso. Conduz a um formalismo retrógrado; não tem a menor consideração pela desigualdade das relações da vida, à qual deve o exegeta adaptar o sentido da norma positiva. A linguagem, como elemento de Hermenêutica, assemelha-se muitas vezes a certas rodas enferrujadas das máquinas, que mais embaçaram do que auxiliam o trabalho." [Carlos Maximiliano, Hermenêutica e aplicação do direito, p. 120] (...) Com efeito, embora nosso sistema jurídico esteja precipuamente ligado ao princípio da legalidade, também são aceitas, ainda que de forma integrativa, outras fontes do Direito – analogia, costumes e princípios gerais – como forma de solucionar eventuais lacunas existentes na lei (arts. 4º da LICC e 126 do CPC). (...) (STJ, REsp 1117811, Rel. Min. Ministro Arnaldo Esteves Lima, 1ª T., j. 28/08/2013).

LINGUAGEM POÉTICA

Não me iludo / Tudo permanecerá do jeito / Que tem sido / Transcorrendo, transformando / Tempo e espaço navegando todos os sentidos

Pães de Açúcar, Corcovados / Fustigados pela chuva e pelo eterno vento / Água mole, pedra dura

Tanto bate que não restará nem pensamento

Tempo rei, ó tempo rei, ó tempo rei / Transformai as velhas formas do viver / Ensinai-me, ó Pai, o que eu ainda não não sei / Mãe Senhora do Perpétuo socorrei

Pensamento, mesmo fundamento singular / Do ser humano, de um momento para o outro / Poderá não mais fundar nem gregos nem baianos

Mães zelosas, pais corujas / Vejam como as águas de repente ficam sujas / Não se iludam, não me iludo

Tudo agora mesmo pode estar por um segundo

Tempo rei, ó tempo rei, ó tempo rei / Transformai as velhas formas do viver / Ensinai-me, ó Pai, o que eu ainda não sei / Mãe Senhora do Perpétuo socorrei

(*Tempo rei* – Letra e música de Gilberto Gil).

FORMAL DE PARTILHA [*ver tb. esboço da partilha, inventário, inventário judicial, partilha*] – É o título judicial expedido em favor dos herdeiros ao final do processo de inventário, que menciona e discrimina os bens atribuídos a eles na herança. Por esta carta de sentença conclui-se o inventário com a individualização dos quinhões de cada interessado. Ou seja, *é uma carta de sentença extraída dos autos de inventário, com as formalidades legais, para título e conservação do direito do interessado, a favor de quem ela foi passada.* (ITABAIANA DE OLIVEIRA, Arthur Vasco. Tratado de direito das sucessões. 3. ed. Rio de Janeiro: Livraria Jacinto, 1936. v. III. p. 131).

Deve constar do instrumento as seguintes peças: termo de inventariante e título de herdeiros; avaliação dos bens que constituíram o quinhão do herdeiro; pagamento do quinhão hereditário; quitação dos impostos; e a sentença (Art. 1.027, CPC). É expedido pelo escrivão e assinado pelo juiz, sem a qual não tem valor jurídico.

O formal de partilha tem força executória em face do inventariante, dos herdeiros, e seus sucessores, a título singular ou universal, para resguardar os direitos que ali lhe são assegurados. Não é o formal de partilha que transmite a propriedade dos bens aos herdeiros, pois essa já lhes é de direito desde a morte do *de cujus* (princípio de *saisine*), mas apenas torna público nos registros de imóveis a transferência do direito para o herdeiro.

F

FRATERNIDADE SOCIOAFETIVA [*ver tb. família, parentalidade socioafetiva, paternidade socioafetiva, parentesco*] – É a expressão que designa os irmãos socioafetivos, isto é, irmãos entre si, mas sem, necessariamente, o vínculo genético de ascendentes comuns. Assim como a paternidade pode estar desvinculada dos laços biológicos, é possível que o parentesco entre irmãos seja declarado judicialmente.

A família não é um fato da natureza, mas da cultura, e portanto não está necessariamente atrelado aos laços biológicos: *A relação de parentesco, se, de um lado, é fundada na solidariedade afetiva como seu elemento interno, possui, como elemento externo, o reconhecimento social desse parentesco. Aqueles que se apresentam perante a seu meio social como parentes, engendrando uma aparência que corresponde à dimensão afetiva que constitui o elemento interno, parentes, de fato, são. Não se trata, pois, de tão só imprimir valor à dimensão da subjetividade. Objetivamente, a notoriedade, o conhecimento público, o tratamento ostensivo, adequados a dar recognoscibilidade a certas relações, trazem essas mesmas relações ao campo jurídico. Aí nasce a posse de estado. (...) se a posse de estado vale para atestar casamento, ato formal e solene, há de haver, também, força jurídica apta a sustentar a família parabiológica entre pessoas que se formaram, no espaço público e privado, como irmãos* (FACHIN, Luiz Edson; PIANOVSKI, Carlos Eduardo. *Parentesco parabiológico*. Fraternidade socioafetiva. Curitiba: Revista Forense, 2005. p. 272).

A declaração do parentesco socioafetivo colateral é importante não apenas para o Direito de Família, mas principalmente para o Direito das Sucessões, pois interfere e pode alterar toda a ordem e cadeia sucessória.

JURISPRUDÊNCIA

(...) Inexiste qualquer vedação legal ao reconhecimento da fraternidade/irmandade socioafetiva, ainda que post mortem, pois a declaração da existência de relação de parentesco de segundo grau na linha colateral é admissível no ordenamento jurídico pátrio, merecendo a apreciação do Poder Judiciário. (...) Informativo 743 do STJ, Processo sob segredo de justiça, Rel. Min. Marco Buzzi, Quarta Turma, por maioria, julgado em 04/10/2022).

FRAUDE À MEAÇÃO [*ver tb. disregard, disregard inversa, meação, violência patrimonial*] – Do latim *fraus, fraudis,* engano, malogro. Fraude é o ato de enganar, ocultar a verdade para fugir do cumprimento de obrigações. Frauda a meação quando um dos cônjuges/companheiros, maliciosamente, oculta parte ou todo o patrimônio, evitando assim que ele faça parte da partilha conjugal.

Os artifícios para esse engodo são vários, desde esconder o patrimônio em pessoas jurídicas, ou colocando em nome de terceiros, denominados popularmente de "testa de ferro" ou "laranjas". *Na seara da sociedade empresária, encontra o cônjuge fraudador um campo bastante fértil, mas cujo confronto processual tem estado em expansão no âmbito do Direito de Família com a aplicação episódica e pontual da desconsideração da personalidade jurídica e assim lograr combater com invejável êxito o cônjuge ou convivente fraudador, em sua ilícita tarefa e em seu afã de causar sensível dano à meação do consorte ou companheiro que dele se separa* (MADALENO, Rolf. *A desconsideração judicial da pessoa jurídica e da interposta pessoa física no direito de família e no direito das sucessões*. Rio de Janeiro: Forense, 2013. p. 157).

JURISPRUDÊNCIA

(...) Havendo fortes evidências de que o bem pertencente à impetrante, na realidade, seja de propriedade do sócio-gerente, que apenas empregou a pessoa jurídica como artifício para prejudicar futura partilha de bens, utilizando, para tanto, a tese de que os bens da pessoa jurídica não se confundem com os do sócio, é justificável, para fins de preservação de futura partilha, o ato judicial que determinou a expedição de ofícios a cartório de registro de imóveis, com fim de bloquear a venda de bem imóvel registrado em nome da impetrante. Tal entendimento encontra amparo na teoria da despersonalização da pessoa jurídica, que, quando aplicada no âmbito do Direito de Família, permite relativizar a autonomia da pessoa jurídica para investigar eventual fraude contra meação do consorte conjugal (TJMG, MS nº 1.0000.04.413821-2/000, Rel.ª Des.ª Maria Elza, 5ª CC., j. 12/05/2005).

FRAUDE NA PARTILHA DE BENS – Ver fraude à meação e violência patrimonial.

FRUTOS [*ver tb. frutos civis, frutos civis do trabalho, frutos do patrimônio conjugal, frutos industriais, frutos naturais, usufruto*] – Do latim *fructus*. Originalmente significava apenas os frutos derivados das flores, produto da planta ou árvore, o que se chama fruta. Esse primeiro conceito, hoje, é conhecido na terminologia jurídica como frutos naturais, ou seja, uma espécie do gênero frutos. Ampliou-se este sentido para compreendê-lo como todos os produtos naturais da coisa, vindos da terra ou dos animais. Atualmente, os frutos podem ser definidos como tudo aquilo que pode ser produzido ou gerado pela propriedade, sem que isso diminua o seu conteúdo, ou seja, se separados, não

determinam a destruição total ou parcial do bem principal.

O gênero frutos se subdivide em naturais, industriais e civis e apresentam três requisitos indispensáveis: periodicidade; inalterabilidade da substância da coisa principal; separabilidade da coisa principal.

No Direito de Família, a administração dos bens dos cônjuges, sejam eles comuns ou particulares, pode gerar frutos civis, que se incorporam ao patrimônio, sendo passíveis de partilhamento no regime da comunhão parcial: *os frutos dos bens comuns, ou dos particulares de cada cônjuge, percebidos na constância do casamento, ou pendentes ao tempo de cessar a comunhão* (Art. 1.660, V, CCB).

Quando há divórcio, ou mesmo apenas separação de fato do casal, é possível a cobrança dos frutos dos bens em ação judicial autônoma, aplicando analogicamente as regras dos condomínios: *Cada condômino responde aos outros pelos frutos que percebeu da coisa e pelo dano que lhe causou* (Art. 1.319, CCB).

DISPOSITIVOS NORMATIVOS

CCB – Arts. 582, 629, 878, 1.215, 1.319, 1.326, 1.398, 1.506, 1.507 e 1.923.

JURISPRUDÊNCIA

(...) Os usufrutuários de um mesmo imóvel possuem o direito de partilhar os frutos decorrentes da locação do bem. Os alugueres recebidos exclusivamente por um dos usufrutuários devem ser compensados de forma que o outro receba exclusivamente os aluguéis pelo mesmo período. O prazo prescricional de compensação dos valores recebidos pelos usufrutuários é decenal (art. 205, CCB). (TJRS, Ap. Cível nº 70054913314, Rel. Des. Marco Antonio Angelo, 19ª CC., j. 08/10/2013).

F

LINGUAGEM POÉTICA

Debulhar o trigo / Recolher cada bago do trigo / Forjar no trigo o milagre do pão / E se fartar de pão

Decepar a cana / Recolher a garapa da cana / Roubar da cana a doçura do mel / Se lambuzar de mel

Afagar a terra / Conhecer os desejos da terra / Cio da terra, a propícia estação / E fecundar o chão

(*O cio da terra* – Letra e música Chico Buarque e Milton Nascimento).

FRUTOS CIVIS [*ver tb. frutos, frutos naturais, frutos industriais, frutos civis do trabalho, usufruto*] – São os rendimentos periódicos retirados da coisa, decorrente do seu uso e gozo, sem sua alteração ou diminuição. São as vantagens pecuniárias que se retira da coisa em razão de sua utilização. No regime da comunhão parcial de bens, são comunicáveis, e portanto partilháveis *os frutos dos bens comuns, ou dos particulares de cada cônjuge, percebidos na constância do casamento, ou pendentes ao tempo de cessar a comunhão* (Art. 1.660, CCB).

São exemplos de frutos civis, os juros extraídos do capital, mesmo aquele aplicado com a sobra ou excedente do produto do trabalho (frutos civis do trabalho) (Art. 1.659, VI, CCB) ou de dinheiro anterior à união ou recebido a título gratuito (herança, doação); os frutos de propriedade particular de cada cônjuge obtidos com a sua locação, portanto os aluguéis; os dividendos recebidos das ações de sociedade anônima, ou seja, o lucro que a assembleia de acionistas distribui; as retiradas dos sócios nas sociedades empresárias por cota de responsabilidade limitada; os lucros que se retira do comércio etc.

É possível a cobrança dos frutos dos bens em ação autônoma, aplicando-se analogicamente as regras do instituição do condomínio. *Cada condômino responde aos outros pelos frutos que percebeu da coisa e pelo dano que lhe causou* (Art. 1.319, CCB).

JURISPRUDÊNCIA

(...) O doador pode dispor em cláusula expressa a incomunicabilidade dos frutos de bem doado no benefício exclusivo do cônjuge beneficiário antes da celebração de casamento sob o regime de comunhão parcial dos bens. 2. O mandamento legal previsto no art. 265 do Código Civil de 1916 (correspondente ao art. 1.669 do atual Código Civil), de natureza genérica, não veda previsão em sentido contrário (STJ, REsp 1164887 RS 2004/0119745-4, Rel. Min. Ricardo Villas Bôas Cueva, 3ª T., j. 24/04/2014).

FRUTOS CIVIS DO TRABALHO [*ver tb. frutos, frutos civis, frutos naturais, frutos industriais*] – É a contraprestação pelo exercício de atividade do trabalho. É a retribuição pelo trabalho prestado de natureza pessoal a que se denomina também de proventos. Estes rendimentos do trabalho pessoal de cada cônjuge, e por analogia dos companheiros, não são comunicáveis (Art. 1.659, VI, CCB) mas apenas os seus frutos, ou melhor, o que se economizar dos proventos mensais e for acumulado, transformando-se em patrimônio. *A lei utiliza o termo "proventos" como gênero, do qual são espécies: a) as remunerações do trabalho assalariado público ou privado; b) as remunerações decorrentes do trabalho prestado na condição de empresário; c) as remunerações da aposentadoria, como trabalhador inativo; d) os honorários do profissional liberal; e) o pro labore do serviço prestado. Sua origem etimológica autoriza a abrangência, pois vem do latim pro-*

ventus, com sentido de ganho, proveito, resultado obtido ou lucro do negócio. No sentido estrito do termo, proventos tem sido empregado para remuneração de aposentadoria (LÔBO, Paulo. *Família*. São Paulo: Saraiva, 2009. p. 322). Assim, nela se inclui não apenas o salário propriamente dito, como todo e qualquer benefício decorrente do exercício do trabalho autônomo ou assalariado. Gratificações espontâneas do empregador, participações nos lucros, benefícios de natureza social como o FGTS, PIS, PA-SEP, salários extraordinários etc.

No regime da comunhão parcial e comunhão universal de bens, os frutos civis do trabalho são incomunicáveis (Art. 1.659, VI e 1.668, V, CCB). Todavia, o que efetivamente é excluído da partilha de bens é o direito aos proventos mensais que não se comunica ao fim do casamento em razão de seu caráter personalíssimo. Entretanto, os proventos recebidos por um ou ambos os cônjuges, passa a ser considerado bem comum, ou seja, entra no patrimônio do casal no momento em que esses frutos civis do trabalho ingressarem no mundo financeiro, por exemplo para comprar um bem imóvel, perdem completamente as características originais, transformando-se em bens adquiridos na constância da sociedade conjugal.

JURISPRUDÊNCIA

(...) No regime de comunhão universal de bens, os honorários advocatícios, provenientes do trabalho do cônjuge inventariado, percebidos no decorrer do casamento, ingressam no patrimônio comum do casal, porquanto lhes guarneceram do necessário para seu sustento, devendo, portanto, integrar a meação da viúva inventariante. Muito embora as relações intrafamiliares tenham adquirido matizes diversos, com as mais inusitadas roupagens, há de se ressaltar a peculiaridade que

se reproduz infindavelmente nos lares mais tradicionais não só brasileiros, como no mundo todo, em que o marido exerce profissão, dela auferindo renda, e a mulher, mesmo que outrora inserida no mercado de trabalho, abandonou a profissão que exercia antes do casamento, por opção ou até mesmo por imposição das circunstâncias, para se dedicar de corpo e alma à criação dos filhos do casal e à administração do lar, sem o que o falecido não teria a tranquilidade e serenidade necessárias para ascender profissionalmente e, consequentemente, acrescer o patrimônio, fruto, portanto, do trabalho e empenho de ambos (STJ, REsp 895.344 RS, Rel.ª Min.ª Nancy Andrighi, 3ª T., j. 18/12/2007).

FRUTOS DO PATRIMÔNIO CONJUGAL

[*ver tb. frutos, frutos naturais, frutos civis, frutos civis do trabalho, frutos industriais, macomunhão*] – São os frutos civis gerados pelos bens dos cônjuges, sejam eles comuns ou particulares, que se incorporam ao monte, sendo passíveis de partilhamento no regime da comunhão parcial, a não ser que em pacto antenupcial se estabeleça o contrário.

É possível dissolver a sociedade conjugal e não dissolver a sociedade patrimonial. Enquanto não se partilha os bens, é comum também que o patrimônio, ou parte dele, fique sob a administração e domínio de apenas um dos ex-cônjuges. Neste caso, se não houver o acordo sobre a relação condominial que se estabeleceu pós dissolução do vínculo conjugal, e até que se efetive a partilha, já que esta costuma significar longos anos de litígio, é possível que se faça a cobrança dos frutos dos bens comuns de acordo com o regime de bens em ação judicial autônoma, aplicando-se analogicamente as regras dos condomínios: *Cada condômino responde aos outros pelos frutos que percebeu da coisa e pelo dano que lhe causou* (Art. 1.319, CCB).

F

JURISPRUDÊNCIA

(...) A valorização patrimonial das cotas sociais de sociedade limitada, adquiridas antes do início do período de convivência, decorrente de mero fenômeno econômico, e não do esforço comum dos companheiros, não se comunica (STJ, REsp 1.173.931, Rel. Min. Paulo De Tarso Sanseverino, 3ª T., j. 22/09/2013).

FRUTOS INDUSTRIAIS [*ver tb. frutos, frutos naturais, frutos civis, frutos civis do trabalho, frutos do patrimônio conjugal*] – São as utilidades que provêm da coisa, porém com a contribuição necessária do trabalho do homem. Ou seja, aparecem pela mão do homem, isto é, surgem em razão da atuação ou indústria do homem sobre a natureza, como um bem industrializado.

JURISPRUDÊNCIA

(...) independente se "civis" ou "industriais", todos os frutos advindos do arrendamento, ou seja, tanto os lucros auferidos como as despesas tidas, devem compor a prestação de contas pela administração do patrimônio comum, aliás, direito que não vem afastado pelo precitado art. 627 do CC/16, hoje art. 1.319 do CC/02, suscitado pelo apelante (TJRS, Ap. Cível nº 70038634481, Rel. Des. André Luiz Planella Villarinho, 7ª CC, j. 08/06/2011).

FRUTOS NATURAIS [*ver tb. frutos, frutos indutriais, frutos civis, frutos civis do trabalho, frutos do patrimônio conjugal*] – São aqueles que estritamente advêm na definição romana, *fructus est quidquid ex re nasci et renasci solete* – frutos é tudo aquilo que nasce e renasce sempre, isto é, tudo aquilo que a coisa gera por si mesma, independente do esforço ou do engenho humano. Desenvolvem e se renovam periodicamente, em virtude da força orgânica da própria natureza, como por exemplo as frutas, o leite, as crias dos animais etc.

FUMUS BONI JURIS [*ver tb. boa-fé, periculum in mora*] – Locução em latim que se traduz como "fumaça do bom direito". Normalmente, é utilizada como requisito ou critério de concessão de medidas cautelares ou de antecipação de tutela. É a probabilidade ou possibilidade da existência do direito invocado pelo interessado que justifique a sua proteção, ainda que em caráter hipotético. Sua análise tem por finalidade evitar a movimentação da máquina do Judiciário em face de pedidos impossíveis ou improváveis de sucesso. O julgador analisa o pedido conforme o caso concreto, sem examinar o conflito de interesses em profundidade, mas apenas de maneira superficial e sumária, em razão da provisoriedade da medida.

A tutela antecipada de urgência será concedida quando houver elementos que evidenciem a probabilidade do direito e o perigo na demora da prestação da tutela jurisdicional, ou seja, o *fumus boni iuris* e o *periculum in mora*.

O art. 300, *caput*, do CPC/2015 deixa claro que os requisitos comuns para a concessão da tutela provisória de urgência (seja ela antecipada ou cautelar) são: (i) probabilidade do direito (*fumus boni iuris*); e (ii) perigo de dano ou risco ao resultado útil do processo (*periculum in mora*). Pela leitura, houve a supressão da expressão "prova inequívoca da verossimilhança". *"A redação do art. 300, caput, superou a distinção entre os requisitos da concessão para a tutela cautelar e para a tutela satisfativa de urgência, erigindo a probabilidade e o perigo na demora a requisitos comuns para a prestação de ambas as tutelas de forma antecipada"* (Enunciado nº 143 do Fórum Permanente de Processualistas Civil).

G

GÊMEO BIVITELINO – Irmãos nascidos de uma mesma gestação, mas formados a partir de óvulos e espermatozoides diferentes. Na verdade, são dois irmãos comuns que tiveram gestação coincidente. Também chamados de gêmeos dizigóticos, gêmeos multivitelinos, gêmeos fraternos e gêmeos diferentes. É possível gêmeos fraternos terem pais diferentes, este fenômeno é conhecido como *superfecundação heteropaternal*.

GÊMEO UNIVITELINO – Do latim *geminus*, dupla, e do grego *didymos*. São os irmãos nascidos de uma mesma gestação, formados a partir de um mesmo zigoto (embrião), ou seja, um único óvulo fecundado por um único espermatozoide. Também conhecidos como gêmeos monozigóticos, ou idênticos. Do ponto de vista genético, são idênticos e, obviamente, têm sempre o mesmo sexo.

GENEALOGIA [*ver tb. árvore genealógica, linhagem, parentesco*] – É a ciência auxiliar da história que estuda a origem, evolução e disseminação das famílias e respectivos sobrenomes ou apelidos. A pesquisa genealógica permite a elaboração da árvore genealógica de uma família que contêm os nomes, datas, lugares e outras informações dos antepassados.

GÊNERO [*ver tb. identidade de gênero, intersexual, crossdresse, princípio da igualdade, pensão compensatória, sexualidade, transgênero*] – Do grego *genos* e do latim *genus*, classe de, família de. Designa qualquer agrupamento de indivíduos, fatos ou objetos que tenham as mesmas características. O Gênero é o que é comum das várias espécies, é o geral, e a espécie é o mais específico. Diz-se tradicionalmente que o gênero humano é comum de dois: o masculino e o feminino. *Empregado como conceito pela primeira vez em 1964, por Robert Stoller, serviu inicialmente para distinguir o sexo (no sentido anatômico) da identidade (no sentido social ou psíquico). Nessa acepção, portanto, o gênero designa o sentimento (social ou psíquico) da identidade social, enquanto o sexo define a organização anatômica da diferença entre o macho e a fêmea* (ROUDINESCO, Elizabeth. *Dicionário de psicanálise*. Trad. Vera Ribeiro, Leucy Magalhães. Rio de Janeiro: Zahar, 1998. p. 291).

O gênero apresenta, portanto, o aspecto social das relações entre os sexos, mas que não está atrelado, necessariamente ao conceito biológico de sexo.

O gênero se expressa e se constrói socialmente e aí criam-se hierarquias e segregam pessoas. Foi assim que se construiu no patriarcalismo a suposta superioridade do homem em relação à mulher, inclusive uma divisão sexual do trabalho, relegando às mulheres tarefas domésticas sem atribuição de um conteúdo econômico, reforçando a desigualdade de direitos entre os gêneros. Com o movimento feminista, a igualização de direitos entre os gêneros masculino e feminino recebeu dos ordenamentos jurídicos atenção especial. E, assim, a igualdade de direitos entre homens e mulheres já está posta na lei, especialmente na Constituição da República de 1988: *homens e mulheres são iguais em direitos e obrigações, nos termos desta Constituição* (Art. 5º, I, CR). Contudo, isso, por si só, não resolve a questão da desigualdade dos gêneros. Um passo adiante no discurso da igualização de direitos é a atribuição de um conteúdo econômico ao ainda invisível e desvalorizado trabalho doméstico. Surge, então, as "Ações positivas" ou "Ações afirmativas", que são políticas ou mecanismos específicos de igualizar os desiguais, como por exemplo, a pensão alimentícia compensatória, que é uma forma jurídica de compensar e reparar a queda de padrão de vida, geralmente da mulher, pós-divórcio ou união estável.

A noção de gênero vai além das identidades masculinas e femininas. Esse binarismo foi quebrado, a partir do momento em que as pessoas reivindicaram um lugar social de "não binários". E assim, identidades de gêneros podem ser mencionadas exemplificativamente: masculino, feminino, transgênero, gênero neutro, não binário, agênero, genderqueer, pangênero, gênero fluído etc. Em 1975, a historiadora Natalce Zenon Dawis apontou a necessidade de se entender e buscar uma nova interpretação da história da diferença entre homens e mulheres, para além do sexo frágil ou oprimido, para se entender e descobrir o alcance e extensão dos papéis sexuais e do simbolismo sexual em diferentes tempos e espaços. Se o sexo (gênero) é uma construção cultural, o indivíduo pode mudar de sexo de acordo com o gênero ou papel que ele se atribui para escapar da sujeição que lhe é imposta pela sociedade.

ILUSTRAÇÃO

Marcelo Drummond. P. 348.

GÊNEROS [*ver tb. gênero*] – No plural, e na linguagem comercial tem o sentido de mercadorias ou produtos alimentícios, víveres. Quando líquidos, diz-se "gêneros molhados" em contraposição aos não líquidos, que se denominam gêneros secos.

GENITORES [*ver tb. paternidade socioafetiva, parentalidade socioafetiva*] – Do latim *genitore*, aquele que gerou. Genitores são as pessoas que geraram o filho. Até a construção da teoria da parentalidade socioafetiva tomava-se a expressão genitor e genitora como sinônimo de pai e mãe. Com a ampliação dos conceitos de paternidade e maternidade como funções exercidas, que vão além da biologia, o conceito de genitor deixou de ser, necessariamente, sinônimo de pai e mãe, que tem um conceito muito mais amplo.

Além disso, com a evolução da biotecnologia e a compreensão da sexualidade como desejo, a reprodução está cada vez mais desatrelada do ato sexual. Assim, o genitor, isto é, aquele que gerou o filho, pode não ser o pai, como acontece nas adoções e parentalidade socioafetiva, assim como o pai/mãe pode não ser o genitor. Daí a necessária distinção que se faz hoje entre pais registrais, pais biológicos e pais socioafetivos, assim como ações judiciais de investigação de paternidade/maternidade e investigação de origem genética.

GENRO [*ver tb. incesto, lei do incesto, impedimentos para o casamento, sogro-sogra, nora*] – Do latim *gener*, marido da filha. É a nomenclatura utilizada para identificar o grau de parentesco por afinidade entre os pais de um dos cônjuges/companheiros (Art. 1.595, CCB) e outro do sexo masculino. Diz-se genro em relação a ele e sogro e sogra em relação aos pais do outro cônjuge.

O parentesco afim em linha reta, isto é, por afinidade em relação aos ascendentes e descendentes, persiste independente da dissolução do vínculo conjugal. A razão para tal manutenção deste parentesco são os impedimentos para o casamento, e por extensão a união estável: *não podem casar: II – os afins em linha reta* (Art. 1.521, CCB). A justificativa de tais proibições assenta-se na interdição do incesto, lei universal e viabilizadora de toda a cultura.

GERAÇÃO [*ver tb. genitores, grau de parentesco, linha de parentesco, parentesco*] – Do latim *geratio*, reprodução das espécies. Em sentido genérico, são as pessoas nascidas em uma mesma época. Comumente, considera-se da mesma geração o espaço de tempo de aproximadamente 25 anos.

Em Direito de Família e Sucessões, significa cada grupo de pessoas geradas pelos mesmos genitores. Cada geração determina um grau de parentesco. *Contam-se, na linha reta, os graus de parentesco pelo número de gerações, e, na colateral, também pelo número delas, subindo de um dos parentes até ao ascendente comum, e descendo até encontrar o outro parente* (Art. 1.594, CCB).

LINGUAGEM POÉTICA

Não quero lhe falar, / Meu grande amor, / Das coisas que aprendi / Nos discos...

Quero lhe contar como eu vivi / E tudo o que aconteceu comigo / Viver é melhor que sonhar / Eu sei que o amor / É uma coisa boa / Mas também sei / Que qualquer canto / É menor do que a vida / De qualquer pessoa...(...)

Minha dor é perceber / Que apesar de termos / Feito tudo o que fizemos / Ainda somos os mesmos / E vivemos / Ainda somos os mesmos / E vivemos / Como os nossos pais...

Nossos ídolos / Ainda são os mesmos / E as aparências / Não enganam não / Você diz que depois deles / Não apareceu mais ninguém / Você pode até dizer / Que eu tô por fora / Ou então / Que eu tô inventando...

Mas é você / Que ama o passado / E que não vê / É você / Que ama o passado / E que não vê / Que o novo sempre vem...

Hoje eu sei / Que quem me deu a ideia / De uma nova consciência / E juventude / Tá em casa / Guardado por Deus / Contando vil metal...

Minha dor é perceber / Que apesar de termos / Feito tudo, tudo, / Tudo o que fizemos / Nós ainda somos / Os mesmos e vivemos / Ainda somos / Os mesmos e vivemos / Ainda somos / Os mesmos e vivemos / Como os nossos pais...

(*Como nossos pais* – Letra e música de Belchior).

GERATRIZ [*ver tb. gestação por substituição, reprodução assistida*] – É a mulher que gera o filho em seu útero. Contudo, não será, necessariamente, a mãe da criança. Com as técnicas de reprodução medicamente assistidas já é comum a cessão de útero para a gestação de filho de outrem.

GESTAÇÃO COMPARTILHADA [*ver tb. coparentalidade; contrato de geração de filho, barriga de aluguel, famílias ectogenética*] – Desde que o casamento deixou de ser o legitimador das relações sexuais e não é mais necessário sexo para haver reprodução, o Direito de Família tomou um outro rumo. Tudo teve que ser repensado a partir das várias possibilidades de constituição de famílias, sejam conjugais ou parentais. Com as técnicas de reprodução assistida surgiram as "famílias ectogenéticas", ajudando a desatrelar ainda mais sexo de reprodução. No Brasil a barriga de aluguel, ou melhor, a gestação de filhos por meio de útero de substituição, só é permitida entre parentes. Não há uma lei regulamentando a questão, apenas a Resolução 2320/2022 do Conselho Federal de Medicina, colocando limites na "doação temporária de útero", mas incluindo as famílias homoafetivas. Tem sido muito comum pessoas se encontrarem em redes sociais de internet para estabelecerem uma relação amorosa e conjugal, ou simplesmente para fazerem parcerias de paternidade/maternidade. A reprodução está cada vez mais desatrelada da sexualidade. Hoje é possível ter filhos, isto é, estabelecer uma relação parental, sem necessariamente ter relação sexual, seja pelas modernas técnicas da reprodução assistida, que possibilitam as "barrigas de aluguel" (útero de substituição) ou simplesmente em uma parceria de paternidade, que pode se dar em uma relação sexual eventual ou por meio de técnicas de reprodução assistida. O cuidado de se buscar o parceiro certo para um contrato de geração de filhos envolve sempre riscos, como no casamento ou em qualquer outra relação. Nunca se tem garantia de que o outro é um parceiro ideal. A Resolução nº 2320/2022 autorizou a gestação compartilhada em união homoafetiva feminina em que não exista infertilidade. Um avanço quando a doadora e receptora possuem problemas para alcançar a gravidez, compartilhando material genético, observando o limite de idade de 35 anos para doação de gametas para mulher e 50 anos para o homem.

DISPOSITIVO NORMATIVO

Resolução nº 2.320/2022 do CFM – Adota as normas éticas para a utilização das técnicas de reprodução assistida.

Provimento nº 63/2017 do CNJ

GESTAÇÃO POR SUBSTITUIÇÃO [*ver tb. barriga de aluguel, parcerias de paternidade, útero de substituição*] – É o mesmo que útero de substituição ou gravidez por substituição, conhecida popularmente como barriga de aluguel.

GOLPE DO BAÚ [*ver tb. indignidade*] – Expressão de uso popular para designar casamentos ou uniões conjugais por interesses econômico-financeiros. Muito usada no Direito de Família no

G

sentido de sua evitação, como é o "espírito" do art. 1.641, II, do CCB, que autoriza o casamento de pessoas com mais de setenta anos apenas pelo regime da separação de bens. No CCB 1916, a regra era cinquenta anos para mulheres e sessenta para homens. Com o Código Civil de 2002, subiu para sessenta anos para homens e mulheres. A Lei nº 12.344/10 aumentou para setenta anos esta limitação. A intenção de tal regra é proteger pessoas mais vulneráveis ao abuso de outrem. Contudo, impõe uma semi-interdição às pessoas com mais de setenta anos, que não deveria caber em um ordenamento jurídico em que a autonomia privada e responsabilidade são a palavra de ordem.

Casamentos por interesse continuarão acontecendo, como era comum no sistema patriarcal para manutenção ou aumento do patrimônio dentro das próprias famílias.

Diante do princípio da menor intervenção estatal e da responsabilidade e autonomia privada, é de se perguntar se são válidas estas regras com a finalidade de evitar-se golpe do baú, ou se elas significam muito mais restrições à liberdade dos sujeitos. Na verdade, quem tem a intenção de aplicar golpe do baú, acaba fazendo-o, por meio de subterfúgios e sutilezas para atingir seu objetivo. Afinal, como diz a letra da música de João do Vale e Luiz Vieira: *O amor é bandoleiro, pode inté custar dinheiro;* ou como bem disse Nelson Rodrigues: *dinheiro compra até amor verdadeiro.* Talvez seja natural que entre os atrativos de uma pessoa mais velha estejam valores como segurança, maturidade e também dinheiro.

A caracterização de uma união, cujo escopo é o golpe do baú, pode ensejar uma ação declaratória de indignidade (art. 1.708, parágrafo único, CCB) para desobrigar um dos cônjuges ou conviventes/companheiros ao pagamento de pensão alimentícia.

JURISPRUDÊNCIA

Nessa linha de raciocínio, quando o casamento ou a união estável envolvem sexagenário, é imprescindível a prova, por quem pleiteia a participação no patrimônio adquirido durante a relação, que concorreu para a aquisição ou aumento, com seus recursos ou com seu trabalho. Entender de modo diverso é abrir ensanchas ao abuso daqueles que adotam, como meio de vida, as vantagens obtidas com casamentos e uniões estáveis com sexagenários, o que na linguagem popular se conhece por "golpe do baú" (STJ, REsp 736.627-PR, Rel. Min. Carlos Alberto Menezes, 3ª T., publ. 01/08/2006).

LINGUAGEM POÉTICA/MÚSICA

Sabes mentir / Hoje eu sei que tu sabes sentir / Um falso amor / Abrigaste em meu coração

Sempre a iludir / Tu falavas com tanto ardor / Dessa paixão / Que dizias sentir

Mas tudo agora acabou / Para mim terminou a ilusão / Hoje esse amor já findou / E afinal para que amar

Sempre a iludir / Tu beijavas com afeição / Sempre a fingir / Uma falsa emoção

(*Sabes mentir* – Letra e música de Othon Russo).

GOZAR – [*ver tb. gozo*] – Etimologicamente, do latim *gandium*, e evoluído para o espanhol *gozar* (ter prazer, desfrutar). No sentido comum, pode ser entendido como sentir prazer ou satisfação, inclusive sexual. Também se diz gozar do silêncio, no sentido de "curtir".

No Direito Civil, diz-se gozar e fruir as utilidades da coisa. É aproveitar-se das vantagens da coisa, ou do bem sem se dispor dele. Desfrutar, desfruir. O direito de gozo restringe-se à fruição da coisa, seja pelo seu uso, seja pelos seus frutos, mas preservando a sua essência. Uso e gozo somados tem-se o usufruto, que é um direito parcial sobre a coisa ou bem. Quando alguém tem direito total sobre a coisa ou bem, significa que ele pode, além de gozar e fruir, dispor dela. A nua propriedade, por exemplo, significa apenas poder usar, gozar e fruir sem poder dela dispor. Propriedade plena é a que reúne todos esses direitos, inclusive sua livre disposição. O titular do direito de gozo pode dispor dos frutos da coisa. Por exemplo, quando um casal se divorcia e estabelece que um dos ex-cônjuges tenha apenas o uso do imóvel do casal, significa que aquele bem só pode ser usado por aquele cônjuge. Por outro lado, se se estabeleceu o uso e gozo, isto é, o usufruto, o ex-cônjuge tem a liberdade maior, inclusive a de alugá-lo ou cedê-lo a terceiros.

No Direito Trabalhista e Previdenciário, diz-se gozar férias, gozar os benefícios previdenciários etc.

No Direito de Família, pode receber uma significação mais ampla e para além do direito de propriedade. A partir do significado psicanalítico desta expressão dada por Jacques Lacan, é importante compreender o seu sentido ampliado, para que os operadores do Direito possam, inclusive, barrar o gozo perverso das partes, que muitas vezes se utiliza do processo judicial para gozar eternamente com o litígio, numa satisfação pulsional em que amor e ódio, prazer e sofrimento estão presentes.

GOZO [*ver tb. clínica do direito, gozar, pulsão*] – Do latim *gaudium,* satisfação, prazer. Jouissance, no francês; genuss, alemão; enjoyment, no inglês. A expressão gozo surgiu no século XV para nomear a ação de fazer uso de um bem e retirar dele as satisfações proporcionadas por ele. Foi aí que ele ganhou dimensão jurídica, vinculando-se à noção de usufruto, que é o direito de gozar de um bem. Em 1503, a expressão foi enriquecida, ganhando uma dimensão hedonista, e traduzindo-se a partir de então e também como prazer, alegria, bem-estar e volúpia (ROUDINESCO, Elizabeth; PLON, Michel. *Dicionário de psicanálise.* Trad. Vera Ribeiro, Lucy Magalhães. Rio de Janeiro: Zahar, 1998. p. 299).

Juridicamente, designa o desfrute da coisa ou do bem, mas preservando sua essência. Lacan, partindo da observação de processos judiciais, levou esta expressão para a psicanálise, aprofundando o seu sentido. Com a ressignificação dada pela psicanálise ela pode ser trazida ao Direito de Família para entender a estrutura dos eternos e degradantes processos judiciais litigiosos. Notadamente, nestes processos pode-se compreender o significado mais profundo desta expressão, que envolve uma satisfação pulsional e o seu paradoxo com o prazer e o desprazer.

O litígio é uma forma de não se separar e as partes permanecem unidas pelo ódio, pelo gozo com o sofrimento. O ódio une mais que o amor. Este gozo, por meio do litígio judicial traz consequências nefastas e destrutivas. É neste sentido a afirmação de Lacan "o gozo tem apetite de morte".

Goza-se com o prazer, mas também com o sofrimento. Geralmente este gozo é inconsciente, e na maioria das vezes não se

G

percebe o mal que faz a si mesmo, ao outro cônjuge/companheiro e aos próprios filhos. Tudo isto em nome da busca por direitos, em que cada uma das partes está sempre convencida de que está com a razão e a outra quer lesá-la em seus direitos. Este "assujeitamento" ao gozo é a alienação do sujeito, cuja teia foi tecida por ele mesmo em sua cadeia de registros inconscientes, ou seja, das tramas do desejo.

Uma das grandes contribuições da Psicanálise à prática jurídica, é que ao nos revelar uma outra realidade, que é psíquica, desvenda uma subjetividade e razões inconscientes (se é que o inconsciente tem alguma razão) que faz quebrar uma máxima jurídica: *o que não está nos autos não está no mundo*. Embora não esteja ali no mundo objetivo dos autos, as razões inconscientes e o gozo estão presentes, perpassando a cena objetiva do processo e dando ao mundo dos autos um destino muito diferente daquele que ele teria se estivessem presentes apenas os aspectos objetivos. Ao trazer pàra a consciência do operador do Direito esta *outra cena*, tem-se a possibilidade de uma conduta mais ética, com o simples fato de não nos permitirmos ser instrumentos do litígio e não contribuirmos para o assujeitamento das partes àquele gozo.

Direito e Psicanálise se encontram na relação do gozo e a lei. Uma das funções do Direito é barrar o gozo, ou seja, colocar limites na tendência do homem a fazer do outro o objeto de suas pulsões destrutivas. Portanto, o Direito lida também com o gozo. Lacan, em seu *Seminário 20*, faz esta conexão Direito, gozo e Psicanálise: *Esclarecerei com uma palavra a relação do direito com o gozo. O usufruto – é uma noção de direito, não é? reúne numa palavra o que já evoquei*

em meu seminário sobre a ética, isto é, a diferença que há entre o útil e o gozo (...) O usufruto quer dizer que podemos gozar de nossos meios, mas que não devemos enxovalhá-los. Quando temos o usufruto de uma herança, podemos gozar dela, com a condição de não gastá-la demais. É nisso mesmo que está a essência do direito – repartir, distribuir, retribuir, o que diz respeito ao gozo (LACAN, Jacques. *O seminário, livro 20* – Mais, ainda. Rio de Janeiro: Jorge Zahar, 1985. p. 11).

Assim, o gozo, segundo Lacan, engloba uma satisfação pulsional e seu paradoxo de prazer no desprazer. Vê-se isso constantemente na cena jurídica. Os processos judiciais litigiosos são a materialização de uma realidade subjetiva em que as partes, não tendo capacidade para resolverem seus conflitos, transferem a terceiros a responsabilidade de dizer que o outro é o culpado. E é assim que o Judiciário se torna o lugar onde as partes depositam os restos do amor, que deixa sempre a sensação de que alguém foi enganado.

Qual a diferença entre gozo e desejo? O gozo é sempre uma presença ou algo que pede mais e mais. É voraz. O desejo é falta, e precisamos aprender a lidar com a falta. Afinal, só podemos desejar o que não temos.

DISPOSITIVOS NORMATIVOS

CC – Arts. 565, 581, 1.228, 1.314, 1.392, § 2º, 1.663 § 2º.

LINGUAGEM POÉTICA

Boneca de trapo, pedaço da vida / Que vive perdida no mundo a rolar. / Farrapo de gente, que inconsciente / Peca só por prazer; vive para pecar.

Boneca, eu te quero com todo o pecado, / Com todos os vícios; com tudo afinal. /

G

Eu quero esse corpo que a plebe deseja, / Embora ele seja prenuncio do mal.

Boneca noturna que gosta da lua, / Que é fã das estrelas, que adora o luar, / Que sai pela noite, amanhece na rua / E há muito não sabe o que é luz solar.

Boneca vadia, de manha e artifícios, / Eu quero pra mim seu amor só porque / Aceito seus erros, pecados e vícios. / Hoje na minha vida meu vício é você.

(*Boneca de trapo* – Letra e música de Adelino Moreira).

LINGUAGEM LITERÁRIA

"Engolia o corpo de Deus a cada mês, não como quem engole ervilhas ou roscas ou sabres, engolia o corpo de Deus como quem sabe que engole o Mais, o Todo, o Incomensurável, por não acreditar na finitude me perdia no absoluto infinito"

(HILST, Hilda. *A obscena senhora D*. p. 19).

LINGUAGEM ARTÍSTICA

Cf. o filme: *Matador (El Matador* – título original). Diretor: Pedro Almodóvar Caballero. Roteiro: Pedro Almodóvar Caballero e José Ferrero. 110 min, Drama, Espanha, 1986 – Um toureiro, precocemente aposentado que trocou os touros pelas mulheres. Depois de fazer sexo com elas, matá-las era uma forma de reviver a emoção das estocadas na arena. Uma advogada criminalista que, secretamente, admira a arte do matador. No momento culminante do amor, ela mata seus parceiros, homenageando assim o mítico ritual da tauromaquia. Até que um dia eles se encontram.

ILUSTRAÇÃO

Adriana Silveira. P. 354.

GRAU DE PARENTESCO – Ver parentesco.

GRAVÍDICO – Ver alimentos gravídicos.

GUARDA [*ver tb. guarda alternada, guarda compartilhada, guarda nidal, poder familiar, princípio do melhor interesse da criança*] – No Direito Civil e Comercial, significa a obrigação imposta a alguém de ter vigilância e zelo para conservação do bem, de coisas ou pessoas, que estão sob sua responsabilidade.

No Direito de Família a guarda refere-se aos filhos menores de 18 anos e significa o poder/dever dos pais de ter seus filhos em sua companhia para educá-los e criá-los. Até 2003, na vigência do Código Civil de 1916, a maioridade era aos 21 anos de idade.

DISPOSITIVOS NORMATIVOS

CR – Art. 227 e 229.

CCB – Arts. 1.566, IV Art. 1.583 a 1.590.

Lei nº 8.069/90 – Estatuto da Criança e do Adolescente – Arts. 3º, 4º, 5º, 19 a 24, 28, 33 a 35.

Lei nº 13.058/2014 – Altera os arts. 1.583, 1.584, 1.585 e 1.634 da Lei nº 10.406, de 10 de janeiro de 2002 (Código Civil), para estabelecer o significado da expressão "guarda compartilhada" e dispor sobre sua aplicação.

JURISPRUDÊNCIA

(...) O instituto da guarda foi criado com o objetivo de proteger o menor, salvaguardando seus interesses em relação aos pais, ou outros pretensos guardiões, que disputam o direito de acompanhar de forma mais efetiva e próxima seu desenvolvimento, ou mesmo no caso de não haver interessados em desempenhar esse *munus*. O princípio do melhor interesse do menor decorre da primazia da dignidade humana perante todos os institutos jurídicos e da valorização da criança, em seus mais diversos ambientes, inclusive no núcleo familiar. A guarda compartilhada deve prevalecer sobre a unilateral, ainda que não haja consenso entre os genitores, visto que se deve focar no melhor interesse do menor, e não se centrar na existência de litígio (TJMG, Ap. Cível nº 1.0240.10.001634-6/001, Rel. Des. Dárcio Lopardi Mendes, 4ª CC, publ. 12/09/2012).

GUARDA – CONFLITO INTERNACIONAL [ver tb. sequestro internacional de criança] – Com o término de uma relação conjugal entre pessoas de nacionalidades diferentes é comum que os ex-conviventes, ou ex-cônjuges, busquem refúgio em seus países de origem, instalando-se aí divergências sobre qual país os filhos menores de idade devem morar. Em razão destes reincidentes conflitos internacionais, em 25/10/1980, realizou-se em Haia a Convenção sobre Aspectos Civis do Sequestro Internacional de Crianças, em vigor no Brasil por força do Decreto nº 3.413/00: Essa convenção *visa proteger a criança, no plano internacional, dos efeitos prejudiciais resultantes de mudança de domicílio ou de retenção ilícitas e estabelecer procedimentos que garantam o retorno imediato da criança ao Estado de sua residência habitual, bem como assegurar a proteção do direito de visita* (Preâmbulo da Convenção).

Quando não há consenso sobre qual país o filho deve morar, um dos cônjuges, para impor sua vontade, e é comum utilizar-se de duas formas: *Na primeira hipótese, a criança é retirada ilicitamente – ou seja, sem a autorização do genitor abandonado – do país de sua residência habitual. Trata-se da típica situação que envolve genitores de nacionalidades distintas, na qual, por conta do término do relacionamento entre o casal, um dos genitores, por decisão unilateral, retira a criança do ambiente no qual ela reside, para levá-la ao país de origem do genitor abdutor. Na segunda hipótese, embora a remoção não* *seja ilícita, a permanência da criança longe da sua residência habitual configura a ilicitude da conduta. É o caso do genitor que, aproveitando autorização de viagem ao exterior nas férias, por exemplo, não retorna com a criança após o período previsto. No âmbito da Convenção, a primeira hipótese é denominada remoção, ao passo que o segundo caso recebe o nome de retenção. No título da Convenção, as duas situações são genericamente referidas como sequestro* (CALMON, Guilherme; TIBURCIO, Carmen. *Sequestro internacional de crianças*: comentários à Convenção de Haia de 1980. São Paulo: Atlas. p. 2).

Tais condutas, até a promulgação da Convenção, beneficiavam o genitor infrator em razão da morosidade do sistema e a falta de cooperação entre os países no âmbito internacional. Com a entrada em vigor da Convenção, os países ratificantes elegeram como *juiz natural* para as disputas judiciais envolvendo direitos de guarda e visitação da criança aquele com jurisdição no local de residência habitual do menor, à luz do direito local, evitando assim beneficiar genitor infrator.

Os países signatários da convenção comprometeram-se a designar Autoridades Centrais encarregadas de dar cumprimento às obrigações imposta pela convenção. No Brasil a Autoridade Central é a Secretaria Especial de Direitos Humanos. *As autoridades centrais devem cooperar entre si e promover a colaboração entre as autoridades competentes dos seus respectivos Estados, de forma a assegurar o retorno imediato das crianças e a realizar os demais objetivos da presente Convenção. Em particular, deverão tomar, quer diretamente, quer através de um intermediário, todas as medidas apro-*

G

priadas para: a) localizar uma criança transferida ou retida ilicitamente; b) evitar novos danos à criança, ou prejuízos às partes interessadas, tomando ou fazendo tomar medidas preventivas; c) assegurar a entrega voluntária da criança ou facilitar uma solução amigável; d) proceder, quando desejável, à troca de informações relativas à situação social da criança; e) fornecer informações de caráter geral sobre a legislação de seu Estado relativa à aplicação da Convenção; f) dar início ou favorecer a abertura de processo judicial ou administrativo que vise o retomo da criança ou, quando for o caso, que permita a organização ou o exercício efetivo do direito de visita; g) acordar ou facilitar, conforme às circunstâncias, a obtenção de assistência judiciária e jurídica, incluindo a participação de um advogado: h) assegurar no plano administrativo, quando necessário e oportuno, o retorno sem perigo da criança; i) manterem-se mutuamente informados sobre o funcionamento da Convenção e, tanto quanto possível, eliminarem os obstáculos que eventualmente se oponham à aplicação desta. (Art. 7 da Convenção).

DISPOSITIVOS NORMATIVOS

Decreto nº 3.413/00 – Promulgou a Convenção de Haia sobre Aspectos Civis do Sequestro Internacional de Crianças.

Decreto nº 1.212/94 – Promulgou a Convenção de Montevidéu sobre a Restituição Internacional de Menores.

Decreto nº 3.087/99 – Promulgou a Convenção de Haia sobre à Proteção das Crianças e à Cooperação em Matéria de adoção Internacional.

GUARDA ALTERNADA – É aquela que confere de maneira exclusiva a cada genitor a guarda no período em que estiver com seu filho, alternando-se os períodos de convívio. Costuma-se dividir o tempo da criança, de forma igualitária, entre cada um dos pais. Por exemplo: a criança mora uma semana na casa de cada genitor, alternadamente. Durante esse tempo, o filho reside com apenas um e visita o outro, diferentemente da guarda compartilhada, em que ambos compartilham a rotina e o cotidiano dos filhos permanentemente.

Embora não haja regra expressa, e nem sempre seja recomendada, é possível encontrar casos que a guarda alternada pode ser adequada. Este modelo, da mesma forma que a guarda unilateral, na maioria das vezes, não atende ao melhor interesse da criança.

É comum a guarda alternada ser confundida com a compartilhada. A diferença entre elas é que na primeira alternam-se períodos, dias, semanas ou meses. Na compartilhada, não há alternância rígida de horários, mas um compartilhamento de funções, tarefas e responsabilidades, podendo o filho ter residência fixa na casa de um ou outro genitor, ou de ambos. Em todas as espécies de guarda, o poder familiar permanece inalterado.

DISPOSITIVOS NORMATIVOS

CR – Arts. 227 e 229.

CCB – Arts. 1.566, IV Art. 1.583 a 1.590.

Lei nº 8.069/90 – Estatuto da Criança e do Adolescente – Arts. 3º, 4º, 5º, 19 a 24, 28, 33 a 35.

GUARDA COMPARTILHADA [*ver tb. guarda, guarda alternada, guarda nidal, poder familiar*] – É a guarda exercida conjuntamente pelos pais, ou por duas ou mais pessoas conjuntamente de forma que compartilhem o exercício das funções paternas e maternas, no cotidiano da criança/adolescente. Desde a Lei nº 11.698/08, que alterou o art. 1.583 do

CCB 2002, a guarda compartilhada passou a ser a regra geral, ficando a guarda unilateral como exceção: a *responsabilização conjunta e o exercício de direitos e deveres do pai e da mãe que não vivam sob o mesmo teto, concernentes ao poder familiar dos filhos comuns.* Mesmo antes da lei que introduziu esta modalidade de guarda, muitos ex-casais já a praticavam em nome do bem-estar e melhor interesse da criança. Além de introduzir um novo paradigma para educação e criação de filhos, isto é, para o exercício do poder familiar, a guarda compartilhada quebra a estrutura de poder criada pela guarda unilateral. O filho não ficará com um ou com outro, mas com ambos, que poderá ter residência fixa na casa de apenas um dos pais, ou de ambos.

O fato de a criança ter dois lares pode ajudá-la a entender que a separação nada tem a ver com ela. As crianças são perfeitamente adaptáveis a essa situação, a uma nova rotina de duas casas, e sabem perceber as diferenças de comportamento de cada um dos pais, e isto afasta o medo de exclusão que poderia sentir por um deles. Se se pensar verdadeiramente na criação e educação dos filhos, os pais compartilham a guarda, isto é, o cotidiano dos filhos. E para aqueles que não conseguem viabilizar consensualmente a guarda compartilhada, o Judiciário, salvo exceções, deve impor aos pais a responsabilidade de praticarem a guarda compartilhada.

As dificuldades e resistências com essa modalidade de guarda advêm, geralmente, de uma relação mal resolvida entre o ex-casal, e do medo de "perder" o filho para outro genitor. Basta lembrar que as mulheres, que historicamente foram detentoras da guarda unilateral, sempre compartilharam esta guarda com vizinhos, com creches, com avós etc., mas resistiam em compartilhá-la com o ex-marido/companheiro. Ela pode funcionar, também, como um antídoto à alienação parental, pois se se participa do cotidiano e da rotina do filho, dificilmente este filho será transformado em objeto de vingança para se atingir o outro. Ela pode ser estabelecida consensual ou litigiosamente. A Lei nº 13.058/2014 instituiu a guarda compartilhada como regra, mesmo na hipótese de dissenso entre os genitores. A exceção é quando há declaração de um dos genitores ao magistrado que não deseja a guarda do menor, ou inaptidão para exercer a autoridade parental.

A implementação e efetivação da cultura da guarda compartilhada e sua evolução, depende de quebra de paradigmas da estrutura patriarcal nas famílias.

DISPOSITIVOS NORMATIVOS

CCB – Arts. 1.566, IV, 1.583 a 1.590.

Lei nº 8.069/90 – Estatuto da Criança e do Adolescente – Arts. 3º, 4º, 5º, 19 a 24, 28, 33 a 35.

Lei nº 13.058/2014 – Altera os arts. 1.583, 1.584, 1.585 e 1.634 da Lei nº 10.406, de 10 de janeiro de 2002 (Código Civil), para estabelecer o significado da expressão – guarda compartilhada – e dispor sobre sua aplicação.

JURISPRUDÊNCIA

(...) O termo "será" contido no § 2º do art. 1.584 não deixa margem a debates periféricos, fixando a presunção relativa de que se houver interesse na guarda compartilhada por um dos ascendentes, será esse o sistema eleito, salvo se um dos genitores declarar ao magistrado que não deseja a guarda do menor. 4 – Apenas duas condições podem impedir a aplicação obrigatória da guarda compartilhada, a saber: a) a inexistência de interesse de um dos cônjuges; e b) a incapacidade de um dos genitores de exercer o poder familiar. 5 – Os únicos mecanismos admitidos em lei para se afastar a imposição da guarda compartilhada são a suspensão ou a perda do poder familiar, situações que evidenciam a absoluta inaptidão para o exercício da guarda e que exigem, pela relevância da posição jurídica atingida, prévia decretação judicial. (...) (STJ – REsp: 1878041 SP, Relª, Min. Nancy Andrighi, 3ª Turma, pub. 31/05/2021).

ILUSTRAÇÃO

Maximo Soalheiro. P. 359.

GUARDA CONJUNTA [*ver tb. guarda compartilhada*] – É o mesmo que guarda compartilhada.

JURISPRUDÊNCIA

(...) O instituto da guarda foi criado com o objetivo de proteger o menor, salvaguardando seus interesses em relação aos pais, ou outros pretensos guardiões, que disputam o direito de acompanhar de forma mais efetiva e próxima seu desenvolvimento, ou mesmo no caso de não haver interessados em desempenhar esse *munus*. O princípio do melhor interesse do menor decorre da primazia da dignidade humana perante todos os institutos jurídicos e da valorização da criança, em seus mais diversos ambientes, inclusive no núcleo familiar. A guarda compartilhada deve prevalecer sobre a unilateral, ainda que não haja consenso entre os genitores, visto que se deve focar no melhor interesse do menor, e não se centrar na existência de litígio (TJMG, Ap. Cível nº 1.0240.10.001634-6/001, Rel. Des. Dárcio Lopardi Mendes, 4ª CC., publ. 12/09/2012).

GUARDA DE FILHOS [*ver tb. convivência familiar, custódia, poder familiar, princípio do melhor interesse da criança e adolescente, visita*] – É o direito/dever dos pais de ter os filhos menores de dezoito anos em sua companhia para criá-los e educá-los. Não há uma definição legal para guarda de filhos e a Lei nº 8.069/90 – ECA, apenas define as atribuições conferidas ao guardião, assim como os dispositivos do CCB 1916, que

foram reproduzidos pelo CCB 2002, estabelecendo as obrigações dos pais para o exercício do poder familiar: *dirigir-lhes a criação e educação; tê-los em sua companhia e guarda; conceder-lhes ou negar-lhes consentimento para casarem; nomear-lhes tutor por testamento ou documento autêntico, se o outro dos pais não lhe sobreviver, ou o sobrevivo não puder exercer o poder familiar; representá-los, até aos dezesseis anos, nos atos da vida civil, e assisti-los, após essa idade, nos atos em que forem partes, suprindo-lhes o consentimento; reclamá-los de quem ilegalmente os detenha; exigir que lhes prestem obediência, respeito e os serviços próprios de sua idade e condição* (Art. 1.634, CCB).

A guarda é um atributo do poder familiar, mas não se restringe a ele e não está necessariamente vinculada à conjugalidade dos pais. Ela compõe a estrutura da autoridade parental ou poder familiar. O conteúdo da guarda vai além do aspecto obrigacional de cuidado e proteção aos filhos impostos pela lei. Ela deve atender sempre, e prioritariamente, ao princípio do melhor interesse da criança e adolescente. Por isso, em determinadas situações ela pode ser concedida a terceiros, embora na maioria das vezes são os pais que detêm a guarda dos filhos.

A guarda pode ser única ou unilateral, compartilhada ou conjunta, alternada e nidal. Em razão do significante que a expressão traz consigo, que evoca muito mais um sentido de posse e objeto, a tendência do Direito de Família é substituir o vocábulo guarda por convivência familiar.

DISPOSITIVOS NORMATIVOS

CR – Arts. 227 e 229.

CCB – Arts. 1.566, IV, 1.583 a 1.590.

Lei nº 8.069/90 – Estatuto da Criança e do Adolescente – Arts. 3º, 4º, 5º, 19 a 24, 28, 33 a 35.

JURISPRUDÊNCIA

As paixões condenáveis dos genitores, decorrentes do término litigioso da sociedade conjugal, não podem envolver os filhos menores, com prejuízo dos valores que lhes são assegurados constitucionalmente. Em idade viabilizadora de razoável compreensão dos conturbados caminhos da vida, assiste-lhes o direito de serem ouvidos e de terem as opiniões consideradas quanto à permanência nesta ou naquela localidade, neste ou naquele meio familiar, alfim e, por consequência, de permanecerem na companhia deste ou daquele ascendente, uma vez inexistam motivos morais que afastem a razoabilidade da definição. Configura constrangimento ilegal a determinação no sentido de, peremptoriamente, como se coisas fossem, voltarem a determinada localidade, objetivando a permanência sob a guarda de um dos pais. O direito a esta não se sobrepõe ao dever que o próprio titular tem de preservar a formação do menor, que a letra do art. 227 da CF tem como alvo prioritário" (STF, HC 69.303, Rel. Min. Néri da Silveira, 2ª T., j. 30/6/1992).

GUARDA FÍSICA – *[ver Tb. Guarda compartilhada; guarda alternada; poder familiar]* – É a expressão para designar a guarda com a presença física da criança/adolescente, ou seja, a efetiva guarda deles, em contraposição à guarda jurídica, que pode ser determinada legalmente, mas nem sempre de fato é exercida.

JURISPRUDÊNCIA

(...) Modalidade de regime de guarda que permite a fixação da guarda física em favor de um dos genitores, deixando a guarda jurídica, que envolve as decisões acerca da criança, a ambos – Instituição de guarda física em favor da mãe, em cuja moradia fica estabelecida a residência base da criança, com manutenção das visitas nos moldes já fixados na r. sentença recorrida (...) (TJ-SP – AC: 10045778520178260526 SP 1004577-

85.2017.8.26.0526, Rel. Des. Alvaro Passos, 2ª Câmara de Direito Privado, public: 01/07/2020).

GUARDA NIDAL – Do latim *nidus*, ninho, nido ou nidi. Traz consigo o sentido de que os filhos permanecerão no "ninho", e os pais é quem se revezarão, isto é, a cada período, um dos genitores ficará com os filhos na residência original do ex--casal. Em razão da alternância dos pais na residência que ficou para os filhos, esta modalidade de guarda costuma ser confundida com a guarda alternada. Entretanto, na alternada, são os filhos que mudam de casa.

Não há nenhuma proibição para este tipo de guarda no ordenamento jurídico brasileiro, mas, em função dos aspectos práticos para os pais, ela é pouco utilizada. Um dos ordenamentos jurídicos mais avançados, o alemão, tem em suas previsões legais e doutrinárias esta modalidade de guarda.

GUARDA ÚNICA *[ver tb. guarda unilateral]* – É o mesmo que guarda unilateral.

GUARDA UNILATERAL – É a guarda exercida unilateralmente por um dos pais, ou por uma única pessoa, diferentemente da guarda compartilhada, que é exercida conjuntamente pelos pais ou em conjunto com terceiros. A guarda única, ou unilateral, até o advento da Lei nº 11.698/08, que instituiu a guarda compartilhada, era regra geral para o estabelecimento da guarda dos filhos. Se os pais pensarem verdadeiramente no interesse dos filhos, salvo algumas exceções, eles certamente irão compartilhar a guarda, isto é, o cotidiano de seus filhos, até porque em um exercício responsável da paternidade/maternidade, é assim que se deve exercer o poder familiar, independentemente do tipo de guarda adotado. A Lei nº 13.058/2014 instituiu a guarda compartilhada como regra, mesmo na hipótese de dissenso entre os genitores. A exceção é quando há declaração de um dos genitores ao magistrado que não deseja a guarda do menor, ou inaptidão para exercer a autoridade parental.

A guarda única, em muitos casos, tem sido usada como um instrumento de poder entre os ex-cônjuges, que não tendo a capacidade de elaboração de seus conflitos internos, utilizam os filhos como moeda de troca do fim da conjugalidade.

DISPOSITIVOS NORMATIVOS

CR – Art. 227 e 229.

CCB – Art. 1.566, IV, 1.583 a 1.590.

Lei nº 8.069/90 – Estatuto da Criança e do Adolescente – Art. 3º, 4º, 5º, 19 a 24, 33 a 35.

Lei nº 13.058/2014 – Altera os arts. 1.583, 1.584, 1.585 e 1.634 da Lei nº 10.406, de 10 de janeiro de 2002 (Código Civil), para estabelecer o significado da expressão – guarda compartilhada – e dispor sobre sua aplicação.

JURISPRUDÊNCIA

(...) A inviabilidade da guarda compartilhada, por ausência de consenso, faria prevalecer o exercício de uma potestade inexistente por um dos pais. E diz-se inexistente, porque contrária ao escopo do Poder Familiar que existe para a proteção da prole. 6. A imposição judicial das atribuições de cada um dos pais, e o período de convivência da criança sob guarda compartilhada, quando não houver consenso, é medida extrema, porém necessária à implementação dessa nova visão, para que não se faça do texto legal, letra morta. 7. A custódia física conjunta é o ideal a ser buscado na fixação da guarda compartilhada, porque sua implementação quebra a monoparentalidade na criação dos filhos, fato corriqueiro na guarda unilateral, que é substituída pela implementação de condições propícias à continuidade da existência de fontes bifrontais de exercício do Poder Familiar. 8. A fixação de um lapso temporal qualquer, em que a custódia física ficará com um dos pais, permite que a mesma rotina do filho seja vivenciada à luz do contato materno e paterno, além de habilitar a criança a ter uma visão tridimensional da realidade, apurada a partir da síntese dessas isoladas experiências interativas (STJ, REsp 1.251.000 MG, Rel.ª Min.ª Nancy Andrighi, 3ª T., publ. 31/08/2011).

GUARDIÃO [ver tb. guarda de filhos] – É aquele que guarda e é responsável pela coisa, objeto ou pessoa. O guardião de filhos é o pai ou a mãe, ambos, ou mesmo terceiros, que detêm a guarda fática e jurídica deles.

O guardião tem o dever e a responsabilidade de cuidar, educar e zelar pelos interesses do menor, devendo facilitar o convívio com o genitor "visitante", ou não guardião, preservando assim a convivência familiar, para atender ao melhor interesse das crianças e adolescentes.

JURISPRUDÊNCIA

A competência para demanda de guarda é a do domicílio do representante do menor, no caso, o genitor, pois com ele residia na cidade de Casca. No entanto, tratando-se de competência relativa, deve ser arguida por meio de exceção de incompetência, descabendo a declinação, de ofício (Súmula 33 do STJ). Não havendo arguição da parte adversa, fica prorrogada a competência (art. 114 do CPC). Deram provimento. Unânime (TJRS, Ag. nº 70048626600 RS, Rel. Des. Luiz Felipe Brasil Santos, 8ª CC., j. 26/07/2012).

H

HABEAS CORPUS – Do latim *habeas*, ter; *corpus*, corpo. Significa "que tenhas o teu corpo". É a garantia constitucional que todo sujeito de direito tem de, ocorrendo sua prisão ou o constrangimento de sua liberdade, de forma ilegal e por autoridade ilegítima, obter sua soltura. O *habeas corpus* pode ser também preventivo, isto é, para evitar a prisão.

No Direito de Família, é pouco usual, mas é viável nos casos de prisão injusta do devedor de alimentos nos processos de execução.

O recurso processual mais adequado para os casos de prisão do devedor de alimentos é o Agravo de Instrumento, embora alguns tribunais estaduais admitam o *habeas corpus* para este fim.

DISPOSITIVOS NORMATIVOS

CR – Art. 5º, LXVII.

CPP – Arts. 647 a 667.

JURISPRUDÊNCIA

A jurisprudência do Superior Tribunal de Justiça, acompanhando a orientação da Primeira Turma do Supremo Tribunal Federal, firmou-se no sentido de que o *habeas corpus* não pode ser utilizado como substituto de recurso próprio, sob pena de desvirtuar a finalidade dessa garantia constitucional, exceto quando a ilegalidade apontada é flagrante, hipótese em que se concede a ordem de ofício" (STJ, HC 304.588/BA, Rel. Min. Gurgel de Faria, 5ª Turma, julgado em 25/08/2015, *DJe* 11/09/2015).

HABILITAÇÃO DE HERDEIRO – É quando alguém não listado no inventário como herdeiro apresenta-se em juízo requerendo os direitos que lhe compete. Ou seja, os herdeiros não constantes do inventário se habilitam na herança, apresentando prova que demonstrem sua qualidade de herdeiro e requerendo que se inclua o seu nome entres os demais, a fim de que participe da partilha, que lhe é de direito. É um ato incidental.

A habilitação pode ser sumária, isto é, nos próprios autos do inventário, ou em processo apartado caso necessite de extensivo processo probatório.

Os credores do *de cujus* também podem se habilitar no inventário para receber o crédito que lhe é devido.

HABILITAÇÃO PARA ADOÇÃO [ver tb. adoção] – É um procedimento que consiste no cadastramento dos pretendentes à adoção, analisando as expectativas desses postulantes, como uma fase preparatória para o processo judicial de adoção. A idade mínima para se habilitar à adoção é 18 anos, independentemente do estado civil, desde que seja respeitada a diferença de 16 anos entre quem deseja adotar e a criança a ser acolhida. Conforme art. 197-A da Lei nº 8.069, de 13/07/1990 – Estatuto da Criança e do Adolescente, na petição inicial deverão constar: qualificação completa; dados familiares; cópias autenticadas de certidão de nascimento ou casamento ou declaração relativa ao período de união estável; cópias da identidade e da inscrição no Cadastro de Pessoas Físicas (CPF); comprovante de renda e de residência; atestado de sanidade física e mental; nada consta cível e criminal da justiça comum (certidão de antecedentes criminais e certidão negativa de distribuição cível) e nada consta da Justiça Federal. Ainda que não se tenha habilitado ao processo de adoção e que não conste no cadastro nacional de adoção, admite-se a mitigação desse procedimento, em prol do melhor interesse da criança, bem como a ligação afetiva tenha se acentuado. O Sistema Nacional de Adoção e Acolhimento (SNA) foi criado em 2019 e nasceu da união do Cadastro Nacional de Adoção (CNA) e do Cadastro Nacional de Crianças Acolhidas (CNCA). O sistema é regulamentado por meio da Resolução nº 289/2019.

JURISPRUDÊNCIA

(...) O STJ no julgamento do AgRg na MC 15.097-MG, entendeu pela possibilidade da adoção *intuitu personae*, bem como pela prevalência desta sobre a ordem do cadastro geral de adoção quando comprovado o vínculo de afetividade. *In casu*, é evidente que a formação de laços de afetividade se deu com a família substituta, pois, como se verifica nos autos, a criança nunca manteve contato com a mãe biológica. Assim, os vínculos já estabelecidos pela criança com seu núcleo familiar merecem ser considerados. 4. O conjunto probatório é, pois, esclarecedor e possibilita concluir que, diante da realidade apresentada, a menor terá a chance de ver regularizada a sua adoção por quem a acolheu desde a mais tenra idade e vem manifestando por suas ações verdadeiro interesse em assumi-la, protegendo-a e trabalhando para o seu ideal desenvolvimento em todos os aspectos. 5. Recurso conhecido e improvido. Sentença mantida. (TJ-PI – AC: 00005141220138180004 PI, Rel. Des. Fernando Lopes e Silva Neto, 4ª Câmara Especializada Cível, J. 03/04/2018).

HABILITAÇÃO PARA CASAMENTO

[*ver tb. edital de casamento, proclamas*] – É o procedimento administrativo pelo qual os interessados apresentam ao Cartório de Registro Civil, os documentos (...) *exigidos pela lei civil ao oficial do registro do distrito de residência de um dos nubentes, para que lhes expeça certidão de que se acham habilitados para se casarem* (Art. 67, Lei nº 6.015/73 – Lei de Registros Públicos). Se os documentos não apresentarem qualquer forma de impedimento, o oficial afixa os proclamas de casamento em lugar ostensivo de seu cartório e deve publicá-los na imprensa local, se houver.

Decorrido o prazo de quinze dias, se não aparecer quem oponha impedimento, o oficial do registro entregará aos nubentes certidão de que estão habilitados para se casar dentro do prazo previsto em lei. *Se houver apresentação de impedimento, o oficial dará ciência do fato aos nubentes, para que indiquem em três (3) dias prova que pretendam produzir, e remeterá os autos a juízo; produzidas as provas pelo oponente e pelos nubentes, no prazo de dez (10) dias, com ciência do Ministério Público, e ouvidos os interessados e o órgão do Ministério Público em cinco (5) dias, decidirá o Juiz em igual prazo* (Art. 67, § 5º).

O art. 1.526 do CCB/2002 prevê que: "*A habilitação será feita pessoalmente perante o oficial do Registro Civil, com a audiência do Ministério Público. (Redação dada pela Lei nº 12.133, de 2009).* Parágrafo único. Caso haja impugnação do oficial, do Ministério Público ou de terceiro, a habilitação será submetida ao juiz".

A Lei nº 13.811/2019 proibiu o casamento de menores de 16 anos no Brasil. Esta lei alterou o artigo 1.520 do Código Civil que previa duas exceções para o casamento de menores de 16 anos: em casos de gravidez e para evitar imposição ou cumprimento de pena criminal. A exceção, que já consta do Código Civil, segundo a qual, pais ou responsáveis de jovens com 16 e 17 anos podem autorizar a união, não foi modificada. O Estado avançou, com essa norma, na proteção dos direitos das meninas e mulheres e das crianças e jovens.

A Lei nº 14.382/2022 simplificou os procedimentos para habilitação ao casamento, em especial pelo meio eletrônico.

HERANÇA [*ver tb. herança jacente, herança legítima, herança necessária, herança testamentária, herança vacante, sucessão*] – Do latim *hereditas*, ação de herdar, e *heres*, herdeiro. É o objeto principal do Direito das Sucessões. É o conjunto de bens e de direitos deixado por uma pessoa que faleceu. Engloba todo o patrimônio do *de cujus*, ativos e bens, assim como todas as suas dívidas e encargos. Diferencia-se do fenômeno da sucessão, que é para o Direito das Sucessões o ato de receber a herança. Em sentido geral, abrange toda a universalidade de bens e direitos deixados pelo autor da herança; em sentido estrito representa uma parcela do todo, a quota-parte que cada herdeiro tem direito. O *de cujus* pode instituir, via testamento, reserva de legado, ou seja, individualizar um bem em benefício de alguém, que, neste caso, não irá compor a herança.

Aquele que suceder o autor da herança responderá pelas obrigações contraídas por ele nos limites da força da herança recebida, isto é, o patrimônio do herdeiro não responde por dívidas atreladas aos bens adquiridos via herança, mas apenas a parte que lhe foi atribuída: *O herdeiro não responde por encargos superiores às forças da herança; incumbe-lhe, porém, a prova do excesso, salvo se houver inventário que a escuse, demostrando o valor dos bens herdados* (Art. 1.792, CCB).

A herança tem existência temporária, começa com a morte de seu titular, que gera sua abertura, e termina com a partilha. Ela pode ser legítima (ou legal) ou testamentária.

DISPOSITIVOS NORMATIVOS

CCB – Arts. 426, 836, 943, 1.784, 1.788 a 1.792, 1.804 a 1.813, 1.905 a 1.907.

LINGUAGEM POÉTICA

Achei você no meu jardim / Entristecido / Coração partido / Bichinho arredio

Peguei você pra mim / Como a um bandido / Cheio de vícios / E fiz assim, fiz assim

Reguei com tanta paciência / Podei as dores, as mágoas, doenças / Que nem as folhas secas vão embora / Eu trabalhei

Fiz tudo, todo meu destino / Eu dividi, ensinei de pouquinho / Gostar de si, ter esperança e persistência / Sempre

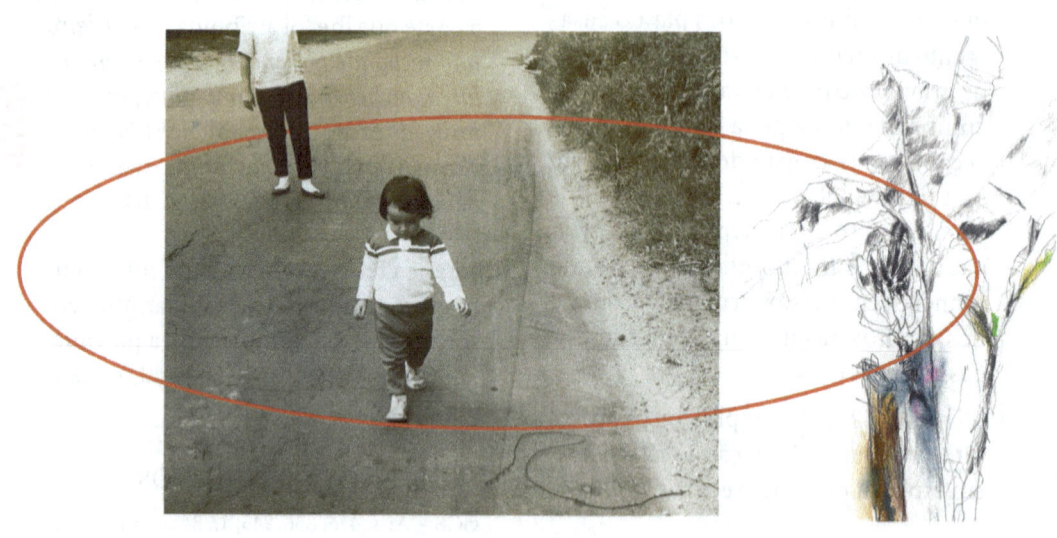

A minha herança pra você / É uma flor com um sino, uma canção / Um sonho, nem uma arma ou uma pedra / Eu deixarei

A minha herança pra você / É o amor capaz de fazê-lo tranquilo / Pleno, reconhecendo o mundo

O que há em si

E hoje nos lembramos / Sem nenhuma tristeza / Dos foras que a vida nos deu / Ela com certeza estava juntando / Você e eu

(*Minha herança:* uma flor – Letra e música de Vanessa da Mata).

ILUSTRAÇÃO

Nydia Negromonte. P. 368.

HERANÇA DANOSA – Ver acervo hereditário passivo.

HERANÇA DEFICITÁRIA – Ver acervo hereditário passivo.

HERANÇA DIGITAL [*ver tb. vídeo testamento*] – Conjunto de acervo digital criado pelo *de cujus* e que ficam armazenados na web, como, por exemplo, e-mails e o conteúdo das redes sociais em geral. No Brasil não há ainda regras legislativas sobre o assunto, mas pelas regras do Código Civil todos os conteúdos de contas ou arquivos digitais de titularidade do autor da herança são transferidos aos seus herdeiros, seja pela sucessão legítima ou testamentária.

Há uma nova categoria de bens jurídicos, que estão sujeitas à sucessão hereditária e partilha. No mundo globalizado e virtualizado, em que as pessoas têm cada vez mais hábitos digitais, essa nova categoria de bens, tem-se mostrado cada vez mais presente na vida contemporânea, como por exemplo, as moedas virtuais, perfil do Instagram, redes sociais, milhas aéreas, arquivos de músicas, livros etc. Há também os direitos de natureza existencial, como direitos de imagem, que podem se transformar em direitos patrimoniais quando se atribui direitos a eles, como já se fazia no mundo não virtual, como os direitos do autor.

Bens digitais é o gênero de várias espécies de conteúdos postados ou compartilhados no ambiente virtual. Um dos primeiros autores a escrever sobre o assunto, o professor mineiro Bruno Zampier, traz um conceito que nos ajuda a entender melhor essa nova concepção de bens: *Bens digitais seriam aqueles bens incorpóreos, os quais são progressivamente inseridos na internet, por um usuário, consistindo em informações de caráter pessoal que trazem alguma utilidade àquele, tenha ou não conteúdo econômico* (ZAMPIER, Bruno. Bens digitais. 2 ed. Indaiatuba. Foco, 2021, p. 63). Enquanto não se tem legislação específica sobre esses bens, devemos nos valer, além da principiologia do Direito de Família, do Direito Comparado que é também importante fonte do Direito.

O marco civil da internet (Lei 12.695/2014), talvez por ser de 2014, mas gerada bem antes disso, não acrescenta nada no que se poderia chamar de propriedade digital. A Lei de direitos autorais (Lei 9.610/1998) e a Lei de Software (Lei 9.609/1998), mesmo tendo sido feita em um período em que essas novas concepções, ainda não existiam trazem alguma luz e referência para solucionar questões advindas dessa nova categoria de bens.

Um dos desafios da partilha de bens digitais, é atribuição a eles um conteúdo econômico. É que o Instagram monetizado, bitcoins, digital influencer, por exemplo, em geral não são declarados no Imposto de Renda.

JURISPRUDÊNCIA

(...) A herança defere-se como um todo unitário, o que inclui não só o patrimônio material do falecido, como também o imaterial, em que estão inseridos os bens digitais de vultosa valoração econômica, denominada herança digital. A autorização judicial para o acesso às informações privadas do usuário falecido deve ser concedida apenas nas hipóteses que houver relevância para o acesso de dados mantidos como sigilosos. Os direitos da personalidade são inerentes à pessoa humana, necessitando de proteção legal, porquanto intransmissíveis. A Constituição Federal consagrou, em seu artigo 5º, a proteção constitucional ao direito à intimidade. Recurso conhecido, mas não provido. (TJ-MG – AI: 10000211906755001 MG, Relator: Albergaria Costa, Data de Julgamento: 27/01/2022, Câmaras Cíveis / 3ª Câmara Cível, public 28/01/2022).

HERANÇA JACENTE [*ver tb. herança, sucessão jacente, herança vacante, sucessão aberta, sucessão vacante*] – É a nomenclatura conferida ao conjunto de bens e direitos deixados por uma pessoa, denominado herança, que faleceu sem deixar herdeiro conhecido, legítimo ou testamentário, ou legatário, ou, existindo, não foi aceita por eles ou foram excluídos por deserdação ou indignidade (Art. 1.819, CCB).

Aberta a sucessão, não sendo possível localizar pessoa para recebê-la, considera-se a herança jacente, ou seja, ela jaz sem dono.

Os bens da herança, depois de arrecadados, ficarão sob a guarda e administração de um curador nomeado, até a sua entrega a um sucessor devidamente habilitado, caso esse se apresente em juízo, ou será declarada a sua vacância, entregando-a ao domínio do Município, do Distrito Federal ou da União.

A herança jacente é um patrimônio temporariamente sem titular, recebendo esse nome apenas durante o processo judicial. *Praticadas as diligências de arrecadação e ultimado o inventário, serão expedidos editais na forma da lei processual, e, decorrido um ano de sua primeira publicação, sem que haja herdeiro habilitado, ou penda habilitação, será a herança declarada vacante* (Art. 1.820, CCB). Herança jacente não se confunde com herança vacante.

DISPOSITIVOS NORMATIVOS

CCB – Arts. 1.819 a 1.823.

HERANÇA LEGAL [*ver tb. herança legítima*] – É o mesmo que herança legítima.

HERANÇA LEGÍTIMA [*ver tb. ab intestato, herdeiro legítimo, herdeiro testamentário, legal, sucessão legítima*] – É a herança deixada sem que tenha havido testamento, *ab intestato*. É também chamada de herança legal. Portanto, é a herança que se transmite de acordo com a ordem de vocação hereditária estabelecida pela lei, diferentemente da herança testamentária, que segue a ordem da vocação hereditária estabelecida no testamento.

DISPOSITIVOS NORMATIVOS

CCB – Arts. 1.784, 1.788.

HERANÇA LÍGIA – Expressão em desuso, apenas de valor histórico. Referia à herança deixada pelo suserano ao vassalo com obrigações de fidelidade, a "Homenagem Lígia".

No sistema feudal, quem concedia a terra era um suserano, e quem a recebia era um vassalo, que ao receber a terra, jurava fidelidade a seu senhor. As redes de alianças eram extensas e confusas, um suserano poderia ser vassalo de outro senhor e ao mesmo tempo ter seus próprios vassalos. O juramento de fidelidade consistia numa homenagem prestada por um vassalo a seu suserano denominada Homenagem Lígia: o vassalo se ajoelhava diante do suserano, colocava sua mão na dele e prometia ser-lhe leal e servi-lo na guerra. Os suseranos e os vassalos estavam ligados por obrigações recíprocas: o vassalo devia serviço militar a seu suserano e, esse, proteção militar a seu vassalo. O descumprimento desse juramento era chamado de felonia e considerado um pecado gravíssimo, além de dar direito ao suserano de retomar o feudo doado. Mantendo-se leal ao seu suserano, o vassalo quando viesse a falecer, garantia a seus filhos o direito de herdarem o feudo, desde que se mantivessem jurados ao suserano.

HERANÇA LÍQUIDA – É o saldo positivo da herança, após a quitação de todas as dívidas do *de cujus*, as despesas com funeral, cerimônias religiosas, e o custeio do inventário, que se destina à partilha, ou seja, liquidado o espólio, é o saldo remanescente para ser distribuído entre os herdeiros, conforme a ordem da vocação hereditária ou o testamento.

HERANÇA NEGATIVA – Ver acervo hereditário passivo.

HERANÇA TESTAMENTÁRIA [*ver tb. herança, herdeiro testamentário, herança legítima*] – É a herança que se transmite por meio de testamento, ou seja *ad intes-*tato, diferentemente da herança legítima ou legal, que é aquela em que não houve testamento, ou seja *ab intestato*.

DISPOSITIVOS NORMATIVOS

CCB – Art. 1.784.

HERANÇA VACANTE [*ver tb. herança, herança jacente, sucessão jacente, sucessão vacante*] – É o conjunto de bens e de direitos deixados por uma pessoa que faleceu sem deixar qualquer herdeiro, necessários ou testamentários, assim reconhecido judicialmente.

Aberta a sucessão, não havendo herdeiros conhecidos ou legatário habilitado, ou caso todos tenham renunciado ou estejam impedidos de recebê-la, a herança será considerada jacente, um patrimônio temporariamente sem titular, devendo o juiz nomear um curador para representar o espólio. *Praticadas as diligências de arrecadação e ultimado o inventário, serão expedidos editais na forma da lei processual, e, decorrido um ano de sua primeira publicação, sem que haja herdeiro habilitado, ou penda habilitação, será a herança declarada vacante* (Art. 1.820, CCB).

A condição de vacante somente será atribuída à herança ao final do processo de inventário mediante decisão judicial que transforma a herança jacente em vacante. *A declaração de vacância da herança não prejudicará os herdeiros que legalmente se habilitarem; mas, decorridos cinco anos da abertura da sucessão, os bens arrecadados passarão ao domínio do Município ou do Distrito Federal, se localizados nas respectivas circunscrições, incorporando-se ao domínio da União quando situados em território federal* (Art. 1.822, CCB). Não se confunde com herança jacente,

apesar de figurar, em regra, na fase preliminar para o seu reconhecimento: *Quando
todos os chamados a suceder renunciarem
à herança, será esta desde logo declarada
vacante* (Art. 1.823, CCB).

DISPOSITIVOS NORMATIVOS

CCB – Arts. 1.820, 1.823.

HERDADE – Do latim *hereditas*, objeto herdado. Tem o mesmo sentido de
herança, mas referindo-se apenas aos
bens de raiz, isto é, aos bens imóveis.
Expressão de pouco uso como herança, herdade adquiriu o significado de
grande propriedade rural destinada a
agricultura.

HERDAR POR CABEÇA – Ver sucessão
por cabeça.

HERDAR POR ESTIRPE – Ver sucessão
por estirpe.

HERDAR POR REPRESENTAÇÃO –
Ver sucessão por representação.

HERDEIRO [*ver tb. herança, legatário,
ordem de vocação hereditária, saisine,
sucessão a título universal*] – Do latim
heres, de *heredis*. É a pessoa que recebe
o patrimônio deixado por alguém em
razão de sua morte, seja fundado em
vínculo de parentesco ou conjugalidade
com o falecido, seja por ter sido nomeado em testamento. Em regra, é forma
de aquisição baseada na lei, como mero
exercício de direito.

A condição de herdeiro garante a transmissão da totalidade do acervo patrimonial do *de cujus* para o sucessor de
imediato, no momento da morte. Pelo
princípio de *saisine*, não se permite que
as propriedades sejam desconectadas, há

uma continuação de fato e de direito, do
contrário haveria um intervalo em que
bens ficariam sem titular. O herdeiro
sucede o *de cujus* a título universal, herda
os bens deixados pelo autor da herança
nas mesmas características do antecessor. Não se confunde com legatário, que
sucede a título singular, isto é, depende
de título jurídico anterior, testamento
ou codicilo, que expresse a anuência do
possuidor primitivo e a singularização
do bem ou direito.

HERDEIRO APARENTE [*ver tb. herança,
possuidor pro haerede*] – É aquele que
aparenta ser dotado de direito sucessório, ou seja, de ser herdeiro do *de cujus*,
porém não o é. Pode ser qualificado de
boa-fé ou de má-fé. É de boa-fé aquele
herdeiro chamado a suceder por cabeça
ignorando a existência de herdeiro que
o preceda na ordem de vocação hereditária, ou por supor válido um testamento nulo deixado pelo falecido do qual
figurava como beneficiário. *São eficazes
as alienações feitas, a título oneroso, pelo
herdeiro aparente a terceiro de boa-fé*
(Art. 1.827, parágrafo único, CCB).

HERDEIRO EXCLUÍDO [*ver tb. deserdação, direito de representação, indignidade*] – É a nomenclatura utilizada para
indicar aquele herdeiro que, por ato de
indignidade ou por deserdação, judicialmente pronunciada, é afastado da
sucessão hereditária a que teria direito.

A exclusão priva o herdeiro de manter os
bens que recebeu com a morte do autor
da herança. O quinhão que lhe foi conferido retorna ao monte para, havendo
outros herdeiros de mesma classe, ser
dividido, ou entregue a seus sucessores
como se premorto fosse. Ocorrendo essa
segunda hipótese, o herdeiro excluído

não pode exercer qualquer tipo de direito sob os bens transmitidos aos seus herdeiros pelo direito de representação, isto é, não terá usufruto sobre eles, nem mesmo herdá-los no futuro caso seus descendentes faleçam antes dele.

DISPOSITIVOS NORMATIVOS

CCB – Arts. 1.814 a 1.817, 1.943, 1.961 a 1.965.

HERDEIRO FIDEICOMISSÁRIO [*ver tb. fideicomissário*] – É o mesmo que fideicomissário.

HERDEIRO FIDUCIÁRIO [*ver tb. fiduciário*] – É o mesmo que fiduciário.

HERDEIRO FORÇADO – o mesmo que legítimo ou legitimário.

HERDEIRO LEGÍTIMO [*ver tb. herdeiro necessário*] – É o mesmo que herdeiro legal, isto é, o herdeiro elencado na ordem de vocação hereditária estabelecida pela lei: *A sucessão legítima defere-se na ordem seguinte: I – aos descendentes, em concorrência com o cônjuge sobrevivente, salvo se casado este com o falecido no regime da comunhão universal, ou no da separação obrigatória de bens (art. 1.641); ou se, no regime da comunhão parcial, o autor da herança não houver deixado bens particulares; II – aos ascendentes, em concorrência com o cônjuge; III – ao cônjuge sobrevivente; IV – aos colaterais* (Art. 1.829, CCB). Herdeiro legítimo ou legal difere-se de herdeiro testamentário, embora os testamentários possam incluir os legítimos.

HERDEIRO NECESSÁRIO [*ver tb. classe de herdeiros, herança, herdeiro legítimo, legítima, sucessão*] – São os herdeiros elencados pela lei, cujo grau de parentesco, ou conjugalidade, com o autor da herança estabelece que eles herdam pelo menos metade dos bens deixados por ele, e que constituem a legítima. Diz-se necessários porque não podem ser excluídos da sucessão pelo *de cujus*, exceto em caso de deserdação ou indignidade. *São herdeiros necessários os descendentes, os ascendentes e o cônjuge* (Art. 1.845, CCB).

HERDEIRO POR REPRESENTAÇÃO [*ver tb. sucessão por representação*] – É a pessoa chamada à sucessão para representar seu ascendente premorto, indigno ou ausente.

HERDEIRO POR SUBSTITUIÇÃO [*ver tb. sucessão por representação*] – É a pessoa chamada à sucessão para substituir seu ascendente premorto, indigno ou ausente. É o mesmo que herdeiro por representação

HERDEIRO PREMORTO [*ver tb. direito de representação, substituição, sucessão por estirpe*] – É o herdeiro que falece em momento anterior à abertura da herança, ou seja, antes do autor da herança. Se for herdeiro necessário, os descendentes do premorto, por direito de representação, irão suceder em seu nome, isto é, sucedem por estirpe os bens e deveres que lhes caberiam.

Não há sucessão por estirpe na sucessão testamentária, ou seja, os herdeiros testamentários e os legatários premortos não podem ser representados por seus descendentes, mas tão somente substituídos se houver disposição expressa no testamento.

HERDEIRO PUTATIVO – Ver herdeiro aparente.

HERDEIRO RESERVATÁRIO – é o mesmo que herdeiro legítimo ou legitmário.

HERDEIRO TESTAMENTÁRIO [*ver tb. herança, herdeiro, herdeiro legítimo, sucessão a título universal, testamento*] – É aquele que sucede a título universal por determinação testamentária. Diferencia-se do legatário, que é aquele que, apesar de também ser instituído via testamento, recebe herança a título singular, ou seja, é beneficiado com bens e direitos singularizados.

O herdeiro testamentário recebe a herança a título universal, concorrendo à totalidade ou uma quota, fração, não identificada do acervo hereditário disponível com os herdeiros legais.

HEREDITANDO [*ver tb. autor da herança, de cujus*] – É sinônimo de *de cujus*, autor da herança, o falecido, o morto.

HEREDITÁRIO – Do latim *hereditarius*, de herança. É tudo que é transmitido do ascendente ao descendente, de genitor para filho. Diz-se na biologia das doenças que passam dos pais para os filhos. Na técnica jurídica, é utilizado para designar tudo que se refere à herança: quinhão hereditário, acervo hereditário, direito hereditário etc.

HEREDOGRAMA [*ver tb. árvore genealógica*] – Do latim *heredium*, herança. É a representação gráfica das relações de parentesco. Também conhecido como árvore genealógica.

HERÉU – É o mesmo que herdeiro.

HERMAFRODITA [*ver tb. crossdresser, intersexual, transgênero*] – Do latim, *hermaphroditus*, mas com origem mitológica grega: Hermafrodito era filho de Hermes e Afrodite, um homem muito belo pelo qual uma ninfa se apaixonou, mas não sendo correspondida pediu aos deuses para que eles se tornassem um só, e assim, tornaram-se um só corpo. Designa a pessoa que possui ambos os sexos, masculino e feminino. Esta expressão caiu em desuso e não mais é utilizada pela comunidade médica, uma vez que não expressa com clareza a realidade da anomalia. E assim vem sendo substituído pela expressão intersexual, que melhor traduz essa situação.

HIPOCORÍSTICO [*ver tb. pseudônimo*] – Do grego *hypokoristikós*, tratamento carinhoso. São as expressões de valor afetivo, usadas dia a dia no trato familiar, pela qual se designa carinhosamente a pessoa na intimidade, podendo representar uma simplificação ou modificação do nome, por exemplo: Papai, Mamãe, Joãozinho, Caca etc.

No ambiente jurídico, é o apelido notório utilizado para identificar alguém em sua inteireza, sob o ponto de vista pessoal e profissional, por exemplo: Lula, Xuxa, entre outros. Não se confunde com o pseudônimo, que identifica apenas profissionalmente. O hipocorístico, nessas circunstâncias, pode ser acrescido ao nome ou até mesmo substitui-lo, tornando-se elemento do nome.

HIPOSSUFICIENTE – Genericamente, é a pessoa de poucos recursos financeiros. No ambiente forense, diz-se da pessoa com escassas possibilidades financeiras e em razão disso tem direito aos benefícios da assistência judiciária, isto é, fica isento de pagar custas processuais: *A parte gozará dos benefícios da assistência judiciária, mediante simples afirmação,* *na própria petição inicial, de que não está em condições de pagar as custas do processo e os honorários de advogado, sem prejuízo próprio ou de sua família* (Art. 4º, Lei nº 1.060/50).

Nas ações de alimentos presume-se a hipossuficiência do alimentário, especialmente quando for menor de idade ou incapaz (Art. 1º, § 2º, Lei nº 5.478/68 – Lei de Alimentos).

JURISPRUDÊNCIA

(...) Quem dispõe de privilegiada condição de vida e, omitindo seus ganhos, busca a concessão do benefício da assistência judiciária, age com dolo, merecendo ser apenado com o pagamento de multa e indenização. Agravo desprovido, com reconhecimento da litigância de má-fé (TJRS, Ag. nº 70005974795, Des.ª Rel.ª Maria Berenice Dias, 7ª CC., j. 30/04/2003).

HOLDING FAMILIAR [*ver tb. planejamento sucessório*] – A expressão *holding* é de origem americana e significa segurar, manter, controlar, guardar. No ordenamento jurídico brasileiro, é utilizada para indicar a sociedade empresarial que tem como atividade o exercício do controle acionário de outras empresas e a administração dos bens das empresas que controla.

No Direito Sucessório, a criação de uma *holding* tornou-se uma ferramenta eficiente nos planejamentos sucessórios. Instituir uma *holding* visa à redução de encargos tributários, rapidez e agilidade nas questões de sucessão familiar empresarial e proteção patrimonial.

A *holding* possibilita solucionar problemas referentes à herança, substituindo em parte declarações testamentárias, podendo indicar especificamente os sucessores da sociedade, evitando atrito ou litígios judiciais, proporcionando

que a administração dos bens da família permaneçam nas mãos daqueles que estão mais aptos para prosseguir e dar continuidade aos negócios da família.

HOMESTEAD [*ver tb. bem de família*] – Termo originário dos Estados Unidos, que significa: *home*; lar ou casa e *stead*; lugar. Foi utilizada pela primeira vez em 1839 no Texas/EUA, e visava proteger a propriedade usada como moradia, diante da forte crise que assolava a região.

No Direito brasileiro, tal terminologia deu origem ao instituto do bem de família, servindo de norte para criação dos dispositivos de lei que regulamentam a matéria.

DISPOSITIVOS NORMATIVOS

CCB – Arts. 1.711 a 1.722.

Lei nº 8.009/90 – Dispõe sobre a impenhorabilidade do bem de família – Art. 1º.

HOMOAFETIVIDADE [*ver tb. família homoafetiva, significante*] – É a relação afetiva entre pessoas do mesmo sexo. Tem o mesmo sentido de relações homoafetivas ou homossexuais. Maria Berenice Dias, jurista gaúcha, foi quem "inventou" a expressão relações homoafetivas, para usá-la no lugar de relações homossexuais.

Além do significado, as palavras trazem consigo um significante. A expressão homossexualidade traz consigo toda carga de preconceito veiculado no campo social. Assim, passou-se a usar no meio jurídico a expressão homoafetividade no lugar de homossexualidade, introduzindo-se um novo significante, suavizando a terminologia e ajudando a combater o preconceito.

A hétero e a homossexualidade são apenas variantes da sexualidade humana. Quer se considere escolha ou preferência, trata-se de determinação da personalidade de cada um, e é apenas elemento e característica estrutural do desejo erótico.

A sexualidade humana é plástica, pois é da ordem da fantasia e, portanto, pode ter variações inimagináveis. Estas variações pertencem ao campo privado de cada um, e não podem significar ou determinar superioridade ou inferioridade de uma pessoa sobre a outra em razão de suas preferências sexuais. A homo ou a heterossexualidade como simples manifestação do pluralismo sexual são atributos da personalidade, e como tal não podem qualificar ou desqualificar pessoas e expropriar cidadanias.

Assim como a cor da pele e a opção religiosa, a preferência sexual não pode ser um obstáculo ao exercício do gozo de todos os direitos em uma sociedade. Em um verdadeiro Estado democrático a igualdade de direitos deve respeitar as diferenças, sejam elas de que natureza forem.

A Lei nº 11.340/06, mais conhecida como Lei Maria da Penha, foi o primeiro texto legislativo brasileiro a traduzir essa noção: *As relações pessoais enunciadas neste artigo independem de orientação sexual* (Art. 5º, parágrafo único).

JURISPRUDÊNCIA

(...) Ninguém, absolutamente ninguém, pode ser privado de direitos nem sofrer quaisquer restrições de ordem jurídica por motivo de sua orientação sexual. Os homossexuais, por tal razão, têm direito de receber a igual proteção tanto das leis quanto do sistema político-jurídico instituído pela Constituição da República, mostrando-se arbitrário e inaceitável qualquer estatuto que puna, que exclua, que discrimine, que fomente a intolerância, que estimule o desrespeito e que desiguale as pessoas em razão de sua orientação sexual.

(...) Os princípios essenciais (como os da dignidade da pessoa humana, da liberdade, da autodeterminação, da igualdade, do pluralismo, da intimidade, da não discriminação e da busca da felicidade) – reconhece assistir, a qualquer pessoa, o direito fundamental à orientação sexual, havendo proclamado, por isso mesmo, a plena legitimidade ético-jurídica da união homoafetiva como entidade familiar, atribuindo-lhe, em consequência, verdadeiro estatuto de cidadania, em ordem a permitir que se extraiam, em favor de parceiros homossexuais, relevantes consequências no plano do direito, notadamente no campo previdenciário, e, também, na esfera das relações sociais e familiares. – A extensão, às uniões homoafetivas, do mesmo regime jurídico aplicável à união estável entre pessoas de gênero distinto justifica-se e legitima-se pela direta incidência, dentre outros, dos princípios constitucionais da igualdade, da liberdade, da dignidade, da segurança jurídica e do postulado constitucional implícito que consagra o direito à busca da felicidade, os quais configuram, numa estrita dimensão que privilegia o sentido de inclusão decorrente da própria Constituição da República (art. 1º, III, e art. 3º, IV), fundamentos autônomos e suficientes aptos a conferir suporte legitimador à qualificação das conjugalidades entre pessoas do mesmo sexo como espécie do gênero entidade familiar (STF, RE 477554 AgR MG, Rel. Min. Celso de Mello, 2ª T., j. 16/08/2011).

LINGUAGEM POÉTICA

O amor é o que é essencial. / O sexo é só um acidente. / Pode ser igual. / Ou diferente. / O homem não é um animal: / É uma carne inteligente / (...)

(Fernando Pessoa)

ILUSTRAÇÃO

Letícia Grandinetti. P. 376.

HOMOAFETIVO [*ver tb. família homoafetiva, homoafetividade, homossexualidade*] – Relativo à homossexualidade. Muitas vezes denominado pela psicanálise como homoerotismo.

Expressão utilizada pela primeira vez pela doutrinadora gaúcha, Maria Berenice Dias, em substituição à palavra homossexual.

HOMOFOBIA – [*ver tb. orientação sexual, orientação de gênero*] – Qualquer ação ou manifestação de ódio ou rejeição a homossexuais, lésbicas, bissexuais, travestis e transexuais. Pode-se dizer aversão e preconceito de gênero, sexo, orientação sexual e identidade de gênero. A sustentação normativa espelhada na ordem constitucional, dentre os objetivos consolidados pela República Federativa do Brasil, pode promover o bem de todos, sem preconceitos de origem, raça, sexo, cor, idade e quaisquer outras formas de discriminação. A Lei nº 7.716/89 criminaliza o preconceito de raça ou de cor, ficando silente com relação a discriminação com relação a orientação sexual. O objetivo do legislador foi evitar a prática preconceituosa, notadamente pelo comando constitucional que prevê quaisquer outras formas de discriminação, tem-se por esse argumento lógico sistemático ser perfeitamente possível a criminalização da homofobia. Por essa interpretação via reflexa está justificada a criminalização da homofobia.

JURISPRUDÊNCIA

(...) Ninguém, sob a égide de uma ordem democrática justa, pode ser privado de seus direitos (entre os quais o direito à busca da felicidade e o direito à igualdade de tratamento que a Constituição e as leis da República dispensam às pessoas em geral) ou sofrer qualquer restrição em sua esfera jurídica em razão de sua orientação sexual ou de sua identidade de gênero! Garantir aos integrantes do grupo LGBTI+ a posse da cidadania plena e o integral respeito tanto à sua condição quanto às suas escolhas pessoais pode significar, nestes tempos em que as liberdades fundamentais das pessoas sofrem ataques por parte de mentes

sombrias e retrógradas, a diferença essencial entre civilização e barbárie. (...) (STF, ADO 26, Relator(a): Celso de Mello, Tribunal Pleno, Public. 06-10-2020).

ILUSTRAÇÃO

Sérgio Lima. P. 378.

HOMOLESBOTRANSFOBIA – É a aversão a homossexuais, sejam *gays* ou lésbicas, e também a transexuais.

HOMOPARENTALIDADE [*ver tb. adoção homoparental, barriga de aluguel, reprodução assistida, reprodução assistida heteróloga*] – É a parentalidade, isto é, paternidade ou maternidade, exercida por casal de pessoas do mesmo sexo, decorrente de adoção, reprodução medicamente assistida ou útero de substituição (barriga de aluguel). O Conselho Federal de Medicina, na Resolução nº 2.121/2015, considerando que o Supremo Tribunal Federal reconheceu e qualificou como entidade familiar a união estável homoafetiva (ADI 4.277 e ADPF 132), passou a autorizar o uso das técnicas reprodutivas assistidas para casais do mesmo sexo.

O primeiro ato normativo regulamentando o registro de nascimento homoparental no Brasil foi expedido pela Corregedoria Geral do Estado do Mato Grosso (Provimento nº 54/2014) fundamentado no entendimento de que a configuração das famílias na atualidade é bem mais ampla, atendendo aos princípios da dignidade humana, cidadania, direitos fundamentais à igualdade, liberdade, intimidade e proibição de discriminação: *o assento de nascimento decorrente da homoparentalidade, biológica ou por adoção, será inscrito no Livro A, observada a legislação vigente, no que for pertinente, com a adequação para que constem os nomes dos pais ou das mães, bem como de seus respectivos avós, sem distinção se paternos ou maternos, sem descurar dos seguintes documentos fundamentais: I – declaração de nascido vivo – DNV; II – certidão de casamento, de conversão de união estável em casamento ou escritura pública de união estável* (Art. 1º, Provimento 54/2014, CNJ-MT).

HOMOSSEXUALIDADE [*ver tb. família homoafetiva, gênero, homoafetividade*] – Do grego *homos*, igual. Expressão utilizada pela primeira vez por volta de 1860 pelo médico húngaro Karoly Maria Benkert para designar toda relação carnal entre pessoas biologicamente pertencentes ao mesmo sexo.

Foi somente na década de 1970, pelos trabalhos dos historiadores Michel Foucault e pelos movimentos de libertação sexual que a homossexualidade deixou de ser vista como doença, embora Freud já o tivesse dito há muitos anos. *Falou-se então das homossexualidades, para deixar claro que esta era menos uma estrutura do que um componente da sexualidade humana dotado de uma pluralidade de comportamento tão variados quanto os neuróticos comuns. Freud, aliás, havia apontado o caminho para essa abordagem, fazendo a homossexualidade derivar da bissexualidade e remetendo-a a uma escolha inconsciente, ligada à renegação, à castração e ao Edipo* (ROUDINESCO, Elisabeth. *Dicionário de psicanálise.* Trad Vera Ribeiro. Leucy Magalhães. Rio de Janeiro: Zagar, 1998. p. 352).

A homossexualidade não é uma patologia, e para cada sujeito a escolha do objeto sexual está enraizada no inconsciente. Portanto, não depende de uma escolha consciente e nem é uma opção sexual, apenas uma preferência que não se submete a uma pedagogia do desejo e,

H

portanto, não se pode desviá-la para atender os ideais de uma determinada sociedade. A sexualidade segue caminhos traçados pelo inconsciente que é individual e singular.

A luta pela igualdade de direitos entre homens e mulheres acabou desenvolvendo melhor as noções de gênero, demonstrando que a sexualidade, em geral, é uma construção ideológica que escapa à anatomia. Em razão disso, surgiu uma terminologia própria para definir categorias favoráveis ou contra as práticas homossexuais, tais como homofobia, heterossexismo, homoerótico etc. No Brasil, a jurista gaúcha Maria Berenice Dias cunhou a expressão homoafetividade, ajudando a retirar o pejorativo significante que ainda recai sobre a palavra homossexualidade, suavizando o preconceito.

A homossexualidade interessa ao Direito, pois a ela está ligada à ideia de justiça social. Não se pode mais excluir pessoas e categorias do laço social em razão de suas escolhas ou preferências sexuais. Se dois homens ou duas mulheres desejam conviver e estabelecer laços afetivos e de família, não há nenhuma razão lógica ou porquê negar-lhes os mesmos direitos de um casal heterossexual. Homossexualidade faz parte da natureza humana, desde que o mundo é mundo. Não aceitar esta realidade é ter medo dos fantasmas da própria sexualidade.

JURISPRUDÊNCIA

(...) A relação homoafetiva gera direitos e, analogicamente à união estável, permite a inclusão do companheiro dependente em plano de assistência médica. – O homossexual não é cidadão de segunda categoria. A opção ou condição sexual não diminui direitos e, muito menos, a dignidade da pessoa humana. (...) (STJ, REsp 238715 RS, Rel.

Min. Humberto Gomes de Barros, 3ª T., publ. 02/10/2006).

LINGUAGEM LITERÁRIA

"Era um jogo de cabeças unidas quando sentávamos pra estudar juntos, de mãos unidas sempre, e alguma vez mais rara, corpos enlaçados nos passeios noturnos. E foi aquele beijo que lhe dei no nariz depois, depois não, de repente no meio duma discussão rancorosa sobre se Bonaparte era gênio, eu jurando que não, ele que sim. – Besta! – Besta é você! Dei o beijo, nem sei! parecíamos estar afastados léguas um do outro nos odiando. Frederico Paciência recuou, derrubando a cadeira. O barulho facilitou nosso fragor interno, ele avançou, me abraçou com ansiedade, me beijou com amargura, me beijou na cara em cheio dolorosamente. Mas logo nos assustou a sensação de condenados que explodiu, nos separamos conscientes. Nos olhamos olho no olho e saiu o riso que nos acalmou. Estávamos nos amando de amigo outra vez; estávamos nos desejando, exaltantes no ardor, mas decididos, fortíssimos, sadios."

(ANDRADE, Mario de. Frederico paciência. *In: Contos novos*. 16. ed. Belo Horizonte; Rio de Janeiro: Villa Rica, 1996. p. 83).

HOMOSSEXUALISMO [*ver tb. homossexualidade*] – O sufixo de origem grega 'ismo', pode denotar "condição patológica" na literatura médica. Como as palavras têm força e poder e vincula significantes, melhor usar a expressão homossexualidade, para não empregar uma expressão que pode associar a origem preconceituosa. E assim desvincula a expressão de uma origem preconceituosa.

I

ID [*ver tb. ego, narcisismo*] – É uma das três instâncias do aparelho psíquico, descritas por Freud. Do latim *id*, *isso* é a parte mais profunda da *psique*, e funciona como um polo pulsional da personalidade, cujos conteúdos e expressão psíquica das pulsões são inconscientes.

É muito comum as pessoas dizerem "não queria ter feito isto, foi mais forte do que eu" etc. Este não saber indomável é o que se pode chamar de *id*, que é a instância psíquica dos impulsos instintivos, pelo desejo impulsivo, comandados pelo princípio do prazer.

IDADISMO [*ver Tb. Idoso, ageísmo*] – É o preconceito e discriminação em relação à idade, e que gera injustiças, prejuízos e desvantagens aos idosos. É também conhecido como ageísmo. Numa sociedade excludente, em que se cultua o corpo jovem, as pessoas com mais de 60 anos são esquecidas pelo poder público e sociedade. Apesar da Lei 8.842/94 que dispõe sobre a Política Nacional do Idoso e do Estatuto da pessoa Idosa, lei 10.741/2003, serem textos normativos modernos, politicamente corretos e vêm para resgatar a dignidade das pessoas da chamada terceira idade, ainda há preconceitos a serem vencidos. O primeiro deles é o flagrante equívoco da concepção sobre a sexualidade. Talvez, o equívoco e a falta de visibilidade dessa sociedade excludente estejam no fato de que as pessoas com mais de 60 anos já não fazem parte da engrenagem da produção política e econômica. Contudo, para além desse foco específico, o Estatuto da pessoa idosa, para não virar letra morta, precisa ser efetivamente implementado e fazer parte das políticas públicas, gerando respeito e dignidade a essas pessoas que, de certa forma, já deram sua parcela de contribuição à sociedade, mas que ainda carregam consigo a energia vital e podem contribuir para que tenhamos uma sociedade mais justa e solidária. É preciso, portanto, atribuir-lhes um lugar de sujeito de direito e de desejo para saírem da invisibilidade social.

A obrigatoriedade do regime de bens às pessoas com mais de 70 anos é também um idadismo.

DISPOSITIVOS NORMATIVOS

Lei nº 8.842/1994 – Dispõe sobre a política nacional do idoso, cria o Conselho Nacional do Idoso e dá outras providências.

Lei nº 10.741/2003 – Estatuto do idoso.

Lei nº 13.466/2017 – Cria a categoria de "super" idosos acima de 80 anos.

Lei nº 14.423/2022 – Altera a Lei nº 10.741, de 1º de outubro de 2003, para substituir, em toda a Lei, as expressões "idoso" e "idosos" pelas expressões "pessoa idosa" e "pessoas idosas", respectivamente.

JURISPRUDÊNCIA

(...) corolário da declaração de direitos e da declaração de deveres, a proibição de tratamento desumano: "Nenhum idoso será objeto de qualquer tipo de negligência, discriminação, violência, crueldade ou opressão, e todo atentado aos seus direitos, por ação ou omissão, será punido na forma da lei" (art. 4º, caput). 3. O envelhecimento constitui fato da natureza e sina da humanidade. Diante dessa constatação de destino invencível, o que precisa ser evitado a qualquer custo é o desamparo dos idosos, tanto por inércia estatal como por desídia familiar e social. Dever do Estado, da coletividade e da família, a proteção dos idosos, sobretudo daqueles em situação de risco, representa uma das facetas essenciais da dignidade humana, indicadora do grau de civilização de um povo. (...) O papel do ordenamento é evitar que o envelhecimento, além das adversidades que lhe são próprias, sucumba à lógica perversa do sofrimento, humilhação, discriminação e abandono causados, não pela idade em si, mas por percepções estereotipadas, tanto intoleráveis como arraigadas, de glorificação da juventude e de acatamento fleumático da desigualdade sócio-etária, realidade cultural que talvez explique a incapacidade do Estado, da família e da sociedade de cuidar adequadamente dos pais, avós e bisavós. Trata-se de questão demográfica, econômica e de saúde pública, mas igualmente de justiça social e, portanto, de solidariedade intergeracional, no rastro da pauta dos direitos humanos fundamentais. Abandonado não deve ser o idoso, mas há o pensamento inaceitável de que quem nasce pobre e pena com infância de privação deve, igualmente, morrer pobre e padecer com velhice de privação.

5. Como "medida específica de proteção" (art. 45, V e VI, da Lei nº 10.741/2003), o abrigamento é procedimento extremo, cuja utilização se admite somente quando outras ações protetivas dos idosos se mostrarem insuficientes ou inviáveis para afastar situação de risco à vida, saúde, integridade física e mental. Imperioso que instituições excepcionais desse tipo existam e possam acolher tais sujeitos hipervulneráveis. Mas tudo sem esquecer que o idoso em estado de risco demanda rede de proteção imediata e humanizada, que vá até ele, que o ampare em todos os aspectos e que lhe assegure um mínimo de autonomia, pois a velhice não apaga o valor ou a necessidade de liberdade. (...) (STJ – REsp: 1680686 RJ 2017/0129124-1, Relator: Min. Herman Benjamin, 2ª Turma, DJe 07/08/2020).

IDENTIDADE DE GÊNERO [ver tb. crossdresser, gênero, queer sexualidade, transgênero] – O gênero é uma construção social e cultural que cria hierarquias e estabelece relações de poder. Ele não está necessariamente e irremediavelmente vinculado à anatomia. Uma pessoa pode se reconhecer homem ou mulher, independentemente de sua constituição física. Portanto, identidade de gênero não é definida pela anatomia, mas pela identificação com determinado gênero, isto é, como a pessoa se reconhece, se homem, mulher, ambos ou nenhuma. Assim, o indivíduo pode mudar de sexo, de acordo com o gênero ou papel que ele se atribui socialmente.

Diferentemente, é a orientação sexual, que se define pela preferência sexual, ou seja, para qual gênero o desejo afetivo e sexual se volta ou se dirige.

JURISPRUDÊNCIA

(...) No plano do direito comparado, o primeiro arrojo acerca reconhecimento legal da identidade de gênero foi empreendido pelo Reino Unido em 2004, ao elaborar um procedimento de reconhecimento do gênero que não exigia a cirurgia de transgenitalização (ou seja, de qualquer procedimento médico com vista a "mudança de sexo" que afete os órgãos reprodutores), seguida pela Espanha e Portugal. XII. Em que pese, os avanços trazidos pelas legislações estrangeiras referidas, o modelo de lei de identidade de gênero mais consensual entre os especialistas é o proveniente da Argentina, que desde 2012, aprovou a Lei de Identidade de Gênero, que permite a travestis e transexuais modificar seu gênero e nome no documento nacional de identidade, independente de autorização judicial, baseado exclusivamente na autodeterminação. XIII. O nosso ordenamento jurídico, determina em seu art. 21 do Código Civil, que a vida privada da pessoa natural é inviolável. Por consequência, não pode o Estado se imiscuir-se no âmbito da vida íntima da pessoa transexual, impondo-lhe a realização de uma cirurgia, que poderá trazer incalculáveis prejuízos a sua saúde, à sua fertilidade, e à sua dignidade. XIV. De mais a mais, pelo cotejo meticuloso dos artigos que regulam a Lei de Registros Públicos, não se vislumbra em nenhum momento objeção à pretensão do recorrente, como passo demonstrar. O art. 55, parágrafo único, da supracitada lei estipula que "os oficiais do registro civil não registrarão prenomes suscetíveis de expor ao ridículo os seus portadores (...)". O art. 57 da Lei nº 6.015/73 permite a alteração do nome, desde que seja feita "por exceção e motivadamente", desde que haja manifestação do juiz a que estiver sujeito o registro. Como também, o art. 58, caput e parágrafo único, da mesma Lei, dispõe que "o prenome será definitivo, admitindo-se, todavia, a sua substituição por apelidos públicos e notórios." XV. Dessa maneira, a permanência nos documentos de identificação da pessoa transexual, do sexo diverso a ideia ao que seu nome e a aparência nos remete, continua a constrangê-la, a despertar curiosidade e ao expô-la ao ridículo. Fazendo com que atos corriqueiros da vida cotidiana com preencher uma ficha cadastral, apresentar seus documentos para autoridade policiais tornem-se um verdadeiro martírio, sob pena de incidir nas penas do crime de falsidade ideológica, previsto no art. 299 do CP. XVI. É corrente que por força do princípio da proibição de proteção deficiente, nem a lei nem o Estado podem ostentar insuficiência em relação à garantia dos direitos fundamentais, isto é, cria-se um dever para o Estado, (leia-se para o legislador, juiz e demais aplicadores do direito) que não podem dispor dos mecanismos de tutela, a fim de assegurar a proteção de um direito fundamental, é neste contexto que tem que ser entendido e averiguado o direito da adequação sexual da recorrente. XVII. Portanto, não hesito em afirmar que a identificação da recorrente deve se harmonizar com a identidade de como a pessoa de reconhece. No caso em baila, é inegável que o apelante se vê como uma mulher, comporta-se como uma mulher, identifica-se socialmente como uma mulher (inclusive nas redes sociais), ou seja, seu gênero é feminino, sobrepondo-se ao seu sexo biológico, à sua genitália e à sua configuração genética. XVIII. Nessa perspectiva, prevalecendo à identidade psicossocial sobre a biológica, entendo que a cirurgia de adequação sexual, tem que ser entendida como uma *plus*, que pode ser desejado ou não pela pessoa transexual, não podendo ser enxergada como uma condição "*sine qua non*", essencial, para que seja atendido seu direito à identidade de gênero. XIX. À vista disso, condicionar a exigência de cirurgia de transgenitalização para viabilizar a mudança do sexo registral dos transexuais ofende os direitos humanos internacionalmente reconhecidos (Carta de Yogyakarta), bem como viola os enunciados nº 42 e 43 do Conselho Nacional de Justiça, aprovados em 2014, quando da realização da I Jornada de Direito da Saúde. (...)(TJMA, AC Nº 38.912/2016, Relator: Antônio Guerreiro Júnior, Segunda Câmara Cível, J. 08/11/2016).

IDOSO [*ver tb. Estatuto da pessoa Idosa, princípio da dignidade humana, terceira idade*] – É a pessoa que tem mais de 60 anos de idade, assim definido pela Lei nº 10.741/03, mais conhecido como Estatuto da pessoa Idosa: *O idoso goza de todos os direitos fundamentais inerentes à pessoa humana, sem prejuízo da proteção integral de que trata esta Lei, assegurando-se-lhe, por lei ou por outros meios, todas as oportunidades e facilidades, para preservação de sua saúde física e mental e seu aperfeiçoamento moral, intelectual, espiritual e social, em condições de liberdade e dignidade* (Art. 2º).

O preconceito com as pessoas idosas tem produzido injustiças e equívocos nas políticas públicas de saúde e, consequentemente, de proteção às famílias. É necessário reconhecer que, se eles já não fazem mais parte da cadeia produtiva do país, já deram sua parcela de contribuição econômica, significando em última análise, o reconhecimento e a atribuição de um lugar de merecimento. Um dos preconceitos que se tem com as pessoas idosas está na desconsideração de sua sexualidade. Desde que Freud revelou ao mundo a existência do inconsciente e que a sexualidade é a energia motriz da vida, sabe-se que ela começa com o nascimento e só termina com a morte. Pode até sofrer variações, mas está sempre presente no sujeito, inclusive nas pessoas idosas. Reconhecer que há sexualidade na terceira idade é ajudar diminuir o preconceito e a sua exclusão do laço social. *O idoso não é individualmente incapaz, porém compõe um grupo vulnerável. A incapacidade é um estado da pessoa que presume a sua vulnerabilidade, mas a recíproca não é válida. Os idosos, por suas peculiaridades, possuem uma gradação de vulnerabilidade acentuada, uma vulnerabilidade potencializada (...)* (ROSENVALD, Nelson. *Tratado de direito de família*. Rodrigo da Cunha Pereira. Belo Horizonte: IBDFAM, 2015, p. 789). A Lei nº 13.466/2017 alterou os arts. 3º, 15 e 71 da Lei nº 10.741, de 1º de outubro de 2003, para assegurar prioridade especial aos maiores de oitenta anos, atendendo-se suas necessidades sempre preferencialmente em relação aos demais idosos.

A Lei nº 13.466/2017 alterou os arts. 3º, 15 e 71 da Lei nº 10.741, de 1º de outubro de 2003, para assegurar prioridade especial aos maiores de oitenta anos, atendendo-se suas necessidades sempre preferencialmente em relação aos demais idosos, inclusive em processos judiciais.

A Lei nº 14.423/2022 alterou a Lei nº 10.741, de 1º de outubro de 2003, para substituir, as expressões "idoso" e "idosos" pelas expressões "pessoa idosa" e "pessoas idosas", respectivamente.

DISPOSITIVOS NORMATIVOS

CR – Arts. 229 e 230.

CCB – Art. 1.580, parágrafo único.

CP – Arts. 133 e 134.

Lei nº 10.741/03 – Estatuto do Idoso.

Lei nº 12.008/09 – Prioridade na tramitação de processos judiciais e administrativos.

A Lei nº 13.466/2017 alterou os arts. 3º, 15 e 71 da Lei nº 10.741, de 1º de outubro de 2003.

Lei nº 14.423/2022 – Altera a Lei nº 10.741, de 1º de outubro de 2003.

LINGUAGEM POÉTICA

O homem velho deixa a vida e morte para trás/ Cabeça a prumo, segue rumo e nunca, nunca mais/ O grande espelho que é o mundo ousaria refletir os seus sinais/ O homem velho é o rei dos animais

A solidão agora é sólida, uma pedra ao sol/ As linhas do destino nas mãos a mão apagou/ Ele já tem a alma saturada de poesia, soul e rock'n'roll/ As coisas migram e ele serve de farol/ A carne, a arte arde, a tarde cai/ No abismo das esquinas/ A brisa leve traz o olor fugaz/ Do sexo das meninas

Luz fria, seus cabelos têm tristeza de néon/ Belezas, dores e alegrias passam sem um som/ Eu vejo o homem velho rindo numa curva do caminho de Hebron/ E ao seu olhar tudo que é cor muda de tom

Os filhos, filmes, ditos, livros como um vendaval/ Espalham-no além da ilusão do seu ser pessoal/ Mas ele dói e brilha único, indivíduo, maravilha sem igual/ Já tem coragem de saber que é imortal

(*O homem velho* – Letra e música de Caetano Veloso).

ILUSTRAÇÕES

Homem velho triste, de Vincent Van Gogh. P. 429.

LINGUAGEM LITERÁRIA

"Todos vamos envelhecer.... Querendo ou não, iremos todos envelhecer. As pernas irão pesar, a coluna doer, o colesterol aumentar. A imagem no espelho irá se alterar gradativamente e perderemos estatura, lábios e cabelos. A boa notícia é que a alma pode permanecer com o humor dos dez, o viço dos vinte e o erotismo dos trinta anos. O segredo não é reformar por fora. É, acima de tudo, renovar a mobília interior: tirar o pó, dar brilho, trocar o estofado, abrir as janelas, arejar o ambiente. Porque o tempo, invariavelmente, irá corroer o exterior. E, quando ocorrer, o alicerce precisa estar forte para suportar. Erótica é a alma que se diverte, que se perdoa, que ri de si mesma e faz as pazes com sua história. Que usa a espontaneidade para ser sensual, que se despe de preconceitos, intolerâncias, desafetos. Erótica é a alma que aceita a passagem do tempo com leveza e conserva o bom humor apesar dos vincos em torno dos olhos e o código de barras acima dos lábios. Erótica é a alma que não esconde seus defeitos, que não se culpa pela passagem do tempo. Erótica é a alma que aceita suas dores, atravessa seu deserto e ama sem pudores. Aprenda: bisturi algum vai dar conta do buraco de uma alma negligenciada anos a fio."

Poesia Reunida, Adélia Prado, 1991.

IGUALDADE – Ver princípio da igualdade.

IGUALDADE DE GÊNEROS – Ver princípio da igualdade.

IMPEDIMENTOS DIRIMENTES ABSOLUTOS [*ver tb. impedimentos para o casamento*] – É uma das espécies do gênero impedimentos para o casamento utilizada pelo Direito de Família, por influência do Direito Canônico, no CCB de 1916. Os impedimentos considerados de alta gravidade acarretavam a nulidade do casamento.

O CCB de 2002 manteve este rol, porém alterou a nomenclatura para impedimentos propriamente ditos, ou dirimentes propriamente ditos, uma vez que eliminou a divisão entre absoluta e relativa adotada no Código anterior, ficando assim: *Não podem casar: I – os ascendentes com os descendentes, seja o parentesco natural ou civil; II – os afins em linha reta; III – o adotante com quem foi cônjuge do adotado e o adotado com quem o foi do adotante; IV – os irmãos, unilaterais ou bilaterais, e demais colaterais, até o terceiro grau inclusive; V – o adotado com o filho do adotante; VI – as pessoas casadas; VII – o cônjuge sobrevivente com o condenado por homicídio ou tentativa de homicídio contra o seu consorte* (Art. 1.521, CCB 2002).

IMPEDIMENTOS DIRIMENTES RELATIVOS [*ver tb. impedimentos para o casamento*] – É uma das espécies do gênero impedimentos para o casamento utilizada pelo CCB de 1916, por influência do

Direito Canônico. Os impedimentos relativamente graves acarretaram a anulabilidade do casamento. No atual Código Civil, não há espécies de impedimentos, apenas a lista de causas de anulação e invalidade do casamento: *É anulável o casamento: I – de quem não completou a idade mínima para casar; II – do menor em idade núbil, quando não autorizado por seu representante legal; III – por vício da vontade, nos termos dos arts. 1.556 a 1.558; IV – do incapaz de consentir ou manifestar, de modo inequívoco, o consentimento; V – realizado pelo mandatário, sem que ele ou o outro contraente soubesse da revogação do mandato, e não sobrevindo coabitação entre os cônjuges; VI – por incompetência da autoridade celebrante* (Art. 1.550, CCB).

IMPEDIMENTOS IMPEDIENTES [*ver tb. impedimentos para o casamento*] – É uma das espécies do gênero impedimentos para o casamento utilizada pelo Direito de Família, por influência do Direito Canônico no CCB de 1916. Referia-se às causas suspensivas que, apesar de não acarretarem a nulidade ou anulabilidade do casamento, instituíam penalidades de natureza econômica, como a imposição do regime legal obrigatório.

O atual Código Civil manteve o rol e a nomenclatura: *Não devem casar: I – o viúvo ou a viúva que tiver filho do cônjuge falecido, enquanto não fizer inventário dos bens do casal e der partilha aos herdeiros; II – a viúva, ou a mulher cujo casamento se desfez por ser nulo ou ter sido anulado, até dez meses depois do começo da viuvez, ou da dissolução da sociedade conjugal; III – o divorciado, enquanto não houver sido homologada ou decidida a partilha dos bens do casal; IV – o tutor ou o curador e os seus descendentes, ascendentes, irmãos, cunhados ou sobrinhos, com a pessoa tutelada ou curatelada, enquanto não cessar a tutela ou curatela, e não estiverem saldadas as respectivas contas* (Art. 1.523, CCB).

IMPEDIMENTOS PARA O CASAMENTO [*ver tb. impedimentos dirimentes absolutos, impedimentos dirimentes relativos, impedimentos impedientes, incesto, nulidade de casamento, princípio da monogamia, união estável putativa, união poliafetiva*] – Do latim *impedimentum*, impedir, constranger. São proibições impostas ao casamento, cuja inobservância pode gerar sua nulidade ou alguma penalidade. *Certas situações, resultantes de valores longamente cristalizados nas sociedades, são consideradas moralmente determinantes de proibição para o casamento. Sua fonte primária, que está na raiz da constituição de quase todos os povos, é a vedação do incesto, que impede o casamento de pessoas com relações de parentesco próximo, a exemplo de pais e filhos, irmãos, e até mesmo em virtude de parentesco por afinidade em linha reta estabelecido entre sogros e genros e noras* (LÔBO, Paulo. *Famílias*. 2. ed. São Paulo: Saraiva, 2009. p. 83).

O Direito Canônico, cuja influência ainda se vê no Direito de Família, organizou os impedimentos matrimoniais em três classes: os de caráter absoluto, também conhecidos como dirimentes absolutos (do latim *dimere*, terminar) que acarretavam a nulidade do casamento; os de caráter relativo, ou dirimentes relativos, tendo como efeito a anulabilidade do ato; e os proibitivos, também conhecidos como *impedientes*, que não geravam a nulidade ou anulabilidade do ato, mas sujeitava os infratores a penalidades de

I

natureza econômica (restrição na escolha do regime de bens).

O Código Civil de 2002 alterou a classificação dos impedimentos e as restringiu a apenas duas: *dirimentes* absolutos, agora conhecidos como dirimentes propriamente ditos: *Não podem casar: I – os ascendentes com os descendentes, seja o parentesco natural ou civil; II – os afins em linha reta; III – o adotante com quem foi cônjuge do adotado e o adotado com quem o foi do adotante; IV – os irmãos, unilaterais ou bilaterais, e demais colaterais, até o terceiro grau inclusive; V – o adotado com o filho do adotante; VI – as pessoas casadas; VII – o cônjuge sobrevivente com o condenado por homicídio ou tentativa de homicídio contra o seu consorte (Art. 1.521, CCB);* e os *impedientes,* conhecidos como causas suspensivas: *Não devem casar: I – o viúvo ou a viúva que tiver filho do cônjuge falecido, enquanto não fizer inventário dos bens do casal e der partilha aos herdeiros; II – a viúva, ou a mulher cujo casamento se desfez por ser nulo ou ter sido anulado, até dez meses depois do começo da viuvez, ou da dissolução da sociedade conjugal; III – o divorciado, enquanto não houver sido homologada ou decidida a partilha dos bens do casal; IV – o tutor ou o curador e os seus descendentes, ascendentes, irmãos, cunhados ou sobrinhos, com a pessoa tutelada ou curatelada, enquanto não cessar a tutela ou curatela, e não estiverem saldadas as respectivas contas* (Art. 1.523, CCB). Os impedimentos dirimentes relativos passaram a compor as causas da anulação do casamento (Art. 1.550, CCB).

Diferentemente dos negócios jurídicos nulos, o casamento declarado nulo tem eficácia jurídica para o cônjuge de boa-fé, gerando todos os efeitos civis e patrimoniais, até o trânsito em julgado da sentença que o declara nulo. Assim, mesmo nulo, e dispondo a decretação da nulidade de efeito retroativo à data da celebração (Art. 1.563, CCB), o casamento produz efeitos até ser desconstituído. Gera efeitos em relação a terceiros, como a presunção de paternidade de filhos havidos na sua constância, e em relação aos próprios cônjuges, como o reconhecimento do regime da comunhão parcial de bens, presumindo-se que os bens adquiridos decorreram de esforço comum.

A inobservância à recomendação de "não devem casar", isto é, os impedimentos *impedientes* ou as causas suspensivas, não torna o casamento anulável, mas impõe restrição de natureza patrimonial, com a imposição do regime legal obrigatório, qual seja, o regime da separação de bens (Art. 1.641, I, CCB).

DISPOSITIVOS NORMATIVOS

CCB – Arts. 1.521 a 1.524, 1.548 a 1.564.

JURISPRUDÊNCIA

(...) A discussão relativa à nulidade preconizada pelo art. 1.548 do CC/02, que se reporta aos impedimentos, na espécie, consignados no art. 1.521, IV, do CC/02 (casamento entre colaterais, até o terceiro grau, inclusive) fenece por falta de escopo, tendo em vista que o quase imediato óbito de um dos nubentes não permitiu o concúbito pós-casamento, não havendo que se falar, por conseguinte, em riscos eugênicos, realidade que, na espécie, afasta a impositividade da norma, porquanto lhe retira seu lastro teleológico. 5. Não existem objetivos pré-constituídos para o casamento, que descumpridos, imporiam sua nulidade, mormente naqueles realizados com evidente possibilidade de óbito de um dos nubentes – casamento nuncupativo –, pois esses se afastam tanto do usual que, salvaguardada as situações constantes dos arts. 166 e 167 do

CC/02, que tratam das nulidades do negócio jurídico, devem, independentemente do fim perseguido pelos nubentes, serem ratificados judicialmente. 6. E no amplo espectro que se forma com essa assertiva, nada impede que o casamento nuncupativo realizado tenha como motivação central, ou única, a consolidação de meros efeitos sucessórios em favor de um dos nubentes – pois essa circunstância não macula o ato com um dos vícios citados nos arts. 166 e 167 do CC/02: incapacidade; ilicitude do motivo e do objeto; malferimento da forma, fraude ou simulação. Recurso ao qual se nega provimento (STJ, REsp 1330023 RN 2012/0032878-2, Rel.ª Min.ª Nancy Andrighi, 3ª T., j. 05/11/2013).

LINGUAGEM POÉTICA

Se alguém souber de algo que impeça este casamento / que fale agora ou para sempre cale-se

Por favor, pare agora / Senhor Juiz, pare agora / Senhor Juiz esse casamento / será pra mim todo meu tormento / Não faça isso, peço por favor / pois minha alegria vive desse amor / Por favor, pare agora / Senhor Juiz, pare agora.

(*Pare o casamento* (Preacher Man – Stop the wedding) – Letra e música de Arthur Resnick e Kenny Young).

IMPENHORABILIDADE [*ver tb. bem de família, bem de família legal, bem de família voluntário, cláusula de impenhorabilidade, patrimônio mínimo*] – É a qualidade que se confere a um bem ou direito de não ser passível de penhora. É um benefício ou restrição determinado em lei ou em cláusula voluntária. Os bens ou direitos afetados pela impenhorabilidade não podem sofrer qualquer forma de apreensão. Não se confunde com os bens inalienáveis, que além de não poderem sofrer apreensão também não podem ser alienados. Os bens ou direitos impenhoráveis podem

ser alienados livremente, somente estão impedidos de sofrerem penhora. Um exemplo de bem impenhorável por determinação legal é o bem de família, uma vez que a casa de morada faz parte de um "patrimônio mínimo" na expressão do jurista paranaense Luiz Edson Fachin. Também é possível gravar um bem com cláusula de impenhorabilidade voluntária mediante ato de doação ou por disposição testamentária, assim como o é para a inalienabilidade e incomunicabilidade.

IMPLANTAÇÃO DE FALSAS MEMÓRIAS – Ver alienação parental.

IMPOSTO DE TRANSMISSÃO *CAUSA MORTIS* [*ver tb. causa mortis*] – É o imposto de competência estadual ou distrital, que tem como fato gerador a transmissão de direitos relativos a bens imóveis, móveis, direitos, títulos e créditos, decorrente de sucessão *causa mortis*. Também conhecido pelas siglas ITD, ITCD e ITCMD, Imposto sobre Transmissão *Causa Mortis* e Doação. Estas siglas recebem diferentes variações de acordo com o Estado da Federação brasileira que o institui.

IMPOSTO DE TRANSMISSÃO *INTER VIVOS* [*ver tb. inter vivos*] – É o imposto de competência municipal (Art. 156, II, CR), que tem como fato gerador a transmissão de direitos relativos à propriedade de imóveis como casas, apartamentos, salas, lojas e galpões, mediante negócio jurídico, bilateral, oneroso, *inter vivos*. Também conhecido pelas siglas ITIV e ITBI, Imposto Sobre Transmissão de Bens Imóveis por Ato Oneroso *Inter Vivos*.

I

IMPOTÊNCIA INSTRUMENTAL [*ver tb. impotentia coeundi*] – É o mesmo que *impotentia coeundi*. É a dificuldade ou impossibilidade de funcionamento do órgão sexual masculino ou feminino de forma a inviabilizar o ato sexual.

IMPOTENTIA COEUNDI [*ver tb. anulação do casamento, impotentia generandi*, impotência sexual, presunção de paternidade] – Locução latina utilizada para descrever a inabilidade para inserir o pênis na vagina, ou seja, impotência sexual. É a incapacidade ou inaptidão tanto do homem quanto da mulher para relacionar-se sexualmente.

A *impotentia coeundi* ou impotência instrumental se dá pela impossibilidade de copular, seja por problema físico ou psicológico, ou por não funcionamento prático do órgão sexual. No Direito de Família, pode acarretar anulação do casamento por erro essencial sobre a pessoa do outro cônjuge.

DISPOSITIVOS NORMATIVOS

CCB – Arts. 1.556, 1.557, III, 1.559 e 1.599.

IMPOTENTIA GENERANDI [*ver tb. impotência sexual, impotentia coeundi*] – Expressão em latim que significa "impotência para gerar". É quando o homem não tem – necessariamente – problema de disfunção erétil, mas não tem capacidade para gerar um filho. Pode ser por falta de testículos (agenesia), não desenvolvimento do órgão (infantilismo, criptorquidia etc.), ou por causas adversas da má-formação física (acidental, criminosa etc.). A não produção (azoospemia) ou a produção inferior (oligospermia) de espermatozoides também são causas da impotência de gerar.

No Direito de Família, em princípio, a *impotentia generandi* não é causa de anulação do casamento, uma vez que a concretização do casamento se dá pela relação sexual e não pela geração de um filho. Com a evolução das técnicas de engenharia genética surgiram novos métodos de fertilização, trazendo novas possibilidades de se gerar filhos, o que pode afastar, ainda mais, a possibilidade de anulação de casamento.

DISPOSITIVOS NORMATIVOS

CCB – Arts. 1.556, 1.557, 1.599.

IMPRESCRITIBILIDADE [*ver tb. prescrição*] – É a expressão utilizada para identificar a qualidade que afeta um bem ou direito de ser imprescritível, isto é, de não sofrer os efeitos da prescrição. No Direito Administrativo e das Coisas, esta qualidade está presente em todos os bens públicos, garantindo não ocorrer a prescrição aquisitiva (usucapião), que o passar do tempo não dá direito a alguém de adquirir a propriedade pública: *Os imóveis públicos não serão adquiridos por usucapião* (Art. 183, § 3º, CR).

O direito de pleitear alimentos é imprescritível. Configuradas as condições, o credor tem legitimidade para requerer os alimentos a qualquer tempo. No entanto, a imprescritibilidade é qualidade somente do direito de pedir os alimentos. Se já houve obrigação estabelecida anteriormente e com prestações vencidas, eles são suscetíveis de prescrição: *Prescreve: § 2º Em dois anos, a pretensão para haver prestações alimentares, a partir da data em que se vencerem* (Art. 206, CCB). Opera-se, nesse caso, com relação a cada prestação atrasada que se for tornando exigível. O inadimplemento do devedor e a inércia do credor, durante aquele período, fazem perecer, paulatinamente, a pretensão àquelas parcelas.

Para os direitos dos menores de 18 anos não corre os efeitos da prescrição, que só se inicia com a maioridade civil (Art. 169, CCB).

JURISPRUDÊNCIA

(...) Duas espécies distintas de prescrição são reguladas pelo CC/2002: a extintiva, relacionada ao escoamento do lapso temporal para que se deduza judicialmente pretensão decorrente de violação de direito (arts. 189 a 206) e a aquisitiva, relacionada a forma de aquisição da propriedade pela usucapião (arts. 1.238 a 1.244). Precedente. 4 – A causa impeditiva de fluência do prazo prescricional prevista no art. 197, I, do CC/2002, conquanto topologicamente inserida no capítulo da prescrição extintiva, também se aplica às prescrições aquisitivas, na forma do art. 1.244 do CC/2002. 5 – A constância da sociedade conjugal, exigida para a incidência da causa impeditiva da prescrição extintiva ou aquisitiva (art. 197, I, do CC/2002), cessará não apenas nas hipóteses de divórcio ou de separação judicial, mas também na hipótese de separação de fato por longo período, tendo em vista que igualmente não subsistem, nessa hipótese, as razões de ordem moral que justificam a existência da referida norma. (...) STJ, REsp 1693732/MG, Rel. Min ª Nancy Andrighi, 3ª Turma, pub. 11/05/2020).

IMPÚBERE [*ver tb. capacidade civil, púbere*] – Do latim *pubes,* de *pubertate,* antecedido do prefixo *im* de negativo. É aquele que, biologicamente, não está apto para gerar filhos por ainda não ter amadurecido, isto é, não atingiu a puberdade, e seus órgãos reprodutores não estão aptos a gerar descendentes, pois ainda não atingiram a maturidade biológica necessária. Não se confunde com infertilidade ou impotência.

Juridicamente, o menor impúbere é absolutamente incapaz de exercer pessoalmente os atos da vida civil. São assim considerados os menores de dezesseis anos, e para a prática dos atos civis, devem ser representados por seus pais ou tutores.

IMPUGNAÇÃO DE FILIAÇÃO [*ver tb. averiguação de paternidade, investigação de parentalidade, investigação de origem genética, negatória da paternidade*] – É o procedimento judicial para impugnar o reconhecimento voluntário da paternidade. É direito personalíssimo, exclusivo do filho, ou seja, ele é o único legitimado para impugnar a paternidade reconhecida: *O filho maior não pode ser reconhecido sem o seu consentimento, e o menor pode impugnar o reconhecimento, nos quatro anos que se seguirem à maioridade, ou à emancipação* (Art. 1.614, CCB).

A ação de impugnação de paternidade é proposta contra aquele que reconheceu voluntariamente a paternidade.

O fato de ter havido o reconhecimento voluntário da paternidade não pode afetar o direito de buscar a verdade biológica. *Não há por que limitar o direito de investigar a paternidade ao exíguo prazo da impugnação da filiação. Modernamente, não se pode admitir prazo para uma ação que é tão imprescritível quanto o é a negatória de paternidade (Art. 1.601, CCB). O lapso decadencial não se amolda ao novo direito de filiação e não pode substituir. Como a pretensão investigatória é imprescritível, o eventual registro da paternidade não deve obstaculizar o seu exercício. Reconhecida a filiação, a desconstituição do registro é um singelo anexo da sentença.* (DIAS, Maria Berenice. *Manual de direito das famílias.* São Paulo: Revista dos Tribunais, 2013. p. 394).

A Lei nº 14.138/2021 permite fazer exame de DNA em parentes consanguíneos para comprovar suspeita de paternidade

I

quando o suposto pai biológico estiver morto ou sem paradeiro conhecido.

JURISPRUDÊNCIA

(...) O filho nascido na constância do casamento tem legitimidade para propor ação para identificar seu verdadeiro ancestral. A restrição contida no Art. 340 do Código Beviláqua foi mitigada pelo advento dos modernos exames em DNA. – A ação negatória de paternidade atribuída privativamente ao marido, não exclui a ação de investigação de paternidade proposta pelo filho contra o suposto pai ou seus sucessores. – A ação de investigação de paternidade independe do prévio ajuizamento da ação anulatória de filiação, cujo pedido é apenas consequência lógica da procedência da demanda investigatória. – A regra que impõe ao perfilhado o prazo de quatro anos para impugnar o reconhecimento, só é aplicável ao filho natural que visa afastar a paternidade por mero ato de vontade, a fim de desconstituir o reconhecimento da filiação, sem buscar constituir nova relação. – É imprescritível a ação de filho, mesmo maior, ajuizar negatória de paternidade. Não se aplica o prazo do Art. 178, § 9º, VI, do Código Beviláqua. (STJ, REsp 765479 RJ 2005/0053265-5, Rel. Min. Humberto Gomes de Barros, 3ª T., j. 07/03/2006).

IMPUGNAÇÃO DE PATERNIDADE –
Ver impugnação de filiação.

IN DUBIO PRO MATRIMONIO – Ver
princípio *in dubio pro matrimonio*.

INADIMPLEMENTO [*ver tb. execução de pensão alimentícia*] – É o descumprimento, ou a não satisfação, daquilo que se está juridicamente obrigado de acordo com as regras contratuais estabelecidas ou por determinação judicial. É o mesmo que inadimplência e o oposto de adimplência ou adimplemento. *Não cumprida a obrigação, responde o devedor por perdas e danos, mais juros e atualização monetária segundo índices oficiais regularmente estabelecidos, e honorários de advogado* (Art. 389, CCB).

INALIENABILIDADE [*ver tb. inalienável*]
– É a qualidade de inalienável do bem, coisa ou direito. É determinada em razão da sua própria natureza (direitos da personalidade, por exemplo), em virtude da lei, ou voluntariamente mediante cláusula imposta pelo proprietário primitivo, nas hipóteses de cessão gratuita (doação, testamento). É possível a sub-rogação do bem inalienável, isto é, a sua substituição por outro, desde que nele se mantenha tal gravame. *Na sub-rogação de imóveis gravados ou inalienáveis, estes serão sempre substituídos por outros imóveis ou apólices da Dívida Pública* (Art. 1º, Decreto-Lei nº 6.777/44).

O CCB 2002 inovou em relação ao CCB 1916, estabelecendo que apenas se houver justificativa, declarada em testamento, o testador pode estabelecer cláusula de incomunicabilidade, impenhorabilidade e incomunicabilidade sobre bens da legítima (Art. 1.848, CCB). *A cláusula de inalienabilidade, imposta aos bens por ato de liberalidade, implica impenhorabilidade e incomunicabilidade* (Art. 1.911, CCB). Nesse sentido, também sumulou o STF: *a cláusula de inalienabilidade inclui a incomunicabilidade dos bens* (Súmula nº 49, STF).

INALIENÁVEL [*ver tb. bem de família, incomunicabilidade, impenhorabilidade*] – É o mesmo que intransferível. É a restrição ao direito de propriedade, significando o impedimento de ser vendida ou cedida a outrem.

O caráter de inalienável advém de imposição legal ou cláusula voluntária de doação ou testamento. Excepcionalmente os bens inalienáveis podem ser sub-rogados, isto é, substituídos por outros, que levarão consigo a restrição de inalienabilidade.

INAUDITA ALTERA PARTE [*ver tb. antecipação de tutela*] – Expressão em latim que se traduz em "sem a oitiva da parte contrária". Utilizada para qualificar tutela antecipada concedida antes de qualquer manifestação do demandado e até mesmo antes de sua citação.

A tutela antecipada satisfativa, de urgência e de evidência, e assecuratória (cautelar) somente serão concedidas *initio litis*, isto é, no início da ação, com a dispensa da ouvida do réu somente quando o juiz verificar que, caso seja citado, poderá torná-la ineficaz. É o mesmo que *inaudita altera pars*.

O CPC/2015, em seu art. 9º prevê que: "*Não se proferirá decisão contra uma das partes sem que ela seja previamente ouvida. Parágrafo único. O disposto no* caput *não se aplica: I – à tutela provisória de urgência; II – às hipóteses de tutela da evidência previstas no art. 311, incisos II e III; III – à decisão prevista no art. 701*". O art. 311, em seu parágrafo único, estabelece os casos em que o juiz decidirá na forma *inaudita altera parte*: "*A tutela da evidência será concedida, independentemente da demonstração de perigo de dano ou de risco ao resultado útil do processo, quando: I – ficar caracterizado o abuso do direito de defesa ou o manifesto propósito protelatório da parte; II – as alegações de fato puderem ser comprovadas apenas documentalmente e houver tese firmada em julgamento de casos repetitivos ou em súmula vinculante; III – se tratar de pedido reipersecutório fundado em prova documental adequada do contrato de depósito, caso em que será decretada a ordem de entrega do objeto custodiado, sob cominação de multa; IV – a petição* inicial for instruída com prova documental suficiente dos fatos constitutivos do direito do autor, a que o réu não oponha prova capaz de gerar dúvida razoável. Parágrafo único. Nas hipóteses dos incisos II e III, o juiz poderá decidir liminarmente. Essa previsão para garantir a forma célere e eficaz*".

INCAPACIDADE ABSOLUTA [*ver tb. pessoa incapaz, capacidade civil, interdição, curatela, incapacidade relativa, emancipação, capacidade civil e Estatuto da Pessoa com Deficiência*] – É a ausência de qualidades, ou inaptidão para o exercício dos direitos civis ou impedimento legal da prática personalíssima de todos os atos da vida civil.

A Lei nº 13.146/2015, que instituiu o chamado Estatuto da Pessoa com Deficiência, provocou uma revolução paradigmática e alterações na teoria das incapacidades prevista no Código Civil, modificando a redação dos arts. 3º e 4º do Código Civil e o capítulo que trata da curatela, estabelecido pelos arts. 1.767 e seguintes, instituindo a denominada "ação de curatela" e não mais ação de interdição. Antes da entrada em vigor do Estatuto da Pessoa com Deficiência, eram considerados absolutamente incapazes de exercer pessoalmente os atos da vida civil *(I) os menores de 16 anos, (II) os que, por enfermidade ou deficiência mental, não tivessem o necessário discernimento para a prática desses atos e (III) os que, mesmo por causa transitória, não pudessem exprimir sua vontade*. Já no que diz respeito à incapacidade relativa, eram considerados incapazes, relativamente a certos atos ou à maneira de os exercer *(I) os maiores de 16 e menores de 18 anos, (II) os ébrios habituais, os viciados em tóxicos, e os que, por deficiência mental, tivessem o discernimento reduzido, (III) os excepcionais, sem desenvolvimento mental completo e (IV) os pródigos.* Todavia, em razão do art. 6º da Lei nº 13.146/2015 preconizar que "a deficiência não afeta a plena capacidade civil da pessoa", agora, somente os menores de 16 anos são considerados absolutamente incapazes de exercer pessoalmente os atos da vida civil (art. 3º do CC). Da mesma forma, houve mudanças na lei civil acerca da incapacidade relativa (art. 4º do CC), sendo retiradas as previsões de incapacidade relativa quanto aos que tivessem discernimento reduzido por deficiência mental e quanto aos excepcionais, sem desenvolvimento mental completo. A par disso, aqueles que, mesmo por causa transitória, não puderem exprimir sua vontade – que anteriormente eram considerados absolutamente incapazes –, agora são considerados relativamente incapazes. Em suma, as definições de capacidade civil foram reconstruídas para dissociar a deficiência da incapacidade. Assim, em virtude das alterações provocadas na lei civil pelo Estatuto da Pessoa com Deficiência, não se cogita de incapacidade absoluta de pessoas maiores de 16 anos, mas somente em incapacidade relativa.

DISPOSITIVOS NORMATIVOS

CCB – Art. 3º, 1.728 a 1.734 e 1.767 a 1.783.

Lei nº 13.146/2015 (Estatuto da Pessoa com deficiência).

INCAPACIDADE CIVIL [*ver tb. alieni juris, capacidade civil, incapacidade absoluta, incapacidade relativa, sui juris*] – É a ausência de qualidades ou inaptidão para o exercício dos direitos civis, ou seja, falta de capacidade de fato, isso porque a capacidade de direito todos adquirem com o nascimento com vida, ressalvados os direitos do nascituro. Pode ser absoluta ou relativa.

DISPOSITIVOS NORMATIVOS

CCB – Arts. 1º a 5º.

INCAPACIDADE RELATIVA [*ver tb. incapacidade absoluta, capacidade civil, emancipação*] – É a restrição legal imposta a determinadas pessoas. Em razão do art. 6º da Lei nº 13.146/2015 preconizar que "a deficiência não afeta a plena capacidade civil da pessoa", agora, somente os menores de 16 anos são considerados absolutamente incapazes de exercer pessoalmente os atos da vida civil (art. 3º do CC). Da mesma forma, houve mudanças na lei civil acerca da incapacidade relativa (art. 4º do CC), sendo retiradas as previsões de incapacidade relativa quanto aos que tivessem discernimento reduzido por deficiência mental e quanto aos excepcionais, sem desenvolvimento mental completo. A par disso, aqueles que, mesmo por causa transitória, não puderem exprimir sua vontade – que anteriormente eram considerados absolutamente incapazes –, agora são considerados relativamente incapazes. Em suma, as definições de capacidade civil foram reconstruídas para dissociar a deficiência da incapacidade. Assim, em virtude das alterações provocadas na lei civil pelo Estatuto da Pessoa com Deficiência, não se cogita de incapacidade absoluta de pessoas maiores de 16 anos, mas somente em incapacidade relativa.

DISPOSITIVOS NORMATIVOS

CCB – Art. 4º, 1.728 a 1.734, 1.767.

Lei nº 13.146/2015 (Estatuto da Pessoa com deficiência)

JURISPRUDÊNCIA

(...) Nos termos da Lei nº 13.146/15 (Estatuto da Pessoa com Deficiência), ainda que um indivíduo seja considerado deficiente (físico, mental, intelectual ou sensorial), não será afetada a sua plena capacidade civil, e ele manterá o direito de exercê-la, em igualdade de condições com as outras pessoas. – Havendo constatação de no caso concreto é efetivamente necessária a proteção extraordinária, ao deficiente poderá ser nomeado um curador, o qual, todavia, só atuará nos atos relativos às questões patrimoniais e negociais, mantida a capacidade e a autonomia do curatelado para os demais atos da vida civil. – A Lei nº 13.146/15 teve por objetivo permitir às pessoas com deficiência o exercício dos direitos fundamentais, com dignidade e igualdade de condições com os demais cidadãos, não restringindo o exercício dos direitos relativos à capacidade, mas sim ampliando sua abrangência, em total compatibilidade com a previsão da Convenção Sobre os Direitos da Pessoa com Deficiência, não havendo que se falar em inconstitucionalidade (TJMG, AC nº 1.0701.15.043414-3/001, Rel. Adriano de Mesquita Carneiro (JD Convocado), 3ª C.C., j. 10/08/2017).

INCAPAZ – Ver capacidade civil, interdição, curatela.

INCEDIBILIDADE DOS ALIMENTOS

– É uma das características dos alimentos, ao lado da impenhorabilidade e incompensabilidade, que em decorrência de seu caráter personalíssimo impõe e compõe sua natureza de indisponibilidade (Art. 1.707, CCB).

É o direito subjetivo à obtenção dos alimentos que aparece como a característica da impossibilidade de transação. *A pretensão alimentícia é perfeitamente passível de venda ou transação, mormente quando adimplida in natura. Apenas com relação aos alimentos pretéritos são lícitas transações. Diz isso com os alimentos que deveriam ter sido pagos e não foram, ou seja, é possível transacionar o crédito re-* *sultante de alimentos em atraso.* (DIAS, Maria Berenice. *Alimentos aos bocados.* São Paulo: Revista dos Tribunais, 2013. p. 26).

INCESTO [*ver tb. complexo de édipo, interdito, impedimentos matrimoniais*] – Do latim *incestus*, incesto, impuro, desonesto, manchado, designa a relação sexual entre parentes que apresentam uma ordem de proibição dada pela cultura. Nos ordenamentos jurídicos ocidentais, as regras escritas que estabelecem o interdito proibitório do incesto, estão estabelecidas nos impedimentos para o casamento. No Brasil, são proibidos de casarem entre si os ascendentes/descendentes, parentes afins em linha reta, adotante/adotado e seu cônjuge, irmãos unilaterais ou bilaterais e demais colaterais até o 3º grau inclusive (Art. 1.521, CCB).

Embora possa variar de cultura para cultura, o incesto é uma lei universal e é a base de todas as proibições. Assim, pode-se dizer que a primeira lei é uma lei de Direito de Família. É por meio desta interdição que o homem fez, e continua fazendo por meio de cada criança que nasce, a passagem do estado instintual para a cultura. Freud em *Totem e Tabu* faz uma descrição completa sobre a origem destas proibições e é aí que ele conclui enfaticamente: *onde existe uma proibição tem de haver um desejo subjacente (...) afinal de contas, não há necessidade de se proibir algo que ninguém deseja fazer e uma coisa que é proibida com a maior ênfase (o incesto) deve ser algo que é desejado (...) Não matarás, por exemplo – e que não sentimos senão horror a ideia de violá-las* (Totem e Tabu. *In: Obras psicológicas completas*, v. XII., p. 91-92).

I

A Lei do Incesto é a lei fundante e estruturante do sujeito e, consequentemente da sociedade, e portanto, dos ordenamentos jurídicos. É somente a partir dessa primeira lei, quando o indivíduo tem acesso à linguagem, que nasce a cultura. Segundo Lévi-Strauss, *a proibição do incesto não é nem puramente de origem cultural nem puramente de origem natural, e também não é uma dosagem de elementos variados tomados de empréstimo parcialmente à natureza e parcialmente à cultura. Constitui o passo fundamental graças ao qual, pelo qual, mas sobretudo no qual se realiza a passagem da natureza para a cultura* (LÉVI-STRAUSS, Claude. *Estruturas elementares de parentesco.* Trad. Mariano Ferreira. Petrópolis: Vozes, 1982. p. 536).

LINGUAGEM LITERÁRIA

"– Ah, que será de nós? Que loucura estamos fazendo, que não sucederá depois? – e nesse modo de se exprimir, nesse gesto aflito de roçar a face em minha mão, havia certa frieza que não me enganava e que, para me exprimir literalmente, repugnava-me. O que ela dizia, e era isto que me impressionava tanto, não tinha raízes autênticas, não provinha de uma perplexidade do seu caráter – era somente um esforço para se adaptar às linhas do acontecido, e não me transmitia nenhuma noção de embate interior, e sim a de uma intenção de equilibrar os fatos e conduzir-me, novamente, sem choques, a uma atmosfera de naturalidade. O que era um erro seu, que me causava repulsa e escândalo, pois estava longe de vir a julgar aquilo como uma aventura idêntica às que se tem com as criadas fáceis, e apertando-a nos braços, ou tocando-lhe nos lábios, aceitava pisar a área de um mundo que jamais seria aceito, onde eu sozinho teria de transitar, que me tornaria não o filho amado e bem-sucedido, mas o mais culpado e o mais consciente dos amantes."

(CARDOSO, Lúcio. *Crônica da casa assassinada.* 10. ed. Rio de Janeiro: Civilização Brasileira, 2009. p. 263.)

INCOMPENSABILIDADE DOS ALIMENTOS [*ver tb. alimentos*] – É a qualidade ou característica de não se poder fazer compensações na verba alimentar em razão de sua natureza alimentar, que é personalíssima. *Pode o credor não exercer, porém lhe é vedado renunciar o direito a alimentos, sendo o respectivo crédito insuscetível de cessão, compensação ou penhora* (Art. 1.707, CCB).

JURISPRUDÊNCIA

(...) O desconto indevido realizado nos proventos do alimentante, por erro de terceiro, é passível de compensação nas prestações vincendas relativas à pensão alimentícia, evitando-se o enriquecimento sem causa da parte beneficiária em detrimento da obrigada, autorizando, assim, a mitigação do princípio da incompensabilidade da verba de natureza alimentar. 2. Trata-se de exceção ao princípio da não compensação da verba alimentar, porquanto o desconto atinge rendimento de igual natureza, do alimentante. 3. Recurso especial improvido.(STJ, REsp 1287950 RJ 2011/0247651-1, Rel. Min. Raul Araújo, 4ª T., j. 06/05/2014).

INCOMUNICABILIDADE [*ver tb. cláusula de incomunicabilidade, pacto antenupcial, pacto pós-nupcial, regime da comunhão parcial de bens*] – É a não comunicação ou não comunhão de bens. É a qualidade, condição, aptidão ou estado conferido a um bem para conservar sua individualidade, ou seja, de ser incomunicável. Quando afetado pela incomunicabilidade, o bem não pode ser objeto

de comunhão, conservando assim sua singularidade, não se misturando, ou integralizando em qualquer regime de bens do casamento ou união estável.

É uma restrição determinada em lei, tal como estabelecido em determinados regimes de bens, ou por meio de cláusula voluntária em doação, testamento ou pacto antenupcial e pós-nupcial.

INCONSCIENTE [*ver tb. desejo, sexualidade*] – Em linguagem comum é usado também para exprimir aquilo de que não se tem consciência. No sentido psicanalítico, entretanto, é a palavra-chave e um dos pilares sobre a qual a psicanálise se assenta. Ao revelar ao mundo a descoberta do inconsciente (1878), Freud fundou a psicanálise, que por sua vez revolucionou o sistema de pensamento contemporâneo e mudou-se a maneira de ver as artes, a literatura, a filosofia e também o pensamento jurídico. O sujeito do inconsciente revela a subjetividade, que por sua vez está presente em todos os atos humanos e, portanto interfere e determina os atos e fatos jurídicos. Nietzsche, muito antes de Freud, já escrevera que grande parte da atividade do espírito humano é inconsciente.

O inconsciente não é uma segunda consciência ou uma desrazão, mas um lugar psíquico particular que tem um sistema próprio de funcionamento com conteúdos e mecanismos específicos. Ele se manifesta em fantasias, histórias imaginárias, lapsos de linguagem, atos falhos, sonhos etc. Em seu texto *A interpretação dos sonhos* (1900), Freud descreveu os mecanismos (deslocamento, condensação, simbolismo) de representações do inconsciente e sua função de realização do desejo. Revelou que o inconsciente é feito de pensamento, e cuja lógica pode

ser apreendida pelo método psicanalítico. Mais tarde, Lacan: o inconsciente é estruturado como uma linguagem.

O inconsciente não conhece presente, passado ou futuro. Ele é atemporal, substitui a realidade externa pela realidade psíquica e obedece a regras próprias e não segue a lógica da consciência. Uma inscrição inconsciente pode se mostrar ativa muito tempo depois de forma travestida e burlar qualquer vigilância de censura.

Com a psicanálise, o mito da neutralidade dos juízes cai por terra definitivamente. Ao prolatar uma sentença, o magistrado, inconscientemente, insere ali todas as suas concepções particularizadas sobre o caso. Não há como ele se livrar disso pois sua existência e constituição como sujeito significa a soma de sua cadeia de signos e significantes em que registros inconscientes, quer ele queira ou não, aparecem em suas decisões. Por exemplo, um magistrado que teve uma infância pobre e que passou por dificuldades e restrições de bens materiais na infância, certamente fixará o valor de uma pensão alimentícia em patamar muito diferente de um outro, cuja família era mais abastada, ainda que o processo trouxesse a mesma argumentação fática/jurídica e as mesmas provas. No poder discricionário do juiz, aparecem suas convicções pessoais e aí se manifesta o inconsciente, ou seja, a singularidade do sujeito com a sua história particular. Por isso, pode-se dizer que o juiz é imparcial, mas não é neutro, já que o inconsciente se manifesta como linguagem. Por mais objetividade e imparcialidade que se imprima à aplicação das normas, o sujeito do inconsciente estará sempre ali com suas subjetivações. Ao trazermos para o Direito a consciência destas ma-

I

nifestações inconscientes, quebra-se o mito da neutralidade e pode-se constatar que não existe uma verdade absoluta e universal, até porque as verdades são construídas ideologicamente.

A passagem das ciências objetivistas e positivistas para uma ciência mais reflexiva significa apontar uma verdade, que é do sujeito (de desejo) e com ela o conteúdo das idiossincrasias da vida, determinadas também pelo seu inconsciente.

A conscientização de que o sujeito do inconsciente está presente nos atos, fatos e negócios jurídicos, pode ajudar a desvendar muitos porquês das demandas judiciais, que são verdadeiras trajetórias de sofrimentos.

O inconsciente mostra uma "face oculta" e revela os desejos recalcados. Por exemplo, um dos cônjuges, para evitar discussão, ouve do outro na constância do relacionamento, constantemente sem retrucar, acusações a seu respeito. Embora tenha silenciado durante anos, não significava que concordasse. Esta passividade e aparente concordância muitas vezes emergem tempos depois, provocando o fim do casamento. Em outras palavras, as brigas do casal, que aparentemente estavam resolvidas, na verdade voltam em algum momento em razão do recalque (inconsciente). Assim, a consideração da existência do inconsciente nas relações jurídicas remete-nos a uma compreensão muito mais ampliada sobre a prática do Direito de Família.

A consideração do inconsciente e do desejo nos faz repensar os conceitos de livre arbítrio e acaso. A partir daí não se pode mais atribuir as alegrias, tristezas e mazelas à obra do acaso ou culpar o outro exclusivamente, pelo fim do relacionamento. As nossas escolhas, o que

nos faz ter alegria, sofrer, amar, deixar de amar, são governadas por essa força soberana em nós, que é o inconsciente, que é também desejo, já que o desejo é inconsciente.

LINGUAGEM POÉTICA

(...) O que será, que será? / Que vive nas ideias desses amantes / Que cantam os poetas mais delirantes / Que juram os profetas embriagados / Que está na romaria dos mutilados / Que está na fantasia dos infelizes / Que está no dia a dia das meretrizes / No plano dos bandidos dos desvalidos / Em todos os sentidos... / Será, que será? / O que não tem decência nem nunca terá / O que não tem censura nem nunca terá / O que não faz sentido... / O que será, que será? / Que todos os avisos não vão evitar / Por que todos os risos vão desafiar / Por que todos os sinos irão repicar / Por que todos os hinos irão consagrar / E todos os meninos vão desembestar/ E todos os destinos irão se encontrar / E mesmo o Padre Eterno que nunca foi lá / Olhando aquele inferno vai abençoar / O que não tem governo nem nunca terá / O que não tem vergonha nem nunca terá / O que não tem juízo

(*O que será* – Letra e música de Chico Buarque).

ILUSTRAÇÃO

Grace Camargo. P. 398.

INDEXADOR [*ver tb. alimentos*] – Do latim *index*, índice. É o indicador de variações do poder de compra da moeda, ou seja, o seu poder aquisitivo de acordo com as circunstâncias da economia e da política econômica de cada país. É o indicador de correção monetária, o índice de correção e reajuste para que o valor estabelecido na obrigação jurídica possa continuar mantendo o mesmo poder de compra.

O indexador, isto é, o índice de reajuste, é essencial para os valores de pensão alimentícia. Embora haja proibição constitucional (Art. 7º, IV, CR) de indexação de obrigações monetárias ao salário mínimo, a interpretação constitucional do STF é que é possível indexar a pensão alimentícia ao salário mínimo: (...) *a jurisprudência dos tribunais tem entendido que essa proibição não alcança a fixação dos alimentos, que dessa forma estariam automaticamente atualizados. Com efeito, os alimentos não se enquadram no conceito de obrigação civil em geral, de cunho econômico pois vinculados ao direito à vida, não integrando o patrimônio (conjunto de haveres e dívidas) do alimentando. Mas o juiz apenas deve utilizá-lo quando se deparar com alimentante sem rendimentos fixos, pois o percentual incidente sobre o salário e vencimentos já tutela a revisão dos alimentos correspondentes* (LÔBO, Paulo. *Família*. São Paulo: Saraiva, 2009. p. 364).

JURISPRUDÊNCIA

(...) A fixação da pensão alimentícia em salários mínimos não representa afronta ao art. 7º, IV, da Constituição Federal, pois a vedação se refere à sua utilização como indexador monetário e não se estende para as obrigações relacionadas a necessidades básicas de natureza alimentar. (...) Ressalte-se, outrossim, que o Tribunal de origem fixou a pensão alimentícia amparado, exclusivamente, na legislação infraconstitucional pertinente (Código Civil) e nas provas dos autos, de reexame incabível em sede de recurso extraordinário. Incidência da Súmula nº 279 desta Corte. Ante o exposto, nego provimento ao agravo de instrumento. (Ag. nº 847682 MG, Rel. Min. Dias Toffoli, STF. j. 04/05/2012).

INDEXADOR DE ALIMENTOS – Ver indexador.

INDIGNIDADE [*ver tb. deserdação, golpe do baú, indignidade-alimentos, indignidade-sucessão, princípio da dignidade humana*] – Do latim *indignitas*, indignidade. É a falta de dignidade. É a qualidade que se atribui a alguém em razão de atos desrespeitosos, injuriosos ou afrontosos à pessoa humana. O conceito de indignidade interessa ao Direito de Família e Sucessões, pois uma vez caracterizada, é causa de exclusão de herança, bem como excludente de obrigação alimenta. *Na indignidade e na deserdação há uma razão subjetiva de afastamento, uma vez que o herdeiro é considerado como desprovido de moral para receber a herança, diante de uma infeliz atitude praticada.* (HIRONAKA, Giselda Maria Fernandes. AZEVEDO, Antônio Junqueira de. (Coord.) *Comentários ao Código Civil*. 2. ed. São Paulo: Saraiva, 2007. v. 20, p. 148-149).

Tem legitimidade para propor a ação de indignidade sucessória os terceiros interessados na herança, cabendo aos autores da herança, quando em vida, o ato da deserdação mediante declaração em testamento ou instrumento público, pois se trata de ato privativo do ofendido.

O Código Civil de 2002, ao elencar as hipóteses em que a obrigação alimentar não existirá ou não persistirá, inovou ao dizer expressamente sobre a indignidade do alimentário. Neste caso, mesmo existindo o binômio necessidade x possibilidade, extingue-se, e não apenas suspende, a obrigação de pagar alimentos: *Com relação ao credor cessa, também, o direito a alimentos, se tiver procedimento indigno em relação ao devedor* (Art. 1.708, parágrafo único, CCB).

A indignidade autorizadora de exoneração do devedor da obrigação alimentar, ou apta a impedir a fixação de alimentos nas hipóteses de dissolução da união estável ou divórcio, caracteriza-se quando a prática de atos voltados a atingir a honra, a respeitabilidade, a decência e o amor próprio do provedor acarreta prejuízo de ordem moral, ou mesmo material, violentando direitos da personalidade. Um exemplo de ato de indignidade autorizador da extinção de obrigação alimentar é a alienação parental, abandono afetivo e difamação nas redes sociais.

A indignidade como causa da extinção da obrigação alimentar não é somente nas relações conjugais. O parentesco como fonte de obrigação alimentar, embora mais raro, enquadra-se também no comando do parágrafo único do art. 1.708 do CCB 2002.

Diferentemente do Direito das Sucessões, no Direito de Família não há uma demarcação rígida e objetiva sobre o que é indignidade, como causa excludente da obrigação alimentar.

JURISPRUDÊNCIA

(...) Para a subsistência da prestação alimentar ressurge preponderante a questão do merecimento do ex-cônjuge, seu beneficiário, expressa não só pelo estado de miserabilidade a que veria reduzido caso contasse apenas com suas próprias economias para sobreviver, como, também, por sua conduta de permanente recato social, apropriada a quem pode desfrutar de regalias de consumo e de lazer graças ao comprometimento de recursos financeiros de outrem. 3. Não merece reforma sentença que, ante o estabelecimento de relação concubinária pela pensionada e seu comportamento indigno, este caracterizado por sua cumplicidade com o amante para a comprovada prática do delito criminal, exonera o ex-cônjuge da obrigação de prestar alimentos (TJPE, Ap. Cível nº 86312-3, Rel. Des. Fernando Ferreira, 1ª CC., j. 29/10/2002).

LINGUAGEM LITERÁRIA

"Lear:

[...]

Aqui renego o cuidado paterno, / Todo o poder da consanguinidade, / E, como estranha a mim e ao meu amor, / A tenho para sempre. O cita bárbaro, / Ou o que faz dos filhos alimento / Só por gula, terá junto ao meu peito / Tanta piedade, alívio e boas-vindas / Quanto essa outrora filha.

[...]

Era a que eu mais amava, e o meu repouso / Eu sonhava em seu ninho. / (para Cordélia) / Não a quero ver! / Que eu tenha paz na tumba, como agora / Lhe tiro o amor de pai. Vão! [...]"

(SHAKESPEARE, William. Rei Lear. In: *Teatro completo*. Tradução de Barbara Heliodora. Rio de Janeiro: Nova Aguilar, 2006. v. I. p. 813-814).

INDIGNIDADE – ALIMENTOS – Ver alimentos-indignidade.

INDIGNIDADE – SUCESSÃO [*ver tb. direito de representação, indignidade, indignidade-alimentos*] – É a qualidade de quem pratica indignidade. Indigno é aquele que afronta a dignidade alheia, isto é, desrespeita, fere a alma do outro de modo a causar-lhe mal-estar e constrangimento.

A indignidade no Direito das Sucessões é causa de exclusão do direito ao recebimento de herança elencados da seguinte forma: *São excluídos da sucessão os herdeiros ou legatários: I – que houverem*

I

sido autores, coautores ou partícipes de homicídio doloso, ou tentativa deste, contra a pessoa de cuja sucessão se tratar, seu cônjuge, companheiro, ascendente ou descendente; II – que houverem acusado caluniosamente em juízo o autor da herança ou incorrerem em crime contra a sua honra, ou de seu cônjuge ou companheiro; III – que, por violência ou meios fraudulentos, inibirem ou obstarem o autor da herança de dispor livremente de seus bens por ato de última vontade (Art. 1.814, CCB). Deve ser pronunciada pelo juiz, quando comprovado, em processo apartado do inventário, mediante Ação de Indignidade. Este rol é exemplificativo, e não taxativo como pretendem alguns. É preciso inserir as novas concepções, o novo vocabulário de Direito de Família e Sucessões. Por exemplo, alienação parental, violência doméstica, abandono afetivo, o que certamente caracterizam atos de indignidade. De qualquer forma, o STJ já tem interpretação extensiva: (...) O fato de o rol do art. 1.814 do CC/2002 ser taxativo não induz à necessidade de interpretação literal de seu conteúdo e alcance, uma vez que a taxatividade do rol é compatível com as interpretações lógica, histórico-evolutiva, sistemática, teleológica e sociológica das hipóteses taxativamente listadas. 5 – A diferenciação entre o texto de lei, enquanto proposição física, textual e escrita de um dispositivo emanado do Poder Legislativo, e a norma jurídica, enquanto produto da indispensável atividade interpretativa por meio da qual se atribui significado ao texto, conduz à conclusão de que a interpretação literal é uma das formas, mas não a única forma, de obtenção da norma jurídica que se encontra descrita no art. 1.814, I, do CC/2002. (...) STJ – REsp: 1943848 PR 2021/0179087-7, Rel.ª Min.ª Nancy Andrighi, T. 3ª, DJe 18/02/2022.

Tem legitimidade para propor a ação qualquer interessado na sucessão, desde que respeitado o prazo decadencial de 4 anos para a sua propositura, a contar da morte do autor da herança.

A sentença que pronuncia a indignidade exclui o herdeiro da herança, mas seus efeitos não se estendem aos seus sucessores que podem exercer o direito de representação.

A Lei nº 13.532/2017 alterou a redação do art. 1.815 da Lei nº 10.406, de 10 de janeiro de 2002 – Código Civil, para promover ação visando à declaração de indignidade de herdeiro ou legatário. Esta Lei conferiu legitimidade ao Ministério Público para promover ação visando à declaração de indignidade de herdeiro ou legatário.

DISPOSITIVOS NORMATIVOS

CCB – Arts. 1.814 a 1.818.

JURISPRUDÊNCIA

(...) As hipóteses enumeradas no artigo 1.814 do Código Civil não podem ser interpretadas de forma restritiva, porque o legislador deixou à margem crimes ou ações tão ou mais graves quanto as previstas, tais como a tortura psicológica e o abandono imaterial e material de filhos portadores de doenças graves. (...) TJ-DF 0721299220208070001 1436925, Rel.: Fátima Rafael, 3ª Turma Cível, public. 28/07/2022.

INDIGNO [ver tb. Alimentos-indignidade, indignidade, indignidade-herança, princípio da dignidade da pessoa humana] – Do latim *indignus*, afrontoso, injusto. É aquele que não é digno, que praticou indignidade.

No Direito das Sucessões, o sujeito indigno, como tal reconhecido e declarado, é excluído da sucessão. E, em Direito de Família, perde o direito a recebimento de pensão alimentícia.

INDISPONIBILIDADE DOS ALIMENTOS

TOS [*ver tb. alimentos*] – O direito a alimentos é personalíssimo, isto é os representantes do menor não podem reduzir transação que acarrete sua renúncia (Art. 1.707, CCB), ou manifesta diminuição no montante fixado judicialmente. Não podem ser cedidos, penhorados ou compensados, conforme dispõem os arts. 1.707 e 373, II, do CCB 2002. Portanto, indisponível verba alimentar decorrente de pai/mãe para filhos, mas disponíveis entre cônjuges e companheiros.

DISPOSITIVOS NORMATIVOS

CCB – Art. 373, II e 1.707.

JURISPRUDÊNCIA

(...) Alimentos. Execução. Filho menor. 1. Indisponibilidade. O direito aos alimentos é indisponível, mostrando-se inviável reconhecer suposta transação por parte da genitora do menor que enseje renúncia ou manifesta diminuição no montante fixado via judicial. Inteligência do artigo 1.707, CC. (...) (TJRS, Ap. Cível nº 70048136204 RS, Rel. Des. Jorge Luís Dall'Agnol, 7ª CC., publ. 12/07/2012).

INFÂNCIA [*ver tb. adolescente, criança, infante, juventude, princípio do melhor interesse da criança e do adolescente, sequestro internacional de criança, tratado internacional*] – Do latim *infantia*, de *infans,* que significa a situação de quem ainda não fala. Juridicamente, equipara-se à criança e é a fase da vida do sujeito que vai do nascimento até a adolescência: *Considera-se criança, para os efeitos desta Lei, a pessoa até doze anos de idade incompletos, e adolescente aquela entre doze e dezoito anos de idade* (Art. 2º, Lei nº 8.069/90 – Estatuto da Criança e do Adolescente).

Os direitos fundamentais à infância e juventude foram consolidados na Constituição da República de 1988, que estabeleceu o princípio do melhor interesse da criança e do Adolescente como prioridade absoluta, observando o espírito e comando do macro princípio da dignidade da pessoa humana.

A proteção jurídica dos infantes tornou-se dever não apenas dos pais e do Estado, mas de toda a sociedade. Eles são titulares de direitos assim como toda e qualquer pessoa. Apenas não têm capacidade de fato, ou seja, tecnicamente são absolutamente incapazes, e assim representados para a prática de atos civis pelos pais ou tutores.

O Brasil é signatário de vários tratados internacionais de proteção às crianças e adolescentes, tais como: Convenção Internacional sobre os direitos da criança (Decreto nº 28 de 14/09/90); Convenção sobre os Direitos da Criança (Decreto-Lei nº 99.710 de 21/11/90); Convenção Americana sobre Direitos Humanos (Pacto de São José da Costa Rica) (Decreto-Lei nº 678 de 06/11/92); Convenção Interamericana sobre Obrigação Alimentar (Decreto nº 2.428 de 17/12/97); Convenção sobre Aspectos Civis do Sequestro Internacional de Crianças (Decreto nº 3.413 de 14/04/2000).

LINGUAGEM POÉTICA

Meu pai montava a cavalo, ia para o campo. / Minha mãe ficava sentada cosendo. / Meu irmão pequeno dormia. / Eu sozinho menino entre mangueiras / lia a história de Robinson Crusoé, / comprida história que não acaba mais.

I

No meio-dia branco de luz uma voz que aprendeu / a ninar nos longes da senzala – e nunca se esqueceu / chamava para o café. / Café preto que nem a preta velha / café gostoso / café bom.

Minha mãe ficava sentada cosendo / olhando para mim: / – Psiu... Não acorde o menino. / Para o berço onde pousou um mosquito. / E dava um suspiro... que fundo!

Lá longe meu pai campeava / no mato sem fim da fazenda. / E eu não sabia que minha história / era mais bonita que a de Robinson Crusoé.

(*Infância* – Carlos Drummond de Andrade).

Numa folha qualquer

Eu desenho um sol amarelo

E com cinco ou seis retas

É fácil fazer um castelo

Com o lápis em torno da mão

E me dou uma luva

E se faço chover

Com dois riscos tenho um guarda-chuva

Se um pinguinho de tinta

Cai num pedacinho azul do papel

Num instante imagino

Uma linda gaivota a voar no céu

Vai voando

Contornando a imensa curva, norte, sul

Vou com ela viajando

Havaí, Pequim ou Istambul

Pinto um barco à vela branco, navegando

É tanto céu e mar num beijo azul

Entre as nuvens vem surgindo

Um lindo avião rosa e grená

Tudo em volta colorindo

Com suas luzes a piscar

Basta imaginar e ele está partindo

Sereno indo

E se a gente quiser

Ele vai pousar

Numa folha qualquer

Eu desenho um navio de partida

Com alguns bons amigos

Bebendo de bem com a vida

De uma América a outra

Eu consigo passar num segundo

Giro um simples compasso

E num círculo eu faço o mundo

Um menino caminha

E caminhando chega num muro

E ali logo em frente

A esperar pela gente o futuro está

E o futuro é uma astronave

Que tentamos pilotar

Não tem tempo, nem piedade

Nem tem hora de chegar

Sem pedir licença, muda a nossa vida

E depois convida a rir ou chorar

Nessa estrada não nos cabe

Conhecer ou ver o que virá

O fim dela ninguém sabe

Bem ao certo onde vai dar

Vamos todos numa linda passarela

De uma aquarela

Que um dia enfim descolorirá

Numa folha qualquer

Eu desenho um sol amarelo (que descolorirá)

E com cinco ou seis retas

É fácil fazer um castelo (que descolorirá)

Giro um simples compasso

E num círculo eu faço o mundo (que descolorirá)

(Aquarela – Letra e música de Toquinho).

ILUSTRAÇÃO

Márcia Charnizon. P. 404.

INFANTE [*ver tb. adolescente, criança*] – Do latim *infante*, que não fala. É aquele que ainda está na infância. É o mesmo que criança.

INFIDELIDADE [*ver tb. adultério, culpa, infidelidade virtual, monogamia, separação judicial, violência patrimonial*] – Do latim *infidelitas, infidelis.* É a falta de fidelidade, a violação do dever de fidelidade. A maioria dos ordenamentos jurídicos tem a infidelidade conjugal como uma infração aos deveres do casamento. O CCB 2002, repetindo o CCB 1916, estabeleceu a fidelidade como um dos deveres do casamento (Art. 1.566) e o seu descumprimento pode ensejar o seu rompimento.

Com a eliminação da discussão de culpa do ordenamento jurídico brasileiro, a infidelidade perdeu sua força como regra jurídica, pois a ela não há uma sanção correspondente, já que não mais se discute quem é o culpado pelo fim da conjugalidade.

Em 2005 o adultério deixou de ser crime (Lei nº 11.116/05). E assim, a infidelidade está muito mais no campo das regras morais e religiosas, integrando o código particular de cada casal. Na maioria das vezes, gera sofrimento, mágoas e ran-

cores, mas não constitui, por si mesmo, um ilícito civil e, portanto, não é fonte de indenização ou reparação civil.

A infidelidade existe desde que o mundo é mundo, e continuará existindo enquanto houver desejo sobre a face da terra. Ela não perdeu sua importância e significado para as relações amorosas e conjugais. Apenas perdeu sua importância jurídica e deixou de ser uma questão de Estado para ser uma questão do estado das pessoas em relação a si mesmo e ao seu cônjuge/companheiro.

O poder destruidor das infidelidades é objeto de preocupação e de clássicos da literatura desde sempre: *Anna Karenina*, de Léon Tolstói; *Madame Bovary*, de Gustave Flaubert; *O primo Basílio*, de Eça de Queiroz; *Capitu*, de Machado de Assis; *Lucíola* de José de Alencar e vários outros autores.

Monogamia e infidelidade andam juntas e são dois lados da mesma moeda. Ou, como afirmou Engels: a infidelidade é o complemento necessário da monogamia. *A infidelidade tem tanto a ver com o drama de contar a verdade como com o drama da sexualidade. Somente por causa da sexualidade é que a verdade entra em cogitação, somente por causa dela é que a honestidade e o afeto entram em conflito* (PHILLIPIS, Adam. *Monogamia.* Trad. Carlos Sussekind. São Paulo: Cia. das Letras, 1997. p. 4).

A infidelidade conjugal não se caracteriza apenas pelo contato sexual com terceiro fora da relação. Para alguns casais isto pode até nem significar infidelidade ou adultério. A infidelidade vincula-se muito mais à deslealdade do que propriamente a uma traição sexual. Muitos casais toleram mais facilmente infidelidades sexuais do que financeiras, que se

caracterizam pelo desvio ou ocultação de bens que seriam do casal: "vá o corpo, mas fiquem os anéis". A infidelidade financeira está diretamente vinculada à violência patrimonial descrita na Lei nº 11.340/06 (Maria da Penha).

JURISPRUDÊNCIA

(...) Se o descumprimento dos deveres de lealdade ou de fidelidade não necessariamente implicam em ruptura do vínculo conjugal ou convivencial, justamente porque está na esfera das partes deliberar sobre esse aspecto da relação, a fortiori somente se pode concluir que a preexistência ou observância desses deveres também não é elemento essencial para a concretização do casamento ou da união estável. 6 – Dado que os deveres de fidelidade e de lealdade são bastante abrangentes e indeterminados, exige-se a sua exata conformação a partir da realidade que vier a ser estipulada por cada casal, a quem caberá, soberanamente, definir exatamente o que pode, ou não, ser considerado um ato infiel ou desleal no contexto de sua específica relação afetiva, estável e duradoura. (...) STJ, Resp nº 1974218, Relª Minª Nancy Andrighi, 3ª Turma, public. 11/11/2022.

LINGUAGEM POÉTICA

Arrasa o meu projeto de vida / Querida, estrela do meu caminho / Espinho cravado em minha garganta / Garganta / A santa às vezes troca meu nome / E some

E some nas altas da madrugada / Coitada, trabalha de plantonista / Artista, é doida pela Portela / Ói ela

Ói ela, vestida de verde e rosa

A Rosa garante que é sempre minha / Quietinha, saiu pra comprar cigarro / Que sarro, trouxe umas coisas do Norte / Que sorte / Que sorte, voltou toda sorridente

Demente, inventa cada carícia / Egípcia, me encontra e me vira a cara / Odara, gravou meu nome na blusa / Abusa, me acusa

Revista os bolsos da calça

A falsa limpou a minha carteira / Maneira, pagou a nossa despesa / Beleza, na hora do bom me deixa, se queixa / A gueixa / Que coisa mais amorosa / A Rosa

Ah, Rosa, e o meu projeto de vida? / Bandida, cadê minha estrela guia / Vadia, me esquece na noite escura / Mas jura / Me jura que um dia volta pra casa

Arrasa o meu projeto de vida / Querida, estrela do meu caminho / Espinho cravado em minha garganta

Garganta / A santa às vezes me chama Alberto / Alberto

Decerto sonhou com alguma novela / Penélope, espera por mim bordando / Suando, ficou de cama com febre / Que febre / A lebre, como é que ela é tão fogosa / A Rosa

A Rosa jurou seu amor eterno / Meu terno ficou na tinturaria / Um dia me trouxe uma roupa justa

Me gusta, me gusta / Cismou de dançar um tango

Meu rango sumiu lá da geladeira / Caseira, seu molho é uma maravilha / Que filha, visita a família em Sampa / Às pampa, às pampa / Voltou toda descascada

A fada, acaba com a minha lira / A gira, esgota a minha laringe / Esfinge, devora a minha pessoa / À toa, a boa / Que coisa mais saborosa / A Rosa

Ah, Rosa, e o meu projeto de vida? / Bandida, cadê minha estrela guia? / Vadia, me esquece na noite escura / Mas jura / Me jura que um dia volta pra casa

(*A Rosa* – Letra e música de Chico Buarque).

ILUSTRAÇÃO

Adriana Silveira. P. 407.

INFIDELIDADE VIRTUAL [*ver tb. adultério, culpa, infidelidade, monogamia*] – É a infidelidade praticada por meio da rede mundial de computadores, isto é, no espaço virtual, na internet. Infidelidade, relações adulterinas e extraconjugais sempre existiram e vão continuar existindo, enquanto houver desejo sobre a face da terra. Segundo Engels ela é um complemento indispensável da monogamia. Neste sentido, cumpre uma função social de manutenção da família conjugal monogâmica. A prática e a forma dessas infidelidades, ao longo do tempo, são variações em torno do mesmo tema: cintos de castidade, excomunhão, sanções civis, penais ou morais e, recentemente, uma nova modalidade, a infidelidade virtual, surgida a partir da realidade cibernética.

As redes sociais virtuais trouxeram uma modificação inevitável nas formas de relacionamentos, principalmente no sexo casual, namoro e infidelidade, fazendo surgir duas modalidades de relações afetivas: o *online* e o *offline*. Aqueles que se conhecem, encontram, namoram ou navegam juntos apenas no ambiente da rede de computadores estariam de fato estabelecendo uma relação? Se um marido descobre que sua mulher tem um "relacionamento amoroso virtual", poder-se-á, do ponto de vista jurídico, caracterizar tal ato como infidelidade, ou seria uma invasão de privacidade? A individualidade e a vida privada, mesmo entre casais, devem ser respeitadas mutuamente. É possível que cada um tenha algum segredo de sua intimidade e que não queira compartilhar, nem mesmo com o seu par conjugal. A não revelação de tal intimidade, por exemplo, de um relacionamento virtual, caracterizaria uma infidelidade ou deslealdade? *Quando se está frente à aureola de absoluta privaci-*

dade de alguém, e seu agir em nada atinge a dignidade do outro, não se pode falar em adultério ou infidelidade virtual. Se não, em pouco tempo, se estará querendo reconhecer como infringência ao dever de fidelidade o mesmo devaneio, a simples fantasia que empresta tanto sentido à vida. Não há como nominar de infidelidade – e muito menos de adultério – encontros virtuais, sob pena de se ter como reprovável o simples desejo, ou a idealização de um contato com o protagonista de um filme que se esteja assistindo (DIAS, Maria Berenice. *Manual de direito de família*. São Paulo: Revista dos Tribunais, 2013. p. 275).

É preciso compatibilizar o respeito, lealdade, e fidelidade que deve haver entre os casais e seus códigos morais particulares, com o princípio constitucional da inviolabilidade do sigilo de correspondência (Art. 5º, XII, CR), e da intimidade e da vida privada (Art. 5º, X, CR).

A tendência do Direito de Família é afastar-se cada vez mais dessas questões de fórum íntimo. Traições e infidelidades interessam somente às partes envolvidas, e nenhum interesse público há na intimidade do casal, e portanto ao Estado não interessa tais questões. Daí a descriminalização do adultério em 2005 com a Lei nº 11.106. No mesmo sentido, a Emenda Constitucional nº 66/2010, ao extinguir o instituto da separação judicial, acabou com a discussão de culpa e, portanto, a investigação da infidelidade perdeu sentido para o Direito de Família.

JURISPRUDÊNCIA

A questão controvertida refere-se à caracterização da responsabilidade civil dos réus em virtude da alegada 'infidelidade virtual', estando a pretensão da autora, *in casu*, sustentada na apresentação de cópias de conversas particulares mantidas pelos requeridos via internet. Não há como deixar de observar, portanto, o conflito evidente entre o suscitado dever conjugal de fidelidade dos cônjuges, a teor do art. 1.566 do CC, e o direito à intimidade e vida privada dos requeridos, indubitavelmente violados pela interceptação não autorizada de conversas particulares. Nesse aspecto é de se ressaltar que, evidentemente, a norma que deve prevalecer nesse conflito é a de natureza constitucional, em detrimento do simples 'dever' conjugal enunciado no Código Civil. (...) Não há como se aceitar que a requerente, após invadir a intimidade e a privacidade dos requeridos, utilize o caldo colhido naquela esfera que não lhe era dado invadir, como material apto a configurar qualquer dano legalmente amparável. A prova é ilícita e, por mais que se reconheça a dor possivelmente resultante dessa desarvorada incursão sobre a vida alheia, não pode ser chancelada pelo poder judiciário." Logo, inexiste direito da autora (alegado descumprimento de dever do casamento) que, contraposto ao direito à intimidade dos demandados, pudesse ostentar maior peso e prevalecer no caso concreto, a ponto de se admitir prova obtida por meio ilícito para fins de garantir o êxito na tutela jurisdicional pretendida. (...) (TJRS, Ap. Cível nº 70040793655, Rel. Des. Leonel Pires Ohlweiler, 9ª CC., j. 30/03/2011).

LINGUAGEM POÉTICA

De um lado vem você com seu jeitinho / Hábil, hábil, hábil / E pronto! / Me conquista com seu dom

De outro esse seu site petulante / www / Ponto / Poderosa ponto com

É esse o seu modo de ser ambíguo / Sábio, sábio / E todo encanto / Canto, canto / Raposa e sereia da terra e do mar / Na tela e no ar

Você é virtualmente amada amante / Você real é ainda mais tocante / Não há quem não se encante

Um método de agir que é tão astuto / Com jeitinho alcança tudo, tudo, tudo / É só se entregar, é não resistir, é capitular

Capitu / A ressaca dos mares / A sereia do sul / Captando os olhares / Nosso totem tabu / A mulher em milhares / Capitu

(*Capitu* – Letra e música de Luiz Tatit).

INFIRMAÇÃO – Do latim *infirmatio, infirmare,* infermar, anular. É a anulação ou invalidação de determinado ato jurídico ou mesmo de uma sentença. Contrapõe-se à confirmação. Em Direito das Sucessões, infirmação se dá quando um novo testamento revoga disposições de testamento anterior, sem entretanto fazer referência expressa a ele. A infirmação pode ser total ou parcial.

INFIRMAÇÃO DO TESTAMENTO – Ver revogação positiva.

INSANIDADE [*ver tb. curatela, estado civil, interdição, loucura, louco de todo gênero*] – Do latim *insanitas*. É o estado da pessoa que não tem sanidade mental, aquele que é insano, demente, louco. A insanidade interessa ao Direito na medida em que ela pode determinar a capacidade ou incapacidade do sujeito.

INSEMINAÇÃO ARTIFICIAL [*ver tb. coparentalidade, contrato de gestação de filhos, fertilização in vitro, reprodução assistida*] – Procedimento utilizado para estimular a fecundação para a criação de um embrião oriundo da junção de gametas humanos pelo método GIFT (Gamete intrafallopian transfer). Consiste na introdução de gameta, por meio artificial, no corpo da mulher, esperando-se que a própria natureza faça a fecundação. Também conhecido como inseminação *in vitro*.

No Brasil, a única regulamentação para a prática de qualquer um dos procedimentos de inseminação artificial é a Resolução nº 2320/2022 do Conselho Federal de Medicina.

INSEMINAÇÃO ARTIFICIAL HE-TERÓLOGA – Ver reprodução assistida heteróloga.

INSEMINAÇÃO ARTIFICIAL HOMÓLOGA – Ver reprodução assistida homóloga.

INSEMINAÇÃO ARTIFICIAL *POST MORTEM* [*ver tb. inseminação artificial homóloga, inseminação artificial heteróloga*] – Inseminação ou fertilização artificial realizada com sêmen, ou embrião conservado, por meio de técnicas de engenharia genética após a morte do doador do material genético.

Os filhos concebidos por inseminação artificial *post mortem* gozam dos mesmos direitos dos demais filhos, sejam biológicos, civis ou socioafetivos, em razão do princípio, constitucionalmente estabelecido, da igualdade entre os filhos. Entretanto, é necessário que a mulher interessada na inseminação artificial encontre-se em estado de viuvez e/ou munida de declaração escrita do marido ou companheiro falecido autorizando a realização do procedimento com seu material genético. Do contrário não se presume a paternidade do *de cujus*. Resolução nº 2.320/2022: É permitida a reprodução assistida *post mortem* desde que haja autorização específica do(a) falecido(a) para o uso do material biológico criopreservado, de acordo com a legislação vigente.

DISPOSITIVOS NORMATIVOS

CCB – Arts. 1.596 e 1.597.

Resolução nº 2320/2022, CFM.

Provimento nº 63/2017 do CNJ.

ILUSTRAÇÃO

Niura Bellavinha. P. 412.

INSUBSISTÊNCIA DO TESTAMENTO

– Ver revogação positiva

INTER VIVOS [*ver tb. doação, sucessão*]

– Locução latina, que se traduz em "entre os vivos". Diz-se do ato jurídico de transmissão que se processa entre pessoas vivas. Usada na técnica jurídica em oposição a *causa mortis* na qual a transferência é realizada do acervo deixado pelo *de cujus* para seus herdeiros ou legatários, preservando-se a vontade do autor da herança, regido pelo Direito das Sucessões. Na transmissão *inter vivos* presume-se a relação de confiança entre os indivíduos vivos com a mesma vontade e conhecimento de causa.

INTERDIÇÃO [*ver tb. Curatela, Estatuto da Pessoa com Deficiência, interdição parcial, interditado*] – Do latim *interdicto, interdicere,* proibir, vedar. Genericamente, é toda forma de proibição ou privação em razão da lei ou ordem judicial.

Em Direito de Família, é a restrição da capacidade civil em razão de uma insanidade mental, demenciamento, prodigalidade ou outro motivo que impeça o sujeito de expressar sua vontade lúcida. Pode ser relativa (parcial) ou absoluta (total). Faz-se por meio de processo judicial em que se institui a curatela da pessoa que não tem capacidade, por si mesma, de reger sua vida, administrar seu patrimônio e praticar atos da vida civil. Em razão do art. 6º da Lei nº 13.146/2015 preconizar que "a deficiência não afeta a plena capacidade civil da pessoa", agora, somente os menores de 16 anos são considerados absolutamente incapazes de exercer pessoalmente os atos da vida civil (art. 3º do CC). Da mesma forma, houve mudanças na lei civil acerca da

incapacidade relativa (art. 4º do CC), sendo retiradas as previsões de incapacidade relativa quanto aos que tivessem discernimento reduzido por deficiência mental e quanto aos excepcionais, sem desenvolvimento mental completo. A par disso, aqueles que, mesmo por causa transitória, não puderem exprimir sua vontade – que anteriormente eram considerados absolutamente incapazes –, agora são considerados relativamente incapazes. Em suma, as definições de capacidade civil foram reconstruídas para dissociar a deficiência da incapacidade. Assim, em virtude das alterações provocadas na lei civil pelo Estatuto da Pessoa com Deficiência, não se cogita de incapacidade absoluta de pessoas maiores de 16 anos, mas somente em incapacidade relativa.

A regra geral é a capacidade, da qual todas as pessoas maiores de idade a detêm. Daí a necessidade de que a incapacidade seja declarada judicialmente. A capacidade se presume e incapacidade deve ser declarada. O objetivo da interdição é a proteção da pessoa e dos bens do interditando. Apesar de ser, em regra, um procedimento de jurisdição voluntária, pode ter caráter contencioso, especialmente quando há disputa de curadores.

O autor do processo de interdição deve provar sua legitimidade, especificar e demonstrar a incapacidade do interditando, que deve ser citado, inclusive para comparecer à audiência para o interrogatório preliminar, onde o juiz terá suas impressões pessoais sobre a pessoa do interditando. Se houver provas inequívocas, ou muito evidentes da incapacidade, deve-se conceder liminarmente a curatela provisória, mesmo antes da audiência. Decorrido o prazo da contestação, nomeia-se o profissional para a realização de perícia técnica que é de fundamental importância para orientar o juiz, não só acerca da configuração da incapacidade do interditando, como também o grau desta incapacidade e, consequentemente, os limites da pretensa curatela a ser decretada.

Se houver disputa sobre quem será o curador, deve-se levar em conta, inclusive por meio de um estudo psicossocial, o melhor interesse do curatelado. Encerrada a fase instrutória, o juiz profere a sentença, decretando a interdição, estabelecendo seus limites e nomeando o respectivo curador.

O CPC/2015, em seu art. 755, assim prevê: *Na sentença que decretar a interdição, o juiz: I – nomeará curador, que poderá ser o requerente da interdição, e fixará os limites da curatela, segundo o estado e o desenvolvimento mental do interdito; II – considerará as características pessoais do interdito, observando suas potencialidades, habilidades, vontades e preferências. § 1º A curatela deve ser atribuída a quem melhor possa atender aos interesses do curatelado. § 2º Havendo, ao tempo da interdição, pessoa incapaz sob a guarda e a responsabilidade do interdito, o juiz atribuirá a curatela a quem melhor puder atender aos interesses do interdito e do incapaz. § 3º A sentença de interdição será inscrita no registro de pessoas naturais e imediatamente publicada na rede mundial de computadores, no sítio do tribunal a que estiver vinculado o juízo e na plataforma de editais do Conselho Nacional de Justiça, onde permanecerá por 6 (seis) meses, na imprensa local, 1 (uma) vez, e no órgão oficial, por 3 (três) vezes,*

I

com intervalo de 10 (dez) dias, constando do edital os nomes do interdito e do curador, a causa da interdição, os limites da curatela e, não sendo total a interdição, os atos que o interdito poderá praticar autonomamente. O CPC/2015, em seu art. 756, §3º que acolhido o pedido, o juiz decretará o levantamento da interdição e determinará a publicação da sentença, após o trânsito em julgado, na forma do art. 755, § 3º, ou, não sendo possível, na imprensa local e no órgão oficial, por 3 (três) vezes, com intervalo de 10 (dez) dias, seguindo-se a averbação no registro de pessoas naturais.

Com o trânsito em julgado, a curatela deve ser averbada no Cartório do 1º Ofício das Pessoas Naturais da comarca prolatora (Art. 93, Lei nº 6.015/77 – Lei de Registros Públicos), para que produza efeitos *erga omnes*.

Uma interdição só deveria ocorrer como último recurso, pois, psiquicamente, ela reforça a incapacidade do sujeito e simbolicamente é a "morte civil" pois o interditando perde a condição de protagonista de sua própria história. Daí a importância de se priorizar as interdições parciais em detrimento da total. Assim, embora sofra restrições de ordem patrimonial, poderá continuar praticando outros atos como casar, trabalhar, votar etc.

Com o Estatuto da Pessoa com Deficiência (EPD) – Lei nº 13.146/2015, não há mais que se falar em interdição, mas apenas em curatela, ainda que o CPC/2015 tenha usado, equivocadamente, tal expressão. Esta expressão traz consigo um sentido de interdição de direitos. Na era da ampliação da compreensão da dignidade da pessoa, não se interdita direitos. Assim, a curatela, após o EPD ganhou reforço como instituto de proteção à pessoa, que se tornou apenas curatela patrimonial.

INTERDIÇÃO ABSOLUTA [*ver tb. interdição, interdição parcial*] – Opõe-se à interdição relativa, parcial. É a interdição propriamente dita. A interdição absoluta, ou total, alcança os aspectos pessoais e patrimoniais na declaração de incapacidade.

INTERDIÇÃO PARCIAL [*ver tb. interdição, prodigalidade*] – É a curatela relativa, isto é, modalidade de interdição na qual a restrição aos direitos do interditando limita-se aos aspectos patrimoniais. Tal modalidade torna-se cada vez mais recorrente no âmbito dos tribunais em razão do forte impacto de uma interdição na vida da pessoa. Além de reforçar a incapacidade do sujeito, a declaração da incapacidade traz consigo um sentido de exclusão e expropriação de cidadania. Essas noções só foram possíveis de serem apreendidas em razão da incorporação do princípio da dignidade da pessoa humana, que lançou a base para Convenção Internacional dos Direitos da Pessoa com Deficiência (CDPD) – Decreto nº 6.949/09 e, depois, a Lei nº 13.146/2015, Estatuto da Pessoa com Deficiência (EPD). Pelo preâmbulo da Convenção – CDPD tem-se que *"a deficiência é um conceito em evolução e que a deficiência resulta da interação entre pessoas com deficiência e as barreiras devidas às atitudes e ao ambiente que impedem a plena e efetiva participação dessas pessoas na sociedade em igualdade de oportunidades com as demais pessoas"*. Não restam dúvidas do comando constitucional, que prevê *o procedi-*

mento qualificado do § 3º do art. 5º da Constituição Federal, sendo recepcionado com força de Emenda Constitucional. Eis a previsão do texto constitucional: § 3º Os tratados e convenções internacionais sobre direitos humanos que forem aprovados, em cada Casa do Congresso Nacional, em dois turnos, por três quintos dos votos dos respectivos membros, serão equivalentes às emendas constitucionais.

A interdição parcial relativiza um pouco o peso e significado de exclusão que ela traz consigo, pois as restrições da curatela parcial ou relativa só privarão o curatelado de, *sem curador, emprestar, transigir, dar quitação, alienar, hipotecar, demandar ou ser demandado, e praticar, em geral, os atos que não sejam de mera administração* (Art. 1.782, CCB).

Em cada caso concreto, o juiz deve delimitar os atos em que o interditando precisará de curador para exercê-lo, bem como o termo inicial da sua incapacidade. Os limites da curatela serão fixados, tomando-se por base o desenvolvimento mental do interdito, o grau da sua deficiência e discernimento. Além dos pródigos e "ébrios habituais", cuja interdição comumente é relativa, outros tipos de incapacidades também podem sofrer interdição apenas parcial e até mesmo temporária, dependendo da circunstância social e psíquica.

Com o EPD não se deve falar mais em interdição, mas simplesmente curatela. Não se interdita pessoas de direitos.

INTERDITADO [*ver tb. curatela, interdição*] – É a pessoa que teve sua incapacidade declarada judicialmente, mediante processo de interdição. É a pessoa efetivamente interditada. E interditando é o sujeito que ainda responde a processo de interdição/curatela, em razão de sua incapacidade para reger a própria vida e seu patrimônio, ou seja, está em processo de interdição. Com o Estatuto da Pessoa com Deficiência (EPD), não há que se falar mais em interdição, apenas em curatela.

INTERSEXUAL [*ver tb. crossdresser, gênero, hermafrodita, identidade de gênero*] – É a pessoa que nasceu fisicamente entre (inter) o sexo masculino e o feminino, tendo parcial ou completamente desenvolvidos ambos os órgãos sexuais, ou um predominando sobre o outro. É o antônimo de endossexual. Popularmente conhecido como hermafrodita. Em razão de uma dupla fertilização – hipótese em que um óvulo é fecundado por dois ou mais espermatozoides – há o surgimento de um mosaico genético ou mosaicismo, doença genética em que, no mesmo indivíduo, existem duas ou mais populações de células com genótipo diferente (duas ou mais linhas celulares), presumivelmente provenientes do mesmo zigoto. Um indivíduo intersexuado pode hospedar ao mesmo tempo três ou mais linhas de células, por exemplo, duas femininas e uma masculina, XXY. Pessoas que possuem essa variação genética muitas vezes apresentam sintomas de heterocromia (olhos de cor diferente) e má formação dos órgãos genitais em razão de variação genética, ocasionando, simultaneamente, órgãos e características de ambos os sexos, feminino e masculino. É oposto de endossexuais.

Alguns ordenamentos jurídicos estrangeiros já reconhecem a existência de um terceiro sexo para adequarem a esse fenômeno genético. Essa medida retira dos genitores a obrigação de decidir por submeter os recém nascidos a operações cirúrgicas para a atribuição de um sexo. A legislação alemã, assim como a australiana e neozelandesa, foram as primeiras a admitirem um terceiro sexo denominado "neutro", representado nos documentos oficiais por um X. E assim, as pessoas que não tiveram seu sexo definido ao nascer poderão fazê-lo assim que atingirem a maioridade, podendo ainda permanecer como indefinido se assim desejarem.

No Brasil, em 2021, tivemos um avanço significativo para a proteção de crianças intersexuais Assim as pessoas que nascem fisicamente (inter) o sexo masculino e feminino tendo parcial ou completamente desenvolvido ambos os órgãos sexuais, ou um predominando sobre o outro, poderão constar em seu registro de nascimento o sexo neutro. O Conselho Nacional de Justiça – CNJ reconheceu, por meio de um pedido de providência do Instituto Brasileiro de Direito de Família – IBDFAM, que há uma lacuna normativa no Registro de Nascimento das crianças intersexo, quando na Declaração de Nascido Vivo – DNV ou na Declaração de Óbito – o sexo é marcado como "ignorado". Ampliou-se, com isso, a possibilidade dos pais que desejam não declarar o sexo dessas crianças nessa situação, de não se identificar o sexo, preservando, inclusive, o superior interesse da criança. Dessa decisão, criou-se o Provimento 122/2021.

DISPOSITIVOS NORMATIVOS

Provimento nº 122/2021 CNJ

JURISPRUDÊNCIA

(...) Contudo, outros, tais como os transexuais e os intersexuais (também denominados pseudo-hermafroditas), não encontram essa correspondência entre sexo e gênero, vivendo em descompasso com o sexo biológico – genitália e configuração genética – e a forma como se veem e vivenciam sua sexualidade – gênero. Segundo o psicólogo/psicanalista Paulo Roberto Ceccarelli, em sua obra Diversidades: Dimensões de Gênero e sexualidade, publicada pela Editora Mulheres, em 2010, ao abordar sobre o tema ora em questão, esclareceu que: "A distinção entre sexo e gênero foi introduzida na psicanálise pelo psicanalista norte-americano Robert Stoller para uma melhor compreensão da psicodinâmica do transexual. Stoller isola, para melhor delinear, os aspectos da psicossexualidade que, para ele, são 'independentes' do biológico: gênero. Para isso, ele parte do que Freud chama de 'caracteres sexuais mentais' (atitude masculina e feminina) que são, até certo ponto, independentes dos caracteres sexuais físicos e do 'tipo de escolha de objeto' (Freud, 1920). Stoller separa, então, os dois aspectos do conceito freudiano de bissexualidade – o biológico e o psíquico – para, em seguida, examinar a dimensão biológica (sexo) por meio do estudo dos intersexuais, e a dimensão psíquica (gênero) pelo estudo dos transexuais. Stoller conclui que o gênero prima sobre o sexo. Este desdobramento vai permitir-lhe apreender a aquisição do feminino e do masculino – o gênero –, por um homem (male) ou uma mulher (female) – o sexo". Vê-se, assim, que a identidade psicossocial prepondera sobre a identidade biológica, ou seja, o indivíduo vive o gênero (feminino/masculino) ao qual se sente pertencer, comportando-se conforme os ideais sociais, estabelecidos historicamente para diferenciar os gêneros entre si. (...) (TJRS, Apelação Cível nº 70064914047, Rel.ª Des.ª Sandra Brisolara Medeiros, 7ª CC., j. 26/08/2015).

INTESTADO [ver tb. ab intestato, testamento] – É o mesmo que sem testamento ou ab intestato. É a transmissão da herança sem testamento ou codicilo.

INTESTATO [ver tb. ab intestato, intestável] – Do latim instestatus, que não faz testamento.

INTESTÁVEL – Do latim intestabilis, que não pode testar. É a pessoa que não pode dar depoimento ou prestar testemunho. *Podem depor como testemunhas todas as pessoas, exceto as incapazes, impedidas ou suspeitas* (Art. 447, CPC/2015).

No Direito das Sucessões, também é utilizado para indicar aquele que não preenche os requisitos legais para fazer testamento, ou seja, ter 16 anos de idade completos e pleno exercício de sua capacidade mental. *Além dos incapazes, não podem testar os que, no ato de fazê-lo, não tiverem pleno discernimento* (Art. 1.860, CCB).

INTRA VIRES HEREDITATIS – Expressão em latim, que se traduz em "nos limites da herança". É regra do Direito das Sucessões que determina o limite da responsabilidade dos herdeiros. As dívidas deixadas pelo falecido estão garantidas pelo limite da herança, ou seja, os herdeiros terão a responsabilidade apenas em relação às forças da herança, e não além delas (*ultra vires hereditatis*), isto é, seus bens particulares não poderão ser atingidos pelo fato de serem herdeiros.

DISPOSITIVOS NORMATIVOS

CCB – Arts. 1.792 e 1.997.

INTRANSMISSIBILIDADE DOS ALIMENTOS – Ver alimentos – transmissibilidade.

INTUITU FAMILIAE – *ver pensão intuitu familiae.*

INÚBIL [*ver tb. núbil, nubente, púbere*] – É a pessoa que ainda não atingiu a idade núbil, ou seja, a idade para se casar. São menores impúberes aqueles que ainda não completaram 16 anos, e são representados por seus pais ou responsáveis por meio de instrumento de procuração particular. Aqueles que não atingiram a idade núbil, 16 anos, só podem se casar excepcionalmente para evitar imposição ou cumprimento de pena criminal ou em caso de gravidez (Art. 1.520, CCB).

INVENTARIADO [*ver tb. de cujus, inventário*] – É uma das nomenclaturas judicialmente utilizadas para identificar a pessoa que morreu, ou seja, o autor da herança, cujos bens estão sendo inventariados. É também chamado de *de cujus*, defunto, falecido etc.

INVENTARIANÇA [*ver tb. inventariante*] – É o cargo e a função do inventariante.

INVENTARIANTE [*ver tb. vintena testamentária, inventariante dativo*] – É a pessoa encarregada de administrar e cuidar dos bens deixados pelo falecido até que se proceda à liquidação do espólio com a partilha, isto é, sejam quitados todos os débitos do falecido e o saldo entregue aos herdeiros. É o representante legal do espólio, com autoridade para promover e defender todos os interesses dele. *O juiz nomeará inventariante: I – o cônjuge ou companheiro sobrevivente, desde que estivesse convivendo com o outro ao tempo da morte deste; II – o herdeiro que se achar na posse e administração do espólio, se não houver cônjuge ou companheiro sobrevivente ou estes não puderem ser nomeados; III – qualquer herdeiro, nenhum estando na posse e administração do espólio; IV – o testamenteiro, se lhe foi confiada a administração do espólio ou toda a herança estiver distribuída em legados; V – o inventariante judicial, se houver; VI – pessoa estranha idônea, onde não houver inventariante judicial.* (Art. 990, CPC). Antes de iniciar sua gestão, deve prestar compromisso legal em juízo.

DISPOSITIVOS NORMATIVOS

CCB – Arts. 1.797, 1.991.

INVENTARIANTE DATIVO [*ver tb. inventariante, vintena testamentária*] – É o inventariante nomeado pelo juiz e que não integra a sucessão. Tal nomeação se dá quando não há herdeiro interessado, ou por qualquer outro motivo não puder assumir tal encargo, ou em situações excepcionais, como por exemplo, quando há divergência na escolha do inventariante e o juiz entender que nenhum dos herdeiros está apto a exercer a inventariança.

Ao final do inventário ele receberá remuneração fixada pelo juiz, de acordo com o tempo de duração do processo e a dimensão do trabalho desenvolvido. Inventariante, seja dativo ou não, é a pessoa a quem compete administrar o espólio até o final da partilha: *Desde a assinatura do compromisso até a homologação da partilha, a administração da herança será exercida pelo inventariante* (Art. 1.991, CCB).

INVENTÁRIO [*ver tb. espólio, inventário administrativo, inventário judicial, partilha e rituais de passagem*] – Do latim *inventarium*, relação de bens. Em sentido amplo, é o balanço, enumeração e descriminação minuciosa de bens e coisas. Na terminologia jurídica do Direito Sucessório indica o procedimento pelo qual se faz a descrição pormenorizada dos bens da herança, para possibilitar o recolhimento de tributos, pagamento de credores, e, por fim, a partilha. É um procedimento declaratório que pode ser feito na via judicial, ou extrajudicial quando todos os herdeiros forem capazes e concordes, e não houver testamento. Neste caso pode ser feito também por escritura pública.

DISPOSITIVOS NORMATIVOS

CCB – Arts. 1.991 a 2.027.

INVENTÁRIO ADMINISTRATIVO [*ver tb. inventário*] – É o inventário feito pela via administrativa, ou extrajudicial, isto é, feito em Cartório de Notas. Esta modalidade simplificada de inventário foi introduzida no Brasil pela Lei nº 11.441/07 e só pode ser feita quando não há menores, divergência entre os herdeiros ou testamento.

O tabelião somente lavrará a escritura pública se todas as partes interessadas estiverem assistidas por advogado comum ou advogados de cada uma delas (Art. 610, § 2º, CPC/2015).

No inventário administrativo não há a expedição de formal de partilha, o translado extraído da escritura pública única, lavrada por notário de livre escolha, é o documento hábil para a averbação dos registros conforme se estabeleceu a partilha, e também para levantamento de valores depositados em ativos financeiros (art. 610, § 1º CPC).

A Resolução nº 452/2022, de 22 de abril de 2022 do Conselho Nacional de Justiça – CNJ alterou sua Resolução nº 35/2007, que disciplina a lavratura dos atos notariais relacionados a inventário, partilha, separação consensual, divórcio consensual e extinção consensual de união estável por via administrativa.

Em seu artigo 11, a Resolução nº 35/2007 do CNJ definia como obrigatória a nomeação de interessado, na escritura pública de inventário e partilha, para representar o espólio, com poderes de inventariante, no cumprimento de obrigações ativas ou passivas pendentes, sem necessidade de seguir a ordem prevista no artigo 617 do Código de Processo Civil – CPC. A redação já havia sido alterada pela Resolução 326/2020. Agora, o texto passa a vigorar com acréscimos da Resolução nº 452/2022. *O mesmo artigo 11 da Resolução 35/2007 passa a vigorar acrescido dos seguintes parágrafos: § 1º O meeiro e os herdeiros poderão, em escritura pública anterior à partilha ou à adjudicação, nomear inventariante. § 2º O inventariante nomeado nos termos do § 1º poderá representar o espólio na busca de informações bancárias e fiscais necessárias à conclusão de negócios essenciais para a realização do inventário e no levantamento de quantias para pagamento do imposto devido e dos emolumentos do inventário. § 3º A nomeação de inventariante será considerada o termo inicial do procedimento de inventário extrajudicial.*

INVENTÁRIO CONJUNTO [*ver tb. comoriência*] – É situação excepcional em que dois inventários são processados de forma conjunta, visando celeridade e economia processual. A legislação prevê expressamente duas situações: *Art. 672 do CPC/2015: É lícita a cumulação de inventários para a partilha de heranças de pessoas diversas quando houver; I – identidade de pessoas entre as quais devam ser repartidos os bens; II – heranças deixadas pelos dois cônjuges ou companheiros.* Há, ainda, apesar de não estar expressa, a possibilidade de inventário conjunto caso ocorra comoriência.

INVENTÁRIO EM CARTÓRIO [*ver tb. inventário*] – É o mesmo que inventário administrativo ou inventário extrajudicial.

INVENTÁRIO EXTRAJUDICIAL [*ver tb. inventário*] – É o mesmo que inventário administrativo.

INVENTÁRIO JUDICIAL [*ver tb. formal de partilha, inventário, inventário administrativo*] – É o procedimento judicial pelo qual se faz a descrição pormenorizada dos bens da herança, para possibilitar o recolhimento de tributos, pagamento de credores, e, por fim, a partilha.

No processo judicial, pelo qual se apura o ativo e o passivo da herança e, após a quitação de todos os débitos, homologa-se partilha dos bens e expede-se o formal de partilha. O processo de inventário e partilha deve ser instaurado dentro de 2 (dois) meses, a contar da abertura da sucessão, ultimando-se nos 12 (doze) meses subsequentes, podendo o juiz prorrogar esses prazos, de ofício ou a requerimento de parte (CP/2015, art. 611).

DISPOSITIVOS NORMATIVOS

CCB – Arts. 1.991 a 2.027.

INVENTÁRIO NEGATIVO [*ver tb. inventário*] – É o procedimento a ser feito quando um morto não deixa bens, e seu cônjuge/ companheiro ou os seus herdeiros tenham necessidade da certeza jurídica desse fato. Pode ser realizado pela via judicial ou extrajudicial. Tecnicamente, não tem sentido jurídico tal nomenclatura, isso porque inventário exige como condição precípua a existência de alguma coisa a inventariar.

O inventário sem bens, ativos ou passivos, pode parecer em si contraditório, uma vez que o significado de inventário é "relação de bens". O objetivo do inventário negativo não é inventariar o nada. Trata-

-se, exatamente, de fazer certo que nada existe a inventariar, é um procedimento meramente declaratório. Basta que todos interessados declarem perante a autoridade competente que não há bens a partilhar, assim, não há porque duvidar da palavra deles.

A utilidade mais comum do inventário negativo *tem sido a do viúvo ou da viúva que tiver filhos com o cônjuge falecido e que deseja casar, sem incorrer em causa suspensiva de casamento, pois o Código Civil (Arts. 1.523 e 1.641) estabelece que, enquanto não fizer inventário dos bens do casal e der partilha aos herdeiros, apenas pode se casar sob regime de separação obrigatória de bens* (LÔBO, Paulo. *Direito civil:* sucessões. São Paulo: Saraiva, 2013. p. 270).

INVENTÁRIO POR ARROLAMENTO

[*ver tb. inventário, inventário extrajudicial*] – É o rito especial simplificado de inventário quando os bens a serem inventariados não atingem determinado valor. É um procedimento sumário, de jurisdição voluntária, que prima pela celeridade e economia processual.

A lei processual oferece duas modalidades de arrolamento judicial: *pode ser utilizado quando todos os interessados forem capazes e concordes, para fins de homologação de partilha amigável, ou quando o valor total da herança for inferior a 2.000 OTN (Obrigações do Tesouro Nacional, extintas em 1989, mas atualizadas desde então), ainda que os interessados não estejam concordes ou que haja herdeiro incapaz, para o que será necessária a intervenção do Ministério Público. Para a primeira finalidade, ou seja, quando todos forem capazes e concordes, o arrolamento sumário per-*

deu espaço e utilidade, após o advento do inventário extrajudicial (LÔBO, Paulo. *Direito civil:* sucessões. São Paulo: Saraiva, 2013. p. 270).

Assim como no inventário administrativo, persiste a indispensabilidade da intervenção judicial caso exista testamento. *Se os herdeiros forem capazes, poderão fazer partilha amigável, por escritura pública, termo nos autos do inventário, ou escrito particular, homologado pelo juiz* (Art. 2.015, CCB).

O art. 659, § 2º, do CPC de 2015 retirou a obrigatoriedade da prova da quitação de tributos relativos aos bens do espólio antes da expedição do formal de partilha, anteriormente disposta no art. 1.031, § 2º, do CPC de 1973, prevendo, assim, um procedimento mais simples e célere e que não prejudica o direito da Fazenda Pública de discutir posteriormente os tributos devidos, tampouco o direito dos herdeiros pleitearem eventual isenção do imposto. Os artigos 659 e 662 do CPC têm por finalidade afastar qualquer discussão no procedimento de arrolamento sumário acerca de questões relacionadas ao lançamento, pagamento ou quitação do ITCMD.

A jurisprudência já se posicionou: *No arrolamento sumário, a homologação da partilha ou da adjudicação, bem como a expedição do formal de partilha e da carta de adjudicação, não se condiciona ao prévio recolhimento do ITCMD, devendo ser comprovado, todavia, o pagamento dos tributos relativos aos bens do espólio e as suas rendas, a teor dos artigos 659, parágrafo 2 do CPC e 192 do CTN. (STJ, REsp 1.896.526/ REsp 2.027.972).*

INVENTÁRIO – RITOS DE PASSAGEM

– Ver ritos de passagem.

INVESTIGAÇÃO DE MATERNIDADE

[*ver tb. adoção à brasileira, famílias mútuas, investigação da parentalidade, investigação de origem genética, investigação de paternidade, negatória de maternidade*] – É o procedimento judicial em que se busca a origem genética, ou mesmo a declaração do vínculo socioafetivo de maternidade. Embora a maternidade biológica, em geral, seja um fato certo, pode ser que esse procedimento seja necessário para os casos em que o registro civil não traduz a verdade biológica ou socioafetiva, como por exemplo nos casos de ocultação de filho, de abandono, rapto ou troca de bebês em maternidade.

O Código Civil de 1916 proibia expressamente a ação de investigação de maternidade nos seguintes casos: a) quando tinha por fim atribuir prole ilegítima à mulher casada; b) quando tinha por fim atribuir prole incestuosa à mulher solteira (Art. 364, CCB 1916).

Com a CR/88 (Art. 227, § 6º) as classificações dos filhos legítimos ou ilegítimos foram proibidas no ordenamento jurídico brasileiro. Assim, o CCB 2002 não repetiu as vedações previstas no *codex* anterior.

O procedimento para a ação de investigação de maternidade é o mesmo previsto para as ações de investigação de paternidade. O vínculo consanguíneo entre a mãe e o filho prova-se pelo exame em DNA, que é a principal prova e traz consigo a quase absoluta certeza da maternidade. Há caso de erro nos exames em DNA, mas são raros.

Em uma ação de reconhecimento de maternidade socioafetiva é necessária a demonstração da "posse do estado de mãe", devendo estar presentes aí os elementos que a caracterizam, ou seja, o forte vínculo afetivo e o exercício da maternidade ao longo dos anos. *A ação de prova da filiação compete ao filho, enquanto viver, passando aos herdeiros, após sua morte ou for incapaz* (art. 1.606, CCB).

O reconhecimento da maternidade, por ato voluntário, é feito no Cartório de Registro Civil, onde está registrado o nascimento do filho, mas dependerá da anuência do filho se maior, do pai se menor, ou, se incapacitado, judicialmente.

A Lei nº 14.138/2021, acrescentou § 2º ao art. 2º-A da Lei nº 8.560, de 29 de dezembro de 1992, para permitir, em sede de ação de investigação de paternidade, a realização do exame de pareamento do código genético (DNA) em parentes do suposto pai, nos casos em que especifica. Com o atual texto legislativo, a recusa à perícia médica ordenada pelo juiz poderá suprir a prova que se pretendia obter com o exame. Assim como em ação investigatória, a recusa do suposto pai em se submeter ao exame de DNA induz presunção de paternidade. O Poder Judiciário já admitia essa possibilidade, mesmo antes dessa lei. Constatamos, com isso, que mais uma vez a jurisprudência e doutrina é o que têm "salvado" o Direito de Família. Essa Lei fez com que a negativa dos parentes do investigado falecido, ao exame de DNA, deixasse de ser um mero indício do vínculo biológico, passando a gerar presunção.

DISPOSITIVOS NORMATIVOS

CR – Arts. 5º XXXVI, 226, 227 e 229.

CCB – Arts. 230, 231, 232, 1.593, 1.596 a 1617.

I

Lei nº 8.560/92 – Regula a investigação de paternidade dos filhos havidos fora do casamento.

Lei nº 8.069/90 – Estatuto da Criança e do Adolescente – Art. 27.

Lei nº 14.138/2021.

JURISPRUDÊNCIA

(...) Isso porque a maternidade que nasce de uma decisão espontânea deve ter guarida no Direito de Família, assim como os demais vínculos advindos da filiação. – Como fundamento maior a consolidar a acolhida da filiação socioafetiva no sistema jurídico vigente, erige-se a cláusula geral de tutela da personalidade humana, que salvaguarda a filiação como elemento fundamental na formação da identidade do ser humano. Permitir a desconstituição de reconhecimento de maternidade amparado em relação de afeto teria o condão de extirpar da criança, hoje pessoa adulta, tendo em vista os 17 anos de tramitação do processo, preponderante fator de construção de sua identidade e de definição de sua personalidade. E a identidade dessa pessoa, resgatada pelo afeto, não pode ficar à deriva em face das incertezas, instabilidades ou até mesmo interesses meramente patrimoniais de terceiros submersos em conflitos familiares. (...) (STJ, REsp 1000356/SP, Rel.ª Min.ª Nancy Andrighi, 3ª T., publ. 07/06/2010).

INVESTIGAÇÃO DA PARENTALI-DADE [ver tb. investigação de origem genética, investigação de paternidade alimentar, paternidade alimentar, posse do estado de filho, socioafetividade] – É a investigação que se faz por meio de processo judicial para se saber e determinar juridicamente quem é o pai, a mãe ou outro parente, independentemente da origem genética, pois o parentesco decorre também da socioafetividade (Art. 1.593, CCB). É o mesmo que ação de reconhecimento do estado de filiação. É um direito personalíssimo, indisponível e imprescritível (Art. 27, Lei nº 8.069/90 – Estatuto da Criança e Adolescente).

A investigação de parentalidade é o gênero que comporta as espécies investigação de paternidade/maternidade e investigação de origem genética.

A Lei nº 14.138/2021, acrescentou § 2º ao art. 2º-A da Lei nº 8.560, de 29 de dezembro de 1992, para permitir, em sede de ação de investigação de paternidade, a realização do exame de pareamento do código genético (DNA) em parentes do suposto pai, nos casos em que especifica. Com o atual texto legislativo, a recusa à perícia médica ordenada pelo juiz poderá suprir a prova que se pretendia obter com o exame. Assim como em ação investigatória, a recusa do suposto pai em se submeter ao exame de DNA induz presunção de paternidade. O Poder Judiciário já admitia essa possibilidade, mesmo antes dessa lei.

DISPOSITIVOS NORMATIVOS

CR – Arts. 5º, XXXIV, a, 226, 227 e 229.

CCB – Arts. 230, 231, 232, 1.593, 1.596, 1.599, 1.600, 1.601, 1.602, 1.615.

Lei nº 8.560/92 – Regula a investigação de paternidade dos filhos havidos fora do casamento e dá outras providências.

Lei nº 8.069/90 – Estatuto da Criança e do Adolescente – Art. 27.

Súmulas STJ – 1, 277, 301 e 383.

JURISPRUDÊNCIA

(...) O art. 1.593 do Código Civil de 2002 dispõe que o parentesco é natural ou civil, conforme resulte de consanguinidade ou outra origem. Assim, há reconhecimento legal de outras espécies de parentesco civil, além da adoção, tais como a paternidade socioafetiva. 2. A parentalidade socioafetiva envolve os aspecto sentimental criado entre parentes não biológicos, pelo ato de convivência, de vontade e de amor e prepondera em relação à biológica. 3. Comprovado o vínculo afetivo durante mais de trinta anos entre a tia já falecida e os sobrinhos órfãos, a maternidade socioafetiva deve ser reconhecida. 4. Apelação conhecida e não provida, mantida a sentença que acolheu a pretensão inicial (TJMG, Ap. Cível nº 1.0024.07.803827-0/001, Rel. Des. Caetano Levi Lopes, 2ª CC., publ. 09/07/2010).

INVESTIGAÇÃO DE ORIGEM GENÉTICA

[*ver tb. ação de investigação de parentalidade, investigação de paternidade, multiparentalidade*] – É a busca, por meio de ação judicial, para se saber a ascendência biológica. A identidade genética corresponde ao genoma de cada ser humano e as bases biológicas de sua identidade, ou seja, a identidade genética da pessoa humana é um bem jurídico tutelado, e é uma das manifestações essenciais da personalidade humana. Daí tratar-se de um direito da personalidade, direito fundamental, vertente do princípio da dignidade da pessoa humana.

Pode diferenciar-se da ação de investigação de paternidade/maternidade, que busca o reconhecimento do estado de filiação e parentalidade e os seus respectivos efeitos. O estado de filiação e a parentalidade não supõem, necessariamente, vínculo biológico, podendo ser determinado com base em critérios socioafetivos.

Conhecer a origem genética é direito fundamental do sujeito e reveste-se de importância simbólica, histórica e também direito à saúde. A informação do histórico genético familiar, em muitas situações, pode significar garantias de saúde. O desenvolvimento da engenharia genética muito tem contribuído para a descoberta de novas técnicas terapêuticas, e garantir ao indivíduo conhecer sua genética é de suma importância para os novos tratamentos, pelos quais é possível prevenir várias enfermidades, inclusive para as gerações futuras.

A ação de investigação de origem genética não tem necessariamente efeitos patrimoniais, como o direito à herança ou a alimentos, e nem sempre interferirá ou alterará o vínculo parental já existente.

A Lei nº 14.138/2021, acrescentou § 2º ao art. 2º-A da Lei nº 8.560, de 29 de dezembro de 1992, para permitir, em sede de ação de investigação de paternidade, a realização do exame de pareamento do código genético (DNA) em parentes do suposto pai, nos casos em que especifica. Com o atual texto legislativo, a recusa à perícia médica ordenada pelo juiz poderá suprir a prova que se pretendia obter com o exame. Assim como em ação investigatória, a recusa do suposto pai em se submeter ao exame de DNA induz presunção de paternidade. O Poder Judiciário já admitia essa possibilidade, mesmo antes dessa lei.

JURISPRUDÊNCIA

(...) Considerada a jurisprudência do STJ no sentido de ampliar a possibilidade de reconhecimento de relações de parentesco, e desde que na origem seja conferida a amplitude probatória que a hipótese requer, há perfeita viabilidade jurídica do pleito deduzido pelos netos, no sentido de verem reconhecida a relação avoenga, afastadas, de rigor, as preliminares de carência da ação por ilegitimidade de parte e impossibilidade jurídica do pedido, sustentadas pelos herdeiros do avô. (...) STJ, REsp 807.849/RJ, Rel. Min. Nancy Andrighi, 2ª Seção, pub.; 06/08/2010).

INVESTIGAÇÃO DE PATERNIDADE

[*ver tb. parentalidade socioafetiva, paternidade socioafetiva e socioafetividade*] – Do latim *investigatio*, indagar. Em Direito de Família, é a ação judicial em que se busca declarar a paternidade, que pode ser biológica ou socioafetiva. As investigações de paternidade, até a possibilidade de sua revelação pelos exames em DNA, em meados da década de 1980, sempre esteve envolvida pela moral sexual que permeia todo o Direito de Família. Até então, as provas levadas ao processo judicial eram documentos que demonstravam alguma relação da mãe com o suposto pai, exame de sangue em que se aproximava ou excluía os tipos sanguíneos, mas principalmente testemunhal. Os depoimentos giravam em torno de se demonstrar o *exceptio plurium concubentium*, isto é, se a mãe tivesse mais de um relacionamento no período da concepção, o investigado era excluído da paternidade. Neste sentido, a prova pericial de exame em DNA deslocou o eixo da discussão, que era na verdade uma investigação moral da vida da mãe, para uma prova científica. Esta foi a primeira resolução nas investigações de paternidade. Obviamente, que a prova da paternidade não é apenas o exame em DNA, mas é a mais importante, e as outras, tais como testemunhas e documentos, ganharam um lugar subsidiário.

Aquele que se recusa a submeter-se ao exame em DNA, a lei considera que ele "tem culpa no cartório", isto é, pode significar a presunção da paternidade (Arts. 231 e 232, CCB).

Com a compreensão psicanalítica de que a paternidade e maternidade são funções exercidas, além do conceito jurídico de posse de estado de filho, surge o conceito de paternidade socioafetiva, que evoluiu para parentalidade socioafetiva, que fez a segunda revolução nos processos de investigação de paternidade. Isto porque a investigação pode recair sobre o verdadeiro pai, que não necessariamente é o pai biológico. Pai e genitor podem ser categorias jurídicas distintas. E assim, em um processo de investigação de paternidade, o exame em DNA pode revelar que o investigado é o genitor, mas nem sempre é o verdadeiro pai. Às vezes tal processo pode ser apenas para investigação da origem genética.

O histórico legislativo das investigatórias de paternidade revela que elas sempre foram determinadas por uma moral sexual estigmatizante e excludente. Pela Lei nº 883/49, com as alterações promovidas em 1977, era permitida a propositura da ação de investigação de paternidade somente após dissolvida a sociedade conjugal. Na constância, apenas se houvesse testamento. Em 1984, a Lei nº 7.200 começou a autorizar essa busca nos casos de separação de fato. Muito embora existissem direitos sucessórios, eles estavam condicionados à metade da herança com relação aos filhos havidos fora do casamento e reconhecidos pela investigatória de paternidade. Com o avanço social solidificado com a ordem constitucional de 1988, bem como a edição da Lei nº 8.560/92, instalou-se a isonomia em relação à filiação, bem como o reconhecimento e propositura da investigatória de paternidade tornaram-se possíveis, independentemente da configuração familiar. Filho é filho, independentemente de sua origem genética, e merece tratamento igualitário.

O reconhecimento do estado de filiação é um direito personalíssimo, indisponível e imprescritível (Art. 27, Lei nº 8.069/90).

A Lei 14.138/2021, acrescentou § 2º ao art. 2º-A da Lei nº 8.560, de 29 de dezembro de 1992, para permitir, em sede de ação de investigação de paternidade, a realização do exame de pareamento do código genético (DNA) em parentes do suposto pai, nos casos em que especifica.

DISPOSITIVOS NORMATIVOS

CF – Arts. 227 e 229.

CCB – Arts. 230, 231, 232, 1.593, 1.596 a 1617.

Lei nº 8.560/92 – Regula a investigação de paternidade dos filhos havidos fora do casamento e dá outras providências.

Lei nº 8.069/90 – Estatuto da Criança e do Adolescente – Art. 27.

JURISPRUDÊNCIA

(...) Afinal, por meio de uma gota de sangue, não se pode destruir vínculo de filiação simplesmente dizendo a uma criança que ela não é mais nada para aquele que, um dia, declarou, perante a sociedade, em ato solene e de reconhecimento público, ser seu pai. Assim, sob a ótica indeclinável de proteção à criança, para haver efetiva possibilidade de anulação do registro de nascimento do menor, é necessária prova robusta no sentido de que o relutante pai foi de fato induzido a erro, ou ainda, que tenha sido coagido a tanto, como pretende a todo custo fazer crer o recorrido. Não há como desfazer um ato levado a efeito com perfeita demonstração da vontade, como ocorreu na hipótese dos autos. (...) Em contraponto à instabilidade dos vínculos advindos dos relacionamentos amorosos ou puramente sexuais, os laços de filiação devem estar fortemente assegurados com vista ao interesse maior da criança. O recorrido não manifestou vontade eivada de vício, o que impõe a reforma do acórdão impugnado com o consequente restabelecimento da sentença. Diante disso, a Turma conheceu dos recursos e lhes deu provimento para julgar improcedente o pedido formulado pelo recorrido na inicial de anulação do registro de nascimento do menor, restabelecendo, por conseguinte, a sentença (STJ, REsp 932.692-DF, Rel.ª Min.ª Nancy Andrighi, 3ª T., j. 9/12/2008).

LINGUAGEM POÉTICA

Tava jogando sinuca / Uma nega maluca me apareceu / Vinha com um filho no colo / E dizia pro povo / Que o filho era meu (bis)

Toma que o filho é seu / Não senhor.... / Guarda o que Deus lhe deu / Não senhor......

Há tanta gente no mundo / Mas meu azar é profundo / Veja você, meu irmão, / A bomba estourou na minha mão / Tudo acontece comigo / Eu que nem sou do amor / Até parece castigo / Ou então é influência da cor (bis)

Tava jogando sinuca.... / Não senhor...

(*Nega maluca* – Letra e música de Lana Bittencourt).

IRMÃO SOCIOAFETIVO – Ver fraternidade socioafetiva.

IRMÃOS BILATERAIS – São os irmãos que têm a mesma descendência, ou seja, que são filhos da mesma mãe e do mesmo pai.

LINGUAGEM LITERÁRIA

"Alguns filhos, convencemos. Outros, vencemos. Ditado antiquíssimo. Bobagem? Não sei. Presto atenção em Nuno e Rosário. Seres completamente diferentes. Petulante, Rosário se impõe. Desarmado, Nuno se expõe. Diante de um não, Nuno pergunta porquê. Ouve atento as explicações, contesta ou não, e pronto, página virada. Rosário lá que saber? Sem dar ouvidos, birra, desatende, faz pirraça. Até que ganha o merecido castigo e emburra, rumina, se ressente.

Estão impossíveis, os dois. Cão e gato. Mas prefiro o estado de beligerância entre eles. Quando amigos, aprontam horrores e o desastre é completo, porque ao atrevimento de Rosário, soma-se a criatividade de Nuno. Com as desavenças, já tenho prática. A causa é quase sempre a mesma: ela quer mandar e desmandar no irmão. Ele não aceita, mas está sempre aberto ao entendimento."

(AZEVEDO, Francisco. *O arroz de palma*. Rio de Janeiro: Record, 2008. p. 271).

IRMÃOS GERMANOS – É o mesmo que irmãos bilaterais, ou seja, irmãos filhos da mesma mãe e do mesmo pai.

IRMÃO UNILATERAL [*ver tb. irmãos consanguíneos, irmãos uterinos*] – É aquele cujo vínculo de ascendência comum provém apenas de um dos pais, ou seja, irmãos somente por parte da mãe ou por parte do pai.

LINGUAGEM POÉTICA

(...) Fizemos a última viagem / Foi lá pro sertão de Goiás/ Fui eu e o Chico Mineiro/ também foi o capataz/ Viajamos muitos dias/ Pra chegar em Ouro Fino

Aonde passamos a noite/ Numa festa do Divino

A festa estava tão boa / Mas antes não tivesse ido/ O Chico foi baleado / Por um homem desconhecido/ Larguei de comprar boiada/ Mataram meu companheiro/ Acabou o som da viola / Acabou-se o Chico Mineiro

Depois daquela tragédia/ Fiquei mais aborrecido/ Não sabia da nossa amizade/ Porque a gente era unido/ Quando vi seu documento/ Me cortou todo o coração / Vim saber que o Chico Mineiro/ Era meu legítimo irmão...

(*Chico mineiro* – Letra e música de Tonico e Tinoco).

ILUSTRAÇÃO

Márcia Charnizon. P. 427.

IRMÃOS UTERINOS [*ver tb. irmão unilateral*] – São os irmãos filhos da mesma mãe, mas de pais diferentes, ou seja, têm apenas a descendência materna em comum.

IRRENUNCIABILIDADE DOS ALIMENTOS [*ver tb. alimentos*] – O Código Civil de 2002 ratificou a impossibilidade de renúncia de alimentos, retomando-se a discussão sobre a matéria em relação aos cônjuges. Apesar de o Código Civil de 1916 vedar a renúncia aos alimentos, o entendimento da jurisprudência durante a vigência daquele Código era de que esse dispositivo não tinha validade quanto aos cônjuges. Não é possível a renúncia entre pais e filhos menores, mas o é entre cônjuges e companheiros.

Mesmo que haja renúncia à verba alimentar entre cônjuges ou companheiros, isso não obsta o recebimento da pensão previdenciária, desde que demonstrada a necessidade econômica superveniente. É o que estabelece a Súmula 336 do Superior Tribunal de Justiça: *"A mulher que renunciou aos alimentos na separação judicial tem direito à pensão previdenciária por morte do ex-marido, comprovada a necessidade econômica superveniente"*.

DISPOSITIVOS NORMATIVOS

Súmula nº 336 do STJ.

JURISPRUDÊNCIA

(...) É irrenunciável o direito aos alimentos presentes e futuros (art. 1.707 do Código Civil), mas pode o credor renunciar aos alimentos pretéritos devidos e não prestados, isso porque a irrenunciabilidade atinge o direito, e não o seu exercício. 4. Na hipótese, a extinção da execução em virtude da celebração de acordo em que o débito foi exonerado não resultou em prejuízo, visto que não houve renúncia aos alimentos vincendos e que são indispensáveis ao sustento das alimentandas.

As partes transacionaram somente o crédito das parcelas específicas dos alimentos executados, em relação aos quais inexiste óbice legal. (...) STJ, REsp 1529532/DF, Rel. Min. Ricardo Villas Bôas Cueva, 3ª T. DJe. 16/06/2020).

IRREPETIBILIDADE DOS ALIMENTOS [ver tb. alimentos] – O princípio da irrepetibilidade dos alimentos significa que não deve haver devolução de valores pagos a título de alimentos, ou seja, se constatado posteriormente, em ação revisional ou exoneratória de alimentos, por exemplo, que o pagamento da pensão não era devido, não há que se falar em restituição.

A irrepetibilidade dos alimentos está diretamente ligada à natureza jurídica assistencial do instituto da pensão alimentar, cuja finalidade é ser consumida, não havendo como ser posteriormente restituída.

Mas, a irrepetibilidade pode ser excepcionada, inclusive sob a argumentação de se evitar enriquecimento ilícito. Tem sido comum o credor de alimentos abusar deste conhecido princípio para protelar o processo judicial de Revisão ou Exoneração de Alimentos, conseguindo, assim, garantir o recebimento do valor fixado anteriormente por um tempo maior, até que seja proferida a sentença. A restituição é devida somente quando há comprovada má-fé ou postura maliciosa do autor, hipótese em que a irrepetibilidade pode ser relativizada.

Exemplo de má-fé é o fato de o ex-côn-juge ou ex-companheira ocultar dolosamente novo casamento ou união estável, beneficiando-se do montante pago por ex-marido/companheiro, mesmo após constituição desta nova conjugalidade.

São irrepetíveis de forma absoluta apenas os alimentos pagos em decorrência do dever de sustento, ou seja, pagos aos menores ou incapazes. Aos credores de mera obrigação alimentícia, ou seja, aos filhos maiores e capazes, cônjuges ou companheiros, ficando sujeitos a devolução dos alimentos, ou a compensação das prestações vincendas, se comprovada a sua má-fé (Art. 876, CCB).

DISPOSITIVOS NORMATIVOS

CCB – Arts. 876, 884, 885, 1.708, 1.709.

Lei nº 5.478/68 – Lei de Alimentos – Art. 13, § 3º.

JURISPRUDÊNCIA

(...) Execução de alimentos. Valor executado. Alimentos pagos pelo executado a mais do que devido. Irrepetibilidade. Princípio não absoluto. Razoabilidade. Não enriquecimento ilícito. Compensação nos meses futuros. Repetição em dobro da quantia quitada. Em atendimento ao princípio do não enriquecimento ilícito, é admissível que o valor pago a maior, a título de alimentos, seja compensado nas prestações futuras. A falta de comprovação de má-fé, quanto à cobrança indevida de alimentos, acarreta o indeferimento do pedido de repetição em dobro. Recurso provido em parte (TJMG, Ap. Cível nº 1.0702.06.289561-1/001, Rel. Des. Almeida Melo, 4ª CC., publ. 22/06/2009).

J

JACENTE – Ver herança jacente.

JUIZ DE FAMÍLIA – É o magistrado a quem é conferido competência e jurisdição para solucionar as questões relativas às relações familiares, tais como as demandas conjugais, pessoais e patrimoniais, demandas das famílias parentais, pensão alimentícia, tutela, curatela etc. Em razão de tais atribuições, os juízos especializados são chamados de varas de Família, varas da Infância e Juventude, varas de Sucessões, que são, em verdade, subdivisões dos juízos de Família. Nas comarcas em que não há juízes especializados o juiz com competência geral é também o juiz de família.

JUIZ DE PAZ – É a pessoa investida de uma função pública, cuja atribuição é celebrar casamento, verificar a lisura do processo de habilitação, além de funções conciliatórias, sem cunho jurisdicional.

Na vigência da Constituição de 1824, era uma espécie de magistrado escolhido dentre as pessoas do povo, normalmente sem formação acadêmica, a quem se atribuía diversas funções judiciais consideradas como de menor relevância, para resolver contendas por meio de conciliação. Atualmente, não tem mais função de magistrado, exerce apenas funções administrativas.

Compete à União e aos Estados instituírem a *justiça de paz, remunerada, composta de cidadãos eleitos pelo voto direto, universal e secreto, com mandato de quatro anos e competência para, na forma da lei, celebrar casamentos, verificar, de ofício ou em face de impugnação apresentada, o processo de habilitação e exercer atribuições conciliatórias, sem caráter jurisdicional, além de outras previstas na legislação* (Art. 98, II, CR). Na prática, é feita uma listá tríplice ao respectivo Tribunal de Justiça com indicação de nomes de cidadãos com idade superior a 21 anos, com domicílio na respectiva circunscrição judiciária. O escolhido é nomeado pelo Presidente do Tribunal de Justiça e empossado pelo juiz de Direito da comarca. Os outros nomes da lista ficam na suplência.

Na linguagem popular, o juiz de paz é conhecido também como juiz de casamento.

JUSTAS NÚPCIAS [*ver tb. casamento*] – De origem romana, *justae nupitae*, expressão utilizada para se referir ao casamento legal, na forma da lei, ou seja, casamento civil.

JUVENTUDE [*ver tb. adolescência, adolescente, estatuto da juventude*] – Do latim *juventus*, de *juvenes*, novo, jovem. Equipara-se ao período da adolescência.

L

LAR CONJUGAL [ver *tb. abandono do lar, bem de família, domicílio conjugal, família unipessoal, usucapião familiar*] – Do latim *lar*, originado do etrusco, fogo sagrado que era acendido para os deuses domésticos. Daí a expressão lareira, o fogo que se acende no lar para aquecer a família. E assim, o lar tornou-se o local, a sede da sociedade conjugal. O seu sentido vai além de residência e domicílio, que podem ser estabelecidos em lugar que não seja o lar, como em hotéis, por exemplo. O lar não está necessariamente ligado à ideia de propriedade. Ele traduz o sentido de aconchego, intimidade, acolhimento e de um lugar "sagrado", como originalmente era o sentido da palavra.

O abandono do lar perdeu o sentido como violação à regras do casamento na medida em que o ordenamento jurídico extirpou a discussão de culpa pelo fim da conjugalidade, consolidada pela Emenda Constitucional nº 66/10. Entretanto, quem abandona o lar conjugal, por dois anos consecutivos, sem nenhuma justificativa, caracterizando um ato de irresponsabilidade, perde o direito à sua meação para o outro cônjuge/companheiro, se aquele lar era também propriedade do casal (Lei nº 12.424/11).

O lar é a casa de morada do casal, da família, inclusive as unipessoais. Mesmo quem mora sozinho tem o seu lar, o seu lugar de intimidade. O lar é o local "sagrado" e sua inviolabilidade recebe proteção constitucional: *a casa é asilo inviolável do indivíduo, ninguém nela podendo penetrar sem consentimento do morador, salvo em caso de flagrante delito ou desastre, ou para prestar socorro, ou, durante o dia, por determinação judicial* (Art. 5º, XI, CR). A casa do casal, quando propriedade, ganha *status* de impenhorabilidade por tonar-se "bem de família" assim como é assegurado direito real de habitação ao cônjuge/companheiro sobrevivo. A Lei nº 13.144/2015 alterou o inciso III do art. 3º da Lei nº 8.009, de 29 de março de 1990, que disciplina o instituto do bem de família, para assegurar proteção ao patrimônio do novo cônjuge ou companheiro do devedor de pensão alimentícia.

LINGUAGEM POÉTICA

(...) não me falta cadeira / não me falta sofá / só falta você sentada na sala / só falta você estar

não me falta parede / e nela uma porta pra você entrar / não me falta tapete / só falta o seu pé descalço pra pisar

não me falta cama / só falta você deitar / não me falta o sol da manhã / só falta você acordar

pra as janelas se abrirem pra mim / e o vento brincar no quintal / embalando as flores do jardim / balançando as cores no varal

a casa é sua / por que não chega agora? / até o teto tá de ponta-cabeça porque você demora

(...)

não me falta banheiro quarto / abajur, sala de jantar / não me falta cozinha / só falta a campainha tocar

(...)

não me falta casa / só falta ela ser um lar / não me falta o tempo que passa / só não dá mais para tanto esperar

para os pássaros voltarem a cantar / e a nuvem desenhar um coração flechado / para o chão voltar a se deitar / e a chuva batucar no telhado

(*A casa é sua* – Letra e música de Arnaldo Antunes e Ortinho).

LEGADO [*ver tb. herdeiro testamentário, legatário*] – É um bem ou direito singular e determinado deixado pelo testador ou codicilante em benefício de alguém. Apesar de ser parte do acervo patrimonial deixado pelo *de cujus*, não se confunde com a herança, pois é um bem singular e determinado, e a herança é universal e indeterminada.

No Direito brasileiro, não se pode falar em legados universais, e, por conseguinte, não há legatário universal, mas apenas herdeiros (legais e testamentários) que concorrem para a universalidade dos bens. Aquele que institui o legado é o legante e quem o recebe é o legatário.

O legado é sempre a título singular, e diferencia-se da herança em seu sentido técnico, que recebe tratamento jurídico próprio. Ele é instituído via testamento ou codicilo e pode ser gravado com restrições, facultado ao testador impor condições ou encargos para o seu recebimento, desde que não sejam contrários à ética.

Havendo herdeiros necessários o testador pode dispor apenas da metade do seu patrimônio em legado.

DISPOSITIVOS NORMATIVOS

CCB – Arts. 1.912 a 1.946.

LEGADO DE MATERIAL GENÉTICO

[*ver tb. inseminação artificial, legado, prescrição, testamento genético*] – Legado é a disposição testamentária a título singular, destinada a determinada pessoa. Especificamente em relação ao material genético, é a "autorização" do *de cujus* para a utilização do seu material genético, ou seja, espermatozoides, óvulos e embriões.

Havendo prévia aceitação em escritura pública ou testamento, ou tendo o processo de reprodução já se iniciado quando da morte do cônjuge, o material genético poderá ser utilizado após o falecimento. *A discussão passa pela tormentosa questão de serem ou não os embriões seres humanos e, como tal, pessoas não sujeitas à apropriação. O Código Civil nada diz. A Lei de Biossegurança (Art. 5º, § 3º, Lei nº 11.105/05) limita-se a proibir qualquer tipo de comercialização. Na doutrina, há posições para todos os gostos. Uma corrente* sustenta que os embriões pré-implantató-rios e até o décimo quarto dia a partir da fecundação devem ser considerados res, ou seja, uma coisa ou um produto. Outros consideram uma in fieri ou pessoa virtual. Jurisprudência não há, ao menos nacional. A justiça francesa reconheceu espermatozoides congelados como um tipo único de propriedade. Nas cortes americanas há decisões considerando que, ainda que não sejam pessoas do ponto de vista legal, os embriões não são sujeitos a propriedade no sentido ordinário do termo (DIAS, Maria Berenice. *Manual de sucessões*. 2. ed. São Paulo: Revista dos Tribunais, 2011. p. 405). A Resolução nº 2.320/2022 prevê no item VIII que é permitida a reprodução assistida *post mortem*, desde que haja autorização específica para o uso do material biológico criopreservado em vida, de acordo com a legislação vigente. O material genético deixado na forma de legado pode ser utilizado para a concepção de uma prole eventual do testador, isto é, uma prole futura e incerta *post mortem* (Art. 1.799, CCB).

Os filhos gerados desse procedimento são herdeiros necessários. Entretanto, para que exerçam seus direitos em relação à herança deixada pelo testador, é preciso observar um prazo razoável para a sua concepção, do contrário surgiria para os demais herdeiros uma eterna insegurança jurídica quanto aos seus quinhões. Tem se como referência, de prazo razoável, o art. 1.800, § 4º do CCB: *Se, decorridos dois anos após a abertura da sucessão, não for concebido o herdeiro esperado, os bens reservados, salvo disposição em contrário do testador, caberão aos herdeiros legítimos.* O filho concebido e gerado por meio da inseminação *post mortem* tem direitos iguais aos demais descendentes do falecido, em razão do princípio constitucional da igualdade entre os filhos.

LEGADO PRECÍPUO – Ver prelegado.

LEGADO VAGO [*ver tb. quinhão vago*] – É o legado destinado a uma determinada pessoa, que não poderá recebê-lo em virtude de premoriência, exclusão por indignidade e renúncia. Transmite-se aos herdeiros legítimos a quota vaga do nomeado caso não haja cláusula de substituição ou previsão expressa conferindo direito de acrescer aos colegatários.

LEGANTE [*ver tb. legado, legatário*] – É um sujeito da relação testamentária, ou codicilar, em que se institui legados. É aquele que faz o legado. Legatário é quem recebe o legado.

LEGATÁRIO [*ver tb. herdeiro, legado, sucessão a título singular, testamento*] – É o sujeito que recebe o legado, um bem certo e singularizado, com base em título jurídico anterior, testamento ou codicilo, com a anuência do possuidor primitivo, isto é, o falecido, e as especificações do legado. Não se confunde com a qualidade de herdeiro (legal ou testamentário), pois o legatário sucede a título singular, enquanto os demais sucedem a título universal. Gozam de preferência sob os herdeiros testamentários. Primeiro são atendidos os legados e só se houver saldo da parte disponível é que cabe dividir a herança entre aqueles. *Os legatários e credores da herança podem exigir que do patrimônio do falecido se discrimine o do herdeiro, e, em concurso com os credores deste, ser-lhes-ão preferidos no pagamento* (Art. 2.000, CCB). *Todo o legado pressupõe a existência de três sujeitos: o testador, o legatário e o onerado, pessoa a quem o testador incumbe o dever de cumprir o legado. O legatário precisa estar vivo quando da abertura da sucessão, a não ser na hipótese de filiação eventual e de fideicomisso.*

L

Falecendo antes do testador, extingue-se o direito hereditário. Para usar a expressão legal, o legado caduca, uma vez que não há direito de representação na sucessão testamentária (DIAS, Maria Berenice. *Manual de sucessões*. 2. ed. São Paulo: Revista dos Tribunais, 2011. p. 397). O testador deve identificar o legatário e o seu legado.

É uma disposição personalíssima. O legado não identificado é considerado disposição testamentária nula. O legatário pode ser pessoa física ou jurídica.

LEGÍTIMA [*ver tb. herdeiro legítimo, sucessão ad intestato, sucessão legítima*] – Do latim *legitimus*, significa em conformidade com a lei. Legitimar é tornar de acordo com a lei. Em Direito das Sucessões, é a parte da herança que deve ser destinada aos herdeiros necessários. *Havendo herdeiros necessários, o testador só poderá dispor da metade da herança* (Art. 1.789, CCB).

A legítima tem por objetivo proteger o círculo familiar, impedindo que o autor da herança disponha em absoluto de todo o seu patrimônio em vida ou via testamento.

LEGITIMIDADE SUCESSÓRIA [*ver tb. capacidade sucessória*] – É a aptidão específica do sujeito de direito de suceder a alguém, seja por determinação legal, aqueles qualificados como herdeiros legítimos, ou designação em testamento, os legatários ou herdeiros testamentários. Diferencia-se da capacidade sucessória, pois esta somente é adquirida no momento da morte do autor da herança.

São legitimados a suceder, no direito brasileiro: a) as pessoas físicas; b) os nascituros; c) as pessoas físicas não concebidas, ou prole eventual de determinadas pessoas, contempladas em testamento; d) as pessoas jurídicas, designadas em testamento; e) as entidades não personificadas; f) as pessoas jurídicas futuras, que serão constituídas

com legados deixados especificamente para essa finalidade, sob a forma de fundação (Art. 1.799, CCB). A legitimidade sucessória é regida pela lei vigente ao tempo da abertura da sucessão (Art. 1.787, CCB).

LEI DA PALMADA [*ver tb. castigo imoderado, Estatuto da Criança e do Adolescente*] – É a Lei nº 13.010/14, que alterou o Estatuto da Criança e do Adolescente (Lei nº 8.069/90). O objetivo de tal lei é reforçar os direitos das crianças e adolescentes de serem educados e cuidados sem o uso de castigos físicos e de tratamento cruel e degradante como forma de correção, disciplina e educação. Insere-se em um contexto internacional e nacional de Direitos Humanos em que essa ultrapassada forma de educar não tem mais lugar.

O primeiro país a proibir essa prática foi a Suíça (1979), seguida pela Finlândia (1983) e Noruega (1987). De lá para cá outros países criaram lei específica contra os castigos físicos: Alemanha, Áustria, Bulgária, Costa Rica, Croácia, Chipre, Dinamarca, Espanha, Grécia, Holanda, Hungria, Israel, Lituânia, Nova Zelândia, Portugal, Romênia, Uruguai e Venezuela.

É dever da sociedade e do Estado garantir de forma absoluta a proteção da criança e do adolescente: *A criança e o adolescente têm o direito de serem educados e cuidados pelos pais, pelos integrantes da família ampliada, pelos responsáveis ou por qualquer pessoa encarregada de cuidar, tratar, educar ou vigiar, sem o uso de castigo corporal ou de tratamento cruel ou degradante, como formas de correção, disciplina, educação, ou qualquer outro pretexto* (Art. 17-A, ECA, introduzido pela Lei nº 13.010/14).

Embora já tivesse previsão legal proibindo a violência contra a criança e o adolescente (Art. 129, § 9º, CP), a Lei da Palmada vem reforçar e trazer também um sentido pedagógico, inserindo-se no contexto de políticas públicas para crianças e adolescentes, para introduzir novas formas de educar os filhos.

Ao aplicar castigos com violência física, embora isto tenha sido uma prática comum no passado, o efeito fica entre o maléfico e o inútil. A educação de crianças não necessita do uso de força física, que na maioria das vezes traduz-se em agressão e violência.

A Lei nº 13.431/2017, que estabelece o sistema de garantia de direitos da criança e do adolescente vítima ou testemunha de violência e altera a Lei nº 8.069, de 13 de julho de 1990 (Estatuto da Criança e do Adolescente), prevê que para os efeitos desta Lei, sem prejuízo da tipificação das condutas criminosas, são formas de violência: *I – violência física, entendida como a ação infligida à criança ou ao adolescente que ofenda sua integridade ou saúde corporal ou que lhe cause sofrimento físico.*

A Lei nº 14.344/2022 criou mecanismo para prevenção e enfrentamento da violência doméstica familiar contra a criança e o adolescente: *Configura violência doméstica e familiar contra a criança e o adolescente qualquer ação ou omissão que lhe cause morte, lesão, sofrimento físico, sexual, psicológico ou dano patrimonial: I – no âmbito do domicílio ou da residência da criança e do adolescente, compreendida como o espaço de convívio permanente de pessoas, com ou sem vínculo familiar, inclusive as esporadicamente agregadas; II – no âmbito da família, compreendida como a comunidade formada por indivíduos que compõem a família natural, ampliada ou substituta, por laços naturais, por afinidade ou por vontade expressa; III – em qualquer relação doméstica e familiar na qual o agressor conviva ou tenha convivido com a vítima, independentemente de coabitação.* O artigo 15 dessa lei, com relação a medida protetiva prevê: *Recebido o expediente com o pedido em favor de criança e de adolescente em situação de violência doméstica e familiar, caberá ao juiz, no prazo de 24 (vinte e quatro) horas:* I – conhecer do expediente e do pedido e decidir sobre as medidas protetivas de urgência; II – determinar o encaminhamento do responsável pela criança ou pelo adolescente ao órgão de assistência judiciária, quando for o caso; III – comunicar ao Ministério Público para que adote as providências cabíveis; IV – determinar a apreensão imediata de arma de fogo sob a posse do agressor.

LEI DO INCESTO [*ver tb. incesto, lei do pai*] – É a expressão utilizada, também, para designar o interdito proibitório do incesto. A proibição das relações sexuais entre os membros dos clãs era o meio apropriado para impedir o incesto, inclusive grupal. Essas proibições sexuais de prevenção ao incesto não são de ordem moral, no sentido dos nossos padrões atuais.

O horror do incesto entre os povos primitivos continha variações inexplicáveis. Em algumas tribos, a proibição era entre irmãos, outras entre pai e filha, ou entre genro e sogra etc., mas todas continham uma proibição de ordem sexual, independentemente dos laços de sangue. A lei do incesto, ou a lei do pai, é a lei básica e fundante da cultura. É o interdito primeiro que dá acesso, e possibilita que a criança faça a passagem do estado instintual à cultura.

LEI DO PAI [*ver tb. complexo de édipo, incesto*] – É a expressão utilizada pela psicanálise para designar também o interdito proibitório do incesto. As investigações antropológicas de Freud, em *Totem e Tabu*, levaram-no a concluir que a origem das religiões, das organizações sociais, vincula-se a esta proibição primeira: *os começos da religião, da moral, da sociedade e da arte convergem para o complexo-de-Édipo*

L

(FREUD. *Obras psicológicas completas*. v. XII, p. 185). E o complexo de édipo nada mais é do que a lei do pai (Lacan), ou seja, a primeira lei do indivíduo e que o estrutura como sujeito e lhe proporciona o acesso à linguagem e, consequentemente, à cultura. Em outras palavras, para existir o verbo, isto é, a linguagem, é necessário que a interdição do incesto esteja presente em toda e qualquer cultura.

Foi com esses elementos básicos que Freud, a partir da Mitologia Grega, construiu sua teoria sobre o complexo de Édipo. E assim podemos dizer que é exatamente porque existe a interdição do incesto, que o homem é marcado pela lei do pai (mais tarde Lacan o denominou de nomes do pai, *nom-du-pére)*, que se torna possível e necessário fazer as leis da sociedade onde ele vive, estabelecendo um ordenamento jurídico. Por isso podemos afirmar que a primeira lei, aquela que estrutura todos os ordenamentos jurídicos, é uma lei de Direito de Família (PEREIRA, Rodrigo da

Cunha. *Direito de família:* uma abordagem psicanalítica. São Paulo: Saraiva, 2012).

Para a psicanálise, é o pai quem interdita o desejo do filho em relação à mãe, e vice-versa. Daí a origem e conexão com a lei do incesto. Sabe-se, hoje, que o pai é uma representação desta lei, portanto não é "o" pai, mas "um" pai, ou seja, não necessariamente o genitor, mas qualquer pessoa que se coloca como um interruptor da simbiótica relação mãe-filho(a).

ILUSTRAÇÃO

Adriana Tavares. P. 436.

LEI MARIA DA PENHA [*ver tb. medidas protetivas, sublimação violência doméstica*] – É a Lei nº 11.340/06, que assim ficou conhecida por ter sido proposta pela Sra. Maria da Penha, vítima de violência de seu marido que a deixou paraplégica. Um de seus méritos está em sua atitude, pois, propondo e envidando esforços para que a referida lei fosse aprovada,

ela fez da violência sofrida na relação conjugal um ato político. E foi assim que nasceu a lei que visa coibir e proteger as mulheres de violência doméstica.

Neste texto normativo, há louváveis mecanismos para agilizar os trâmites legais e processuais para que as vítimas da violência sejam prontamente atendidas e assistidas pelo recebimento de medidas protetivas de urgência.

Esta lei inova, também, ao usar pela primeira vez em um texto normativo a expressão afeto, incorporando as novas noções de Direito de Família: *Para os efeitos desta Lei, configura violência doméstica e familiar contra a mulher qualquer ação ou omissão baseada no gênero que lhe cause morte, lesão, sofrimento físico, sexual ou psicológico e dano moral ou patrimonial: (...) II – no âmbito da família, compreendida como a comunidade formada por indivíduos que são ou se consideram aparentados, unidos por laços naturais, por afinidade ou por vontade expressa; III – em qualquer relação íntima de afeto, na qual o agressor conviva ou tenha convivido com a ofendida, independentemente de coabitação* (Art. 5º, Lei nº 11.340/2006). O Supremo Tribunal Federal, em julgamento de duas Ações do Controle Concentrado de Constitucionalidade (ADC 19 e ADIn 4424), em 09/02/2012 confirmou a constitucionalidade dos arts. 1º, 12, I, 16, 33 e 41 da Lei nº 11.340/2006. No entendimento da maioria, concluiu-se que: "não seria desproporcional ou ilegítimo o uso do sexo como critério de diferenciação, visto que a mulher seria eminentemente vulnerável no tocante a constrangimentos físicos, morais e psicológicos sofridos em âmbito privado". Além disso, a Lei Maria da Penha apresenta uma sintonia com os objetivos solidificados na Convenção de Belém do Pará, ratificados pelo Brasil: "*Na seara internacional, a Lei Maria da*

Penha seria harmônica com o que disposto no art. 7º, item "c", da Convenção de Belém do Pará ('Art. 7º Os Estados Partes condenam todas as formas de violência contra a mulher e convêm em adotar, por todos os meios apropriados e sem demora, políticas destinadas a prevenir, punir e erradicar tal violência e a empenhar-se em: (...) c. incorporar na sua legislação interna normas penais, civis, administrativas e de outra natureza, que sejam necessárias para prevenir, punir e erradicar a violência contra a mulher, bem como adotar as medidas administrativas adequadas que forem aplicáveis') e com outros tratados ratificados pelo país". Quanto ao argumento da autonomia política legislativa dos entes federados: "Concluiu-se que, por meio do referido art. 33, a Lei Maria da Penha não criaria varas judiciais, não definiria limites de comarcas e não estabeleceria o número de magistrados a serem alocados nos Juizados de Violência Doméstica e Familiar. Apenas facultaria a criação desses juizados e atribuiria ao juízo da vara criminal a competência cumulativa de ações cíveis e criminais envolvendo violência doméstica contra a mulher, haja vista a necessidade de conferir tratamento uniforme, especializado e célere, em todo território nacional, às causas sobre a matéria". Por fim, o Supremo Tribunal Federal confirmou que não necessita mais da representação da vítima, nos crimes dessa natureza: "O Plenário, por maioria, julgou procedente ação direta, proposta pelo Procurador Geral da República (ADIn 4424), para atribuir interpretação conforme a Constituição aos arts. 12, I; 16 e 41, todos da Lei nº 11.340/2006, e assentar a natureza incondicionada da ação penal em caso de crime de lesão corporal, praticado mediante violência doméstica e familiar contra a mulher". Esta decisão produzirá eficácia contra todos e efeito vinculante, relativamente aos demais órgãos do Poder Judiciário e à administração pública direta e indireta, nas esferas federal, estadual e municipal. Seguindo essa interpretação do STF, o STJ por meio da Terceira Seção aprovou a Súmula 542, que trata da violência doméstica contra a mulher, disciplinando em seu texto: *"A ação penal relativa ao crime de lesão corporal resultante de violência doméstica contra a mulher é pública incondicionada"*. Além desta súmula do STJ, temos mais duas: 536 – *A suspensão condicional do processo e a transação penal não se aplicam na hipótese de delitos sujeitos ao rito da Lei Maria da Penha. Súmula 589: É inaplicável o princípio da insignificância nos crimes ou contravenções penais praticados contra a mulher no âmbito das relações domésticas.*

A Lei nº 14.188, de 29 de julho de 2021, incluiu no Código Penal o crime de violência psicológica contra mulher. Embora já fosse prevista na Lei Maria da Penha (11.340/2006), a forma de violência psicológica, que é uma das formas de violência, ainda não havia tipificação expressa nesse sentido, detalhando melhor essa forma de agressão. Estabelece o art. 147-B, do Código Penal que: *Causar dano emocional à mulher que a prejudique e perturbe seu pleno desenvolvimento ou que vise a degradar ou a controlar suas ações, comportamentos, crenças e decisões, mediante ameaça, constrangimento, humilhação, manipulação, isolamento, chantagem, ridicularização, limitação do direito de ir e vir ou qualquer outro meio que cause prejuízo à sua saúde psicológica e autodeterminação*: Pena – reclusão, de 6 (seis) meses a 2 (dois) anos, e multa, se a conduta não constitui crime mais grave. (Incluído pela Lei nº 14.188, de 2021).

A Lei nº 14.310, de 8.3.2022 alterou a Lei nº 11.340, de 7 de agosto de 2006 (Lei Maria da Penha), para determinar o registro imediato, pela autoridade judicial, das

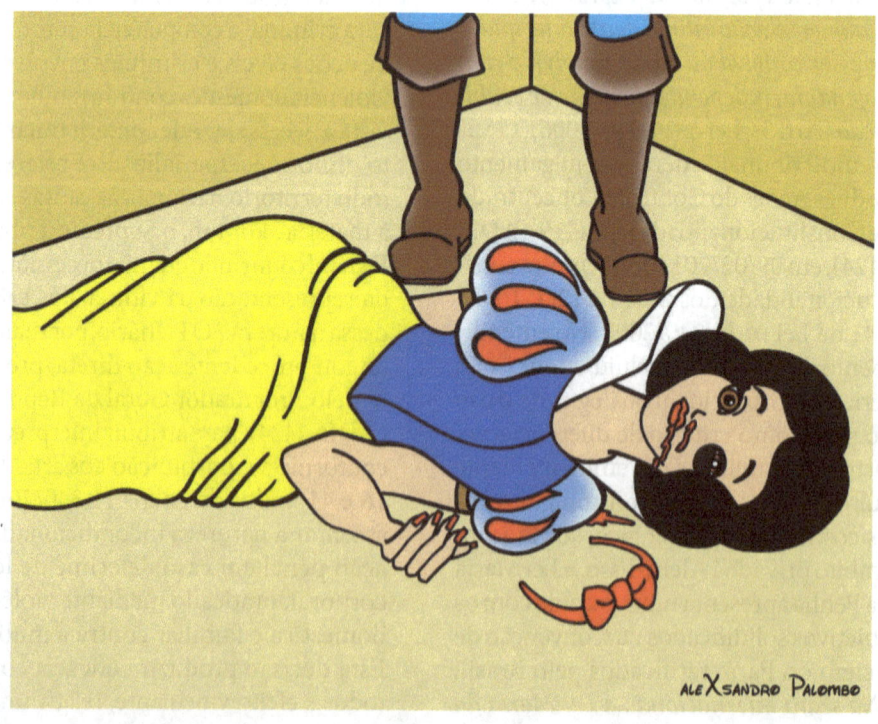

aleXsandro Palombo

medidas protetivas de urgência deferidas em favor da mulher em situação de violência doméstica e familiar, ou de seus dependentes.

JURISPRUDÊNCIA

(...) Em uma perspectiva não meramente biológica, portanto, mulher trans mulher é. 6. Na espécie, não apenas a agressão se deu em ambiente doméstico, mas também familiar e afetivo, entre pai e filha, eliminando qualquer dúvida quanto à incidência do subsistema da Lei nº 11.340/2006, inclusive no que diz respeito ao órgão jurisdicional competente – especializado – para processar e julgar a ação penal. 7. As condutas descritas nos autos são tipicamente influenciadas pela relação patriarcal e misógina que o pai estabeleceu com a filha. O modus operandi das agressões – segurar pelos pulsos, causando lesões visíveis, arremessar diversas vezes contra a parede, tentar agredir com pedaço de pau e perseguir a vítima – são elementos próprios da estrutura de violência contra pessoas do sexo feminino. Isso significa que o modo de agir do agressor revela o caráter especialíssimo do delito e a necessidade de imposição de medidas protetivas. 8. Recurso especial provido, a fim de reconhecer a violação do art. 5º da Lei nº 11.340/2006 e cassar o acórdão de origem para determinar a imposição das medidas protetivas requeridas pela vítima L. E. S. F. contra o ora recorrido. (STJ – REsp: 1977124 SP 2021/0391811-0, Rel. Min. Rogerio Schietti Cruz, 6ª Turma, DJe 22/04/2022).

LINGUAGEM POÉTICA

Comigo não, violão / Na cara que mamãe beijou / "Zé Ruela" nenhum bota a mão / Se tentar me bater

Vai se arrepender / Eu tenho cabelo na venta / E o que venta lá, venta cá / Sou brasileira, guerreira / Não tô de bobeira / Não pague pra ver / Porque vai ficar quente a chapa... / Você não vai ter sossego na vida, seu moço / Se me der um tapa / Da dona "Maria da Penha" / Você não escapa /

O bicho pegou, não tem mais a banca / De dar cesta básica, amor / Vacilou, tá na tranca / Respeito, afinal, é bom e eu gosto

/ Saia do meu pé / Ou eu te mando a lei na lata, seu mané / Bater em mulher é onda de otário / Não gosta do artigo, meu bem / Sai logo do armário / Não vem que eu não sou / Mulher de ficar escutando esculacho / Aqui o buraco é mais embaixo

A nossa paixão já foi tarde / Cantou pra subir, Deus a tenha / Se der mais um passo / Eu te passo a "Maria da Penha" / Você quer voltar pro meu mundo / Mas eu já troquei minha senha / Dá linha, malandro / Que eu te mando a "Maria da Penha" / Não quer se dar mal, se contenha / Sou fogo onde você é lenha / Não manda o seu casco / Que eu te tasco a "Maria da Penha" / Se quer um conselho, não venha / Com essa arrogância ferrenha / Vai dar com a cara / Bem na mão da "Maria da Penha" (Maria da Penha – Letra e música Paulinho Resende e Evandro Lima).

ILUSTRAÇÃO

Alexandro Palombo. P. 438.

LIBIDO [*ver tb. desejo, pulsão, sexualidade*] – Oriunda do latim *libido*, vontade, desejo. É a energia motriz que dá vida à vida e a toda conduta ativa e criadora do homem. Para Carl Gustav Jung é a energia psíquica em geral, presente em tudo o que é tendência humana. Para Freud, *libido significa em primeira instância a força, imaginada como quantitativamente variável e mensurável dos instintos sexuais dirigidos para um objeto – sexuais no sentido ampliado exigido pela teoria analítica* (*In: Obras psicológicas completas.* Trad. Jayme Salomão. Rio de Janeiro: Imago, 1976. v. XIX, p. 252).

Em *Teoria da Libido* de 1923, Freud declara que tomou emprestada esta expressão de Albert Moll, que por sua vez já vinha utilizando-a desde 1894, na doutrina das pulsões e tem o sentido de designar a dinâmica da sexualidade.

No senso comum, a expressão tomou o sentido de desejo sexual, instinto. Em sua acepção original e psicanalítica, em vez de instinto, recebe o nome de pulsão e foi retirada da teoria da afetividade. *É a energia das pulsões que se referem a tudo o que podemos incluir sob o nome de amor* (LAPLANCHE e PONTALIS. *Vocabulário de Psicanálise*. Trad. Pedro Tamem. São Paulo: Martins Fontes, 1992. p. 266).

É a energia libidinal que nos impulsiona a trabalhar, estudar, brincar, estabelecer relações, enfim, é o que dá vida à vida. Portanto, é a libido que nos impulsiona a estabelecer as relações jurídicas, fazer e desfazer negócios, casar, descasar-se etc. Os atos humanos, isto é, as realizações, o fazer humano contém sempre um investimento libidinal. Onde não há libido não há a força do fazer.

A libido tem relação com a sexualidade e com o desejo, na medida em que se pode defini-la também, segundo Freud, como a energia da pulsão sexual. Pode-se dizer, então, que todo investimento que se faz em um litígio judicial, por exemplo, é um investimento libidinal.

Nos processos litigiosos de família estão presentes o amor e o ódio. A polaridade que faz a força motriz de tais processos são compostos pela energia libidinal.

ILUSTRAÇÃO

Marco Túlio Rezende. P. 440.

LINHA DE PARENTESCO [*ver tb. parentesco*] – Do latim *línea*. É a relação entre pessoas que descendem de um mesmo tronco familiar de onde se estabelece o grau de parentesco, apurado por meio da distância entre as gerações.

LINHAGEM [*ver tb. árvore genealógica, genealogia, parentesco, parentesco em linha reta*] – É a terminologia utilizada para determinar a descendência de um ancestral comum, ou seja, de parentes descendentes de um mesmo tronco.

LOUCO [*ver tb. interdição, louco de todo gênero, loucura*] – É a pessoa que perdeu a razão, alienado, insano, temerário etc. A loucura, a insanidade e a demência interessam ao Direito porque está aí a medida da determinação da capacidade do sujeito para praticar atos da vida civil. Atos que fazem fatos, que fazem contratos, que fazem negócios, enfim, que expressam vontade. Vontade dentro dos limites de uma razão. Razão razoável e com razoabilidade. Interessa, então, ao Direito saber qual é o limite da razão e da desrazão, o limite da loucura e da sanidade. Os atos jurídicos são determinados essencialmente pelo elemento volitivo, que por sua vez estão contidos na ordem psíquica, que vão demarcar os limites da capacidade.

Para compreensão dos limites da razão e desrazão, capacidade e incapacidade é necessário buscar ajuda em outros campos do conhecimento, para ampliar a noção do justo e por uma melhor aplicação da lei jurídica. Portanto, faz-se necessário verificar a estrutura de personalidade do sujeito, seu raciocínio, atuação e comportamento em suas relações sociais. Assim, em um processo de curatela, é aconselhável que o laudo para a pretensa interdição seja feita por uma equipe multidisciplinar. Médico, psicólogo e assistente social, juntos e a partir de seus conhecimentos específicos, são os que melhor poderão levar subsídios ao processo sobre a capacidade e limites da responsabilidade do interditando e também extrair daí qual curador atende ao melhor interesse do curatelado. É que a responsabilidade para os atos da vida civil estendem-se da esfera médica e psicológica até o campo social. Portanto, a formação do melhor juízo sobre aquele a quem nenhum juízo

L

se atribuía, só estará próxima do ideal de justiça se demarcada com a ajuda de outros campos do conhecimento.

LINGUAGEM POÉTICA

De todos os loucos do mundo eu quis você / Porque eu tava cansada de ser louca assim sozinha / De todos os loucos do mundo eu quis você / Porque a sua loucura parece um pouco com a minha Você esconde a mão, diz que é Napoleão / Boa parte de mim, acredita que sim / Se eu converso com ar, no meio do jantar / Você espera a vez dele de falar / Você fala chinês, pela primeira vez / Eu dou opinião, num perfeito alemão / Se eu emito um som que você acha bom / A gente faz um dueto fora do tom (...)

Você fala chinês, pela primeira vez / Eu dou opinião, num perfeito alemão / Se eu emito um som que você acha bom / A gente faz um dueto fora do tom

De todos os loucos do mundo eu quis você / Porque eu tava cansada de ser louca assim sozinha / De todos os loucos do mundo eu quis você / Porque a sua loucura parece um pouco com a minha

(*De todos os loucos do mundo* – Letra e música de Clarice Falcão).

LINGUAGEM LITERÁRIA

"A mãe de Sorôco era de idade, com para mais de uns setenta. A filha, ele só tinha aquela. Sorôco era viúvo. Afora essas, não se conhecia dele o parente nenhum. [...] Para onde ia, no levar as mulheres, era para um lugar chamado Barbacena, longe. [...] Aí, paravam. A filha – a moça – tinha pegado a cantar, levantando os braços, a cantiga não vigorava certa, nem no tem nem no se-dizer das palavras – o nenhum. A moça punha os olhos no alto, que nem os santos e os espantados, vinha enfeitada de disparates, num aspecto de admiração. Assim com panos e papéis, de diversas cores, uma carapuça em cima dos espalhados cabelos, e enfunada em tantas roupas ainda de mais misturas, tiras e faixas, dependuradas – virundangas: matéria de maluco. A velha só estava de preto, com um fichu preto, ela batia com a cabeça, nos docementes. Sem tanto que diferentes, elas se assemelhavam. [...]

O que os outros se diziam: que Sorôco tinha tido muita paciência. Sendo que não ia sentir falta dessas transtornadas pobrezinhas, era até um alívio. Isso não tinha cura, elas não iam voltar, nunca mais."

(ROSA, J. Guimarães. Sorôco, sua mãe, sua filha. *In: Primeiras estórias*. Rio de Janeiro: Nova Fronteira, 1988. p. 18-19).

ILUSTRAÇÃO

A nave dos loucos. Hieronymus Bosch. 1490. P. 442.

LOUCO DE TODO GÊNERO [*ver tb. curatela, interdição, louco, significante*] – Era a expressão utilizada pelo Código Civil de 1916 para caracterizar os sujeitos passíveis de interdição quando acometidos de enfermidade ou deficiência mental, ou seja, aqueles que sofriam de alguma anomalia psíquica. Ela adveio da influência do Código Criminal do Império (1850), tornou-se corriqueira, embora já fosse criticada desde o início de seu uso. Foram tantas as críticas a essa expressão, que o Código Civil em vigor resolveu bani-la, dispondo de forma mais técnica e científica acerca da intervenção judicial nessas hipóteses (Art. 1.767, I, CCB de 2002 – Revogado pela Lei nº 13.146/2015 – Estatuto da Pessoa com Deficiência – EPD).

O Código utilizou as expressões "enfermidade ou deficiência mental", o que traduz uma evolução do conceito, embora ainda deficiente. A Lei nº 13.146/2015, que instituiu o chamado Estatuto da Pessoa com Deficiência, provocou uma revolução paradigmática e alterações na teoria das

L

incapacidades prevista no Código Civil, modificando a redação dos arts. 3º e 4º do Código Civil e o capítulo que trata da curatela, estabelecido pelos arts. 1.767 e seguintes, instituindo a denominada "ação de curatela" e não mais ação de interdição. Antes da entrada em vigor do Estatuto da Pessoa com Deficiência, eram considerados absolutamente incapazes de exercer pessoalmente os atos da vida civil (I) *os menores de 16 anos, (II) os que, por enfermidade ou deficiência mental, não tivessem o necessário discernimento para a prática desses atos e (III) os que, mesmo por causa transitória, não pudessem exprimir sua vontade.* Já no que diz respeito à incapacidade relativa, eram considerados incapazes, relativamente a certos atos ou à maneira de os exercer *(I) os maiores de 16 e menores de 18 anos, (II) os ébrios habituais, os viciados em tóxicos, e os que, por deficiência mental, tivessem o discernimento reduzido, (III) os excepcionais, sem desenvolvimento mental completo; e (IV) os pródigos.* Em razão do art. 6º da Lei nº 13.146/2015 preconizar que "a deficiência não afeta a plena capacidade civil da pessoa", agora, somente os menores de 16 anos são considerados absolutamente incapazes de exercer pessoalmente os atos da vida civil (art. 3º do CC). Da mesma forma, houve mudanças na lei civil acerca da incapacidade relativa (art. 4º do CC), sendo retiradas as previsões de incapacidade relativa quanto aos que tivessem discernimento reduzido por deficiência mental e quanto aos excepcionais, sem desenvolvimento mental completo. A par disso, aqueles que, mesmo por causa transitória, não puderem exprimir sua vontade – que anteriormente eram considerados absolutamente incapazes –, agora são considerados relativamente incapazes. Em suma, as definições de capacidade civil foram reconstruídas para dissociar a deficiência da incapacidade.

No ambiente da psiquiatria, para desestigmatizar o sujeito interditável, e alterar o significante que essas expressões veiculavam, tornou-se comum denominá-los de "portadores de sofrimento mental". O EPD (Lei nº 13.146/2015) utilizou a expressão "pessoas com deficiência" evoluindo ainda mais nessa desestigmatização.

LINGUAGEM POÉTICA

Dizem que sou louca / Por pensar assim / Se sou muito louca / Por eu ser feliz / Mas louco é quem me diz! / E não é feliz! / Não é feliz...

Se eles são bonitos / Eu sou Sharon Stone / Se eles são famosos / I'm Rolling Stone / Mas louco é quem me diz! / E não é feliz! / Não é feliz...

Eu juro que é melhor / Não ser um normal / Se eu posso pensar / Que Deus, sou eu..

Se eles têm três carros / Eu posso voar / Se eles rezam muito / Eu sou santa! / Eu já estou no céu / Mas louco é quem me diz! / E não é feliz! / Não é feliz...

Eu juro que é melhor / Não ser um normal / Se eu posso pensar / Que Deus, sou eu...

Sim! Sou muito louca / Não vou me curar / Já não sou a única / Que encontrou a paz / Mas louco é quem me diz! / E não é feliz! / Eu sou feliz!...

(*Balada do louco* – Letra e música de Rita Lee).

LOUCURA [*ver tb. curatela, interdição, louco, louco de todo gênero*] – É o estado de insanidade. A loucura interessa ao Direito na medida em que ela é elemento determinante para a capacidade. Capacidade para praticar atos da vida civil. Atos que fazem fatos, que fazem contratos, que fazem negócios, que expressam vontade. Vontade dentro dos limites de uma razão e com razoabilidade.

Foucault, em seu livro *História da Loucura*, fez um importante registro da loucura e a evolução de seu tratamento desde a idade antiga, indicando-nos a relação de poder e o incômodo causado pelos "desarrazoados", bem como a variação de seu conceito ao longo do tempo. Na Grécia, em Roma, na Idade Média, Moderna e Contemporânea, o ângulo pelo qual se via a loucura era variável de acordo com o poder, a crença, o interesse e o incômodo que ela causava. Com a evolução do conhecimento psiquiátrico, psicanalítico e farmacológico a loucura e as instituições manicomiais tiveram que ser repensadas em razão do princípio da dignidade humana, em que o louco era tratado como um excluído, um não cidadão.

No Direito Penal, a loucura, ou melhor, o louco, é inimputável, isto é, ao infringir a lei não recebe o mesmo tratamento de um condenado comum. A ele não são aplicadas as penas restritivas de liberdade, mas a imposição de medida de segurança. *Se o agente for inimputável, o juiz determinará sua internação* (Art. 26, CP). *Se, todavia, o fato previsto como crime for punível com detenção, poderá o juiz submetê-lo a tratamento ambulatorial* (Art. 97, CP).

No Direito Civil, o louco é curatelável, isto é, pode ser declarado incapaz. Em razão do art. 6º da Lei nº 13.146/2015 preconizar que "a deficiência não afeta a plena capacidade civil da pessoa", agora, somente os menores de 16 anos são considerados absolutamente incapazes de exercer pessoalmente os atos da vida civil (art. 3º do CC). Da mesma forma, houve mudanças na lei civil acerca da incapacidade relativa (art. 4º do CC), sendo retiradas as previsões de incapacidade relativa quanto aos que tivessem discernimento reduzido por deficiência mental e quanto aos excepcionais, sem desenvolvimento mental completo. A par disso, aqueles que, mesmo por causa transitória, não puderem exprimir sua vontade – que anteriormente eram considerados absolutamente incapazes –, agora são considerados relativamente incapazes. Em suma, as definições de capacidade civil foram reconstruídas para dissociar a deficiência da incapacidade. A Convenção sobre os Direitos das Pessoas com Deficiência, instituída pelo Decreto Executivo 6.949, de 25/08/2009 e, sendo regulamentada pela Lei nº 13.146/2015, estabelece que a pessoa com deficiência é aquela que tem impedimento de longo prazo de natureza física, mental, intelectual ou sensorial, o qual, em interação com uma ou mais barreiras, pode obstruir sua participação plena e efetiva na sociedade em igualdade de condições com as demais pessoas. Nesse caso específico, o art. 84, *caput*, do Estatuto da Pessoa com Deficiência estabelece que "*a pessoa com deficiência tem assegurado o direito ao exercício de sua capacidade legal em igualdade de condições com as demais pessoas*", apresentando os §§ 1º e 2º do mesmo artigo as formas para o exercício da capacidade legal: a tomada de decisão apoiada e a curatela, sendo esta última medida excepcional, que tão somente poderá afetar os atos relacionados aos direitos de natureza patrimonial e negocial (art. 85).

A "Loucura", vista de dentro dela, é o tema da reflexão do filósofo Louis Altusser que em sua autobiografia relata a própria experiência da interdição: *internado de ofício e submetido a tutela por um decreto do diretor da polícia de Paris, eu não mais dispunha de liberdade nem dos meus direitos cívicos. Privado de toda escolha, estava na realizada engajado num procedimento oficial que eu não podia eludir, ao qual só restava me submeter. (...) ele (o louco) torna-se lentamente uma espécie de morto-vivo, ou melhor, nem morto nem vivo, não podendo dar sinal de vida, salvo a seus íntimos ou aos que se preocuparem com ele* (ALTUSSER, Louis. *O futuro dura muito tempo*. Trad. Rosa Feire d'Aguiar. São Paulo: Cia. das Letras, 1992, p. 25-29).

L

JURISPRUDÊNCIA

(...) A psicopatia está na zona fronteiriça entre a sanidade mental e a loucura, onde os instrumentos legais disponíveis mostram-se ineficientes, tanto para a proteção social como a própria garantia de vida digna aos sociopatas, razão pela qual deve ser buscar alternativas, dentro do arcabouço legal para, de um lado, não vulnerar as liberdades e direitos constitucionalmente assegurados a todos e, de outro turno, não deixar a sociedade refém de pessoas, hoje, incontroláveis nas suas ações, que tendem à recorrência criminosa. (...) (STJ, REsp 1306687 MT, Rel.ª Min.ª Nancy Andrighi, 3ª T., publ. 22/04/2014).

LINGUAGEM LITERÁRIA

Suponho o espírito humano uma vasta concha. O meu fim, Sr. Soares, é ver se posso extrair a pérola, que é a razão; por outros termos, demarquemos definitivamente os limites da razão e da loucura. A razão é o perfeito equilíbrio de todas as faculdades; fora daí insânia, insânia e insânia.

(ASSIS, Machado de. *O Alienista*, São Paulo: Ática, 1991. p. 30).

LUA DE MEL [*ver tb. bodas, casamento, esponsais, núpcias*] – São os primeiros dias que se seguem ao casamento em que o casal, após os preparativos e festejos, reserva para si momentos de intimidade, geralmente em uma "viagem de lua de mel". Originalmente, e quando o casamento ainda era o legitimador das relações sexuais, a lua de mel era o momento de intimidade em que o casal teria as primeiras relações sexuais.

Há diversas versões sobre a origem da expressão lua de mel. Uma delas é de que na Roma antiga, o povo espalhava gotas de mel na soleira da casa dos recém-casados. Outra afirma que entre os povos germânicos, era costume casar na lua nova, e os noivos levavam uma mistura de água e mel, denominada *hidromel*, para beber ao luar. E ainda uma outra versão é que dois mil anos antes de Cristo, na Babi-

lônia, o pai da noiva oferecia ao genro *hidromel*, para ser consumida nos 30 dias imediatos ao casamento, quando os noivos comemoravam, só entre eles, a união matrimonial. Na época, a contagem dos dias era feita pelo calendário lunar, razão pela qual esse período de comemoração ficou conhecido como "lua de mel".

LINGUAGEM POÉTICA

Lua-de-Mel, / Mamãe, mamãe eu tô em Lua-de-Mel, / Eu tô morando num pedaço do céu / Como o Diabo gosta

Lua-de-Mel, / Mamãe, mamãe eu tô em Lua-de-Mel, / Eu tô morando num pedaço do céu / Como o Diabo gosta

Todo delito, doce deleite / Todo disfrute tem permissão / Tudo que dá prazer, sensação / O dia inteiro, nadar num mar / Banco de areia, imensidão / Tardes desmaio nessa canção / Que diz...

Lua-de-Mel, / Mamãe, mamãe eu tô em Lua-de-Mel, / Eu tô morando num pedaço do céu / Como o Diabo gosta

Lua-de-Mel, / Mamãe, mamãe eu tô em Lua-de-Mel, / Eu tô morando num pedaço do céu / Como o Diabo gosta

Todo delito, doce deleite / Todo disfrute tem permissão / Tudo que dá prazer, sensação / O dia inteiro, nadar num mar / Banco de areia, imensidão / Tardes desmaio nessa canção / Que diz...

Lua-de-Mel, / Mamãe, mamãe eu tô em Lua-de-Mel, / Eu tô morando num pedaço do céu / Como o Diabo gosta

Lua-de-Mel, / Mamãe, mamãe eu tô em Lua-de-Mel, / Eu tô morando num pedaço do céu / Como o Diabo gosta

Gosta, / Como o Diabo gosta...

(*Lua de mel* – Letra e música de Lulu Santos).

M

MADRASTA [*ver tb. família mosaico, multiparentalidade, padrasto*] – Do latim *matrasta*, mulher do pai. É a nomenclatura utilizada para caracterizar a relação entre uma mulher e os filhos unilaterais do seu companheiro/cônjuge. Ou seja, aquela que estabelece um vínculo conjugal com um homem que tenha filhos de um relacionamento anterior é considerada madrasta deles. Os filhos, neste caso, são, em relação à madrasta, denominados enteados.

A madrasta, geralmente tratada nos contos de fadas como sendo uma pessoa má que se casa com o pai viúvo, não tem esse significado para o Direito de Família. Ao contrário, diante dos novos arranjos familiares, especialmente nas famílias reconstituídas/mosaico, muitas vezes ela tem sido, assim como o padrasto, uma mãe "suplementar". E, na falta da mãe biológica, ela pode, até mesmo, assumir o papel de mãe, inclusive registral, o que ajudou a construção da teoria da parentalidade socioafetiva e da multiparentalidade. É possível acrescentar o sobrenome da madrasta/padrasto no registro do enteado (Art. 57, § 8º, Lei nº 11.924/2009).

MADRINHA [*ver tb. apadrinhamento, padrinho*] – Do latim *madre*, mãe. Diz-se as mulheres que são testemunhas nos batizados e crismas, que assumem o compromisso implícito de, na ausência dos pais, prover para o menor tudo quanto lhe seja necessário. Também é a mulher escolhida pelo casal de noivos, na celebração do casamento religioso, para abençoar a união. Em uma acepção mais abrangente, é considerada toda pessoa, do sexo feminino, protetora de uma pessoa ou paraninfa de um ato. No masculino, diz-se padrinho, do latim *patrinus*, de *pater*, pai.

MÃE ADOTIVA – É a relação de filiação estabelecida entre o filho adotado e a mulher que o adota em relação a ele. A CR/88 vetou a classificação dos filhos, devendo a proibição se estender também à nomenclatura dada aos pais, afastando-se, por conseguinte, qualquer adjetivação da maternidade, pois a nomeação dos pais, como adotivos ou biológicos em algumas situações pode ser discriminatória, uma vez que faz menção à origem da filiação. Juridicamente, não há diferença de direitos entre mãe biológica ou adotiva. Aliás, toda mãe deve ser adotiva no sentido de que se não adotar o seu filho, mesmo biológico, jamais será mãe.

MÃE BÍNUBA – Do latim *binubus*, de *bis*, dois e *nuberes*, casar. É a mãe que teve filho de mais de um casamento. Distingue-se de bígamo, que se refere a casamentos paralelos, enquanto bínuba a casamentos sucessivos.

MÁ-FÉ [*ver tb. boa-fé, boa-fé objetiva, disregard*] – Do latim *malifatius*, que tem mau destino ou má sorte. Utilizado pela terminologia jurídica para exprimir a conduta, conscientemente praticada, de formação ética defeituosa que contribui para um propósito doloso, traição, manipulação e perversidade. É o conhecimento de um vício ou circunstância prejudicial, contra a lei, sem justa causa e sem fundamento legal, mas que se quer mostrar como perfeita. Aquele que age com má-fé age com dolo ou fraude. Os atos praticados com má-fé maculam os atos e negócios jurídicos e podem ser nulos ou anulados.

No Direito de Família, o exemplo mais comum de má-fé é o desvio de bens do casal, por um dos cônjuges/companheiros, extraviando ou transferindo-os a terceiros ou para pessoa jurídica, fraudando a meação e partilha. Também são exemplos de má fé no Direito de Família a falsa acusação de abuso sexual, a implantação de falsas memórias para afastar o filho do genitor. É o contrário da boa-fé, que se espera de ambos os cônjuges/companheiros/genitores.

Nos processos judiciais, aqueles que não se pautam pela preservação da moral e da ética agem com litigância de má-fé. Aquele que litiga de má-fé está sujeito a multa, além de indenizar a parte contrária pelos prejuízos sofridos, honorários advocatícios e de todas as despesas feitas em decorrência do processo. O CPC/2015 praticamente reproduziu nos seus arts. 79 e 80, o art. 17 do CPC/1973 que disciplinava litigância de má-fé: "*Art. 79. Responde por perdas e danos aquele que litigar de má-fé como autor, réu ou interveniente. Art. 80. Considera-se litigante de má-fé aquele que: I – deduzir pretensão ou defesa contra texto expresso de lei ou fato incontroverso; II – alterar a verdade dos fatos; III – usar do processo para conseguir objetivo ilegal; IV – opuser resistência injustificada ao andamento do processo; V – proceder de modo temerário em qualquer incidente ou ato do processo; VI – provocar incidente manifestamente infundado; VII – interpuser recurso com intuito manifestamente protelatório*. Como se vê, o art. 80 do CPC/2015 prevê diversos comportamentos que, demonstrado o dolo, ou seja, a vontade de lesar, poderá gerar além das multas protelatórias, a reparação civil nos termos do art. 927 do CCB/2002". O art. 81 do CPC/2015 prevê a condenação, conforme se segue: "*De ofício ou a requerimento, o juiz condenará o litigante de má-fé a pagar multa, que deverá ser superior a um por cento e inferior a dez por cento do valor corrigido da causa, a indenizar a parte contrária pelos prejuízos que esta sofreu e a arcar com os honorários advocatícios e com todas as despesas que efetuou. § 1º Quando forem 2 (dois) ou mais os litigantes de má-fé, o juiz condenará cada um na proporção de seu respectivo interesse na causa ou solidariamente aqueles que se coligaram para lesar a parte contrária. § 2º Quando o valor da causa for irrisório ou inestimável, a multa poderá ser fixada em até 10 (dez) vezes o valor do salário mínimo. § 3º O valor da indenização será fixado pelo juiz ou, caso não seja possível mensurá-lo, liquidado por arbitramento ou pelo procedimento comum, nos próprios autos".*

JURISPRUDÊNCIA

(...) A recusa em se submeter ao exame de paternidade gera presunção da paternidade, sobretudo quando por duas vezes restou frustrada a prova pericial designada, ante o não comparecimento injustificado do investigado. Configurada a litigância de má-fé do réu que não comparece aos exames de DNA, inclusive naquele designado em sede recursal, após conversão do julgamento em diligência, frente aos argumentos constantes das razões da apelação interposta. Imperiosa a condenação da parte às penas por litigância de má-fé, consistente no pagamento de multa equivalente a 1%, sobre o valor devidamente corrigido do valor da causa e indenização à parte autora no equivalente a 5%, do débito alimentar. Negado provimento ao apelo, e condenado o recorrente às penas por litigância de má-fé (TJRS, Ap. Cível nº 70015058670, Rel.ª Des.ª Maria Berenice Dias, 7ª CC., j. 06/12/2006).

MAIORIDADE [*ver tb. emancipação, menoridade*] – É a condição legal que confere, em tese, capacidade civil plena a um indivíduo, para praticar todos os atos da vida civil (com as ressalvas da lei no tocante às incapacidades). É quando o sujeito alcança a idade cronológica previamente estipulada pela legislação de determinada população, e que no Brasil, a partir de janeiro de 2003, com entrada em vigor do novo Código Civil, passou a ser de 18 anos. Até esta data, na vigência do CCB 1916, a maioridade era atingida aos 21 anos.

A maioridade civil pode ser antecipada, isto é, pode se dar aos 16 anos por emancipação, segundo o art. 5º do CCB/2002: *"A menoridade cessa aos dezoito anos completos, quando a pessoa fica habilitada à prática de todos os atos da vida civil. Parágrafo único. Cessará, para os menores, a incapacidade: I – pela concessão dos pais, ou de um deles na falta do outro, mediante instrumento público, independentemente de homologação judicial, ou por sentença do juiz, ouvido o tutor, se o menor tiver dezesseis anos completos; II – pelo casamento; III – pelo exercício de emprego público efetivo; IV – pela colação de grau em curso de ensino superior; V – pelo estabelecimento civil ou comercial, ou pela existência de relação de emprego, desde que, em função deles, o menor com dezesseis anos completos tenha economia própria".*

DISPOSITIVOS NORMATIVOS

CCB – Arts. 1º a 5º.

MANCEBA TEÚDA E MANTEÚDA [*ver tb. concubina, teúda e manteúda*] – Tem o mesmo sentido de concubina. É aquela que "se tem" e "se mantém". Expressão antiquada e em desuso, foi introduzida no Brasil pelas Ordenações Filipinas para designar a mulher tida e mantida às expensas de um homem casado, que provia todas as suas necessidades materiais, a troco da sua constante e plena disponibilidade e da exclusividade dos seus favores amorosos e sexuais.

Manter uma manceba (concubina) refletia *status* de prosperidade e alimentava a vaidade daquele que a tomava, permitindo-lhe exibir em círculo social a sua virilidade.

M

O Código Penal do Império (1830) utilizava esta expressão, inclusive com dois pesos e duas medidas, para o adultério feminino e masculino. A mulher era punida com a pena de prisão de um a três anos, com pena de trabalho (Art. 250), enquanto *O homem casado, que tiver manceba teúda e manteúda na casa conjugal, era condenado em multa de três meses a três anos.* (Art. 251).

MANCEBIA [*ver tb. amigação, concubinato, união estável*] – É o ato de viver em amigação, concubinato ou união estável. É a relação conjugal sem a oficialidade do casamento. É o mesmo que amancebia.

MANCOMUNHÃO – É a expressão que define o estado dos bens conjugais antes da sua efetiva partilha. Difere do estado condominial, em que o casal detém o bem ou coisa simultaneamente, com direito a uma fração ideal, podendo alienar ou gravar seus direitos, observando a preferência do outro.

Na mancomunhão, o bem não pode ser alienado nem gravado por apenas um dos ex-cônjuges, permanecendo indivisível até a partilha. Enquanto não for feita a partilha dos bens comuns, eles pertencem a ambos os cônjuges em estado de mancomunhão.

JURISPRUDÊNCIA

(...) Não obstante a separação de fato ponha fim ao regime de bens do casal, excluindo do patrimônio comum os bens adquiridos por cada qual a partir desse momento, é certo que, até a partilha, o acervo comum se submete ao regime de mancomunhão, e não condomínio. 2. A cobrança de alugueres em face do cônjuge que permanece ocupando o imóvel comum depende da efetivação da partilha, especialmente quando os filhos advindos da união também permanecem residindo no imóvel. 3. A solução de tais situações deve ser casuística, e ter em vista a preservação da família que permanece residindo na casa. Recurso conhecido e não provido (TJPR, Ag nº 11566033 PR, Rel.ª Des.ª Rosana Amara Girardi Fachin, 12ª CC., j. 30/07/2014).

MANDADO DE AVERBAÇÃO [*ver tb. estado civil, mudança de nome*] – Averbar é fazer constar em documentos fato que modifica ou acrescenta o seu conteúdo. É o registro do fato jurídico ou administrativo em documento público para que surta os efeitos desejados. Mandado é também uma incumbência imposta a alguém por autoridade pública, judicial ou administrativa, de natureza imperativa. É a ordem escrita do juiz para que se faça o que ali está descrito.

No Direito de Família, mandado de averbação, em geral, é o documento expedido pelo juiz, determinando que se averbe no registro civil das partes o fato modificativo do seu estado civil (mandado de averbação de divórcio) ou de filiação (Mandado de averbação da nova paternidade/maternidade como resultado da investigação de paternidade/maternidade). *Far-se-á averbação em registro público: I – das sentenças que decretarem a nulidade ou anulação do casamento, o divórcio (...) II – dos atos judiciais ou extrajudiciais que declararem ou reconhecerem a filiação* (Art. 10, CCB).

Expede-se também mandado de averbação ao Cartório de Registro Civil de Pessoas Naturais o estado de incapacidade civil em razão da curatela e também quando ocorre a mudança do nome da pessoa, seja para voltar a usar o nome de solteira(o) em razão do divórcio, ou quando autorizada judicialmente. Além disso, a mudança também pode ocorrer quando o nome veicular para o sujeito um significante pejorativo, ou não representar o seu nome social, ou quando houver mudança de sexo.

DISPOSITIVOS NORMATIVOS

Lei nº 6.015/73 – Lei de Registros Públicos – Arts. 47, 97 a 105, 207.

MANDADO DE BUSCA E APREEN-SÃO – É o documento emitido pelo juiz ao órgão competente para buscar/localizar alguma coisa ou algum indivíduo, apreender e devolver a quem de direito. Pode ser diligência judicial ou policial.

No Direito de Família, é mais comum a busca e apreensão de menores quando os pais estão em disputa de guarda dos filhos, ou não entregam o filho ao outro pai/mãe conforme estabelecido em acordo ou decisão judicial. No CPC/1973 havia previsão expressa para busca e apreensão de menores de idade (art. 839). No CPC/2015 esse remédio está previsto no art. 536, na modalidade de dar cumprimento às obrigações de fazer ou entregar a coisa (art. 538). Mas nada impede que se faça a busca e apreensão de filhos, quando detidos ilegal ou irregularmente, com pedido de tutela de urgência, como revisto no art. 301: "Art. 301. A tutela de urgência de natureza cautelar pode ser efetivada mediante arresto, sequestro, arrolamento de bens, registro de protesto contra alienação de bem *e qualquer outra medida idônea para asseguração do direito*" – grifamos.

MANDADO DE PRISÃO [*ver tb. depositário infiel, devedor de alimentos, execução de alimentos, habeas corpus, prisão civil*] – É a ordem de prisão expedida por juiz competente determinando a prisão de alguém para ser cumprida por autoridade policial.

No Direito de Família, é expedido em nome do devedor de alimentos, que se encontra em débito alimentar e não justificou a impossibilidade do pagamento, ou não foi aceita sua justificativa na Ação de Execução proposta pelo alimentário.

As únicas prisões civis previstas no ordenamento jurídico brasileiro são a por dívida alimentar e depositário infiel: *não haverá prisão civil por dívida, salvo a do responsável pelo inadimplemento voluntário e inescusável de obrigação alimentícia e a do depositário infiel* (Art. 5º, LXVII).

Entretanto, uma vez que o Brasil aderiu à Convenção Americana sobre Direitos Humanos (Pacto de San José da Costa Rica), em 1969, sem reservas, deve-se observar o art. 7º (nº 7) da convenção: *Ninguém deve ser detido por dívidas. Este princípio não limita os mandados de autoridade judiciária competente expedidos em virtude de inadimplemento de obrigação alimentar*. Assim, a prisão do depositário infiel, apesar de prevista na constituição, não é admitida pelo ordenamento jurídico (Súmula Vinculante nº 25 STF).

MANDATÁRIO – Ver mandato judicial.

MANDATO FUTURO – Ver autocuratela.

MARIDO – Do latim *maritus*. É o homem casado em relação à mulher com quem se casou. Esposo, cônjuge do sexo masculino, cônjuge varão.

MARITAL [*ver tb. esposa, outorga marital, outorga uxória*] – Do latim *maritalis*, marido. Relativo ao marido, esposo. Exprime tudo que se refere ao marido, o que se relaciona a ele ou ao casamento.

M

MATERNIDADE [*ver tb. desconstituição da filiação, fertilização in vitro, investigação de paternidade, paternidade, paternidade socioafetiva, multiparentalidade*] – Do latim *maternitas*. É a qualidade de ser mãe. A maternidade pode ser biológica ou não. A não biológica pode ser adotiva, que é uma espécie da categoria da maternidade socioafetiva. Independentemente do vínculo biológico ou mesmo do vínculo registral, a maternidade se define mais pela "posse de estado" de filho, ou de mãe, ou seja, maternidade e paternidade são funções exercidas. Prova disso é a existência do instituto milenar da adoção.

Muitas vezes o pai ou a mãe biológica não são os que exercem as funções paternas e maternas. Não raro, essas funções são exercidas pelos avós, vizinhos, amigos, namorados etc., em colaboração com os pais, ou em substituição a eles.

O essencial para a constituição e a formação do ser humano, para torná-lo sujeito e capaz de estabelecer laço social, é que alguém ocupe, em seu imaginário, o lugar simbólico de pai e de mãe. O importante é que tenha um adulto que possa ser a referência e que simbolize para a criança este lugar de pai e mãe, que é dado pelas funções exercidas em suas vidas.

JURISPRUDÊNCIA

(...) Nesse contexto, a filiação socioafetiva, que encontra alicerce no art. 227, § 6º, da CF/88, envolve não apenas a adoção, como também "parentescos de outra origem", conforme introduzido pelo art. 1.593 do CC/02, além daqueles decorrentes da consanguinidade oriunda da ordem natural, de modo a contemplar a socioafetividade surgida como elemento de ordem cultural. – Assim, ainda que despida de ascendência genética, a filiação socioafetiva constitui uma relação de fato que deve ser reconhecida e amparada juridicamente. Isso porque a maternidade que nasce de uma decisão espontânea deve ter guarida no Direito de Família, assim como os demais vínculos advindos da filiação. – Como fundamento maior a consolidar a acolhida da filiação socioafetiva no sistema jurídico vigente, erige-se a cláusula geral de tutela da personalidade humana, que salvaguarda a filiação como elemento fundamental na formação da identidade do ser humano. Permitir a desconstituição de reconhecimento de maternidade amparado em relação de afeto teria o condão de extirpar da criança – hoje pessoa adulta, tendo em vista os 17 anos de tramitação do processo – preponderante fator de construção de sua identidade e de definição de sua personalidade. E a identidade dessa pessoa, resgatada pelo afeto, não pode ficar à deriva em face das incertezas, instabilidades ou até mesmo interesses meramente patrimoniais de terceiros submersos em conflitos familiares (STJ, REsp 1.000.356 SP, Rel.ª Min.ª Nancy Andrighi, 3ª T., publ. 07/06/2010).

LINGUAGEM POÉTICA

Tenho às vezes vontade de ser / Novamente um menino / E na hora do meu desespero / Gritar por você / Te pedir que me abrace / E me leve de volta pra casa / Que me conte uma história bonita / E me faça dormir / Só queria ouvir sua voz / Me dizendo sorrindo: / Aproveite o seu tempo / Você ainda é um menino / Apesar da distância e do tempo / Eu não posso esconder / Tudo isso eu às vezes preciso escutar de você

Lady Laura, me leve pra casa / Lady Laura, me conte uma história / Lady Laura, me faça dormir / Lady Laura

Quantas vezes me sinto perdido / No meio da noite / Com problemas e angústias / Que só gente grande é que tem / Me afagando os cabelos / Você certamente diria: / Amanhã de manhã / Você vai se sair muito bem / Quando eu era criança / Podia chorar nos seus braços / E ouvir tanta coisa bonita / Na minha aflição / Nos momentos alegres / Sentado ao seu lado sorria / E nas horas difíceis podia / Apertar sua mão

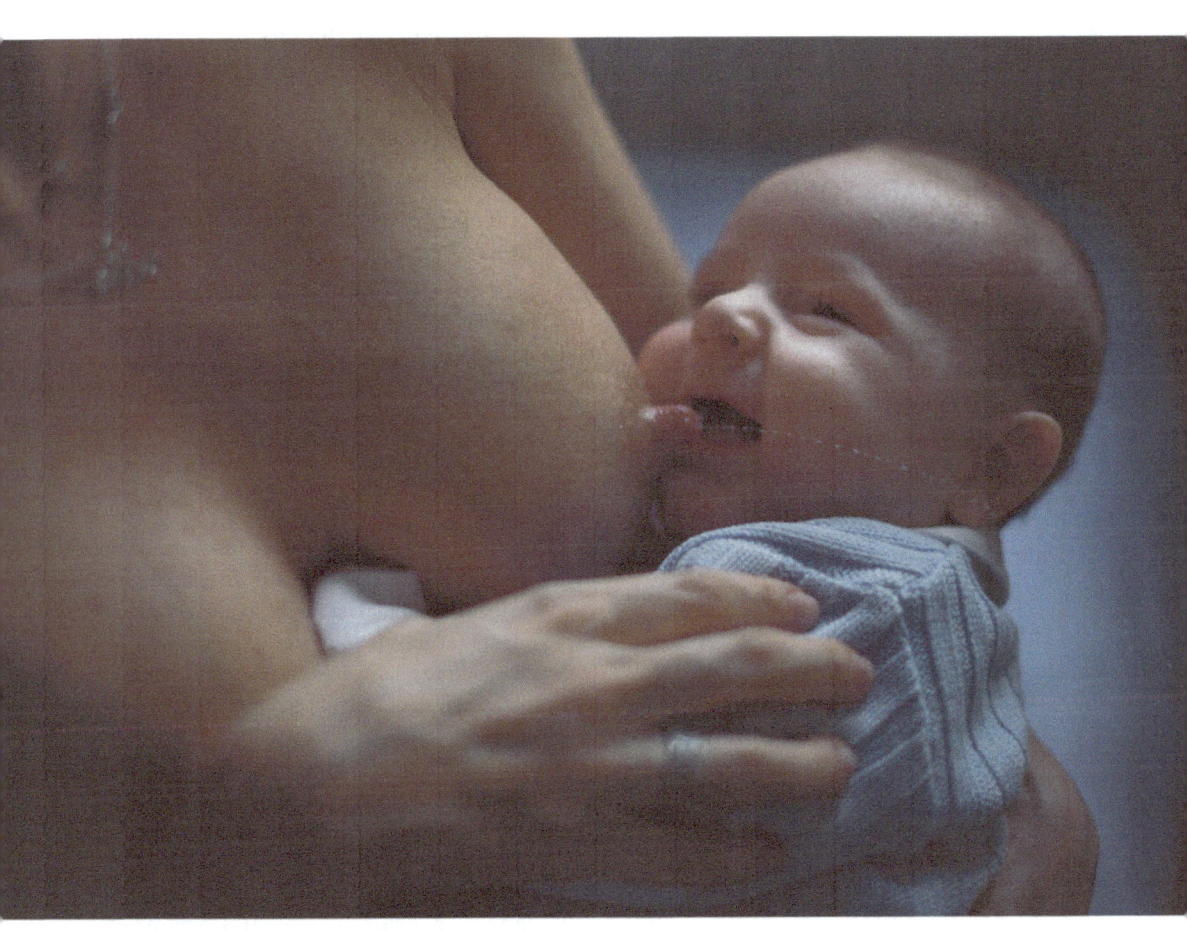

Tenho às vezes vontade / De ser novamente um menino / Muito embora você sempre ache / Que eu ainda sou / Toda vez que te abraço / E te beijo sem nada dizer / Você diz tudo que eu preciso / Escutar de você

(*Lady Laura* – Letra e música de Roberto Carlos).

ILUSTRAÇÃO

Márcia Charnizon. P. 453.

MATERNIDADE SOCIOAFETIVA [*ver tb. paternidade e parentalidadicide socioafetiva*] – É a maternidade decorrente da socioafetividade, isto é, maternidade que não tem sua origem nos laços biológicos. É aquela que decorre do exercício das funções maternas em que se desenvolve um forte vínculo afetivo e os sujeitos daquela relação ocupam os lugares de mãe e filho.

Da maternidade socioafetiva pode nascer o liame jurídico do parentesco, reconhecido judicialmente, por meio da Ação declaratória de investigação ou reconhecimento de maternidade socioafetiva, quando o (a) pretenso (a) filho (a) tiver menos de 12 anos. Para as pessoas acima de 12 anos, não é necessário ir ao judiciário. Basta ir diretamente ao Cartório de Registro Civil das pessoas naturais e declarar a parentalidade, conforme provimento 83 do CNJ, de 14/08/2019: *Art. 10. O reconhecimento voluntário da paternidade ou da maternidade socioafetiva de pessoas acima de 12 anos será autorizado perante os oficiais de registro civil das pessoas naturais. § 1º O reconhecimento voluntário da paternidade ou maternidade será irrevogável, somente podendo ser desconstituído pela via judicial, nas hipóteses de vício de vontade, fraude ou simulação. § 2º Poderão requerer o reconhecimento da paternidade ou maternidade socioafetiva de filho os maiores de dezoito anos de idade, independentemente do estado civil. § 3º Não poderão reconhecer a paternidade ou maternidade socioafetiva os irmãos entre si nem os ascendentes. § 4º O pretenso pai ou mãe será pelo menos dezesseis anos mais velho que o filho a ser reconhecido.*

DISPOSITIVOS NORMATIVOS

CR – Arts. 226, 227 e 229.

CCB – Arts. 1.593, 1.596, 1.599, 1.601, 1.602, 1.615.

Lei nº 8.069/90 – Estatuto da Criança e do Adolescente.

Súmulas STJ – 1, 277, 301 e 383.

Provimento nº 63/2017 do CNJ.

Provimento nº 83/2019 do CNJ.

JURISPRUDÊNCIA

(...) O art. 1593 do CC deve ser interpretado no sentido de ampliar as hipóteses de filiação a fim de legitimar a maternidade socioafetiva porquanto favoráveis ao reconhecimento jurídico do estado de filiação baseado exclusivamente na afetividade desenvolvida ao longo da convivência familiar. II – A jurisprudência estabeleceu como requisitos para reconhecimento da filiação socioafetiva a vontade clara e inequívoca da pretensa mãe socioafetiva, de ser reconhecida, voluntária e socialmente, como genitora do demandante e a configuração da denominada posse de estado de filho (...) TJ-DF, Apelação Cível nº 07511396620198070016, Relª. Desª Vera Andrighi, , 6ª Turma Cível, pub. 21/01/2022.

MATRIARCADO [*ver tb. patriarcalismo, patriarcado*] – Do latim *mater*, mãe e do grego *archein*, governar. É uma forma de organização social em que a mulher/mãe tem uma posição dominante na família e na comunidade. Opõe-se ao princípio patriarcal grego-latino.

O matriarcado não pertence necessariamente a nenhum povo determinado e marca um período cultural mais primitivo que o sistema patriarcal, presente naqueles povos que se opunham aos gregos, com raízes mais antigas. *A noção de uma descendência matrilinear e não patriarcal nem sequer ocorreu aos primeiros antropólogos (...) No começo as sociedades possuíam laços fortes entre mães e filhos, principalmente filhos, sendo os machos elementos periféricos e instáveis no grupo (...). A maior parte dos trabalhos era feita pelas mulheres (como é até hoje, tanto nas sociedades simples quanto nas complexas). Elas se responsabilizavam por seus filhos e, por extensão, pelo grupo inteiro. As mulheres proviam o alimento e os homens faziam as tarefas mais pesadas, como a caça, a pesca e a limpeza de terras aráveis. Contudo possuíam mais tempo livre que as mulheres, o que os fez desenvolver suas armas e inventarem cultos específicos para o sexo masculino, dos quais excluíam as mulheres (...). Neste instante o macho pôde assumir o controle da sexualidade das mulheres e portanto, o poder sobre elas, juntamente com a natureza. Do conceito abstrato de controle vem o conceito da superioridade/transcendência do homem sobre a natureza e a mulher. Nascem então mitos e crenças sobre um deus todo poderoso e transcendente, e não mais imanente, como nas sociedades matrilineares* (MURARO, Rose Marie. *A mulher no terceiro milênio: uma história da mulher através dos tempos e suas perspectivas para o futuro*. Rio de Janeiro: Rosa dos Tempos, 1995. p. 63-64).

ILUSTRAÇÃO

Alberto da Veiga Guignard. Retrato de matriarca de Minas Gerais, Brasil, década de 1940. Foto de Cythia Hermanny. P. 455.

MATRIMÔNIO [*ver tb. casamento, casamento civil*] – Do latim *matrimonium*, casamento. É a expressão para designar, originalmente, a união entre homem e mulher, instituindo uma família. No Direito Romano, antes de adotarem a religião cristã, matrimônio e casamento eram sinônimos. A religião cristã transformou o casamento em um de seus sacramentos, passando, então, a utilizar vocábulo matrimônio como casamento.

No Direito Civil, casamento é a expressão que traduz o sentido laico de contrato de casamento, enquanto matrimônio veicula o significado e significante de conteúdo religioso. Neste sentido, pode-se dizer que o matrimônio é indissolúvel, e o casamento, desde 1977, com a Lei do Divórcio (Lei nº 6.515/77), tornou-se dissolúvel.

LINGUAGEM POÉTICA

Aos pés da Santa Cruz / Você se ajoelhou / E em nome de Jesus / Um grande amor / Você jurou / Jurou mas não cumpriu / Fingiu e me enganou / Pra mim você mentiu / Pra Deus você pecou

O coração tem razões / Que a própria razão desconhece / Faz promessas e juras / Depois esquece / Seguindo esse princípio / Você também prometeu / Chegou até a jurar um grande amor / Mas depois se esqueceu

Aos pés da Santa Cruz / Você se ajoelhou / E em nome de Jesus / Um grande amor / Você jurou / Jurou mas não cumpriu / Fingiu e me enganou / Pra mim você mentiu / Pra Deus você pecou

O coração tem razões / Que a própria razão desconhece / Faz promessas e juras / Depois esquece / Seguindo esse princí-

pio / Você também prometeu / Chegou até a jurar um grande amor / Mas depois se esqueceu.

(*Aos pés da cruz* – Letra e música de Marino Pinto e Zé da Zilda).

ILUSTRAÇÃO

Márcia Charnizon. P. 457.

MEAÇÃO [*ver tb. regime de bens, sucessão*] – É a metade de alguma coisa, isto é, o direito que se tem à metade de algo, enquanto outrem é proprietário da outra parte. A meação presume a existência de um condomínio entre duas pessoas, a existência de duas cotas iguais e é um direito inerente às sociedades conjugais.

Se o regime for o da comunhão universal, o cônjuge/companheiro tem direito à metade de todos os bens, sejam eles adquiridos antes, durante ou depois da relação conjugal, com as exceções previstas na lei (Art. 1.659, CCB). No regime da comunhão parcial, a meação somente tem lugar com relação aos bens adquiridos onerosamente durante a relação (Art. 1.660, CCB), assim como no regime da participação final nos aquestos (Art. 1.672, CCB).

Morrendo um dos cônjuges/companheiros, apura-se a meação do sobrevivente, se houver, de acordo com o regime de bens. O restante, isto é, a meação do falecido, constitui a herança, que é o patrimônio deixado pelo *de cujus* e é transmitido aos sucessores legítimos ou testamentários.

MEDIAÇÃO [*ver tb. arbitragem, conciliação, desamparo, gozo*] – É um método, ou uma técnica, para dirimir conflitos, no qual um terceiro devidamente capacitado e imparcial conduz e proporciona o restabelecimento da comunicação entre as partes, para que elas mesmas possam redirecionar o conflito. Portanto, o objeto da mediação é a transformação do conflito. É trocar o bate-boca pelo bate-papo, como se diz popularmente.

Como técnica de resolução de conflitos é aplicável em todos os impasses de natureza humana envolvendo duas ou mais pessoas, seja qual for a complexidade do problema. Pode estar relacionada a um processo judicial ou não. Sua aplicação no Direito de Família tem tido ampla eficácia, especialmente quando se busca ajuda da psicologia e da psicanálise.

A mediação no Brasil é historicamente nova. As primeiras mediações em desavenças familiares foram feitas no início da década de 1990, introduzidas pela advogada e professora paulista, Águida Arruda Barbosa, e a psicanalista Giselle Groeninga. Há várias correntes de pensamento para aplicação de técnicas de mediação.

É comum ser confundida com conciliação e arbitragem. Na conciliação utiliza-se de um conciliador que intervém, sugere e alerta sobre as possibilidades de ganhos e perdas, sob a orientação de que é melhor um mau acordo do que uma boa demanda. É uma reorganização lógica do conflito, polarizando-o, eliminando os pontos incontroversos, para delimitar direitos e deveres e, com técnicas de convencimento, o conciliador visa corrigir as percepções recíprocas, para uma aproximação das partes em um espaço concreto. Na arbitragem, os envolvidos se submetem à decisão de um árbitro por eles eleito, que, ao final, proferirá uma decisão arbitral condenatória que constitui título executivo. (BARBOSA, Águida Arruda. Mediação familiar: estado da arte da mediação familiar interdisciplinar no Brasil. *Revista Brasileira de Direito de Família*. Porto Alegre: Síntese, IBDFAM, 2007. v. 8, nº 40). A mediação é um processo mais longo, mais profundo e mais amplo. Depara-se com o conflito, propondo reflexões, de modo a transformá-lo, construindo alternativas para a sua resolução e prevenção. O acordo não é necessariamente o desfecho final de uma mediação, embora na maioria das vezes e, quando benfeita, resolve-se o conflito e entabula-se um acordo.

O mais importante e significativo da mediação é que ela proporciona o restabelecimento do diálogo e imprime responsabilidade aos sujeitos daquela relação para que eles mesmos, melhor do que ninguém, possam resolver os impasses.

A mediação não pode ser imposta, apenas sugerida, e tem como objetivo, em síntese: a) confrontar e organizar uma nova identidade familiar; b) restabelecer uma comunicação interrompida; c) evitar o crescimento e perpetuação de um litígio instaurado entre um casal que está se divorciando ou já foi divorciado; d) conservar a importante relação de coparentalidade, fazendo com que os pais enxerguem o que é melhor para o filho, evitando que a criança seja moeda de troca do fim da conjugalidade; e) transformar conflitos e divergências em relações mais harmoniosas; f) ser escutado e conseguir se fazer entender, chegando a um denominador comum sobre questões que aparentemente eram inconciliáveis, aliviando angústia, ansiedade e sofrimento; g) demonstrar que as diferentes posições de cada um não são inviabilizadoras do diálogo; h) "desmisturar" objetividade de subjetividade; i) demonstrar que um litígio judicial

não tem ganhador e perdedor. Ambos perderam ao tentarem degradar o outro no processo judicial, que se torna apenas a materialização de uma realidade subjetiva.

Ainda que não se chegue a um acordo, o processo de mediação pode levar os sujeitos a prevenir impasses, facilita e restabelece a comunicação familiar e ajuda também na elaboração psíquica da perda, mágoas e traumas, proporcionando o diálogo e posição respeitosa sobre os diferentes pontos de vista.

O Direito de Família atual deve-se orientar e se conduzir por uma principiologia, sobretudo da responsabilidade, da autonomia da vontade, da não intervenção estatal na vida privada, do melhor interesse do menor. Nesse viés, os operadores do Direito, diante de um inevitável divórcio que, com a Emenda Constitucional nº 66/10, estipulou-se como único requisito a vontade de não mais continuar casado, deve propiciar um ambiente favorável para que os litigantes procurem resolver por si sós (com o suporte de um mediador ou de comediadores) os conflitos oriundos da família, que são muito mais da ordem afetiva que material, responsabilizando-os por suas escolhas e atitudes.

A mediação como técnica não adversarial, além de funcionar como eficaz indicativo para dirimir conflitos, traz consigo um novo pensamento e uma nova perspectiva para responsabilização do sujeito. Consequentemente, pode ajudar e ser uma alternativa eficaz para evitar que os restos do amor vão parar no judiciário. Acima de tudo, a cultura da mediação muda a perspectiva e o olhar sobre o conflito. Em linguagem psicanalítica, é o mesmo que proporcionar aos

M

operadores do Direito, especialmente aos advogados, não se permitirem ser instrumento de "gozo" com o litígio, isto é, desestimular a briga ao desinstalar a lógica conflitante que constrói estórias de degradação do outro para instalar a lógica consensual em que se pode vislumbrar a responsabilidade de cada um por suas escolhas e atitudes, de modo a não buscar no outro as causas da sua infelicidade, do insucesso conjugal e do seu desamparo estrutural.

O CPC/2015, na tentativa de mudar a lógica adversarial dos conflitos, estabeleceu em seu art. 334 a mediação como parte integrante de todos os processos judiciais e, em especial, no Direito de Família, como se vê em seu art. 694: *"Nas ações de família, todos os esforços serão empreendidos para a solução consensual da controvérsia, devendo o juiz dispor do auxílio de profissionais de outras áreas de conhecimento para a mediação e conciliação. Parágrafo único. A requerimento das partes, o juiz pode determinar a suspensão do processo enquanto os litigantes se submetem a mediação extrajudicial ou a atendimento multidisciplinar"*.

A Lei nº 13.140/2015 dispõe sobre a mediação como meio de solução de controvérsias entre particulares e sobre a autocomposição de conflitos no âmbito da administração pública. O parágrafo único do art. 1º assim dispõe: *"Considera-se mediação a atividade técnica exercida por terceiro imparcial sem poder decisório, que, escolhido ou aceito pelas partes, as auxilia e estimula a identificar ou desenvolver soluções consensuais para a controvérsia"*.

DISPOSITIVOS NORMATIVOS

Resolução nº 125/10 do CNS – Dispõe sobre a Política Judiciária Nacional de tratamento adequado dos conflitos de interesses no âmbito do Poder Judiciário e dá outras providências.

Lei nº 13.105/2015 – CPC.

Lei nº 13.140/2015 – Dispõe sobre a mediação como meio de solução de controvérsias entre particulares e sobre a autocomposição de conflitos no âmbito da administração pública.

Carta de princípios, valores e diretrizes orientadores da mediação interdisciplinar do Instituto Brasileiro de Direito de Família: *da interdisciplinaridade, da instrumentalidade, da imparcialidade, da autonomia da vontade, da boa-fé, da formação continuada, do empoderamento, da transformação dos conflitos, da dinamicidade, da remuneração do mediador.*

JURISPRUDÊNCIA

(...) O Novo Código de Processo Civil impõe como deveres dos magistrados estimular a realização de conciliação ou mediação (art. 3º, § 3º) e promover, a qualquer tempo, a autocomposição, preferencialmente com auxílio de conciliadores e mediadores judiciais (art. 139, V). Nesse mesmo passo, também, a Lei nº 13.140/2015 ao determinar no art. 27 que o juiz designará audiência de mediação. Por sua vez, os Tribunais deverão criar centros judiciários de solução consensual de conflitos, responsáveis pela realização de sessões e audiências de conciliação e mediação, pré-processuais e processuais, consoante o disposto no art. 24 da Lei nº 13.140/2015 e do art. 165 do NCPC. Assim, em homenagem ao escopo da Lei nº 13.140/2015 e do Novo Código de Processo Civil, no sentido de consolidar uma política pública permanente de incentivo e aperfeiçoamento dos mecanismos consensuais de solução de litígios, em qualquer grau de jurisdição, (STJ, EDcl no AgInt nos EDcl no REsp 1.406.366/SP, Rel. Min. Luis Felipe Salomão, 4ª Turma, publ. 29/05/2017).

LINGUAGEM LITERÁRIA

(...) Encontrei hoje em ruas, separadamente, dois amigos meus que se haviam zangado um com o outro. Cada um me contou a narrativa de porque se haviam zangado. Cada um me disse a verdade.

Cada um me contou as suas razões. Ambos tinham razão. Ambos tinham toda a razão. Não era que um via uma coisa e o outro outra, ou que um via um lado das coisas e outro um lado diferente. Não: cada um via as coisas exactamente como se haviam passado, cada um as via com um critério idêntico ao do outro, mas cada um via uma coisa diferente, e cada um, portanto, tinha razão.

Fiquei confuso desta dupla existência da verdade.

Livro do Desassossego. vol. II. Fernando Pessoa (Organização e fixação de inéditos de Teresa Sobral Cunha). Lisboa: Presença, 1990.

MEEIRO(A) [*ver tb. meação*] – Do latim *meio*. É aquele(a) que tem direito a uma meação, ou seja, à metade de alguma coisa, de um negócio ou de um patrimônio. O cônjuge ou companheiro é meeiro do patrimônio comum dependendo do regime de bens entre eles.

MEDIDAS PROTETIVAS [*ver tb. estatuto da pessoa idosa, Lei Maria da Penha, violência doméstica, sublimação, violência patrimonial*] – São medidas previstas em lei, com o objetivo de proteger pessoas vulneráveis de alguma pessoa ou situação de risco.

No Direito de Família, é comumente usada nas relações conjugais em que o fim da relação gerou conflito ou violência, tornando necessária a intervenção do Judiciário para garantir a integridade física e psíquica de um ou de ambos.

A Lei Maria da Penha (Lei nº 11.340/06) estabelece medidas protetivas que estão intimamente ligadas ao Direto de Família, em uma importante e necessária conexão com o Direito Penal, principal-mente em diversos aspectos atinentes à separação de corpos e ao divórcio. Geralmente, é concedida a medida para afastar o agressor ou ofensor do lar conjugal, ou local de convivência com a vítima: *Constatada a prática de violência doméstica e familiar contra a mulher, nos termos desta Lei, o juiz poderá aplicar, de imediato, ao agressor, em conjunto ou separadamente, as seguintes medidas protetivas de urgência, entre outras: I – suspensão da posse ou restrição do porte de armas, com comunicação ao órgão competente; II – afastamento do lar, domicílio ou local de convivência com a ofendida; III – proibição de determinadas condutas, entre as quais: a) aproximação da ofendida, de seus familiares e das testemunhas, fixando o limite mínimo de distância entre estes e o agressor; b) contato com a ofendida, seus familiares e testemunhas por qualquer meio de comunicação; c) frequentação de determinados lugares a fim de preservar a integridade física e psicológica da ofendida; IV – restrição ou suspensão de visitas aos dependentes menores, ouvida a equipe de atendimento multidisciplinar ou serviço similar; V – prestação de alimentos provisionais ou provisórios* (Art. 22, Lei nº 11.340/06). O Superior Tribunal de Justiça dispensou citação em medidas protetivas de urgência da Lei Maria da Penha: *Dessa forma, não cabe falar em instauração de processo próprio, com citação do requerido, tampouco com a possibilidade de decretação de sua revelia em caso de não apresentação de contestação no prazo de cinco dias, afirmou o Ministro Joel Ilan Paciornik, autor do voto que prevaleceu no julgamento. (STJ, REsp 2009402, Rel. Min. Ribeiro Dantas, 5ª turma, j. 08/11/2022).*

As medidas protetivas estão previstas também no Estatuto da Criança e do Ado-

M

lescente (ECA): Lei nº 8.069/90. Sempre que os direitos dos menores de idade forem ameaçados ou violados por ação ou omissão, da sociedade ou do Estado, dos pais ou responsáveis, *levando em conta as necessidades pedagógicas, preferindo-se aquelas que visem ao fortalecimento dos vínculos familiares e comunitários* (Art. 100, ECA).

A Constituição da República de 1988, estabelece que é dever da família, do Estado e da Sociedade amparar também as pessoas idosas (Art. 230). E também o Estatuto da pessoa Idosa, Lei nº 10.741/04, estabelece: *As medidas de proteção ao idoso são aplicáveis sempre que os direitos reconhecidos nesta Lei forem ameaçados ou violados: I – por ação ou omissão da sociedade ou do Estado; II – por falta, omissão ou abuso da família, curador ou entidade de atendimento; III – em razão de sua condição pessoal* (Art. 43).

A Lei nº 13.641/2018 alterou a Lei 11.340/2006, e passou a considerar como crime o ato de descumprir medidas protetivas de urgência. Com a mencionada alteração na legislação, o ofensor que desrespeita medida a ele imposta, comete o crime tipificado no artigo 24-A da Lei Maria da Penha e está sujeito a pena de 3 meses a 2 anos de detenção.

A lei nº 14.344, de 24.5.2022, criou mecanismos para a prevenção e o enfrentamento da violência doméstica e familiar contra a criança e o adolescente, nos termos do § 8º do art. 226 e do § 4º do art. 227 da Constituição Federal e das disposições específicas previstas em tratados, convenções ou acordos internacionais de que o Brasil seja parte. Essa lei ficou conhecida devido ao caso Henry Borel, uma criança de quatro anos que teve sua vida ceifada, após indícios de espancamento no apartamento em que morava com a mãe e o padrasto, no Rio de Janeiro. Importante registrar que, pela lei, configura violência doméstica e familiar contra a criança e o adolescente qualquer ação ou omissão que lhe cause morte, lesão, sofrimento físico, sexual, psicológico ou dano patrimonial: I – no âmbito do domicílio ou da residência da criança e do adolescente, compreendida como o espaço de convívio permanente de pessoas, com ou sem vínculo familiar, inclusive as esporadicamente agregadas; II – no âmbito da família, compreendida como a comunidade formada por indivíduos que compõem a família natural, ampliada ou substituta, por laços naturais, por afinidade ou por vontade expressa; III – em qualquer relação doméstica e familiar na qual o agressor conviva ou tenha convivido com a vítima, independentemente de coabitação. Parágrafo único. Para a caracterização da violência prevista no caput deste artigo, deverão ser observadas as definições estabelecidas na Lei nº 13.431, de 4 de abril de 2017. Além disso, torna-se crime hediondo, passando a ser inafiançável e insuscetível de graça ou indulto, obrigando o cumprimento da pena em regime inicialmente fechado. O artigo 14 prevê que verificada a ocorrência de ação ou omissão que implique a ameaça ou a prática de violência doméstica e familiar, com a existência de risco atual ou iminente à vida ou à integridade física da criança e do adolescente, ou de seus familiares, o agressor será imediatamente afastado do lar, do domicílio ou do local de convivência com a vítima: I – pela autoridade judicial; II – pelo delegado de polícia, quando o Município não for sede de comarca; III – pelo policial, quando o Município não for sede de comarca e não houver delegado disponível no momento da denúncia. § 1º O Conselho Tutelar poderá representar às autoridades referidas nos incisos I, II e III do caput deste artigo para requerer o afastamento do agressor do lar, do domicílio ou do local de convivência com a vítima. § 2º Nas hipóteses previstas nos incisos II e III do caput deste artigo, o juiz será comunicado no prazo máximo de 24 (vinte e quatro) horas e decidirá, em igual prazo, sobre a manutenção ou a revogação da medida aplicada, bem como dará ciência ao Ministério Público concomitantemente. § 3º Nos casos de risco à integridade física da vítima ou à efetividade da medida protetiva de urgência, não será concedida liberdade provisória ao preso.

DISPOSITIVOS NORMATIVOS

Lei nº 8.069/90 – Estatuto da Criança e do Adolescente – ECA – Arts. 98 a 102.

Lei nº 10.741/03 – Estatuto do Idoso – Arts. 43 a 45.

Lei nº 11.340/06 – Lei Maria da Penha – Arts. 18 a 24.

Lei nº 13.641/2018 – Configuração de crime por descumprimento de medidas protetivas.

Lei nº 14.344/2022 – Criou mecanismos para a prevenção e o enfrentamento da violência doméstica e familiar contra a criança e o adolescente.

MENOR IMPÚBERE – Ver impúbere.

MENORIDADE [*ver tb. emancipação, infância, maioridade*] – É a fase da vida do sujeito em que ele ainda não atingiu a maioridade. Aquele que se encontra nestas condições é denominado popularmente "de menor".

Para o Direito Civil, e também para o Direito Penal, *A menoridade cessa aos dezoito anos completos, quando a pessoa fica habilitada à prática de todos os atos da vida civil* (Art. 5º, CCB).

Enquanto menor, em regra, é considerado incapaz para administrar os próprios bens e direitos. Quando ainda não atingiu a maioridade, é absolutamente incapaz (até os 16 anos) ou relativamente incapaz (de 16 e 18 anos). A exceção está na possibilidade da emancipação, que pode ser judicial ou em cartório quando o menor tiver 16 anos.

A emancipação civil gera efeitos apenas no âmbito civil e, portanto, não atinge a esfera penal ou administrativa. A pessoa pode obter a capacidade civil plena, isto é, a maioridade civil, e mesmo assim continuar menor para efeitos penais e administrativos. Por exemplo, o menor, mesmo que emancipado, não pode obter uma Carteira Nacional de Habilitação.

JURISPRUDÊNCIA

(...) A emancipação não supre a idade mínima prevista na Lei Orgânica Municipal para investidura de servidor, pois é de caráter civil, não alcançando as disposições pertinentes à administração pública, regida por princípios e regras próprios. O elemento subjetivo é comprovado através de dados objetivos demonstrados pela aferição conjunta das circunstâncias do delito e qualidade dos envolvidos. No caso, o dolo é evidente diante de emancipação recente da menor, que, sendo filha de secretário do município, foi nomeada para cargo de nível superior, incompatível com sua pouca idade. (PC: 14523 SC 2005.001452-3, Rel. Des. Amaral e Silva, 1ª CCrim – TJSC. j. 05/07/2005).

MINISTÉRIO PÚBLICO [*ver tb. Parquet*] – É um órgão do Poder Executivo permanente, de provimento mediante concurso público. Os seus membros são os Promotores de Justiça, que em segunda instância recebem a denominação de Procuradores de Justiça.

O Ministério Público tem função jurisdicional do Estado, incumbindo-lhe a defesa da ordem jurídica nos interesses sociais e individuais indisponíveis (Art. 127, CR). *O Ministério Público abrange: I – o Ministério Público da União, que compreende: a) o Ministério Público Federal; b) o Ministério Público do Trabalho; c) o Ministério Público Militar; d) o Ministério Público do Distrito Federal e Territórios; II – os Ministérios Públicos dos Estados* (Art. 128, CR).

Em Direito de Família e Sucessões, os representantes do Ministério Público dos Estados e Distrito Federal e Territórios, isto é, os promotores e procuradores de Justiça têm atuação e intervenção sempre que houver interesse de menores ou incapazes ou direitos indisponíveis.

DISPOSITIVOS NORMATIVOS

CR – Arts. 127 a 130-A.

Lei nº 13.105/2015 – art. 176 a 181.

MISTANÁSIA [*ver tb. eutanása, distanásia, ortotanásia*] – É também denominada de eutanásia social. É quando o sistema de saúde não atende e não alcança a necessidade da população, gerando uma situação de negligência, abandono e descaso, trazendo perecimento das pessoas nas filas de hospitais a espera de um tratamento condizente com a dignidade humana, que nunca chega. Luiz Antônio Lopes Ricci define como "morte infeliz, miserável e evitável", em um contexto que ocorre em países em que há desigualdade social, como no Brasil, fazendo com que parte da população menos favorecida pereça pelo descaso, negligência e abandono. (MALUF, Adriana Caldas do Rego Freitas Dabus Maluf. *Curso de Bioética e biodireito*. 4ª edição, São Paulo: Almedina, 2020, p. 406 *apud* RICCI, Luiz Antonio Lopes. *A morte social*. Mistanásia e bioética, São Paulo: Paulos, 2017, p. 9).

JURISPRUDÊNCIA

(...) Por sua vez, a mistanásia , também chamada de "eutanásia social", é a morte provocada por problemas de infraestrutura da saúde pública, que atinge direta e conscientemente a parcela mais pobre da população, que menos tem acesso a adequados recursos. Nem de longe tem relação com a ortotanásia, que é prática adotada pelo médico, com a anuência de quem de direito, não por imperativos de falta de mecanismos (aqui, sequer de anuência se cogita), mas por imperativo – ético e de consciência – de que, sendo inútil a adoção de recursos terapêuticos extraordinários, é desnecessário impor maior sofrimento ao paciente terminal. (...) TJAC – Ação Civil Pública Cível – Atos Administrativos – 0000877-29.2011.8.01.0008 – Vara Cível do Poder Judiciário do Estado do Acre, Juiz Roberto Luis Luchi Demo, j. 01/12/2010).

MOBBING – É o mesmo que *bullying*.

MONOGAMIA [*ver tb. bigamia, infidelidade, família simultânea, poligamia, princípio da monogamia*] – Do latim *monogamus*, um só casamento. É a relação conjugal composta por apenas duas pessoas, seja homem/mulher, homem/homem ou mulher/mulher. A monogamia é uma questão filosófica verdadeiramente séria a ser discutida na atualidade. Ciúmes, amor, traição, inveja, lealdade, emoção, direitos, culpalar, solidão, castigo, dinheiro e, obviamente família e vários a outros valores, giram em torno da monogamia (PHILIPS, Adam. *Monogamia*. São Paulo: Casa das Letras, 1997. Prefácio). Ela é um ponto-chave das conexões morais, mas não pode se traduzir em uma regra moralista.

É um princípio jurídico organizador das relações conjugais amorosas, e funciona como um interdito proibitório para viabilizar e organizar determinados ordenamentos jurídicos. Contudo, deve ser ponderado com o princípio da dignidade humana. Por exemplo, não pode prevalecer o princípio da monogamia, e com base nisso negar direitos a uma família simultânea. Não respeitar o princípio da dignidade humana, nesses casos, é repetir o mesmo discurso hipócrita e moralista que excluiu pessoas do laço social, condenando-as à invisibilidade, como ocorria com os filhos havidos fora do casamento, denominados até a CR de 1988 de ilegítimos.

JURISPRUDÊNCIA

(...) Ao longo de vinte e cinco anos, a apelante e o apelado mantiveram um relacionamento afetivo, que possibilitou o nascimento de três filhos. Nesse período de convivência afetiva – pública, contínua e duradoura – um cuidou do outro, amorosamente, emocionalmente, materialmente, fisicamente e sexualmente. Durante esses anos, amaram, sofreram, brigaram, reconciliaram, choraram, riram, cresceram, evoluíram, criaram os filhos e cuidaram dos netos. Tais fatos comprovam a concreta disposição do casal para construir um lar com um subjetivo ânimo de permanência que o tempo objetivamente confirma. Isso é família. O que no caso é polêmico é o fato de o apelado, à época dos fatos, estar casado civilmente. Há, ainda, dificuldade de o Poder Judiciário lidar com a existência de uniões dúplices. Há muito moralismo, conservadorismo e preconceito em matéria de Direito de Família. No caso dos autos, a apelada, além de compartilhar o leito com o apelado, também compartilhou a vida em todos os seus aspectos. Ela não é concubina – palavra preconceituosa – mas companheira. Por tal razão, possui direito a reclamar pelo fim da união estável. Entender o contrário é estabelecer um retrocesso em relação a lentas e sofridas conquistas da mulher para ser tratada como sujeito de igualdade jurídica e de igualdade social. Negar a existência de união estável, quando um dos companheiros é casado, é solução fácil. Mantém-se ao desamparo do Direito, na clandestinidade, o que parte da sociedade prefere esconder. Como se uma suposta invisibilidade fosse capaz de negar a existência de um fato social que sempre aconteceu, acontece e continuará acontecendo. A solução para tais uniões está em reconhecer que ela gera efeitos jurídicos, de forma a evitar irresponsabilidades e o enriquecimento ilícito de um companheiro em desfavor do outro (TJMG, Ap. Cível nº 1.0017.05.016882-6/003, Rel.ª Des.ª Maria Elza, 5ª CC., publ. 10/12/2008).

LINGUAGEM POÉTICA

A tarde cai, por demais / Erma, úmida e silente... / A chuva, em gotas glaciais, / Chora monotonamente.

E enquanto anoitece, vou / Lendo, sossegado e só, / As cartas que meu avô / Escrevia a minha avó.

Enternecido sorrio / Do fervor desses carinhos: / É que os conheci velhinhos, / Quando o fogo já era frio.

Cartas de antes do noivado... / Cartas de amor que começa, / Inquieto, maravilhado, / E sem saber o que peça.

Temendo a cada momento / Ofendê-la, desgostá-la, / Quer ler em seu pensamento / E balbucia, não fala...

A mão pálida tremia / Contando o seu grande bem. / Mas, como o dele, batia / Dela o coração também

A paixão, medrosa dantes, / Cresceu, dominou-o todo. / E as confissões hesitantes / Mudaram logo de modo.

Depois o espinho do ciúme... / A dor... a visão da morte... / Mas, calmado o vento, o lume / Brilhou, mais puro e mais forte.

E eu bendigo, envergonhado, / Esse amor, avô do meu... / Do meu – fruto sem cuidado / Que inda verde apodreceu.

O meu semblante está enxuto. / Mas a alma, em gotas mansas, / Chora, abismada no luto / Das minhas desesperanças...

E a noite vem, por demais / Erma, úmida e silente... / A chuva em pingos glaciais, / Cai melancolicamente.

M

E enquanto anoitece, vou / Lendo, sossegado e só, / As cartas que, meu avô / Escrevia a minha avó.

(BANDEIRA, Manuel. Cartas do meu avô. *In: Estrela da vida inteira*. Rio de Janeiro: Nova Fronteira, 1993. P. 52-53).

MONTE MOR – Expressão que denomina o valor bruto de uma herança, isto é, das obrigações e bens deixados pelo *de cujus,* sem as deduções da lei. Aplicadas as deduções legais, tem-se o morte partilhável.

MORE UXORIO [*ver tb. concubinato, união estável, uxório*] – Expressão em latim, que traduz o sentido de morar juntos sem o selo da oficialidade do casamento, mas segundo o costume de casados. É o convívio duradouro entre um homem e uma mulher, como se casados fossem.

Originalmente aplicável apenas aos casais de sexos diferentes, deve ser entendido atualmente para os casais do mesmo sexo, portanto, melhor se traduz contemporaneamente como duas pessoas vivendo sob o mesmo teto.

Era um requisito essencial para a caracterização de união estável, então denominado de concubinato. Atualmente, não é mais um requisito essencial, embora viver sob o mesmo teto seja um dos elementos caracterizadores da união estável, assim como a relação de dependência econômica e ter filhos ajudam nesta caracterização. Todavia, a falta deles não descaracteriza necessariamente a união estável. *A vida em comum sob o mesmo teto, more uxório, não é indispensável à caracterização do concubinato* (Súmula nº 382, STF).

MORTE [*ver tb. ausência, morte civil, morte natural, morte presumida*] – Do latim *mors, mortis.* É o fim ou a cessação da vida. É o ato de morrer, falecer, finar-se. Em sentido técnico jurídico, não é apenas o fim da existência humana, pois a morte produz efeitos jurídicos tais como: a dissolução do casamento ou união estável; abertura da sucessão; dissolução dos contratos se os herdeiros não quiserem dar continuidade aos direitos e deveres por ele gerado; extinção do instrumento de procuração.

A morte se prova, em geral, pela certidão de óbito feita em Cartório de Registro Civil, mas pode também ser declarada judicialmente quando ela for apenas presumida.

Em Direito Civil, a morte se classifica em natural, civil e presumida. Embora seja a única coisa certa e determinada da vida, a morte permanece como um assunto escorregadio e ainda não é tratado com a naturalidade que deveria. Em razão disso cria-se um mecanismo psíquico de defesa denominado pela psicanálise de "denegação". Pela dificuldade em lidar com esse feito natural os brasileiros ainda resistem em fazer testamento. Com isso o índice de sucessão testamentária no Brasil é baixíssimo, cerca de 5% das sucessões em geral. Se não houvesse esse processo de denegação, certamente a cultura de se fazer testamento já estaria melhor implementada no Brasil. Giselda Hironaka, com sua propriedade, leciona: *Como a morte aparece no Direito? Aparece não como um fenômeno relevante somente no Direito Civil, mas impressionantemente presente em todas as áreas jurídicas. A morte é um dos elementos fundamentais da discussão doutrinária sobre os direitos da personalidade e, por-*

tanto, está presente no Direito Civil desde os seus primordiais momentos. Justamente por isso, a morte – assim como a vida – apresenta (ou supõe-se que apresente) uma acepção jurídica que, por um lado expressaria acepções originadas de tradições jurídicas clássicas (romana antiga e renascentista, lusitana medieval e colonial, europeia continental contemporânea) e, por outro lado, serve de base para totalidade do Direito Civil, quanto para a totalidade do próprio Direito, isto é, para todas as demais divisões do ordenamento jurídico e do conhecimento jurídico (...) (HIRONAKA, Giselda Maria Fernandes Novaes. *Morrer e suceder:* passado e presente da transmissão sucessória concorrente. São Paulo: Revista dos Tribunais, 2011. P. 47).

DISPOSITIVOS NORMATIVOS

CCB – Art. 7º.

Lei nº 6.015/73 – Lei de Registros Públicos – Arts. 77 a 88.

LINGUAGEM POÉTICA

Quando Vier a Primavera

Quando vier a Primavera,

Se eu já estiver morto,

As flores florirão da mesma maneira

E as árvores não serão menos verdes que na Primavera passada.

A realidade não precisa de mim. Sinto uma alegria enorme

Ao pensar que a minha morte não tem importância nenhuma

Se soubesse que amanhã morria

E a Primavera era depois de amanhã,

Morreria contente, porque ela era depois de amanhã.

Se esse é o seu tempo, quando havia ela de vir senão no seu tempo?

Gosto que tudo seja real e que tudo esteja certo;

E gosto porque assim seria, mesmo que eu não gostasse.

Por isso, se morrer agora, morro contente,

Porque tudo é real e tudo está certo.

Podem rezar latim sobre o meu caixão, se quiserem.

Se quiserem, podem dançar e cantar à roda dele.

Não tenho preferências para quando já não puder ter preferências.

O que for, quando for, é que será o que é.

(*Alberto Caeiro, in "Poemas Inconjuntos"*

Heterônimo de Fernando Pessoa).

ILUSTRAÇÃO

O Triunfo da Morte – The Triumph of Death. Location: Palazzo Abatellis, Palermo. Ano de 1446. P. 467.

MORTE CIVIL [*ver tb. ausência, morte, morte presumida*] – Semelhante à morte presumida, instituto de Direito Civil que declara a morte em razão da ausência ou de determinadas circunstâncias estabelecidas pela lei, mas com ela não se deve confundir. Era a morte imposta à pessoa, por consequência de pena de privação da liberdade e de direitos civis. Nesses casos, a pessoa era tida como falecida, e abria-se a sucessão hereditária.

Não existe no ordenamento jurídico brasileiro o instituto da morte civil, como era no Direito Romano. A declaração de indignidade para efeitos sucessivos, pode ser relacionada à morte civil, já que indigno é tratado como se morto fosse em relação à herança que ele receberia.

MORTE NATURAL [ver tb. ausência, comoriência, declaração de nascido vivo, morte, personalidade civil] – É o fim da vida, seja qual for a causa. Em sentido estrito, é a que acontece naturalmente. Em sentido amplo, a morte pode ser: por acidente, morte provocada, que pode ser por vontade própria, que se denomina suicídio ou por outrem em ação criminosa, homicídio, decorrendo de qualquer forma o fim da personalidade. Para que se caracterize a morte, do ponto de vista médico, e segundo a Lei 9.434/97, é quando há morte cerebral, ou seja, quando o cérebro para de funcionar.

DISPOSITIVOS NORMATIVOS

CCB – Art. 6º, 9º, I, 22 a 39.

Lei nº 6.015/73 – Lei de Registros Públicos – Arts. 77, 79, 80.

Lei nº 9.434/97 – Dispõe sobre a remoção de órgãos, tecidos e partes do corpo humano para fins de transplante e tratamento e dá outras providências.

LINGUAGEM POÉTICA

Acabar. / Não vês que acabas todo o dia. / Que morres no amor. / Na tristeza. / Na dúvida. / No desejo. / Que te renovas todo dia. / No amor. / Na tristeza / Na dúvida. / No desejo. / Que és sempre outro. / Que és sempre o mesmo. / Que morrerás por idades imensas. / Até não teres medo de morrer. / E então serás eterno. / Não ames como os homens amam. / Não ames com amor. / Ama sem amor. / Ama sem querer. / Ama sem sentir. / Ama como se fosses outro. / Como se fosses amar. / Sem esperar. / Tão separado do que ama, em ti, / Que não te inquiete / Se o amor leva à felicidade, / Se leva à

morte, / Se leva a algum destino. / Se te leva. / E se vai, ele mesmo... / Não faças de ti / Um sonho a realizar. / Vai. / Sem caminho marcado. / Tu és o de todos os caminhos. / Sê apenas uma presença. / Invisível presença silenciosa. / Todas as coisas esperam a luz, / Sem dizerem que a esperam. / Sem saberem que existe. / Todas as coisas esperarão por ti, / Sem te falarem. / Sem lhes falares. / Sê o que renuncia / Altamente: / Sem tristeza da tua renúncia! / Sem orgulho da tua renúncia! / Abre as tuas mãos sobre o infinito. / E não deixes ficar de ti / Nem esse último gesto! / O que tu viste amargo, / Doloroso, / Difícil, / O que tu viste inútil / Foi o que viram os teus olhos / Humanos, / Esquecidos... / Enganados... / No momento da tua renúncia / Estende sobre a vida / Os teus olhos / E tu verás o que vias: / Mas tu verás melhor... / ... E tudo que era efêmero / se desfez. / E ficaste só tu, que é eterno.

(MEIRELES, Cecília. Tu tens um medo. In: *Poesia completa:* volume 1. Rio de Janeiro: Nova Fronteira, 2001).

MORTE PRESUMIDA [ver tb. ausência, morte, sucessão provisória] – É a morte declarada judicialmente em razão da ausência ou por determinadas circunstâncias estabelecidas pela lei. Pode ser declarada a morte presumida sem decretação de ausência em casos como: o desaparecimento do corpo da pessoa, sendo provável a morte de quem estava em perigo de vida; e o desaparecimento de pessoa envolvida em campanha militar, ou feito prisioneiro, não sendo encontrado até dois anos após o término da guerra (Art. 7º, CCB).

A Lei de Registros Públicos (Lei nº 6.015/73) estabelece e detalha outras circunstâncias em que se pode também declarar a

M

morte presumida, levando tal registro no assento de óbito: *pessoas desaparecidas em naufrágio, inundação, incêndio, terremoto ou qualquer outra catástrofe, quando estiver provada a sua presença no local do desastre e não for possível encontrar-se o cadáver para exame* (Art. 88).

Além destas circunstâncias, em razão da realidade política brasileira com a triste experiência da ditadura militar, a Lei nº 9.140/95 *reconhece como mortas pessoas desaparecidas em razão de participação, ou acusação de participação, em atividades políticas, no período de 2 de setembro de 1961 a 15 de agosto de 1979. Essa legislação foi alterada no ano de 2002, pela Lei 10.536, passando a vigorar com a seguinte redação: São reconhecidos como mortas, para todos os efeitos legais, as pessoas que tenham participado, ou tenham sido acusadas de participação, em atividades políticas, no período de 2 de setembro de 1961 a 5 de outubro de 1988, e que, por este motivo, tenham sido detidas por agentes públicos, achando-se, deste então, desaparecidas, sem que delas haja notícias.*

MUDANÇA DE REGIME DE BENS [ver

tb. pacto antenupcial, pacto pós-nupcial] – Uma das importantes inovações do CCB 2002 foi a introdução da regra que rompeu o antiquado princípio da imutabilidade do regime de bens no casamento (Art. 1.639, CCB). Além de ampliar a liberdade dos cônjuges de estabelecerem, e também restabelecerem, o que lhes aprouver quanto aos seus bens, contribuiu para que muitos casais não se divorciassem. É que um dos motivos ensejadores de brigas e divergências entre casais é a questão patrimonial. A maioria das pessoas se casa sem saber ou se preocupar com o significado do regime de bens "escolhido", seja por constrangimento de discutir o assunto, seja por não dar a devida importância a este aspecto no momento do casamento.

Com a quebra do princípio da imutabilidade do regime de bens, introduziu-se no ordenamento jurídico a possibilidade de se fazer não apenas o pacto pré-nupcial ou antenupcial, mas também o pacto pós-nupcial, que é feito no momento da mudança do regime de bens.

A mudança do regime de bens só pode ser feita judicialmente e de forma consensual.

O CPC/2015 em seu art. 734 prevê: "*A alteração do regime de bens do casamento, observados os requisitos legais, poderá ser requerida, motivadamente, em petição assinada por ambos os cônjuges, na qual serão expostas as razões que justificam a alteração, ressalvados os direitos de terceiros. § 1º Ao receber a petição inicial, o juiz determinará a intimação do Ministério Público e a publicação de edital que divulgue a pretendida alteração de bens, somente podendo decidir depois de decorrido o prazo de 30 (trinta) dias da publicação do edital. § 2º Os cônjuges, na petição inicial ou em petição avulsa, podem propor ao juiz meio alternativo de divulgação da alteração do regime de bens, a fim de resguardar direitos de terceiros. § 3º Após o trânsito em julgado da sentença, serão expedidos mandados de averbação aos cartórios de registro civil e de imóveis e, caso qualquer dos cônjuges seja empresário, ao Registro Público de Empresas Mercantis e Atividades Afins*".

DISPOSITIVOS NORMATIVOS

CCB – Arts. 1.639, 1.640, 1.641, II e 2.039.

CPC/2015: Art. 734.

JURISPRUDÊNCIA

(...) Assim, a melhor interpretação que se deve conferir ao art. 1.639, § 2º, do CC/02 é a que não exige dos cônjuges justificativas exageradas ou provas concretas do prejuízo na manutenção do regime de bens originário, sob pena de se esquadrinhar indevidamente a própria intimidade e a vida privada do consortes. 3. No caso em exame, foi pleiteada a alteração do regime de bens do casamento dos ora recorrentes, manifestando eles como justificativa a constituição de sociedade de responsabilidade limitada entre o cônjuge varão e terceiro, providência que é acauteladora de eventual comprometimento do patrimônio da esposa com a empreitada do marido. A divergência conjugal quanto à condução da vida financeira da família é justificativa, em tese, plausível à alteração do regime de bens, divergência essa que, em não raras vezes, se manifesta ou se intensifica quando um dos cônjuges ambiciona enveredar-se por uma nova carreira empresarial, fundando, como no caso em apreço, sociedade com terceiros na qual algum aporte patrimonial haverá de ser feito, e do qual pode resultar impacto ao patrimônio comum do casal. 4. Portanto, necessária se faz a aferição da situação financeira atual dos cônjuges, com a investigação acerca de eventuais dívidas e interesses de terceiros potencialmente atingidos, de tudo se dando publicidade. (STJ, REsp 1119462 MG, Rel. Min. Luis Felipe Salomão, 4ª T., publ. 12/03/2013).

MUDANÇA DE SOBRENOME – Ver mudança de nome.

MUDANÇA DO NOME [ver tb. casamento, divórcio, gênero, mandado de averbação, nome, patronímico, prenome] – É possível alteração do nome ou sobrenome da pessoa, quando ele traz consigo um significado e um significante pejorativo e depreciativo ao sujeito, em razão do casamento ou união estável, e também em caso de mudança de sexo, ou melhor, de gênero. O nome, e também o sobrenome, é o que identifica o sujeito, em relação a si próprio e na construção de sua identidade e em relação a terceiros, social e juridi-

camente. Quando o nome e sobrenome não identificam ou não mais traduzem a identidade do sujeito é possível alterar o seu registro. Da mesma forma quando do casamento ou da união estável e quando este vínculo se dissolve.

Mesmo depois que o uso do nome do marido deixou de ser obrigatório com a Lei nº 6.515/77 – Lei do Divórcio, muitas mulheres continuaram escolhendo acrescentar ao seu nome o sobrenome do marido. Embora este costume estivesse cada vez mais em desuso, o CCB 2002 ampliou a possibilidade de o marido também acrescentar ao seu sobrenome o da mulher (Art. 1.565, § 1º). A razão e explicação para esta regra é que no casamento os dois se unem para se tornarem uma só pessoa, "uma só carne e um só espírito". Talvez esteja aí o primeiro equívoco. Umas das condições para que seja possível um amor conjugal, em que a mulher já não é mais assujeitada ao marido, é exatamente o contrário: é necessário que se mantenha e se conserve a individualidade. Misturar os nomes pode significar misturar as identidades. O nome é o que identifica e dá identidade aos sujeitos. Misturá-los é não preservar as individualidades. Neste sentido, e na esteira do pensamento psicanalítico, em que a preservação das individualidades é a primeira regra para a possibilidade do amor conjugal, a referida regra do CCB está na contramão da história. Por outro lado, não se pode negar que fazia parte da cultura brasileira a alteração do nome da mulher. E, assim, em grande parte dos divórcios esta questão está presente. Algumas mulheres entendem que retirar o sobrenome do ex-marido tem o sentido de resgate de sua identidade. Outras, especialmente nos casamentos mais longos, entendem que ficou conhecida pro-

M

fissional e socialmente e tal sobrenome ficou incorporado em sua personalidade e por isto optam mantê-lo.

Apesar de a Lei nº 6.015/73 (Lei de Registros Públicos) limitar a adoção de sobrenome pelo(a) companheiro(a) dentro da união estável, desde que haja impedimento legal para o casamento (Art. 57, § 2º), é possível uma aplicação analógica das disposições específicas do Código Civil relativas à adoção de sobrenome dentro do casamento (Art. 1.565, § 1º, CCB) para a união estável.

O Provimento nº 82/2019 da Corregedoria do Conselho Nacional de Justiça (CNJ) padronizou os procedimentos de alteração do nome do genitor em cartórios, sem a necessidade de autorização judicial.

A Lei nº 14.328/2022 fez alterações significativas e importantes na lei de Registros Públicos, permitindo e facilitando a alteração do nome, não apenas em razão do casamento e divórcio, mas também, independentemente de alteração do estado civil, passou a ser possível a alteração do nome e prenome da pessoa.

JURISPRUDÊNCIA

(...) Na hipótese, a parte, que havia substituído um de seus patronímicos pelo de seu cônjuge por ocasião do matrimônio, fundamentou a sua pretensão de retomada do nome de solteira, ainda na constância do vínculo conjugal, em virtude do sobrenome adotado ter se tornado o protagonista de seu nome civil em detrimento do sobrenome familiar, o que lhe causa dificuldades de adaptação, bem como no fato de a modificação ter lhe causado problemas psicológicos e emocionais, pois sempre foi socialmente conhecida pelo sobrenome do pai e porque os únicos familiares que ainda carregam o patronímico familiar se encontram em grave situação de saúde. 7 – Dado que as justificativas apresentadas pela parte não são frívolas, mas, ao revés, demonstram a irresignação de quem vê no horizonte a iminente perda dos seus entes próxi-

mos sem que lhe sobre uma das mais palpáveis e significativas recordações – o sobrenome –, deve ser preservada a intimidade, a autonomia da vontade, a vida privada, os valores e as crenças das pessoas, bem como a manutenção e perpetuação da herança familiar, especialmente na hipótese em que a sentença reconheceu a viabilidade, segurança e idoneidade da pretensão mediante exame de fatos e provas não infirmados pelo acórdão recorrido. (...) STJ, REsp 1873918/SP, Rel. Ministra Nancy Andrighi, 3ª T. Dje. 04/03/2021.

MULTA COMPENSATÓRIA – Trata-se de uma sanção imposta à pessoa que infringiu um contrato, gerando prejuízo à outra parte. De natureza cível, é aplicada nos casos de transgressão contratual sendo esta multa prefixada no contrato. É obrigação de indenizar, previamente acordada, que advém da inobservância de cláusula contratual, garantindo equilíbrio econômico entre as partes contratantes. Pode ser fixada em até 100% (cem por cento) da obrigação principal.

DISPOSITIVOS NORMATIVOS

CCB – Arts. 408 a 416.

MULTICONJUGALIDADE [*ver tb. família paralela, família simultânea, família poliafetiva*] – É a expressão para designar as famílias que se constituem com mais de uma conjugalidade, sejam simultaneamente ou em um mesmo núcleo familiar. Os exemplos mais comuns são as famílias simultâneas ou paralelas, que o CCB/2002 (artigo 1.727) ainda chama de concubinato, e as famílias poliafetivas.

Não há previsão legal de reconhecimento de direitos às famílias multiconjugais. No entanto, isso não significa que elas não existam e que não reivindicam um lugar social e jurídico. A família não é monopólio da monogamia. As famílias multiconjugais podem conviver com as famílias monogâmicas, sem que uma exclua ou afronte a outra, assim como as famílias homoafetivas podem conviver e ter os mesmos direitos das famílias heteroafetivas.

LINGUAGEM POÉTICA

Eu vejo a vida melhor no futuro
Eu vejo isso por cima de um muro
De hipocrisia que insiste em nos rodear
Eu vejo a vida mais clara e farta
Repleta de toda satisfação
Que se tem direito do firmamento ao chão
Eu quero crer no amor numa boa
Que isso valha pra qualquer pessoa
Que realizar a força que tem uma paixão
Eu vejo um novo começo de era
De gente fina, elegante e sincera
Com habilidade
Pra dizer mais sim do que não, não, não
Hoje o tempo voa, amor
Escorre pelas mãos
Mesmo sem se sentir
Não há tempo que volte, amor
Vamos viver tudo que há pra viver
Vamos nos permitir (...)
(Tempos modernos – Letra e música de Lulu Santos)

MULTIPARENTALIDADE [*ver tb. coparentalidade, família multiparental, parentalidade, gestação compartilhada, socioafetividade*] – É o parentesco constituído por múltiplos pais, isto é, quando um filho estabelece uma relação de paternidade/maternidade com mais de um pai e/ou mais de uma mãe. Os casos mais comuns são os padrastos e madrastas que também se tornam pais/mães pelo exercício das funções paternas e maternas, ou em substituição a eles. A multiparentalidade é comum, também, nas reproduções medicamente assistidas, que contam com a participação de mais de duas pessoas no processo reprodutivo, como por exemplo, quando o material genético de um homem e de uma mulher é gestado no útero de uma outra mulher. Pode ser da também nos processos judiciais de adoção.

A multiparentalidade, ou seja, a dupla maternidade/paternidade tornou-se uma realidade jurídica, impulsionada pela dinâmica da vida e pela compreensão de que paternidade e maternidade são funções exercidas. É a força dos fatos e dos costumes como uma das mais importantes fontes do Direito, que autoriza esta nova

M

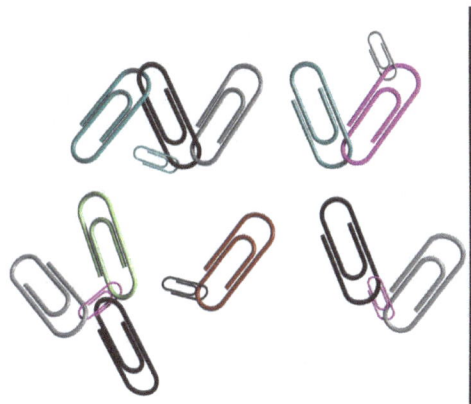

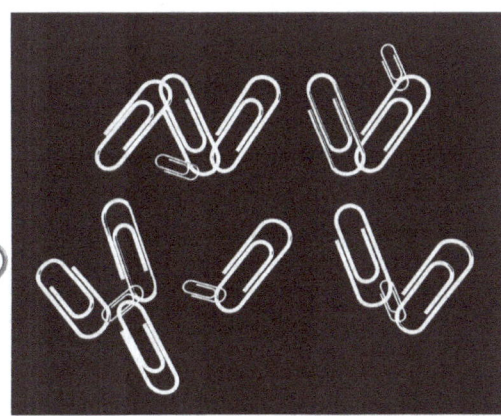

categoria jurídica. Daí o desenvolvimento da teoria da paternidade socioafetiva que, se não coincide com a paternidade biológica e registral, pode se somar a ela.

O conceito de multiparentalidade revolucionou o sistema jurídico de paternidade e maternidade concebido até então. O registro civil, que tem função de registrar a realidade civil das pessoas, tem-se adaptado a esta realidade. Foi neste intuito que a Lei de Registros Públicos (Lei nº 6.015/73) foi alterada em 2009, pela Lei nº 11.924, para tornar possível acrescentar o sobrenome do padrasto/madrasta no assento do nascimento da pessoa natural: *O enteado ou a enteada, havendo motivo ponderável (...), poderá requerer ao juiz competente que, no registro de nascimento, seja averbado o nome de família de seu padrasto ou de sua madrasta, desde que haja expressa concordância destes, sem prejuízo de seus apelidos de família* (Art. 57, § 8º). É também conhecida como pluriparentalidade.

O jurista Zeno Veloso é enfático: Em alguns casos, podem coexistir a parentalidade biológica e socioafetiva, com a mesma intensidade, isto é, sem que se estabeleça uma preferência ou hierarquia entre uma e outra. Tome-se como exemplo o caso de alguém que tem pai biológico e padrasto, mantendo com ambos um vínculo de paternidade-filiação. Verifica-se uma dupla parentalidade. Essa multiparentalidade pode ser reconhecida e produzir efeitos jurídicos, no âmbito do registro civil, inclusive, em que o assento – testemunhando fatos da vida – pode dizer que alguém possui dois pais ou duas mães. (VELOSO, Zeno. Nome civil da pessoa natural. In: Pereira, Rodrigo da Cunha. *Tratado de direito das famílias.* Belo Horizonte: IBDFAM, 2015, p. 460).

Após várias decisões de tribunais estaduais, o STF se posicionou favorável à multiparentalidade (RE 898060), estabelecendo a tese com repercussão geral: *A paternidade socioafetiva, declarada ou não em registro público, não impede o reconhecimento do vínculo de filiação concomitante baseado na origem biológica, com os efeitos jurídicos próprios.*

DISPOSITIVOS NORMATIVOS

CR – Arts. 226 e 227.

CCB – Arts. 1.593, 1.595, § 1º, 1.596 e 1.597.

Lei nº 11.924/09 – Autoriza o enteado a adotar o nome de família do padrasto/madrasta.

Provimento nº 63/2017 do CNJ.

Provimento nº 83/2019 do CNJ.

JURISPRUDÊNCIA

(...) A possibilidade de cumulação da paternidade socioafetiva com a biológica contempla especialmente o princípio constitucional da igualdade dos filhos (art. 227, § 6º, da CF). Isso porque conferir "status" diferenciado entre o genitor biológico e o socioafetivo é, por consequência, conceber um tratamento desigual entre os filhos. 3. No caso dos autos, a instância de origem, apesar de reconhecer a multiparentalidade, em razão da ligação afetiva entre enteada e padrasto, determinou que, na certidão de nascimento, constasse o termo "pai socioafetivo", e afastou a possibilidade de efeitos patrimoniais e sucessórios. 3.1. Ao assim decidir, a Corte estadual conferiu à recorrente uma posição filial inferior em relação aos demais descendentes do "genitor socioafetivo", violando o disposto nos arts. 1.596 do CC/2002 e 20 da Lei nº 8.069/1990. 4. Recurso especial provido para reconhecer a equivalência de tratamento e dos efeitos jurídicos entre as paternidades biológica e socioafetiva na hipótese de multiparentalidade. (STJ – REsp: 1487596 MG 2014/0263479-6, Rel. Min. Antonio Carlos Ferreira, 4ª turma, pub. 01/10/2021).

ILUSTRAÇÃO

Sérgio Lima. P. 473.

N

NAMORO [*ver tb. amásia, contrato de namoro, noivado, união estável*] – É o relacionamento amoroso entre duas pessoas, mas sem caracterizar uma entidade familiar. Pode ser a preparação para constituição de uma família futura, o que o difere do instituto da união estável, na qual a família já existe. Assim, o que distingue esses dois institutos é o *animus familiae*, reconhecido pelas partes e pela sociedade (trato e fama).

Existem namoros longos que nunca se transformaram em entidade familiar e relacionamentos curtos que logo se caracterizaram como união estável. O mesmo se diga com relação à presença de filhos, que pode se dar tanto no namoro quanto na união estável.

O namoro, por si só, não tem consequências jurídicas. Não acarreta, por exemplo, partilha de bens ou qualquer aplicação de regime de bens, fixação de alimentos entre namorados ou Direito Sucessório. Se um casal de namorados adquire juntos um veículo, por exemplo, com o fim do relacionamento este bem pode ser dividido, se não houver contrato escrito entre eles, de acordo com as regras do Direito Obrigacional. Neste sentido, pode-se dizer, então, que é possível haver uma "sociedade de fato" dentro de um namoro, sem que isto caracterize uma entidade familiar. Por não se tratar de entidade familiar, as questões jurídicas concernentes ao namoro, como danos causados à pessoa, são discutidas no campo do Direito Comercial ou Obrigacional.

O namoro pode ser indício de prova para algumas situações jurídicas. Por exemplo, somado à negativa de realização de exame em DNA pode acarretar a declaração de suposta paternidade. Além disso, pode indicar o *fumus boni iuris* necessário à antecipação de tutela no pedido de alimentos gravídicos (Lei nº 11.804/08).

A Lei Maria da Penha (Lei nº 11.340/06) também é aplicável nos casos de namoro.

Namoro não tem prazo de validade. Faz parte do exercício da autonomia privada optar por esta forma de se relacionar e, da mesma forma, escolher não prosseguir, não constituindo a quebra do namoro, por si só, uma ofensa a direito alheio ou configuração de ato ilícito.

Ao Direito de Família interessa delinear um conceito de namoro, para distingui-lo da união estável ou concubinato. Esta confusão de conceitos surge no mundo jurídico a partir da "revolução sexual", na década de 1960, com a liberalização dos costumes. Antes, se o casal não mantinha relação sexual eram apenas namorados, e se mantinham já se podia dizer que eram "amigados" ou "amasiados". Tornou-se comum, natural e saudável que casais de namorados mantenham relacionamento sexual, sem que isto signifique nada além de um namoro, e sem nenhuma consequência jurídica. Assim, o conteúdo sexual de uma relação amorosa que até pouco tempo era caracterizador, ou descaracterizador de um instituto ou outro, não é mais determinante ou definidor deste ou daquele instituto. E, para confundir ainda mais, namorados às vezes têm filhos sem planejar, ou moram sob o mesmo teto para dividirem despesas, o que por si só não descaracteriza o namoro e não o eleva à categoria de união estável.

Nessas relações, vê-se também uma grande diferença entre a forma de se ver ou nomear tal relação. É muito comum os homens enxergarem ou entenderem que se trata apenas de um namoro, enquanto as mulheres, talvez por serem mais comprometidas com o amor, veem como união estável. Esse ângulo de visão diferente, somado à falta de um delineamento mais preciso sobre o namoro e união estável, tem levado este amor às barras dos tribunais, para que o juiz diga se é uma coisa ou outra. Estas demandas aumentaram principalmente após o advento da Lei nº 9.278/96, que acertadamente abriu o conceito de união estável, isto é, retirou o prazo de cinco anos estabelecido na Lei nº 8.971/94.

Muitos casais, especialmente aqueles que já constituíram família anteriormente, para evitar futuros aborrecimentos ou demandas judiciais em razão da confusão desses dois conceitos, têm feito um contrato de namoro, ou uma "declaração de namoro", dizendo que a relação entre as partes é apenas um

namoro e que não têm intenção ou objetivo de constituírem uma família. E, se a realidade da vida descaracterizar o namoro, elevando-o ao *status* de união estável, fica desde já assegurado naquele contrato, ou declaração, qual será o regime de bens entre eles.

Embora o contrato de namoro possa parecer o antinamoro, muitos casais em busca de uma segurança jurídica e para evitar que a relação equivocadamente seja tida como união estável, desviando assim o *aninus* de namorados, têm optado por imprimir esta formalidade à relação.

JURISPRUDÊNCIA

(...) Ao longo das últimas décadas, os hábitos culturais e sociais sofreram profunda transformação, com reflexos diretos nas relações familiares e afetivas, que ganharam contornos totalmente diversos. Antigamente, eram bem definidas as características do namoro, do noivado e do casamento. Na modernidade, especialmente diante da maior liberdade sexual e do abandono de rígidos costumes e tradições, os traços que distinguem os diferentes níveis e possibilidades de relacionamento estão esmaecidos – o que torna desafiadora a tarefa de classificar relacionamentos de modo a viabilizar a justa e adequada incidência do estatuto legal que regula a vida familiar. 2. (...) Mas não se duvide que aqueles que têm o ânimo de viver como se casados fossem, e em especial por um período de tempo prolongado, deixam mais do que evidências ao longo do caminho. (...) A dimensão e aparência de vida a dois, "como se casados fossem" extrapola o ânimo íntimo e pessoal e reflete em ações concretas nas mais variadas instâncias do cotidiano, tais como, exemplificativamente, abertura de conta conjunta, inclusão de dependente em declaração de imposto de renda, relação de dependência em plano de saúde ou indicação de beneficiário em apólice de seguro, inclusão como dependente em cadastro de clubes e associações (TJRS, Ap. Cível nº 70039665393, Des. Rel. Luiz Felipe Brasil Santos, 8ª CC., j. 13/01/2011).

LINGUAGEM POÉTICA

Meu poeta eu hoje estou contente / Todo mundo de repente ficou lindo / Ficou lindo de morrer / Eu hoje estou me rindo / Nem eu mesma sei de que / Porque eu recebi / Uma cartinhazinha de você

Se você quer ser minha namorada / Ai que linda namorada / Você poderia ser / Se quiser ser somente minha / Exatamente essa coisinha / Essa coisa toda minha / Que ninguém mais pode ter / Você tem que me fazer / Um juramento / De só ter um pensamento / Ser só minha até morrer / E também de não perder esse jeitinho / De falar devagarinho / Essas histórias de você / E de repente me fazer muito carinho / E chorar bem de mansinho / Sem ninguém saber porque

E se mais do que minha namorada / Você quer ser minha amada / Minha amada, mas amada pra valer / Aquela amada pelo amor predestinada / Sem a qual a vida é nada / Sem a qual se quer morrer / Você tem que vir comigo / Em meu caminho / E talvez o meu caminho / Seja triste pra você / Os seus olhos têm que ser só dos meus olhos / E os seus braços o meu ninho / No silêncio de depois / E você tem de ser a estrela derradeira / Minha amiga e companheira / No infinito de nós dois

(*Minha namorada* – Letra e música de Toquinho e Vinícius de Moraes).

ILUSTRAÇÃO

Ronaldo Fraga. P. 476.

NAMORO QUALIFICADO [*ver tb. namoro; união estável*] – É a expressão criada para designar a relação que fica entre um simples namoro (e não um namoro desqualificado) e uma união

N

estável. Nesse liminar tênue entre namoro e união estável, e na tentativa de demarcar melhor o conceito de união estável, é que a doutrina e jurisprudência começou a usá-la. Um dos primeiros doutrinadores a defini-la foi Zeno Veloso: *"Nem sempre é fácil distinguir essa situação – a união estável de outra, o namoro, que também se apresenta informalmente no meio social. Numa feição moderna, aberta, liberal, especialmente se entre pessoas adultas, maduras, que já vêm de relacionamentos anteriores (alguns bem-sucedidos, outros nem tanto), eventualmente com filhos dessas uniões pretéritas, o namoro implica, igualmente, convivência íntima – inclusive, sexual –, os namorados coabitam, frequentam as respectivas casas, comparecem a eventos sociais, viajam juntos, demonstram para os de seu meio social ou profissional que entre os dois há afetividade, um relacionamento amoroso. E quanto a esses aspectos, ou elementos externos, objetivos, a situação pode se assemelhar – e muito – a uma união estável. Parece, mas não é! Pois falta um elemento imprescindível da entidade familiar, o elemento anterior, anímico, subjetivo: ainda que seja prolongado, consolidado, e por isso tem sido* chamado de "namoro qualificado", *os namorados, por mais profundo que seja o envolvimento deles, não desejam e não querem – ou ainda não querem – constituir família, estabelecer entidade familiar, conviver numa comunhão de vida, no nível do que os antigos chamavam de affectio maritalis"* (VELOSO, Zeno. *Direito Civil*: temas. Belém: ANOREGPA, 2018. p. 313).

Tal expressão aparece pela primeira vez no julgado abaixo transcrito: *(...) O propósito de constituir família, alçado pela lei de regência como requisito essencial à constituição da união estável – a distinguir, inclusive, esta entidade familiar do denominado "namoro qualificado" –, não consubstancia mera proclamação, para o futuro, da intenção de constituir uma família. É mais abrangente. Esta deve se afigurar presente durante toda a convivência, a partir do efetivo compartilhamento de vidas, com irrestrito apoio moral e material entre os companheiros. É dizer: a família deve, de fato, restar constituída. 2.2. Tampouco a coabitação, por si, evidencia a constituição de uma união estável (ainda que possa vir a constituir, no mais das vezes, um relevante indício), especialmente se considerada a particularidade dos autos, em que as partes, por contingências e interesses particulares (ele, a trabalho; ela, pelo estudo) foram, em momentos distintos, para o exterior, e, como namorados que eram, não hesitaram em residir conjuntamente. Este comportamento, é certo, revela-se absolutamente usual nos tempos atuais, impondo-se ao Direito, longe das críticas e dos estigmas, adequar-se à realidade social. 3. Da análise acurada dos autos, tem-se que as partes litigantes, no período imediatamente anterior à celebração de seu matrimônio (de janeiro de 2004 a setembro de 2006), não vivenciaram uma união estável, mas sim um namoro qualificado, em que, em virtude do estreitamento do relacionamento projetaram para o futuro – e não para o presente –, o propósito de constituir uma entidade familiar, desiderato que, posteriormente, veio a ser concretizado com o casamento. (...)* (STJ – REsp: 1454643 RJ 2014/0067781-5, Rel. Min. Marco Aurélio Bellizze, 3ª Turma, DJe 10/03/2015).

NARCISISMO [*ver tb. ego, id*] – É a expressão usada para designar o amor pela imagem de si mesmo. Foi usada pela primeira vez por Freud, em 1910 que buscou referência no mito de Narciso. Ele a usou, inicialmente, para explicar a escolha de objeto nos homossexuais, que *tomam a si mesmo como objeto sexual; partem do narcisismo e procuram jovens que se pareçam com eles, e a quem possam amar como a mãe deles o amou* (J. LAPLANCHE, Jean. *Vocabulário de psicanálise*. Trad. Pedro Tamen. São Paulo. Martins Fontes, 1992. p. 287).

O conceito psicanalítico evoluiu e tomou outras acepções, tais como narcisismo primário, para designar um estado precoce em que a criança investe toda a sua libido em si mesma. E o narcisismo secundário no sentido de um retorno ao ego da libido retirada dos seus investimentos objetais (J. Laplanche). Assim, oriunda da psicanálise, a expressão ganhou o senso comum e se popularizou, inclusive na canção "Sampa" de Caetano Veloso: (...) é que narciso acha feio o que não é espelho(...).

Na sociedade globalizada e interconectada as mídias sociais fazem de todos nós produtores e empreendedores do ego, do egoísmo. Uma verdadeira atomização do narcisismo.

O narcisismo não tem, necessariamente, um sentido negativo. Pode-se dizer que ele é necessário ao ser humano na medida em que tem relação com a formação do ego. Todos nós precisamos de uma certa medida de narcisismo. Sem ele nossa autoestima ficaria diminuída. O problema é quando o narcisismo é em excesso, o que poderíamos chamar de "distúrbio narcísico", e neste caso ele estaria no campo das patologias.

O narcisismo interessa ao Direito de Família na medida em que ele nos faz compreender melhor a realidade subjetiva que se apresenta nos processos judiciais. Quando o amor acaba, e vai parar na Justiça, o litígio conjugal materializa aquela realidade subjetiva em processos judiciais acirrados em razão de um "desfalque narcísico". Em outras palavras, o narcisismo se deteriora na medida em que o sujeito se depara com o seu desamparo. Se o fim da conjugalidade for bem resolvido entre as partes, e elas preservassem os seus respectivos narcisismos, certamente os restos do amor não iriam parar na Justiça de forma litigiosa.

LINGUAGEM LITERÁRIA

"Dorian não respondeu; passou displicentemente por diante do retrato e depois voltou-se para ele. Ao vê-lo, recuou e, por um momento, as suas faces se enrubesceram de prazer. Uma centelha de alegria brilhou nos seus olhos, como se se tivesse reconhecido pela primeira vez. Permaneceu imóvel por algum tempo, maravilhado, percebendo confusamente que Hallward lhe falava, mas sem compreender o significado de suas palavras. A sensação da sua própria beleza surgiu no seu íntimo como uma revelação. Até então, nunca tivera plena consciência dela. Os elogios de Basílio Hallward pareceram-lhe sempre agradáveis exageros de amizade. Ouvira-os rindo e esquecera-os em seguida; não tiveram influência sobre seu caráter. Chegara, então, Lorde Henry Wotton com seu estranho panegírico da juventude e a terrível advertência da sua fugacidade. Aquilo o impressionara na ocasião, e, agora, diante do reflexo da sua própria beleza, sentia que a realidade total da descrição se apoderava dele num relâmpago."

N

(WILDE, Oscar. *O retrato de Dorian Gray*. Trad. Oscar Mendes. São Paulo: Abril Cultural, 1981. p. 35-36.).

LINGUAGEM POÉTICA

Alguma coisa acontece no meu coração

Que só quando cruza a Ipiranga e a avenida São João

É que quando eu cheguei por aqui eu nada entendi

Da dura poesia concreta de tuas esquinas

Da deselegância discreta de tuas meninas

Ainda não havia para mim, Rita Lee

A tua mais completa tradução

Alguma coisa acontece no meu coração

Que só quando cruza a Ipiranga e a avenida São João

Quando eu te encarei frente a frente não vi o meu rosto

Chamei de mau gosto o que vi, de mau gosto, mau gosto

É que Narciso acha feio o que não é espelho

E à mente apavora o que ainda não é mesmo velho

Nada do que não era antes quando não somos Mutantes

E foste um difícil começo

Afasta o que não conheço

E quem vem de outro sonho feliz de cidade

Aprende depressa a chamar-te de realidade

Porque és o avesso do avesso do avesso do avesso

Do povo oprimido nas filas, nas vilas, favelas

Da força da grana que ergue e destrói coisas belas

Da feia fumaça que sobe, apagando as estrelas

Eu vejo surgir teus poetas de campos, espaços

Tuas oficinas de florestas, teus deuses da chuva

Pan-Américas de Áfricas utópicas, túmulo do samba

Mais possível novo quilombo de Zumbi

E os Novos Baianos passeiam na tua garoa

E novos baianos te podem curtir numa boa

(Sampa – Letra e música de Caetanto Veloso)

ILUSTRAÇÃO

Caravaggio, 1594-1596 – Galeria Nacional de Arte Antiga. P. 480.

NASCITURO [*ver tb. concepturo*] – Do latim, *nasciturus*, aquele que há de nascer, o ser humano concebido, mas de vida intrauterina, ou seja, que tem expectativa de nascimento. Não se confunde com concepturo ou natimorto. Concepturo, também chamado de prole eventual, é aquele que nem concebido foi, um evento futuro e incerto; natimorto é aquele que é retirado do útero sem vida, isto é, não chega a encher os pulmões de ar, devendo esse fato ser registrado em livro próprio do Cartório de Pessoas Naturais. *A personalidade civil da pessoa começa do nascimento com vida; mas a lei põe a salvo, desde a concepção, os direitos do nascituro* (Art. 2º, CCB).

Aquele que foi concebido, mas ainda não nasceu. O nascituro, desde a sua concepção, tem personalidade civil, que se divide em jurídica, formal e material. A personalidade jurídica formal do nascituro lhe garante desde sua concepção dentro do útero proteção à vida, à integridade física, aos alimentos, ao nome, à imagem. A personalidade jurídica material, relacionada com os direitos patrimoniais, está atrelada à condição resolutiva do nascimento com vida. Esse é o posicionamento introduzido pela Teoria Concepcionista, que vem ganhando mais espaço nos tribunais, inclusive na própria legislação brasileira, a exemplo da Lei de Alimentos Gravídicos (Lei nº 11.804/08) e de decisões judiciais, que reconhecem o dano moral ao nascituro.

As outras teorias versam sobre o momento da aquisição da personalidade, como a Teoria Natalista, que admite o nascimento com vida como condição para a aquisição da personalidade; e a Doutrina da Personalidade Condicional, que apregoa que o nascimento com vida é condição suspensiva para a aquisição de direitos, possuindo o nascituro, assim, desde a concepção, mera expectativa de direitos.

JURISPRUDÊNCIA

(...) O nascituro também tem direito aos danos morais pela morte do pai, mas a circunstância de não tê-lo conhecido em vida tem influência na fixação do quantum. III – Recomenda-se que o valor do dano moral seja fixado desde logo, inclusive nesta instância, buscando dar solução definitiva ao caso e evitando inconvenientes e retardamento da solução jurisdicional (STJ, REsp 399028 SP 2001/0147319-0, Rel. Min. Sálvio de Figueiredo Teixeira, 4ª T., j. 26/02/2002).

LINGUAGEM POÉTICA

É comum a gente sonhar, eu sei, quando vem o entardecer / Pois eu também dei de sonhar um sonho lindo de morrer / Vejo um berço e nele me debruçar com o pranto a me correr / E assim chorando acalentar o filho que eu quero ter / Dorme, meu pequenininho, dorme que a noite já vem / Teu pai está muito sozinho de tanto amor que ele tem

De repente eu vejo se transformar num menino igual a mim / Que vem correndo me beijar quando eu chegar lá de onde eu vim / Um menino sempre a me perguntar um porque que não tem fim / Um filho a quem só queira bem e a quem só diga que sim / Dorme, menino levado, dorme que a vida já vem / Teu pai está muito cansado de tanta dor que ele tem

Quando a vida enfim me quiser levar pelo tanto que me deu / Sentir-lhe a barba me roçar no derradeiro beijo seu / E ao sentir também sua mão vedar meu olhar dos olhos seus / Ouvir-lhe a voz a me embalar num acalanto de adeus / Dorme meu pai sem cuidado, dorme que ao entardecer / Teu filho sonha acordado, com o filho que ele quer ter

(*O filho que eu quero ter* – Letra e música de Toquinho e Vinícius de Moraes).

NASCITURO-ÓRFÃO [*ver tb. nascituro, natimorto, órfão, reprodução assistida*] – É o nascituro que, em situações adversas não conhece um ou ambos os seus genitores ao nascer. São três as situações em que se insere o nascituro órfão: 1 – concebido mediante técnica de reprodução assistida homologa *post mortem* (Art. 1.597, III, CCB); 2 – havido por implantação de embrião excedentário, ou seja, já fecundado e criopreservado, na hipótese de falecimento de um dos genitores; 3 – durante a gestação, tem a perda superveniente de um dos genitores.

JURISPRUDÊNCIA

(...) No mais, se fosse possível alguma mensuração do sofrimento decorrente da ausência de um pai, arriscaria dizer que a dor do nascituro poderia ser considerada ainda maior do que aquela suportada por seus irmãos, já vivos quando do falecimento do genitor. Afinal, maior do que a agonia de perder um pai, é a angústia de jamais ter podido conhecê-lo, de nunca ter recebido dele um gesto de carinho, enfim, de ser privado de qualquer lembrança ou contato, por mais remoto que seja, com aquele que lhe proporcionou a vida (STJ, REsp 931556 RS, Rel.ª Min.ª Nancy Andrighi, 3ª T., j. 17/06/2008).

NATIMORTO – Do latim *natus*, nascido e *mortus*, morto. É o feto retirado do útero sem vida, ou seja, aquele que teve vida apenas intrauterina. Esse *status* é conferido ao feto no momento do parto, enquanto ainda no útero é denominado de nascituro e goza de direitos da personalidade, isto é, direitos de cunho existenciais. Já os direitos patrimoniais, referentes à personalidade jurídica do indivíduo, relacionados a capacidade, como regra, ficam condicionados ao nascimento com vida.

Enquanto nascituro, representado por sua mãe, pode propor ações que envolvam seus direitos de personalidade; sua mãe, porém, mesmo que transitada em julgado a decisão, não pode executá-la, pois a aquisição dos direitos patrimoniais está condicionada ao nascimento com vida.

O *natimorto* não adquire ou transfere direitos, senão do nome, imagem e sepultura.

O nascimento sem vida deve ser registrado em livro próprio do Cartório de Pessoas Naturais (Art. 33, V, Lei nº 6.015/73 – Lei de Registros Públicos).

NECESSIDADE ALIMENTAR [ver tb. *alimentos, alimentos – binômio, alimentos – trinômio, possibilidade alimentar*] – Do latim *necesse*, de *necessarius*, necessário. Equipara-se à carência. É a exigência individual e indispensável para a sobrevivência. É a falta de alguma

coisa que é imprescindível para atingir determinado nível de satisfação. Em Direito Processual, é aquilo considerado indispensável, obrigatório para que as coisas se apresentem como se devem ser na forma prevista em lei.

No Direito de Família, é um dos elementos essenciais para o exercício do direito de receber pensão alimentícia. É um dos requisitos para a fixação do valor da pensão. Compõe o trinômio alimentar com a possibilidade e a proporcionalidade.

A necessidade do menor e do incapaz é presumida, ou seja, é inquestionável a sua necessidade com alimentação, educação, saúde, lazer e outras despesas básicas e necessárias para viver com dignidade. Os demais alimentários devem comprovar sua dependência, isto é, provarem que necessitam dos alimentos.

A necessidade alimentar deve ser compatibilizada com a realidade econômica financeira das partes envolvidas e não se restringe apenas ao estritamente necessário para a sobrevivência da pessoa. Assim, inclui-se no rol das necessidades "alimentares", além da alimentação, educação, saúde, moradia, transporte, também o lazer. Afinal, "nem só de pão vive o homem".

JURISPRUDÊNCIA

(...) Mesmo nas demandas de investigação de paternidade, para o arbitramento da pensão alimentícia deve sempre ser observada a possibilidade do alimentante além da necessidade do alimentado, em respeito ao consagrado binômio necessidade/possibilidade, que rege a relação alimentícia. Não se cogita em majoração dos alimentos quando o alimentado não traz aos autos nenhum elemento de prova que corrobore a necessidade de aumento do pensionamento para fazer frente as suas despesas ordinárias (TJSC, Ap. Cível nº 2011.039691-2, Rel. Des. Jairo Fernandes Gonçalves, 5ª CC., j. 23/01/2012).

N

NEGATÓRIA DE FILIAÇÃO – Ver negatória de paternidade.

NEGATÓRIA DE PATERNIDADE [*ver tb. averiguação de paternidade, impugnação de filiação, investigação de parentalidade, investigação de origem genética, presunção pater is est*] – Do latim *negatorius*. É o procedimento judicial para contestar ou negar a paternidade atribuída a alguém. É direito personalíssimo: *Cabe ao marido o direito de contestar a paternidade dos filhos nascidos de sua mulher, sendo tal ação imprescritível* (Art. 1.601, CCB). É facultado aos herdeiros apenas dar continuidade ao procedimento já iniciado pelo exclusivo titular do direito.

O Código Civil de 1916 previa prazo prescricional de dois meses para o marido impugnar a paternidade. O Código Civil de 2002 adotou posição diferente e optou pela imprescritibilidade do direito. *O marido da mãe, e somente ele, poderá a qualquer tempo impugnar a paternidade derivada da presunção pater is est. (...) Todavia, ainda que imprescritível, a pretensão de impugnação não poderá ser exercida se fundada apenas na origem genética, em aberto conflito com o estado de filiação. Em outras palavras, para que possa ser impugnada a paternidade, independente do tempo de seu exercício, terá o marido da mãe que provar não ser o genitor, no sentido biológico (por exemplo, o resultado de exame em DNA) e, por esta razão, não ter sido constituído o estado de filiação, de natureza socioafetiva; e se foi o próprio declarante perante o registro de nascimento, comprovar que teria agido induzido em erro ou em razão de dolo ou coação* (LÔBO, Paulo. *Direito Civil* – Famílias. São Paulo: Saraiva, 2010. p. 243).

A Constituição da República de 1988 excluiu todas as classificações pejorativas de filiação, isto é, adotou posição de igualdade para todas as formas de paternidade, inclusive alterando o paradigma que priorizava a paternidade biológica sobre as demais, registral e socioafetiva, igualando todos os filhos independente da origem genética, assentada no estado de filiação. O desafio do Direito de Família contemporâneo é fazer as ponderações da importância da paternidade biológica e a socioafetiva. Ambas têm um lugar e uma importância na vida das pessoas ali envolvidas. Assim, a negatória de paternidade só será possível se daquela relação jurídica de paternidade não se tiver estabelecido a paternidade socioafetiva.

Na filiação havida por técnicas de reprodução assistida, a impugnação da paternidade somente será possível em duas hipóteses: caso o marido comprove que não deu seu consentimento para o procedimento heterólogo; ou, em caso de procedimento de reprodução assistida homóloga, comprove mediante exame em DNA, que o material genético utilizado não era o seu.

O fato de ter havido o reconhecimento voluntário da paternidade não pode afetar o direito de buscar a verdade biológica. Deve-se diferenciar o direito de personalidade do filho pela busca de sua origem genética mediante ação de impugnação de filiação. *O filho maior não pode ser reconhecido sem o seu consentimento, e o menor pode impugnar o reconhecimento, nos quatro anos que se seguirem à maioridade, ou à emancipação* (Art. 1.614, CCB).

A Lei nº 14.138/2021, acrescentou § 2º ao art. 2º-A da Lei nº 8.560, de 29 de dezembro de 1992, para permitir, em sede de ação de investigação de paternidade, a realização do exame de pareamento do código genético (DNA) em parentes do suposto pai, nos casos em que especifica. Com o atual texto legislativo, a recusa à perícia médica ordenada pelo juiz poderá suprir a prova que se pretendia obter com o exame. Assim como em ação investigatória, a recusa do suposto pai em se submeter ao exame de DNA induz presunção de paternidade. O Poder Judiciário já admitia essa possibilidade, mesmo antes dessa lei.

JURISPRUDÊNCIA

(...) O fato de estar em curso ação negatória de paternidade, onde o autor aponta a infidelidade da mãe da ré, que teria mantido envolvimento amoroso simultâneo com outros homens, não justifica a suspensão da ação de alimentos por ela proposta, pois foi reconhecida de forma voluntária o vínculo de paternidade. 2. Estabelecida a relação jurídica de paternidade, é inequívoca a existência da relação obrigacional, pois a filha é menor e incapaz de prover o próprio sustento, sendo este encargo atribuído por igual a ambos os genitores, devendo cada qual concorrer na medida da própria disponibilidade. 3. Como a ação de alimentos proposta visa encontrar a adequação do valor dos alimentos, tendo em mira o binômio possibilidade e necessidade, descabe determinar a suspensão desta ação pelo fato de estar em curso a ação negatória, pois a filha não pode ficar desamparada. 4. A eventual suspensão da ação de alimentos é providência de cunho cautelar reclamada pelo alimentante, autor da ação negatória, mas inexiste o *fumus boni juris*, pois a ação negatória tem por base a dúvida acerca da relação parental e a ação de alimentos tem por base a certeza do vínculo obrigacional, que decorre da certidão de nascimento. Recurso desprovido. (TJRS, Ag nº 70060606704, Rel. Des. Sérgio Fernando de Vasconcellos Chaves, 7ª CC., j. 11/07/2014).

NOIVA(O) [*ver tb. noivado, nubente*] – Do latim *nubere*, casar-se. É aquela(e) que celebrou o noivado, colocando aliança no dedo direito, simbolizando a promessa de casamento, segundo a tradição católica. Esta palavra aparece uma única vez na lei, no inciso III do art. 244 do CPC/2015, para dizer que os noivos não podem ser citados nos três primeiros dias após o casamento. Vê-se que aí o referido artigo traz um sentido diferente para noiva. Neste caso, o mais correto teria sido dizer cônjuges.

NOIVADO [*ver tb. bodas, casamento, esponsais, noiva(o)*] – Do latim *noivos*, evoluído de *nubere*, *nubens*, nubentes. É o período que antecede o casamento e traz o sentido de promessa de casamento. Tem o mesmo significado de esponsais.

Na tradição judaico-cristã, os noivos celebram o ritual do noivado colocando alianças no dedo direito, e ao se casarem a aliança passa para a mão esquerda. Simboliza a intenção de futuro casamento, mas, juridicamente, não estabelece qualquer tipo de obrigatoriedade de efetivar o casamento.

A palavra "noivos" aparece uma única vez na lei, no inciso III do art. 217 do Código de Processo Civil de 1973 (Lei nº 5.869), mesmo assim, em sentido diverso do aqui exposto, tendo em vista que faz menção aos três primeiros dias de casamento, portanto, neste caso, os "noivos" já estariam casados. No CPC/2015 esta expressão aparece no art. 244, III.

Não há lei que imponha a obrigação de transformar um noivado em casamento, razão pela qual o seu rompimento não configura um ato ilícito ou qualquer infração à lei. Tal imposição seria uma afronta à liberdade que deve reger

N

a vontade dos noivos de se casarem. Se o noivado é apenas uma promessa ou uma anunciação de que pretendem se casar, se as partes, ou apenas uma das partes, não tiverem a liberdade de não se casar, o noivado perderia o seu sentido de ser apenas uma preparação para o casamento e já se tornaria o próprio casamento. Ademais, considerando que o próprio vínculo conjugal não é mais indissolúvel, a obrigatoriedade da transformação deste compromisso em casamento seria um enorme retrocesso e incoerência.

Não é cabível indenização por dano moral decorrente unicamente do rompimento do noivado. Não há direitos e deveres em um noivado. Se o amor e o afeto acabaram antes do casamento, seja lá o motivo que for, o seu rompimento não tem consequências jurídicas. Entretanto, se o rompimento se der de forma humilhante, vexatória, afrontando a dignidade de um dos noivos, como pode ocorrer em qualquer outro tipo de relação, é possível reivindicar danos morais. A ilicitude existirá se a forma que essa quebra se der for abusiva ou desproporcional. Os danos materiais decorrentes dos gastos com festas de casamento que não se realizou, enxoval etc., podem ser pleiteados.

Apesar de toda dor sofrida com o fim do noivado, ele por si só não é conduta ilícita e nem é fonte de obrigação jurídica. A não ser que o rompimento tenha se dado de forma tal que tenha causado danos à saúde psíquica e afrontando a dignidade do outro.

JURISPRUDÊNCIA

(...) a reparação civil somente se justifica em casos em que o rompimento se dá de forma anormal, quando o fato é marcado por acontecimento excepcional, em que há violência física ou moral, mentira, humilhação etc., de forma a atingir a honra ou a dignidade da pessoa. (...) Apesar disso, por mais evidente que seja este dano, não há como imputar ao recorrente a prática de qualquer ato ilícito, de modo a justificar a indenização moral pleiteada. Isto porque, o término de um namoro, ou rompimento de um compromisso de casamento, são atos diretamente vinculados aos sentimentos do indivíduo e, diante disso, não pode o Judiciário valorar se a decisão foi certa ou errada, sob pena de interferir na esfera mais íntima da pessoa. (...) Quanto aos danos materiais, todavia, merece prosperar a pretensão da autora. Com efeito, com a expectativa da realização da cerimônia, diante do compromisso assumido pelo casal, escolhendo, inclusive, a data do casamento (08.07.2006), a apelada efetuou vários gastos, com aluguel do vestido de noiva, decoração, confecção de convites, encomenda de bombons, contratação dos serviços de cerimonial, fotografia e música para a celebração, conforme restou devidamente comprovado às f. 08-14. (...) (TJMG, Ap. Cível nº 1.0672.06.217929-2/001. Des. Rel. Guilherme Luciano Baeta Nunes. 18ª CC., j. 07/10/2008).

LINGUAGEM POÉTICA

Tu és, divina e graciosa (...)/ Perdão, se ouso confessar-te/ Eu hei de sempre amar-te/ Oh flor meu peito não resiste/ Oh meu Deus o quanto é triste/ A incerteza de um amor/ Que mais me faz penar em esperar/ Em conduzir-te um dia/ Ao pé do altar/ Jurar, aos pés do onipotente/ Em preces comoventes de dor/ E receber a unção da tua gratidão/ Depois de remir meus desejos/ Em nuvens de beijos Hei de envolver-te até meu padecer/ De todo fenecer

(*Rosa* – Letra e música de Pixinguinha e Otávio de Souza).

NOME [*ver tb. apelido, cognome, mudança de nome, patronímico, sobrenome*] – Do latim *nomem*. É a nomeação que se faz a cada coisa ou pessoa para que ela assim seja identificada, conhecida e reconhecida. O nome pode ser simples ou composto. Em relação às pessoas, elas só passam a ter existência no mundo jurídico a partir de seu registro no Cartório de Registro Civil: *Todo nascimento que ocorrer no território nacional deverá ser dado a registro, no lugar em que tiver ocorrido o parto ou no lugar da residência dos pais, dentro do prazo de quinze dias, que será ampliado em até três meses para os lugares distantes mais de trinta quilômetros da sede do cartório* (Art. 50, Lei nº 6.105/73).

O nome é o principal elemento de individualização e identificação em relação às outras pessoas.

NOME AFETIVO [*ver tb. adoção, nome social, nome*]. É o nome utilizado pelo adotando que se encontra sob a guarda provisória. Seja o da família que se pretende a adoção, ou a designação pela qual a criança ou adolescente se identifica ou são conhecidos no seu meio social. Pode ser concretizado por meio de tutela antecipatória, antes do julgamento do mérito da ação de adoção, para ser utilizado apenas em relações sociais, como em instituições escolares e de saúde.

Essa utilização garante o direito fundamental à identidade pessoal das crianças e adolescentes em processos de adoção, fortalecendo o vínculo dos pretensos adotantes, com o adotado. A utilização do nome afetivo dá à criança e à família o sentido de integração, de pertencimento a um núcleo familiar, evitando, também, situações sociais embaraçosas para todos os envolvidos, permitindo à criança o exercício de sua identidade no meio social. Além disto, a morosidade das ações de destituição da autoridade parental e até mesmo de adoção, que muitas das vezes dura anos, pode gerar uma situação indefinida para criança,

relacionando crise de identidade e pertencimento, além de expor ao *bullying* infantil que é um dos mais cruéis. É preciso configurar o respeito a nova história destas crianças, vítimas da negligência, abandono e invisibilidade, para que com isso, sejam respeitados os princípios da absoluta prioridade, proteção integral e melhor interesse da criança e adolescente. Nada mais razoável do que facilitar a vida dos futuros pais, para que eles possam, por sua vez, tornar mais leve e amorosa a vida de seus futuros filhos. Embora não haja uma lei federal que autorize expressamente o uso do nome afetivo (PLS 330/2018), alguns Estados já o fizeram, a exemplo: Lei nº 7.930/18 – RJ; Lei nº 5.210/18 – MS; Lei nº 16.785/18 – SP; Lei nº 19.746/18 – PR; Lei nº 11.289/18 – PB; Lei nº 8.508/19 – SE; Lei nº 16.674/19 – PE; Lei nº 11.061/19 – ES; Lei nº 15.617/21 – RS; Lei nº 8.448/21 – AL; Lei nº 18.231/21 – SC; Lei nº 7.638/21 – PI.

O artigo 57, § 8º da Lei de Registros Públicos, incluído pela Lei nº 11.924, de 2009, abriu espaço para o reconhecimento do nome afetivo, que aqui se entrelaça com o nome social: *§ 8º O enteado ou a enteada, havendo motivo ponderável e na forma dos §§ 2º e 7º deste artigo, poderá requerer ao juiz competente que, no registro de nascimento, seja averbado o nome de família de seu padrasto ou de sua madrasta, desde que haja expressa concordância destes, sem prejuízo de seus apelidos de família.*

JURISPRUDÊNCIA

(...) Conceitua-se o nome afetivo como aquele dado à criança que se encontra sob guarda provisória de pretensos adotantes, por meio de tutela antecipatória antes da prolação de sentença de mérito na ação de adoção, a ser utilizado apenas em relações sociais (instituições escolares, de saúde, cultura e lazer) e sem alteração imediata do registro civil. 3 – Conquanto existam indícios de que a possibilidade de uso do nome afetivo, ainda no curso da ação de adoção, será benéfica à criança, não se pode olvidar que se trata de questão afeta aos direitos da personalidade e que ainda se encontra em debate perante o Poder Legislativo, pois exige modificação no Estatuto da Criança e do Adolescente, razão pela qual o deferimento de tutela antecipatória a esse respeito exige extrema cautela e sólido respaldo técnico e científico. (STJ, REsp: 1878298 MG 2020/0135883-7, Rel. Min. Ricardo Villas Bôas Cueva, 3ª T.pub. DJe 26/04/2021).

NOME CIVIL – É o conjunto de palavras utilizadas para identificar uma pessoa e distingui-la de todas as outras. É dado mediante registro no cartório de Registro Civil das Pessoas Naturais logo após o nascimento e tem caráter obrigatório, fundado no direito/dever à identidade e identificação social. Faz parte dos direitos da personalidade e integra a identidade do indivíduo assim como a imagem, voz etc.

O nome civil, em regra, é composto pelo prenome (nome de batismo), do nome da família (patronímico) e, quando houver, do cognome (alcunha ou apelido).

DISPOSITIVOS NORMATIVOS

CCB – Arts. 16 a 19.

NOME DE BATISMO [*ver tb. nome, posse de estado de casado, prenome, sobrenome*] – É o mesmo que prenome. Tal expressão advém do Direito Canônico, em que se instituía oficialmente o nome da pessoa a partir do ato sacramental do batismo.

NOME DE CASADO [*ver tb. nome, mudança de nome*] – O nome é um dos principais identificadores do sujeito e constitui, por isso mesmo, um dos direitos essenciais da personalidade. Misturar o nome de casado pode significar não preservar as singularidades. Nesse sentido, e, na esteira do pensamento psicanalítico, a preservação das individualidades é a primeira regra para a possibilidade do amor conjugal. Mesmo depois que o uso do nome do marido deixou de ser obrigatório com a Lei nº 6.515/1977 – Lei do Divórcio, muitas mulheres continuaram escolhendo acrescentar ao seu o sobrenome do marido. Mas este costume está caindo em desuso. Mesmo assim, o CCB/2002, em seu art. 1.565, § 1º, ampliou a possibilidade de o marido também acrescentar ao seu patronímico da mulher. A razão e a explicação para esta regra é que no casamento os dois se unem para tornarem uma só pessoa, "uma só carne e um só espírito", servindo a mudança do nome como um ato simbólico dessa fusão de almas. Talvez esteja aí o primeiro equívoco. Uma das condições para que seja possível um amor conjugal, nestes tempos em que a mulher, sujeito do próprio desejo, e, portanto, não mais assujeitada ao marido, é exatamente o contrário: é necessário que se mantenha e se conserve as individualidades. Misturar os nomes pode significar mesclar e confundir as identidades. Por outro lado, não se pode negar que fazia parte da cultura brasileira, como em todo o Ocidente, e, de certa forma, ainda faz, embora com menor frequência, a alteração do nome da mulher.

No divórcio consensual pode-se optar por retirar ou manter o patronímico acrescido. Aquelas pessoas que resolvem voltar ao nome de solteira argumentam que isso significa um resgate da individualidade e identidade, servindo também como um marco simbólico do fim do enlace matrimonial, eliminando, por completo, o vínculo. As que decidem pela conservação do nome, especialmente quando o casamento foi mais duradouro, argumentam que tal sobrenome foi incorporado à sua personalidade, servindo como elemento identificador da própria pessoa, sem necessariamente relacioná--lo a sua origem, estando, inclusive, estampado na certidão de nascimento e em outros documentos dos descendentes. Alterá-lo pode gerar inúmeros transtornos e constrangimentos, sobretudo em relação aos filhos menores. É que neste aspecto é muito comum esquecerem de averbar a mudança de nome, também, na certidão de nascimento dos filhos.

Antes da EC nº 66/2010, era possível discutir sobre a mudança do nome em dois momentos distintos: por ocasião da separação judicial e, posteriormente, na sua conversão em divórcio. Assim, se os cônjuges, ao se separarem, optassem por não alterar o sobrenome, não haveria óbice que o fizessem ao se divorciar. Não mais existindo o sistema binário de dissolução conjugal, a ação de divórcio é o momento adequado para a definição desse aspecto pessoal do rompimento conjugal. Entretanto, é possível, mesmo após o divórcio, voltar a mulher a usar o nome de solteira. No Divórcio litigioso, especialmente em razão da EC nº 66/2010 que extirpou do ordenamento jurídico a possibilidade de se discutir a culpa pelo fim do casamento. O Cônjuge também pode optar por conservar o nome de casado, ou não. Antes era facultado ao cônjuge "inocente" requerer que o "culpado" perdesse o direito de usar o seu sobrenome (art. 1.578 do CCB/2002).

Com o casamento, o cônjuge não empresta simplesmente o seu nome ao outro que o acresce, de modo a se poder exigir que aquele que teve o nome modificado pelo enlace conjugal o altere novamente por ocasião do divórcio. Se assim fosse, estaríamos reforçando as desigualdades, e o assujeitamento da mulher ao marido, já que a maioria, ou quase totalidade das mudanças de nome em razão do casamento, é por parte da mulher. Aquele que optou por incorporar o sobrenome do cônjuge ao seu, tem, ao se divorciar, consensual ou litigiosamente a opção de decidir se com ele permanece ou dele se desfaz, já que o nome, à luz da psicanálise, retrata não só a identidade social, mas, principalmente, a subjetiva, permitindo que nos reconheçamos enquanto sujeitos e nos identifiquemos jurídica e socialmente.

O Provimento nº 82/2019 da Corregedoria do Conselho Nacional de Justiça (CNJ) padronizou os procedimentos de alteração do nome do genitor em cartórios, sem a necessidade de autorização judicial.

A Lei nº 14.382/2022 fez significativas alterações na Lei de Registros Públicos, facilitando alterações e mudanças de nome e prenome, inclusive na união estável. A partir desta lei, os companheiros não precisam mais buscar o Poder Judiciário para alterar o sobrenome em razão da união estável, como era até então. Mas para isto, é necessário que a união estável seja registrada no cartório Registro Civil das Pessoas Naturais, livro E, de acordo com a previsão na Lei de Registros Públicos – Lei 6.015/1973, no art. 57, § 2º: "A alteração posterior de sobrenomes poderá ser requerida pessoalmente perante o oficial de registro civil, com a apresentação de certidões e de documentos necessários, e será averbada nos assentos de nascimento e casamento, independentemente de autorização judicial, a fim de: I – inclusão de sobrenomes familiares; II – inclusão ou exclusão de sobrenome do cônjuge, na constância do casamento; III – exclu-

N

são de sobrenome do ex-cônjuge, após a dissolução da sociedade conjugal, por qualquer de suas causas; IV – inclusão e exclusão de sobrenomes em razão de alteração das relações de filiação, inclusive para os descendentes, cônjuge ou companheiro da pessoa que teve seu estado alterado. 2º Os conviventes em união estável devidamente registrada no registro civil de pessoas naturais poderão requerer a inclusão de sobrenome de seu companheiro, a qualquer tempo, bem como alterar seus sobrenomes nas mesmas hipóteses previstas para as pessoas casadas.

NOME DE FAMÍLIA – Ver patronímico.

NOME DE REGISTRO – Ver prenome.

NOME INDIVIDUAL – Ver prenome.

NOME PRÓPRIO – Ver prenome.

NOME SOCIAL – [*ver tb. adoção; nome afetivo; nome*]. É a designação pela qual a pessoa se autoidentifica, ou passou a ser conhecida em seu meio social. O Supremo Tribunal Federal, por meio da análise da ADI 4275, em 01/03/2018 autorizou a possibilidade de modificação de nome, para transexuais, independentemente de cirurgia de transgenitalização. Dessa decisão, surgiu o provimento 73/2018, do Conselho Nacional de Justiça, que ficou aquém da hermenêutica dada pelo STF. Este provimento, apresenta, em seu artigo 4º, divergências de como havia sido decidido pelo STF, pois impõe uma série de exigências burocráticas, tornando o procedimento quase que impossível na sua concretização. A tese, definida pelo STF, prevê que o transgênero tem direito fundamental subjetivo à alteração de seu prenome e de sua classificação de gênero no registro civil, não se exigindo nada além da manifestação de vontade do indivíduo, o qual poderá exercer tal faculdade tanto pela via judicial como diretamente pela via administrativa.

A Ordem dos Advogados do Brasil (OAB), por meio *da Resolução 05/2016*, reconheceu que travestis, transexuais e transgêneros podem usar nome social no lugar do nome civil para exercer a profissão.

O nome social já vinha sendo utilizado por políticos conhecidos, a exemplo do Luiz Inácio Lula da Silva. Se o nome é a representação da identidade do sujeito, a consideração do seu nome social, vem apenas reforçar essa identificação.

JURISPRUDÊNCIA

(...) É consabido que a pessoa transexual enfrenta discriminação e estigma generalizados na sociedade, inclusive no acesso ao trabalho, em razão da identidade de gênero. Deste modo, o respeito ao nome social ou o direito à alteração do nome civil, além de assegurar a dignidade da pessoa humana, concretiza os direitos fundamentais à identidade de gênero, ao livre desenvolvimento da personalidade e à não discriminação. (TRT-2 10009418220195020034 SP, Relª. Desª: Thais Verrastro De Almeida, 17ª Turma, public: 04/06/2020).

NORA [*ver tb. genro, impedimentos para o casamento, incesto, lei do incesto, sogro-sogra*] – Do latim *nurus*, é a esposa do filho. É a nomenclatura utilizada para identificar o grau de parentesco por afinidade entre os pais de um dos cônjuges/companheiros e outro do sexo feminino. Diz-se nora em relação a ela e sogro e sogra em relação aos pais do outro cônjuge/companheiro (Art. 1.595, CCB).

O parentesco afim em linha reta, isto é, por afinidade em relação aos ascendentes e descendentes, persiste independente da dissolução do vínculo conjugal. A razão para tal manutenção deste parentesco são os impedimentos para o casamento, e por extensão a união estável: *não podem casar: II – os afins em linha reta* (Art. 1.521, CCB). A justificativa de tais proibições assenta-se na interdição do incesto, lei universal e viabilizadora de toda a cultura.

NORMA [*ver tb. norma fundamental, princípios, regras*] – Do latim *norma* e do grego gnorimos (esquadro) é tomado no sentido jurídico como regra ou preceito jurídico. E assim se diz norma jurídica ou norma legal.

É o conjunto, ou complexo de normas que constitui o ordenamento jurídico. É Kelsen quem melhor explica a norma, o sistema e sua validade: *Se o Direito é concebido como uma ordem normativa como um sistema de normas que regulam a conduta dos homens, surge a questão: o que é que fundamenta a unidade de uma pluralidade de normas, porque é que uma norma determinada pertence a uma determinada ordem? E esta questão está intimamente relacionada com esta outra. Por que é que uma norma vale, o que é que constitui o seu fundamento de validade?* (KELSEN, Hans. *Teoria pura do direito*. Trad. João Baptista Machado. São Paulo: Martins Fontes, 1988. p. 25). Norma, ou norma jurídica é gênero que contém duas especiais, regras e princípios.

NORMA FUNDAMENTAL [*ver tb. lei do incesto, lei do pai, norma jurídica*] – Expressão usada também para designar a Constituição de um país. Na teoria geral do Direito tem o sentido de norma fundante de um ordenamento jurídico. O jusfilósofo austríaco Hans Kelsen, em sua obra *Teoria Geral das Normas*, desenvolve seu raciocínio de que há uma norma fundante que rege e coordena as normas jurídicas (aliás, muito bem fundamentado na sua divisão de sentido objetivo e subjetivo da norma). Exemplifica a norma fundamental da moral cristã como fundante das normas gerais cristãs. Ele nos impele a perguntar o que é a lei fundamental.

Kelsen é definitivo quando diz que as normas não são criadas pela ciência jurídica, mas tão somente descritas por ela. A *lei* não é objeto exclusivo das ciências jurídicas. O sentido das coisas, dos fenômenos, nos leva a ver que existem relações entre os fenômenos e que as ciências as definiram como *leis*. Além das constituições e códigos, como produto de uma evolução histórico-jurídico, temos, também, as leis da Física, da Biologia, da Matemática etc. Assim, o raciocínio de Kelsen, com o "silogismo teorético" conduz a um *regressus infinitum*, e nos leva a pensar se há uma lei que, de alguma maneira, rege todas as leis.

Contemporâneo de Kelsen, Sigmund Freud, fundador da Psicanálise, deparou-se com essa questão e parece ter mantido correspondência com Kelsen. Freud não trabalhou somente a questão de uma norma específica, como, por exemplo, a de a moral ser a fundante das normas gerais do cristianismo. Ele pensa, na verdade, a origem da cultura, da linguagem e dos costumes. Deparou-se então com o conceito de tabu, tão bem descrito em um de seus primeiros trabalhos, *Totem e Tabu* (1912). A sua releitura contemporânea feita pelo antropólogo francês que trabalhou no Brasil, Claude Lévi-Strauss, e que define essa questão, ou seja, a questão de Kelsen, e mais especificamente a de Freud (embora não mencione Kelsen expressamente), que só pode ser trabalhada quando analisamos a passagem que o homem fez da natureza para a cultura. E isso só foi possível com a linguagem, e esta, por sua vez, só é possível pela "Lei do Pai", ou seja, pelas interdições de incestos, ainda que inconscientes. Em outras palavras, concluiu que toda cultura contém em sua base uma proibição sexual. Os atores (pais, filhos...) podem até variar, mas a *lei* existe e é comum e constante em todas as culturas. Com isso, responde à antiga questão da passagem da natureza para a cultura com a lei do incesto, lei fundamental e fundante da cultura, repita-se.

Esse raciocínio vem ao encontro direto das tentativas de *Freud* em *Totem e Tabu* (tentativa, pois, posteriormente, criticou-se que a leitura de Freud era mais mítica que empírica), e ao conceito-fundamento da Psicanálise, de Complexo de Édipo, ou, mais ainda, com a "Lei do Pai" (*nom-du-père*), de *Lacan*. A cultura, a linguagem, as relações entre os homens têm então como fundamento, como referência, a primeira lei que lhes deram identidade, linguagem, ou seja, a lei do incesto. Segundo a Psicanálise, ela é verificável a cada vez que um *enfant* tem acesso à linguagem, começa a falar e se permite dizer *eu*, e se constitui enquanto sujeito. Esta lei fundamental, primeira, básica, ou como quer que seja nomeada, é revista todos os dias por meio do ordenamento do *inconsciente*.

Todos os conhecimentos, de alguma maneira, querem alcançar uma lei constante, primeira, imutável. Todos eles, buscam a relação constante e necessária entre os fenômenos, ou seja, todos procuramos a *lei*, embora ainda seja dado ao jurista somente o direito de descrevê-las, como tão bem disse Hans Kelsen.

Afinal o que Kelsen quis dizer com *norma fundamental*, e no *regressus infinitum* a *norma fictícia* é a mesma norma fundamental, lei do simbólico de Freud e Lévi-Strauss. Assim, Kelsen como Freud, ao investigarem a origem das leis, parecem da mesma forma ter-se deparado com o mesmo referencial, a primeira lei, que é a base da cultura, da linguagem e da possibilidade das relações entre os homens, ou seja, uma lei que é fundante de nossa estruturação psíquica.

NORMA JURÍDICA – Ver norma.

NORMAL [*ver tb. curatela, interdição, louco de todo gênero*] – Do latim *normalis*. É o que está de acordo com a norma. O seu contrário, "anormal" significa aquilo que foge às regras e normas instituídas jurídica ou socialmente. O conceito de normal vincula-se também à capacidade civil das pessoas. Assim, o "louco de todo gênero", expressão utilizada pelo Código Civil de 1916 para designar uma das categorias de incapacidade, refere-se às pessoas que não são normais no sentido psíquico. "De médico e louco, todo mundo tem um pouco", diz-se popularmente.

Embora seja extremamente difícil, ou até mesmo impossível, saber-se quem é normal, esta ideia está no imaginário popular, e também no Direito. As famílias consideradas "normais" eram apenas aquelas constituídas com o selo da legitimidade do casamento. Com a Constituição da República de 1988, todas as famílias e filhos ganharam legitimidade. Consequentemente, foram ganhando ares de normalidade, ou seja, todas se enquadram na norma jurídica e devem receber proteção do Estado.

A ideia de normalidade vincula-se também aos padrões de moralidade. Portanto, normal e anormal variam, ideologicamente, de acordo com os conceitos de uma determinada sociedade. Foucault, já demonstrou isto em sua conhecida obra *História de Loucura*, em que esses conceitos vão sofrendo variações de acordo com o tempo e o espaço em que eles se inserem. O que é ser normal? É uma pergunta que todos já se fizeram algum dia. Todos querem se enquadrar em um padrão de normalidade, inclusive sexual.

Quais são os critérios que definem a normalidade? O que é considerado normal, na maioria das vezes é hierarquizado e vincula-se também à ideia de poder, e por isso oferece aceitação social, felicidade, saúde etc. No século XIX, as práticas sexuais até então consideradas pecaminosas, anormais, começaram a ser ditadas e incorporadas pela medicina, que a estratificou de acordo com sua ideologia, e que apresentava uma escala valorativa de normalidade. A sexualidade considerada boa e normal, natural e abençoada era a heterossexual, conjugal, monogâmica e procriadora, não comercial.

A sociologia, antropologia, e especialmente a psicanálise, criticaram esses processos normatizadores e possibilitaram a abertura de compreensão de que a sexualidade é da ordem do desejo, muito mais do que de genitalidade. E se é da ordem do desejo, é principalmente da fantasia, portanto, ilimitado. É esta nova compreensão sobre a sexualidade e desejo que alteraram as formas paradigmáticas de organização jurídica das famílias.

DISPOSITIVOS NORMATIVOS

CCB – Arts. 3º; 4º, 9º, 82, 104 a 114, 138, 166, 1.177 a 1.198.

JURISPRUDÊNCIA

(...) O art. 138, do Código Civil, afirma anulável o negócio jurídico quando as declarações de vontade emanarem de erro substancial que poderia ser percebido por qualquer pessoa de diligência normal, em face das circunstâncias do negócio. Seguindo a doutrina, o art. 138, do Novo Código Civil, exige o conhecimento do erro pela outra parte. 2. Ainda que existisse o erro substancial do autor que não se verificou e fosse ele idoso, a ré não tinha condições de reconhecer o vício do consentimento dele, condição que, por si só, afasta a possibilidade de anulação do negócio jurídico. O imóvel oferecido, além do bom estado de conservação, apresentava as qualidades por ele desejadas, que manifestou anuência ao negócio em duas oportunidades. Na primeira, em que o imóvel da ré foi a ele transferido e, na segunda, quando, perante o Tabelião de Notas, transferiu seu imóvel. Assim, não se pode reconhecer o vício no negócio jurídico. Sentença de improcedência do pedido mantida. (Ap. Cível nº 55775520078260602, Rel. Des. Carlos Alberto Garbi, 10ª CDP – TJSP. publ. 04/10/2012).

LINGUAGEM LITERÁRIA

"Naquele tempo a cidade apresentava um número elevado de habitantes com deformidades físicas. Alba costumava interromper sua história para dizer que um médico tinha lhe contado que essas características eram normais em determinadas épocas da evolução das sociedades. As mutações genéticas próprias de cada raça em alguns momentos se manifestavam com mais força que em outros, afirma. Aquele médico lhe disse, também, que tais descobertas costumavam ficar evidentes com a simples observação das anomalias. No final desse processo, a sociedade costumava reconhecer que o anormal estava, de algum modo, destinado a transforma-se no esperado."

(BELLATIN, Mario. *Flores*. Trad. Josely Vianna Baptista. São Paulo: Cosac Naify, 2009. p. 60).

N

NOTÁRIO [*ver tb. ata notarial, divórcio administrativo, inventário administrativo*] – Do latim *notarius*, que escreve em livro de notas e por abreviaturas. Deriva da fórmula latina *natum sit omnbus hoc publicum instrumentum visuris*, ou seja, saibam todos quantos este público instrumento virem. Tal expressão tornou-se o preâmbulo de todas as escrituras públicas lavradas no Brasil e continua sendo utilizada até hoje. É o profissional de Direito, o oficial público, que tem a função de instrumentar os atos jurídicos em livro de notas. É o mesmo que Tabelião de Notas. Diferencia-se do escrivão, que é também um oficial público, mas que escreve ou cumpre determinação em processos judiciais determinados pelo juiz.

O notário exerce uma função pública, a quem é delegado o exercício da atividade notarial e de registro, que consiste em receber, interpretar e dar forma legal à vontade das partes, redigindo os instrumentos adequados a este fim e conferindo-lhes autenticidade. Daí dizer-se que os notários e escrivães têm fé pública.

A atividade notarial tem estrita conexão com o Direito de Família, especialmente após a Lei nº 11.441/07, que autorizou o fazimento de divórcios, quando consensual e sem filhos menores, e inventários, sem herdeiros incapazes e sem testamentos, pela via administrativa, isto é, extrajudicialmente. Entre as atividades exercidas pelo notário, regidas pela Lei nº 6.015/73 – Lei de Registros Públicos e pelos atos normativos das respectivas corregedorias estaduais, está também a obrigação de aconselhar as partes no momento de preparar o instrumento público a ser lavrado.

NUBENTE [*ver tb. esponsais, noivado, núbil*] – Do latim *nubens*, de *nubere*, é aquele que está se preparando para o casamento. É o mesmo que noivo, ou seja, que está comprometido para o casamento.

NÚBIL [*ver tb. nubente, púbere*] – Do latim *nubilis*, de nubere. É a pessoa que já tem idade para se casar, isto é, que já atingiu a puberdade. Considera-se púbere, mesmo menores de idade, a partir dos 16 anos. Daí a expressão menores impúberes (que são representados por seus pais ou responsáveis por meio de instrumento de procuração particular) e menores púberes, que têm entre 16 e 18 anos de idade e são assistidos por seus pais ou responsáveis (tutor, curador), por meio de procuração por instrumento público: *O homem e a mulher com dezesseis anos podem casar, exigindo-se autorização de ambos os pais, ou de seus representantes legais, enquanto não atingida a maioridade civil* (Art. 1.517, CCB). Aqueles que não atingiram a idade núbil, 16 anos, só podem se casar excepcionalmente para evitar imposição ou cumprimento de pena criminal ou em caso de gravidez (Art. 1.520, CCB).

NULIDADE [*ver tb. anulação de testamento, anulação de casamento, nulidade de testamento, prescrição*] – Do latim *nullitas* de *nullus*, nulo. Na linguagem jurídica, designa a ineficácia de uma ato jurídico em razão de uma transgressão à lei. Nulidade significa a invalidade em razão da ineficácia do ato por um vício mortal, seja de forma ou de conteúdo.

Diferentemente, é a anulabilidade, que, embora contenha um defeito, ele pode apenas invalidar o ato ou parte dele, mas não necessariamente. Na nulidade, o ato necessariamente é nulo e ineficaz.

DISPOSITIVOS NORMATIVOS

CR – Art. 93, IX.

CCB – Arts. 166, 167, 489, 762, 907, 912, 1.516, 1.548, 1.653, 1.959.

NULIDADE DE TESTAMENTO – Ver testamento nulo.

NULIDADE DO CASAMENTO – Ver casamento nulo e casamento anulável.

NUPCIALIDADE [*ver tb. bodas, núbil, núpcias*] – Relativo a núpcias, isto é, casamentos. Expressão muito utilizada em demografia para exprimir as estatísticas de casamento, ou seja, a taxa de nupcialidade em relação a um determinado período e população.

NÚPCIAS [*ver tb. bodas, casamento, esponsais, justa núpcias, nupcialidade*] – Do latim *nuptiae*, de *nubere*, tem o sentido de casar-se. Embora etimologicamente tenha o mesmo significado de casamento, a expressão núpcias é empregada para referir-se mais à solenidade e festejos que envolvem o casamento.

N

O

ÓBITO [*ver tb. morte, morte presumida*] – Do latim *obitus,* perecer. Falecimento, morte. O óbito, assim como o nascimento, e outros atos da vida civil tais como interdição, casamento e divórcio, devem ser levados ao conhecimento e registro no Cartório de Registro Civil.

Em regra, o óbito é provado pela certidão do oficial de Registro Civil, extraída do assento de óbito em livro próprio, que por sua vez se faz mediante atestado médico, ou, na sua impossibilidade, por duas pessoas idôneas que tenham presenciado o fato morte: *Nenhum sepultamento será feito sem certidão, do oficial de registro do lugar do falecimento, extraída após a lavratura do assento de óbito, em vista do atestado de médico, se houver no lugar, ou em caso contrário, de duas pessoas qualificadas que tiverem presenciado ou verificado a morte* (Art. 77, Lei nº 6.015/73).

LINGUAGEM POÉTICA

A estranheza / De pesos pouco entendo. Um homem, / com sua força média, facilmente vence / um peso de dez quilos; mas quando é morto cai, / de cara no chão, com essa pequena carga por cima.

/ E como nas fotografias de caçadores idiotas / – com o pé orgulhoso em cima do cadáver do animal – / já vi mochilas, com o mesmo ar tonto, sobre as costas / de um homem atingido com uma bala no peito. / Ou o homem no instante exacto em que morre / perde todo o seu peso e fica mole, como um balão, / ou algo ainda mais estranho sucede. / Como num combate de boxe: não é normal / aquele que ganha sempre, / perder um dia, subitamente, sem resistência.

(TAVARES, Gonçalo M. *In: 1.* Rio de Janeiro: Bertrand Brasil, 2005. p. 150).

OBITUÁRIO [*ver tb. certidão de óbito, morte, óbito*] – Em demografia, significa a mortalidade, ou seja, o número de mortes ocorridas em determinado tempo e espaço. Em linguagem cartorária é o livro em que se inscreve os óbitos.

OBRIGAÇÃO ALIMENTAR [*ver tb. alimentos, alimentos compensatórios, dever de sustento, pensão alimentícia*] – Também denominada de obrigação alimentícia, é o dever imposto pela lei a certas pessoas para que forneçam a outras os recursos necessários para a sua mantença.

As fontes da obrigação alimentar são o parentesco, casamento, união estável. Contudo, pode decorrer também de uma relação contratual, testamentária ou ato ilícito. O art. 1.694 do CCB traduz e resume essa ideia geral sobre obrigação alimentar: *Podem os parentes, os cônjuges ou companheiros pedir uns aos outros os alimentos de que necessitam para viver de modo compatível com a sua condição social, inclusive para atender às necessidades de sua educação.*

Parentes, para o Direito Civil, são os ascendentes e os descendente, os assim chamados parentes em linha reta, que têm vínculo infinito de parentesco: pais, filhos, avós, netos, bisavós etc. Parentes também são os irmãos, tios, sobrinhos, primos, sobrinhos-netos e tios-avós, denominados parentes em linha colateral ou transversal. Todavia, em relação a eles, há uma limitação para serem reconhecidos como parentes: só o são até o quarto grau (Art. 1.592, CCB). O mais comum de reivindicações judiciais é de filhos a pais e pais a filhos, embora possa haver obrigação entre irmão, sobrinhos e tios.

A obrigação alimentar entre pais e filhos maiores de 18 anos, diferente do dever de sustento, não é presumida. Depende de dilação probatória do binômio necessidade *versus* possibilidade.

DISPOSITIVOS NORMATIVOS

CR – Arts. 3º, I, e 229.

CCB – Arts. 1.694 e seguintes.

JURISPRUDÊNCIA

A pensão mensal devida à esposa e aos filhos menores do *de cujus* independe de benefício previdenciário por ele deixado, pois se tratam de institutos de natureza diversa, apesar do mesmo caráter alimentante, sendo que a pensão paga pelo INSS refere-se a benefício previdenciário adquirido pelo pai dos autores e a pensão requerida na inicial é decorrente de ilícito civil. No que concerne aos danos morais, o que se busca não é colocar o dinheiro ao lado da angústia ou da dor, mas tão somente propiciar aos lesados uma situação positiva, capaz de amenizar e atenuar a negativa sensação de sofrimento, sendo que a sua fixação deve corresponder a um denominador comum, competindo ao julgador levar em conta o grau de ofensa, sua repercussão, e as condições das partes, sem se esquecer que o objetivo não é tarifar o preço da dor, nem o enriquecimento ilícito do ofendido, mas compensar o sofrimento e desestimular o causador do dano a prática futura semelhante. A fixação de indenização por danos morais em valor menor do que o pretendido com a exordial não implica sucumbência recíproca, devendo o réu ser condenado no pagamento integral das verbas de sucumbência (TJMG, Ap. Cível nº 1.0405.08.006130-3/001, Des. Rel. Otávio Portes, 16ª CC., j. 04/02/2011).

OB-ROGAÇÃO [*ver tb. ab-rogação, sub-rogação*] – É o mesmo que ab-rogação.

OFERTA DE ALIMENTOS [*ver tb. trinômio alimentar*] – Do latim *offertare*. É o procedimento judicial pelo qual aquele que tem o dever de prestar alimentos, em decorrência de parentesco, do casamento ou união estável, faz em juízo proposta de fixação do *quantum* da obrigação com base nos rendimentos por ele apresentado: *A parte responsável pelo sustento da família, e que deixar a residência comum por motivo, que não necessitará declarar, poderá tomar a iniciativa de comunicar ao juízo os rendimentos de que dispõe e de pedir a citação do credor, para comparecer à audiência de conciliação e julgamento destinada à fixação dos alimentos a que está obrigado* (Art. 24, Lei nº 5.478/68). Assemelha-se a uma ação de consignação em pagamento, e tem entre os seus objetivos, impedir ou evitar uma possível ação de alimentos com pedido abusivo e que os alimentos sejam fixados dentro de sua possibilidade. Contudo, o juiz não está adstrito ao valor aí oferecido, pois deve sempre atentar para o trinômio necessidade/possibilidade/proporcionalidade.

O rito da ação de oferta de alimentos é o especial, previsto pela Lei de Alimentos (Lei nº 5.478/68). A ação de oferta de alimentos deve ser proposta no domicílio do credor, sendo possível, inclusive, a oferta de alimentos gravídicos.

JURISPRUDÊNCIA

(...) se os alimentos oferecidos são insuficientes para fazer face às despesas do menor, considerando a contribuição devida por ambos os pais, ou se não guardam correspondência com as possibilidades do ofertante, podem ser majorados pelo Juiz, independente de pedido reconvencional. A quantia oferecida serve como mera estimativa, não tendo o condão de restringir a decisão (TJMG, Ap. Cível nº 1.0287.12.001262-3/001, Rel.ª Des.ª Heloisa Combat, 4ª CC., j. 04/04/2013)

ORDEM DE VOCAÇÃO HEREDITÁRIA

[*ver tb. herdeiros legítimos, parte disponível da herança, vocação hereditária*] – Do latim *vocare*, chamar. É a ordem de prioridade estabelecida pela lei das pessoas que irão suceder o *de cujus* com base no critério da proximidade dos laços familiares. *A sucessão legítima defere-se na ordem seguinte: I – aos descendentes, em concorrência com o cônjuge sobrevivente, salvo se casado este com o falecido no regime da comunhão universal, ou no da separação obrigatória de bens (art. 1.641); ou se, no regime da comunhão parcial, o autor da herança não houver deixado bens particulares; II – aos ascendentes, em concorrência com o cônjuge; III – ao cônjuge sobrevivente; IV – aos colaterais* (Art. 1.829, CCB).

A ordem de vocação hereditária estabelece quem são os herdeiros legitimados para sucederem o falecido. Daí a expressão herdeiros legítimos, ou necessários, que somente poderão ser excluídos da sucessão pela indignidade, deserdação ou morte (hipóteses em que haverá direito de representação).

DISPOSITIVOS NORMATIVOS

CCB – Arts. 1.790, 1.798 e segs., 1.829 e segs.

ÓRFÃO – Diz-se daquele cujo pai, mãe ou ambos faleceram.

ORIENTAÇÃO SEXUAL – É a qualidade íntima do ser humano, de sua personalidade, da qual ele deve ser livre para se relacionar com quem desejar, seja pessoa do mesmo gênero ou de gênero diferente. A livre orientação sexual é um direito humano fundamental cujo preceito está no princípio da dignidade da pessoa humana (inciso III do art. 1º da CF) e se insere no conceito de uma sociedade livre, justa, solidária e sem preconceitos que é um dos objetivos da República Federativa do Brasil (incisos I e IV do art. 3º da CF).

ORTOTANÁSIA [*ver tb. diretivas antecipadas de vontade, distanásia, eutanásia, testamento vital*] – Do grego *orto*, certo, *thanatos*, morte. É o procedimento pelo qual se opta por não submeter o paciente terminal de doença de cura improvável a tratamentos invasivos para o prolongamento da sua vida que poderiam lhe causar sofrimentos desnecessários, especialmente quando acompanhado de uma dor implacável.

Nas decisões sobre cuidados e tratamentos de pacientes que se encontram incapa-

O

zes de comunicar-se, ou de expressar de maneira livre e independente suas vontades, o médico deve levar em conta as circunstâncias e, quando houver, a vontade do paciente manifestada em suas diretivas antecipadas de vontade (Art. 2º, Resolução – CFM nº 1995/12). Tais diretivas, também conhecidas como testamento vital, devem *prevalecer sobre qualquer outro parecer não médico, inclusive sobre os desejos dos familiares* (Art. 2, § 3º, Resolução nº 1995/12). Esse procedimento encontra respaldo nos princípios constitucionais da dignidade da pessoa humana, liberdade e autonomia da vontade de pessoas que não querem passar por sofrimento desnecessário, resultando no direito à "morte digna".

Diferentemente da eutanásia, a ortotanásia não estimula a morte do paciente, mas apenas a suspenção dos tratamentos que prolongariam a sua vida, permitindo que a natureza tome seu curso natural. A legislação brasileira autoriza apenas a realização de procedimentos ortotanásticos. Os procedimentos eutanásicos podem caracterizar-se como homicídio doloso.

A Resolução nº 2.232/2019 do CFM, somada à Resolução nº 1.995/2021 estabeleceu normas éticas para a recusa terapêutica por pacientes e objeção de consciência na relação médico-paciente: *É assegurado ao paciente maior de idade, capaz, lúcido, orientado e consciente, no momento da decisão, o direito de recusa à terapêutica proposta em tratamento eletivo, de acordo com a legislação vigente. Parágrafo único. O médico, diante da recusa terapêutica do paciente, pode propor outro tratamento quando disponível* (Art. 2º).

JURISPRUDÊNCIA

(...) Se o paciente, com o pé esquerdo necrosado, se nega à amputação, preferindo, conforme laudo psicológico, morrer para "aliviar o sofrimento"; e, conforme laudo psiquiátrico, se encontra em pleno gozo das faculdades mentais, o Estado não pode invadir seu corpo e realizar a cirurgia mutilatória contra a sua vontade, mesmo que seja pelo motivo nobre de salvar sua vida. 2. O caso se insere no denominado biodireito, na dimensão da ortotanásia, que vem a ser a morte no seu devido tempo, sem prolongar a vida por meios artificiais, ou além do que seria o processo natural. 3. O direito à vida garantido no art. 5º, caput, deve ser combinado com o princípio da dignidade da pessoa, previsto no art. 2º, III, ambos da CF, isto é, vida com dignidade ou razoável qualidade. A Constituição institui o direito à vida, não o dever à vida, razão pela qual não se admite que o paciente seja obrigado a se submeter a tratamento ou cirurgia, máxime quando mutilatória. Ademais, na esfera infraconstitucional, o fato de o art. 15 do CC proibir tratamento médico ou intervenção cirúrgica quando há risco de vida, não quer dizer que, não havendo risco, ou mesmo quando para salvar a vida, a pessoa pode ser constrangida a tal. 4. Nas circunstâncias, a fim de preservar o médico de eventual acusação de terceiros, tem-se que o paciente, pelo quanto consta nos autos, fez o denominado testamento vital, que figura na Resolução nº 1995/2012, do Conselho Federal de Medicina. 5. Apelação desprovida (TJRS, Ap. Cível nº 70054988266, Rel. Des. Irineu Mariani, 1ª CC., j. 20/11/2013).

OUTORGA JUDICIAL [*ver tb. outorga, outorga uxória, outorga marital, suprimento de capacidade, suprimento de consentimento, suprimento de idade*] – É a autorização judicial para suprir a assinatura ou o consentimento de alguém que injustificadamente não quer, ou não pode, outorgar seu consentimento.

Alguns atos ou negócios jurídicos necessitam da autorização de outra pessoa para sua efetividade ou validade, e havendo recusa pode ser suprida pela outorga judicial que expedirá alvará judicial em favor de quem o requereu. Por exemplo, quando um dos pais, injustificadamente, recusa autorização para o filho menor sair do país por um período de férias; quando não houver consentimento de um dos pais ou representantes legais para o casamento de menores entre 16 e 18 anos.

Também conhecido como suprimento de consentimento ou suprimento judicial: *a denegação do consentimento, quando injusta, pode ser suprida pelo juiz* (Art. 1.519, CCB).

OUTORGA MARITAL [*ver tb. outorga uxória*] – É o termo utilizado para definir a autorização concedida pelo marido à mulher para a prática de alguns atos da vida civil tais como firmar contratos, avais, fianças etc.

Após a CR/88, com o princípio da igualdade entre homens e mulheres, esta expressão caiu em desuso, utilizando-se em seu lugar a expressão outorga uxória, que satisfaz aos dois gêneros: homens e mulheres, marido e mulher.

OUTORGA UXÓRIA [*ver tb. outorga marital*] – É autorização dada por um dos cônjuges ao outro para a prática de determinados atos, sem a qual não teriam validade. Antes da CR/88 e do CCB 2002, outorga uxória se distinguia da outorga marital, sendo que a primeira definia a outorga da esposa e a segunda a outorga do marido. Diante do princípio da igual-dade de gêneros, trazido pela CR/88, o termo outorga marital caiu em desuso, utilizando-se apenas outorga uxória. A sua falta, quando exigida pela lei, torna o ato inválido. O CPC/2015 em seu art. 73 e 74 prevê: *O cônjuge necessitará do consentimento do outro para propor ação que verse sobre direito real imobiliário, salvo quando casados sob o regime de separação absoluta de bens. § 1º Ambos os cônjuges serão necessariamente citados para a ação: I – que verse sobre direito real imobiliário, salvo quando casados sob o regime de separação absoluta de bens; II – resultante de fato que diga respeito a ambos os cônjuges ou de ato praticado por eles; III – fundada em dívida contraída por um dos cônjuges a bem da família; IV – que tenha por objeto o reconhecimento, a constituição ou a extinção de ônus sobre imóvel de um ou de ambos os cônjuges. § 2º Nas ações possessórias, a participação do cônjuge do autor ou do réu somente é indispensável nas hipóteses de compos-se ou de ato por ambos praticado. § 3º Aplica-se o disposto neste artigo à união estável comprovada nos autos. Art. 74. O consentimento previsto no art. 73 pode ser suprido judicialmente quando for negado por um dos cônjuges sem justo motivo, ou quando lhe seja impossível concedê-lo. Parágrafo único. A falta de consentimento, quando necessário e não suprido pelo juiz, invalida o processo.*

DISPOSITIVOS NORMATIVOS

CCB – Arts. 107, 219, 220, 1.647 a 1.650.

CPC/2015: Arts. 73 e 74.

P

PACTO ANTENUPCIAL [*ver tb. casamento, contrato antenupcial, golpe do baú, regime de bens, regime de comunhão parcial, regime legal obrigatório*] – É o instrumento jurídico confeccionado antes do casamento, por meio do qual as partes convencionam sobre as regras econômicas e patrimoniais do casamento, estabelecendo o regime de bens para o casamento, ou fazendo adaptações a um dos regimes de bens previstos no CCB.

No pacto antenupcial, os cônjuges têm a liberdade de estipularem livremente as regras patrimoniais do casamento, salvo as hipóteses da separação obrigatória de bens. Pode-se, por exemplo, optar pela comunhão parcial de bens e excluir a comunicabilidade de determinado patrimônio e/ou quotas sociais.

Além dos quatro regimes de bens previstos no CCB, os nubentes podem escolher e estabelecer o regime de bens *que lhes aprouver* (Art. 1639, CCB). No Brasil ainda não é muito comum a prática dos pactos antenupciais, assim como não o é do testamento. É que estes instrumentos jurídicos estão ligados à ideia de morte e à dificuldade de se discutir as regras

econômicas do casamento. No imaginário popular, a discussão sobre tais regras traz consigo a ideia de "golpe do baú", seja no sentido de sua aplicação ou evitação, mas este preconceito tem diminuído por força de novas configurações familiares.

Especialmente a partir do segundo casamento, em razão da existência de filhos e de cônjuges ou companheiros, a elaboração de pacto antenupcial tornou-se uma necessidade de proteção patrimonial. Por mais constrangimento que possa trazer aos nubentes, é muito saudável falar sobre as regras econômicas do casamento. Deixar claro para ambas as partes tais regras evita futuros mal-entendidos e mal-estar durante o casamento e possibilita até mesmo sua maior durabilidade, uma vez que a relação foi transparente desde o início.

Quando não se faz pacto antenupcial, o regime de bens é automaticamente o da comunhão parcial. Até o advento da lei do divórcio no Brasil, em 1977, era o da comunhão universal de bens.

Se não se realizar o casamento o pacto é ineficaz, a não ser que passem a viver em união estável. Neste caso, o estabelecido no pacto antenupcial pode ser aproveitado para determinar as regras do regime de bens neste outro formato de relação conjugal.

O pacto antenupcial é feito por meio de uma escritura pública em Cartório de Notas, que deve ser levada ao Cartório de Registro Civil, onde se realizará o casamento, que se efetiva com a imprescindível manifestação de vontade das partes.

As convenções ou pactos antenupciais só surtirão efeito perante terceiros depois de registrado no Cartório de Registro dos respectivos imóveis (Art. 1.657, CCB). A inobservância da forma pública invalida a menção no regime de bens lançada na respectiva certidão de casamento.

Em relação a seu conteúdo, embora trate principalmente de questões patrimoniais, pode-se também estabelecer regras sobre aspectos extrapatrimoniais de cunho interpessoal, existencial ou de responsabilidade paterno-filiais. *O pacto antenupcial e o contrato de convivência podem conter cláusulas existenciais, desde que estas não violem os princípios da dignidade da pessoa humana, da igualdade entre os cônjuges e da solidariedade familiar (Enunciado 635, VIII Jornada de Direito Civil).*

A lei traz limitações em relação à possibilidade de escolha de regime de bens para algumas pessoas, quais sejam, aqueles que tiverem mais de 70 anos de idade e os que dependerem, para casar, de suprimento judicial e, portanto, não podem fazer pacto antenupcial. Nestes casos prevalece o regime da lei, ou seja, o da separação de bens.

DISPOSITIVOS NORMATIVOS

CCB – Arts. 1.640 e 1.641, 1.653 a 1.657.

Lei nº 6.015/73 – Lei de Registros Públicos – Arts. 70, 244, 245.

JURISPRUDÊNCIA

(...) A estipulação de regime de bens diverso da regra geral instituída pela Lei nº 6.515/77 (Lei do Divórcio), ainda sob a égide do Código Civil de 1916, demanda a realização por escritura pública, sob pena de nulidade da convenção (TJMG, Ap. Cível nº 1.0024.06.976008-0/001, Rel. Des. Fernando Botelho, 8ª CC., publ. 29/10/2010).

(...) Nubentes que lavraram escritura pública renunciando expressamente à aplicação da Súmula 377 do E. STF. Escritura pública que se caracteriza como verdadeiro pacto antenupcial. Possibilidade de os nubentes disporem sobre a incomunicabilidade dos aquestos. Entendimento doutrinário de que é possível as partes renunciaram a aplicação da referida Súmula. Agravante que juntou declaração emitida pelo Tabelionato afirmando a intenção dos futuros cônjuges de renunciar à Súmula. Decisão reformada. Recurso Provido. (...) (TJSP, Agravo de Instrumento nº 2277793-02.2020.8.26.0000, Relª Desª. Maria Salete Corrêa Dias 2ª Câmara de Direito Privado, j. 06/07/2021).

PACTO DE CONVIVÊNCIA – Ver contrato de união estável.

PACTO PÓS-NUPCIAL [*ver tb. mudança de regime de bens, pacto antenupcial*] – É o estabelecimento de novo regime de bens após o casamento, que se faz com a mudança do regime de bens durante o casamento. O Código Civil brasileiro, que entrou em vigor em janeiro de 2003, quebrou o princípio da imutabilidade do regime de bens, tornando-se possível, então, sua alteração na vigência do casamento.

Em razão do art. 2.039, do CCB 2002, houve uma dificuldade e resistência inicial sobre a aplicação desta norma para casamentos realizados antes da vigência do novo Código. A maioria dos tribunais estaduais, e, por fim, o Superior Tribunal de Justiça sepultaram de vez a polêmica autorizando a possibilidade da mudança de regime de bens para os casamentos realizados antes do ano de 2003.

DISPOSITIVOS NORMATIVOS

CCB – Arts. 1.639,§ 2º, 2.039.

JURISPRUDÊNCIA

(...) Ambas as Turmas de Direito Privado desta Corte assentaram que o art. 2.039 do Código Civil não impede o pleito de autorização judicial para mudança de regime de bens no casamento celebrado na vigência do Código de 1916, conforme a previsão do art. 1.639, § 2º, do Código de 2002, respeitados os direitos de terceiros (STJ, REsp 812012 RS, Rel. Min. Aldir Passarinho Junior, 4ª T., publ. 02/02/2009).

PACTO SUCESSÓRIO [ver tb. deserdação, herança, indignidade, legítima, pactu corvinus, sucessão] – É o instrumento jurídico pelo qual se pactua sobre bens, ou parte deles, em que um dos contratantes, ou mesmo um terceiro, deixará para depois de sua morte. Não existe herança de pessoa viva, não podendo, portanto, ser objeto de contrato. Entretanto, pode sê-lo em contrato de doação, ainda que o Direito considere adiantamento da legítima, quando o donatário for herdeiro necessário (art. 544, CCB/2002).

A renúncia, por exemplo, que alguém tenha feito, de sua futura herança, que é na verdade mera expectativa de direito, não produz efeitos mesmo que contenha todos os requisitos formais.

Os ordenamentos jurídicos ocidentais não toleram os pactos sucessórios e sempre negou-lhes toda e qualquer eficácia. Foi assim com o CCB 1916, que repetiu tais princípios no CCB 2002. O contrato não adquirirá validade nem mesmo por meio de confirmação, ratificação ou execução voluntária por parte dos herdeiros do de cujus, precisamente porque, além de não poder ser considerado disposição testamentária, é certo que o ato inexiste, como ele o é, não pode ser, em regra, sus-ceptível de confirmação, ratificação ou execução (CARVALHO SANTOS, João Manoel. *Código Civil Brasileiro interpretado*, Rio de Janeiro: Editora Carvino Filho, 1936. v. XX, p. 195).

DISPOSITIVOS NORMATIVOS

CCB – Arts. 426, 544 e 2.018.

PACTU CORVINUS [ver tb. deserdação, indignidade, pacto sucessório] – Designa o pacto sucessório, que quer dizer contrato dispondo sobre a herança de pessoa viva, o que é vedado pelo ordenamento jurídico.

Embora a jurisprudência utilize a expressão *pacta corvina*, é mais adequado *pactu corvinus*, considerando o termo em latim mais apropriado, pois deriva da palavra corvino, que vem do corvo. A analogia ao corvo se dá pelos hábitos alimentares dessa ave, pois se alimenta dos restos mortais de outros seres.

DISPOSITIVOS NORMATIVOS

CCB – Art. 426, 544, 2.018.

JURISPRUDÊNCIA

(...) Registro, que não se está aqui a sustentar o afastamento do (a) companheiro (a) à sucessão hereditária, porque nula seria tal ajuste a teor do art. 426, do CC, conhecida desde tempos imemoriais como PACTA CORVINA (STJ, REsp 646.259 RS, Rel. Min. Luis Felipe Salomão, 4ª T., j. 22/06/2010).

PADRASTO [ver tb. família mosaico, multiparentalidade] – Do latim *patrastu*. É a nomenclatura utilizada para caracterizar a relação entre um homem e os filhos unilaterais da sua companheira/cônjuge. Ou seja, aquele que estabelece um vínculo conjugal com uma mulher que tenha filhos de um relacionamento anterior é

P

considerado padrasto deles. Os filhos, neste caso, são, em relação ao padrasto, denominados enteados.

O padrasto está muito presente no âmbito das famílias recompostas e mosaico. É relação que tem como intermediário a mãe. Esta aliança com a mãe pode levar o padrasto a desempenhar a função paterna em relação ao enteado. Com a nova ordem de parentesco, baseada no afeto, independentemente do vínculo biológico, é possível a migração da figura de padrasto para o de pai de acordo com a relação socioafetiva que se construiu com os enteados, possibilitando, assim, o reconhecimento de uma multiparentalidade.

LINGUAGEM POÉTICA

O padrasto trazia arroz-e-feijão, / mas não dava nenhum livro.

O padrasto me ensinava a somar, / mas não conversava comigo.

O padrasto me ensinou a ser correto / a não mentir, não furtar e todo o resto,

mas exigindo ser obedecido em tudo, / reduzindo-nos a passivos súditos.

E sem saber ao certo o sabor da fruta, / plantou em nós sementes da ditadura.

(SNACHES NETO, Miguel. *Venho de um país distante*. Curitiba: Travessa dos Editores, 2000. p. 20).

PADRINHO – Ver apadrinhamento e madrinha.

PAI [*ver tb. adoção, autoridade familiar, genitor, lei do pai, multiparentalidade, parentalidade, paternidade, paternidade socioafetiva*] – Do latim *patre*, genitor, progenitor, genitor. É a pessoa que gerou outro ser, que deu origem a uma outra pessoa. É o ascendente masculino, que estabeleceu parentesco em linha reta de primeiro grau.

No Direito de Família e Sucessões contemporâneo, o pai não é, necessariamente, sinônimo de genitor. Os laços de sangue não são suficientes para garantir a paternidade. Pai é quem cria, quem ama, cuida, impõe limites. Daí o conceito de paternidade socioafetiva e o instituto da adoção. Pai é quem exerce a função de pai: pode ser o genitor, ou o adotivo (socioafetivo).

O exercício da paternidade, que não está necessariamente ligado ao genitor, traz consigo, também o sentido de proteção e amparo. Daí a conhecida frase de Freud: *"Não me cabe conceber nenhuma necessidade tão importante durante a infância de uma pessoa, que a necessidade de sentir protegido por um pai"*.

JURISPRUDÊNCIA

(...) Esse amplo reconhecimento da paternidade/maternidade socioafetiva pela doutrina e jurisprudência, bem como a possibilidade dela, inclusive, prevalecer sobre a verdade biológica, em algumas hipóteses, trata-se de uma quebra de paradigmas, haja vista que o direito brasileiro, notadamente em razão do desenvolvimento tecnológico, que permitiu a realização de exames genéticos precisos acerca do vínculo biológico (DNA), tinha a tendência de sempre priorizar a genética. Um exemplo disso é a própria possibilidade de rescisão da sentença transitada em julgado, quando lhe sobrevém prova que definitivamente exclui a paternidade. 17. Trata-se do fenômeno denominado pela doutrina como a desbiologização da paternidade, o qual leva em consideração que a paternidade e a maternidade estão mais estreitamente relacionadas à convivência familiar que ao mero vínculo biológico. Nesse sentido: João Batista Villela, Desbiologização da Paternidade, in Revista Forense, v. 271, jul./set., 1980, p. 49; Rodrigo da Cunha Pereira, Direito de Família – uma abordagem psicanalítica, Belo

Horizonte: Del Rey, 1997, p. 134 (...) (STJ, REsp 1.401.719 MG, Rel.ª Min.ª Nancy Andrighi, 3ª T., j. 08/10/2013).

LINGUAGEM POÉTICA

Eu passei muito tempo / Aprendendo a beijar outros homens / Como beijo o meu pai / Eu passei muito tempo / Pra saber que a mulher que eu amei / Que amo, que amarei / Será sempre a mulher / Como é minha mãe

Como é, minha mãe? / Como vão seus temores? / Meu pai, como vai? / Diga a ele que não se aborreça comigo / Quando me vir beijar outro homem qualquer / Diga a ele que eu quando beijo um amigo / Estou certo de ser alguém como ele é / Alguém com sua força pra me proteger / Alguém com seu carinho pra me confortar / Alguém com olhos e coração bem abertos / Para me compreender

(*Pai e Mãe* – Letra e música de Gilberto Gil).

PAI BIOLÓGICO – Ver paternidade biológica.

PARAFERNAIS – Ver bens parafernais.

PARCEIRO [*ver tb. companheiro, convivente*] – Do latim *partiarius*, que tem parte. É aquele que faz parceria, quinhoeiro, sócio. No Direito de Família, pode se traduzir como o companheiro, convivente, cônjuge.

PARCERIAS CIVIS [*ver tb. união estável, união homoafetiva*] – Expressão criada para designar a relação afetiva de pessoas do mesmo sexo que instituem uma família. Tem origem na França com a criação do PACS – Pacto Civil de Solidariedade, em 1999, no contexto de reinvindicações dos movimentos sociais da década de 1990 do século passado. Era uma forma de reconhecimento das relações homoafetivas, embora de forma tímida, pois embora as pessoas do mesmo sexo estivessem constituindo famílias, não recebiam este *status*.

No Brasil, o Projeto de Lei nº 1.151/95 foi a primeira tentativa de reconhecimento das relações homoafetivas como entidade familiar, embora sob o nome de "parcerias civis". Ele não foi aprovado, mas abriu a discussão sobre legitimação pelo Estado da constituição de família entre pessoas do mesmo sexo.

Esta expressão serviu para iniciar a discussão, mas hoje está ultrapassado, pois traduzia de uma época em que não se podia falar claramente que as uniões entre pessoas do mesmo sexo poderiam constituir família. E assim, se dizia "parcerias". O STF já legitimou, pela ADIN 4.277 as famílias homoafetivas. Embora não haja leis infraconstitucionais, os princípios constitucionais e a jurisprudência impulsionaram a Corregedoria Nacional de Justiça sedimentar este entendimento e regulamentar, por meio da Resolução nº 175, o casamento civil homoafetivo em todo o território nacional.

PARCERIAS DE MATERNIDADE – Ver contrato de geração de filhos.

PARCERIAS DE PATERNIDADE – Ver contrato de geração de filhos.

PARENTALIDADE [*ver tb. família parental, genealogia, parentalidade socioafetiva, parentesco, paternidade*] – Expressão historicamente nova, começou a ser usada na década de 1960, em textos psicanalíticos para marcar a dimensão e importância do exercício da relação entre pais e filhos.

P

Em Direito de Família, traduz-se como a condição de quem é parente. É a relação de parentesco que se estabelece entre pessoas da mesma família, seja em decorrência da consanguinidade, da socioafetividade ou pela afinidade, isto é, o vínculo decorrente dos parentes do cônjuge/companheiro.

Se buscarmos na etimologia e na antropologia, veremos as inúmeras determinações das relações de parentesco, que não são apenas de ordem genética: *A fisiologia, o sexo, a idade etc. são apenas parâmetros reelaborados e reinterpretados nesse cadinho que é o sistema simbólico de representações ativo no seio desta ou daquela sociedade. Diante de modalidades tão artificiais de atribuição a cada sexo dos papéis no processo da parentalidade, não se pode deixar de constatar que não são os laços biológicos que são determinantes, e sim a utilização que deles fazem as diferentes ideologias. E a cultura, neste caso, é uma entidade social e fantasmática complexa, que passa por diferentes conceitos operativos* (PERSEVAL, Genevièvi Delaisi. *A parte do pai.* Trad. Thereza Cristina Stummer. Porto Alegre: L&PM, 1993. p. 43).

PARENTALIDADE SOCIOAFETIVA

[*ver tb. filiação, parentalidade, paternidade socioafetiva, socioafetividade*] – É o parentesco nascido da socioafetividade, que caracteriza-se pelo exercício das funções de pai, mãe, irmãos ou avós, regido por fortes vínculos de afetividade, cuja relação pode gerar o vínculo jurídico de parentesco, originando então direitos e obrigações como no parentesco biológico.

A parentalidade socioafetiva, expressão criada pelo Direito brasileiro, tem seu embrião na antiga expressão "posse de estado de filho/pai", utilizada pelo Código Civil francês (Art. 334-8). Este novo conceito de parentesco foi possível ser desenvolvido a partir do momento em que a família perdeu sua rígida hierarquia patriarcal e deixou de ser, essencialmente, um núcleo econômico e de reprodução para ser espaço do amor, do afeto e núcleo de formação do sujeito. E foi assim que o afeto tornou-se um valor jurídico.

Com a Constituição da República de 1988 e a consolidação do princípio da dignidade da pessoa humana, ganhou *status* de princípio constitucional não expresso. E assim, associado aos princípios da responsabilidade, igualdade entre filhos, sustentados pelo macroprincípio da dignidade da pessoa humana é que se autoriza pensar novas estruturas parentais em que se insere a parentalidade socioafetiva.

Se a família é um fenômeno da cultura e não da natureza, como tão bem expressou Jacques Lacan, se ela é uma estruturação psíquica em que cada membro ocupa lugares e funções de pai, de mãe, de filho; e se maternidade e paternidade são funções exercidas, é perfeitamente possível, e necessário, estabelecer uma relação jurídica entre filhos e pais socioafetivos, como já se estabeleceu, desde sempre na filiação adotiva, que é também uma categoria da socioafetividade.

A origem do parentesco na Grécia e em Roma está muito mais ligada à religião do que propriamente aos laços sanguíneos. Acrescente-se a isso, que o primeiro núcleo familiar conhecido a estabelecer parentalidade socioafetiva foi a família de Nazaré, em cuja base nasceu a religião cristã. José não era o pai biológico de

Jesus, mas era marido de sua mãe Maria e o criou como se fosse seu filho.

O Supremo Tribunal Federal, apreciando o tema 622 da repercussão geral, fixou a tese que: *A paternidade socioafetiva, declarada ou não em registro público, não impede o reconhecimento do vínculo de filiação concomitante baseado na origem biológica, com os efeitos jurídicos próprios* (STF, REx n° 898.060, Rel. Min. Luiz Fux, Plenário, publ. 24/08/2017). O § 3° do art. 102 da CR/88, uma das modificações trazidas pela EC n° 45, criou o requisito da repercussão geral das questões constitucionais discutidas, para admissão do recurso extraordinário. A tese fixada em repercussão geral possui eficácia *erga omnes* e o efeito vinculante a todos da administração pública direta e indireta, na esfera federal, municipal e estadual.

DISPOSITIVOS NORMATIVOS

CR – Arts. 226, 227, 229.

CCB – Arts. 1.593, 1.596, 1.618 e segs.

Lei n° 8.069/90 – Estatuto da Criança e do Adolescente – Art. 41, § 1°.

Lei n° 12.004/09 – Investigação de paternidade dos filhos havidos fora do casamento e dá outras providências.

JURISPRUDÊNCIA

(...) Nesse contexto, a filiação socioafetiva, que encontra alicerce no art. 227, § 6°, da CF/88, envolve não apenas a adoção, como também parentescos de outra origem, conforme introduzido pelo art. 1.593 do CC/02, além daqueles decorrentes da consanguinidade oriunda da ordem natural, de modo a contemplar a socioafetividade surgida como elemento de ordem cultural. – Assim, ainda que despida de ascendência genética, a filiação socioafetiva constitui uma relação de fato que deve ser reconhecida e amparada juridicamente. Isso porque a maternidade que nasce de uma decisão espontânea deve ter guarida no Direito de Família, assim como os demais vínculos advindos da filiação. – Como fundamento maior a consolidar a acolhida da filiação socioafetiva no sistema jurídico vigente, erige-se a cláusula geral de tutela da personalidade humana, que salvaguarda a filiação como elemento fundamental na formação da identidade do ser humano. Permitir a desconstituição de reconhecimento de maternidade amparado em relação de afeto teria o condão de extirpar da criança hoje pessoa adulta, tendo em vista os 17 anos de tramitação do processo preponderante fator de construção de sua identidade e de definição de sua personalidade. E a identidade dessa pessoa, resgatada pelo afeto, não pode ficar à deriva em face das incertezas, instabilidades ou até mesmo interesses meramente patrimoniais de terceiros submersos em conflitos familiares. (...) (STJ, REsp 1000356/SP, Rel.ª Min.ª Nancy Andrighi, 3ª T., publ. 07/06/2010).

ILUSTRAÇÃO

Sérgio Lima. P. 509.

PARENTALIZAÇÃO – ver parentificação.

PARENTESCO [*ver tb. parentalidade, parentesco em linha colateral, parentesco em linha reta*] – Do latim *parentatus*, de *pares*. É a relação que se estabelece entre pessoas unidas pelos laços de família. Para o Direito de Família e Sucessões é a ligação consanguínea ou jurídica que une as pessoas pelo fato natural do nascimento ou por um fato jurídico como o casamento, a adoção e a socioafetividade. *O parentesco é natural ou civil, conforme resulte da consanguinidade ou outra origem* (Art. 1.593, CCB). Originariamente, considerava-se parente apenas descendentes do mesmo tronco ancestral, ou seja, que compartilham um ascendente consanguíneo.

O parentesco é determinado em linhas, reta e colateral, e em graus. *Contam-se, na linha reta, os graus de parentesco pelo número de gerações, e, na colateral, também pelo número delas, subindo de um dos parentes até ao ascendente comum, e descendo até encontrar o outro parente* (Art. 1.594, CCB). Só se considera parentes os colaterais até o 4º grau (Art. 1.592, CCB), inclusive para efeitos sucessórios (Art. 1.839, CCB), mas o parentesco em linha reta não há limite.

A averiguação do grau de parentesco é necessária, inclusive para fins de constatar impedimentos para o casamento e para prestar testemunho, pois são impedidos para tais atos os parentes até o 3º grau.

Para determinar o grau de parentesco basta encontrar o ancestral comum na linha reta ascendente e em seguida descer a linha colateral até o parâmetro desejado, contabilizando cada salto como um grau de parentesco.

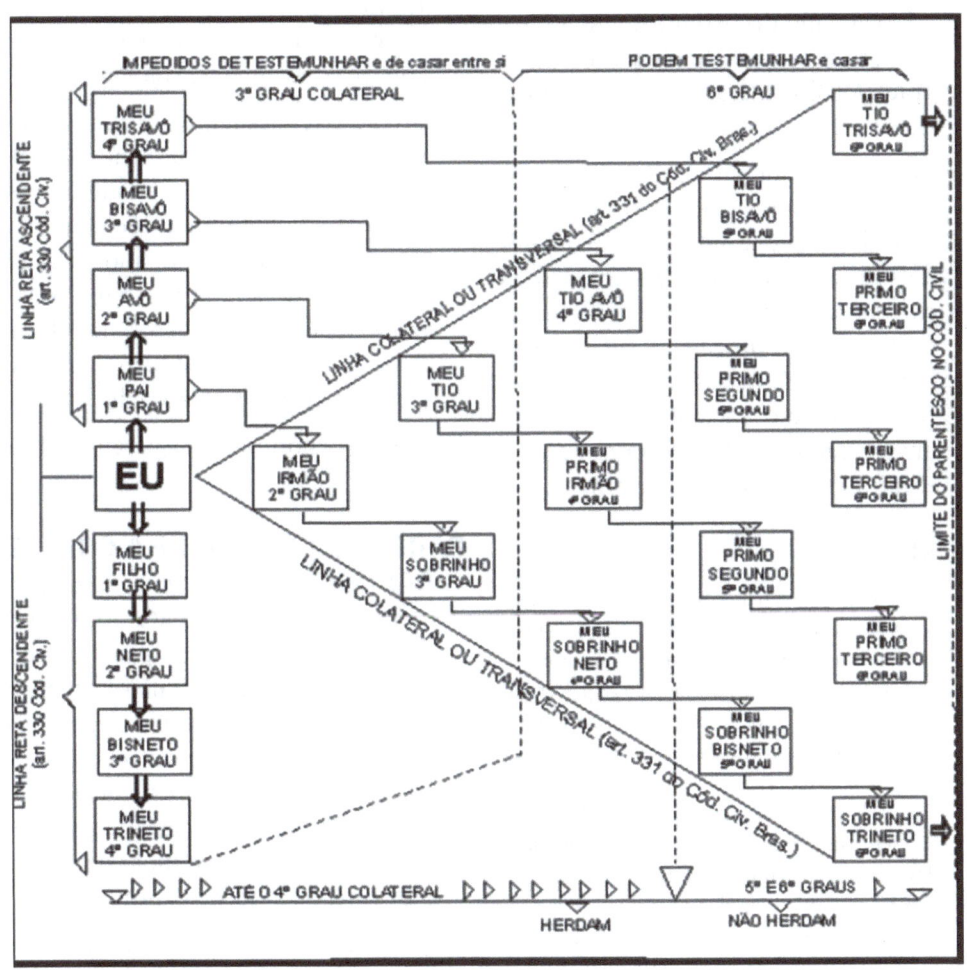

PARENTESCO BILATERAL [*ver tb. parentesco, parentesco unilateral*] – É a relação oriunda da filiação, civil (adotiva, socioafetiva) ou biológica, cujo vínculo compartilhado entre irmãos tem igualdade de genitores, isto é, têm a mesma mãe e o mesmo pai.

PARENTESCO CIVIL [*ver tb. parentesco, parentesco por afinidade, parentesco consanguíneo, parentesco socioafetivo*] – É o vínculo decorrente de uma relação que se estabeleceu judicialmente. Tradicionalmente, a adoção era o único parentesco civil.

A partir da compreensão do afeto como valor e princípio jurídico, o CCB 2002 estabeleceu que há outras possibilidades de se criar vínculos de parentesco: *O parentesco é natural ou civil, conforme resulte de consanguinidade ou outra origem* (Art. 1.593, CCB). E assim, além da adoção, o parentesco socioafetivo é também um parentesco civil, e tal como a adoção ele deve ser declarado judicialmente.

JURISPRUDÊNCIA

(...) A maternidade/paternidade socioafetiva tem seu reconhecimento jurídico decorrente da relação jurídica de afeto, marcadamente nos casos em que, sem nenhum vínculo biológico, os pais criam uma criança por escolha própria, destinando-lhe todo o amor, ternura e cuidados inerentes à relação pai-filho. (...) a filiação socioafetiva, que encontra alicerce no art. 227, § 6º, da CF/88, envolve não apenas a adoção, como também "parentescos de outra origem", conforme introduzido pelo art. 1.593 do CC/02, além daqueles decorrentes da consanguinidade oriunda da ordem natural, de modo a contemplar a socioafetividade surgida como elemento de ordem cultural. – Assim, ainda que despida de ascendência genética, a filiação socioafetiva constitui uma relação de fato que deve ser reconhecida e amparada juridicamente. Isso porque a maternidade que nasce de uma decisão espontânea deve ter guarida no Direito de

Família, assim como os demais vínculos advindos da filiação (STJ, REsp 1401719 MG. Rel.ª Min.ª Nancy Andrighi. 3ª T., j. 08/10/2013).

PARENTESCO COLATERAL – Ver parentesco em linha colateral.

PARENTESCO CONSANGUÍNEO [*ver tb. parentesco, parentesco por afinidade, parentesco civil*] – É o vínculo existente entre as pessoas que compartilham de um mesmo ancestral comum, isto é, descendem de um mesmo tronco e têm a mesma descendência biológica.

O parentesco consanguíneo é o parentesco em seu sentido original, que era visto como a única relação de parentesco existente. Atualmente, a relação de parentesco, diante das diversas modalidades e estruturas de família, tem sentido mais amplo. Não deriva apenas da relação consanguínea, mas também da relação socioafetiva e da relação civil.

É também denominado de parentesco natural.

PARENTESCO EM LINHA COLATERAL [*ver tb. parentesco, parentesco em linha reta*] – É o vínculo natural ou jurídico entre pessoas que compartilham um ascendente comum, mas não descendem umas das outras diretamente, ou seja, provêm do mesmo tronco ancestral e se estendem lateralmente. Diferencia-se do parentesco em linha reta, que é quando as pessoas descendem umas das outras diretamente: filho, neto, bisneto etc.

Os parentes colaterais não descendem uns dos outros, mas têm um ancestral em comum: irmão, tio, sobrinho, primo. *Contam-se, na linha reta, os graus de parentesco pelo número de gerações, e, na colateral, também pelo número delas, subindo de um dos parentes até ao ascendente comum, e* descendo até encontrar o outro parente (Art. 1.594, CCB). Diz-se, também, parentesco em linha transversal.

PARENTESCO EM LINHA DIRETA –
Ver parentesco por linha reta.

PARENTESCO EM LINHA RETA [ver
tb. parentesco, parentesco em linha colateral] – É o vínculo natural ou jurídico entre pessoas que descendem umas das outras diretamente (Art. 1.591, CCB). São os ascendentes e descendentes. É contado pelo número de geração e cada geração representa um grau. Na linha reta, o parentesco é infinito.

Também conhecido como parentesco em linha direta.

PARENTESCO EM LINHA TRANS-VERSAL – Ver parentesco em linha
colateral.

PARENTESCO NATURAL – Ver paren-
tesco consanguíneo.

PARENTESCO POR AFINIDADE [ver
tb. ascendentes, colaterais, consanguinidade, descendentes, tronco, vínculo da afinidade] – É o vínculo jurídico que se estabelece com os parentes do cônjuge ou companheiro. Essa vinculação se limita aos parentes ascendentes, descendentes e aos colaterais do cônjuge ou companheiro, restringindo-se em linha reta ao genro e à nora, ao sogro e à sogra, ao enteado e à enteada, à madrasta e ao padrasto, e, na linha transversal, ao cunhado e à cunhada.

Diferentemente do parentesco consanguíneo, não há contagem de grau no parentesco por afinidade, isso porque não descendem um do outro e tão pouco vêm de um mesmo tronco.

O parentesco por afinidade tem sua origem na relação dos cônjuges ou companheiros, e, com exceção do parentesco por afinidade em linha transversal, não se extingue com a dissolução do casamento ou da união estável que lhe deu origem.

O parentesco afim em linha reta extingue-se apenas com a morte. Sendo assim, tendo em vista os impedimentos absolutos para o casamento, proibido o casamento de ex-cônjuge com qualquer um dos seus parentes afins em linha reta, mesmo que dissolvida a família conjugal.

Na linguagem do art. 1.593 cada cônjuge ou companheiro é aliado aos parentes do outro pelo vínculo da afinidade. O parentesco por afinidade limita-se aos ascendentes, aos descendentes e aos irmãos do cônjuge ou companheiro. Na linha reta, a afinidade não se extingue com a dissolução do casamento ou da união estável.

PARENTESCO SOCIOAFETIVO [ver
tb. parentalidade socioafetiva] – É o parentesco decorrente da socioafetividade. Tem o mesmo sentido de parentalidade socioafetiva.

PARENTESCO UNILATERAL [ver tb.
parentesco, parentesco bilateral] – É a relação oriunda da filiação, civil (adotiva, socioafetiva) ou biológica, cujo vínculo compartilhado entre irmãos tem apenas um ascendente comum, isto é, dividem apenas a mesma mãe ou o mesmo pai.

PARENTIFICAÇÃO [ver tb. Alienação
parental, parentalidade, princípio do melhor interesse da criança, complexo de Édipo, complexo de Electra] – É a antecipação forçada da vida adulta, em uma inversão de papéis, geralmente entre pais e filhos. A parentificação, ou parentalização, é uma expressão criada pelo

P

psiquiatra e terapeuta de família, húngaro, Ivan Boszormenyi-Nagy, em 1973, após o terapeuta argentino Minuchin, ter usado a expressão "criança parental", em 1967. É uma inversão de papeis na família parental, ou seja, quando filhos e filhas assumem a função de pais, sejam elas físicas, mentais ou emocionais, numa distorção subjetiva na relação. É a delegação da responsabilidade adulta à criança parental. Isto se dá de maneira implícita ou explícita. É comum ouvir de uma mãe/pai "... agora você é o homenzinho da casa...". Na parentificação, o pai ou a mãe, coloca o filho no lugar de um adulto, como se fosse um igual do ponto de vista geracional.

A parentificação é uma violência contra a criança/adolescente, que deixa marcas e sintomas para a vida adulta. Geralmente acontece quando os pais se separaram, pela morte de um dos pais, adoecimento, famílias em que há um grande número de irmãos etc. A criança-adulta, ou seja, parentalizada ou parentificada, se torna vulnerável a uma série de sintomas e problemas, como por exemplo, ansiedade, depressão, perturbações alimentares etc. Certamente elas terão dificuldades em estabelecer relações conjugais saudáveis quando atingirem a vida adulta..

A parentificação pode ser emocional ou física. A primeira, é quando a criança/adolescente se torna uma fonte constante de apoio emocional e cuidado aos pais e/ou irmãos, tornando-se um confidente deles, ouvindo suas preocupações e problemas e que não estão preparados psiquicamente para ouvir. A parentificação física é quando a criança/adolescente assume tarefas reais do trabalho físico doméstico, ou mesmo fora de casa.

A parentificação pode ocorrer quando o casal vive juntos, mas na maioria das vezes é quando a mãe ou o pai mora sozinho com o(s) filho(os). Não há previsão legal expressa para que caracterize, defina ou impeça a parentificação, mas uma vez caracterizada pode ser motivo para perda de guarda ou a sua inversão a restrição de convivência familiar.

LINGUAGEM POÉTICA

Pais e Filhos Legião Urbana

(...) Me diz por que que o céu é azul

Explica a grande fúria do mundo

São meus filhos que tomam conta de mim

Eu moro com a minha mãe

Mas meu pai vem me visitar

Eu moro na rua não tenho ninguém

Eu moro em qualquer lugar

Já morei em tanta casa que nem me lembro mais

Eu moro com os meus pais

É preciso amar as pessoas

Como se não houvesse amanhã

Por que se você parar pra pensar

Na verdade não há

Sou uma gota d'água

Sou um grão de areia

Você me diz que seus pais não lhe entendem

Mas você não entende seus pais

Você culpa seus pais por tudo

E isso é absurdo

São crianças como você

O que você vai ser

Quando você crescer?

(Pais e filhos – Letra e música de Marcelo Bonfá, Dado Villa-Lobos e Renato Russo).

JURISPRUDÊNCIA

(...) Sendo assim, conclui-se que as crianças estão sendo bem cuidadas na companhia do genitor, recebendo todos os cuidados necessários ao desenvolvimento físico, mental e psicológico, não havendo motivos hábeis para modificar essa situação. No que tange às visitas, observa-se também pelos estudos realizados que não há nada que demonstre que a manutenção das mesmas de forma livre seja prejudicial aos menores ou que não atende aos seus interesses, e nem mesmo que há indícios de que o genitor impede a realização das visitas: "A filha primogênita (Letícia) tem sido o elemento familiar intermediador dos contatos materno-filial, deslocando-se juntamente com os irmãos do contexto paterno ao materno, assumindo a *parentificação* a que foi submetida pelos pais em relação aos irmãos caçulas, encarregando-se das funções de cuidadora e educativa deles, intensificada quando adentram ao ambiente doméstico da mãe, respondendo também por tarefas triviais da competência materna (preparo de alimentação, acomodação, dentre outras). (...) TJ-SP – AC: 10037054420178260664 SP 1003705-44.2017.8.26.0664, Rel. Desª: Ana Maria Baldy, 6ª Câmara de Direito Privado, pub. 04/12/2019).

ILUSTRAÇÃO

Sérgio Lima. P. 514.

PARQUET [*ver tb. direitos indisponíveis, Ministério Público*] – Expressão da língua francesa que, no âmbito jurídico, designa o representante do Ministério Público, ou seja, o Promotor e Procurador de Justiça. *Parquet*, no original francês, significa pequeno soalho, pequeno parque, pequeno cercado. É a parte do tribunal um pouco elevada do piso ocupada pelos juízes, advogados e Promotores de Justiça.

Uma das funções do *Parquet* no Direito de Família e Sucessões é atuar nos processos em que há a presença ou interesse de menores ou incapazes.

DISPOSITIVOS NORMATIVOS

CR – Arts. 127 a 130-A.

CPP – Arts. 257 e 258.

CPC/2015 – Arts. 176 a 181.

PARTE DA HERANÇA [*ver tb. adiantamento de legítima, colação, legado, pacto sucessório*] – É a parcela do quinhão hereditário destinada aos herdeiros quando do falecimento do inventariado.

O Direito brasileiro adotou o mesmo sistema francês, que, por força do princípio da *saisine*, no instante do falecimento, é transferido aos herdeiros todo o acervo patrimonial. *Na Idade Média, institui-se a praxe de ser devolvida a posse de bens, por morte do servo, ao seu senhor, que exigia dos herdeiros dele um pagamento, para autorizar a sua imissão. No propósito de defendê-lo dessa imposição, a jurisprudência no velho direito constumeiro francês, especialmente no Costume de Paris, veio a consagrar a transferência imediata dos haveres do servo aos seus herdeiros, assentada a fórmula: Le serf mort saisit le vif, son hoir de plus proche. Daí ter a doutrina fixado por volta do século XIII, diversamente do sistema romano, o chamado droit de saisine, que traduz precisamente este imediatismo da transmissão dos bens, cuja propriedade e posse passam diretamente da pessoa do morto aos seus herdeiros: le mort saisit le vif. (...) No Código Civil de 2002, semelhante legitimação deflui do parágrafo único do art. 1.791, segundo o qual o direito dos coerdeiros, durante a fase de indivisão, regular-se-á pelas normas relativas ao condomínio* (PEREIRA, Caio Mário da Silva. *Instituições de direito civil*: direito das sucessões. 15. ed. Rio de Janeiro: Forense, 2004. v. VI, p. 19-22).

DISPOSITIVOS NORMATIVOS

CF – Arts. 5º, XXX, XLV.

CCB – Arts. 426, 544, 794, 836, 943, 974, 979, 1.094, IV, 1.321, 1.557, III, 1.660, III, 1.685, 1.693, IV, 1.748 a 1.856, 1.905 a 1.916, 1.923, § 2º, 1.931, a 2.022.

JURISPRUDÊNCIA

(...) Nos termos do artigo 1.580 do Código Civil de 1916, até a partilha, "qualquer dos coerdeiros pode reclamar a universalidade da herança ao terceiro, que indevidamente a possua". II – Considerando que é a própria indivisibilidade do bem objeto da herança que cria em favor dos herdeiros a situação de condomínio que lhes autoriza a, *de per si*, atuar na defesa do patrimônio comum, é de se concluir que sempre que presente essa situação, estará configurada a legitimidade destacada. (...) (STJ, REsp 844248 RS, Rel. Min. Sidnei Beneti, 3ª T., publ. 10/06/2010).

LINGUAGEM POÉTICA

Esta cova em que estás com palmos medida / É a conta menor que tiraste em vida / É a conta menor que tiraste em vida

É de bom tamanho nem largo nem fundo / É a parte que te cabe deste latifúndio / É a parte que te cabe deste latifúndio

Não é cova grande, é cova medida / É a terra que querias ver dividida / É a terra que querias ver dividida

É uma cova grande pra teu pouco defunto / Mas estarás mais ancho que estavas no mundo / estarás mais ancho que estavas no mundo

É uma cova grande pra teu defunto parco / Porém mais que no mundo te sentirás largo / Porém mais que no mundo te sentirás largo

É uma cova grande pra tua carne pouca / Mas a terra dada, não se abre a boca / É a conta menor que tiraste em vida / É a parte que te cabe deste latifúndio / É a terra que querias ver dividida / Estarás

mais ancho que estavas no mundo / Mas a terra dada, não se abre a boca.

(*Funeral de um lavrador* – Letra e música de Chico Buarque).

PARTE DISPONÍVEL DA HERANÇA

[*ver tb. herdeiros necessários, herdeiro testamentário, legado, legatário, testamento*] – Corresponde à parte do acervo hereditário sobre a qual o testador tem liberdade de disposição. É o percentual da herança que é permitido dispor da forma que quiser, desde que respeitando a parte da herança que, legalmente, pertence aos herdeiros necessários, quais sejam, descendentes, ascendentes e cônjuge. Este último, se o regime do casamento não for o da separação obrigatória ou da comunhão universal. *Havendo herdeiros necessários, o testador só poderá dispor da metade da herança* (Art. 1.789, CCB). Inexistindo, a totalidade.

PARTE INOFICIOSA [*ver tb. adiantamento de legítima, colação, doação inoficiosa, princípio da intangibilidade da legítima*] – A parte dos bens doados ou testados que ultrapassou o limite disponível. Pelo princípio da intangibilidade da legítima, caso haja herdeiros necessários, o testador somente poderá dispor a metade da sua herança.

A doação de ascendentes a ascendentes, ou de um cônjuge a outro, significa adiantamento de herança.

DISPOSITIVOS NORMATIVOS

CCB – Arts. 544, 549, 1.789.

JURISPRUDÊNCIA

(...) O direito de exigir a colação dos bens recebidos a título de doação em vida do "de cujus" é privativo dos herdeiros necessários, pois a finalidade do instituto é resguardar a igualdade das suas legítimas. 2. A exigência de imputação no processo de inventário desses bens doados também é direito privativo dos herdeiros necessários, pois sua função é permitir a redução das liberalidades feitas pelo inventariado que, ultrapassando a parte disponível, invadam a legítima a ser entre eles repartida (STJ, REsp 167421 SP, Rel. Min. Paulo Tarso Sanseverino, 3ª T., publ. 17/12/2010).

PARTIDOR [ver tb. formal de partilha] – É a pessoa encarregada de proceder à partilha na herança. É o serventuário que organiza o esboço da partilha de acordo com a decisão judicial, devendo observar a ordem de pagamentos das dívidas atendidas, meação do cônjuge, meação disponível e quinhões hereditários, a começar pelo coerdeiro mais velho.

DISPOSITIVOS NORMATIVOS

CCB – Arts. 141, 1.023.

PARTILHA [ver tb. adjudicação, anulação da partilha, fraude na partilha, formal de partilha, inventário, partilha em vida, sobrepartilha, sonegados] – Do latim *particula*. É a divisão ou repartição de bens ou patrimônio segundo a relação jurídica que se formou, em tantas porções quanto forem os beneficiários. Até que se concretize a partilha, ou seja, até a individualização das quotas, aplica-se ao todo as regras inerentes ao condomínio.

A partilha pode se dar em decorrência da dissolução do vínculo conjugal, da liquidação de uma sociedade, em razão da morte em um processo de inventário, ou mesmo uma partilha em vida para transmitir os bens que seriam inventariados *post mortem*. Em quaisquer dos casos, a partilha pode ser feita de forma judicial ou extrajudicial, ou seja, realizada em juízo ou por escritura pública em Cartório de Notas (se consensual e sem menores ou incapazes).

No Direito das sucessões, quando há apenas um herdeiro, não há que se falar em partilha. Neste caso porque os bens serão adjudicados a ele.

Não se confunde partilha com divisão. Os bens partilháveis podem ser divisíveis, com a concreta divisão do bem, e indivisíveis, criando-se um condomínio de partes ideais do mesmo bem. *Os bens insuscetíveis de divisão cômoda, que não couberem na meação do cônjuge sobrevivente ou no quinhão de um só herdeiro, serão vendidos judicialmente, partilhando-se o valor apurado, a não ser que haja acordo para serem adjudicados a todos* (Art. 2.019, CCB).

A partilha tem efeito meramente declaratório, pois a titularidade dos bens já pertence aos interessados. *A partilha, uma vez feita e julgada, só é anulável pelos vícios e defeitos que invalidam, em geral, os negócios jurídicos. Extingue-se em um ano o direito de anular a partilha* (Art. 2.027 e parágrafo único, CCB).

A Lei nº 14.118, de 12 de janeiro de 2021, instituiu o programa Casa Verde Amarela – em substituição ao programa Minha Casa, Minha Vida (Lei 11.977/09) –, para aquisição de imóveis por famílias de baixa renda. o art. 14 da lei 14.118/21, segundo o qual, nas hipóteses de dissolução de união estável, separação ou divórcio, o título de propriedade do imóvel adquirido, construído ou regularizado na constância do casamento ou da união estável será registrado em nome da mulher ou a ela transferido, independentemente do regime de bens aplicável, excetuadas as operações de financiamento habitacional firmadas com recursos do FGTS. Temos uma exceção, prevista no seu parágrafo na hipótese de haver filhos do casal e a guarda ser atribuída exclusivamente ao homem, o título da propriedade do imóvel construído ou adquirido será registrado em seu nome ou a ele transferido, revertida a titularidade em favor da mulher caso a guarda dos filhos seja a ela posteriormente atribuída.

DISPOSITIVOS NORMATIVOS

CCB – Arts. 28, 29, 1.321, 1.326, 1.489, IV, 1.523, I, III, 1.575, parágrafo único, 1.581, 1.791, parágrafo único, 1.796, 1.800, 1.904, 1.977, parágrafo único, 1.991 a 2.027.

LINGUAGEM LITERÁRIA

"A visita foi rápida e a 'partilha' foi tranquila – acredito que já estávamos purificados pelo vômito coletivo no dia do enterro de Tia Palma. Para meu alívio, Leonor levou praticamente tudo. Joaquim e Nicolau ficaram com uma coisa ou outra. Pedi pra mim o oratório. Todos concordaram de imediato. Havia longos silêncios enquanto íamos separando isso e aquilo. Jogamos muita coisa fora. Foi Loner quem sem pestanejar enfrentou os armários com as roupas e os guardados. Rasgamos papéis, determinamos o que poderia ser doado, conservamos o que para nós fazia sentido. A divisão foi se acertando com inacreditável facilidade. Lá pelas tantas, não sei de quem terá sido a iniciativa, improvisamos uma refeição ligeira e nos sentamos pela última vez à mesa da infância. Rimos, lembramos casos engraçados de Tia Palma, súbitos destemperos de papai e pequenas manias de mamãe. Senti saudade no singular. Estávamos bastante emocionados quando nos despedimos, talvez porque já intuíssemos o afastamento gradativo."

(AZEVEDO, Francisco. *O arroz de palma*. Rio de Janeiro: Record, 2008. p. 266).

PARTILHA AMIGÁVEL [*ver tb. anulação da partilha, disregard, dissolução do vínculo conjugal, fraude na partilha, formal de partilha, partilha, sobrepartilha, sonegados*] – Diz-se da partilha de bens do casal ou no inventário, que se fez consensualmente. É o ato jurídico pelo qual se instrumentaliza a divisão de bens com a concordância de quem de direito na relação jurídica. Evidentemente, por ser negócio jurídico exige agente capaz, objeto lícito, possível, determinado e determinável, e forma prescrita e não proibida em lei.

É possível sua realização em cartório quando não houver interesse de menores ou incapazes, e for consensual. (Lei nº 11.441/07), seja em decorrência do divórcio ou da sucessão hereditária.

JURISPRUDÊNCIA

(...) A ação para anular homologação de partilha amigável prescreve em um ano a contar do trânsito em julgado da sentença homologatória. – O disposto no Art. 183, XIII, Código Beviláqua, que trata de impedimento matrimonial impediente ou proibitivo, não invalida o casamento, apenas gera restrições a seus infratores. – Prazo prescricional de 20 anos só se aplica ao herdeiro que não participou da partilha. Precedentes. (STJ, REsp 279177 SP, Rel. Min. Humberto Gomes de Barros, 3ª T., publ. 14/08/2009).

PARTILHA – DOAÇÃO [*ver tb. partilha em vida, partilha – testamento*] – É a expressão usada para designar a divisão de bens que alguém faz, em vida, por meio de doação. Essa prática pode evitar longos processos de inventário. O Código Civil autoriza a partilha da parte disponível em vida, ou seja, por ato *inter vivos*, desde que não prejudique a legítima dos herdeiros necessários. Evidentemente, esses bens antecipados, quando conferidos a algum dos herdeiros legítimos,

P

devem ser colacionados no processo de inventário e informados como adiantamento de legítima, para que haja um juízo de equidade.

A colação pode ser dispensada (Art. 2.006, CCB), desde que seja outorgado pelo doador em testamento, ou no próprio título de liberalidade, e não sobreponha a parte disponível em afronta à legítima dos herdeiros necessários. Também é conhecida como *divisio inter liberos*.

JURISPRUDÊNCIA

(...) A finalidade da colação é a de igualar as legítimas, sendo obrigatório para os descendentes sucessivos (herdeiros necessários) trazer à conferência bem objeto de doação ou de dote que receberam em vida do ascendente comum, porquanto, nessas hipóteses, há a presunção de adiantamento da herança (arts. 1.785 e 1.786 do CC/1916; arts. 2.002 e 2.003, CC/2002). O instituto da colação diz respeito, tão somente, à sucessão legítima; assim, os bens eventualmente conferidos não aumentam a metade disponível do autor da herança, de sorte que benefício algum traz ao herdeiro testamentário a reivindicação de bem não colacionado no inventário. Destarte, o herdeiro testamentário não tem legitimidade ativa para exigir à colação bem sonegado por herdeiro necessário (descendente sucessivo) em processo de inventário e partilha (STJ, REsp 400948 SE, Rel. Min. Vasco Della, Giustina (Des. convocado do TJ/RS), 3ª T., publ. 09/04/2010).

PARTILHA EM VIDA [*ver tb. adiantamento de legítima, colação, doação inoficiosa, planejamento sucessório*] – Expressão usada para designar a divisão de bens que se faz por meio de doação ou testamento. A doação em vida, muito utilizada no Brasil, é feita em geral com reserva de usufruto para o doador.

A doação em vida pode evitar longos processos de inventário e os degradantes e tenebrosos litígios judiciais e integra uma prática crescente no Brasil que é o planejamento sucessório. O CCB (Art. 544) autoriza a partilha feita pelos pais, por ato *inter vivos*, ou em disposição de última vontade, desde que não prejudique a legítima dos herdeiros necessários.

Esses bens antecipados devem ser colacionados no processo de inventário e informados como adiantamento de legítima, para que, se ultrapassar a parte indisponível, haja um juízo de equidade. Essa colação pode ser dispensada (Art. 2.006, CCB), desde que seja outorgado pelo doador em testamento, ou no próprio título de liberalidade, evidentemente, não afrontando a legítima dos herdeiros necessários.

No testamento, não se faz propriamente a partilha, mas tão somente a indicação de futura divisão de bens, pois só se concretizará após a morte do testador.

DISPOSITIVOS NORMATIVOS

CCB – Arts. 28, 29, 1.321, 1.326, 1.489, IV, 1.523, I, III, 1.575, parágrafo único, 1.581, 1.791, parágrafo único, 1.796, 1.800, 1.904, 1.977, parágrafo único, 1.991 a 2.027.

JURISPRUDÊNCIA

(...) A finalidade da colação é a de igualar as legítimas, sendo obrigatório para os descendentes sucessivos (herdeiros necessários) trazer à conferência bem objeto de doação ou de dote que receberam em vida do ascendente comum, porquanto, nessas hipóteses, há a presunção de adiantamento da herança (Arts. 1.785 e 1.786, CCB 1916, Arts. 2.002 e 2.003, CCB 2002). O instituto da colação diz respeito, tão somente, à sucessão legítima, assim, os bens eventualmente conferidos não aumentam a metade disponível do autor da herança, de sorte que benefício algum traz ao herdeiro testamentário a reivindicação de bem não colacionado no inventário. Destarte, o herdeiro testamentário não tem legitimidade ativa para exigir à colação bem sonegado por herdeiro necessário (descendente sucessivo) em processo de inventário e partilha (STJ, REsp

400948 SE, Rel. Min. Vasco Della, Giustina (Desembargador convocado do TJ/RS), 3ª T., publ. 09/04/2010).

PARTILHA JUDICIAL – É a divisão do bem ou do patrimônio segundo a relação jurídica que se formou levada à via judiciária para homologação, ou para sentença em caso de litígio. Quando não houver lesão ou ameaça ao direito de menores ou incapazes e nem litígio, o divórcio e inventário, e suas respectivas partilhas, podem ser realizados pela via administrativa (Cartório de Notas), com a participação obrigatória do advogado ou defensor público.

DISPOSITIVOS NORMATIVOS

CCB – Arts. 28, 29, 1.321, 1.326, 1.489, IV, 1.523, I, III, 1.575, parágrafo único, 1.581, 1.791, parágrafo único, 1.796, 1.800, 1.904, 1.977, parágrafo único, 1.991 a 2.027.

PARTILHA NO INVENTÁRIO [ver tb. formal de partilha, partilha] – É a divisão do patrimônio no processo de inventário. É a etapa final do inventário dos bens deixados pelo de cujus, que ocorre após a identificação dos herdeiros, a apuração do patrimônio deixado e o pagamento dos tributos, dívidas e emolumentos, a qual é formalizada por meio do plano de partilha. Pode ser realizada judicial ou extrajudicialmente, desde que nesse último caso não exista herdeiro menor ou incapaz, e o falecido não tenha deixado testamento, e seja consensual.

Até que se efetive a partilha, a administração da herança é exercida pelo inventariante (Arts. 1.991 e segs., CCB).

PARTILHA – TESTAMENTO [ver tb. partilha em vida, partilha – doação, testamento] – É a nomenclatura dada à partilha em vida quando realizada mediante

ato de última vontade. Na prática, não é propriamente uma partilha, pois esta só se efetivará com o inventário.

É uma modalidade de planejamento sucessório que só tem eficácia após a morte cmente dito, que também deve respeitar a legítima dos herdeiros necessários (Art. 2.018, CCB).

PARTO – Do latim partus, é o mesmo que parir. É o ato, ou processo, pelo qual o feto é expelido do aparelho reprodutor feminino. É o nascimento com vida, o que se distingue do aborto, onde não há nascimento com vida.

DISPOSITIVOS NORMATIVOS

CCB – Arts 2º, 542, 1.779.

PARTO ANÔNIMO [ver tb. abandono afetivo] – Apesar da grande variedade de contraceptivos e até mesmo da legalização do aborto em alguns países, os filhos não planejados e não desejados continuam nascendo, e sendo um problema social. Enquanto houver desejo sobre a face da terra eles continuarão nascendo.

Em alguns países, como Áustria, França, Itália, Luxemburgo, Bélgica, e em 28 Estados dos EUA, criou-se um mecanismo legislativo que recebeu o nome de "Parto Anônimo", que ofereceu alternativas às mães que não querem abortar ou abandonar clandestinamente seu filho, como tem acontecido frequentemente no Brasil.

O Parto Anônimo consiste em dar assistência médica à gestante e quando a criança nasce ela é entregue anonimamente em um hospital, preservando a identidade da mãe e isentando-a de qualquer responsabilidade civil ou criminal. Depois, a criança é entregue, também preservando o anonimato dos genitores, para adoção. Ela não chega a ser registrada em nome da genitora e, portando, não há que se falar em destituição do poder familiar, como normalmente é feito nos processos de adoção.

Um dos argumentos contrários ao "parto anônimo" é que a criança adotada fica sem o direito de saber a sua origem genética, como já acontece com os filhos nascidos de inseminação artificial heteróloga, cujo banco de sêmen preserva a identidade do doador.

Essa prática pode evitar, ou pelo menos diminuir a forma trágica do abandono pelas mães de seus filhos recém-nascidos.

Paternidade [*ver tb. desconstituição da filiação, fertilização in vitro, investigação de paternidade, maternidade, paternidade socioafetiva*] – Do latim *paternitas, pater*. É a qualidade de ser pai. Juridicamente, é o liame que faz nascer direitos e obrigações na relação pai-filho. A paternidade pode ser biológica ou não. A não biológica pode ser adotiva ou socioafetiva.

Independentemente do vínculo biológico ou mesmo do vínculo registral, a paternidade se define mais pela "posse de estado" de filho, ou de pais, ou seja, paternidade e maternidade são funções exercidas. Daí poder-se dizer que a verdadeira paternidade é adotiva, isto é, se não se adotar o filho, independentemente dele ser biológico, não haverá maternidade ou paternidade.

As novas configurações familiares impulsionaram a construção de novas concepções jurídicas, sobre paternidade, filiação e parentalidade de uma forma geral. Portanto, é insuficiente a relação biológica. A filiação é uma relação contínua que abrange muito mais do que uma semelhança entre os DNA.

O essencial para a formação da pessoa, para que possa tornar-se sujeito, e ser capaz de estabelecer laço social, e vínculos afetivos, é que ela tenha, em seu imaginário, o lugar simbólico do pai e da mãe. Apenas a presença do pai ou da mãe biológicos não é garantia de que a pessoa se estruturará como sujeito. O cumprimento de funções paternas e maternas é o que pode garantir uma estruturação psíquica saudável de alguém. E esta, não precisa necessariamente ser exercida pelos pais biológicos.

Lacan, em seu *Seminário 3*, trouxe um significado mais profundo da palavra Pai, ao demonstrar que ela transcende os laços biológicos, e que pode ser apenas uma metáfora, um significante paterno. Partindo do raciocínio de que a sociedade humana, sobre o primado da linguagem tem os pais como um lugar estruturante de cada sujeito, o pai é então uma função simbólica, já que qualquer um pode exercer tal função. A evolução dessa teoria lacaniana remete ao conceito de uma "metáfora paterna", para depois chegar simplesmente ao "nome do pai". Mais tarde, o próprio Lacan, ampliando e compreendendo melhor essa metaforização, passa a utilizar a expressão "nomes do pai" em vez de "nome do pai", no singular (LACAN, Jacques. *Nomes do pai*. Trad. André Telles. Rio de Janeiro, 2005, *passim*). Em outras palavras, esse pai falado por Lacan, é o que Freud já havia escrito muitos anos atrás, e que tão bem traduz essa ideia: *Não me cabe conceber nenhuma necessidade de sentir-se protegido por um pai.*

DISPOSITIVOS NORMATIVOS

CR – Arts. 226, 227 e 229.

CCB – Arts. 230, 231, 232, 1.593, 1.596, 1.599, 1.600, 1.601, 1.602, 1.615.

Lei nº 8.069/90 – Estatuto da Criança e do Adolescente.

Lei nº 8560/92 – Regula a investigação de paternidade dos filhos havidos fora do casamento e dá outras providências.

Súmulas STJ – 1, 277, 301 e 383.

JURISPRUDÊNCIA

"(...) O reconhecimento de paternidade é válido se reflete a existência duradoura do vínculo socioafetivo entre pais e filhos. A ausência de vínculo biológico é fato que por si só não revela a falsidade da declaração de vontade consubstanciada no ato do reconhecimento. A relação socioafetiva é fato que não pode ser, e não é, desconhecido pelo Direito. Inexistência de nulidade do assento lançado em registro civil" (STJ, REsp 878.941 DF, Rel.ª Min.ª Ministra Nancy Andrighi, 3ª T., publ. 17/09/2007).

LINGUAGEM POÉTICA

A meu filho Attilio Mauro / que tem o nome de meu pai

Leva-me contigo ao longe / … longe... / no teu futuro / Torna-te meu pai, leva-me / pela mão / aonde firme se dirige / teu passo de Irlanda / – a harpa de teu perfil / loiro, alto / já mais que eu que me inclino / já para a relva.

Guarda / de mim esta lembrança vã / que escrevo enquanto a mão / me treme.

Rema / comigo nos olhos ao largo / de teu futuro, enquanto escuto / (não escruto) brunida a surda / batida do tambor / que rufa – como meu coração: em nome / de nada – a Dedicação.

(CAPRONI, Giorgio. In: BERNARDINI, Aurora Fornoni (Org.). *A coisa perdida*: Agamben comenta Caproni. Trad. Aurora Fornoni Bernardini. Florianópolis: Ed. UFSC, 2011. p. 187).

PATERNIDADE ALIMENTAR [*ver tb. abandono afetivo, alimentos, filiação ilegítima, multiparentalidade, paternidade, paternidade socioafetiva, posse do estado de filho*] – É a paternidade para fins de subsídio, isto é, a paternidade (e também a maternidade) da qual decorre a obrigação alimentar. É a paternidade decorrente do vínculo genético, e que pode gerar obrigação em relação ao filho, mesmo que ele não exerça a paternidade em seus outros aspectos. Tal expressão advém da Lei nº 883/49 que, para preservar a "moral e os bons costumes", permitia o reconhecimento de filhos, então denominados de ilegítimos, tão somente para o pagamento de pensão alimentícia, mas mantinha a certidão de nascimento do filho sem o nome do pai.

A concepção da paternidade alimentar, embora tenha surgido de uma moral estigmatizante, traduz-se e faz sentido no moderno Direito de Família em razão das várias classificações e categorias de paternidade: registral, biológica e socioafetiva. Nem sempre essas três categorias de paternidade estão juntas. Quando o pai recusa-se a ser um pai presente na vida de seu filho, não há como obrigar a sê-lo. Mesmo assim ele deve cumprir sua obrigação de pai, ainda que seja apenas no aspecto material, sob pena de se premiar a irresponsabilidade paterna: *O dever alimentar a solidariedade familiar entre pais e filhos é ilimitada e pode ir ao extremo de exigir a venda de bens dos pais para atenderem a necessidade emergências dos filhos, como cirurgias ou tratamentos especiais de saúde, em atendimentos ao princípio constitucional da dignidade humana e ao inato direito do filho sob o poder familiar de receber, com absoluta prioridade, todas as garantias de integridade à vida, à saúde, à educação, ao lazer, à profissionalização e à cultura* (Art. 227, CR) (MADALENO, Rolf. *Curso de direito de família*. Rio de Janeiro: Forense, 2013. p. 947).

Assim, a paternidade mesmo não exercida, mesmo que o pai não queira ser pai, não há como ficar isenta de determinadas responsabilidades decorrentes deste vínculo. Portanto é fonte de obrigação alimentar, em relação aos filhos, seja ela exclusiva ou complementar ao outro pai (socioafetivo, registral).

JURISPRUDÊNCIA

(...) A obrigação alimentar se fundamenta no parentesco, que é comprovado pela certidão de nascimento. O agravante alega não ser o pai biológico do menor. Enquanto não comprovar, não se pode afastar seu dever de sustento. A rigor, mesmo esta prova não será suficiente, pois a paternidade socioafetiva também pode dar ensejo a obrigação alimentícia. Rejeitaram as preliminares e, no mérito, negaram provimento (TJRS, Ag. nº 70004965356, Rel. Des. Rui Portanova, 8ª CC., j. 31/10/2002).

PATERNIDADE BIOLÓGICA [*ver tb. investigação de paternidade, investigação da origem genética, multiparentalidade, paternidade socioafetiva, paternidade registral*] – Expressão utilizada para fazer diferenciação entre paternidade registral e socioafetiva. É a relação que se constitui pelo vínculo biológico entre pai e filho. É o genitor. Contudo nem sempre genitor é o pai, já que a paternidade não é necessariamente um vínculo natural, mas cultural. Daí o milenar instituto da adoção e a recente criação jurídica da paternidade socioafetiva, inclusive já inscrita na lei: *O parentesco é natural ou civil, conforme resulte de consanguinidade ou outra origem* (Art. 1.593, CCB).

A paternidade biológica é importante na vida do sujeito. Saber sua origem genética é um dos direitos inerentes à personalidade. Todavia, o vínculo genético por si só, não garante, e nem mesmo é ele que estrutura o sujeito: *Qual seria, pois, esse quid específico que faz de alguém um pai, independente da geração biológica? Se se presta atenta escuta às pulsações mais profundas da longa tradição cultural da humanidade, não será difícil identificar uma persistente intuição que associa a paternidade antes com o serviço que com a procriação. Ou seja: ser pai ou ser mãe não está tanto no fato de gerar quanto na circunstância de amar e servir* (VILLELA, João Baptista. Desbiologização da paternidade. *Revista da Faculdade de Direito da UFMG*. Belo Horizonte, ano XXVII, nº 21, p. 408-409, maio 1979).

O desafio do Direito de Família contemporâneo é fazer as ponderações da importância da paternidade biológica e a socioafetiva. Ambas têm um lugar e uma importância na vida das pessoas ali envolvidas, como bem nos lembra Rosana Fachin: É preciso equilibrar a verdade *socioafetiva com a verdade de sangue, pois o filho é mais que um descendente genético, devendo revelar uma relação construída no afeto cotidiano. Em determinados casos, a verdade biológica deve dar lugar à verdade do coração; na construção de uma nova família, deve-se procurar equilibrar estas duas vertentes: a relação biológica e a relação socioafetiva.* (FACHIN, Rosana. *Família e cidadania*: o novo CCB e a *vacatio legis*, IBDFAM, 2002. p. 63).

DISPOSITIVOS NORMATIVOS

CR – Arts. 226, 227, 229.

CCB – Arts. 230, 231, 232, 1.593, 1.599, 1.600, 1.601, 1.602, 1.615.

Lei nº 8.560/92 – Regula a investigação de paternidade dos filhos havidos fora do casamento e dá outras providências.

JURISPRUDÊNCIA

(...) O STJ vem dando prioridade ao critério biológico para o reconhecimento da filiação naquelas circunstâncias em que há dissenso familiar, onde a relação socioafetiva desapareceu ou nunca existiu. Não se pode impor os deveres de cuidado, de carinho e de sustento a alguém que, não sendo o pai biológico, também não deseja ser pai socioafetivo. A *contrario sensu*, se o afeto persiste de forma que pais e filhos constroem uma relação de mútuo auxílio, respeito e amparo, é acertado desconsiderar o vínculo meramente sanguíneo, para reconhecer a existência de filiação jurídica (STJ, REsp 878941 DF, Rel.ª Min.ª Nancy Andrighi, 3ª T., publ. 17/09/2007).

PATERNIDADE DIFERIDA [*ver tb. presunção de paternidade, paternidade*] –

Do latim *differre, proferre, procrastinare*. É a paternidade adiada, ou seja, planejada para o futuro. É instituto derivado do direito fundamental ao planejamento familiar. Todo cidadão tem o direito de constituir família no momento que lhe convir, como lhe convir: *O planejamento familiar é de livre decisão do casal, competindo ao Estado propiciar recursos educacionais e financeiros para o exercício desse direito, vedado qualquer tipo de coerção por parte de instituições privadas ou públicas* (Art. 1.565, § 2º, CCB).

Neste sentido, é permitido o reconhecimento dos filhos concebidos *post-mortem*. Quando um dos cônjuges/convivente falece, é autorizado ao supérstite honrar o desejo do falecido: *Presumem-se concebidos na constância do casamento os filhos: (...) III – havidos por fecundação artificial homóloga, mesmo que falecido o marido; IV – havidos, a qualquer tempo, quando se tratar de embriões excedentários, decorrentes de concepção artificial homóloga; V – havidos por inseminação artificial heteróloga, desde que tenha prévia autorização do marido.* Os filhos havidos de forma diferida *post mortem* têm os mesmos direitos e qualificações dos demais (Art. 1.596, CCB).

DISPOSITIVOS NORMATIVOS

Lei nº 9.263/96 – Lei que trata do planejamento familiar.

Resolução nº CFM 2320/2022.

PATERNIDADE MÚLTIPLA – Ver multiparentalidade, pluriparentalidade.

PATERNIDADE PRESUMIDA [*ver tb. investigação de paternidade, multiparentalidade, paternidade socioafetiva, presunção pater is est, presunção relativa*] – É a paternidade pressuposta, isto é, aquela que é aceita como verdadeira por disposição legal até que se prove o contrário. É a presunção *juris tantum* ou relativa. O marido é o pai do filho advindo do casamento, por presunção legal (Arts. 1.523, II e 1.597, CCB). Se houver dúvida desta paternidade, ela pode ser questionada em Ação Negatória de Paternidade. Na ação de investigação de paternidade, a recusa do investigado em submeter-se ao exame em DNA também gera presunção da paternidade relativa. Apesar da máxima de que ninguém é obrigado a produzir provas contra si mesmo, tendo em vista os valores envolvidos e a antinomia principiológica, a opção é sempre pelo melhor interesse da criança e adolescente, paternidade responsável, absoluta prioridade, dignidade da pessoa humana e personalidade.

A Lei nº 14.138/2021, acrescentou § 2º ao art. 2º-A da Lei nº 8.560, de 29 de dezembro de 1992, para permitir, em sede de ação de investigação de paternidade, a realização do exame de pareamento do código genético (DNA) em parentes do suposto pai, nos casos em que especifica. Com o atual texto legislativo, a recusa à perícia médica ordenada pelo juiz poderá suprir a prova que se pretendia obter com o exame. Assim como em ação investigatória, a recusa do suposto pai em se submeter ao exame de DNA induz presunção de paternidade. O Poder Judiciário já admitia essa possibilidade, mesmo antes dessa lei.

DISPOSITIVOS NORMATIVOS

CR – Arts. 226, 227 e 229.

CCB – Arts. 230, 231, 232, 1.523, II, 1.593, 1.597, 1.598, 1.599, 1.600, 1.601, 1.602, 1.615.

Lei nº 8.560/92 – Regula a investigação de paternidade dos filhos havidos fora do casamento e dá outras providências.

Lei nº 14.138/2021

Súmulas STJ – 1, 277, 301.

JURISPRUDÊNCIA

(...) da mesma forma que a recusa do suposto pai em submeter-se ao exame de DNA serve como elemento probatório para demonstração de paternidade, a insistente recusa da mãe em submeter o filho ao mesmo exame gera presunção de que o autor não é o pai da criança (STJ, REsp 786.312, Rel. Min. Luis Felipe Salomão, 4ª T., j. 21/05/2009).

LINGUAGEM LITERÁRIA

"Laura – Que curioso! Então não há como saber quem é o pai de uma criança?

Capitão – Segundo dizem, não.

Laura – Que estranho! Mas então como o pai pode ter todos esses direitos sobre o filho da mulher?

Capitão – Ele só tem direitos caso assuma a responsabilidade, ou então se a responsabilidade lhe for imposta. E no casamento não há dúvida alguma sobre a paternidade.

Laura – Não há dúvida alguma?

Capitão – Espero que não.

Laura – Mas e se a esposa for infiel?

Capitão – Não é de um caso desses que estamos tratando! […]"

(STRINDBERG, J. A. O pai. *In: Senhorita Júlia e outras peças*. Trad. Guilherme da Silva Braga. São Paulo: Hedra, 2009. p. 25-94).

PATERNIDADE REGISTRAL [*ver tb. filiação socioafetiva, pais sociais, paternidade, paternidade socioafetiva, posse de estado de filho*] – Designa a paternidade que teve assento no Cartório de Registro Civil, de onde se extrai a certidão de nascimento e prova-se vínculo pai/filho. Essa expressão tem sido utilizada no moderno Direito de Família para distinguir e diferenciar de outras duas categorias de paternidade: biológica e socioafetiva. A maioria das paternidades reúne essas três categorias, ou seja, o pai biológico registra seu filho e o "adota" no sentido do exercício da paternidade e torna-se também um pai socioafetivo. Todavia, não necessariamente estas três categorias andam juntas. Uma vez estabelecida a paternidade por meio do registro civil, decorrem daí direitos e obrigações, como o de sustento, guarda e educação.

A Lei nº 8.069/90, conhecida como o Estatuto da Criança e do Adolescente, trouxe novos elementos sobre a concepção de paternidade e pátrio poder (poder familiar, na expressão do Código Civil brasileiro de 2002). Ao estabelecer sobre famílias naturais e substitutas (Arts. 25 e 28), essa lei introduziu inovações ao referir-se aos "pais sociais". É na compreensão do papel social do pai e da mãe, desprendendo-se do fator meramente biológico, que esse estatuto vem ampliar o conceito de pai, realçando sua função psíquica e social.

DISPOSITIVOS NORMATIVOS

CCB – Arts. 9º, 1.596 a 1.617.

Lei nº 8.069/90 – Estatuto da Criança e do Adolescente – Arts. 25 e 28.

Lei nº 6.015/73 – Lei de Registro Público Art. 29, I.

Provimentos nº 12 e 16 do CNJ.

JURISPRUDÊNCIA

(...) Restou comprovado nos autos que o recorrente não é o pai biológico do apelado, mas os estudos sociais constataram a existência de vínculo socioafetivo. A relação jurídica de filiação foi construída também a partir de laços afetivos e de solidariedade. O mero arrependimento não constitui razão capaz de revogar ato de reconhecimento da paternidade, efetuado modo espontâneo, que é irrevogável (TJRS, Ap. Cível nº 70047722079, Rel.ª Des.ª Munira Hanna, 7ª CC., j. 22/05/2013).

PATERNIDADE SOCIOAFETIVA [*ver tb. família socioafetiva, filiação socioafetiva, parentalidade socioafetiva, princípio da afetividade, paternidade, posse de estado de filho*] – É a paternidade formada pelos laços de afeto, com ou sem vínculo biológico. Desprendendo-se do conceito de paternidade biológica, ou desfazendo-se das ideologias que disfarçam os sistemas de parentalidade, a paternidade constitui, segundo a Psicanálise, uma função.

A paternidade socioafetiva tem seu embrião na antiga expressão posse de estado de filho. Para que haja a posse de estado é necessário que o filho seja tratado como filho e que sua condição oriunda da filiação seja reconhecida socialmente. Paternidade socioafetiva é uma expres-

são criada no Direito brasileiro, usada pela primeira vez pelo jurista paranaense Luiz Edson Fachin, em seu livro *Estabelecimento da filiação e paternidade presumida*, publicado em 1992.

A concepção da paternidade socioafetiva estende-se também aos irmãos, mãe, enfim a toda parentalidade e pode ser fonte de obrigação alimentar e sucessória. O art. 1.593, do CCB, consolida o que a doutrina e a jurisprudência já haviam estabelecido sobre esta outra modalidade jurídica de parentalidade: *o parentesco é natural ou civil, conforme resulte de consanguinidade ou outra origem.*

O Supremo Tribunal Federal, apreciando o tema 622 da repercussão geral, fixou a tese que: *A paternidade socioafetiva, declarada ou não em registro público, não impede o reconhecimento do vínculo de filiação concomitante baseado na origem biológica, com os efeitos jurídicos próprios* (STF, REx nº 898.060, Rel. Min. Luiz Fux, Plenário, publ. 24/08/2017). O § 3º do art. 102 da CR/1988, uma das modificações trazidas pela EC nº 45, criou o requisito da repercussão geral das questões constitucionais discutidas, para admissão do recurso extraordinário. A tese fixada em repercussão geral possui eficácia *erga omnes* e o efeito vinculante a todos da administração pública direta e indireta, na esfera federal, municipal e estadual.

DISPOSITIVOS NORMATIVOS

CCB – Arts. 1.593, 1.596, 1.599, 1.600, 1.601, 1.602, 1.615.

Lei nº 12.004/90 – Regula a investigação de paternidade dos filhos havidos fora do casamento.

Súmulas STJ – 1, 277, 301 e 383.

Provimento nº 63/2017 e 83/2019 do CNJ.

JURISPRUDÊNCIA

(...) O reconhecimento de paternidade é válido se reflete a existência duradoura do vínculo socioafetivo entre pais e filhos. A ausência de vínculo biológico é fato que por si só não revela a falsidade da declaração de vontade consubstanciada no ato do reconhecimento. A relação socioafetiva é fato que não pode ser, e não é, desconhecido pelo Direito. Inexistência de nulidade do assento lançado em registro civil" (REsp 878.941 DF, Terceira Turma, relatora Ministra Nancy Andrighi, *DJ* de 17/09/2007). 4. O termo de nascimento fundado numa paternidade socioafetiva, sob autêntica posse de estado de filho, com proteção em recentes reformas do direito contemporâneo, por denotar uma verdadeira filiação registral – portanto, jurídica –, conquanto respaldada pela livre e consciente intenção do reconhecimento voluntário, não se mostra capaz de afetar o ato de registro da filiação, dar ensejo a sua revogação, por força do que dispõem os arts. 1.609 e 1.610 do Código Civil (STJ, REsp 709.608 MS, Rel. Min. João Otávio de Noronha, 4ª T., publ. 23/11/2009).

ILUSTRAÇÃO

Raffaello Sanzio – Afresco do Vaticano retrata a adoção de Moisés. P. 528.

PATERNIDADES / MATERNIDADES COMPARTILHADAS – Ver contrato de geração de filhos.

PATRIA POTESTAD [*ver tb. autoridade parental, custódia, família, pátrio poder, poder familiar*] – Expressão utilizada no Direto espanhol para designar a autoridade legal que se tem sobre os filhos menores de idade. É a custódia dos filhos. No Direito de Família brasileiro, é representado pelas terminologias pátrio poder e poder familiar: *os filhos estão sujeitos ao poder familiar, enquanto menores* (Art. 1.630, CCB 1916). Tem origem no Direito Romano, em que o poder familiar (*patria potestas*, em latim), era exclusivo do pai sobre os filhos, por tempo e poder indeterminado.

No Direito de Família contemporâneo, especialmente a partir da Constituição da República de 1988, do Estatuto da Criança e do Adolescente (Lei nº 8.068/90) e do CCB de 2002 o poder dos pais sobre os filho foi limitado em atendimento ao melhor interesse dos menores. Assim, transformou-se muito mais em deveres e responsabilidades do que "direito soberano sobre os filhos".

A *patria potestad*, ou melhor, o poder familiar, extingue-se quando os filhos atingem a maioridade.

PATRIARCA [*ver tb. cabeça do casal, família patriarcal, patriarcalismo*] – Do grego *patriarchies, patriarchia,* e depois do latim *patriarca,* chefe de família ou clã. Daí a origem e designação família patriarcal. Na medida em que a família passou a ser estruturada muito mais pelo afeto, e perdeu a hierarquia entre seus membros, não há mais chefe de família no sentido do sistema patriarcal. E assim essa expressão perdeu sua força e tende a cair em desuso no Direito de Família contemporâneo.

JURISPRUDÊNCIA

(...) A inegável superação de antigos paradigmas do Direito de Família tem se operado pela gradativa evanescência da função "procriacional" a definir a entidade familiar, bem como, pela dissipação do conteúdo de cunho marcadamente patrimonialista, para dar lugar à comunhão de vida e de interesses pautada na afetividade, tendo como suporte a busca da realização pessoal de seus integrantes. (...) (STJ, REsp 1.026.981 RJ, Rel.ª Min.ª Nancy Andrighi, 3ª T., STJ. publ. 04/08/2010).

P

LINGUAGEM LITERÁRIA

"[...] fique atento, você verá então que esses lençóis, até eles, como tudo em nossa casa é morbidamente impregnado da palavra do pai; era ele, Pedro, era o pai que dizia sempre é preciso começar pela verdade e terminar do mesmo modo, era ele sempre dizendo coisas assim, eram pesados aqueles sermões de família, mas era assim que ele os começava sempre, era essa a sua palavra angular, era essa a pedra em que tropeçávamos quando crianças, essa a pedra que nos esfolava a cada instante, vinham daí as nossas surras e marcas no corpo [...] era ele sempre dizendo coisas assim na sua sintaxe própria, dura e enrijecida pelo sol e pela chuva, era esse lavrador fibroso catando da terra a pedra amorfa que ele não sabia tão modelável nas mãos de cada um; era assim, Pedro, tinha corredores confusos a nossa casa, mas era assim que ele queria as coisas, ferir as mãos da família com pedras rústicas, raspar nosso sangue como se raspa uma rocha de calcário [...]"

(NASSAR, Raduan. *Lavoura arcaica*. 3. ed. São Paulo: Companhia das Letras, 1989. p. 43-44).

PATRIARCADO [*ver tb. matriarcado, patriarcalismo*] – Do latim *pater,* pai e do grego *archein,* governar. É a forma de organização familiar e social em que o homem é o patriarca, isto é, o chefe, que exerce o domínio sobre a família e a comunidade. O patriarcado é mais que uma estrutura familiar. Ele é um sistema de pensamento, a partir de determinada forma de constituir família, em que homens e mulheres têm o seu desenvolvimento e participação com base no mito de superioridade masculina. E é a partir daí, e nesse contexto, que foram construídos os ordenamentos jurídicos ocidentais. *Os nossos atuais processos mentais e, consequentemente, nossos ordenamentos jurídicos, têm sua origem na Grécia e em Roma. O cristianismo, nascido de um mito judaico, floresceu e, de certa forma, reproduziu esta mesma estrutura psíquica. O livro do Gênese parece ser o texto básico do patriarcado* (PEREIRA, Rodrigo da Cunha. *Direito de família:* uma abordagem psicanalítica. 4. ed. Rio de Janeiro: Forense, 2012. p. 87/88).

Quase todos os registros históricos, os mitos, as lendas estão construídos sobre a suposta superioridade do homem sobre a mulher. Freud, em seu texto *Moisés e o monoteísmo,* para explicar algumas questões do povo judeu, relata a história de um dos patriarcas descritos na Bíblia: *O varão Moisés, que libertou o povo judeu e fundou sua religião, data de tempos tão remotos que não podemos fugir a uma indagação preliminar quanto a saber se foi ele personagem histórico ou criatura de lenda* (FREUD, Sigmund. Moisés e o monoteísmo. In: Obras psicológicas completas. Tradução de José Octávio de Aguiar Abreu. Rio de Janeiro: Imago, 1967, vl. XXIII. p. 19).

Foi somente na década de 1960, que as mulheres, ao reivindicarem um lugar de sujeito de direito e de desejo tanto quanto os homens, começaram a quebrar a estrutura patriarcal da família. Foi a partir daí que a família começou a perder sua força como instituição para valorizar as individualidades de cada membro da família. E com isto ficou menos hierarquizada e menos patrimonializada, passando a ser muito mais um *locus* da formação e desenvolvimento da pessoa do que propriamente um núcleo econômico e de reprodução.

PATRIARCALISMO [*ver tb. igualdade, princípio da igualdade*] – Em sentido semelhante a patriarcado, é o sistema social político e jurídico em que a autoridade e os direitos sobre os bens e as pessoas obedecem a uma regra de filiação denominada patrilinear. É o homem quem ocupa o lugar central e de poder nas relações. Nas sociedades matrilineares, a mãe é quem ocupa este lugar.

O patriarcalismo foi o sistema autorizador da dominação do gênero masculino sobre o feminino, sustentado por muitos séculos, em todo Ocidente, uma suposta superioridade do homem sobre a mulher. O seu declínio mais acentuado foi marcado pelo movimento feminista, que foi a grande revolução do século XX, e que concedeu à mulher um "lugar ao sol". Associada ao discurso psicanalítico, ela passou a ser vista como um sujeito de desejo, assim como o homem, e portanto como sujeito de direitos, assim como o homem. A Constituição da República de 1988 foi um marco revolucionário no declínio do patriarcalismo ao registrar em seu texto o princípio da igualdade entre homem e mulher. (Arts. 5º e 226, § 5º, CR)

PATRIMÔNIO [*ver tb. bens consumíveis, bens fungíveis, bens infungíveis, bens móveis, bens semoventes*] – Do latim *patrimonium*. No Direito Romano, eram os bens herdados da família e primitivamente denominados de *res*. A ideia de patrimônio cultural advém do sentido da posse coletiva de determinados bens culturais e ambientais que passam a ser de todos os cidadãos.

No sentido jurídico atual, é o conjunto de bens, direitos e obrigações pertencentes a uma determinada pessoa física ou jurídica, que integra um complexo de direitos ou de relações jurídicas, com valor e conteúdo econômicos.

PATRIMÔNIO MÍNIMO – Ver estatuto do patrimônio mínimo.

PÁTRIO PODER [*ver tb. adoção, autoridade parental, destituição do poder familiar, poder familiar*] – É a expressão usada pelo CCB 1916 para designar o poder exercido pelos pais sobre seus filhos menores. No Direito Romano, representava para os titulares um poder absoluto, inclusive de vida e morte sobre os filhos.

Antes da Constituição Federal de 1988, quando ainda existia discriminação quanto aos filhos em razão de sua origem, a autoridade parental era dirigida apenas aos filhos legítimos, legitimados e os legalmente reconhecidos, deixando à margem os filhos ilegítimos. Sua função originária confundia o instituto da filiação com o estado civil dos pais, trazia uma ideia de imposição de poder sobre os filhos, fortalecido pela desigualdade que existia entre o homem e a mulher. Na vigência do CCB 1916, era o marido, como chefe da família, o titular do pátrio poder. Somente na sua ausência ou impedimento tal poder passava a ser atribuída à mulher.

O CCB de 2002 substituiu pátrio poder pela expressão poder familiar. Contudo, *a denominação ainda não é a mais adequada, porque mantém a ênfase no poder. Todavia, é melhor que a resistente expressão "pátrio poder", mantida inexplicavelmente, pelo Estatuto da Criança e do Adolescente (Lei nº 8.069/90). Com a implosão social e jurídica, da família patriarcal, cujos últimos estertores deram-se antes do advento da Constituição de 1988, não faz sentido que seja reconstruído o instituto apenas deslocando o poder do*

P

pai (pátrio) para o poder compartilhado dos pais (familiar), pois a mudança foi muito intensa, na medida que o interesse dos pais está condicionado ao interesse dos filhos, ou melhor, no interesse de sua realização como pessoa em formação (LÔBO, Paulo Luiz Netto. Do poder familiar. In. *Direito de familiar e o novo Código Civil*. Belo Horizonte: Del Rey, 2001. p. 141). Melhor seria a utilização da expressão autoridade parental.

PATRONÍMICO – Do latim *patroymicus* e do grego *patronymikos*. Designa o nome de família da linhagem paterna, ou seja o sobrenome da família do pai. Com a mudança de costumes, e a igualização de direitos entre homens e mulheres, os filhos passaram a receber o sobrenome de ambos os pais. Assim, o vocábulo patronímico, que originalmente designava apenas o sobrenome da linhagem paterna, ampliou seu sentido para significar também o sobrenome da linhagem materna.

É o nome adotado pelas famílias, que compõe o nome civil e que se transfere aos filhos, e identifica um núcleo familiar e distingue sua descendência. Também conhecido como nome de família, apelido ou sobrenome.

Com o casamento os cônjuges podem alterar o nome para acrescer ao seu o patronímico do outro (Art. 1.565, § 1º, CCB). Com a dissolução do vínculo conjugal, o nome de família pode ser mantido ou não. Como o nome é um dos atributos da personalidade, é comum que algumas pessoas, após anos usando o sobrenome do outro, queira continuar a usá-lo.

O Provimento nº 82/2019 da Corregedoria do Conselho Nacional de Justiça (CNJ) padronizou os procedimentos de alteração do nome do genitor em cartórios, sem a necessidade de autorização judicial.

A Lei nº 14.382/2022 alterou a Lei de Registros Públicos, facilitando e ampliando as possibilidades de alteração do nome, sobrenome e até mesmo prenome.

DISPOSITIVOS NORMATIVOS

CCB – Arts. 9, 10, 1.536, 1.565, 1.571, § 2º.

Lei nº 6.015/73 – Lei de Registros Públicos.

Provimento nº 82/2019 do CNJ

Lei nº 14.382/2022 – Altera a lei de Registros Públicos.

JURISPRUDÊNCIA

O princípio da verdade real norteia o registro público e tem por finalidade a segurança jurídica, razão pela qual deve espelhar a realidade presente, informando as alterações relevantes ocorridas desde a sua lavratura. 2. O ordenamento jurídico prevê expressamente a possibilidade de averbação, no termo de nascimento do filho, da alteração do patronímico materno em decorrência do casamento, o que enseja a aplicação da mesma norma à hipótese inversa – princípio da simetria –, ou seja, quando a genitora, em decorrência de divórcio ou separação, deixa de utilizar o nome de casada (Lei nº 8.560/92, art. 3º, parágrafo único). Precedentes (STJ, REsp 1072402 MG, Rel. Min. Luis Felipe Salomão, 4ª T., publ. 01/02/2013).

JURISPRUDÊNCIA

O princípio da verdade real norteia o registro público e tem por finalidade a segurança jurídica, razão pela qual deve espelhar a realidade presente, informando as alterações relevantes ocorridas desde a sua lavratura. 2. O ordenamento jurídico prevê expressamente a possibilidade de averbação, no termo de nascimento do filho, da alteração do patronímico materno em decorrência do casamento, o que enseja a aplicação da mesma norma à hipótese inversa – princípio da simetria –, ou seja, quando a genitora, em decorrência de divórcio ou separação, deixa de utilizar o nome de casada (Lei nº 8.560/92, art. 3º, parágrafo único). Precedentes (STJ, REsp 1072402 MG, Rel. Min. Luis Felipe Salomão, 4ª T., publ. 01/02/2013).

PENSÃO ALIMENTÍCIA [*ver tb. alimentos, alimentos compensatórios*] – Do latim *pensio*, pagamento ou contribuição decorrente de uma obrigação ou encargo.

É o pagamento periódico sem qualquer contraprestação de serviço ou trabalho à pessoa para sua mantença. É denominada também de alimentos e pode ser transitória ou permanente. É uma contribuição de assistência que decorre do vínculo de parentesco, da conjugalidade (casamento ou união estável) ou deixada em cláusula testamentária, ato ilícito ou de uma relação contratual.

LINGUAGEM LITERÁRIA

"Quando escutei seus juramentos, estava bem longe de supor que fosse este o caminho que me esperava. Agora é tarde para gemer e chorar. [...] Lembre-se de que quando parti de sua casa, sob a injunção da mais horrível das calúnias, nada levei comigo a não ser alguns lenços com que pude chorar minha desdita. É tempo pois de que se lembrem de mim para outra coisa que não seja a acusação e a injúria. Não estou sozinha neste mundo graças a Deus, e saberei me defender, ainda que para isto tenha de despender minha última parcela de energia, e verter minha última gota de sangue. Preste atenção, Valdo, para que eu não seja obrigada a tomar atitudes extremas. (De novo tremo, e meus olhos se enchem de lágrimas: não, Valdo, sinto que posso confiar ainda na lembrança do amor que nos uniu. Sei que tudo se resolverá calmamente, que você me enviará o dinheiro de que necessito para viver – e que, assim, um ato de justiça e de compreensão virá amparar aquela que em outros tempos foi tão ignominiosamente obrigada a abandonar seu próprio lar)".

(CARDOSO, Lúcio. *Crônica da casa assassinada*. Rio de Janeiro: Civilização Brasileira, 2009. p. 44).

PENSÃO ALIMENTÍCIA COMPENSATÓRIA [*ver tb. alimentos compensatórios*] – É a pensão alimentícia que vai além da discussão do binômio necessidade/possibilidade. Diferencia-se da pensão alimentícia comum, que tem natureza assistencial, em razão de sua natureza reparatória e compensatória. O seu fundamento e a sua natureza é a de reparar o desequilíbrio econômico/financeiro entre os ex-cônjuges, ou ex-companheiros, para que se dissolvam as desvantagens e desigualdades socioeconômicas instaladas em razão do fim da conjugalidade.

A pensão compensatória pode ter dupla natureza jurídica, que pode se demonstrar tanto na necessidade alimentar tradicional, quanto na indenizatória no sentido reparatório das desigualdades dos padrões de vida dos ex-cônjuges e ex-companheiros. E, como natureza reparatória, não se pode atrelá-la à responsabilidade subjetiva, pois não está a procurar um culpado pelo fim do casamento/união estável, até porque não há. Trata-se de responsabilidade. Daí poder-se afirmar que estamos diante de um típico caso de responsabilidade civil objetiva decorrente de uma relação contratual (casamento ou união estável).

A pensão compensatória é um mecanismo jurídico para igualização de direitos, pois uma sociedade que se pretende democrática não pode tolerar as desigualdades. Nas sociedades capitalistas e patriarcais, é comum atribuir-se valor apenas à força de trabalho que produz mercadorias e rendas. Em outras palavras, atribui-se valor apenas àquilo que traduz um conteúdo econômico. O trabalho doméstico, historicamente desenvolvido pelas mulheres, nunca recebeu seu devido valor no ordenamento jurídico. Nunca se atribuiu a ele um conteúdo econômico. Entretanto, não é possível a existência de sociedades e famílias sem esse necessário trabalho doméstico. Mesmo que se delegue a empregados os cuidados e fazeres domésticos, a administração, o cuidado, o olhar, o afeto e a energia ali despendida para que se crie filhos saudáveis, é necessário que, ao menos um dos pais, se dedique mais a essa função. Contudo, como isto não gera renda ou produz dinheiro, tal função ganhou uma importância inferior à de quem trabalha fora de casa. E assim, a importância e o verdadeiro valor da força de trabalho para a criação e educação de filhos são invisíveis.

A pensão alimentícia compensatória é uma forma de fazer compensações e reparações ao desequilíbrio econômico pós-divórcio ou dissolução de união estável que tiveram uma média ou longa duração. O respeito aos princípios da solidariedade, igualdade, dignidade e responsabilidade pós-ruptura conjugal é a base de sustentação para a concessão da pensão compensatória e é uma preocupação constante nos ordenamentos jurídicos. Vários deles, não apenas preconizam os alimentos compensatórios, bem como os prevê em vários diplomas legais, como se vê, exemplificativamente no Código Civil francês, art. 270; Código Civil espanhol, art. 978 e Inglaterra e País de Gales, na alínea 24 da lei de casos matrimoniais de 1973.

JURISPRUDÊNCIA

A Considerando que os litigantes estão separados de fato e estando o requerido na posse exclusiva dos bens do casal, em especial do micro-ônibus, detendo maior capacidade de exploração econômica, sendo ele quem, desde aquela data, usufrui do rendimento amealhado, mostra-se correta a fixação em favor da agravada de alimentos compensatórios, até que se efetive a partilha de bens. Agravo de instrumento desprovido (TJRS, Ag. nº 70046238671, Rel. Des. Ricardo Moreira Lins Pastl, 8ªCC., j. 16/02/2012).

PENSÃO AVOENGA [ver tb. *alimentos avoengos*] – É a pensão alimentícia paga pelos avós.

PENSÃO COMPENSATÓRIA [ver tb. *alimentos compensatórios*] – É a pensão alimentícia que visa compensar as diferenças econômico-financeiras decorrentes do divórcio ou da dissolução da união estável, ou seja, da queda do padrão de vida do ex-cônjuge ou ex-companheiros. É também conhecida como pensão alimentícia compensatória ou alimentos compensatórios.

Diferencia-se da pensão alimentícia comum assistencial, em razão de sua natureza reparatória.

JURISPRUDÊNCIA

Se os documentos juntados com a petição inicial parecem, efetivamente, indicar que as partes conviveram em regime de união estável e que pode haver efetivo desequilíbrio na partilha do patrimônio, isso é suficiente para dar suporte ao pedido de fixação de alimentos que a doutrina vem chamando de "compensatórios", que visam à correção do desequilíbrio existente no momento da separação, quando o juiz compara o status econômico de ambos os cônjuges e o empobrecimento de um deles em razão da dissolução da sociedade conjugal. A própria tese acerca da possibilidade de fixação de alimentos compensatórios, bem como a da prevalência do princípio da dignidade da pessoa humana sobre o da irrepetibilidade dos alimentos, insere-se no contexto da verossimilhança, emprestando relevância aos fundamentos jurídicos expendidos na peça de recurso. 2. A alegação de ocorrência de desequilíbrio na equação econômico-financeira sugere, de forma enfática, a potencialidade de causação de lesão grave e de difícil reparação, a demandar atuação jurisdicional positiva e imediata por meio do recurso de agravo. 3. Demonstrada a verossimilhança dos fatos alegados na petição do agravo, bem como o fundado receito de dano irreparável ou de difícil reparação, deve ser mantida a liminar deferida. 4. Recurso provido. (Ag nº 20110020035193, Rel. Des. Arnoldo Camanho de Assis, 4ª TC – TJDF. j. 25/05/2011).

PENSÃO DE ALIMENTOS [*ver tb. alimentos, pensão alimentícia*] – É o mesmo que pensão alimentícia ou simplesmente alimentos.

PENSÃO *INTUITU FAMILIAE* [*ver tb. pensão intuitu personae*] – É a pensão alimentícia arbitrada de forma global, ou seja, para o grupo familiar sem identificar a quota de cada integrante do núcleo familiar.

A pensão *intuitu familiae* é estabelecida em prol de toda a família, sendo assim, quando um deles deixar de fazer jus ao benefício, poderá ocorrer uma pequena redução da pensão, mas não uma divisão proporcional ao número de beneficiários. *O propósito da fixação intuitu familiae é exatamente no sentido de ser mantido o valor original da pensão, cujo montante é acrescido ao dos demais credores dos alimentos remanescentes, mostrando-se descabida a redução proporcional da pensão alimentícia, como se a verba fosse estabelecida intuitu personae, ou seja, arbitrada para cada um dos alimentandos* (MADALENO, Rolf. *Curso de direito de família*. 5. ed. Rio de Janeiro: Forense, 2013. p. 989).

JURISPRUDÊNCIA

A pensão alimentícia judicialmente fixada não é imutável, admitida sua posterior exoneração, redução ou majoração desde que cabalmente comprovadas alterações supervenientes capazes de modificar o binômio necessidade/capacidade. II – Fixados os alimentos sem especificação da parte devida a cada um dos dois filhos ("intuitu familiae"), a exoneração do pagamento a um deles não implica, por si só, a redução do montante, competindo ao alimentante comprovar a alteração do binômio necessidade (alimentando) e capacidade do (alimentante). (TJMG, Ap. Cível nº 104170901360170001 MG, Rel. Des. Peixoto Henriques, 7ª CC, j. 17/12/2013).

PENSÃO *INTUITU PERSONAE* [*ver tb. pensão intuitu familiae*] – São os alimentos fixados em benefício de um alimentário determinado, ou seja, arbitrado para uma pessoa em quotas ou valores específicos. Diferentemente é a pensão *intuitu familiae*, que é estabelecida sem individualização para todos os alimentários de um determinado núcleo familiar.

JURISPRUDÊNCIA

Direito de família – Agravo de instrumento – Alimentos provisórios – Alimentos *in natura* – Alimentos *intuitu personae* – Alimentos *intuitu familiae*. – O pedido de pensão alimentícia deve ser analisado à luz do binômio necessidade/possibilidade, previsto no § 1º, do art. 1694, do novo Código Civil, devendo o valor fixado ser suficiente à provisão das despesas básicas de subsistência da parte alimentada e guardar proporcionalidade com a capacidade financeira do alimentante. – Os alimentos *intuitu familiae* são fixados nas hipóteses em que se mostra difícil aferir a exata proporção da necessidade de cada um dos alimentados, tendo em vista que muitas das despesas dos necessitados se confundem, sendo mais razoável o arbitramento da obrigação de forma global. – Os alimentos *intuitu personae* são aqueles fixados atendendo as necessidades específicas do alimentando, individualmente, sem considerar o grupo familiar,. (TJMG, AI nº 100241442907427001, Relª. Desª. Heloisa Combat, 4ª CC, pub. 22/04/2015).

P

PERDA DE UMA CHANCE [*ver tb. abandono afetivo, reparação civil, responsabilidade civil*] – É uma modalidade autônoma de dano, na qual se indeniza a subtração da chance séria e real de se alcançar, futuramente, um benefício ou de evitar ou diminuir uma situação de risco. Para que haja indenização não é necessário que o resultado final favorável seja certo, bastando a probabilidade mínima de obtenção da vantagem, caso não tivesse sido retirada a oportunidade. Indenizável não é a vantagem final esperada, que, obviamente, é incerta, mas, sim, a própria perda da oportunidade de se praticar um ato, o qual poderia, no futuro, gerar uma vantagem ou evitar um prejuízo. Indeniza-se a aposta perdida, que é necessariamente hipotética. Apesar disso, o dano tem que existir, podendo ser patrimonial ou extrapatrimonial. Quando há a interrupção de um processo aleatório, por exemplo, um tratamento médico, um acompanhamento de ação judicial, a realização de um concurso etc., por um ato imputável, a probabilidade de êxito ou de se evitar um prejuízo perdido pela vítima pode ser indenizada.

O cálculo da indenização pode ser feito por meio de estatísticas e possui um valor próprio. Certamente, determinar o montante da chance perdida não é tarefa fácil, mas isso não pode servir de justificativa para se negar a indenização de um dano real. Se, eventualmente, for impossível avaliar o dano de forma matematicamente exata, essa impossibilidade deve ser usada em benefício da vítima e não em seu prejuízo. (PETEFFI DA SILVA, Rafael. *Responsabilidade civil pela perda de uma chance*: uma análise do direito comparado e brasileiro. 3. ed. São Paulo: Atlas, 2013. p. 4).

Na teoria da chance perdida, não há que se falar em prova de vínculo causal entre a perda da oportunidade e o ato danoso. Isso porque a aludida aposta é aleatória por natureza. Além disso, é possível haver a intervenção de causas externas. Assim, o resultado da aposta nunca será efetivamente conhecido e, consequentemente, nunca se poderá saber se foi o agente do ato danoso que necessariamente causou a perda da aposta, não sendo a conduta do ofensor uma condição *sine qua non* para a perda da vantagem esperada ou para o aparecimento do dano final, mas, sim, para a perda da chance de auferir a vantagem esperada ou de evitar o prejuízo. Quando um profissional, por exemplo, um advogado, um médico ou um engenheiro, não realiza uma diligência necessária, ou alguém, devido a um acidente, não tem condições de conseguir um emprego, a perda das chances faz com que seja impossível o resultado almejado para o futuro, o qual já era aleatório antes mesmo do acidente ou da falta da diligência. Desta maneira, o ato culposo do agente tem relação de causalidade necessária com a interrupção da chance. Assim, quando as consequências da interrupção do processo já aconteceram e são conhecidas, o que antes poderia ter sido um evento fortuito agora é real: a morte ou a invalidez do paciente, o recurso judicial perdido, a ponte que caiu etc. Entretanto, não será possível se conhecer, com absoluta certeza, qual é a relação de causalidade entre a falha do profissional responsável e dano final. É quase impossível saber se o efeito pretendido pela vítima seria alcançado de forma positiva ou não, se haveria êxito ou se o prejuízo poderia ser evitado, caso o ofensor não tivesse realizado a conduta.

O ato do agente, o qual interrompeu o curso do procedimento, exclui todas as oportunidades de se alcançar o resultado almejado, ocasionando a perda definitiva do resultado esperado após a ocorrência do ato danoso. Logo, nunca se saberá se um recurso, mesmo interposto tempestivamente, seria julgado procedente ou se o candidato conseguiria o emprego, pois o processo aleatório foi interrompido antes de chegar ao final, sendo as chances uma "suposição legítima do futuro", (PETTEFI, Rafael. Op. cit., p. 86).

A noção de perda de uma chance não se confunde com a indenização por lucros cessantes, os quais, normalmente, são pagos de acordo com os rendimentos atuais da vítima. Além disso, no caso de lucros cessantes está presente a análise do nexo de causalidade.

Não há óbice para a utilização da teoria da perda de uma chance nos casos de responsabilidade civil objetiva – orientada pela teoria do risco –, assim como nos casos de responsabilidade civil subjetiva, que pesquisa a culpa.

O exemplo mais antigo da utilização do conceito de perda de uma chance se deu na jurisprudência francesa (*pert d'une chance*). Em 17 de julho de 1889, a Corte de Cassação francesa conferiu indenização pela atuação culposa de um oficial ministerial que extinguiu todas as possibilidades de êxito em uma demanda, através de seu normal procedimento. Em 1911, deu-se a aparição dessa teoria no sistema da *common law*, com o caso inglês Chaplin *v.* Hicks, no qual a autora era uma das 50 (cinquenta) finalistas de um concurso de beleza

conduzido pelo réu e foi impedida por ele de participar da fase final do evento. Um dos juízes de apelação argumentou que, considerando que as 50 (cinquenta) finalistas estavam concorrendo a 12 prêmios distintos, diante da "doutrina das probabilidades", a autora teria 25% (vinte e cinco) de chances de ganhar um dos prêmios.

A perda de uma chance não se configura por um dano hipotético. Hipotética é a oportunidade perdida, que não é possível saber se seria alcançada, caso o processo aleatório não tivesse sido interrompido.

No Direito de Família, é aplicável, por exemplo, quando os genitores deixam de exercer devidamente o poder familiar, negando a um filho os cuidados elementares no que tange à sua saúde e educação, o que pode vir a acarretar uma deficiência física e a impossibilidade de concluir os estudos. Outro exemplo são os casos em que a mãe opta por não revelar ao genitor a sua gravidez, casando-se com outro homem, o qual acaba criando o filho como seu, configurando uma paternidade socioafetiva. Neste caso, é negado ao pai biológico o direito de exercer a paternidade, ou seja, ele perdeu a oportunidade e a chance do exercício da paternidade.

DISPOSITIVOS NORMATIVOS

CCB – Arts. 402, 403, 942.

JURISPRUDÊNCIA

A chamada *"teoria da perda de uma chance"*, de inspiração francesa e citada em matéria de responsabilidade civil, aplica-se nos casos em que o dano seja real, atual e certo, dentro de um juízo de probabilidade, e não de mera possibilidade, porquanto o dano potencial ou incerto, no âmbito da responsabilidade civil, em regra, não é indenizável; (...) (REsp 1104665 RS, Rel. Min. Massami Uyeda, STJ. j. 09/06/2009).

(...) Chance é a possibilidade de um benefício futuro provável, consubstanciada em uma esperança para o sujeito, cuja privação caracteriza um dano pela frustração da probabilidade de alcançar esse benefício possível. Reparação da chance perdida, e não do resultado final. Doutrina e jurisprudência. 8. Pressupostos da perda de uma chance no caso concreto: Os pressupostos para o reconhecimento da responsabilidade civil por perda de uma chance foram bem sintetizados no acórdão recorrido: "No caso concreto, para que se possa indenizar a chance perdida do ajuizamento de ação judicial, imprescindível verificar os seguintes pressupostos: (i) a viabilidade e a probabilidade de sucesso de futura ação declaratória de nulidade de doações inoficiosas; (ii) a viabilidade e a probabilidade de sucesso de futura ação de sonegados; (iii) a existência de nexo de causalidade entre o extravio de dois livros e as chances de vitória nas demandas judiciais."(...) STJ, REsp nº 1.929.450/SP, relator Ministro Paulo de Tarso Sanseverino, 3ª T., DJe 27/10/2022.

PERDA DO PODER FAMILIAR – Ver destituição do poder familiar.

PERDULÁRIO [*ver tb. interdição, pródigo, prodigalidade*] – Do latim *perder*, arruinar, destruir. É aquele que gasta, dilapida inutilmente seu dinheiro e seu patrimônio. É o sujeito que dissipa e esbanja sua fortuna até acabar. Tem sentido semelhante ao pródigo, e portanto, interditável.

A parábola bíblica do filho pródigo retrata muito bem o perdulário: o filho recebe bens e dinheiro do pai, sai pelo mundo esbanjando sua fortuna, depois de um certo tempo fica sem nada, sem ter onde morar, comer, e volta à casa do pai pedindo abrigo.

PERSONALIDADE [*ver tb. capacidade civil, ego, id, personalidade civil, personalidade física, personalidade jurídica, princípio da dignidade humana*] – Do latim *personalitas*, de *persona*, pessoa. É o conjunto de elementos e características da pessoa, que constituem a sua individualidade e o faz um indivíduo, um sujeito. Muitas vezes é empregado também como sinônimo de pessoa. São os atributos particulares de cada sujeito e que o torna único, individual e singular.

Na técnica jurídica, é a pessoa individualizada e que reúne a aptidão para ser sujeito de direitos: *Toda pessoa é capaz de direitos e deveres na ordem civil* (Art. 1º, CCB). Podem ser naturais (físicas) ou jurídicas.

Diz-se direitos da personalidade aqueles que têm por objeto os atributos físicos, psíquicos e morais da pessoa em si e em suas projeções sociais. Compõem uma esfera de direitos extrapatrimoniais do sujeito e relacionam-se diretamente ao macro princípio constitucional da dignidade da pessoa humana. São valores não redutíveis pecuniariamente, como a vida, a integridade física, a intimidade, a honra, a identidade etc. *Com exceção dos casos previstos em lei, os direitos da personalidade são intransmissíveis e irrenunciáveis, não podendo o seu exercício sofrer limitação voluntária* (Art. 11, CCB).

Os direitos da personalidade correspondem às faculdades exercitadas naturalmente pelo homem, verdadeiros atributos inerentes à condição humana atrelado à sua dignidade.

Foi a partir da Declaração dos Direitos Humanos e da Carta Constitucional de 1988 que a personalidade e os seus consequentes direitos ganharam especial destaque e proteção na ordem jurídica brasileira. Não existe um rol taxativo de direitos da personalidade. A doutrina mais moderna confere uma elasticidade maior na investigação da natureza de certas situações que são dignas a proteção. No Direito de Família e Sucessões, eles se exemplificam tais como o direito à identidade e ao nome, à paternidade ou apenas ao conhecimento da origem genética, à paternidade/maternidade socioafetiva, o direito de suceder do nascituro e do filho gerado por inseminação *post mortem* etc.

A Convenção Interamericana de Direitos Humanos (Pacto de São José da Costa Rica), inserida em nosso ordenamento jurídico pelo Decreto nº 678, de 6 de novembro de 1992, determina, no plano internacional, que os Estados *se comprometam a respeitar e garantir os direitos da personalidade.*

DISPOSITIVOS NORMATIVOS

CCB – Arts. 11 a 21.

PERSONALIDADE CIVIL [*ver tb. capacidade civil, personalidade física, personalidade jurídica*] – É a qualidade de pessoa, que goza de proteção da lei, sendo-lhe atribuído direitos e deveres, decorrentes da existência natural (física) ou jurídica (fruto da técnica jurídica). É a aptidão legal de ser sujeito de direitos e obrigações. Na pessoa natural, o nascimento com vida é que a determina: *A personalidade civil da pessoa começa do nascimento com vida; mas a lei põe a salvo, desde a concepção, os direitos do nascituro* (Art. 2º, CCB).

A pessoa jurídica, aquela que tem origem na lei, deve observar os requisitos legais de sua constituição: *Começa a existência legal das pessoas jurídicas de direito privado com a inscrição do ato constitutivo no respectivo registro, precedida, quando necessário, de autorização ou aprovação do Poder Executivo, averbando-se no registro todas as alterações por que passar o ato constitutivo* (Art. 45, CCB).

PERSONALIDADE FÍSICA [*ver tb. capacidade civil, personalidade civil, personalidade jurídica*] – É a denominação dada à personalidade das pessoas naturais, que traz consigo um conjunto de direitos e deveres inerentes ao ser humano. Designa as pessoas que adquirem personalidade com o nascimento, opondo-se à personalidade jurídica, ou seja, as pessoas jurídicas, que adquirem personalidade mediante constituição na forma da técnica jurídica.

Para a aquisição de personalidade física é necessário o nascimento com vida (Art. 2º, CCB), que se estingue com a morte.

PERSONALIDADE JURÍDICA [*ver tb. capacidade civil, desconsideração da pessoa jurídica, disregard, personalidade, personalidade civil, personalidade física*] – É a denominação dada à existência das pessoas jurídicas, que trazem consigo o conjunto de direitos e deveres inerentes às pessoas criadas pela técnica jurídica, que gozam de existência própria e protegida pela lei. Designa as pessoas constituídas por força de lei, diferentemente à personalidade física, ou seja, as pessoas naturais, que adquirem personalidade com o nascimento.

PESSOA – Do latim *personae*, é a palavra usada para definir o ser humano, homem ou mulher, dotado de personalidade e livre arbítrio. Em sentido análogo, a psicanálise utiliza a expressão sujeito.

P

PESSOA CAPAZ [*ver tb. capacidade civil, capacidade plena*] – É o ser humano que tem capacidade plena, ou seja, tem capacidade civil e jurídica para praticar, por si, todos os atos da vida civil.

Todas as pessoas são capazes de direitos e deveres na ordem civil. A pessoa tida como capaz é aquela que não precisa de assistência ou representação para garantir, resguardar ou litigar por seus direitos perante a ordem pública.

PESSOA INCAPAZ [*ver tb. capacidade plena, capacidade civil, incapacidade absoluta, menor púbere*] – É a pessoa que não tem capacidade plena, isto é, alguém que tem capacidade de direito, adquirida com o nascimento com vida, mas não tem capacidade de fato, obtida com a maioridade civil.

A Lei nº 13.146/2015, que instituiu o chamado Estatuto da Pessoa com Deficiência, provocou uma revolução paradigmática e alterações na teoria das incapacidades prevista no Código Civil, modificando a redação dos arts. 3º e 4º do Código Civil e o capítulo que trata da curatela, estabelecido pelos arts. 1.767 e seguintes, instituindo a denominada "ação de curatela" e não mais ação de interdição. Antes da entrada em vigor do Estatuto da Pessoa com Deficiência, eram considerados absolutamente incapazes de exercer pessoalmente os atos da vida civil (*I) os menores de 16 anos, (II) os que, por enfermidade ou deficiência mental, não tivessem o necessário discernimento para a prática desses atos e (III) os que, mesmo por causa transitória, não pudessem exprimir sua vontade.* Já no que diz respeito à incapacidade relativa, eram considerados incapazes, relativamente a certos atos ou à maneira de os exercer

(I) os maiores de 16 e menores de 18 anos, (II) os ébrios habituais, os viciados em tóxicos, e os que, por deficiência mental, tivessem o discernimento reduzido, (III) os excepcionais, sem desenvolvimento mental completo e (IV) os pródigos. Em razão de o art. 6º da Lei nº 13.146/2015 preconizar que "a deficiência não afeta a plena capacidade civil da pessoa", agora, somente os menores de 16 anos são considerados absolutamente incapazes de exercer pessoalmente os atos da vida civil (art. 3º do CC). Da mesma forma, houve mudanças na lei civil acerca da incapacidade relativa (art. 4º do CC), sendo retiradas as previsões de incapacidade relativa quanto aos que tivessem discernimento reduzido por deficiência mental e quanto aos excepcionais, sem desenvolvimento mental completo. A par disso, aqueles que, mesmo por causa transitória, não puderem exprimir sua vontade – que anteriormente eram considerados absolutamente incapazes –, agora são considerados relativamente incapazes. Em suma, as definições de capacidade civil foram reconstruídas para dissociar a deficiência da incapacidade. Assim, em virtude das alterações provocadas na lei civil pelo Estatuto da Pessoa com Deficiência, não se cogita de incapacidade absoluta de pessoas maiores de 16 anos, mas somente em incapacidade relativa. O art. 84, *caput*, do Estatuto da Pessoa com Deficiência estabelece que "*a pessoa com deficiência tem assegurado o direito ao exercício de sua capacidade legal em igualdade de condições com as demais pessoas*", apresentando os parágrafos 1º e 2º do mesmo artigo as formas para o exercício da capacidade legal: a tomada de decisão apoiada e a curatela, sendo esta última medida excepcional, que tão somente poderá afetar os atos

relacionados aos direitos de natureza patrimonial e negocial (art. 85).

DISPOSITIVOS NORMATIVOS

CCB – Arts. 1º a 5º.

Lei nº 13.146/2015 – Estatuto da Pessoa com deficiência – EPD.

PESSOA JURÍDICA [*ver tb. desconsideração da personalidade jurídica inversa, disregard, espólio, personalidade, personalidade jurídica, planejamento sucessório*] – É a expressão utilizada para classificar a identidade jurídica criada por determinação ou autorização de lei. É a personificação pela técnica abstrata do Direito. Jurídico é tudo aquilo que vem, pertence, promana ou se funda no Direito. Opõe-se à pessoa natural, cuja existência legal se inicia com o nascimento. Pode ser de Direito público ou privado. É na verdade uma ficção jurídica, assim como o espólio, uma criação do mundo jurídico.

Para o Direito privado, pessoa jurídica é a personificação de grupos de pessoas com objetivos comuns, criado na forma da lei e dotado de personalidade própria, para que atue com autonomia. São as instituições, sociedades, corporações, empresas, fundações etc. que por determinação legal adquirem individualidade, se personalizam para se distinguir das pessoas que as compõem. *Começa a existência legal das pessoas jurídicas de direito privado com a inscrição do ato constitutivo no respectivo registro, precedida, quando necessário, de autorização ou aprovação do Poder Executivo, averbando-se no registro todas as alterações por que passar o ato constitutivo* (Art. 45, CCB).

Em geral, o ato constitutivo da pessoa jurídica deve ser registrado na Junta Comercial ou no Cartório de Registro de Pessoas Jurídicas. Uma exceção a essa regra é a Sociedade de Advogados que deve ser registrada na OAB.

As pessoas jurídicas do direito público são criações legislativas. O Estado, a União, o Município, por exemplo, são pessoas jurídicas do direito público. Essas pessoas jurídicas manifestam sua vontade por meio do agente físico, a pessoa natural, ou seja, a pessoa jurídica depende da pessoa física para materializar suas ações no mundo físico.

No Direito Administrativo, essa relação de dependência é explicada pela Teoria do Órgão – a atividade do funcionário configura-se como atividade da própria pessoa jurídica, e, por conseguinte, devem ser atribuídas a esta todas as consequências danosas ou não dessa atividade. A vontade da pessoa jurídica e do agente se confundem, se misturam.

No Direito de Família, tem sido comum a pessoa jurídica ser usada como um instrumento para a prática de fraude à meação nas dissoluções das sociedades conjugais. É comum um dos cônjuges/companheiros transferir todo, ou parte, do seu patrimônio para uma pessoa jurídica, que por ter individualidade e autonomia, não se confunde com a pessoa do sócio/cônjuge/companheiro, ocultando assim o patrimônio partilhável.

No Direito Sucessório, as pessoas jurídicas auxiliam no planejamento sucessório. Elas são constituídas, muitas vezes, para facilitar a distribuição do patrimônio de alguém para depois da sua morte.

P

JURISPRUDÊNCIA

Desconsideração da personalidade jurídica inversa – cumprimento de sentença – executado é sócio de diversas empresas que atuam no ramo de venda/locação de automóveis, sendo que suas contas permanecem zeradas, ainda, detém 99,99% da empresa Dtrês Holdings Ltda. cujo endereço, constante na junta comercial, não corresponde à real localização de seu estabelecimento. Fato que demonstra que o executado utiliza-se de referida sociedade unicamente para ocultar bens, pois, ao que tudo indica, referida empresa sequer está em atividade. Confusão patrimonial caracterizada – recurso provido. (Ag. nº 0078611-16.2013.8.26.0000, Rel. Des. Renato Rangel Desinano, 36ª CDP – TJSP. j. 15/08/2013).

PETIÇÃO DE HERANÇA [*ver tb. habilitação de herdeiro*] – De origem romana, a *hereditatis petitio* é o instrumento jurídico pelo qual qualquer herdeiro pleiteia reconhecimento do seu direito sucessório, em razão da ordem de vocação hereditária ou de disposição testamentária. É possível ao interessado reclamar a quota hereditária a que tem direito de terceiro, que indevidamente a possua, ou de coerdeiro, caso ele tenha resistido a sua habilitação no processo de inventário. É o caso do filho não reconhecido, que deve antes comprovar a filiação para depois receber seu quinhão hereditário.

O autor da petição de herança deve comprovar a sua qualidade, ou seja, na referida ação há sempre a discussão sobre a qualidade de herdeiro. *O herdeiro pode, em ação de petição de herança, demandar o reconhecimento de seu direito sucessório, para obter a restituição da herança, ou de parte dela, contra quem, na qualidade de herdeiro, ou mesmo sem título, a possua* (Art. 1.824, CCB).

O Superior Tribunal de Justiça entendeu que o prazo prescricional para propor ação de petição de herança conta-se da abertura da sucessão, aplicada a corrente objetiva acerca do princípio da *actio nata* (arts. 177 do CC/1916 e 189 do CC/2002). A ausência de prévia propositura de ação de investigação de paternidade, imprescritível, e de seu julgamento definitivo não constitui óbice para o ajuizamento de ação de petição de herança e para o início da contagem do prazo prescricional.

DISPOSITIVOS NORMATIVOS

CCB – Arts. 1.824 a 1.828.

JURISPRUDÊNCIA

(...) O prazo prescricional para propor ação de petição de herança conta-se da abertura da sucessão, aplicada a corrente objetiva acerca do princípio da *actio nata* (arts. 177 do CC/1916 e 189 do CC/2002). 3. A ausência de prévia propositura de ação de investigação de paternidade, imprescritível, e de seu julgamento definitivo não constitui óbice para o ajuizamento de ação de petição de herança e para o início da contagem do prazo prescricional. A definição da paternidade e da afronta ao direito hereditário, na verdade, apenas interfere na procedência da ação de petição de herança.

4. Embargos de divergência parcialmente conhecidos e, nessa parte, providos, declarada a prescrição vintenária quanto à petição de herança. (EAREsp nº 1.260.418/MG, relator Ministro Antonio Carlos Ferreira, 2ª Seção, DJe de 24/11/2022.)

PLANEJAMENTO FAMILIAR [*ver tb. família, princípio da paternidade responsável*] – Planejar é estabelecer um plano, um programa a ser desenvolvido e cumprido. O planejamento familiar é uma das políticas públicas, cuja implementação deve respeitar os direitos individuais e o desejo das pessoas de constituírem famílias, conjugais e parentais, ter filhos ou não.

É o conjunto de ações de regulação da fecundidade que garante direitos iguais de constituição, limitação ou aumento da prole pela mulher, pelo homem ou pelo casal (Art. 2º, Lei nº 9.263/96). Daí poder dizer que é também um direito protegido constitucionalmente: *Fundado nos princípios da dignidade da pessoa humana e da paternidade responsável, o planejamento familiar é livre decisão do casal, competindo ao Estado propiciar recursos educacionais e científicos para o exercício desse direito, vedada qualquer forma coercitiva por parte de instituições oficiais ou privadas* (Art. 227, § 7º, CR).

Tal princípio constitucional desdobra--se em regras, traduzidas pela Lei nº 9.263/06: *Para o exercício do direito ao planejamento familiar, serão oferecidos todos os métodos e técnicas de concepção e contracepção cientificamente aceitos e que não coloquem em risco a vida e a saúde das pessoas, garantida a liberdade de opção* (Art. 9º). Este princípio que autoriza mulheres e homens escolherem a forma de constituição de famílias, com filhos ou sem filhos, de acordo com suas necessidades e desejos.

O Estado, por meio dos Serviços de Saúde Pública, deve garantir a cada indivíduo o exercício desse direito, ou seja, deve assegurar que as pessoas tenham acesso à informação, a métodos de contracepção eficazes e seguros, a serviços de saúde que contribuem para a vivência da sexualidade de forma segura e saudável, tais como a pílula, preservativo masculino e feminino, dispositivo intrauterino (DIU), diafragma, espermicidas etc.

A Lei 14.443/2022 Alterou a Lei nº 9.263, de 12 de janeiro de 1996, para determinar prazo para oferecimento de métodos e técnicas contraceptivas e disciplinou condições para esterilização no âmbito do planejamento familiar. Não há mais necessidade de autorização do cônjuge/companheiro para o procedimento de laqueadura, ou outras medidas de esterilização.

DISPOSITIVOS NORMATIVOS

Resolução nº 2.320/2022 do CFM.

Provimento nº 63/2017 do CNJ.

Provimento nº 83/2019 do CNJ.

Lei nº 14.443/2022.

JURISPRUDÊNCIA

(...) A decisão por uma descendência ou filiação exprime um tipo de autonomia de vontade individual que a própria Constituição rotula como "direito ao planejamento familiar", fundamentado este nos princípios igualmente constitucionais da "dignidade da pessoa humana" e da "paternidade responsável". A conjugação constitucional da laicidade do Estado e do primado da autonomia da vontade privada, nas palavras do Ministro Joaquim Barbosa. A opção do casal por um processo "in vitro" de fecundação artificial de óvulos é implícito direito de idêntica matriz constitucional, sem acarretar para esse casal o dever jurídico do aproveitamento reprodutivo de todos os embriões eventualmente formados e que se revelem geneticamente viáveis. O princípio fundamental da dignidade da pessoa humana opera por modo binário, o que propicia a base constitucional para um casal de adultos recorrer a técnicas de reprodução assistida que incluam a fertilização artificial ou "in vitro". De uma parte, para aquinhoar o casal com o direito público subjetivo à "liberdade" (preâmbulo da Constituição e seu art. 5º), aqui entendida como autonomia de vontade. (...) (ADI 3510, Rel. Min. Ayres Britto, Tribunal Pleno – STF. j. 29/05/2008).

PLANEJAMENTO SUCESSÓRIO [*ver tb. partilha em vida*] – É a organização feita pelo titular da futura herança com vistas à distribuição e destinação de seus bens para depois da sua morte. Assim, pode-se evitar o inventário, se respeitada a legítima, e o incômodo dos bens condominiais. *Compreende um conjunto de projeções realizadas em vida, para serem cumpridas como manifestação de um querer especial, sobrevindo a morte da idealizador, sendo então cumprida sua vontade em sintonia com seus antecipados desígnios tudo com vista ao bem comum de seus herdeiros, construindo um ambiente de pacífica transição da titularidade da herança, contribuindo o planejamento da sucessão para a melhor perenização do acervo do espólio* (MADALENO, Rolf. *Revista IBDFAM*: Famílias e Sucessões. Belo Horizonte: IBDFAM, 2014. v. 1, p. 12).

O planejamento sucessório pode ser feito por doações em vida com reserva de usufruto, apólices de seguro, previsões testamentárias, ou pela constituição de empresas familiares. O planejamento traz muitas vantagens, principalmente o de evitar brigas e desgastes emocionais aos herdeiros, garantindo a cada um o que lhe é de direito.

É muito comum inserir no planejamento sucessório a constituição de empresas familiares por meio de uma *holding familiar*, cujos sócios são parentes e na maioria das vezes descendentes do presidente do grupo empresarial. Todo o patrimônio do grupo acaba se concentrando nesta empresa. Aí faz-se a cessão de quotas ou ações aos herdeiros, na forma mais adequada para cada um, atendendo à realidade daquela família. O empreendedor, geralmente, reserva em seu favor usufruto vitalício destas quotas ou ações, e assim continua administrando integralmente seu patrimônio mobiliário e imobiliário. Com isso é possível evitar a incidência do Imposto de Transmissão *Causa Mortis*, pois todo o patrimônio

fica absorvido pela pessoa jurídica, bem como o pagamento do Imposto de Transmissão de Bens Imóveis, já que a incorporação de bens imóveis em sociedade, pode ser isenta de tributação.

PLANO DE PARTILHA – Ver esboço da partilha.

PLURIPARENTALIDADE – Ver multiparentalidade.

PODER FAMILIAR [*ver tb. autoridade parental, emancipação, pátrio poder, suspensão do poder familiar*] – É a expressão introduzida pelo CCB de 2002 em substituição à expressão pátrio poder, utilizada pelo CCB de 1916. É o conjunto de deveres/direitos dos pais em relação aos seus filhos menores. É uma atribuição natural a ambos os pais, independentemente de relação conjugal, para criar, educar, proteger, cuidar, colocar limites, enfim dar-lhes o suporte necessário para sua formação moral, psíquica para que adquiram responsabilidade e autonomia.

O poder familiar está diretamente vinculado à guarda, embora a guarda não necessariamente vincule-se ao poder familiar.

Estão sujeitos ao poder familiar os filhos oriundos ou não do casamento, tanto biológicos quanto adotivos e socioafetivos, enquanto menores de dezoito anos ou enquanto não emancipados.

O divórcio dos pais não altera o poder familiar, que é, em verdade, o poder/dever do pai e da mãe de proteção e direção da vida e formação educacional dos filhos.

No Direito Romano, a autoridade sobre os filhos e até sobre a esposa e os escravos cabia ao *pater familias*, inclusive, o direito de matar os filhos (*jus vitae et necis*), o que se estendeu até o período da República em Roma. Para suprir dificuldades financeiras, o chefe da família também podia vender o filho por até cinco anos e, depois, recuperá-lo. O direito de venda do filho (*ius vendendi*) era também a *noxae deditio*, ocasião em que este era entregue à vítima de um dano por ele causado para prestação de serviços que serviriam como compensação do prejuízo. O *pater familias* tinha a faculdade de abandonar o filho recém-nascido (*ius exponendi*), como forma de seleção eugênica, isto é, quando nascia com debilidade física e/ou mental. Apenas no século II, com a influência de Justiniano, essa autoridade do chefe da família foi transformada em direito de correção dos atos da prole. Com o advento do cristianismo como religião oficial do Estado Romano, foi proibida a venda, a morte e a entrega do filho ao credor.

No Brasil colônia, sob as Ordenações e Leis de Portugal, como no Direito Romano, o pai tinha um domínio quase absoluto sobre os filhos, a esposa e os escravos. No art. 1.518, do esboço do Código Civil de Teixeira de Freitas, editado entre 1860 e 1865, o *pater familias* podia corrigir e castigar moderadamente seus filhos, podendo requerer autorização ao Juiz dos Órfãos para a detenção dos filhos até quatro meses na casa correcional, sem o direito a recurso.

No Código Civil de 1916, o poder familiar então denominado pátrio poder, ratificou a supremacia da autoridade do pai e marido sobre os filhos e a esposa. Com o Estatuto da Mulher Casada, Lei nº 4.121/62, a mulher passou a ajudar o marido no exercício do pátrio poder. Contudo, se houvesse divergência entre eles, a vontade do pai prevaleceria, ou seja, a mulher era mera colaboradora.

A evolução da denominação dessa expressão para poder familiar traduziu a mudança de autoridade para ambos os pais na condução da criação dos filhos, o que apenas foi possível com a modificação ocorrida na Constituição da República de 1988 (Art. 226, § 5º) e da legislação infraconstitucional, instalando e atendendo ao princípio do melhor interesse da criança e do adolescente.

Poder familiar ainda não é a expressão mais apropriada. A palavra *poder* não expressa a verdadeira intenção de atender ao princípio do melhor interesse da criança e do adolescente, mas sim o sentido de posse. *Familiar* remeteria também à ideia de que os avós e irmãos estariam revestidos dessa função. A expressão mais adequada para a família atual, que é fundada na igualdade de gêneros e é democrática, seria autoridade parental, a qual exterioriza a ideia de compromisso de ambos os pais com as necessidades dos filhos, de cuidar, proteger, educar, dar assistência e colocar limites.

O CCB de 2002 assim traduziu o exercício do poder familiar: *Compete aos pais, quanto à pessoa dos filhos menores: I – dirigir-lhes a criação e educação; II – tê-los em sua companhia e guarda; III – conceder-lhes ou negar-lhes consentimento para casarem; IV – nomear-lhes tutor por testamento ou documento autêntico, se o outro dos pais não lhe sobreviver, ou o sobrevivo não puder exercer o poder familiar; V – representá-los, até aos dezesseis anos, nos atos da vida civil, e assisti-los, após essa idade, nos atos em que forem partes, suprindo-lhes o consentimento; VI – reclamá-los de quem ilegalmente os detenha; VII – exigir que lhes prestem obe-*

P

diência, respeito e os serviços próprios de sua idade e condição (Art. 1.634, CCB).

O poder familiar se extingue quando os filhos atingem a maioridade ou são emancipados, pela adoção, pela morte dos pais ou do filho. Pode também extinguir ou ser suspenso por decisão judicial se os pais não exercerem adequadamente este poder/dever, tais como: *I – castigar imoderadamente o filho; II – deixar o filho em abandono; III – praticar atos contrários à moral e aos bons costumes; IV – incidir, reiteradamente, nas faltas previstas no artigo antecedente. V – entregar de forma irregular o filho a terceiros para fins de adoção. (Incluído pela Lei nº 13.509, de 2017) Parágrafo único. Perderá também por ato judicial o poder familiar aquele que: (Incluído pela Lei nº 13.715, de 2018) I – praticar contra outrem igualmente titular do mesmo poder familiar: (Incluído pela Lei nº 13.715, de 2018) a) homicídio, feminicídio ou lesão corporal de natureza grave ou seguida de morte, quando se tratar de crime doloso envolvendo violência doméstica e familiar ou menosprezo ou discriminação à condição de mulher; (Incluído pela Lei nº 13.715, de 2018) b) estupro ou outro crime contra a dignidade sexual sujeito à pena de reclusão; (Incluído pela Lei nº 13.715, de 2018) II – praticar contra filho, filha ou outro descendente: (Incluído pela Lei nº 13.715, de 2018) a) homicídio, feminicídio ou lesão corporal de natureza grave ou seguida de morte, quando se tratar de crime doloso envolvendo violência doméstica e familiar ou menosprezo ou discriminação à condição de mulher; (Incluído pela Lei nº 13.715, de 2018) b) estupro, estupro de vulnerável ou outro crime contra a dignidade sexual sujeito à pena de reclusão. (Incluído pela Lei nº 13.715, de 2018) (Art. 1.638 CCB/2002)*

DISPOSITIVOS NORMATIVOS

CR – Arts. 227, 229.

CCB – Arts. 5º, 932, I, 1.517, 1.630 a 1.638 e 1.729.

Lei nº 8.069/90 – Estatuto da Criança e do Adolescente – Arts. 3º, 4º e 21.

POLIAFETIVIDADE – Ver união poliafetiva.

POLIAMOR – Ver união poliafetiva.

POLIANDRIA [*ver tb. poligamia, poliginia*] – Do latim *polyandro*, de origem grega, *polys*, muitos, *andros*, homem. É a relação conjugal de uma mulher com vários homens, isto é, com vários maridos ou companheiros.

POLIGAMIA [*ver tb. bigamia, monogamia, poliandria, poliginia, princípio da monogamia*] – Do latim *polygamia*, de origem grega, *polys*, muitos, e *gamia*, casamento. É a relação conjugal formada pela multiplicidade de cônjuges, ou seja, é a relação entre uma mulher e vários homens ou um homem e várias mulheres. Cerca de 70 países, a maioria no Oriente Médio e África, adota em seus ordenamentos jurídicos a poligamia, na verdade a poliginia.

A expressão poligamia se popularizou em oposição a monogamia, que é a relação entre um homem e uma mulher, ou em linguagem mais contemporânea, entre duas pessoas, pois a conjugalidade pode ser também homoafetiva.

É a união conjugal de uma pessoa com várias outras ao mesmo tempo.

POLIGINIA [*ver tb. poligamia, poliandria*] – Do latim *polygyne*, de origem grega, *polys*, muitas, *gyne*, mulher. É a relação de um homem com várias mulheres, isto é, com várias esposas ou companheiras.

Os mórmons, nos Estados Unidos da América, têm, entre seus preceitos religiosos, a poliginia, ou seja, os homens podem se casar com várias mulheres.

PÓS-MORIÊNCIA [*ver tb. herança por representação, inventário conjunto, comoriência*] – É o falecimento de herdeiro após a abertura da sucessão. Neste caso, ocorre nova transmissão de bens aos herdeiros do herdeiro pré-morto, que é diferente de herança por representação. Quando isto ocorre é possível a realização de inventário conjunto.

POSSE DO ESTADO DE CASADO

[*ver tb. in dubio pro matrimonio, justas núpcias, prova do casamento*] – É a situação fática, ostentada por duas pessoas como se casadas fossem, traduzida na externalização de elementos que demonstrem o vínculo de casamento entre elas. Geralmente, esses elementos se apresentam como "fama", isto é, no meio social são conhecidos como casados, são tratados e considerados como casados e até mesmo são reconhecidos e identificados pelo mesmo sobrenome (não necessariamente). Tais elementos constituem provas supletórias do casamento, que associadas à teoria da aparência pode comprovar o casamento civil, diante da falta ou perda do registro civil.

A prova do estado de casado tem sua origem no Brasil colonial, quando as atividades do Registro Civil de Pessoas Naturais estavam vinculadas ao poder eclesiástico que detinha o monopólio dos registros de casamento. Com a Proclamação da República e a separação Igreja/Estado muitos registros se perderam. Passou-se a adotar, então, como prova do casamento a "posse do estado de casado" para suprir essa dificuldade dos registros que ficaram desaparecidos nas paróquias. Em um Estado quase absolutamente católico, e após séculos de registros paroquiais, foi necessário convalidar os registros identificando-os como públicos, já que a competência da atividade notarial estava agora nas mãos do Estado. Neste contexto, os filhos de pais já falecidos, que realizaram apenas registro paroquial, eram considerados filhos naturais ou espúrios, e sem qualquer direito aos bens deixados pelos seus ascendentes. Assim, o Código Civil de 1916 adotou o instituto da posse do estado de casado para proteger a sucessão dos filhos havidos de matrimônios com registro paroquial, isto é, filhos decorrentes de "justas núpcias" na expressão do Direito Canônico.

Com a Constituição da República de 1988, e o princípio da igualdade dos filhos (Art. 227, § 6º, CR), o instituto perdeu razão de ser, apesar de ainda previsto no CCB de 2002: *Na dúvida entre as provas favoráveis e contrárias, julgar-se-á pelo casamento, se os cônjuges, cujo casamento se impugna, viverem ou tiverem vivido na posse do estado de casados* (Art. 1.547, CCB). Não há mais classificação entre filhos legítimos ou ilegítimos, naturais ou espúrios, ou seja, não há filhos ilegítimo. Filho é filho e todos são legítimos. Os dispositivos legais sobre posse de estado de casado são apenas um resquício histórico da interferência religiosa nas relações jurídicas. Assim, o art. 1.547 do CCB nada mais é do que uma reminiscência e registro histórico da interferência religiosa no relações jurídicas.

P

POSSE DO ESTADO DE FILHO [*ver tb. parentalidade socioafetiva, paternidade socioafetiva, posse do estado de casado, socioafetividade*] – É a situação de alguém que é criado como filho, mesmo sem sê-lo geneticamente e sem preciso reconhecimento jurídico. É quando o "filho" é tratado por seus "pais", de modo a que se repute no meio familiar e social como filho daquele que o cria. A aparência faz com que todos acreditem existir uma relação de pai e filho, ou seja, somados todos os fatos, presume-se a qualidade de filho daquela pessoa. *Assim, a tutela da aparência acaba emprestando juridicidade a manifestações exteriores de uma realidade que não existe. Os vínculos de parentalidade fornecem grandes exemplos à teoria da aparência: a paternidade se faz, como diz Luiz Edson Fachin, o vínculo de paternidade não é apenas um dado, tem a natureza de se deixar construir. Essa realidade corresponde a uma aparente relação paterno-filial* (DIAS, Maria Berenice. *Manual de direito das famílias*. São Paulo: Revista dos Tribunais, 2013. p. 380).

A posse do estado de filho é a base para o reconhecimento da filiação socioafetiva, a crença da condição de filho, que se funda em fortes laços de afeto construídos ao longo do tempo.

DISPOSITIVOS NORMATIVOS

Provimento nº 63/2017 do CNJ.

Provimento nº 83/2019 do CNJ.

JURISPRUDÊNCIA

(...) A parentalidade afetiva decorre da posse de estado de filho, a qual vem estampada pelo desfrute público dessa situação peculiar de filho, com a utilização do nome familiar ou ainda a condição de ser tratado como filho na sociedade, além do vínculo afetivo inerente a esta relação social. O reconhecimento da parentalidade socioafetiva, portanto, está condicionada à comprovação dos requisitos da afetividade, estabilidade e ostentabilidade da relação entre os envolvidos. (...) TJ-DF, Apelação Cível nº 00010576520168070020 – Rel. Des. Getúlio de Moraes Oliveira, 7ª Turma Cível, DJE: 22/01/2019).

POSSIBILIDADE ALIMENTAR [*ver tb. binômio alimentar, necessidade alimentar, sinais exteriores de riqueza, trinômio alimentar*] – Do latim *possibilitos*, de *possibilis*, possível. É a condição do que é possível. É um dos elementos que integram o trinômio alimentar: necessidade, possibilidade, proporcionalidade. Os alimentos devem ser fixados ou estabelecidos sempre com base na necessidade de quem os recebe, na possibilidade de quem os paga e de acordo com o padrão de vida das partes, ou seja, serão fixados de forma proporcional e de modo compatível com a condição social dos envolvidos (Art. 1.694, CCB).

O fato de o alimentante ter condições econômica e financeira alta não significa que deve pagar alimentos além da necessidade de quem deve recebê-los. Daí a necessidade de conjugar os elementos necessidade/possibilidade com o padrão de vida das partes envolvidas na relação jurídica alimentícia.

JURISPRUDÊNCIA

(...) Os alimentos provisórios devem ser suficientes à provisão das despesas básicas de subsistência do alimentante (menor) e guardar proporcionalidade com relação à capacidade financeira de cada um dos genitores, observado o binômio necessidade/possibilidade. – O dever de sustento da prole é de ambos os genitores, sendo certo que cada um deverá contribuir segundo sua capacidade financeira. – Havendo indícios da capacidade financeira do requerente, com sinais exteriores do alto padrão de vida ostentado, ainda que a quantia fixada não lhe imponha sacrifício excessivo, creio ser da mais lídima justiça que a mãe também contribua para o custeio das despesas da filha, reduzindo-se provisoriamente a obrigação alimentar paterna para 06 (seis) salários mínimos. – Recurso provido em parte (TJMG, Ag. nº 10702120366712002 MG, Rel.ª Des.ª Heloisa Combat, 4ª CC., j. 31/01/2013).

LINGUAGEM POÉTICA

Se não tem água Perrier eu não vou me aperrear / Se tiver o que comer não precisa caviar / Se faltar molho rose no dendê vou me acabar / Se não tem Moet Chandon, cachaça vai apanhar

Esquece Ilhas Caiman deposita em Paquetá / Se não posso um Cordon Bleu, cabidela e vatapá / Quem não tem Las Vegas, vai no bingo de Irajá / Quem não tem Beverly Hills, mora no BNH

Quem não pode, quem não pode / Nova York vai de Madureira

Se não tem Empório Armani / Não importa vou na Creuza costureira do oitavo andar / Se não rola aquele almoço no Fasano / Vou na vila, vou comer a feijoada da Zilá

Só ponho Reebok no meu samba / Quando a sola do meu Bamba chegar ao fim

(*Vai de madureira* – Letra e música de Zeca Baleiro).

POSSUIDOR *PRO HAEREDE* [*ver tb. herdeiro, herdeiro aparente*] – É a pessoa que se habilita em inventário, afirmando ser herdeiro, de boa-fé ou má-fé, e nesta condição, independentemente de sê-lo, disputa herança que foi deferida a outrem, contestando aquele direito. É o suposto herdeiro que litiga pela herança. Também conhecido como herdeiro aparente.

POTESTATIVO – Ver direito potestativo.

PRELEGADO [*ver tb. sucessão a título universal, sucessão a títulos singular*] – É o legado conferido em favor de herdeiro legítimo. Nesse caso, o beneficiado chamado a receber o bem legado sucede o *de cujus* a dois títulos: universal, por ser herdeiro legítimo, recebendo parte da universalidade da herança; e singular, por ter sido nomeado pelo testador para receber legado. É o mesmo que legado precípuo.

PREMORIÊNCIA [*ver tb. herança por representação, pós-moriência, comoriência*] – É o falecimento de herdeiro antes do autor da herança, ou seja, antes da abertura da sucessão. Nessa hipótese, há o direito de representação dos sucessores do pré-morto, isto é, transmite-se seus direitos hereditários a seus sucessores. *Dá-se o direito de representação, quando a lei chama certos parentes do falecido a suceder em todos os direitos, em que ele sucederia, se vivo fosse* (Art. 1.851, CCB).

PRENOME – Do latim *praenomen*. É o nome de chamamento da pessoa, utilizado por seus familiares e conhecidos. Precede o patronímico e compõe o nome civil do indivíduo. Também conhecido como nome individual, nome de batismo, nome de registro, e nome próprio.

PRESCRIÇÃO [*ver tb. caducidade, imprescritibilidade, venire contra factum proprium*] – Do latim *praescribens*, de *praescribere*, escrever antes, terminar, prefixar. Genericamente, é uma determinação, preceito ou norma que se escreve como balizador para as coisas futuras, isto é, uma ordem escrita, assinalada para a execução ou feitura de coisas. Neste sentido, é mais comum ser utilizada na terminologia médica. E assim se diz de prescrição médica.

Na terminologia jurídica, é o instituto que visa regular a perda do direito de acionar a justiça devido ao decurso de determinado período de tempo previsto em lei. É o fenômeno que torna ineficaz a pretensão, isto é, a possibilidade de o credor exigir do devedor o cumprimento de uma prestação de dar, fazer e não fazer.

Diferencia-se do instituto da decadência, apesar de muito semelhantes. Enquanto a decadência extingue o próprio direito subjetivo, potestativo, a prescrição extingue tão somente a pretensão, isto é, encerra a possibilidade de se exigir judicialmente aquele direito: *Violado o direito, nasce para o titular a pretensão, a qual se extingue, pela prescrição, nos prazos a que aludem os arts. 205 e 206* (Art. 189, CCB).

A prescrição é o decorrer do tempo contra o direito que se pretende buscar. E portanto, o tempo exerce uma forte influência sobre as relações jurídicas, que devem ter uma finitude para que não fique sempre em aberto a possibilidade da reinvindicação de determinado direito, afinal o *dormientibus non succurrit jus* (o direito não socorre aos que dormem). *Direito e tempo são umbilicalmente ligados* (SIMÃO, José Fernando. *Prescrição e decadência*: Início dos prazos. São Paulo: Atlas, 2013. p. 3).

A prescrição está diretamente relacionada à concretização do princípio da segurança das relações sociais e jurídicas, um dos pilares do Estado Democrático de Direito e uma forma de garantir estabilidade e paz no mundo jurídico. É ela que limita no tempo o direito de uma pessoa de exigir de outra alguma coisa. Tem como objetivo proteger e preservar as justas expectativas das pessoas, do contrário viveríamos em um sistema jurídico de insegurança eterna.

Um ato nulo, pode, em regra, ter decretada a sua nulidade a qualquer tempo, inclusive de ofício. Todavia, pelo princípio constitucional da segurança jurídica, a lei pode determinar que incida sobre o direito de se exigir uma prestação fundada nessa nulidade alguma forma de prazo prescricional. Isto é, ainda que um ato seja nulo de pleno direito, não significa que a pretensão de pleitear a declaração da sua nulidade, com o conseguinte retrocesso ao *status quo ante*, seja eterna. É o caso da impugnação e testamento, que prescreve em 5 anos o direito de impugnar a sua validade, contado o prazo da data do registro (Art. 1.859, CCB), seja ele nulo ou anulável.

No Direito de Família e Sucessões, o tempo consome vários direitos: apesar da imprescritibilidade constitucional da ação de investigação de paternidade, não o é a de petição de herança, ou seja, o direito de conhecer a origem genética ou investigar a paternidade é imprescritível pois trata-se de direito constitucional fundamental, porém os efeitos jurídicos que advêm dessa condição não o são. Aberta a sucessão, reconhecida paternidade, o prazo prescricional para se habilitar perante o inventário do *de cujus* e requerer o que lhe é de direito é de 10 anos (Súmula 149 STF). O Superior Tribunal de Justiça entendeu que o prazo prescricional para propor ação de petição de herança conta-se da abertura da sucessão, aplicada a corrente objetiva acerca do princípio da *actio nata* (arts. 177 do CC/1916 e 189 do CC/2002). A ausência de prévia propositura de ação de investigação de paternidade, imprescritível, e de seu julgamento definitivo não constitui óbice para o ajuizamento de ação de petição de herança e para o início da contagem do prazo prescricional(STJ, EAREsp 1260418/MG, Rel. Min. Antônio Carlos Ferreira, 2ª Seção, public. 26 /10/2022).

Quando não há prazos prescricionais específicos e expressos para determinadas situações, aplica-se o prazo prescricional geral que é de 10 anos (Art. 202, CCB). No CCB de 1916, este prazo era de 20 anos (Art. 177, CCB 1916).

No casamento nulo, o direito de pleitear sua nulidade é imprescritível, porém, não o são as pretensões que advêm dessa declaração, pois se limitam ao prazo prescricional geral. *Embora fulminado por um vício de ordem pública e insanável, o casamento nulo existe e, bem por isso, poderá produzir efeitos em relação a terceiros, como a presunção de paternidade dos filhos havidos em sua constância (Art. 1.597 CCB), e em relação aos próprios consortes, como o reconhecimento da comunhão de bens, decorrente da incidência das regras da comunhão parcial, presumindo que os bens adquiridos decorreram de esforço comum* (FARIAS, Cristiano Chaves de; ROSENVALD, Nelson. *Curso de direito civil:* direito das famílias. Rio de Janeiro: Lumen Juris, 2008. p. 153).

Os prazos prescricionais são escolhas apresentadas na lei e sofrem as variações da legislação de cada época. Por exemplo: I – casamento de quem não completou a idade mínima para casar – extingue-se, em cento e oitenta dias, o direito de anular o casamento dos menores de dezesseis anos, contado o prazo para o menor do dia em que perfez essa idade; e da data do casamento, para seus representantes legais ou ascendentes (Art. 1.560, § 1º, CCB); II – do menor em idade núbil, quando não autorizado por seu representante legal – só poderá ser anulado se a ação for proposta em cento e oitenta dias, por iniciativa do incapaz, ao deixar de sê-lo, de seus representantes legais ou de seus herdeiros necessários (Art. 1.555, CCB); III – por vício da vontade, nos termos dos arts. 1.556 a 1.558 – três anos, nos casos dos incisos I a IV do art. 1.557 e quatro anos, se houver coação (Art. 1.560, CCB); IV – do incapaz de consentir ou manifestar, de modo inequívoco, o consentimento – cento e oitenta dias (Art. 1.560, CCB); V – realizado pelo mandatário, sem que ele ou o outro contraente soubesse da revogação do mandato, e não sobrevindo coabitação entre os cônjuges – cento e oitenta dias, a partir da data em que o mandante tiver conhecimento da celebração (Art. 1.560, § 2º, CCB); VI – por incompetência da autoridade celebrante – dois anos (Art. 1.560, CCB).

O direito de pleitear alimentos e investigar a paternidade são imprescritíveis. Todavia, não o é o direito de executar os alimentos atrasados que prescreve em dois anos (Art. 206, § 2º, CCB), ou de impugnar o reconhecimento da paternidade que é de anos 4 quatro anos (Art. 1.614, CCB).

Não há previsão expressa de prazo prescricional para reivindicar direitos decorrentes da dissolução da união estável, e portanto é o geral, ou seja, de dez anos.

Não corre a prescrição: I – entre os cônjuges, na constância da sociedade conjugal; II – entre ascendentes e descendentes, durante o poder familiar; III – entre tutelados ou curatelados e seus tutores ou curadores, durante a tutela ou curatela; IV – contra os incapazes de que trata o art. 3º; V – contra os ausentes do País em

P

serviço público da União, dos Estados ou dos Municípios; VI – contra os que se acharem servindo nas Forças Armadas, em tempo de guerra (Arts. 197 e 198, CCB).

A Lei nº 14.010/2020 que instituiu o regime emergencial e transitório, em virtude da pandemia do Coronavírus, suspendeu prazos prescricionais entre 12/06 e 30/10 do ano de 2020.

Embora a redação do art. 3º do Código Civil tenha sido alterada pela Lei nº 13.146/2015 ("Estatuto da Pessoa com Deficiência"), para definir como absolutamente incapazes de exercer pessoalmente os atos da vida civil apenas os menores de 16 anos, e embora o inciso I do art. 198 do Código Civil disponha que a prescrição não corre contra os incapazes de que trata o art. 3º, a vulnerabilidade do indivíduo portador de deficiência psíquica ou intelectual não pode jamais ser interpretada para prejudicá-los. Assim, se o indivíduo não tem discernimento para os atos da vida civil, não corre contra ele o prazo prescricional, como não flui relativamente aos absolutamente incapazes.

JURISPRUDÊNCIA

(...) A simulação do ato jurídico foi elevada à condição de nulidade absoluta pelo CC/2002. Em tal caso a pretensão meramente declaratória do vício é imprescritível, ao passo que qualquer intenção condenatória subjacente prescreve em dez anos, a teor do art. 205 da novel Codificação. Inaplicabilidade do art. 178 do CC vigente, que regula apenas a decadência de direito afeta às chamadas anulabilidades. Indicando os elementos probatórios que o proprietário do automóvel efetuou a transferência do registro, que estava em nome da filha, a seu pai, agindo, ambos, no propósito único de frustrar pretensão patrimonial por pessoa com a qual o primeiro estabelecia relacionamento estável, está-se diante da simulação absoluta (art. 167, § 1º, II). Como consequência o ato jurídico é nulo, sem qualquer eficácia no mundo jurídico, preservando-se assim o status quo ante (TJSC, Ap. Cível nº 2010.034861-9, Rel.ª Des.ª Maria do Rocio Luz Santa Ritta, 3ª CC., j. 30/11/2010).

LINGUAGEM POÉTICA

És um senhor tão bonito / Quanto a cara do meu filho / Tempo, tempo, tempo, tempo / Vou te fazer um pedido / Tempo, tempo, tempo, tempo

Compositor de destinos / Tambor de todos os ritmos / Entro num acordo contigo / Tempo, tempo, tempo, tempo

Peço-te o prazer legítimo / E o movimento preciso / Quando o tempo for propício / Tempo, tempo, tempo, tempo

De modo que o meu espírito / Ganhe um brilho definido / E eu espalhe benefícios / Tempo, tempo, tempo, tempo

E quando eu tiver saído / Para fora do teu círculo / Não serei nem terás sido / Tempo, tempo, tempo, tempo

Ainda assim acredito / Ser possível reunirmo-nos / Num outro nível de vínculo / Tempo, tempo, tempo, tempo

(*Oração ao tempo* – Letra e música de Caetano Veloso).

PRESTAÇÃO DE ALIMENTOS [*ver tb. ação de prestação de contas, alimentos e pensão alimentícia*] – É o pagamento ou fornecimento de pensão alimentícia periódica decorrente de uma obrigação jurídica ou de forma espontânea. O direito à prestação de alimentos é recíproco entre pais e filhos e extensivo a todos os ascendentes, recaindo a obrigação nos mais próximos, uns em falta dos outros (Art. 1.696, CCB).

Em decorrência da conjugalidade (casamento ou união estável) pode haver também direito à prestação alimentar: *Podem os parentes, os cônjuges ou companheiros pedir uns aos outros os alimentos de que necessitem para viver de modo compatível com a sua condição social, inclusive para atender às necessidades de sua educação. § 1º Os alimentos devem ser fixados na proporção das necessidades do reclamante e dos recursos da pessoa obrigada. § 2º Os alimentos serão apenas os indispensáveis à subsistência, quando a situação de necessidade resultar de culpa de quem os pleiteia* (Art. 1.694, CCB).

A prestação de alimentos pode decorrer também de testamento, contrato ou ato ilícito.

DISPOSITIVOS NORMATIVOS

CR – Art. 229.

CP – Art. 244.

CCB – Arts. 1.566, IV, 1.694 a 1.710.

Lei nº 8.069/90 – Estatuto da Criança e do Adolescente – Arts. 3º, 11 a 14.

Lei nº 5.478/68 – Dispõe sobre ação de alimentos e dá outras providências.

Súmulas do STJ – 1, 277, 336 e 358.

JURISPRUDÊNCIA

Ao discutir os direitos de crianças e adolescentes, devem ser observados os vetores hermenêuticos da proteção integral e do princípio do melhor interesse do menor (CF, art. 227 e ECA, art. 4º), bem como considerar a condição peculiar da criança e do adolescente como pessoas em desenvolvimento (ECA, art. 6º). A inscrição do nome do devedor de alimentos nos cadastros dos órgãos de proteção ao crédito configura um meio indireto de cobrança de indiscutível força coercitiva. A obrigação alimentar é, ao mesmo tempo, um direito e um dever fundamental. O princípio da máxima eficácia dos direitos fundamentais, aliado aos princípios encartados no ECA, impõe ao Judiciário a tarefa de buscar todos os meios possíveis para a efetivação do comando constitucional. A inclusão do nome do agravado nos registros do SERASA e do SPC é medida adequada, necessária e proporcional ao atendimento do direito aos alimentos. Na aplicação das normas constitucionais, deve-se perseguir, entre outros, os princípios da supremacia e da unidade da Constituição, bem como o da máxima efetividade das normas constitucionais. A falta de previsão infraconstitucional não pode ser suficiente para impedir a efetivação de um direito fundamental. (Ag. nº 106768/2011, TJMS).

PRESTAÇÃO DE CONTAS [*ver tb. ação de prestação de contas*] – Genericamente, é a tomada de contas, isto é, a conferência de valores pagos, recebidos e gastos em uma relação obrigacional. Em determinadas relações jurídicas pode se exigir que se preste contas dos valores e administração dos bens, o que é feito através de uma ação judicial. Neste sentido, portanto, é o procedimento especial de jurisdição contenciosa, em que se busca a realização do direito de exigir de alguém a demonstração das despesas e receitas com documentação comprobatória em razão de uma obrigação legal ou contratual.

A ação de prestação de contas desenvolve-se em duas fases: na primeira verifica-se se há obrigação de tal prestação de contas; na segunda, apura-se o *quantum* ou o crédito. Tem legitimidade ativa, ou seja, tem o direito de exigi-la, aquele que tem interesse econômico direto na administração de bens e valores administrados por quem tenha que prestar contas, tendo em vista o pagamento e recebimentos em proveito do interessado. A iniciativa cabe tanto a quem tem o direito de exigir as contas como àquele que tem a obrigação de prestá-las.

Em Direito das Sucessões, a prestação de contas pode ser exigida do inventariante sobre os bens do espólio, por ele ad-

P

ministrado. Em Direito de Família, o tutor e curador devem prestar contas da administração dos bens do tutelado e curatelado.

Nas obrigações alimentícias, o alimentante, em razão do direito/dever de fiscalizar a educação do alimentário (Art. 1.589, CCB) pode exigir que lhe seja prestado contas. Basta indício de mau uso do dinheiro da pensão, para que se possa exercer o direito da prestação de contas. Se o valor não estiver sendo devidamente utilizado, o alimentante pode ingressar com ação revisional para ajustar o valor às reais necessidades do alimentário, ou adequar melhor a forma de pagamento para alimentar *in natura*. O objetivo não é executar eventual débito apurado, pois os alimentos, em regra, são irrepetíveis, mas, sim, colocar em prática o direito/dever de fiscalização.

Uma das ações pouco usuais, mas de grande importância, é a ação de prestação de contas da administração de bens do casal divorciando ou divorciado. É uma salutar medida judicial que ajuda a impedir abusos e desvio dos frutos dos bens do casal. É de pouco uso no cotidiano forense em razão da sensação de segurança oferecida pelas ações de constrição patrimonial. Porém, é comum que empresas, antes do divórcio e do bloqueio, serem saudáveis, auferirem lucros, mas após a sua constrição passarem a ter um verdadeiro declínio econômico. Nestes casos, é importante que a ação de prestação de contas patrimonial seja instaurada, e cuja fiscalização pode ajudar a preservação de uma boa gestão dos bens. Este procedimento serve, também, de preparação para a modificação do depositário ou gestor, ou mesmo para o sequestro do bem que foi malgerido.

A Lei nº 13.058/2014, que estabeleceu a guarda compartilhada, instituiu expressamente a ação de prestação de contas: *A guarda será unilateral ou compartilhada. [...] § 5º A guarda unilateral obriga o pai ou a mãe que não a detenha a supervisionar os interesses dos filhos, e, para possibilitar tal supervisão, qualquer dos genitores sempre será parte legítima para solicitar informações e/ou prestação de contas, objetivas ou subjetivas, em assuntos ou situações que direta ou indiretamente afetem a saúde física e psicológica e a educação de seus filhos* (art. 1.583, § 5º, CCB/2002).

DISPOSITIVOS NORMATIVOS

CCB – Arts. 996, 1.350, 1.755 a 1.762, 1.783.

Lei nº 13.058/2014.

(...) O objetivo precípuo da prestação de contas é o exercício do direito-dever de fiscalização com vistas e havendo sinais do mau uso dos recursos pagos a título de alimentos ao filho menor apurar a sua efetiva ocorrência, o que, se demonstrado, pode dar azo a um futuro processo para suspensão ou extinção do poder familiar do ascendente guardião (art. 1.637 combinado com o art. 1.638 do CC). 9. Recurso especial provido. (STJ, REsp 1911030/PR, Rel. Ministro Luis Felipe Salomão, 4ª Turma, DJe 31/08/2021).

PRESTAÇÃO VENCIDA – É a prestação que não foi quitada no prazo estipulado entre as partes, isto é, a data para o pagamento já passou sem a efetiva quitação do débito.

No Direito de Família, ocorre quando o alimentante deixa de efetuar o pagamento da prestação ou pensão alimentícia, podendo o alimentário interpor ação de execução de alimentos. O título executivo cobrado neste caso é exatamente a prestação vencida, qual seja, aquela que já venceu e não foi devidamente quitada.

PRESTAÇÃO VINCENDA [*ver tb. cobrança de alimentos*] – É a prestação que irá vencer no curso de determinada demanda, não tendo ainda chegado ao seu termo final, inexigível até o momento da propositura da ação.

No Direito de Família, ocorre quando o alimentante deixa de efetuar o pagamento da prestação alimentícia e o alimentário interpõe ação de execução para forçá-lo a pagar a prestação atrasada (vencida) e ainda pedir que ele quite também as parcelas vincendas, ou seja, aquelas que vencerem no curso da ação de execução.

PRESUNÇÃO ABSOLUTA [*ver tb. presunção relativa*] – Do latim *praesumptio*, ideia antecipada. É a conclusão, dedução determinada em lei, de caráter absoluto, isto é, que não admite prova em contrário ou impugnação. Também conhecida como presunção *juris et de jure*, que é o contrário de presunção relativa, *juris tantum*. Os fatos e atos expressamente previstos em lei, de caráter absolutos, são tidos como provados, ou seja, verdadeiros. Por exemplo, a necessidade do menor e do incapaz é presumida, ou seja, é inquestionável a sua necessidade com alimentação, educação, lazer e outras despesas. *O credor, pessoalmente, ou por intermédio de advogado, dirigir-se-á ao juiz competente, qualificando-se, e exporá suas necessidades, provando, apenas o parentesco ou a obrigação de alimentar do devedor, indicando seu nome e sobrenome, residência ou local de trabalho, profissão e naturalidade, quanto ganha aproximadamente ou os recursos de que dispõe* (Art. 2º, Lei nº 5.478/68 – Lei dos Alimentos).

JURISPRUDÊNCIA

(...) A revelia não induz à presunção absoluta de verdade sobre os fatos afirmados pela parte autora. A busca da verdade real, a nortear o processo, permite a análise dos documentos e provas apresentadas. Não se desincumbindo, a esposa, ora embargante do ônus que lhe competia, qual seja, demonstrar que a dívida contraída pelo seu esposo não reverteu em proveito da família, não merecem acolhimento suas alegações. Apelação parcialmente provida. Unânime (TJRS, Ap. Cível nº 70022521264, Rel. Des. Rubem Duarte, 20ª CC., j. 13/08/2008).

PRESUNÇÃO DE PATERNIDADE – Ver paternidade presumida.

PRESUNÇÃO *PATER IS EST* [*ver tb. presunção*] – Expressão em latim abreviando *pater is est quem justae nuptiae demonstrant*, ou seja, é a presunção da paternidade do marido em relação aos filhos gerados na constância do casamento, pela mulher com quem é casado: *Presumem-se concebidos na constância do casamento os filhos: I – nascidos cento e oitenta dias, pelo menos, depois de estabelecida a convivência conjugal; II – nascidos nos trezentos dias subsequentes à dissolução da sociedade conjugal, por morte, separação judicial, nulidade e anulação do casamento; III – havidos por fecundação artificial homóloga, mesmo que falecido o marido; IV – havidos, a qualquer tempo, quando se tratar de embriões excedentários, decorrentes de concepção artificial homóloga; V – havidos por inseminação artificial heteróloga, desde que tenha prévia autorização do marido* (Art. 1.597, CCB). É uma presunção relativa, ou presunção *juris tantum*, portanto admite-se prova em contrário.

P

PRESUNÇÃO RELATIVA [*ver tb. paternidade presumida*] – Do latim *praesumptio*, ideia antecipada. É a conclusão, dedução estabelecida em lei, que não é de caráter absoluto, isto é, que pode ser destruída por prova em contrário. A presunção *pater is est quem nuptiae demonstrant*, ou *pater is est*, por exemplo, inserida do art. 1.597 do CCB, decorre naturalmente da presunção relativa de que os filhos concebidos na constância do casamento, são filhos do marido ou ex-cônjuge: *Presumem-se concebidos na constância do casamento os filhos: I – nascidos cento e oitenta dias, pelo menos, depois de estabelecida a convivência conjugal; II – nascidos nos trezentos dias subsequentes à dissolução da sociedade conjugal, por morte, separação judicial, nulidade e anulação do casamento; III – havidos por fecundação artificial homóloga, mesmo que falecido o marido; IV – havidos, a qualquer tempo, quando se tratar de embriões excedentários, decorrentes de concepção artificial homóloga; V – havidos por inseminação artificial heteróloga, desde que tenha prévia autorização do marido* (Art. 1.597, CCB). Nesses casos, a paternidade presumida só pode ser elidida mediante a propositura de ação de negativa de paternidade. Enquanto prova em contrário não for apresentada, será considerada válida a presunção relativa para todos os efeitos.

É o mesmo que presunção *juris tantum*, ou presunção simples, presunção condicional. É o contrário de presunção absoluta, presunção *juris et de jure*.

A Lei nº 14.138/2021, acrescentou § 2º ao art. 2º-A da Lei nº 8.560, de 29 de dezembro de 1992, para permitir, em sede de ação de investigação de paternidade, a realização do exame de pareamento do código genético (DNA) em parentes do suposto pai, nos casos em que especifica. A recusa à perícia médica ordenada pelo juiz poderá suprir a prova que se pretendia obter com o exame. Assim como em ação investigatória, a recusa do suposto pai em se submeter ao exame de DNA induz presunção de paternidade. O Poder Judiciário já admitia essa possibilidade, mesmo antes dessa lei.

DISPOSITIVO NORMATIVO

CCB – Arts. 230, 231, 232, 1.593, 1.599, 1.601, 1.602, 1.615.

Lei nº 14.138/2021 – Alterou a Lei 8.560/1992.

PRIMEIRAS DECLARAÇÕES [*ver tb. inventário extrajudicial, últimas declarações*] – Também conhecidas como declarações preliminares, são as informações iniciais no processo de inventário judicial em que o inventariante, tendo assinado termo de compromisso de inventariante, declara os bens a serem inventariados e quais são os herdeiros e legatários.

Não haverá caracterização de sonegação se o inventariante, nas últimas declarações do inventário judicial, corrigir ou retificar essas primeiras declarações.

No inventário extrajudicial ou administrativo, não há que se falar em primeiras declarações e últimas declarações, pois o inventário e partilha realiza-se através da escritura, após o pagamento de tributos em um único ato administrativo.

PRIMOGÊNITO – Do latim *primogenitus*, "primeiro gerado". É a designação dada ao primeiro filho de uma pessoa ou de um casal.

PRIMOGENITOR – Do latim *primo,* primeiro e *generatis,* genitor. Refere-se ao primeiro parente, o antecessor primordial de uma raça. Para a religião católica Adão e Eva são os primogenitores da raça humana.

PRINCÍPIO DA AFETIVIDADE [*ver tb. afeto, abandono afetivo, cuidado, princípios*] – É o balizador e catalizador das relações familiares. Com os princípios da dignidade humana, solidariedade e responsabilidade, constitui a base de sustentação do Direito de Família.

É um princípio constitucional da categoria dos princípios não expressos. Ele está implícito e contido nas normas constitucionais, pois aí estão seus fundamentos essenciais e basilares: o princípio da dignidade humana (Art. 1º, III), da solidariedade (Art. 3º, I), da igualdade entre os filhos, independentemente de sua origem (Art. 227, § 6º), a adoção como escolha afetiva (Art. 227, §§ 5º e 6º), a proteção à família monoparental, tanto fundada nos laços de sangue quanto por adoção (Art. 226, § 4º), a união estável (Art. 226, § 3º), a convivência familiar assegurada à criança e ao adolescente, independentemente da origem biológica (Art. 227).

O princípio da afetividade ganhou assento no ordenamento jurídico brasileiro a partir do momento em que a família deixou de ser essencialmente um núcleo econômico e de reprodução e passou a ser o *locus* do amor e da formação e estruturação do sujeito, do companheirismo e da solidariedade. E, assim, a família perdeu sua função precípua como "instituição". Sua importância está em ser núcleo formador, estruturador e estruturante do sujeito. Sem afeto não se pode dizer que há família. Ou, onde falta o afeto, a família é uma desordem, ou mesmo uma desestrutura. O afeto ganhou *status* de valor jurídico e, consequentemente, foi elevado à categoria de princípio como resultado de uma construção histórica em que o discurso psicanalítico é um dos principais responsáveis. Afinal, o desejo e o amor são o esteio do laço conjugal e parental.

A entidade familiar deve ser tutelada como meio para a busca da felicidade de cada um de seus indivíduos. Daí a concepção eudemonista de família, na qual o afeto é elo de manutenção entre os casais, homo ou heterossexuais, unidos ou não pelo casamento civil. Quando não há mais comunhão de vida e de afeto, não se justifica a mantença da conjugalidade. Por outro lado, o fim da conjugalidade não significa o fim da família, se desta houver filhos, mas apenas a transformação daquele núcleo familiar em binuclear.

O princípio da afetividade se traduz em regras, como no CCB 2002: *O casamento estabelece comunhão plena de vida, com base na igualdade de direitos e deveres dos cônjuges* (Art. 1.511); *O parentesco é natural ou civil, conforme resulte de consanguinidade ou outra origem* (Art. 1.593); *A guarda unilateral será atribuída ao genitor que revele melhores condições para exercê-la e, objetivamente, mais aptidão para propiciar aos filhos os seguintes fatores: I – afeto nas relações com o genitor e com o grupo familiar* (Art. 1.583, § 2º, I); *Se o juiz verificar que o filho não deve permanecer sob a guarda do pai ou da mãe, deferirá a guarda à pessoa que revele compatibilidade com a natureza da medida, considerados, de preferência, o grau de parentesco e as relações de afinidade e afetividade* (Art. 1.584, § 5º). Também

P

presente em outras normas infraconstitucionais como a Lei Maria da Penha, Lei nº 11.340/06: *Para os efeitos desta Lei, configura violência doméstica e familiar contra a mulher qualquer ação ou omissão baseada no gênero que lhe cause morte, lesão, sofrimento físico, sexual ou psicológico e dano moral ou patrimonial: III – em qualquer relação íntima de afeto, na qual o agressor conviva ou tenha convivido com a ofendida, independentemente de coabitação* (Art. 5º, III).

Foi o princípio da afetividade que autorizou e deu sustentação para a criação e a construção da teoria da parentalidade socioafetiva, que faz compreender e considerar a família para muito além dos laços jurídicos e de consanguinidade.

No Brasil, o primeiro autor a traduzir e introduzir esse novo valor jurídico foi o jurista mineiro João Baptista Villela, em seu texto *A desbiologização da paternidade* que lançou as bases para a compreensão da paternidade socioafetiva. Depois, em *Liberdade e família* (*Revista da Faculdade de Direito da UFMG*. Belo Horizonte, 1980) e em vários outros trabalhos, ele consolida essas noções, especialmente com sua frase "O amor está para o Direito de Família, assim como a vontade está para o Direito das Obrigações".

Após a Constituição da República de 1988 surgem os modernos doutrinadores, que vão alargar a trilha aberta por Villela. O primeiro deles foi Luiz Edson Fachin (*Da paternidade:* relação biológica e afetiva. Belo Horizonte; Del Rey, 1998), que, além de dar passos adiante na concepção da paternidade desbiologizada, deu grande contribuição à evolução do pensamento jurídico para a família (*Elementos críticos do direito de família:* Curso de direito civil. Rio de Janeiro: Renovar, 1999). Nesta mesma trilha e de igual importância, também ajudaram a constituir e consolidar o afeto como um valor jurídico, Giselda Maria Fernandes Novaes Hironaka (Família e casamento em evolução. *Revista Brasileira de Direito de Família*. Porto Alegre: Síntese: IBDFAM, 1999. p. 7-17), Maria Berenice Dias (Efeitos patrimoniais das relações de afeto. *In:* CUNHA PEREIRA, Rodrigo da (Coord.). *Anais do I Congresso Brasileiro de Direito de Família* – Repensando o direito de família. Belo Horizonte: IBDFAM: OAB-MG, p. 53-58, 1999), Sérgio Resende de Barros (A ideologia do afeto. *Revista Brasileira de Direito de Família*, Porto Alegre: Síntese: IBDFAM, v. 4, n. 14, p. 5-10, 2002), entre outros. Contudo foi Paulo Luiz Netto Lôbo (Princípio jurídico da afetividade na filiação. *In: II Congresso Brasileiro de Direito de Família*. Belo Horizonte. Instituto Brasileiro de Direito de Família – IBDFAM, 2000, p. 245-254) quem deu ao afeto o *status* de princípio jurídico, ao utilizar essa expressão pela primeira vez em seu texto sobre filiação, em outubro de 1999, em conferência durante o II Congresso Brasileiro de Direito de Família, promovido pelo Instituto Brasileiro de Direito de Família – IBDFAM.

O afeto e o princípio da afetividade autorizam a legitimação de todas as formas de família. Portanto, hoje, todas as relações e formações de família são legítimas. Somente desta forma pode ser alcançada a cidadania, que tem significado de juízo universal, ou seja, faz cumprir também o macroprincípio da dignidade da pessoa humana. Afinal, se a liberdade é a essência dos direitos do homem e de

P

suas manifestações de afeto, a dignidade é a essência da humanidade.

JURISPRUDÊNCIA

(...) O que deve balizar o conceito de "família" é, sobretudo, o princípio da afetividade, que "fundamenta o direito de família na estabilidade das relações socioafetiva e na comunhão de vida, com primazia sobre a consideração de carácter patrimonial ou biológico" (STJ, REsp 945283 RN. Rel. Min. Luiz Felipe Salomão. 4ª T., publ. 28/09/2009).

LINGUAGEM POÉTICA

"Miguilim e Dito dormiam no mesmo catre, perto da caminha de Tomèzinho. Drelina e Chica dormiam no quarto de Pai e Mãe.

– "Dito, eu fiz promessa, para Pai e Tio Terêz voltarem quando passar a chuva, e não brigarem, nunca mais..." "– Pai volta. Tio Terêz volta não." "– Como é que você sabe, Dito?" "– Sei não. Eu sei. Miguilim, você gosta de Tio Terêz, mas eu não gosto. É pecado?" "– É, mas eu não sei. Eu também não gosto de Vovó Izidra. Dela, faz tempo que eu não gosto. Você acha que a gente devia de fazer promessa aos santos, para ficar gostando dos parentes?" "– Quando a gente crescer, a gente gosta de todos." "– Mas Dito, quando eu crescer, vai ter algum menino pequeno, assim como eu, que não vai gostar de mim e eu não vou poder saber?" "– Eu gosto de Mãitina! Ela vai para o inferno?" "– Vai, Dito. Ela é feiticeira pagã... Dito, se de repente um dia todos ficassem com raiva de nós – Pai, Mãe, Vovó Izidra – eles podiam mandar a gente embora, no escuro, debaixo da chuva, a gente pequenos, sem saber onde ir?" "– Dorme, Miguilim. Se você ficar imaginando assim, você sonha de pesadelo..."

"– Dito, vamos ficar nós dois, sempre um junto com o outro, mesmo quando a gente crescer, toda a vida?" "– Pois vamos.""

(ROSA, J. Guimarães. Campo geral. *In: Manuelzão e Miguilim*. Rio de Janeiro: José Olympio, 1972. p. 22-23).

ILUSTRAÇÃO

Sérgio Lima. P. 558.

PRINCÍPIO DA AUTONOMIA DA VONTADE [*ver tb. biodireito, princípio da liberdade*] – Do grego *autonomia*, significa o direito de se autodeterminar, isto é, se conduzir, ou reger por suas próprias leis. A autonomia da vontade é um elemento ético e intrínseco à dignidade da pessoa humana. É o que sustenta o livre arbítrio e vincula-se diretamente à verdade do sujeito e ao desejo. Autonomia da vontade significa reger a própria vida e ser senhor do próprio desejo e destino.

A liberdade de constituição de família tem estreita consonância com o princípio da autonomia da vontade, pois diz respeito às relações mais íntimas do ser humano, cujo valor supremo é a busca da felicidade.

A Emenda Constitucional nº 66/10 que simplificou o divórcio no Brasil, acabou com prazos desnecessários para o rompimento conjugal, suprimiu o anacrônico instituto da separação judicial e acabou com a discussão da culpa pelo fim do enlace conjugal, incentivando a autonomia da vontade com responsabilidade e liberdade das escolhas amorosas. É o princípio da autonomia da vontade, por exemplo, que autoriza o sujeito a permanecer casado, ou não.

Por outro lado este princípio pode sofrer restrições em determinadas esferas, como é o caso do reconhecimento da paternidade. O pai ou a mãe, não tem total liberdade e autonomia para reconhecer ou não a paternidade/maternidade. Por isto se diz que tal princípio tem ligação, também com o princípio da legalidade, pois ninguém será obrigado a fazer ou deixar de fazer alguma coisa senão em virtude de lei.

Assim, a manifestação volitiva no Direito de Família atua como instrumento de freios e contrapesos da intervenção do Estado e funda-se, ainda, no próprio direito à intimidade e liberdade dos sujeitos.

DISPOSITIVO NORMATIVO

CR – Art. 5º *caput*; X.

CCB – Art. 1.513.

Resolução nº 1995/12 do CFM – Dispõe sobre as diretivas antecipadas de vontade de pacientes.

Resolução nº 2232/2019 do CFM: – Estabelece normas éticas para a recusa terapêutica por pacientes e objeção de consciência na relação médico-paciente.

JURISPRUDÊNCIA

(...) Os arranjos familiares, concernentes à intimidade e à vida privada do casal, não devem ser esquadrinhados pelo Direito, em hipóteses não contempladas pelas exceções legais, o que violaria direitos fundamentais enfeixados no art. 5º, inc. X, da CF/88 – o direito à reserva da intimidade assim como o da vida privada –, no intuito de impedir que se torne de conhecimento geral a esfera mais interna, de âmbito intangível da liberdade humana, nesta delicada área de manifestação existencial do ser humano. (...) (STJ, REsp 1107192 PR, Rel.ª Min.ª Nancy Andrighi, 3ª T., publ. 27/05/2010).

PRINCÍPIO DA BOA-FÉ OBJETIVA –

Ver boa-fé objetiva.

PRINCÍPIO DA CONFIANÇA [*ver tb. boa-fé, infidelidade, supressio surrectio, venire contra factum proprium, violência patrimonial*] – É uma derivação e vertente dos princípios da lealdade e da boa-fé. Confiar é criar expectativas, cujo referencial é a ética e a boa-fé. Portanto, a fonte do princípio da confiança está na boa-fé como norma de conduta.

A confiança é um dos elementos que sustenta as relações familiares. A quebra desta confiança pode significar violação de direitos. Uma união conjugal pode se tornar insuportável se quebra a confiança entre os cônjuges/companheiros.

No direito alimentar, vê-se a incidência do princípio no que diz respeito à possibilidade de abuso do direito, por meio do *venire contra factum proprium* e da supressio/surrectio. Por exemplo, o alimentante, quando ciente da exoneração da obrigação alimentar, continua a prestar os alimentos ao credor, criando para ele uma expectativa de que continuará recebendo aquele valor, o que pode afetar a organização das suas despesas uma vez que continua contando com o recebimento da verba. Se o devedor, repentinamente, suspende os pagamentos, estará se comportando de forma contraditória e abusando da confiança gerada por ele próprio.

A família é o núcleo da intimidade e privacidade das pessoas, espaço em que se sentem protegidos de intromissões externas, seja em relação a seus segredos individuais, seja em relação a intimidade do grupo como um todo. O princípio da confiança deve estar harmonizado com a proteção da autonomia privada e da intimidade, tanto do indivíduo como do grupo familiar.

P

DISPOSITIVOS NORMATIVOS

CCB – Arts. 187, 422.

JURISPRUDÊNCIA

(...) Sob a perspectiva inescapável da boa-fé objetiva que deve guiar não apenas as relações negociais, como também as decorrentes de vínculos familiares, como um manancial criador de deveres jurídicos entre os envolvidos, de cunho preponderantemente ético e coerente, como o são os deveres de lealdade, de respeito, de honestidade e de cooperação, munir-se-á o Juiz de um verdadeiro radar a fim de auscultar a melhor forma de concretização das expectativas e esperanças recíprocas outrora criadas, nascidas do afeto e nutridas pela confiança. (...) (STJ, REsp 1.353.941 RJ, Rel.ª Min.ª Ministra Nancy Andrighi, 3ª T., j. 16/04/2013).

PRINCÍPIO DA DIGNIDADE DA PESSOA HUMANA [ver tb. *dignidade da pessoa humana, princípio*] – É um dos esteios de sustentação dos ordenamentos jurídicos contemporâneos e funciona como o vértice do Estado Democrático de Direito. Não é mais possível pensar em direitos desatrelados da ideia e conceito de dignidade. Por isto a dignidade é o pressuposto da ideia de justiça. Embora essa noção esteja vinculada à evolução histórica do Direito Privado, ela tornou-se também um dos pilares do Direito Público, na medida em que é o fundamento primeiro da ordem constitucional e, portanto, é um macroprincípio sob o qual irradiam e estão contidos outros princípios e valores essenciais como a liberdade, autonomia privada, cidadania, igualdade e alteridade. São, portanto, uma coleção de princípios éticos. Isto significa que é contrário a todo nosso Direito qualquer ato que não tenha como fundamento a autonomia, a cidadania, a dignidade da pessoa humana, os valores sociais do trabalho, da livre iniciativa, e

o pluralismo político. Essas inscrições constitucionais são resultado e consequência de lutas e conquistas políticas associadas à evolução do pensamento, desenvolvimento das ciências e das novas tecnologias.

É a noção de dignidade e indignidade que possibilitou pensar, organizar e desenvolver os Direitos Humanos. A expressão "dignidade da pessoa humana" é uma criação kantiana no começo do século XIX. Em sua *Fundamentação da metafísica dos costumes* (1785), ao argumentar que havia em cada homem um mesmo valor por causa da sua razão, empregou a expressão "dignidade da natureza humana", mais apropriada para indicar o que está em questão quando se busca uma compreensão ética – ou seja, da natureza – do ser humano. Kant afirma de forma inovadora que o homem não deve jamais ser transformado num instrumento para a ação de outrem. Embora o mundo prático permita que certas coisas ou certos seres sejam utilizados como meios para a obtenção de determinados fins ou determinadas ações, e embora também não seja incomum historicamente que os próprios seres humanos sejam utilizados como tais meios, a natureza humana é de tal ordem que exige que o homem não se torne instrumento da ação ou da vontade de quem quer que seja. Em outras palavras, embora os homens tendam a fazer dos outros homens instrumento ou meios para suas próprias vontades ou fins, isso é uma afronta ao próprio homem. É que, sendo dotado de consciência moral, tem um valor que o torna sem preço, que o põe acima de qualquer especulação material, isto é, coloca-o acima da condição de coisa. Por conter essa dignidade, esse valor intrínseco, sem preço e acima de qualquer preço,

que faz dele pessoa, ou seja, um ser dotado de consciência racional e moral, e por isso mesmo capaz de responsabilidade e liberdade.

As coisas têm preço e as pessoas, dignidade. Isto significa dizer que no reino dos fins tudo tem um preço ou uma dignidade. Quando uma coisa tem um preço, podemos substituí-la por qualquer outra como equivalente; mas o homem, superior à coisa, está acima de todo preço, portanto não permite equivalente, pois ele tem dignidade. O que se relaciona com as inclinações e necessidades gerais do homem tem um preço venal; aquilo que, mesmo sem pressupor uma necessidade, é conforme a um certo gosto, isto é, a uma satisfação no jogo livre e sem finalidade das nossas faculdades anímicas, tem um preço de afeição ou de sentimento; aquilo, porém, que constitui a condição, graças a qual qualquer coisa, pode ser um fim em si mesmo, não tem somente um valor relativo, isto é, um preço, mas um valor íntimo, ou seja, a dignidade.

Essa concepção tem, como tudo em filosofia, antepassados teóricos, dos quais o mais antigo é Pico Della Mirandola, e dois outros mais próximos e relevantes são os ingleses John Locke e David Hume. Contudo, foi Kant quem demonstrou que a dignidade humana decorre da natureza humana e não de variáveis externas. Uma sociedade justa e democrática começa e termina com a consideração da liberdade e da autonomia privada. Isto significa também que a exclusão de determinadas relações de família do laço social é um desrespeito aos Direitos Humanos, ou melhor, é uma afronta à dignidade da pessoa humana.

O Direito de Família só estará de acordo e em consonância com a dignidade e com os Direitos Humanos a partir do momento em que essas relações interprivadas não estiverem mais à margem, fora do laço social. Os exemplos históricos de indignidade no Direito de Família são muitos: a exclusão da mulher de determinados direitos, colocando-a em posição inferior ao homem; a proibição de registrar o nome do pai nos filhos havidos fora do casamento se o pai fosse casado; o não reconhecimento de outras formas de família que não fosse o casamento entre homem e mulher.

O Direito de Família está intrinsecamente ligado aos "Direitos Humanos" e à dignidade. A compreensão dessas noções, remete ao conceito contemporâneo de cidadania e é o que tem impulsionado a evolução do Direito de Família. Cidadania pressupõe não exclusão. Isto deve significar a legitimação e a inclusão no laço social de todas as formas de família, respeito a todos os vínculos afetivos e a todas as diferenças. Portanto, o princípio da dignidade humana significa para o Direito de Família a consideração e o respeito à autonomia dos sujeitos e à sua liberdade. Significa, em primeira e última análise, uma igual dignidade para todas as entidades familiares. Neste sentido, podemos dizer que é indigno dar tratamento diferenciado às várias formas de filiação ou aos vários tipos de constituição de família. A ordem imperativa deste comando constitucional é despir-se de preconceitos, de modo a se evitar tratar de forma indigna toda e qualquer pessoa humana, principalmente no âmbito do Direito das Famílias, que tem a intimidade, a afetividade e a felicidade como seus principais valores.

JURISPRUDÊNCIA

(...) O reconhecimento do afeto como valor jurídico impregnado de natureza constitucional: um novo paradigma que informa e inspira a formulação do próprio conceito de família. (...) O postulado da dignidade da pessoa humana, que representa – considerada a centralidade desse princípio essencial (CF, Art. 1º, III) – significativo vetor interpretativo, verdadeiro valor-fonte que conforma e inspira todo o ordenamento constitucional vigente em nosso País, traduz, de modo expressivo, um dos fundamentos em que se assenta, entre nós, a ordem republicana e democrática consagrada pelo sistema de direito constitucional positivo. Assiste, por isso mesmo, a todos, sem qualquer exclusão, o direito à busca da felicidade, verdadeiro postulado constitucional implícito, que se qualifica como expressão de uma ideia-força que deriva do princípio da essencial dignidade da pessoa humana (STF, RE 477554 AgR MG, Rel. Min. Celso de Mello. 2ª T., j. 16/08/2011).

LINGUAGEM POÉTICA

Saiba,

Todo mundo foi neném

Einstein, Freud e Platão também

Hitler, Bush e Sadam Hussein

Quem tem grana e quem não tem

Saiba:

Todo mundo teve infância

Maomé já foi criança

Arquimedes, Buda, Galileu

e também você e eu

Saiba,

Todo mundo teve medo

Mesmo que seja segredo

Nietzsche e Simone de Beauvoir

Fernandinho Beira-Mar

Saiba,

Todo mundo vai morrer

Presidente, general ou rei

Anglo-saxão ou muçulmano

Todo e qualquer ser humano

Saiba,

Todo mundo teve pai

Quem já foi e quem ainda vai

Lao Tsé, Moisés, Ramsés, Pelé

Ghandi, Mike Tyson, Salomé

Saiba,

Todo mundo teve mãe

Índios, africanos e alemães

Nero, Che Guevara, Pinochet

e também eu e você.

(Saiba –Letra e Música de Arnaldo Antunes)

ILUSTRAÇÃO

Mario Zavagli. P. 563.

PRINCÍPIO DA EQUIDADE – Ver equidade.

PRINCÍPIO DA IGUALDADE DE FILIAÇÃO [*ver tb. filiação ilegítima, filho socioafetivo, princípios, princípio da prioridade absoluta, princípio do melhor interesse da criança e do adolescente*] – É o princípio constitucional que estabelece a igualização de todas as formas de filiação, independentemente de sua origem: *os filhos, havidos ou não da relação do casamento, ou por doação, terão os mesmos direitos e qualificações, proibidas quaisquer designações discriminatórias relativas à* filiação (Art. 227, § 6º, CR). Filho é filho e não comporta nenhuma adjetivação ou classificação, como acontecia antes da Constituição da República de 1988 com a descriminação entre legítimos e ilegítimos. Assim, os filhos biológicos, socioafetivos, adotivos ou de qualquer outra origem (Art. 1.593, CCB) têm os mesmos direitos. É impensável hoje a ideia de ilegitimidade de filhos. Todos os filhos são legítimos.

A desigualdade dos filhos em razão de sua origem sustentava-se em uma moral religiosa estigmatizante em que o casamento era o legitimador das relações sexuais. Fora daí tudo era ilegítimo e pecado. Foi assim que o Direito de Família sustentou uma história de exclusão social, expropriando cidadanias e condenando à invisibilidade social os filhos nascidos fora do casamento. O discurso da igualdade está diretamente vinculado às noções de cidadania, justiça e inclusão social.

O princípio da igualdade se desdobra também em várias regras jurídicas que traduzem, além da igualdade, o princípio do melhor interesse da criança e do adolescente. Destas regras legislativas, a mais importante delas é a Lei nº 8.069/90, mais conhecida como Estatuto da Criança e do Adolescente, que introduziu novos paradigmas sobre a concepção jurídica da infância e juventude.

JURISPRUDÊNCIA

(...) Os princípios da igualdade, do tratamento isonômico e da proteção ao menor, consagrados na Constituição Federal e no Estatuto da Criança e do Adolescente, impõe que sejam assegurados a mãe adotiva os mesmos direitos e garantias assegurados a mãe biológica, tendo como fim a proteção à maternidade e à criança. Conforme disposto no art. 227, § 6º, da CRFB, os filhos, havidos ou não por adoção, terão os mesmos direitos e qualificações, proibidas quaisquer designações discriminatórias relativas à filiação. 2. A negativa de concessão de licença à adotante em idêntico número de dias ao previsto para licença-maternidade implica discriminação, violando o art. 5º da Constituição Federal. 3. O direito à percepção de auxílio-natalidade por servidor adotante é matéria controvertida, porque ao princípio da isonomia opõem-se os da legalidade e da reserva orçamentária. Sobre o assunto, fato é que ter um filho, seja pelo vínculo biológico do nascimento, seja pela adoção, acarreta despesas ao servidor, o que justifica a percepção do auxílio pecuniário. Assim, embora a legislação que disciplina o benefício refira-se ao evento nascimento do filho como fato gerador do direito a esse auxílio, é de se buscar a melhor interpretação da norma infraconstitucional, a fim de compatibilizá-la com o Texto Constitucional (...) (TRF4, Ap. Cível nº 5044894-47.2012.404.7100, Rel. Des. Fernando Quadros da Silva, 3ª T., j. 10/07/2013).

PRINCÍPIO DA IGUALDADE E RESPEITO ÀS DIFERENÇAS [*ver tb. pensão compensatória*] – A igualdade e o respeito às diferenças constituem um dos princípios-chave para as organizações jurídicas e especialmente para o Direito de Família, sem os quais não há dignidade do sujeito de direitos. Consequentemente, não haveria justiça.

O discurso da igualdade está intrinsecamente vinculado à cidadania, outra categoria da contemporaneidade, que pressupõe também o respeito às diferenças. Se todos são iguais perante a lei, todos devem estar incluídos no laço social.

O necessário discurso da igualdade traz consigo um paradoxo: quanto mais se declara a universalidade da igualdade de direitos, mais abstrata se torna a categoria desses direitos. Quanto mais abstrata, mais se ocultam as diferenças geradas pela ordem social. Para se produzir um discurso ético, respeitar a dignidade humana e atribuir cidadania é preciso ir além da igualdade genérica. Para isso, devemos inserir no discurso da igualdade o respeito às diferenças. Necessário desfazer o equívoco de que as diferenças significam necessariamente a hegemonia ou superioridade de um sobre o outro. A construção da verdadeira cidadania só é possível na diversidade. Em outras palavras, a formação e construção das identidades se fazem a partir da existência de *um outro*, de *um diferente*. Se fôssemos todos iguais, não seria necessário falar e reivindicar a igualdade.

A Constituição da República de 1988 fez uma grande revolução no Direito de Família a partir de três eixos básicos em que enuncia princípios igualizadores das relações familiares: 1º) homens e mulheres são iguais perante a lei (Art. 5º, I e 226, § 5º; 2º) proteção as várias formas constituídas de família (Art. 226, *caput*); 3º) todos os filhos são iguais em direitos, independentemente se havidos de um casamento ou não (Art. 227, § 6º). E assim, o princípio da igualdade perpassa todo o conteúdo do Direito de Família, complementando com o direito às diferenças. A inscrição de tal princípio na Carta Magna é fruto de uma evolução histórica que está estreitamente vinculada ao patriarcalismo, aos modos de produção e mais recentemente ao movimento feminista, à revolução do século XX, como já disse Norberto Bobbio. Mesmo sendo um imperativo ético, um princípio constitucional, e apesar dos vários textos normativos, particularmente o Código Civil de 2002, a igualização de direitos, dos gêneros e dos filhos e das famílias ainda não se efetivou. A dificuldade prática está em que a pretensa igualdade é entremeada de uma complexidade que o pensamento jurídico, por si só, não é capaz de responder.

A aplicação do princípio da igualdade dos gêneros pressupõe adentrar um pouco no complexo universo masculino e feminino que, entrelaçados aos fatores culturais e econômicos, construiu uma ideologia autorizadora da desigualdade dos gêneros sustentada em uma suposta superioridade masculina.

A história da mulher no Direito é de um não lugar, uma história de ausência, já que ela sempre esteve subordinada ao pai ou ao marido, sem autonomia e marcada pelo regime da incapacidade jurídica. Uma nova redivisão sexual do trabalho, alterando a economia doméstica e de mercado, influenciando também as noções e os limites do público e privado, tem, aos poucos, dado à mulher um lugar de cidadã.

A reivindicação da igualização de direitos é a reivindicação de um lugar de sujeito, inclusive de um "lugar social". Foi este assujeitamento histórico da mulher aos homens que levou Lacan a construir um aforismo que até hoje provoca muito incômodo e inquietação: *a mulher não existe*. A importância desse aforismo de Lacan está em sua provocação, pois foi a partir dele que se começou a pensar que as mulheres não apresentaram ao mundo um discurso feminino, já que todo ele é baseado e identificado com o discurso fálico masculino. Todavia, esta questão não é tão simples e não se tem ainda uma solução. Em meio ao processo histórico de redefinições de papéis e lugares do masculino e feminino, temos mais questões que soluções.

A Psicanálise trouxe uma grande contribuição para a compreensão do princípio da igualdade e, com isto, sua aplicabilidade poderá ser mais efetiva. O seu grande mérito foi apontar para o desconhecido mundo feminino, já que todas as referências de identidades sociais foram feitas a partir do patriarcalismo, ou seja, da cultura falocêntrica. Quando Lacan anuncia seu aforismo, ele parte da teoria freudiana, que revelou o desconhecido mundo feminino. Freud constrói sua teoria da sexualidade dizendo que o feminino é simbolizado como aquele que não tem. Esse não ter, ou melhor, essa falta representada a partir das anatomias do menino e da menina, faz com que a mulher busque se identificar com o outro (homem) que ela pensa que tem. A explicação psicanalítica da construção da identidade feminina vale também para ajudar-nos a compreender como foi possível engendrar e manter, até recentemente, um sistema de dominação de um gênero sobre o outro e como se acreditou na suposta superioridade masculina.

Os fatos geradores do *apartheid* feminino, hoje muito menos acentuado nas sociedades ocidentais, estão na essência da própria cultura e cuja tradução fazem parte os ordenamentos jurídicos. A desconstrução da suposta superioridade masculina foi desencadeada principalmente pelo movimento feminista, que está entrelaçado com os elementos políticos, econômicos, religiosos, éticos e estéticos da sociedade. Essa desconstrução e reconstrução das novas possibilidades de relações pessoais e sociais não é nada simples, pois ela parte de uma ideologia que engendrou e autorizou a desigualdade dos gêneros.

Apesar da proclamação da igualdade pelos organismos internacionais e pelas constituições democráticas do pós-feminismo, a desigualdade dos gêneros não está dissolvida. A mulher continua sendo objeto da igualdade enquanto o homem é o paradigma deste pretenso sistema de igualdade.

A evolução do pensamento jurídico da igualdade continua, mas muitas conquistas já foram alcançadas: a guarda compartilhada é fruto do princípio do melhor interesse da criança, associado à igualdade de direitos entre os pais; a paternidade socioafetiva é consequência da compreensão mais aprofundada sobre paternidade e maternidade, mas também do princípio jurídico da afetividade, conjugado com o princípio da igualdade de todas as formas de filiação; a pensão compensatória só pôde se instalar em nosso ordenamento jurídico em função das discriminações positivas, em prol da igualização de direitos entre homem e mulher; as diversas formas de famílias conjugais já recebem tratamento jurídico casa vez mais igualitário, independente de sua forma de constituição.

JURISPRUDÊNCIA

(...) a Constituição Federal de 1988 concedeu significativa importância ao princípio da igualdade entre homens e mulheres, enunciando expressamente em seu art. 5°, inciso I que "homens e mulheres são iguais em direitos e obrigações". Pode-se afirmar, ainda, que a Constituição de 1988 é um marco histórico no processo de proteção dos direitos e garantias individuais e por extensão, dos direitos das mulheres, como podemos constatar nos dispositivos constitucionais que garantem, entre outras coisas, a proteção à maternidade (art. 6° e art. 201, II); a licença à gestante, sem prejuízo do emprego e do salário, com duração de 120 dias (art. 7°, XVIII); a proteção do mercado de trabalho da mulher, mediante incentivos específicos, nos termos da lei (art. 7°, XX); a proibição de diferença de salários, de exercício de funções e de critério de admissão por motivo de sexo (art. 7°, XXX); o reconhecimento da união estável (art. 226, § 3°) e como entidade familiar a comunidade formada por qualquer dos pais e seus descendentes (art. 226, § 4°); a determinação de que os direitos e deveres referentes à sociedade conjugal serão exercidos igualmente pelo homem e pela mulher (art. 226, § 5°); a constitucionalização do divórcio (art. 226, § 6°); o planejamento familiar (art. 226, § 7°) e a necessidade de coibir a violência doméstica (art. 226, § 8º). A preocupação do Constituinte com a proteção dos direitos das mulheres e com o fim da discriminação de gênero se espraia por todo o ordenamento. (...). A Constituição, sentando praça desse constitucionalismo que eu tenho chamado de fraternal, mas que é um constitucionalismo, conforme dizem os italianos, altruístico ou solidário, como está no artigo 3º, inciso I. (...) (STF, RE nº 227.114 SP, Rel. Min. Joaquim Barbosa, 2ª T., publ. 16/02/2012).

LINGUAGEM POÉTICA

Que diferença da mulher o homem tem / Espera aí, que eu vou dizer meu bem / É que o homem tem cabelo no peito / Tem o queixo cabeludo, e a mulher não tem

No paraíso um dia de manhã / Adão comeu maçã / Eva também comeu / Então ficou / Adão sem nada / Eva sem nada / Se Adão deu mancada / Eva deu também

Mulher tem duas pernas / Tem dois braços, duas coxas / Um nariz e uma boca / E tem muita inteligência / O bicho homem também tem do mesmo jeito / Se for reparar direito, tem pouquinha diferença

(*Tem pouca diferença* – Letra e música de Jackson do Pandeiro).

PRINCÍPIO DA INTANGIBILIDADE DA LEGÍTIMA [*ver tb. adiantamento de legítima, doação inoficiosa*] – É o princípio que protege a legítima dos herdeiros necessários, isto é, do cônjuge, ascendente e descendente. Havendo herdeiros necessários, é vedado ao proprietário dispor livremente para outros futuros herdeiros mediante doação, testamento ou codicilo de mais da metade de seu acervo patrimonial (Art. 1.789, CCB). O direito à totalidade da herança não pode ser retirado dos herdeiros por mera vontade do testador (Art. 5º, XXX, CR).

O ordenamento jurídico impõe restrições aos atos de liberalidade do doador, a fim de preservar o direito dos herdeiros necessários, ou seja, aos membros mais próximos da família: *Pertence aos herdeiros necessários, de pleno direito, a metade dos bens da herança, constituindo a legítima* (Art. 1.846, CCB). Este princípio, objetiva a proteção patrimonial, dos herdeiros necessários para preservar pelo menos a metade do patrimônio do doador ou testador/codicilante.

JURISPRUDÊNCIA

(...) Há que se registrar que o estabelecimento de cláusula de gravame sobre bem testado, ainda que pertencente à legítima, não sofria restrições ou condicionamentos no Código Civil de 1916. Entretanto, já o atual Código Civil condiciona o estabelecimento de gravames à justa causa que deve ser declarada expressamente no testamento e possuir razões relevantes que justifiquem tal restrição aos direitos dos herdeiros. Na hipótese em tela, vê-se que o testamento em análise foi aberto sob a égide do Código Civil de 2002, que prevê expressamente em seu art. 1.848 que, "salvo se houver justa causa, declarada no testamento, não pode o testador estabelecer cláusula de inalienabilidade, impenhorabilidade, e de incomunicabilidade, sobre os bens da legítima." Não se questiona aqui a intenção do legislador, que foi, senão outra, a de preservar a todo custo a parte legítima dos herdeiros necessários, decorrendo, portanto, de tal determinação legal, o princípio da intangibilidade da parte legítima da herança, previsto expressamente em lei e louvado pelos doutrinadores e pela jurisprudência (...) (TJMG, Ap. Cível nº 1.0145.03.082805-0/001, Rel. Des. Geraldo Augusto, 1ª CC., j. 08/11/2005).

PRINCÍPIO DA INTERDIÇÃO DO INCESTO – Ver incesto, lei do pai e princípios.

PRINCÍPIO DA ISONOMIA [*ver tb. princípio da igualdade e respeito à diferença*] – Isonomia é igualdade de todos perante a Lei. É um dos princípios constitucionais expressos: *Art. 5º, I – homens e mulheres*

P

são iguais em direitos e obrigações, nos termos desta Constituição; Art. 226, § 5º – Os direitos e deveres referentes à sociedade conjugal são exercidos igualmente pelo homem e pela mulher; e Art. 227, § 6º – Os filhos, havidos ou não da relação do casamento, ou por adoção, terão os mesmos direitos e qualificações, proibidas quaisquer designações discriminatórias relativas à filiação.

JURISPRUDÊNCIA

(...) A igualdade e o tratamento isonômico supõem o direito a ser diferente, o direito à autoafirmação e a um projeto de vida independente de tradições e ortodoxias. Em uma palavra: o direito à igualdade somente se realiza com plenitude se é garantido o direito à diferença. Conclusão diversa também não se mostra consentânea com um ordenamento constitucional que prevê o princípio do livre planejamento familiar (§ 7º do art. 226). E é importante ressaltar, nesse ponto, que o planejamento familiar se faz presente tão logo haja a decisão de duas pessoas em se unir, com escopo de constituir família, e desde esse momento a Constituição lhes franqueia ampla liberdade de escolha pela forma em que se dará a união. 8. Os arts. 1.514, 1.521, 1.523, 1.535 e 1.565, todos do Código Civil de 2002, não vedam expressamente o casamento entre pessoas do mesmo sexo, e não há como se enxergar uma vedação implícita ao casamento homoafetivo sem afronta a caros princípios constitucionais, como o da igualdade, o da não discriminação, o da dignidade da pessoa humana e os do pluralismo e livre planejamento familiar. (...) (STJ, REsp 1183378 RS, Rel. Min. Luis Felipe Salomão, 4ª T., publ. 01/02/2012).

PRINCÍPIO DA LIBERDADE [*ver tb. princípios, princípio da autonomia da vontade*] – Do latim *libertas*, significa a condição de ser livre e poder agir de acordo com a sua própria determinação, respeitados os limites da lei e os direitos do próximo. O princípio da liberdade insere-se na categoria dos Direitos Humanos e especificamente no Direito de

Família (que hoje é também uma categoria dos Direitos Humanos). Tem sentido próximo de autonomia da vontade e exemplifica-se, com a liberdade de manter-se casado ou não; livre escolha do planejamento familiar; livre escolha do regime de bens no casamento ou união estável; livre escolha de orientação sexual, religiosa e outros valores culturais.

Algumas liberdades, obviamente, sofrem restrições quando confrontadas com outros princípios, como é o caso da liberdade de reconhecer a paternidade ou não, pagar pensão alimentícia etc. *O princípio da liberdade diz respeito não apenas a criação, manutenção ou extinção dos arranjos familiares, mas à sua permanente constituição e reinvenção. Tendo a família se desligado de suas funções tradicionais, não faz sentido que ao Estado interesse regular deveres que restringem profundamente a liberdade, a intimidade e a vida privada das pessoas, quando não repercutem no interesse geral.* (LÔBO, Paulo. *Famílias*. São Paulo: Saraiva, 2009. p. 47).

Outro exemplo de restrição da liberdade é a imposição do regime de bens, em decorrência da idade. Embora a Lei nº 12.344/10 tenha aumentado para setenta anos a limitação da idade para a escolha do regime de bens do casamento, ainda há uma afronta ao princípio da liberdade. No CCB 1916, este limite era de cinquenta anos para mulheres e sessenta para homens. Já com o CCB 2002 passou a ser de sessenta anos para ambos os sexos. Isto significa que homens e mulheres, acima de sessenta, e a partir desta nova lei, setenta anos, não têm a liberdade de escolher as regras econômicas de seu casamento e por analogia de sua união estável, pois só podem se unir pelo regime de separação de bens. O fundamento e "espírito" desta proibição é evitar os chamados popularmente de "golpes do baú". Parte-se do pressuposto que alguém com mais de sessenta anos, e agora setenta, não tem mais a capacidade de discernir o certo ou errado e está mais vulnerável de ser enganado pelo seu pretenso cônjuge ou companheiro. "Golpes do baú" sempre existiram e continuarão, independentemente do regime de bens do casamento. Para essas exceções a receita é a de sempre, ou seja, em se constatando a enganação ou o engodo, o contrato de casamento pode ser desfeito ou anulado por meio dos instrumentos jurídicos próprios.

Esta restrição à liberdade de escolha do regime de bens traz à reflexão e proporciona a importante discussão sobre os limites de intervenção do Estado na vida privada dos cidadãos, sobre a contradição da restrição à liberdade de escolha do regime de bens do casamento, sobre expectativas de herança, enfim, sobre os perigos das paixões. Paira sobre esta restrição não apenas uma inconstitucionalidade e um atentado às liberdades individuais daqueles que chegam aos setenta anos de idade e são automaticamente semi-interditados, mas principalmente o preconceito. Para o senso comum, alguém com cerca de sessenta ou setenta anos de idade que estabelece uma relação amorosa com outra pessoa bem mais nova está sendo ludibriada e deve ser protegida.

O preconceito está principalmente em acreditar que pessoas mais velhas não são capazes de despertar o amor e o desejo em alguém bem mais jovem. E é assim que se vai construindo histórias de exclusão e expropriação da cidadania.

Ainda bem que a maturidade, a segurança emocional e o próprio dinheiro podem ser outros novos elementos de atração e sedução para quem está na chamada terceira idade, já que o corpo talvez não seja mais o encanto principal. Não há mal nenhum alguém ter dinheiro e isto ter se tornado um "valor agregado", para usar uma expressão do mercado econômico, que tange e conduz também o mercado erótico e amoroso.

DISPOSITIVOS NORMATIVOS

CR – Arts. 5º, *caput*, XLI, 226, § 7º; 227.

CCB – Arts. 1.597, 1.614 e 1.641, II.

Lei nº 9.263/96 – Lei do Planejamento familiar.

JURISPRUDÊNCIA

(...) Alargar o sentido da norma prevista no artigo 1.641, II do CCB, para proibir o sexagenário, maior e capaz, de dispor de seu patrimônio da maneira que melhor lhe aprouver, é um atentado contra a sua liberdade individual. A aplicação da proibição do cônjuge, já de tenra idade, fazer doação ao seu consorte jovem, deve ser aplicada com rigor naquelas hipóteses onde se evidencia no caso concreto que o nubente mais velho já não dispõe de condições para contrair matrimônio, deixando claro que este casamento tem o único objetivo de obtenção de vantagem material. (...) (TJMG, Ap. Cível nº 1.0491.04.911594-3/001, Rel.ª Des.ª Vanessa Verdolim Hudson Andrade, 1ª CC., publ. 29/04/2005).

LINGUAGEM POÉTICA

Viver é bom demais / Ninguém vai me prender / Eu não me escravizei, / Nem me entreguei a você

Sou livre para amar, / Louco pra viver esse amor / Sou livre pra voar porque / Não me importa o céu azul, ou blue / Sou livre pra pensar, / Eu não devo nada a ninguém, / E a liberdade, é tudo que eu sonhei, / Eu vou viver, eu juro.

P

(*Livre para viver* – Letra e música de Claudio Zoli).

PRINCÍPIO DA MONOGAMIA [*ver tb. bigamia, infidelidade, poligamia, triação, união poliafetiva, uniões simultâneas, sublimação*]

É um princípio constitucional não expresso, assim como o é, o interdito proibitório do incesto. Não é necessário estar escrito, expresso no texto da lei, pois ele está inscrito no espírito do ordenamento jurídico brasileiro. Contudo, isto não significa que ele seja um valor ou um princípio jurídico absoluto. Assim como todos os princípios jurídicos, que não funcionam na base do tudo ou nada, ele deve sempre ser ponderado com outros princípios, sempre em direção ao macro princípio da dignidade da pessoa humana.

Embora a monogamia funcione também como um ponto-chave das conexões morais das relações amorosas e conjugais, não é simplesmente uma norma moral ou moralizante. Sua existência nos ordenamentos jurídicos que o adotam, tem a função de um princípio jurídico organizador das relações jurídicas da família do mundo ocidental. Se fosse mera regra moral teríamos que admitir a imoralidade dos ordenamentos jurídicos do oriente médio, onde vários Estados não adotam a monogamia. Podemos dizer que ela é, hoje, também uma questão filosófica e abrange praticamente tudo o que de fato interessa.

Quando falamos em monogamia estamos nos referindo a um modo de organização da família conjugal. O seu negativo, ou o avesso deste princípio, não significa necessariamente o horror de toda organização social, ou seja, a promiscuidade.

Traição e infidelidade não significam necessariamente a quebra do sistema monogâmico. A caracterização do rompimento do princípio da monogamia não está nas relações extraconjugais, mas na relação extraconjugal em que se estabelece uma família simultânea àquela já existente, seja ela paralela ao casamento, união estável ou a qualquer outro tipo de família conjugal.

O sistema monogâmico, antes de ser um sistema de regras morais, é um sistema organizador das formas de constituição de famílias, que se polariza com o sistema poligâmico. A palavra *polygamia* tem origem grega e, literalmente, significa a união de uma pessoa com muitos cônjuges ao mesmo tempo, referindo-se tanto ao homem quanto à mulher. Poligamia é o gênero que comporta duas espécies: a poliginia, um homem vivendo com várias mulheres; a poliandria, pluralidade de maridos. Todas as definições encontradas em dicionários, doutrina jurídica, artigos e livros técnicos específicos referem-se sempre a maridos, esposas ou cônjuges, como se o regime monogâmico ou poligâmico se definisse apenas pelo casamento.

Com a evolução dos costumes, e principalmente após a Constituição da República Federativa do Brasil, houve o reconhecimento e a legitimação do Estado a outras formas de constituição de família, e à expressão cônjuge deve ser estendida a compreensão de qualquer outra forma de família conjugal.

A proibição de relações extraconjugais é uma das formas e instrumentos de garantia do sistema monogâmico, e também do poligâmico. No regime monogâmico brasileiro, a infidelidade constituía o tipo penal de adultério, até o ano de 2005;

no regime poligâmico, infiel é aquele que mantém relações extraconjugais, com outrem além do número de cônjuges previsto no ordenamento jurídico. Portanto, a variação é sobre a natureza do pacto sociocultural, poli ou monogâmico, mas, de qualquer forma, nesta ou naquela maneira de organização de família, a premissa de fidelidade está sempre presente como uma condenação moral pela infração àquele pacto social.

Neste sentido, a infidelidade é um complemento da monogamia. Não há cultura, socialização ou sociabilidade sem que haja proibições e interdições ao desejo. É neste sentido que o Direito funciona como uma sofisticada técnica de controle das pulsões e podemos dizer, então, que a primeira lei de qualquer agrupamento, tribo ou nação é uma lei de Direito de Família: a lei do pai, ou seja, o interdito proibitório do incesto. É essa lei primeira, presente em todas as sociedades, que possibilita a passagem do estado de natureza para a cultura. O porquê dessa proibição é que há um desejo subjacente a ela. Freud afirma com sua clareza e clarividência costumeira que, afinal de contas não há necessidade de se proibir algo que ninguém deseja fazer e uma coisa que é proibida com a maior ênfase deve ser algo que é desejado (cf. Totem e tabu. *In: Obras psicológicas completas*. Trad. Orizon Carneiro Muniz. Rio de Janeiro: Imago, 1995, v. XIII. p. 91.). Interessante observar que essas proibições, segundo o próprio Freud dirigem-se especialmente em oposição à liberdade do prazer.

A fidelidade, só tornou-se lei jurídica, isto é, um dos deveres do casamento, porque o "impulso" da infidelidade existe. Para determinadas pessoas, a fidelidade é intrínseca à sua personalidade e funciona como um pressuposto natural de respeito e para elas não haveria a menor necessidade de colocá-la como um dever, já que ele é inerente a essas pessoas. Para outras, ela torna-se necessária como um dever legal, pois não são naturalmente fiéis ao parceiro, ou têm uma propensão natural à infidelidade e, portanto, precisam sofrer um interdito proibitório, que tem também a função de barrar ou conter os excessos daquilo que extrapola o convencionado no campo social.

Este é também um dos sentidos da lei jurídica, ou seja, um interdito proibitório dos impulsos inviabilizadores do convívio social. Para aqueles que não têm determinadas leis internas, a lei externa, ou melhor, a lei jurídica deve existir. Neste encontro, ou desencontro, do desejo e da lei, há uma questão relevante que merece ser formulada. É possível à lei jurídica regular o desejo, ou é o desejo que regula a lei? Em outras palavras, a necessidade da lei moral pressupõe a regulação do desejo, ou é a lei jurídica que institui um desejo de transgressão? Esta questão já havia sido posta por Del Vecchio quando ele disse que a ideia do Direito é concebível apenas se tiver correlação com o seu contrário, da mesma forma que o torto é inconcebível sem a noção do direito. Citando Schopenhauer, mas reconhecendo que ele se excedeu, afirma que a noção verdadeiramente positiva é a de injustiça e a sua negação é que seria a justiça, o Direito: Nenhum esforço de dialética poderá superar esta necessidade lógica que nos impede de antepor a noção do torto à noção do Direito. (...) É pois absurdo falar de precedências com relação a noções que são por própria natureza correlativas. Na realidade, a determinação do torto e do Direito são concomitantes, pois constituem uma só e a mesma coisa. O mesmo juízo, a mesma linha lógica, leva-nos, pois, a distinguir o Direito do torto e a contrapô-los entre si. (cf. *Lições de filosofia do direito*. Trad. Antônio José Brandão. Coimbra: Arménio Amado, 1959, v. II. p. 73).

O desejo precisa ser regulado? É possível regulá-lo? Não regulá-lo seria permitir uma degradação da lei moral? Freud, em um de seus mais conhecidos textos, *Mal-estar na civilização*, diz que a construção cultural pressupõe uma renúncia pulsional, que ele chamou de sublimação dos fins instintivos. É a sublimação, segundo ele, que torna possível as atividades psíquicas superiores, científicas, artísticas ou ideológicas. Portanto, o desenvolvimento da civilização impõe restrições ao instinto e ao desejo, e o Direito deve exigir que ninguém fuja a essas restrições. Não é fácil privar de satisfação um instinto, e não se faz isso impunemente, ou seja, paga-se um alto preço por isso, que é o mal-estar da civilização. (cf. *O mal-estar na civilização*. In: *Obras psicológicas completas*. Trad. José Octavio de A. Abreu. Rio de Janeiro: Imago, v. XXI. p. 111-118).

O sistema monogâmico surgiu por razões econômicas, e com uma divisão sexual do trabalho que atribuiu ao homem uma preponderância. Este sistema só se sustentou até hoje porque suas regras de fidelidade eram válidas para a parte economicamente mais fraca. A partir do momento em que não houver mais diferenças econômicas entre os gêneros e na medida em que as leis vão proclamando a igualdade, certamente as regras da fidelidade também sofrerão modificações.

O desejo encaminha, às vezes desencaminha ou segue caminhos tortuosos e escapa ao normatizável. Neste sentido, a jurisprudência brasileira vem relativizando o princípio da monogamia, para conjugá-lo com o da dignidade da pessoa humana, da responsabilidade, solidariedade etc. Por exemplo, uma família constituída paralelamente à outra, seja no casamento ou a uma união estável, não pode deixar de ter os seus direitos, sob pena de propiciar o favorecimento de uns em detrimentos de outros, além de favorecer quem foi infiel, pois ele teria seus direitos intactos. Em outras palavras, não se pode ignorar, fazer de conta que aquela realidade não existe. Nestes casos, o princípio da dignidade humana deve prevalecer sobre o da monogamia, sob pena de condenar à indignidade e à invisibilidade social e jurídica as milhares de família simultâneas existentes no Brasil. Nas relações amorosas conjugais ou jurídicas, o sujeito deve prevalecer sobre o objeto, ou seja, o Direito deve proteger muito mais a essência do que a forma ou a formalidade da relação jurídica.

JURISPRUDÊNCIA

(...) No caso sob análise, tem-se que o *de cujus*, mesmo não estando separado de fato da esposa, manteve união estável com a apelante por mais de 15 (quinze) anos, o que caracteriza a família paralela, fenômeno de frequência significativa na realidade brasileira. O não reconhecimento de seus efeitos jurídicos traz como consequências severas injustiças. IV – O Des. Lourival Serejo pondera: "Se o nosso Código Civil optou por desconhecer uma realidade que se apresenta reiteradamente, a justiça precisa ter sensibilidade suficiente para encontrar uma resposta satisfatória a quem clama por sua intervenção". V – O comando sentencial deve ser reformado para o fim de reconhecer a união estável. VI – Apelação provida, contrariando o parecer ministerial (TJMA, APL 0000632015/MA 0049950-05.2012.8.10.0001, Rel. Marcelo Carvalho Silva, 2ª C.C., publ. 10/06/2015).

LINGUAGEM LITERÁRIA

"Os gestos de Tereza se tornavam cada vez mais bruscos e incoerentes. Haviam se passado dois anos desde que descobrira as infidelidades de Tomas e tudo ia de mal a pior. Não havia saída.

Ele não podia pôr fim a suas amizades eróticas? Não. Isso o teria destruído. Não tinha força para controlar o apetite por outras mulheres. Além do mais, isso lhe parecia inútil. Ninguém melhor do que ele sabia que suas aventuras não representavam nenhum risco para Tereza. Por que se privar delas? Essa eventualidade lhe parecia tão absurda quanto deixar de ir a jogos de futebol. [...]

Sua situação não tinha saída: aos olhos das amantes estava marcado pelo estigma infamante de seu amor por Tereza, aos olhos de Tereza pelo estigma infamante de suas aventuras com as amantes."

(KUNDERA, Milan. *A insustentável leveza do ser*. Trad. Teresa Bulhões Carvalho da Fonseca. São Paulo: Companhia das Letras, 1999. p. 30-32.)

PRINCÍPIO DA PATERNIDADE RESPONSÁVEL [*ver tb. abandono afetivo, princípio da afetividade, princípio da responsabilidade, reparação civil, responsabilidade civil*] – O princípio da paternidade responsável interessa não apenas às relações interprivadas, mas também ao Estado, na medida em que a irresponsabilidade paterna, somada às questões econômicas, tem gerado milhares de crianças de rua e na rua. Portanto, é um princípio que se reveste também de

caráter político e social da maior importância. Se os pais não abandonassem seus filhos, ou, se exercessem uma paternidade responsável, certamente o índice de criminalidade seria menor, não haveria tanta gravidez na adolescência etc.

A paternidade responsável tornou-se norma jurídica, traduzida em regras e princípios constitucionais. É um desdobramento dos princípios da dignidade humana, da responsabilidade e da afetividade. Na verdade, ela está contida nestes outros princípios norteadores e a eles se mistura e entrelaça. Merece ser considerada como um princípio destacado e autônomo em razão da importância que a paternidade/ maternidade tem na vida das pessoas.

A paternidade é mais que fundamental para cada um de nós. Ela é fundante do sujeito. A estruturação psíquica dos sujeitos se faz e se determina a partir da relação que ele tem com seus pais. Eles devem assumir os ônus e bônus da criação dos filhos, tenham sido planejados ou não. Tais direitos deixaram de ser apenas um conjunto de competências atribuídas aos pais, convertendo-se em um conjunto de deveres para atender ao melhor interesse da criança e do adolescente, principalmente no que tange à convivência familiar. A responsabilização dos pais pela condução da educação e criação de seus filhos também está prevista na legislação infraconstitucional. Independentemente da convivência ou relacionamento entre os pais, a eles cabe a responsabilidade pela criação e educação dos filhos, pois é inconcebível a ideia de que o divórcio ou o término da relação do casal acarrete o fim da convivência entre os filhos e seus pais. E quando nos referimos à paternidade e maternidade não estamos nos referindo apenas à biológica, mas também à socioafetiva.

O princípio jurídico da paternidade responsável não se resume à assistência material. O amor – não apenas um sentimento, mas sim uma conduta, cuidado – é alimento imprescindível para o corpo e a alma. Embora o Direito não trate dos sentimentos, trata dos efeitos decorrentes destes sentimentos.

O afeto, no sentido de cuidado, ação, não pode faltar para o desenvolvimento de uma criança. Ao agir em conformidade com a função de pai e mãe, está-se trazendo o afeto para a ordem da objetividade e tirando-o do campo da subjetividade apenas. Nessas situações, é possível até presumir a presença do sentimento de afeto. Obviamente que pressupõe, e tem também como elemento intrínseco, a imposição de limites. A ausência deste sentimento não exclui a necessidade e obrigação de condutas paternas/maternas. A assistência moral e afetiva é, portanto, um dever jurídico, não uma faculdade, e o seu descumprimento pode caracterizar-se como um ato ilícito, razão pela qual pode ter como consequência a condenação ao pagamento de indenização decorrente da responsabilidade civil.

A indenização não é simplesmente pelas desilusões e desencantos ou decepções com os pais. Não é pelo sofrimento de se constatar que o pai não é como o filho gostaria que ele fosse. Sofrimento faz parte da vida e, inclusive, é o que proporciona reflexões ao sujeito para que ele evolua. Na relação amorosa entre adultos, eles são responsáveis pelos seus encantos e desencantos amorosos. Contudo, na relação parental, os pais são responsáveis pela educação de seus filhos e pressupõe-se aí dar afeto, apoio moral e atenção. O dano não é tanto pelo sofrimento causado, mas pela violação do direito e que tanto sofrimento causa, a ponto de provocar danos à pessoa.

O mal exercício do poder familiar é um dano ao direito da personalidade do filho. Abandonar e rejeitar um filho significa violar direitos. A forma de reparação mais adequada é o restabelecimento do bom exercício da parentalidade. Entretanto, alcançar o *status quo* ante nestes casos pode ser impossível.

A reparação pecuniária, de caráter compensatório, tem o objetivo de possibilitar ao filho uma reparação pelo dano sofrido, atenuando, em parte, as consequências da lesão. Obviamente que qualquer quantia arbitrada a esse título tem valor simbólico, pois não há dinheiro que pague o abandono afetivo. Trata-se de compensação, não de ressarcimento. Não se quer atribuir um valor ou um conteúdo econômico ao afeto. Por tais razões é que não se está monetarizando o afeto. Ao contrário, admitir que somente o pagamento de pensão alimentícia é o bastante na relação entre pais e filhos é que significa monetarizar tal relação. Não admitir a indenização significa admitir que os pais não são responsáveis pela criação de seus filhos.

O descompromisso de pais com seus filhos, independentemente do divórcio, tem sido tão frequente em nossa realidade brasileira que já se tornou um "sintoma" de nosso tempo. Muitos filhos não tiveram outra alternativa a não ser recorrer aos tribunais para buscar algum amparo ao seu desamparo advindo da ausência voluntária do pai. Nestes casos, recorre-se à justiça não em busca de ajuda material, pois para isto há formas jurídicas mais céleres e mais práticas. Como disse, não é o valor da indenização que irá recompor ou restituir o afeto negado ou omitido aos filhos. Certamente, quando esses filhos chegaram às barras dos tribunais, já haviam esgotado todas as formas consensuais de tentativas de aproximação com seus pais.

A quase totalidade desse abandono é por parte do pai. Dificilmente a mãe abandona um filho, a não ser em situações trágicas, ou quando o entrega à adoção, o que pode significar um ato de responsabilidade e atendimento ao princípio da paternidade responsável. Enfim, a responsabilidade é um princípio jurídico e deve ser observada e respeitada em todas as relações jurídicas, especialmente nas relações familiares entre pais e filhos. Pai e mãe não podem se divorciar de seus filhos e devem ser responsabilizados pelo não exercício do dever de criar, colocar limites, enfim dar afeto, não apenas no sentido de sentimento, mas principalmente de uma conduta e uma ação de cuidado, proteção e educação.

DISPOSITIVOS NORMATIVOS

CR – Arts. 226, § 7º, e 229.

CCB – Arts. 1.566, IV, e 1.634, II.

Lei nº 8.069/90 – Estatuto da Criança e do Adolescente – Arts. 3º, 4º, 22 e 33.

JURISPRUDÊNCIA

(...) Sob essa perspectiva, o cuidado, na lição de Leonardo Boff, "representa uma atitude de ocupação, preocupação, responsabilização e envolvimento com o outro; entra na natureza e na constituição do ser humano. O modo de ser cuidado revela de maneira concreta como é o ser humano. Sem cuidado ele deixa de ser humano. Se não receber cuidado desde o nascimento até a morte, o ser humano desestrutura-se, definha, perde sentido e morre. Se, ao largo da vida, não fizer com cuidado tudo o que empreender, acabará por prejudicar

a si mesmo por destruir o que estiver à sua volta. Por isso o cuidado deve ser entendido na linha da essência humana" (*apud* Pereira, Tânia da Silva. *Op. cit.* p. 58). – Com fundamento na paternidade responsável, "o poder familiar é instituído no interesse dos filhos e da família, não em proveito dos genitores" e com base nessa premissa deve ser analisada sua permanência ou destituição. Citando Laurent, "o poder do pai e da mãe não é outra coisa senão proteção e direção" (*Principes de Droit Civil Français*, 4/350), segundo as balizas do direito de cuidado a envolver a criança e o adolescente. – Sob a tônica do legítimo interesse amparado na socioafetividade, ao padrasto é conferida legitimidade ativa e interesse de agir para postular a destituição do poder familiar do pai biológico da criança (STJ, REsp 1106637 SP, Rel.ª Min.ª Nancy Andrighi, 3ª T., p. 01/07/2010).

LINGUAGEM POÉTICA

Olha as minhas meninas / As minhas meninas / Pra onde é que elas vão / Se já saem sozinhas / As notas da minha canção / Vão as minhas meninas / Levando destinos / Tão iluminados de sim / Passam por mim / E embaraçam as linhas / Da minha mão

As meninas são minhas / Só minhas na minha ilusão / Na canção cristalina / Da mina da imaginação / Pode o tempo / Marcar seus caminhos / Nas faces / Com as linhas / Das noites de não / E a solidão / Maltratar as meninas / As minhas não

As meninas são minhas / Só minhas / As minhas meninas / Do meu coração

(*As minhas meninas* – Letra e música de Chico Buarque).

PRINCÍPIO DA PRIORIDADE ABSOLUTA [*ver tb. princípio do melhor interesse da criança e do adolescente*] – Com a compreensão de que crianças e adolescentes são sujeitos de direitos e não apenas detentores dos direitos dos pais ou responsáveis, é que se desenvolveu

P

princípios jurídicos de proteção para esses sujeitos ainda em desenvolvimento físico e psíquico. Em razão desta condição especial são detentores de direitos especiais, pois enquanto pessoas em desenvolvimento devem ser especialmente protegidas. E, a proteção como prioridade absoluta, não é mais obrigação exclusiva da família e do Estado: é um dever social (PEREIRA, Tânia da Silva. *O melhor interesse da criança*: um debate interdisciplinar. Rio de Janeiro: Renovar, 1999. p. 14).

Assim, as pessoas em desenvolvimento, crianças (0 a 11 anos) e adolescentes (de 12 a 18 anos – Art. 2º, Lei nº 8.069/90), devem receber integral proteção e têm prioridade absoluta no tratamento jurídico, compondo com o princípio do melhor interesse da criança, a trilogia de proteção e assistência especial à infância e juventude, que em verdade e ao final constituem uma só questão. O princípio é de prioridade e não deve excluir outros direitos ou princípios, que em caso de colisão devem ser sopesados de acordo com o caso concreto.

Da mesma forma, em situação de vulnerabilidade e carecendo de especial proteção, os idosos entraram para essa categoria especial e necessitam dessa absoluta prioridade, tal como disposto no art. 3º da Lei nº 10.741/03, prevê: *É obrigação da família, da comunidade, da sociedade e do Poder Público assegurar ao idoso, com absoluta prioridade, a efetivação do direito à vida, à saúde, à alimentação, à educação, à cultura, ao esporte, ao lazer, ao trabalho, à cidadania, à liberdade, à dignidade, ao respeito e à convivência familiar e comunitária. Parágrafo único. A garantia de prioridade compreende: I – atendimento preferencial imediato e individualizado junto aos órgãos públicos e privados prestadores de serviços à população; II – preferência na formulação e na execução de políticas sociais públicas específicas; III – destinação privilegiada de recursos públicos nas áreas relacionadas com a proteção ao idoso; IV – viabilização de formas alternativas de participação, ocupação e convívio do idoso com as demais gerações; V – priorização do atendimento do idoso por sua própria família, em detrimento do atendimento asilar, exceto dos que não a possuam ou careçam de condições de manutenção da própria sobrevivência; VI – capacitação e reciclagem dos recursos humanos nas áreas de geriatria e gerontologia e na prestação de serviços aos idosos; VII – estabelecimento de mecanismos que favoreçam a divulgação de informações de caráter educativo sobre os aspectos biopsicossociais de envelhecimento; VIII – garantia de acesso à rede de serviços de saúde e de assistência social locais; IX – prioridade no recebimento da restituição do Imposto de Renda.*

DISPOSITIVOS NORMATIVOS

CR – Arts. 227, 229.

Lei nº 8.069/90 – Estatuto da Criança e do Adolescente.

Lei nº 10.741/03 – Estatuto do Idoso.

JURISPRUDÊNCIA

(...) A Constituição Federal acolhe a doutrina da proteção integral da criança e do adolescente, conferindo à família e ao Estado o dever legal de efetivar os direitos menoristas, consagrados em normas constitucional e infraconstitucionais interdependentes que impõem ao Ministério Público o papel de agente de transformação social e um comprometimento de "todos os agentes – Judiciário, Ministério Público, Executivo, técnicos, sociedade civil, família – em querer mudar e adequar o cotidiano infantojuvenil a um sistema garantista". 2. Em vista do princípio da prioridade absoluta – que impõe ao Estado e, pois, ao Ministério Público o dever de tratar com prioridade a defesa dos direitos menoristas insculpido no artigo 227 da Constituição Federal e 4º e 100, parágrafo único, II, do Estatuto da Criança e do adolescente – é inconcebível que a Promotoria de Justiça que cuida da matéria não esteja dotada da mínima estrutura indispensável para o exercício de seu importante mister, isto é, que não conte com os serviços profissionais de assistente social e psicólogo. 3. Todavia, estando em jogo direitos indisponíveis, fica clara a existência do binômio necessidade-utilidade da medida e a consequente imprescindibilidade da prestação jurisdicional para propiciar a elaboração do estudo psicossocial para avaliação da medida mais adequada à tutela dos direitos da menor. 4. Ademais, o artigo 153 do Estatuto da Criança e do Adolescente permite ao juiz, até mesmo de ofício, ouvido o Ministério Público, adequar o procedimento às peculiaridades do caso, ordenando as providências necessárias para assegurar a proteção integral da criança e do adolescente, sendo descabida a extinção do procedimento, sem averiguação que infirme os graves fatos apontados pela autoridade tutelar. (...) (STJ, REsp 1308666 MG, Rel. Min. Luis Felipe Salomão, 4ª T., publ. 16/10/2012).

PRINCÍPIO DA PROIBIÇÃO DO RETROCESSO SOCIAL [ver tb. concorrência do cônjuge, concorrência do companheiro, direito real de habitação, princípios, princípios não expressos] – É o princípio que impede o Poder Público de reduzir o grau de concretização alcançado por um direito social, ou seja, impede a atuação do Legislativo e Executivo (poderes que concretizam os direitos sociais) de retrocederem em relação aos direitos já conquistados. Este princípio obriga a observar o núcleo essencial dos direitos sociais já realizados e efetivados, e devem ser considerados constitucionalmente garantidos. Também conhecido como Princípio da Proibição de

Contrarrevolução Social ou Proibição da Evolução Reacionária.

É um princípio não expresso na Constituição da República, abstraído e derivado de outros princípios constitucionais: segurança jurídica; dignidade da pessoa humana; máxima efetividade (Art. 5º, § 1º, CR); e Estado Democrático e Social do Direito.

Quando a norma constitucional programática absorve uma conquista social, produz-se uma verdadeira aderência ao texto constitucional. Assim, esses direitos sociais, em grande parte, para que possam ser usufruídos, no caso concreto, necessitam de uma intermediação, geralmente de uma lei infraconstitucional. *A partir do momento em que o Estado, em sede constitucional, garante direitos sociais, a realização desses direitos não se constitui somente em uma obrigação positiva para a sua satisfação – passa a haver também uma obrigação negativa de não se abster de atuar de modo a assegurar a sua realização. O legislador infraconstitucional precisa ser fiel ao tratamento isonômico assegurado pela Constituição, não podendo estabelecer diferenciações ou revelar preferencias. Do mesmo modo, todo e qualquer tratamento discriminatório levado a efeito pelo judiciário mostra-se flagrantemente inconstitucional* (DIAS, Maria Berenice – *Manual de direito das famílias*. São Paulo: Revista dos Tribunais, 2013. p. 72)

No Direito de Família, vê-se como exemplo de aplicação do princípio da proibição do retrocesso social, o casamento civil entre pessoas do mesmo sexo. O legislador não poderá retroceder proibindo tal casamento, uma vez que Conselho Nacional de Justiça – CNJ, após consolidação da jurisprudência, já regulamentou

P

o casamento homoafetivo (Resolução nº 175, CNJ)

No Direito das Sucessões, os avanços conseguidos com as Leis nº 8.971/94 e 9.278/96 em relação aos companheiros não podem retroceder em razão de dispositivos do CCB 2002. Quando da vigência das Leis nº 8.971/94 e 9.278/94 os cônjuges e companheiros recebiam tratamento igual em matéria das sucessões: como sucessores na propriedade, como titulares de usufruto legal, como titulares de direito real de habitação. Assim, para dar efetividade a norma de eficácia limitada constitucional (Art. 226, CR), que equipara as formas de família e confere igualdade de tratamento para o companheiro e o cônjuge, entende-se que as normas que efetivamente cumprem esse comando constitucional são as que devem ser aplicadas ao caso concreto.

JURISPRUDÊNCIA

(...) A regra que confere ao menor sob guarda a condição de dependente para fins previdenciários (art. 33, 3º do ECA) consiste em uma manifestação normativa pontual do núcleo essencial de direitos humanos – a dignidade da pessoa humana. 2. A aplicação da norma, em sua plenitude, encontra assento no princípio constitucional da prioridade absoluta dos direitos da criança e do adolescente, insculpido no art. 227, caput, da Constituição Federal. 3. A garantia da condição de dependente ao menor sob guarda visa prestigiar os direitos fundamentais da criança e do adolescente, razão pela qual, em atenção ao princípio da eficiência, deve-se preferir a interpretação que reconheça maior eficácia aos direitos fundamentais. 4. O Estatuto da Criança e do Adolescente é lei especial em relação às leis previdenciárias, devendo a norma estatutária ser preferida na análise do conflito aparente de normas. 5. Conforme dispõe o princípio da vedação ao retrocesso, é vedada a eliminação ou diminuição de direitos já conquistados. 6. A não consideração do menor sob guarda, como dependente, para fins previdenciários, viola o princípio da isonomia, uma vez que ao menor tutelado é garantido tais direitos. (...)(TJPI, Ap. Cível nº 60013427, Rel. Des. Francisco Antônio Paes Landim Filho, 3ª CC., j. 15/12/2010).

PRINCÍPIO DA PROPORCIONALIDADE ALIMENTAR – Ver alimentos – trinômio.

PRINCÍPIO DA PROTEÇÃO INTEGRAL [*ver tb. princípio da prioridade absoluta, princípio do melhor interesse da criança e do adolescente*] – É um desdobramento e complemento do Princípio do Melhor Interesse da Criança e Adolescente, assim como é o Princípio da Prioridade Absoluta. Também conhecido como a "Doutrina de proteção integral", significa que as pessoas em desenvolvimento, isto é, crianças e adolescentes, devem receber total amparo e proteção das normas jurídicas, da doutrina, jurisprudência, enfim de todo o sistema jurídico.

A Professora Tânia da Silva Pereira, uma das pioneiras a escrever e dedicar-se especialmente ao Direito das Crianças e Adolescentes, elenca as correntes de pensamento que antecederam e marcaram o desenvolvimento dos direitos das crianças no Brasil: a doutrina do Direito Penal do Menor, concentrado nos Códigos Penais de 1830 e 1890, que se preocupava com a delinquência e consistia em imputar a responsabilidade do menor em função de seu entendimento quanto à prática do ato criminoso; a doutrina jurídica da situação irregular, que passou a vigorar com o Código de Menores de 1979, e marcado por uma política assistencialista fundada na proteção do menor abandonado ou infrator; e, finalmente, a doutrina jurídica de proteção integral, que passou a vigorar com a Constituição de 1988 e ganhou força e reforço com a Lei nº 8.069/90 – Estatuto da Criança e do Adolescente, que revogou o Código de Menores, após intenso debate na década de 1980. De acordo com a doutrina da proteção integral, a população infantojuvenil, em qualquer situação, deve ser protegida prioritariamente, além, reconhecidas as prerrogativas idênticas às dos adultos. Eles passam a ser sujeitos de direitos, pois deixaram de ser objeto passivo em uma relação jurídica ou extensão do direito dos adultos.

DISPOSITIVOS NORMATIVOS

CR – Arts. 227, 229.

Lei nº 8.069/90 – Estatuto da Criança e do Adolescente.

Decreto nº 3.087/99 – Promulga a Convenção Relativa à Proteção das Crianças e à Cooperação em Matéria de Adoção Internacional.

Decreto nº 2.428/97 – Promulga a Convenção Interamericana sobre Obrigação Alimentar.

Decreto nº 3.413/00 – Promulga a Convenção sobre Aspectos Civis do Sequestro Internacional de Crianças.

Decreto-Lei nº 99.710/90 – Promulga a Convenção sobre os Direitos da Criança.

Decreto-Lei nº 678/92 – Promulga a Convenção Americana sobre Direitos Humanos (Pacto de São José da Costa Rica).

Lei nº 13.431/2017 – Estabelece o sistema de garantia de direitos da criança e do adolescente vítima ou testemunha de violência e altera a Lei nº 8.069, de 13 de julho de 1990 (Estatuto da Criança e do Adolescente).

JURISPRUDÊNCIA

(...) O Estado tem o dever de assegurar à criança e ao adolescente o direito à convivência familiar (art. 227, caput, da Constituição do Brasil). O objetivo maior da Lei 8.069/1990 é a proteção integral à criança e ao adolescente, aí compreendida a participação na vida familiar e comunitária.

Restrições a essas garantias somente são possíveis em situações extremas, decretadas com cautela em decisões fundamentadas, o que no caso não se dá. Ordem parcialmente concedida para permitir ao paciente a realização de atividades externas e visitas à família sem a imposição de qualquer condição pelo Juízo da Vara da Infância e Juventude (STF, HC 98.518, Rel. Min. Eros Grau, 2ª T., j. 25/05/2010).

LINGUAGEM POÉTICA

Estátuas e cofres / E paredes pintadas / Ninguém sabe o que aconteceu / Ela se jogou da janela do quinto andar / Nada é fácil de entender.

Dorme agora / É só o vento lá fora. / Quero colo / Vou fugir de casa / Posso dormir aqui / Com vocês? / Estou com medo tive um pesadelo / Só vou voltar depois das três.

Meu filho vai ter / Nome de santo / Quero o nome mais bonito.

É preciso amar as pessoas / Como se não houvesse amanhã / Porque se você parar pra pensar, / Na verdade não há.

Me diz por que o céu é azul / Me explica a grande fúria do mundo / São meus filhos que tomam conta de mim

Eu moro com a minha mãe / Mas meu pai vem me visitar / Eu moro na rua, não tenho ninguém / Eu moro em qualquer lugar / Já morei em tanta casa que nem me lembro mais / Eu moro com meus pais.

Sou uma gota d'água / Sou um grão de areia / Você me diz que seus pais não entendem / Mas você não entende seus pais. / Você culpa seus pais por tudo / Isso é absurdo / São crianças como você. / O que você vai ser / Quando você crescer.

(*Pais e Filhos* – Letra de Renato Russo, música de Legião Urbana).

P

PRINCÍPIO DA RESPONSABILIDADE [*ver tb. princípios, principiologia*]

– Assim como a cidadania, a responsabilidade tornou-se uma palavra de ordem da contemporaneidade. Em tudo e por tudo ela se presentifica. Os limites da responsabilidade do sujeito é objeto de preocupação e regulamentação do Direito Civil, cuja pergunta o acompanha desde a sua origem. Afinal, qual o limite da responsabilidade do sujeito? Desde quando ele passa a ser responsabilizado pelos seus atos? A razão da existência do Direito reside exatamente em colocar limite e responsabilizar os sujeitos para que seja possível o convívio e a organização social.

Mais que um valor jurídico, a responsabilidade é um princípio jurídico fundamental e norteador das relações familiares e que traz uma nova concepção sobre os atos e fatos jurídicos, que está atrelada à liberdade que, por sua vez, encontra sentido na ética da responsabilidade.

A ideia de democracia está necessariamente interligada à liberdade e à responsabilidade. Uma não existe sem a outra. Quanto mais liberdade se conquista, com redução consequente do *quantum* despótico, mais responsabilidade se impõe a quem a exerce. Assim, pode-se dizer que se é mais livre na medida em que se é mais responsável pelos atos praticados. Portanto, responsabilidade e liberdade estão no mesmo plano axiológico.

A ideia atual de responsabilidade não busca apenas a reparação para os atos do passado, mas também cumprir os deveres éticos, voltados para o futuro. Nas relações parentais, o princípio da responsabilidade está presente principalmente entre pais e filhos. Os pais são responsáveis pela criação, educação e sustento material e afetiva de seus filhos (Art. 1.634, CCB). Além de princípio, a responsabilidade é também regra jurídica.

O princípio da responsabilidade perpassa e se desdobra também no princípio da paternidade responsável (Art. 229, CR). Nas relações conjugais, o princípio da responsabilidade é o grande responsável pela compreensão e eliminação da discussão da culpa pelo fim do casamento. O discurso da culpa foi substituído pelo da responsabilidade. É assim que, associado ao princípio da menor intervenção estatal e na reafirmação e consolidação do Estado laico, por proposição do Instituto Brasileiro de Direito de Família – IBDFAM, promulgou-se a Emenda Constitucional nº 66/10.

Esta alteração constitucional reafirma e traz consigo o grande significado e importância do princípio da responsabilidade no ordenamento jurídico brasileiro. É ele que alterou o sistema do divórcio em três aspectos: primeiro, acabou com os prazos para se requerer o divórcio; segundo, acabou com o anacrônico e inútil instituto da separação judicial; terceiro, não há mais a discussão de culpa. Finalmente, o Estado passou a acreditar que o responsável pelo fim das relações conjugais são os próprios sujeitos ali envolvidos, sendo eles os próprios responsáveis e protagonistas de suas escolhas amorosas. Tal concepção esvazia, inclusive, o discurso da responsabilidade civil entre os cônjuges.

DISPOSITIVOS NORMATIVOS

CR – Art. 229.

CCB – Arts. 186, 927, 1.566, 1.634.

Lei nº 8.069/90 – Estatuto da Criança e do Adolescente – Arts. 4º; 22; 33.

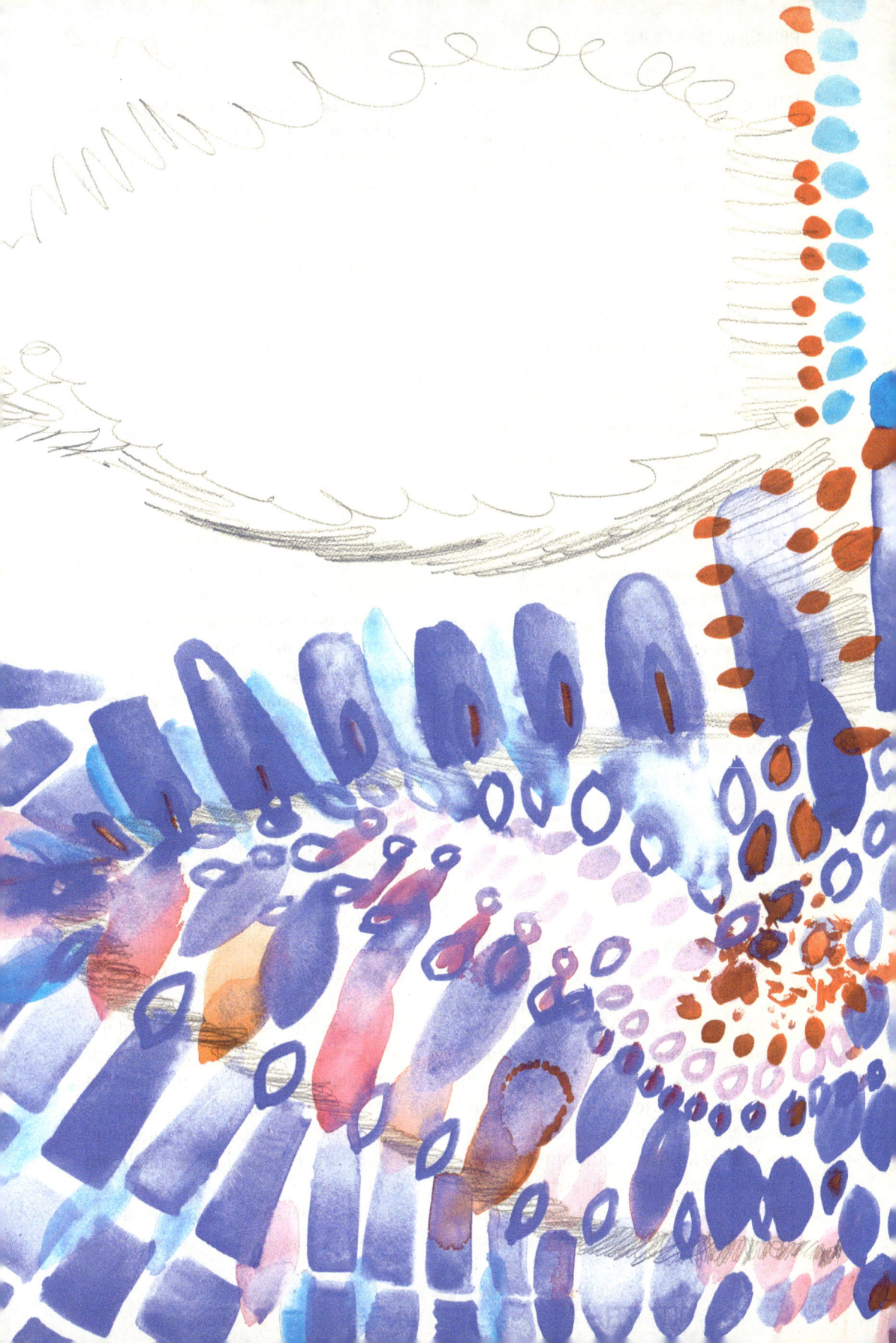

JURISPRUDÊNCIA

(...) com a recente EC nº 66, de 2010, a qual, em boa hora, aboliu a figura da separação judicial (...) (STJ, REsp 912.926-RS, rel. Min. Luis Felipe Salomão, 4ª T., publ. 07/06/2011).

LINGUAGEM POÉTICA

Você me dá muito pouco / E eu vou embora / O que você me deu / Vou jogar fora / O que presta pra mim / É afeição / Eu vou tentar ser bem mais competente / Na escolha da próxima paixão / Meu bem

Eu quero alguém bem melhor / E mais bonito / Alguém que nem você eu não preciso / O resultado disso é solidão / Eu vou tentar ser bem mais competente / Na escolha da próxima paixão / Meu bem

Mas as coisas não são assim / Não é vovó? / São coisas que a gente não escolhe nunca / As coisas do coração / Não é vovó? / Elas são como são ou a gente muda?

Amanhã eu não quero confundir / Atração sexual com ilusões de amor puro

Não chore homem...

(*Não chore, homem* – Letra e música de Vanessa da Mata).

ILUSTRAÇÃO

Andrea Lanna. P. 583.

PRINCÍPIO DA *SAISINE* [*ver tb. saisine*] – Princípio de origem francesa, pelo qual se estabelece que a propriedade dos bens do *de cujus* se transmite aos seus herdeiros de imediato no momento de sua morte. É o direito de receber bem ou direito fundado na morte, por imperativo da lei. Surgiu na época medieval e foi aplicada pelo Direito francês durante o feudalismo. Com a morte do arrendatário, a terra arrendada era devolvida ao senhor, obrigando que os herdeiros pleiteassem a imissão na posse, e para tal, lhes era cobrado um tributo. Para não pagarem a tributação requerida, criou-se a ficção da transmissão pelo morto, da posse de todos os seus bens no momento imediato da sua morte aos seus herdeiros. Essa ideia permanece até hoje: *Aberta a sucessão, a herança transmite-se, desde logo, aos herdeiros legítimos e testamentários* (Art. 1.784, CCB).

Esse princípio está incorporado fortemente na tradição francesa: *le mort soisit le vif* (a morte aos vivos aproveita). *A saisine plena teve consagração com o Alvará de 9 de novembro de 1754 – integrando o conjunto de reformas do Marquês de Pombal, contrárias à tradição do direito romano e aos costumes medievais –, que introduziu no direito luso-brasileiro a transmissão automática dos direitos, que compõem o património da herança, aos sucessores, legais ou testamentários, com toda a propriedade, a posse, os direitos reais e os pessoais* (LÔBO, Paulo. *Direito civil:* sucessões. São Paulo: Saraiva, 2013. p. 47).

No Brasil, caracteriza-se a *saisine* como plena e ampla, isso porque estão conjugadas e subsumidas nela todos os atos iniciais: a abertura da sucessão, a vocação, a devolução, a delação, a aquisição, a aquisição, que em outros países ainda constituem fases distintas. A França, por exemplo, adotou uma *saisine* restrita e parcial, herdando apenas os herdeiros legítimos por força da lei, ficando os demais dependendo de cumprimento de outros requisitos, inclusive aceitação ou imissão na posse. Instantaneamente, independente de qualquer formalidade, com a abertura da sucessão no Direito brasileiro investe-se o herdeiro no domínio e posse dos bens constantes do acervo hereditário. Ou seja, sem necessidade de praticar qualquer ato ou de requerer judicialmente a imissão na posse, o herdeiro receberá o acervo hereditário deixado pelo *de cujus*, mesmo não tendo conhecimento da sua abertura.

JURISPRUDÊNCIA

(...) Modos de aquisição da posse. Forma *ex lege*: Morte do autor da herança. Não obstante a caracterização da posse como poder fático sobre a coisa, o ordenamento jurídico reconhece, também, a obtenção deste direito na forma do art. 1.572 do Código Civil de 1916, em virtude do princípio da saisine, que confere a transmissão da posse, ainda que indireta, aos herdeiros, independentemente de qualquer outra circunstância. 2. A proteção possessória não reclama qualificação especial para o seu exercício, uma vez que a posse civil – decorrente da sucessão –, tem as mesmas garantias que a posse oriunda do art. 485 do Código Civil de 1916, pois, embora, desprovida de elementos marcantes do conceito tradicional, é tida como posse, e a sua proteção é, indubitavelmente, reclamada. 3. A transmissão da posse ao herdeiro se dá *ex lege*. O exercício fático da posse não é requisito essencial, para que este tenha direito à proteção possessória contra eventuais atos de turbação ou esbulho, tendo em vista que a transmissão da posse (seja ela direta ou indireta) dos bens da herança se dá *ope legis*, independentemente da prática de qualquer outro ato. 4. Recurso especial a que se dá provimento (STJ, Rel. Min. Vasco Della Giustina. 3ª T., j. 20/04/2010).

PRINCÍPIO DA SOLIDARIEDADE [*ver tb. princípios*] – Vincula-se à ideia de corresponsabilidade, cooperação e amparo. A solidariedade, antes concebida apenas como dever moral, compaixão ou virtude, passou a ser entendida como princípio jurídico após a Constituição da República de 1988, expressamente disposto no art. 3º, I. Este princípio também está implícito em outros artigos do texto constitucional, ao impor à sociedade, ao Estado e à família (como entidade e na pessoa de cada membro) a proteção da entidade familiar, da criança e do adolescente e ao idoso (Arts. 226, 227 e 230, respectivamente). Portanto, advém do dever civil de cuidado ao outro.

O princípio da solidariedade é resultante da superação do individualismo jurídico, como ocorria na sociedade dos primeiros séculos da modernidade e se preocupava predominantemente com os interesses patrimoniais e individuais. No mundo moderno liberal, passou a ser o centro de emanação de direitos, razão pela qual o direito subjetivo assumiu a centralidade jurídica. No mundo contemporâneo, tenta-se alcançar o equilíbrio entre o público e o privado e a interação entre os sujeitos, sendo a solidariedade o fundamento dos direitos subjetivos. O Supremo Tribunal Federal, ao apreciar o preâmbulo constitucional (ADI 2649), ressaltou que o princípio da solidariedade se afirma por meio dos valores contidos nas normas constitucionais vigentes. Portanto, mais que um imperativo axiológico, traduz uma das essências da hermenêutica constitucional. Os valores contidos no preâmbulo devem assegurar o exercício dos direitos sociais e individuais, a liberdade, a segurança, o bem-estar, o desenvolvimento, a igualdade e justiça como valores supremos de uma sociedade fraterna, pluralista e sem preconceitos. A fraternidade está compreendida no contexto da solidariedade e reciprocidade.

Com a evolução dos Direitos Humanos, os direitos individuais passaram a concorrer com os direitos sociais, nos quais se enquadra o Direito de Família. Paulo Luiz Netto Lôbo é quem melhor discorre sobre este valor jurídico, que ganhou força normativa de princípio constitucional: *(...) O princípio da solidariedade, no plano das famílias, apresenta duas dimensões: a primeira, no âmbito interno das relações familiares, em razão do respeito recíproco e dos deveres de cooperação entre seus membros; a segunda, nas relações do grupo familiar com a comunidade, com as demais pessoas e com o meio ambiente que vive (...)* (Conferência Magna: Princípio da solidariedade familiar. *In: Anais do VI Congresso Brasileiro de Direito de Família*. Belo Horizonte. Rio de Janeiro: IBDFAM/Lumen Juris, 2007. p. 1 e 10).

O Código Civil brasileiro contém normas orientadas pelo princípio da solidariedade familiar, como o art. 1.511, ao dispor que o casamento estabelece comunhão plena de vida; o art. 1.566, III e IV, que estabelece o dever de mútua assistência – material e imaterial – entre cônjuges e o sustento, guarda e educação dos filhos; o art. 1.724, que estabelece os mesmos direitos e deveres aos companheiros e seus filhos; o art. 1.568, ao dispor que os cônjuges são obrigados a concorrer na proporção de seus rendimentos com o sustento da família; os arts. 1.640 e 1.725, que estabelecem que o regime legal de bens vigente no casamento e na união estável é o da comunhão dos bens onerosamente adquiridos durante a união, sem a necessidade de comprovação da participação do outro na aquisição.

Também norteada pelo princípio da solidariedade é a obrigação alimentar, seja entre cônjuges ou parentes, sempre atrelada pelo binômio necessidade/possibilidade (Arts. 1.694 e segs., CCB). Da mesma forma, a pensão alimentícia compensatória surge e ganha força no ordenamento jurídico brasileiro em consequência do comando constitucional de reparação das desigualdades entre cônjuges ou companheiros, que antes da ruptura do relacionamento se regiam pela mútua assistência, ao lado de outros deveres morais, tais como fidelidade, convivência e respeito recíproco. Nas palavras de Rolf Madaleno, *"é o socorro mútuo que os cônjuges e conviventes devem respeitar e se ajudar reciprocamente, atuando sempre no interesse da família, que segue unida e solidária". (Curso de direito de família.* 4. ed. Rio de Janeiro: Forense, 2011. p. 955). O desfazimento de um casamento, especialmente aqueles que se prolongaram no tempo, e tiveram uma história de cumplicidade e cooperação, não pode significar desequilíbrio no modo e padrão de vida pós-divórcio.

A solidariedade e amparo não estão somente no plano do auxílio material, mas também no afetivo, que pode ser imposto como obrigação jurídica em casos de abandono afetivo de pais em relação aos filhos.

O princípio da solidariedade distingue-se do conceito de obrigação solidária em seu sentido estrito. Solidariedade como princípio jurídico norteador do Direito de Família advém da ideia que traduz uma relação de corresponsabilidade entre pessoas unidas, inclusive por um sentimento moral e social de apoio ao outro. Mais que moral, a solidariedade transforma-se em dever ético de relações humanizadoras. Por outro lado, obrigação solidária, em sentido técnico-jurídico, significa pluralidade de sujeitos ativos ou passivos de uma obrigação, para que se possa cumprir por inteiro ou fracionada, por uma ou mais pessoas. Neste sentido, é que são as regras, sobre as obrigações solidárias, ou seja, quando há pluralidade de credores ou devedores com direito a receber ou a pagar a totalidade da dívida ou fracioná-la (Arts. 264 a 285, CCB). Assim, quando se invoca o princípio da solidariedade como fundamentação e justificativa para pagamento de pensão alimentícia ou compensatória, não se está referindo à definição técnica de obrigação solidária ou subsidiária.

DISPOSITIVOS NORMATIVOS:

CR – Arts. 3º, I, 229, 230.

CCB – Arts. 1.511, 1.566, I, IV, 1.568, 1.640, 1.694, 1.724.

JURISPRUDÊNCIA

"Na esteira destes valores supremos explicitados no Preâmbulo da Constituição brasileira de 1988 é que se afirma, nas normas constitucionais vigentes, o princípio jurídico da solidariedade" (ADIn 2.649, Rel.ª Min.ª Cármen Lúcia, Plenário – STF. j. 08/05/2008).

(...) A defesa dos direitos em sua plenitude deve assentar em ideais de fraternidade e solidariedade, não podendo o Poder Judiciário esquivar-se de ver e de dizer o novo, assim como já o fez, em tempos idos, quando emprestou normatividade aos relacionamentos entre pessoas não casadas, fazendo surgir, por consequência, o instituto da união estável. A temática ora em julgamento igualmente assenta sua premissa em vínculos lastreados em comprometimento amoroso. – A inserção das relações de afeto entre pessoas do mesmo sexo no Direito de Família, com o consequente reconhecimento dessas uniões como entidades familiares, deve vir acompanhada da firme observância dos princípios fundamentais da dignidade da pessoa humana, da igualdade, da liberdade, da autodeterminação, da intimidade, da não discriminação, da solidariedade e da busca da felicidade, respeitando-se, acima de tudo, o reconhecimento do direito personalíssimo à orientação sexual. (...) (STJ, REsp 1026981 RJ, Rel.ª Min.ª Nancy Andrighi, 3ª T., publ. 23/02/2010).

LINGUAGEM LITERÁRIA

Uma experiência

Talvez seja uma das experiências humanas e animais mais importantes. A de pedir socorro e, por pura bondade e compreensão do outro, o socorro ser dado. Talvez valha a pena ter nascido para que um dia mudamente se implore e mudamente se receba. Eu já pedi socorro, e não me foi negado.

Senti-me então como se eu fosse um tigre perigoso com uma flecha cravada na carne, e que estivesse rondando devagar as pessoas medrosas para descobrir quem lhe tiraria a dor. E então uma pessoa tivesse sentido que um tigre ferido é apenas tão perigoso como uma criança. E aproximando-se da fera, sem medo de tocá-la, tivesse arrancado com cuidado a flecha fincada.

E o tigre? Não, certas coisas nem pessoas nem animais podem agradecer. Então eu, o tigre, dei duas voltas vagarosas em frente à pessoa, hesitei, lambi uma das patas e depois, como não é a palavra o que tem importância, afastei-me silenciosamente.

(LISPECTOR, Clarice. Uma experiência. *In: A descoberta do mundo*. Rio de Janeiro: Rocco, 1999. p. 112-113).

PRINCÍPIO DO MELHOR INTERESSE DA CRIANÇA E DO ADOLESCENTE [*ver tb. abrigo de menores, absoluta prioridade, alienação parental, princípio da afetividade, princípio da proteção integral*] – Este princípio tem suas raízes na mudança da estrutura da família que se deu ao longo do século XX. Ao compreendê-la como um fato da cultura, e não da natureza, e com declínio do patriarcalismo, a família perdeu sua rígida hierarquia, sua preponderância

patrimonialista e passou a ser o *locus* do amor, do companheirismo e da afetividade. E assim, as crianças e adolescentes ganharam um lugar de sujeitos, e como pessoas em desenvolvimento passaram a ocupar um lugar especial na ordem jurídica. Se são sujeitos em desenvolvimento, merecem proteção integral e especial e tem absoluta prioridade sobre os outros sujeitos de direitos. Esta ideia aparece pela primeira vez em 1959 na Declaração Universal dos Direitos da Criança, que em seu 2º princípio declarou que *"a criança gozará de proteção especial (...) ao promulgar leis com este fim, a consideração fundamental a que atenderá será o interesse superior da criança".*

A Constituição da República de 1988, absorvendo este espírito (sim, as leis tem espírito, como dizia Montesquieu em seu célebre tratado de 1747, *"Le'espirit des lois")* expressou por meio dos arts. 227 e 229 o princípio do melhor interesse da criança e adolescente. Ele tornou-se tão fundamental e norteador para toda e qualquer questão relativa à infância e juventude que ele se desdobra e reforça no Princípio da Proteção Integral e da Absoluta Prioridade. Complementando e detalhando tais princípios, vieram várias regras (leis) na esteira da Convenção Internacional dos Direitos da Criança aprovada pela ONU em 20/11/89 (Ratificada pelo Brasil pelo do Decreto nº 99.710/90) em especial a Lei nº 8069/90, mais conhecida como Estatuto da Criança e do Adolescente – ECA, reconhecido internacionalmente como um dos textos normativos mais avançados do mundo.

O Princípio do Melhor Interesse, que encontra sua melhor tradução na Lei nº 8.069/90, mudou a concepção filosófica sobre os menores de idade, inclusive alterando a expressão "menor" para "crianças e adolescentes", "visita" para "convivência familiar". Tais mudanças têm a intenção de dar outro significante ao significado desta palavra, extraindo a ideia de que "menor" tem direitos menores. E assim, tornou-se politicamente incorreto o uso da expressão "direito dos menores". A partir de 1990 toda ordem jurídica brasileira ficou alterada e contaminada pelas regras da Lei nº 8.069/90 que são o desdobramento do princípio do melhor interesse da criança e do adolescente, conduzindo inclusive à novas políticas públicas, já que tinham mudado as concepções sobre criação e educação de filhos, provocando o fechamento das conhecidas Fundação Estadual do Bem-Estar do Menor – FEBEM, alterando não apenas a sua nomenclatura, mas também a estrutura das casas de acolhimento de "menores". Embora haja carência de políticas públicas sérias para cuidar de crianças e adolescentes de rua e na rua, pelo menos já se instalou na conduta dos governos as novas concepções do ECA com a criação dos Conselhos Tutelares, Cadastro Nacional de Adoção, Comissão Estadual Judiciária de Adoção – CEJA etc.

Foi esta nova concepção sobre crianças e adolescentes que provocou alterações no conteúdo das decisões judiciais sobre guarda de filhos. Sabe-se hoje que uma boa mãe ou um bom pai, pode não ser um bom marido ou boa esposa. Em outras palavras, as funções conjugais são diferentes das funções parentais, e devem ser diferenciadas para que se faça um julgamento justo sobre guarda e convivência de filhos. Mudou-se não só os julgamentos, mas também a concepção de guarda de filhos, que deverá ficar com quem atender seu melhor interesse, não necessariamente o pai ou a mãe. E foi exatamente atendendo a este interesse maior que a ideia de guarda única perdeu lugar para a guarda compartilhada (também denominada de guarda conjunta) como regra geral (Lei nº 11.698/08). É também em atendimento ao Princípio do Melhor Interesse da Criança e Adolescente, que surgiram novas concepções e institutos jurídicos.

A paternidade, ou melhor, a parentalidade socioafetiva vem estabelecer que os laços de sangue não devem preponderar sobre os laços afetivos na definição da paternidade e filiação. Embora essa nova concepção de parentalidade tenha ampliado sua força no início da primeira década deste século, o ECA já havia estabelecido esta concepção, através da expressão "Família Substituta" (Art. 28, Lei nº 8.069/90); o conceito de Alienação Parental, surgido nos EUA na década de 1980, foi desenvolvido no Brasil a partir da primeira década do ano 2000, e traduzida pela Lei nº 12.318/10, para atender ao superior interesse de filhos menores de idade. Mas afinal, qual é o melhor interesse da criança/adolescente e como avaliar, por exemplo, se é mais conveniente o filho ficar com qual dos pais, ou com terceiros? O melhor interesse pode entrar em uma relatividade e subjetividade perigosa. Sabe-se que o justo pode ter ângulos de visão diferentes.

O princípio, como norma jurídica, vem exatamente tentar salvar uma decisão judicial do maniqueísmo ou do dogmatismo da regra, que traz sempre consigo a ideia de tudo ou nada. O princípio aceita ponderação, relativização e deve ser compatibilizado com outros princípios. *In casu*, deve ser conjugado com princípio da afetividade, da responsabilidade e dignidade humana. O princípio do melhor interesse é "*um critério significativo na decisão e na aplicação da lei. Isso revela um modelo que, a partir do reconhecimento da diversidade, tutelar os filhos como seres prioritários nas relações paterno-filiais e não apenas a instituição familiar em si mesma*". (FACHIN, Luiz Edson. *Da paternidade*: relação biológica e afetiva. Belo Horizonte: Del Rey, 1996. p. 125).

O que interessa na aplicação deste princípio fundamental é que a criança/adolescente, cujos interesses e direitos devem sobrepor-se ao dos adultos, sejam tratados como sujeito de direitos e titulados de uma identidade própria e também uma identidade social. E, somente no caso concreto, isto é, em cada caso especificamente, pode-se verificar o verdadeiro interesse sair da generalidade e abstração da efetivação ao Princípio do Melhor Interesse. Para isso é necessário abandonar preconceitos e concepções morais estigmatizantes. Zelar pelo interesse dos menores de idade é cuidar de sua boa formação moral, social, relacional e psíquica. É preservar sua saúde mental, estrutura emocional e convívio social.

DISPOSITIVOS NORMATIVOS

CR – Arts. 227, 229.

CCB – Arts. 1.583 a 1.590, 1.596 a 1.617, 1.630 a 1.638.

EC nº 65/10 – Emenda Constitucional nº 65 – Juventude.

Lei nº 8.069/90 – Estatuto da Criança e do Adolescente.

Lei nº 12.318/10 – Lei da Alienação Parental.

Decreto Legislativo nº 28/90 – Convenção Internacional dos Direitos da Criança e do Adolescente.

Lei nº 13.431/2017 – Estabelece o sistema de garantia de direitos da criança e do adolescente vítima ou testemunha de violência e altera a Lei nº 8.069, de 13 de julho de 1990 (Estatuto da Criança e do Adolescente).

P

JURISPRUDÊNCIA

(...) A Constituição Federal alterou o anterior Sistema de Situação de Risco então vigente, reconhecendo a criança e o adolescente como sujeitos de direitos, protegidos atualmente pelo Sistema de Proteção Integral. 2. O corpo normativo que integra o sistema então vigente é norteado, dentre eles, pelos Princípio da Absoluta Prioridade (art. 227, *caput*, da CF) e do Melhor Interesse da Criança e do Adolescente. 3. Não há olvidar que, na interpretação do Estatuto e da Criança "levar-se-ão em conta os fins sociais a que ela se dirige, as exigências do bem comum, os direitos e deveres individuais e coletivos, e a condição peculiar da criança e do adolescente como pessoas em desenvolvimento" (art. 6º). (...) (STJ, REsp 1199587 SE, Rel. Min. Arnaldo Esteves Lima, 1ª T., publ. 12/11/2010).

(...) A observância do cadastro de adotantes, ou seja, a preferência das pessoas cronologicamente cadastradas para adotar determinada criança, não é absoluta. A regra comporta exceções determinadas pelo princípio do melhor interesse da criança, base de todo o sistema de proteção. Tal hipótese configura-se, por exemplo, quando já formado forte vínculo afetivo entre a criança e o pretendente à adoção, ainda que no decorrer do processo judicial. Precedente. 2. – No caso dos autos, a criança hoje com 2 anos e 5 meses, convivia com os recorrentes há um ano quando da concessão da liminar (27.10.2011), permanecendo até os dias atuais. Esse convívio, sem dúvida, tem o condão de estabelecer o vínculo de afetividade da menor com os pais adotivos. (...) (STJ, REsp 1347228 SC, Rel. Min. Sidnei Beneti, 3ª T., publ. 20/11/2012).

PRINCÍPIO DO *NEMO POTEST VENIRE CONTRA FACTUM PROPRIUM*
– Ver *venire contra factum proprium*.

PRINCÍPIO IN DUBIO PRO MATRIMONIO [*ver tb. posse do estado de casado, prova do casamento*] – Brocardo jurídico que se traduz em "na dúvida, pelo casamento". Havendo dúvidas entre as provas favoráveis e desfavoráveis à existência o casamento, a decisão será pelo casamento, desde que configurada a posse do estado de casado.

PRINCIPIOLOGIA – É o estudo dos princípios de determinadas áreas do saber. A compreensão e a aplicação de uma principiologia no Direito contemporâneo implica na quebra e mudança de uma concepção jurídica preponderantemente positivista. Ronald Dworkin é um dos autores que mais incitou o debate sobre a questão principiológica e sua incompatibilidade com o positivismo clássico. A principiologia do Direito de Família pressupõe a utilização dos princípios constitucionais, expressos e não expressos, assim como os princípios gerais do Direito.

Uma principiologia para o Direito de Família e sucessões tornou-se fundamental para dar respostas e amparo jurídico às novas estruturas parentais e conjugais que ainda têm previsão legal.

JURISPRUDÊNCIA

(...) A justiça não tem como se incorporar, sozinha, à concreta situação das protagonizações humanas, exatamente por ser ela a própria resultante de uma certa cota de razoabilidade e proporcionalidade na historicização de valores positivos (os mencionados princípios da liberdade, da igualdade, da segurança, do bem-estar, do desenvolvimento etc.). Daí que falar do valor da justiça é falar dos outros valores que dela venham a se impregnar por se dotarem de um certo quantum de ponderabilidade, se por este último termo (ponderabilidade) englobarmos a razoabilidade e a proporcionalidade no seu processo de concreta incidência. Assim como falar dos outros valores é reconhecê-los como justos na medida em que permeados desse efetivo quantum de ponderabilidade (mescla de razoabilidade e proporcionalidade, torna-se a dizer). Tudo enlaçado por um modo sinérgico, no sentido de que o juízo de ponderabilidade implica o mais harmonioso emprego do pensamento e do sentimento do julgador na avaliação da conduta do agente em face do seu subjetivado histórico de vida e da objetividade da sua concreta conduta (...) (STF, HC 111198 MG, Rel. Min. Ayres Britto, 2ª T., publ. 06/03/2012).

PRINCÍPIOS [*ver tb. princípios constitucionais, princípios gerais do direito*] – Do latim *principium*, no singular tem sentido de começo, origem. No plural, tem o sentido de norma jurídica que constitui o alicerce de um sistema jurídico e são enunciados básicos e vitais. *E como mandados de otimização os princípios são normas que ordenam que algo seja realizado na maior medida possível, conforme as possibilidades jurídicas e fáticas. Isto significa que podem ser satisfeitos em diferentes graus e que a medida da sua satisfação depende não apenas das possibilidades fáticas mas também das jurídicas, que estão determinadas não apenas por regras, mas também por princípios oposto* (ALEXY, Robert. *El concepto y la validez del derecho.* 2. ed. Barcelona: Gedisa, 1997. p. 162).

Ao contrário das regras (leis), eles não dão o comando do "tudo ou nada" (Ronald Dworkin) e em algumas situações podem não prevalecer em razão de outros princípios, como por exemplo, o princípio da monogamia que não deve prevalecer sobre o da dignidade da pessoa humana, pois estão sujeitos à ponderação. Seu comando normativo pode ceder conforme cada caso, circunstâncias e outros elementos contrapostos (Robert Alexy). Eles têm maior ou menor peso, mas sempre são referenciais argumentativos para os julgadores comprometidos com a ética do bem.

Os princípios traçam as regras previstas para toda espécie de operação jurídica, e são mais relevantes que o da própria regra jurídica. Eles exercem uma função de otimização do Direito. Sua força deve pairar sobre toda organização jurídica, inclusive preenchendo lacunas deixadas por outras normas, independentemente de serem positivadas, ou não, isto é, expressos ou não expressos. Em outras palavras, as normas jurídicas contêm duas espécies: os princípios e as regras (lei). São eles que podem determinar o imperativo ético do sistema jurídico quando acorrentados à rigidez de uma determinada concepção moral que a regra jurídica geralmente traduz. Portanto, constituem uma importante fonte do Direito, ao lado dos costumes, jurisprudência, doutrina e leis (regras).

Os princípios gerais do Direito, conhecido como importante fonte supletiva do Direito, ganhou força de normatividade com a compreensão de um Direito Civil Constitucional, tornando-se, portanto o grande norteador para a melhor hermenêutica jurídica (PEREIRA, Rodrigo da Cunha. *Princípios fundamentais norteadores do direito de família.* São Paulo: Saraiva, 2012, *passim*).

Os princípios são essenciais para o Direito de Família contemporâneo. Todos os julgamentos para estarem próximos do ideal de justiça, devem estar balizados pelos princípios de Direito de Família. A compreensão e aplicação de uma principiologia do Direito contemporâneo pressupõe a quebra e mudança de uma concepção jurídica preponderantemente positivista. Na sociedade, pluralista e multicultural, na qual surgem novos interesses e modelos de convivência, faz-se necessária uma reflexão mais cuidadosa pelo intérprete, levando-se em consideração o comando maior da dignidade e dignificação da pessoa. Em outras palavras, se na relação jurídica interessa muito mais o sujeito do que o seu objeto, os princípios podem socorrer o sujeito, para a aplicação de um direito mais justo. Este é um imperativo ético que se impõe,

P

ajudado pelo discurso psicanalítico da valorização do sujeito de direito como sujeito desejante. Com isso, mudam-se também, os parâmetros hermenêuticos que norteiam o intérprete.

Os princípios são, portanto, um norteador necessário para uma hermenêutica mais ética e mais justa. São comandos de juízos do dever-ser, *sem os princípios não há ordenamento jurídico sistematizável nem suscetível de valoração e a ordem jurídica reduzir-se-ia a um amontoado de centenas de normas positivas, desordenadas e axiologicamente* indeterminadas (DINIZ, Maria Helena. *As lacunas do direito*. São Paulo: Saraiva, 1989. p. 215).

DISPOSITIVO NORMATIVO

LINDB – Art. 4º.

JURISPRUDÊNCIA

(...) Há, pois, conflito entre dois princípios constitucionais. Qual dos dois deve prevalecer? Há de prevalecer, não tenho dúvida, aquele que, de forma imediata, garante o direito que a Constituição consagra e que, se não prevalecesse, tornaria inócua a liberdade pública (...) Importa, destarte, construir, na espécie, para fazer valer o conteúdo teleológico ou finalístico da norma constitucional vista de forma sistematizada (STF, RE nº 111.787, Rel. Min. Marco Aurélio, 2ª T., publ. 13/09/1991).

PRINCÍPIOS CONSTITUCIONAIS [ver *tb. princípios gerais*] – São os preceitos fundamentais e que dão sustentação ao sistema jurídico. São as normas contidas na Constituição Federal, de forma expressa e não expressa (tácita). São exemplos de princípios constitucionais expressos: dignidade humana (Art. 1º, III); solidariedade (Art. 3º, I); melhor interesse da criança (Art. 227); da igualdade dos gêneros (Art. 3º, IV), Da pluralidade das formas de famílias (Art. 226, § 4º); Da paternidade responsável (Art. 229). E princípios tácitos,

ou não expressos, são aqueles que independentemente de estarem escritos, estão inscritos na *psique* de cada um de nós. Ex: moralidade pública, boa-fé, interdição do incesto, afetividade etc.

Com a evolução do Direito Civil, que está cada vez mais constitucional, não se pode mais conceber o Direito de Família sem os princípios constitucionais. São eles que dão o comando de otimização do Direito e pairam sobre todo o sistema jurídico, inclusive preenchendo lacunas deixadas por outras normas.

JURISPRUDÊNCIA

(...) Inaugura-se com a Constituição Federal de 1988 uma nova fase do direito de família e, consequentemente, do casamento, baseada na adoção de um explícito poliformismo familiar em que arranjos multifacetados são igualmente aptos a constituir esse núcleo doméstico chamado "família", recebendo todos eles a "especial proteção do estado". Assim, é bem de ver que, em 1988, não houve uma recepção constitucional do conceito histórico de casamento, sempre considerado como via única para a constituição de família e, por vezes, um ambiente de subversão dos ora consagrados princípios da igualdade e da dignidade da pessoa humana. Agora, a concepção constitucional do casamento – diferentemente do que ocorria com os diplomas superados – deve ser necessariamente plural, porque plurais também são as famílias e, ademais, não é ele, o casamento, o destinatário final da proteção do estado, mas apenas o intermediário de um propósito maior, que é a proteção da pessoa humana em sua inalienável dignidade. (...) (STJ., REsp 1183378 RS, Rel. Min. Luis Felipe Salomão, 4ª T., publ. 01/02/2012).

PRINCÍPIOS EXPRESSOS [*ver tb. lei do incesto, norma jurídica, princípios, princípios não expressos*] – São aqueles princípios que estão escritos explicitamente no texto legal. Diferentemente são os não expressos que estão apenas implícitos no sistema jurídico: *Muitas normas, tantos*

dos Códigos como da Constituição, são normas generalíssimas e, portanto, são verdadeiros e autênticos princípios gerais expressos (BOBBIO, Norberto. *Teoria do ordenamento jurídico*. Brasília: Univ. de Brasília, 1999. p. 159).

O art. 1º da Constituição da República do Brasil traduz alguns exemplos de princípios expressos: soberania, cidadania, dignidade da pessoa humana etc. São princípios fundamentais gerais a partir dos quais todo o ordenamento jurídico se irradia, e nenhuma lei pode ter nota dissonante deles. São os orientadores da nossa ordem jurídica e traduzem o mais cristalino e alto espírito do Direito.

Alguns princípios não expressos muitas vezes prevalecem sobre os expressos. No Direito de Família, por exemplo, a interdição do incesto é um princípio não expresso que paira sobre todos os textos legislativos, isto é, nenhuma lei pode contrariar este princípio jurídico, é organizador de todo o sistema, é na verdade uma lei universal de todas as culturas. A proibição de casamento de ascendente com descendente é uma regra originada deste princípio universal de interdição do incesto.

PRINCÍPIOS GERAIS DO DIREITO

[*ver tb. princípios, princípios constitucionais*] – Expressão de uso corrente nos ordenamentos jurídicos, está contida na maioria dos Códigos Civis e de Processo Civil do mundo ocidental. No Direito brasileiro, no art. 4º da Lei de Introdução às Normas do Direito Brasileiro (LINDB): "Quando a lei for omissa, o juiz decidirá o caso de acordo com a analogia, os costumes e princípios gerais do direito. Da mesma forma, no Direito espanhol (art. 1º, Código Civil), no Direito português (art. 1º do CC), e no Direito argentino (art. 16, CC)".

Com a evolução e desenvolvimento de um Direito Civil Constitucional, os princípios ganharam uma força normativa muito maior e, consequentemente, perderam seu caráter de mera supletividade, como anunciado nos textos legislativos acima transcritos. É equivocada a ideia e o pensamento de que os princípios vêm por último no ato interpretativo integrativo. Ao contrário, os princípios, como normas que são, vêm em primeiro lugar e são a porta de entrada para qualquer leitura interpretativa do Direito. Independentemente da expressão "princípios gerais" estar escrita nos códigos civis ou em leis ordinárias, esta fonte do Direito está inscrita na concepção estrutural dos ordenamentos jurídicos e vem, cada vez mais, ganhando força normativa com a constitucionalização do Direito Civil.

As Constituições dos Estados Democráticos, na medida em que vêm renovando e absorvendo a moderna noção de cidadania, têm declarado expressamente a importância dos princípios gerais como norteadores do Direito, cuja expressão vem sendo substituída por "princípios constitucionais" ou simplesmente "princípios". A Constituição da República Federativa do Brasil, por exemplo, abre as suas disposições anunciando no Título 1: Dos Princípios Fundamentais – *Art. 1º A República Federativa do Brasil, formada pela união indissolúvel dos Estados e Municípios e do Distrito Federal, constitui-se um Estado Democrático de Direito e tem como fundamentos: I – a soberania; II – a cidadania; III – a dignidade da pessoa humana; IV – os valores sociais do trabalho e da livre iniciativa; V – o pluralismo político.*

Os princípios significam o alicerce, os pontos básicos e vitais para a sustentação do

P

Direito. São eles que traçam as regras ou preceitos, para toda espécie de operação jurídica, e têm um sentido mais relevante que o da própria regra jurídica. Não se compreendem aí apenas os fundamentos jurídicos, legalmente instituídos, mas todo axioma jurídico derivado da cultura universal. Os princípios constituem, então, os fundamentos da ciência jurídica e as noções em que se estrutura o próprio Direito, e é o que pode garantir que Direito seja estável, mas não deve permanecer imóvel ou estático.

JURISPRUDÊNCIA

(...) O ativismo judicial pode legitimar-se para integrar a legislação onde não exista norma escrita, recorrendo-se, então, à analogia, aos costumes e aos princípios gerais de direito (CPC, art. 126) (...) (AgRg na SLS 1427 CE, Rel. Min. Ari Pargendler, Corte Especial – STJ. publ. 29/02/2012).

PRINCÍPIOS NÃO EXPRESSOS – Alguns princípios não estão escritos em um texto legal. Eles não necessitam estar escritos porque já são inscritos no espírito ético dos ordenamentos jurídicos. Sua inscrição advém de uma fundamentação ética, como um imperativo categórico para possibilitar a vida em sociedade e, atualmente, está intrinsecamente ligado às noções de cidadania para viabilizar organizações sociais mais justas. Os princípios não expressos são aqueles que estão contidos e subentendidos no texto legal, ou como diz Norberto Bobbio *são aqueles que se podem tirar por abstração de normas específicas ou pelo menos não muito gerais: são princípios, ou normas generalíssimas, formuladas pelo intérprete, que busca colher comparando normas aparentemente diversas entre si, aquilo a que comumente se chama o espírito do sistema* (Teoria do ordenamento jurídi-

co. Ed. Universidade de Brasília, 1999. p. 159). São exemplos de princípios não expressos, o princípio da interdição do incesto, que mesmo antes de estar escrito, está inscrito como um princípio basilar da nossa cultura e constitui a primeira lei do Direito de Família; o princípio da afetividade; vedação ao comportamento contraditório etc. Princípios não expressos podem ser denominados também de princípios implícitos ou tácitos.

JURISPRUDÊNCIA

(...) O princípio constitucional da busca da felicidade, que decorre, por implicitude, do núcleo de que se irradia o postulado da dignidade da pessoa humana, assume papel de extremo relevo no processo de afirmação, gozo e expansão dos direitos fundamentais, qualificando-se, em função de sua própria teleologia, como fator de neutralização de práticas ou de omissões lesivas cuja ocorrência possa comprometer, afetar ou, até mesmo, esterilizar direitos e franquias individuais. – Assiste, por isso mesmo, a todos, sem qualquer exclusão, o direito à busca da felicidade, verdadeiro postulado constitucional implícito, que se qualifica como expressão de uma ideia-força que deriva do princípio da essencial dignidade da pessoa humana. Precedentes do Supremo Tribunal Federal e da Suprema Corte americana. Positivação desse princípio no plano do direito comparado (STF, RE nº 477554 MG, Rel. Min. Celso de Mello, 2ª T., j. 16/08/2011).

PRISÃO CIVIL [*ver tb. depositário infiel, execução de alimentos, habeas corpus, mandado de prisão, protesto de dívida alimentar*] – Do latim *prehensio*, de *prehendere*. É o meio compulsório de fazer alguém cumprir sua obrigação. É o cerceamento da liberdade de ir e vir, encarceramento.

Diferentemente da prisão penal, que se dá em razão da condenação criminal, cuja pena está descrita no Código Penal, a prisão civil é uma sanção que se decreta em razão de descumprimento de uma lei civil, com o objetivo de coerção a quem descumprir determinada obrigação. Cumprida a obrigação, a prisão é revogada. E assim, não tem como objetivo central a finalidade de cumprimento de pena, no sentido criminal.

O ordenamento jurídico brasileiro excepciona a prisão civil apenas para duas situações: depositário infiel e o devedor de pensão alimentícia (Art. 5º, LXVII, CR). Após o Decreto nº 678/92 que ratificou o Pacto de São José da Costa Rica, a prisão do depositário infiel ficou contraditório com a Constituição da República, e a jurisprudência, inclusive do Supremo Tribunal Federal, em respeito aos tratados internacionais, passou a negar tal prisão: *ninguém deve ser detido por dívidas. Este princípio não limita os mandados de autoridade judiciária competente expedidos em virtude do inadimplemento de obrigação alimentar* (Art. 7º, item 7 – Pacto de São José da Costa Rica). Assim, a prisão civil no ordenamento jurídico brasileiro, passou a ser, desde o tratado ratificado pelo Brasil pelo Decreto nº 678/92, tão somente para os devedores de pensão alimentícia e descabe a prisão do depositário infiel (Súmula nº 419, STJ).

A prisão do devedor de pensão alimentícia é decretada em processo de execução, se recusada a justificativa da impossibilidade de pagamento. Cabe recurso civil para tais prisões, e alguns tribunais timidamente aceitam o *habeas corpus*. Cumprida a prisão o devedor não quita sua dívida, mas não poderá ser preso novamente por aquele débito. Em uma tendência de compatibilização do direito interno com os Direitos Humanos e os Tratados Internacionais, a jurisprudência se consolidou no entendimento de que somente se justifica medida tão drástica se o débito referir-se a um curto período: *O débito alimentar que autoriza a prisão civil do alimentante é o que compreende as três prestações anteriores ao ajuizamento da execução e as que se vencerem no curso do processo* (Súmula nº 309, STJ).

O CPC/2015, absorvendo esta tendência, dispôs em seu art. 528: *§ 3º Se o executado não pagar ou se a justificativa apresentada não for aceita, o juiz, além de mandar protestar o pronunciamento judicial na forma do § 1º, decretar-lhe-á a prisão pelo prazo de 1 (um) a 3 (três) meses. § 4º A prisão será cumprida em regime fechado, devendo o preso ficar separado dos presos comuns. § 5º O cumprimento da pena não exime o executado do pagamento das prestações vencidas e vincendas. § 6º Paga a prestação alimentícia, o juiz suspenderá o cumprimento da ordem de prisão. § 7º O débito alimentar que autoriza a prisão civil do alimentante é o que compreende até as 3 (três) prestações anteriores ao ajuizamento da execução e as que se vencerem no curso do processo. § 8º O exequente pode optar por promover o cumprimento da sentença ou decisão desde logo, nos termos do disposto neste Livro, Título II, Capítulo III, caso em que não será admissível a prisão do executado, e, recaindo a penhora em dinheiro, a concessão de efeito suspensivo à impugnação não obsta a que o exequente levante mensalmente a importância da prestação.*

PROCLAMAS [ver tb. *normas jurídicas, princípios*] – Do latim *proclamare*, gritar alto. É uma das formalidades que antecede a celebração do casamento. É o anúncio do casamento, que se cumpre por meio de editais fixados em locais próprios e em jornais (Art. 67, § 1º, Lei nº 6.015 – Lei de Registros Públicos).

O objetivo dos proclamas, cuja origem está no Direito Canônico, é dar publicidade ao casamento para que se possam fazer impugnações, ou seja, dar oportunidade a terceiros para que oponham impedimento: *Os impedimentos podem ser opostos, até o momento da celebração do casamento, por qualquer pessoa capaz* (Art. 1.522, CCB).

A Lei nº 14.382/2022 alterou a Lei 6.015/1973 (Lei de Registros Públicos), inclusive simplificando e desburocratizando os procedimentos, para acertar o passo com a sociedade digital. Dentre as mudanças, não se publica mais o edital de proclamas por 15 dias na sede do Serviço de Registro: faz-se publicação em meio eletrônico.

PROCURADOR *AD HOC* [ver tb. ad hoc] – É o procurador/advogado nomeado temporariamente pela autoridade competente para a defesa pública de um réu que comparece a uma audiência sem um profissional para realizar sua defesa nas ações em que a lei exige a presença de advogado.

DISPOSITIVO NORMATIVO

CCB – Art. 1.539, §§ 1º e 2º.

CPP – Arts. 419 e 448.

PRODIGALIDADE [ver tb. curatela, gozo, interdição, interdição parcial] – É o ato ou ação de ser pródigo. Do latim *prodigalitas*, desperdício, dissipação. O gastar desordenadamente pode caracterizar um "transtorno de prodigalidade". Do ponto de vista jurídico, é ato de irresponsabilidade e portanto deve sofrer intervenção dos familiares ou

mesmo do Estado (Ministério Público) para barrar e impedir a dilapidação do próprio patrimônio a ponto de não ter como se auto sustentar. Por esta razão, pode ser interditado, ficando privado de, *sem curador, emprestar, transigir, dar quitação, alienar, hipotecar, demandar ou ser demandado e de praticar atos que não sejam de mera administração* (Art. 1.782, CCB).

A interdição por prodigalidade que deve ser sempre parcial, é uma situação jurídica que relaciona-se muito mais com a objetividade da administração do patrimônio do que com a subjetividade dos limites da insanidade incapacitante para os atos da vida civil.

Do ponto de vista psicanalítico, a prodigalidade, isto é, gastar desordenadamente, compulsivamente, dilapidando todo seu patrimônio, é um o "gozo" tal como descrito por Jacques Lacan: uma satisfação pulsional e o seu paradoxo com o prazer e o desprazer. *O gozo tem apetite de morte* (Lacan), é destrutivo e está diretamente relacionado à pulsão de morte.

JURISPRUDÊNCIA

(...) A interdição por prodigalidade deve ser declarada em caráter excepcional, aplicada como ultima *ratio*, em situações extremadas, em que reste demonstrada a desordenada dilapidação do patrimônio, com gastos imoderados, de molde a justificar, nos termos do art. 1.782 do Código Civil, seja o interditado privado de, sem curador, emprestar, transigir, dar quitação, alienar, hipotecar, demandar ou ser demandado, e praticar, em geral, os atos que não sejam de mera administração. 7) Os supostos empréstimos contraídos pela interditanda, se de fato o foram, visariam a atender ao custeio de projetos de seu companheiro, o que não configura compulsão por gastos desordenados. 8) O simples fato de uma pessoa dispor de seu patrimônio como bem desejar não constitui, em última análise, nenhuma anormalidade. (...)

(TJRJ, Ap. Cível nº 0119212-58.2010.8.19.0002, Rel. Des. Heleno Ribeiro Pereira Nunes, 5ª CC., j. 05/11/2013).

LINGUAGEM POÉTICA

Dinheiro na mão é vendaval / É vendaval! / Na vida de um sonhador / De um sonhador! / Quanta gente aí se engana / E cai da cama / Com toda a ilusão que sonhou / E a grandeza se desfaz / Quando a solidão é mais / Alguém já falou...

Mas é preciso viver / E viver / Não é brincadeira não / Quando o jeito é se virar / Cada um trata de si / Irmão desconhece irmão / E aí! / Dinheiro na mão é vendaval / Dinheiro na mão é solução / E solidão! / Dinheiro na mão é vendaval / Dinheiro na mão é solução / E solidão!

(*Pecado capital* – Letra e música de Paulinho da Viola).

PRÓDIGO [*ver tb. curatela, gozo, interdição, interdição parcial, prodigalidade*] – Do latim *prodigus*, dissipador, gastador. É aquele que gasta desordenadamente sem controle e sem limites, compulsivamente chegando ao ponto de perder o seu patrimônio. Tem sentido semelhante a perdulário. Pode ser interditado judicialmente para evitar que dissipe seus bens (Art. 1.767, V, CCB).

A interdição do pródigo é relativa, parcial e somente o priva de, *sem curador, emprestar e transigir, dar quitação, alienar, hipotecar, demandar ou ser demandado, e praticar, em geral, os atos que não sejam de mera administração* (Art. 1.782, CCB). Portanto, poderá continuar exercendo os demais atos da vida civil que não acarretem alienação, gravame ou dissipação de seus bens, sem assistência do curador, podendo, inclusive, permanecer exercendo sua profissão, casar, divorciar e ocupar cargos públicos. O jurista gaúcho Rolf Madaleno elenca quatro tipos de pródigos: *1) onemaníacos: decorre de verdadeira desordem das faculdades mentais e tem como sintoma a impulsão consciente, invencível e desenfreada para a aquisição de objetos de toda a ordem; 2) impulso dos jogos: irresistível compulsão ao jogo, que acarreta conflito interno de pesar e arrependimento; 3) dipsomaníacos: aqueles que experimentam uma sensação de incompletude que gera uma dependência alcoólica ou por drogas; e 4) depravados de moralidade corrompida: aqueles que dilapidam seu patrimônio em diversão, mulheres, luxo, doações, empréstimos etc.* (MADALENO, Rolf. *Curso de direito de família*. Rio de Janeiro: Forense, 2011. p. 1.151).

A interdição pode ser promovida pelos pais ou tutores, cônjuge, companheiro, por qualquer parente e pelo Ministério Público.

A generosidade, ser "mão aberta" como se diz popularmente ou fazer despesas desarrazoadas não são suficientes para caracterizar uma prodigalidade. O pródigo é aquele que não sabe se conter e caracteriza-se pela habitualidade do desperdício e dos gastos imoderados e excessivos que põe em risco a sua situação econômica com a destruição de seu patrimônio.

PROGENITOR [*ver tb. genitor*] – Do latim *progenitore*, a pessoa que gera antes do pai, isto é, o avô. Tanto no sentido geral, como no biológico, designam-se por progenitores aqueles que deram origem a um ou vários descendentes através de um processo reprodutivo. É o ascendente do genitor paradigma. Usa-se genitor quando for se referir ao pai e progenitor ao avô.

P

PROLE – Do latim *proles*. São os filhos da pessoa ou do casal. É o grupo de pessoas que têm a mesma ascendência biológica, jurídica ou afetiva para fins de direito. A Constituição da República (Art. 227, § 6º) proíbe qualquer forma de classificação ou descriminação da prole, ou seja, dos filhos.

ILUSTRAÇÃO

Márcia Charnizon. P. 599.

PROLE COMUM – São os filhos nascidos de um mesmo casal. Diz-se prole comum para diferenciar daquelas que são unilaterais, ou seja, de apenas um dos membros do casal.

JURISPRUDÊNCIA

(...) Pedido de alteração do regime de comunhão parcial de bens para o de separação total. Alegação de proteção do direito hereditário da filha em comum, tendo em vista a existência de prole unilateral do requerente. Motivação que é ofensiva à lei, afetando, necessariamente, direito de terceiros (filhos do varão), em caso de falecimento de um ou outro dos cônjuges. Sentença mantida. Recurso desprovido. (Ap. Cível nº 0007933-83.2010.8.26.0451, Rel. Des. Luiz Antonio de Godoy, 1ª CDP – TJSP. j. 29/11/2011).

PROLE EVENTUAL [*ver tb. legado de material genético, reprodução assistida*] – É o herdeiro ou legatário que à época da abertura da sucessão ainda não havia sido concebido. Seu direito sucessório fica condicionado ao evento futuro e incerto de seu nascimento.

Os filhos ainda não concebidos somente poderão ser reconhecidos como herdeiros caso haja manifestação nesse sentido pelo falecido em testamento nomeando-os herdeiros testamentários ou legatários. *Na sucessão testamentária podem ainda ser chamados a suceder: I – os filhos, ainda não concebidos, de pessoas indicadas pelo testador, desde que vivas estas ao abrir-se a sucessão;* (Art. 1.798, I, CCB).

É necessário que o herdeiro ou legatário eventual seja concebido no prazo de dois anos a contar da data da abertura da sucessão. Após este termo final, sem a concepção do herdeiro ou legatário, os bens serão transferidos aos herdeiros legítimos (Art. 1.800, § 4º, CCB).

O filho proveniente de prole eventual tem direitos familiares e sucessórios iguais aos outros descendentes com base no princípio constitucional da igualdade entre os filhos.

PROMESSA DE CASAMENTO – Ver noivado e esponsais.

PROMESSA ESPONSALÍCIA – Ver esponsais, noivado.

PROPTER NUPTIAS – Ver doação *propter nuptias*.

PROTESTO DE DÍVIDA ALIMENTAR [*ver tb. execução de alimentos*] – É a constrição do nome do devedor de alimentos nos serviços de proteção ao crédito, assim como em cartório de protesto, para funcionar como mais um meio de coerção ao adimplemento da dívida alimentar, ao lado da penhora e prisão.

A negativação do nome do devedor de alimentos e sua inclusão em rol de mal pagador, já vem sendo autorizada pela jurisprudência e doutrina: *nada impede que a parte encaminhe o pedido de protesto. Afinal, é titular de um crédito certo e líquido. Basta apresentar cópia da decisão que fixou os alimentos e da execução, acompanhados do cálculo do valor do débito. Também possível que a dívida seja*

inscrita nos serviços de proteção ao crédito (DIAS, Maria Berenice. *Manual de direito das famílias*. São Paulo: Revista dos Tribunais, 2013. p. 605). O CPC/2015, em seu art. 528 prevê: "*No cumprimento de sentença que condene ao pagamento de prestação alimentícia ou de decisão interlocutória que fixe alimentos, o juiz, a requerimento do exequente, mandará intimar o executado pessoalmente para, em 3 (três) dias, pagar o débito, provar que o fez ou justificar a impossibilidade de efetuá-lo. § 1º Caso o executado, no prazo referido no caput, não efetue o pagamento, não prove que o efetuou ou não apresente justificativa da impossibilidade de efetuá-lo, o juiz mandará protestar o pronunciamento judicial, aplicando-se, no que couber, o disposto no art. 517. § 2º Somente a comprovação de fato que gere a impossibilidade absoluta de pagar justificará o inadimplemento. § 3º Se o executado não pagar ou se a justificativa apresentada não for aceita, o juiz, além de mandar protestar o pronunciamento judicial na forma do § 1º, decretar-lhe-á a prisão pelo prazo de 1 (um) a 3 (três) meses*".

JURISPRUDÊNCIA

(...) É possível, à luz do melhor interesse do alimentando, na execução de alimentos de filho menor, o protesto e a inscrição do nome do devedor de alimentos nos cadastros de proteção ao crédito. 2. Não há impedimento legal para que se determine a negativação do nome de contumaz devedor de alimentos no ordenamento pátrio. 3. O mecanismo de proteção que visa salvaguardar interesses bancários e empresariais em geral (art. 43 da Lei nº 8.078/90) pode garantir direito ainda mais essencial relacionado ao risco de vida, que violenta a própria dignidade da pessoa humana e compromete valores superiores a mera higidez das atividades comerciais. 4. O legislador ordinário incluiu a previsão de tal mecanismo no Novo Código de Processo Civil, como se afere da literalidade dos arts. 528 e 782 (STJ, REsp 1469102/SP, Rel. Min. Ricardo Villas Bôas Cueva, 3ª Turma, publ. 15/03/2016).

PROTUTOR – Expressão introduzida pelo CCB 2002 para designar o fiscal da tutela. É também uma espécie de vice tutor ou tutor adjunto. *Para a fiscalização de atos do tutor, pode o juiz nomear um protutor* (Art. 1.742, CCB).

PROVA DO CASAMENTO [*ver tb. in dubio pro matrimonio, posse do estado de casado*] – A prova do casamento celebrado no Brasil é a certidão do cartório de registro civil. Na perda ou falta justificada da prova documental comprobatória do casamento, outros tipos de prova são admitidos como a apresentação de passaporte, testemunha, certidão de proclamas etc.

DISPOSITIVOS NORMATIVOS

CCB – Arts. 1.543 a 1.547.

PSEUDÔNIMO [*ver tb. hipocorístico*] – Do grego *pseudo*, falso e *onoma*, nome, nome falso. É o nome fictício usado por um indivíduo na sua vida profissional em lugar do seu nome constante na certidão de nascimento. Historicamente é usado por escritores, artistas, jornalistas etc. para preservar ou esconder o nome verdadeiro. Apesar de não ser elemento componente do nome registral, goza da mesma proteção que se dá ao nome: o pseudônimo adotado para atividades lícitas goza da proteção que se dá ao nome (Art. 19, CCB).

PSICANÁLISE [*ver tb. desejo, ego, gozo, id, inconsciente, lei do pai, libido, narcisismo, pulsão, sexualidade, significante*] – Expressão criada por Sigmund Freud (1856-1939), médico e professor de

Medicina, para designar um método de psicoterapia inventado por ele, a partir da exploração do inconsciente. Foi em seu artigo *A hereditariedade e a etiologia das neuroses*, em 1896, que Freud empregou pela primeira vez a expressão psicanálise.

Para além da clínica terapêutica, a psicanálise tornou-se um sistema de pensamento a partir da "descoberta" do inconsciente e da compreensão da sexualidade em seu sentido mais amplo e como energia vital. Foi um dos movimentos mais significativos do século XX e que influenciou a estrutura de pensamento e da linguagem do mundo Ocidental, tamanho o seu impacto. *A psicanálise é uma das aventuras mais fortes do século XX, um novo messianismo nascido em Viena entre 1895 e 1900, no coração da monarquia austro-húngaro. Foi inventada por judeus da Haskalá reunidos em torno de Sigmund Freud. Todos estavam em busca de uma nova terra prometida: o inconsciente, a clínica das neuroses da loucura. Fenômeno urbano, a psicanálise é uma revolução do íntimo, sem nação nem fronteiras, herdeira ao mesmo tempo das luzes – alemãs e francesas – e do romantismo, buscada na atualização dos grandes mitos greco-romanos. Globalizada desde o nascimento, ela se adaptou tanto no jacobinismo francês, ao liberalismo inglês ao individualismo norte-americano, quanto ao multiculturalismo latino-americano e ao familismo japonês.* (ROUDINESCO, Elisabeth. *Dicionário amoroso da psicanálise*. Trad. André Telles, Rio Janeiro: Zahar, 2019, p. 8).

Freud construiu sua teoria do complexo de édipo, um dos pilares da psicanálise, a partir do mito grego de Édipo para falar da proibição do incesto, uma lei universal inscrita em todas as culturas. E aí está o primeiro encontro do Direito com a psicanálise: a primeira lei de qualquer civilização, o interdito proibitório do incesto, é uma lei de Direito de Família.

A psicanálise como discurso e como sistema de pensamento desconstruiu fórmulas e dogmas jurídicos a partir da compreensão da sexualidade, do desejo e do inconsciente, que forjam a nossa realidade psíquica e são também os motores e alavancas do Direito de Família. O sujeito do Direito é um sujeito de Desejo, e é esse sujeito desejante que tece as tramas do Direito de Família. Portanto, na objetividade dos atos, fatos e negócios jurídicos permeia uma subjetividade, impulsionada pela sexualidade (libido) e pelo inconsciente, que é o que verdadeiramente faz restabelecer ou romper as relações jurídicas.

Foi a psicanálise que trouxe para o Direito a compreensão de que maternidade/paternidade são funções exercidas, fazendo surgir daí institutos jurídicos como guarda compartilhada, alienação parental, abandono afetivo etc. Foi o discurso psicanalítico, a partir das noções de desejo, inconsciente e responsabilidade que abriu as portas do Direito para introduzir o afeto como valor jurídico, que tornou-se o princípio vetor e catalisador do Direito de Família. E a partir daí pôde-se substituir o discurso da culpa, tão paralisante do sujeito, pelo da responsabilidade.

Com a psicanálise e sua conexão com a antropologia pôde-se entender que a família é um elemento muito mais da cultura do que da natureza. E, assim, pôde-se falar de famílias substitutas, parentalidade socioafetiva, multiparentalidade, famílias homoafetivas etc.

P

Na década de 1960, o francês Jacques Lacan deu importantes contribuições à psicanálise, introduzindo novas expressões como lei do pai, (interdição do incesto), sujeito do inconsciente, gozo e várias outras que nos ajudam a compreender os eternos e desgastantes litígios judiciais.

Os processos judiciais são a materialização de uma realidade subjetiva onde cada parte acredita estar dizendo a verdade, e em nome de se buscar direitos, eterniza a relação transformando aqueles processos em um verdadeiro "gozo".

Compreender o funcionamento de nossa estrutura psíquica pode ajudar a diluir o litígio judicial e até mesmo evitar que os restos do amor sejam levados ao Judiciário para que o Estado-Juiz decida sobre a vida dos sujeitos ali envolvidos.

Psicanálise e Direito convergem e divergem em vários aspectos, mas se encontram e se completam em seus opostos. Enquanto a psicanálise é sistema de pensamento, que tem o desejo e o inconsciente, portanto a subjetividade como pilares, o Direito é um sistema de limites, vínculos de vontade e controle das pulsões que vem trazer a lei jurídica exatamente para quem não tem lei interna, isto é, quem não contém seus impulsos gozosos.

LINGUAGEM POÉTICA

Permanentemente, preso ao presente

O homem na redoma de vidro

São raros instantes

De alívio e deleite

Ele descobre o véu

Que esconde o desconhecido,

O desconhecido

E é como uma tomada à distância

Uma grande angular

É como se nunca estivesse existido dúvida,

Existido dúvida

Evidentemente a mente é como um baú

E homem decide o que nele guardar

Mas a razão prevalece,

Impõe seus limites

E ele se permite esquecer de lembrar,

Esquecer de lembrar

É como se passasse a vida inteira

Eternizando a miragem

É como o capuz negro

Que cega o falcão selvagem,

O falcão selvagem

Se na cabeça do homem tem um porão

Onde moram o instinto e a repressão

(diz aí)

O que tem no sótão?

O que tem no sótão?

O que tem no sótão? (...)

(Olho de Peixe – Letra e Música de Lenine e Marcos Suzano).

PÚBERE [*ver tb. adolescente, emancipação*] – Do latim *pubes*, de *pubertate*. É aquele que se encontra no período de puberdade, fase em que ocorrem mudanças biológicas e fisiológicas no corpo do adolescente que fica, então, capacitado a gerar filhos.

O menor púbere é relativamente incapaz de exercer pessoalmente os atos da vida civil. São assim considerados os maiores de dezesseis anos e menores de dezoito, e para a prática dos atos civis devem ser assistidos por seus pais ou tutores.

PUBLICAÇÃO DO TESTAMENTO
PARTICULAR [*ver tb. reconhecimento do testamento*] – É o ato de dar publicidade ao testamento particular, após a morte do testador. Trata-se de fase do procedimento de conhecimento do testamento particular obrigatório para que o instrumento tenha eficácia, validade e possa ser executado. *Morto o testador, publicar-se-á em juízo o testamento, com citação dos herdeiros legítimos* (Art. 1.877, CCB).

A publicação do testamento particular pode ser requerida pelo herdeiro, legatário ou testamenteiro que esteja na posse do instrumento e se faz por meio de petição ao juízo, que determinará a citação dos herdeiros para impugnarem o testamento, se assim quiserem.

Caso o testamento se encontre em mãos de terceiro, por exemplo com o testamenteiro, e se ali estiver impossibilitado de entregá-lo a algum dos legitimados, ele mesmo será legítimo para requerer o reconhecimento e publicação do instrumento perante o juiz. Ouvida as testemunhas em juízo, e após a confirmação do testamento ele está apto a ser cumprido.

Em circunstâncias excepcionais declaradas na cédula, o testamento particular do próprio punho e assinado pelo testador, sem testemunhas, pode ser confirmado, a critério do juiz (Art. 1.879, CCB).

Devem ser intimados para comparecer à inquirição das testemunhas, aqueles a quem caberia a sucessão legítima, o testamenteiro, os herdeiros, os legatários, e o Ministério Público. As pessoas que não forem encontradas, devem ser intimadas por edital. A não observância desse procedimento acarretará a nulidade do processo de conhecimento do testamento particular.

JURISPRUDÊNCIA

(...) Apelação cível. Ação de Registro de testamento. Testamento particular. Defeitos formais. Relativização. Os defeitos formais do testamento particular devem ser relativizados quando comprovada a declaração de última vontade do testador através de outras provas colhidas nos autos. Negaram Provimento ao Recurso. (TJRS, Ap. Cível nº 70058894486, Rel. Des. Alzir Felippe Schmitz, 8ª CC., j. 26/06/2014).

PULSÃO [*ver tb. direito, gozo, id, libido, sexualidade*] – Do latim *pulsio*. É o ato de impulsionar. É a tendência permanente, e na maioria das vezes inconsciente, que incita o indivíduo e o faz agir, praticar atos e ações. Utilizada por Freud pela primeira vez em 1905, tornou-se um conceito psicanalítico fundamental. E neste sentido pode ser entendido como *a carga energética que se encontra na origem da atividade motora do organismo e do funcionamento psíquico inconsciente do homem* (ROUDINESCO, Elisabeth. *Dicionário de psicanálise*. Trad. Vera Ribeiro, Lucy Magalhães. Rio de Janeiro: Zahar, 1998. p. 628).

Em 1920, em seu texto *Mais – além do princípio do prazer*, e depois, em 1933, em *Novas Conferências Introdutórias sobre Psicanálise*, Freud apresenta um conceito mais evoluído de pulsão, instaurando o dualismo pulsional e desenvolvendo melhor as ideias de pulsão de vida e pulsão de morte, e que está presente em todas os movimentos da vida. Ela se confronta permanentemente com Eros, as pulsões de vida, reunião das pulsões sexuais e das pulsões outrora agregadas sob o rótulo de pulsões do eu. Da ação conjunta e oposto desses dois grupos de pulsões, pulsões de morte e pulsões de vida, pro-

P

vêm as manifestações de vida, às quais a morte vem pôr termo (ROUDINESCO, Elisabeth – *Op. cit.* p. 631).

Em 1964, Jacques Lacan (1901 – 1981), em *O Seminário*, Livro 11, descreveu a pulsão como um dos quatro conceitos fundamentais para a psicanálise ao lado do inconsciente, repetição e transferência.

O conceito de pulsão é importante para o campo jurídico, na medida em que se pode dizer que o Direito é uma sofisticada técnica de controle das pulsões. Para quem não tem a lei interna e não sabe controlar suas pulsões inviabilizadoras do convívio social, aí entra o Direito (lei externa) para barrar os impulsos gozosos. As pulsões são forças que existem por trás das tensões geradoras de necessidades do sujeito. Ela vai além do instinto. As manifestações pulsionais constituem a energia vital do sujeito e está diretamente ligada a energia libidinal. Neste sentido, podemos dizer que só uma pulsão: a sexual como o sol, e verifica e mata.

LINGUAGEM POÉTICA

Solidão, o silêncio das estrelas, a ilusão / Eu pensei que tinha o mundo em minhas mãos / Como um Deus e amanheço mortal

E assim, repetindo os mesmos erros, dói em mim / Ver que toda essa procura não tem fim / E o que é que eu procuro afinal

Um sinal, uma porta pro infinito irreal / O que não pode ser dito, afinal / Ser um homem em busca de mais / Afinal, feito estrelas que brilham em paz

Solidão, o silêncio das estrelas, a ilusão / Eu pensei que tinha o mundo em minhas mãos / Como um Deus e amanheço mortal

Um sinal, uma porta pro infinito irreal / O que não pode ser dito, afinal / Ser um homem em busca de mais / Afinal, ser um homem em busca de mais

(*O silêncio das estrelas* – Letra e música de Lenine).

PUPILO – É o mesmo que tutelado.

Q

QUEER [*ver tb. assexual, Crossdresser, gênero, transgênero]:* É uma palavra da língua inglesa, sem correspondente em português, que tem o sentido de estranho, peculiar. Originalmente designava, pejorativamente, aqueles com desejos ou relações homossexuais. A partir da década de 1980 pesquisadores e ativistas americanos desenvolveram a "teoria queer", demonstrando que há outros gêneros para além do binarismo masculino/feminino. Pessoa queer é aquela que não corresponde à heteronormatividade, seja em razão de sua orientação sexual, identidade ou expressão de gênero. São as pessoas que não se identificam com os padrões impostos socialmente e podem transitar entre os gêneros, sem concordar com rótulos, ou mesmo definirem seu gênero ou orientação sexual.

A teoria queer é um estudo que afirma que a orientação, e a identidade sexual ou de gênero das pessoas, é resultado de construção social. Vai além das categorias homossexual, heterossexual, homem ou mulher, e sustenta que essas tradicionais categorias escondem uma enorme variação cultural. Os primeiros teóricos, e mais conhecidos, são Eve K. Sedgwick, David M. Halperin, Judith Butler e Michael Warner. *A teoria queer surgiu, pois, de uma aliança (às vezes incômoda) das teorias feministas, pós estruturalistas e psicanalítica que fecundavam e orientavam a investigação que já vinha se fazendo sobre a categoria do sujeito. A expressão "queer" constitui uma apropriação radical de um termo que tinha sido usado para ofender e insultar, e seu radicalismo reside, pelo menos em parte, na sua resistência à definição, por assim dizer, fácil.* (SALIH, Sara. *Judith Butler e a teoria Queer.* Tradução e notas Gauciara Lopes Louro. Belo Horizonte: Atlântida Editora, 2015, p. 19).

LINGUAGEM POÉTICA

De Toda cor

Passarinho de toda cor / Gente de toda cor / Amarelo, rosa e azul / Me aceita como eu sou /

Passarinho de toda cor / Gente de toda cor / Amarelo, rosa e azul / Me aceita como eu sou

Eu sou amarelo claro / Sou meio errado / Pra lidar com amor / No mundo tem tantas cores

São tantos sabores / Me aceita como eu sou

Passarinho de toda cor / Gente de toda cor / Amarelo, rosa e azul / Me aceita como eu sou /

Eu sou ciumento, quente, friorento / Mudo de opinião / Você é a rosa certa / Bonita e esperta

Segura na minha mão / Passarinho de toda cor / Gente de toda cor / Amarelo, rosa e azul / Me aceita como eu sou

Que o mundo é sortido / Toda vida soube / Quantas vezes / Quantos versos de mim em minha alma houve / Árvore, tronco, maré, tufão, capim, madrugada, aurora, sol a pino e poente / Tudo carrega seus tons, seu carmim / O vício, o hábito, o monge / O que dentro de nós se esconde / O amor / O amor / A gente é que é pequeno / E a estrelinha é que é grande / Só que ela tá bem longe / Sei quase nada meu Senhor / Só que sou pétala, espinho, flor / Só que sou fogo, cheiro, tato, plateia e ator

Água, terra, calmaria e fervor / Sou homem, mulher / Igual e diferente de fato / Sou mamífero, sortudo, sortido, mutante, colorido, surpreendente, medroso e estupefato / Sou ser humano, sou inexato

Passarinho de toda cor / Gente de toda cor / Amarelo, rosa e azul / Me aceita com eu sou /

Eu sou amarelo claro / Sou meio errado pra lhe dar com amor / No mundo tem tantas cores

São tantos sabores / Me aceita como eu sou / Passarinho de toda cor / Gente de toda cor

Amarelo, rosa e azul / Me aceita como eu sou

Eu sou ciumento, quente, friorento, mudo de opinião / Você é a rosa certa, bonita e esperta

Segura na minha mão / Passarinho de toda cor / Gente de toda cor / Amarelo, rosa e azul

Me aceita como eu sou

(De toda cor – letra e música de Renato Luciano)

QUINHÃO – Do latim *quinio,* reunião de cinco. É a parte atribuída a cada pessoa em razão da divisão ou partilha de alguma coisa. É a parte da propriedade que, somadas às outras, tem-se o condomínio. Etimologicamente, o vocábulo se justifica em razão do condomínio voluntário que se limita a 5 anos, daí *quini* de cinco em cinco: *Podem os condôminos acordar que fique indivisa a coisa comum por prazo não maior de cinco anos, suscetível de prorrogação ulterior* (Art. 1.320, § 1º, CCB).

No Direito das Sucessões, é a fração da herança destinada a cada um dos herdeiros, seja legítimo, seja testamentário. Não se confunde com legado.

Quinhão tem também o sentido de sorte, provavelmente por ter recebido um quinhão hereditário.

QUINHÃO HEREDITÁRIO – Ver quinhão.

QUINHÃO VAGO [*ver tb. legado vago*] – É a fração da herança destinada a um determinado herdeiro, que não pode recebê-la em razão de premoriência, exclusão por indignidade ou deserdação e renúncia. Nas primeiras hipóteses, há direito de representação dos descendentes do herdeiro e na renúncia o direito de acrescer dos demais herdeiros do falecido.

É o mesmo que quota vaga.

QUOTA-PARTE – Do latim *quot*, quantos. É a fração ou porção certa que cabe à cada pessoa participante de uma divisão ou rateio.

No Direito Empresarial, é o valor com que uma pessoa deve contribuir para integralizar parte do capital de um negócio.

No Direito Sucessório, é utilizada para fazer referência ao quinhão de cada herdeiro.

QUOTA VAGA – Ver quinhão vago.

Q

R

RATIONE PERSONAE [*ver tb. ratione materiae*] – Expressão em latim que se traduz e significa "em razão da pessoa". Comumente usada no Direito Civil para especificar qual a jurisdição competente para a demanda com base na pessoa ou em razão dela. A qualidade ou categoria do indivíduo envolvido define o órgão jurisdicional que deve presidir o processo – por exemplo Justiça Estadual ou Federal. É, também, o critério adotado na eleição do foro especial por prerrogativa de função, que estabelece a competência jurisdicional em razão do cargo ou função exercida por determinada pessoa.

No Direito de Família, por exemplo, é usada para determinar a competência do domicílio do menor para as ações de alimentos e guarda. Da mesma forma para ações em que uma das partes esteja amparada por alguma vulnerabilidade reconhecida por lei, como é o caso do idoso e em determinadas situações a mulher.

DISPOSITIVOS NORMATIVOS

CR – Art. 102, inciso I, b.

Lei nº 10.741/03 – Estatuto do Idoso – Art. 80.

JURISPRUDÊNCIA

(...) I – A competência para julgar a ação exoneratória de alimentos é a do juízo do domicílio do alimentando, nos termos do disposto no art. 100, II do CPC. (...) o que deve ser prestigiado, nos termos do dispositivo legal alhures, doutrina e jurisprudência, é a observância do princípio do melhor interesse do menor, devendo o feito tramitar na Vara Regional do Barreiro, uma vez que lá já tramita ação de guarda, a qual poderá influenciar definitivamente na ação exoneratória. (...) (TJMG, Conflito de Competência nº 1.0000.12.092608-4/000, Rel. Des. Washington Ferreira, 7ª CC., pub. 19/11/2012).

REABILITAÇÃO [*ver tb. indignidade, deserdação, exclusão*] – É o procedimento pelo qual se restabelece o *status quo ante*, ou seja, restaura uma situação anteriormente perdida. Juridicamente, reabilitação é a restituição da capacidade, em virtude do que a pessoa está novamente habilitada a agir, ou é recolocada na situação jurídica de que fora afastada.

No Direito das Sucessões, é a declaração do *de cujus* perdoando, via testamento ou codicilo, o herdeiro indigno para que ele não seja excluído da sucessão, garantindo, assim, sua qualidade de herdeiro. *Aquele que incorreu em atos que determinem a exclusão da herança será admitido a suceder, se o ofendido o tiver expressamente reabilitado em testamento, ou em outro ato autêntico. Não havendo reabilitação expressa, o indigno, contemplado em testamento do ofendido, quando o testador, ao testar, já conhecia a causa da indignidade, pode suceder no limite da disposição testamentária* (Art. 1.818 e parágrafo único, CCB).

RECONHECIMENTO DO TESTAMENTO PARTICULAR – É o mesmo que confirmação do testamento particular.

REDUÇÃO DE DISPOSIÇÕES TESTAMENTÁRIAS [*ver tb. legítima, parte disponível*] – Do latim *reductio*, reduzir. Usado na técnica jurídica em vários sentidos: diminuição, transformação, restrição, reprodução. Em Direito das Sucessões, a redução de disposições testamentárias tem o significado de transformação ou mudança das cláusulas de testamento para resguardar a parte legítima dos herdeiros necessários: *Em se verificando excederem as disposições testamentárias a porção disponível, serão proporcionalmente reduzidas as quotas do herdeiro ou herdeiros instituídos, até onde baste, e, não bastando, também os legados, na proporção do seu valor* (Art. 1.967, § 1º, CCB).

JURISPRUDÊNCIA

(...) Eventual apuração de indevido avanço do testamento sobre a parte legítima da herança não é causa de nulidade ou anulabilidade, mas, sim, de redução das disposições testamentárias, nos termos do art. 1.967 do Código Civil. Contudo, o procedimento para redução das disposições testamentárias, por demandar amplo conhecimento acerca do acervo hereditário, deve se dar no bojo do inventário, ou, conforme o caso,

mediante a propositura de ação de redução. Negaram provimento. Unânime (TJRS, Ap. Cível nº 70055284632, Rel. Des. Luiz Felipe Brasil Santos, 8ª CC., j. 17/10/2013).

REGIME CONVENCIONAL DE BENS
[*ver tb. pacto antenupcial, regime legal de bens*] – Na linguagem comum, convencional significa algo usual, comum, que corresponde a padrões já estabelecidos. Na linguagem jurídica, em geral, relaciona-se a convenção, ou seja, a acordo.

No Direito de Família, regime convencional de bens é aquele que se faz por convenção, isto é, quando se estabelece um regime de bens diferente do legal supletivo (comunhão parcial de bens). Pode ser um dos regimes previstos em lei, quais sejam, comunhão universal, separação, participação final nos aquestos, ou mesmo um regime diferente deles: *É lícito aos nubentes, antes de celebrado o casamento, estipular, quanto aos seus bens, o que lhes aprouver* (Art. 1.639, CCB). Essa expressão é válida também para as uniões estáveis.

As pessoas maiores de 70 anos de idade e aquelas que dependem de autorização judicial para se casar não podem convencionar o seu regime de bens, pois a lei impõe que seja o de separação de bens (Art. 1.641, CCB).

O regime convencional de bens, deve ser feito por meio de pacto antenupcial.

DISPOSITIVOS NORMATIVOS

CCB – Arts. 1.639 a 1.686.

REGIME DA PARTICIPAÇÃO FINAL NOS AQUESTOS – É uma das modalidades de regime de bens introduzida no ordenamento jurídico brasileiro pelo CCB 2002. De influência do Direito europeu teve pouca receptividade e apli-

cação prática. Assim como o regime da separação e da comunhão total de bens ele deve ser feito por meio de pacto antenupcial. Suas regras estão previstas nos arts. 1.672 a 1.686 do CCB, que estabelece quase uma organização contábil, daí a sua dificuldade de aplicação prática.

No regime da participação final nos aquestos, cada cônjuge ou convivente tem patrimônio próprio e lhe cabe, à época da dissolução da sociedade conjugal, direito à metade dos bens adquiridos pelo casal, a título oneroso, na constância do casamento ou da união estável.

Neste regime, há formação de massas de bens particulares incomunicáveis durante o casamento. *Chama-se de patrimônio próprio os bens particulares de cada um, somados aos adquiridos em seu nome na constância do casamento. Fora disso há os aquestos: são os bens próprios de cada um dos cônjuges amealhados durante o casamento e mais os bens que forem adquiridos por eles em conjunto no mesmo período* (DIAS, Maria Berenice. *Manual de direito das famílias*, 9. ed. São Paulo: Revista dos Tribunais, 2013. p. 252).

Assim, entende-se que, durante a constância do casamento ou união estável, cada indivíduo terá livre exercício, no que diz respeito à administração de seus bens privados. Com a dissolução do casamento ou união estável, os cônjuges e companheiros poderão reivindicar sua participação nos ganhos que o outro cônjuge obteve ao longo da relação: *Sobrevindo a dissolução da sociedade conjugal, apurar-se-á o montante dos aquestos, excluindo-se da soma dos patrimônios próprios: I – os bens anteriores ao casamento e os que em seu lugar se sub-rogaram; II – os que sobrevieram a cada cônjuge por sucessão ou liberalidade; III – as dívidas relativas a esses bens.* (Art. 1.674, CCB).

DISPOSITIVOS NORMATIVOS

CCB – Arts. 1.672 a 1.686.

JURISPRUDÊNCIA

(...) Impõe-se o indeferimento da pretensão de alteração do regime de comunhão parcial de bens para o de participação final nos aquestos se a meação do cônjuge-varão já se encontra protegida das dívidas contraídas apenas pelo cônjuge-virago, existindo, outrossim, a possibilidade de violação a direitos de terceiros (TJMG, Ap. Cível nº 1.0024.05.683939-2/001. Des. Rel. Armando Freire, 1ª CC., publ. 15/05/2009).

REGIME DE BENS [*ver tb. mudança de regime de bens, pacto antenupcial, pacto pós-nupcial*] – É o conjunto de regras que regulamentam as questões relativas ao patrimônio dos cônjuges/companheiros, delimitando as diretrizes que deverão ser seguidas por eles enquanto o casamento existir, ou quando chegar ao seu fim, seja em razão de divórcio, dissolução em vida da união estável ou falecimento de uma ou ambas as partes.

A escolha do regime de bens é feita antes do casamento, estipulando-se por meio de pacto antenupcial, quando se escolhe um dos regimes preestabelecidos em lei, ou um regime personalizado que melhor atenda às necessidades do casal.

Se não se fizer pacto antenupcial, o aplicável será o regime legal supletivo, qual seja, na vigência do CCB 2002, o da comunhão parcial de bens. Os casamentos celebrados na vigência no CCB 1916 observavam, supletivamente, as regras do regime da comunhão universal de bens.

O CCB de 2002 quebrou o princípio da imutabilidade do regime de bens, o que

R

significa que os cônjuges podem alterá--lo na constância do casamento, estabelecendo um novo regime de bens a partir da mudança feita consensualmente e homologada judicialmente. A este novo contrato para o regime de bens dá-se o nome de pacto pós-nupcial.

DISPOSITIVOS NORMATIVOS:

CCB – Arts. 1.639 a 1.688.

CPC/2015 – Art. 734.

REGIME DE COMUNHÃO PARCIAL

[*ver tb. comunhão parcial de bens, regime legal, regime de bens, pacto antenupcial*] – É o regime supletivo legal, ou seja, aquele aplicável a todos os casamentos, cuja celebração tenha se dado sem pacto antenupcial e, também, nos casos de união estável sem contrato estabelecendo regime diverso da comunhão parcial. Neste regime, todos os bens adquiridos na constância do casamento/união estável, a título oneroso, isto é, com o produto do trabalho, são comunicáveis, isto é, são partilháveis entre os cônjuges ou companheiros.

Assim, estão fora deste regime os bens adquiridos a título gratuito, quais sejam, os recebidos por herança, doação ou sub--rogação. *No regime de comunhão parcial, comunicam-se os bens que sobrevierem ao casal, na constância do casamento, com as exceções dos artigos seguintes; Art. 1.659. Excluem-se da comunhão: I – os bens que cada cônjuge possuir ao casar, e os que lhe sobrevierem, na constância do casamento, por doação ou sucessão, e os sub-rogados em seu lugar; II – os bens adquiridos com valores exclusivamente pertencentes a um dos cônjuges em sub--rogação dos bens particulares; III – as obrigações anteriores ao casamento; IV – as obrigações provenientes de atos ilícitos,* *salvo reversão em proveito do casal; V – os bens de uso pessoal, os livros e instrumentos de profissão; VI – os proventos do trabalho pessoal de cada cônjuge; VII – as pensões, meios-soldos, montepios e outras rendas semelhantes* (Art. 1.658, CCB).

LINGUAGEM POÉTICA

É de nós dois

Tudo que nós construímos

É de nós dois

Tudo que nós conseguimos

É de nós dois

Esse mundo em que vivemos

É de nós dois

O grande amor que nós temos porque

(...)

Esse beijo mordido, gostoso e doído

É só de nós dois

Esse olhar esquecido, esse pranto escorrido

É só de nós dois

Esse drama vivido, esse pão dividido

É só de nós dois

Esse amor contraído é mais que sofrido

Mas é de nós dois

Esse jeito modesto, bastante honesto

É só de nós dois

Esse olhar que fascina quando o pranto inclina

É só de nós dois

Esse nosso abraço não deixa espaço

Só cabe nós dois

Esse telhado em zinco foi feito de afinco

Pra morar nós dois

(...)

(Comunhão de Bens – Letra e música de Jovelina Pérola Negra).

DISPOSITIVOS NORMATIVOS

CCB – Arts. 1.566, 1.640, 1.658, 1.659, 1.660.

Súmula nº 251 STJ – A meação só responde pelo ato ilícito quando o credor, na execução fiscal, provar que o enriquecimento dele resultante aproveitou ao casal.

JURISPRUDÊNCIA

(...) Se o casamento foi regido pelo regime da comunhão parcial de bens, descabe a partilha dos valores recebidos pelo varão em decorrência de créditos trabalhistas, pois constituem apenas frutos civis do seu trabalho. Só ocorreria a comunicabilidade se estivesse expressamente prevista em pacto antenupcial. Incidência do art. 1.659, inc. VI, do CCB (TJRS, Ag. nº 70056488885, Rel.ª Des.ª Liselena Schifino Robles Ribeiro, 7ª CC., j. 12/09/2013).

REGIME DE COMUNHÃO UNIVERSAL [ver tb. pacto antenupcial, pacto pós-nupcial] – É uma das espécies de regime de bens previstas no CCB suscetível de eleição pelos cônjuges ou companheiros, via pacto antenupcial ou contrato de convivência quando se tratar de união estável.

O regime de comunhão universal significa a comunicação de todos os bens presentes e futuros dos cônjuges ou dos conviventes e suas dívidas. E assim, os nubentes ou companheiros deixam de ter patrimônios particulares e passam a ser meeiros de um patrimônio comum, com exceção dos bens elencados no art. 1.668 do CCB: *São excluídos da comunhão: I – os bens doados ou herdados com a cláusula de incomunicabilidade e os sub-rogados em seu lugar; II – os bens gravados de fideicomisso e o direito do herdeiro fideicomissário, antes de realizada a condição suspensiva; III – as dívidas anteriores ao casamento, salvo se provierem de despesas com seus aprestos, ou reverterem em proveito comum; IV – as doações antenupciais feitas por um dos cônjuges ao outro com a cláusula de incomunicabilidade; V – Os bens referidos nos incisos V a VII do art. 1.659.*

DISPOSITIVOS NORMATIVOS

CCB – Arts. 1.667 a 1.671.

JURISPRUDÊNCIA

(...) No regime de comunhão universal de bens, os honorários advocatícios, provenientes do trabalho do cônjuge inventariado, percebidos no decorrer do casamento, ingressam no patrimônio comum do casal, porquanto lhes guarneceram do necessário para seu sustento, devendo, portanto, integrar a meação da viúva inventariante (STJ, REsp 421801 RS, Rel. Min. Humberto Gomes de Barros. 3ª T., publ. 17/12/2004).

REGIME DE SEPARAÇÃO – É o regime em que não há nenhuma comunicação de bens entre cônjuge/companheiros, tal como estabelece o artigo 1687 do CCB/2002. Estipulada a separação e bens, estes permanecerão sob a administração exclusiva de cada um dos cônjuges/companheiros, que poderá livremente alienar, ou gravar com ônus real. O regime da separação de bens, pode ser consensual ou obrigatório. No regime convencional, isto é, quando uma das partes escolhem este regime, terão que fazer um pacto antenupcial via escritura pública. No regime obrigatório da separação, não é necessário pacto, embora seja possível fazê-lo para afastar a incidência dos efeitos da súmula 377 do STF, conforme decidiu o STJ: (...) *oportunidade em que as partes, de livre e espontânea vontade, realizaram pacto antenupcial estipulando termos ainda mais protetivos ao enlace, demonstrando o claro intento de não terem os seus*

R

bens comunicados, com o afastamento da incidência da Súmula nº 377 do STF. Portanto, não há falar em meação de bens nem em sucessão da companheira (CC, art. 1.829, I). (...) (STJ, REsp nº 1.922.347/ PR, relator Ministro Luis Felipe Salomão, 4ª T., DJe de 1/2/2022).

REGIME DE SEPARAÇÃO OBRIGATÓRIA DE BENS [*ver tb. regime da separação obrigatória, regime legal, regime da comunhão parcial de bens*] – É uma das modalidades de regime de bens. Para os maiores de 70 anos de idade, para aqueles que dependerem de autorização para casar este regime é obrigatório (art. 1.641, CCB) e para aqueles que ainda não fizeram partilha de bens no casamento anterior, bem como demais incisos do art. 1.523 do CCB/2002: *Não devem casar: I – o viúvo ou a viúva que tiver filho do cônjuge falecido, enquanto não fizer inventário dos bens do casal e der partilha aos herdeiros; II – a viúva, ou a mulher cujo casamento se desfez por ser nulo ou ter sido anulado, até dez meses depois do começo da viuvez, ou da dissolução da sociedade conjugal; III – o divorciado, enquanto não houver sido homologada ou decidida a partilha dos bens do casal; IV – o tutor ou o curador e os seus descendentes, ascendentes, irmãos, cunhados ou sobrinhos, com a pessoa tutelada ou curatelada, enquanto não cessar a tutela ou curatela, e não estiverem saldadas as respectivas contas).* É permitido aos nubentes solicitar ao juiz que não lhes sejam aplicadas as causas suspensivas previstas nos incisos I, III e IV deste artigo, provando-se a inexistência de prejuízo, respectivamente, para o herdeiro, para o *ex-cônjuge* e para a pessoa tutelada ou curatelada; no caso do inciso II, a nubente deverá provar nascimento de filho, ou

inexistência de gravidez, na fluência do prazo (Parágrafo único, do art. 1.523 do CCB/2002).

Os cônjuges ou companheiros que optarem por esse regime, assim como para todos os outros regimes que não sejam o regime legal, devem fazê-lo pelo pacto antenupcial para o casamento, e contrato escrito para união estável.

Nesse regime, o cônjuge não é meeiro, mas é herdeiro (Art. 1.829, CCB). Contudo, se o regime for o da separação obrigatória, o cônjuge sobrevivente não será herdeiro.

No regime da separação total de bens todos os bens atuais e futuros de ambos os nubentes ou conviventes permanecerão sempre de propriedade individual de cada um, incomunicáveis, estabelecendo-se, assim, completa individualização patrimonial.

A súmula nº 655 do STJ estabelece que se aplica à união estável contraída por septuagenário o regime da separação obrigatória de bens, comunicando-se os adquiridos na constância, quando comprovado o esforço comum.

DISPOSITIVOS NORMATIVOS

CCB – Arts. 1.523, 1.641, 1.647, 1.687 e 1.688.

Súmula STF – 377.

Súmula STJ – 655.

JURISPRUDÊNCIA

(...) III – A não extensão do regime da separação obrigatória de bens, em razão da senilidade do de cujus, constante do art. 1.641, II, do Código Civil, à união estável equivaleria, em tais situações, ao desestímulo ao casamento, o que, certamente, discrepa da finalidade arraigada no ordenamento jurídico nacional, o qual se propõe a facilitar a convolação da união estável em casamento, e não o contrário; IV – Ressalte-se, contudo, que a aplicação de tal regime deve inequivocamente sofrer a contemporização do Enunciado nº 377/STF, pois os bens adquiridos na constância, no caso, da união estável, devem comunicar-se, independente da prova de que tais bens são provenientes do esforço comum, já que a solidariedade, inerente à vida comum do casal, por si só, é fator contributivo para a aquisição dos frutos na constância de tal convivência (STJ, REsp 1090722 SP, Rel. Min. Massami Uyeda, 3ª T., publ. 30/08/2010).

REGIME DOTAL [ver tb. bens parafernais, dote] – Era aquele realizado por meio de pacto antenupcial, pelo qual a mulher, ou terceiro em nome dela, transferia bens ao marido, na qualidade de dote, de modo que fossem deles retirados frutos e rendimentos em proveito da família.

No caso de dissolução da sociedade conjugal, o patrimônio deveria ser devolvido à mulher.

Embora já em desuso há muitas décadas, o regime dotal só foi extinto do ordenamento jurídico brasileiro em 2003, com a entrada em vigor do CCB 2002.

REGIME LEGAL DE BENS [ver tb. regime de bens, regime da comunhão parcial, regime legal obrigatório, regime convencional de bens, regime legal supletivo] – É a expressão utilizada para classificar o regime de bens conforme sua base normativa, ou seja, um dos regimes descritos na lei. Difere do regime convencional de bens que é aquele que se convenciona em pacto antenupcial.

Os regimes legais são o supletivo (Art. 1.640, CCB) e o obrigatório (Art. 1.641, CCB).

Não há casamento ou união estável sem regime de bens. Sendo assim, para as relações conjugais nas quais os cônjuges/companheiros não celebraram pacto antenupcial ou contrato de convivência, aplica-se o regime legal supletivo em face da inércia dos nubentes em se manifes-

tarem de maneira diversa (Arts. 1.640 e 1.725, CCB).

Nos casos de ausência ou nulidade de pacto antenupcial, até a introdução da Lei do Divórcio no Brasil (Lei nº 6.515/77), o regime supletivo legal era o da comunhão universal de bens. Depois desta lei, o regime legal passou a ser o da comunhão parcial de bens.

As pessoas que não têm liberdade para convencionar o regime de bens, quais sejam, aqueles que têm mais de 70 anos de idade e os que dependem de autorização judicial para se casarem (menores de idade), a eles aplica-se o regime legal obrigatório, que é o de separação de bens.

REGIME LEGAL OBRIGATÓRIO [ver tb. regime de bens, regime da separação legal de bens, golpe do baú, regime da separação total de bens, regime legal de bens] – É o regime de bens do casamento imposto àqueles que têm mais de 70 anos de idade e também aos que dependerem de autorização judicial para se casarem, e ainda os que não fizeram partilha de bens no casamento anterior tal como estabelecido no art. 1.641 do CCB: *É obrigatório o regime da separação de bens no casamento: I – das pessoas que o contraírem com inobservância das causas suspensivas da celebração do casamento; II – da pessoa maior de 70 (setenta) anos; III – de todos os que dependerem, para casar, de suprimento judicial.* O inciso II do referido artigo teve sua redação alterada pela Lei nº 12.344/12. Onde se lê 70 (setenta) anos, lia-se 60 anos, e na vigência do CCB 1916 a idade proibitiva era de 50 anos para mulher e 60 para o homem. O fundamento e espírito desta proibição é evitar os chamados popularmente "golpes do baú".

É inadequada a imposição de limite de idade para escolha do regime de bens do casamento na maioria dos casos. O fato de completar 70 anos de idade, por si só, não pode significar incapacidade de escolhas e prática de nenhum ato da vida civil, muito menos o estabelecimento de regras patrimoniais da relação conjugal. Se grande parte dos ocupantes de cargos no Legislativo e Executivo, têm mais de setenta anos, e tomam decisões importantes para a vida política e econômica do país, não há razão de serem impedidos de decidir sobre a economia de sua própria vida. Tal restrição atenta contra a liberdade individual e fere a autonomia e dignidade dos sujeitos.

A Súmula 377 do STF já vinha amenizando e relativizando o regime da separação obrigatória ao dispor que os bens adquiridos na constância do casamento, a título oneroso, devem ser partilhados. A obrigatoriedade do regime de separação fica relativizado quando o casamento é precedido de união estável, cujo termo inicial é anterior à idade que determinava tal impedimento.

É obrigatório também o regime da separação de bens para as pessoas que fizerem sem observância das causas suspensivas do casamento (art. 1.641, I), que estão elencadas no art. 1.523 do CCB/2002: *Não devem casar: I – o viúvo ou a viúva que tiver filho do cônjuge falecido, enquanto não fizer inventário dos bens do casal e der partilha aos herdeiros; II – a viúva, ou a mulher cujo casamento se desfez por ser nulo ou ter sido anulado, até dez meses depois do começo da viuvez, ou da dissolução da sociedade conjugal; III – o divorciado, enquanto não houver sido homologada ou decidida a partilha dos bens do casal; IV – o tutor ou o cura-*

dor e os seus descendentes, ascendentes, irmãos, cunhados ou sobrinhos, com a pessoa tutelada ou curatelada, enquanto não cessar a tutela ou curatela, e não estiverem saldadas as respectivas contas). É permitido aos nubentes solicitar ao juiz que não lhes sejam aplicadas as causas suspensivas previstas nos incisos I, III e IV deste artigo, provando-se a inexistência de prejuízo, respectivamente, para o herdeiro, para o *ex-cônjuge e para a pessoa tutelada ou curatelada; no caso do inciso II, a nubente deverá provar nascimento de filho, ou inexistência de gravidez, na fluência do prazo* (Parágrafo único, do art. 1.523 do CCB/2002).

JURISPRUDÊNCIA

(...) Noutras palavras, decretou-se, com vocação de verdade legal perene, embora em assunto restrito, mas não menos importante ao destino responsável das ações humanas, a incapacidade absoluta de quem se achasse, em certa idade, na situação de cônjuge, por deficiência mental presumida *iuris et de iure* contra a natureza dos fatos sociais e a inviolabilidade da pessoa. (...) Reduzir, com pretensão de valor irrefutável e aplicação geral, homens e mulheres, considerados no ápice do ciclo biológico e na plenitude das energias interiores, à condição de adolescentes desvairados, ou de neuróticos obsessivos, que não sabem guiar-se senão pelos critérios irracionais das emoções primárias, sem dúvida constitui juízo que afronta e amesquinha a realidade humana, sobretudo quando a evolução das condições materiais e espirituais da sociedade, repercutindo no grau de expectativa e qualidade de vida, garante que a idade madura não tende a corromper, mas a atualizar as virtualidades da pessoa, as quais constituem o substrato sociológico da noção de capacidade jurídica. (...) Não é tudo. A eficácia restritiva da norma estaria, ainda, a legitimar e perpetuar verdadeira degradação, a qual, retirando-lhe o poder de dispor do patrimônio nos limites do casamento, atinge o cerne mesmo da dignidade da pessoa humana, que é um dos fundamentos da República (art. 1º, III, da Constituição Federal), não só porque a decepa e castra no seu núcleo constitutivo de razão e vontade, na sua capacidade de entender e querer, a qual, numa perspectiva transcendente, é vista como expressão substantiva do próprio Ser, como porque não disfarça, sob as vestes grosseiras do paternalismo insultuoso, todo o peso de uma intromissão estatal indevida em matéria que respeita, fundamentalmente, à consciência, intimidade e autonomia do cônjuge." (...) (STJ, AgRg no RE nº 194.325/MG, Rel. Min. Min. Vasco Della Giustina – Desembargador convocado do TJRS, 3ª., publ. 01/04/2011).

REGIME LEGAL SUPLETIVO [*ver tb. regime legal obrigatório, regime legal, regime da comunhão parcial de bens*] – É o regime que se aplica nos casos de ausência ou nulidade de pacto antenupcial. Até 1977, com a introdução da Lei do Divórcio no Brasil (Lei nº 6.515/77), o regime legal supletivo era o da comunhão universal de bens. A partir daí, passou a vigorar o regime da comunhão parcial de bens.

O regime legal supletivo é aplicável também às uniões estáveis que não tenham contrato ou pacto estabelecido de forma diferente deste. Não há casamento ou união estável sem regime de bens. Sendo assim, em não se fazendo pacto antenupcial ou contrato escrito estabelecendo regime de bens, aplica-se o determinado em lei, ou seja, o regime da comunhão parcial de bens.

REGIME MATRIMONIAL – É o mesmo que regime de bens.

REGISTRO CIVIL DE PESSOAS NATURAIS [*ver tb. cartório, certidão de casamento, certidão de nascimento, certidão de óbito*] – É o procedimento ou ato de registrar determinados fatos da vida civil. Também tem o sentido de local onde se faz tais registros, ou seja, os cartórios. O registro é um serviço público, cujas serventias são incumbidas de manter armazenados em livros próprios os respectivos assentos e averbações, inclusive para dar-lhes publicidade.

A expressão Registro Civil é comumente empregada para designar o Cartório de Registro Civil de Pessoas Naturais, onde devem ser registrados os nascimentos, casamentos, divórcios, nulidade e anulação de casamento, emancipações, interdições, sentença declaratória de ausência, opções de nacionalidade, mudança de nomes (Art. 29, Lei nº 6.015/73 – Lei de Registros Públicos).

Diferentemente, é o registro civil das pessoas jurídicas, que são também comumente conhecidos como os cartórios para as inscrições das pessoas jurídicas para que lhes dê existência legal, e averbem também as alterações posteriores de sua estrutura.

A Medida Provisória nº 776/2017, que alterou a Lei nº 6.015, de 31 de dezembro de 1973, que dispõe sobre os registros públicos, tem como objetivo facultar ao declarante a opção pela naturalidade do registrando. Ela estabelece que, ao declarar as informações para a lavratura do Registro de Nascimento, o interessado/declarante (que na grande maioria das vezes é o pai da criança), poderá optar entre definir a naturalidade dele como sendo o município de seu nascimento (do registrando) ou o município de residência da mãe no momento do parto, desde que ela resida no território nacional. Outra novidade acrescida pela Medida Provisória nº 776/2017 é a possibilidade de opção de naturalidade para o registro de bebês cujo processo de adoção iniciou-se antes de seu nascimento. "*Art. 54 ... [...] § 5º Na hipótese de adoção iniciada antes do registro do nas-*

cimento, o declarante poderá optar pela naturalidade do Município de residência do adotante na data do registro, além das alternativas previstas no § 4º".

A Lei nº 14.382/2022 fez alterações significativas na Lei nº 6.015/1973 e instituiu o Sistema Eletrônico dos Registros Públicos – SERP. Dentre as principais mudanças, está a desburocratização dos procedimentos registrais.

REGISTRO DO TESTAMENTO CER-RADO [ver tb. testamento, testamento cerrado] – Do latim regestus, copiado, traslado. Em linguagem cartorária, registro é o assento em livro próprio de ato que se tenha praticado ou de documento que se tenha produzido. Em sentido amplo, abrange também a observância dos requisitos formais, extrínsecos, necessários para que o ato se torne público e autêntico, estendendo seus efeitos à terceiros. Pelo registro têm-se a autenticação e identificação do ato jurídico, garantindo sua publicidade.

Os registros podem ser facultativos ou obrigatórios. O registro de testamento deve ser feito na hipótese de o de cujus ter deixado testamento na modalidade cerrada. Morto o testador, será o testamento aberto pelo juiz que o fará registrar e arquivar no cartório a que tocar, ordenando que seja cumprido, se lhe não achar vício externo que o torne suspeito de nulidade, ou falsidade. (ITABAIANA DE OLIVEIRA, Arthur Vasco. Tratado de direito das sucessões. 3. ed. Rio de Janeiro: Jacinto, 1.936. v. II. p. 69).

Após ouvir o representante do Ministério Público, o juiz manda registrar, arquivar e cumprir o instrumento. Deverá ser assentado no cartório competente, no qual transcreve-se todo o teor dele em livro próprio, cumpridas as formalidades, conforme o caso.

Somente após o registro é que se inicia o processo de execução/cumprimento do testamento cerrado. Assim, trata-se de um registro obrigatório para que produza seus efeitos além da relação entre os interessados.

Do ato de registro do testamento cerrado inicia-se o prazo para impugnação da manifestação de última vontade do autor da herança.

DISPOSITIVOS NORMATIVOS

CCB – Arts. 1.868 a 1.875.

RELAÇÃO TRANSFERENCIAL – ver transferência.

RELAÇÕES DE PARENTESCO – Ver vínculo de parentesco.

REMOÇÃO DE CURADOR [ver tb. remoção do inventariante, remoção do testamenteiro] – Do latim remotio, de removere. Em sentido amplo remover é o ato de deslocar alguma coisa ou alguém de um lugar para outro. Em Direito de Família, remoção de curador, e tutor, é a substituição da pessoa que está investida neste cargo por outra que possa exercê-lo melhor.

A remoção deve ser feita por meio de ação judicial em procedimento autônomo. Justifica-se quando o curador ou tutor não estiver atuando de forma regular e condizente com a sua função, ou quando for para atender o melhor interesse do curatelado ou tutelado.

REMOÇÃO DE TUTOR – Ver remoção de curador.

REMOÇÃO DO INVENTARIANTE [*ver tb. remoção do testamenteiro, inventariante dativo*] – Do latim *remotio*, de *removere*. É a substituição do inventariante quando se verificar que ele não está desempenhando bem a sua função. Em outras palavras, se o encarregado da função de inventariante, no exercício do seu *munus*, agir de maneira negligente e desidiosa, poderá ser removido, por decisão judicial, a pedido dos herdeiros ou interessados: O CPC/2015 em seu art. 622, prevê que *o inventariante será removido de ofício ou a requerimento: I – se não prestar, no prazo legal, as primeiras ou as últimas declarações; II – se não der ao inventário andamento regular, se suscitar dúvidas infundadas ou se praticar atos meramente protelatórios; III – se, por culpa sua, bens do espólio se deteriorarem, forem dilapidados ou sofrerem dano; IV – se não defender o espólio nas ações em que for citado, se deixar de cobrar dívidas ativas ou se não promover as medidas necessárias para evitar o perecimento de direitos; V – se não prestar contas ou se as que prestar* não forem julgadas boas; VI – *se sonegar, ocultar ou desviar bens do espólio. Requerida a remoção com fundamento em qualquer dos incisos do art. 622, será intimado o inventariante para, no prazo de 15 (quinze) dias, defender-se e produzir provas (art. 623 caput CPC/2015).*

O incidente da remoção corre em apenso aos autos do inventário (CPC/2015, art. 623, parágrafo único). Contudo, o juiz pode substituir o inventariante de ofício caso incorra em qualquer das situações listadas, nos próprios autos do inventário, observada a ordem de nomeação estabelecida em lei (art. 617, CPC/2015), inclusive nomeando inventariante dativo. *O inventariante removido entrega-*

rá imediatamente ao substituto os bens do espólio e, caso deixe de fazê-lo, será compelido mediante mandado de busca e apreensão ou de imissão na posse, conforme se tratar de bem móvel ou imóvel, sem prejuízo da multa a ser fixada pelo juiz em montante não superior a três por cento do valor dos bens inventariados (CPC/2015 art. 625).

REMOÇÃO DO TESTAMENTEIRO [*ver tb. remoção do inventariante, vintena testamentária*] – É a substituição do testamenteiro, por meio de Ação judicial autônoma e incidental, em razão do testamenteiro nomeado no testamento não estar atuando de forma regular e condizente com a função da testamentaria. *O testamenteiro é obrigado a cumprir as disposições testamentárias, no prazo marcado pelo testador, e a dar contas do que recebeu e despendeu, subsistindo sua responsabilidade enquanto durar a execução do testamento* (Art. 1.980, CCB). Se o encarregado da função, no exercício do seu *munus*, agir de maneira negligente, culposa, ou dolosa, deve ser removido, por decisão judicial, ou se tiver sido condenado por crimes de roubo, furto, estelionato, falsidade etc.

Aquele que for removido perderá seu direito ao prêmio, ou seja, a vintena, e fica obrigado à prestação de contas.

RENÚNCIA À HERANÇA – [*ver tb. cessão de direitos hereditários, renúncia à herança*] – É o ato irrevogável por meio do qual o herdeiro, unilateral e, expressamente, por instrumento público ou termo judicial, renuncia à herança a que tem direito. Trata-se de ato de disposição patrimonial, sendo assim, o herdeiro deve ser capaz para tanto.

R

O abandono da herança não pode ser parcial, exceto quando o herdeiro, simultaneamente, recebe herança e legado. Neste caso, pode optar por renunciar a ambos ou somente a um deles.

O herdeiro renunciante é considerado inexistente para todos os efeitos, o que não se confunde com o estado de premorto, ou seja, a renúncia apaga toda a sua linha sucessória da ordem de vocação hereditária. Portanto, seus descendentes não poderão herdar por estirpe nesta hipótese.

O abandono da herança não pode se dar "em favor de alguém", o que seria uma cessão de direitos hereditários. Caso o herdeiro tenha a intenção de contemplar terceiro com o que lhe caberia, deverá aceitar sua quota-parte e, em seguida, doá-la.

Caso a renúncia à herança prejudique credores do herdeiro, estes poderão aceitá-la em seu nome. Quando há renúncia ou abandono de herança, a parte que caberia ao renunciante volta ao monte-mor para ser distribuída entre os outros coerdeiros. A renúncia não admite condição, termo ou encargo e retroage à abertura da sucessão. É o mesmo que repúdio à herança.

DISPOSITIVOS NORMATIVOS

CCB – Arts. 1.806, 1.808, 1.812, 1.813.

RENÚNCIA ABDICATIVA [*ver abandono da herança*] – É o mesmo que renúncia própria, ou seja, o herdeiro expressamente declara não ter interesse em receber a herança deixada pelo *de cujus*, o que faz com que o quinhão que lhe era de direito retorne ao monte mor para ser dividido proporcionalmente com os demais coerdeiros.

RENÚNCIA DOS ALIMENTOS – Ver irrenunciabilidade dos alimentos.

RENÚNCIA IMPRÓPRIA – Designa a cessão de direitos hereditários, que ocorre quando o herdeiro transfere seu quinhão ou parte dele a quem lhe aprouver, ou seja, há a transmissão para determinada pessoa, e não em favor do monte.

Apesar do nome, não pode ser considerada uma renúncia propriamente dita, isso porque é necessário que o herdeiro primeiro aceite a herança para então poder cedê-la.

RENÚNCIA PRÓPRIA [*ver abandono da herança*] – É o mesmo que renúncia abdicativa, ou seja, o herdeiro expressamente declara não ter interesse em receber a herança deixada pelo *de cujus*, o que faz com que o quinhão que lhe era de direito retorne ao monte mor para ser dividido proporcionalmente com os demais coerdeiros.

REPARAÇÃO CIVIL [*ver tb. abandono afetivo, alimentos ato ilícito, princípio da afetividade, responsabilidade civil*] – Do latim *reparativo*, restabelecer, recompor, reaver. É a indenização ou retribuição pecuniária devida pelo dano causado a outrem. É a sanção civil que se estabelece para ressarcimento decorrente da responsabilidade civil imposta àquele que por ação ou omissão voluntária, negligência ou imprudência, violar direito e causar dano a outrem, material ou moral, ou ambos.

No Direito de Família, é cabível reparação civil dos danos causados pela negligência ou mau exercício do poder familiar, o que pode ser caracterizado como abandono afetivo.

DISPOSITIVOS NORMATIVOS

CCB – Arts. 186, 187, 927, 1.634.

JURISPRUDÊNCIA

(...) Portanto, evidenciado o descumprimento do dever de visitar as filhas pelo pai, como já mencionado, o ilícito deve ser reparado, restando evidente o dano moral sofrido, pois o pai, que deveria prestar auxílio material e afetivo à filha, abandonou-a, gerando-lhe insegurança, angústia e dor moral. (...) No que diz respeito ao quantum indenizatório, este deve se definir pela quantificação de uma indenização adequada e justa, cuja disciplina está consagrada no art. 5º, inc. X da Constituição Federal, sem deixar de lado, todavia, uma dose de equilíbrio, evitando-se tanto o exagero, quanto o aviltamento de indenização. Assim, considerando que na indenização por dano moral devem ser sopesados o grau de lesividade e a repercussão do dano, deve-se reduzir o valor da indenização por danos morais para o montante de R$ 15.000,00, com incidência de correção monetária a partir da publicação do acórdão (Súmula nº 362 do STJ) (TJSP, Ap. Cível nº 0041643-09.2008.8.26.0405-JJS5 2, Rel. Des. José Joaquim dos Santos, 2ª CC., j. 27/08/2013).

REPRODUÇÃO ASSISTIDA [*ver tb. Fertilização artificial, filiação de reprodução assistida, inseminação artificial, reprodução assistida heteróloga, reprodução assistida homóloga*] – É a fertilização ou inseminação medicamente assistida. São os procedimentos médicos utilizados para suprir fatores biológicos, médico ou psíquicos que impedem a união permanente dos gametas masculino e feminino, gerando a esterilidade ou a incapacidade para procriar.

As técnicas de reprodução assistida se classificam em cinco espécies: inseminação artificial, fecundação artificial, transferência intratubária e peritoneal de gameta e a transferência intratubária de embriões. De algumas delas pode resultar, inclusive, a "barriga de aluguel", isto é, útero de substituição. Dependendo da técnica aplicada, a fecundação poderá ocorrer *in vivo* (introdução dos gametas dentro do útero) ou *in vitro* (procedimento laboratorial).

Os primeiros relatos referentes a técnicas de reprodução assistida remetem ao século XIV, quando árabes manipulavam a reprodução de seus cavalos para criar uma linhagem mais resistente. Todavia, foi somente em meados do século XX que houve os primeiros relatos da prática desse procedimento em um ser humano, fato atribuído ao médico inglês John Hunter, que fez inseminação artificial homóloga em uma mulher, o que não foi muito bem aceito à época.

Com a evolução da medicina, engenharia genética e bioética, os procedimento de reprodução assistida se tornaram "naturais" e corriqueiros, inclusive com a existência de vários bancos de material genético disponível, que se apresentam como uma possibilidade a mais para pessoas que não podem ter filhos e não querem adotar.

A Resolução do Conselho Federal de Medicina – CFM, sob o nº 2.320/2022, estabelece diretrizes e éticas para utilização da reprodução assistida. Também, o Provimento nº 63/2017 CNJ que, entre outras providências, estabelece o reconhecimento de paternidade e maternidade socioafetiva nos Cartórios de Registro Civil. O provimento 83/2019 do CNJ, fez alterações no Provimento 63/2017 estabelecendo que as pessoas acima de 12 anos de idade podem ter a paternidade ou a maternidade socioafetiva reconhecida perante os oficiais de Registro Civil das Pessoas Naturais.

R

JURISPRUDÊNCIA

(...) Mais exatamente, planejamento familiar que, "fruto da livre decisão do casal", é "fundado nos princípios da dignidade da pessoa humana e da paternidade responsável" (§ 7º desse emblemático artigo constitucional de nº 226). O recurso a processos de fertilização artificial não implica o dever da tentativa de nidação no corpo da mulher de todos os óvulos afinal fecundados. Não existe tal dever (inciso II do art. 5º da CF), porque incompatível com o próprio instituto do "planejamento familiar" na citada perspectiva da "paternidade responsável". Imposição, além do mais, que implicaria tratar o gênero feminino por modo desumano ou degradante, em contrapasso ao direito fundamental que se lê no inciso II do art. 5º da Constituição. Para que ao embrião "in vitro" fosse reconhecido o pleno direito à vida, necessário seria reconhecer a ele o direito a um útero. (...) (ADI 3510, Rel. Min. Ayres Britto, Tribunal Pleno – STF. j. 29/05/2008).

DISPOSITIVOS NORMATIVOS

Lei nº 9.263/1996 – Regula o § 7º do art. 226 da Constituição Federal, que trata do planejamento familiar, estabelece penalidades e dá outras providências.

Lei nº 14.443/2022 – Altera a Lei nº 9.263, de 12 de janeiro de 1996, para determinar prazo para oferecimento de métodos e técnicas contraceptivas e disciplinar condições para esterilização no âmbito do planejamento familiar.

Resolução nº 2.320/2022 do CFM.

Provimento nº 63/2017 do CNJ.

Provimento nº 83/2019 do CNJ

ILUSTRAÇÃO

Niura Bellavinha. P. 622.

REPRODUÇÃO ASSISTIDA HETERÓLOGA [*ver tb. contrato de gestação de filhos, fecundação artificial, inseminação artificial, reprodução assistida, reprodução assistida homóloga*] – São as técnicas de reprodução assistida que utilizam o material genético de alguém de fora da relação conjugal, geralmente de doador anônimo, para a fecundação ou inseminação artificial.

Para que o procedimento seja autorizado, desnecessária a comprovação de esterilidade do marido ou qualquer tipo de incapacidade psíquica ou física de procriar. O requisito para utilização de material genético de terceiro é apenas o consentimento prévio de um dos parceiros da relação conjugal. Tal autorização não precisa ser necessariamente escrita, apenas prévia, podendo até ser feita oralmente. Se a mulher for casada, o marido, por presunção legal, será o pai, não podendo ele negar a paternidade em razão da origem genética, ou interpor ação de investigação de paternidade, com idêntico fundamento, caso tenha consentido o procedimento.

O doador de sêmen ou óvulo não é considerado, para efeitos jurídicos, parente da criança concebida mediante concepção assistida.

É possível a fertilização *in vitro post mortem* nos casos em que houver consentimento expresso do cônjuge ou companheiro neste sentido.

DISPOSITIVOS NORMATIVOS

CCB – Art. 1.597, V.

Lei nº 9.263/1996 – Regula o § 7º do art. 226 da Constituição Federal, que trata do planejamento familiar, estabelece penalidades e dá outras providências.

Lei nº 14.443/2022 – Altera a Lei nº 9.263, de 12 de janeiro de 1996, para determinar prazo para oferecimento de métodos e técnicas contraceptivas e disciplinar condições para esterilização no âmbito do planejamento familiar.

Resolução nº 2.320/2022 do CFM.

Provimento nº 63/2017 do CNJ.

R

JURISPRUDÊNCIA:

(...) É possível a adoção unilateral de criança pela companheira da mãe biológica na hipótese de união estável homoafetiva em que a adotanda é fruto de planejamento do casal, que acordou na inseminação artificial heteróloga, tendo em vista que a Lei nº 8.069/90 admite, de modo expresso, a adoção conjunta no caso em que os adotantes mantenham união estável, comprovada a estabilidade da família, e a possibilidade de um dos cônjuges ou concubinos adotar o filho do outro, ressaltando-se que a união homoafetiva já foi reconhecida como união estável e qualificada juridicamente como família, restando superado o requisito da diversidade de sexos, conforme decidido pelo STF (STJ, REsp 1281093 SP, Rel.ª Min.ª Nancy Andrighi, 3ª T., j. 18/12/2012).

REPRODUÇÃO ASSISTIDA HOMÓLOGA [ver tb. contrato de geração de filhos, fecundação artificial, inseminação artificial, reprodução assistida, reprodução assistida heteróloga] – São as técnicas de reprodução assistida que utilizam material genético coletado do próprio casal, ou seja, o sêmen do marido/companheiro e o óvulo da mulher/companheira, diante da impossibilidade ou dificuldade, por si mesmos engravidarem, optando pela inseminação ou fecundação artificial.

O Código Civil prevê, inclusive, procedimentos de reprodução assistida homóloga *post mortem: Presumem-se concebidos na constância do casamento os filhos: III – havidos por fecundação artificial homóloga, mesmo que falecido o marido* (Art. 1.597, CCB).

DISPOSITIVOS NORMATIVOS

CCB – Art. 1.597, III.

Lei nº 9.263/1996 – Regula o § 7º do art. 226 da Constituição Federal, que trata do planejamento familiar, estabelece penalidades e dá outras providências.

Lei nº 14.443/2022 – Altera a Lei nº 9.263, de 12 de janeiro de 1996.

Resolução nº 2.320/2022 do CFM.

Provimento nº 63/2017 do CNJ.

REPÚDIO À HERANÇA [ver tb. renúncia à herança] – É o mesmo que abandono de herança e renúncia à herança. A parte ideal que era cabível ao renunciante retorna ao monte mor para daí ser distribuída proporcionalmente entre os demais coerdeiros.

RESPONSABILIDADE CIVIL [ver tb. abandono afetivo, perda de uma chance, princípio da responsabilidade, reparação civil] – É a expressão que designa a obrigação de reparar o dano, ou ressarci-lo, quando resultado da ofensa ou violação do direito, provocado a terceiro. Pode ser extracontratual, também chamada de *aquiliana,* e responsabilidade civil contratual ou negocial. Decorre, *a priori,* de um fato juridicamente qualificado como ilícito, ou seja, praticado em ofensa à ordem jurídica.

A responsabilidade civil remete à ideia de atribuição das consequências danosas da conduta ao agente infrator. Na sua caracterização é indispensável também a existência de um dano ou prejuízo. Sem a ocorrência deste elemento não haveria o que indenizar, e, consequentemente, não se poderia falar em responsabilidade civil. Assim, compõe-se de três elementos: ação (caráter comissivo ou omissivo, a conduta ilícita); dano ou prejuízo causado (material ou psíquico que atinja os atributos da personalidade como a honra e a dignidade) e nexo de causalidade, a ligação entre a conduta e o dano.

No Direito Privado, a agressão a um interesse eminentemente particular origina a responsabilidade civil, ficando o infrator subordinado ao pagamento de uma compensação pecuniária à vítima, se não puder repor *in natura* o estado anterior das coisas. Assim, o agente que cometeu o ato ilícito tem a obrigação de reparar o dano material ou moral causado, na tentativa de restituir o *status quo ante,* obrigação esta que, se não for possível, é convertida no pagamento de uma indenização, nos casos em que se pode estimar patrimonialmente o dano, ou de uma compensação, na hipótese de não se poder estimar patrimonialmente este dano. Portanto, responsabilidade, para o Direito, é uma obrigação derivada – um direito sucessivo, resultado da violação de um dever originário de assumir as deduções jurídicas de um fato.

No Direito de Família, a responsabilidade civil, especialmente em decorrência de danos morais é aplicada, principalmente, em casos de abandono afetivo dos pais em relação aos filhos menores, e dos filhos em relação aos seus pais idosos. Os pais são responsáveis pela criação, educação e sustento material e afetivo de seus filhos. Neste caso, além de princípio, a responsabilidade é também regra jurídica que se traduz em vários artigos da Constituição da República de 1988, do Estatuto da Criança e do Adolescente (Arts. 4º, 22 e 33, Lei nº 8.069/90 – ECA) e Código Civil brasileiro (Arts. 1.566, IV, e 1634, I e II). Portanto, a violação a estas regras pode ensejar responsabilidade civil, ou melhor, uma reparação civil. Aplica-se também a responsabilidade civil em casos de comprovada alienação parental.

Nas relações conjugais, em que o amor é uma via de mão dupla, o Estado não deve intervir, a não ser que estejam presentes os três elementos acima citados, quais sejam, conduta, nexo e dano.

O termo responsabilidade, como obrigação de responder pelas ações próprias ou dos outros, surgem em nosso idioma em 1813 (*Dicionário Houaiss da Língua Portuguesa*). Contudo, a primeira referência foi em 1787, na obra *O Federalista*, que Alexander Hamilton atribuiu o significado político de governo responsável, traduzindo o controle dos cidadãos e o dever de transparência. No Estado Social, há uma mudança na concepção de responsabilidade para torná-la mais objetiva e, principalmente, para incluir no âmbito de proteção os sujeitos vulneráveis, sendo necessária a responsabilização tanto de pessoas físicas quanto jurídicas. Essa tendência foi seguida pela legislação contemporânea, como o ECA, o Estatuto do Idoso, a Lei nº 8.009/90 (Bem de Família), o Código de Defesa do Consumidor, a legislação do inquilinato, todas preocupadas com a parte mais vulnerável.

Psicanaliticamente, é Jacques Lacan quem sintetiza: *Da nossa condição de sujeito somos sempre responsáveis.*

DISPOSITIVOS NORMATIVOS

CCB – Arts. 186, 187, 927, 1.634.

JURISPRUDÊNCIA

(...) O abandono afetivo decorrente da omissão do genitor no dever de cuidar da prole constitui elemento suficiente para caracterizar dano moral compensável. Isso porque o *non facere* que atinge um bem juridicamente tutelado, no caso, o necessário dever de cuidado (dever de criação, educação e companhia), importa em vuleração da imposição legal, gerando a possibilidade de pleitear compensação por danos morais por abandono afetivo. Consignou-se que não há restrições legais à aplicação das regras relativas à responsabilidade civil e ao consequente dever de indenizar no Direito de Família e que o cuidado como valor jurídico objetivo está incorporado no ordenamento pátrio não com essa expressão, mas com locuções e termos que manifestam suas diversas concepções, como se vê no art. 227 da CF. O descumprimento comprovado da imposição legal de cuidar da prole acarreta o reconhecimento da ocorrência de ilicitude civil sob a forma de omissão. É que, tanto pela concepção quanto pela adoção, os pais assumem obrigações jurídicas em relação à sua prole que ultrapassam aquelas chamadas *necessarium vitae*. É consabido que, além do básico para a sua manutenção (alimento, abrigo e saúde), o ser humano precisa de outros elementos imateriais, igualmente necessários para a formação adequada (educação, lazer, regras de conduta etc.). O cuidado, vislumbrado em suas diversas manifestações psicológicas, é um fator indispensável à criação e à formação de um adulto que tenha integridade física e psicológica, capaz de conviver em sociedade, respeitando seus limites, buscando seus direitos, exercendo plenamente sua cidadania. Na hipótese, não se discute o amar – que é uma faculdade – mas sim a imposição biológica e constitucional de cuidar, que é dever jurídico, corolário da liberdade das pessoas de gerar ou adotar filhos. Os sentimentos de mágoa e tristeza causados pela negligência paterna e o tratamento como filha de segunda classe, que a recorrida levará *ad perpetuam*, é perfeitamente apreensível e exsurgem das omissões do pai (recorrente) no exercício de seu dever de cuidado em relação à filha e também de suas ações que privilegiaram parte de sua prole em detrimento dela, caracterizando o dano *in re ipsa* e traduzindo-se, assim, em causa eficiente à compensação. Por maioria, deu parcial provimento ao recurso apenas para reduzir o valor da compensação por danos morais de R$ 415 mil para R$ 200 mil, corrigido desde a data do julgamento realizado pelo tribunal de origem (STJ, REsp 1.159.242 SP. Rel.ª Min.ª Nancy Andrighi, 3ª T., j. 24/4/2012).

RESPONSABILIDADE *INTRA VIRES HEREDITATIS* – Ver *Intra vires hereditatis*.

REVOGAÇÃO DA ADOÇÃO – Assim como não se pode revogar a filiação consanguínea, também não é possível a revogação quando se tratar de filho adotivo. Deferida a adoção, os adotantes passam a exercer sobre o adotado os direitos e deveres da autoridade parental, isto é, do poder familiar. Descumprindo tais deveres, poderão até lhes ser retirado o poder parental, assim como em qualquer relação de filiação biológica: *A adoção é medida excepcional e irrevogável, à qual se deve recorrer apenas quando esgotados os recursos de manutenção da criança ou adolescente na família natural ou extensa* (Art. 36, § 1º, ECA – Estatuto da Criança e do Adolescente).

JURISPRUDÊNCIA

Tem-se conflito das realidades fático-social e jurídica, ocasionado pela escolha indevida do instituto da adoção, ao invés da tutela. Não se olvida que a adoção é irrevogável, mas o caso sob exame revela-se singular e especialíssimo, cujas peculiaridades recomendam (ou melhor, exigem) sua análise sob a ótica dos direitos fundamentais, mediante interpretação teleológica (ou sociológica), com adstrição aos princípios da proporcionalidade e da razoabilidade, dando-se azo, com ponderação, à concreção jurídica, máxime por envolver atributo da personalidade de criança advinda de relacionamento "aparentemente" incestuoso, até porque o infante tem proteção integral e prioritária, com absoluta prioridade, assegurada por lei ou por outros meios. (Ap. Cível nº 10056.06.132269-1/001, Rel. Des. Nepomuceno Silva, TJMG. j. 6/12/07).

REVOGAÇÃO DO TESTAMENTO [*ver tb. testamento nulo, testamento anulável*] – Do latim *revocare*, retirar a voz, voltar atrás. É o ato pelo qual o autor de um testamento, no gozo de sua capacidade plena, retira a eficácia deste instrumento que pode ser, inclusive, mediante a elaboração de um posterior, dispondo de diferente maneira acerca dos seus bens e direitos. *O testamento pode ser revogado pelo mesmo modo e forma como pode ser feito* (Art. 1.969, CCB). Torna o testamento anterior ineficaz no todo, ou em parte. *Se parcial, ou se o testamento posterior não contiver cláusula revogatória expressa, o anterior subsiste em tudo que não for contrário ao posterior* (Art. 1.970, parágrafo único, CCB).

A revogação pode ser feita de forma expressa ou tácita. Será tácita quando o novo instrumento trouxer cláusula incompatível com o anterior; e expressa quando o autor se manifestar neste sentido.

O testamento se baseia, sobretudo, no afeto, muito mais do que na razão. Assim, uma vez mudando os sentimentos de afeto ou gratidão que inspiram o testamento, nada mais aceitável juridicamente, que a possibilidade de sua revogação quando tais sentimentos ou razões se modificarem. *A revogação expressa produzirá efeitos, ainda quando o testamento, que a encerra, caduque por exclusão, ou incapacidade, ou renúncia do herdeiro nele nomeado; mas não valerá, se o testamento revogatório for anulado por omissão ou infração de solenidades essenciais, ou por vícios intrínsecos. Daí resulta que a última vontade do testador é que deve prevalecer. Por isso, se um testamento revoga outro, a última vontade do testador é que a instituição de herdeiro ou de legatário, por ele revogada, não subsista. Portanto, ainda que caduque o testamento posterior, o anterior não readquire vigor, passando, então em que se verifique a caducidade, que pode ser total ou parcial, com ou sem direito de acrescer. Caso, porém, o testamento posterior seja nulo, o anterior readquire vigor e, portanto, subsiste, porque quad nullum est, nullum producit effectus.* (ITABAIANA DE OLIVEIRA, Arthur Vasco. *Tratado de direito das sucessões.* 3. ed. Rio de Janeiro: Livraria Jacinto, 1936. v. II. p. 222).

DISPOSITIVOS NORMATIVOS

CCB – Arts. 1.971 e 1.972.

REVOGAÇÃO POSITIVA [*ver tb. revogação do testamento*] – É quando o novo testamento traz cláusula que dispõe sobre o mesmo bem ou direito que o anterior, porém de forma compatível com aquele, subsistindo, assim, em tudo que não for contrário ao posterior, revogando tacitamente o que for contrário. A ineficiência parcial da cláusula não a prejudicará na parte válida, se esta for separável. *Podem coexistir vários testamentos, desde que as disposições de uns não contrariem as de outros, porque, nesta hipótese, cada um contém uma declaração de última vontade, compatível com as outras. Portanto, o testamento posterior pode manter o anterior, completando-o, ou, apenas alterando-o em parte, e, neste caso, subsistem os dois atos, conservando-se as disposições do primeiro testamento que não forem contrárias às do segundo* (ITABAIANA DE OLIVEIRA, Arthur Vasco. *Tratado de Direito das Sucessões,* 3. ed. Rio de Janeiro: Jacinto, 936. v. II. p. 223). Também conhecido como infirmação ou insubsistência.

RITOS DE PASSAGEM [*ver tb. divórcio, inventário*] – Do latim *ritus*, forma, maneira. No sentido jurídico é o conjunto de regras e formalidade para dar forma à execução de um ato ou uma cerimônia na prática forense. E assim, rito e procedimento têm o mesmo sentido. Rito e rituais têm sentido semelhantes.

Processo, do ponto de vista da subjetividade, é um caminho percorrido, ou a ser percorrido, onde se vai cumprindo etapas, rituais, que são também formas e maneiras de ir fazendo passagens e amadurecimento psíquico.

Toda nossa vida está entremeada de rituais – aniversário, formaturas, velórios etc. Na religião, o batismo, a crisma, o matrimônio (...) é que introduzem o sujeito cristão em uma outra fase de sua vida. Como na linguagem e simbolismo dos mitos, os rituais nos ajudam a representar o indizível. Os rituais nos ajudam a suportar melhor a passagem de um estado de ser para outro, introduzindo-nos em uma nova fase, posição social, lugar, idade etc. Para se passar do estado civil de solteiro ao de casado, é necessário o ato do casamento, portanto um ritual de passagem. Significam um momento de decisão. Decidir pressupõe responsabilidade e também ter que deixar algo para trás. Por isso, muitas vezes esses ritos, essas decisões vêm acompanhadas de sofrimento. Por um lado significa perder, por outro ganhar.

Na linguagem jurídica, os ritos se traduzem como processos. Pode-se dizer, então, que o processo judicial é um ritual, sob o comando do juiz, que ocupa a importante função de representante da lei e, simbolicamente, também de "um pai", que vem, principalmente, fazer um corte, pôr fim (sentença) a uma demanda, amigável ou litigiosa, instalando uma nova fase na vida das pessoas.

Um dos mais sofridos e traumáticos ritos de passagem em nossa vida é o da separação conjugal. Alguns não conseguem transpor este ritual e viver o luto necessário. Se o casamento adoeceu é necessário fazer alguma coisa por ele e pelos sujeitos ali envolvidos. Muitos não conseguem fazer um "passe" e percorrer o, às vezes, necessário, ritual de separação, e se entregam a uma eterna lamentação e sofrimento.

O luto, genericamente, é a reação à perda de um ente querido; é o mundo que se torna vazio. O luto pode ser visto também como um ritual ou processo de passagem necessário à compreensão da perda. Por isso, é importante enterrar nossos mortos e fazer os rituais necessários (velório, cremação, cultos religiosos etc.). O processo judicial de inventário, por exemplo, tem também essa função simbólica: ajudar na elaboração da morte e na passagem pelo luto. Algumas pessoas não conseguem dar andamento ou terminar esses processos, tamanha a dificuldade de lidar com o luto. Cumprir rituais, sair de uma posição de sofrimento, elaborar o luto, significa tomar as rédeas do próprio destino. É um decisão entre ser sujeito ou permitir-se ser objeto do desejo.

O ritual do divórcio faz a passagem de um estado civil para outro, e apesar do sofrimento traz consigo o mesmo sentido do casamento, ou seja, as pessoas se casam para serem felizes, e se separam, também, à procura da felicidade.

LINGUAGEM LITERÁRIA

"(...) Meu café-da-manhã é sagrado. O ritual é sempre o mesmo: a hora, a xícara, o pôr o leite primeiro, o escurecê-lo depois no ponto certo, o abrir o pão, o tirar o miolo. Meu banho também cumpre um ritual, que é bastante cômodo quando conheço o chuveiro. (...)

Individual ou coletivo, o ritual é conexão e cumplicidade. Com o outro ou com a vida: o cavalheiro segura a porta e a dama passa, o sargento ordena e o soldado marcha, o terceiro sinal toca e o ator entra, o juiz bate o martelo e a sessão se encerra. Que gestos são esses? Que comportamentos? Concluo que há sempre algo de autoritário nos rituais. Mas neles não haverá também algo que emociona? Não haverá algo de belo e de poético?

O que dizer então de casamentos? Nunca me vi diante de padre ou de juiz para responder "sim, aceito". Quem eles pensam que são? Há séculos, as velhas togas e batinas, as velhas ameaças. Mas me comove a troca de alianças. Outra contradição – alianças são algemas. Algemas sem chaves que enternecem o compromisso, pondero. E fáceis de tirar. Fáceis de tirar? Por favor, Antônio. Menos fantasia, por favor. A realidade é uma só: Isabel quer casar. E você, que saída?, sim, aceitará os rituais todos. O amor opera milagres."

(AZEVEDO, Francisco. *O arroz de palma*. Rio de Janeiro: Record, 2008, p. 127-128).

LINGUAGEM POÉTICA

De todo o amor que eu tenho / Metade foi tu que me deu /

Salvando minha alma da vida / Sorrindo e fazendo o meu eu

Se queres partir, ir embora /

Me olha da onde estiver /

Que eu vou te mostrar que eu to pronta / Me colha madura do pé

Salve, salve essa nega /

Que axé ela tem / Te carrego no colo e te dou minha mão / Minha vida depende só do teu encanto / Cila pode ir tranquila / Teu rebanho tá pronto

Teu olho que brilha e não para / Tuas mãos de fazer tudo e até / A vida que chamo de minha / Neguinha, te encontro na fé

Me mostre um caminho agora / Um jeito de estar sem você / O apego não quer ir embora / Diaxo, ele tem que querer

Ó meu pai do céu, limpe tudo aí / Vai chegar a rainha / Precisando dormir / Quando ela chegar / Tu me faça um favor / Dê um banto a ela, que ela me benze aonde eu for

O fardo pesado que levas / Deságua na força que tens / Teu lar é no reino divino / Limpinho cheirando a alecrim

(*Dona Cila* – Letra e música de Maria Gadú).

Eu sou maior do que era antes

Estou melhor do que era ontem

Eu sou filho do mistério e do silêncio

Somente o tempo vai me revelar quem sou

Eu sou maior (eu sou maior)

Do que era antes (do que era antes)

Estou melhor (estou melhor)

Do que era ontem (do que era ontem)

Eu sou filho do mistério e do silêncio

Somente o tempo vai me revelar quem sou

Eu sou maior (eu sou maior)

Do que era antes (do que era antes)

Estou melhor (estou melhor)

Do que era ontem (do que era ontem)

Eu sou filho do mistério e do silêncio

Somente o tempo vai me revelar quem sou

As cores mudam

As mudas crescem

Quando se desnudam

R

Quando não se esquecem

Daquelas dores que deixamos para trás

Sem saber que aquele choro valia ouro

Estamos existindo entre mistérios e silêncios

Evoluindo a cada lua, a cada sol

Se era certo ou se errei

Se sou súdito, se sou rei

Somente atento à voz do tempo saberei

Eu sou maior (eu sou maior)

Do que era antes (do que era antes)

Estou melhor (estou melhor)

Do que era ontem (do que era ontem)

Eu sou filho do mistério e do silêncio

Somente o tempo vai me revelar quem sou

As cores mudam

As mudas crescem

Quando se desnudam

Quando não se esquecem

Daquelas dores que deixamos para trás

Sem saber que aquele choro valia ouro

Estamos existindo entre mistérios e silêncios

Evoluindo a cada lua, a cada sol

Se era certo ou se errei

Se sou súdito, se sou rei

Somente atento à voz do tempo saberei (...)

(Maior – Letra e Música de Dani Black).

RITUAIS DE PASSAGEM – ver ritos de passagem.

ROMPIMENTO DE TESTAMENTO – Ver rupção do testamento.

RUPÇÃO DO TESTAMENTO [*ver tb. herdeiro legítimo, inseminação artificial post mortem*] – Diz-se que há rupção de testamento quando, após dispor seu patrimônio via manifestação de última vontade, nasce ou aparece herdeiro necessário cuja existência o testador ignorava. Nessa hipótese, tem-se a ruptura ou rompimento de testamento. *Sobrevindo descendente sucessível ao testador, que não o tinha ou não o conhecia quando testou, rompe-se o testamento em todas as suas disposições, se esse descendente sobreviver ao testador* (Art. 1.973, CCB). *Rompe-se também o testamento feito na ignorância de existirem outros herdeiros necessários* (Art. 1.974, CCB).

Se o indivíduo já tem descendente e testa dentro dos limites da parte disponível, sem beneficiar qualquer dos herdeiros necessários, a superveniência de outro descendente não determina a rupção do testamento. *Não se rompe o testamento, se o testador dispuser da sua metade, não contemplando os herdeiros necessários de cuja existência saiba, ou quando os exclua dessa parte* (Art. 1.975, CCB). É o mesmo que ruptura do testamento.

DISPOSITIVOS NORMATIVOS

CCB – Arts. 1.973 a 1.975.

RUPTURA DE TESTAMENTO – Ver rupção do testamento.

S

SAISINE [*ver tb. princípio da saisine*] – Expressão da língua francesa para designar modelo sucessório introduzido pelos povos germânicos, retratada na máxima *le mort saisit le vif*, "a morte aos vivos aproveita", que entre os seus sentidos tem o de apoderar-se, que é onde está a conexão com o Direito das Sucessões.

Etimologicamente, vem do latim *sacire*, fruto da junção de duas palavras contidas em leis bárbaras, *sakjan*, reivindicar, e *satjan*, pôr, colocar, apossar-se.

Pontes de Miranda foi o responsável pelo aportuguesamento da palavra em *saisine* (*Tratado de direito privado*, v. 55, p. 16, § 5.587, 1968). Em uma tradução simplista, tem-se saisine como a posse de bens, o que mais se aproxima do seu uso no Direito Sucessório.

SAISINE AMPLA – Ver princípio da *saisine*.

SAISINE PLENA – Ver princípio da *saisine*.

SAPIOSSEXUAL [*ver tb. Assexual, demissexual*] – é um neologismo de s*apiens* do latim, isto é, uma atração sexual direcionada a pessoas inteligentes, sábias ou sapiens. É uma categoria do leque, ou espectro da assexualidade.

SEGREDO DE JUSTIÇA [*ver tb. direito de família*] – É o sigilo imposto pela lei, ou a requerimento das partes, a determinados tipos de processo em razão de sua natureza, evitando-se, com isso, a indevida exposição das pessoas envolvidas. É um conjunto de atos do processo que não podem ser divulgados nem acessados por quaisquer pessoas senão aquelas ali envolvidas.

Os processos relativos ao Direto de Família tramitam em segredo de justiça.

SEMOVENTES [*ver tb. bens semoventes, seres sencientes*] – Termo que significa aquele que anda ou se move por si. No ambiente jurídico, é utilizado para qualificar os animais considerados propriedade, bovinos, ovinos, suínos, caprinos, equinos etc., passíveis de figurarem como objeto de negócios jurídicos diversos.

SENCIENTE [*ver tb. Família multiespécie*] – Do latin *sentire,* sentir e *sapere* que traduz-se como a capacidade de sentir. Classificação dada aos animais, considerando que têm a capacidade de sentir e ter sensações e sentimentos, como a dor e a agonia, ou as emoções como o medo e ansiedade. Os seres humanos também são considerados seres sencientes, entretanto, diferente dos animais, experimentamos esses sentimentos de forma consciente, o que nos diferencia do resto do reino animal. Entende-se por seres sencientes aqueles organismos vivos que não apresentam apenas reações orgânicas ou físico-químicas, mas, têm a capacidade de valorarem os processos que afetam o seu corpo (sensibilidade) no sentido de essas mesmas reações são percebidas como estados mentais positivos ou negativos. Essa capacidade sensível é um indício de que existe um "eu" que vivencia e experimenta as sensações. É o que diferencia indivíduos vivos de meras coisas vivas. Esta classificação tem sido usada para designar os animais de estimação, que não têm sido mais denominados simplesmente de semoventes.

A partir dessa denominação para os animais de estimação, introduziu-se um novo significante na relação de seres humanos e animais de estimação, remetendo à possibilidade de que são integrantes da família, originando a expressão família multiespécie.

SENEXÃO [*ver tb. Estatuto da pessoa idosa, terceira idade*]. É um instituto jurídico, cuja expressão tem sua etimologia no latim, *senex,* que corresponde a idoso, e o sufixo ão designa pertencimento, a uma aldeia, cidade. Vem sendo traduzida, então, como 'adoção de pessoa idosa', mas na verdade com ela não se

deve confundir. A senexão é a colocação da pessoa idosa, em um lar afetivo, sem, entretanto, alterar seu estado de filiação, como acontece na adoção. Senector é a pessoa que acolhe a pessoa idosa, e o senectado é a pessoa amparada, que pode passar a ser, inclusive, sustentada pelo senector. Tramita na Câmara dos Deputados o Projeto de Lei nº 105/2020, que trata do senexão, propondo inserir no Estatuto do Idoso, esse novo instituto de amparo e proteção às pessoas idosas, especialmente aquelas em situação de abandono e vulnerabilidade. A Lei nº 14.423/2022 alterou a Lei nº 10.741, de 1º de outubro de 2003, para substituir, em toda a Lei, as expressões "idoso" e "idosos" pelas expressões "pessoa idosa" e "pessoas idosas". Daí dizer-se "super pessoa idosa".

DISPOSITIVOS NORMATIVOS

CR – Arts. 229 e 230.

Lei nº 10.741/2003 Estatuto do idoso.

Lei nº 12.008/2009 – Prioridade de tramitação.

Lei nº 13.466/2017 – Superidoso acima de 80 anos.

JURISPRUDÊNCIA

(...) Afirma a necessidade de se regularizar a relação socioafetiva existente entre as partes, eis que a apelada se encontrava em situação de abandono e vulnerabilidade e, se não fosse a apelante "adotar" a "Dona Cotinha", ora recorrida, esta provavelmente teria sido privada de pertencer a uma família. Destaca que, apesar de já exercer a curatela, o reconhecimento da *adoção ou "senexão" ampliaria a proteção à idosa*, eis que, em caso de morte precoce da apelante, sua família garantiria que ela não voltasse ao estado de abandono e vulnerabilidade, permanecendo inserta em sua família substituta, que já mantém laços socioafetivos com a ré. (...) (TJ-SP – AC: 10072586920198260037 SP 1007258-69.2019.8.26.0037, Relator: Francisco Loureiro, 1ª Câmara de Direito Privado, pub. 21/10/2020).

SEPARAÇÃO ADMINISTRATIVA – Ver separação extrajudicial.

SEPARAÇÃO CONJUGAL [ver tb. desamparo, desquite, dissolução do vínculo conjugal, divórcio, separação de corpos, separação de fato, separação extrajudicial, separação judicial] – Do latim *separatio*, afastar, desunir. Em sentido amplo significa afastamento, divisão. Em Direito de Família, tem o sentido mais específico de separação de casais, ou seja, designa o fim da conjugalidade, seja na união estável ou no casamento. Assim, tecnicamente, separação é o gênero do qual se extrai as espécies separação de fato, separação de corpos, separação judicial e separação extrajudicial.

A separação de fato é quando o casal não se separa de direito, isto é, apenas faticamente, sem formalizar a separação; separação de corpos, que pode ser por determinação judicial, por escritura ou apenas faticamente, podendo ter afastamento do lar conjugal ou não, voluntário ou por decisão judicial; separação judicial é a expressão que substituiu, em 1977, com a Lei do Divórcio (Lei nº 6.515/77), a expressão desquite, refere-se tão somente à separação em decorrência do casamento.

A separação judicial foi eliminado do nosso ordenamento jurídico pela Emenda Constitucional nº 66/10, que simplificou o divórcio, acabando com prazos desnecessários e a discussão da culpa pelo fim da conjugalidade. Portanto, a separação judicial e também a extrajudicial, isto é, feita em Cartório de Notas, não têm mais lugar na ordem jurídica brasileira.

O instituto da separação judicial, que tinha existência por influência do Direito Canônico, era como um "purgatório", ou seja, um limbo entre o casamento e o divórcio. Não se era nem casado e nem divorciado, pois não podia se casar de novo. A lei e a doutrina, para sustentar esta interferência religiosa, diziam que a separação judicial terminava mas não dissolvia o casamento e somente o divórcio extinguia o vínculo. Um jogo de palavras para justificar esse anacrônico instituto: *A separação judicial põe termo aos deveres de coabitação, fidelidade recíproca e ao regime matrimonial de bens, como se o casamento fosse dissolvido* (Art. 3º, Lei nº 6.515/77).

A separação judicial podia ser consensual ou litigiosa. Alguns doutrinadores classificavam a litigiosa em falência, sanção e remédio.

A separação de casais, seja pelo divórcio, ou união estável, é um dos momentos mais difíceis e mais sofridos da vida dos sujeitos. A dor maior nas separações é o defrontar-se com a solidão e a constatação de que não se tem mais aquele outro que pensávamos nos completar. A dor do fim da conjugalidade é que ela nos remete também ao nosso inevitável desamparo estrutural. A saída é não fingir que ela não existe. Se a conjugalidade chegou ao fim é preciso saber separar. Em alguns casos, a separação é um desejo. Em outros, é uma necessidade, uma responsabilidade com a própria saúde mental e física. E isto, muito antes de um processo judicial, é um processo psíquico interno.

A separação de casais, seja no divórcio ou na união estável, apesar do sofrimento, traz consigo o mesmo sentido do casamento, ou seja, as pessoas se casam ou ficam juntas para serem felizes, e se separam, também, à procura da felicidade.

JURISPRUDÊNCIA

(...) A emenda trouxe modificações significativas no tocante ao fim do casamento. A primeira reside no fim da separação judicial para se chegar ao divórcio. A outra mudança seria a extinção, também, do prazo mínimo para a dissolução do vínculo matrimonial, pois não há referência à separação de fato do casal por mais de dois anos. Sendo uma norma constitucional de aplicação imediata, revogadora do direito infraconstitucional, pode e deve ser aplicada aos processos pendentes de separação judicial e divórcio por força do que dispõe o art. 462 do Código de Processo Civil que determina ao Juiz ou Tribunal que leve em consideração o direito superveniente no curso da lide. Ou seja, ações pendentes de separação judicial podem ser convertidas em ações de divórcios. E os processos de divórcio já existentes devem ser apreciados sem que se perquira do lapso temporal da separação de fato do casal ou outras causas do fim da sociedade conjugal que, legalmente, não mais existem como condição ou requisito para o deferimento do pedido" (STJ, REsp 1199164, Rel. Min. Massami Uyeda, Decisão Monocrática, publ. 15/10/2010).

(...) Com o fim do instituto da separação judicial impõe-se reconhecer a perda da importância da identificação do culpado pelo fim da relação afetiva. Isso porque deixar de amar o cônjuge ou companheiro é circunstância de cunho estritamente pessoal, não configurando o desamor, por si só, um ato ilícito (arts. 186 e 927 do Código Civil de 2002), apto a ensejar indenização. A felicidade não é assegurada de forma estática e permanente a quem quer que seja, mormente quando o amor não pode ser objeto de imposição legal. A dor da separação, inerente à opção de quem assume uma vida em comum, não é apta a ensejar danos morais de forma isolada. Em regra, o desconforto pelo desaparecimento do elo afetivo e consequente fim do convívio amoroso é, em regra, mútuo e recíproco. Ademais, o sofrimento, inerente ao desfazimento dos laços conjugais, antecede o processo judicial. Assim, a frustração da expectativa de felicidade a dois não desafia o dever de ressarcimento por danos morais por sua mera frustração. (...) (STJ, EDcl no REsp 922.462/SP, Rel. Min. Ricardo Villas Bôas Cueva, 3ª Turma, publ. 14/04/2014).

LINGUAGEM POÉTICA

(...)

Aquela esperança de tudo se ajeitar / Pode esquecer / Aquela aliança, você pode empenhar / Ou derreter / Mas devo dizer que não vou lhe dar / O enorme prazer de me ver chorar / Nem vou lhe cobrar pelo seu estrago / Meu peito tão dilacerado

Aliás / Aceite uma ajuda do seu futuro amor / Pro aluguel / Devolva o Neruda que você me tomou / E nunca leu / Eu bato o portão sem fazer alarde / Eu levo a carteira de identidade / Uma saideira, muita saudade / E a leve impressão de que já vou tarde

(*Trocando em miúdos* – Letra e música de Chico Buarque).

ILUSTRAÇÃO

Adriana Silveira . P. 634.

SEPARAÇÃO CONSENSUAL [*ver tb. separação conjugal, separação judicial, separação de fato*] – É a separação de casais que se faz de forma amigável, ou seja, quando há interesse recíproco em dissolver o vínculo conjugal. Genericamente, pode ser entendida como a separação amigável decorrente de qualquer conjugalidade, isto é, do casamento ou união estável. Contudo, na prática forense, entendia-se tal expressão como sendo a separação decorrente do casamento. E assim, tinha-se a separação consensual feita judicialmente e a extrajudicialmente (em cartório).

A Emenda Constitucional nº 66/10, ao simplificar o divórcio eliminando prazos desnecessários, eliminou o inútil instituto da separação judicial e extrajudicial.

LINGUAGEM POÉTICA

Ah, meu samba / Tudo se transformou / Nem as cordas / Do meu pinho / Podem mais amenizar a dor / Onde havia a luz do sol / Uma nuvem se formou / Onde havia uma alegria para mim / Outra nuvem carregou / A razão desta tristeza / É saber que o nosso amor passou

Violão, até um dia / Quando houver mais alegria / Eu procuro por você / Cansei de derramar / Inutilmente em tuas cordas / As desilusões deste meu viver / Ela declarou recentemente / Que ao meu lado não tem mais prazer

(*Tudo se transformou* – Letra e música de Paulinho da Viola).

SEPARAÇÃO CULPA – Ver separação sanção.

SEPARAÇÃO DE CORPOS [*ver tb. separação conjugal, separação de fato*] – É a separação de casais sem que se tenha, necessariamente, a formalização ou oficialização da separação entre cônjuges, ou companheiros. Em geral, significa o afastamento do lar conjugal de uma das partes, que pode ser espontânea ou coercitiva.

Pode haver separação de corpos sem separação de casas, isto é, o casal já não tem relação conjugal e vive, provisoriamente ou não, sob o mesmo teto. Ou seja, a conjugalidade acabou, não há mais união de corpos, embora estejam coabitando o mesmo espaço. A separação de corpos, que é de fato a separação do casal, é importante juridicamente para demarcar o fim dos deveres do casamento/união estável, especialmente o fim do regime de bens e os limites da aquisição patrimonial.

Com a Emenda Constitucional nº 66/10, que extinguiu o instituto da separação judicial, a oficialização da separação de corpos ganhou importância na medida em que ela pode ser o instrumento adequado para aqueles que não desejam fazer o divórcio imediatamente. A única coisa que uma separação de corpos, em cartório ou judicialmente, diferencia-se da derrogada separação judicial, é que ela não cria um novo estado civil como acontecia com a separação judicial.

O CPC/2015 usou expressão "separação", nos arts. 53, I, 189, II, § 2º, 693, 731, 732 e 733 devendo ser entendida como separação de fato ou de corpos, já que a separação judicial deixou de existir pós EC nº 66/2010. Já o art. 23, III, do CPC/2015, que faz alusão à separação judicial, no campo do direito internacional privado, ou de conflito de leis, pode referir-se ao ato jurídico perfeito, ou seja, a separação judicial concretizada antes da promulgação da EC nº 66/2010 e que não teve sua conversão ao divórcio.

Diferentemente do CPC/1973, que tinha um livro próprio para o processo cautelar, o CPC/2015 tratou as cautelares como tutelas de urgência, que devem ser pleiteadas nos mesmos autos da ação principal (art. 308), sem pagamento de novas custas processuais. Em todas as tutelas de urgência, precisam ser apurados os pressupostos do art. 798 do CPC/1973, que foi transmudado para o atual art. 300 e seguintes do CPC, ou seja, quando houver elementos que evidenciem a probabilidade do direito e o perigo de dano ou o risco ao resultado útil do processo. A prova da alegação prefacial deve ser inequívoca e de fundado receio de dano irreparável. De uma forma ou de outra, o CPC/2015 prevê que, independentemente da reparação por dano processual, a parte responde pelo prejuízo que a efetivação da tutela de urgência causar à parte adversa, se: a sentença lhe for desfavorável; obtida liminarmente a tutela em caráter antecedente, não fornecer os meios necessários para a citação do requerido no prazo de 5 (cinco) dias; ocorrer a cessação da eficácia da medida em qualquer hipótese legal; o juiz acolher a alegação de decadência ou prescrição da pretensão do autor (art. 302, I, II, III e IV). A indenização será liquidada nos autos em que a medida tiver sido concedida, sempre que possível (art. 302, parágrafo único). Embora o CPC/2015 não tenha previsto expressamente, como fazia do CPC/1973 a separação de corpos, nem por isso ela deixou de existir, como medida cautelar e está prevista no art. 1.562 do CCB/2002: "Antes de mover a ação de nulidade do casamento, a de anulação, a de separação judicial, a de divórcio direto ou a de dissolução de união estável, poderá requerer a parte, comprovando sua necessidade, a separação de corpos, que será concedida pelo juiz com a possível brevidade".

A separação de corpos, ou separação de fato, tornou-se também indicativo de uma situação patrimonial, assim como nos estados civis de solteiro, casado, divorciado ou viúvo. Alguém que ainda mantém oficialmente o estado civil de casado, e adquire bens depois da separação de fato ou de corpos, certamente este patrimônio não mais obedece ao regime de bens daquele casamento que de fato já acabou.

A separação de corpos pode ser consensual ou litigiosa. Se consensual, embora não seja necessário, é conveniente que se formalize tal situação para evitar futuras confusões patrimoniais. Geralmente, ela é utilizada para demarcar limites dos deveres do casamento e aquisições patrimoniais e principalmente para expulsar o outro cônjuge ou companheiro do lar conjugal, em casos de violência ou não. Neste sentido, a separação de corpos é uma medida cautelar, preparatória ou incidental ao divórcio. Ela tem a função, muitas vezes, de proteção e segurança de um dos cônjuges.

A medida cautelar de separação de corpos pode cumular pedido de guarda, regulamentação provisória de convivência com os filhos, bloqueio de bens e até mesmo de alimentos. Tecnicamente, é melhor que os alimentos sejam requeridos em processo separado, pelo rito especial da Lei de Alimentos (Lei nº 5.478/68), que dispõe de mecanismos mais eficazes.

JURISPRUDÊNCIA

(...) 1. O cônjuge que se encontra separado de fato não faz jus ao recebimento de quaisquer bens havidos pelo outro por herança transmitida após decisão liminar de separação de corpos. 2. Na data em que se concede a separação de corpos, desfazem-se os deveres conjugais, bem como o regime matrimonial de bens;(...) (STJ, REsp 1065209 SP, Rel. Min. João Otávio de Noronha, 4ª T., j. 08/06/2010).

LINGUAGEM POÉTICA

Não quero você mais na minha casa / Corpo e rosto em pedra / Sei o que me fere em você / Eu não quero nada / Com seu riso indecente / Já conheço o seu tempero / Seu segredo e seu suor / Mas não consigo perder mais tempo / Você tem que ir embora / Já começa a amanhecer / Parece outro dia negro

(*Caso você queira saber* – Letra de Beto Guedes e Márcio Borges; música de Milton Nascimento).

SEPARAÇÃO DE FATO [*ver tb. divórcio, divórcio post mortem, separação, separação de corpos*] – É a separação que, de fato, rompe o casamento, demarcando o fim do regime de bens, quando ela é prolongada e definitiva. A separação de fato pode ser formalizada ou não. Tem o mesmo sentido de separação de corpos.

O casamento acaba quando, de fato, já não há mais comunhão de vida, isto é, o casal já não comunga da mesma cama, da mesma mesa, já tem vidas separadas e não há mais interesse de continuidade da relação, por uma ou ambas as partes. Quando o casamento torna-se mera reminiscência cartorial, não há mais casamento. E, se já não há mais casamento, já não há mais comunhão patrimonial.

O mais importante para a caracterização da separação de fato é a certeza do rompimento e não propriamente o prolongamento temporal. A partir daí, portanto, a separação de fato produz efeitos jurídicos, ou seja, com a separação de fato definitiva, seja por decisão conjunta do casal ou mesmo unilateralmente, já não há mais comunhão de afeto e de bens.

O CPC/2015 usou expressão "separação", nos arts. 53, I, 189, II, § 2º, 693, 731, 732 e 733 devendo ser entendida como separação de fato ou de corpos, já que a separação judicial deixou de existir pós EC nº 66/2010. Já o art. 23, III, do CPC/2015, que faz alusão à separação judicial, no campo do direito internacional privado, ou de conflito de leis, pode referir-se ao ato jurídico perfeito, ou seja, a separação judicial concretizada antes da promulgação da EC nº 66/2010 e que não teve sua conversão ao divórcio.

JURISPRUDÊNCIA

(...) Embora o art. 1.571 do CC/2002 não contemple a separação de fato como hipótese de dissolução da sociedade conjugal, isso não significa dizer que esse fato jurídico não produza relevantes efeitos, como a cessação dos deveres de coabitação e de fidelidade recíproca, cessação do regime de bens e fato suficiente para fazer cessar a causa impeditiva de fluência do prazo prescricional entre cônjuges e conviventes. 11 – Especificamente quanto à relação existente entre a separação de fato dos cônjuges e o subsequente estabelecimento de relação convivencial com terceiros, dispõe o art. 1.723, § 1º, do CC/2002, que o impedimento previsto no art. 1.521, VI, do CC/2002, segundo o qual as pessoas casadas não podem casar, não se aplica à união estável na hipótese em que a pessoa casada se achar separada de fato. (...) (STJ, REsp nº 1.974.218/AL, relatora Ministra Nancy Andrighi, 3ª T., DJe 11/11/2022).

LINGUAGEM POÉTICA

Você foi saindo de mim / Com palavras tão leves / De uma forma tão branda / De quem partiu alegre / Você foi saindo de mim / Com sorriso impune / Como se toda faca não tivesse / Dois gumes / Você foi saindo de mim / Devagar e pra sempre / De uma forma sincera / Definitivamente / Você foi saindo de mim / Por todos os meus poros / E ainda está saindo / Nas vezes em que choro.

(*Saindo de Mim* – Letra e música de Ivan Lins).

SEPARAÇÃO EXTRAJUDICIAL [*ver tb. divórcio extrajudicial, separação consensual*] – Era a separação realizada de forma consensual pela via administrativa. Introduzida pela Lei nº 11.441/07, que acrescentou no ordenamento jurídico brasileiro a possibilidade de o casal realizar a separação judicial, divórcio e inventário por meio de escritura pública. Para isso, era necessário que o casal não tivesse filhos menores ou incapazes, e que fossem observados os requisitos legais quanto aos prazos, isto é, para a separação consensual, os cônjuges deveriam estar casados por mais de um ano.

A Emenda Constitucional nº 66/10, que simplificou o divórcio, eliminando prazos desnecessários, eliminou o desnecessário e inútil instituto de separação judicial e separação extrajudicial.

SEPARAÇÃO FALÊNCIA [*ver tb. separação judicial, separação de fato*] – Era uma das espécies do gênero separação judicial, utilizada até a Emenda Constitucional nº 66/10, que simplificou o divórcio e eliminou o anacrônico instituto da separação judicial.

Esta modalidade de separação judicial litigiosa, era aplicável aos casos em que já havia ruptura da vida em comum há mais de um ano e a impossibilidade de reconciliação do casal. Ou seja, de fato o casamento já não existia, já estava falido, e apesar disso uma das partes não aceitava dissolver o vínculo amigavelmente, o que obrigava um dos cônjuges entrar com processo litigioso, alegando ao juiz a falência do casamento, demonstrando a separação de fato por mais de um ano.

LINGUAGEM POÉTICA

Quando você se separou de mim / Quase que a minha vida teve fim / Sofri, chorei, tanto que nem sei / Tudo o que chorei por você, por você / Quando você se separou de mim / Eu pensei que ia até morrer / Depois lutei tanto pra esquecer / Tudo o que passei com você, com você, com você

E mesmo assim ainda eu não vou / Dizer que já te esqueci / Se alguém vier me perguntar / Nem mesmo sei o que vou falar

Eu posso até dizer / Ninguém te amou o tanto quanto eu te amei / Mas você não mereceu / O amor que eu te dei

Quando você se separou de mim / Quase que a minha vida teve fim / Agora eu nem quero lembrar / Que um dia eu te amei e sofri e chorei / Eu te amei e chorei

E mesmo assim ainda eu não vou / Dizer que já te esqueci / Se alguém vier me perguntar / Nem mesmo sei o que vou falar

Eu posso até dizer / Ninguém te amou o tanto quanto eu te amei / Mas você não mereceu / O amor que eu te dei

Quando você se separou de mim / Quase que a minha vida teve fim / Agora eu nem quero lembrar / Que um dia eu te amei e sofri e chorei

Por você eu chorei / Por você eu chorei / Eu sofri...

(*Quando* – Letra e música de Roberto Carlos).

SEPARAÇÃO JUDICIAL [*ver tb. culpa, separação extrajudicial, separação falência, separação litigiosa, separação remédio, separação sanção*] – Expressão que substituiu a palavra desquite, após introdução do divórcio no Brasil, pela Lei nº 6.515/77. A separação judicial era uma das formas de se colocar fim à conjugalidade: *A Sociedade Conjugal termina: I – pela morte de um dos cônjuges; Il – pela nulidade ou anulação do casamento; III – pela separação judicial; IV – pelo divórcio* (Art. 2º, Lei nº 6.515/77).

O instituto de separação judicial foi mantido no ordenamento jurídico brasileiro por imposição da Igreja Católica, que permitiu, após longa luta pelo então Senador Nelson Carneiro, o divórcio no Brasil. Entre as condições das negociações estava a manutenção do desquite,

S

para dar opção aos católicos de acabarem com o casamento, mas não romper totalmente o vínculo, ou seja, não poderem casar-se novamente. Daí o "jogo" de palavras da lei para justificar tal incoerência: o casamento acaba, mas não acaba. Nas palavras da lei, a sociedade conjugal termina com a separação judicial, mas ela não dissolve o casamento. Portanto, separação judicial é como um purgatório, um limbo entre o casamento e o divórcio: não é necessário permanecer no casamento, mas também não se pode casar novamente.

Em 2010, com a Emenda Constitucional nº 66/10, proposta pelo Instituto Brasileiro de Direito de Família – IBDFAM, que simplificou o divórcio, inclusive acabando com prazos desnecessários, é que se extirpou do ordenamento jurídico este inútil e anacrônico instituto, dando nova redação ao § 6º, art. 226 da Constituição da República: *A família, base da sociedade, tem especial proteção do Estado. (...) § 6º O casamento civil pode ser dissolvido pelo divórcio.* Tendo suprimido tais prazos e o requisito da prévia separação para o divórcio, a Constituição joga por terra aquilo que a melhor doutrina e a mais consistente jurisprudência já vinham reafirmando há muitos anos: a eliminação da discussão da culpa pelo fim do casamento, que representava um grande sinal de atraso do ordenamento jurídico brasileiro.

A separação judicial podia ser consensual ou litigiosa. Se consensual, era necessário que tivesse pelo menos um ano de casamento. Se litigiosa, precisava apresentar um motivo, ou seja, atribuir ao outro a culpa pelo fracasso do casamento ou estarem separados de fato há mais de um ano. A procura por um culpado, além

de eternizar o litígio sem resolver a separação, já que a relação continuava por meio da Justiça, só servia para promover verdadeiras histórias de degradação do outro.

Os verdadeiros motivos do fim de um casamento, muitas vezes nem mesmo os sujeitos daquela relação o sabem. Outras vezes, não há um motivo, simplesmente o amor acaba. O fim do instituto da separação judicial significa a substituição do discurso da culpa pelo da responsabilidade e a reafirmação do Estado laico.

O novo texto do § 6º do art. 226 da CR/1988 retirou de seu corpo a expressão "separação judicial"; como mantê-la na legislação infraconstitucional, ou até mesmo reproduzi-la no CPC 2015? É necessário que se compreenda, de uma vez por todas, que a hermenêutica constitucional tem de ser colocada em prática, e isso compreende suas contextualizações política e histórica. Aliás, conforme orientação emanada do próprio Supremo Tribunal Federal, a inconstitucionalidade, seja ela material, seja formal, deve ser averiguada perante a Constituição que estava em vigor no momento da elaboração e edição dessa norma jurídica. Logo, sob o prisma da Constituição de 1988, o CPC/2015 traz consigo uma inconstitucionalidade, por ressuscitar o anacrônico e antiquado instituto da separação judicial. A interpretação das normas secundárias, ou seja, da legislação infraconstitucional, seja antecedente a Constituição vigente, ou posterior a ela, devem ser compatíveis com o comando maior da Carta Política. Além disso, vê-se mais uma razão da desnecessidade de se manter o instituto da separação judicial, pois, ainda que se admitisse a sua sobrevivência, a norma constitucional permite que os cônjuges atinjam seu objetivo com muito mais simplicidade e vantagem. Ademais, em uma interpretação sistemática não se pode estender o que o comando constitucional restringiu. Toda legislação infraconstitucional deve apresentar compatibilidade e nunca conflito com o texto constitucional.

Em síntese, o CPC/2015 usou expressão "separação", nos arts. 53, I, 189, II, § 2º, 693, 731, 732 e 733 devendo ser entendida como separação de fato ou de corpos. Já o art. 23, III, do CPC/2015, que faz alusão à separação judicial, no campo do direito internacional privado, ou de conflito de leis, pode referir-se ao ato jurídico perfeito, ou seja, a separação judicial concretizada antes da promulgação da EC nº 66/2010 e que não teve sua conversão ao divórcio. Do contrário, o CPC/2015 já nasceu inconstitucional neste ponto. Paulo Lôbo é assertivo: *"Em conclusão, (...) o CPC de 2015 não recriou ou restaurou a separação judicial, nem prévia nem autônoma. As alusões que faz a 'separação' e 'separação convencional' devem ser entendidas como referentes à separação de fato. Em uma de suas peças mais hilariantes, cujo título é 'Muito barulho por nada', Shakespeare desenvolve uma trama em torno do casal de apaixonados, vítimas de armação de um malvado que beija outra mulher para confundir o namorado, induzindo-a a acreditar que era sua namorada. No final, tudo se esclarece e os namorados se casam. Lembramo-nos dessa peça quando assistimos a votação final e lemos o texto do novo CPC, aprovado pelo Senado Federal. Muito barulho por nada"* (LÔBO, Paulo. Divórcio e os modelos de separação entre o Código Civil e o Código de Processo Civil de 2015. *Revista IBDFAM –*

Famílias e Sucessões, v. 13, p. 25-35, Belo Horizonte: IBDFAM, jan.-fev. 2016).

JURISPRUDÊNCIA

(...) Assim, para a existência jurídica da união estável, extrai-se o requisito da exclusividade de relacionamento sólido da exegese do § 1º do art. 1.723 do Código Civil de 2002, fine, dispositivo esse que deve ser relido em conformidade com a recente EC nº 66, a qual, em boa hora, aboliu a figura da separação judicial (STJ, REsp 912.926, Rel. Min. Luiz Felipe Salomão, 4ª T., publ. 07/06/2011).

LINGUAGEM POÉTICA

Risque meu nome do seu caderno / Pois não suporto o inferno / Do nosso amor fracassado / Deixe que eu siga novos caminhos / Em busca de outros carinhos / Matemos nosso passado / Mas se algum dia, talvez / A saudade apertar / Não se perturbe / Afogue a saudade / Nos copos de um bar / Creia / Toda quimera se esfuma / Como a beleza da espuma / Que se desmancha na areia.

(*Risque* – Letra e música de Ary Barroso).

SEPARAÇÃO LITIGIOSA [*ver tb. separação sanção, separação remédio, separação falência*] – Expressão que designava a separação judicial requerida unilateralmente, quando não havia a concordância do outro cônjuge. Embora esta expressão pudesse se referir à separação litigiosa decorrente também da união estável, na linguagem forense era designativa da separação judicial decorrente do casamento.

Com a EC nº 66/10 a separação judicial foi extinta do ordenamento jurídico brasileiro. Os cônjuges litigavam na separação, a fim de atribuir culpa ao outro pelo fim do casamento. Enquanto isso, permaneciam unidos pelo ódio, e usavam o Judiciário para depositar os restos do amor, que deixa sempre a sensação de que alguém foi enganado, traído. A separação litigiosa, que nenhuma vantagem trazia às partes, era um sintoma de que algo ainda estava para ser resolvido entre as partes, sob o ponto de vista psicanalítico.

Antes mesmo da EC nº 66/10 a doutrina e a jurisprudência já haviam entendido a inutilidade de se discutir a culpa pelo fim da conjugalidade. Os restos do amor levados ao Judiciário é uma forma de as partes continuarem a relação por meio da briga. Afinal, o ódio une mais do que o amor.

LINGUAGEM POÉTICA

Quebrei o teu prato, tranquei o meu quarto / Bebi teu licor / Arrumei a sala, já fiz tua mala / Pus no corredor / Eu limpei minha vida, te tirei do meu corpo / Te tirei das entranhas / Fiz um tipo de aborto / E por fim nosso caso acabou, está morto / Jogue a cópia das chaves por debaixo da porta / Que é pra não ter motivo / De pensar numa volta / Fique junto dos seus, boa sorte / Adeus

(*Bilhete* – Letra e música de Ivan Lins e Vitor Martins).

SEPARAÇÃO REMÉDIO [*ver tb. separação judicial*] – Era uma das espécies do gênero separação judicial, utilizada até a Emenda Constitucional nº 66/10, que simplificou o divórcio e eliminou o instituto da separação judicial. Esta modalidade de separação judicial litigiosa era aplicável aos casos em que um dos cônjuges estivesse acometido de doença mental grave, manifestada após o casamento, tornando impossível a continu-

ação da vida em comum. Respeitado o prazo legal de dois anos acometido da enfermidade, e que tenha sido reconhecida de cura improvável, bastava ao cônjuge saudável acionar o Judiciário, alegando ao juiz a impossibilidade de continuar a vida em comum, demonstrando a condição do outro cônjuge.

LINGUAGEM POÉTICA

Veja bem meu bem

Canção de Los Hermanos

Letras Vídeos Ouvir

Veja bem, meu bem, sinto te informar

Que arranjei alguém pra me confortar

E esse alguém está quando você sai

E eu só posso crer, pois sem ter você

Nesses braços tais

Veja bem, amor, onde está você?

Somos no papel, mas não no viver

Viajar sem mim, me deixar assim

Tive que arranjar alguém pra passar os dias ruins

Enquanto isso, navegando eu vou, sem paz

Sem ter um porto, quase morto, sem um cais

E eu nunca vou te esquecer, amor

Mas a solidão deixa o coração nesse leva e traz

Veja bem, além desses fatos vis

Saiba, traições são bem mais sutis

Se eu te troquei não foi por maldade

Amor, veja bem, arranjei alguém

Chamado saudade

Enquanto isso, navegando eu vou, sem paz

Sem ter um porto, quase morto, sem um cais

E eu nunca vou te esquecer, amor

Mas a solidão deixa o coração nesse leva e traz

(Veja bem, meu bem – Letra e Música de Los Hermanos).

SEPARAÇÃO – RITOS DE PASSAGEM

– Ver rituais de passagem.

SEPARAÇÃO SANÇÃO [*ver tb. alimentos-indignidade, separação conjugal, separação de fato*] – Era uma das espécies do gênero separação judicial, utilizada até a Emenda Constitucional 66/2010, que simplificou o divórcio e derrogou o instituto da separação judicial.

Esta modalidade de separação judicial litigiosa era aplicável aos casos em que um dos cônjuges descumpria um dos deveres do casamento, que são: *I – fidelidade recíproca; II – vida em comum, no domicílio conjugal; III – mútua assistência; IV – sustento, guarda e educação dos filhos; V – respeito e consideração mútuos* (Art. 1.566, CCB). E assim, o cônjuge que violava um desses deveres e tornava para o outro insuportável a vida em comum, era considerado culpado. Portanto, sofria a sanção, isto é, a penalidade de perda do direito a alimentos, exceto os indispensáveis à sua sobrevivência, perda do direito de continuar com o sobrenome do outro cônjuge e até mesmo a guarda de filhos.

Antes mesmo da EC nº 66/10, a doutrina e a jurisprudência já haviam entendido a inutilidade de se discutir a culpa pelo fim da conjugalidade. Os restos do amor levado ao Judiciário era uma forma de as partes continuarem a relação por meio da briga. O litígio conjugal, além

de ser um sintoma de que algo ainda está para ser resolvido entre o casal, é uma tentativa de não perder nada. E assim permaneciam unidos em um eterno e desgastante litígio, procurando um culpado. Enquanto se atribui ao outro a culpa pelo fim da relação, não se vê a própria responsabilidade em não ter cuidado do amor, ou admitir que o amor às vezes acaba.

LINGUAGEM POÉTICA

Moço, maltratar não é direito / essa mágoa no meu peito / você sabe de onde vem / isso é desamor e não tem jeito / um amor quando desfeito / sempre faz alguém chorar / eu chorei / saudade tá doendo / e lá vem você querendo / outra vez me maltratar

um amor só é bom quando é pra dois / eterno é antes e depois / agora não vou mais me enganar / não quero mais sofrer, não dá / se o teu desejo era me ver / se deu vontade de saber / se estou feliz / até posso dizer que sim / o teu reinado acabou, / chegou ao fim / eu não nasci pra você, / nem você pra mim

(*Maltratar, não é direito* – Letra e música de Arlindo Cruz).

SEQUESTRO INTERNACIONAL DE CRIANÇA [*ver tb. convenção internacional, guarda*] – É a expressão utilizada pela Convenção sobre os Aspectos Civis do Sequestro Internacional de Crianças, realizada em Haia, em 25/10/80, ratificada pelo Decreto nº 3.413/00, para designar as práticas de remoção e retenção de criança no âmbito internacional. É a retirada da criança do país de sua residência, geralmente por um dos pais ao voltar ao seu país de origem, após o fim da relação conjugal, sem a autorização

S

do outro genitor ou de suprimento judicial do consentimento.

A convenção considera sequestro: 1) quando a criança é levada por um dos pais, com autorização judicial, para fora do país para passar férias e não mais retorna após o período previsto, modalidade conhecida como retenção; 2) quando um dos genitores subtrai a criança do país de forma ilícita, ou seja, sem autorização da Justiça ou do outro genitor, conhecida como remoção.

Os dados da Secretaria de Direitos Humanos da Presidência da República, que é a Autoridade Central encarregada de dar cumprimento às obrigações impostas pela Convenção de Haia sobre Aspectos Civis do Sequestro Internacional de Crianças, revelam que as mães são as que mais praticam o sequestro ou retenção.

A Resolução nº 449/2022 do CNJ dispõe sobre a tramitação das ações judiciais fundadas na Convenção da Haia sobre os aspectos civis do sequestro internacional de crianças (1980), em execução por força do Decreto nº 3.413, de 14 de abril de 2000. Dentre os considerandos, prevê que que a Convenção é aplicável a qualquer criança que tenha residência habitual em um Estado Contratante, imediatamente antes da violação do direito de guarda ou de visita, e que essa aplicação cessará quando a criança atingir a idade de dezesseis anos, diante do conceito convencional de criança. Além disso, que o retorno imediato da criança é a medida prevista pela Convenção como aquela que melhor atende ao interesse da criança em caso de transferência ilícita ou retenção indevida. Por fim que a Convenção não admite a modificação das condições de guarda, as quais devem ser demandadas em ação própria perante a autoridade do Estado da residência habitual da criança (artigo 16).

JURISPRUDÊNCIA

1. No caso, os menores, portadores de dupla cidadania, tinham residência habitual na Irlanda, sob a guarda compartilhada da mãe (cidadã brasileira) e do pai (cidadão irlandês). Em viagem ao Brasil, a mãe reteve as crianças neste país, informando ao seu então esposo que ela e os filhos não mais retornariam à Irlanda. 2. Nos termos do art. 3º da Convenção da Haia sobre Aspectos Civis do Sequestro Internacional de Crianças, o "sequestro internacional" diz respeito ao deslocamento ilegal da criança de seu país e/ou sua retenção indevida em outro local que não o de sua residência habitual. 3. O escopo da Convenção não se volta a debater o direito de guarda da criança, mas, sim, a assegurar o retorno da criança ao país de residência habitual, o qual é o juízo natural competente para julgar a guarda. 4. A presunção de retorno da criança não é absoluta, mas o ônus da prova da existência de exceção que justifique a permanência do menor incumbe à pessoa física, à instituição ou ao organismo que se opuser ao seu retorno. Ademais, uma vez provada a existência de exceção, o julgador ou a autoridade tem a discricionariedade de formar seu convencimento no sentido do retorno ou da permanência da criança. (...) (STJ, REsp 1.196.954 ES, Rel. Min. Humberto Martins, 2ª T., publ. 13/03/2014).

SERES SENCIENTES – Ver Senciente e família multiespécie.

SEXUALIDADE [*ver tb. desejo, inconsciente, libido*] – A sexualidade interessa ao Direito de Família na medida em que ela passou a ser compreendida na ordem do desejo. E o desejo é a força motriz do Direito de Família. Embora o Direito Penal tipifique os crimes sexuais, focalizando-os na ordem da genitalidade (Arts. 213 e segs.), a sexualidade se expressa no Direito de várias outras formas.

A organização jurídica da família começa e é perpassada pela sexualidade. A primeira lei, o interdito proibitório do incesto, lei básica e estruturadora do sujeito e das relações sociais é de origem sexual.

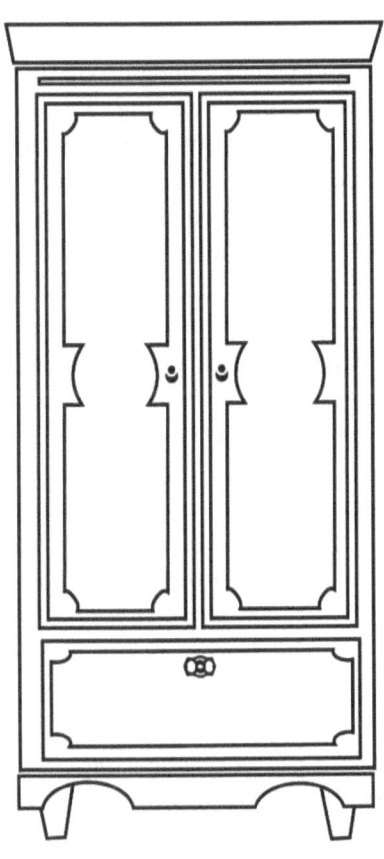

SEXUALIDADE

Sexo, casamento e reprodução são o tripé e esteio do Direito de Família, e é a partir daí que todo o sistema jurídico para a família se estrutura e se organiza. Infidelidade, investigações de paternidade, divórcio, violência doméstica, abuso sexual, novas conjugalidades, monogamia etc. são os ingredientes do Direito de Família e que têm conteúdo sexual.

Desde que Freud revelou ao mundo a existência do inconsciente, passou-se a compreender a sexualidade na ordem do desejo. Assim, a sexualidade humana foi resignificada. E é nesta dimensão do desejo que se instalou uma moral-sexual e se organizou juridicamente, misturando-se a preceitos religiosos, à família patriarcal, relações de poder e a dominação de um gênero sobre o outro. O Direito, uma sofisticada técnica de controle das pulsões, legitimou ou ilegitimou determinadas categorias de pessoas, inclusive e, principalmente, pelo controle da sexualidade feminina. É assim que o sexo legítimo só era possível dentro do casamento.

Filhos ilegítimos, adulterinos, incestuosos, famílias ilegítimas etc. são expressões que traduzem a moral sexual de uma determinada sociedade e ganham registros nos textos jurídicos. Esta moral sexual condutora da organização jurídica sobre a família é tão forte e imperativa que nem mesmo era possível refletir sobre suas contradições históricas. Por exemplo: o homem sempre foi instigado e estimulado ao sexo, enquanto a mulher era instigada ao pudor. Ora, como poderia o homem praticar o sexo, como era instigado desde a infância, se à mulher eram proibidos o prazer e o sexo fora do casamento? Com quem haveria o homem de se deitar? Só restaria ser com prostituta ou com outros homens. Contudo, tanto a prostituição quanto o homessexualismo sempre foram condenados pela ordem jurídica.

A sexualidade pode ser entendida como a energia libidinal, presente em todo o humano e é o que nos faz trabalhar, rir, chorar, ter alegrias e tristezas. Ela tem início com a vida e acaba somente com a morte da pessoa. Enquanto vida houver, haverá sexualidade, que se manifesta de várias formas, inclusive por meio de relações sexuais. Foi com base no discurso psicanalítico que o Direito pôde compreender melhor e aproximar-se mais do ideal de justiça, na medida em que passou a compreender a sexualidade para além de sua genitalidade. *Para começar a compreender esse conceito, é necessário diferenciá-lo da visão mais comum, na qual a sexualidade é definida como um instinto, isto é, um comportamento pré-formado, característico da espécie, que tem um objeto definido e uma meta, que é a relação sexual. O que Freud observou na clínica e teorizou, modificando portanto essa noção, é que, para o ser humano as coisas são bem diferentes. Para começar, o objeto definido (parceiro) não é tão definido assim e a meta para se obter o prazer nem sempre é a relação sexual. A sexualidade humana se apoia no corpo mas decola, e descola dele.* (VALADARES, Vera Maria Arruda. *Sexualidade*. Belo Horizonte, 2000. (Mimeo).

Se a lei básica da família tem sua origem em uma proibição sexual, consequentemente toda a organização jurídica sobre ela gira em torno da sexualidade. O Direito de Família é a tentativa de regulamentação e organização das relações de afeto que são também da ordem da sexualidade. A família conjugal é um sistema simbólico, fundado em um fato sexual.

Portanto, falar de Direito de Família é falar de sexualidade, de afetos e das consequências patrimoniais daí decorrentes. Esse ramo da ciência jurídica pressupõe, principalmente, a tentativa de organização dessas relações e, assim, tornar possível a organização social maior que é o Estado (PEREIRA, Rodrigo da Cunha. *A sexualidade vista pelos tribunais*. Belo Horizonte: Del Rey, 2001. p. 3).

JURISPRUDÊNCIA

(...) A prática de sexo grupal e o ato que agride a moral e os costumes minimamente civilizados. 2 – Se o indivíduo, de forma voluntária e espontânea, participa de orgia promovida por amigos seus, não pode ao final do contubérnio dizer-se vítima de atentado violento ao pudor. 3 – Quem procura satisfazer a volúpia sua ou de outrem, aderindo ao desregramento de um bacanal, submete-se conscientemente a desempenhar o papel de sujeito ativo ou passivo, tal a inexistência de moralidade e recato neste tipo de confraternização. 4- diante de um ato induvidosamente imoral, mas que não configura o crime noticiado na denúncia, não pode dizer-se vítima de atentado violento ao pudor aquele que ao final da orgia viu-se alvo passivo do ato sexual. 5 – Esse tipo de conchavo concupiscente, em razão de sua previsibilidade e consentimento prévio, afasta as figuras do dolo e da coação. 6 – Absolvição mantida. 7 – Apelação Ministerial Improvida" (Ap. Criminal nº 200400100163, Rel. Des. Paulo Teles, 1ª CCrin – TJGO. publ. 02/08/2004).

LINGUAGEM POÉTICA

"Será que será? / O que não tem decência nem nunca terá / O que não tem censura nem nunca terá / o que não faz sentido... (...) O que não tem governo nem nunca terá / O que não tem vergonha nem nunca terá / o que não tem juízo...".

(*O que será* – Letra e música de Chico Buarque).

LINGUAGEM LITERÁRIA

"Se pudesses esquecer, Hillé, teias, torsões, sentir a minha mão sem o teu vivo-morte, te acaricio apenas, olha, é a mão de um homem, vê que simples, dedos, mornura, te acaricio apenas, e tua pele teu corpo vai sentir a minha mão como se a água te circundasse, não sou eu Ehud experienciado em ti, me vês como nunca me pude ver, eu Ehud não sou esse que vivencias em ti, és Hillé apenas, Hillé que pode ser feliz só sendo assim tocada, não é bom? fecha os olhos procura imaginar o vazio, o azul seboso, pequenos tombos, eu um homem te tocando porque te amo e porque o corpo foi feito para ser tocado, toca-me também sem essa crispação, é linda a carne [...]"

(HILST, Hilda. *A obscena senhora D*. São Paulo: Globo, 2001. p. 62-63).

ILUSTRAÇÃO

Sérgio Lima. P. 645.

SIGNIFICANTE – Expressão psicanalítica usada por Lacan, a partir das definições do linguista francês Saussure. É a representação psíquica do som, tal como nossos sentidos o percebem, ao passo que o significado é o conceito a que ele corresponde (*Dicionário Enciclopédico de Psicanálise:* o legado de Freud e Lacan. Trad. Vera Ribeiro e Maria L. V de A. Borges. Rio de Janeiro: Jorge Zahar, 1996. p. 472). E a sua sonoridade associada à força que a palavra traz consigo.

Portanto, as palavras trazem consigo, além de um significado, um significante. Por exemplo, o Código Civil brasileiro de 1916, em vigor até 2002, em seu art. 1.744, III, dizia que a mulher desonesta que vive na casa paterna poderia ser deserdada pelo pai. O conceito de "mulher

S

honesta" traz consigo os signos e significantes do sistema patriarcal que estabeleceu, e estabelece ainda, uma relação de poder entre os gêneros. Essa dominação de um sexo sobre o outro deixou marcas profundas em nossa cultura, as quais até hoje espalham seus significados e significantes.

Assim, as palavras vieram significando comportamentos, condutas, e o Direito, absorvendo isso, consequentemente passou a expressá-las em seus textos legislativos. Para o Direito, mulher honesta não significa(va) mulher íntegra, decente, isto é, o vocábulo não é indicativo da honestidade da mulher no mesmo sentido em que o é para o homem. Honesto é aquele homem que cumpre seus deveres, paga suas contas em dia etc. Nos costumes, absorvidos pelo Direito, honesta era aquela mulher que tinha sua sexualidade controlada pelo marido ou pelo pai. Pouco importa se ela era cumpridora de seus deveres, se pagava suas contas em dia etc. Os dicionários brasileiros, influenciados por esses significantes da moral sexual, registram ainda que honesta é a mulher que tem recato, por seus atos de decência.

Também com significados opostos para os dois gêneros temos a expressão "mulher pública: é aquela que tem uma conduta sexual duvidosa ou alguém que faz de sua sexualidade um mercado, ou seja, uma prostituta. Entretanto, quando falamos em "homem público" estamos dando um sentido quase contrário, ou seja, é aquele que tem sua vida dedicada à política, ou suas atividades voltadas para a *res publica*.

Em 1977, a Lei do Divórcio substituiu a expressão *desquite* por *separação judicial*.

É que a palavra *desquitada* carregava o peso de um preconceito que passou a designar mais que um simples estado civil. Desquitada tornou-se significado de mulher "livre" ou cuja conduta sexual era sempre colocada em dúvida. Da mesma forma, o legislador constituinte, em 1988, substituiu a expressão *concubinato* por *união estável* (Art. 226) com a intenção de expurgar o preconceito sobre esta palavra.

Mulher à-toa, mulher de rua, mulher pública, mulher honesta (...) Essas expressões começam a deixar de ter o sentido de determinação de uma conduta sexual e moral. Não deveriam, afinal, designar muito mais aquelas que não têm emprego, não têm teto, exercem função pública e pagam suas contas em dia? Essas nomeações, ou designações, que um dia tiveram lugar para indicar um comportamento sexual, ou a pecha de um bom ou mau comportamento, já começaram a veicular outros significados e significantes. Os dicionários deverão modificar seus registros e o Direito já começou a fazer adaptações a partir dos textos normativos pós-Constituição Federal de 1988.

Essas mudanças têm um sentido muito mais profundo que a simples designação das palavras. É um passo adiante no entendimento das formas de dominação e controle da sexualidade de um gênero sobre o outro. Os exemplos aqui elencados servem para demonstrar a força dos significantes, às vezes tão forte, que vai além do significado das palavras.

JURISPRUDÊNCIA

(...) A expressão "mulher honesta", como sujeito passivo do crime de posse sexual mediante fraude, deve ser entendida como a mulher que possui certa dignidade e decência, conservando os valores elementares do pudor, não sendo necessário, portanto, a abstinência ou o desconhecimento a respeito de prática sexual. Evidenciando que o réu teria se utilizado de estratagemas, ardil, engodo para que as vítimas se entregassem a conjunção carnal, não se vislumbra a existência de consentimento das vítimas para as práticas sexuais ocorridas, em tese, com o paciente. (HC. 2002/0026118-0, Rel. Min. Gilson Dipp. publ. 16/09/2002).

LINGUAGEM POÉTICA

"o que é Derrelição, Ehud? / vem, vamos procurar juntos, Derrelição, Derrelição, aqui está: do latim, derelictione, Abandono, é isso, Desamparo, Abandono. Por quê? / porque hoje li essa palavra e fiquei triste / triste? mesmo não sabendo o que queria dizer? / DERRELIÇÃO. não, não parece triste, talvez porque as duas primeiras sílabas lembrem derrota, e lição sempre é muito chato. não, não é triste, é até bonita. Desamparo, Abandono, assim é que nos deixaste."

(HILST, Hilda. *A obscena senhora D.* São Paulo: Globo, 2001. p. 35-36).

LINGUAGEM LITERÁRIA

"Palavra mete medo, assusta. Toda palavra. A mais inofensiva, súbito, causa estrago. Uma combinação equivocada, um tom infeliz, uma vírgula precipitada ou omissa podem significar o desastre. Palavra machuca, deixa marca. Palavra mata. Palavra é arma. É preciso ter porte para usá-la. Nuno tem. Poste e postura de quem sabe o que quer. Por isso, seu calar não dura para sempre. Nuno arrisca novamente comigo. É generoso.

– E se um dia eu esquecer o que você me disse? Esquecer mesmo. Apagar da memória naturalmente. Tanta coisa a gente esquece: data, nomes, lugares... Pessoas que nos parecem tão impor-

tantes desaparecem para sempre. Não é o que você diz?

– Ofensas. Você não mencionou ofensas no seu rol de esquecimentos.

– Ofensas, também. Algumas."

(AZEVEDO, Francisco. *O arroz de palma.* Rio de Janeiro: Record, 2008. p. 297).

SINAIS EXTERIORES DE RIQUEZA

[*ver tb. desconsideração da pessoa jurídica inversa, disregard, fraude à meação*]
– É a realidade econômico-financeira de alguém demonstrada por meio do que ele aparenta e ostenta socialmente.

A teoria da aparência, ou melhor, os sinais exteriores de riqueza, tem sido amplamente utilizado para a demonstração da possibilidade financeira de quem deve pagar pensão alimentícia, e não tendo renda fixa ou comprovada, oculta seus verdadeiros ganhos.

E assim, não tendo o alimentário como provar, tais rendas valem-se dos sinais exteriores de riqueza para demonstrar a possibilidade financeira do alimentante pelo padrão de vida que ele ostenta.

DISPOSITIVOS NORMATIVOS

CCB – Art. 50.

JURISPRUDÊNCIA

(...) Diante da controvérsia a respeito dos reais rendimentos do requerido, impõe-se a aplicação da Teoria da Aparência, que autoriza ao julgador utilizar como parâmetro para a fixação do encargo alimentar quaisquer sinais que denotem a existência de capacidade econômica. 3. O fato de o apelante possuir outros dois filhos não o exime do sustento de sua terceira filha, em valor compatível com o necessário para uma vida digna. 4. Considerando os valores que o alimentante já contribuía esporadicamente antes do ajuizamento da ação, bem como da pensão devida à sua outra filha, deve ser reduzido o valor fixado na sentença, para quantia que se apresente mais adequada e compatível com a situação fática demonstrada. 5. Recurso provido em parte (TJMG, Ap. Cível nº 10024102481678001, Rel.ª Des.ª Áurea Brasil, 5ª CC., j. 23/01/2014).

SÍNDROME DA ALIENAÇÃO PAREN-TAL [ver tb. alienação parental, abandono afetivo] – É a expressão cunhada pelo psiquiatra norte-americano, Richard Gardner em 1985, para designar as decorrências da tentativa de exclusão (alienação) do filho da vida do outro genitor.

A síndrome pode ser a consequência da alienação parental, quando atingida em um grau mais elevado.

A Lei nº 12.318/10, que tratou deste assunto, inclusive trazendo elementos conceituais, excluiu acertadamente a expressão "síndrome", uma vez que nem sempre há uma síndrome na prática de atos de alienação parental.

Inicialmente, vários autores e até mesmo vários julgadores consideravam esta maliciosa prática, e perversidade de programar o (s) filho (a) (s) para afastá-los do outro genitor como síndrome. Na evolução do pensamento jurídico, tal expressão de diagnóstico médico, tende a cair em desuso, já que nem toda alienação parental traz consigo, ou tem como consequência, uma síndrome.

A Lei nº 14.340/2022, de 19.05.2022 modificou a Lei de Alienação Parental (Lei 12.318/2010) e a Lei nº 8.069/1990 (Estatuto da Criança e do Adolescente), para estabelecer procedimentos adicionais à suspensão do poder familiar. Dentre as modificações estabelece o parágrafo único do artigo 4º, *que será assegurado à criança ou ao adolescente e ao genitor garantia mínima de visitação assistida no fórum em que tramita a ação ou em*

entidades conveniadas com a Justiça, ressalvados os casos em que há iminente risco de prejuízo à integridade física ou psicológica da criança ou do adolescente, atestado por profissional eventualmente designado pelo juiz para acompanhamento das visitas. Melhor seria, se a lei tivesse usado a expressão convivência familiar, ao invés de "visita" que traz consigo um significante de frieza e formalidade. Além disso prevê sempre que necessário o depoimento ou a oitiva de crianças e de adolescentes em casos de alienação parental, que serão realizados obrigatoriamente nos termos da Lei nº 13.431, de 4 de abril de 2017, sob pena de nulidade processual (art. 8º).

JURISPRUDÊNCIA

(...) A síndrome de alienação parental é um transtorno psicológico que se caracteriza por um conjunto de sintomas pelos quais um genitor, denominado cônjuge alienador, transforma a consciência de seus filhos, mediante diferentes formas e estratégias de atuação, com o objetivo de impedir, obstaculizar ou destruir seus vínculos com o outro genitor, sem que existam motivos reais que justifiquem essa condição. Em outras palavras, consiste num processo de programar uma criança para que odeie um de seus genitores sem justificativa, de modo que a própria criança ingressa na trajetória de desmoralização desse mesmo genitor. Dessa maneira, pode-se dizer que o alienador "educa" os filhos no ódio contra o outro genitor, até conseguir que eles, de modo próprio, levem a cabo esse rechaço. (...) (TJRS, Ap. Cível nº 70046988960, Rel. Des. Ricardo Moreira Lins Pastl, 8ª CC., j. 24/05/2012).

ILUSTRAÇÃO

Ana Cristina Brandão Castro. P. 651.

SOBRENOME [ver tb. alcunha, ancestralidade, apelido, cognome, patronímico] – É o nome de família. É o nome posto após o primeiro nome, prenome, ou nome

próprio. Também denominado juridicamente de apelido ou patronímico. O sobrenome é um dos identificadores do sujeito e traz consigo parte da história da família, uma vez que indica a linhagem e o sobrenome dos antepassados.

No Direito Romano, era denominado de *cognomem*. Diferenciava-se de *agnomem*, que era o nome próprio e individual da pessoa.

Mesmo depois que o uso do nome do marido deixou de ser obrigatório com a Lei nº 6.515/77 (Lei do Divórcio), embora esse costume estivesse cada vez mais em desuso, o CCB/2002 ampliou essa possibilidade também para o marido: *Qualquer dos nubentes, querendo, poderá acrescer ao seu o sobrenome do outro.* (Art. 1.565, § 1º). Por analogia e em razão do princípio da igualdade e não discriminação entre as formas de família, os companheiros também podem acrescentar o sobrenome do outro companheiro ao estabelecerem uma união estável.

O Provimento nº 82/2019 da Corregedoria do Conselho Nacional de Justiça (CNJ) padronizou os procedimentos de alteração do nome do genitor em cartórios, sem a necessidade de autorização judicial.

A Lei nº 14.382/2022 fez significativas alterações na Lei de Registros Públicos, facilitando alterações e mudanças de nome e prenome, inclusive na união estável. A partir desta lei, os companheiros não precisam mais buscar o Poder Judiciário para alterar o sobrenome em razão da união estável, como era até então. Mas para isto, é necessário que a união estável seja registrada no cartório Registro Civil das Pessoas Naturais, livro E, de acordo com a previsão na Lei de Registros Públicos- Lei 6.015/1973 (Art. 57, § 2º: *"A alteração posterior de sobrenomes poderá ser requerida pessoalmente perante o oficial de registro civil, com a apresentação de certidões e de documentos necessários, e será averbada nos assentos de nascimento e casamento, independentemente de autorização judicial, a fim de: I – inclusão de sobrenomes familiares; II – inclusão ou exclusão de sobrenome do cônjuge, na constância do casamento; III – exclusão de sobrenome do ex-cônjuge, após a dissolução da sociedade conjugal, por qualquer de suas causas; IV – inclusão e exclusão de sobrenomes em razão de alteração das relações de filiação, inclusive para os descendentes, cônjuge ou companheiro da pessoa que teve seu estado alterado. 2º Os conviventes em união estável devidamente registrada no registro civil de pessoas naturais poderão requerer a inclusão de sobrenome de seu companheiro, a qualquer tempo, bem como alterar seus sobrenomes nas mesmas hipóteses previstas para as pessoas casadas – Redação dada pela lei 14.382/2022).*

JURISPRUDÊNCIA

(...) A redação do art. 57, § 2º, da Lei nº 6.015/73 outorgava, nas situações de concubinato, tão somente à mulher, a possibilidade de averbação do patronímico do companheiro, sem prejuízo dos apelidos próprios, desde que houvesse impedimento legal para o casamento, situação explicada pela indissolubilidade do casamento, então vigente. III. A imprestabilidade desse dispositivo legal para balizar os pedidos de adoção de sobrenome dentro de uma união estável, situação completamente distinta daquela para qual foi destinada a referida norma, reclama a aplicação analógica das disposições específicas do Código Civil relativas à adoção de sobrenome dentro do casamento, porquanto se mostra claro o elemento de identidade entre os institutos e a parelha *ratio legis* relativa à união estável, com aquela que orientou o legislador na fixação, dentro do casamento, da possibilidade de acréscimo do sobrenome de um dos cônjuges, pelo outro. IV. Assim, possível o pleito de adoção do sobrenome dentro de uma união estável, em aplicação analógica do art. 1.565, § 1º, do CC/2002, devendo-se, contudo, em atenção às peculiaridades dessa relação familiar, ser feita sua prova documental, por instrumento público, com anuência do companheiro cujo nome será adotado (STJ, REsp 1206656 GO. Rel.ª Min.ª Nancy Andrighi, 3ª T., j. 16/10/2012).

SOBREPARTILHA [*ver tb. partilha*] – É o procedimento pelo qual se partilha novo bem, ou novo conjunto de bens, que os herdeiros à época do inventário não tinham ciência, seja por desconhecimento, seja por sonegação praticada por qualquer um dos coerdeiros. *Ficam sujeitos a sobrepartilha os bens sonegados e quaisquer outros bens da herança de que se tiver ciência após a partilha* (Art. 2.022, CCB). *A sobrepartilha também deve ser utilizada em relação às partes da herança que se encontrem em lugares remotos, ou no exterior, ou estejam sub judice, ou a créditos que dependam de liquidação. Essa providência tem por fito não retardar o inventário e a partilha dos demais bens e valores. Para diversas situações pode haver diversas sobrepartilhas* (LÔBO, Paulo. Direito civil: sucessões. São Paulo: Saraiva, 2013. p. 287).

Em Direito de Família, é o procedimento para se partilhar bens que foram omitidos na ocasião da formalização da dissolução da sociedade conjugal. O Código Civil não estabeleceu prazo prescricional para se requerer essa sobrepartilha. Portanto, aplica-se a regra geral do art. 205 do CCB: *A prescrição ocorre em dez anos, quando a lei não lhe haja fixado prazo menor.*

Pode se fazer sobrepartilha também em inventários, que funcionam como inventário suplementar. Pode ser retrospectiva ou prospectiva. O CPC/2015 tratou do assunto, nos artigos 669 e 670. *Aferição da sobrepartilha no curso do inventário (art. 2021 do CC), tendo esta, portanto, análise prospectiva. Já quando invocada quanto terminado o inventário (art. 2022 do CC/02) trata-se retrospectiva* (MAZZEI, Rodrigo. *Ensaio sobre o inventário sucessório*. São Paulo; Juspodivm, 2022, p. 366-367).

O prazo prescricional da ação de sobrepartilha é decenal, contado a partir da homologação da divisão originária. (AgInt no AREsp nº 1.410.926/DF, relator Ministro Antonio Carlos Ferreira, Quarta Turma, julgado em 22/11/2021, DJe de 26/11/2021).

SOCIEDADE CONJUGAL [*ver tb. conjugalidade, dissolução da sociedade conjugal, família conjugal, família poliafetiva, regime de bens, sociedade de fato*] – Do latim *societas*, associação, reunião de pessoas com interesses comuns. Sociedade conjugal é a que se estabelece entre pessoas, com uma certa durabilidade compartilhando e conjugando afetos, sexualidade e práticas diversas, instituindo-se aí uma família conjugal.

Até a CR/88 considerava-se sociedade conjugal tão somente aquela constituída pelo casamento. A partir daí, a família deixou de ser singular e passou a ser plural. Assim, a sociedade conjugal pode-se expressar também pelas uniões estáveis, hetero ou homoafetiva.

É comum que na sociedade conjugal se forme também uma sociedade patrimonial, a depender do regime de bens escolhidos entre as partes.

SOCIEDADE DE FATO [*ver tb. concubinato, sexualidade, sociedade conjugal, união civil, união estável*] –

S

É a sociedade que se estabelece sem formalidades, sem contrato escrito. No Direito de Família, até a Constituição da República de 1988, que reconheceu a união estável como forma de família, além do casamento (Art. 226, § 3º, CR), as relações entre homens e mulheres, ainda que constituíssem família, eram tratadas na perspectiva das sociedades de fato, ou seja, no campo do direito comercial ou obrigacional. Este entendimento acabou gerando a edição da Súmula 380 pelo STF: *Comprovada a existência de sociedade de fato entre os concubinos, é cabível a sua dissolução judicial, com a partilha do patrimônio adquirido pelo esforço comum.*

Por muitas décadas esta súmula foi o esteio do direito concubinário, que era uma forma tímida de se atribuir direitos às relações conjugais que não tinham o selo da oficialidade do casamento.

No mesmo percurso histórico estiveram as uniões entre pessoas do mesmo sexo até serem reconhecidas também como entidade familiar.

Portanto, sociedade de fato para o Direito de Família, assim como a expressão união civil, é uma forma tímida de se atribuir direitos às relações entre duas pessoas, mas sem reconhecê-los como entidade familiar.

JURISPRUDÊNCIA

À união homoafetiva, que preenche os requisitos da união estável entre casais heterossexuais, deve ser conferido o caráter de entidade familiar, impondo-se reconhecer os direitos decorrentes desse vínculo, sob pena de ofensa aos princípios da igualdade e da dignidade da pessoa humana. – O art. 226, da Constituição Federal não pode ser analisado isoladamente, restritivamente, devendo observar-se os princípios constitucionais da igualdade e da dignidade da pessoa humana.

Referido dispositivo, ao declarar a proteção do Estado à união estável entre o homem e a mulher, não pretendeu excluir dessa proteção a união homoafetiva, até porque, à época em que entrou em vigor a atual Carta Política, há quase 20 anos, não teve o legislador essa preocupação, o que cede espaço para a aplicação analógica da norma a situações atuais, antes não pensadas. – A lacuna existente na legislação não pode servir como obstáculo para o reconhecimento de um direito (TJMG, Ap. Cível nº 1.0024.06.930324-6/001, Rel.ª Des.ª Heloisa Combat, 7ª CC., j. 22/05/2007).

SOCIOAFETIVIDADE [*ver tb. filiação socioafetiva, paternidade socioafetiva, parentalidade socioafetiva, posse de estado de filho*] – Expressão criada pelo Direito brasileiro e utilizada pela primeira vez, em 1992 pelo jurista paranaense, Luiz Edson Fachin, em seu livro *Estabelecimento da Filiação e Paternidade Presumida* (Ed. Del Rey). Antes, o jurista mineiro João Baptista Villela havia lançado as bases da compreensão e desenvolvimento da teoria jurídica da socioafetividade, em seu texto de 1979, *Desbiologização da Paternidade (Revista da Faculdade de Direito. Universidade Federal de Minas Gerais*, v. 21. p. 401-419). Significa a relação exercida entre duas ou mais pessoas caracterizado pelo forte vínculo afetivo e pelo exercício de funções e lugares definidos de pai, mãe, filho ou irmãos.

A socioafetividade pode ser fonte geradora do parentesco, seja em razão do exercício da paternidade, maternidade, irmandade ou outro vínculo parental, que se consolida ao longo do tempo. Daí, pode-se falar de parentalidade socioafetiva, que pode se apresentar por meio da adoção, inseminação artificial heteróloga ou posse de estado de filho. *A paternidade socioafetiva, declarada ou não em registro público, não impede o reconhecimento do vínculo de filiação concomitante baseado na origem bio-lógica, com os efeitos jurídicos próprios* (STF, REx nº 898.060, Rel. Min. Luiz Fux, Plenário, publ. 24/08/2017).

DISPOSITIVOS NORMATIVOS

CR – Art. 226.

CCB – Arts. 1.513, 1.593.

Lei nº 8.069/90 – Estatuto da Criança e do Adolescente – Arts. 28 e seguintes.

Provimento nº 63/2017 do CNJ.

Provimento nº 83/2019 do CNJ.

JURISPRUDÊNCIA

(...) A paternidade há de ser reconhecida não como um fato da natureza, cuja origem se radica em pura base biológica, mas um fato cultural, que se assenta na circunstância de amar e servir, fundada no exercício da liberdade e autodeterminação. 2. Não pode ser considerado pai aquele que apenas participa, como procriador, de um evento da natureza, ou seja, do nascimento de um novo ser, sem construir qualquer relação de afeto e assumir os cuidados na sua formação. Por outro lado, àquele que, mesmo sabendo da inexistência de vínculo de consanguinidade (ou, como no caso dos autos, tendo dúvidas acerca deste liame), assume com todo o carinho, amor e dedicação, a criação de uma pessoa até o atingimento de sua fase adulta, outra denominação e reconhecimento não se pode dar, que não a do pai verdadeiro. 3. Existência de mútuo afeto, em relação construída ao longo de toda a infância e adolescência do filho, estabelecendo verdadeiro vínculo de paternidade socioafetiva, que manteve as partes unidas mesmo após o afastamento do pai do lar conjugal – e a despeito das dúvidas que cercavam a origem biológica do requerido. 4. Relação de socioafetividade presente, não podendo ser desconsiderada com fundamento na inexistência de vínculo biológico, ou em uma suposta aproximação do filho com seu procriador, o que teria gerado ciúme e sentimento de traição no pai. 5. Recurso não provido (TJMG, Ap. Cível nº 10024081375347001, Rel.ª Des.ª Áurea Brasil, 5ª CC., j. 30/01/2014).

SOGRO / SOGRA – Do latim *socer*, é o pai/mãe de um dos cônjuges. É o grau de parentesco por afinidade entre os pais do cônjuge e seu marido ou esposa. Diz-se sogro e sogra em relação a eles, e genro e nora em relação ao cônjuge do filho(a).

O parentesco afim em linha reta, isto é, por afinidade em relação aos ascendentes e descendentes, persiste independente da dissolução do vínculo conjugal. A razão para tal manutenção deste parentesco são os impedimentos para o casamento: *não podem casar: II – os afins em linha reta* (Art. 1.521, CCB). A justificativa de tais proibições assenta-se na interdição do incesto, lei universal e viabilizadora de toda a cultura.

A nomenclatura sogro(a) e parentesco estende-se também à conjugalidade constituída pela união estável: *Cada cônjuge ou companheiro é aliado aos parentes do outro pelo vínculo da afinidade* (Art. 1.595, CCB).

SOLIDARIEDADE – Ver princípio da solidariedade.

SONEGADOR [*ver tb. sonegados*] – Em Direito das Sucessões, é o herdeiro ou inventariante que, tendo conhecimento, sonega, omite, oculta a existência de bens deixados pelo autor da herança que deveriam ser relacionados no inventário. Comprovada a sonegação, o herdeiro pode perder o direito que lhe cabia ao bem sonegado (Art. 1.992 e segs., CCB).

Se o sonegador for o próprio inventariante, remover-se-á, em se provando a sonegação, ou negando ele a existência dos bens, quando indicados. *Só se pode arguir de sonegação o inventariante depois de encerrada a descrição dos bens, com a declaração, por ele feita, de não existirem outros por inventariar e partir, assim como arguir o herdeiro, depois de declarar-se no inventário que não os possui* (Art. 1.996, CCB).

SONEGADOS [*ver tb. ação de sonegados, bens sonegados, colação*] – Expressão para designar coisas ou objetos retirados de quem deveria recebê-los. Impostos sonegados são os que não foram pagos por quem deveria fazê-lo.

Em Direito das Sucessões, bens sonegados são aqueles que não foram apresentados ao inventário quando deveria sê-lo.

Os bens sonegados podem ser recuperados, ou o seu valor correspondente, por meio da Ação de Sonegados.

DISPOSITIVOS NORMATIVOS

CCB – Arts. 1.992 a 1.996.

JURISPRUDÊNCIA

(...) Como sabido, a penalidade por conta de sonegação de bens depende da apresentação das últimas declarações pela inventariante (CC, art. 1.996). Sobre o tema, a doutrina de Humberto Theodoro Júnior, para quem: "Ao inventariante só se pode imputar a sonegação "depois de encerrada a descrição dos bens, com a declaração por ele feita, de não existirem outros por inventariar" (art. 994). É que, até as últimas declarações, permite a lei que o inventariante faça emendas ou adições às primeiras (art. 1.011)." (*In* Curso de Direito Processual Civil, 26ª edição, v. III, Forense, p. 245) Disso não destoa a jurisprudência, a saber: "I – A ação de sonegados deve ser intentada após as últimas declarações prestadas no inventário, no sentido de não haver mais bens a inventariar. II – Sem haver a declaração, no inventário, de não haver outros bens a inventariar, falta à ação de sonegados uma das condições, o interesse processual, em face da desnecessidade de utilização do procedimento (STJ, REsp 265.859 SP, Rel. Min. Sálvio De Figueiredo Teixeira, 4ª T., j. 20/03/2003).

SORORIDADE [*ver tb. princípio da solidariedade, princípio da igualdade*] – Do latim *soror* que traz o significado de irmandade feminina. É a solidariedade e empatia, bem como acolhimento entre as mulheres. A história da mulher no Direito, ou, o lugar dado pelo Direito à mulher, sempre foi um não lugar. Na realidade, a presença da mulher é a história de uma ausência, pois ela sempre existiu subordinada ao marido, ao pai, sem voz e marcada pelo regime da incapacidade jurídica. O movimento feminista, de uma maneira geral, é a reivindicação de uma cidadania, de um lugar de sujeito e para o sujeito. No desdobramento do feminismo surge esta expressão, que traz o significado de fraternidade e solidariedade entre as mulheres, independentemente de etnia, religião ou classe social.

SUBLEGADO [*ver tb. legado*] – É o legado de legado, isto é, um legado indireto. Assim, sublegado é a condição instituída pelo testador ao legatário, ou herdeiro, para que entregue a outrem bem próprio, beneficiando terceiro.

O testador pode estabelecer como condição para receber a herança ou legado que o beneficiado entregue bem de sua propriedade particular a pessoa indicada por ele. *Se o testador ordenar que o herdeiro ou legatário entregue coisa de sua propriedade a outrem, não o cumprindo ele, entender-se-á que renunciou à herança ou ao legado.* (Art. 1.913, CCB).

SUBLEGATÁRIO [*ver tb. sublegado*] – É a pessoa nomeada para receber um bem, não do testador, mas de alguém indicado por ele. Presente quando o testador impõe condição a herdeiro ou legatário de entregar bem próprio a terceiro, denominado sublegatário. *Se o testador* ordenar que o herdeiro ou legatário entregue coisa de sua propriedade a outrem, não o cumprindo ele, entender-se-á que renunciou à herança ou ao legado (Art. 1.913, CCB).

SUBLIMAÇÃO [*ver tb. desejo, gozo, sexualidade, pulsão, narcisismo*] – Do latim *sublimare*, tornar sublime, isto é, algo elevado, engrandecido. No mundo das artes, sublime significa a elevação do senso estético; no campo da física/química é um processo de transformação do estado sólido em gasoso (vapor), ou seja, é a alquimia da mutação, ou da transmutação. Em Psicanálise, designa um tipo particular de destino pulsional, um movimento de ascensão ou de elevação que consiste em desviar a energia da libido para outros objetos mais úteis e mais valorizados socialmente, como a criação literária, artística e científica, ou mesmo esportivas. Em outras palavras, sublimação é a transformação do insuportável em arte. Sublimação não é um conceito jurídico direto, mas torna-se importante para o mundo jurídico, na medida em que podemos entender o Direito como uma sofisticada técnica de controle das pulsões.

Sigmund Freud usou a expressão pela primeira vez em 1905, em seu texto "Três ensaios sobre a teoria da sexualidade" e em toda sua obra esse conceito foi usado para estudar o fenômeno da criação artística e intelectual. Segundo ele, a força criativa se extrai de uma renúncia da pulsão sexual, ou melhor, do deslocamento da força sexual para um alvo não sexual, investindo em objetos socialmente valorizados. *Freud atribuía à sublimação um lugar ainda maior, na medida em que ele mesmo declarou que, a partir dos 40 anos de idade, após o nascimento de*

seu quinto filho, havia praticamente suspendido qualquer relação carnal e posto sua atividade pulsional a serviço de sua obra, assim se inscrevendo no panteão dos grandes homens a quem admirava (ROUDINESCO, Elisabeth. *Dicionário de Psicanálise*, Michel Plon; Trad. Vera Ribeiro e Lucy Magalhães. Rio de Janeiro: Zahar, 1998, p. 734).

Sublimação pode ser vista também como a plasticidade e a maleabilidade da força pulsional. Mais do que um modo particular de satisfação, a sublimação é a passagem de uma satisfação a outra. Toda sublimação é uma dessexualização, mas nem toda dessexualização é sublimação, como, por exemplo, o trabalho cotidiano, o lazer. Mais do que um modo particular de satisfação, a sublimação pode ser a passagem de uma satisfação para outra.

Afinal, para que serve a sublimação e qual a sua relação com o Direito? É a sublimação que possibilita o desenvolvimento geral das sociedades ao longo da história. *Os historiadores da civilização parecem unânimes em pensar que o processo que desvia as forças pulsionais sexuais de seus fins sexuais e as orienta para novos fins, processo que merece o nome de sublimação, é uma poderosa aquisição para o trabalho da civilização* (*Dicionário enciclopédico de psicanálise*: o legado de Freud e Lacan editado por Pierre Kaufmann. Trad. Vera Ribeiro, Maria Luiza X. de A. Borges. Rio de Janeiro: Jorge Zahar, 1996, p. 496). Diante da força das pulsões, às vezes desviantes do caminho da moralidade socialmente aceita, a sublimação constitui um caminho superior, e exige uma série de virtudes, dentre elas a criação artística. A questão está em saber como dessexualizar para redimensionar

S

tal energia para outros fins de caráter mais útil. Se a sublimação é a transmutação de uma coisa em outra, com uma aceitação mais elevada, é possível sublimar a irritabilidade e expressividade, para diluir a litigiosidade dos processos judiciais, e até mesmo evitar a violência doméstica.

Em "Mal-estar na civilização", Freud diz que a construção cultural pressupõe uma renúncia pulsional, que denominou de sublimação dos fins instintivos (O mal-estar na civilização. In: *Obras psicológicas completas*. Trad. José Octavio de a. Abreu. Rio de Janeiro: Imago, v. XXI, p. 111-118). É a sublimação, segundo ele, que torna possível as atividades psíquicas superiores, científicas, artísticas ou ideológicas. Portanto, o desenvolvimento da civilização impõe restrições ao instinto e ao desejo, e o Direito deve exigir que ninguém fuja a essas restrições. Não é fácil privar de satisfação um instinto, e não se faz isso impunemente, ou seja, paga-se um alto preço por isso, que é o mal estar da civilização. Daí a necessidade do Direito, que funciona como um sistema de freios e contra freios a pulsões inviabilizadoras da sociabilidade.

Se o Direito existe porque existe o torto (Del Vecchio), e se a toda lei existe um desejo que se lhe contrapõe, o Direito significa, também, um sistema de controle das pulsões, isto é, um sistema para colocar limites em quem não os tem internamente. Por outro lado, a sublimação é como se fosse uma lei "natural" interna que o sujeito, inconscientemente, busca transformar e elevar a energia das forças sexuais, convertendo-as numa força produtiva e criadora. A sublimação é a expressão positiva mais elaborada e socializada da pulsão, ou um mecanismo de defesa capaz de barrar os excessos da vida pulsional.

Sublimação é acima de tudo plasticidade, maleabilidade da força pulsional. É a capacidade de trocar um alvo sexual por outro que já não é sexual. Pode ser um sacrifício religioso, por exemplo. O artista visual paraense, Guy Veloso em seu livro "Persistentes" que também poderia se chamar "A sublimação do desejo pela paixão e persistência", retrata os rituais preservados dos penitentes em todo Brasil, muitos deles de autoflagelação. Tais registros exaltam as penitências, deixando marcas no próprio corpo, que expressam renúncias pulsionais, que são também formas de sublimação do desejo. Nas palavras do próprio Guy Veloso: *As costas ficarão para sempre riscada das navalhas da fé. O próprio corpo contará a história para seus filhos e netos. O corpo virou um documento. Um ex-voto* (Veloso, Guy. *Persistentes: dos ritos de sangue à fascinação do fim do mundo*. Fortaleza: tempo d'imagem, 2019). Os registros das penitências, significam e simbolizam que são sacrifício que cada um de nós deve fazer e ganha força para abdicar de desejos pulsionais, que podem ser mobilizadores da cultura.

Os desejos sublimados, de uma forma ou de outra, pela via da religião, da arte, ou até mesmo no controle das pulsões pelo Direito, é o que viabiliza a cultura e a civilização.

LINGUAGEM ARTÍSTICA

"Mas a bem da verdade, não só o espirito solidário movia Custódia, o espirito prático também mobilizou suas forças. Tinha dúvidas! Talvez padre Tadeu fosse capaz de compreender o que estava

acontecendo com ela. Misturar cores se tornou melhor do que remoer mágoas. Ainda era uma mulher religiosa. Rezava. Queria que Deus olhasse por ela e por seus filhos, mas agora se sentia capaz, de dar alguns passos sozinha... Seria pecado se distrair tanto a ponto de não sofrer mais?"

(MADEIRA, Carla. *Véspera*. Rio de Janeiro: Record, 2021, P.133)

ILUSTRAÇÃO

Guy Veloso. P. 659.

SUB-ROGAÇÃO – Do latim *subrogatio*, designando a substituição do sujeito ou objeto em determinada relação jurídica obrigacional, podendo ser legal ou convencional. No direito das obrigações, o pagamento com sub-rogação está previsto no art. 346, *disciplinando que a sub-rogação opera-se, de pleno direito, em favor: I – do credor que paga a dívida do devedor comum; II – do adquirente do imóvel hipotecado, que paga a credor hipotecário, bem como do terceiro que efetiva o pagamento para não ser privado de direito sobre imóvel; III – do terceiro interessado, que paga a dívida pela qual era ou podia ser obrigado, no todo ou em parte.* No direito das famílias e sucessões, podemos atribuir a sub-rogação no que se refere à modalidade dos direitos reais, ou seja, o que vai impactar ou não na incomunicabilidade devido ao regime de bens. O regime da comunhão parcial de bens no casamento/união estável estabelece a comunicação de todos os bens adquiridos na constância da união, com exceção das hipóteses previstas no art. 1.659 (I, II) do CCB/2002, excluindo da comunhão os bens sub-rogados.

SUBSTITUIÇÃO FIDEICOMISSÁRIA

– Ver fideicomisso.

SUBSTITUIÇÃO MÚTUA – Ver substituição recíproca.

SUBSTITUIÇÃO RECÍPROCA [*ver tb. substituição, substituição vulgar*] – É modalidade de substituição vulgar na qual os herdeiros ou legatários contemplados substituem-se uns aos outros. *Também é lícito ao testador substituir muitas pessoas por uma só, ou vice-versa, e ainda substituir com reciprocidade ou sem ela* (Art. 1.948, CCB). Conhecida, também, como substituição mútua.

SUBSTITUIÇÃO TESTAMENTÁRIA

[*ver tb. Fideicomisso*] – É a possibilidade que possui o testador de substituir ao herdeiro ou legatário uma outra pessoa, que tomará o lugar de quem não quiser ou não puder receber herança ou legado. (CAHALI, Francisco José. *Direito das Sucessões*. 3 ed. São Paulo: Saraiva 2003). Estabelece o artigo 1.947 do CCB/2002 que *O testador pode substituir outra pessoa ao herdeiro ou ao legatário nomeado, para o caso de um ou outro não querer ou não poder aceitar a herança ou o legado, presumindo-se que a substituição foi determinada para as duas alternativas, ainda que o testador só a uma se refira.* Também é lícito ao testador substituir muitas pessoas por uma só, ou vice-versa, e ainda substituir com reciprocidade ou sem ela (CCB/2002, Art. 1948).

O fideicomisso é uma das espécies de substituição testamentária apresentadas pelo Código Civil, como prescreve o artigo 1951 do CCB/2002: *Pode o testador instituir herdeiros ou legatários, estabelecendo que, por ocasião de sua morte, a herança ou o legado se transmita ao fiduciário, resolvendo-se o direito deste, por sua morte, há certo tempo ou sob certa condição, em favor de outrem, que se qualifica de fiduciário.*

SUBSTITUIÇÃO VULGAR [*ver tb. substituição, substituição fideicomissária, substituição compendiosa*] – É quando o testador determina expressamente pessoa para substituir herdeiro ou legatário caso este seja premorto, não queira ou não possa receber a herança ou legado (Art. 1.947, CCB). Ou seja, apenas haverá a figura do substituto quando o substituído falecer antes de aberta a sucessão, for excluído ou renunciar a herança ou legado. O substituto herda todas a vantagens da herança, bem como os encargos e as condições impostas ao substituído, salvo se houver o testador dito o contrário ou se o encargo for inócuo ou de impossível realização pelo substituto (Art. 1.949, CCB).

JURISPRUDÊNCIA

(...) A substituição fideicomissária é compatível com a substituição vulgar e ambas podem ser estipuladas na mesma cláusula testamentária. Dá-se o que a doutrina denomina substituição compendiosa. Assim, é válida a cláusula testamentária pela qual o testador pode dar substituto ao fideicomissário para o caso deste vir a falecer antes do fiduciário ou de se realizar a condição resolutiva, com o que se impede a caducidade do fideicomisso. É o que se depreende dos arts. 1.958 c.c. 1.955, parte final, do Código Civil. (...) (STJ, REsp 1.221.817 PE, Rel.ª Min.ª Maria Isabel Gallotti, 4ª T., j. 10/12/2013).

SUCEDER [*ver tb. sucessão, sucessão a título singular, sucessão a título universal*] – Do latim *succedere*, vir depois, tomar o lugar de. É o ato de colocar-se no lugar de outrem, assumindo não somente a posição, mas também as qualidades e atribuições de que gozava o sucedido. Ou seja, suceder, em sentido amplo, tem o sentido de substituição. Para o Direito das Sucessões, exclusivamente, suceder também significa herdar, que é, em sentido estrito, substituir pessoa falecida e assumir os direitos que lhe eram atribuídos quando em vida. A sucessão pode ser a título universal ou a título singular, sendo que somente aquela se confunde com herdar.

DISPOSITIVOS NORMATIVOS

CCB – Arts. 346 a 351, 786, 831, 1.429, 1.784, 1.790.

SUCEDER POR CABEÇA – Ver sucessão por cabeça.

SUCESSÃO – Do latim *successio*, avanço, seguimento, de *succedere*, vir depois. Em sentido amplo, trata-se da substituição de um sujeito pelo outro nas relações jurídicas, sub-rogando-se aquele no todo ou em parte nos direitos e deveres do outro.

Em Direito Civil, na sucessão nos contratos de compra e venda, o vendedor é sucedido pelo comprador no seu direito de propriedade. A sucessão pode definir-se como transmissão de bens e de direitos de uma pessoa para a outra, podendo ocorrer de duas formas: *inter vivos* ou *causa mortis*.

Em acepção estrita, a sucessão *causa mortis* trata da transmissão do patrimônio de um indivíduo, bens e direitos, aos seus herdeiros devido ao seu falecimento – sucessão hereditária ou *causa mortis*.

Na sucessão *causa mortis*, as obrigações assumidas pelo *de cujus* não ultrapassam a força da herança transferida, diferente da sucessão *inter vivos* na qual o patrimônio do sucessor responde pelas obrigações assumidas pelo sucedido em relação ao bem adquirido.

O Supremo Tribunal Federal (STF) analisou em julgamento a equiparação entre casamento e união estável para fins de sucessão, inclusive em uniões homoafetivas. A decisão foi proferida no julgamento dos Recursos Extraordinários (REs) 646.721 e 878.694, ambos com repercussão geral reconhecida. Para fim de repercussão geral, foi aprovada a seguinte tese, válida para ambos os processos: "*No sistema constitucional vigente é inconstitucional a diferenciação de regime sucessório entre cônjuges e companheiros devendo ser aplicado em ambos os casos o regime estabelecido no art. 1829 do Código Civil*".

DISPOSITIVOS NORMATIVOS

CCB – Arts. 26 a 39, 1.429, 1.784 a 1.790 (vide REx nº 646.721 e 878.694) e 1.829

SUCESSÃO A TÍTULO SINGULAR [ver
tb. legatário, legado, sucessão, sucessão testamentária] – Expressão utilizada para qualificar modalidade de transmissão na qual um indivíduo sucede o outro em um bem ou direito determinado. É forma de aquisição da posse que depende de título jurídico anterior, com a anuência do possuidor primitivo e sua especificações, isto é, com a singularização do bem ou direito.

No Direito das Sucessões, o *de cujus* transfere ao beneficiário via testamento ou codicilo objetos certos e determinados, por exemplo uma joia, um cavalo, uma determinada casa.

A pessoa beneficiada pelo autor do testamento com um bem específico é denominada legatária e sucede a título singular, ou seja, recebe um bem singularizado. Ocorre também mediante atos *inter vivos*, por meio de uma relação jurídica que tenha por objeto um bem singularizado, por exemplo no usucapião.

DISPOSITIVOS NORMATIVOS

CCB – Arts. 1.206, 1.207.

SUCESSÃO A TÍTULO UNIVERSAL
[*ver tb. fração ideal, herdeiro, herança, saisine, sucessão, sucessão por cabeça*] – Expressão utilizada para denominar modalidade sucessória no qual há a transferência da totalidade ou de parte indeterminada de um acervo patrimonial, tanto no seu ativo como no passivo. Ocorre quando a pessoa que está na qualidade de herdeiro sub-roga-se na totalidade de bens e direitos do autor da herança, isto é, sucede o falecido baseado em seu direito hereditário à totalidade indeterminada de seus bens. Recebe a posse com as mesmas características do antecessor, ou seja, se a posse era viciosa, o sucessor universal a recebe com tal nódoa. Trata-se de forma de aquisição baseada na lei, como mero exercício de direito.

Pelo princípio de *saisine*, não se permite que as posses sejam desconectadas, isto é, há uma transmissão imediata no exato segundo do falecimento, uma continuação de fato e de direito, do contrário haveria um intervalo em que bens ficariam sem titular.

A herança é fracionada conforme o número de herdeiros. Havendo vários cabe a cada um uma fração ideal da herança. Se apenas um, cabe a ele totalidade dos bens.

Diz-se universal porque há uma universalidade de bens indeterminados a serem transferidos: *A herança defere-se como um todo unitário, ainda que vários sejam os herdeiros* (Art. 1.791, CCB).

SUCESSÃO *AB INTESTATO* [*ver tb. ab intestato, intestato, sucessão testamentária*] – Expressão em latim, que se traduz por "sem testamento". Geralmente

utilizada para informar que o autor da herança faleceu sem deixar testamento, codicilo, ou que determinado herdeiro recebeu herança sobre a qual não foi feita referência em testamento. Neste caso a herança se transmitirá de acordo com as regras da sucessão legítima, ou seja, pela ordem da vocação hereditária estabelecida em lei.

DISPOSITIVOS NORMATIVOS

CCB – Art. 1.788.

SUCESSÃO ABERTA [*ver tb. princípio de saisine, sucessão*] – Expressão utilizada pelo Direito das Sucessões para definir o momento da morte de alguém e a disponibilidade do seu acervo patrimonial, que, instantaneamente, é transferido para seus herdeiros e legatários. Não há vácuo entre a morte do autor da herança e o recebimento da herança pelos herdeiros.

Os herdeiros nada precisam fazer para receberem a herança, a aceitação é tácita, tendo eles o direito de renunciar a ela se assim quiserem. *A transmissão é instantânea e abrange o domínio e a posse da herança (Art. 1.784, CCB). Mas a posse transmitida ao herdeiro não é a mesma do direito das coisas (Art. 1.196, CCB). Como alerta Pontes de Miranda, é impossível, sem graves erros, tomar-se uma por outra. A posse do herdeiro é fundada em título e não no fato do exercício da posse, por isso rigorosamente não merece ser chamada de posse. Os herdeiros, todos eles, recebem a propriedade e a posse de direitos e não a posse fática dos bens. A posse que passa aos herdeiros, automaticamente, não é a título provisório, é posse própria, definitiva, que pode ser imediata ou apenas mediata. A posse direta é adquirida quando da partilha.* (DIAS,

Maria Berenice. *Manual das sucessões*. 2. ed. São Paulo: Revista dos Tribunais, 2011. p. 105). A sucessão considera-se aberta até a partilha definitiva.

O direito à sucessão aberta é tratado pelo Código Civil como bem imóvel (Art. 80, II, CCB).

Os herdeiros, se assim o quiserem, podem alienar a quota-parte de que têm direito até mesmo antes da partilha definitiva.

SUCESSÃO ANÔMALA [*ver tb. sucessão causa mortis, sucessão, ordem de vocação hereditária*] – É a sucessão *causa mortis* de determinado bem ou direito que não observa as regras comuns do Direito das Sucessões devido à particularidade da relação jurídica e a existência de norma específica. Por exemplo, as regras presentes no Direito Previdenciário (Lei nº 8.391/91) preveem em seu art. 74 que a pensão por morte do segurado pela Previdência Social deverá ser rateada entre seus dependentes, cujo rol é disposto no art. 16 do mesmo diploma legal, rol esse diferente daquele da ordem de vocação hereditária previsto no Código Civil. O mesmo se observa em relação ao Fundo de Garantia por Tempo de Serviço (art. 20, IV, Lei nº 8.036/90); à partilha do seguro de vida (art. 792, CCB); à sucessão de propriedade intelectual (Lei nº 9.610/98); e a sucessão de bem recebido mediante doação em benefício do casal, prevalece o direito de acrescer (Art. 551, parágrafo único, CCB).

JURISPRUDÊNCIA

(...) Nos termos do que dispõe o parágrafo único do art. 551 do CC/02, se os beneficiados da doação conjuntiva são marido e mulher, a regra é o direito de acrescer, e, portanto, com o falecimento de um dos donatários, a doação subsiste, na totalidade, para o cônjuge sobrevivente. Inaplicável a

S

regra do direito de acrescer quando inequívoca a separação de fato, o que, consoante a assente jurisprudência pátria, põe fim não só aos deveres conjugais, mas igualmente faz cessar a relação patrimonial do casal

(TJMG, Ag. nº 1.0069.01.000209-0/005, Rel. Des. Versiani Penna, 5ª CC., j. 29/08/2013).

SUCESSÃO *CAUSA MORTIS* [ver tb. *sucessão, sucessão inter vivos*] – É a sucessão que tem como fato gerador a morte de uma pessoa. Essa modalidade de sucessão é regida pelo Direito das Sucessões e tem a finalidade de proteger aqueles que mantiveram os elos afetivos mais próximos do *de cujus*, assim entendido pela ordem de vocação hereditária de acordo com o Código Civil (Arts. 1.790 – vide Recurso Extraordinário nº 646.721, Recurso Extraordinário nº 878.694 – art. 1.829).

Ocorrendo o falecimento de um indivíduo, a lei determina que essa pessoa seja sucedida, isto é, substituída em seus direitos e atribuições por seus herdeiros e/ou legatários.

SUCESSÃO DEFINITIVA [ver tb. *sucessão provisória, sucessão, sucessão aberta, sucessão do ausente*] – É a sucessão feita após o decurso de 10 anos do trânsito em julgado da sentença que determinou a abertura da sucessão provisória. Assim, decorrido o prazo legal do trânsito em julgado da sentença que deu início à sucessão provisória em face da ausência do autor da herança, podem os interessados requerer a sucessão definitiva dos bens (Art. 37, CCB). O objetivo é dar como irretratável a sucessão aberta, livrando os herdeiros da provisoriedade e encerrando definitivamente a sucessão, conferindo-lhes a propriedade integral de seus quinhões hereditários.

Autorizada a abertura da sucessão definitiva, presume-se morto o ausente. Também se pode requerer a sucessão definitiva, provando-se que o ausente conta com oitenta anos de idade, e que as últimas notícias dele datam de cinco anos (Art. 38, CCB). Ocorrendo o retorno do ausente nos próximos 10 anos, fará jus àquilo que ainda existir no estado em que se encontre, ou aquilo que foi adquirido em sub-rogação ou ao preço obtido com a venda (Art. 39, CCB).

SUCESSÃO DO AUSENTE [ver tb. *sucessão provisória, sucessão definitiva*] – É a transmissão hereditária dos bens do ausente: *Desaparecendo uma pessoa do seu domicílio sem dela haver notícia, se não houver deixado representante ou procurador a quem caiba administrar-lhe os bens, o juiz, a requerimento de qualquer interessado ou do Ministério Público, declarará a ausência, e nomear-lhe-á curador* (Art. 22, CCB).

Inicia-se o procedimento de sucessão do ausente com a interposição de ação declaratória de ausência. O juiz determinará a arrecadação dos bens do ausente e os entregará à administração de um curador. *Decorrido um ano da arrecadação dos bens do ausente, ou, se ele deixou representante ou procurador, em se passando três anos, poderão os interessados requerer que se declare a ausência e se abra provisoriamente a sucessão* (Art. 26, CCB).

Proceder-se-á à abertura da sucessão provisória com a leitura do testamento, se houver, o inventário e a partilha dos bens como se o ausente falecido fosse. *Dez anos depois de passada em julgado a sentença que concede a abertura da sucessão provisória, poderão os interessados requerer a sucessão definitiva e o levantamento das cauções prestadas* (Art. 37, CCB), que tem o objetivo de dar como irretratável a sucessão aberta, livrando os herdeiros da provisória e encerrando a sucessão, conferindo-lhes a propriedade integral de seus quinhões hereditários.

DISPOSITIVOS NORMATIVOS

CCB – Arts. 22 a 39.

SUCESSÃO *EX TESTAMENTO* [*ver tb. sucessão testamentária*] – É o mesmo que sucessão testamentária.

SUCESSÃO HEREDITÁRIA [*ver tb. sucessão, sucessão inter vivos, sucessão causa mortis*] – É o sinônimo de sucessão *causa mortis*. Expressão utilizada para diferenciar a sucessão regida pelo Direito Civil, *inter vivos*, que é uma simples transmissão de direitos ou substituição de encargos realizada entre pessoas vivas, enquanto a sucessão hereditária identifica a transmissão de bens e direitos de pessoa falecida aos seus herdeiros a título universal. Também não se confunde com a sucessão testamentária.

SUCESSÃO HÍBRIDA – Expressão idealizada pela professora Giselda Maria Fernandes Novaes Hironaka, para designar a situação em que o cônjuge/companheiro concorre com descendentes comuns (de ambos) e com descendentes exclusivos do autor da herança, isso porque tal hipótese não foi prevista pelo legislador, presente uma lacuna normativa (HIRONAKA, Giselda Maria Fernandes Novaes. Comentários ao Código Civil. Vol. 20. Coord. Antônio Junqueira de Azevedo. São Paulo: Saraiva, 2ª Edição, 2007). Após a declaração da inconstitucionalidade do art. 1.790 do CCB/2002 pelo STF, equiparando via de consequência cônjuge e companheiro, passa ser necessário uma releitura das correntes que se formava, em virtude da sucessão híbrida nos casos de união estável. Havia a interpretação de correntes bem definidas, para interpretação da sucessão híbrida, a saber: a primeira dela, nos casos de sucessão híbrida, deve-se aplicar o inciso I do art. 1.790, tratando-se todos os descendentes como se fossem comuns, já que filhos comuns estão presentes; a segunda, analisava o inciso II do art. 1.790, tratando-se todos os descendentes como se fossem exclusivos (só do autor da herança); a terceira havendo concorrência híbrida na união estável, deve ser aplicado o inciso III do art. 1.790 do Código Civil, pela impossibilidade de enquadramento nos dispositivos antecedentes; a quarta aplicava-se a fórmula matemática de ponderação, com auxílio do economista Fernando Curi Peres. A fórmula é a seguinte:

$$X = \underline{\hspace{2cm}}2\,(F+S)\underline{\hspace{3cm}} \times H\,2\,(F+S)2 + 2\,F + S$$

$$C = \underline{\hspace{0.5cm}}2F+S\underline{\hspace{0.5cm}} \times X\,2\,(F+S)$$

(X = o quinhão hereditário que caberá a cada um dos filhos; C = o quinhão hereditário que caberá ao companheiro sobrevivente; H = o valor dos bens hereditários sobre os quais recairá a concorrência do companheiro sobrevivente; F = número de descendentes comuns com os quais concorra o companheiro sobrevivente; S = o número de descendentes exclusivos com os quais concorra o companheiro sobrevivente). Ver em: HIRONAKA, Giselda Maria Fernandes. *Comentários ao Código Civil.* Coord. Antônio Junqueira de Azevedo. 2. ed. São Paulo: Saraiva, 2007, v. 20, p. 66-67; TARTUCE, Flávio; SIMÃO, José Fernando. *Direito civil.* v. 6. *Direito das sucessões.* 3. ed. São Paulo: GEN/Método, 2010, p. 237.

O STF, por meio do Recurso Extraordinário nº 878.694 apreciando o tema 809 da repercussão geral, por maioria e nos termos do voto do Ministro Relator, deu provimento ao recurso, para reconhecer de forma incidental a inconstitucionalidade do art. 1.790 do CC/2002, e fixou tese nos seguintes termos: *"É inconstitucional a distinção de regimes sucessórios entre cônjuges e companheiros prevista no art. 1.790 do CC/2002, devendo ser aplicado, tanto nas hipóteses de casamento quanto nas de união estável, o regime do art. 1.829 do CC/2002".* Assim sendo, aplica-se a possibilidade de interpretação de duas correntes utilizadas nos casos de casamento, ou seja, a primeira delas havendo sucessão híbrida, não se deve fazer a reserva da quarta parte ao cônjuge, tratando-se todos os descendentes como exclusivos do autor da herança, sendo adotado, inclusive no Enunciado 527 das Jornadas de Direito Civil que assim prevê: *"Na concorrência entre o cônjuge e os herdeiros do de cujus não será reservada a quarta parte da herança*

para o sobrevivente no caso de filiação híbrida" (Enunciado nº 527); enquanto que a segunda, em havendo sucessão híbrida, deve ser feita a reserva da quarta parte ao cônjuge, tratando-se todos os descendentes como comuns. Vejamos o que estabelece o art. 1.832 CC: *Em concorrência com os descendentes (art. 1.829, inciso I) caberá ao cônjuge quinhão igual ao dos que sucederem por cabeça, não podendo a sua quota ser inferior à quarta parte da herança, se for ascendente dos herdeiros com que concorrer*[1]. *(...) não há uma referência idêntica e, consequentemente, não há um tratamento diferenciado endereçado ao cônjuge viúvo, se a concorrência se der com descendentes exclusivos do autor da herança, justamente por não serem, estes, relacionados por linha de descendência ao próprio cônjuge que com eles concorre. Assim preferiu o legislador, privilegiando, nesse passo, os herdeiros descendentes, não lhes impondo a obrigação de reservarem, minimamente, a quarta parte do monte partível, mas, ao contrário, determinando que a divisão seja feita por quinhões iguais."* (HIRONAKA, Giselda Maria Fernandes Nova-

---

1. Giselda Maria Fernandes Novaes Hironaka em análise conclui que não há uma referência idêntica e, consequentemente, não há um tratamento diferenciado endereçado ao cônjuge viúvo, se a concorrência se der com descendentes exclusivos do autor da herança, justamente por não serem, estes, relacionados por linha de descendência ao próprio cônjuge que com eles concorre. Assim preferiu o legislador, privilegiando, nesse passo, os herdeiros descendentes, não lhes impondo a obrigação de reservarem, minimamente, a quarta parte do monte partível, mas, ao contrário, determinando que a divisão seja feita por quinhões iguais" (HIRONAKA, Giselda Maria Fernandes Novaes. Morrer e suceder. Passado e presente da transmissão sucessória concorrente. São Paulo: RT, 2011, p. 408-409).

es. *Morrer e suceder. Passado e presente da transmissão sucessória concorrente.* São Paulo: RT, 2011, p. 408-409).

SUCESSÃO INTERNACIONAL – Quando a sucessão envolver aspectos internacionais a saber, seja pela nacionalidade ou domicílio do autor da herança e dos seus sucessores ou pela existência de bens situados no exterior. A Lei de Introdução às Normas do Direito Brasileiro (LINDB) estabelece que a sucessão por morte ou por ausência obedece à lei do país em que o falecido ou o desaparecido era domiciliado (art. 10). A sucessão de bens de estrangeiros, situados no País, será regulada pela lei brasileira em benefício do cônjuge ou dos filhos brasileiros, ou de quem os represente, sempre que não lhes seja mais favorável a lei pessoal do de cujus (art. 10, § 1º). Importante mencionar que a sucessão de bens situados no exterior será regida pela lei do país em que tais bens se encontram, tendo como norte a LINDB, apenas nos casos de bens serem transmitidos para os herdeiros estejam exclusivamente em solo brasileiro.

DISPOSITIVOS NORMATIVOS

CPC/2015: Artigo, 23, I, II, III, 24, 26, 27, 36, 48.

Lei de Introdução às normas do Direito Brasileiro: Artigo 10, § 1º.

JURISPRUDÊNCIA

(...) 1. A lei de Introdução às Normas de Direito Brasileiro (LINDB) elegeu o domicílio como relevante regra de conexão para solver conflitos decorrentes de situações jurídicas relacionadas a mais de um sistema legal (conflitos de leis interespaciais), porquanto consistente na própria sede jurídica do indivíduo. Em que pese a prevalência da lei do domicílio do indivíduo para regular as suas relações jurídicas pessoais, conforme preceitua a LINDB, esta regra de conexão não é absoluta. 1.2 Especificamente à lei regente da sucessão, pode-se assentar, de igual modo, que o art. 10 da LINDB, ao estabelecer a lei do domicílio do autor da herança para regê-la, não assume caráter absoluto. A conformação do direito internacional privado exige a ponderação de outros elementos de conectividade que deverão, a depender da situação, prevalecer sobre a lei de domicílio do *de cujus*. Na espécie, destacam-se a situação da coisa e a própria vontade da autora da herança ao outorgar testamento, elegendo, quanto ao bem sito no exterior, reflexamente a lei de regência. 2. O art. 10, caput, da LINDB deve ser analisado e interpretado sistematicamente, em conjunto, portanto, com as demais normas internas que regulam o tema, em especial o art. 8º, caput, e § 1º do art. 12, ambos da LINDB e o art. 89 do CPC. E, o fazendo, verifica-se que, na hipótese de haver bens imóveis a inventariar situados, simultaneamente, aqui e no exterior, o Brasil adota o princípio da pluralidade dos juízos sucessórios. 2.1 Inserem-se, inarredavelmente, no espectro de relações afetas aos bens imóveis aquelas destinadas a sua transmissão/alienação, seja por ato entre vivos, seja causa mortis, cabendo, portanto, à lei do país em que situados regê-las (art. 8º, *caput*, LINDB). 2.2 A Jurisdição brasileira, com exclusão de qualquer outra, deve conhecer e julgar as ações relativas aos imóveis situados no país, assim como proceder ao inventário e partilha de bens situados no Brasil, independente do domicílio ou da nacionalidade do autor da herança (Art. 89 CPC e § 2º do art. 12 da LINDB) 3. A existência de imóvel situado na Alemanha, bem como a realização de testamento nesse país são circunstâncias prevalentes a definir a *lex rei sitae* como a regente da sucessão relativa ao aludido bem (e somente a ele, ressalta-se), afastando-se, assim, a lei brasileira, de domicílio da autora da herança. Será, portanto, herdeiro do aludido imóvel quem a lei alemã disser que o é. E, segundo a decisão exarada pela Justiça alemã, em que se reconheceu a validade e eficácia do testamento efetuado pelo casal em 1943, durante a Segunda Guerra Mundial, a demandada é a única herdeira do imóvel situado naquele país (ante a verificação das circunstâncias ali referidas – morte dos testadores e de um dos filhos). 3.1 Esta decisão não tem qualquer repercussão na sucessão aberta – e concluída – no Brasil, relacionada ao patrimônio aqui situado. De igual modo, a jurisdição brasileira, porque também não instaurada, não pode proceder a qualquer deliberação quanto à extensão do que, na Alemanha, restou decidido sobre o imóvel lá situado. 4. O imóvel situado na Alemanha (ou posteriormente, o seu produto), de acordo com a lei de regência da correspondente sucessão, passou a integrar o patrimônio jurídico da única herdeira. A lei brasileira, de domicílio da autora da herança, não tem aplicação em relação à sucessão do referido bem, antes de sua consecução, e, muito menos, depois que o imóvel passou a compor a esfera jurídica da única herdeira. Assim, a providência judicial do juízo sucessório brasileiro de inventariar e sobrepartilhar o imóvel ou o produto de sua venda afigurar-se-ia inexistente, porquanto remanesceria não instaurada, de igual modo, a jurisdição nacional. E, por consectário, a pretensão de posterior compensação revela-se de todo descabida, porquanto significaria, em última análise, a aplicação indevida e indireta da própria lei brasileira. 5. O decreto expedido pelo Governo alemão, que viabilizara a restituição de bens confiscados aos proprietários que comprovassem a correspondente titularidade, é fato ocorrido muito tempo depois do encerramento da sucessão aberta no Brasil e que, por óbvio, refugiu, a toda evidência, da vontade e do domínio da inventariante. Desde 1983, a ré, em conjunto com os autores, envidou esforços para obter a restituição do bem. E, sendo direito próprio, já que o bem passou a integrar seu patrimônio jurídico, absolutamente descabido exigir qualquer iniciativa da ré em sobrepartilhar tal bem, ou o produto de sua venda. Do que ressai absolutamente infundada qualquer imputação de má-fé à pessoa da inventariante. 6. Recurso especial improvido. (STJ, REsp nº 1.362.400/SP, relator Ministro Marco Aurélio Bellizze, 3ª T. DJe de 5/6/2015).

SUCESSÃO *INTER VIVOS* [ver tb. sucessão, sucessão causa mortis] – É a sucessão que tem por fato gerador um ato jurídico no qual um sujeito vivo substitui o outro, também vivo, em uma relação jurídica. Ocorre nos contratos de compra e venda, doação, cessão de crédito ou de débito etc. Havendo a transferência de direi-

tos entre duas ou mais pessoas vivas, voluntária ou coercitiva, configura-se a sucessão *inter vivos*.

Não se confunde com a sucessão regida pelo Direito das Sucessões que tem fato gerador diverso – sucessão *causa mortis*.

SUCESSÃO INTESTADA [ver tb. testamento ad intestato] – É o mesmo que testamento *ad intestato*.

SUCESSÃO IRREGULAR [ver tb. sucessão anômala] – É o mesmo que sucessão anômala.

SUCESSÃO JACENTE [ver tb. princípio de saisine, herança vacante, herança jacente] – É a sucessão *causa mortis* aberta sem beneficiário, herdeiro ou legatário conhecido. Aberta a sucessão, no momento da morte do falecido, todos os bens são instantaneamente transferidos aos herdeiros conforme o princípio de *saisine*.

Não havendo herdeiro ou legatário para receber a herança ela será considerada jacente, ou seja, ela jaz sem dono, daí a expressão sucessão jacente. Será considerada jacente até que um herdeiro ou legatário se apresente, do contrário será declarada judicialmente como vacante.

DISPOSITIVOS NORMATIVOS

CCB – Arts. 1.819 a 1.823.

SUCESSÃO *JURE PROPRIO* [ver tb. herança por representação, sucessão por cabeça] – É o mesmo que sucessão por cabeça, ou seja, o herdeiro recebe seu quinhão com base em direito próprio e em seu próprio nome e não por representação.

SUCESSÃO *JURE REPRESENTATIONIS*

[*ver tb. sucessão por estirpe*] – É o mesmo que sucessão por estirpe, o herdeiro sucede não em seu próprio nome, mas por direito de representação.

SUCESSÃO *JURE TRANSMISSIONIS*

[*ver tb. sucessão, sucessão por cabeça, sucessão por estirpe*] – Expressão latina que traduz um princípio de transmissão de herança, transformado em regra no art. 1.809 do CCB: *falecendo o herdeiro sem declarar se aceita ou não a herança, a aceitação ou a renúncia do patrimônio hereditário será imediatamente transmitida àqueles que o sucedem, a menos que se trate de vocação adstrita a uma condição suspensiva, ainda não verificada.* Em outras palavras, falecendo um dos herdeiros antes de manifestar sua aceitação ou renúncia da herança, transfere-se este direito aos seus sucessores, que poderão, em conjunto, decidir se aceitarão a primeira herança para receberem junto da segunda ou se somente receberão a segunda, renunciando assim à primeira.

SUCESSÃO LEGÍTIMA

[*ver tb. sucessão ad intestato, legítima, herdeiro legítimo, herdeiro testamentário*] – É o mesmo que sucessão legal ou hereditária. É aquela que se dá por força de lei, ou seja, não havendo testamento, a sucessão se fará de acordo com a ordem da vocação hereditária estabelecida em lei (Arts. 1.790 – vide REs 646.721 e 878.694 – e 1.829, CCB).

O Supremo Tribunal Federal (STF) analisou em julgamento a equiparação entre casamento e união estável para fins de sucessão, inclusive em uniões homoafetivas. A decisão foi proferida no julgamento dos Recursos Extraordinários (REs) 646.721 e 878.694, ambos com repercussão geral reconhecida. Para fim de repercussão geral, foi aprovada a seguinte tese, válida para ambos os processos: "*No sistema constitucional vigente é inconstitucional a diferenciação de regime sucessório entre cônjuges e companheiros devendo ser aplicado em ambos os casos o regime estabelecido no art. 1.829 do Código Civil*".

Em Direito das Sucessões, a sucessão legítima não é o oposto de ilegítima. Ela se contrapõe à sucessão testamentária. Tanto na sucessão legítima, quanto na testamentária, quando houver herdeiros necessários, a metade da herança deve ser destinada a eles. Esta parte indisponível da herança é também chamada de legítima. *Aberta a sucessão, a herança transmite-se, desde logo, aos herdeiros legítimos e testamentários* (Art. 1.784, CCB).

SUCESSÃO MISTA

[*ver tb. legítima, parte disponível, sucessão testamentária, sucessão legítima*] – É a sucessão *causa mortis* na qual ocorre simultaneamente sucessão legítima e testamentária, ou seja, o *de cujus* tem herdeiros legais e necessários e também elegeu herdeiros facultativos ou legatários via testamento ou codicilo. Nesse caso, o autor da herança deverá observar o limite legal da legítima, metade da herança, podendo dispor do restante, denominada parte disponível, mediante disposição de última vontade.

A sucessão da parte indisponível obedece o determinado em lei, enquanto a sucessão da parte disponível ocorrerá conforme estipulado pelo testador ou codicilante de acordo com a sua vontade.

DISPOSITIVOS NORMATIVOS

CCB – Arts. 1.790 – vide REs 646.721 e 878.694 –, 1.829, 1.857 a 1.885.

S

SUCESSÃO *MORTIS CAUSA* [*ver tb. sucessão causa mortis*] – É o mesmo que sucessão *causa mortis* e sucessão *per obitum*.

SUCESSÃO NECESSÁRIA [*ver tb. sucessão, sucessão legítima, herdeiros necessários*] – É a modalidade de sucessão *causa mortis* que tem a finalidade de proteger os interesses dos herdeiros necessários por força normativa, ou seja, é a garantia de transferência mínima do patrimônio do *de cujus* aos seus parentes mais próximos conforme proteção especial conferida pela legislação: *havendo herdeiros necessários, o testador só poderá dispor da metade da herança* (Art. 1.789, CCB).

SUCESSÃO *PER OBITUM* [*ver tb. sucessão causa mortis*] – É o mesmo que sucessão *causa mortis* e sucessão *mortis causa*.

SUCESSÃO POR CABEÇA [*ver tb. sucessão por estirpe*] – Expressão utilizada para indicar a modalidade de sucessão na qual o herdeiro recebe seu quinhão com base em direito próprio e em seu próprio nome. Aberta a sucessão, são chamados para reivindicar sua cota parte os herdeiros da primeira classe, aqueles mais próximos do *de cujus*, respeitando a ordem de sucessão legítima, para herdar por direito próprio, ou seja, sem a necessidade de serem representados, excluindo as demais classes de herdeiros. A divisão feita entre os herdeiros de mesma classe é realizada de forma igualitária pelo número de herdeiros, daí dizer-se que herdam por cabeça.

DISPOSITIVOS NORMATIVOS

CCB – Arts. 1.829 a 1.836.

SUCESSÃO POR ESTIRPE [*ver tb. estirpe, direito de representação, premoriência, sucessão por cabeça, sucessão por linha*] – É o mesmo que sucessão por tronco. É a sucessão que se faz, não em seu próprio nome, mas por direito de representação. Uma vez aberta a sucessão, convoca-se os herdeiros para receberem seus quinhões hereditários. Havendo herdeiro de classe mais próxima excluem-se os de classe mais remota, dividindo-se a herança apenas entre os herdeiros de mesma classe.

Se houver herdeiro impossibilitado de receber seu quinhão, seja porque é premorto, seja porque foi declarado indigno ou ausente, serão convocados os herdeiros deste para suceder em seu nome junto com os demais da classe superior, ou seja, serão convocados para suceder não por direito próprio, mas por estirpe os descendentes do herdeiro premorto, indigno ou ausente. Trata-se de direito de representação que tem por finalidade corrigir a injustiça de excluir os herdeiros mais remotos em favor dos mais próximos, garantido uma igualdade entre os descendentes – a classe dos ascendentes não goza de direito de representação.

DISPOSITIVOS NORMATIVOS

CCB – Arts. 1.834 a 1.836, 1.851 a 1.856.

JURISPRUDÊNCIA

(...) A representação, por cabeça ou por estirpe, somente tem lugar se o óbito do herdeiro ocorrer antes de aberta sucessão do proprietário do bem a ser partilhado, se posterior, a transferência da quota parte respectiva deve ser analisada em inventário do destinatário do quinhão, não podendo ser convalidada a cessão de direitos no que toca à parcela pertencente aos falecidos cônjuges das herdeiras, firmada pelos cônjuges supérstites ou, ainda, pelo filho de um dos herdeiros falecido (TJMG, Ap. Cível nº 1.0707.06.125920-6/002, Des. Rel. Afrânio Vilela, 2ª CC, publ. 09/02/2011).

SUCESSÃO POR LINHA [*ver tb. sucessão por estirpe, sucessão por cabeça, sucessão por representação*] – É a sucessão *causa mortis* que utiliza do critério das linhas de parentesco para definir o parente mais próximo do *de cujus*. A lei criou o sistema de linhas de parentesco para complementar o sistema de parentesco por grau. Assim, apesar de neto, avô e irmão serem de mesmo grau (segundo), a legislação sucessória dá preferência à linha descendente, ou seja, aquele pertencente a linha dos descendentes é considerado mais próximo.

Na sucessão por linha de descendência há possibilidade de sucessão por estirpe, isto é, direito de representação, podendo haver a concorrência de herdeiros de classes diferentes caso um dos herdeiros mais próximo seja premorto, indigno ou ausente. Essa regra não se aplica à linha ascendente, isto é, caso haja herdeiro ascendente premorto, indigno ou ausente, seus herdeiros não poderão exercer o direito de representação, vigorando o princípio da exclusão entre as classes sucessórias caso haja herdeiro de classe mais próxima. Os ascendentes herdam por linha de ascendência e não por cabeça.

DISPOSITIVOS NORMATIVOS

CCB – Arts. 1.836, 1.843.

SUCESSÃO POR REPRESENTAÇÃO [*ver tb. direito de representação, sucessão por estirpe, direito de representação*] – É o direito de determinados herdeiros receber a herança no lugar de seus parentes ou legatários em razão da morte, ausência ou deserdação deles. Assim, esses herdeiros recebem a herança por substituição àqueles que não poderão recebê-la. Embora a expressão da lei seja sucessão por representação, melhor seria sucessão por substituição.

O direito de representação, ou substituição, se dá em linha reta descendente, mas não se dá na ascendente; e na linha transversal ou colateral, em favor dos sobrinhos. Os representantes só herdarão a parte que o representado herdaria se fosse apto (Art. 1.851, CCB).

SUCESSÃO POR SUBSTITUIÇÃO [*ver tb. sucessão por representação*] – É o mesmo que sucessão por representação.

SUCESSÃO POR TRANSMISSÃO [*ver tb. sucessão jure transmissionis*] – É o mesmo que sucessão *jure transmissionis*.

SUCESSÃO PROVISÓRIA [*ver tb. sucessão de ausente, sucessão definitiva, ausente*] – É modalidade de sucessão não definitiva que tem como fato gerador a declaração de ausência de alguém e a arrecadação de seus bens (Art. 22, CCB). Havendo dúvida quanto à procedência de alguém, se encontra-se vivo ou morto, dá-se início à sucessão provisória.

A sucessão provisória é feita em duas hipóteses: um ano a contar da arrecadação dos bens do ausente no processo declaratório ou três anos da data do seu desaparecimento, caso tenha deixado representante ou mandatário.

Têm legitimidade ativa para requerer a abertura provisória da sucessão o cônjuge, os herdeiros, necessários, testamentários ou legatários, e os credores do desaparecido.

Passados 10 anos do trânsito em julgado da decisão que concedeu a abertura da sucessão provisória, poderão os interessados requerer a sucessão definitiva.

S

DISPOSITIVOS NORMATIVOS

CCB – Arts. 26 a 36.

CPC – Arts. 1.159 a 1.169.

SUCESSÃO SINGULAR [*ver tb. sucessão a título singular*] – É o mesmo que sucessão a título singular.

SUCESSÃO SUPLETIVA [*ver tb. sucessão ab intestato*] – É como também se chama a sucessão sem testamento ou codicilo, sucessão *ab intestato*. Denomina-se supletiva porque na falta de declaração de última vontade aplica-se supletivamente o determinado em lei.

É o mesmo que sucessão legítima ou legal.

SUCESSÃO SUPLETÓRIA [*ver sucessão ab intestato*] – É o mesmo que sucessão sem testamento ou codicilo, sucessão *ab intestato*. É a sucessão legítima ou legal. Denomina-se supletória porque, na falta de declaração de última vontade, aplica-se supletivamente a lei, uma vez que a sucessão testamentária é a regra.

SUCESSÃO TESTAMENTÁRIA [*ver tb. sucessão mista, sucessão legítima*] – É a modalidade de sucessão *causa mortis* na qual há declaração de última vontade do *de cujus* a ser cumprida. O autor da herança pode eleger herdeiros e indicar legatários via testamento ou codicilo, instrumentos que deverão ser respeitados se forem válidos.

É a transmissão da herança de acordo com a manifestação de vontade por escrito do falecido: *Havendo herdeiros necessários, o testador só poderá dispor da metade da herança.* (Art. 1.789, CCB). Nesse caso, há uma sucessão mista, ou seja, sucessão legítima e testamentária.

DISPOSITIVOS NORMATIVOS

CCB – Arts. 1.857 a 1.990.

SUCESSÃO UNIVERSAL [*ver tb. sucessão a título universal*] – É o mesmo que sucessão a título universal.

SUCESSÃO VACANTE [*ver tb. herança vacante, sucessão jacente*] – É a modalidade de sucessão aplicada aos casos em que a herança é declarada vaga por decisão judicial, isto é, não havendo herdeiros necessários, testamentários ou legatários para reclamarem a herança, ou tenham todos renunciado a ela, após o pagamento dos credores ela será declarada vacante. Nesse caso, o Estado é que irá suceder o *de cujus* em todos os seus haveres. *A declaração de vacância da herança não prejudicará os herdeiros que legalmente se habilitarem; mas, decorridos cinco anos da abertura da sucessão, os bens arrecadados passarão ao domínio do Município ou do Distrito Federal, se localizados nas respectivas circunscrições, incorporando-se ao domínio da União quando situados em território federal.* (Art. 1.822, CCB).

DISPOSITIVOS NORMATIVOS

CCB – Arts. 1.820, 1.823.

CPC – Arts. 12, IV, 1.157, 1.170 a 1.176.

SUCESSÃO VOLUNTÁRIA [*ver tb. sucessão testamentária*] – Do latim *voluntarius*, o que faz algo por sua própria vontade, de *voluntas*, vontade, do verbo *volere*, querer, desejar. É o mesmo que sucessão testamentária.

SUCESSÃO VOLUNTATE [*ver tb. sucessão testamentária*] – É o mesmo que sucessão testamentária.

SUCESSIO POSSESSIONIS [*ver tb. sucessão a título singular, sucessão a título universal, usucapião*] – Expressão em latim que significa continuação da posse. É utilizada para determinar uma das formas de aquisição pelo tempo, requisito da posse contínua para o usucapião.

No Direito Sucessório, quando a pessoa que está na qualidade de herdeiro sub--roga-se nos bens e direitos do autor da herança a título universal, recebe a posse com as mesmas características daquela exercida pelo antecessor.

Se o autor da herança tinha posse de um bem que lhe dá direito ao usucapião, mas a posse era viciosa, de má-fé, o sucessor universal a recebe com tal nódoa.

SUCESSOR [*ver tb. sucessão*] – É aquele que irá suceder, isto é, terá transferido a ele os direitos ou atribuições de outrem. Na sucessão *inter vivos*, é a pessoa que assume o lugar, a posição, ou qualidade do sucedido em seus direitos e obrigações em relação ao objeto do negócio jurídico. Por exemplo, comprador sucede vendedor em seu direito patrimonial.

Na sucessão *causa mortis*, é expressão genérica que serve para indicar os herdeiros do *de cujus*: necessários, testamentários ou legatários. Os herdeiros ficam investidos em todos os direitos e todas as obrigações de que o falecido era titular até o limite da força da herança recebida.

SUCESSOR SINGULAR – Ver sucessão a título singular.

SUCESSOR UNIVERSAL – Ver sucessão a título universal.

SUI JURIS [*ver tb. alieni juris, capacidade civil*] – Significa direito próprio. Designa aqueles que não estão sujeitos à autoridade doméstica de outrem, isto é, que têm capacidade de fato para exercer os atos da vida civil. Expressão de origem romana utilizada para designar a pessoa livre, capaz e em pleno exercício de seus direitos civis. A pessoa *sui juris*, o patriarca, gozava de inteira independência e chefiava seus descendentes, que eram considerados *alieni iuris*.

No Direito contemporâneo, é utilizada para qualificar a pessoa, independente do sexo, que goza de capacidade plena, ou seja, que não se encontra sob o poder familiar nem necessita de representação (Arts. 1º a 5º, CCB).

SUPEREGO [*ver tb. ego, gozo, id*] – É o mesmo que supereu. É o ideal do ego, isto é, uma das três instâncias psíquicas responsável pela formação de ideias e age inconscientemente sobre o ego, evitando o sentimento de culpa. Funciona como um juiz ou um censor relativamente ao ego. O ideal do ego, ou seja, o superego, tem a função principal de encarnação da lei e a proibição de sua transgressão. Neste sentido, a lei jurídica cumpre um importante objetivo de colocar limite em quem não tem lei interna. Em outras palavras, o ordenamento jurídico, além de regular e organizar as relações sociais por meio de normas (leis e princípios) tem a função de censor para aqueles cujo superego não é capaz de respeitar as leis de convívio social.

Freud em *O Ego e o superego* assinala que *os sentimentos sociais repousam em identificações com outras pessoas, na base de possuírem o mesmo ideal de ego. A religião, a moralidade e um senso social – os principais elementos do lado superior do homem – foram originariamente uma só e a mesma coisa* (Freud, Sigmund. *Obras psicológicas completas*. 1923-1925. Trad. Jayme Salomão. Rio de Janeiro: Imago, 1976. vl. XIX, p. 52). Vê-se aí a principal diferença entre a lei jurídica e lei moral. A jurídica tem o poder de coerção, da sanção, enquanto a moral e religiosa funciona apenas em nível do superego, isto é, do sentimento de culpa. O superego, ou supereu, é a instância que vigia e pune as transgressões. É o código legal e penal e a força jurídica e policial que ordena dentro de cada um o suplício. (...) Com ele, graças a ele, o erotismo se tinge de culpa e a culpa se erotiza, o amor se liga à transgressão, o prazer entra na caixa registradora das dívidas, o pecado se faz gozo. O supereu troca o prazer por gozo (BRAUNSTEIN, Néstor. *Gozo*. Trad. Mônica Seincman. São Paulo: Escuta, 2007. p. 45).

LINGUAGEM LITERÁRIA

"Sentia que ia perdendo a vontade própria, que estava a ponto de enlouquecer. A severidade consigo mesmo não enfraquecera um mínimo; ao contrário, percebia toda a vileza de seus desejos, de suas ações, porque esperá-la no bosque era uma ação. Sabia que bastaria deparar-se com ela em qualquer lugar, no escuro, e quem sabe tocá-la, para se render ao sentimento. Sabia que só a vergonha perante os outros, perante ela e perante si mesmo o continha. E sabia também que buscava as circunstâncias que escondessem essa vergonha – o escuro e aquele toque, no qual essa vergonha seria abafada pela paixão animal. E por saber que era um criminoso vil, desprezava-se e odiava-se com todas as forças da alma. Detestava-se porque ainda não se entregara. Rezava a Deus todos os dias pedindo que lhe desse forças, que o salvasse da perdição, todos os dias decidia não dar nem mais um passo, não a olhar mais, esquecê-la. Todos os dias imaginava meios de livrar-se dessa alucinação, e os punha em prática."

(TOLSTÓI, Liev. O diabo. In: *O diabo e outras histórias*. Trad. Beatriz Morabito, Beatriz Ricci e Maira Pinto. São Paulo: Cosac Naify, 2010. p. 101-162).

SUPEREU – É o mesmo que superego.

SUPER PESSOA IDOSA [*ver estatuto da pessoa idosa*] – A Lei 13.466/2017 assegura a prioridade especial aos maiores de oitenta anos, atendendo-se suas necessidades sempre preferencialmente em relação aos demais idosos, criando, em tese, uma prioridade especial para pessoas nessa faixa etária. A Lei 14.423/2022 alterou a Lei nº 10.741, de 1º de outubro de 2003, para substituir, em toda a Lei, as expressões "idoso" e "idosos" pelas expressões "pessoa idosa" e "pessoas idosas". Daí dizer-se "super pessoa idosa".

SUPÉRSTITE – Ver cônjuge supérstite.

SUPRESSIO SURRECTIO [*ver tb. dano moral, princípio da boa-fé, princípio da confiança*] – É a expressão em latim para designar a supressão de situações jurídicas, em decorrência do tempo, independentemente de previsão prescricional ou decadencial, que obsta o exercício de algum direito, sob pena de caracterizar abuso de direito, seja na modalidade da quebra da confiança ou da boa-fé objetiva. O retardamento da busca de determinado direito pode fazer surgir uma outra expectativa, como bem demonstra a regra do CCB: *O pagamento reiteradamente feito em outro local faz presumir renúncia do credor relativamente ao previsto no contrato* (Art. 330).

Exemplo de *supressio surrectio* em Direito de Família é o caso do credor de alimentos que nada recebeu do devedor por quase dez anos, permitindo sua conduta a criação de uma expectativa que não haveria mais pagamento e cobrança. *Enquanto a prescrição torna ineficaz pretensões em sentido estrito, ou seja, de natureza obrigacional, a supressio e sua decorrente (a surrecio) têm aplicação mais ampla, abrangendo todos os livros do Código Civil, porque a boa-fé objetiva pauta toda e qualquer relação humana. (...) Também a supressio não se confunde com a decadência, porque não extingue direitos potestativos, mas apenas impede o exercício de posições jurídicas que continuam existentes, porém ineficazes.* (SIMÃO, José Fernando. *Prescrição e decadência, início dos prazos*. São Paulo: Atlas, 2013. p. 197-198).

Supressio é o fenômeno da perda, isto é, a supressão de determinado direito pelo decurso do tempo. A *surrectio* é o inverso, ou seja, o surgimento de uma determinada situação, em razão de não exercício por outrem de um determinado direito, ficando vedado, em razão disso a possibilidade de exercê-lo depois. Este brocardo jurídico é uma derivação ou uma subespécie do *venire contra factum proprium*, diferenciando-se pela conduta inicial que consiste em um comportamento omissivo, ou um não exercício de uma situação jurídica subjetiva. (SCHEREIBER, Anderson. *A proibição de comportamento contraditório*: tutela da confiança e *venire contra factum proprium*. Rio de Janeiro: Renovar, 2005. p. 181).

DISPOSITIVOS NORMATIVOS

CCB – Arts. 113 e 422.

JURISPRUDÊNCIA

(...) O princípio da boa-fé objetiva exercer três funções: (i) instrumento hermenêutico; (ii) fonte de direitos e deveres jurídicos; e (iii) limite ao exercício de direitos subjetivos. A essa última função aplica-se a teoria do adimplemento substancial das obrigações e a teoria dos atos próprios, como meio de rever a amplitude e o alcance dos deveres contratuais, daí derivando os seguintes institutos: *tu quoque, venire contra facutm proprium, surrectio e supressio*. 5. A *supressio* indica a possibilidade de redução do conteúdo obrigacional pela inércia qualificada de uma das partes, ao longo da execução do contrato, em exercer direito ou faculdade, criando para a outra a legítima expectativa de ter havido a renúncia àquela prerrogativa. (...) (STJ, REsp 1202514 RS, Rel.ª Min.ª. Nancy Andrighi, 3ª T., publ. 30/06/2011).

SUPRIMENTO DE CAPACIDADE [*ver tb. emancipação, outorga judicial*] – É o complemento da capacidade de alguém, que não poderia, por si só, praticar aquele ato jurídico. Para os menores, relativamente incapazes, isto é, entre 16 e 18 anos de idade, o suprimento de capacidade se dá pela simples presença do genitor ou tutor responsável. Se houver recusa por parte dos pais/tutores em conceder seu consentimento, ou aprovar o ato jurídico pretendido pelo menor, ele poderá ser obtido por outorga judicial de consentimento.

No Direito de Família, por exemplo, é necessário o suprimento de capacidade para o casamento dos menores de 16 anos: *O homem e a mulher com dezesseis anos podem casar, exigindo-se autorização de ambos os pais, ou de seus representantes legais, enquanto não atingida a maioridade civil* (Art. 1.517, CCB). A Lei nº 13.811/2019 proibiu o casamento de menores de 16 anos no Brasil, alterando o artigo 1.520 do Código Civil, que previa duas exceções para o casamento de menores de 16 anos: *em casos de gravidez* e para evitar imposição ou cumprimento de pena criminal. Essa alteração de 2019, proíbe o casamento de menores de 16 anos, em qualquer caso. A exceção, que já consta do Código Civil, segundo a qual, pais ou responsáveis de jovens com 16 e 17 anos podem autorizar a união, não foi modificada. O Estado avançou, com essa norma, na proteção dos direitos das meninas e mulheres e das crianças e jovens. No entanto, as dimensões que envolvem o casamento infantil são muitas e exigem da sociedade uma resposta urgente. O Brasil é o quarto país em números absolutos de meninas casadas.

A emancipação é uma das formas de suprimento definitivo da capacidade dos menores que tenham dezesseis anos completos.

SUPRIMENTO DE CONSENTIMENTO

– Ver outorga uxória.

SUPRIMENTO DE IDADE [ver tb. emancipação]

– É o ato voluntário dos pais, ou judicial em casos de tutela, que reconhece as condições de capacidade do filho ou tutelado, entre 16 e 18 anos, equiparando-o aos maiores de idade. E assim, dando por completa a maioridade, ele está emancipado e adquire a plena capacidade civil.

A incapacidade em razão da menoridade pode também ser suprida pelo casamento, exercício de emprego público, colação de grau em curso de ensino superior, pelo estabelecimento civil ou comercial, ou emprego que traga ao menor a partir de 16 anos economia própria (Art. 5º, CCB).

SUPRIMENTO JUDICIAL – Ver outorga judicial.

SUSPENSÃO DO PODER FAMILIAR

[ver tb. destituição do poder familiar, Estatuto da Criança e do Adolescente, lei da palmada, poder familiar] – Diante de situações que demonstrem abuso da autoridade parental, o juiz, a pedido de algum parente ou do representante do Ministério Público, pode suspender o poder familiar em prol do melhor interesse da criança.

O pai ou a mãe podem perder ou ter suspenso o poder familiar caso: abusem de sua autoridade, faltem com os deveres a eles inerentes, arruínem os bens dos filhos, castiguem imoderadamente, abandonem o filho, pratiquem atos contrários à moral e aos bons costumes, incidam reiteradamente em atos lesivos aos interesses dos filhos, ou ainda sejam condenados a mais de dois anos de prisão por sentença irrecorrível (Art. 1.637, CCB e Arts. 155 a 163, Lei nº 8.069/90 – Estatuto da Criança e do Adolescente). Trata-se de rol exemplificativo não taxativo, sendo dever do magistrado examinar se a atitude dos pais é prejudicial ao normal desenvolvimento do menor. *A perda e a suspensão do poder familiar serão decretadas judicialmente, em procedimento contraditório, nos casos previstos na legislação civil, bem como na hipótese de descumprimento injustificado dos deveres e obrigações* (...) (Art. 24, Lei nº 8.069/90).

STALKING To stalk, do inglês que quer dizer perseguir. Não há uma expressão exata correspondente na língua portuguesa. É um tipo penal de perseguir alguém reiteradamente e por qualquer meio, como a internet (*cyberstalking*), ameaçando-lhe a integridade física ou psicológica, restringindo-lhe a capacidade de locomoção ou, de qualquer forma, invadindo ou perturbando sua esfera de liberdade ou privacidade.

A Lei 14.132/2021, acrescentou ao art. 147-A ao Decreto-Lei nº 2.848, de 7 de dezembro de 1940 (Código Penal), para prever o crime de perseguição, revogando o art. 65 do Decreto-Lei nº 3.688, de 3 de outubro de 1941 (Lei das Contravenções Penais). A perseguição de ex namorados, cônjuges, companheiros às mulheres pode caracterizar-se também como violência doméstica.

DISPOSITIVOS NORMATIVOS

Lei 14.132/2021

JURISPRUDÊNCIA

(...) A gravidade concreta da conduta está demonstrada no fato de o paciente ter perseguido a vítima por telefone e pessoalmente, além de agarrá-la no meio da rua, na presença do namorado dela e de parentes. (...) Demonstrada necessidade efetiva de segregação do paciente do meio social, como forma de garantir a ordem pública e integridade física e psíquica da ofendida, não se vislumbra a adequação de outras medidas cautelares, dentre aquelas arroladas no artigo 319 do Código de Processo Penal. 5. Ordem denegada. (TJ-DF 07325215320218070000 DF 0732521-53.2021.8.07.0000, Relator: Cesar Loyola, , 1ª Turma Criminal, DJE : 10/11/2021)

S

T

TABELIÃO [*ver tb. ata notarial, notário*] – Do latim *tabellio*, notário público. É o serventuário público que tem a função de redigir e instrumentalizar documentos, atos e contratos, e que em razão de seu cargo atribui-se-lhes autenticidade e fé pública, seja por meio de escritura pública ou autenticação de determinados atos.

O tabelião de registro, também conhecido como oficial de registro, é aquele que exerce o tabelionato para os registros públicos de nascimentos, óbitos e os de títulos e documentos.

O tabelião de notas, ou notário, é aquele encarregado, principalmente, da instrumentalização de escrituras e de outros atos jurídicos, tais como procuração por instrumento público e ata notarial.

TÉCNICA DE REPRODUÇÃO ASSISTIDA – Ver reprodução assistida.

TERCEIRA IDADE [*ver tb. idoso, Estatuto da pessoa Idosa*] – Expressão utilizada para designar o último estágio da vida conforme teoria clássica de divisão do ciclo da vida em apenas três idades: a primeira, em que a infância e a adolescência são vistas conjuntamente (de 0 a 12 e de 13 a 18 anos); a segunda, a vida adulta (de 19 aos 59 anos); e a terceira, a velhice (de 60 anos ou mais). Essa divisão leva em conta, principalmente, a participação dos indivíduos no mercado de trabalho, que se inicia pela escola e formação acadêmica, finalizando-se com a aposentadoria.

A cultura ocidental sempre se preocupou com a divisão da vida humana em fases. Teorias mais modernas já falam em pelo menos sete fases do ciclo da vida: infância, adolescência, juventude, idade adulta ou madura, meia idade, terceira e quarta idades. Essa nova qualificação separou a infância da adolescência e subdividiu a idade adulta em três: transicional (18 a 30 anos ou juventude), primeiro estágio (30 a 45 anos ou idade adulta) e segundo (45 a 85 anos e mais ou segunda vida adulta). O último estágio é subdividido em dois: a idade da sabedoria (45-65 anos) e a da integridade (a partir dessa idade). Essa teoria inovou ao incluir o idoso, pertencente à terceira idade, ao núcleo dos adultos ou

I D O S O

meia-idade. Significa considerar o idoso, também, um adulto, e reforçando a ideia de que parte dos idosos, hoje, são totalmente independentes e permanecem integrados à sociedade, exercendo atividades laborais e/ou desempenhando papéis importantes nas famílias.

A velhice integra parte da vida adulta e não pode mais ser vista apenas como uma última fase da vida, e integrada por pessoas que estão fora do mercado de trabalho e do "mercado erótico".

A Lei nº 13.466/2017 alterou os arts. 3º, 15 e 71 da Lei nº 10.741, de 1º de outubro de 2003, para assegurar prioridade especial aos maiores de 80 anos, atendendo-se suas necessidades sempre preferencialmente em relação aos demais idosos.

A Recomendação nº 47/2021 do CNJ, dispõe sobre medidas preventivas para que se evitem atos de violência patrimonial ou financeira contra pessoa idosa, especialmente vulnerável, no âmbito das serventias extrajudiciais e da execução dos serviços notariais.

A Lei nº 14.423/2022 alterou a Lei nº 10.741, de 1º de outubro de 2003, para substituir, em toda a Lei, as expressões "idoso" e "idosos" pelas expressões "pessoa idosa" e "pessoas idosas".

LINGUAGEM POÉTICA

Você lembra, lembra / Daquele tempo / Eu tinha estrelas nos olhos / Um jeito de herói / Era mais forte e veloz / Que qualquer mocinho de cowboy

Você lembra, lembra / Eu costumava andar / Bem mais de mil léguas / Pra poder buscar / Flores de maio azuis / E os seus cabelos enfeitar

Água da fonte / Cansei de beber / Pra não envelhecer

Como quisesse / Roubar da manhã / Um lindo pôr de sol

Hoje, não colho mais / As flores de maio / Nem sou mais veloz / Como os heróis

É talvez eu seja simplesmente / Como um sapato velho / Mas ainda sirvo / Se você quiser / Basta você me calçar / Que eu aqueço o frio / Dos seus pés

Água da fonte / Cansei de beber / Pra não envelhecer

Como quisesse roubar da manhã / Um lindo por de Sol

Hoje não colho mais / As flores de maio / Nem sou mais veloz / Como os heróis / É talvez eu seja simplesmente / Como um sapato velho / Mas ainda sirvo / Se você quiser / Basta você me calçar / Que eu aqueço o frio / Dos seus pés

(*Sapato velho* – Letra de Mú Carvalho, Cláudio Nucci e Paulinho Tapajós; música da banda Roupa Nova)

LINGUAGEM LITERÁRIA

"Aos 88 anos posso delirar à vontade. Delírio, o cérebro deixa. E até estimula. O Deus do azul acha graça. Imaginação fértil, realismo fantástico: preciosidades de velho e criança. Bom ser criança vetusta, reaprender a inventar histórias e a esquecê-las com facilidade, alimentar sonhos, não guardar raivas nem condenações, não se deter em nada que dure mais de um dia.

Ter 88 anos me dá o direito de viver hoje como se fosse a primeira folha de caderno novo e bem encapado. Caneta-tinteiro cheia. Azul real lavável. O cabeçalho no alto, com o nome da escola, a letra caprichada. A determinação de mantê-la assim, redonda, caligráfica, os três bem cortados, até a última linha da última página. Determinação nunca levada a cabo. Vida é professora que dita rápido. Não espera. Pode sacudir o braço já adormecido, pode pedir para ir mais devagar. Ela não ouve, não está nem aí. Ela imprime o ritmo. Acompanhe quem puder."

(AZEVEDO, Francisco. *O arroz de palma*. Rio de Janeiro: Record, 2008. p. 144).

ILUSTRAÇÃO

Sérgio Lima. P. 680.

TESTADOR [*ver tb. autor da herança, testamento*] – Do latim *testari*, declarar. É o autor da herança que dispõe sobre seus bens em testamento, para que seja cumprido depois de sua morte. *Toda pessoa capaz pode dispor, por testamento, da totalidade dos seus bens, ou de parte deles, para depois de sua morte* (Art. 1.857, CCB).

É requisito essencial de validade do testamento que o testador esteja em plena capacidade civil no momento de sua elaboração. A incapacidade superveniente, isto é, a que evidencia depois da elaboração regular do testamento, não o vicia (Art. 1.861, CCB).

TESTAMENTARIA [*ver tb. testamenteiro*] – É o nome que se dá ao conjunto de funções exercidas pelo testamenteiro. É a administração dos bens deixados em testamento.

É um *munus* privado, personalíssimo, intransferível, indelegável por ser cargo de confiança. *O testamenteiro é obrigado a cumprir as disposições testamentárias, no prazo marcado pelo testador, e a dar contas do que recebeu e despendeu, subsistindo sua responsabilidade enquanto durar a execução do testamento* (Art. 1.980, CCB).

TESTAMENTÁRIO – Do latim *testamentarius*. É o que refere-se ao testamento.

TESTAMENTEIRO [*ver tb. testamento, vintena*] – Do latim *testamentarius*, relativo a testamento, é a pessoa nomeada pelo autor do testamento para exercer os encargos da testamentaria, ou seja, para assumir o *munus* de defender a validade do instrumento e executar as disposições testamentárias. Em regra, é nomeado em cláusula do testamento ou codicilo pelo *de cujus*, que pode indicar uma ou várias pessoas para exercer em conjunto, ou separadamente, o *munus* de executor testamentário, ou, na ausência de nomeação, ficará a testamentaria a cargo do cônjuge supérstite, companheiro ou a um dos herdeiros.

Sendo omisso o testamento, e não havendo herdeiro para exercer a testamentaria, o juiz nomeará pessoa de sua confiança como testamenteiro dativo.

O testador tem direito a uma remuneração pelo seu serviço, conhecido por prêmio ou vintena.

DISPOSITIVOS NORMATIVOS

CCB – Arts. 1.797, III, 1.883, 1.976 a 1.990.

TESTAMENTEIRO DATIVO – Ver testamenteiro judicial.

TESTAMENTEIRO INSTITUÍDO [*ver tb. testamenteiro*] – É testamenteiro indicado pelo próprio testador na cláusula testamentária ou codicilo para exercer o *munus* da testamentaria, isto é, para fazer cumprir o testamento e defender a validade do testamento.

O testamenteiro instituído, assim como testamenteiro dativo tem direito a uma remuneração conhecida como prêmio ou vintena.

TESTAMENTEIRO JUDICIAL [*ver tb. testamenteiro, testamenteiro dativo*] – É o serventuário da Justiça, ou outra pessoa de confiança do juiz, nomeado por ele para assumir o *munus* de proteger e fazer cumprir as disposições testamentárias, quando não há testamenteiro nomeado pelo próprio testador, ou quando ele não deixou cônjuge ou companheiro e nem herdeiros (Art. 1.984, CCB).

É também conhecido como testamenteiro dativo. *Salvo disposição testamentária em contrário, o testamenteiro, que não seja herdeiro ou legatário, terá direito a um prêmio, que, se o testador não o houver fixado, será de um a cinco por cento, arbitrado pelo juiz, sobre a herança líquida, conforme a importância dela e maior ou menor dificuldade na execução do testamento* (Art. 1.987, CCB).

TESTAMENTEIRO PARTICULAR [*ver tb. testamenteiro, testamenteiro universal*] – É pessoa designada pelo testador que, diferentemente do testamenteiro universal, não detém a posse ou administração dos bens do autor da herança. Nesta hipótese, a posse e a administração da herança estão a cargo do inventariante.

Cabe ao testamenteiro particular exigir dos herdeiros e do inventariante os meios necessários para executar as disposições testamentárias e o cumprimento dos legados. *Qualquer herdeiro pode requerer partilha imediata, ou devolução da herança, habilitando o testamenteiro com os meios necessários para o cumprimento dos legados, ou dando caução de prestá-los.* (Art. 1.977, parágrafo único, CCB).

TESTAMENTEIRO UNIVERSAL – É a pessoa que, além do encargo de testamenteiro, exerce também a função de inventariante, nomeado pelo testador. Se o falecido não tiver deixado herdeiro necessário, cônjuge ou companheiro(a) sobrevivo, ele terá a posse e administração dos bens inventariados (Art. 1.977, CCB), e deve requerer a abertura do inventário e fazer cumprir o testamento.

TESTAMENTO [*ver tb. herdeiros necessários, parte disponível da herança, planejamento sucessório, codicilo*] – Do latim *testamentum*, de *testari*. É o ato jurídico, solene, revogável, unilateral e personalíssimo, pelo qual alguém, em plena capacidade e de livre e espontânea vontade, dispõe sobre sua última vontade acerca de questões patrimoniais e/ ou não patrimoniais, para ser cumprida depois de sua morte (Arts. 1.857 e segs., CCB). Revogável porque testamento posterior automaticamente revoga o anterior naquilo que o contraria, quando não o revoga expressamente; e personalíssimo, vez que somente pode emanar, exclusivamente, da vontade do testador, indelegável e diretamente, não se admitindo sua manifestação via procurador.

A capacidade para testar se dá a partir dos 16 anos de idade (Art. 1.860, CCB).

Os curatelados não podem fazer testamento, nem mesmo por meio de seus curadores.

Do direito romano extrai-se duas definições para testamento: *uma, de Modestino: testamentum est voluntatis nostrae justa sententia, de eo, quod quis post mortem suam fieri velit, quer dizer: testamento é a justa manifestação de nossa vontade sobre aquilo que queremos que se faça depois da morte. Outra, de Ulpiano: testamentum est mentis nostrae justa contestatio, in id solemniter facta, ut post mortem mostram valeat, ou seja: testamento é a manifestação de última vontade, feita de forma solene, para valer depois da morte* (VELOSO, Zeno. *Testamentos.* 2. ed. Belém: CEJUP, 1993. p. 21).

O testamento é um dos instrumentos mais simples e eficazes para a elaboração de um planejamento sucessório. Além de dispor sobre a distribuição dos bens e direitos que deixar por ocasião da sua morte, o testador poderá tratar sobre diferentes questões, tais como: a diminuição da quota hereditária necessária, a inclusão de herdeiros pretendidos, a declaração de reconhecimento da existência de união estável, a declaração da natureza comum ou exclusiva de determinado bem, a inserção de cláusulas restritivas sobre a legítima, cláusulas condicionais sobre a parte disponível, a dispensa da colação de bens doados em vida aos descendentes, a inclusão ou exclusão de determinados bens no pagamento da quota hereditária com a fixação do modo de partilha, a nomeação de tutor sobre administração de bens de herdeiros menores, de herdeiros diferentes do estabelecido em lei, a instituição de legados, o reconhecimento de dívida, de paternidade, sendo este último aspecto o único que não pode ser revogado por instrumento posterior.

Os testamentos classificam-se em ordinários e especiais. Os ordinários são o público, particular e cerrado; os especiais o marítimo, militar ou aeronáutico.

Os testamentos que dispõem de "bens de pequena monta" (Art. 1.881, CCB) são denominados de codicilo ou testamento-anão.

No Brasil, ainda não há uma cultura de se fazer transmissão sucessória via testamento. Apenas 5% das sucessões abertas têm testamento.

O testamento não está sujeito à prescrição de direito ou decadência. Mesmo que tenha passado muito tempo entre a elaboração do testamento e a morte do testador, mantém-se sua validade, caso não tenha ocorrido revogação ou rompimento.

O Provimento nº 56/2016 do CNJ dispõe sobre a obrigatoriedade de consulta ao Registro Central de Testamentos On-Line (RCTO) para processar os inventários e partilhas judiciais e lavrar escrituras públicas de inventários extrajudiciais. O Provimento nº 134/2022 do CNJ estabelece medidas a serem adotadas pelas serventias extrajudiciais em âmbito nacional para o processo de adequação à Lei Geral de Proteção de Dados Pessoais. Estabelece o artigo 32 que a certidão de testamento somente poderá ser fornecida ao próprio testador ou mediante ordem judicial. Após o falecimento, a certidão de testamento poderá ser fornecida ao solicitante que apresentar a certidão de óbito (§ único).

DISPOSITIVOS NORMATIVOS

CCB – Arts. 1.857 a 1.911.

Provimento nº 56/2016 do CNJ.

Provimento nº 134/2022 do CNJ.

LINGUAGEM POÉTICA

Você que só ganha pra juntar / O que é que há, diz pra mim, o que é que há? / Você vai ver um dia / Em que fria você vai entrar

Por cima uma laje / Embaixo a escuridão / É fogo, irmão! É fogo, irmão!

Pois é, amigo, como se dizia antigamente, o buraco é mais embaixo... E você com todo o seu baú, vai ficar por lá na mais total solidão, pensando à beça que não levou nada do que juntou: só seu terno de cerimônia. Que fossa, hein, meu chapa, que fossa...

Você que não para pra pensar / Que o tempo é curto e não para de passar / Você vai ver um dia, que remorso!

Como é bom parar

Ver um sol se pôr / Ou ver um sol raiar / E desligar, e desligar

Mas você, que esperança... Bolsa, títulos, capital de giro, *public relations* (e tome gravata!), protocolos, comendas, caviar, champanhe (e tome gravata!), o amor sem paixão, o corpo sem alma, o pensamento sem espírito (e tome gravata!) e lá um belo dia, o enfarte; ou, pior ainda, o psiquiatra

Você que só faz usufruir / E tem mulher pra usar ou pra exibir / Você vai ver um dia / Em que toca você foi bulir! / A mulher foi feita / Pro amor e pro perdão / Cai nessa não, cai nessa não

Você, por exemplo, está aí com a boneca do seu lado, linda e chiquérrima, crente que é o amo e senhor do material. É, amigo, mas ela anda longe, perdida num mundo lírico e confuso, cheio de canções, aventura e magia. E você nem sequer toca a sua alma. É, as mulheres são muito estranhas, muito estranhas

(...)

(*Testamento* – Letra e música de Vinicius de Moraes e Toquinho).

TESTAMENTO ABERTO [*ver tb. testamento particular*] – É o mesmo que testamento público. Denomina-se aberto porque, diferente do cerrado, que é um testamento fechado, secreto, é feito por instrumento público e fica à disposição de quem quiser vê-lo.

TESTAMENTO AERONÁUTICO – É uma forma de testamento especial. É aquele elaborado por qualquer pessoa em viagem a bordo de aeronave militar ou comercial, perante o comandante ou pessoa por ele designada. Deve ser feito na forma correspondente ao testamento público, quando formulado por oficial indicado, ou cerrado, quando escrito de próprio punho ou por terceiro a mando do testador.

O testamento aeronáutico deve ser registrado no diário de bordo da aeronave e posteriormente entregue à autoridade competente no primeiro aeroporto nacional que a aeronave aterrissar. Ele caduca se o testador não morrer na viagem, ou nos 90 dias subsequentes ao seu desembarque em terra, onde ele deverá fazer outro testamento na forma ordinária (Arts. 1.888 e segs., CCB), ou seja, público, particular ou cerrado.

TESTAMENTO AFETIVO [*ver herança digital*] – é a disposição de última vontade que estabelece uma curadoria de memorias afetivas no meio digital, preservando as lembranças de entes queridos falecidos, atuando como uma espécie de "memória digital". Estabelece o § 2º do artigo 1.857 do CCB/2002 *que "são válidas as disposições testamentárias de caráter não patrimonial, ainda que o testador somente a elas tenha se limitado".* Muito comum nos casos de se manter o perfil de pessoas falecidas, como uma espécie de memória de afeição. Geralmente pela configuração dessas redes sociais, muitas vezes tem a previsão de indicar um contato de

um herdeiro para cuidar de sua conta transformada em memorial ou excluir a conta permanentemente. As contas transformadas em memorial são um local em que amigos e familiares podem se reunir para compartilhar lembranças após o falecimento de uma pessoa. *Em relação a páginas e contas protegidas por senha, deve-se verificar o caráter do conteúdo ali contido e a funcionalidade da aplicação. Tratando-se de aplicações com fundo estritamente patrimonial, como contas de instituições financeiras, ou ligadas a criptomoedas, por exemplo, a conta e a senha poderiam ser transferidas para os herdeiros. Contudo, em relação a aplicações de caráter pessoal e privado, como é o caso de perfis de redes sociais e dos aplicativos de conversas privadas, não se deve permitir, a princípio, o acesso dos familiares.*" (LEAL, Livia Teixeira. Internet e morte do usuário: a necessária superação do paradigma da herança digital. *Revista Brasileira de Direito Civil* – RBDCivil, Belo Horizonte, v. 16, p. 181-197, abr./jun. 2018).

TESTAMENTO-ANÃO – É o mesmo que codicilo.

TESTAMENTO ANULÁVEL [*ver tb. nulidade de testamento*] – É o testamento em que a declaração de vontade do testador estava viciada, ou, no ato de fazê-lo, não tinha pleno discernimento. Provado o vício da vontade, pode ser anulado o testamento ou a disposição testamentária, a requerimento do interessado ou do Ministério Público, por meio de sentença judicial que declarará inválido o testamento como um todo ou apenas partes dele. Do contrário, o vício pode se convalidar no tempo.

O prazo para se questionar o testamento eivado de erro, dolo ou coação é de quatro anos (Art. 1.909, CCB). Tratando-se de caso de falta de discernimento quando no momento de testar, extingue-se em cinco anos o direito de impugnar a validade do testamento, contado o prazo da data do seu registro (Art. 1.859, CCB).

DISPOSITIVOS NORMATIVOS

CCB – Arts. 166, 1.857, 1.860, 1.897 a 1.911.

TESTAMENTO BIOLÓGICO – É o mesmo que testamento genético.

TESTAMENTO CEGO – É o testamento de pessoa completamente cega ou deficiente visual, mas que esteja em pleno gozo de sua capacidade, subordinado a regras especiais. O testamento feito por pessoa cega deverá, necessariamente, ser feito mediante instrumento público: *Ao cego só se permite o testamento público, que lhe será lido, em voz alta, duas vezes, uma pelo tabelião ou por seu substituto legal, e a outra por uma das testemunhas, designada pelo testador, fazendo-se de tudo circunstanciada menção no testamento* (Art. 1.867, CCB). A denominação é imprópria, pois cego não é o testamento, mas o testador.

TESTAMENTO CERRADO [*ver tb. testamento, testamentos especiais*] – É uma das formas ordinárias de testamento assim como o público e particular. É aquele elaborado pelo testador ou por outrem a seu rogo, de forma sigilosa, ou seja, fica cerrado, lacrado, cozido até sua morte. Também conhecido como testamento secreto, testamento místico, testamento misto. Místico, tanto no grego como no latim, significa misterioso, oculto, segredo.

É uma forma intermediária entre o testamento público e o particular, tem natureza particular e pública simultaneamente, ao passo que ele é redigido pelo testador ou por outrem a seu rogo (particular) e é lavrado pelo tabelião ou seu substituto legal, que o aprovará sempre na presença de duas testemunhas maiores, capazes, idôneas e desimpedidas, por isso também conhecido como testamento misto.

O conteúdo do testamento cerrado somente será conhecido após a morte do testador e no momento de sua abertura. Ao fazê-lo, o testador, por intermédio do tabelião ou seu substituto legal, lavra e lê o auto de aprovação na presença do testador e das duas testemunhas, colhe a assinatura de todos e ao final cerra e cose o instrumento aprovado.

Diferentemente do testamento público, o testamento cerrado pode ser exarado em língua nacional ou estrangeira.

Os analfabetos e os deficientes visuais (impedidos de ler) não podem dispor de seus bens por meio do testamento cerrado. Ao surdo-mudo é permitido fazer testamento cerrado desde que consiga exprimir sua vontade, que assine e declare de próprio punho na parte externa do papel ou do envoltório que aquele é o seu testamento e pede a aprovação, ao tabelião ou substituto legal.

Pode ser revogado por qualquer modalidade de testamento posterior confeccionado pelo testador.

DISPOSITIVOS NORMATIVOS

CCB – Arts. 1.868 a 1.875.

JURISPRUDÊNCIA

Na hipótese em que o testamento cerrado é apresentado ao Juiz, para registro e cumprimento, deve-se verificar apenas a presença dos requisitos formais exigidos por lei. Existindo questionamentos acerca da validade intrínseca do mesmo, tal discussão deve ser realizada mediante ação própria (TJMG, Ap. Cível nº 10126110013201001, Rel.ª Des.ª Hilda Teixeira da Costa, 2ª CC., j. 03/06/2014).

TESTAMENTO CONJUNTIVO [ver tb. testamento correspectivo, testamento mútuo]

– É o testamento feito por duas pessoas, capazes, dispondo de seus bens reciprocamente, ou em favor de terceiros, em um só instrumento. É também chamado de testamento conjunto, mancomunado ou de mão comum. Ele pode receber a forma de testamento simultâneo, quando dispõe em favor de um terceiro; testamento correspectivo, quando as disposições de um correspondem reciprocamente a retribuições ou compensações à disposições do outro; e recíproco, quando o instrumento resulta em uma reciprocidade de disposições na qual ambos se instituem herdeiro um do outro. Seja qual for a modalidade ou forma em que o testamento conjuntivo de apresentar (simultâneo, recíproco ou correspectivo) ele é proibido pela ordem jurídica brasileira (Art. 1.863, CCB). Todavia, isto não significa que duas pessoas não possam estabelecer cláusulas de reciprocidade ou simultaneidade em seus respectivos testamentos. Apenas não podem fazê-lo em um único instrumento, mas poderão fazê-lo em testamentos separados.

As disposições mútuas entrariam em conflito com o princípio de revogabilidade dos testamentos, tornando tais disposições irrevogáveis tendo em vista que são atos personalíssimos, motivo pelo qual o legislador proibiu tal testamento.

TESTAMENTO CORRESPECTIVO – É modalidade de testamento conjuntivo, isto é, um testamento mútuo. É a disposição de última vontade na qual dois testadores dispõem mutuamente de bens em retribuição a outros bens dispostos correspondentes em seu benefício. Essa modalidade de testamento com retribuição mutua é vedada pelo Código Civil: *É proibido o testamento conjuntivo, seja simultâneo, recíproco ou correspectivo* (Art. 1.863, CCB).

TESTAMENTO DE INCAPAZES [*ver tb. testamento, testamento de surdo-mudo, testamento cego*] – Os incapazes não podem fazer testamento, e se o fizerem não terá validade e eficácia. Para efeitos de testamento são considerados incapazes, não apenas os menores absolutamente incapazes, isto é, com menos de 16 anos, e os curatelados, mesmo por intermédio de seus curadores, mas também qualquer pessoa que, no ato de fazê-lo, não puder exprimir claramente a sua vontade.

A idade avançada, por si só, não é incapacitante do sujeito, e sim a sua lucidez e higidez mental. Neste sentido, e para evitar futuros questionamentos de validade do testamento, é conveniente fazer referência a atestados médicos, comprovantes da capacidade mental do testador, bem como guardar tais atestados, que ajudarão a dirimir dúvidas sobre a capacidade, ou não, do ato do testador quando idoso ou com alguma suspeita de demenciamento.

A incapacidade superveniente do testador, obviamente, não invalida o testamento, assim como o testamento feito pelo incapaz não passa a ter validade com a superveniência da capacidade (Art. 1.861, CCB).

TESTAMENTO DO SURDO-MUDO – É o testamento feito por pessoa surda e muda que consegue exprimir de maneira clara sua vontade e que bem se faça compreender. Sabendo ler e escrever, poderá testar por uma forma de testamento que dispense a manifestação oral, como por exemplo, o testamento cerrado. *Pode fazer testamento cerrado o surdo-mudo, contanto que o escreva todo, e o assine de sua mão, e que, ao entregá-lo ao oficial público, ante as duas testemunhas, escreva, na face externa do papel ou do envoltório, que aquele é o seu testamento, cuja aprovação lhe pede* (Art. 1.873, CCB).

TESTAMENTO ÉTICO [*ver tb. testamento, codicilo, testamento vital, testamento genético*] – Expressão utilizada no Direito americano – *Ethical Will*, para designar o testamento em que se transmite aos familiares ou outros herdeiros, valores menos patrimoniais e mais morais, espirituais, conselhos, condutas ou experiências que sirvam de reflexão a quem se destina. Tais disposições não patrimoniais geralmente referem-se à nomeação de tutor, reconhecimento de paternidade biológica e socioafetiva, administração dos bens de filhos menores, cumprir determinados compromissos etc.

Assemelha-se ao codicilo, que é o testamento de bens de "pequena monta" (Art. 1.881, CCB). Contudo, dele se diferencia por trazer consigo e em sua essência, um conteúdo imaterial, de transmissão de valores morais e éticos. Tais disposições, obviamente, podem constar em quaisquer outras formas testamentárias, inclusive em conjunto com outras disposições de última vontade.

LINGUAGEM POÉTICA

Quando eu morrer me enterre na Lapinha, / Quando eu morrer me enterre na Lapinha / Calça, culote, palitó almofadinha / Calça, culote, palitó almofadinha

Vai meu lamento vai contar / Toda tristeza de viver / Ai a verdade sempre trai / E às vezes traz um mal a mais / Ai só me fez dilacerar / Ver tanta gente se entregar / Mas não me conformei / Indo contra lei / Sei que não me arrependi / Tenho um pedido só / Último talvez, antes de partir

Quando eu morrer / Me enterre na Lapinha / Calça, culote, paletó, almofadinha

Sai minha mágoa / Sai de mim / Há tanto coração ruim / Ai é tão desesperador / O amor perder do desamor / Ah tanto erro eu vi, lutei / E como perdedor gritei / Que eu sou um homem só / Sem saber mudar / Nunca mais vou lastimar / Tenho um pedido só / Último talvez, antes de partir

(...)

(*Lapinha* – Letra e música de Baden Powell).

TESTAMENTO GENÉTICO [*ver tb. legado de material genético, material genético, paternidade diferida, prole eventual*] – É a disposição testamentária feita por quem tem material genético criopreservado (espermatozoide, óvulo, embrião), estabelecendo-se aí instruções no sentido de o material ser utilizado ou descartado após a sua morte.

O testador pode dispor de seu material genético como bens do inventário, ou seja, pode determinar mediante legado quais pessoas poderão utilizar o material destinado à procriação. Por exemplo, o *de cujus* pode deixar para seus ascendentes o material genético congelado no intuito de que eles o utilizem para gerar um descendente seu, isto é, um filho dele.

Nos Estados Unidos, durante a Guerra do Golfo, em 1991, e mais recentemente na Guerra do Iraque, em 2003, os soldados enviados para a linha de frente eram instruídos a depositar material genético nos bancos de sêmen para garantir gametas saudáveis caso fossem expostos a material radioativo durante a guerra. Contudo, nada foi estabelecido quanto ao que fazer com esse material quando o soldado viesse a falecer. Muitas viúvas e namoradas entraram com pedido na Suprema Corte americana requerendo a liberação do material para fecundação *in vitro* e a obtiveram. Assim, a Associação Médica Americana (AMA) instituiu normas para a utilização do material genético *post mortem*: 1) o material genético não deve ser utilizado para outras finalidades se não as intentadas pelo doador, isto é, procriação; 2) caso o doador tenha deixado instruções, essas deverão ser observadas. 3) do contrário, o material poderá ser entregue ao convivente do *de cujus*, ficando o médico instruído a avisar o doador desta política no momento da coleta.

No Brasil, a Resolução nº 2320/2022 do Conselho Federal de Medicina, dispõe apenas que é permitida a reprodução assistida *post mortem* desde que haja autorização específica do(a) falecido(a) para o uso do material biológico criopreservado, de acordo com a legislação vigente. (VIIII).

O material genético deixado na forma de legado pode ser utilizado para a concepção de uma prole eventual do testador, isto é, uma prole futura *post mortem*. Os filhos gerados desse procedimento são herdeiros necessários, e, portanto, decorrem daí consequências nos direitos sucessórios. Entretanto, para que exerçam seus direitos em relação à herança deixada pelo testador, é preciso observar um prazo razoável para a sua concepção, do contrário, surgiria para os demais herdeiros uma eterna insegurança jurídica quanto aos seus quinhões. Tem-se como referência, de prazo razoável, o art. 1.800, § 4º do CCB: *Se, decorridos dois anos após a abertura da sucessão, não for concebido o herdeiro esperado, os bens reservados, salvo disposição em contrário do testador, caberão aos herdeiros legítimos.*

O filho concebido e gerado por meio da inseminação *post mortem* tem direitos iguais aos demais descendentes do falecido, em razão do princípio constitucional da igualdade entre os filhos. É também chamado de testamento biológico.

TESTAMENTO HOLÓGRAFO [*ver testamento particular*] – É espécie do gênero testamento particular. Do grego *holo*, inteiro, e *graphos*, por escrito, expressa a ideia de escrito por inteiro. É o testamento escrito inteiramente pelas mãos do testador. A sua característica, e requisito essencial, é ser escrito de próprio punho pelo testador. Todavia, isto, por si, não garante sua autenticidade e validade. É necessário que seja confirmado pelas testemunhas, que são três, reconhecido e homologado em juízo após a morte do testador, como todos os testamentos devem sê-lo.

O testamento hológrafo era considerado a única modalidade de testamento particular, mas o CCB 2002 introduziu o testamento particular feito por processo mecânico ou, ainda, redigido por mãos de terceiro, que pode ser inclusive uma das testemunhas. *Em circunstâncias excepcionais declaradas na cédula, o testamento particular de próprio punho e assinado pelo testador, sem testemunhas, poderá ser confirmado, a critério do juiz* (Art. 1.879, CCB).

TESTAMENTO LITIGIOSO – É a expressão para designar o testamento que é objeto de divergência entre os herdeiros e é levado ao Judiciário para discutir sua validade ou eficácia, no todo ou apenas em parte dele. Não se trata, propriamente, de uma forma de testamento, mas de uma contestação, ou impugnação em juízo, por parte dos interessados da validade do testamento.

TESTAMENTO MARÍTIMO – É uma das modalidades de testamentos especiais, assim como o testamento aeronáutico e militar. É aquele elaborado a bordo de qualquer tipo de embarcação, por pessoa viajando em alto-mar a bordo de navio nacional, de guerra ou mercante perante a autoridade da embarcação (capitão, comandante ou pessoa designada por eles). Deve observar a forma correspondente ao testamento público, quando formulado por autoridade do navio, ou cerrado, quando escrito de próprio punho ou por terceiro a mando do testador.

O testamento marítimo deve ser registrado no livro de bordo e, posteriormente, entregue à autoridade competente no primeiro porto nacional que a embarcação ancorar. Ele caduca se o testador sobreviver à viagem e tiver condições físicas e mentais de refazê-lo em sua forma ordinária (público, particular ou cerrado), e não fizer nos noventa dias subsequentes ao seu desembarque (Arts. 1.888 e segs., CCB).

TESTAMENTO MILITAR – É uma das formas especiais de testamento, assim como, o marítimo e o aeronáutico. Em situações especiais, o testador não tendo à sua disposição os meios comuns para testar, poderá fazê-lo de forma diferente das formas ordinárias, em razão da urgência e de um risco iminente. É aquele elaborado por militares ou quaisquer pessoas a serviço das Forças Armadas em campanha, dentro ou fora do país, praça sitiada ou que esteja com as comunicações interrompidas. Em regra, é feito na modalidade cerrada, quando feito pelo próprio punho do testador, mas se pertencer a corpo ou seção de corpo destacado, o testamento será escrito pelo respectivo comandante, ainda que de graduação ou posto inferior (Art. 1.893, § 1º, CCB), ou seja, em modalidade similar ao público.

Também pode ser feito verbalmente, se o testador não puder exprimir sua vontade em linguagem escrita, conhecido como testamento nuncupativo, que é outra modalidade de testamento militar. Pode ser feito ante duas testemunhas ou três, se o testador não puder ou não souber assinar, nesse caso uma das testemunhas fará por ele. Se o testador estiver internado em hospital, passando por tratamento, o testamento será escrito por oficial de saúde responsável ou pelo diretor do estabelecimento. Se o testador for o militar mais graduado – de maior patente – o testamento será escrito por aquele que o substituir.

Caduca o testamento militar se nos noventa dias seguintes o testador estiver em lugar onde possa testar na forma ordinária, salvo se o testamento tenha sido realizado diante de auditor, ou o oficial, que tenha lavrado, em qualquer parte dele, lugar, dia, mês e ano, em que lhe for apresentado, nota esta assinada por ele e pelas testemunhas. (Arts. 1.893 a 1.896, CCB).

TESTAMENTO MÍSTICO – Ver testamento cerrado.

TESTAMENTO MISTO – Ver testamento cerrado.

TESTAMENTO MÚTUO [*ver tb. testamento correspectivo*] – É a espécie do gênero testamento conjuntivo. É quando dois testadores se instituem como herdeiro um do outro. O testamento mútuo é nulo, pois institui herdeiro ou legatário sob a condição captatória, isto é, na condição de que aquele beneficie o outro de forma recíproca (Art. 1.900, I, CCB).

TESTAMENTO NULO [*ver tb. testamento, testamento anulável*] – É o testamento que, em razão de defeito grave que o atinge, não produz os efeitos que deveria produzir. Considera-se nulo o ato jurídico praticado por pessoa incapaz, quando seu objeto for impossível ou ilícito, quando não revestir de forma adequada, que possuir disposições testamentárias que contrariem expressamente imposição legal, ou que esteja contaminado por simulação. A lei prevê hipóteses de nulidade total, ou parcial de disposições específicas.

A nulidade do testamento pode ser classificada em intrínseca ou extrínseca, conforme a causa e o defeito presente no ato jurídico. Entende-se por nulidade intrínseca os vícios relativos à vontade do testador, afetando todo o testamento. Nulo é, assim, o testamento do incapaz de testar. O testamento viciado por nulidade extrínseca, ou seja, em razão da forma do ato ou seu conteúdo, pode ser afetado todo o testamento ou apenas parte dele.

T

A nulidade deverá ser pronunciada pelo juiz *ex office* quando conhecer do testamento ou de seus efeitos, ou motivada pelo interessado, observado o prazo prescricional de 10 anos (Art. 205, CCB).

O prazo para requerer a nulidade do testamento é de cinco anos, contados da data do seu registro (Art. 1.859, CCB). Ou seja, o testamento nulo convalesce e fica sanado, passados cinco anos de seu registro. Exemplo de testamento viciado de forma extrínseca é aquele que ultrapassa a parte disponível da herança, ou seja, a metade, quando há herdeiros necessários (Art. 1.789, CCB).

A inobservância do testador quanto ao formalismo do testamento pode também acarretar sua nulidade. Entretanto, a jurisprudência e a doutrina têm demonstrado certa tolerância à inobservância do formalismo legal em prol da manutenção de sua disposição de última vontade, Assim, mantém-se, por exemplo, as manifestações de caráter não patrimonial como o reconhecimento de filhos havidos fora do casamento ou a nomeação de tutor aos filhos menores. E mesmo em questões patrimoniais, considerando que o Direito deve proteger mais a essência do que a forma, se houver meios de demonstração da expressão da última vontade, algum defeito de forma do testamento, se não for muito grave, poderá ser superado.

DISPOSITIVOS NORMATIVOS

CCB – Arts. 205, 1.789, 1.859, 1.863, 1.864, 1.897 a 1.910.

CPC – Art. 1.126.

JURISPRUDÊNCIA

(...) A nulidade do testamento pela falta de discernimento do testador requer prova contundente de que à época da elaboração do ato o testante se achava impossibilitado de compreender e manifestar real e juridicamente sua vontade. A idade avançada, por si só, não gera a incapacidade de testar de forma pública. "Inexistentes indícios que maculem a veracidade da declaração constante do testamento, não há razão que impeça a confirmação em juízo da última declaração de vontade. "Não se deve alimentar a superstição do formalismo obsoleto, que prejudica mais do que ajuda. Embora as formas testamentárias operem como *jus cogens*, entretanto a lei da forma está sujeita à interpretação e construção apropriadas às circunstâncias" (REsp 1422, Min. Gueiros Leite)" (Ap. Cível nº 2011.021914-6, Rel. Des. Luiz Cézar Medeiros, TJSC. j. 13/11/2009).

TESTAMENTO NUNCUPATIVO [*ver tb. testamento militar, casamento nuncupativo, divórcio nuncupativo*] – Do latim *nuncupare*, expressar em palavras. É o testamento realizado inteiramente na forma verbal. É o testamento oral quando feito por militar que se encontra *in articulo mortis* (à beira da morte) ou na iminência de morrer.

De origem romana, é utilizado pelos feridos em combate/guerra, e o testador declara para duas testemunhas as disposições da sua última vontade. Com a morte do testador as testemunhas devem procurar o oficial responsável para reduzir a declaração a termo e, posteriormente, assinarem.

TESTAMENTO PARTICULAR [*ver tb. testamento hológrafo*] – É uma das formas ordinárias de testamento, assim como o público e o cerrado. É aquele elaborado e assinado pelo próprio testador sem o registro e as formalidades do testamento público. Pode ser em idioma estrangeiro e até mesmo em um misto de idiomas, desde que compreensível. Pode ser feito de próprio punho ou mecanicamente (Art. 1.876, CCB). Quan-

do escrito de próprio punho recebe o nome de testamento hológrafo, espécie do gênero testamento particular. Após sua confecção, o testador deve ler o documento em voz alta na presença de 3 (três) testemunhas maiores e capazes, que irão subscrevê-lo.

Caso o testamento seja elaborado em língua estrangeira é requisito indispensável para a sua validade que as testemunhas entendam tal idioma (Art. 1.880, CCB).

Quando o testamento particular for redigido de forma mecânica não pode conter espaços em branco e rasuras. Se feito à mão, as rasuras devem ser apontadas e rubricadas pelo testador, sob pena de invalidade do testamento. *Após a morte do testador, prevê-se a apresentação do testamento em juízo. Será, então, o documento apreciado, com citação dos interessados. Não se verificando vícios externos, que o tornem suspeito, será publicado, registrado e receberá o "cumpra-se"* (VELOSO, Zeno. *Testamentos*. 2. ed. Belém: CEJUP, 1993. p. 312).

Em circunstâncias excepcionais, o testamento escrito do próprio punho e assinado pelo testador pode ser confirmado pelo juiz, mesmo se não tiver testemunha (Art. 1.879, CCB).

DISPOSITIVOS NORMATIVOS

CCB – Arts. 1.876 a 1.880.

TESTAMENTO POSTERIOR – É aquele feito depois de outro testamento já existente, em sequência, seja para alterar cláusula constante naquele, seja para revogá-lo. Se o posterior não contiver nenhuma cláusula revogatória expressa, o anterior terá validade em tudo aquilo que não divergir do posterior.

TESTAMENTO PÚBLICO – É uma das formas ordinárias de testamento, assim como o particular e o cerrado. É a modalidade de testamento mais utilizada no Brasil em virtude da segurança que o cerca, pois fica registrado no livro de notas do tabelião. Também chamado de testamento notarial. É aquele feito pelo tabelião, em cartório de livre escolha do testador, escrito em língua nacional, de acordo com a declaração de vontade do testador e na presença de duas testemunhas maiores, capazes, idôneas e desimpedidas de testemunharem. O tabelião deve ler em voz alta o testamento, assinar e colher as assinaturas do testador e das testemunhas. *Se o testador não souber, ou não puder assinar, o tabelião ou seu substituto legal assim o declarará, assinando, neste caso, pelo testador, e, a seu rogo, uma das testemunhas instrumentárias* (Art. 1.865, CCB).

Para os completamente surdos, até o momento da leitura do testamento, o procedimento em nada se diferencia do ato padrão. Se souber ler, é ele mesmo quem fará a leitura perante as testemunhas e o tabelião. Se não souber ler designará pessoa de sua confiança, que não sejam as testemunhas, para ler em seu lugar, fato este que deve constar da ata.

Aos cegos só é permitido o testamento público, que deve ser lido duas vezes em voz alta, uma pelo tabelião ou substituto legal e a outra por uma das testemunhas (indicada pelo testador), mencionando-se tal fato.

O descumprimento das formalidades exigidas por lei acarreta a nulidade do testamento. *No direito brasileiro, os testamentos ordinários e, portanto, o testamento público – não caducam pelo simples passar do tempo. Elaborado um testamento*

T

público, validamente, qualquer tempo poderá mediar entre a data da sua facção e o dia da morte do testador. O ato surtirá seus efeitos. Pode, por exemplo, uma pessoa outorgar testamento público logo que alcança a idade que a capacita para tal, dezesseis anos, e este testamento vir a ser cumprido dezenas de anos depois, quando o testador morrer (VELOSO, Zeno. *Testamentos.* 2. ed. Belém: CEJUP, 1993. p. 208). Pode ser revogado por qualquer uma das demais modalidades de testamento ordinários e especiais, de forma tácita ou expressa.

DISPOSITIVOS NORMATIVOS

CCB – Arts. 215, § 3º, 1.864 a 1.867.

TESTAMENTO RECÍPROCO – Ver testamento correspectivo.

TESTAMENTO SECRETO – Ver testamento cerrado.

TESTAMENTO SIMULTÂNEO – Ver testamento conjuntivo.

TESTAMENTO VERBAL [*ver tb. testamento militar, testamento nuncupativo*] – É outra denominação que se dá ao testamento militar quando realizado na forma verbal. Também conhecido como testamento nuncupativo.

TESTAMENTO VITAL [*ver tb. diretivas antecipadas de vontade, distanásia, eutanásia, ortotanásia*] – É o ato jurídico pessoal, unilateral, gratuito e revogável pelo qual uma pessoa, em pelo gozo de sua capacidade mental, manifesta sua vontade quanto ao tratamento que deseja receber, ou deixar de recebê-lo, quando estiver acometido de uma doença terminal ou impossibilitado de manifestar sua vontade. Muito comum também, quando alguém acometido de doença degenerativa lança mão de tal instrumento jurídico no início da doença e antes de suas manifestações incapacitantes.

Apesar do nome, não se trata propriamente de um testamento, já que tecnicamente o testamento é disposição para ser cumprida depois da morte. E, neste caso, é uma disposição para ser cumprida antes da morte.

O testamento vital é também chamado de Consentimento Informado ou Diretivas Antecipadas de Vontade. A legislação lusitana disciplinou que *as diretivas antecipadas de vontade, designadamente sob a forma de testamento vital, são documento unilateral e livremente revogável a qualquer momento pelo próprio, no qual uma pessoa maior de idade e capaz, que não se encontre interdita ou inabilitada por anomalia psíquica, manifesta antecipadamente a sua vontade consciente, livre e esclarecida, o que concerne aos cuidados de saúde que deseja receber, ou não deseja receber, no caso de, por qualquer razão, se encontrar incapaz de expressar a sua vontade pessoal e autonomamente* (Art. 1º, Lei nº 25/12). No Uruguai a Lei nº 18.473/2009 permite que seja expressada a vontade consciente e livre de opor-se a tratamentos e procedimentos médicos que apenas visem a prolongar a vida.

No Brasil, não há lei específica, mas também não há proibição. O Conselho de Justiça Federal, na V Jornada de Direito Civil, aprovou como o enunciado nº 527 que "é válida a declaração de vontade, expressa em documento autêntico, também chamado 'testamento vital' em que a pessoa estabelece disposições sobre o tipo de tratamento de saúde, ou não tratamento, que deseja no caso de se encontrar sem condições de manifestar a sua vontade" O Conselho Federal de Medicina (CFM) já se posicionou sobre a viabilidade da elaboração de tal instrumento jurídico: *(...) Nas decisões sobre cuidados e tratamentos de pacientes que se encontram incapazes de comunicar-se, ou de expressar de maneira livre e independente suas vontades, o médico levará em consideração suas diretivas antecipadas de vontade (Art. 2º da Resolução 1995/2012).* No Testamento Vital, ou melhor, nas Diretivas Antecipadas da Vontade, é possível também nomear o "curador" ou nomear alguém que o represente em caso de necessidade: *Caso o paciente tenha designado um representante para tal fim, suas informações serão levadas em consideração pelo médico (Art. 2º, § 1º, Resolução nº 1995/12).* Posteriormente e em complementação, a Resolução 2.232/2019 prevê no seu Art. 12, *que a recusa terapêutica regulamentada nesta Resolução deve ser prestada, preferencialmente, por escrito e perante duas testemunhas quando a falta do tratamento recusado expuser o paciente a perigo de morte. Parágrafo único. São admitidos outros meios de registro da recusa terapêutica quando o paciente não puder prestá-la por escrito, desde que o meio empregado, incluindo tecnologia com áudio e vídeo, permita sua preservação e inserção no respectivo prontuário.*

O Tribunal de Justiça de Minas Gerais, por meio do Provimento 260/2016, dispõe sobre esse assunto: *Art. 260. Pela declaração antecipada de vontade, o declarante poderá orientar os profissionais médicos sobre cuidados e tratamentos que quer, ou não, receber no momento em que estiver incapacitado de expressar, livre e autonomamente, sua vontade. Art. 261. No instrumento público lavrado no Livro de Notas (Livro N) em que for feita a declaração antecipada de vontade, o declarante poderá constituir procuradores para, na eventualidade de não poder expressar sua vontade, administrar seus bens e representá-lo perante médicos e hospitais sobre cuidados e tratamentos a que será submetido, sendo, neste caso, considerados praticados 2 (dois) atos, quais sejam a lavratura de uma escritura pública declaratória e a de uma procuração.*

Paulo Lôbo elucida que *diferentemente das espécies previstas no Código Civil, desenvolve-se à sua margem a utilização de uma modalidade de testamento, para que produza efeitos não após a morte do testador, mas enquanto estiver vivo, nos momentos que antecedem à morte ou quando estiver inconsciente em virtude de uma doença ou intervenção cirúrgica (Direito das sucessões. 3. ed. São Paulo: Saraiva, 2016, p. 254).*

JURISPRUDÊNCIA

(...) Tal manifestação de vontade, que vem sendo chamada de testamento vital, figura na Resolução nº 1995/12, do Conselho Federal de Medicina, na qual consta que "Não se justifica prolongar um sofrimento desnecessário, em detrimento à qualidade de vida do ser humano" e prevê, então, a possibilidade de a pessoa se manifestar a respeito, mediante três requisitos: (1) a decisão do paciente deve ser feita antecipadamente, isto é, antes da fase crítica; (2) o paciente deve estar plenamente consciente; e (3) deve constar que a sua manifestação de vontade deve prevalecer sobre a vontade dos parentes e dos médicos que o assistem. Ademais, no âmbito infraconstitucional, especificamente o Código Civil, dispõe o art. 15: "Ninguém pode ser constrangido a submeter-se, com risco de vida, a tratamento médico ou a intervenção cirúrgica." O fato de o dispositivo proibir quando há risco de vida, não quer dizer que, não havendo, a pessoa pode ser constrangida a tratamento ou intervenção cirúrgica, máxime quando mutilatória de seu organismo. Por fim, se por um lado muito louvável a preocupação da ilustre Promotora de Justiça que subscreve a inicial e o recurso, bem assim do profissional da medicina que assiste o autor, por outro não se pode desconsiderar o trauma da amputação, causando-lhe sofrimento moral, de sorte que a sua opção não é desmotivada. Apenas que, eminentes colegas, nas circunstâncias, a fim de preservar o médico de eventual acusação de terceiros, tenho que o paciente, pelo quanto consta nos autos, fez o seu testamento vital no sentido de não se submeter à amputação, com os riscos inerentes à recusa. (...)(TJRS, Ap. Cível nº 70054988266, Rel. Des. Irineu Mariani, 1ª CC., publ. 27/11/2013).

TESTAMENTOS ESPECIAIS [ver tb. testamento marítimo, testamento aeronáutico, testamento militar] – São modalidades de testamento previstas em lei para situações incomuns e específicas, que observam forma e procedimento privilegiados em razão da circunstância. Diferenciam-se das ordinárias, que são os testamentos públicos, particulares ou cerrados. São considerados especiais o testamento marítimo, aeronáutico e militar. Os testamentos especiais observam formalidades relativamente simples, dado o caráter emergencial em que são feitos e, entretanto, sua eficácia subordinar-se à morte do declarante dentro do prazo de 90 dias, caducando o instrumento caso o autor sobreviva.

DISPOSITIVOS NORMATIVOS

CCB – Arts. 1.886 a 1.896.

TESTAMENTOS ORDINÁRIOS [ver tb. testamento, testamentos especiais, testamento cerrado, testamento público, testamento particular] – São os testamentos feitos de forma ordinária, isto é, que se instrumentalizam de acordo com as regras do Código Civil brasileiro. São os mais comuns, diferentemente dos testamento especiais (militar, aeronáutico e marítimo). Compreendem o testamento cerrado, público e privado (Art. 1.862, CCB).

TESTAR [ver tb. testador, testamento] – Do latim testari, de testis, testemunha. No seu conceito original tem o sentido de prestar testemunho. Na terminologia jurídica atual, é o ato de fazer testamento, ou dispor testamentariamente.

TEÚDA E MANTEÚDA [ver tb. ab intestato, manceba teúda e manteúda] – Traduz-se como "se tem" e "se mantém". Expressão utilizada no Brasil Império para designar uma condição fática presente no casamento. Na vigência das Ordenações Filipinas, era condição essencial para o exercício dos direitos hereditários entre os cônjuges. Falecendo um homem casado ab intestato e não tendo parente até o décimo grau, o cônjuge virago sobrevivo, para que tivesse direito hereditário em relação aos bens deixados por seu marido, deveria provar que vivia com ele, como mulher e homem casados, e que dele dependia, ou seja, era teúda e manteúda. Somente assim ela seria herdeira do de cujus. Da mesma forma aplicava-se ao homem, quando do falecimento de sua mulher, a obrigação de provar que com ela vivia e que dele dependia.

Também era utilizada para caracterizar a manceba, isto é, a concubina. O homem que mantinha mulher fora do casamento e a sustentava, como se esposa dele fosse, constituindo uma relação conjugal paralela, tinha uma manceba teúda e manteúda.

Esta expressão caiu em desuso em razão do seu significante pejorativo que ela veiculava, especialmente porque ela passou a designar apenas as relações concubinárias, e deixou de ser utilizada para caracterizar o estado fático de casado para referir-se apenas às mulheres que mantinham relação com homens casados.

TOMADA DE DECISÃO APOIADA – TDA [ver tb. *Estatuto da Pessoa com Deficiência, curatela, loucura, interdição*]

É um instrumento jurídico inspirado na legislação italiana do *amministratore di sostegno*, ou seja, o administrador de apoio. Introduzido no ordenamento pátrio pelo Estatuto da Pessoa com Deficiência – Lei nº 13.146/2015, ela já estava prevista no art. 12.3 do Decreto 6.949/09, que promulgou a Convenção das Nações Unidas sobre Direitos das Pessoas com Deficiência. O Estatuto versa que o referido instrumento deve ser observado como a primeira opção assistencial, antes de se pretender a sujeição à curatela do deficiente, preservando, assim, sua capacidade civil de maneira quase intacta.

A tomada de decisão apoiada é o processo pelo qual a pessoa com deficiência elege pelo menos 2 (duas) pessoas idôneas, com as quais mantenha vínculos e que gozem de sua confiança, para prestar-lhe apoio na tomada de decisão sobre os atos da vida civil, fornecendo-lhes os elementos e informações necessárias para que possa exercer sua capacidade (art. 1.783-A do CC). Diferencia-se da tutela e da curatela uma vez que não limita a capacidade de fato do beneficiário, mas tão somente sua legitimidade para praticar episódicos atos da vida civil. "*O que nos afigura claro é que a TDA é quantitativa e qualitativamente diversa da curatela. O apoio não se destina unicamente às pessoas com deficiência psíquica ou intelectual.*

Ele alcança qualquer pessoa em situação de vulnerabilidade – mesmo transitória ou futura – que deseje preservar a integralidade de sua autodeterminação no tríplice aspecto da intimidade, privacidade e plano patrimonial. Em contrapartida, a curatela excepcionalmente penetrará o campo existencial do curatelado, pois o que se deseja é evitar a transferência coercitiva de direitos fundamentais para o curador" (ROSENVALD, Nelson. Novas reflexões sobre a tomada de decisão apoiada: como conciliar autonomia, cuidado e confiança. *Revista IBDFAM – Famílias e Sucessões*, v. 20, p. 58, Belo Horizonte: IBDFAM, mar.-abr. 2017.

Assim, esse modelo beneficia as pessoas deficientes com capacidade psíquica plena, porém com impossibilidade física ou sensorial (*v.g. tetraplégico, obesos mórbidos, cegos, sequelados de AVC e vítimas de outras enfermidades que as privem da deambulação para a prática de negócios e atos jurídicos de cunho econômico*) (ROSENVALD, Nelson. Curatela. In: PEREIRA, Rodrigo da Cunha (Coord.). *Tratado de direito das famílias*. Belo Horizonte: IBDFAM, p. 755).

O art. 84, *caput*, do Estatuto da Pessoa com Deficiência estabelece que "*a pessoa com deficiência tem assegurado o direito ao exercício de sua capacidade legal em igualdade de condições com as demais pessoas*", apresentando os §§ 1º e 2º do mesmo artigo as formas para o exercício da capacidade legal: "*a tomada de decisão apoiada e a curatela, sendo esta última medida excepcional, que tão somente poderá afetar os atos relacionados aos direitos de natureza patrimonial e negocial*" (art. 85). O art. 1.783-A do CCB/2002, com a nova redação dada pelo EPD estabelece que o juiz, antes de se pronunciar

sobre a TODA deve ouvir o Ministério Público, a equipe multidisciplinar e, obviamente, o sujeito que receberá o apoio e os que prestarão o apoio.

DISPOSITIVOS NORMATIVOS

Lei nº 13.146/2015.

CCB/2002 – Art. 1.783-A.

Decreto nº 6.949/2009 (Promulga a Convenção Internacional sobre os Direitos das Pessoas com Deficiência e seu Protocolo Facultativo, assinados em Nova York, em 30 de março de 2007).

JURISPRUDÊNCIA

(...) Prevalência das disposições do Estatuto da Pessoa com Deficiência – Lei nº 13.146/2015. Perspectiva isonômica. A deficiência não afeta a plena capacidade civil da pessoa, ainda que, para atuar no cenário social, precise se valer de institutos assistenciais e protetivos como a tomada de decisão apoiada ou a curatela. (...) (TJRS, AC 70069688612 RS, Rel. Des. Jorge Alberto Vescia Corssac, 24ª Câmara Cível, publ. 31/10/2016).

LINGUAGEM ARTÍSTICA/LITERÁRIA

A arte de perder

"A arte de perder não é nenhum mistério;

Tantas coisas contêm em si o acidente

De perdê-las, que perder não é nada sério.

Perca um pouquinho a cada dia. Aceite, austero,

A chave perdida, a hora gasta bestamente.

A arte de perder não é nenhum mistério.

Depois perca mais rápido, com mais critério:

Lugares, nomes, a escala subsequente

Da viagem não feita. Nada disso é sério.

Perdi o relógio de mamãe. Ah! E nem quero

Lembrar a perda de três casas excelentes.

A arte de perder não é nenhum mistério.

Perdi duas cidades lindas. E um império

Que era meu, dois rios, e mais um continente.

Tenho saudade deles. Mas não é nada sério.

– Mesmo perder você (a voz, o riso etéreo que eu amo) não muda nada. Pois é evidente

que a arte de perder não chega a ser mistério por muito que pareça (Escreve!) muito sério. "

Poema de Elisabeth Bishop, Tradução de Paulo Henriques Britto. Citado no filme Still Alice (*Para sempre Alice*) de 2014.

ILUSTRAÇÃO

Sérgio Lima. P. 698.

TRANSEXUAL [*ver tb. hermafrodita, intersexual, transgênero*] – Do latim *trans*, que significa movimento para além, e *sexual*, que refere-se a uma condição biológica de diferenciação entre seres da mesma espécie, ou seja, macho e fêmea. É uma espécie do gênero "transgênero", que são as pessoas que não se identificam com comportamentos e/ou papéis esperados do sexo com o qual nasceram, ou seja, têm um gênero que entra em conflito com a anatomia do seu corpo. Os homens e as mulheres transexuais apresentam uma sensação de desconforto ou impropriedade de seu próprio sexo anatômico e geralmente almejam uma transição de seu sexo de nascimento para o sexo oposto por meio da concretude de um procedimento cirúrgico para mudança de sexo aparente. A explicação

estereotipada é de "uma mulher presa em um corpo masculino" ou vice-versa.

A Resolução CFM nº 2.265/2019, do Conselho Federal de Medicina, que dispõe sobre o cuidado específico à pessoa com incongruência de gênero ou transgênero e revoga a Resolução CFM nº 1.955/2010. A Resolução reduz de 18 para 16 anos a idade mínima para o início de terapias hormonais, estabelecendo regras específicas para a realização de hormonioterapia cruzada, ou seja, a norma regula o uso de medicamentos para o bloqueio da puberdade das pessoas maiores de 16 anos. Também houve redução de 21 para 18 anos a idade mínima para a realização de procedimento cirúrgico de adequação sexual.

O Supremo Tribunal Federal (STF), em julgamento da Ação Direta de Inconstitucionalidade (ADI) nº 4275, em 01/03/2018, que reconheceu o direito dos transgêneros, que assim o desejarem, de substituírem prenome e sexo no registro civil, diretamente em cartório, sem a necessidade de prévia cirurgia de redesignação sexual. Com base nessa decisão do STF, o CNJ expediu o Provimento 73/2018 que dispõe sobre a averbação da alteração do prenome e do gênero nos assentos de nascimento e casamento de pessoa transgênero no Registro Civil das Pessoas Naturais (RCPN). Apesar desse avanço normativo, o provimento traz uma série de exigências, o tornando incompatível com o que fora decidido pelo STF.

JURISPRUDÊNCIA

(...) se a mudança do prenome configura alteração de gênero (masculino para feminino ou vice-versa), a manutenção do sexo constante no registro civil preservará a incongruência entre os dados assentados e a identidade de gênero da pessoa, a qual continuará suscetível a toda sorte de constrangimentos na vida civil, configurando-se flagrante atentado a direito existencial inerente à personalidade. 5. Assim, a segurança jurídica pretendida com a individualização da pessoa perante a família e a sociedade – *ratio essendi* do registro público, norteado pelos princípios da publicidade e da veracidade registral – deve ser compatibilizada com o princípio fundamental da dignidade da pessoa humana, que constitui vetor interpretativo de toda a ordem jurídico-constitucional. 6. Nessa compreensão, o STJ, ao apreciar casos de transexuais submetidos a cirurgias de transgenitalização, já vinha permitindo a alteração do nome e do sexo/gênero no registro civil (REsp 1.008.398/SP, Rel. Ministra Nancy Andrighi, Terceira Turma, julgado em 15.10.2009, *DJe* 18.11.2009; e REsp 737.993/MG, Rel. Ministro João Otávio de Noronha, Quarta Turma, julgado em 10.11.2009, *DJe* 18.12.2009). 7. A citada jurisprudência deve evoluir para alcançar também os transexuais não operados, conferindo-se, assim, a máxima efetividade ao princípio constitucional da promoção da dignidade da pessoa humana, cláusula geral de tutela dos direitos existenciais inerentes à personalidade, a qual, hodiernamente, é concebida como valor fundamental do ordenamento jurídico, o que implica o dever inarredável de respeito às diferenças. 8. Tal valor (e princípio normativo) supremo envolve um complexo de direitos e deveres fundamentais de todas as dimensões que protegem o indivíduo de qualquer tratamento degradante ou desumano, garantindo-lhe condições existenciais mínimas para uma vida digna e preservando-lhe a individualidade e a autonomia contra qualquer tipo de interferência estatal ou de terceiros (eficácias vertical e horizontal dos direitos fundamentais). 9. Sob essa ótica, devem ser resguardados os direitos fundamentais das pessoas transexuais não operadas à identidade (tratamento social de acordo com sua identidade de gênero), à liberdade de desenvolvimento e de expressão da personalidade humana (sem indevida intromissão estatal), ao reconhecimento perante a lei (independentemente da realização de procedimentos médicos), à intimidade e à privacidade (proteção das escolhas de vida), à igualdade e à não discriminação (eliminação de desigualdades fáticas que venham a colocá-los em situação de inferioridade), à saúde (garantia do bem-estar biopsicofísico) e à felicidade (bem-estar geral). 10. Consequentemente, à luz dos direitos fundamentais corolários do princípio fundamental da dignidade da pessoa humana, infere-se que o direito dos transexuais à retificação do sexo no registro civil não pode ficar condicionado à exigência de realização da cirurgia de transgenitalização, para muitos inatingível do ponto de vista financeiro (como parece ser o caso em exame) ou mesmo inviável do ponto de vista médico. 11. Ademais, o chamado sexo jurídico (aquele constante no registro civil de nascimento, atribuído, na primeira infância, com base no aspecto morfológico, gonádico ou cromossômico) não pode olvidar o aspecto psicossocial defluente da identidade de gênero autodefinido por cada indivíduo, o qual, tendo em vista a *ratio essendi* dos registros públicos, é o critério que deve, na hipótese, reger as relações do indivíduo perante a sociedade. 12. Exegese contrária revela-se incoerente diante da consagração jurisprudencial do direito de retificação do sexo registral conferido aos transexuais operados, que, nada obstante, continuam vinculados ao sexo biológico/cromossômico repudiado. Ou seja, independentemente da realidade biológica, o registro civil deve retratar a identidade de gênero psicossocial da pessoa transexual, de quem não se pode exigir a cirurgia de transgenitalização para o gozo de um direito. 13. Recurso especial provido a fim de julgar integralmente procedente a pretensão deduzida na inicial, autorizando a retificação do registro civil da autora, no qual deve ser averbado, além do prenome indicado, o sexo/gênero feminino, assinalada a existência de determinação judicial, sem menção à razão ou ao conteúdo das alterações procedidas, resguardando-se a publicidade dos registros e a intimidade da autora (STJ, REsp 1.626.739, Rel. Luis Felipe Salomão, 4ª Turma, j. 09/05/2017).

LINGUAGEM LITERÁRIA

"Foi uma transformação do próprio Orlando que lhe ditou a escolha das roupas de mulher e do sexo feminino. E talvez nisso ela estivesse expressando apenas um pouco mais abertamente do que é usual – a franqueza, na verdade, era a sua principal característica – algo que acontece a muita gente sem ser assim claramente expresso. Pois aqui de novo nos encontramos com um dilema. Embora diferentes, os sexos se confundem. Em cada ser humano ocorre uma vacilação entre um sexo e outro; e às vezes só as roupas conservam a aparência masculina ou feminina, quando, interiormente, o sexo está em completa oposição com o que se encontra à vista."

(WOOLF, Virginia. *Orlando*. Trad. Cecília Meireles. Rio de Janeiro: Nova Fronteira, 2003. p. 124).

LINGUAGEM ARTÍSTICA

Cf. o filme: *Tomboy*. Diretor Céline Siamma. França, 2011. Sinopse: Laure (Zoé Héran) é uma garota de 10 anos, que vive com os pais e a irmã caçula, Jeanne (Malonn Lévana). A família se mudou há pouco tempo e, com isso, não conhece os vizinhos. Um dia Laure resolve ir na rua e conhece Lisa (Jeanne Disson), que a confunde com um menino. Laure, que usa cabelo curto e gosta de vestir roupas masculinas, aceita a confusão e lhe diz que seu nome é Mickaël. A partir de então ela leva uma vida dupla, já que seus pais não sabem de sua falsa identidade.

Cf. o filme: "*A garota dinamarquesa*". Dirigido por Tom Hooper, baseado no romance homônimo de David Ebershoff e inspirado na vida das pintoras dinamarquesas Lili Elbe e Gerda Wegener.

ILUSTRAÇÃO

Retrato de Lili Elbe por *Gerda Wegener* – Lili Elbe nasceu na Dinamarca em 1882 como Einar Wegener Mogens, do sexo masculino. Lili é conhecida como uma das primeiras pessoas a ser submetida a cirurgia de redesignação sexual. A pintura é obra de sua então esposa *Gerda Wegner*. Após o procedimento, o casamento deles foi anulado em outubro de 1930, pelo rei da Dinamarca.

P. 700.

TRANSEXUALIDADE [*ver tb. transexual, transgênero*] – É uma espécie de transtorno de identidade de gênero, um termo entre os comportamentos ou estados que abrigam o termo transgênero. Refere-se à condição do indivíduo que não se identifica com comportamentos e/ou papéis esperados do sexo com o qual nasceu, ou seja, tem um gênero que entra em conflito com a anatomia do seu corpo e deseja pertencer ao sexo oposto.

TRANSEXUALISMO [*ver tb. crossdresser, hermafrodita, transexual, transexualidade*] – Expressão utilizada pela primeira vez em 1953 pelo psiquiatra norte-americano Harry Benjamin, para designar, inicialmente, um distúrbio puramente psíquico de identidade de sexo, no qual a pessoa se sente inadequada em relação ao seu sexo biológico, e tem a convicção e o desejo de pertencer ao sexo oposto. Esse conceito evoluiu dentro da pespectiva do kleinismo e do *Self Psychology*, que fez do transexualismo um distúrbio de identidade, e não de sexualidade, ligado à relação entre gênero (sentimento social de identidade) e sexo (masculino e feminino) (ROUDINESCO, Elisabeth. *Dicionário de psicanálise*. Rio de Janeiro: Zahar, 1998. p. 765).

O sufixo de origem grega 'ismo', pode denotar "condição patológica" na literatura médica. Daí precisamos entender a força e o poder das palavras, que possuem seus significantes. O ideal optarmos em usar a expressão transexualidade, justamente para não empregar uma expressão que pode associar a origem preconceituosa.

Antes dessa mudança necessária pela carga de preconceito, o transexualismo remete ao desejo de mudança de seu estado civil em relação ao seu gênero, e também sua transformação física para alteração de seu órgão sexual natural num órgão artificial do sexo oposto para se igualar ao gênero com o qual se identifica. Trata-se do *direito à identidade de gênero, tendo em vista a busca incessante da real identificação, ou seja, o direito de cada um ser conhecido como realmente é. A adequação do corpo importa na mudança de prenome para adequá-lo ao sexo real correspondente à identidade de gênero. (...) Indubitavelmente, o sexo constitui um dos caracteres da identidade pessoal. A doutrina discute a possibilidade de se conceber o direito à identidade sexual. Para alguns, a transexualidade se enquadra perfeitamente na possibilidade de disposição do próprio corpo. No entender de outros, principalmente doutrinadores italianos, pode-se falar do direito da pessoa ao sexo real, por ser este um imprescindível componente da pessoa* (VIEIRA, Tereza Rodrigues. *Nome e sexo:* mudanças no registro civil. São Paulo: Atlas, 2012. p. 163).

A Resolução nº 2.265/2019 do Conselho Federal de Medicina determinou os requisitos e condições a serem preenchidos para a realização da cirurgia de transgenitalismo. A seleção de pacientes para o procedimento de transgenitalização também deve obedecer à avaliação de equipe multidisciplinar formada por médico psiquiatra, cirurgião, endocrinologista, psicólogo e assistente social, após no mínimo dois anos de acompanhamento conjunto. O Sistema Único de saúde, desde de agosto de 2008, está autorizado a realizar o procedimento, desde que haja equipe de profissionais habilitada.

DISPOSITIVOS NORMATIVOS

CFM – Resolução nº 2.265/2019

Ministério da Saúde – Portaria nº 2.803/13.

JURISPRUDÊNCIA

Mudança de sexo. Averbação no registro civil. 1. O recorrido quis seguir o seu destino, e agente de sua vontade livre procurou alterar no seu registro civil a sua opção, cercada do necessário acompanhamento médico e de intervenção que lhe provocou a alteração da natureza gerada. Há uma modificação de fato que se não pode comparar com qualquer outra circunstância que não tenha a mesma origem. O reconhecimento se deu pela necessidade de ferimento do corpo, a tanto, como se sabe, equivale o ato cirúrgico, para que seu caminho ficasse adequado ao seu pensar e permitisse que seu rumo fosse aquele que seu ato voluntário revelou para o mundo no convívio social. Esconder a vontade de quem a manifestou livremente é que seria preconceito, discriminação, opróbrio, desonra, indignidade com aquele que escolheu o seu caminhar no trânsito fugaz da vida e na permanente luz do espírito. 2. Recurso especial conhecido e provido (STJ, REsp 678933 RS 2004/0098083-5, Rel. Min Carlos Alberto Menezes Direito, 3ª T., j. 22/03/2007).

TRANSGÊNERO [ver tb. cisgênero, transexual, gênero, hermafrodita, intersexual] – Do latim *trans*, que significa movimento para além, e *genus*, que significa tipo. É uma expressão relativamente nova com o conceito ainda em construção. Usualmente utilizada como referência àquelas pessoas que optam por rejeitar seu sexo de nascimento, uma vez que não se identificam com ele. O contrário, diz-se cisgênero, isto é o indivíduo que tem em sua certidão de nascimento a tradução do seu gênero.

O sexo refere-se a uma condição biológica de diferenciação entre seres da mesma espécie, ou seja, macho e fêmea. O gênero não se relaciona, necessariamente, com o sexo biológico. O gênero deve ser compreendido pela identidade do indivíduo, variando apenas em forma e grau entre pessoas, e é culturalmente construído. Transgênero é um conceito abrangente que engloba grupos diversificados de pessoas que têm em comum a não identificação com comportamentos e/ou papéis esperados do sexo com o qual nasceram. As qualidades de masculino e feminino é um conjunto de convicções construídas, especialmente na infância, por intermédio dos pais, e sustentadas pelo contexto social. O gênero pode ser concebido sem caráter fixo, e não está restrito aos sexos, por isso, não haveria razão para permanecer em número de dois, masculino e feminino.

Diversos ordenamentos jurídicos, a exemplo da Alemanha e Bélgica, já reconhecem a possibilidade jurídica da indicação de um terceiro gênero, além do masculino e feminino, especialmente para as crianças que nasceram com hermafroditismo, que podem ser classificadas como intersexuais. Gênero pode ser um artifício flutuante, podendo os conceitos de masculino, feminino, homem e mulher serem em corpos de qualquer sexo. Outros países já apresentam casos de crianças trangêneras que em tenra idade optam, com o suporte dos pais, em terem seus registros alterados e serem tratados pelo gênero que se identificam, independente do sexo do corpo em que vivem, não necessariamente se submetendo à Cirurgia de Redesignação Sexual – CRS.

JURISPRUDÊNCIA

(...) Constatada e provada a condição de transgênero da autora, é dispensável a cirurgia de transgenitalização para efeitos de alteração de seu nome e designativo de gênero no seu registro civil de nascimento. A condição de transgênero, por si só, já evidencia que a pessoa não se enquadra no gênero de nascimento, sendo de rigor, que a sua real condição seja descrita em seu registro civil, tal como ela se apresenta socialmente deram provimento. Unânime (TJRS, Ap. Cível nº 70057414971, Rel. Des. Rui Portanova, 8ª CC., j. 05/06/2014).

TRANSGENIA [*ver tb. eugenia, planejamento familiar*] – É o desenvolvimento de organismos geneticamente modificados por meio da introdução na carga genética ou genoma de um organismo receptor de genes alterados, de indivíduos da mesma espécie ou de espécies diferentes. A manipulação científica do patrimônio genético começou a ser desenvolvida há mais de trinta anos, possibilitada pelos avanços da engenharia genética.

Pela transgenia é possível o planejamento genético da prole, isto é, em teoria, é possível a coleta de carga genética de vários indivíduos e sua implantação em um só receptor. A alteração do processo reprodutivo normal permite o surgimento de características novas que ampliam as qualidades dos indivíduos modificados, tornando-os, inclusive, mais resistentes às doenças. Apesar de ainda ser um estudo apenas teórico em relação ao genoma humano, a transgenia já é uma realidade no dia a dia nos alimentos transgênicos.

TRANSIDENTIDADE [*ver tb. transexual, cisgênero, intersexual, gênero, queer, transgênero*] – É a diferença existente entre a identidade de gênero de uma pessoa, e a sua designação sexual biológica. Opõe-se ao conceito de cisgênero, que é a pessoa cujo o gênero corresponde ao sexo anatômico e biológico, com o qual nasceu. O primeiro julgado sobre o assunto foi o Tribunal Europeu de Direitos Humanos, em 10/10/1986: "pessoas que, embora fisicamente pertença a um sexo, tem sensação de pertencer a outro sexo".

Em 01/03/2018, o Supremo Tribunal Federal, ao julgar a ADI 4275, reconheceu aos transgêneros, que assim o desejarem, independentemente da cirurgia de transgenitalização, ou da realização de tratamentos hormonais ou patologizantes, o direito à substituição de prenome e sexo diretamente no registro civil. Isto significa muito mais que uma simples mudança no registro civil: é uma mudança que protege as pessoas trans do escárnio, da zombaria, da agressão e da violência.

Há pessoas que não se identificam com o gênero de sua anatomia. Como se não bastasse o sofrimento gerado por esse conflito interno, sofrem também uma condenação social por terem nascido diferente da maioria das pessoas. Pior ainda era o sofrimento causado pelo próprio ordenamento jurídico, que reforçava essa exclusão e marginalização, impondo barreiras jurídicas e dificultando que essas pessoas pudessem ter sua identidade reconhecida de acordo com o gênero com o qual se identificam.

DISPOSITIVOS NORMATIVOS

Provimento nº 73/2018 do CNJ – Dispõe sobre a averbação da alteração do prenome e do gênero nos assentos de nascimento e casamento de pessoa transgênero no Registro Civil das Pessoas Naturais (RCPN).

TRANSFERÊNCIA – (*ver tb. alieni juris, alienação parental, clínica do direito, desejo, inconsciente*) – Do latim *transferis*, transferir. Em sentido geral é passar adiante, transmitir: É a substituição de um lugar por outro. No sentido jurídico é o ato pelo qual alguém cede, aliena ou renuncia a outrem direitos ou coisas que lhe são próprias. Exprime também cessão, alienação ou transferência de posse, propriedade, encargos, funções ou poderes de representação a outra pessoa. No sentido psicanalítico é a afinidade, a influência, transposição afetiva.

Em seu texto *Estudos sobre a histeria* (1893-95) e em *A interpretação dos sonhos* (1900/1901) Freud usa essa expressão para falar do deslocamento das representações psíquicas no sentido de atribuir ao outro um lugar imaginário de saber. Em 1909, Sander Ferenzi diz que a transferência existe em todas as relações humanas, como por exemplo professor/aluno, médico/paciente etc. Em *A dinâmica da transferência,* de 1912, e depois em *Mais além do princípio do prazer*, 1920-1022, Freud volta a usar a expressão transferência para falar do "fenômeno transferencial" do paciente com o analista, no sentido de que eles conduzem seus sentimentos positivos ou negativos, reprimidos ou fixados em seu inconsciente. E assim permite ao analista ajudar o paciente a elaborar suas questões, e a partir daí fazer mudanças e transformações em sua vida.

Jacques Lacan em seu seminário de 1961-1962 amplia essa compreensão para dizer que o analisando dá ao seu analista um lugar de "sujeito suposto saber". Isto é, ele atribui ao analista um lugar de saber absoluto, necessário para que a análise aconteça.

O conceito psicanalítico de transferência interessa ao Direito para ajudar a entender, principalmente a relação Advogado/Cliente, jurisdicionado/magistrado. O cliente e/o jurisdicionado faz um deslocamento de suas fantasias (inconsciente) ao Advogado e/ou Magistrado atribuindo a ele um lugar de saber que poderá resolver suas questões. E é neste lugar do suposto saber que, imagina-se,

o outro sabe a verdade, poderá dizer a sua verdade pela via das petições, ou pela sentença.

A relação transferencial que o cliente estabelece com o Advogado advém do lugar do "suposto saber". E é aí que se estabelece a relação profissional de confiança. É preciso "transferir" ao Advogado esse lugar de autoridade para que a relação profissional possa fluir com segurança. Eis aí uma noção psicanalítica essencial aos profissionais do Direito de Família e Sucessões, para se entender o que é a Clínica do Direito.

TRANSMISSÃO *CAUSA MORTIS* – É o mesmo que sucessão *causa mortis*.

TRANSMISSÃO *INTER VIVOS* – É o mesmo que sucessão *inter vivos*.

TRANSMISSIBILIDADE DOS ALIMENTOS – Ver alimentos – transmissibilidade.

TRATADO INTERNACIONAL – Ver convenção internacional.

TRIAÇÃO [*ver tb. família simultânea, união paralela*] – Expressão utilizada para designar a divisão do patrimônio conjugal em três partes, isto é, triação ao invés de meação. Tal divisão pode acontecer quando há uniões simultâneas, isto é, quando uma pessoa estabeleceu entidade familiar com outras duas ao mesmo tempo. Ao dissolvê-la, em vida ou pela morte, os bens adquiridos a título oneroso no período das relações concomitantes devem ser divididos em três partes.

É possível que a triação, ou melhor, a divisão do patrimônio das duas conjugalidades, simultâneas, não seja feita em três partes iguais. Neste caso, divide-se em duas metades, uma para o cônjuge ou companheira(o) que estabeleceu a conjugalidade primeiro e a outra metade para o outro, que estabeleceu a relação conjugal posteriormente à que ele já tinha. Desta metade é que se partilhará com a(o) companheira(o) da união paralela. Ou seja, fica 50% para o cônjuge/companheiro e 25% para cada um dos outros dois que mantiveram a união simultânea.

JURISPRUDÊNCIA

(...) Em casos de união dúplice, como o presente, a jurisprudência da Corte tem entendido necessário dividir o patrimônio adquirido no período em que as uniões paralelas existiram em 3 partes. É a chamada "triação". (...) (TJRS, Ap. Cível nº 70039284542, Rel. Des. Rui Portanova, 8ª CC., j. 23/12/2010).

TRINÔMIO ALIMENTAR – Ver alimentos – trinômio.

TRONCO – Ver parentesco.

TUTELA [*ver tb. capacidade civil, curatela, curatela compartilhada, emancipação, incapazes*] – É o encargo conferido a alguém para dar assistência, representar e administrar os bens de menores que não estejam sob o poder familiar. Ao menor que está sob tutela dá-se o nome de tutelado ou pupilo, e a quem é atribuído esse encargo, tutor.

O "espírito" da tutela é fazer cumprir as funções daqueles que estariam exercendo o poder familiar, ou seja, alguém que presumivelmente estaria exercendo as funções do pai e/ou da mãe. Por isso é que todo o sistema da tutela, sua estrutura, seus mecanismos e efeitos, em todos os ordenamentos jurídicos são desenvolvidos à imagem e semelhança do poder familiar.

A alteração na ordem da vocação da tutela, trazida pelo atual Código, acabando com a preferência masculina para o tutor, tem suas raízes muito mais profundas que o princípio constitucional da igualdade entre homens e mulheres. Acima desse princípio da igualdade está a mudança da concepção filosófica que introduziu o princípio do melhor interesse da criança/adolescente, iniciada pelos movimentos que fizeram os tratados internacionais para crianças e adolescentes, ratificadas pelo Brasil e consolidadas as suas concepções na Lei nº 8.069/90, mais conhecida como Estatuto da Criança e do Adolescente – ECA, um dos textos normativos mais avançados do mundo e que serviu de base e referência para vários outros países.

Foi o ECA, consolidando essas noções do melhor interesse da criança e do adolescente, que introduziu em nosso ordenamento jurídico a expressão "família substituta", para as hipóteses de perda ou destituição do poder familiar, ou mesmo para atribuição da guarda ou acolhimento por terceiro que não seja a família biológica.

A tutela, como a curatela, é um instituto jurídico protetivo dos incapazes, que não podem praticar, por si e sem alguma assistência, atos da vida civil, objetivando, por isso, o suprimento dessas incapacidades de fato. Tal definição refere-se à chamada "capacidade de fato", que se diferencia da "capacidade de direito", que é a aptidão para adquirir direitos e exercê-los por si ou por outrem (equivalente à capacidade de gozo, assim tratada pelo Direito Civil francês). A capacidade de direito não pode ser recusada ao indivíduo, sob pena de negar-lhe a qualidade de pessoa, despindo-o dos atributos da personalidade. Contudo, isto não quer dizer que tais atributos não possam ser restringidos legalmente quanto ao seu exercício pela intercorrência de um fator genérico, tal como a restrição à liberdade do condenado, por exemplo.

Assim como no CCB 1916, a tutela manteve a mesma classificação no CCB 2002: tutela legítima, que é a que se defere aos parentes na ordem estabelecida em lei, na falta de tutela testamentária válida; tutela testamentária, a que se faz por disposição de última vontade; tutela dativa, a concedida pelo juiz, na falta de tutela legítima ou testamentária.

Os tutores são obrigados a prestar contas sobre a administração dos bens do tutelado de dois em dois anos, ou quando o juiz ou o Ministério Público entender conveniente: *Os tutores, embora o contrário tivessem disposto os pais dos tutelados, são obrigados a prestar contas da sua administração* (Art. 1.755, CCB).

A tutela cessa automaticamente com a maioridade ou emancipação do tutelado. O tutor pode ser removido ou substituído sempre que necessário para atender ao maior interesse do tutelado.

DISPOSITIVOS NORMATIVOS

CCB – Arts. 1.728 a 1.766.

Lei nº 8.069/90 – Estatuto da Criança e do Adolescente – Arts. 36, 37 e 38.

LINGUAGEM LITERÁRIA

"O seguinte é simples. Minha mãe morreu – apenas a Bigrí, era como ela se chamava. [...] Ela morreu, como minha vida mudou para uma segunda parte. Amanheci mais. De herdado, fiquei com aquelas miserinhas – miséria quase ino-

cente – que não podia fazer questão: lá larguei a outros o pote, a bacia, as esteiras, panela, chocolateira, uma caçarola bicuda e um alguidar; somente peguei minha rede, uma imagem de santo de pau, um caneco-de-asa pintado de flores, uma fivela grande com ornados, um cobertor de baeta e minha muda de roupa. Puseram para mim tudo em trouxa, como coube na metade dum saco. Até que um vizinho caridoso cumpriu de me levar, por causa das chuvas numa viagem durada de seis dias, para a Fazenda São Gregório, de meu padrinho Selorico Mendes, na beira da estrada boiadeira, entre o rumo do Curralinho e o do Bagre, onde as serras vão descendo. Tanto que cheguei lá, meu padrinho Selorico Mendes me aceitou com grandes bondades. Ele era rico e somítico, possuía três fazendas-de-gado. Aqui também dele foi, a maior de todas."

(ROSA, J. Guimarães. *Grande sertão: veredas*. 19. ed. Rio de Janeiro: Nova Fronteira, 2001. p. 126-127.)

TUTELA ANTECIPADA – Ver antecipação de tutela.

TUTELA DATIVA – É a tutela em que o juiz, na falta de tutela legítima ou testamentária, nomeia alguém de sua confiança e estranho à ordem da vocação estabelecida pela tutela legítima.

TUTELA LEGÍTIMA – É a que se defere aos parentes na ordem estabelecida em lei, na falta da tutela testamentária válida: *Em falta de tutor nomeado pelos pais incumbe a tutela aos parentes consanguíneos do menor, por esta ordem: I – aos ascendentes, preferindo o de grau mais próximo ao mais remoto; II – aos colaterais até o terceiro grau, preferindo os mais* *próximos aos mais remotos, e, no mesmo grau, os mais velhos aos mais moços; em qualquer dos casos, o juiz escolherá entre eles o mais apto a exercer a tutela em benefício do menor* (Art. 1.731, CCB).

TUTELA TESTAMENTÁRIA [*ver tb. tutela, tutor testamentário*] – Tutela, instituto de proteção aos órfãos menores de idade, é o encargo conferido a alguém para dar assistência, representar e administrar os bens de menores que não estejam sob o poder familiar. A tutela pode ser legítima, quando concebida a parentes na ordem estabelecida pela lei (Art. 1.731. CCB); Dativa, nomeada pelo juiz na falta de nomeação testamentária ou legítima; Testamentária, que é aquela feita em testamento pelos pais em conjunto, se ambos forem vivos e estiverem no exercício do poder familiar.

O tutor pode, também, ser nomeado por meio de codicilo ou outro documento autêntico (Art. 1.729. CCB).

TUTELADO – É um dos sujeitos da relação de tutela. É quem está sob a tutela. É o mesmo que pupilo.

TUTOR – É um dos sujeitos da relação da tutela. É aquele a que é atribuído o encargo para dar assistência, representar e administrar os bens de menores que não estejam sob o poder familiar.

TUTOR *AD HOC* – É o tutor ocasional. *Ad hoc* significa o substituto designado para determinado ato. É, portanto, a tutela conferida a uma pessoa para atos específicos, sem que haja necessariamente a destituição da autoridade parental dos genitores.

A nomeação de tutor *ad hoc* visa atender ao interesse da criança e adolescente em situações especiais. Por exemplo, nomeia-se tutor *ad hoc* para o ato específico de autorização de casamento de menores entre 16 e 18 anos de idade, cujo pai ou mãe esteja em lugar incerto e não sabido.

TUTOR DATIVO – É o tutor nomeado pelo juiz, quando não há tutor legítimo ou testamentário. *O juiz nomeará tutor idôneo e residente no domicílio do menor: I – na falta de tutor testamentário ou legítimo; II – quando estes forem excluídos ou escusados da tutela; III – quando removidos por não idôneos o tutor legítimo e o testamentário* (Art. 1.732, CCB).

TUTOR DE FATO [*ver tb. protutor, tutor*] – É aquele que, voluntariamente, sem determinação legal ou judicial, mas com a intenção de ser útil e cuidar do menor que não tenha pai, mãe ou outro tutor nomeado, assume a administração de seus bens e a direção de sua pessoa. É quem tem apenas a "posse" de estado de tutor, sem sê-lo formalmente.

TUTOR LEGAL [*ver tb. protutor, tutor*] – É aquele que exerce o cargo de tutor por determinação ou indicação legal: *Em falta de tutor nomeado pelos pais incumbe a tutela aos parentes consanguíneos do menor, por esta ordem: I – aos ascendentes, preferindo o de grau mais próximo ao mais remoto; II – aos colaterais até o terceiro grau, preferindo os mais próximos aos mais remotos, e, no mesmo grau, os mais velhos aos mais moços; em qualquer dos casos, o juiz escolherá entre eles o mais apto a exercer a tutela em benefício do menor* (Art. 1.731, CCB).

Essa ordem de nomeação não é exaustiva, isto é, podem ser chamados outras pessoas, assim como a ordem de preferência não é rígida, pois o princípio do melhor interesse da criança/adolescente está acima e deve preponderar sobre qualquer regra legal.

TUTOR LEGÍTIMO – Ver tutela legítima.

TUTOR TESTAMENTÁRIO [*ver tb. tutor, testamento, tutela, tutela testamentária*] – É a pessoa nomeada por ambos os genitores, ou por apenas um quando ausente o outro, seja em razão de falecimento, ou destituído do poder familiar, via testamento, para, na hipótese de falecimento destes, exercer a tutela dos filhos menores ou incapazes. *O direito de nomear tutor compete aos pais, em conjunto. A nomeação deve constar de testamento ou de qualquer outro documento autêntico* (Art. 1.729 e parágrafo único, CCB). O tutor pode ser testamentário, dativo ou legítimo.

TUTORIA – É a autoridade concedida ao tutor para o exercício da tutela. É o cargo ou exercício da tutela.

U

ÚLTIMA VONTADE [*ver tb. testamento, codicilo*] – Em Direito das Sucessões, é a vontade que se manifesta via testamento ou codicilo, para ser cumprida depois da morte do testador ou codicilante. Assim, manifestação de última vontade é o que se expressa em testamento ou codicilo.

ÚLTIMAS DECLARAÇÕES [*ver tb. colação, primeiras declarações, sonegação*] – Também conhecida como declarações finais, ou declarações últimas, é um dos atos finais do processo judicial de inventário, em que se reafirma ou acrescenta bens às primeiras declarações que comporão o formal de partilha.

Feitas as últimas declarações de que não há nenhum outro bem a ser inventariado, pagos os impostos e apresentado o plano de partilha, e seus respectivos herdeiros, conclui-se o inventário com a expedição de formal de partilha. A partir daí se aparecer(em) outro(s) bem(ns) cuja ocultação tenha sido maliciosa, caracteriza-se a sonegação.

Não há que se falar em últimas declarações no processo administrativo, uma vez que ele é feito em um único ato, que é a escritura de inventário.

UNIÃO CIVIL [*ver tb. parcerias civis, uniões homoafetivas*] – Expressão criada para nomear as relações afetivas entre pessoas do mesmo sexo. Utilizada pela primeira vez na Dinamarca, em 1989, Lei nº 372, e depois na França, em 1999, na lei que instituiu o Pacto Civil de Solidariedade – PACS, em que se concedia direitos civis às uniões homossexuais. Era uma forma acanhada de atribuir direitos a essas relações, pois ainda não eram tratadas na esfera do Direito de Família, mas na esfera do Direito Obrigacional.

Embora ainda usada em alguns países, ela perdeu o seu sentido na medida em que vários ordenamentos jurídicos reconheceram legislativamente ou jurisprudencialmente as uniões entre pessoas do mesmo sexo no âmbito do Direito de Família, equiparando em todos os direitos às relações hetero-afetivas, inclusive o casamento civil. E para desestigmatizar ainda mais, o ordenamento jurídico brasileiro adotou a expressão cunhada pela doutrinadora gaúcha, Maria Berenice Dias: uniões homoafetivas.

UNIÃO ESTÁVEL [*ver tb. concubinato, dissolução da união estável, família simultânea, namoro, posse de estado de casado, união livre, uniões poliafetivas*] – É a expressão adotada pela Constituição da República de 1988 para designar uma das formas e possibilidades de constituição de família, além do casamento e das famílias monoparentais, descritas exemplificativamente pelo art. 226, § 3º. O primeiro registro desta expressão no Direito brasileiro foi feito em 1975 pelo desembargador paulista e doutrinador, Edgard de Moura Bittencourt, em seu livro *Concubinato*.

É a convivência *more uxorio*, ou melhor, é a relação afetivo-amorosa entre duas pessoas, não incestuosa, com estabilidade e durabilidade, vivendo sob o mesmo teto ou não, com relação de dependência econômica, constituindo família sem o vínculo do casamento civil. Historicamente, foi também chamada de mancebia, amigação, barregã, concubinato etc. É um casamento de fato. Essa noção não está longe daquela que se diz popularmente para designar uma relação de duas pessoas que se apresentam como marido e mulher, como se casados fossem: "Quem ama com fé, casado é."

Embora não sejam rígidos, podemos apontar como elementos que integram ou que caracterizam a união estável a durabilidade da relação, a existência de filhos, aquisição patrimonial em comum, a relação de dependência econômica, *affectio societatis*, coabitação, lealdade, notoriedade, a comunhão de vida, enfim, tudo aquilo que faça a relação parecer um casamento. É a posse de estado de casado. Não é necessário que todos esses elementos estejam presentes para que se configure uma união estável, são apenas indícios. O importante, ao analisar cada caso, é saber se na somatória dos elementos está presente ali um núcleo familiar,

ou, na linguagem do art. 226 da Constituição Federal, uma entidade familiar.

Uma das dificuldades de se delinear o conceito de união estável é que muitas vezes ela se confunde com namoro. Até o advento da Lei nº 8.971/94, o conceito de união estável era determinado pelo prazo de cinco anos. Embora esta lei não tenha sido revogada expressamente, a tentativa do conceito estabelecida em seu art. 1º, revogado pela Lei nº 9.278/96, assim dizia: *A companheira comprovada de um homem solteiro, separado judicialmente, divorciado ou viúvo, que com ele viva há mais de cinco anos, ou dele tenha prole, poderá valer-se do disposto na Lei nº 5.478, de 25 de julho de 1968, enquanto não constituir nova união e desde que prove a necessidade. Parágrafo único. Igual direito e nas mesmas condições é reconhecido ao companheiro de mulher solteira, separada judicialmente, divorciada ou viúva.* Este conceito mais "fechado" provocou injustiças e mostrou-se contraditório. É que o prazo rígido de cinco anos, embora tenha sido referenciado nos costumes e em leis previdenciárias, mostrou-se equivocado. Pode ser que uma relação de apenas dois, três ou quatro anos, já pudesse ser caracterizada como família, ao passo que uma relação de mais de dez anos, por exemplo, não necessariamente seja família, mas apenas namoro. Até porque namoro não tem prazo de validade, isto é, pode-se namorar eternamente. Foi assim que a Lei nº 9.278/96, acertadamente, abriu o conceito: *É reconhecida como entidade familiar a convivência duradoura, pública e contínua, de um homem e uma mulher, estabelecida com objetivo de constituição de família* (Art. 1º). Da mesma forma, o Código Civil brasileiro de 2002 manteve o conceito mais aberto. Apesar da dificuldade para aplicação aos casos concretos, um conceito mais aberto pode evitar julgamentos injustos. E assim, o art. 1.723

f.A.   BALANÇA DE PRECISÃO – mod-b III   g..b, 1999

do CCB manteve a mesma ideia da Lei nº 9.278/96, ou seja, não delineou um prazo rígido como estabelecido na Lei nº 8.971/94.

A regulamentação da união estável e do concubinato é um paradoxo. Por um lado, a interferência do Estado neste tipo de relacionamento vai acabando com a liberdade das pessoas de não se casarem, pois quanto mais se regulamenta, mais a aproxima do casamento e, consequentemente, ela vai deixando de existir para se tornar um quase casamento. Por outro lado, a falta de normas pode ocasionar injustiças, uma vez que da relação de afeto e da comunhão de vida entre duas pessoas nascem efeitos e consequências que merecem regulamentação, especialmente para proteger a parte economicamente mais fraca. Uniões livres, união estável, ou simplesmente concubinato sempre existiram, embora tenham sido tratadas à margem da lei, e portanto consideradas ilegítimas.

A História das uniões estáveis, ou direito concubinário como tradicionalmente designado, tem suas raízes na França. Por isto se diz que a pátria do direito concubinário é a França. Foi lá, pela primeira vez, em 1892, que o tribunal reconheceu o esforço indireto de uma mulher na constituição do patrimônio. Da teoria do enriquecimento ilícito aplicado àquele caso, foi um passo para o reconhecimento destas relações como sociedade de fato. Foi assim que, no Brasil surgiu, na década de 1960, a Súmula 380 do STF: *Comprovada a existência de sociedade de fato entre os concubinos, é cabível a sua dissolução judicial, com a partilha do patrimônio adquirido pelo esforço comum.* E, da teoria da sociedade de fato para as concepções do Direito de Família foi uma evolução rápida.

Em geral, a informalidade deste casamento de fato propicia que as partes não procedam aos registros formais daquilo que intencionalmente fazem: comunhão de vida e de interesses. A vida e o esforço comum acarretam propósitos de cooperação. Estabelece-se, então, uma sociedade conjugal de fato. É um contrato-realidade. É a relação que se vai constituindo pouco a pouco, é algo nascido do fato, ou criado pelo fato, ao contrário do casamento civil, cujas regras e consequências são predeterminadas. Em outras palavras, o concubinato-união estável deixou o Direito Obrigacional e encontrou seu respaldo no Direito de Família. O marco normativo para essas concepções foi a Constituição da República de 1988, que fez uma verdadeira revolução no Direito de Família, absorvendo a evolução social, ao estabelecer que há várias formas de se constituir família, inclusive pela união estável.

Uma vez caracterizada a união estável, decorrem direitos pessoais e patrimoniais. No aspecto pessoal, é como no casamento. Pode-se registrá-la no Cartório de Registro Civil das Pessoas Naturais (Provimento nº 37/14 CNJ), pode-se adotar o sobrenome do outro, e regulamenta-se guarda e convivência de filhos (Art. 1.724, CCB), que aliás independe de relação conjugal dos pais. Diferencia-se do casamento apenas porque não se altera, oficialmente, o estado civil, embora seja recomendável anunciar-se, para maior segurança jurídica dos negócios, como convivente ou vivendo em união estável, como tem exigido alguns cartórios nas escrituras e registros de imóveis.

No aspecto patrimonial, em relação à comunicação de bens é idêntico ao casamento: se não foi feito contrato escrito de união estável, que pode ser por instrumento particular ou escritura pública, estabelecendo-se regras próprias, o regime de bens é o da lei, ou seja, o da comunhão parcial de bens (Art. 1.725, CCB). Se a união se dissolver pela morte de uma das partes, além da meação, o companheiro sobrevivo tem direito real de habitação (Art. 7º, parágrafo único, Lei nº 9.278/96) e à herança dos bens deixados pelo falecido, desde que adquiridos onerosamente na vigência da união estável. Neste aspecto, reside aí a grande diferença de direitos entre as duas formas de se constituir família. No casamento, o cônjuge é herdeiro necessário e herda de acordo com as regras próprias do casamento (Art. 1.829, CCB). Na união estável, a (o) companheira(o) não necessariamente será herdeira(o) pois também segue regras próprias e específicas da união estável (Art. 1.790, CCB). Entretanto, em 2017 o STF julgou inconstitucional o art. 1.790 do CCB/2002, que estabelecia uma ordem de vocação hereditária diferente para as uniões estáveis hetero e homoafetiva. A decisão foi proferida no julgamento dos Recursos Extraordinários (REs) 646.721 e 878.694, ambos com repercussão geral reconhecida, aprovando a seguinte tese, válida para ambos os processos: *"No sistema constitucional vigente é inconstitucional a diferenciação de regime sucessório entre cônjuges e companheiros devendo ser aplicado em ambos os casos o regime estabelecido no art. 1.829 do Código Civil."*

A Lei nº 14.382/222 fez significativas alterações na Lei de Registros Públicos, facilitando alterações e mudanças de nome e prenome, inclusive na união estável. A partir desta lei, os companheiros não precisam mais buscar o Poder Judiciário para alterar o sobrenome em razão da união estável, como era até então. Mas para isto, é necessário que a união estável seja registrada no cartório Registro Civil das Pessoas Naturais, livro E, de acordo com a previsão na Lei de Registros Públicos – Lei 6.015/1973 (Art. 57, § 2º: *"A alteração posterior de sobrenomes poderá ser requerida pessoalmente perante o oficial de registro civil, com a apresentação de certidões e de* documentos necessários, e será averbada nos assentos de nascimento e casamento, independentemente de autorização judicial, a fim de: I – inclusão de sobrenomes familiares; II – inclusão ou exclusão de sobrenome do cônjuge, na constância do casamento; III – exclusão de sobrenome do ex-cônjuge, após a dissolução da sociedade conjugal, por qualquer de suas causas; IV – inclusão e exclusão de sobrenomes em razão de alteração das relações de filiação, inclusive para os descendentes, cônjuge ou companheiro da pessoa que teve seu estado alterado. 2º Os conviventes em união estável devidamente registrada no registro civil de pessoas naturais poderão requerer a inclusão de sobrenome de seu companheiro, a qualquer tempo, bem como alterar seus sobrenomes nas mesmas hipóteses previstas para as pessoas casadas – Redação dada pela Lei 14.382/2022).*

O Provimento nº 141/2023 do CNJ, de 16/03/2023, que regulamenta união estável e alteração do regime de bens no registro civil, fez alterações no Provimento 37/2014. Dentre elas, a possibilidade de expedir termo declaratório de reconhecimento e dissolução de união estável, lavrado perante o Registro Civil das Pessoas Naturais, bem como a possibilidade de alteração extrajudicial do regime de bens na união estável e tratou sobre a conversão da união estável em casamento. Assim, cada vez mais a união estável se aproxima do casamento, aumentando o paradoxo de sua regulamentação. Quanto mais for regulamentada, para aproximá-la do casamento, mais se afasta de sua ideia original, que é exatamente não se submeter a determinadas regras, tornando-a quase um casamento forçado.

DISPOSITIVOS NORMATIVOS

CR – Art. 226.

CC – Arts. 793, 1.642, 1.723, 1.724, 1.725, 1.726, 1.727, 1.790 – vide REs 646.721 e 878.694 – 1.803.

Lei nº 8.971/94 – Regula o direito dos companheiros a alimentos e à sucessão.

Lei nº 9.278/92 – Regula o § 3º do art. 226 da Constituição Federal.

Súmulas: 35, 380 e 382 do STF.

Provimento nº 37/14 CNJ – Dispõe sobre registro de União Estável no Cartório de Registro Civil de Pessoas Naturais.

Lei 14.382/2022

JURISPRUDÊNCIA

(...) A redação do art. 57, § 2º, da Lei 6.015/73 outorgava, nas situações de concubinato, tão somente à mulher, a possibilidade de averbação do patronímico do companheiro, sem prejuízo dos apelidos próprios, desde que houvesse impedimento legal para o casamento, situação explicada pela indissolubilidade do casamento, então vigente. A imprestabilidade desse dispositivo legal para balizar os pedidos de adoção de sobrenome dentro de uma união estável, situação completamente distinta daquela para qual foi destinada a referida norma, reclama a aplicação analógica das disposições específicas do Código Civil relativas à adoção de sobrenome dentro do casamento, porquanto se mostra claro o elemento de identidade entre os institutos e a parelha *ratio legis* relativa à união estável, com aquela que orientou o legislador na fixação, dentro do casamento, da possibilidade de acréscimo do sobrenome de um dos cônjuges, pelo outro. Assim, possível o pleito de adoção do sobrenome dentro de uma união estável, em aplicação analógica do art. 1.565, § 1º, do CC/02, devendo-se, contudo, em atenção às peculiaridades dessa relação familiar, ser feita sua prova documental, por instrumento público, com anuência do companheiro cujo nome será adotado (STJ, REsp 1206656 GO, Rel.ª Min.ª Nancy Andrighi, 3ª T., publ. 11/12/2012).

ILUSTRAÇÃO

Rubem Grillo. P. 713.

UNIÃO ESTÁVEL ADULTERINA [ver tb. concubinato, concubinato puro, família simultânea, família poliafetiva, união estável] – É a união estável que se estabelece paralela ou simultaneamente a um casamento ou à(s) outra(s) união(ões) estável(eis). É o que o CCB tem denominado de concubinato: *As relações não eventuais entre o homem e a mulher, impedidos de casar, constituem concubinato* (Art. 1.727, CCB).

UNIÃO ESTÁVEL PUTATIVA [ver tb. casamento putativo, denegação, família simultânea, triação, união estável] – Do Latim *putativus*, que significa imaginário e tem o sentido de havido ou tido como verdadeiro. A putatividade, na terminologia jurídica, traz o sentido de uma reputação real e verdadeira. União estável putativa é a expressão que se tem usado, à semelhança de casamento putativo, para atribuição de direitos e obrigações de uma relação paralela ao casamento, ou à outra união estável, nos casos em que um dos sujeitos da união estável não sabia da existência da outra relação de seu companheiro. Embora seja difícil não saber, há pessoas que por não suportarem a realidade de deparar-se em uma simultaneidade de relações, cria mecanismo psíquicos para não enxergar esta realidade, o que se chama em psicanálise de denegação.

O casamento putativo, embora nulo ou anulável, é reputado como verdadeiro e produz efeitos de casamento válido. Assim, por analogia, passou-se a considerar também a união estável putativa, para a companheira(o) que estava de boa-fé e desconhecia as outras relações de seu companheiro(a). O jurista paraense, Zeno Veloso, foi o primeiro doutrinador brasileiro a usar a expressão União Estável Putativa e abrir caminhos para uma melhor atribuição e distribuição de direitos às relações conjugais.

JURISPRUDÊNCIA

(...) A união estável assemelha-se a um casamento de fato e indica uma comunhão de vida e de interesses, reclamando não apenas publicidade e estabilidade, mas, sobretudo, um nítido caráter familiar, evidenciado pela *affectio maritalis*. Se o relacionamento paralelo ao casamento perdurou até o falecimento do varão e se assemelhou, em tudo, a um casamento de fato, com coabitação, comunhão de vida e de interesses, e resta induvidosa a *affectio maritalis*, é possível reconhecer a união estável putativa, pois ficou demonstrado que a autora não sabia do relacionamento do varão com a esposa, de quem supunha que ele estivesse separado há muitos anos (TJBA, Ap. Cível nº 01246339520058050001, Rel.ª Des.ª Lisbete M. Teixeira Almeida Cézar Santos, 3ª CC., j. 04/12/2012).

UNIÃO HOMOAFETIVA [*ver tb. família homoafetiva, homoafetividade*] – É a união conjugal entre pessoas do mesmo sexo. É o mesmo que união estável homoafetiva.

JURISPRUDÊNCIA

(...) A plena equiparação das uniões estáveis homoafetivas, às uniões estáveis heteroafetivas, afirmadas pelo STF (ADI 4277/DF, Rel. Min. Ayres Britto), trouxe como corolário, a extensão automática àquelas, das prerrogativas já outorgadas aos companheiros dentro de uma união estável tradicional, o que torna o pedido de adoção por casal homoafetivo, legalmente viável. IV. Se determinada situação é possível ao estrato heterossexual da população brasileira, também o é à fração homossexual, assexual ou transexual, e todos os demais grupos representativos de minorias de qualquer natureza que são abraçados, em igualdade de condições, pelos mesmos direitos e se submetem, de igual forma, às restrições ou exigências da mesma lei, que deve, em homenagem ao princípio da igualdade, resguardar-se de quaisquer conteúdos discriminatórios. (...) VII. O avanço na percepção e alcance dos direitos da personalidade, em linha inclusiva, que equipara, em status jurídico, grupos minoritários como os de orientação homoafetiva – ou aqueles que têm disforia de gênero – aos heterossexuais, traz como corolário necessário a adequação de todo o ordenamento infraconstitucional para possibilitar, de um lado, o mais amplo sistema de proteção ao menos – aqui traduzido pela ampliação do leque de possibilidades à adoção – e, de outro, a extirpação dos últimos resquícios de preconceito jurídico – tirado da conclusão de que casais homoafetivos gozam dos mesmo direitos e deveres daqueles heteroafetivos. (...) (STJ, REsp 1281093 SP, Rel.ª Min.ª Nancy Andrighi, 3ª T., publ. 04/02/2013).

UNIÃO LIVRE [*ver tb. concubinato, família informal, união estável*] – É a união conjugal livre das formalidades, como é o casamento e a união estável em que se faz contrato regulamentando as regras da convivência. União livre tem também o mesmo sentido de concubinato, ou seja, uma conjugalidade estabelecida na informalidade. Com a Constituição de 1988, a expressão concubinato foi substituída por união estável (Art. 226, CR).

UNIÃO PARALELA [*ver tb. família simultânea, monogamia, união poliafetiva, união simultânea*] – É a união estável paralela ou simultânea a outra união estável ou ao casamento. Tal união pode constituir família paralelamente a outra família, ou não. A relação paralela que caracteriza uma outra família é aquela que não é eventual e preenche os requisitos de uma união estável.

A doutrina brasileira, e também a jurisprudência, tratou durante muito tempo a relação paralela como mera sociedade de fato, atribuindo-lhe direito tão somente no campo do direito obrigacional. Após a Constituição de 1988, em que se atribuiu o nome de união estável às famílias constituídas sem o selo da oficialidade do casamento, passou-se a chamar de concubinato as uniões paralelas ao casamento (Art. 1727, CCB).

A resistência em admitir direitos originários no campo do Direito de Família, deve-se à mesma resistência histórica pela qual passou o "Direito Concubinário", ou seja, por questões morais, que estiveram muito mais próximas do moralismo do que propriamente da ética.

JURISPRUDÊNCIA

(...) Em resumo, conferir consequências jurídicas distintas a duas situações fáticas semelhantes (duas células familiares), importaria violação ao princípio da igualdade e da dignidade da pessoa humana. Seria, do ponto de vista daquele que pleiteia o reconhecimento de sua relação, em muitos casos, dizer que a pessoa não viveu aquilo que viveu, que é uma pessoa "menor" do que aquelas que compõe a relação protegida pelo Estado, circunstância que, evidentemente, configura uma indignidade. (...) Assim, resta demonstrada a viabilidade jurídico-constitucional quanto ao reconhecimento das uniões paralelas, uma vez presentes os pressupostos da segunda união, previstos no art. 1.723 do CC (TJRS, Ap. Cível nº 70022775605, Rel. Des. Rui Portanova, 8ª CC., j. 07/08/2008).

LINGUAGEM POÉTICA

Desdobramento de Adalgisa

Os homens preferem duas. / Nenhum amor isolado / habita o rei Salomão / e seu amplo coração. / Meu rei, a vossa Adalgisa / virou duas diferentes / para mais a adorardes.[...]

Adalgisa e Adaljosa, / parti-me para o vosso amor / que tem tantas direções / e em nenhuma se define / mas em tôdas se resume. / Saberei multiplicar-me / e em cada praia tereis / dois, três, quatro, sete corpos / de Adalgisa, a lisa, fria, / e quente e áspera Adalgisa, / numerosa qual Amor. [...]

(ANDRADE, Carlos Drummond de. *Obra completa*. Rio de Janeiro: Nova Aguilar, 1967. p. 97).

UNIÃO POLIAFETIVA [*ver tb. amante, família poliafetiva, filiação poliafetiva, poliamor, poligamia, uniões simultâneas*] – É a união afetiva estabelecida entre mais de duas pessoas em uma interação afetiva recíproca, constituindo família ou não. É o mesmo que poliamor. No Brasil, tais uniões são vistas com reservas, em função do princípio da monogamia, base sobre a qual o Direito de Família brasileiro está organizado, embora sejam comuns em ordenamentos jurídicos de alguns países da África e no mundo árabe que adotam o sistema da poligamia.

Embora se assemelhem, a união poliafetiva se distingue da união simultânea ou paralela, porque nesta, nem sempre as pessoas têm conhecimento da outra relação, e geralmente acontece na clandestinidade, ou seja, umas das partes não sabe que o(a) marido/esposa companheiro(a) tem outra relação. Em alguns casos tem-se uma família paralela, em outras apenas uma relação de amantes e da qual não há consequências jurídicas. Na união poliafetiva, todos os envolvidos sabem da existência dos outros afetos, e muitas vezes vivem sob o mesmo teto compartilhando entre si os afetos. O filme *Eu, Tu, Eles*, de Andrucha Waddington (Brasil 2000), retrata esta realidade vivenciada por uma mulher e três homens vivendo numa mesma casa.

No Brasil, o primeiro registro de uma união poliafetiva foi feito em um Cartório de Notas de Tupã, interior do Estado de São Paulo, de um trio formado por duas mulheres e um homem, que lavrou "Escritura Declaratória de União Poliafetiva, " e que já estavam nesta relação há três anos e sob o mesmo teto.

POLIAFETIVA

JURISPRUDÊNCIA

(...) Muito embora seja defensável que o relacionamento afetivo de qualquer espécie – ainda que o concubinato – conceda ao personagem da relação o direito à felicidade, ao contato com o outro e de estar com o amado em seus últimos momentos de vida; não houve prova acerca do alegado. O contexto moderno do poliamorismo, da prelazia do afeto, das famílias anaparentais e das famílias paralelas admitiria, em tese, a pretensão autoral, em especial porque se reporta à lesão ao direito da personalidade: felicidade, estar com quem se ama até o fim. (...) (TJRJ, Ap. Cível nº 0000210-95.2009.8.19.0207, Rel. Des. Gabriel de Oliveira Zefiro, 13ª CC., j. 27/11/2013).

LINGUAGEM ARTÍSTICA

Cf. o documentário: *Poliamor*. Diretor José Agripino. 15 min, Documentário, Brasil, 2010 – O curta relata as vantagens e também as dificuldades desse tipo de relacionamento, cercado de liberdade e transparência. Insegurança, traição, conflitos são alguns dos temas abordados.

LINGUAGEM LITERÁRIA

Com ela aprendeu Florentino Ariza o que já padecera muitas vezes sem saber: pode-se estar apaixonado por várias pessoas ao mesmo tempo, por todas com a mesma dor, sem trair nenhuma. Solitário entre a multidão do cais, dissera a si mesmo com um toque de raiva: "O coração tem mais quartos que uma pensão de putas." Estava banhado em lágrimas com a dor dos adeuses. Contudo, mal desaparecera o navio na linha do horizonte e a lembrança de Fermina Daza tinha voltado a ocupar seu espaço total. Lembrou-se de Andréia Varón, diante de cuja casa passara a semana anterior, mas a luz alaranjada na janela do banheiro advertiu-o de que não podia entrar: alguém tinha chegado antes. Alguém: homem ou mulher, porque Andréia Varón não se detinha em minúcias dessa índole nas desordens do amor. De todas as da lista era a única que vivia do seu corpo, mas o administrava a seu bel-prazer, sem capataz de campo.

Gabriel García Márquez. *O amor nos tempos de cólera.* Editora Record, p. 230.

ILUSTRAÇÃO

Sérgio Lima. P. 719.

UNIÃO SIMULTÂNEA [*ver tb. concubinato, família paralela, multiconjugalidade*] É a relação afetiva estável e não eventual que se estabelece simultaneamente à união estável ou casamento. Denominada também de união paralela, ela é fonte de direitos e obrigações, quando se constitui ali um núcleo familiar. A simultaneidade de uniões estáveis tem sido tratada pela legislação como concubinato: *As relações não eventuais entre o homem e a mulher, impedidos de casar, constituem concubinato* (Art. 1.727, CCB).

Apesar desta regra, a doutrina e a jurisprudência têm relativizado o entendimento de tratar o concubinato, ou uniões estáveis simultâneas, como uma sociedade de fato sujeita às regras do Direito Obrigacional ou Comercial. Afinal, se existe ali um núcleo familiar, não há que condená-lo à invisibilidade para satisfazer a formalidade da lei, fugindo-se da essência do Direito. Entre o justo e o legal, não optar pelo justo é atribuir à lei uma função de fetiche.

O STF, em 2020/2021, com decisão REx nº RE 1167478 e RE 883168, entendeu não ser possível o reconhecimento de duas uniões estáveis simultâneas para rateio de pensão por morte, benefício pago pelo Instituto Nacional do Seguro Social (INSS). Não é a primeira vez que o Supremo analisa o tema. Em 27 de março de 2009, da mesma forma concluiu que essas famílias, formadas simultaneamente a outra família, não podem ser reconhecidas pelo Estado, com o voto divergente do então ministro Ayres Brito. Com tais decisões, é como se dissesse: Essas famílias existem, mas não se pode dizer que existem. Afinal, elas afrontam a moral e os bons costumes. Não podem ser reconhecidas e qualquer direito que se dê a elas, deve ser no campo do Direito obrigacional, e não no âmbito do Direito de Família, ou seja, devem ser vistas como concubinato e estão condenadas ao limbo jurídico.

JURISPRUDÊNCIA

(...) 'Companheiro' como situação jurídica-ativa de quem mantinha com o segurado falecido uma relação doméstica de franca estabilidade ("união estável"). Sem essa palavra azeda, feia, discriminadora, preconceituosa, do concubinato. Estou a dizer: não há concubinos para a Lei Mais Alta do nosso País, porém casais em situação de companheirismo. Até porque o concubinato implicaria discriminar os eventuais filhos do casal, que passariam a ser rotulados de "filhos concubinários". Designação pejorativa, essa, incontornavelmente agressora do enunciado constitucional de que "os filhos, havidos ou não da relação do casamento, ou por adoção, terão os mesmos direitos e qualificações, proibidas quaisquer designações discriminatórias relativas à filiação. (...) A concreta disposição do casal para construir um lar com um subjetivo ânimo de permanência que o tempo objetivamente confirma. (...) pela parte supostamente traída, sabido que esse órgão chamado coração 'é terra que ninguém nunca pisou'. Ele, coração humano, a se integrar num contexto empírico da mais entranhada privacidade, perante o qual o Ordenamento Jurídico somente pode atuar como instância protetiva. Não censora ou por qualquer modo embaraçante (...) (RE 397.762-8 BA, Rel. Min. Marco Aurélio.

Trecho do voto-vista do Min. Carlos Ayres Britto, STF. publ. 12/09/2008).

LINGUAGEM ARTÍSTICA

Cf. o filme *Vou rifar meu coração* (Brasil, 2012): Filme que trata do imaginário romântico, erótico e afetivo brasileiro a partir da obra dos principais nomes da música popular romântica, também conhecida como brega. Letras de músicas de artistas como Agnaldo Timóteo, Waldik Soriano, Nelson Ned, Amado Batista, Peninha, Walter dos Afogados e Wando, entre outros, formam verdadeiras crônicas dos dramas da vida a dois. No filme, entre outras situações, há o relato de um homem que mantém duas famílias, em casas separadas, no interior do estado de Sergipe, assim como o depoimento de suas duas companheiras, que conhecem e desaprovam a conduta do homem, razão de sofrimento e constrangimento para todos os envolvidos.

USUCAPIÃO CONJUGAL [*ver usucapião familiar*] – É o mesmo que usucapião familiar.

USUCAPIÃO ESPECIAL [*ver tb. usucapião familiar*] – São as modalidades de usucapião introduzidos por legislação especial. No Direito de Família, a Lei nº 12.424 de 16/06/2011, introduziu no Código Civil o art. 1240–A, conhecido como usucapião familiar, também recebendo nomes como usucapião conjugal, usucapião pró-família entre outros.

USUCAPIÃO FAMILIAR – É também denominado de usucapião conjugal, usucapião pró-família. É um usucapião criado pela Lei nº 12.424/11, que estabeleceu um novo tipo de usucapião especial para abranger as relações familiares, ou mais especificamente, para as relações conjugais, seja advinda do casamento ou união estável, hetero ou homoafetiva. Isto significa que o cônjuge ou companheiro que deixar o lar conjugal por dois anos ininterruptos, caracterizando abandono da família, perde o seu direito de propriedade sobre o bem que era o lar conjugal: *Aquele que exercer, por 2 (dois) anos ininterruptamente e sem oposição, posse direta, com exclusividade, sobre imóvel urbano de até 250m² (duzentos e cinquenta metros quadrados) cuja propriedade divida com ex-cônjuge ou ex-companheiro que abandonou o lar, utilizando-o para sua moradia ou de sua família, adquirir-lhe-á o domínio integral, desde que não seja proprietário de outro imóvel urbano ou rural* (Art. 1.240, CCB – acrescentado pela Lei nº 12.424/11).

Apesar de aparentemente fazer ressurgir a discussão de culpa pelo fim da conjugalidade, a lei não tem essa intenção, não diz isso e não deve ser interpretada assim. Quando ela menciona abandono do lar, quer dizer simplesmente que o cônjugue não se responsabilizou pela família. E se assim o fez, deve responder na vida pela sua irresponsabilidade, com a perda da propriedade. É justo. Isto não significa discutir culpa, até porque após a EC nº 66/10 ela ficou extirpada do nosso ordenamento jurídico.

Os limites da responsabilidade do sujeito é objeto central de preocupação e regulamentação de todos os ordenamentos jurídicos. Afinal, qual é o limite da responsabilidade de cada um? Desde quando, e até quando o sujeito deve ser responsabilizado pelos seus atos? A razão da existência do Direito reside exatamente em colocar limite e atribuir res-

ponsabilidade às pessoas, possibilitando assim que haja convívio e organização social. Mais que um valor jurídico, a responsabilidade é um princípio jurídico fundamental e norteador das relações familiares e traz uma nova concepção sobre os atos e fatos jurídicos.

O cônjuge ou companheiro que desapareceu, deixou de dar assistência à família, merece sofrer sanção pelo seu descompromisso e irresponsabilidade. Por outro lado, aquele que não desejar mais ficar casado, ou manter a união estável, e quiser sair de casa, deve fazê-lo com responsabilidade. O abandono do lar pode ser facilmente descaracterizado com algum registro, formal ou informal, desta intenção ou desejo do fim da conjugalidade. Uma simples separação de corpos, por exemplo, pode descaracterizar o usucapião familiar.

USUCAPIÃO PRÓ-FAMÍLIA [*ver tb. usucapião familiar*] – É o mesmo que usucapião familiar.

USUFRUTO [*ver tb. doação, gozo, usufruto vidual, usufruto legal, usufruto sucessivo, usucapião familiar*] – Do latim *usus – fructus*, fruir do uso. É o exercício da posse e gozo de algo que não se pode alienar ou destruir. É o direito que se dá a alguém para retirar da coisa alheia os seus frutos e utilidades sem alterar a sua substância. É o direito real sobre a coisa alheia de usar, gozar e fruir da coisa. É usufrutuar.

O usufruto pressupõe dois títulos sobre a coisa: o nu-proprietário, isto é, aquele que cedeu a outrem o direito de uso e gozo da propriedade da qual é titular e, portanto, deixa de ter propriedade plena; e o usufrutuário que é a quem se cedeu o direito de usar e gozar da propriedade ou coisa por um tempo determinado.

O usufruto pode ser temporário ou vitalício, podendo recair em um ou mais bens, móveis ou imóveis, em um patrimônio inteiro, ou apenas em parte, os frutos e utilidades (art. 1.390, CCB).

O usufruto, quando não resultante de usucapião, constitui-se mediante registro no Cartório de Registro de Imóveis.

Jacques Lacan, ao elaborar o conceito de gozo no sentido psicanalítico, o fez a partir da observação de processos judiciais e da noção de usufruto: *O usufruto quer dizer que podemos gozar de nossos meios, mas que não devemos enxovalhá-los. Quando temos usufruto de uma herança, podemos gozar dela, com a condição de não gastá-la demais. É nisso mesmo que está a essência do direito de repartir, distribuir, retribuir o que diz respeito ao gozo* (LACAN, Jacques. *Mais ainda*. Seminário 20. Trad. M.D. Magno. Rio de Janeiro: Jorge Zahar, 1985. p. 11).

DISPOSITIVOS NORMATIVOS

CCB – Arts. 1.225 IV, 1.390 a 1.411.

USUFRUTO LEGAL [*ver tb. direito real de habitação, usufruto vidual, usufruto*] – É o usufruto que decorre da lei e independe da vontade das partes. O pai e a mãe, enquanto no exercício do poder familiar, são usufrutuários legais dos bens dos filhos (Art. 1.689, I, CCB). O usufruto pode ser legal ou voluntário.

USUFRUTO SUCESSIVO – É aquele instituído em benefício de mais de uma pessoa, que se beneficiará dele em sucessão, ou seja, para que passe o benefício ao segundo, terceiro, entre outros, após cumprida determinada condição.

É muito comum o usufruto sucessivo estabelecido em testamento, ou em divórcios em que determinada propriedade do casal permanecerá com ambos, mas usufruto para o cônjuge que estiver morando com os filhos, ou por outra condição qualquer.

DISPOSITIVOS NORMATIVOS

CCB – Arts. 1.225 IV, 1.390 a 1.411, 1.946.

USUFRUTO VIDUAL [*ver tb. direito real de habitação, Estatuto da Mulher Casada, usufruto, usufruto legal, usufruto sucessivo*] – Do latim *viduale*, referente à viuvez. É um tipo de usufruto, criado pelo CCB de 1916 para proteger e dar assistência ao cônjuge viúvo, em razão de ocupar o terceiro lugar na ordem de vocação hereditária, após descendentes e ascendentes: *O cônjuge viúvo se o regime de bens do casamento não era o da comunhão universal, terá direito, enquanto durar a viuvez, ao usufruto da quarta parte dos bens do cônjuge falecido, se houver filho deste ou do casal, e à metade se não houver filhos embora sobrevivam ascendentes do "de cujus"*. (Art. 1.611, § 1º, CCB 1916). No CCB 2002, o usufruto vidual não recebeu guarida, já que o cônjuge passou a ter direito de concorrer com descendentes e ascendentes (Art. 1.829, CCB).

Em relação a união estável, as Leis nº 8.971/94 e 9.278/96, que não foram revogadas expressamente pelo CCB 2002, mas apenas naquilo que o contraria, concederam ao companheiro supérstite o usufruto "vidual" e o direito real de habitação, respectivamente.

JURISPRUDÊNCIA

(...) O usufruto vidual do consorte sobrevivente tem como escopo a salvaguarda do mínimo necessário ao cônjuge ou companheiro que não possui, obrigatoriamente, quinhão na herança do falecido, como no caso de comunhão parcial ou separação absoluta, em sucessões abertas na vigência do Código Beviláqua, que não considerava o cônjuge como herdeiro necessário. 2. Por isso que não faz jus ao usufruto legal a que alude o art. 1.611, § 1º, do Código Civil revogado, a companheira que foi contemplada em testamento com bens de valor superior ou igual àqueles sobre os quais recairia o usufruto. 3. Tendo sido legado à companheira do falecido propriedade equivalente à que recairia eventual usufruto, tem-se que tal solução respeita o que dispõe o art. 1.611, § 1º, do CC/16, uma vez que, juntamente com a deixa testamentária de propriedade, transmitem-se, por consequência, os direitos de usar e de fruir da coisa, na proporção exigida pela lei. 4. Recurso especial conhecido e provido (STJ, REsp 594699-RS, Rel. Min. Luis Felipe Salomão, 4ª T., publ. 14/12/2009).

USUFRUTO VOLUNTÁRIO [*ver tb. usufruto vidual, usufruto, direito real de habitação*] – É o usufruto que decorre da manifestação volitiva das partes e pode decorrer do contrato ou testamento.

USUFRUTUÁRIO – É um dos sujeitos da relação do usufruto, ou seja, aquele que usufrui da coisa. É a pessoa em favor de quem estabeleceu o usufruto.

ÚTERO DE SUBSTITUIÇÃO [*ver tb. co-parentalidade, família ectogenética*] – É a expressão usada para designar a gestação feita em útero de outrem, ou seja, é a técnica de reprodução humana artificial na qual há uma cooperação de um terceiro, denominado mãe de substituição. É conhecida popularmente como barriga de aluguel.

A Resolução nº 2320/2022 do CFM estabelece nesses casos da gestação de substituição e doação temporária de útero que: A cedente temporária do útero deve ter ao menos um filho vivo e pertencer à família de um dos parceiros em parentesco consanguíneo até o quarto grau (primeiro grau: pais e filhos; segundo grau: avós e irmãos; terceiro grau: tios e sobrinhos; quarto grau: primos. Na impossibilidade de atender essa previsão, deverá ser solicitada autorização do Conselho Regional de Medicina (CRM)

Em vários países, como EUA, África do Sul, Armênia, Austrália, Belarus, Bélgica, Chipre, Dinamarca, Georgia, Grã-Bretanha, Suécia, Holanda, Israel, Índia, Rússia e Ucrânia, há leis regulamentando a cessão temporária de útero por motivo altruístico ou com remuneração, sem a necessidade de parentesco entre os envolvidos.

A regulamentação de pagamento pelo "aluguel" evitaria extorsões, clandestinidade e até mesmo uma indústria de barriga de aluguel. Quem não tem útero capaz de gerar um filho não deveria ter a oportunidade de poder buscá-lo em outra mulher? Eis aí uma ética que se deve distinguir da moral estigmatizante e excludente de direitos. O corpo é um capital físico, simbólico e econômico. Os valores atribuídos a ele estão ligados a questões morais, religiosas, filosóficas e econômicas.

Se a gravidez ocorresse no corpo dos homens, certamente o aluguel da barriga já seria um mercado regulamentado. Não seria a mesma lógica que permite remunerar o empregado no fim do mês pela sua força de trabalho, despendida muitas vezes em condições insalubres ou perigosas, e considerado normal? Não se trata de uma coisificação da criança ou objetificação do sujeito, já que o que se estaria comprando ou alugando não é o bebê, mas o espaço (útero) para que ele seja gerado. E não se trata também de compra e venda, como permitido antes nas sociedades escravocratas e endossado pela moral religiosa.

DISPOSITIVOS NORMATIVOS

Lei nº 8.069/90 – Estatuto da Criança e do Adolescente – Art. 238.

Resolução nº 2320/2022 do CFM – Doação temporária do útero.

UXÓRIO [*ver tb. outorga uxória, outorga marital, convivência mora uxório*] – Do latim *uxorius*, governado por uma mulher. Exprime a qualidade de tudo que promana ou provém da mulher casada: *bens uxórios, poder uxório, outorga uxória.*

U

V

VACÂNCIA [*ver tb. vacante, herança vacante*] – Do latim *vacans, vacantes*, exprime o estado de algo estar vazio, vago. No Direito Administrativo, é usada para indicar a vacância de cargo, cargo sem ocupante, vazio. No Direito de Propriedade e Sucessões, indica os bens vagos ou sem dono.

VACANTE [*ver tb. herança vacante, vacância*] – Do latim *vacans, vacantes*, exprime a qualidade do que está vazio, está vago. É empregada para qualificar o emprego, cargo ou posto que está sem o respectivo titular, ou seja, está desocupado.

No Direito das Sucessões, é utilizada para qualificar a sucessão hereditária que não tem herdeiros, herança vacante.

VARA DE FAMÍLIA [*ver tb. juiz de família, juiz de paz*] – Do latim *vara*, designava um pedaço de pau alongado que era utilizado pelos juízes como forma de afirmarem sua jurisdição e autoridade. Eram pintadas de branco, ou de vermelho, sendo que aquelas competiam as juízes letrados e estas aos juízes leigos.

Na atualidade, a vara simboliza a área judicial, a circunscrição na qual o juiz exerce sua jurisdição. As varas se dividem conforme necessário em civil e penal, públicas ou privadas, conforme a organização administrativa. Em algumas comarcas se subdividem em varas especializadas, como por exemplo as varas de Família, empresariais, de registros etc.

Vara de Família é a circunscrição sob a jurisdição de um juiz específico para as causas de Direito de Família. Ali, são decididos processos relativos a divórcio, dissolução de união estável, guarda, convivência familiar, destituição do poder familiar, tutela, curatela, alimentos etc.

Nas comarcas onde há Juizado da Infância e Juventude, esta vara especializada é a competente para julgar os processos de adoção.

VARÃO – Do latim *vir*, homem, todo ente do sexo masculino. Expressão utilizada para designar o homem que atingiu a virilidade, isto é, maior ou adulto. No Direito de Família, é aplicado para distinguir o homem da mulher na relação conjugal. É o mesmo que marido.

VEDAÇÃO AO COMPORTAMENTO CONTRADITÓRIO – Ver *venire contra factum proprium*.

VENIRE CONTRA FACTUM PROPRIUM

[ver tb. *boa-fé objetiva, princípio da confiança*] – É a proibição ou vedação do comportamento contraditório. É um brocado jurídico para expressar uma das modalidades do abuso de direito, que advém da violação do princípio da confiança que, por sua vez, relaciona-se diretamente à boa-fé. Tal posição visa manter a coerência, para dar maior segurança para que se possa estabelecer atos/fatos com mais confiança.

É a vedação de inesperada e incoerente mudança de comportamento, contradizendo ou contrariando um comportamento ou conduta anteriormente esperado. Ou seja, comportamentos que se mostram contraditórios entre si, de modo a quebrar a confiança em uma determinada situação jurídica por ter feito acreditar que determinada pessoa agiria coerentemente com a situação anterior. Por exemplo, a proteção do bem de família não pode ser invocada pelo devedor caso ele tenha oferecido o único imóvel que serve de moradia do casal, ou da entidade familiar, em hipoteca voluntariamente. Igualmente incorre em contradição o marido que consentiu previamente com a fertilização heteróloga e depois recusa-se a assumir a paternidade.

JURISPRUDÊNCIA

(...) A boa-fé objetiva, aqui, é vista sob suas funções integrativas e limitadoras, traduzidas pela figura do *venire contra factum proprium* (proibição de comportamento contraditório), perfeitamente aplicável às relações familiares, como afirmam Cristiano Chaves e Nelson Rosenvald. (*Farias, Cristiano Chaves e Rosenvald, Nelson. Direito das Famílias. 3ª ed. Rio de Janeiro: Lumen Juris, 2011. pp. 99-100*). Sob essa ótica, o comportamento de A.V. – pai biológico do recorrente, e registral da recorrida –, conspira contra a pretensão do recorrente de alterar o registro civil da recorrida, pois, nos dizeres deste, o pai "penalizado pela situação (da recorrida), participando da vida daquela família e com sentimento de carinho que nutria tanto pela mãe, quanto pela requerida, registrara a menina com seu nome, momento em que passara ela a figurar como sua filha (fl. 08, e-STJ). E aqui se encontra o obstáculo intransponível à pretensão do autor: S M V B DA C. se apropriou da condição de filha de A.V., situação consolidada pelo próprio, e é esse status que em nome da primazia dos interesses do menor não lhe pode ser agora negado, apenas para dar guarida ao reconhecimento da inexistência de vínculo genético com aquele que, na prática, foi seu pai. A prevalência da filiação socioafetiva em detrimento da verdade biológica, *in casu*, tão somente dá vigência à cláusula geral de tutela da personalidade humana, que salvaguarda a filiação como elemento fundamental na formação da identidade do ser humano. A paternidade socioafetiva, incorporada à personalidade da recorrida, não pode ficar à deriva, em face das incertezas, instabilidades ou interesses de terceiros, mesmo que vindicados sobre a real constatação de falsidade, que frise-se, não foi realizada pela recorrida, mas por seu pai socioafetivo (STJ, REsp 1.259.460 SP, Rel.ª Min.ª Nancy Andrighi, 3ª T., publ. 29/06/2012).

LINGUAGEM POÉTICA

Você quer brincar de amor

Eu quero só te amar

Você quis por um momento

E eu sempre quis ficar

Mas em nossas diferenças

Nada é mais igual

Do que nós dois

Da certeza desse amor

eu nunca duvidei

Porque tudo era bonito

Eu eu me acostumei

Às palavras de amor que eu nunca acreditei mas aceitei

Ah! Você tem coisas tão difíceis de entender

Um jeito ausente tão presente no olhar

Como quem ama e sente medo de gostar

Ah! Eu não entendo esta paixão

Que eu vivo com você

Que esquece o tempo e deixa a cama por fazer

E esse ciúme que eu não queria ter

Ah! Você tem coisas tão..

(Música *Contradição* – Letra e Música de Roberto Carlos)

VÍCIO DE CONSENTIMENTO – É o mesmo que vício de vontade.

VÍCIO DE VONTADE [*ver tb. anulação do casamento, erro essencial sobre a pessoa*] – Do latim *vitium*, defeito, imperfeição, deterioração. É quando o consentimento exteriorizado por alguém para a celebração de um negócio jurídico está afetado por algum elemento externo ou interno que altere a sua real vontade. Esses vícios são capazes de causar a nulidade total ou parcial do ato ou negócio jurídico. Também conhecido como vícios de consentimento, são eles o erro, o dolo e a coação.

No Direito de Família, a possibilidade de requerer a anulação do casamento acometido por vício se restringe às hipóteses de coação ou erro quanto à pessoa do cônjuge. Tais máculas, conhecidas como erros essenciais, diferenciam-se da teoria dos defeitos e das invalidades dos negócios jurídicos: dolo, coação, estado de perigo, lesão e fraude contra credores (Arts. 145 a 165, CCB) que não dão margem à anulação do casamento.

O erro no Direito de Família traduz-se numa representação inexata ou na ignorância de qualquer circunstância de facto ou de direito anterior que seria determinante na decisão de realizar o casamento, tornando insuportável a vida em comum após a sua descoberta. Assim, é possível a anulação do casamento por vício de vontade quando há erro essencial quanto a pessoa do outro cônjuge (Art. 1.550, CCB). *Considera-se erro essencial sobre a pessoa do outro cônjuge: I – o que diz respeito à sua identidade, sua honra e boa fama, sendo esse erro tal que o seu conhecimento ulterior torne insuportável a vida em comum ao cônjuge enganado; II – a ignorância de crime, anterior ao casamento, que, por sua natureza, torne insuportável a vida conjugal; III – a ignorância, anterior ao casamento, de defeito físico irremediável, ou de moléstia grave e transmissível, pelo contágio ou herança, capaz de pôr em risco a saúde do outro cônjuge ou de sua descendência; IV – a ignorância, anterior ao casamento, de doença mental grave que, por sua natureza, torne insuportável a vida em comum ao cônjuge enganado.* (Art. 1.557, CCB).

VÍNCULO CONJUGAL [*ver tb. conjugalidade, cônjuge*] – É a relação em que há conjugalidade. O CCB 2002 utiliza esta expressão para designar especificamente o casamento (Art. 1.571), embora deva ser entendida em uma amplitude maior, inclusive para uniões estáveis hetero e homoafetiva.

DISPOSITIVOS NORMATIVOS

CR – Arts. 226, § 1º e § 3º.

CCB – Arts. 10, I, 197, I, 550, 1.514, 1.523, II, 1.557, II, 1.567, 1.571, 1.572, 1.577, 1.597, 1.649, 1.672, 1.674, 1.685, 1.721.

Lei nº 8.971/94 – Regula o direito dos companheiros a alimentos e à sucessão.

Lei nº 9.278/96 – Regula o § 3º do art. 226 da Constituição Federal.

JURISPRUDÊNCIA

(...) A companheira de segurado separado de fato faz jus à parte da indenização securitária na hipótese de não serem indicados beneficiários; – A circunstância de o vínculo conjugal do *de cujus* persistir quando do óbito, não obsta o reconhecimento da companheira como beneficiária; – Recurso provido para reconhecer o direito da Apelante a 50% (cinquenta por cento) da importância depositada pela Seguradora (TJPE, Ap. Cível nº 400006060 PE 116646-5, Rel. Des. Cândido José da Fonte Saraiva de Moraes, 2ª CC., j. 01/09/2011).

VÍNCULO DA ADOÇÃO [*ver tb. adoção*]

– É a relação de parentesco decorrente da adoção, que se estabelece entre adotado e adotante, estendendo-se a toda a família daquele que adota, tanto na linha reta quanto na linha colateral. A partir do momento em que é efetivada a adoção, com trânsito em julgado da sentença que a deferiu e feito registro de nascimento, a adoção começa a gerar seus efeitos garantindo ao adotado todos os direitos inerentes a condição de filho.

VÍNCULO DA AFINIDADE [*ver tb. parentesco por afinidade*] – É o decorrente do parentesco por afinidade, ou seja, aquele estabelecido entre cônjuge e os parentes do outro, ou vice-versa. O vínculo da afinidade em linha reta não cessa com a morte e nem com a dissolução do casamento que deu origem ao parentesco afim.

VÍNCULO DE PARENTESCO [*ver tb. relação de parentesco, parentalidade socioafetiva*] – Designa as relações de parentesco, que derivam da consanguinidade, da afinidade ou outra origem (Art. 1.593, CCB) como por exemplo, aquela decorrente da socioafetividade. O parentesco é medido em graus, ligando as pessoas a um determinado núcleo familiar.

DISPOSITIVOS NORMATIVOS

CCB – Arts. 1.591 a 1.638.

VÍNCULO MATRIMONIAL [*ver tb. vínculo conjugal, matrimônio*] – É aquele estabelecido entre cônjuges em razão do matrimônio, ou seja, do casamento religioso. Matrimônio e casamento são frequentemente utilizados como sinônimos, em razão da forte influência do Direito Canônico sobre o Direito de Família. Daí, entender-se vínculo matrimonial como vínculo advindo do casamento.

Matrimônio é um dos sacramentos da Igreja Católica que pode integrar o casamento civil, ou não. Portanto, pode haver casamento sem que haja matrimônio, já que este é o sentido religioso do casamento.

VINTENA TESTAMENTÁRIA [*ver tb. testamenteiro*] – É a vigésima parte de alguma coisa. No Direito Tributário, usava-se tal expressão para indicar o imposto que se fixava na base de um por vinte, ou seja, a vigésima parte de um rendimento. No Direito sucessório é a retribuição ou comissão que cabe ao testamenteiro pelo serviço prestado como executor do testamento. Assim, chamava-se porque originalmente esta retribuição correspondia à vigésima parte do valor do espólio.

O CCB 2002 substituiu tal expressão utilizada pelo CCB 1016 por prêmio: *Salvo disposição testamentária em contrário, o testamenteiro, que não seja herdeiro ou legatário, terá direito a um prêmio, que, se o testador não o houver fixado, será de um a cinco por cento, arbitrado pelo juiz, sobre a herança líquida, conforme a importância dela e maior ou menor dificuldade na execução do testamento.* (Art. 1.987, CCB).

VIOLÊNCIA DOMÉSTICA [*ver tb. abandono afetivo, alienação parental, desamparo, medidas protetivas, Lei Maria da Penha*] – É a violência praticada dentro de casa ou no âmbito familiar, entre indivíduos com laços de conjugalidade, namoro, parentesco civil, natural ou afetivo.

É na intimidade do casal e da família que vive e se externa afeto, carinho e também agressividade. Amor e ódio constituem uma polaridade que temperam a vida humana. É, portanto, da intimidade do casal, dos desejos contidos, das inseguranças, do ódio e do amor que vem a explosão da violência. Pode-se até compreender tal complexidade, mas nada a justifica. Até mesmo a relação sado-masoquista, que empreende um *continuum* ciclo de prazer e desprazer, pois se levado às últimas consequência, este "gozo", pode significar a própria morte. Assim, na dicotomia entre público e privado, neste aspecto deve prevalecer a intervenção do Estado na intimidade do casal para colocar limites em quem não o tem e resgatar a dignidade do sujeito.

O fim das relações amorosas, nem sempre é tão pacífico e civilizado como deveria ser. É comum que os restos do amor se transformem em agressões, físicas e verbais. Discussão e até uma certa dose de agressividade podem integrar a cena familiar e o fim do amor, mas a violência não.

Uma das formas de ajudar a diminuir tal violência, além das ações jurídicas e políticas, é entendê-la como uma relação de dominação erótica de um gênero sobre o outro. Se não se domina por bem, usa-se o recurso da força física, por mais primário e primitivo que ele seja. As mulheres, talvez por saberem lidar mais que os homens com o que lhes falta, elaboram melhor a perda e exercem o seu poder muito mais no campo da sedução e da palavra. O homem, pela relação histórica de dominação e de patriarcado é mais comum recorrer à força física.

Apesar da igualização de direitos proclamada pela lei, há diferenças abissais: químicas (hormonais), físicas e biológicas. Daí a necessidade de se considerar diferentes os desiguais, para igualá-los perante a lei. Daí a necessidade de considerar a diferença feminina na lei.

É quase insuportável constatar que o outro não me ama ou não me quer mais. Significa também deparar-se com o vazio existencial, ou seja, nosso desamparo estrutural. Ainda mais neste tempo do hiperconsumo onde tudo pode e o outro torna-se cada vez mais objeto e menos sujeito. A violência nasce, também, deste não suportar a rejeição e desamparo. Se a namorada ou minha mulher não me quer mais, tiro-lhe a vida e do caminho de qualquer outra pessoa. Essas relações de gênero trazem consigo e em seu âmago as maiores forças de sustentação da vida: o desejo de poder e o poder do desejo.

O potencial de agressividade e maldade humana está presente no gênero masculino e feminino. Contudo, o que se vê na

V

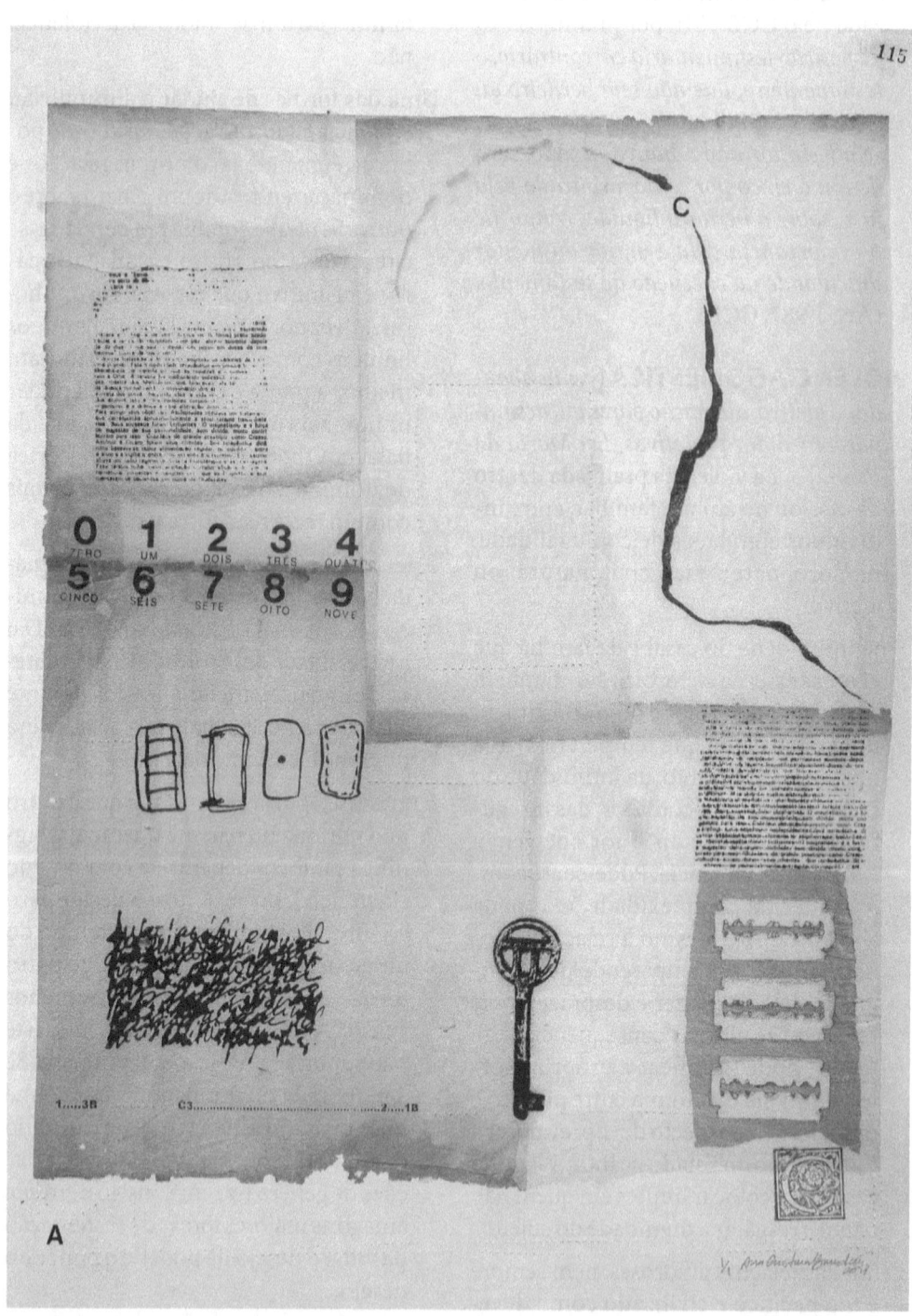

prática é que cerca de 90% da violência familiar o agressor é o homem. E, por ser mais reincidente que as demais, recebeu repressão especial. Tais delitos, por muito tempo eram considerados de menor potencial ofensivo. A Lei nº 11.340 (Maria da Penha) desmitifica essa ideia afastando expressamente a aplicabilidade da Lei nº 9.099 (Juizados Especiais), prevendo rito e procedimento próprios para causas decorrentes da prática da violência doméstica. Qualquer ação ou omissão contra a mulher, que lhe cause morte, lesão, sofrimento físico, sexual ou psicológico e dano moral ou patrimonial é considerado violência doméstica (Art. 5º, Lei Maria da Penha). Com isso, as penas aplicadas aos agressores se tornaram mais severas, afastando a possibilidade dessa conduta ser convertida em pena pecuniária ou de se poder realizar a transação penal, o que, por muito tempo, propiciou o sentimento de impunidade e favoreceu a sensação de que era "barato bater em mulher".

Também se inclui no rol da violência doméstica aquelas praticadas contra crianças e adolescentes, sejam os castigos físicos imoderados, sejam os psicológicos como a alienação parental e o abandono afetivo.

A lei que alterou a Estatuto da Criança e do Adolescente (Lei nº 8.069/1990), conhecida como "Lei da Palmada", nº 13.010/14, implementou políticas públicas de combate à violência doméstica: *A criança e o adolescente têm o direito de ser educados e cuidados sem o uso de castigo físico ou de tratamento cruel ou degradante, como formas de correção, disciplina, educação ou qualquer outro pretexto, pelos pais, pelos integrantes da família ampliada, pelos responsáveis, pelos agentes públicos executores de medidas socioeducativas ou por qualquer pessoa encarregada de cuidar deles, tratá-los, educá-los ou protegê-los* (Art. 18-A, ECA).

A Lei nº 14.188, de 29 de julho de 2021, incluiu no Código Penal o crime de violência psicológica contra mulher. Embora já fosse prevista na Lei Maria da Penha (11.340/2006), a forma de violência psicológica, que é uma das formas de violência, ainda não havia tipificação expressa nesse sentido, detalhando melhor essa forma de agressão. Estabelece o art. 147-B, do Código Penal que: *Causar dano emocional à mulher que a prejudique e perturbe seu pleno desenvolvimento ou que vise a degradar ou a controlar suas ações, comportamentos, crenças e decisões, mediante ameaça, constrangimento, humilhação, manipulação, isolamento, chantagem, ridicularização, limitação do direito de ir e vir ou qualquer outro meio que cause prejuízo à sua saúde psicológica e autodeterminação:* Pena – reclusão, de 6 (seis) meses a 2 (dois) anos, e multa, se a conduta não constitui crime mais grave. (Incluído pela Lei nº 14.188, de 2021).

A Lei nº 14.310, dc 8.3.2022 alterou a Lei nº 11.340, de 7 de agosto de 2006 (Lei Maria da Penha), para determinar o registro imediato, pela autoridade judicial, das medidas protetivas de urgência deferidas em favor da mulher em situação de violência doméstica e familiar, ou de seus dependentes.

A Lei nº 14.344, de 24.5.2022, criou mecanismos para a prevenção e o enfrentamento da violência doméstica e familiar contra a criança e o adolescente, nos termos do § 8º do art. 226 e do § 4º do art. 227 da Constituição Federal e das disposições específicas previstas em tratados, convenções ou acordos internacionais de que o Brasil seja *parte. Essa lei ficou conhecida devido ao caso Henry Borel, uma criança de quatro anos que teve sua vida ceifada, após indícios de espancamento no apartamento em que morava com a mãe e o padrasto, no Rio de Janeiro. Importante registrar que, pela lei, configura violência doméstica e familiar contra a criança e o adolescente qualquer ação ou omissão que lhe cause morte, lesão, sofrimento físico, sexual, psicológico ou dano patrimonial: I – no âmbito do domicílio ou da residência da criança e do adolescente, compreendida como o espaço de convívio permanente de pessoas, com ou sem vínculo familiar, inclusive as esporadicamente agregadas; II – no âmbito da família, compreendida como a comunidade formada por indivíduos que compõem a família natural, ampliada ou substituta, por laços naturais, por afinidade ou por vontade expressa; III – em qualquer relação doméstica e familiar na qual o agressor conviva ou tenha convivido com a vítima, independentemente de coabitação.*

JURISPRUDÊNCIA

(...) a Constituição Federal previu, no art. 226, § 8º, que o "Estado assegurará a assistência à família na pessoa de cada um dos que a integram, criando mecanismos para coibir a violência no âmbito de suas relações", sendo certo que, historicamente, a vítima dessas violações é, via de regra, a mulher, seja nas relações conjugais, seja nas relações parentais, seja, ainda, nas relações privadas de natureza diversa. Em escala internacional de proteção dos direitos humanos – além da Convenção sobre a Eliminação de Todas as Formas de Discriminação contra a Mulher, de 1979, e da Declaração sobre a Eliminação da Violência contra a Mulher, aprovada pela ONU, em 1993 –, a Convenção Interamericana para "Prevenir, Punir e Erradicar a Violência contra a Mulher" – "Convenção de Belém do Pará" –, aprovada pela OEA, em 1994, reconhece que a violência contra a mulher, no âmbito público ou privado, constitui grave violação dos direitos humanos e limita, total ou parcialmente, o exercício de outros direitos fundamentais. 4.1. Portanto, diante desse cenário e da preocupação com a histórica violência a que as mulheres estão submetidas é que a Lei Maria da Penha foi promulgada, inclusive sob a tensão de responsabilização internacional do Brasil, com o reconhecimento da negligência e omissão no combate à violência de gênero. (...) (STJ, REsp 1.419.421, Rel. Min. Luis Felipe Salomão, 4ª T., publ. 07/04/2014).

LINGUAGEM POÉTICA

Desta vez eu vou brigar com ela / Mesmo que por isso eu tenha que morrer / Ela sabia que eu não queria / Que ela saísse sem me dizer / Desta vez eu vou brigar com ela / Mesmo que por isso eu tenha que morrer. / Não se deve confiar demais na vida / Ainda mais tratando-se de amor / Por gostar de fazer coisa proibida / É que o mundo vive assim de sofredor / Esgotei minha reserva de paciência / E ela teima em me desobedecer / desobedecer / desobedecer

(Vou brigar com ela – Letra e Música de Luciano Rodrigues).

LINGUAGEM ARTÍSTICA

Cf. o filme: *O Segredo do Silêncio* (*Little Boy Blue* – título original). Diretor: Antônio Tibaldi. Roteiro: Michael Boston. 99 min, Drama, USA, 1997 – Um jovem que tenta proteger sua família contra a violência de seu pai, um veterano de guerra do Vietnã cujas cicatrizes físicas e emocionais o transformaram em um psicótico que aterroriza seus filhos menores, agride sua esposa e às vezes força os filhos a fazerem sexo sob a ameaça de um revólver.

ILUSTRAÇÃO

Ana Cristina Brandão. P. 732.

VIOLÊNCIA PATRIMONIAL [*ver tb. disregard, Lei Maria da Penha, violência, violência doméstica*] – É a expressão que se dá à violência econômica praticada no âmbito doméstico, geralmente entre cônjuges ou companheiros, durante a relação conjugal ou após o seu término. A violência doméstica se expressa em forma de agressão física, ameaça, violência psíquica e também em relação ao patrimônio do casal ou ex-casal: *para os efeitos desta Lei, configura violência doméstica e familiar contra a mulher qualquer ação ou omissão baseada no gênero que lhe cause morte, lesão, sofrimento físico, sexual ou psicológico e dano moral ou patrimonial* (Art. 5º, Lei nº 11.34/06 – Lei Maria da Penha).

A violência patrimonial se caracteriza quando a parte econômica mais forte na relação conjugal, e na maioria das vezes após o seu fim, usa e abusa de seu poder e domínio da administração dos bens de propriedade comum, não repassando ao outro os frutos dos bens conjugais, gerando uma situação de opressão, dominação e abuso de poder sobre o outro. São todos os atos comissivos ou omissivos do agressor que afetam a saúde emocional e a sobrevivência dos membros da família. Inclui o roubo, o desvio e a destruição de bens pessoais ou da sociedade conjugal, a guarda ou retenção de seus documentos pessoais, bens pecuniários ou não, a recusa de pagar a pensão alimentícia ou de participar nos gastos básicos para a sobrevivência do núcleo familiar, o uso dos recursos econômicos da pessoa idosa, da tutelada ou do incapaz, destituindo-a de gerir seus próprios recursos e deixando-a sem provimentos e cuidados (Art. 7º, IV, Lei nº 11.340/06). E assim, além das medidas cíveis, como a reivindicação de pensão alimentícia, cobrança dos frutos, prestação de contas da administração do casal, desconsideração da pessoa jurídica descortinando o véu societário encobridor de fraude, é possível também a invocação das medidas protetivas prescritas na Lei nº 11.340/06.

O conceito de violência sofreu variações ao longo da história e ganhou importância e maior significado para o Direito com o movimento feminista ao reivindicar o lugar de sujeito de direito e de desejo tanto quanto os homens, e também com a compreensão de que criança/adolescente são sujeitos de direitos. Embora o potencial de agressividade que gera violência doméstica esteja presente em homens e mulheres, a violência no âmbito doméstico, na maioria das vezes, é praticada pelos homens.

A violência se alimenta de grandes paixões negativas, como o ódio, a frustração, o medo, sentimento de rejeição, a crueldade e, principalmente, o desejo de dominação associado ao potencial de agressividade que há em todo ser humano. Ela pode se expressar por meio de atos de força física, o que se denomina agressão, mas pode se expressar também pela dominação, ocultação e sonegação de patrimônio ou de seus frutos que seriam partilháveis. *Desejar propriedade e poder é legítimo na medida em que permite ao indivíduo conseguir sua independência perante os outros. Contudo, os adversários que se opõem em um conflito têm ambos uma tendência natural a exigir cada vez mais. Nada é suficiente e nunca ficam satisfeitos. Não sabem parar, não conhecem limites. O desejo exige mais, muito mais do que o necessário. Há sempre um sentido de ilimitado no desejo* (ŽIŽEK, Slavoj. *Violência*: seis reflexões laterais. Trad. Miguel Serras Pereira. São Paulo: Boitempo, 2014. p. 61).

V

No fim das relações conjugais, uma das partes fica sempre com a sensação de perda. Este imaginário, a sensação de vazio, e de que o outro está em vantagem, ou de que não é justo que o outro fique com a parte do patrimônio é o que gera a violência patrimonial. Os exemplos mais comuns são a sonegação, não repasse dos frutos dos bens que deveriam ser entregues ao outro, beneficiando-se da parte que seria do outro cônjuge/companheiro. Caracteriza-se, também, como violência patrimonial deixar de pagar pensão alimentícia ao ex-cônjuge/companheiro, enquanto estiver na posse e administração de bens do casal que poderiam, por si só, proporcionar o sustento de quem não detém a posse e administração dos bens do casal.

A Lei nº 14.344, de 24.5.2022, criou mecanismos para a prevenção e o enfrentamento da violência doméstica e familiar contra a criança e o adolescente, nos termos do § 8º do art. 226 e do § 4º do art. 227 da Constituição Federal e das disposições específicas previstas em tratados, convenções ou acordos internacionais de que o Brasil seja parte. Essa lei ficou conhecida devido ao caso Henry Borel, uma criança de quatro anos que teve sua vida ceifada, após indícios de espancamento no apartamento em que morava com a mãe e o padrasto, no Rio de Janeiro. Importante registrar que, pela lei, configura violência doméstica e familiar contra a criança e o adolescente qualquer ação ou omissão que lhe cause morte, lesão, sofrimento físico, sexual, psicológico ou dano patrimonial: I – no âmbito do domicílio ou da residência da criança e do adolescente, compreendida como o espaço de convívio permanente de pessoas, com ou sem vínculo familiar, inclusive as esporadicamente agregadas; II – no âmbito da família, compreendida como a comunidade formada por indivíduos que compõem a família natural, ampliada ou substituta, por laços naturais, por afinidade ou por vontade expressa; III – em qualquer relação doméstica e familiar na qual o agressor conviva ou tenha convivido com a vítima, independentemente de coabitação.

JURISPRUDÊNCIA

(...) A incidência da Lei da Maria da Penha requer que estejam presentes três requisitos cumulativos a saber: 1º) o sujeito passivo ser mulher; 2º) haver a prática de violência física, psicológica, sexual, patrimonial ou moral; 3º) que a violência seja praticada no âmbito da unidade doméstica, da família ou de qualquer relação íntima de afeto, de forma dolosa.3 - Assim, os fatos narrados na denúncia, parecem configurar, em tese, delitos que se deram justamente em relação da sobrelevação da relação homem e mulher, onde pode ter ocorrido o aproveitamento do convívio afetivo com a vítima para assim subtrair os produtos e apropriar-se indevidamente de bens e do dinheiro pertencente a ela. Estando configurada, portanto, aquilo que a Lei tratou de violência patrimonial contra a vítima mulher. Decisão unânime: Acolhido o presente conflito negativo de jurisdição para (TJ-PE – CJ: 4746245 PE, Rel. Des. Antônio Carlos Alves da Silva, 2ª Câmara Cível, public. 22/06/2017).

VIRAGO [*ver tb. varão*] – Expressão utilizada para determinar o sujeito feminino da relação conjugal, também usada como cônjuge virago. É o mesmo que esposa.

VISITAS [*ver tb. alienação parental, convivência familiar, guarda compartilhada*] – Do latim *visitare*. É a expressão técnico jurídico utilizada para expressar o direito de convivência dos filhos com seus pais: *O pai ou a mãe, em cuja guarda não estejam os filhos, poderá visitá-los e tê-los em sua companhia, segundo o que acor-*

dar com o outro cônjuge, ou for fixado pelo juiz, bem como fiscalizar sua manutenção e educação (Art. 1.589, CCB).

A palavra visita traz consigo um significante que evoca frieza e protocolo. Daí a sua substituição pela expressão convivência familiar, utilizada pelo ECA: *Toda criança ou adolescente tem direito a ser criado e educado no seio da sua família e, excepcionalmente, em família substituta, assegurada a convivência familiar e comunitária, em ambiente livre da presença de pessoas dependentes de substâncias entorpecentes* (Art. 19, Lei nº 8.069/90). Portanto, em vez de visitas, o termo mais apropriado é convivência familiar, e não se restringe apenas aos pais, devendo se efetivar em todo o âmbito familiar, como avós, tios e primos, fundamental não só para o não guardião, mas, principalmente, para o menor.

DISPOSITIVOS NORMATIVOS

CR – Arts. 227, 229.

CCB – Arts. 1.583, § 3º, 1.584 § 4º, 1.589, 1.630 a 1.638.

Lei nº 8.069/90 – Estatuto da Criança e do Adolescente – Arts. 19 a 24, 28, § 5º.

VÍTIMA DE VIOLÊNCIA DOMÉSTI-

CA [*ver tb. Lei Maria da Penha, violência doméstica*] – É o indivíduo que sofre, ou sofreu, qualquer das modalidades de violência entre aquelas previstas na Lei nº 11.340/06, Lei Maria da Penha. Considera-se violência doméstica aquela praticada: a) no âmbito da unidade doméstica, compreendida como o espaço de convívio permanente de pessoas, com ou sem vínculo familiar, inclusive as esporadicamente agregadas; b) no âmbito da família, compreendida como a comunidade formada por indivíduos que são ou se consideram aparentados,

unidos por laços naturais, por afinidade ou por vontade expressa; ou c) em qualquer relação íntima de afeto, na qual o agressor conviva ou tenha convivido com a ofendida, independentemente de coabitação.

Desde a promulgação da Lei Maria da Penha, que prevendo rito e procedimento próprios para causas decorrentes da prática da violência doméstica, as vítimas desses crimes passaram a receber proteção especial por parte do Estado. Há exigência de um qualidade especial para se qualificar como vítima de violência doméstica: ser mulher. *Assim, lésbicas, transexuais, travestis e transgêneros, quem tenham identidade social com o sexo feminino estão sob a égide da Lei Maria da Penha. A agressão contra elas no âmbito familiar constitui violência doméstica. Ainda que parte da doutrina encontre dificuldade em conceder-lhes o abrigo da Lei, descabe deixar à margem da proteção legal aqueles que se reconhecem como mulher. Felizmente, assim já vem entendendo a jurisprudência.*

VOCAÇÃO HEREDITÁRIA – Ver ordem de vocação hereditária.

VONTADE [*ver tb. desejo, autonomia privada, autonomia da vontade*] – Do latim *voluntas*, faculdade do querer, intenção. É o impulso ou sentimento que impulsiona o sujeito a atingir determinado objetivo. A vontade, ou melhor, o elemento volitivo perpassa todas as relações jurídicas. É o ato do querer humano.

Vontade às vezes se confunde com desejo e necessidade. O desejo, na maioria das vezes, é inconsciente, enquanto a vontade é a exteriorização do desejo. Portanto, a vontade é sempre consciente e revela a razão e querer humano. É o elemento in-

V

trínseco dos contratos, pois determina o consentimento às ações humanas para os atos, fatos e negócios jurídicos. É a livre manifestação de vontade que dá eficácia aos contratos e negócios jurídicos. Uma vontade viciada e contaminada de erro, dolo ou coação pode anular ou tornar nulo um casamento, os atos praticados pelos incapazes etc.

A vontade e o desejo, no mundo jurídico, vinculam-se também à responsabilidade. Afinal como disse Lacan, todo sujeito deve se responsabilizar pelos seus atos. A vontade é o ato do querer, de consentir. Ela é o elemento determinante das relações jurídicas obrigacionais, pois contrato é o ajuste de duas ou mais vontades.

No Direito de Família, é o elo determinante de todas as relações, associado ao amor, ao afeto, que por sua vez está vinculado ao desejo, ao sujeito do inconsciente. Necessidade é consciente e é um estado que não se pode fugir ou dispensar. Ela está antes da vontade e do desejo, ou melhor, é o seu substrato. Num recém-nascido, inicialmente, predomina a necessidade. Na medida em que vai crescendo é que começa a ter vontades. Podemos ter necessidade de alimentar e não ter vontade. Pode ser que não tenhamos necessidade de alimentar, mas ter vontade de comer mais que o necessário em função de um desejo inconsciente. Este desejo, portanto, interfere na vontade e na necessidade. Kant é definitivo ao distinguir esses três conceitos às vezes semelhantes, às vezes distintos. *A faculdade de desejar cujo fundamento de determinação interno, portanto ate mesmo o bel prazer, encontra-se na razão do sujeito chama-se vontade. A vontade é, portanto, a faculdade de desejar, não tanto à ação (como o arbítrio), mas antes em relação ao fundamento de determinação do arbítrio para a ação, e não é precedida propriamente por nenhum fundamento de determinação, mas é a própria razão prática, na medida em que ela pode determinar o arbítrio* (KANT, Immanuel. Princípios metafísicos da doutrina do direito. Trad. Joãosinho Beckenkamp, São Paulo: Martins Fontes, 2014. p. 214).

A sociedade de consumo faz-nos consumir mais que o necessário. Ela inventa necessidades e faz-nos acreditar que determinados objetos ou coisas são realmente necessários. Esses objetos fazem nascer a vontade de consumo para além da necessidade. Eles se tornam objetos de desejo na medida em que acreditamos que eles podem suprir uma "falta". Entretanto, consumir objetos de desejo não significa satisfazer o desejo, até porque sua fisiologia é querer sempre mais. Daí a definição de Lacan: desejo é desejo de desejo.

Em filosofia, a vontade pode ser entendida como princípio racional da ação, e envolve um tipo de reflexão e consciência. Às vezes clara ou não. A nossa vontade é sempre determinada por alguma coisa, seja a paixão ou a razão, sempre algo por baixo da vontade, que é o desejo. Para Nietzsche, são nossos valores, e principalmente nossas paixões, que determinam o nosso querer. Kant define a vontade boa ou boa vontade como a que tem o firme propósito de fazer o bem, mas para isto ela deve ser comandada pelo desejo de agir conforme o dever e não pelo simples comando do desejo. Nem todas as paixões e desejos devem atender aos comandos de nossas ações, pois no fundo desejamos aquilo que é a causa de nossa própria destruição (SCHÖPKE, Regina. *Dicionário filosófico*: conceitos fundamentais. São Paulo: Martins Fontes, 2010, p. 248).

JURISPRUDÊNCIA

(...) É possível encontrar, paralelamente às três linhas de interpretação do art. 1.829, I, do CC/02 defendidas pela doutrina, uma quarta linha de interpretação, que toma em consideração a vontade manifestada no momento da celebração do casamento, como norte para a interpretação das regras sucessórias. – Impositiva a análise do art. 1.829, I, do CC/02, dentro do contexto do sistema jurídico, interpretando o dispositivo em harmonia com os demais que enfeixam a temática, em atenta observância dos princípios e diretrizes teóricas que lhe dão forma, marcadamente, a dignidade da pessoa humana, que se espraia, no plano da livre manifestação da vontade humana, por meio da autonomia privada e da consequente autorresponsabilidade, bem como da confiança legítima, da qual brota a boa-fé; a eticidade, por fim, vem complementar o sustentáculo principiológico que deve delinear os contornos da norma jurídica (STJ, REsp 1117563 SP, Rel.ª Min.ª Nancy Andrighi, 3ª T., publ. 06/04/2010).

VULNERABILIDADE [ver tb. *custos vulnerabilis*] – Vulnerável é aquele que apresenta alguma fragilidade ou dificuldade, em relação a alguma situação. Uma pessoa de idade muito avançada não é necessariamente incapaz, mas pode apresentar-se vulnerável em determinadas situações e por ser facilmente influenciada ou influenciável. É possível que negócios jurídicos por ela praticada sejam anulados, a depender do grau de sua vulnerabilidade. Por exemplo, testamento feito por alguém com alto grau de vulnerabilidade é possível de invalidade, se demonstrado que ali não estava sua verdadeira vontade, mas uma vontade influenciada por terceiro. Para que possamos compreender o contexto da vulnerabilidade, em especial no Direito das Famílias, necessitamos visualizar a historicidade, sobretudo pós Constituição de 1988, norteando os valores constitucionais sob o vértice da dignidade da pessoa humana. A vulnerabilidade pode ser vista sob três aspectos: o social, o econômico e o jurídico. No social podemos perceber a linha da pobreza, realidade vivenciada por muitos cidadãos que estão na miséria e carecem de políticas públicas. No econômico, pode assim visualizar o consumidor, que por vezes não se coloca em situação de paridade perante os abusos das grandes empresas. Heloisa Helena Barboza destaca que a tutela de pessoas vulneráveis não se limita ao consumidor, embora a construção doutrinária feita nesse ramo jurídico tenha fortemente contribuído para a delimitação de critérios e diretrizes para a definição de quem seriam os vulneráveis (BARBOZA, Heloisa Helena. Proteção dos vulneráveis na Constituição de 1988: uma questão de igualdade. In: NEVES, Thiago Ferreira Cardoso. Direito e justiça social. São Paulo: Atlas, 2013, p. 108). Para ela, vulnerabilidade constitui "*característica ontológica de todos os seres humanos, a qual se desdobra em múltiplos aspectos existenciais, sociais, econômicos,* possibilitando que determinadas pessoas sejam circunstancialmente afetadas, vulneradas ou fragilizadas (ibidem, p. 108-109). E o jurídico, garantir o acesso à justiça aos mais necessitados, sobretudo com paridade das armas em um processo judicial e ou extrajudicial.

A vulnerabilidade em alguns segmentos, como a criança e ao adolescente, idoso, deficiente, negros, índios, mulheres, homossexuais, transgêneros etc., decorrem da necessidade de uma atenção especial, sobretudo para que políticas públicas sejam concretizadas, evitando que esses segmentos sejam marginalizados e inviabilizados perante a sociedade. Daí a necessidade de uma legislação específica para coibir tanto o abuso econômico, como garantia de acesso à justiça em patamar de igualdade com os demais cidadãos. Eis aí o que Aristóteles já preconizava "tratar igualmente os iguais e desigualmente os desiguais, na medida que se desigualam".

JURISPRUDÊNCIA

(...) A Defensoria Pública, nos termos do art. 134 da CF/88, é instituição permanente, essencial à função jurisdicional do Estado, incumbindo-lhe, como expressão e instrumento do regime democrático, fundamentalmente, a orientação jurídica, a promoção dos direitos humanos e a defesa, em todos os graus, judicial e extrajudicial, dos direitos individuais e coletivos, de forma integral e gratuita, aos necessitados, na forma do inciso LXXIV do art. 5º desta Constituição Federal. [...] de forma integral, deve, sempre que o interesse jurídico justificar a oitiva do seu posicionamento institucional, atuar nos feitos que discutem direitos e/ou interesses, tanto individuais quanto coletivos, para que sua opinião institucional seja considerada, construindo assim uma decisão jurídica mais democrática". Assim, tendo em conta que a tese proposta no recurso especial repetitivo irá, possivelmente, afetar outros recorrentes que não participaram diretamente da discussão da questão de direito, bem como em razão da vulnerabilidade do grupo de consumidores potencialmente lesado e da necessidade da defesa do direito fundamental à saúde, a Defensoria Pública da União está legitimada para atuar como *custos vulnerabilis*. (STJ, EDcl no REsp 1.712.163-SP, Rel. Min. Moura Ribeiro, 2ª Seção, DJe 27/09/2019).

REFERÊNCIAS

ALEXY, Robert. *El concepto y la validez del derecho*. 2. ed. Barcelona: Gedisa, 1997.

ALTUSSER, Louis. *O futuro dura muito tempo*. Trad. Rosa Feire d'Aguiar. São Paulo: Cia. das Letras, 1992.

AMARAL, Francisco. *Direito civil*: introdução. 6. ed. rev. atual. e aum. Rio de Janeiro: Renovar, 2006

AZEVEDO, Francisco. *A roupa do corpo*. Rio de Janeiro: Record, 2020.

BADIOU, Alain. *Elogio del amor*. Trad. Dorothíe de Bruchard. São Paulo: Martins Fontes, 2013.

BARBOSA, Águida Arruda. Mediação familiar: estado da arte da mediação familiar interdisciplinar no Brasil. *Revista Brasileira de Direito de Família*. Porto Alegre: Síntese, IBDFAM, v. 8, n. 40, 2007.

BARBOZA, Heloisa Helena. Proteção dos vulneráveis na Constituição de 1988: uma questão de igualdade. In: NEVES, Thiago Ferreira Cardoso. *Direito e justiça social*. São Paulo: Atlas, 2013.

BARROS. Sérgio Resende de. A ideologia do afeto. *Revista Brasileira de Direito de Família*. Porto Alegre: Síntese, IBDFAM, v. 4, n. 14, p. 5-10, 2002.

BARROSO, Luis Roberto. *A dignidade da pessoa humana no direito constitucional contemporâneo*: a construção de um conceito jurídico à luz da jurisprudência mundial. Belo Horizonte: Fórum, 2012.

BOBBIO, Norberto. *Teoria do ordenamento jurídico*. Brasília: Universidade de Brasília, 1999.

BODIN DE MORAES, Maria Celina. A família democrática. In: PEREIRA, Rodrigo da Cunha (Coord.). *Anais do V Congresso Brasileiro de Direito de Família*. Família e dignidade. São Paulo: IOB. Thomsom, 2005.

BODIN DE MORAES, Maria Celina. A família democrática. In: PEREIRA, Rodrigo da Cunha (Coord.). *Anais do V Congresso Brasileiro de Direito de Família* – Família e Dignidade Humana. São Paulo: IOB Thomson, 2006.

BODIN DE MORAES, Maria Celina. Danos morais em família? Conjugalidade, parentalidade e responsabilidade civil. In: PEREIRA, Rodrigo da Cunha; PEREIRA, Tânia da Silva (Coord.). *A ética da convivência familiar:* sua efetividade no cotidiano dos tribunais. Rio de Janeiro: Forense, 2005.

BODIN DE MORAES, Maria Celina. Sobre o nome da pessoa humana. *Revista Brasileira de Direito de Família*. Porto Alegre: Síntese, IBDFAM, v. 2, n. 7, out./dez. 2000.

BODIN DE MORAES, Maria Celina. *Tratado de direito das famílias. A responsabilidade e a reparação civil no Direito de Família*. Belo Horizonte: IBDFAM, 2015.

CAHALHI, Francisco José. *Contrato de convivência de união estável*. São Paulo: Saraiva, 2002.

CAHALI, Francisco José. *Curso de arbitragem*. São Paulo: Ed. RT, 2011.

CAHALI, Francisco José. *Direito das sucessões*. 3 ed. São Paulo: Saraiva 2003.

CALMON, Guilherme; TIBURCIO, Carmen. *Sequestro internacional de crianças:* comentários à Convenção de Haia de 1980. São Paulo: Atlas, 2014.

CALMON, Rafael. *Manual de Direito processual das famílias*. 2. ed. São Paulo: Saraiva Jur, 2021.

CARVALHO SANTOS, João Manoel. *Código Civil brasileiro interpretado*. Rio de Janeiro: Carvino Filho, 1936. v. XX.

CARVALHO, Dimas Messias de. *Adoção, guarda e convivência familiar*. Belo Horizonte: Del Rey, 2013.

CASSETTARI, Cristiano. *Multiparentalidade e parentalidade socioafetiva:* efeitos jurídicos. São Paulo: Atlas, 2014.

CHAVES, Marianna. Disputa de guarda de animais de companhia em sede de divórcio e dissolução de união estável: Reconhecimento da família multiespécie? *Direito UNIFACS*, v. 187, p. 1-34, 2016.

COELHO, Thais Câmara Maia Fernandes. *Autocuratela*. Rio de Janeiro: Editora Lumen Juris, 2016.

COLTRO, Antonio Carlos Mathias; TELES, Marília Campos Oliveira. A indignidade sob a perspectiva da obrigação alimentar no direito civil brasileiro. In: MADALENO, Rolf; PEREIRA, Rodrigo da Cunha. *Direito de Família* – processo, teoria e prática. Rio de Janeiro: Forense, 2008.

CRUZ, Maria Luiza Póvoa. *Separação, divórcio e inventário por via administrativa:* implicações das alterações no CPC promovidas pela Lei n. 11.441/07. Belo Horizonte: Del Rey, 2007.

CUNHA, João Paulo. Quanto menos família melhor. *Boletim IBDFAM*, n. 24, jan./fev. 2014.

DA SILVA, Marcos Alves. *Da monogamia* – a sua superação como princípio estruturante do direito de família. Curitiba: Juruá, 2013.

DE PAULA, Vicente Ataíde Junior. As famílias multiespécie à luz dos princípios do Direito animal. In: VIEIRA, Tereza Rodrigues; SILVA, Camilo Henrique (Coord.). *Família multiespécie*: animais de estimação e direito. Brasília, DF: Zakarewica, 2020.

DEL VECCHIO, Georgio. *Lições de filosofia do direito*. Trad. Marco Antônio J. Brandão. Coimbra: Armênio Amado, 1959.

DELGADO, Mario Luiz. Direitos da personalidade nas relações de família. *Anais do V Congresso Brasileiro de Direito de Família*. Belo Horizonte: IBDFAM, 2005.

DERRIDA, Jacques; ROUDINESCO, Elisabeth. *De que amanhã:* diálogo. Trad. André Telles. Rio de Janeiro: Jorge Zahar, 2004.

DIAS, Maria Berenice. *A Lei Maria da Penha na justiça*. 3. ed. São Paulo: Ed. RT, 2012.

DIAS, Maria Berenice. *Alimentos aos bocados*. São Paulo: Ed. RT, 2013.

DIAS, Maria Berenice. *Diversidade sexual e direito homoafetivo*. São Paulo: Ed. RT, 2014.

DIAS, Maria Berenice. *Manual das sucessões*. 8. ed. Salvador. JusPodivm. 2022.

DIAS, Maria Berenice. *Manual de direito das famílias*. 15. ed. Salvador. Juspodivm. 2022.

DIAS, Maria Berenice. *União homoafetiva:* O preconceito e a justiça. 5. ed. rev., atual. e ampl. São Paulo: Ed. RT, 2011.

DIAS. Maria Berenice. *Tratado de direito das famílias.* In: PEREIRA, Rodrigo da Cunha (Org). *Violência doméstica*. Belo Horizonte: IBDFAM, 2015.

Dicionário do pensamento social do século XX. Trad. Edmundo Francisco Alves, Álvaro Cabral. Rio de Janeiro: Zahar, 1996.

Dicionário enciclopédico de psicanálise: O legado de Freud e Lacan. Trad. Vera Ribeiro et al. Rio de Janeiro: Jorge Zahar, 1996.

DINIZ, Maria Helena. *As lacunas do direito*. São Paulo: Saraiva, 1989.

DUARTE, Lenita Pacheco Lemos. *A guarda dos filhos na família em litígio* – Uma interlocução da psicanálise com o direito. 3. ed. Rio de Janeiro: Lumen Juris, 2009.

FACHIN, Luis Edson (Coord.). *Averiguação e investigação de paternidade extramatrimonial:* comentários à Lei n. 8.560/92. Curitiba: Gênesis, 1995.

FACHIN, Luiz Edson. *Direito de família:* elementos críticos à luz do novo Código Civil brasileiro. Rio de Janeiro: Renovar, 2003.

FACHIN, Luiz Edson. Direito, guerra e paz no campo da família: limites do processo judicial. *Anais do VII Congresso Brasileiro de Direito das Famílias*, Belo Horizonte: IBDFAM, 2010.

FACHIN, Luiz Edson. O aggiornamento do direito civil brasileiro e a confiança negocial. *Repensando fundamentos do direito civil brasileiro contemporâneo*. Rio de Janeiro: Renovar, 2000.

FACHIN, Luiz Edson; PIANOVSKI, Carlos Eduardo. Parentesco parabiológico. Fraternidade socioafetiva. *Revista Forense*, São Paulo: Forense, 2005. v. 388.

FACHIN, Rosana Amara Girardi. *Em busca da família do novo milênio* – uma reflexão crítica sobre as origens históricas e as perspectivas do direito de família brasileiro contemporâneo. Rio de Janeiro: Renovar, 2001.

FACHIN, Rosana. *Família e cidadania, o novo CCB e a vacatio legis*. IBDFAM, 2002.

FARIAS, Cristiano Chaves de; ROSENVALD, Nelson. *Direito das famílias*. Rio de Janeiro: Lumen Juris, 2008.

FREUD, Sigmund. *Luto e melancolia*. A negação. Trad. Marlene Carone. São Paulo: Casa Naify, 2014.

FREUD, Sigmund. Luto e melancolia. *Obras psicológicas completas*. Trad. Themira O. Brito, Paulo H. Brito e Cristiano Ort. Rio de Janeiro: Imago, 1974. v. XIV.

FREUD, Sigmund. Moisés e o monoteísmo. *Obras psicológicas completas*. Trad. José Octávio de Aguiar Abreu. Rio de Janeiro: Imago, 1975. v. XXIII.

FREUD, Sigmund. O inconsciente. *Obras psicológicas completas*. Trad. Themira de Oliveira et al. Rio de Janeiro: Imago, 1974. v. XIV.

FREUD, Sigmund. O mal-estar na civilização. *Obras psicológicas completas*. Trad. José Octávio de Aguiar Abreu. Rio de Janeiro: Imago, 1974. v. XXI.

FREUD, Sigmund. Totem e tabu. *Obras psicológicas completas*. Trad. Orizon Carneiro. Rio de Janeiro: Imago, 1974. v. XIII.

GAGLIANO, Pablo Stolze. *Novo curso de direito civil*. As famílias em perspectiva constitucional. São Paulo: Saraiva, 2011.

GAGLIANO, Pablo Stolze; PAMPLONA FILHO, Rodolfo. *Novo curso de direito civil*. São Paulo, Saraiva, 2003. v. 3.

GRISARD FILHO, Waldyr. *Guarda compartilhada:* um novo modelo de responsabilidade parental. 4. ed. rev., atual. e ampl. São Paulo: Ed. RT, 2009.

GROENINGA, Giselle Câmara. O direito a ser humano: da culpa à responsabilidade. *In:* GROENINGA, Giselle de; PEREIRA, Rodrigo da Cunha (Coord.). *Direito de família e psicanálise*. Rio de Janeiro: Imago, 2003.

HIRONAKA, Giselda M. Fernandes Novaes. Família e solidariedade. In: PEREIRA, Rodrigo da Cunha (Coord.). A indignidade como causa de escusabilidade do dever de alimentar. *Anais do VI Congresso Brasileiro de Direito de Família*. Rio de Janeiro: IBDFAM. Lumen Juris, 2008.

HIRONAKA, Giselda Maria Fernandes. Famílias paralelas. *Revista IBDFAM:* Famílias e Sucessões. Belo Horizonte: IBDFAM, 2014.

HIRONAKA, Giselda Maria Fernandes; AZEVEDO, Antônio Junqueira (Coord.). *Comentários ao Código Civil*. 2. ed. São Paulo: Saraiva, 2007. v. 20.

HIRONAKA, Giselda. Famílias paralelas. *Revista IBDFAM: Famílias e Sucessões*. Belo Horizonte: IBDFAM, 2014.

HIRONAKA, Maria Fernandes Novaes. Família e casamento em evolução. *Revista Brasileira de Direito de Família*. Porto Alegre: Síntese: IBDFAM, 1999, p. 7-17.

ITABAIANA DE OLIVEIRA, Arthur Vasco. *Tratado de direito das sucessões*. 3. ed. Rio de Janeiro: Jacinto, 1936. v. 1.

J. LAPLANCHE, Jean. *Vocabulário de psicanálise*. Trad. Pedro Tamen. São Paulo: Martins Fontes, 1992.

KANT, Immanuel. *Fundamentação da metafísica dos costumes*. São Paulo: Abril Cultural, 1980, v. I.

KANT, Immanuel. *Princípios metafísicos da doutrina do direito*. Trad. Joãozinho Beckenkamp. São Paulo: Martins Fontes, 2014.

KAUFMANN, Pierre. *Dicionário enciclopédico de psicanálise*: o legado de Freud e Lacan. Trad. Vera Ribeiro, Maria Luiza Y. de A. Borges. Rio de Janeiro: Jorge Zahar, 1996.

KELSEN, Hans et al. *Derecho y psicoanálises*: teoría de las ficciones y función dogmatica. Buenos Aires: Hachette, 1987.

KELSEN, Hans. El concepto de Estado y la psicologia social – Con especial referencia a la teoria de las massas de Freud. *Revista Conjetural*. Buenos Aires, n. 13, p. 71-104, 1987.

KELSEN, Hans. *Teoria geral das normas*. Trad. José Florentino Duarte. Porto Alegre: Fabris, 1986.

KELSEN, Hans. *Teoria pura do direito*. Trad. João Baptista Machado. São Paulo: Martins Fontes, 1988.

LACAN, Jacques. *Da psicose paranóica em suas relações com a personalidade*. Trad. Aluísio Menezes, Marco Antônio Coutinho, Jorge de Potiguara Mendes da Silveira Jr. Rio de Janeiro: Forense Universitária, 1989.

LACAN, Jacques. *Mais ainda*. Seminário 20. Trad. M.D. Magno. Rio de Janeiro: Jorge Zahar, 1985.

LACAN, Jacques. *Nomes do pai*. Trad. André Telles. Rio de Janeiro: Jorge Zahar, 2005.

LACAN, Jacques. *Os complexos familiares*. Trad. Marco Antônio Coutinho Jorge e Potiguara Mendes da Silveira Júnior. Rio de Janeiro: Jorge Zahar, 1990.

LACAN, Seminário 4, 1995, p. 160.

LAGRASTA NETO, Caetano. *Direito de família*: novas tendências e julgamentos emblemáticos. Trad. Caetano Lagrasta Neto, Flavio Tartuce, e Jose Fernando Simão. São Paulo: Atlas, 2011.

LAPLANCHE, Jean. *Vocabulário de psicanálise*. Trad. Pedro Tamen. São Paulo: Martins Fontes, 1992.

LEGENDRE, Pierre. *O inestimável objeto da transmissão*: estudo sobre o princípio genealógico no ocidente. Trad. Procópio Abreu. Rio de Janeiro: Companhia das Letras, 2010.

LÔBO, Paulo Luiz Netto. A PEC do Divórcio: consequências jurídicas imediatas. *Revista Brasileira de Direito das Famílias e Sucessões*, Porto Alegre: Magister; Belo Horizonte: IBDFAM, v. 1, p. 5-17, ago./set. 2009.

LÔBO, Paulo Luiz Netto. A repersonalização das relações de família. *Revista Brasileira de Direito de Família*. Porto Alegre: Síntese, IBDFAM, v. 6, n. 24, p. 136-156, jun./jul. 2004.

LÔBO, Paulo Luiz Netto. Conferência Magna – Princípio da Solidariedade Familiar. *Anais do VI Congresso Brasileiro de Direito de Família*, Rio de Janeiro: IBDFAM – Lumen Juris, 2008.

LÔBO, Paulo Luiz Netto. *Direito civil:* famílias. 4. ed. São Paulo: Saraiva, 2011.

LÔBO, Paulo Luiz Netto. *Direito civil:* famílias. 6. ed. São Paulo: Saraiva, 2015.

LÔBO, Paulo Luiz Netto. Entidades familiares constitucionalizadas: para além do numerus clausus. In: PEREIRA, Rodrigo da Cunha (Coord.). *Família e cidadania* – o novo CCB e a *vacatio legis*, Belo Horizonte: IBDFAM – Del Rey, 2002.

LÔBO, Paulo. A repersonalização das relações de família. *Revista Brasileira de Direito de Família*. Porto Alegre: Síntese/IBDFAM, v. 6, n. 24, p. 142, jun./jul. 2004

LÔBO, Paulo. Autodeterminação existencial e autonomia privada em perspectiva. *Revista IBDFAM*: famílias e sucessões. v. 53 (set./out.) IBDFAM, 2022.

LÔBO, Paulo. *Direito civil:* sucessões. 3. ed. São Paulo: Saraiva, 2016.

LÔBO, Paulo. *Direito civil:* sucessões. São Paulo: Saraiva, 2013.

LÔBO, Paulo. Divórcio e os modelos de separação entre o Código Civil e o Código de Processo Civil de 2015. *Revista IBDFAM – Famílias e Sucessões*. Belo Horizonte, v. 13, p. 25-35, jan./fev. 2016.

MADALENO, Rolf. A criança no novo direito de família. In: WELTER, Belmiro Pedro, MADALENO, Rolf Hanssen (Coord.). *Direitos fundamentais do direito de família*. Porto Alegre: Livraria do Advogado, 2004.

MADALENO, Rolf. *A desconsideração judicial da pessoa jurídica e da interposta pessoa física no direito de família e no direito das sucessões*. Rio de Janeiro: Forense, 2013.

MADALENO, Rolf. *Curso de direito de família*. 7. ed. Rio de Janeiro: Forense, 2016.

MADALENO, Rolf. *Manual de Direito de Família*. 2. ed. Rio de Janeiro: Forense, 2019.

MADALENO, Rolf. O calvário da execução de alimentos. *Revista Brasileira de Direito de Família*. Porto Alegre: Síntese/IBDFAM. 1999.

MADALENO, Rolf. Planejamento sucessório. *Revista IBDFAM*: Famílias e sucessões. Belo Horizonte: IBDFAM, 2014. v. 1.

MADEIRA, Carla. *Véspera*. Rio de Janeiro: Record, 2021

MALUF, Adriana Caldas do Rego Freitas Dabus Maluf. *Curso de Bioética e biodireito*. 4. ed. São Paulo: Almedina, 2020 apud RICCI, Luiz Antonio Lopes. *A morte social. Mistanásia e bioética*, São Paulo: Paulos, 2017

MATOS, Marlise. *Reinvenções do vínculo amoroso*. Cultura e identidade de gênero na modernidade tardia. Belo Horizonte: Ed. UFMG; Rio de Janeiro: IUPERJ, 2000.

MAXIMILIANO, Carlos. *Hermenêutica e aplicação do direito*. Rio de Janeiro: Forense, 2002.

MAZZEI, Rodrigo. *Ensaio sobre o inventário sucessório*. São Paulo; JusPodivm, 2022,

MUNÁRRIZ, Luís Alvarez. A identidade Assexual. In: BEZERRA, Paulo Victor (Org.). *Assexualidade*: subjetividades emergentes no século XXI. Londrina: EDUEL, 2019.

MURARO, Rose Marie. *A mulher no terceiro milênio*: uma história da mulher através dos tempos e suas perspectivas para o futuro. Rio de Janeiro: Rosa dos Tempos, 1995.

OLIVEIRA, Euclides Benedito de. A família na travessia do milênio. In: PEREIRA, Rodrigo da Cunha (Coord.). Efeitos materiais da separação judicial e do divórcio. *Anais do II Congresso Brasileiro de Direito de Família*. Belo Horizonte: IBDFAM-OAB/ MG, 2000.

OLIVEIRA, Euclides Benedito de; LUIZ, Sebastião Amorim. *Separação e divórcio*, 4. ed., rev., ampl. e atual. São Paulo: EUD, 1997.

PEREIRA, Caio Mário da Silva. *Instituições de direito civil*. 17. ed. Rio de Janeiro: Forense, 2009.

PEREIRA, Caio Mário da Silva. *Instituições de direito civil*: Direito das sucessões. 15. ed. Rio de Janeiro: Forense, 2004. v. VI.

PEREIRA, Rodrigo da Cunha. *A sexualidade vista pelos tribunais*. Belo Horizonte: Del Rey, 2001.

PEREIRA, Rodrigo da Cunha. *Código Civil das Famílias anotado e legislação correlata em vigor*. 4. ed. Paraná: Juruá. 2012.

PEREIRA, Rodrigo da Cunha. *Comentários ao novo Código Civil*. Rio de Janeiro: Forense, 2003. v. XX.

PEREIRA, Rodrigo da Cunha. *Concubinato e união estável*. 9. ed. rev. e atual. São Paulo: Saraiva, 2016.

PEREIRA, Rodrigo da Cunha. *Direito das Famílias*. 3. ed. Rio de Janeiro: Forense, 2022.

PEREIRA, Rodrigo da Cunha. *Direito de família*: uma abordagem psicanalítica. Rio de Janeiro: Forense, 2012.

PEREIRA, Rodrigo da Cunha. *Divórcio:* teoria e prática. 5. ed. São Paulo: Saraiva, 2016.

PEREIRA, Rodrigo da Cunha. Famílias, amo vocês : política e vida privada da era da globalização. *Revista Brasileira de Direito das Famílias e Sucessões*, v. 6, p. 125-128, out./nov. 2008.

PEREIRA, Rodrigo da Cunha. *Princípios fundamentais norteadores do direito de família*. 2. ed. São Paulo: Saraiva, 2012.

PEREIRA, Sérgio Gischkow. *Direito de família, aspectos do casamento, sua eficácia, separação, divórcio, parentesco, filiação, regime de bens, alimentos, bem de família, união estável, tutela e curatela*. Porto Alegre: Livraria do Advogado. 2007. p. 121

PEREIRA, Tânia da Silva. Família e Solidariedade. In: PEREIRA, Rodrigo da Cunha (Coord.). Desvendando o cuidado como valor jurídico: Abrigo e Alternativas de Acolhimento Familiar. *In: Anais do VI Congresso Brasileiro de Direito de Família*. Rio de Janeiro: IBDFAM. Lumen Juris, 2008.

PEREIRA, Tânia da Silva. O cuidado como valor jurídico. *In:* PEREIRA, Rodrigo da Cunha; PEREIRA Tânia da Silva (Coord.). *A ética da convivência familiar e sua efetividade no cotidiano dos tribunais.* Rio de Janeiro: Forense, 2006.

PEREIRA, Tânia da Silva. *O melhor interesse da criança:* um debate interdisciplinar. Rio de Janeiro: Renovar, 1999.

PEREIRA, Tânia da Silva. Vicissitudes e certezas que envolvem a adoção consentida. *Anais do VIII Congresso Brasileiro de Direito de Família – IBDFAM:* Família Entre o Público e o Privado. Porto Alegre. IBDFAM, 2012.

PERSEVAL, Genevièvi Delaisi. *A parte do pai.* Trad. Thereza Cristina Stummer. Porto Alegre: L&PM, 1993.

PETEFFI, Rafael. *Responsabilidade pela perda de uma chance:* uma análise do direito comparado e brasileiro. São Paulo: Atlas, 2013.

PHILLIPIS, Adam. *Monogamia.* Trad. Carlos Sussekind. São Paulo: Cia. das Letras, 1997.

PORTO, Duina. Poliamor: reconhecimento jurídico como multiconjugalidade consensual e estrutura família. Juruá: Curitiba, 2022

QUINET, Antônio. *A descoberta do inconsciente:* do desejo ao sintoma. Rio de Janeiro: Jorge Zahar, 2003.

RAZ. Joseph. *O conceito de sistema jurídico.* Uma introdução à teoria dos sistemas jurídicos. Trad. Maria Cecília Almeida. São Paulo: Martins Fontes, 2012.

RIBEIRO, Renato Jamine. *Anais do II Congresso Brasileiro de Direito de Família.* A família na travessia do milênio. Belo Horizonte: IBDFAM/Del Rey, 2000.

ROSENVALD, Nelson. *As funções de responsabilidade civil:* a reparação e a pena civil. São Paulo: Atlas. 2013.

ROSENVALD, Nelson. Novas reflexões sobre a tomada de decisão apoiada: como conciliar autonomia, cuidado e confiança. *Revista IBDFAM – Famílias e Sucessões.* Belo Horizonte: IBDFAM, v. 20, mar./abr. 2017.

ROSENVALD, Nelson. *Tratado de Direito das Famílias.* In: PEREIRA, Rodrigo da Cunha (Org.). Curatela. Belo Horizonte: IBDFAM, 2015.

ROUDINESCO, Elisabeth. *Dicionário amoroso da psicanálise.* Trad. André Telles, Rio Janeiro: Zahar, 2019.

ROUDINESCO, Elisabeth. *Discurso de psicanálise.* Rio de Janeiro: Zahar, 1998. p. 146.

ROUDINESCO, Elizabeth; PLON, Michel. *Dicionário de psicanálise.* Trad. Vera Ribeiro, Lucy Magalhães. Rio de Janeiro: Zahar, 1998.

RUZYK, Carlos Eduardo Pianovski. *Famílias simultâneas:* da unidade codificada à pluralidade constitucional. Rio de Janeiro: Renovar, 2005.

SALIH, Sara. Judith Butler e a teoria Queer. Tradução e notas Gauciara Lopes Louro. Belo Horizonte: Atlântida Editora, 2015.

SCHEREIBER, Anderson. *A proibição de comportamento contraditório:* tutela da confiança e *venire contra factum proprium.* Rio de Janeiro: Renovar, 2005.

SCHÖPKE, Regina. *Dicionário filosófico:* conceitos fundamentais. São Paulo: M. Fontes, 2010.

SEREJO, Lourival. Análise do concubinato e suas consequências patrimoniais. In: DIAS, Maria Berenice (Org.). *Direito das famílias.* São Paulo: Ed. RT, 2009.

SILVA, De Plácio e. *Vocabulário jurídico.* Rio de Janeiro: Forense, 2012.

SILVA, Marcos Alves da. *Da monogamia:* sua superação como princípio estruturante do direito de família. Curitiba: Juruá, 2013.

SIMÃO, José Fernando. *Prescrição e decadência:* início dos prazos. São Paulo: Atlas, 2013.

STRAUSS, Claude Levi. *Estrutura elementares do parentesco.* Trad. Mariano Ferreira. Petrópolis: Vozes, 1982.

TARTUCE, Flávio. *Direito civil:* direito de família. 9. ed. Rio de Janeiro: Método, 2014. v. 5.

TARTUCE, Flávio. *Direito Civil.* 13. ed. Rio de Janeiro: Forense; São Paulo: Método, 2018. v. 5.

TEPEDINO, Gustavo. Controvérsias sobre o regime de bens no Novo Código Civil. *Anais do VI Congresso Brasileiro de Direito de Família* – Família e Solidariedade. Rio de Janeiro: IBDFAM – Lumen Juris, 2008.

TEPEDINO, Gustavo. Repensando o direito de família. In: PEREIRA, Rodrigo da Cunha (Coord.). O papel da culpa na separação e no divórcio. *Anais do I Congresso Brasileiro de Direito de Família.* Belo Horizonte: IBDFAM – Del Rey, 1999.

THEODORO JÚNIOR, Humberto. *Curso de direito processual civil.* Rio de Janeiro: Forense, 2004.

THERBON, Goran. *Sexo e poder:* a família no mundo 1900-2000. Trad. Elizabete Dória Bilac. São Paulo: Contexto, 2006.

VALADARES, Nathália de Campos. Famílias coparentais. Curitiba: juruá, 2022.

VALADARES, Vera Maria Arruda. *Sexualidade.* Belo Horizonte, 2000. (Mimeo).

VARGAS, Marlizete Maldonado. *Adoção Tardia:* da família sonhada à família possível. São Paulo: Casa do Psicólogo, 1998

VELOSO, Zeno. *Direito Civil:* temas. Belém: ANOREGPA, 2018.

VELOSO, Zeno. Direito de família: processo, teoria e prática. In: PEREIRA, Rodrigo da Cunha; MADALENO, Rolf (Coord.). *Aspectos práticos da separação e divórcio extrajudiciais.* Rio de Janeiro: Forense, 2008.

VELOSO, Zeno. *Direito hereditário do cônjuge e da companheira.* São Paulo: Saraiva, 2010.

VELOSO, Zeno. Novo casamento do cônjuge do ausente. *Revista Brasileira de Direito de Família,* Porto Alegre: IBDFAM/Síntese, n. 23, abr./maio 2004.

VELOSO, Zeno. *Testamentos*. 2. ed. Belém: CEJUP, 1993.

VELOSO, Zeno; Azevedo, Álvaro Villaça de (Coord.) *Código Civil comentado*. São Paulo: Atlas, 2003.

VENOSA, Sílvio de Salvo. Contratos afetivos; o temor do amor. In: PEREIRA, Rodrigo da Cunha (Coord.). *Anais do VIII Congresso Brasileiro de Direito de Família:* entre o público e privado. Porto Alegre: IBDFAM, 2012.

VENOSA, Sílvio de Salvo. *Direito civil*. Direito de família. São Paulo: Atlas, 2003.

VIEIRA DE CARVALHO, Luiz Paulo. *Direito das sucessões*. 3. ed. São Paulo: Atlas, 2017.

VIEIRA, Tereza Rodrigues. *Ensaios de bioética e direito*. 2. ed. Brasília: Consulex, 2012.

VIEIRA, Tereza Rodrigues. *Nome e sexo:* mudanças no registro civil. São Paulo: Atlas, 2012.

VILLELA, João Baptista. A desbiologização da paternidade. *Revista da Faculdade de Direito da Universidade Federal de Minas Gerais*. Belo Horizonte, n. 21, p. 414, maio 1979.

VILLELA, João Baptista. Liberdade e família. *Revista da Faculdade de Direito da UFMG*. Belo Horizonte, 1980.

ZAMPIER, Bruno. *Bens digitais*. 2. ed. Indaiatuba: Foco, 2021

ZIZEK, Slavoj. *Como ler Lacan*. Trad. Maria Luiz X. de A. Borges. Rio de Janeiro: Zahar, 2010.

ZIZEK, Slavoy. *Violência:* suas reflexões laterais. Trad. Miguel Serras Pereira. São Paulo: Bontempo, 2014.

RELAÇÃO GERAL DOS VERBETES

A

A rogo
Ab intestato
Abandono afetivo
Abandono afetivo inverso
Abandono da família
Abandono da herança
Abandono de incapaz
Abandono digital
Abandono do lar
Abandono intelectual
Abandono material
Abandono moral
Abertura da herança
Abertura da sucessão
Abertura do inventário
Abertura do testamento
Abrigo de menores
Ab-rogação
Abuso de incapaz
Ação de investigação da parentalidade
Ação de prestação de contas
Ação de reembolso
Ação de sonegados
Aceitação da herança

Aceitação expressa da herança
Aceitação presumida da herança
Aceitação tácita da herança
Acervo hereditário
Acervo hereditário passivo
Acolhimento institucional
Acrescer
Ad hoc
Adiantamento da legítima
Adição da herança
Adimplemento
Adjudicação
Adjudicação compulsória
Adoção
Adoção à brasileira
Adoção compartilhada
Adoção consensual
Adoção consentida
Adoção de embriões
Adoção de maiores
Adoção de nascituro
Adoção dirigida
Adoção híbrida
Adoção homoparental
Adoção internacional
Adoção *intuitu personae*

Adoção mista

Adoção plena

Adoção por estrangeiro

Adoção por testamento

Adoção post mortem

Adoção póstuma

Adoção pronta

Adoção semiplena

Adoção simples

Adoção tardia

Adoção transnacional

Adoção unilateral

Adolescência

Adolescente

Adulterino

Adultério

Advogado ad hoc

Afetividade

Affetio maritalis

Afinidade

Afins

Ageismo

Agnação

Alcunha

Alienação autoinfligida

Alienação parental

Alieni juris

Alimentado

Alimentando

Alimentante

Alimentário

Alimentos

Alimentos – direito de acrescer

Alimentos ato ilícito

Alimentos avoengos

Alimentos binômio

Alimentos civis

Alimentos compensatórios

Alimentos côngruos

Alimentos dispensa

Alimentos *disregard*

Alimentos divisibilidade

Alimentos em espécie

Alimentos execução

Alimentos exoneração

Alimentos gravídicos

Alimentos idoso

Alimentos imprescritibilidade

Alimentos in natura

Alimentos incedibilidade

Alimentos incompensabilidade

Alimentos indignidade

Alimentos indisponibilidade

Alimentos indivisibilidade

Alimentos intransmissibilidade

Alimentos *intuitu familiae*

Alimentos intuitu personae

Alimentos irrenunciabilidade

Alimentos irrepetibilidade

Alimentos nascituro

Alimentos naturais

Alimentos necessários

Alimentos necessidade

Alimentos oferta

Alimentos possibilidade

Alimentos prisão

Alimentos protesto de dívida

Alimentos provisionais

Alimentos provisórios

Alimentos renúncia

Alimentos ressarcitórios

Alimentos solidariedade

Alimentos transitórios

Alimentos transmissibilidade

Alimentos trinômio

Alossexual

Alteração do nome

Amancebia

Amante

Amásia

Amigação

Amigado

Amor

Amor conjugal

Ancestralidade

Androginia

Anencefalia

Animus maritalis

Antecipação da legítima

Antecipação da tutela

Antenupcial

Anuência do cônjuge

Anulação de testamento

Anulatória de filiação

Apadrinhamento

Apelido

Aprestos

Aquestos

Aquinhoar

Aquisição a título gratuito

Aquisição a título oneroso

Aquisição causa mortis

Aquisição da herança

Aquisição de legado

Aquisição *inter vivos*

Arbitragem

Arras esponsalícias

Arresto

Arrimo de família

Arrolamento de bens

Árvore genealógica

Ascendente

Assexual

Astreintes

Ata notarial

Atestado de óbito

Ausência

Ausente

Autoalienalçao

Autocuratela

Autonomia da vontade

Autonomia privada

Autor da herança

Autoridade parental

Autorização para viagem de menores

Averiguação de paternidade

Avoengos

B

Barriga de aluguel

Bastardia

Bastardo

Batistério

Bebê de proveta

Bem de família

Bem de família convencional

Bem de família facultativo

Bem de família legal

Bem de família voluntário

Benfeitorias

Bens adventícios

Bens alodiais

Bens antifernais

Bens aquestos

Bens confitados

Bens de raiz

Bens digitais

Bens ereptícios

Bens ereptórios

Bens fideicometidos

Bens parafernais

Bens profectícios

Bens semoventes

Bens sonegados

Bens vacantes

Bens vagos

Bigamia

Bígamo

Binômio alimentar

Bínubo

Biodireito

Blindagem patrimonial

Boa-fé

Boa-fé objetiva

Boa-fé subjetiva

Bodas

Bullying

Bullying digital

Bullying eletrônico

Busca da origem genética

Busca e apreensão de menores

C

Cabeça do casal

Caducidade

Caducidade de legado

Caducidade do testamento

Capacidade absoluta

Capacidade civil

Capacidade plena

Capacidade putativa

Capacidade relativa

Capacidade sucessória

Captatória

Carta codicilar

Carta de adjudicação

Carta de emancipação

Carta de partilha

Cartório

Casamento

Casamento anulável

Casamento assortativo

Casamento avuncular

Casamento civil

Casamento consular

Casamento de fato

Casamento in extremis

Casamento inexistente

Casamento nulo

Casamento nuncupativo

Casamento por procuração

Casamento por tempo determinado

Casamento putativo

Casamento religioso

Casamento religioso com efeitos civis

Casamento sologâmico

Castigo imoderado

Causa mortis

Cédula testamentária

Celebração de casamento

Certidão de casamento

Certidão de divórcio

Certidão de nascido vivo

Certidão de nascimento

Certidão de óbito

Cessão de direitos hereditários

Cessão de meação

Cessão onerosa

Ciberinfidelidade

Cisgênero

Classe de herdeiros

Classificação dos herdeiros

Cláusula captatória

Cláusula codicilar

Cláusula de impenhorabilidade

Cláusula de inalienabilidade

Cláusula de incomunicabilidade

Cláusula de indivisão

Cláusula de irrevogabilidade

Cláusula derrogatória

Cláusula restritiva

Cláusula testamentária

Coabitação

Cobrança de alimentos

Codicilo

Coerdeiro

Cognação

Cognome

Colação

Colateral

Colegatário

Colisão de princípios

Comoriência

Comorientes

Compadresco

Companheiro

Compensação econômica

Comunhão de bens

Comunhão parcial de bens

Comunicabilidade

Comunicação de bens

Concepção artificial

Concepturo

Conciliação

Concorrência com ascendentes

Concorrência com filhos comuns

Concorrência com filhos exclusivos

Concorrência com filiação híbrida

Concorrência com os parentes colaterais

Concorrência do companheiro

Concorrência do cônjuge

Concorrência sucessória

Concubina (o)

Concubinato

Concubinato adulterino

Concubinato impuro

Concubinato não adulterino

Concubinato puro

Condição captatória

Confiança

Confirmação de testamento particular

Conjugal

Cônjuge

Cônjuge supérstite

Conjunção carnal

Consanguíneo

Consentimento informado

Consorte

Contrato

Contrato antenupcial

Contrato de casamento

Contrato de convivência

Contrato de geração de filho

Contrato de namoro

Contrato de união estável

Contrato de união poliafetiva

Contrato gestacional

Contrato particular de casamento

Contrato sucessório

Convenção internacional

Conversão de união estável em casamento

Convivência familiar

Convivência more uxório

Convivente

Coparentalidade

Costume

Criança

Crossdresser

Cuidado

Culpa

Curador

Curador ao ventre

Curador dativo

Curador do ausente

Curadoria

Curadoria do ausente

Curatela

Curatela ao ventre

Curatela compartilhada

Curatela do nascituro

Curatela especial

Curatela extensiva

Curatela mandato

Curatela parcial

Curatela patrimonial

Curatela relativa

Custódia

Custos *vulnerabilis*

Cyberbullying

Divórcio judicial consensual

Divórcio judicial litigioso

Divórcio nuncupativo

Divórcio por conversão

Divórcio post mortem

Divórcio póstumo

Doação de ascendente para descendente

Doação entre cônjuges

Doação inoficiosa

Doação *propter nuptias*

Domiciliado

Domicílio

Domicílio conjugal

Domicilio de fato

Domicílio do ausente

Domicílio do de cujus

Domicílio legal

Domicílio necessário

Domicílio voluntario

Dote

Doula

E

Edital de casamento

Elisão fiscal

Emancipação

Embriões

Embriões congelados

Embriões criopreservados

Embriões excedentários

Embriões in vitro

Endossexo

Enlace

Enlace conjugal

Enlace matrimonial

Entidade familiar

Equidade

Erepção

Erga omnes

Erro essencial sobre a pessoa

Esboço da partilha

Espólio

Esponsais

Esposa(o)

Espúrio

Estado civil

Estado de ausência

Estado de filho

Estatuto da Criança e do Adolescente

Estatuto da juventude

Estatuto da mulher casada

Estatuto da pessoa com deficiência

Estatuto das Famílias

Estatuto do Idoso

Estatuto do patrimônio mínimo

Estirpe

Etarismo

Eugenia

Eutanásia

Evasão fiscal

Ex adverso

Ex nunc

Ex tunc

Ex vi

Exceptio plurium concubentium

Exclusão da sucessão

Exclusão do herdeiro

Execução de alimentos

Execução de pensão alimentícia

Executor testamentário

Exoneração de alimentos

Exoneração de pensão alimentícia

Expectativa da herança

Extinção do poder familiar

F

Família

Família

Família anaparental

Família avuncular

Família binuclear

Família conjugal

Família coparental

Família democrática

Família ectogenética

Família ensamblada

Família eudemonista

Família extensa

Família fissional

Família homoafetiva

Família homoparental

Família informal

Família isossexual

Família matrimonial

Família monoparental

Família mosaico

Família multiespécie

Família multiparental

Família natural

Família nuclear

Família paralela

Família parental

Família patriarcal

Família pluriparental

Família poliafetiva

Família recomposta

Família reconstituída

Família redimensionada

Família simultânea

Família socioafetiva

Família substituta

Família unipessoal

Famílias mútuas

Fecundação artificial

Fecundação artificial heteróloga

Fecundação artificial homóloga

Feminicídio

Fertilização in vitro

Fetiche

Fetichismo

Feto anencéfalo

Fideicomissário

Fideicomisso

Fideicomisso residual

Fideicomisso singular

Fideicomisso universal

Fideicomitente

Fidelidade

Fiduciante

Fiduciário

Filho adotivo

Filho adulterino

Filho bastardo

Filho de criação

Filho de reprodução assistida

Filho espúrio

Filho extraconjugal

Filho ilegítimo

Filho incestuoso

Filho legitimado

Filho legítimo

Filho natural

Filho putativo

Filho socioafetivo

Filiação

Filiação adotiva

Filiação adulterina

Filiação de reprodução assistida

Filiação ectogenética

Filiação espúria

Filiação extraconjugal

Filiação híbrida

Filiação ilegítima

Filiação legítima

Filiação legitimada

Filiação natural

Filiação octogenética

Filiação poliafetiva

Filiação socioafetiva
Fontes do direito
Formal de partilha
Fraternidade socioafetiva
Fraude à meação
Fraude na partilha de bens
Frutos
Frutos civis
Frutos civis do trabalho
Frutos do patrimônio conjugal
Frutos industriais
Frutos naturais
Fumus boni juris

G

Gêmeo bivitelino
Gêmeo univitelino
Genealogia
Gênero
Gêneros
Genitores
Genro
Geração
Geratriz
Gestação compartilhada
Gestação por substituição
Golpe do baú
Gozar
Grau de parentesco
Gravídico
Guarda
Guarda alternada
Guarda compartilhada
Guarda conflito internacional
Guarda conjunta
Guarda de filhos
Guarda física
Guarda nidal
Guarda única

Guarda unilateral
Guardião

H

Habeas corpus
Habilitação de herdeiro
Habilitação para adoção
Habilitação para o casamento
Herança
Herança danosa
Herança deficitária
Herança digital
Herança digital
Herança jacente
Herança legal
Herança legítima
Herança lígia
Herança líquida
Herança negativa
Herança testamentária
Herança vacante
Herdade
Herdar por cabeça
Herdar por estirpe
Herdar por representação
Herdeiro
Herdeiro aparente
Herdeiro excluído
Herdeiro fideicomissário
Herdeiro fiduciário
Herdeiro forçado
Herdeiro legítimo
Herdeiro necessário
Herdeiro por representação
Herdeiro por substituição
Herdeiro pré-morto
Herdeiro putativo
Herdeiro reservatário
Herdeiro testamentário

Hereditando
Hereditário
Heredograma
Heréu
Hermafrodita
Hipocorístico
Hipossuficiente
Holding familiar
Homestead
Homoafetividade
Homoafetivo
Homofobia
Homolesbotransfobia
Homoparentalidade
Homossexualismo

I

Idadismo
Identidade de gênero
Idoso
Igualdade
Igualdade de filhos
Igualdade de gênero
Impedimentos dirimentes absolutos
Impedimentos dirimentes relativos
Impedimentos impedientes
Impedimentos para o casamento
Impenhorabilidade
Implantação de falsas memórias
Imposto de transmissão *causa mortis*
Imposto de transmissão *inter vivos*
Impotência instrumental
Impotentia coeundi
Impotentia generandi
Imprescritibilidade
Impúbere
Impugnação da filiação
Impugnação de paternidade
In dubio pro matrimonio

Inadimplemento
Inalienabilidade
Inalienável
Inaudita altera parte
Incapacidade absoluta
Incapacidade civil
Incapacidade relativa
Incapaz
Incedibilidade dos alimentos
Incompensabilidade dos alimentos
Incomunicabilidade
Indexador
Indexador de alimentos
Indignidade
Indignidade – alimentos
Indignidade – sucessão
Indigno
Indisponibilidade dos alimentos
Infância
Infante
Infidelidade
Infidelidade virtual
Infirmação
Infirmação do testamento
Insanidade
Inseminação artificial
Inseminação artificial heteróloga
Inseminação artificial homóloga
Inseminação artificial *post mortem*
Insubsistência do testamento
Inter vivos
Interdição
Interdição absoluta
Interdição parcial
Interditado
Intersexual
Intestado
Intestato
Intestável
Intra vires hereditatis

Intransmissibilidade dos alimentos
Intuitu familiae
Inúbil
Inventariado
Inventariança
Inventariante
Inventariante dativo
Inventário
Inventário administrativo
Inventário conjunto
Inventário em cartório
Inventário extrajudicial
Inventário judicial
Inventário negativo
Inventário por arrolamento
Inventário ritos de passagem
Investigação da maternidade
Investigação da parentalidade
Investigação de origem genética
Investigação de paternidade
Irmão socioafetivo
Irmãos bilaterais
Irmãos germanos
Irmãos unilaterais
Irmãos uterinos
Irrenunciabilidade dos alimentos
Irrepetibilidade dos alimentos

J

Jacente
Juiz de família
Juiz de paz
Justas núpcias
Juventude

L

Lar conjugal
Legado
Legado de material genético

Legado precípuo
Legado vago
Legante
Legatário
Legítima
Legitimidade sucessório
Lei da palmada
Lei Maria da Penha
Linha de parentesco
Linhagem
Louco
Louco de todo gênero
Loucura
Lua de mel

M

Má-fé
Madrasta
Madrinha
Mãe adotiva
Mãe bínuba
Maioridade
Manceba teúda e manteúda
Mancebia
Mancomunhão
Mandado de averbação
Mandado de busca e apreensão
Mandado de prisão
Mandatário
Mandato futuro
Marido
Marital
Maternidade
Maternidade socioafetiva
Matriarcado
Matrimônio
Meação
Mediação
Medidas protetivas

Meeiro
Menor impúbere
Menoridade
Ministério Público
Mistanásia
Mobbing
Monogamia
Monte mor
More uxório
Morte
Morte civil
Morte natural
Morte presumida
Mudança de regime de bens
Mudança de sobrenome
Mudança do nome
Multa compensatória
Multiconjugalidade
Multiparentalidade

N

Namoro
Namoro qualificado
Narcisismo
Nascituro
Nascituro órfão
Natimorto
Necessidade alimentar
Negatória de filiação
Negatória de paternidade
Noivado
Noivo
Nome
Nome afetivo
Nome civil
Nome de batismo
Nome de casado
Nome de família
Nome de registro

Nome individual
Nome próprio
Nome social
Nora
Norma
Norma fundamental
Norma jurídica
Normal
Notário
Nubente
Núbil
Nulidade
Nulidade de testamento
Nulidade do casamento
Nupcialidade
Núpcias

O

Óbito
Obituário
Obrigação alimentar
Ob-rogação
Oferta de alimentos
Ordem de vocação hereditária
Órfão
Orientação sexual
Ortotanásia
Outorga judicial
Outorga marital
Outorga uxória

P

Pacto antenupcial
Pacto de convivência
Pacto pós-nupcial
Pacto sucessório
Pactu corvinus
Padrasto
Padrinho

Pai

Pai biológico

Pai socioafetivo

Parafernais

Parceiro

Parcerias civis

Parcerias de maternidade – paternidade

Parcerias de paternidade – maternidade

Parentalidade socioafetiva

Parentalização

Parentesco

Parentesco bilateral

Parentesco civil

Parentesco colateral

Parentesco consanguíneo

Parentesco em linha colateral

Parentesco em linha direta

Parentesco em linha reta

Parentesco em linha transversal

Parentesco natural

Parentesco por afinidade

Parentesco socioafetivo

Parentesco unilateral

Parentificação

Parquet

Parte da herança

Parte disponível da herança

Parte inoficiosa

Partidor

Partilha

Partilha – doação

Partilha – testamento

Partilha amigável

Partilha em vida

Partilha judicial

Partilha no inventário

Parto

Parto anônimo

Paternidade

Paternidade – maternidade compartilhada

Paternidade alimentar

Paternidade biológica

Paternidade diferida

Paternidade múltipla

Paternidade presumida

Paternidade registral

Paternidade socioafetiva

Pátria *potestad*

Patriarca

Patriarcado

Patriarcalismo

Patrimônio

Patrimônio mínimo

Pátrio poder

Patronímico

Pensão alimentícia

Pensão alimentícia compensatória

Pensão avoenga

Pensão compensatória

Pensão de alimentos

Pensão *intuitu familiae*

Pensão *intuitu personae*

Perda de uma chance

Perda do poder familiar

Perdulário

Personalidade

Personalidade civil

Personalidade física

Personalidade jurídica

Pessoa

Pessoa capaz

Pessoa incapaz

Pessoa jurídica

Petição de herança

Planejamento familiar

Planejamento sucessório

Plano de partilha

Pluriparentalidade

Poder familiar

Poliafetividade

Poliamor

Poliandria

Poligamia

Poliginia

Pós-moriência

Posse do estado de casado

Posse do estado de filho

Possibilidade alimentar

Possuidor *pro haerede*

Potestativo

Prelegado

Premoriência

Prenome

Prescrição

Prestação de alimentos

Prestação de contas

Prestação vencida

Prestação vincenda

Presunção absoluta

Presunção de paternidade

Presunção *pater is est*

Presunção relativa

Primeiras declarações

Primogênito

Primogenitor

Princípio da afetividade

Princípio da autonomia da vontade

Princípio da boa-fé objetiva

Princípio da confiança

Princípio da dignidade da pessoa humana

Princípio da equidade

Princípio da igualdade

Princípio da igualdade de filiação

Princípio da igualdade e respeito às diferenças

Princípio da intangibilidade da legítima

Princípio da interdição do incesto

Princípio da isonomia

Princípio da liberdade

Princípio da monogamia

Princípio da paternidade responsável

Princípio da prioridade absoluta

Princípio da proibição ao retrocesso social

Princípio da proporcionalidade alimentar

Princípio da proteção integral

Princípio da responsabilidade

Princípio da saisine

Princípio da solidariedade

Princípio do melhor interesse da criança

Princípio do *nemo potest venire contra factum proprium*

Princípio *in dubio pro matrimonio*

Principiologia

Princípios

Princípios constitucionais

Princípios expressos

Princípios gerais do direito

Princípios não expressos

Prisão civil

Proclamas

Procurador ad hoc

Prodigalidade

Pródigo

Progenitor

Prole

Prole comum

Prole eventual

Promessa de casamento

Promessa esponsalícia

Propter nuptias

Protesto de dívida alimentar

Protutor

Prova do casamento

Pseudônimo

Púbere

Publicação de testamento particular

Pupilo

Q

Queer
Quinhão
Quinhão hereditário
Quinhão vago
Quota vaga
Quota-parte

R

Ratio personae
Reabilitação
Reconhecimento do testamento particular
Redução de disposições testamentárias
Regime convencional de bens
Regime da participação final dos aquestos
Regime de bens
Regime de comunhão parcial
Regime de comunhão universal
Regime de separação
Regime de separação total
Regime dotal
Regime legal de bens
Regime legal obrigatório
Regime legal supletivo
Regime matrimonial
Registro civil de pessoas naturais
Registro do testamento cerrado
Relação transferencial
Relações de parentesco
Remoção de curador
Remoção de tutor
Remoção do inventariante
Remoção do testamenteiro
Renúncia à herança
Renúncia abdicativa
Renúncia dos alimentos
Renúncia imprópria
Renúncia própria
Reparação civil

Reprodução assistida
Reprodução assistida heteróloga
Reprodução assistida homóloga
Repúdio à herança
Responsabilidade civil
Responsabilidade *intra vires hereditatis*
Revogação da adoção
Revogação do testamento
Revogação positiva
Rituais de passagem
Ritos de passagem
Rompimento de testamento
Rupção do testamento
Ruptura de testamento

S

Saisine
Saisine ampla
Saisine plena
Sapiossexual
Segredo de justiça
Semoventes
Senciente
Senexão
Separação administrativa
Separação conjugal
Separação consensual
Separação culpa
Separação de corpos
Separação de fato
Separação extrajudicial
Separação falência
Separação judicial
Separação litigiosa
Separação remédio
Separação ritos de passagem
Separação sanção
Sequestro internacional de crianças
Seres sencientes

T

Tabelião
Técnica de reprodução assistida
Terceira idade
Testador
Testamentaria
Testamentário
Testamenteiro
Testamenteiro dativo
Testamenteiro instituído
Testamenteiro judicial
Testamenteiro particular
Testamenteiro universal
Testamento
Testamento aberto
Testamento aeronáutico
Testamento afetivo
Testamento anão
Testamento anulável
Testamento biológico
Testamento cego
Testamento cerrado
Testamento conjuntivo
Testamento correspectivo
Testamento de incapazes
Testamento digital
Testamento do surdo-mudo
Testamento ético
Testamento genético
Testamento hológrafo
Testamento litigioso
Testamento marítimo
Testamento militar
Testamento místico
Testamento misto
Testamento mútuo
Testamento nulo
Testamento nuncupativo
Testamento particular

Testamento posterior
Testamento público
Testamento recíproco
Testamento secreto
Testamento simultâneo
Testamento verbal
Testamento vital
Testamentos especiais
Testamentos ordinários
Testar
Teúda e manteúda
Tomada de decisão apoiada
Transexual
Transexualidade
Transexualismo
Transferência
Transgênero
Transgenia
Transidentidade
Transmissão *causa mortis*
Transmissão *inter vivos*
Transmissibilidade dos alimentos
Tratado internacional
Triação
Trinômio alimentar
Tronco
Tutela
Tutela antecipada
Tutela dativa
Tutela legítima
Tutela testamentária
Tutelado
Tutor
Tutor ad hoc
Tutor dativo
Tutor de fato
Tutor legal
Tutor legítimo
Tutor testamentário
Tutoria

RELAÇÃO GERAL DOS VERBETES

U	V
Última vontade	Vacância
Últimas declarações	Vacante
União civil	Vara de família
União estável	Varão
União estável adulterina	Vedação ao comportamento contraditório
União estável putativa	*Venire contra factum proprium*
União homoafetiva	Vício de consentimento
União livre	Vício de vontade
União paralela	Vínculo conjugal
União poliafetiva	Vínculo da adoção
União simultânea	Vínculo da afinidade
Uroricídio	Vínculo de parentesco
Usucapião conjugal	Vínculo matrimonial
Usucapião especial	Vintena testamentária
Usucapião familiar	Violência doméstica
Usucapião pró-família	Violência patrimonial
Usufruto	Virago
Usufruto legal	Visitas
Usufruto sucessivo	Vítima de violência doméstica
Usufruto vidual	Vocação hereditária
Usufruto voluntário	Vontade
Usufrutuário	Vulnerabilidade
Útero de substituição	
Uxório	

RELAÇÃO DOS VERBETES PSICANALÍTICOS PARA O DIREITO

Afeto
Clínica do direito
Complexo de édipo
Complexo de eletra
Conjugalidade
Denegação
Desamparo
Desejo
Édipo
Ego
Fetiche
Fetichismo
Gozo
Homossexualidade
Id
Incesto
Inconsciente

Lei do incesto
Lei do pai
Libido
Narcisismo
Parentalidade
Parentalização
Parentificação
Psicanálise
Pulsão
Ritos de passagem
Sexualidade
Significante
Sublimação
Superego
Supereu
Transidentidade
Transferência

RELAÇÃO DOS VERBETES ILUSTRADOS

ADÉLIA PRADO
- Cônjuge

ADELINO MOREIRA
- Gozo

ADONIRAN BARBOSA
- Abandono do lar

ALCIONE
- Maria da Penha

ARLINDO CRUZ
- Separação sanção

ARNALDO ANTUNES
- Casamento religioso
- Família eudemonista
- Família unipessoal
- Lar conjugal
- Morte

ARTHUR RESNICK E KENNY YOUNG
- Impedimento para o casamento

ARY BARROSO
- Separação judicial

BADEN POWELL
- Testamento ético

BELCHIOR
- Geração

BETO GUEDES
- Separação de corpos

CAETANO VELOSO
- Casamento avuncular
- Divórcio judicial litigioso
- Erro essencial sobre a pessoa
- Família homoafetiva
- Família mosaico
- Idoso
- Prescrição
- Sampa

CARLA MADEIRA
- Autonomia Privada
- Dissolução do casamento
- Família Nuclear
- Sublimação

CARLINHOS BROWN
- Casamento religioso

CARLOS BABR
- Casamento avuncular

CARLOS DRUMMOND DE ANDRADE
- Dignidade da pessoa humana
- Família reconstituída
- Infância
- União paralela

CARTOLA
- Família recomposta

CÁSSIA ELLER
– Domicílio

CECÍLIA MEIRELES
– Morte natural

CESAR BELIENY
– Filiação

CHICO BUARQUE
– Abandono afetivo
– Adultério
– Dano moral
– Desejo
– Esposa
– Estatuto do idoso
– Família extensa
– Família Multiespécie
– Frutos
– Inconsciente
– Infidelidade
– Parte da herança
– Princípio da paternidade responsável
– Separação conjugal
– Sexualidade

CLARICE FALCÃO
– Louco

CLARICE LISPECTOR
– Desamparo

CLÁUDIO NUCCI, MÚ CARVALHO, PAULINHO TAPAJÓS
– Terceira idade

CLAUDIO ZOLI
– Princípio da liberdade

DALTON TREVISAN
– Abandono do lar

DJAVAN
– Amor conjugal
– Desejo

EDU LOBO
– Esposa

EGBERTO GISMONTI
– Domicílio conjugal

ERASMO CARLOS
– Ego

EVALDO RUY, FERNANDO LOBO
– Investigação de paternidade

FERNANDO PESSOA
– Homoafetividade

FIÓDOR DOSTOIÉVSKI
– Abandono moral

FLÁVIO VENTURINI
– Estatuto da juventude

FRANCISCO AZEVEDO
– Adoção
– Ascendente
– Família extensa
– Família simultânea
– Irmãos bilaterais
– Partilha
– Ritos de passagem
– Significante
– Terceira idade

FREJAT
– Culpa

GILBERTO GIL
– Conjugal
– Fontes de direito
– Pai

GILTON ANDRADE, BETO CAJU E IVO LIMA
– Execução de alimentos

GIORGIO CAPRONI
– Paternidade

GONÇALO TAVARES
– Óbito

GONZAGUINHA
– Bodas

GUIMARÃES ROSA
– Amor conjugal
– Casamento
– Ego
– Erro essencial sobre a pessoa

– Família conjugal

– Família monoparental

– Louco

– Princípio da afetividade

– Tutela

HEITOR VILLA LOBOS

– Criança

HILDA HILST

– Afeto

– Gozo

– Significante

– Sexualidade

ÍTALO CALVINO

– Conjugalidade

IVAN LINS

– Carta codicilar

– Separação de fato

– Separação litigiosa

JACKSON DO PANDEIRO

– Princípio da igualdade e respeito às diferenças

JOÃO NOGUEIRA

– Eutanásia

JOAQUIM PIMENTEL

– Família informal

JOHAN AUGUST STRINDBERG

– Paternidade presumida

JOHN MAXWELL COETZEE

– Bigamia

– Estatuto do Idoso

JORGE DE LIMA

– Árvore genealógica

JOSÉ EDUARDO AGUALUSA

– Adoção à brasileira

LEGIÃO URBANA

– Princípio da proteção integral

LENINE

– Desamparo

LIEV TOLSTÓI

– Esponsais

– Superego

LÚCIO CARDOSO

– Incesto

– Pensão alimentícia

LUIS DE CAMÕES

– Amor

LUIZ TATIT

– Companheira(o)

– Infidelidade virtual

LULU SANTOS

– Confiança

– Dissolução da união estável

– Lua de mel

LUPICÍNIO RODRIGUES

– Concubinato

– Violência doméstica

MACHADO DE ASSIS

– Loucura

MANUEL BANDEIRA

– Monogamia

MARCELO JENECI E ZÉLIA DUCAN

– Declaração de nascimento

MÁRCIO BORGES

– Estatuto da Juventude

– Separação de corpos

MARIA GADU

– Ritos de passagem

MARINO PINTO

– Matrimônio

MARIO BELLATIN

– Normal

MÁRIO DE ANDRADE

– Homossexualidade

MARISA MONTE

– Casamento religioso

– Divórcio consensual

– Família eudemonista

– Família simultânea

MARTINHO DA VILA
– Divórcio extrajudicial

MIGUEL SANCHES NETO
– Padrasto

MILAN KUNDERA
– Princípio da monogamia

MILTON NASCIMENTO
– Dissolução do vínculo conjugal
– Família homoafetiva
– Frutos
– Separação de corpos

MURILO ANTUNES
– Adolescência

NATALIA GINZBURG
– Família anaparental

NOEL ROSA
– Codicilo

O RAPPA
– Família socioafetiva

OSCAR WILDE
– Narcisismo

OTÁVIO DE SOUZA
– Noivado

OTHON RUSSO
– Golpe do baú

PAUL AUSTER
– Abandono afetivo
– Abandono da família

PAULINHO DA VIOLA
– Prodigalidade
– Separação consensual

PAULO LEMINSKY
– Divórcio judicial consensual

PAULO MENDES CAMPOS
– Divórcio

PIXINGUINHA
– Noivado

PONTIER Y FRANCINI
– Casamento avuncular

RADUAN NASSAR
– Complexo de Édipo
– Família
– Patriarca

RAUL SEIXAS
– Família poliafetiva

RENATO LUCIANO
– Transgênero

RENATO RUSSO
– Princípio da proteção integral
– Domicílio

RICARDO GALENO
– Concubina(o)

RITA LEE
– Louco de todo gênero

ROBERTO CARLOS
– Amante
– Ego
– Maternidade
– Separação falência
– *Venire Contra factum proprium*

ROUPA NOVA
– Terceira idade

RPM
– Complexo de Elektra

SERGINHO MERITI
– Filiação

SÉRGIO BITTENCOURT
– Ausência

TAVINHO MOURA
– Adolescência

TITÃS
– Alimentos
– Família democrática

TONICO E TINOCO
– Irmão unilateral

TOQUINHO
– Namoro
– Testamento

– Nascituro

VANESSA DA MATA

– Alimentos civis

– Herança

– Princípio da responsabilidade

VINÍCIUS DE MORAES

– Testamento

– Nascituro

VIRGINIA WOOLF

– Transexual

VITOR MARTINS

– Separação litigiosa

WILLIAM SHAKESPEARE

– Indignidade

– Filho bastardo

ZÉ DA ZILDA

– Matrimônio

ZECA BALEIRO

– Androginia

– Possibilidade alimentar

RELAÇÃO DOS VERBETES COM MÚSICAS – PLAYLIST

1) Abandono afetivo
Meu guri Letra e música de Chico Buarque.

2) Abandono afetivo inverso
Trem bala Letra e música de Ana Vilela.

3) Abandono do lar
Apaga o Fogo Mané – Letra e música de Adoniran Barbosa.

4) Adolescente
Rebelde sem Causa – Letra e música de Ultraje a Rigor.

5) Adultério
Mil Perdões – Letra e música de Chico Buarque.

6) Alimentos
Comida – Letra e música de Titãs.

7) Amante
Amada Amante – Letra e música de Roberto Carlos.

8) Amor
Amor de índio Música de Beto Guedes e Ronaldo Bastos.

9) Amor conjugal
Faltando um Pedaço – Letra e música de (Djavan).

10) Ausência
Naquela mesa – Letra e música de Sérgio Bittencourt.

11) Bodas
Começaria tudo outra vez – Letra e música de Gonzaguinha.

12) Carta codicilar
Aos nossos filhos – Letra e música de Ivan Lins.

13) Casamento Religioso
O bonde do dom – Letra e música de Arnaldo Antunes, Carlinhos Brown e Marisa Monte.

14) Clínica do Direito
Fala –Letra e música de Secos e molhados.

15) Codicilo
Fita Amarela – Letra e música de Noel Rosa.

16) Companheiro (a)
A companheira – Letra e música de Luiz Tatit.

17) Complexo de Eletra
Elektra – Letra e música de RPM.

18) Concubina (o)
Eu sou a outra – Letra e música de Ricardo Galeno.

19) Concubinato
Se acaso você chegasse – Letra e música de Lupicínio Rodrigues.

20) Confiança
Assim caminha a humanidade – Letra e música de Lulu Santos.

21) Conjugal
Amor até o fim – Letra e música de Gilberto Gil.

22) Criança
Trenzinho caipira – Letra e música de Heitor Villa Lobos.

23) Culpa
Homem não chora – Letra e música de Frejat.

24) Declaração de nascimento
Todos os verbos – Letra e música de Marcelo Jeneci e Zélia Duncan.

25) Desamparo
Poema – Letra de Cazuza e música de Frejat.

26) Desejo
Tanta saudade – Letra e música de Djavan e Chico Buarque.

27) Dignidade da pessoa humana
Saiba – Letra e música de Arnaldo Antunes.

28) Dissolução da união estável
Assim caminha a humanidade – Letra e música de Lulu Santos.

29) Dissolução do vínculo conjugal
Travessia – Letra e música de Milton Nascimento.

30) Divórcio consensual
Depois – Letra e música de Marisa Monte.

31) Divórcio extrajudicial
Ex amor – Letra e música de Martinho da Vila.

32) Divórcio judicial litigioso
Não enche – Letra e música de Caetano Veloso.

33) Domicílio
Por enquanto – Letra de Renato Russo e música de Cássia Eller.

34) Domicílio conjugal
Saudações – Letra e música de Egberto Gismonti.

35) Ego
Meu ego – Letra e música de Roberto Carlos e Erasmo Carlos.

36) Erro essencial sobre a pessoa
O quereres – Letra e Música de Caetano Veloso.

37) Esposa (a)
A história de Lili Braun – Letra e música de Chico Buarque e Edu Lobo.

38) Estatuto da juventude
Linda juventude – Letra e música de Flávio Venturini e Márcio Borges.

39) Estatuto da pessoa idosa
O velho – Letra e música de Chico Buarque.

40) Eutanásia
Súplica – Letra e música de João Nogueira.

41) Execução de alimentos
Pensão alimentícia – Letra e música de Gilton Andrade, Beto Cajú e Ivo Lima.

42) Família democrática
Família – Letra e música de Titãs.

43) Família ectogenética
Queremos Saber – Letra e Música de Gilberto Gil.

44) Família extensa
Para todos – Letra e música de Chico Buarque.

45) Família homoafetiva
Paula e Bebeto – Letra e música de Caetano Veloso e Milton Nascimento.

46) Família informal
Só nós dois – Letra de Joaquim Pimentel e música de Nelson Gonçalves.

47) Família mosaico
Boas Vendas – Letra e música de Caetano Veloso e Gilberto Gil.

48) Família multiespécie
Bicharia – Letra e música de Chico Buarque e Enriquez – Bardotti.

49) Família poliafetiva
A maçã – Letra e música de Raul Seixas.

50) Família recomposta
Tive, sim – Letra e música de Cartola.

51) Família simultânea
Amar alguém – Letra e música de Marisa Monte, Arnaldo Antunes e Dadi.

52) Família socioafetiva
Não perca as crianças de vista – Letra e música do grupo Rappa.

53) Família unipessoal
Satisfeito – Letra e música de Arnaldo Antunes.

54) Filiação
Cria – Letra e música de Serginho Meriti e Cesar Belieny.

55) Fontes do Direito
Tempo rei – Letra e música de Gilberto Gil.

56) Frutos
O cio da terra – Letra e música de Chico Buarque e Milton Nascimento.

57) Geração
Como nossos pais – Letra e música de Belchior.

58) Golpe do baú
Sabes mentir – Letra e música de Othon Russo.

59) Gozo
Boneca de trapo – Letra e música de Adelino Moreira.

60) Herança
Minha herança: uma flor – Letra e música de Vanessa da Mata.

61) Idoso
O homem velho – Letra e música de Caetano Veloso.

62) Inconsciente
O que será – Letra e música de Chico Buarque.

63) Infância
Aquarela – Letra e música de Toquinho.

64) Infidelidade
A Rosa – Letra e música de Chico Buarque.

65) Infidelidade virtual
Capitu – Letra e música de Luiz Tatit.

66) Investigação de paternidade
Nega maluca – Letra e música de Lana Bittencourt.

67) Irmão unilateral
Chico mineiro – Letra e música de Tonico e Tinoco.

68) Lar conjugal
A casa é sua – Letra e música de Arnaldo Antunes e Ortinho.

69) Lei Maria da Penha
Maria da Penha – Letra e música de Paulinho Resende e Evandro Lima.

70) Louco
De todos os loucos do mundo – Letra e música de Clarice Falcão.

71) Louco de todo gênero
Balada do louco – Letra e música de Rita Lee.

72) Lua de mel
Lua de mel – Letra e música de Lulu Santos.

73) Maternidade
Lady Laura – Letra e música de Roberto Carlos.

74) Matrimônio
Aos pés da cruz – Letra e música de Marino Pinto e Zé da Zilda.

75) Multiconjugalidade
Tempos modernos – Letra e música de Lulu Santos.

76) Namoro
Minha namorada – Letra e música de Toquinho e Vinícius de Moraes.

77) Narcisismo
Sampa – Letra e música de Caetano Veloso.

78) Nascituro
O filho que eu quero ter – Letra e música de Toquinho e Vinícius de Moraes.

79) Noivado
Rosa – Letra e música de Pixinguinha e Otávio de Souza.

80) Pai
Pai e Mãe – Letra e música de Gilberto Gil.

81) Parentificação
Pais e filhos – Letra e música de Marcelo Bonfá, Dado Villa-Lobos e Renato Russo.

82) Parte da herança
Funeral de um lavrador – Letra e música de Chico Buarque.

83) Possibilidade alimentar
Vai de Madureira – Letra e música de Zeca Baleiro.

84) Prescrição
Oração ao tempo – Letra e música de Caetano Veloso.

85) Princípio da dignidade da pessoa humana
Saiba –Letra e Música de Arnaldo Antunes.

86) Princípio da igualdade e respeito às diferenças
Tem pouca diferença – Letra e música de Jackson do Pandeiro.

87) Princípio da liberdade
Livre para viver – Letra e música de Claudio Zoli.

88) Princípio da paternidade responsável
As minhas meninas – Letra e música de Chico Buarque.

89) Princípio da proteção integral
Pais e Filhos – Letra de Renato Russo, música de Legião Urbana.

90) Princípio da responsabilidade
Não chore, homem – Letra e música de Vanessa da Mata.

91) Prodigalidade
Pecado capital – Letra e música de Paulinho da Viola.

92) Psicanálise
Olho de Peixe –Letra e música de Lenine e Marcos Suzano.

93) Pulsão
O silêncio das estrelas – Letra e música de Lenine.

94) Queer
De Toda Cor – Letra e música de Renato Luciano.

95) Regime de comunhão parcial
Comunhão de Bens – Letra e música de Jovelina Pérola Negra.

96) Ritos de passagem
Maior – Letra e música de Dani Black.

97) Separação consensual
Tudo se transformou – Letra e música de Paulinho da Viola.

98) Separação de fato
Saindo de Mim – Letra e música de Ivan Lins.

99) Separação falência
Quando – Letra e música de Roberto Carlos.

100) Separação judicial
Risque – Letra e música de Ary Barroso.

101) Separação litigiosa
Bilhete – Letra e música de Ivan Lins e Vitor Martins.

102) Separação Remédio
Veja bem, meu bem – Letra e Música de Los Hermanos.

103) Separação sanção
Maltratar, não é direito – Letra e música de Arlindo Cruz.

104) Sexualidade
O que será – Letra e música de Chico Buarque.

105) Terceira idade
Sapato velho – Letra de Mú Carvalho, Cláudio Nucci e Paulinho Tapajós e música de Roupa Nova.

106) Testamento
Testamento – Letra e música de Vinicius de Moraes e Toquinho).

107) *Venire contra factum proprium*
Contradição – Letra e música de Roberto Carlos.

108) Violência doméstica
Vou brigar com ela – Letra e música de Luciano Rodrigues.

ANOTAÇÕES